中华人民共和国
现行税收法律法规汇编

2009年权威注释版

《中华人民共和国税法典》编审委员会 编

编审委员会主任：

俞光远（全国人大常委会预算工作委员会法案室原主任）
易运和（国家税务总局所得税管理司原司长）
翟继光（中国政法大学民商经济法学院教授、著名税法专家）

编审委员会成员：

赵德芳　卢富添　郭欣慰　王洋林
刘　淼　伍玉联　余启平　张晓龙
吴东华　吴金根　高广彬　徐夕文
孔　霞　段家星　阮耀明　苗祥玲

立信会计出版社
LIXIN ACCOUNTING PUBLISHING HOUSE

图书在版编目(CIP)数据

中华人民共和国现行税收法律法规汇编:2009年权威注释版/
《中华人民共和国税法典》编审委员会编.
—上海:立信会计出版社,2009.3
ISBN 978-7-5429-2252-6

Ⅰ.中… Ⅱ.中… Ⅲ.税收法—汇编—中国
Ⅳ.D922.220.9

中国版本图书馆CIP数据核字(2009)第026546号

策划编辑 蔡伟莉
责任编辑 王微宇

中华人民共和国现行税收法律法规汇编(2009年权威注释版)

出版发行 立信会计出版社
地　　址 上海市中山西路2230号
邮　　编 200235
电　　话 (021)64411389
传　　真 (021)64411325
网　　址 www.lixinaph.com　　E-mail lxaph@sh163.net
网上书店 www.lixinbook.com　　Tel (021)64411071
经　　销 各地新华书店

印　　刷 北京佳顺印务有限公司
开　　本 787毫米×1092毫米 1/16
印　　张 53.25
插　　页 4
字　　数 1735千字
版　　次 2009年3月第1版
印　　次 2009年3月第1次
书　　号 ISBN 978-7-5429-2252-6/D·0104
定　　价 128.00元

编写说明

为了帮助广大企事业单位更好地掌握税法，为了帮助广大税务干部更好地执行税法，我们组织相关专家以及业务主管人员编写了这本《中华人民共和国现行税收法律法规汇编》。

由于我国现行税收法律法规数量巨大，其中有很多已经被废止或者被部分废止，致使纳税人在遵守税法，税务干部在执行税法时往往无法准确确定某项税收政策是否有效，对于那些刚刚接触税法的纳税人和税务干部而言更是如此，面对一个税务问题，往往不知道从哪里入手解决，不知道如何判断自己所看到的一份文件是否有效。因此，广大纳税人和税务干部迫切需要一本将现行有效的税收法律法规予以汇编的工具书。本书就是为了解决广大纳税人和税务干部所遇到的上述难题而编写的。

本书以现行的十七个税种为线索，分为十七个部分，将现行有效的法律法规分别汇编在十七个税种之下，关于税收征管方面的法律法规则单独编在税收征管之下，作为第十八部分。在每一部分中，我们都是先编写相关的法律，然后编写相关的行政法规。在没有法律的情况下，我们先编写行政法规，然后编写财政部或者国家税务总局针对该行政法规所制定的系统解释的规章。对于其他规范性文件，我们按照发布时间的先后顺序进行排列。

为了便于广大读者将数量庞大的税收法律法规和规范性文件联系起来，本书对于法律法规的主要条款以及每个规范性文件都加了注释，通过注释，读者可以找到与该条款或者文件相关的其他条款或者文件。由于相关性的判断见仁见智，我们仅就主要相关的文件加了注释，并没有穷尽所有相关的文件和条款。

由于很多文件涉及若干个税种，因此，我们在编写时，对于不涉及本税种的内容往往予以省略。很多文件中的部分条款失效或者被其他文件所修改，但该文件的其他条款尚未失效，为了保持该文件的整体性，我们对于已经失效或者废止的条款并未删除，基本予以保留，但在相关条款后面都加上了注释和说明。对于那些已经完全失效或者过时的文件，我们没有收录本书。为了节省篇幅，部分仅涉及税务机关内部管理而不涉及纳税人权利义务的繁琐操作规程，本书没有收录。

由于税收法律法规和规范性文件数量巨大，可能还有少量规范性文件没有编入本书，但纳税人和税务干部常用的基本的规范性文件都已经收入本书。本书所收录的法律法规和规范性文件截至2008年12月31日。

本书编审委员会

2009年1月10日

目　录

第一编　所得税法

第二编　流 转 税 法

第三编　财产税法

第四编　行为税法

第五编　税收征管法

第一编

所得税法

第一部分 中华人民共和国个人所得税法

中华人民共和国个人所得税法

(1980年9月10日第五届全国人民代表大会第三次会议通过,1993年10月31日第八届全国人民代表大会常务委员会第四次会议第一次修正,1999年8月30日第九届全国人民代表大会常务委员会第十一次会议第二次修正,2005年10月27日第十届全国人民代表大会常务委员会第十八次会议第三次修正,2007年6月29日第十届全国人民代表大会常务委员会第二十八次会议第四次修正,2007年12月29日第十届全国人民代表大会常务委员会第三十一次会议第五次修正)

第一条 在中国境内有住所,或者无住所而在境内居住满一年的个人,从中国境内和境外取得的所得,依照本法规定缴纳个人所得税。

在中国境内无住所又不居住或者无住所而在境内居住不满一年的个人,从中国境内取得的所得,依照本法规定缴纳个人所得税。

【注释】 《个人所得税法实施条例》第2条对"在中国境内有住所的个人"进行了解释;第3条对"在境内居住满一年"进行了解释;第4条对"从中国境内取得的所得"以及"从中国境外取得的所得"进行了解释;第5条对"来源于中国境内的所得"进行了特殊规定;第6条对"居住一年以上五年以下的"短期居民纳税人的纳税义务进行了特殊规定;第7条对"在一个纳税年度中在中国境内连续或者累计居住不超过90日的"短期非居民纳税人的纳税义务进行了特殊规定。

《征收个人所得税若干问题的规定》(国税发[1994]89号)对"在中国境内有住所的个人"进行了进一步解释。相关规定包括:《国家税务总局关于个人在境外取得博彩所得征收个人所得税问题的批复》(国税函发[1995]663号)、《国家税务总局关于在中国境内无住所的个人取得工资薪金所得纳税义务问题的通知》(国税发[1994]148号)。

第二条 下列各项个人所得,应纳个人所得税:

一、工资、薪金所得;

二、个体工商户的生产、经营所得;

三、对企事业单位的承包经营、承租经营所得;

四、劳务报酬所得;

五、稿酬所得;

六、特许权使用费所得;

七、利息、股息、红利所得;

八、财产租赁所得;

九、财产转让所得;

十、偶然所得;

十一、经国务院财政部门确定征税的其他所得。

【注释】 《个人所得税法实施条例》第8条对上述各项所得进行了解释;第9条规定了股票转让所得征税办法另行规定。《国家税务总局关于个人在境外取得博彩所得征收个人所得税问题的批复》(国税函发[1995]663号)规定了一项偶然所得。《国家税务总局关于有奖储蓄中奖收入征收个人所得税问题的批复》(国税函发[1995]98号)规定了一项偶然所得。《财政部 国家税务总局关于银行部门以超过国家利率支付给储户的揽储奖金征收个人所得税问题的批复》(财税[1995]64号)规定了一项其他所得。《国家税务总局关于股民从证券公司取得的回扣收入征收个人所得税问题的批复》(国税函[1999]627号)规定了一项其他所得。《国家税务总局关于未分配的投资者收益和个人人寿保险收入征收个人所得税问题的批复》(国税函发[1998]546号)规定了一项其他所得。《国家税务总局关于个人所得税有关问题的批复》(国税函[2000]57号)规定了一项其他所得。相关规定包括:《国家税务总局关于个人所得税若干业务问题的批复》

(国税函[2002]146 号)、《国家税务总局关于外商投资企业和外国企业以实物向雇员提供福利如何计征个人所得税问题的通知》(国税发[1995]115 号)。

第三条 个人所得税的税率：

一、工资、薪金所得，适用超额累进税率，税率为百分之五至百分之四十五(税率表附后)。

二、个体工商户的生产、经营所得和对企事业单位的承包经营、承租经营所得，适用百分之五至百分之三十五的超额累进税率(税率表附后)。

三、稿酬所得，适用比例税率，税率为百分之二十，并按应纳税额减征百分之三十。

四、劳务报酬所得，适用比例税率，税率为百分之二十。对劳务报酬所得一次收入畸高的，可以实行加成征收，具体办法由国务院规定。

五、特许权使用费所得，利息、股息、红利所得，财产租赁所得，财产转让所得，偶然所得和其他所得，适用比例税率，税率为百分之二十。

【注释】《个人所得税法实施条例》第 11 条对劳务报酬加征制度进行了具体规定。相关规定包括:《财政部　国家税务总局关于股息红利个人所得税有关政策的通知》(财税[2005]102 号)、《财政部　国家税务总局关于调整住房租赁市场税收政策的通知》(财税[2000]125 号)。

第四条 下列各项个人所得，免纳个人所得税：

一、省级人民政府、国务院部委和中国人民解放军军以上单位，以及外国组织、国际组织颁发的科学、教育、技术、文化、卫生、体育、环境保护等方面的奖金；

二、国债和国家发行的金融债券利息；

三、按照国家统一规定发给的补贴、津贴；

四、福利费、抚恤金、救济金；

五、保险赔款；

六、军人的转业费、复员费；

七、按照国家统一规定发给干部、职工的安家费、退职费、退休工资、离休工资、离休生活补助费；

八、依照我国有关法律规定应予免税的各国驻华使馆、领事馆的外交代表、领事官员和其他人员的所得；

九、中国政府参加的国际公约、签订的协议中规定免税的所得；

十、经国务院财政部门批准免税的所得。

【注释】《个人所得税法实施条例》第 12—15 条对上述部分免税所得进行了解释。《财政部　国家税务总局关于发给见义勇为者的奖金免征个人所得税问题的通知》(财税[1995]25 号)规定了一项免税所得。相关规定包括:《国家税务总局关于"长江学者奖励计划"有关个人收入免征个人所得税的通知》(国税函发[1998]632 号)、《财政部　国家税务总局关于银行部门以超过国家利率支付给储户的揽储奖金征收个人所得税问题的批复》(财税[1995]64 号)、《财政部　国家税务总局关于自主择业的军队转业干部有关税收政策问题的通知》(财税[2003]26 号)、《财政部　国家税务总局关于个人所得税若干政策问题的通知》(财税[1994]20 号)、《财政部　国家税务总局关于随军家属就业有关税收政策的通知》(财税[2000]84 号)、《财政部　国家税务总局关于扶持城镇退役士兵自谋职业有关税收优惠政策的通知》(财税[2004]93 号)、《财政部　国家税务总局关于教育税收政策的通知》(财税[2004]39 号)、《国家税务总局关于纳税人收回转让的股权征收个人所得税问题的批复》(国税函[2005]130 号)、《财政部　国家税务总局关于城镇房屋拆迁有关税收政策的通知》(财税[2005]45 号)、《财政部　国家税务总局关于股权分置试点改革有关税收政策问题的通知》(财税[2005]103 号)、《财政部　国家税务总局关于华侨从海外汇入赡养家属的侨汇等免征个人所得税问题的通知》(财税外[1980]196 号)、《国家税务总局关于社会福利有奖募捐发行收入税收问题的通知》(国税发[1994]127 号)、《财政部　国家税务总局关于个人取得体育彩票中奖所得征免个人所得税问题的通知》(财税[1998]12 号)、《财政部　国家税务总局关于对中国科学院中国工程院资深院士津贴免征个人所得税的通知》(财税[1998]118 号)、《财政部　国家税务总局关于促进科技成果转化有关税收政策的通知》(财税[1999]45 号)、《国家税务总局关于"特聘教授奖金"免征个人所得税的通知》(国税函[1999]525 号)。

第五条 有下列情形之一的，经批准可以减征个人所得税：

一、残疾、孤老人员和烈属的所得；

二、因严重自然灾害造成重大损失的；

三、其他经国务院财政部门批准减税的。

【注释】《个人所得税法实施条例》第16条对减征的具体办法进行了规定。相关规定包括:《国家税务总局关于明确残疾人所得征免个人所得税范围的批复》(国税函[1999]329号)、《国家税务总局关于个人所得税若干政策问题的批复》(国税函[2002]629号)。

第六条　应纳税所得额的计算:

一、工资、薪金所得,以每月收入额减除费用二千元后的余额,为应纳税所得额。

二、个体工商户的生产、经营所得,以每一纳税年度的收入总额,减除成本、费用以及损失后的余额,为应纳税所得额。

三、对企事业单位的承包经营、承租经营所得,以每一纳税年度的收入总额,减除必要费用后的余额,为应纳税所得额。

四、劳务报酬所得、稿酬所得、特许权使用费所得、财产租赁所得,每次收入不超过四千元的,减除费用八百元;四千元以上的,减除百分之二十的费用,其余额为应纳税所得额。

五、财产转让所得,以转让财产的收入额减除财产原值和合理费用后的余额,为应纳税所得额。

六、利息、股息、红利所得,偶然所得和其他所得,以每次收入额为应纳税所得额。

个人将其所得对教育事业和其他公益事业捐赠的部分,按照国务院有关规定从应纳税所得中扣除。

对在中国境内无住所而在中国境内取得工资、薪金所得的纳税义务人和在中国境内有住所而在中国境外取得工资、薪金所得的纳税义务人,可以根据其平均收入水平、生活水平以及汇率变化情况确定附加减除费用,附加减除费用适用的范围和标准由国务院规定。

【注释】《个人所得税法实施条例》第17—31条对上述各项所得的计算进行了详细规定。《征收个人所得税若干问题的规定》(国税发[1994]89号)对稿酬所得、拍卖文稿所得、董事费所得征税进行了具体规定。《征收个人所得税若干问题的规定》(国税发[1994]89号)对纳税人境内外同时取得工资薪金所得如何征税进行了规定。《征收个人所得税若干问题的规定》(国税发[1994]89号)对承包承租期不足一年如何征税的问题进行了规定。《国家税务总局关于企业发放补充养老保险金征收个人所得税问题的批复》(国税函[1999]615号)对补充养老保险的征税问题进行了规定。相关规定包括:《国家税务总局关于明确单位或个人为纳税义务人的劳务报酬所得代付税款计算公式的通知》(国税发[1996]161号)、《国家税务总局关于失业保险费(金)征免个人所得税问题的通知》(国税发[2000]83号)、《国家税务总局关于个人所得税若干业务问题的批复》(国税函[2002]146号)、《国家税务总局关于三井物产(株)大连事务所外籍雇员取得数月奖金确定纳税义务问题的批复》(国税函发[1997]546号)、《国家税务总局关于个人认购股票等有价证券而从雇主取得折扣或补贴收入有关征收个人所得税问题的通知》(国税发[1998]9号)、《国家税务总局关于调整个人取得全年一次性奖金等计算征收个人所得税方法问题的通知》(国税发[2005]9号)、《财政部　国家税务总局关于个人股票期权所得征收个人所得税问题的通知》(财税[2005]35号)、《国家税务总局关于个人因解除劳动合同取得经济补偿金征收个人所得税问题的通知》(国税发[1999]178号)、《国家税务总局关于个人住房转让所得征收个人所得税有关问题的通知》(国税发[2006]108号)、《国家税务总局关于在中国境内担任董事或高层管理职务无住所个人计算个人所得税适用公式的批复》(国税函[2007]946号)、《国家税务总局关于个人取得房屋拍卖收入征收个人所得税问题的批复》(国税函[2007]1145号)。

第七条　纳税义务人从中国境外取得的所得,准予其在应纳税额中扣除已在境外缴纳的个人所得税税额。但扣除额不得超过该纳税义务人境外所得依照本法规定计算的应纳税额。

【注释】《个人所得税法实施条例》第32—34条对上述制度进行了详细规定。

第八条　个人所得税,以所得人为纳税义务人,以支付所得的单位或者个人为扣缴义务人。个人所得超过国务院规定数额的,在两处以上取得工资、薪金所得或者没有扣缴义务人的,以及具有国务院规定的其他情形的,纳税义务人应当按照国家规定办理纳税申报。扣缴义务人应当按照国家规定办理全员全额扣缴申报。

【注释】《个人所得税法实施条例》第35—39条对上述制度进行了详细规定。相关规定包括:《国家税务总局关于行政机关、事业单位工资发放方式改革后扣缴个人所得税问题的通知》(国税发[2001]19号)、《国家税务总局关于加强企业债券利息个人所得税代扣代缴工作的通知》(国税函[2003]612号)、《国家税务总局关于国际组织驻华机构、外国政府驻华使领馆和驻华新闻机构雇员个人所得税征收方式的通知》(国税函[2004]808号)、《个人所得税代扣代缴暂行办法》(国税发[1995]65号)。

第九条 扣缴义务人每月所扣的税款，自行申报纳税人每月应纳的税款，都应当在次月七日内缴入国库，并向税务机关报送纳税申报表。

工资、薪金所得应纳的税款，按月计征，由扣缴义务人或者纳税义务人在次月七日内缴入国库，并向税务机关报送纳税申报表。特定行业的工资、薪金所得应纳的税款，可以实行按年计算、分月预缴的方式计征，具体办法由国务院规定。

个体工商户的生产、经营所得应纳的税款，按年计算，分月预缴，由纳税义务人在次月七日内预缴，年度终了后三个月内汇算清缴，多退少补。

对企事业单位的承包经营、承租经营所得应纳的税款，按年计算，由纳税义务人在年度终了后三十日内缴入国库，并向税务机关报送纳税申报表。纳税义务人在一年内分次取得承包经营、承租经营所得的，应当在取得每次所得后的七日内预缴，年度终了后三个月内汇算清缴，多退少补。

从中国境外取得所得的纳税义务人，应当在年度终了后三十日内，将应纳的税款缴入国库，并向税务机关报送纳税申报表。

【注释】 《个人所得税法实施条例》第40—42条对上述制度进行了详细规定。《个体工商户个人所得税计税办法(试行)》(国税发[1997]43号)对个人工商户应纳税额的计算和征管进行了详细规定。相关规定包括:《国家税务总局关于境外所得征收个人所得税若干问题的通知》(国税发[1994]44号)。

第十条 各项所得的计算，以人民币为单位。所得为外国货币的，按照国家外汇管理机关规定的外汇牌价折合成人民币缴纳税款。

【注释】 《个人所得税法实施条例》第43条对上述制度进行了详细规定。

第十一条 对扣缴义务人按照所扣缴的税款，付给百分之二的手续费。

【注释】 《个人所得税法实施条例》第44条对上述制度进行了详细规定。

第十二条 对储蓄存款利息所得开征、减征、停征个人所得税及其具体办法，由国务院规定。

【注释】 国务院根据该授权制定了《对储蓄存款利息所得征收个人所得税的实施办法》(国务院令[2007]502号)。相关规定包括:《储蓄存款利息所得个人所得税征收管理办法》(国税发[1999]179号)、《财政部　国家税务总局关于储蓄存款利息所得有关个人所得税政策的通知》(财税[2008]132号)。

第十三条 个人所得税的征收管理，依照《中华人民共和国税收征收管理法》的规定执行。

【注释】 相关规定包括:《演出市场个人所得税征收管理暂行办法》(国税发[1995]171号)、《机动出租车驾驶员个人所得税征收管理暂行办法》(国税发[1995]50号)、《建筑安装业个人所得税征收管理暂行办法》(国税发[1996]127号)、《广告市场个人所得税征收管理暂行办法》(国税发[1996]148号)、《境外所得个人所得税征收管理暂行办法》(国税发[1998]126号)、《关于个人独资企业和合伙企业投资者征收个人所得税的规定》(财税[2000]91号)、《个人所得税管理办法》(国税发[2005]120号)。

第十四条 国务院根据本法制定实施条例。

【注释】 国务院根据该授权制定了《中华人民共和国个人所得税法实施条例》。

第十五条 本法自公布之日起施行。

个人所得税税率表一

(工资、薪金所得适用)

级　数	全月应纳税所得额	税率(%)
1	不超过500元的	5
2	超过500元至2000元的部分	10
3	超过2000元至5000元的部分	15
4	超过5000元至20000元的部分	20
5	超过20000元至40000元的部分	25
6	超过40000元至60000元的部分	30
7	超过60000元至80000元的部分	35
8	超过80000元至100000元的部分	40
9	超过100000元的部分	45

(注:本表所称全月应纳税所得额是指依照本法第六条的规定，以每月收入额减除费用二千元后的余额或者减除附加减除费用后的余额。)

个人所得税税率表二

（个体工商户的生产、经营所得和对企事业单位的承包经营、承租经营所得适用）

级 数	全月应纳税所得额	税率(%)
1	不超过5000元的	5
2	超过5000元至10000元的部分	10
3	超过10000元至30000元的部分	20
4	超过30000元至50000元的部分	30
5	超过50000元的部分	35

（注:本表所称全年应纳税所得额是指依照本法第六条的规定,以每一纳税年度的收入总额,减除成本、费用以及损失后的余额。）

中华人民共和国个人所得税法实施条例

（1994年1月28日中华人民共和国国务院令第142号发布 根据2005年12月19日《国务院关于修改〈中华人民共和国个人所得税法实施条例〉的决定》第一次修订 根据2008年2月18日《国务院关于修改〈中华人民共和国个人所得税法实施条例〉的决定》第二次修订）

第一条 根据《中华人民共和国个人所得税法》(以下简称税法)的规定,制定本条例。

第二条 税法第一条第一款所说的在中国境内有住所的个人,是指因户籍、家庭、经济利益关系而在中国境内习惯性居住的个人。

【注释】 解释《个人所得税法》第1条。

第三条 税法第一条第一款所说的在境内居住满一年,是指在一个纳税年度中在中国境内居住365日。临时离境的,不扣减日数。

前款所说的临时离境,是指在一个纳税年度中一次不超过30日或者多次累计不超过90日的离境。

【注释】 解释《个人所得税法》第1条。

第四条 税法第一条第一款、第二款所说的从中国境内取得的所得,是指来源于中国境内的所得;所说的从中国境外取得的所得,是指来源于中国境外的所得。

【注释】 解释《个人所得税法》第1条。

第五条 下列所得,不论支付地点是否在中国境内,均为来源于中国境内的所得:

(一) 因任职、受雇、履约等而在中国境内提供劳务取得的所得;

(二) 将财产出租给承租人在中国境内使用而取得的所得;

(三) 转让中国境内的建筑物、土地使用权等财产或者在中国境内转让其他财产取得的所得;

(四) 许可各种特许权在中国境内使用而取得的所得;

(五) 从中国境内的公司、企业以及其他经济组织或者个人取得的利息、股息、红利所得。

【注释】 解释《个人所得税法》第1条。相关规定包括:《国家税务总局关于在中国境内无住所的个人取得工资薪金所得纳税义务问题的通知》(国税发[1994]148号)、《国家税务总局关于外国企业的董事在中国境内兼任职务有关税收问题的通知》(国税函[1999]284号)。

第六条 在中国境内无住所,但是居住一年以上五年以下的个人,其来源于中国境外的所得,经主管税务机关批准,可以只就由中国境内公司、企业以及其他经济组织或者个人支付的部分缴纳个人所得税;居住超过五年的个人,从第六年起,应当就其来源于中国境外的全部所得缴纳个人所得税。

【注释】 对《个人所得税法》第1条进行了特殊例外规定。相关规定包括:《国家税务总局关于在中国境内无住所的个人取得工资薪金所得纳税义务问题的通知》(国税发[1994]148号)、《国家税务总局关于在中国境内无住所的个人执行税收协定和个人所得税法若干问题的通知》(国税发[2004]97号)、《财政部国家税务总局关于在华无住所的个人如何计算在华居住满五年问题的通知》(财税[1995]98号)。

第七条 在中国境内无住所,但是在一个纳税年度中在中国境内连续或者累计居住不超过90日的个人,其来源于中国境内的所得,由境外雇主支付并且不由该雇主在中国境内的机构、场所负担的部分,免予缴纳个人所得税。

【注释】 对《个人所得税法》第1条进行了特殊例外规定。相关规定包括:《国家税务总局关于在中国境内无住所的个人取得工资薪金所得纳税义务问题的通知》(国税发[1994]148号)、《国家税务总局关于在中国境内无住所个人以有价证券形式取得工资薪金所得确定纳税义务有关问题的通知》(国税函[2000]190号)。

第八条 税法第二条所说的各项个人所得的范围:

(一) 工资、薪金所得,是指个人因任职或者受雇而取得的工资、薪金、奖金、年终加薪、劳动分红、津贴、补贴以及与任职或者受雇有关的其他所得。

(二) 个体工商户的生产、经营所得,是指:

1. 个体工商户从事工业、手工业、建筑业、交通运输业、商业、饮食业、服务业、修理业以及其他行业生产、经营取得的所得;

2. 个人经政府有关部门批准,取得执照,从事办学、医疗、咨询以及其他有偿服务活动取得的所得;

3. 其他个人从事个体工商业生产、经营取得的所得;

4. 上述个体工商户和个人取得的与生产、经营有关的各项应纳税所得。

(三) 对企事业单位的承包经营、承租经营所得,是指个人承包经营、承租经营以及转包、转租取得的所得,包括个人按月或者按次取得的工资、薪金性质的所得。

(四) 劳务报酬所得,是指个人从事设计、装潢、安装、制图、化验、测试、医疗、法律、会计、咨询、讲学、新闻、广播、翻译、审稿、书画、雕刻、影视、录音、录像、演出、表演、广告、展览、技术服务、介绍服务、经纪服务、代办服务以及其他劳务取得的所得。

(五) 稿酬所得,是指个人因其作品以图书、报刊形式出版、发表而取得的所得。

(六) 特许权使用费所得,是指个人提供专利权、商标权、著作权、非专利技术以及其他特许权的使用权取得的所得;提供著作权的使用权取得的所得,不包括稿酬所得。

(七) 利息、股息、红利所得,是指个人拥有债权、股权而取得的利息、股息、红利所得。

(八) 财产租赁所得,是指个人出租建筑物、土地使用权、机器设备、车船以及其他财产取得的所得。

(九) 财产转让所得,是指个人转让有价证券、股权、建筑物、土地使用权、机器设备、车船以及其他财产取得的所得。

(十) 偶然所得,是指个人得奖、中奖、中彩以及其他偶然性质的所得。

个人取得的所得,难以界定应纳税所得项目的,由主管税务机关确定。

【注释】 对《个人所得税法》第2条所规定的各项所得进行了解释。《征收个人所得税若干问题的规定》(国税发[1994]89号)对工资薪金所得和劳务报酬所得的区分标准进行了规定。相关文件包括:《国家税务总局关于高寒边境地区津贴征收个人所得税问题的批复》(国税函发[1996]399号)、《国家税务总局关于个人转让汽车所得征收个人所得税问题的批复》(国税函发[1997]35号)、《国家税务总局关于个人举办各类学习班取得的收入征收个人所得税问题的批复》(国税函发[1996]658号)、《国家税务总局关于股份制企业转增股本和派发红股征免个人所得税的通知》(国税发[1997]198号)、《国家税务总局关于盈余公积金转增注册资本征收个人所得税问题的批复》(国税函发[1998]333号)、《国家税务总局关于未分配的投资者收益和个人人寿保险收入征收个人所得税问题的批复》(国税函发[1998]546号)、《国家税务总局关于社会力量办学征收个人所得税问题的批复》(国税函发[1998]738号)、《国家税务总局关于个人取得专利赔偿所得征收个人所得税问题的批复》(国税函[2000]257号)、《国家税务总局关于联想集团改制员工取得的用于购买企业国有股权的劳动分红征收个人所得税问题的批复》(国税函[2001]832号)、《国家税务总局关于个人所得税若干政策问题的批复》(国税函[2002]629号)、《国家税务总局关于个人所得税若干业务问题的批复》(国税函[2002]146号)、《国家税务总局关于征用土地过程中征地单位支付给土地承包人员的补偿费如何征税问题的批复》(国税函发[1997]87号)、《财政部 国家税务总局关于医疗机构有关个人所得税政策问题的通知》(财税[2003]109号)、《国家税务总局关于外商投资企业和外国企业的雇员的境外保险费有关所得税处理问题的通知》(国税发[1998]101号)、《财政部 国家税务总局关于规范个人投资者个人所得税征收管理的通知》(财税[2003]158号)、《国家税务总局关于转租浅海滩涂使用权收入征收个人所得税问题的批复》(国税函[2002]1158号)、《财政部 国家税务总局关于企业以免费旅游方式提供对营销人员个人奖励有关个人所得税政策的通知》(财税[2004]11号)、《财政部 国家税务总局关于个人股票期权所得征收个人所得税问题的通知》(财税[2005]35号)、《国家税务总局关于单位为员工支付有关保险缴纳个人所得税问题的批复》(国税函[2005]318号)、《国家税务总局关于个人兼职和退休人员再任职取得收入如何计算征收个人所得税问题的批复》(国税函[2005]382号)、《国家税务总局关于企业为股东个人购买汽车征收个人所得税的批复》(国税函[2005]364号)、《国家税务总局关于个人因购买和处置债权取得所得征收个人所得税问题的批复》(国税函[2005]655号)、《国家税务总局关于个人出租中国境内房屋取得租金收入税务处理问题的通知》(国税函发[1995]134号)、《财政部 国家税务总局关于个人提供非有形商品推销、代理等服务活动取得收入征收营业税和个人所得税有关问题的通知》(财税[1997]103号)、《国家税务总局关于律师事务所从业人员取得收入征收个人所得税有关业务问题的通知》(国税发[2000]149号)。

第九条 对股票转让所得征收个人所得税的办法,由财政部另行制定,报国务院批准施行。

【注释】 相关规定包括:《财政部 国家税务总局关于个人转让股票所得继续暂免征收个人所得税的通知》(财税[1998]61号)、《财政部 国家税务总局关于证券投资基金税收问题的通知》(财税[1998]55号)。

第十条 个人所得的形式,包括现金、实物、有价证券和其他形式的经济利益。所得为实物的,应当按照取得的凭证上所注明的价格计算应纳税所得额;无凭证的实物或者凭证上所注明的价格明显偏低的,参照市场价格核定应纳税所得额。所得为有价证券的,根据票面价格和市场价格核定应纳税所得额。所得为其他形式的经济利益的,参照市场价格核定应纳税所得额。

【注释】 相关规定包括:《国家税务总局关于个人所得税若干政策问题的批复》(国税函[2002]629号)、《国家税务总局关于外商投资企业和外国企业以实物向雇员提供福利如何计征个人所得税问题的通知》(国税发[1995]115号)。

第十一条 税法第三条第四项所说的劳务报酬所得一次收入畸高,是指个人一次取得劳务报酬,其应纳税所得额超过20000元。

对前款应纳税所得额超过20000元至50000元的部分,依照税法规定计算应纳税额后再按照应纳税额加征五成;超过50000元的部分,加征十成。

【注释】 对《个人所得税法》第3条所规定的劳务报酬所得加征的制度进行了规定。

第十二条 税法第四条第二项所说的国债利息,是指个人持有中华人民共和国财政部发行的债券而取得的利息所得;所说的国家发行的金融债券利息,是指个人持有经国务院批准发行的金融债券而取得的利息所得。

【注释】 对《个人所得税法》第4条所规定的国债利息以及国家发行的金融债券利息进行了解释。

第十三条 税法第四条第三项所说的按照国家统一规定发给的补贴、津贴,是指按照国务院规定发给的政府特殊津贴、院士津贴、资深院士津贴,以及国务院规定免纳个人所得税的其他补贴、津贴。

【注释】 对《个人所得税法》第4条所规定的"按照国家统一规定发给的补贴、津贴"进行了解释。《征收个人所得税若干问题的规定》(国税发[1994]89号)对本条规定进行了解释。相关文件:《国家税务总局关于中国科学院院士津贴免征个人所得税的通知》(国税发[1994]118号)。

第十四条 税法第四条第四项所说的福利费,是指根据国家有关规定,从企业、事业单位、国家机关、社会团体提留的福利费或者工会经费中支付给个人的生活补助费;所说的救济金,是指国家民政部门支付给个人的生活困难补助费。

【注释】 对《个人所得税法》第4条所规定的"福利费"、"救济金"进行了解释。相关规定包括:《国家税务总局关于生活补助费范围确定问题的通知》(国税发[1998]155号)。

第十五条 税法第四条第八项所说的依照我国法律规定应予免税的各国驻华使馆、领事馆的外交代表、领事官员和其他人员的所得,是指依照《中华人民共和国外交特权与豁免条例》和《中华人民共和国领事特权与豁免条例》规定免税的所得。

【注释】 对《个人所得税法》第4条所规定的"依照我国法律规定应予免税的各国驻华使馆、领事馆的外交代表、领事官员和其他人员的所得"进行了解释。

第十六条 税法第五条所说的减征个人所得税,其减征的幅度和期限由省、自治区、直辖市人民政府规定。

【注释】 对《个人所得税法》第5条所规定的减征个人所得税制度进行了具体规定。相关规定包括:

《国家税务总局关于明确残疾人所得征免个人所得税范围的批复》(国税函[1999]329号)。

第十七条 税法第六条第一款第二项所说的成本、费用，是指纳税义务人从事生产、经营所发生的各项直接支出和分配计入成本的间接费用以及销售费用、管理费用、财务费用；所说的损失，是指纳税义务人在生产、经营过程中发生的各项营业外支出。

从事生产、经营的纳税义务人未提供完整、准确的纳税资料，不能正确计算应纳税所得额的，由主管税务机关核定其应纳税所得额。

【注释】 对《个人所得税法》第6条所规定的成本、费用和损失进行了解释。相关规定包括：《国家税务总局关于个人独资企业个人所得税税前固定资产折旧费扣除问题的批复》(国税函[2002]1090号)、《财政部 国家税务总局关于个人所得税若干政策问题的通知》(财税[1994]20号)、《财政部 国家税务总局关于调整个体工商户业主 个人独资企业和合伙企业投资者个人所得税费用扣除标准的通知》(财税[2006]44号)。

第十八条 税法第六条第一款第三项所说的每一纳税年度的收入总额，是指纳税义务人按照承包经营、承租经营合同规定分得的经营利润和工资、薪金性质的所得；所说的减除必要费用，是指按月减除2000元。

【注释】 对《个人所得税法》第6条所规定的“每一纳税年度的收入总额”、“减除必要费用”进行了解释。《征收个人所得税若干问题的规定》(国税发[1994]89号)对承包承租期不足一年如何征税的问题进行了规定。

第十九条 税法第六条第一款第五项所说的财产原值，是指：

(一) 有价证券，为买入价以及买入时按照规定交纳的有关费用；

(二) 建筑物，为建造费或者购进价格以及其他有关费用；

(三) 土地使用权，为取得土地使用权所支付的金额、开发土地的费用以及其他有关费用；

(四) 机器设备、车船，为购进价格、运输费、安装费以及其他有关费用；

(五) 其他财产，参照以上方法确定。

纳税义务人未提供完整、准确的财产原值凭证，不能正确计算财产原值的，由主管税务机关核定其财产原值。

【注释】 对《个人所得税法》第6条所规定的“财产原值”进行了解释。《国家税务总局关于加强和规范个人取得拍卖收入征收个人所得税有关问题的通知》(国税发[2007]38号)规定了书画作品古玩等的财产原值。

第二十条 税法第六条第一款第五项所说的合理费用，是指卖出财产时按照规定支付的有关费用。

【注释】 对《个人所得税法》第6条所规定的“合理费用”进行了解释。

第二十一条 税法第六条第一款第四项、第六项所说的每次收入，是指：

(一) 劳务报酬所得，属于一次性收入的，以取得该项收入为一次；属于同一项目连续性收入的，以一个月内取得的收入为一次。

(二) 稿酬所得，以每次出版、发表取得的收入为一次。

(三) 特许权使用费所得，以一项特许权的一次许可使用所取得的收入为一次。

(四) 财产租赁所得，以一个月内取得的收入为一次。

(五) 利息、股息、红利所得，以支付利息、股息、红利时取得的收入为一次。

(六) 偶然所得，以每次取得该项收入为一次。

【注释】 对《个人所得税法》第6条所规定的“每次收入”进行了解释。《征收个人所得税若干问题的规定》(国税发[1994]89号)对稿酬所得、拍卖文稿所得、董事费所得征税进行了具体规定。

第二十二条 财产转让所得，按照一次转让财产的收入额减除财产原值和合理费用后的余额，计算纳税。

第二十三条 二个或者二个以上的个人共同取得同一项目收入的，应当对每个人取得的收入分别按照税法规定减除费用后计算纳税。

第二十四条 税法第六条第二款所说的个人将其所得对教育事业和其他公益事业的捐赠，是指个人将其所得通过中国境内的社会团体、国家机关向教育和其他社会公益事业以及遭受严重自然灾害地区、贫困地区的捐赠。

捐赠额未超过纳税义务人申报的应纳税所得额30%的部分，可以从其应纳税所得额中扣除。

【注释】 对《个人所得税法》第6条所规定的公益捐赠扣除制度进行了具体规定。相关规定包括：《国家税务总局关于纳税人通过中国光彩事业促进会的公益救济性捐赠税前扣除问题的通知》(国税函[2003]78号)、《财政部　国家税务总局关于企业等社会力量向红十字事业捐赠有关问题的通知》(财税[2001]28号)、《国家税务总局关于纳税人通过光华科技基金会的公益救济性捐赠税前扣除问题的通知》(国税函[2001]164号)、《国家税务总局关于纳税人向中国人口福利基金会捐赠税前扣除问题的通知》(国税函[2001]214号)、《财政部　国家税务总局关于工商企业订阅党报党刊有关所得税税前扣除问题的通知》(财税[2003]224号)、《国家税务总局关于纳税人向中国法律援助基金会捐赠税前扣除问题的通知》(国税函[2003]722号)、《国家税务总局关于纳税人向中华环境保护基金会的捐赠税前扣除问题的通知》(国税函[2003]762号)、《国家税务总局关于纳税人通过中国初级卫生保健基金会的公益救济性捐赠税前扣除问题的通知》(国税函[2003]763号)、《国家税务总局关于纳税人向中国法律援助基金会捐赠税前扣除问题的通知》(国税函[2003]22号)、《财政部　国家税务总局财政部　国家税务总局关于对老年服务机构有关税收政策问题的通知》(财税[2000]97号)、《国家税务总局关于纳税人通过阎宝航教育基金会的公益救济性捐赠税前扣除问题的通知》(国税函[2004]341号)、《财政部　国家税务总局关于教育税收政策的通知》(财税[2004]39号)、《财政部　国家税务总局关于向宋庆龄基金会等6家单位捐赠所得税政策问题的通知》(财税[2004]172号)、《国家税务总局关于纳税人通过中国妇女发展基金会的公益救济性捐赠税前扣除问题的通知》(国税函[2002]973号)。

第二十五条　按照国家规定，单位为个人缴付和个人缴付的基本养老保险费、基本医疗保险费、失业保险费、住房公积金，从纳税义务人的应纳税所得额中扣除。

【注释】 相关规定包括：《国家税务总局关于海洋石油若干税收政策问题的通知》(国税发[1997]44号)、《国家税务总局关于外商投资企业及其雇员提存、支用住房公积金有关税务处理问题的通知》(国税发[1994]165号)、《财政部　国家税务总局关于住房公积金 医疗保险金 养老保险金征收个人所得税问题的通知》(财税[1997]144号)、《财政部　国家税务总局关于住房公积金医疗保险金 基本养老保险金 失业保险基金个人账户存款利息所得免征个人所得税的通知》(财税[1999]267号)、《财政部　国家税务总局关于基本养老保险费基本医疗保险费 失业保险费 住房公积金有关个人所得税政策的通知》(财税[2006]10号)。

第二十六条　税法第六条第三款所说的在中国境外取得工资、薪金所得，是指在中国境外任职或者受雇而取得的工资、薪金所得。

【注释】 对《个人所得税法》第6条所规定的"在中国境外取得工资、薪金所得"进行了解释。

第二十七条　税法第六条第三款所说的附加减除费用，是指每月在减除2000元费用的基础上，再减除本条例第二十九条规定数额的费用。

【注释】 对《个人所得税法》第6条所规定的"附加减除费用"进行了解释。自2008年3月1日以后，这里的"1600"应当改为"2000"。

第二十八条　税法第六条第三款所说的附加减除费用适用的范围，是指：

(一) 在中国境内的外商投资企业和外国企业中工作的外籍人员；

(二) 应聘在中国境内的企业、事业单位、社会团体、国家机关中工作的外籍专家；

(三) 在中国境内有住所而在中国境外任职或者受雇取得工资、薪金所得的个人；

(四) 国务院财政、税务主管部门确定的其他人员。

【注释】 对《个人所得税法》第6条所规定的附加减除费用制度进行了具体规定。

第二十九条　税法第六条第三款所说的附加减除费用标准为2800元。

【注释】 对《个人所得税法》第6条所规定的附加减除费用制度进行了具体规定。

第三十条　华侨和香港、澳门、台湾同胞，参照本条例第二十七条、第二十八条、第二十九条的规定执行。

【注释】 对《个人所得税法》第6条所规定的附加减除费用制度进行了具体规定。

第三十一条　在中国境内有住所，或者无住所而在境内居住满一年的个人，从中国境内和境外取得的所得,应当分别计算应纳税额。

第三十二条 税法第七条所说的已在境外缴纳的个人所得税税额,是指纳税义务人从中国境外取得的所得,依照该所得来源国家或者地区的法律应当缴纳并且实际已经缴纳的税额。

【注释】 对《个人所得税法》第7条所规定的"已在境外缴纳的个人所得税税额"进行了解释。

第三十三条 税法第七条所说的依照税法规定计算的应纳税额,是指纳税义务人从中国境外取得的所得,区别不同国家或者地区和不同应税项目,依照税法规定的费用减除标准和适用税率计算的应纳税额;同一国家或者地区内不同应税项目的应纳税额之和,为该国家或者地区的扣除限额。

纳税义务人在中国境外一个国家或者地区实际已经缴纳的个人所得税税额,低于依照前款规定计算出的该国家或者地区扣除限额的,应当在中国缴纳差额部分的税款;超过该国家或者地区扣除限额的,其超过部分不得在本纳税年度的应纳税额中扣除,但是可以在以后纳税年度的该国家或者地区扣除限额的余额中补扣。补扣期限最长不得超过五年。

【注释】 对《个人所得税法》第7条所规定的外国税收抵免制度进行了具体规定。

第三十四条 纳税义务人依照税法第七条的规定申请扣除已在境外缴纳的个人所得税税额时,应当提供境外税务机关填发的完税凭证原件。

【注释】 对《个人所得税法》第7条所规定的外国税收抵免制度进行了具体规定。

第三十五条 扣缴义务人在向个人支付应税款项时,应当依照税法规定代扣税款,按时缴库,并专项记载备查。

前款所说的支付,包括现金支付、汇拨支付、转账支付和以有价证券、实物以及其他形式的支付。

第三十六条 纳税义务人有下列情形之一的,应当按照规定到主管税务机关办理纳税申报:

(一)年所得12万元以上的;

(二)从中国境内二处或者二处以上取得工资、薪金所得的;

(三)从中国境外取得所得的;

(四)取得应纳税所得,没有扣缴义务人的;

(五)国务院规定的其他情形。

年所得12万元以上的纳税义务人,在年度终了后3个月内到主管税务机关办理纳税申报。

纳税义务人办理纳税申报的地点以及其他有关事项的管理办法,由国家税务总局制定。

【注释】 根据《个人所得税法》第8条的授权具体规定了应当自行纳税申报的具体情形。相关规定包括:《个人所得税自行申报纳税暂行办法》(国税发[1995]77号)、《个人所得税自行纳税申报办法(试行)》(国税发[2006]162号)。

第三十七条 税法第八条所说的全员全额扣缴申报,是指扣缴义务人在代扣税款的次月内,向主管税务机关报送其支付所得个人的基本信息、支付所得数额、扣缴税款的具体数额和总额以及其他相关涉税信息。

全员全额扣缴申报的管理办法,由国家税务总局制定。

【注释】 对《个人所得税法》第8条所规定的"全员全额扣缴申报"进行了解释。相关规定包括:《个人所得税全员全额扣缴申报管理暂行办法》(国税发[2005]205号)、《国家税务总局关于个人所得税纳税人纳税申报有关事项的通知》(国税发[2005]207号)。

第三十八条 自行申报的纳税义务人,在申报纳税时,其在中国境内已扣缴的税款,准予按照规定从应纳税额中扣除。

第三十九条 纳税义务人兼有税法第二条所列的二项或者二项以上的所得的,按项分别计算纳税。在中国境内二处或者二处以上取得税法第二条第一项、第二项、第三项所得的,同项所得合并计算纳税。

第四十条 税法第九条第二款所说的特定行业,是指采掘业、远洋运输业、远洋捕捞业以及国务院财政、税务主管部门确定的其他行业。

【注释】 对《个人所得税法》第9条所规定的"特定行业"进行了解释。相关规定包括:《国家税务总局关于远洋运输船员工资薪金所得个人所得税费用扣除问题的通知》(国税发[1999]202号)。

第四十一条 税法第九条第二款所说的按年计算、分月预缴的计征方式,是指本条例第四十条所列的特定行业职工的工资、薪金所得应纳的税款，按月预缴，自年度终了之日起 30 日内，合计其全年工资、薪金所得，再按 12 个月平均并计算实际应纳的税款，多退少补。

【注释】 对《个人所得税法》第 9 条所规定的按年计算、分月预缴的计征方式进行了解释。

第四十二条　税法第九条第四款所说的由纳税义务人在年度终了后 30 日内将应纳的税款缴入国库，是指在年终一次性取得承包经营、承租经营所得的纳税义务人，自取得收入之日起 30 日内将应纳的税款缴入国库。

【注释】 对《个人所得税法》第 9 条所规定的由纳税义务人在年度终了后 30 日内将应纳的税款缴入国库进行了解释。

第四十三条　依照税法第十条的规定，所得为外国货币的，应当按照填开完税凭证的上一月最后一日中国人民银行公布的外汇牌价，折合成人民币计算应纳税所得额。依照税法规定，在年度终了后汇算清缴的，对已经按月或者按次预缴税款的外国货币所得，不再重新折算；对应当补缴税款的所得部分，按照上一纳税年度最后一日中国人民银行公布的外汇牌价，折合成人民币计算应纳税所得额。

【注释】 对《个人所得税法》第 10 条所规定的外币兑换制度进行了具体规定。

第四十四条　税务机关按照税法第十一条的规定付给扣缴义务人手续费时，应当按月填开收入退还书发给扣缴义务人。扣缴义务人持收入退还书向指定的银行办理退库手续。

【注释】 对《个人所得税法》第 11 条所规定的扣缴税款手续费制度进行了具体规定。

第四十五条　个人所得税纳税申报表、扣缴个人所得税报告表和个人所得税完税凭证式样，由国家税务总局统一制定。

第四十六条　税法和本条例所说的纳税年度，自公历 1 月 1 日起至 12 月 31 日止。

第四十七条　1994 纳税年度起，个人所得税依照税法以及本条例的规定计算征收。

第四十八条　本条例自发布之日起施行。1987 年 8 月 8 日国务院发布的《中华人民共和国国务院关于对来华工作的外籍人员工资、薪金所得减征个人所得税的暂行规定》同时废止。

财政部　国家税务总局关于华侨从海外汇入赡养家属的侨汇等免征个人所得税问题的通知

财税外[1980]196 号

各省、市、自治区财政厅(局)：

中国银行总行反映，华侨从海外汇入赡养家属的侨汇等是否征收个人所得税。经研究明确如下：

一、华侨从海外汇入我国境内赡养其家属的侨汇，免征个人所得税；

二、继承国外遗产从海外调入的外汇，免征个人所得税；

三、取回解冻在美资金汇入的外汇，免征个人所得税。

【注释】 《个人所得税法》第 4 条。

财政部　国家税务总局关于个人所得税若干政策问题的通知

财税[1994]20 号

各省、自治区、直辖市财政厅(局)、税务局，各计划单列市财政局、税务局，海洋石油税务管理局各分局：

根据《中华人民共和国个人所得税法》及其实施条例的有关规定精神，现将个人所得税的若干政策问题通知如下：

一、关于对个体工商户的征税问题

(一) 个体工商户业主的费用扣除标准和从业人员的工资扣除标准，由各省、自治区、直辖市税务局确定。个体工商户在生产、经营期间借款的利息支出，凡有合法证明的，不高于按金融机构同类、同期贷款利率计算的数额的部分，准予扣除。

(二) 个体工商户或个人专营种植业、养殖业、饲养业、捕捞业，其经营项目属于农业税(包括农业特产税，下同)、牧业税征税范围并已征收了农业税、牧业税的，不再征收个人所得税；不属于农业税、牧业税征税范围的，应对其所得征收个人所得税。兼营上述四业并四业的所得单独核算的，比照上述原则办理，对于属于征收个人所得税的，应与其他行业的生产、经营所得合并计征个人所得税；对于四业的所得不能单独核算的，应就其全部所得计征个人所得税。

（三）个体工商户与企业联营而分得的利润，按利息、股息、红利所得项目征收个人所得税。

（四）个体工商户和从事生产、经营的个人，取得与生产、经营活动无关的各项应税所得，应按规定分别计算征收个人所得税。

二、下列所得，暂免征收个人所得税

（一）外籍个人以非现金形式或实报实销形式取得的住房补贴、伙食补贴、搬迁费、洗衣费。

（二）外籍个人按合理标准取得的境内、外出差补贴。

（三）外籍个人取得的探亲费、语言训练费、子女教育费等，经当地税务机关审核批准为合理的部分。

（四）个人举报、协查各种违法、犯罪行为而获得的奖金。

（五）个人办理代扣代缴税款手续，按规定取得的扣缴手续费。

（六）个人转让自用达五年以上、并且是唯一的家庭生活用房取得的所得。

（七）对按国发[1983]141号《国务院关于高级专家离休退休若干问题的暂行规定》和国办发[1991]40号《国务院办公厅关于杰出高级专家暂缓离退休审批问题的通知》精神，达到离休、退休年龄，但确因工作需要，适当延长离休退休年龄的高级专家（指享受国家发放的政府特殊津贴的专家、学者），其在延长离休退休期间的工资、薪金所得，视同退休工资、离休工资免征个人所得税。

（八）外籍个人从外商投资企业取得的股息、红利所得。

（九）凡符合下列条件之一的外籍专家取得的工资、薪金所得可免征个人所得税：

1. 根据世界银行专项贷款协议由世界银行直接派往我国工作的外国专家；

2. 联合国组织直接派往我国工作的专家；

3. 为联合国援助项目来华工作的专家；

4. 援助国派往我国专为该国无偿援助项目工作的专家；

5. 根据两国政府签订文化交流项目来华工作两年以内的文教专家，其工资、薪金所得由该国负担的；

6. 根据我国大专院校国际交流项目来华工作两年以内的文教专家，其工资、薪金所得由该国负担的；

7. 通过民间科研协定来华工作的专家，其工资、薪金所得由该国政府机构负担的。

三、关于中介费扣除问题

对个人从事技术转让、提供劳务等过程中所支付的中介费，如能提供有效、合法凭证的，允许从其所得中扣除。

四、对个人从基层供销社、农村信用社取得的利息或股息、红利收入是否征收个人所得税，由各省、自治区、直辖市税务局报请政府确定，报财政部、国家税务总局备案。

【注释】《个人所得税法》第4条；《个人所得税法实施条例》第17条；本通知第二条审批已经被废止，具体管理方法参见《国家税务总局关于取消及下放外商投资企业和外国企业以及外籍个人若干税务行政审批项目的后续管理问题的通知》（国税发[2004]80号）。

国家税务总局关于境外所得征收个人所得税若干问题的通知

国税发[1994]44号

各省、自治区、直辖市税务局，各计划单列市税务局，海洋石油税务管理局各分局：

为维护国家税收权益，根据《中华人民共和国个人所得税法》及其实施条例的有关规定，现对境外所得征收个人所得税若干问题通知如下：

一、关于纳税申报期限问题

纳税人来源于中国境外的应税所得，在境外以纳税年度计算缴纳个人所得税的，应在所得来源国的纳税年度终了、结清税款后的30日内，向中国税务机关申报缴纳个人所得税；在取得境外所得时结算税款的，或者在境外按来源国税法规定免予缴纳个人所得税的，应在次年1月1日起30日内向中国税务机关申报缴纳个人所得税。纳税人兼有来源于中国境内、境外所得的，应分别申报计算纳税。

二、关于境外代扣代缴税款问题

纳税人任职或受雇于中国的公司、企业和其他经济组织或单位派驻境外的机构的，可由境外该任职、受雇机构集中申报纳税，并代扣代缴税款。

三、关于纳税申报方式问题

纳税人在规定的申报期限内不能到主管税务机关申报纳税的，应委托他人申报纳税或者邮寄申报纳税。邮寄申报纳税的，以寄出地的邮戳日期为实际申报日期。

四、境外所得税款抵扣举例

某纳税人1994年1月至12月在A国取得工薪收入60000元（人民币，下同），特许权使用费收入7000元；同时，又在B国取得利息收入1000元。该纳税人已分别按A国和B国税法规定，缴纳了个人所得税1150元和250元。其抵扣计算方法如下：

（一）在A国所得缴纳税款的抵扣

1. 工资、薪金所得按我国税法规定计算的应纳税额：

60000/12－4000×税率－速算扣除数×12（月份数）＝（1000×10％－25）×12＝900（元）

2. 特许权使用费所得按我国税法规定计算的应纳税额：

7000×（1－20％）×20％（税率）＝1120（元）

3. 抵扣限额：

900＋1120＝2020（元）

4. 该纳税人在A国所得缴纳个人所得税1150元，低于抵扣限额，因此，可全额抵扣，并需在中国补缴税款870元（2020－1150）。

（二）在B国所得缴纳税款的抵扣

其在B国取得的利息所得按我国税法规定计算的应纳税额，即抵扣限额：1000×20％（税率）＝200（元）该纳税人在B国实际缴纳的税款超出了抵扣限额，因此，只能在限额内抵扣200元，不用补缴税款。

（三）在A、B两国所得缴纳税款抵扣结果

根据上述计算结果，该纳税人当年度的境外所得应在中国补缴个人所得税870元，B国缴纳税款未抵扣完的50元，可在以后5年内该纳税人从B国取得的所得中的征税抵扣限额有余额时补扣。

五、本通知自1994年1月1日起施行。

【注释】《个人所得税法》第9条。

国家税务总局关于印发《征收个人所得税若干问题的规定》的通知

国税发［1994］089号

为了更好地贯彻执行《中华人民共和国个人所得税法》（以下简称税法）及其实施条例（以下简称条例），认真做好个人所得税的征收管理，根据税法及条例的规定精神，现将一些具体问题明确如下：

一、关于如何掌握“习惯性居住”的问题

条例第二条规定，在中国境内有住所的个人，是指因户籍、家庭、经济利益关系而在中国境内习惯性居住的个人。所谓习惯性居住，是判定纳税义务人是居民或非居民的一个法律意义上的标准，不是指实际居住或在某一个特定时期内的居住地。如因学习、工作、探亲、旅游等而在中国境外居住的，在其原因消除之后，必须回到中国境内居住的个人，则中国即为该纳税人习惯性居住地。

【注释】 对《个人所得税法》第1条进行了解释；对《个人所得税法实施条例》第2条进行了解释。

二、关于工资、薪金所得的征税问题

条例第八条第一款第一项对工资、薪金所得的具体内容和征税范围作了明确规定，应严格按照规定进行征税。对于补贴、津贴等一些具体收入项目应否计入工资、薪金所得的征税范围问题，按下述情况掌握执行：

（一）条例第十三条规定，对按照国务院规定发给的政府特殊津贴和国务院规定免纳个人所得税的补贴、津贴，免予征收个人所得税。其他各种补贴、津贴均应计入工资、薪金所得项目征税。

（二）下列不属于工资、薪金性质的补贴、津贴或者不属于纳税人本人工资、薪金所得项目的收入，不征税：

1. 独生子女补贴；

2. 执行公务员工资制度未纳入基本工资总额的补贴、津贴差额和家属成员的副食品补贴；

3. 托儿补助费；

4. 差旅费津贴、误餐补助。

【注释】 对《个人所得税法实施条例》第 13 条进行了解释。

三、关于在外商投资企业、外国企业和外国驻华机构工作的中方人员取得的工资、薪金所得的征税的问题

（一）在外商投资企业、外国企业和外国驻华机构工作的中方人员取得的工资、薪金收入，凡是由雇佣单位和派遣单位分别支付的，支付单位应依照税法第八条的规定代扣代缴个人所得税。按照税法第六条第一款第一项的规定，纳税义务人应以每月全部工资、薪金收入减除规定费用后的余额为应纳税所得额。为了有利于征管，对雇佣单位和派遣单位分别支付工资、薪金的，采取由支付者中的一方减除费用的方法，即只由雇佣单位在支付工资、薪金时，按税法规定减除费用，计算扣缴个人所得税；派遣单位支付的工资、薪金不再减除费用，以支付全额直接确定适用税率，计算扣缴个人所得税。

上述纳税义务人，应持两处支付单位提供的原始明细工资、薪金单（书）和完税凭证原件，选择并固定到一地税务机关申报每月工资、薪金收入，汇算清缴其工资、薪金收入的个人所得税，多退少补。

具体申报期限，由各省、自治区、直辖市税务局确定。

（二）对外商投资企业、外国企业和外国驻华机构发放给中方工作人员的工资、薪金所得，应全额征税。但对可以提供有效合同或有关凭证，能够证明其工资、薪金所得的一部分按照有关规定上交派遣（介绍）单位的，可扣除其实际上交的部分，按其余额计征个人所得税。

四、关于稿酬所得的征税问题

（一）个人每次以图书、报刊方式出版、发表同一作品（文字作品、书画作品、摄影作品以及其他作品），不论出版单位是预付还是分笔支付稿酬，或者加印该作品后再付稿酬，均应合并其稿酬所得按一次计征个人所得税。在两处或两处以上出版、发表或再版同一作品而取得稿酬所得，则可分别各处取得的所得或再版所得按分次所得计征个人所得税。

（二）个人的同一作品在报刊上连载，应合并其因连载而取得的所有稿酬所得为一次，按税法规定计征个人所得税。在其连载之后又出书取得稿酬所得，或先出书后连载取得稿酬所得，应视同再版稿酬分次计征个人所得税。

（三）作者去世后，对取得其遗作稿酬的个人，按稿酬所得征收个人所得税。

五、关于拍卖文稿所得的征税问题

作者将自己的文字作品手稿原件或复印件公开拍卖（竞价）取得的所得，应按特许权使用费所得项目征收个人所得税。

六、关于财产租赁所得的征税问题

（一）纳税义务人在出租财产过程中缴纳的税金和国家能源交通重点建设基金、国家预算调节基金、教育费附加，可持完税（缴款）凭证，从其财产租赁收入中扣除。

（二）纳税义务人出租财产取得财产租赁收入，在计算征税时，除可依法减除规定费用和有关税、费外，还准予扣除能够提供有效、准确凭证，证明由纳税义务人负担的该出租财产实际开支的修缮费用。允许扣除的修缮费用，以每次 800 元为限，一次扣除不完的，准予在下一次继续扣除，直至扣完为止。

（三）确认财产租赁所得的纳税义务人，应以产权凭证为依据。无产权凭证的，由主管税务机关根据实际情况确定纳税义务人。

（四）产权所有人死亡，在未办理产权继承手续期间，该财产出租而有租金收入的，以领取租金的个人为纳税义务人。

七、关于如何确定转让债权财产原值的问题

转让债权，采用“加权平均法”确定其应予减除的财产原值和合理费用。即以纳税人购进的同一种类债券买入价和买进过程中缴纳的税费总和，除以纳税人购进的该种类债券数量之和，乘以纳税人卖出的该种类债券数量，再加上卖出的该种类债券过程中缴纳的税费。用公式表示为：

$$\text{一次卖出某一种类债券允许扣除的买入价和费用}=\frac{\text{纳税人购进的该种类债券买入价和买进过程中交纳的税费总和}}{\text{纳税人购进的该种类债券总数量}}\times\text{一次卖出的该种类债券的数量}+\text{卖出该种类债券过程中缴纳的税费}$$

八、关于董事费的征税问题

个人由于担任董事职务所取得的董事费收入，属于劳务报酬所得性质，按照劳务报酬所得项目征收个人所得税。

九、关于个人取得不同项目劳务报酬所得的征税问题

条例第二十一条第一款第一项中所述的“同一项目”，是指劳务报酬所得列举具体劳务项目中的某一单项，个人兼有不同的劳务报酬所得，应当分别减除费用，计算缴纳个人所得税。

【注释】 对《个人所得税法实施条例》第21条所规定的“同一项目”进行了解释。

十、关于外籍纳税人在中国几地工作如何确定纳税地点的问题

（一）在几地工作或提供劳务的临时来华人员，应以税法所规定的申报纳税的日期为准，在某一地达到申报纳税的日期，即在该地申报纳税。但准予其提出申请，经批准后，也可固定在一地申报纳税。

（二）凡由在华企业或办事机构发放工资、薪金的外籍纳税人，由在华企业或办事机构集中向当地税务机关申报纳税。

【注释】 本条审批已经被废止，具体管理方法参见《国家税务总局关于取消及下放外商投资企业和外国企业以及外籍个人若干税务行政审批项目的后续管理问题的通知》（国税发[2004]80号）。

十一、关于派发红股的征税问题

股份制企业在分配股息、红利时，以股票形式向股东个人支付应得的股息、红利（即派发红股），应以派发红股的股票票面金额为收入额，按利息、股息、红利项目计征个人所得税。

十二、关于运用速算扣除数法计算应纳税额的问题

为简便计算应纳个人所得税额，可对适用超额累进税率的工资、薪金所得，个体工商户的生产、经营所得，对企事业单位的承包经营、承租经营所得，以及适用加成征收税率的劳务报酬所得，运用速算扣除数法计算其应纳税额。应纳税额的计算公式为：

应纳税额＝应纳税所得额×适用税率－速算扣除数

适用超额累进税率的应税所得计算应纳税额的速算扣除数，详见附表一、二、三。

十三、关于纳税人一次取得属于数月的奖金或年终加薪、劳动分红的征税问题

纳税人一次取得属于数月的奖金或年终加薪、劳动分红，一般应将全部奖金或年终加薪、劳动分红同当月份的工资、薪金合并计征个人所得税。但对于合并计算后提高适用税率的，可采取以月份所属奖金或年终加薪、劳动分红加当月份工资、薪金，减去当月份费用扣除标准后的余额为基数确定适用税率，然后，将当月份工资、薪金加上全部奖金或年终加薪、劳动分红，减去当月份费用扣除标准后的余额，按适用税率计算征收个人所得税。对按上述方法计算无应纳税所得额的，免予征税。

十四、关于单位或个人为纳税义务人负担税款的计征办法问题

单位或个人为纳税义务人负担个人所得税税款，应将纳税义务人取得的不含税收入换算为应纳税所得额，计算征收个人所得税。计算公式如下：

（一）应纳税所得额＝（不含税收入额－费用扣除标准－速算扣除数）÷（1－税率）

（二）应纳税额＝应纳税所得额×适用税率－速算扣除数

公式（一）中的税率，是指不含税所得按不含税级距（详见所附税率表一、二、三）对应的税率；公式（二）中的税率，是指应纳税所得额按含税级距对应的税率。

【注释】《国家税务总局关于明确单位或个人为纳税义务人的劳务报酬所得代付税款计算公式的通知》（国税发[1996]161号）对此问题进行了进一步规定。

十五、关于纳税人所得为外国货币如何办理退税和补税的问题

（一）纳税人所得为外国货币并已按照中国人民银行公布的外汇牌价以外国货币兑换成人民币缴纳税款后，如发生多缴税款需要办理退税，凡属于1993年12月31日以前取得应税所得的，可以将应退的人民币税款，按照缴纳税款时的外汇牌价（买入价，以下同）折合成外国货币，再将该外国货币数额按照填开退税凭证当日的外汇牌价折合成人民币退还税款；凡属于1994年1月1日以后取得应税所得的，应直接退还多缴的人民币税款。

（二）纳税人所得为外国货币的，发生少缴税款需要办理补税时，除依照税法规定汇算清缴以外的，应当按照填开补税凭证前一月最后一日的外汇牌价折合成人民币计算应纳税所得额补缴税款。

十六、关于在境内、境外分别取得工资、薪金所得，如何计征税款的问题

纳税义务人在境内、境外同时取得工资、薪金所得的，应根据条例第五条规定的原则，判断其境内、境外取得的所得是否来源于一国的所得。纳税义务人能够提供在境内、境外同时任职或者受雇及其工资、薪金标准的有效证明文件，可判定其所得是来源于境内和境外所得，应按税法和条例的规定分别减除费用并计算纳税；不能提供上述证明文件的，应视为来源于一国的所得，如其任职或者受雇单位在中国境内，应为来源于中国境内的所得，如其任职或受雇单位在中国境外，应为来源于中国境外的所得。

十七、关于承包、承租期不足一年如何计征税款的问题

实行承包、承租经营的纳税义务人，应以每一纳税年度取得的承包、承租经营所得计算纳税，在一个纳税年度内，承包、承租经营不足12个月的，以其实际承包、承租经营的月份数为一个纳税年度计算纳税。计算公式为：

应纳税所得额＝该年度承包、承租经营收入额－（800×该年度实际承包、承租经营月份数）

应纳税额＝应纳税所得额×适用税率－速算扣除数

十八、关于利息、股息、红利的扣缴义务人问题

利息、股息、红利所得实行源泉扣缴的征收方式，其扣缴义务人应是直接向纳税义务人支付利息、股息、红利的单位。

【注释】《国家税务总局关于股份制企业分配股息、红利所得征收个人所得税问题的批复》(国税函发[1994]665号)对本条规定进行了确认。

十九、关于工资、薪金所得与劳务报酬所得的区分问题

工资、薪金所得是属于非独立个人劳务活动，即在机关、团体、学校、部队、企事业单位及其他组织中任职、受雇而得到的报酬；劳务报酬所得则是个人独立从事各种技艺、提供各项劳务取得的报酬。两者的主要区别在于，前者存在雇佣与被雇佣关系，后者则不存在这种关系。

二十、以前规定与本规定抵触的，按本规定执行。

税率表一

（工资、薪金所得适用）

级数	含税级距	不含税级距	税率(%)	速算扣除数
1	不超过500元的	不超过475元的	5	0
2	超过500元至2000元的部分	超过475元至1825元的部分	10	25
3	超过2000元至5000元的部分	超过1825元至4375元的部分	15	125
4	超过5000元至20000元的部分	超过4375元至16375元的部分	20	375
5	超过20000元至40000元的部分	超过16375元至31375元的部分	25	1375
6	超过40000元至60000元的部分	超过31375元至45375元的部分	30	3375
7	超过60000元至80000元的部分	超过45375元至58375元的部分	35	6375
8	超过80000元至100000元的部分	超过58375元至70375元的部分	40	10375
9	超过100000元的部分	超过70375元的部分	45	15375

注：1. 表中所列含税级距与不含税级距，均为按照税法规定减除有关费用后的所得额。

2. 含税级距适用于由纳税人负担税款的工资、薪金所得；不含税级距适用于由他人(单位)代付税款的工资、薪金所得。

税 率 表 二

（个体工商户的生产、经营所得和对企事业单位的承包经营、承租经营所得适用）

级　数	含税级距	不含税级距	税率(%)	速算扣除数
1	不超过5000元的	不超过4750元的	5	0
2	超过5000元至10000元的部分	超过4750元至9250元的部分	10	250
3	超过10000元至30000元的部分	超过9250元至25250元的部分	20	1250
4	超过30000元至50000元的部分	超过25250元至39250元的部分	30	4250
5	超过50000元的部分	超过39250元的部分	35	6750

注：1. 表中所列含税级距与不含税级距，均为按照税法规定减除有关费用（成本、损失）后的所得额。

2. 含税级距适用于个体工商户的生产、经营所得和由纳税人负担税款的承包经营、承租经营所得；不含税级距适用于由他人（单位）代付税款的承包经营、承租经营所得。

税 率 表 三

（劳务报酬所得适用）

级　数	含税级距	不含税级距	税率(%)	速算扣除数
1	不超过20000元的	不超过16000元的	20	0
2	超过20000元至50000元的部分	超过16000元至37000元的部分	30	2000
3	超过50000元的部分	超过37000元的部分	40	7000

注：1. 表中的含税级距、不含税级距，均为按照税法规定减除有关费用后的所得额。

2. 含税级距适用于由纳税人负担税款的劳务报酬所得；不含税级距适用于由他人（单位）代付税款的劳务报酬所得。

【注释】 引用本规定的文件包括：《国家税务总局关于股份制企业转增股本和派发红股征免个人所得税的通知》（国税发[1997]198号）、《国家税务总局关于股份制企业分配股息、红利所得征收个人所得税问题的批复》（国税函发[1994]665号）、《国家税务总局关于明确单位或个人为纳税义务人的劳务报酬所得代付税款计算公式的通知》（国税发[1996]161号）、《国家税务总局关于个人兼职和退休人员再任职取得收入如何计算征收个人所得税问题的批复》（国税函[2005]382号）。

国家税务总局关于社会福利有奖募捐发行收入税收问题的通知

国税发[1994]127号

各省、自治区、直辖市税务局，深圳、厦门、大连、青岛、宁波、重庆市税务局：

接民政部来函，要求对社会福利有奖募捐取得收入继续给予免税照顾。新税制实施后，对社会福利有奖募捐发行收入的税收问题，明确如下：

……

二、所得税

考虑到政策的连续性，对社会福利有奖募捐的发行收入在“八五”期间免征企业所得税。对个人购买社会福利有奖募捐奖券一次中奖收入不超过10000元的暂免征收个人所得税，对一次中奖收入超过10000元的，应按税法规定全额征税。本规定从6月1日起执行。凡以前已征个人所得税的，可不退税；未征个人所得税的，不补税。

……

【注释】 《个人所得税法》第4条。

国家税务总局关于在中国境内无住所的个人取得工资薪金所得纳税义务问题的通知

国税发[1994]148号

依照《中华人民共和国个人所得税法》(以下简称税法)及其实施条例(以下简称实施条例)和我国对外签订的避免双重征税协定(以下简称税收协定)的有关规定,现对在中国境内无住所的个人由于在中国境内公司、企业、经济组织(以下简称中国境内企业)或外国企业在中国境内设立的机构、场所以及税收协定所说常设机构(以下简称中国境内机构)担任职务,或者由于受雇或履行合同而在中国境内从事工作而取得的工资薪金所得应如何确定征税问题,明确如下:

一、关于工资、薪金所得来源地的确定

根据实施条例第五条第(一)项的规定,属于来源于中国境内的工资薪金所得应为个人实际在中国境内工作期间取得的工资薪金,即:个人实际在中国境内工作期间取得的工资薪金,不论是由中国境内还是境外企业或个人雇主支付的,均属来源于中国境内的所得;个人实际在中国境外工作期间取得的工资薪金,不论是由中国境内还是境外企业或个人雇主支付的,均属于来源于中国境外的所得。

二、关于在中国境内无住所而在一个纳税年度中在中国境内连续或累计居住不超过90日或在税收协定规定的期间在中国境内连续或累计居住不超过183日的个人纳税义务的确定

根据税法第一条第二款和实施条例第七条以及税收协定的有关规定,在中国境内无住所而在一个纳税年度中在中国境内连续或累计工作不超过90日或在税收协定规定的期间在中国境内连续或累计居住不超过183日的个人,由中国境外雇主支付并且不是由该雇主的中国境内机构负担的工资薪金,免予申报缴纳个人所得税。对前述个人应仅就其实际在中国境内工作期间由中国境内企业或个人雇主支付或者由中国境内机构负担的工资薪金所得申报纳税。凡是该中国境内企业、机构属于采取核定利润方法计征企业所得税或没有营业收入而不征收企业所得税的,在该中国境内企业、机构任职、受雇的个人实际在中国境内工作期间取得的工资薪金,不论是否在该中国境内企业、机构会计账簿中有记载,均应视为该中国境内企业支付或由该中国境内机构负担的工资薪金。

上述个人每月应纳的税款应按税法规定的期限申报缴纳。

三、关于在中国境内无住所而在一个纳税年度中在中国境内连续或累计居住超过90日或在税收协定规定的期间在中国境内连续或累计居住超过183日但不满一年的个人纳税义务的确定

根据税法第一条第二款以及税收协定的有关规定,在中国境内无住所而在一个纳税年度中在中国境内连续或累计工作超过90日或在税收协定规定的期间在中国境内连续或累计居住超过183日但不满一年的个人,其实际在中国境内工作期间取得的由中国境内企业或个人雇主支付和由境外企业或个人雇主支付的工资薪金所得,均应申报缴纳个人所得税;其在中国境外工作期间取得的工资薪金所得,除属于本通知第五条规定的情况外,不予征收个人所得税。

上述个人每月应纳的税款应按税法规定的期限申报缴纳。其中,取得的工资薪金所得是由境外雇主支付并且不是由中国境内机构负担的个人,事先可预定在一个纳税年度中连续或累计居住超过90日或在税收协定规定的期间连续或累计居住超过183日的,其每月应纳的税款应按税法规定期限申报纳税;对事先不能预定在一个纳税年度或税收协定规定的有关期间连续或累计居住超过90日或183日的,可以待达到90日或183日后的次月7日内,就其以前月份应纳的税款一并申报缴纳。

四、关于在中国境内无住所但在境内居住满一年的个人纳税义务的确定

根据税法第一条第一款、实施条例第六条的规定,在中国境内无住所但在境内居住满一年而不超过五年的个人,其在中国境内工作期间取得的由中国境内企业或个人雇主支付和由中国境外企业或个人雇主支付的工资薪金,均应申报缴纳个人所得税;其在实施条例第三条所说临时离境工作期间的工资薪金所得,仅就由中国境内企业或个人雇主支付的部分申报纳税,凡是该中国境内企业、机构属于采取核定利润方法计征企业所得税或没有营业收入而不征收企业所得税的,在该中国境内企业、机构任职、受雇的个人取得的工资薪金,不论是否在中国境内企业、机构会计账簿中有记载,均应视为由其任职的中国境内企业、机构支付。

上述个人,在一个月中既有在中国境内工作期间的工资薪金所得,也有在临时离境期间由境内企业或个人雇主支付的工资薪金所得的，应合并计算当月应纳税款，并按税法规定的期限申报缴纳。

五、中国境内企业董事、高层管理人员纳税义务的确定

担任中国境内企业董事或高层管理职务的个人，其取得的由该中国境内企业支付的董事费或工资薪金，不适用本通知第二条、第三条的规定，而应自其担任该中国境内企业董事或高层管理职务起，至其解除上述职务止的期间，不论其是否在中国境外履行职务，均应申报缴纳个人所得税；其取得的由中国境外企业支付的工资薪金，应依照本通知第二条、第三条、第四条的规定确定纳税义务。

六、不满一个月的工资薪金所得应纳税款的计算

属于本通知第二条、第三条、第四条、第五条所述情况中的个人，凡应仅就不满一个月期间的工资薪金所得申报纳税的，均应按全月工资薪金所得计算实际应纳税额，其计算公式如下：

$$\text{应纳税额}=(\text{当月工资薪金应纳税所得额}\times\text{适用税率}-\text{速算扣除数})\times\frac{\text{当月实际在中国天数}}{\text{当月天数}}$$

如果属于上述情况的个人取得的是日工资薪金，应以日工资薪金乘以当月天数换算成月工资薪金后，按上述公式计算应纳税额。

七、本通知规定自1994年7月1日起执行。以前规定与本通知规定内容有不同的，应按本通知规定执行。

【注释】《个人所得税法》第1条；《个人所得税法实施条例》第5—7条。

国家税务总局关于外商投资企业及其雇员提存、支用住房公积金有关税务处理问题的通知

国税发[1994]165号

根据国务院的统一部署，各地相继出台了住房制度改革的实施办法。现对外商投资企业（以下简称企业）及其中方雇员（以下简称个人）提存、领取和支用各类住房补贴或住房公积金的税务处理问题明确如下：

一、对企业和个人按照国家或地方政府住房制度的有关规定提存各类住房补贴或住房公积金（包括自愿住房公积金）的税务处理

（一）在未实行住房制度改革的地区，企业按照财政部门、劳动部门的原有规定提取的住房补贴，可作为计算企业当期应纳税所得额的扣除项目在当期成本费用中列支。

（二）在已实行住房制度改革的地区，企业按照国家或地方政府规定的比例提存各类住房公积金时，凡企业在计征企业所得税前已按有关规定提存各类职工福利基金的，企业每年提存的该项职工福利基金支付除职工住房支出以外的其他规定用途支出后的账面余额应转为住房公积金；账面无余额或账面余额不足以结转当年应提存的住房公积金的，不足部分方可在计征所得税前作为当期成本、费用列支。

（三）企业和个人按照国家或地方政府规定的比例提取并向指定机构实际缴付的住房公积金，在计征个人所得税时可不计入个人当期工资、薪金收入。

二、企业和个人支用本通知第一条所指的住房补贴或住房公积金的税务处理

（一）企业实际支付给个人的住房购建费用、修房费用和租房费用等住房支出，应在已提存的该个人住房补贴或住房公积金中列支。

（二）个人领取已提存的住房公积金（包括企业提存部分和个人提存部分），应按实际领取数计入个人当期工资、薪金收入计算缴纳个人所得税。但个人实际支付的各项住房支出（包括购建房支出和租房支出等），符合国家和地方政府规定的用途，并能提供有效合法的支付凭证，经主管税务机关审核，可从实际领取数中扣除，超过实际领取数的部分，不得从当期工资薪金收入中扣除。

三、企业和个人超出国家或地方政府规定的比例提存与支用各类住房补贴或住房公积金的税务处理

（一）企业超出国家或地方政府规定的比例自行提存的各类住房补贴或住房（补充）公积金，不得在企业当期成本、费用中列支。

（二）企业实际支付给个人的住房购建费用、修房费用和租房费用等住房支出，不足以在按国家或地方政府规定提存的该个人住房补贴或住房公积金中列支的部分，凡企业董事会决议由企业支付的，可依有效合法的支付凭证列入企业当期成本、费用。但同时应计入个人当期工资、薪金收入计征个人所得税。

（三）个人超出国家或地方政府规定的比例提存的住房公积金，在计算缴纳个人所得税时，不得从个人

当期工资、薪金所得中扣除。

【注释】《个人所得税法实施条例》第26条。

国家税务总局关于个人对企事业单位实行承包经营、承租经营取得所得征税问题的通知

国税发[1994]179号

各县(市、区)财税局、市局各直属财税(税务)分局、市检查大队:

修订后的个人所得税法实施以来,各地反映,目前实行承包(租)经营的形式较多,分配方式也不相同,对企事业单位的承包经营、承租经营所得项目如何计征个人所得税,须作出具体规定。经我们研究,现明确如下:

一、企业实行个人承包、承租经营后,如果工商登记仍为企业的,不管其分配方式如何,均应先按照企业所得税的有关规定缴纳企业所得税。承包经营、承租经营者按照承包、承租经营合同(协议)规定取得的所得,依照个人所得税法的有关规定缴纳个人所得税,具体为:

(一)承包、承租人对企业经营成果不拥有所有权,仅是按合同(协议)规定取得一定所得的,其所得按工资、薪金所得项目征税,适用5%—45%的九级超额累进税率。

(二)承包、承租人按合同(协议)的规定只向发包、出租方交纳一定费用后,企业经营成果归其所有的,承包、承租人取得的所得,按对企事业单位的承包经营、承租经营所得项目,适用5%—35%的五级超额累进税率征税。

二、企业实行个人承包、承租经营后,如工商登记改变为个体工商户的,应依照个体工商户的生产、经营所得项目计征个人所得税,不再征收企业所得税。

三、企业实行承包经营、承租经营后,不能提供完整、准确的纳税资料、正确计算应纳税所得额的,由主管税务机关核定其应纳税所得额,并依据《中华人民共和国税收征收管理法》的有关规定,自行确定征收方式。

【注释】《个人所得税法实施条例》第8条。

国家税务总局关于外籍个人持有中国境内上市公司股票所取得的股息有关税收问题的函

国税函发[1994]440号

国家体改委、国家证券委、中国证监会:

1994年6月28日体改函生[1994]63号《关于印发〈企业到境外上市工作经验座谈会会议纪要〉的通知》收悉。关于《企业到境外上市工作经验座谈会会议纪要》中提出的H股、B股的股利分配继续免缴个人所得税问题,我局曾以国税发[1993]045号《国家税务总局关于外商投资企业、外国企业和外籍个人取得股票(股权)转让收益和股息所得税收问题的通知》明确:对持有B股或海外股(包括H股)的外籍个人,从发行该B股或海外股的中国境内企业所取得的股息(红利)所得,暂免征收个人所得税。目前仍按此文执行。

特此函告。

【注释】《个人所得税法》第4条。

国家税务总局关于股份制企业分配股息、红利所得征收个人所得税问题的批复

国税函发[1994]665号

湖北省地方税务局:

你局《关于股份制企业分配股息、红利所得征收个人所得税问题的请示》(鄂地税三函发[1994]5号)收悉。经研究,批复如下:

我局曾以国税发[1994]089号文明确了股息、红利所得的个人所得税扣缴义务人，应是直接向纳税义务人支付股息、红利的单位，亦即是股份制企业。所扣缴的个人所得税款，应就地入库。

【注释】 《国家税务总局关于印发〈征收个人所得税若干问题的规定〉的通知》(国税发[1994]089号)。

财政部 国家税务总局关于发给见义勇为者的奖金免征个人所得税问题的通知

财税[1995]25号

目前，各级政府和社会各界对见义勇为者给予奖励的事例越来越多，各地要求对此明确税收征免政策。经研究，现通知如下：

为了鼓励广大人民群众见义勇为，维护社会治安，对乡、镇(含乡、镇)以上人民政府或经县(含县)以上人民政府主管部门批准成立的有机构、有章程的见义勇为基金会或者类似组织，奖励见义勇为者的奖金或奖品，经主管税务机关核准，免予征收个人所得税。

【注释】 《个人所得税法》第4条。

机动出租车驾驶员个人所得税征收管理暂行办法

国税发[1995]50号

第一条 为了加强对机动出租车驾驶员(包括大、中、小客货运机动出租车驾驶员，下同)个人所得税的征收管理，根据《中华人民共和国个人所得税法》及其实施条例、《中华人民共和国税收征收管理法》(以下简称征管法)及有关行政法规的规定制定本办法。

第二条 各种机动出租车驾驶员为个人所得税的纳税义务人，其从事出租车运营取得的收入，应依法缴纳个人所得税。

第三条 税务机关可以委托出租汽车经营单位、交通管理部门和运输服务站或者其他有关部门(单位)代收代缴出租车驾驶员应纳的个人所得税。被委托的单位为扣缴义务人，应按期代收代缴出租车驾驶员应纳的个人所得税。

第四条 没有扣缴义务人或扣缴义务人未按规定扣缴税款的，出租车驾驶员应自行向单位所在地或准运证发放地的主管税务机关申报纳税。

第五条 出租车驾驶员办理了个体出租车营业执照的，应在领取营业执照后30日内到当地主管税务机关办理税务登记。

第六条 出租车驾驶员从事出租车运营取得的收入，适用的个人所得税项目为：

(一) 出租汽车经营单位对出租车驾驶员采取单车承包或承租方式运营，出租车驾驶员从事客货运营取得的收入，按工资、薪金所得项目征税。

(二) 从事个体出租车运营的出租车驾驶员取得的收入，按个体工商户的生产、经营所得项目缴纳个人所得税。

(三) 出租车属个人所有，但挂靠出租汽车经营单位或企事业单位，驾驶员向挂靠单位缴纳管理费的，或出租汽车经营单位将出租车所有权转移给驾驶员的，出租车驾驶员从事客货运营取得的收入，比照个体工商户的生产、经营所得项目征税。

第七条 县级以下(含县级)税务机关可以根据出租车的不同经营方式、不同车型、收费标准、缴纳的承包承租费等情况，核定出租车驾驶员的营业额并确定征收率或征收额，按月征收出租车驾驶员应纳的个人所得税。

第八条 出租车驾驶员能够提供有效停运证明的，税务机关应根据其停运期长短，相应核减其停运期间应缴纳的个人所得税。

第九条 纳税义务人和扣缴义务人未按规定缴纳、扣缴个人所得税的，主管税务机关应按《征管法》及有关法律、行政法规的规定予以处罚，触犯刑律的移送司法机关处理。

第十条 扣缴义务人每月所扣的税款、自行申报纳税人每月应纳的税款，应当在次月7日内缴入国库，并向主管税务机关报送扣缴个人所得税报告表或纳税申报表以及税务机关要求报送的其他资料。

第十一条 对扣缴义务人按照所扣缴或代收代缴的税款，付给2%的手续费。

第十二条 各省、自治区、直辖市国家税务局、地方税务局可根据本办法规定的原则，结合当地实际制定有关具体办法，并报国家税务总局备案。

第十三条 本办法由国家税务总局负责解释。

第十四条 本办法从1995年4月1日起执行。

【注释】《个人所得税法》第13条。

财政部 国家税务总局关于银行部门以超过国家利率支付给储户的揽储奖金征收个人所得税问题的批复

财税[1995]64号

湖南省地方税务局：

你局《关于银行部门超过国家规定利率支付储户揽储奖金如何征收个人所得税的请示》(湘地税函[1995]087号)收悉。经研究，现批复如下：

《中华人民共和国个人所得税法》(以下简称税法)第四条第二款所说的免纳个人所得税的储蓄存款利息，是指按照中国人民银行规定的存款利率和保值贴补率计算的利息额。银行和其他金融机构以超过上述利息额支付给储户的部分，不管是以利息、奖金还是以其他名义支付，均不属于税法规定的免税利息所得，必须依法缴纳个人所得税。因此，对银行部门以超过国家规定利率和保值贴补率支付给储户的揽储奖金，应按“经国务院财政部门确定征税的其他所得”应税项目征收个人所得税，税率为20%。

【注释】《个人所得税法》第2条、第4条。

个人所得税代扣代缴暂行办法

国税发[1995]65号

第一条 为加强个人所得税的征收管理，完善代扣代缴制度，强化代扣代缴手段，根据《中华人民共和国个人所得税法》(以下简称税法)及实施条例、《中华人民共和国税收征收管理法》(以下简称征管法)及实施细则和有关行政法规的规定，特制定本办法。

第二条 凡支付个人应纳税所得的企业(公司)、事业单位、机关、社团组织、军队、驻华机构、个体户等单位或者个人，为个人所得税的扣缴义务人。

上款所说的驻华机构，不包括外国驻华使领馆和联合国及其他依法享有外交特权和豁免的国际组织驻华机构。

第三条 按照税法规定代扣代缴个人所得税是扣缴义务人的法定义务，必须依法履行。

第四条 扣缴义务人向个人支付下列所得，应代扣代缴个人所得税：

(一) 工资、薪金所得；

(二) 对企事业单位的承包经营、承租经营所得；

(三) 劳务报酬所得；

(四) 稿酬所得；

(五) 特许权使用费所得；

(六) 利息、股息、红利所得；

(七) 财产租赁所得；

(八) 财产转让所得；

(九) 偶然所得；

(十) 经国务院财政部门确定征税的其他所得。

第五条 扣缴义务人向个人支付应纳税所得(包括现金、实物和有价证券)时，不论纳税人是否属于本单位人员，均应代扣代缴其应纳的个人所得税税款。

前款所说支付，包括现金支付、汇拨支付、转账支付和以有价证券、实物以及其他形式的支付。

第六条 扣缴义务人应指定支付应纳税所得的财务会计部门或其他有关部门的人员为办税人员，由办税人员具体办理个人所得税的代扣代缴工作。

代扣代缴义务人的有关领导要对代扣代缴工作提供便利，支持办税人员履行义务；确定办税人员或办税人员发生变动时，应将名单及时报告主管税务机关。

第七条 扣缴义务人的法人代表（或单位主要负责人）、财会部门的负责人及具体办理代扣代缴税款的有关人员，共同对依法履行代扣代缴义务负法律责任。

第八条 同一扣缴义务人的不同部门支付应纳税所得时，应报办税人员汇总。

第九条 扣缴义务人在代扣税款时，必须向纳税人开具税务机关统一印制的代扣代收税款凭证，并详细注明纳税人姓名、工作单位、家庭住址和居民身份证或护照号码（无上述证件的，可用其他能有效证明身份的证件）等个人情况。对工资、薪金所得和利息、股息、红利所得等，因纳税人数众多、不便一一开具代扣代收税款凭证的，经主管税务机关同意，可不开具代扣代收税款凭证，但应通过一定形式告知纳税人已扣缴税款。纳税人为持有完税依据而向扣缴义务人索取代扣代收税款凭证的，扣缴义务人不得拒绝。

扣缴义务人应主动向税务机关申领代扣代收税款凭证，据以向纳税人扣税。非正式扣税凭证，纳税人可以拒收。

第十条 扣缴义务人依法履行代扣代缴税款义务时，纳税人不得拒绝。纳税人拒绝的，扣缴义务人应及时报告税务机关处理，并暂时停止支付其应纳税所得。否则，纳税人应缴纳的税款由扣缴义务人负担。

第十一条 扣缴义务人应扣未扣、应收未收税款的，由扣缴义务人缴纳应扣未扣、应收未收税款以及相应的滞纳金或罚款。其应纳税款按下列公式计算：

应纳税所得额＝（支付的收入额－费用扣除标准－速算扣除数）÷（1－税率）

应纳税额＝应纳税所得额×适用税率－速算扣除数

扣缴义务人已将纳税人拒绝代扣代缴的情况及时报告税务机关的除外。

第十二条 扣缴义务人应设立代扣代缴税款账簿，正确反映个人所得税的扣缴情况，并如实填写《扣缴个人所得税报告表》及其他有关资料。

第十三条 扣缴义务人每月所扣的税款，应当在次月7日内缴入国库，并向主管税务机关报送《扣缴个人所得税报告表》、代扣代收税款凭证和包括每一纳税人姓名、单位、职务、收入、税款等内容的支付个人收入明细表以及税务机关要求报送的其他有关资料。

扣缴义务人违反上述规定不报送或者报送虚假纳税资料的，一经查实，其未在支付个人收入明细表中反映的向个人支付的款项，在计算扣缴义务人应纳税所得额时不得作为成本费用扣除。

第十四条 扣缴义务人因有特殊困难不能按期报送《扣缴个人所得税报告表》及其他有关资料的，经县级税务机关批准，可以延期申报。

第十五条 扣缴义务人必须依法接受税务机关检查，如实反映情况，提供有关资料，不得拒绝和隐瞒。

第十六条 扣缴义务人同税务机关在纳税上发生争议时，必须先依照税务机关根据法律、行政法规确定的税款，解缴税款及滞纳金，然后可以在收到税务机关填发的缴款凭证之日起60日内向上一级税务机关申请复议。

第十七条 对扣缴义务人按照所扣缴的税款，付给2%的手续费。扣缴义务人可将其用于代扣代缴费用开支和奖励代扣代缴工作做得较好的办税人员。但由税务机关查出，扣缴义务人补扣的个人所得税税款，不向扣缴义务人支付手续费。

第十八条 扣缴义务人为纳税人隐瞒应纳税所得，不扣或少扣缴税款的，按偷税处理。

第十九条 扣缴义务人以暴力、威胁方式拒不履行扣缴义务的，按抗税处理。

第二十条 扣缴义务人违反以上各条规定，或者有偷税、抗税行为的，依照征管法和《全国人民代表大会常务委员会关于惩治偷税抗税犯罪的补充规定》的有关规定进行处理。

第二十一条 为了便于税务机关加强管理，主管税务机关应对扣缴义务人建档登记，定期联系。对于经常发生代扣代缴义务的扣缴义务人，主管税务机关可以发给扣缴义务人证书。扣缴义务人应主动与税务机关联系。

第二十二条 税务机关应对办税人员加强业务辅导和培训，帮助解决代扣代缴工作中出现的问题。对故意刁难办税人员或阻挠其工作的，税务机关应配合有关部门，做出严肃处理。

第二十三条 各省、自治区、直辖市国家税务局、地方税务局可以根据本办法规定的原则，结合本地实际，制定有关的代扣代缴办法，并报国家税务总局备案。

第二十四条 本办法由国家税务总局负责解释。

第二十五条 本办法从1995年4月1日起执行。

【注释】《个人所得税法》第8条。

财政部 国家税务总局关于误餐补助范围确定问题的通知

财税[1995]82号

各省、自治区、直辖市和计划单列市财政厅(局)、国家税务局、地方税务局：

国家税务总局关于《征收个人所得税若干问题的规定》(国税发[1994]089号)下发后，一些地区的税务部门和纳税人对其中规定不征税的误餐补助理解不一致，现明确如下：

国税发[1994]089号文件规定不征税的误餐补助，是指按财政部门规定，个人因公在城区、郊区工作，不能在工作单位或返回就餐，确实需要在外就餐的，根据实际误餐顿数，按规定的标准领取的误餐费。一些单位以误餐补助名义发给职工的补贴、津贴，应当并入当月工资、薪金所得计征个人所得税。

【注释】《征收个人所得税若干问题的规定》(国税发[1994]089号)。

财政部 国家税务总局关于在华无住所的个人如何计算在华居住满五年问题的通知

财税[1995]98号

各省、自治区、直辖市和计划单列市财政厅(局)、国家税务局、地方税务局：

《中华人民共和国个人所得税法实施条例》第六条规定，在中国境内无住所，但居住超过五年的个人，从第六年起，应当就其来源于中国境外的全部所得缴纳个人所得税。现对执行上述规定时五年期限的计算问题明确如下：

一、关于五年期限的具体计算

个人在中国境内居住满五年，是指个人在中国境内连续居住满五年，即在连续五年中的每一纳税年度内均居住满一年。

二、关于个人在华居住满五年以后纳税义务的确定

个人在中国境内居住满五年后，从第六年起的以后各年度中，凡在境内居住满一年的，应当就其来源于境内、境外的所得申报纳税；凡在境内居住不满一年的，则仅就该年内来源于境内的所得申报纳税。如该个人在第六年起以后的某一纳税年度内在境内居住不足90天，可以按《中华人民共和国个人所得税法实施条例》第七条的规定确定纳税义务，并从再次居住满一年的年度起重新计算五年期限。

三、关于计算五年期限的起始日期

个人在境内是否居住满五年自1994年1月1日起开始计算，(83)财税字第62号《关于在华工作的外籍人员从中国境外取得的所得免予申报缴纳个人所得税的通知》同时废止。

【注释】《个人所得税法实施条例》第6条。

国家税务总局关于有奖储蓄中奖收入征收个人所得税问题的批复

国税函发[1995]98号

吉林省地方税务局：

你局《关于对有奖储蓄中奖收入征收个人所得税的请示》(吉地税所字[1995]065号)收悉。经研究，现批复如下：

个人参加有奖储蓄取得的各种形式的中奖所得，属于机遇性的所得，应按照个人所得税法中"偶然所得"应税项目的规定征收个人所得税。虽然这种中奖所得具有银行储蓄利息二次分配的特点,但对中奖个人而言,已不属于按照国家规定利率标准取得的存款利息所得性质。支付该项所得的各级银行部门是税法规定的代扣代缴义务人,在其向个人支付有奖储蓄中奖所得时应按照"偶然所得"应税项目扣缴个人所得税税款。

你省一些银行由于对税法规定缺乏全面了解,因而产生异议的问题,请你们根据税法规定向其做好宣传解释工作,并请他们依照税法规定认真履行代扣代缴税款的义务。

【注释】《个人所得税法》第2条。

国家税务总局关于外商投资企业和外国企业以实物向雇员提供福利如何计征个人所得税问题的通知

国税发[1995]115号

各省、自治区、直辖市和计划单列市国家税务局:

近来一些地区反映,有些外商投资企业、外国企业(以下简称企业)为符合一定条件的雇员购买住房、汽车等个人消费品,所购房屋产权证和车辆发票均填写雇员姓名,并商定该雇员在企业工作达到一定年限或满足其他条件后,该住房、汽车的所有权完全归雇员个人所有。关于个人取得上述实物福利如何计征个人所得税问题,根据《中华人民共和国个人所得税法》(以下简称税法)第二条以及税法实施条例第十条的规定,个人取得实物所得应在取得实物的当月,按照有关凭证上注明的价格或主管税务机关核定的价格并入其工资、薪金所得征税。考虑到个人取得的前述实物价值较高,且所有权是随工作年限逐步取得的,经研究,我局意见,对于个人取得前述实物福利可按企业规定取得该财产所有权需达到的工作年限内(高于五年的按五年计算)平均分月计入工资、薪金所得征收个人所得税。

【注释】《个人所得税法》第2条;《个人所得税法实施条例》第10条。

国家税务总局关于在中国境内无住所的个人计算缴纳个人所得税若干具体问题的通知

国税函发[1995]125号

各省、自治区、直辖市和计划单列市国家税务局:

现对《国家税务总局关于在中国境内无住所的个人取得工资薪金所得纳税义务问题的通知》(国税发[1994]148号)(以下简称通知)在执行中存在的若干具体问题明确如下:

一、关于个人实际在中国境内、境外工作期间的界定问题

通知中所说在中国境内企业、机构中任职(包括兼职,下同)、受雇的个人,其实际在中国境内工作期间,应包括在中国境内工作期间在境内、外享受的公休假日、个人休假日以及接受培训的天数;其在境外营业机构中任职并在境外履行该项职务或在境外营业场所中提供劳务的期间,包括该期间的公休假日,为在中国境外的工作期间。税务机关在核实个人申报的境外工作期间时,可要求纳税人提供派遣单位出具的其在境外营业机构任职的证明,或者企业在境外设有营业场所的项目合同书及派往该营业场所工作的证明。

不在中国境内企业、机构中任职、受雇的个人受派来华工作,其实际在中国境内工作期间应包括来华工作期间在中国境内所享受的公休假日。

二、关于个人在中国境内、境外企业、机构兼任职务取得的工资、薪金如何纳税问题

个人分别在中国境内和境外企业、机构兼任职务的,不论其工资、薪金是否按职务分别确定,均应就其取得的工资薪金总额,依据《中华人民共和国个人所得税法》(以下简称税法)及通知的有关条款规定,按其实际在中国境内的工作期间确定纳税。

三、关于中国境内企业高层管理职务的界定问题

通知第五条所述中国境内企业高层管理职务,是指公司正、副(总)经理、各职能总师、总监及其他类似公司管理层的职务。

四、境内工作不满全月的个人由境内、境外雇主分别支付工资、薪金的应纳税款计算问题

通知第四条所述在中国境内居住满一年而不超过五年的个人,以及通知第五条所述在中国境内企业担任高层管理职务的个人，凡其工资是由境内雇主和境外雇主分别支付的，并且在一个月中有境外工作天数的，依据通知第四条、第五条规定，对其境外雇主支付的工资中属于境外工作天数部分不予征税。在具体计算应纳税额时，按下述公式计算：

$$\text{当月应纳税款}=\text{按当月境内外工资总额计算的税额}\times\left(1-\frac{\text{当月境外支付工资}}{\text{当月工资总额}}\times\frac{\text{当月境外工作天数}}{\text{当月天数}}\right)$$

五、核实个人工资薪金及实际在中国境内工作期间的凭据证明问题

凡属依据税法及其实施条例以及通知的规定，应就境外雇主支付的工资薪金申报纳税的个人，或者依据通知第二条、第四条的规定，应就视为由中国境内企业、机构支付或负担的工资薪金申报纳税的个人，应如实申报上述工资薪金数额及在中国境内的工作期间，并提供支付工资证明及必要的公证证明和居住时间的有效凭证。

前述居住时间的有效凭证，包括护照、港澳同胞还乡证、台湾同胞"往来大陆通行证"以及主管税务机关认为有必要提供的其他证明凭据。

【注释】《个人所得税法实施条例》第 6 条。

国家税务总局关于个人出租中国境内房屋取得租金收入税务处理问题的通知

国税函发[1995]134 号

各省、自治区、直辖市和计划单列市国家税务局：

最近有些地区反映，原《个人所得税法》及有关规定对中、外籍(包括港澳台、华侨)个人出租中国境内的房屋取得的租金收入在计征个人所得税时的处理原则是不同的，1994 年新修订的《个人所得税法》实施后，有些地区对外籍个人出租房屋取得的租金收入仍按原《个人所得税法》及有关规定的原则处理，这样处理是否可行，要求总局予以明确。经研究，现将不在中国境内居住的个人出租中国境内的房屋取得的租金收入征税问题明确如下：

根据新修订的《个人所得税法》(以下简称税法)及国家税务总局关于《征收个人所得税若干问题的规定》(国税发[1994]089 号)的有关规定，对个人出租中国境内房屋取得的房屋租金收入，不论其是否在中国境内居住，均允许扣除下列税费后，就其余额征收个人所得税。

一、税法第六条第一款第四项规定的费用。

二、国税发[1994]089 号第六条(一)项规定的税金和各项支出。

三、属于国税发[1994]089 号第六条(二)项规定范围和标准的房屋修缮费用。

凡以前与本通知不一致的规定应予废止。

【注释】《个人所得税法实施条例》第 8 条。

演出市场个人所得税征收管理暂行办法

国税发[1995]171 号

第一条 为加强演出市场个人所得税的征收管理，根据《中华人民共和国个人所得税法》及其实施条例和《国务院办公厅转发文化部关于加强演出市场管理报告的通知》(国办发[1991]112 号)的有关规定，制定本办法。

第二条 凡参加演出(包括舞台演出、录音、录像、拍摄影视等，下同)而取得报酬的演职员，是个人所得税的纳税义务人；所取得的所得，为个人所得税的应纳税项目。

第三条 向演职员支付报酬的单位或个人，是个人所得税的扣缴义务人。扣缴义务人必须在支付演职员报酬的同时，按税收法律、行政法规及税务机关依照法律、行政法规作出的规定扣缴或预扣个人所得税。

预扣办法由各省、自治区、直辖市地方税务机关根据有利控管的原则自行确定。

第四条 演出经纪机构领取《演出经营许可证》、《临时营业演出许可证》或变更以上证件内容的，必须在领证后或变更登记后的 30 日内到机构所在地主管税务机关办理税务登记或变更税务登记。文化行政部门向演出经纪机构或个人发放《演出经营许可证》和《临时营业演出许可证》时，应将演出经纪机构的名称、住所、法人代表等情况抄送当地主管税务机关备案。

第五条　演出活动主办单位应在每次演出前两日内，将文化行政部门的演出活动批准件和演出合同、演出计划（时间、地点、场次）、报酬分配方案等有关材料报送演出所在地主管税务机关。演出合同和演出计划的内容如有变化，应按规定程序重新向文化行政部门申报审批并向主管税务机关报送新的有关材料。

第六条　演职员参加非任职单位组织的演出取得的报酬为劳务报酬所得，按次缴纳个人所得税。演职员参加任职单位组织的演出取得的报酬为工资、薪金所得，按月缴纳个人所得税。

上述报酬包括现金、实物和有价证券。

第七条　参加组台（团）演出的演职员取得的报酬，由主办单位或承办单位通过银行转账支付给演职员所在单位或发放演职员演出许可证的文化行政部门或其授权单位的，经演出所在地主管税务机关确认后，由演职员所在单位或者发放演职员许可证的文化行政部门或其授权单位，按实际支付给演职员个人的报酬代扣个人所得税，并在原单位所在地缴入金库。

第八条　组台（团）演出，不按第七条所述方式支付演职员报酬，或者虽按上述方式支付但未经演出所在地主管税务机关确认的，由向演职员支付报酬的演出经纪机构或者主办、承办单位扣缴个人所得税，税款在演出所在地缴纳。申报的演职员报酬明显偏低又无正当理由的，主管税务机关可以在查账核实的基础上，依据演出报酬总额、演职员分工、演员演出通常收费额等情况核定演职员的应纳税所得，扣缴义务人据此扣缴税款。

第九条　税务机关有根据认为从事演出的纳税义务人有逃避纳税义务行为的，可以在规定的纳税期之前，责令其限期缴纳应纳税款；在限期内发现纳税义务人有明显的转移、隐匿演出收入迹象的，税务机关可以责成纳税义务人提供纳税担保。如果纳税义务人不能提供纳税担保，经县以上（含县级）税务局（分局）局长批准，税务机关可以采取税收保全措施。

第十条　参与录音、录像、拍摄影视和在歌厅、舞厅、卡拉OK厅、夜总会、娱乐城等娱乐场所演出的演职员取得的报酬，由向演职员支付报酬的单位或业主扣缴个人所得税。

第十一条　演职员取得报酬后按规定上交给单位和文化行政部门的管理费及收入分成，可以经主管税务机关确认后在计算应纳税所得额时扣除。

第十二条　演职员取得的报酬为不含税收入的，扣缴义务人支付的税款应按以下公式计算：

（一）$\text{应纳税所得额}=\dfrac{\text{不含税收入}-\text{费用减除标准}-\text{速算扣除数}}{1-\text{税率}}$

（二）应纳税额＝应纳税所得额×适用税率－速算扣除数

第十三条　扣缴义务人扣缴的税款，应在次月七日内缴入国库，同时向主管税务机关报送扣缴个人所得税报告表、支付报酬明细表以及税务机关要求报送的其他资料。

第十四条　有下列情形的，演职员应在取得报酬的次月七日内自行到演出所在地或者单位所在地主管税务机关申报纳税：

（一）在两处或者两处以上取得工资、薪金性质所得的，应将各处取得的工资、薪金性质的所得合并计算纳税；

（二）分笔取得属于一次报酬的；

（三）扣缴义务人没有依法扣缴税款的；

（四）主管税务机关要求其申报纳税的。

第十五条　为了强化征收管理，主管税务机关可以根据当地实际情况，自行确定对在歌厅、舞厅、卡拉OK厅、夜总会、娱乐城等娱乐场所演出的演职员的个人所得税征收管理方式。

第十六条　组台（团）演出，应当建立健全财务会计制度，正确反映演出收支和向演职员支付报酬情况，并接受主管税务机关的监督检查。没有建立财务会计制度，或者未提供完整、准确的纳税资料，主管税务机关可以核定其应纳税所得额，据以征税。

第十七条　扣缴义务人和纳税义务人违反本办法有关规定，主管税务机关可以依照《中华人民共和国税收征收管理法》及其他有关法律和行政法规的有关规定给以处罚。

第十八条　演职员偷税情节恶劣，或者被第三次查出偷税的，除税务机关对其依法惩处外，文化行政部门可据情节轻重停止其演出活动半年至一年。

第十九条 各省、自治区、直辖市地方税务局和文化行政部门可依据本办法规定的原则,制定具体实施细则。

第二十条 本办法由国家税务总局、文化部共同负责解释。

第二十一条 本办法自文到之日起施行。以前规定凡与本办法不符的,按本办法执行。

【注释】 《个人所得税法》第 13 条。

国家税务总局关于个人在境外取得博彩所得征收个人所得税问题的批复

国税函发[1995]663 号

广东省地方税务局:

你局《关于个人在境外取得博彩所得是否征收个人所得税的请示》(粤地税发[1995]244 号)收悉。经研究,现批复如下:

《中华人民共和国个人所得税法》(以下简称税法)第一条规定:"在中国境内有住所,或者无住所而在境内居住满一年的个人,从中国境内和境外取得的所得,依照本法规定缴纳个人所得税"。

你省江门市周某属于在中国境内有住所的个人,因此,从境外取得的所得,应依照税法规定缴纳个人所得税。

根据《中华人民共和国个人所得税法实施条例》的规定,中彩所得属于"偶然所得"应税项目,适用比例税率 20%。

因此,江门市周某在澳门葡京娱乐场摇老虎机博彩所得应依照税法规定全额按 20%比例税率计算缴纳个人所得税。

【注释】 《个人所得税法》第 1 条、第 2 条。

建筑安装业个人所得税征收管理暂行办法

国税发[1996]127 号

第一条 为了加强对建筑安装业个人所得税的征收管理,根据《中华人民共和国个人所得税法》及其实施条例、《中华人民共和国税收征收管理法》及其实施细则和其他有关法律、行政法规的规定制定本办法。

第二条 本办法所称建筑安装业,包括建筑、安装、修缮、装饰及其他工程作业。从事建筑安装业的工程承包人、个体户及其他个人为个人所得税的纳税义务人。其从事建筑安装业取得的所得,应依法缴纳个人所得税。

第三条 承包建筑安装业各项工程作业的承包人取得的所得,应区别不同情况计征个人所得税:经营成果归承包人个人所有的所得,或按照承包合同(协议)规定,将一部分经营成果留归承包人个人的所得,按对企事业单位的承包经营、承租经营所得项目征税;以其他分配方式取得的所得,按工资、薪金所得项目征税。

从事建筑安装业的个体工商户和未领取营业执照承揽建筑安装业工程作业的建筑安装队和个人,以及建筑安装企业实行个人承包后工商登记改变为个体经济性质的,其从事建筑安装业取得的收入应依照个体工商户的生产、经营所得项目计征个人所得税。

从事建筑安装业工程作业的其他人员取得的所得,分别按照工资、薪金所得项目和劳务报酬所得项目计征个人所得税。

第四条 从事建筑安装业的单位和个人,应依法办理税务登记。在异地从事建筑安装业的单位和个人,必须自工程开工之日前 3 日内,持营业执照、外出经营活动税收管理证明、城建部门批准开工的文件和工程承包合同(协议)、开户银行账号以及主管税务机关要求提供的其他资料向主管税务机关办理有关登记手续。

第五条 对未领取营业执照承揽建筑安装业工程作业的单位和个人,主管税务机关可以根据其工程规模，责令其缴纳一定数额的纳税保证金。在规定的期限内结清税款后，退还纳税保证金；逾期未结清税款的，以纳税保证金抵缴应纳税款和滞纳金。

第六条　从事建筑安装业的单位和个人应设置会计账簿，健全财务制度，准确、完整地进行会计核算。对未设立会计账簿，或者不能准确、完整地进行会计核算的单位和个人，主管税务机关可根据其工程规模、工程承包合同（协议）价款和工程完工进度等情况，核定其应纳税所得额或应纳税额，据以征税。具体核定办法由县以上（含县级）税务机关制定。

第七条　从事建筑安装业工程作业的单位和个人应按照主管税务机关的规定，购领、填开和保管建筑安装业专用发票或许可使用的其他发票。

第八条　建筑安装业的个人所得税，由扣缴义务人代扣代缴和纳税人自行申报缴纳。

第九条　承揽建筑安装业工程作业的单位和个人是个人所得税的代扣代缴义务人，应在向个人支付收入时依法代扣代缴其应纳的个人所得税。

第十条　没有扣缴义务人的和扣缴义务人未按规定代扣代缴税款的，纳税人应自行向主管税务机关申报纳税。

第十一条　在异地从事建筑安装业工程作业的单位，应在工程作业所在地扣缴个人所得税。但所得在单位所在地分配，并能向主管税务机关提供完整、准确的会计账簿和核算凭证的，经主管税务机关核准后，可回单位所在地扣缴个人所得税。

第十二条　本办法第三条第一款、第二款涉及的纳税人和扣缴义务人应按每月工程完工量预缴、预扣个人所得税，按年结算。一项工程跨年度作业的，应按各年所得预缴、预扣和结算个人所得税。难以划分各年所得的，可以按月预缴、预扣税款，并在工程完工后按各年度工程完工量分摊所得并结算税款。

第十三条　扣缴义务人每月所扣的税款，自行申报纳税人每月应纳的税款，应当在次月 7 日内缴入国库，并向主管税务机关报送扣缴个人所得税报告表或纳税申报表以及税务机关要求报送的其他资料。

第十四条　对扣缴义务人按照所扣缴的税款，付给 2%的手续费。

第十五条　建筑安装业单位所在地税务机关和工程作业所在地税务机关双方可以协商有关个人所得税代扣代缴和征收的具体操作办法，都有权对建筑安装业单位和个人依法进行税收检查，并有权依法处理其违反税收规定的行为。但一方已经处理的，另一方不得重复处理。

第十六条　纳税义务人和扣缴义务人违反本办法规定的，主管税务机关应按《中华人民共和国税收征收管理法》、《个人所得税代扣代缴暂行办法》、《个人所得税自行申报纳税暂行办法》以及有关法律、行政法规的规定予以处罚，触犯刑律的，移送司法机关处理。

第十七条　本办法所称主管税务机关，是指建筑安装业工程作业所在地地方税务局（分局、所）。

第十八条　各省、自治区、直辖市地方税务局可根据本办法规定的原则，结合本地实际制定具体的征管办法，并报国家税务总局备案。

第十九条　本办法未尽事宜，按照《中华人民共和国个人所得税法》及其实施条例、《中华人民共和国税收征收管理法》及其实施细则以及其他有关的法律、行政法规的规定执行。

第二十条　本办法由国家税务总局负责解释。

第二十一条　本办法从 1996 年 1 月 1 日起执行。

【注释】《个人所得税法》第 13 条。

广告市场个人所得税征收管理暂行办法

国税发［1996］148 号

第一条　为了进一步加强对广告市场个人所得税的征收管理，依据《中华人民共和国个人所得税法》及其实施条例和《中华人民共和国税收征收管理法》及其实施细则，制定本办法。

第二条　凡在广告中提供名义、形象或在广告设计、制作、发布过程中提供劳务并取得所得的个人以及广告主、广告经营者或受托从事广告制作的单位和广告发布者，均应当依照本办法的规定办理个人所得税有关事宜。

本办法所称广告主，是指为推销商品或者提供服务，自行或者委托他人设计、制作、发布广告的法人、其他经济组织或者个人。

本办法所称广告经营者，是指受委托提供广告设计、制作、代理服务的法人、其他经济组织或者个人。

本办法所称受托从事广告制作的单位，是指受广告主或广告经营者委托而从事广告设计、制作的法人、其他经济组织或者个人。

本办法所称广告发布者，是指为广告主、或者广告主委托的广告经营者发布广告的法人及其他经济组织。

第三条 在广告设计、制作、发布过程中提供名义、形象及劳务并取得所得的个人为个人所得税的纳税义务人（以下简称纳税人）；直接向上述个人支付所得的广告主、广告经营者、受托从事广告制作的单位和广告发布者为个人所得税的扣缴义务人（以下简称扣缴人）。

第四条 扣缴人应当在每项广告制作前向所在地主管税务机关报告广告中名义、形象及劳务提供者的姓名、身份证号码（护照号码及国籍）、工作单位（户籍所在地）、电话号码以及支付报酬的标准和支付形式等情况。双方订立书面合同（协议）的，应同时将合同（协议）副本报送上述税务机关。

广告发布者应当定期向所在地主管税务机关报送当期发布广告的数量及其广告主、广告经营者的名单。

第五条 纳税人在广告设计、制作、发布过程中提供名义、形象而取得的所得，应按劳务报酬所得项目计算纳税。

纳税人在广告设计、制作、发布过程中提供其他劳务取得的所得，视其情况分别按照税法规定的劳务报酬所得、稿酬所得、特许权使用费所得等应税项目计算纳税。

扣缴人的本单位人员在广告设计、制作、发布过程中取得的由本单位支付的所得，按工资、薪金所得项目计算纳税。

第六条 纳税人以现金、实物和有价证券以外的其他形式取得所得，税务机关可以根据其所得的形式和价值，核定其应纳税所得额，据以征税。

对于不能准确提供或划分个人在广告设计、制作、发布过程中提供名义、形象及劳务而取得的所得的纳税人，主管税务机关可以根据支付总额等实际情况，参照同类广告活动名义、形象及其他劳务提供者的所得标准，核定其应纳税所得额，据以征税。

第七条 劳务报酬所得以纳税人每参与一项广告的设计、制作、发布所取得的所得为一次；稿酬所得以在图书、报刊上发布一项广告时使用其作品而取得的所得为一次；特许权使用费所得以提供一项特许权在一项广告的设计、制作、发布过程中使用而取得的所得为一次。上述所得，采取分笔支付的，应合并为一次所得计算纳税。

第八条 扣缴人向纳税人支付所得的同时，应当依照《中华人民共和国个人所得税法》和《个人所得税代扣代缴暂行办法》的规定代扣代缴税款，并向所在地主管税务机关如实填写和报送《扣缴个人所得税报告表》及主管税务机关要求报送的其他资料。

第九条 分笔取得一次所得和扣缴人应扣未扣或少扣税款以及没有扣缴人的纳税人，应当于取得所得的月度终了后七日内，向扣缴人所在地主管税务机关自行申报纳税。

第十条 扣缴人和纳税人必须接受税务机关依法进行的税务检查，如实反映情况，提供有关资料，不得拒绝、隐瞒。

第十一条 扣缴人违反本办法第四条规定的，税务机关应令其限期补报，并可处以二千元以下的罚款；逾期仍未补报的，可以处以二千元以上一万元以下的罚款。

第十二条 扣缴人违反本办法第八条规定的，税务机关可区别情况，按照《个人所得税代扣代缴暂行办法》第十一条和第十八条的规定处理。

第十三条 本办法未尽事宜，按照有关税收法律、行政法规的规定执行。

第十四条 各省、自治区、直辖市地方税务局可以根据本办法规定的原则，结合本地实际，制定具体实施办法，并报国家税务总局备案。

第十五条 本办法由国家税务总局负责解释。

第十六条 本办法自 1996 年 9 月 1 日起执行。

【注释】 《个人所得税法》第 13 条。

国家税务总局关于明确单位或个人为纳税义务人的劳务报酬所得代付税款计算公式的通知

国税发[1996]161号

根据《国家税务总局关于印发〈征收个人所得税若干问题的规定〉的通知》(国税发[1994]089号)第十四条的规定,单位或个人为纳税义务人负担个人所得税税款的,应将纳税义务人取得的不含税收入额换算为应纳税所得额,计算征收个人所得税。为了规范此类情况下应纳税款的计算方法,现将计算公式明确如下:

一、不含税收入额为3360元(即含税收入额4000元)以下的:

应纳税所得额=(不含税收入额－800)÷(1－税率)

二、不含税收入额为3360元(即含税收入额4000元)以上的:

应纳税所得额=[(不含税收入额－速算扣除数)×(1－20%)]÷[1－税率×(1－20%)]

三、应纳税额=应纳税所得额×适用税率－速算扣除数

公式一、二中的税率,是指不含税所得按不含税级距(详见国税发[1994]089号文件表三)对应的税率;公式三中的税率,是指应纳税所得额按含税级距对应的税率。

此文件执行日期与国税发[1994]089号文件的执行日期(1994年1月1日)相同。

【注释】《个人所得税法》第6条。

国家税务总局关于在中国境内无住所的个人取得奖金征税问题的通知

国税发[1996]183号

各省、自治区、直辖市和计划单列市国家税务局、地方税务局:

对在中国境内无住所的个人一次取得数月奖金或年终加薪、劳动分红(以下简称奖金,不包括应按月支付的奖金)的计算征税问题,各地询问颇多,且意见不一。按照简便、合理、易于操作的原则,经研究,现明确按以下方法处理:

对上述个人取得的奖金,可单独作为一个月的工资、薪金所得计算纳税。由于对每月的工资、薪金所得计税时已按月扣除了费用,因此,对上述奖金不再减除费用,全额作为应纳税所得额直接按适用税率计算应纳税款,并且不再按居住天数进行划分计算。上述个人应在取得奖金月份的次月7日内申报纳税。

本通知规定自1996年7月1日起执行,凡以前规定与本通知规定不一致的,按本通知执行。

【注释】《个人所得税法》第6条。

国家税务总局关于雇主为其雇员负担个人所得税税款计征问题的通知

国税发[1996]199号

各省、自治区、直辖市和计划单列市国家税务局、地方税务局:

关于雇主为其雇员负担个人所得税税款的处理问题,《国家税务总局关于印发〈征收个人所得税若干问题的规定〉的通知》(国税发[1994]089号)中曾作出规定。由于雇主为其雇员负担税款的情形不同,在实际操作中如何计算征收个人所得税,各地屡有询问。为便于各地执行,经研究,通知如下:

一、雇主全额为其雇员负担税款的处理

对于雇主全额为其雇员负担税款的,直接按国税发[1994]089号文件中第十四条规定的公式,将雇员取得的不含税收入换算成应纳税所得额后,计算企业应代为缴纳的个人所得税税款。

二、雇主为其雇员负担部分税款的处理

(一)雇主为其雇员定额负担税款的,应将雇员取得的工资薪金所得换算成应纳税所得额后,计算征收

个人所得税。工资薪金收入换算成应纳税所得额的计算公式为：

应纳税所得额＝雇员取得的工资＋雇主代雇员负担的税款－费用扣除标准

（二）雇主为其雇员负担一定比例的工资应纳的税款或者负担一定比例的实际应纳税款的，应将国税发[1994]089号文件第十四条规定的不含税收入额计算应纳税所得额的公式中“不含税收入额”替换为“未含雇主负担的税款的收入额”，同时将速算扣除数和税率二项分别乘以上述的“负担比例”，按此调整后的公式，以其未含雇主负担税款的收入额换算成应纳税所得额，并计算应纳税款。即：

$$应纳税所得额=\left(\begin{matrix}未含雇主负担的\\税款的收入额\end{matrix}-\begin{matrix}费用扣\\除标准\end{matrix}-\begin{matrix}速算\\扣除数\end{matrix}\times\begin{matrix}负担\\比例\end{matrix}\right)\div(1-税率\times负担比例)$$

应纳税额＝应纳税所得额×适用税率－速算扣除数

举例说明：某人月工资、薪金收入人民币12000元，雇主负担其工资、薪金所得30％部分的应纳税款，其当月应纳税款计算如下：

应纳税所得额＝(12000－4000－375×30％)÷(1－20％×30％)＝8390.96(元)

应纳税额＝8390.96×20％－375＝1303.19(元)

三、雇主为其雇员负担超过原居住国的税款的税务处理

有些外商投资企业和外国企业在华的机构场所，为其受派到中国境内工作的雇员负担超过原居住国的税款。例如：雇员在华应纳税额中相当于按其在原居住国税法计算的应纳税额部分（以下称原居住国税额），仍由雇员负担并由雇主在支付雇员工资时从工资中扣除，代为缴税；若按中国税法计算的税款超过雇员原居住国税额的，超过部分另外由其雇主负担。对此类情况，应按下列原则处理：

将雇员取得的不含税工资（即：扣除了原居住国税额的工资），按国税发[1994]089号文件第十四条规定的公式，换算成应纳税所得额，计算征收个人所得税；如果计算出的应纳税所得额小于按该雇员的实际工资、薪金收入（即：未扣除原居住国税额的工资）计算的应纳税所得额的，应按其雇员的实际工资薪金收入计算征收个人所得税。

四、本规定自发布之日起执行，与本通知有抵触的规定，同时废止。

【注释】《国家税务总局关于印发〈征收个人所得税若干问题的规定〉的通知》（国税发[1994]089号）。

国家税务总局关于外商投资企业的董事担任直接管理职务征收个人所得税问题的通知

国税发[1996]214号

各省、自治区、直辖市和计划单列市国家税务局、地方税务局：

近来，一些地方来电询问，有些外商投资企业的董事（长）同时担任企业的直接管理职务，但其从该企业仅以董事费名义或分红形式取得收入，对其应如何征收个人所得税问题，经研究，现明确如下：

一、对于外商投资企业的董事（长）同时担任企业直接管理职务，或者名义上不担任企业的直接管理职务，但实际上从事企业日常管理工作的，应判定其在该企业具有董事（长）和雇员的双重身份，除其取得的属于股息、红利性质的所得应依照《国家税务总局关于外商投资企业、外国企业和外籍个人取得股票（股权）转让收益和股息所得税收问题的通知》（国税发[1993]045号）有关规定免征个人所得税以外，应分别就其以董事（长）身份取得的董事费收入和以雇员身份应取得的工资、薪金所得征收个人所得税。

二、上述个人在该企业仅以董事费名义或分红形式取得收入的，应主动申报从事企业日常管理工作每月应取得的工资、薪金收入额，或者由主管税务机关参照同类地区、同类行业和相近规模企业中类似职务的工资、薪金收入水平核定其每月应取得的工资、薪金收入额，并依照《中华人民共和国个人所得税法》以及《国家税务总局关于在中国境内无住所的个人取得工资薪金所得纳税义务问题的通知》（国税发[1994]148号）和《国家税务总局关于在中国境内无住所的个人计算缴纳个人所得税若干具体问题的通知》（国税函发[1995]125号）的有关规定征收个人所得税。

三、凡根据本通知第二条的规定，由个人所得税主管税务机关核定上述个人的工资、薪金收入额，需要相应调整外商投资企业应纳税所得额的，对核定的工资薪金数额，应由个人所得税主管税务机关会同外商投资企业所得税主管税务机关确定。

【注释】《个人所得税法》第6条。

国家税务总局关于高寒边境地区津贴征收个人所得税问题的批复

国税函发[1996]399 号

黑龙江省地方税务局：

你局《关于高寒边境地区津贴征收个人所得税应否扣除的请示》(黑地税发[1996]第 096 号)收悉。经研究,现批复如下：

工作在高寒地区的职工,其工作、生活条件非常艰苦,为了解决他们的实际困难,国务院批准发放了高寒边境地区津贴。根据《中华人民共和国个人所得税法》及其实施条例的规定,职工个人取得的此项津贴不属于免税所得。因为,《中华人民共和国个人所得税法实施条例》第十三条规定:"税法第四条第三项所说的按照国家统一规定发给的补贴、津贴,是指按照国务院规定发给的政府特殊津贴和国务院规定免纳个人所得税的补贴、津贴。"此处所述"政府特殊津贴"是国家对为社会各项事业的发展做出突出贡献的人员颁发的一项特定津贴,并非泛指国务院批准发给的其他各项补贴、津贴。此处所述"国务院规定免纳个人所得税的补贴、津贴",目前仅限于中国科学院和工程院院士津贴。你局来文中反映的高寒边境地区津贴,国务院没有明确免税。因此,对职工个人取得的此项津贴应全额计入工资、薪金所得计征个人所得税。

望你局接此复文后,认真做好对有关各方的政策宣传和解释工作,以保证税收政策的正确执行。

【注释】《个人所得税法实施条例》第 13 条。

国家税务总局关于个人举办各类学习班取得的收入征收个人所得税问题的批复

国税函发[1996]658 号

内蒙古自治区地方税务局：

你局《关于个人举办各类学习班如何征收个人所得税问题的请示》(内地税发[1996]206 号)收悉。经研究,现批复如下：

一、个人经政府有关部门批准并取得执照举办学习班、培训班的,其取得的办班收入属于"个体工商户的生产、经营所得"应税项目,应按《中华人民共和国个人所得税法》(以下简称税法)规定计征个人所得税。

二、个人无须经政府有关部门批准并取得执照举办学习班、培训班的,其取得的办班收入属于"劳务报酬所得"应税项目,应按税法规定计征个人所得税。其中,办班者每次收入按以下方法确定:一次收取学费的,以一期取得的收入为一次;分次收取学费的,以每月取得的收入为一次。

【注释】《个人所得税法实施条例》第 8 条。

国家税务总局关于个人转让汽车所得征收个人所得税问题的批复

国税函发[1997]35 号

安徽省地方税务局：

你局《关于个人所得税有关政策问题的请示》(皖地税政四字[1996]468 号)收悉。经研究,现批复如下：

你省岳西县刘某等 6 人于 1993 年 6 月合股集资购买大客车一辆并将该车转让给某汽车运输公司从事营运。三年转让期满后,该车的所有权、营运权、线路牌等均归汽车运输公司所有。上述交易属于财产转让。刘某等 6 人获得的收入应按《中华人民共和国个人所得税法》中规定的"财产转让所得"项目计算缴纳个人所得税。

【注释】《个人所得税法实施条例》第 8 条。

个体工商户个人所得税计税办法(试行)

国税发[1997]43号

第一条 为适应对个体工商户(以下简称个体户)税收实行查账征收的需要,加强个人所得税的征收管理,根据国家有关税收法律、法规的规定制定本办法。

第二条 凡实行查账征收的个体户,均应当按本办法的规定计算并申报缴纳个人所得税。

第三条 个体户每一纳税年度的收入总额减除成本、费用以及损失后的余额为应纳税所得额,据此计算应纳个人所得税额。其计算公式为:

应纳税所得额=收入总额-成本、费用及损失

应纳个人所得税额=应纳税所得额×适用税率

第四条 个体户的收入总额是指个体户从事生产经营以及与生产经营有关的活动所取得的各项收入,包括商品(产品)销售收入、营运收入、劳务服务收入、工程价款收入、财产出租或转让收入、利息收入、其他业务收入和营业外收入。

第五条 个体户的各项收入应当按权责发生制原则确定。

第六条 成本、费用是指个体户从事生产经营所发生的各项直接支出和分配计入成本的间接费用以及销售费用、管理费用、财务费用;损失是指个体户在生产经营过程中发生的各项营业外支出。

第七条 直接支出和分配计入成本的间接费用是指个体户在生产经营过程中实际消耗的各种原材料、辅助材料、备品配件、外购半成品、燃料、动力、包装物等直接材料和发生的商品进价成本、运输费、装卸费、包装费、折旧费、修理费、水电费、差旅费、租赁费(不包括融资租赁费)、低值易耗品等以及支付给生产经营从业人员的工资。

第八条 销售费用是指个体户在销售产品、自制半成品和提供劳务过程中发生的各项费用,包括:运输费、装卸费、包装费、委托代销手续费、广告费、展览费、销售服务费用以及其他销售费用。

第九条 管理费用是指个体户为管理和组织生产经营活动而发生的各项费用,包括:劳动保险费、咨询费、诉讼费、审计费、土地使用费、低值易耗品摊销、无形资产摊销、开办费摊销、无法收回的账款(坏账损失)、业务招待费、缴纳的税金以及其他管理费用。

第十条 财务费用是指个体户为筹集生产经营资金而发生的各项费用,包括:利息净支出、汇兑净损失、金融机构手续费以及筹资中的其他财务费用等。

第十一条 个体户的营业外支出包括:固定资产盘亏、报废、毁损和出售的净损失,自然灾害或者意外事故损失,公益救济性捐赠,赔偿金、违约金等。

第十二条 上述各项直接支出、间接费用和销售费用、管理费用、财务费用以及营业外支出准予扣除的项目和标准,依照税收法律、法规及本办法的规定确定。

第十三条 个体户业主的费用扣除标准和从业人员的工资扣除标准,由各省、自治区、直辖市地方税务局根据当地实际情况确定,并报国家税务总局备案。

个体户业主的工资不得扣除。

第十四条 个体户自申请营业执照之日起至开始生产经营之日止所发生符合本办法规定的费用,除为取得固定资产、无形资产的支出以及应计入资产价值的汇兑损益、利息支出外,可作为开办费,并自开始生产经营之日起于不短于五年的期限分期均额扣除。

第十五条 个体户在生产经营过程中的借款利息支出,未超过按中国人民银行规定的同类、同期贷款利率计算的数额部分,准予扣除。

第十六条 个体户购入低值易耗品的支出,原则上一次摊销,但一次性购入价值较大的,应分期摊销。分期摊销的价值标准和期限由各省、自治区、直辖市地方税务局确定。

第十七条 个体户购置税控收款机的支出,应在二至五年内分期扣除。具体期限由各省、自治区、直辖市地方税务局确定。

第十八条 个体户发生的与生产经营有关的财产保险、运输保险以及从业人员的养老、医疗及其他保险费用支出,按国家有关规定的标准计算扣除。

第十九条 个体户发生的与生产经营有关的修理费用,可据实扣除。修理费用发生不均衡或数额较大的,应分期扣除。分期扣除标准和期限由各省、自治区、直辖市地方税务局确定。

第二十条 个体户按规定缴纳的消费税、营业税、城市维护建设税、资源税、土地使用税、土地增值税、房产税、车船使用税、印花税、耕地占用税以及教育费附加准予扣除。

第二十一条 个体户按规定缴纳的工商管理费、个体劳动者协会会费、摊位费,按实际发生数扣除。缴纳的其他规费,其扣除项目和标准,由各省、自治区、直辖市地方税务局根据当地实际情况确定。

第二十二条 个体户在生产经营过程中租入固定资产而支付的费用,分别按下列规定处理:

(一) 以融资租赁方式(即出租人和承租人事先约定,在承租人付清最后一笔租金后,该固定资产即归承租人所有)租入固定资产而发生的租赁费,应计入固定资产价值,不得直接扣除。

(二) 以经营租赁方式(即因生产经营需要临时租入固定资产,租赁期满后,该固定资产应归还出租人)租入固定资产的租赁费,可以据实扣除。

第二十三条 个体户研究开发新产品、新技术、新工艺所发生的开发费用,以及研究开发新产品、新技术而购置单台价值在5万元以下的测试仪器和试验性装置的购置费准予扣除;单台价值在5万元以上的测试仪器和试验性装置,以及购置费达到固定资产标准的其他设备,按固定资产管理,不得在当期扣除。

第二十四条 个体户在生产经营过程中发生的固定资产和流动资产盘亏及毁损净损失,由个体户提供清查盘存资料,经主管税务机关审核后,可以在当期扣除。

第二十五条 个体户在生产经营过程中发生的以外币结算的往来款项增减变动时,由于汇率变动而发生折合人民币的差额,作为汇兑损益,计入当期所得或在当期扣除。

第二十六条 个体户用于与取得固定资产有关的利息支出,在资产尚未交付使用之前发生的,应计入购建资产的价值,不得作为费用扣除。

第二十七条 个体户发生的与生产经营有关的无法收回的账款(包括因债务人破产或者死亡,以其破产财产或者遗产清偿后,仍然不能收回的应收账款,或者因债务人逾期未履行还债义务超过三年仍然不能收回的应收账款),应由其提供有效证明,报经主管税务机关审核后,按实际发生数扣除。

上述已予扣除的账款在以后年度收回时,应直接作收入处理。

第二十八条 个体户的年度经营亏损,经申报主管税务机关审核后,允许用下一年度的经营所得弥补,下一年度所得不足弥补的,允许逐年延续弥补,但最长不得超过五年。

第二十九条 个体户发生的与生产经营有关的业务招待费,由其提供合法凭证或单据,经主管税务机关审核后,在其收入总额5‰以内据实扣除。

第三十条 个体户将其所得通过中国境内的社会团体、国家机关向教育和其他社会公益事业以及遭受严重自然灾害地区、贫困地区的捐赠,捐赠额不超过其应纳税所得额30%的部分可以据实扣除。纳税人直接给受益人的捐赠不得扣除。

第三十一条 个体户在生产经营过程中发生与家庭生活混用的费用,由主管税务机关核定分摊比例,据此计算确定的属于生产、经营过程中发生的费用,准予扣除。

第三十二条 个体户的下列支出不得扣除:

(一) 资本性支出,包括:为购置和建造固定资产、无形资产以及其他资产的支出,对外投资的支出;

(二) 被没收的财物、支付的罚款;

(三) 缴纳的个人所得税、固定资产投资方向调节税,以及各种税收的滞纳金、罚金和罚款;

(四) 各种赞助支出;

(五) 自然灾害或者意外事故损失有赔偿的部分;

(六) 分配给投资者的股利;

(七) 用于个人和家庭的支出;

(八) 与生产经营无关的其他支出;

(九) 国家税务总局规定不准扣除的其他支出。

第三十三条 个体户在生产经营过程中使用的期限超过一年且单位价值在1000元以上的房屋、建筑物、机器、设备、运输工具及其他与生产经营有关的设备、工器具等为固定资产。

第三十四条 固定资产按以下方式计价:

（一）购入的，按实际支付的买价、包装费、运杂费和安装费等计价；

（二）自行建造的，按建造过程中实际发生的全部支出计价；

（三）实物投资的，按评估确认或者合同、协议约定的价值计价；

（四）在原有固定资产基础上进行改扩建的，按账面原价减去改扩建工程中发生的变价收入加上改扩建增加的支出计价；

（五）盘盈的，按同类固定资产的重估完全价值计价；

（六）融资租入的，按照租赁协议或者合同确定的租赁费加运输费、保险费、安装调试费等计价。

第三十五条 下列固定资产允许计提折旧：房屋和建筑物；在用机械设备，仪器仪表；各种工器具；季节性停用和修理停用的设备，以及以经营方式租出和以融资租赁方式租入的固定资产。

下列固定资产不计提折旧：房屋、建筑物以外的未使用、不需用的固定资产；以经营方式租入的固定资产；已提足折旧继续使用的固定资产。

第三十六条 固定资产在计算折旧前，应当估计残值，从固定资产原价中减除。残值按固定资产原价的5%确定。

第三十七条 个体户按规定计提的固定资产折旧允许扣除。固定资产折旧年限在不短于以下规定年限内，可根据不同情况，经主管税务机关审核后执行：

（一）房屋、建筑物，为二十年；

（二）轮船、机器、机械和其他生产设备，为十年；

（三）电子设备和轮船以外的运输工具以及与生产经营有关的器具、工具、家具等，为五年。

固定资产由于特殊原因需要缩短折旧年限的，如受酸、碱等强烈腐蚀的机器设备和简易或常年处于震撼、颤动状态的房屋和建筑物，以及技术更新变化快等原因，可由个体户提出申请，报省级税务机关审核批准后执行。

第三十八条 固定资产折旧按平均年限法和工作量法计算提取。

按平均年限法的固定资产折旧计算公式如下：

固定资产年折旧率＝[1－5%（残值率）]÷折旧年限×100%

月折旧率＝年折旧率÷12

月折旧额＝固定资产原价×月折旧率

按工作量法的固定资产折旧计算公式如下：

单位里程（每工作小时）折旧额＝（原价－残值）÷总行驶里程（总工作小时）

第三十九条 个体户在生产经营过程中为销售或者耗用而储备的物资为存货，包括各种原材料、辅助材料、燃料、低值易耗品、包装物、在产品、外购商品、自制半成品、产成品等。存货应按实际成本计价。领用或发出存货的核算，原则上采用加权平均法。

第四十条 个体户在生产经营过程中长期使用但是没有实物形态的资产为无形资产，包括专利权、非专利技术、商标权、商誉、著作权、场地使用权等。无形资产的计价，应当按照取得的实际成本为准。具体是：

（一）作为投资的无形资产，以协议、合同规定的合理价格为原价；

（二）购入的无形资产按实际支付的价款为原价；

（三）接受捐赠的无形资产，按所附单据或参照同类无形资产市场价格确定原价；

非专利技术和商誉的计价应经法定评估机构评估后确认。

第四十一条 无形资产从开始使用之日起，在有效使用期内分期均额扣除。

作为投资或受让的无形资产，在法律、合同和协议中规定了使用年限的，可按该使用年限分期扣除；没有规定使用年限或是自行开发的无形资产，扣除期限不得少于十年。

第四十二条 本办法由国家税务总局负责解释。各省、自治区、直辖市地方税务局可以根据本办法规定的原则，结合本地实际，制定具体实施办法。

第四十三条 本办法从1997年1月1日起执行。

【注释】《个人所得税法》第9条。《财政部 国家税务总局关于调整个体工商户个人独资企业和合伙企业个人所得税税前扣除标准有关问题的通知》（财税[2008]65号）对此进行了修正。

国家税务总局关于外籍个人取得有关补贴征免个人所得税执行问题的通知

国税发[1997]54 号

各省、自治区、直辖市和计划单列市国家税务局、地方税务局：

《中华人民共和国个人所得税法》及其实施条例和《财政部、国家税务总局关于个人所得税若干政策问题的通知》(财税字[1994]020 号)就外籍个人取得有关补贴规定了免征个人所得税的范围，现就执行上述规定的具体界定及管理问题明确如下：

一、对外籍个人以非现金形式或实报实销形式取得的合理的住房补贴、伙食补贴和洗衣费免征个人所得税，应由纳税人在初次取得上述补贴或上述补贴数额、支付方式发生变化的月份的次月进行工资薪金所得纳税申报时，向主管税务机关提供上述补贴的有效凭证，由主管税务机关核准确认免税。

二、对外籍个人因到中国任职或离职，以实报实销形式取得的搬迁收入免征个人所得税，应由纳税人提供有效凭证，由主管税务机关审核认定，就其合理的部分免税。外商投资企业和外国企业在中国境内的机构、场所，以搬迁费名义每月或定期向其外籍雇员支付的费用，应计入工资薪金所得征收个人所得税。

三、对外籍个人按合理标准取得的境内、外出差补贴免征个人所得税，应由纳税人提供出差的交通费、住宿费凭证(复印件)或企业安排出差的有关计划，由主管税务机关确认免税。

四、对外籍个人取得的探亲费免征个人所得税，应由纳税人提供探亲的交通支出凭证(复印件)，由主管税务机关审核，对其实际用于本人探亲，且每年探亲的次数和支付的标准合理的部分给予免税。

五、对外籍个人取得的语言培训费和子女教育费补贴免征个人所得税，应由纳税人提供在中国境内接受上述教育的支出凭证和期限证明材料，由主管税务机关审核，对其在中国境内接受语言培训以及子女在中国境内接受教育取得的语言培训费和子女教育费补贴，且在合理数额内的部分免予纳税。

【注释】《个人所得税法》第 4 条。

国家税务总局关于征用土地过程中征地单位支付给土地承包人员的补偿费如何征税问题的批复

国税函发[1997]87 号

辽宁省地方税务局：

你局《关于征用土地过程中征地单位支付给土地承包人员的补偿费是否征税的请示》(辽地税个[1996]311 号)收悉。经研究，现批复如下：

一、对土地承包人取得的土地上的建筑物、构筑物、青苗等土地附着物的补偿费收入，应按照《中华人民共和国营业税暂行条例》的“销售不动产——其他土地附着物”税目征收营业税。

二、对土地承包人取得的青苗补偿费收入，暂免征收个人所得税；取得的转让建筑物等财产性质的其他补偿费收入，应按照《中华人民共和国个人所得税法》的“财产转让所得”应税项目计征个人所得税。

【注释】《个人所得税法实施条例》第 8 条。

财政部　国家税务总局关于个人提供非有形商品推销、代理等服务活动取得收入征收营业税和个人所得税有关问题的通知

财税[1997]103 号

各省、自治区、直辖市和计划单列市国家税务局、地方税务局：

据反映，有些在境内从事保险、旅游等非有形商品经营的企业(包括从事此类业务的国有企业、集体企业、股份制企业、外商投资企业、外国企业及其他企业)，通过其雇员或非雇员个人的推销、代理等服务活动开展业务。雇员或非雇员个人根据其推销、代理等服务活动的业绩从企业或其服务对象取得佣金、奖励和

劳务费等名目的收入。根据《中华人民共和国营业税暂行条例》、《中华人民共和国个人所得税法》和《中华人民共和国税收征收管理法》的有关规定，现对雇员或非雇员个人为企业提供非有形商品推销、代理等服务活动取得收入征收营业税和个人所得税的有关问题明确如下：

一、对雇员的税务处理

雇员为本企业提供非有形商品推销、代理等服务活动取得佣金、奖励和劳务费等名目的收入，无论该收入采用何种计取方法和支付方式，均应计入该雇员的当期工资、薪金所得，按照《中华人民共和国个人所得税法》及其实施条例和其他有关规定计算征收个人所得税；但可适用《中华人民共和国营业税暂行条例实施细则》第四条第一款的规定，不征收营业税。

二、对非雇员的税务处理

非本企业雇员为企业提供非有形商品推销、代理等服务活动取得的佣金、奖励和劳务费等名目的收入，无论该收入采用何种计取方法和支付方式，均应计入个人从事服务业应税劳务的营业额，按照《中华人民共和国营业税暂行条例》及其实施细则和其他有关规定计算征收营业税；上述收入扣除已缴纳的营业税税款后，应计入个人的劳务报酬所得，按照《中华人民共和国个人所得税法》及其实施条例和其他有关规定计算征收个人所得税。

三、税款征收方式

（一）雇员或非雇员从聘用的企业取得收入的，该企业即为雇员或非雇员应纳税款的扣缴义务人，应按照有关规定按期向主管税务机关申报并代扣代缴上述税款。

（二）对雇员或非雇员直接从其服务对象或其他方面取得收入的部分，由其主动向主管税务机关申报缴纳营业税和个人所得税。

（三）有关企业和个人拒绝申报纳税或代扣代缴税款，将按《中华人民共和国税收征收管理法》及其实施细则的有关规定处理。

【注释】《个人所得税法实施条例》第8条。

财政部　国家税务总局关于住房公积金　医疗保险金养老保险金征收个人所得税问题的通知

财税[1997]144号

各省、自治区、直辖市、计划单列市财政厅（局）、地方税务局：

根据国务院的统一部署，各地相继出台了住房制度、医疗保险制度和养老保险制度等改革的实施方案。现对改革制度涉及的住房公积金、医疗保险金、养老保险金征收个人所得税问题通知如下：

一、企业和个人按照国家或地方政府规定的比例提取并向指定金融机构实际缴付的住房公积金、医疗保险金、基本养老保险金，不计入个人当期的工资、薪金收入，免予征收个人所得税。超过国家或地方政府规定的比例缴付的住房公积金、医疗保险金、基本养老保险金，应将其超过部分并入个人当期的工资、薪金收入，计征个人所得税。

二、个人领取原提存的住房公积金、医疗保险金、基本养老保险金时，免予征收个人所得税。

三、企业以现金形式发给个人的住房补贴、医疗补助费，应全额计入领取人的当期工资、薪金收入计征个人所得税。但对外籍个人以实报实销形式取得的住房补贴，仍按照《财政部、国家税务总局关于个人所得税若干政策问题的通知》（财税字[1994]020号）的规定，暂免征收个人所得税。

四、本通知从1998年1月1日起执行。原政策规定与本通知相抵触的，按本通知规定执行。

【注释】《个人所得税法实施条例》第25条。

国家税务总局关于个人从事医疗服务活动征收个人所得税问题的通知

国税发[1997]178号

各省、自治区、直辖市和计划单列市地方税务局：

为了加强对个人从事医疗服务活动个人所得税的征收管理，根据《中华人民共和国个人所得税法》（以

下简称税法)及其实施条例的规定精神,现将一些具体问题明确如下:

一、个人经政府有关部门批准,取得执照,以门诊部、诊所、卫生所(室)、卫生院、医院等医疗机构形式从事疾病诊断、治疗及售药等服务活动,应当以该医疗机构取得的所得,作为个人的应纳税所得,按照"个体工商户的生产、经营所得"应税项目缴纳个人所得税。

个人未经政府有关部门批准,自行连续从事医疗服务活动,不管是否有经营场所,其取得与医疗服务活动相关的所得,按照"个体工商户的生产、经营所得"应税项目缴纳个人所得税。

各省、自治区、直辖市地方税务局可以根据本地实际情况,确定个体工商户业主的费用扣除标准。

二、对于由集体、合伙或个人出资的乡村卫生室(站),由医生承包经营,经营成果归医生个人所有,承包人取得的所得,比照"对企事业单位的承包经营、承租经营所得"应税项目缴纳个人所得税。

乡村卫生室(站)的医务人员取得的所得,按照"工资、薪金所得"应税项目缴纳个人所得税。

三、受医疗机构临时聘请坐堂门诊及售药,由该医疗机构支付报酬,或收入与该医疗机构按比例分成的人员,其取得的所得,按照"劳务报酬所得"应税项目缴纳个人所得税,以一个月内取得的所得为一次,税款由该医疗机构代扣代缴。

四、经政府有关部门批准而取得许可证(执照)的个人,应当在领取执照后30日内向当地主管税务机关申报办理税务登记。未经政府有关部门批准而自行开业的个人,应当自开始医疗服务活动后30日内向当地主管税务机关申报办理税务登记。

以前的规定或答复与本文不符的,应以本文为准。

【注释】《个人所得税法实施条例》第8条。

国家税务总局关于股份制企业转增股本和派发红股征免个人所得税的通知

国税发[1997]198号

近接一些地区和单位来文、来电请示,要求对股份制企业用资本公积金转增个人股本是否征收个人所得税的问题作出明确规定。经研究,现明确如下:

一、股份制企业用资本公积金转增股本不属于股息、红利性质的分配,对个人取得的转增股本数额,不作为个人所得,不征收个人所得税。

二、股份制企业用盈余公积金派发红股属于股息、红利性质的分配,对个人取得的红股数额,应作为个人所得征税。

各地要严格按照《国家税务总局关于印发〈征收个人所得税若干问题的规定〉的通知》(国税发[1994]089号)的有关规定执行,没有执行的要尽快纠正。派发红股的股份制企业作为支付所得的单位应按照税法规定履行扣缴义务。

【注释】《个人所得税法实施条例》第8条。引用本通知的文件包括:《国家税务总局关于盈余公积金转增注册资本征收个人所得税问题的批复》(国税函发[1998]333号)。

国家税务总局关于三井物产(株)大连事务所外籍雇员取得数月奖金确定纳税义务问题的批复

国税函发[1997]546号

大连市地方税务局:

你局《关于三井物产(株)大连事务所个人所得税有关问题的请示》(大地税函[1997]22号)收悉。日本三井物产(株)大连事务所(以下称三井物产)于1996年底更换其首席代表和常驻代表,分别由现任首席代表泷泽昌隆接替原任首席代表相田壮一;现任常驻代表中岛理接替原任常驻代表小林修。关于上述到任和离任人员一次取得数月的奖金或年终加薪、劳动分红等工资薪金所得(以下称数月奖金),如何确定纳税义务和计算缴纳个人所得税的问题,现批复如下:

一、在中国境内无住所的个人来华工作后或离华后，一次取得数月奖金，对其来源地及纳税义务的判定，应依照《中华人民共和国个人所得税法》及其实施条例、政府间税收协定和《国家税务总局关于在中国境内无住所的个人取得工资薪金所得纳税义务问题的通知》(国税发[1994]148号)及《财政部税务总局关于执行税收协定有关征收个人所得税的计算问题的批复》([86]财税协字第029号)第三条等有关规定确定的劳务发生地原则进行。上述个人来华后收到的数月奖金，凡能够提供雇佣单位有关奖励制度，证明上述数月奖金含有属于该个人来华之前在我国境外工作月份奖金的，可将有关证明材料报主管税务机关核准后，仅就其中属于来华后工作月份的奖金，依照上述有关规定确定中国纳税义务。但上述个人停止在华履约或执行职务离境后收到的属于在华工作月份的奖金，也应在取得该项所得时，向中国主管税务机关申报纳税。

二、在中国境内无住所的个人取得按上述规定判定负有中国纳税义务的数月奖金，其应纳个人所得税税额应按照《国家税务总局关于在中国境内无住所的个人取得奖金征税问题的通知》(国税发[1996]183号)规定的计算方法计算，并不再按来华工作后的每月实际在华工作天数划分计算应纳税额。

【注释】《个人所得税法》第6条。本通知第一条审批已经被废止，具体管理方法参见《国家税务总局关于取消及下放外商投资企业和外国企业以及外籍个人若干税务行政审批项目的后续管理问题的通知》(国税发[2004]80号)。

国家税务总局关于个人认购股票等有价证券而从雇主取得折扣或补贴收入有关征收个人所得税问题的通知

国税发[1998]9号

各省、自治区、直辖市和计划单列市国家税务局、地方税务局：

一些中国境内的公司、企业作为吸收、稳定人才的手段，按照有关法律规定及本公司规定，向其雇员发放(内部职工)认股权证，并承诺雇员在公司达到一定工作年限或满足其他条件，可凭该认股权证按事先约定价格(一般低于当期股票发行价格或市场价格)认购公司股票；或者向达到一定工作年限或满足其他条件的雇员，按当期市场价格的一定折价转让本企业持有的其他公司(包括外国公司)的股票等有价证券；或者按一定比例为该雇员负担其进行股票等有价证券的投资。现将雇员以上述不同方式认购股票等有价证券而从雇主取得的各类折扣或补贴有关征收个人所得税的问题通知如下：

一、关于所得性质认定问题

在中国负有纳税义务的个人(包括在中国境内有住所和无住所的个人)认购股票等有价证券，因其受雇期间的表现或业绩，从其雇主以不同形式取得的折扣或补贴(指雇员实际支付的股票等有价证券的认购价格低于当期发行价格或市场价格的数额)，属于该个人因受雇而取得的工资、薪金所得，应在雇员实际认购股票等有价证券时，按照《中华人民共和国个人所得税法》(以下称税法)及其实施条例和其他有关规定计算缴纳个人所得税。

上述个人在认购股票等有价证券后再行转让所取得的所得，属于税法及其实施条例规定的股票等有价证券转让所得，适用有关对股票等有价证券转让所得征收个人所得税的规定。

二、关于计税方法问题

上述个人认购股票等有价证券而从雇主取得的折扣或补贴，在计算缴纳个人所得税时，因一次收入较多，全部计入当月工资、薪金所得计算缴纳个人所得税有困难的，可在报经当地主管税务机关批准后，自其实际认购股票等有价证券的当月起，在不超过6个月的期限内平均分月计入工资、薪金所得计算缴纳个人所得税。

三、关于申报材料问题

纳税人或扣缴义务人就上述工资、薪金所得申报缴纳或代扣代缴个人所得税时，应将纳税人认购的股票等有价证券的种类、数量、认购价格、市场价格(包括国内市场价格)等情况及有关的证明材料和计税过程一并报当地主管税务机关。

【注释】《个人所得税法》第6条；引用本通知的文件包括：《国家税务总局关于个人所得税若干业务问题的批复》(国税函[2002]146号)；本通知第二条审批已经被废止，具体管理方法参见《国家税务总局关于取消及下放外商投资企业和外国企业以及外籍个人若干税务行政审批项目的后续管理问题的通知》(国税发[2004]80号)。

财政部　国家税务总局关于个人取得体育彩票中奖所得征免个人所得税问题的通知

财税[1998]12号

各省、自治区、直辖市、计划单列市财政厅(局)、国家税务局、地方税务局:

为了有利于动员全社会力量资助和发展我国的体育事业,经研究决定,对个人购买体育彩票中奖收入的所得税政策作如下调整:凡一次中奖收入不超过1万元的,暂免征收个人所得税;超过1万元的,应按税法规定全额征收个人所得税。

本规定自1998年4月1日起执行。

【注释】《个人所得税法》第4条。

财政部　国家税务总局关于证券投资基金税收问题的通知

财税[1998]55号

省、自治区、直辖市、计划单列市财政厅(局)、国家税务局、地方税务局,财政部驻各省、自治区、直辖市、计划单列市财政监察专员办事处,新疆生产建设兵团:

为了有利于证券投资基金制度的建立,促进证券市场的健康发展,经国务院批准,现对中国证监会新批准设立的封闭式证券投资基金(以下简称基金)的税收问题通知如下:

……

三、关于所得税问题

1. 对基金从证券市场中取得的收入,包括买卖股票、债券的差价收入,股票的股息、红利收入,债券的利息收入及其他收入,暂不征收企业所得税。

2. 对个人投资者买卖基金单位获得的差价收入,在对个人买卖股票的差价收入未恢复征收个人所得税以前,暂不征收个人所得税;对企业投资者买卖基金单位获得的差价收入,应并入企业的应纳税所得额,征收企业所得税。

3. 对投资者从基金分配中获得的股票的股息、红利收入以及企业债券的利息收入,由上市公司和发行债券的企业在向基金派发股息、红利、利息时代扣代缴20%的个人所得税,基金向个人投资者分配股息、红利、利息时,不再代扣代缴个人所得税。

4. 对投资者从基金分配中获得的国债利息、储蓄存款利息以及买卖股票价差收入,在国债利息收入、个人储蓄存款利息收入以及个人买卖股票差价收入未恢复征收所得税以前,暂不征收所得税。

5. 对个人投资者从基金分配中获得的企业债券差价收入,应按税法规定对个人投资者征收个人所得税,税款由基金在分配时依法代扣代缴;对企业投资者从基金分配中获得的债券差价收入,暂不征收企业所得税。

……

五、本通知从1998年3月1日起实施。

【注释】《个人所得税法实施条例》第9条。

财政部　国家税务总局关于个人转让股票所得继续暂免征收个人所得税的通知

财税[1998]61号

为了配合企业改制,促进股票市场的稳健发展,经报国务院批准,从1997年1月1日起,对个人转让上市公司股票取得的所得继续暂免征收个人所得税。

【注释】《个人所得税法实施条例》第9条。

国家税务总局关于外商投资企业和外国企业的雇员的境外保险费有关所得税处理问题的通知

国税发[1998]101号

各省、自治区、直辖市和计划单列市国家税务局、地方税务局：

据反映，一些外商投资企业和在中国境内设立机构、场所的外国企业(以下统称企业)按照有关国家(地区)社会保险制度的要求，或者作为企业内部的福利或奖励制度，直接或间接为其在中国境内工作的雇员(含在中国境内有住所和无住所的雇员)向境外保险机构(包括社会保险机构和商业保险机构)支付失业保险费、退休(养老)金、储蓄金、人身意外伤害保险费、医疗保险费等其他名目的境外保险费。现将上述境外保险费有关税务处理问题明确如下：

……

二、关于个人所得税的税务处理

(一) 企业为其在中国境内工作的雇员个人支付或负担的各类境外保险费，凡以支付其雇员工资、薪金的名义已在企业应纳税所得额中扣除的，均应计入该雇员个人的工资、薪金所得，适用《中华人民共和国个人所得税法》和国际税收协定的有关规定申报缴纳个人所得税。

(二) 企业未在其应纳税所得额中扣除而支付或负担的其中国境内工作雇员的境外保险费，原则上也应计入该雇员个人的工资、薪金所得，适用《中华人民共和国个人所得税法》和国际税收协定的有关规定申报缴纳个人所得税，但对其中确属于按照有关国家法律规定应由雇主负担的社会保障性质的费用，报经当地税务主管机关核准后，可不计入雇员个人的应纳税所得额。

(三) 在中国境内工作的雇员个人支付的各类境外保险费，均不得从该雇员个人的应纳税所得额中扣除。

三、本通知自发文之日起执行。以前规定与本通知规定内容有不同的，一律停止执行。

【注释】《个人所得税法实施条例》第8条。

境外所得个人所得税征收管理暂行办法

国税发[1998]126号

第一条　为维护国家税收权益，加强对来源于中国境外所得的个人所得税征收管理，根据《中华人民共和国个人所得税法》(以下简称税法)及其实施条例、《中华人民共和国税收征收管理法》(以下简称征管法)及其实施细则以及有关行政法规的规定制定本办法。

第二条　本办法适用于中国境内有住所，并有来源于中国境外所得的个人纳税人(以下简称纳税人)。

第三条　纳税人来源于中国境外的各项应纳税所得(以下简称境外所得)，应依照税法和本办法的规定缴纳个人所得税。

第四条　下列所得，不论支付地点是否在中国境外，均为来源于中国境外的所得：

(一) 因任职、受雇、履约等而在中国境外提供劳务取得的所得；

(二) 将财产出租给承租人在中国境外使用而取得的所得；

(三) 转让中国境外的建筑物、土地使用权等财产或者在中国境外转让其他财产取得的所得；

(四) 许可各种特许权在中国境外使用而取得的所得；

(五) 从中国境外的公司、企业以及其他经济组织或者个人取得的利息、股息、红利所得。

第五条　纳税人的境外所得，包括现金、实物和有价证券。

第六条　纳税人的境外所得，应按税法及其实施条例的规定确定应税项目，并分别计算其应纳税额。

第七条　纳税人的境外所得按照有关规定交付给派出单位的部分，凡能提供有效合同或有关凭证的，经主管税务机关审核后，允许从其境外所得中扣除。

第八条　纳税人受雇于中国境内的公司、企业和其他经济组织以及政府部门并派往境外工作，其所得由境内派出单位支付或负担的，境内派出单位为个人所得税扣缴义务人，税款由境内派出单位负责代扣代缴。其所得由境外任职、受雇的中方机构支付、负担的，可委托其境内派出（投资）机构代征税款。

上述境外任职、受雇的中方机构是指中国境内的公司、企业和其他经济组织以及政府部门所属的境外分支机构、使（领）馆、子公司、代表处等。

第九条　纳税人有下列情形的，应自行申报纳税：

（一）境外所得来源于两处以上的；

（二）取得境外所得没有扣缴义务人、代征人的（包括扣缴义务人、代征人未按规定扣缴或征缴税款的）。

第十条　中国境内的公司、企业和其他经济组织以及政府部门，凡有外派人员的，应在每一公历年度（以下简称年度）终了后30日内向主管税务机关报送外派人员情况。内容主要包括：外派人员的姓名、身份证或护照号码、职务、派往国家和地区、境外工作单位名称和地址、合同期限、境内外收入状况、境内住所及缴纳税收情况等。

第十一条　依本办法第九条规定须自行申报纳税的纳税人，应在年度终了后30日内，向中国主管税务机关申报缴纳个人所得税。如所得来源国与中国的纳税年度不一致，年度终了后30日内申报纳税有困难的，可报经中国主管税务机关批准，在所得来源国的纳税年度终了、结清税款后30日内申报纳税。

纳税人如在税法规定的纳税年度期间结束境外工作任务回国，应当在回国后的次月7日内，向主管税务机关申报缴纳个人所得税。

第十二条　纳税人兼有来源于中国境内、境外所得的，应按税法规定分别减除费用并计算纳税。

第十三条　扣缴义务人、代征人所扣（征）的税款，应当在次月7日内缴入国库，并向主管税务机关报送扣（征）缴个人所得税报告表以及税务机关要求报送的其他资料。

第十四条　纳税人在境外已缴纳的个人所得税税额，能提供境外税务机关填发的完税凭证原件的，准予按照税法及其实施条例的规定从应纳税额中抵扣。

第十五条　纳税人和扣缴义务人未按本办法规定申报缴纳、扣缴个人所得税以及未按本办法第十条规定报送资料的，主管税务机关应按征管法及有关法律、行政法规和部分规章的规定予以处罚，涉嫌犯罪的依法移送公安机关处理。

第十六条　纳税人取得的境外所得为美元、日元和港币的，按照填开完税凭证的上一月最后一日中国人民银行公布的人民币对上述三种货币的基准汇价，折合成人民币计算缴纳税款。

纳税人取得的境外所得为上述三种货币以外的其他货币的，应根据填开完税凭证的上一月最后一日美元对人民币的基准汇价和国家外汇管理局提供的同日纽约外汇市场美元对主要外币的汇价进行套算，按套算后的汇价作为折合汇率计算缴纳税款。套算公式为：

某种货币对人民币汇价＝美元对人民币的基准汇价÷纽约外汇市场美元对该种货币的汇价

第十七条　在年度终了后自行申报纳税的，对已经按月或者按次预缴税款的外国货币所得，不再重新折算；对应当补缴税款的所得部分，按照上一纳税年度最后一日中国人民银行公布的人民币对美元、日元和港币三种货币的基准汇价，折合成人民币计算应纳税所得额，如所得为三种货币以外的其他货币的，按照上一纳税年度最后一日美元对人民币的基准汇价和国家外汇管理局提供的同日纽约外汇市场美元对主要外币的汇价进行套算折合成人民币计算应纳税所得额。

第十八条　本办法所称主管税务机关是指派出单位所在地的税务机关。无派出单位的，是指纳税人离境前户籍所在地的税务机关；户籍所在地与经常居住地不一致的，是指经常居住地税务机关。

第十九条　本办法未尽事宜，按照有关税收法律、行政法规的规定执行。

第二十条　各省、自治区、直辖市地方税务局可根据本办法规定的原则，结合本地实际制定具体实施办法，并报国家税务总局备案。

第二十一条　本办法由国家税务总局负责解释。

第二十二条　本办法从1998年7月1日起执行。此前规定与本办法有抵触的，按本办法执行。

【注释】《个人所得税法》第13条。

国家税务总局关于生活补助费范围确定问题的通知

国税发[1998]155号

各省、自治区、直辖市和计划单列市地方税务局：

近据一些地区反映，《中华人民共和国个人所得税法实施条例》第十四条所说的从福利费或者工会经费中支付给个人的生活补助费，由于缺乏明确的范围，在实际执行中难以具体界定，各地掌握尺度不一，须统一明确规定，以利执行。经研究，现明确如下：

一、上述所称生活补助费，是指由于某些特定事件或原因而给纳税人或其家庭的正常生活造成一定困难，其任职单位按国家规定从提留的福利费或者工会经费中向其支付的临时性生活困难补助。

二、下列收入不属于免税的福利费范围，应当并入纳税人的工资、薪金收入计征个人所得税：

（一）从超出国家规定的比例或基数计提的福利费、工会经费中支付给个人的各种补贴、补助；

（二）从福利费和工会经费中支付给单位职工的人人有份的补贴、补助；

（三）单位为个人购买汽车、住房、电子计算机等不属于临时性生活困难补助性质的支出。

三、以上规定从1998年11月1日起执行。

【注释】《个人所得税法实施条例》第14条。

国家税务总局关于盈余公积金转增注册资本征收个人所得税问题的批复

国税函发[1998]333号

青岛市地方税务局：

你局《关于青岛路邦石油化工有限公司公积金转增资本缴纳个人所得税问题的请示》（青地税四字[1998]12号）收悉。经研究，现批复如下：

青岛路邦石油化工有限公司将从税后利润中提取的法定公积金和任意公积金转增注册资本，实际上是该公司将盈余公积金向股东分配了股息、红利，股东再以分得的股息、红利增加注册资本。因此，依据《国家税务总局关于股份制企业转增股本和派发红股征免个人所得税的通知》（国税发[1997]198号）精神，对属于个人股东分得再投入公司（转增注册资本）的部分应按照“利息、股息、红利所得”项目征收个人所得税，税款由股份有限公司在有关部门批准增资、公司股东会决议通过后代扣代缴。

【注释】《个人所得税法实施条例》第8条。

国家税务总局关于未分配的投资者收益和个人人寿保险收入征收个人所得税问题的批复

国税函发[1998]546号

河北省地方税务局：

你局《河北省地方税务局关于对未分配的投资者收益和个人人寿保险收入征收个人所得税问题的请示》（冀地税发[1998]51号）收悉，经研究，现批复如下：

一、你省廊坊市香河东华纸制品有限公司为中方个人共同投资与日方组建的中外合资企业。该公司协议规定，投资各方按其出资额在注册资本中的比例分享利润。根据有关规定，实现的利润作必要留存后应进行分配，而该公司自1994年开业以来一直未在账面进行利润分配，却将税后利润用于兴建厂房、个人宿舍、购买汽车和其他消费。根据以上情况和个人所得税的收入实现原则，应认定该公司的税后利润已在中方投资者之间进行了分配，中方个人投资者按投资比例分得的部分，须根据《中华人民共和国个人所得税法》的规定，按照“利息、股息、红利所得”应税项目缴纳个人所得税，税款由廊坊市香河东华纸制品有限公司代扣代缴。请你局通知主管税务机关督促代扣代缴义务人认真履行代扣代缴个人所得税义务。

二、对保险公司按投保金额，以银行同期储蓄存款利率支付给在保期内未出险的人寿保险保户的利息（或以其他名义支付的类似收入），按“其他所得”应税项目征收个人所得税，税款由支付利息的保险公司代扣代缴。

【注释】《个人所得税法》第2条;《个人所得税法实施条例》第8条。

国家税务总局关于社会力量办学征收个人所得税问题的批复

国税函发[1998]738号

安徽省地方税务局:

你局《关于对社会力量办学征收个人所得税问题的请示》(皖地税[1998]350号)收悉。文中反映,自1997年10月1日《社会力量办学条例》(国务院令226号)施行以来,由于该条例规定有"社会力量举办教育机构不得以营利为目的,教育机构的积累只能用于增加教育投入和改善办学条件,不得用于分配和校外投资"等内容,引起个人办学者、税务机关就是否缴纳个人所得税问题产生争议。对此问题,经研究,现批复如下:

《中华人民共和国个人所得税法》及其实施条例规定,对于个人经政府有关部门批准,取得执照,从事办学取得的所得,应按"个体工商户的生产、经营所得"应税项目计征个人所得税。据此,对于个人办学者取得的办学所得用于个人消费的部分,应依法计征个人所得税。

【注释】《个人所得税法实施条例》第8条。

财政部　国家税务总局关于促进科技成果转化有关税收政策的通知

财税[1999]45号

各省、自治区、直辖市、计划单列市财政厅(局)、国家税务局、地方税务局:

为贯彻落实《中华人民共和国科学技术进步法》和《中华人民共和国促进科技成果转化法》,鼓励高新技术产业发展,经国务院批准,现将科研机构、高等学校研究开发高新技术、转化科技成果有关税收政策通知如下:

一、科研机构的技术转让收入继续免征营业税,对高等学校的技术转让收入自1999年5月1日起免征营业税。

二、科研机构、高等学校服务于各业的技术成果转让、技术培训、技术咨询、技术服务、技术承包所取得的技术性服务收入暂免征收企业所得税。

三、自1999年7月1日起,科研机构、高等学校转化职务科技成果以股份或出资比例等股权形式给予个人奖励,获奖人在取得股份、出资比例时,暂不缴纳个人所得税;取得按股份、出资比例分红或转让股权、出资比例所得时,应依法缴纳个人所得税。有关此项的具体操作规定,由国家税务总局另行制定。

【注释】《个人所得税法》第4条。

国家税务总局关于个人所得税有关政策问题的通知

国税发[1999]58号

各省、自治区、直辖市和计划单列市地方税务局:

近接一些地区请示,要求对个人所得税有关政策做出规定。经研究,现明确如下:

一、关于企业减员增效和行政、事业单位、社会团体在机构改革过程中实行内部退养办法人员取得收入征税问题。

实行内部退养的个人在其办理内部退养手续后至法定离退休年龄之间从原任职单位取得的工资、薪金,不属于离退休工资,应按"工资、薪金所得"项目计征个人所得税。

个人在办理内部退养手续后从原任职单位取得的一次性收入,应按办理内部退养手续后至法定离退休年龄之间的所属月份进行平均,并与领取当月的"工资、薪金"所得合并后减除当月费用扣除标准,以余额为基数确定适用税率,再将当月工资、薪金加上取得的一次性收入,减去费用扣除标准,按适用税率计征个人所得税。

个人在办理内部退养手续后至法定离退休年龄之间重新就业取得的"工资、薪金"所得,应与其从原任职单位取得的同一月份的"工资、薪金"所得合并,并依法自行向主管税务机关申报缴纳个人所得税。

二、关于个人取得公务交通、通讯补贴收入征税问题

个人因公务用车和通讯制度改革而取得的公务用车、通讯补贴收入,扣除一定标准的公务费用后,按照"工资、薪金"所得项目计征个人所得税。按月发放的,并入当月"工资、薪金"所得计征个人所得税;不按月发放的,分解到所属月份并与该月份"工资、薪金"所得合并后计征个人所得税。

公务费用的扣除标准,由省级地方税务局根据纳税人公务交通、通讯费用的实际发生情况调查测算,报经省级人民政府批准后确定,并报国家税务总局备案。

三、关于个人取得无赔款优待收入征税问题

对于个人因任职单位缴纳有关保险费用而取得的无赔款优待收入,按照"其他所得"应税项目计征个人所得税。

对于个人自己缴纳有关商业保险费(保费全部返还个人的保险除外)而取得的无赔款优待收入,不作为个人的应纳税收入,不征收个人所得税。

【注释】《个人所得税法实施条例》第8条。

国家税务总局关于促进科技成果转化有关个人所得税问题的通知

国税发[1999]125号

各省、自治区、直辖市和计划单列市地方税务局:

为便于《财政部 国家税务总局关于促进科技成果转化有关税收政策的通知》(财税字[1999]45号)的贯彻执行,现将有关个人所得税的问题明确如下:

一、科研机构、高等学校转化职务科技成果以股份或出资比例等股权形式给予科技人员个人奖励,经主管税务机关审核后,暂不征收个人所得税。

为了便于主管税务机关审核,奖励单位或获奖人应向主管税务机关提供有关部门根据国家科委和国家工商行政管理局联合制定的《关于以高新技术成果出资入股若干问题的规定》(国科发政字[1997]326号)和科学技术部和国家工商行政管理局联合制定的《〈关于以高新技术成果出资入股若干问题的规定〉实施办法》(国科发政字[1998]171号)出具的《出资入股高新技术成果认定书》、工商行政管理部门办理的企业登记手续及经工商行政管理机关登记注册的评估机构的技术成果价值评估报告和确认书。不提供上述资料的,不得享受暂不征收个人所得税优惠政策。

上述科研机构是指按中央机构编制委员会和国家科学技术委员会《关于科研事业单位机构设置审批事项的通知》(中编办发[1997]14号)的规定设置审批的自然科学研究事业单位机构。

上述高等学校是指全日制普通高等学校(包括大学、专门学院和高等专科学校)。

二、在获奖人按股份、出资比例获得分红时,对其所得按"利息、股息、红利所得"应税项目征收个人所得税。

三、获奖人转让股权、出资比例,对其所得按"财产转让所得"应税项目征收个人所得税,财产原值为零。

四、享受上述优惠政策的科技人员必须是科研机构和高等学校的在编正式职工。

【注释】《个人所得税法》第4条。本通知中的审批已经废除,参见《国家税务总局关于取消促进科技成果转化暂不征收个人所得税审核权有关问题的通知》(国税函[2007]833号)。

国家税务总局关于个人因解除劳动合同取得经济补偿金征收个人所得税问题的通知

国税发[1999]178号

各省、自治区、直辖市和计划单列市地方税务局:

近接一些地区请示,要求对企业在改组、改制或减员增效过程中解除职工的劳动合同而支付给被解聘

职工的一次性经济补偿金征收个人所得税政策问题加以明确。经研究，现规定如下：

一、对于个人因解除劳动合同而取得一次性经济补偿收入，应按“工资、薪金所得”项目计征个人所得税。

二、考虑到个人取得的一次性经济补偿收入数额较大，而且被解聘的人员可能在一段时间内没有固定收入，因此，对于个人取得的一次性经济补偿收入，可视为一次取得数月的工资、薪金收入，允许在一定期限内进行平均。具体平均办法为：以个人取得的一次性经济补偿收入，除以个人在本企业的工作年限数，以其商数作为个人的月工资、薪金收入，按照税法规定计算缴纳个人所得税。个人在本企业的工作年限数按实际工作年限数计算，超过 12 年的按 12 计算。

三、按照上述方法计算的个人一次性经济补偿收入应纳的个人所得税税款，由支付单位在支付时一次性代扣，并于次月 7 日内缴入国库。

四、个人按国家和地方政府规定比例实际缴纳的住房公积金、医疗保险金、基本养老保险金、失业保险基金在计税时应予以扣除。

五、个人在解除劳动合同后又再次任职、受雇的，对个人已缴纳个人所得税的一次性经济补偿收入，不再与再次任职、受雇的工资、薪金所得合并计算补缴个人所得税。

六、本通知自 1999 年 10 月 1 日起执行，此前规定与本通知规定不一致的，按本通知执行。

【注释】《个人所得税法》第 6 条。

储蓄存款利息所得个人所得税征收管理办法

国税发[1999]179 号

第一条　根据《中华人民共和国个人所得税法》、《中华人民共和国税收征收管理法》和国务院关于《对个人储蓄存款利息所得征收个人所得税的实施办法》(以下简称《实施办法》)的有关规定，特制定本办法。

第二条　储蓄存款利息所得个人所得税以取得储蓄存款利息所得的个人为纳税义务人，以办理结付个人储蓄存款利息的储蓄机构为扣缴义务人。扣缴义务人区分不同情况具体规定如下：

一、内资商业银行以支行或相当于支行的储蓄机构为扣缴义务人。经各省、自治区、直辖市和计划单列市国家税务局批准，扣缴义务人所扣税款或由其上一级机构汇总向其所在地主管税务机关申报缴纳。

二、城市信用社和农村信用社以独立核算的单位为扣缴义务人。

三、外资银行以设在中国境内的分行为扣缴义务人。

四、邮政储蓄机构以县级邮政局为扣缴义务人。

根据上述规定难以认定扣缴义务人的，由省、自治区、直辖市和计划单列市国家税务局依据便于扣缴义务人操作和税务机关征收管理、有利于明确扣缴义务人法律责任的原则进行认定。

第三条　凡办理个人储蓄业务的储蓄机构，在向个人结付储蓄存款利息时，应依法代扣代缴其应缴纳的个人所得税税款。

前款所称结付储蓄存款利息，是指向个人储户支付利息、结息日和办理存款自动转存业务时结息。

第四条　扣缴义务人应指定财务会计部门或其他有关部门的专门人员，具体负责扣缴税款的纳税申报及有关事宜。人员发生变动时，应将名单及时报告主管税务机关。

第五条　扣缴义务人在代扣税款时，应当在给储户的利息清单上注明已扣税款的数额。注明已扣税款的利息清单视同完税证明，除另有规定者外，不再开具代扣代收税款凭证。

第六条　扣缴义务人应扣未扣税款的，由扣缴义务人缴纳应扣未扣税款以及相应的滞纳金。其应纳税款按下列公式计算：

应纳税所得额＝结付的利息额÷(1－税率)

应纳税额＝应纳税所得额×适用税率

第七条　扣缴义务人每月所扣的税款，应当在次月 7 日内缴入中央金库，并向主管税务机关报送《储蓄存款利息所得扣缴个人所得税报告表》和主管税务机关要求报送的其他有关资料；所扣税款为外币的，应当按照缴款上一月最后一日中国人民银行公布的人民币基准汇价折算成人民币，以人民币缴入国库。

第八条 现有储蓄机构，符合本办法第二条规定的，应于《实施办法》公布后至11月1日前到当地主管税务机关办理扣缴税款登记；11月1日后成立的储蓄机构，凡符合本办法第二条规定的，应自中国人民银行批准开业之日起30日内，到当地主管税务机关办理扣缴税款登记。

第九条 税务机关应依法对扣缴义务人的代扣代缴税款情况进行检查，扣缴义务人必须如实反映有关情况，提供有关资料，不得拒绝或隐瞒。

税务机关在依法检查中了解的情况，应依照《中华人民共和国商业银行法》的有关规定，为储户保密。

第十条 主管税务机关应对扣缴义务人登记建档，建立收入统计台账，及时对征收情况进行总结、分析和预测。

第十一条 其他征管事项，依照《中华人民共和国个人所得税》及其实施条例、《中华人民共和国税收征收管理法》及其实施细则和《个人所得税代扣代缴暂行办法》的有关规定执行。

第十二条 各省、自治区、直辖市国家税务局可以根据本办法规定的原则，结合本地实际，制定具体实施办法，并报国家税务总局备案。

第十三条 本办法由国家税务总局负责解释。

第十四条 本办法自发布之日起执行。

【注释】 《个人所得税法》第12条。

国家税务总局关于远洋运输船员工资薪金所得个人所得税费用扣除问题的通知

国税发[1999]202号

各省、自治区、直辖市和计划单列市地方税务局：

近据反映，各地在对远洋运输船员（含国轮船员和外派船员，下同）工资、薪金所得征收个人所得税时，费用扣除标准掌握不一。为了统一个人所得税政策，维护税法的统一性，经研究，现进一步明确如下：

一、根据《中华人民共和国个人所得税法》及其实施条例的规定，对远洋运输船员取得的工资、薪金所得采取按年计算、分月预缴的方式计征个人所得税。

二、考虑到远洋运输具有跨国流动的特性，因此，对远洋运输船员每月的工资、薪金收入在统一扣除800元费用的基础上，准予再扣除税法规定的附加减除费用标准。

三、由于船员的伙食费统一用于集体用餐，不发给个人，故特案允许该项补贴不计入船员个人的应纳税工资、薪金收入。

本通知自2000年1月1日起执行。

【注释】 《个人所得税法》第6条；《个人所得税法实施条例》第40条。

国家税务总局关于在中国境内无住所个人取得不在华履行职务的月份奖金确定纳税义务问题的通知

国税函[1999]245号

各省、自治区、直辖市和计划单列市国家税务局、地方税务局：

关于在中国境内无住所个人一次取得数月奖金中属于来华工作以前月份或离职离华后月份的奖金，不判定为来源于中国境内所得，因而不负有中国纳税义务的问题，总局曾以《国家税务总局关于三井物产（株）大连事务所外籍雇员取得数月奖金确定纳税义务问题的批复》（国税函[1997]546号）做出规定。近据反映，一些在中国境内无住所的个人虽然担任中国境内机构职务，但由于在境外企业仍兼任其他职务，因此并不实际或并不经常在中国境内履行职务，其一次取得数月奖金中含有不在华履行职务月份的奖金。现对此种情况如何确定纳税义务的问题明确如下：

在中国境内无住所的个人在担任境外企业职务的同时，兼任该外国企业在华机构的职务，但并不实际或并不经常到华履行该在华机构职务，对其一次取得的数月奖金中属于全月未在华工作的月份奖金，依照劳动发生地原则，可不作为来源于中国境内的奖金收入计算纳税；对其取得的有到华工作天数的各月份奖金，应全额依照《国家税务总局关于在中国境内无住所的个人取得奖金征税问题的通知》(国税发[1996]183号)规定的方法计算纳税，不再按该月份实际在华天数划分计算应纳税额。

本通知自从发文之日起执行。

【注释】《个人所得税法》第6条。

财政部 国家税务总局关于住房公积金 医疗保险金 基本养老保险金失业保险基金个人账户存款利息所得免征个人所得税的通知

财税[1999]267号

各省、自治区、直辖市和计划单列市财政厅(局)、国家税务局、地方税务局：

根据国务院《对储蓄存款利息所得征收个人所得税的实施办法》第五条"对个人取得的教育储蓄存款利息所得以及国务院财政部门确定的其他专项储蓄存款或者储蓄性专项基金存款的利息所得，免征个人所得税"的规定，为了保证和支持社会保障制度和住房制度改革的顺利实施，现明确按照国家或省级地方政府规定的比例缴付的下列专项基金或资金存入银行个人账户所取得的利息收入免征个人所得税：

一、住房公积金；

二、医疗保险金；

三、基本养老保险金；

四、失业保险基金。

【注释】《个人所得税法实施条例》第25条。

国家税务总局关于外国企业的董事在中国境内兼任职务有关税收问题的通知

国税函[1999]284号

各省、自治区、直辖市和计划单列市国家税务局，地方税务局：

近来，一些地方反映，有些外国企业的董事(长)或合伙人(在中国境内无住所的个人，下同)在中国境内该企业设立的机构、场所担任职务，应取得工资、薪金所得，但其申报仅以董事费名义或分红形式取得收入。现就对其应如何征收个人所得税的问题明确如下：

外国企业的董事或合伙人担任该企业设立在中国境内的机构、场所的职务，或者名义上不担任该机构、场所的职务，但实际上从事日常经营、管理工作，其在中国境内从事上述工作取得的工资、薪金所得，属于来源于中国境内的所得，应按照《中华人民共和国个人所得税法》及其实施条例和其他有关规定计算缴纳个人所得税。上述个人凡未申报或未如实申报其工资、薪金所得的，可比照《国家税务总局关于外商投资企业的董事担任直接管理职务征收个人所得税问题的通知》(国税发[1996]214号)第二条和第三条的规定核定其应取得的工资、薪金所得，并作为该中国境内机构、场所应负担的工资薪金确定纳税义务，计算应纳税额。

【注释】《个人所得税法实施条例》第5条。

国家税务总局关于明确残疾人所得征免个人所得税范围的批复

国税函[1999]329号

河南省地方税务局：

你局《关于如何确定残疾人所得征免个人所得税的范围的请示》(豫地税函[1999]067号)收悉。经研究，现批复如下：

根据《中华人民共和国个人所得税法》(以下简称税法)第五条第一款及其实施条例第十六条的规定，经省级人民政府批准可减征个人所得税的残疾、孤老人员和烈属的所得仅限于劳动所得,具体所得项目为:工资、薪金所得;个体工商户的生产经营所得;对企事业单位的承包经营、承租经营所得;劳务报酬所得;稿酬所得;特许权使用费所得。

税法第二条所列的其他各项所得,不属减征照顾的范围。

【注释】《个人所得税法》第5条;《个人所得税法实施条例》第16条。

国家税务总局关于企业发放补充养老保险金征收个人所得税问题的批复

国税函[1999]615号

吉林省地方税务局:

你局《关于邮电系统发放职工补充养老保险金征收个人所得税的请示》(吉地税个所函字[1999]16号)收悉,经研究,现批复如下:

你省邮电系统将1998年实行工效挂钩以来形成的结余工资,以每人3000元的标准发放给在职职工及离退休人员,作为补充养老基金。根据现行个人所得税法和《财政部、国家税务总局关于住房公积金、医疗保险金、养老保险金征收个人所得税问题的通知》(财税字[1997]144号)的规定,职工取得的该笔所得应按照"工资、薪金所得"应税项目计算缴纳个人所得税。具体征税办法为:

一、对在职职工取得的该笔所得,应全额计入发放当月个人的工资、薪金收入,合并计征个人所得税。

二、对离退休职工取得的该笔所得,应单独作为一个月的工资、薪金收入,按税法规定计征个人所得税。

【注释】《个人所得税法》第6条。

国家税务总局关于股民从证券公司取得的回扣收入征收个人所得税问题的批复

国税函[1999]627号

海南省地方税务局:

你局《海南省地方税务局关于证券交易所付给大户股民回扣收入征收个人所得税的请示》(琼地税发[1999]316号)收悉。经研究,现批复如下:

目前,一些证券公司为了招揽大户股民在本公司开户交易,通常从证券公司取得的交易手续费中支付部分金额给大户股民。对于股民个人从证券公司取得的此类回扣收入或交易手续费返还收入,应按照《中华人民共和国个人所得税法》第二条第十一项"经国务院财政部门确定征税的其他所得"项目征收个人所得税,税款由证券公司在向股民支付回扣收入或交易手续费返还收入时代扣代缴。

【注释】《个人所得税法》第2条。

财政部 国家税务总局 建设部关于个人出售住房所得征收个人所得税有关问题的通知

财税[1999]278号

各省、自治区、直辖市、计划单列市财政厅(局)、国家税务局、地方税务局、建委(建设厅),各直辖市房地局:

为促进我国居民住宅市场的健康发展,经国务院批准,现就个人出售住房所得征收个人所得税的有关问题通知如下:

一、根据个人所得税法的规定,个人出售自有住房取得的所得应按照"财产转让所得"项目征收个人所得税。

二、个人出售自有住房的应纳税所得额,按下列原则确定:

(一)个人出售除已购公有住房以外的其他自有住房,其应纳税所得额按照个人所得税法的有关规定确定。

(二)个人出售已购公有住房,其应纳税所得额为个人出售已购公有住房的销售价,减除住房面积标准的经济适用住房价款、原支付超过住房面积标准的房价款、向财政或原产权单位缴纳的所得收益以及税法规定的合理费用后的余额。

已购公有住房是指城镇职工根据国家和县级(含县级)以上人民政府有关城镇住房制度改革政策规定,按照成本价(或标准价)购买的公有住房。

经济适用住房价格按县级(含县级)以上地方人民政府规定的标准确定。

(三)职工以成本价(或标准价)出资的集资合作建房、安居工程住房、经济适用住房以及拆迁安置住房,比照已购公有住房确定应纳税所得额。

三、为鼓励个人换购住房,对出售自有住房并拟在现住房出售后1年内按市场价重新购房的纳税人,其出售现住房所应缴纳的个人所得税,视其重新购房的价值可全部或部分予以免除。具体办法为:

(一)个人出售现住房所应缴纳的个人所得税税款,应在办理产权过户手续前,以纳税保证金形式向当地主管税务机关缴纳。税务机关在收取纳税保证金时,应向纳税人正式开具"中华人民共和国纳税保证金收据",并纳入专户存储。

(二)个人出售现住房后1年内重新购房的,按照购房金额大小相应退还纳税保证金。购房金额大于或等于原住房销售额(原住房为已购公有住房的,原住房销售额应扣除已按规定向财政或原产权单位缴纳的所得收益,下同)的,全部退还纳税保证金;购房金额小于原住房销售额的,按照购房金额占原住房销售额的比例退还纳税保证金,余额作为个人所得税缴入国库。

(三)个人出售现住房后1年内未重新购房的,所缴纳的纳税保证金全部作为个人所得税缴入国库。

(四)个人在申请退还纳税保证金时,应向主管税务机关提供合法、有效的售房、购房合同和主管税务机关要求提供的其他有关证明材料,经主管税务机关审核确认后方可办理纳税保证金退还手续。

(五)跨行政区域售、购住房又符合退还纳税保证金条件的个人,应向纳税保证金缴纳地主管税务机关申请退还纳税保证金。

四、对个人转让自用5年以上、并且是家庭唯一生活用房取得的所得,继续免征个人所得税。

五、为了确保有关住房转让的个人所得税政策得到全面、正确的实施,各级房地产交易管理部门应与税务机关加强协作、配合,主管税务机关需要有关地区房地产交易情况的,房地产交易管理部门应及时提供。

财政部　国家税务总局关于对青少年活动场所电子游戏厅有关所得税和营业税政策问题的通知

财税[2000]21号

各省、自治区、直辖市、计划单列市财政厅(局)、国家税务局、地方税务局:

根据中共中央办公厅、国务院办公厅《关于加强青少年学生活动场所建设和管理工作的通知》(中办发[2000]13号)精神,现对青少年活动场所以及社会力量对青少年活动场所的捐赠和电子游戏厅有关所得税、营业税政策问题通知如下:

一、对公益性青少年活动场所暂免征收企业所得税;对企事业单位、社会团体和个人等社会力量,通过非营利性的社会团体和国家机关对公益性青少年活动场所(其中包括新建)的捐赠,在缴纳企业所得税和个人所得税前准予全额扣除。

本通知所称公益性青少年活动场所,是指专门为青少年学生提供科技、文化、德育、爱国主义教育、体育活动的青少年宫、青少年活动中心等校外活动的公益性场所。

二、对电子游戏厅一律按20%的税率征收营业税。

三、对账证不全及按有关规定应采取核定征收企业所得税的电子游戏厅,应根据《国家税务总局关于印发〈核定征收企业所得税暂行办法〉的通知》(国税发[2000]38号)规定,调高定额或应税所得率,调高幅度为20%~50%,具体幅度比例可根据电子游戏厅经营情况确定。

四、对核定征收个人所得税的电子游戏厅，一律调高50%的个人所得税定额。

本通知第一条规定自2000年1月1日起执行，第二至第四条规定自2000年7月1日起执行。

【注释】《个人所得税法实施条例》第24条。

国家税务总局关于个人所得税有关问题的批复

国税函[2000]57号

辽宁省地方税务局：

你局《关于个人所得税有关政策问题的请示》(辽地税个[1999]222号)收悉，经研究，现批复如下：

部分单位和部门在年终总结、各种庆典、业务往来及其他活动中，为其他单位和部门的有关人员发放现金、实物或有价证券。对个人取得该项所得，应按照《中华人民共和国所得税法》中规定的"其他所得"项目计算缴纳个人所得税，税款由支付所得的单位代扣代缴。

【注释】《个人所得税法》第2条。

国家税务总局关于企业改组改制过程中个人取得的量化资产征收个人所得税问题的通知

国税发[2000]60号

各省、自治区、直辖市和计划单列市地方税务局：

根据国家有关规定，允许集体所有制企业在改制为股份合作制企业时可以将有关资产量化给职工个人。为了支持企业改组改制的顺利进行，对于企业在这一改革过程中个人取得量化资产的有关个人所得税问题，现明确如下：

一、对职工个人以股份形式取得的仅作为分红依据，不拥有所有权的企业量化资产，不征收个人所得税。

二、对职工个人以股份形式取得的拥有所有权的企业量化资产，暂缓征收个人所得税；待个人将股份转让时，就其转让收入额，减除个人取得该股份时实际支付的费用支出和合理转让费用后的余额，按"财产转让所得"项目计征个人所得税。

三、对职工个人以股份形式取得的企业量化资产参与企业分配而获得的股息、红利，应按"利息、股息、红利"项目征收个人所得税。

【注释】《个人所得税法》第4条。引用本通知的文件包括：《国家税务总局关于联想集团改制员工取得的用于购买企业国有股权的劳动分红征收个人所得税问题的批复》(国税函[2001]832号)。

国家税务总局关于国有企业职工因解除劳动合同取得一次性补偿收入征免个人所得税问题的通知

国税发[2000]77号

各省、自治区、直辖市和计划单列市地方税务局：

为支持国有企业改革的顺利进行，妥善安置企业职工，保持社会稳定，现对国有企业职工因解除劳动合同而取得的一次性补偿收入征免个人所得税的问题明确如下：

一、对国有企业职工，因企业依照《中华人民共和国企业破产法(试行)》宣告破产，从破产企业取得的一次性安置费收入，免予征收个人所得税。

二、除上述第一条的规定外，国有企业职工与企业解除劳动合同取得的一次性补偿收入，在当地上年企业职工年平均工资的3倍数额内，可免征个人所得税。具体免征标准由各省、自治区、直辖市和计划单列市地方税务局规定。超过该标准的一次性补偿收入，应按照《国家税务总局关于个人因解除劳动合同取得经济补偿金征收个人所得税问题的通知》(国税发[1999]178号)的有关规定，全额计算征收个人所得税。

三、本通知自2000年6月1日起执行。此前规定与本通知规定不一致的，按本通知执行。

【注释】《个人所得税法》第6条。

国家税务总局关于失业保险费(金)征免个人所得税问题的通知

国税发[2000]83号

为支持失业保险制度的建立和完善，保障失业人员的基本生活，现对城镇企业事业单位及其职工个人缴纳的失业保险费(金)征免个人所得税问题明确如下：

一、城镇企业事业单位及其职工个人按照《失业保险条例》(1999年1月22日国务院令第258号)规定的比例，实际缴付的失业保险费，均不计入职工个人当期的工资、薪金收入，免予征收个人所得税。

本条所称城镇企业，是指国有企业、城镇集体企业、外商投资企业、城镇私营企业以及其他城镇企业。

本条所称职工个人，不包括城镇企业事业单位招用的农民合同制工人。

二、城镇企业事业单位和职工个人超过上述规定的比例缴付失业保险费的，应将其超过规定比例缴付的部分计入职工个人当期的工资、薪金收入、依法计征个人所得税。

三、具备《失业保险条例》规定条件的失业人员，领取的失业保险金，免予征收个人所得税。

四、本通知自2000年6月1日起执行。原政策规定与本通知相抵触的，按本通知规定执行。

【注释】《个人所得税法》第6条。

财政部　国家税务总局关于随军家属就业有关税收政策的通知

财税[2000]84号

各省、自治区、直辖市、计划单列市财政厅(局)、地方税务局、国家税务局：

为缓解随军家属的就业困难，经国务院、中央军委批准，现对随军家属就业的有关税收政策通知如下：

一、对为安置随军家属就业而新开办的企业，自领取税务登记证之日起，3年内免征营业税、企业所得税。

二、对从事个体经营的随军家属，自领取税务登记证之日起，3年内免征营业税和个人所得税。

三、享受税收优惠政策的企业，随军家属必须占企业总人数的60%(含)以上，并有军(含)以上政治和后勤机关出具的证明；随军家属必须有师以上政治机关出具的可以表明其身份的证明，但税务部门应进行相应的审查认定。

主管税务机关在企业或个人享受免税期间，应按现行有关税收规定，对此类企业进行年度检查，凡不符合条件的，应取消其免税政策。

每一随军家属只能按上述规定，享受一次免税政策。

四、本通知自2000年1月1日起执行。

【注释】《个人所得税法》第4条。

关于个人独资企业和合伙企业投资者征收个人所得税的规定

财税[2000]91号

第一条　为了贯彻落实《国务院关于个人独资企业和合伙企业征收所得税问题的通知》精神，根据《中华人民共和国个人所得税法》及其实施条例、《中华人民共和国税收征收管理法》及其实施细则的有关规定，特制定本规定。

第二条　本规定所称个人独资企业和合伙企业是指：

(一) 依照《中华人民共和国个人独资企业法》和《中华人民共和国合伙企业法》登记成立的个人独资企业、合伙企业；

(二) 依照《中华人民共和国私营企业暂行条例》登记成立的独资、合伙性质的私营企业；

(三) 依照《中华人民共和国律师法》登记成立的合伙制律师事务所;

(四) 经政府有关部门依照法律法规批准成立的负无限责任和无限连带责任的其他个人独资、个人合伙性质的机构或组织。

第三条 个人独资企业以投资者为纳税义务人,合伙企业以每一个合伙人为纳税义务人(以下简称投资者)。

第四条 个人独资企业和合伙企业(以下简称企业)每一纳税年度的收入总额减除成本、费用以及损失后的余额,作为投资者个人的生产经营所得,比照个人所得税法的"个体工商户的生产经营所得"应税项目,适用5%~35%的五级超额累进税率,计算征收个人所得税。

前款所称收入总额,是指企业从事生产经营以及与生产经营有关的活动所取得的各项收入,包括商品(产品)销售收入、营运收入、劳务服务收入、工程价款收入、财产出租或转让收入、利息收入、其他业务收入和营业外收入。

第五条 个人独资企业的投资者以全部生产经营所得为应纳税所得额;合伙企业的投资者按照合伙企业的全部生产经营所得和合伙协议约定的分配比例确定应纳税所得额,合伙协议没有约定分配比例的,以全部生产经营所得和合伙人数量平均计算每个投资者的应纳税所得额。

前款所称生产经营所得,包括企业分配给投资者个人的所得和企业当年留存的所得(利润)。

第六条 凡实行查账征税办法的,生产经营所得比照《个体工商户个人所得税计税办法(试行)》(国税发[1997]43号)的规定确定。但下列项目的扣除依照本办法的规定执行:

(一) 投资者的费用扣除标准,由各省、自治区、直辖市地方税务局参照个人所得税法"工资、薪金所得"项目的费用扣除标准确定。投资者的工资不得在税前扣除。

(二) 企业从业人员的工资支出按标准在税前扣除,具体标准由各省、自治区、直辖市地方税务局参照企业所得税计税工资标准确定。

(三) 投资者及其家庭发生的生活费用不允许在税前扣除。投资者及其家庭发生的生活费用与企业生产经营费用混合在一起,并且难以划分的,全部视为投资者个人及其家庭发生的生活费用,不允许在税前扣除。

(四) 企业生产经营和投资者及其家庭生活共用的固定资产,难以划分的,由主管税务机关根据企业的生产经营类型、规模等具体情况,核定准予在税前扣除的折旧费用的数额或比例。

(五) 企业实际发生的工会经费、职工福利费、职工教育经费分别在其计税工资总额的2%、14%、1.5%的标准内据实扣除。

(六) 企业每一纳税年度发生的广告和业务宣传费用不超过当年销售(营业)收入2%的部分,可据实扣除;超过部分可无限期向以后纳税年度结转。

(七) 企业每一纳税年度发生的与其生产经营业务直接相关的业务招待费,在以下规定比例范围内,可据实扣除:全年销售(营业)收入净额在1500万元及其以下的,不超过销售(营业)收入净额的5‰;全年销售(营业)收入净额超过1500万元的,不超过该部分的3‰。

(八) 企业计提的各种准备金不得扣除。

第七条 有下列情形之一的,主管税务机关应采取核定征收方式征收个人所得税:

(一) 企业依照国家有关规定应当设置但未设置账簿的;

(二) 企业虽设置账簿,但账目混乱或者成本资料、收入凭证、费用凭证残缺不全,难以查账的;

(三) 纳税人发生纳税义务,未按照规定的期限办理纳税申报,经税务机关责令限期申报,逾期仍不申报的。

第八条 第七条所说核定征收方式,包括定额征收、核定应税所得率征收以及其他合理的征收方式。

第九条 实行核定应税所得率征收方式的,应纳所得税额的计算公式如下:

应纳所得税额=应纳税所得额×适用税率

应纳所得税额=收入总额×应税所得率

或　　=成本费用支出额÷(1－应税所得率)×应税所得率

应税所得率应按下表规定的标准执行:

应税所得率表

行　业	应税所得率
工业、交通运输业、商业	5%～20%
建筑业、房地产开发业	7%～20%
饮食服务业	7%～25%
娱乐业	20%～40%
其他行业	10%～30%

企业经营多业的，无论其经营项目是否单独核算，均应根据其主营项目确定其适用的应税所得率。

第十条　实行核定征税的投资者，不能享受个人所得税的优惠政策。

第十一条　企业与其关联企业之间的业务往来，应当按照独立企业之间的业务往来收取或者支付价款、费用。不按照独立企业之间的业务往来收取或者支付价款、费用，而减少其应纳税所得额的，主管税务机关有权进行合理调整。

前款所称关联企业，其认定条件及税务机关调整其价款、费用的方法，按照《中华人民共和国税收征收管理法》及其实施细则的有关规定执行。

第十二条　投资者兴办两个或两个以上企业的(包括参与兴办，下同)，年度终了时，应汇总从所有企业取得的应纳税所得额，据此确定适用税率并计算缴纳应纳税款。

第十三条　投资者兴办两个或两个以上企业的，根据本规定第六条第一款规定准予扣除的个人费用，由投资者选择在其中一个企业的生产经营所得中扣除。

第十四条　企业的年度亏损，允许用本企业下一年度的生产经营所得弥补，下一年度所得不足弥补的，允许逐年延续弥补，但最长不得超过5年。

投资者兴办两个或两个以上企业的，企业的年度经营亏损不能跨企业弥补。

第十五条　投资者来源于中国境外的生产经营所得，已在境外缴纳所得税的，可以按照个人所得税法的有关规定计算扣除已在境外缴纳的所得税。

第十六条　企业进行清算时，投资者应当在注销工商登记之前，向主管税务机关结清有关税务事宜。企业的清算所得应当视为年度生产经营所得，由投资者依法缴纳个人所得税。

前款所称清算所得，是指企业清算时的全部资产或者财产的公允价值扣除各项清算费用、损失、负债、以前年度留存的利润后，超过实缴资本的部分。

第十七条　投资者应纳的个人所得税税款，按年计算，分月或者分季预缴，由投资者在每月或者每季度终了后7日内预缴，年度终了后3个月内汇算清缴，多退少补。

第十八条　企业在年度中间合并、分立、终止时，投资者应当在停止生产经营之日起60日内，向主管税务机关办理当期个人所得税汇算清缴。

第十九条　企业在纳税年度的中间开业，或者由于合并、关闭等原因，使该纳税年度的实际经营期不足12个月的，应当以其实际经营期为一个纳税年度。

第二十条　投资者应向企业实际经营管理所在地主管税务机关申报缴纳个人所得税。投资者从合伙企业取得的生产经营所得，由合伙企业向企业实际经营管理所在地主管税务机关申报缴纳投资者应纳的个人所得税，并将个人所得税申报表抄送投资者。

投资者兴办两个或两个以上企业的，应分别向企业实际经营管理所在地主管税务机关预缴税款。年度终了后办理汇算清缴时，区别不同情况分别处理：

(一) 投资者兴办的企业全部是个人独资性质的，分别向各企业的实际经营管理所在地主管税务机关办理年度纳税申报，并依所有企业的经营所得总额确定适用税率，以本企业的经营所得为基础，计算应缴税款，办理汇算清缴；

(二) 投资者兴办的企业中含有合伙性质的，投资者应向经常居住地主管税务机关申报纳税，办理汇算清缴，但经常居住地与其兴办企业的经营管理所在地不一致的，应选定其参与兴办的某一合伙企业的经营管理所在地为办理年度汇算清缴所在地，并在5年内不得变更。5年后需要变更的，须经原主管税务机关批准。

第二十一条 投资者在预缴个人所得税时，应向主管税务机关报送《个人独资企业和合伙企业投资者个人所得税申报表》，并附送会计报表。

年度终了后30日内，投资者应向主管税务机关报送《个人独资企业和合伙企业投资者个人所得税申报表》，并附送年度会计决算报表和预缴个人所得税纳税凭证。

投资者兴办两个或两个以上企业的，向企业实际经营管理所在地主管税务机关办理年度纳税申报时，应附注从其他企业取得的年度应纳税所得额；其中含有合伙企业的，应报送汇总从所有企业取得的所得情况的《合伙企业投资者个人所得税汇总申报表》，同时附送所有企业的年度会计决算报表和当年度已缴个人所得税纳税凭证。

第二十二条 投资者的个人所得税征收管理工作由地方税务局负责。

第二十三条 投资者的个人所得税征收管理的其他事项，依照《中华人民共和国税收征收管理法》、《中华人民共和国个人所得税法》的有关规定执行。

第二十四条 本规定由国家税务总局负责解释。各省、自治区、直辖市地方税务局可以根据本规定规定的原则，结合本地实际，制定具体实施办法。

第二十五条 本规定从2000年1月1日起执行。

【注释】 《个人所得税法》第13条。

财政部 国家税务总局关于对老年服务机构有关税收政策问题的通知

财税[2000]97号

各省、自治区、直辖市、计划单列市财政厅(局)、国家税务局、地方税务局：

为贯彻中共中央、国务院《关于加强老龄工作的决定》(中发[2000]13号)精神，现对政府部门和社会力量兴办的老年服务机构有关税收政策问题通知如下：

一、对政府部门和企事业单位、社会团体以及个人等社会力量投资兴办的福利性、非营利性的老年服务机构，暂免征收企业所得税，以及老年服务机构自用房产、土地、车船的房产税、城镇土地使用税、车船使用税。

二、对企事业单位、社会团体和个人等社会力量，通过非营利性的社会团体和政府部门向福利性、非营利性的老年服务机构的捐赠，在缴纳企业所得税和个人所得税前准予全额扣除。

三、本通知所称老年服务机构，是指专门为老年人提供生活照料、文化、护理、健身等多方面服务的福利性、非营利性的机构，主要包括：老年社会福利院、敬老院(养老院)、老年服务中心、老年公寓(含老年护理院、康复中心、托老所)等。

本通知自2000年10月1日起执行。

【注释】 《个人所得税法实施条例》第24条。

财政部 国家税务总局关于调整住房租赁市场税收政策的通知

财税[2000]125号

各省、自治区、直辖市、计划单列市财政厅(局)，国家税务局，地方税务局，新疆生产建设兵团：

为了配合国家住房制度改革，支持住房租赁市场的健康发展，经国务院批准，现对住房租赁市场有关税收政策问题通知如下：

一、对按政府规定价格出租的公有住房和廉租住房，包括企业和自收自支事业单位向职工出租的单位自有住房；房管部门向居民出租的公有住房；落实私房政策中带户发还产权并以政府规定租金标准向居民出租的私有住房等，暂免征收房产税、营业税。

二、对个人按市场价格出租的居民住房，其应缴纳的营业税暂减按3%的税率征收，房产税暂减按4%的税率征收。

三、对个人出租房屋取得的所得暂减按10%的税率征收个人所得税。

本通知自2001年1月1日起执行。凡与本通知规定不符的税收政策，一律改按本通知的规定执行。

【注释】《个人所得税法》第3条。

国家税务总局关于律师事务所从业人员取得收入征收个人所得税有关业务问题的通知

国税发[2000]149号

各省、自治区、直辖市和计划单列市地方税务局：

为了规范和加强律师事务所从业人员个人所得税的征收管理，现将有关问题明确如下：

一、律师个人出资兴办的独资和合伙性质的律师事务所的年度经营所得，从2000年1月1日起，停止征收企业所得税，作为出资律师的个人经营所得，按照有关规定，比照"个体工商户的生产、经营所得"应税项目征收个人所得税。在计算其经营所得时，出资律师本人的工资、薪金不得扣除。

二、合伙制律师事务所应将年度经营所得全额作为基数，按出资比例或者事先约定的比例计算各合伙人应分配的所得，据以征收个人所得税。

三、律师个人出资兴办的律师事务所，凡有《中华人民共和国税收征收管理法》第二十三条所列情形之一的，主管税务机关有权核定出资律师个人的应纳税额。

四、律师事务所支付给雇员(包括律师及行政辅助人员，但不包括律师事务所的投资者，下同)的所得，按"工资、薪金所得"应税项目征收个人所得税。

五、作为律师事务所雇员的律师与律师事务所按规定的比例对收入分成，律师事务所不负担律师办理案件支出的费用(如交通费、资料费、通讯费及聘请人员等费用)，律师当月的分成收入按本条第二款的规定扣除办理案件支出的费用后，余额与律师事务所发给的工资合并，按"工资、薪金所得"应税项目计征个人所得税。

律师从其分成收入中扣除办理案件支出费用的标准，由各省级地方税务局根据当地律师办理案件费用支出的一般情况、律师与律师事务所之间的收入分成比例及其他相关参考因素，在律师当月分成收入的30%比例内确定。

六、兼职律师从律师事务所取得工资、薪金性质的所得，律师事务所在代扣代缴其个人所得税时，不再减除个人所得税法规定的费用扣除标准，以收入全额(取得分成收入的为扣除办理案件支出费用后的余额)直接确定适用税率，计算扣缴个人所得税。兼职律师应于次月7日内自行向主管税务机关申报两处或两处以上取得的工资、薪金所得，合并计算缴纳个人所得税。

兼职律师是指取得律师资格和律师执业证书，不脱离本职工作从事律师职业的人员。

七、律师以个人名义再聘请其他人员为其工作而支付的报酬，应由该律师按"劳务报酬所得"应税项目负责代扣代缴个人所得税。为了便于操作，税款可由其任职的律师事务所代为缴入国库。

八、律师从接受法律事务服务的当事人处取得的法律顾问费或其他酬金，均按"劳务报酬所得"应税项目征收个人所得税，税款由支付报酬的单位或个人代扣代缴。

九、律师事务所从业人员个人所得税的征收管理，按照《中华人民共和国个人所得税法》及其实施条例、《中华人民共和国税收征收管理法》及其实施细则和《个人所得税代扣代缴暂行办法》、《个人所得税自行申报纳税暂行办法》等有关法律、法规、规章的规定执行。

十、本通知第一条、第二条、第三条自2000年1月1日起执行，其余自2000年9月1日起执行。各地可根据本通知的规定精神，结合本地实际，制定具体的征管办法。

【注释】《个人所得税法实施条例》第8条。

国家税务总局关于在中国境内无住所个人以有价证券形式取得工资薪金所得确定纳税义务有关问题的通知

国税函[2000]190号

各省、自治区、直辖市和计划单列市地方税务局：

接一些地区询问，在中国境内无住所的个人先后在一家公司(集团)内的境内、外机构场所(或成员企业)中工作,其在华工作期间以折扣认购股票等有价证券形式取得属于来华之前的工资薪金所得,以及离华后以此形式取得属于在华工作期间的工资薪金所得,如何按照《国家税务总局关于个人认购股票等有价证券而从雇主取得折扣或补贴收入有关征收个人所得税问题的通知》(国税发[1998]009号)的规定征收个人所得税。对此,现明确如下:

根据《中华人民共和国个人所得税法》及其实施条例、政府间税收协定和有关税收规定,在中国境内无住所的个人在华工作期间或离华后以折扣认购股票等有价证券形式取得工资薪金所得,仍应依照劳务发生地原则判定其来源地及纳税义务。上述个人来华后以折扣认购股票等形式收到的工资薪金性质所得,凡能够提供雇佣单位有关工资制度及折扣认购有价证券办法,证明上述所得含有属于该个人来华之前工作所得的,可仅就其中属于在华工作期间的所得征收个人所得税。与此相应,上述个人停止在华履约或执行职务离境后收到的属于在华工作期间的所得,也应确定为来源于我国的所得,但该项工资薪金性质所得未在中国境内的企业或机构、场所负担的,可免予扣缴个人所得税。

【注释】《个人所得税法实施条例》第7条。

国家税务总局关于明确单位或个人为纳税义务人的劳务报酬所得代付税款计算公式对应税率表的通知

国税发[2000]192号

各省、自治区、直辖市和计划单列市地方税务局:

为了规范单位或个人为纳税人代付劳务报酬所得应纳个人所得税款的计算方法,总局曾先后下发了《国家税务总局关于印发〈征收个人所得税若干问题的规定〉的通知》(国税发[1994]089号)和《国家税务总局关于明确单位或个人为纳税义务人的劳务报酬所得代付税款计算公式的通知》(国税发[1996]161号)。近据一些地方反映,对纳税人取得的不含税(或称由支付所得的单位或个人包税)的劳务报酬收入,如何换算为含税所得计算征税的问题,现行规定不够明确,如果使用国税发[1994]089号文所附"税率表三"所对应的税率和速算扣除数计算又不准确。为了妥善解决这个问题,经研究,现将有关问题通知如下:

一、根据个人所得税法实施条例第十一条的规定精神,不含税劳务报酬收入所对应的税率和速算扣除数为下表所示:

不含税劳务报酬收入额	税　率	速算扣除数
21000元以下的部分	20%	0
超过21000元至49500元的部分	30%	2000
超过49500元的部分	40%	7000

二、单位和个人在计算为纳税人代付劳务报酬所得应纳的税款时,应按国税发[1996]161号文的规定以及本通知第一条规定的不含税收入额所对应的税率和速算扣除数,计算应纳税额。

三、本通知自文到之日起执行。以前未做处理的税务事项和查补税款的计算,适用本通知的规定。

【注释】《个人所得税法》第6条。

国家税务总局关于行政机关、事业单位工资发放方式改革后扣缴个人所得税问题的通知

国税发[2001]19号

根据目前国家对行政机关、事业单位工资发放方式改为由财政部门(或机关事务管理、人事等部门)统一集中发放的实际情况,为了避免扣缴税款的职责不清而导致税款流失,现将行政机关、事业单位工资发放方式改革后扣缴个人所得税问题明确如下:

一、行政机关、事业单位改革工资发放方式后,随着支付工资所得单位的变化,其扣缴义务人也有所变

化。根据《中华人民共和国个人所得税法》第八条的规定，凡是有向个人支付工薪所得行为的财政部门（或机关事务管理、人事等部门）、行政机关、事业单位均为个人所得税的扣缴义务人。

二、财政部门（或机关事务管理、人事等部门）向行政机关、事业单位工作人员发放工资时应依法代扣代缴个人所得税。行政机关、事业单位在向个人支付与任职、受雇有关的其他所得时，应将个人的这部分所得与财政部门（或机关事务管理、人事等部门）发放的工资合并计算应纳税所得额和应纳税额，并就应纳税额与财政部门（或机关事务管理、人事等部门）已扣缴税款的差额部分代扣代缴个人所得税。

三、各地要结合此次行政机关、事业单位工资发放方式的改革，全面办理扣缴登记，准确掌握本地行政机关、事业单位和财政部门（或机关事务管理、人事等部门）的户数，并对所有行政机关、事业单位、财政部门（或机关事务管理、人事等部门）扣缴个人所得税情况认真进行管理和检查，针对存在问题，研究制定进一步加强行政机关、事业单位工薪所得扣缴个人所得税征管工作的措施。

【注释】《个人所得税法》第 8 条。

财政部　国家税务总局关于企业等社会力量向红十字事业捐赠有关问题的通知

财税[2001]28 号

各省、自治区、直辖市、计划单列市财政厅（局）、国家税务局、地方税务局、红十字会：

为鼓励企业等社会力量向红十字事业的捐赠，财政部、国家税务总局联合下发了《关于企业等社会力量向红十字事业捐赠有关所得税政策问题的通知》（财税[2000]30 号）。为更好地贯彻落实此项政策，现就有关问题通知如下：

一、关于“红十字事业”的认定

县级以上（含县级）红十字会，按照《中华人民共和国红十字会法》和《中国红十字会章程》所赋予的职责开展的相关活动为“红十字事业”。具体有以下十项：

（一）红十字会为开展救灾工作兴建和管理备灾救灾设施；自然灾害和突发事件中，红十字会开展的救护和救助活动。

（二）红十字会开展的卫生救护和防病知识的宣传普及；对易发生意外伤害的行业和人群开展的初级卫生救护培训，以及意外伤害、自然灾害的现场救护。

（三）无偿献血的宣传、发动及表彰工作。

（四）中国造血干细胞捐赠者资料库（中华骨髓库）的建设与管理，以及其他有关人道主义服务工作。

（五）各级红十字会兴办的符合红十字会宗旨的社会福利事业；红十字会的人员培训、机关建设等。

（六）红十字青少年工作及其开展的活动。

（七）国际人道主义救援工作。

（八）依法开展的募捐活动。

（九）宣传国际人道主义法、红十字与红新月运动基本原则和《中华人民共和国红十字会法》。

（十）县级以上（含县级）人民政府委托红十字会办理的其他“红十字事业”。

二、对受赠者和转赠者资格的认定

鉴于现阶段各级地方红十字会机构管理体制多元化的情况，为使接受的捐赠真正用于发展红十字事业，维护国家正常的税收秩序，对受赠者、转赠者的资格认定为：

（一）完全具有受赠者、转赠者资格的红十字会

县级以上（含县级）红十字会的管理体制及办事机构、编制经同级编制部门核定，由同级政府领导联系者为完全具有受赠者、转赠者资格的红十字会。捐赠给这些红十字会及其“红十字事业”，捐赠者准予享受在计算缴纳企业所得税和个人所得税时全额扣除的优惠政策。

（二）部分具有受赠和转赠资格的红十字会

由政府某部门代管或挂靠在政府某一部门的县级以上（含县级）红十字会为部分具有受赠者、转赠者资格的红十字会。这些红十字会及其“红十字事业”，只有在中国红十字会总会号召开展重大活动（以总会文件为准）时接受的捐赠和转赠，捐赠者方可享受在计算缴纳企业所得税和个人所得税时全额扣除的优惠政

策。除此之外，接受定向捐赠或转赠，必须经中国红十字会总会认可，捐赠者方可享受在计算缴纳企业所得税和个人所得税时全额扣除的优惠政策。

三、接受捐赠的红十字会应按照财务隶属关系分别使用由中央或省级财政部门统一印（监）制的捐赠票据，并加盖接受捐赠或转赠的红十字会的财务专用印章。

四、为增强中国红十字会总会的协调及救助能力，县级以上（含县级）红十字会将接受的捐赠资金（不包括实物部分），按10%的比例逐笔上交中国红十字会总会，上交资金全部用于"红十字事业"。

五、任何组织和个人不得侵占和挪用红十字事业的捐赠。对违反本办法，骗取所得税税前扣除或伪造捐赠票据者，按国家有关法律法规处罚。

【注释】 《个人所得税法实施条例》第24条。

国家税务总局关于代扣代缴储蓄存款利息所得个人所得税手续费收入征免税问题的通知

国税发[2001]31号

各省、自治区、直辖市和计划单列市国家税务局、地方税务局：

近据各地税务部门反映，部分储蓄机构要求明确代扣代缴储蓄存款利息所得个人所得税（以下简称利息税）取得手续费收入的征免税政策。为完善税收政策，进一步加强对利息征税的管理，现将代扣代缴利息税手续费收入的征免税政策明确如下：

一、根据《国务院对储蓄存款利息所得征收个人所得税的实施办法》的规定，储蓄机构代扣代缴利息税，可按所扣税款的2%取得手续费。对储蓄机构取得的手续费收入，应分别按照《中华人民共和国营业税暂行条例》和《中华人民共和国企业所得税暂行条例》的有关规定征收营业税和企业所得税。

二、储蓄机构内从事代扣代缴工作的办税人员取得的扣缴利息税手续费所得免征个人所得税。

【注释】 《个人所得税法》第4条。

国家税务总局关于《关于个人独资企业和合伙企业投资者征收个人所得税的规定》执行口径的通知

国税函[2001]84号

各省、自治区、直辖市和计划单列市地方税务局：

为更好地贯彻落实财政部、国家税务总局《关于印发〈关于个人独资企业和合伙企业投资者征收个人所得税的规定〉的通知》（财税[2000]91号）（以下简称《通知》）精神，切实做好个人独资企业和合伙企业投资者个人所得税的征收管理工作，现对《通知》中有关规定的执行口径明确如下：

一、关于投资者兴办两个或两个以上企业，并且企业全部是独资性质的，其年度终了后汇算清缴时应纳税款的计算问题

投资者兴办两个或两个以上企业，并且企业性质全部是独资的，年度终了后汇算清缴时，应纳税款的计算按以下方法进行：汇总其投资兴办的所有企业的经营所得作为应纳税所得额，以此确定适用税率，计算出全年经营所得的应纳税额，再根据每个企业的经营所得占所有企业经营所得的比例，分别计算出每个企业的应纳税额和应补缴税额。计算公式如下：

应纳税所得额＝∑各个企业的经营所得

应纳税额＝应纳税所得额×税率－速算扣除数

本企业应纳税额＝应纳税额×本企业的经营所得/∑各个企业的经营所得

本企业应补缴的税额＝本企业应纳税额－本企业预缴的税额

二、关于个人独资企业和合伙企业对外投资分回利息、股息、红利的征税问题

个人独资企业和合伙企业对外投资分回的利息或者股息、红利，不并入企业的收入，而应单独作为投资者个人取得的利息、股息、红利所得，按"利息、股息、红利所得"应税项目计算缴纳个人所得税。以合伙企业名义对外投资分回利息或者股息、红利的，应按《通知》所附规定的第五条精神确定各个投资者的利息、股息、红利所得，分别按“利息、股息、红利所得”应税项目计算缴纳个人所得税。

三、关于个人独资企业和合伙企业由实行查账征税方式改为核定征税方式后，未弥补完的年度经营亏损是否允许继续弥补的问题

实行查账征税方式的个人独资企业和合伙企业改为核定征税方式后，在查账征税方式下认定的年度经营亏损未弥补完的部分，不得再继续弥补。

四、关于残疾人员兴办或参与兴办个人独资企业和合伙企业的税收优惠问题

残疾人员投资兴办或参与投资兴办个人独资企业和合伙企业的，残疾人员取得的生产经营所得，符合各省、自治区、直辖市人民政府规定的减征个人所得税条件的，经本人申请、主管税务机关审核批准，可按各省、自治区、直辖市人民政府规定减征的范围和幅度，减征个人所得税。

【注释】《个人所得税法》第13条；《关于印发〈关于个人独资企业和合伙企业投资者征收个人所得税的规定〉的通知》(财税[2000]91号)。

财政部　国家税务总局关于个人与用人单位解除劳动关系取得的一次性补偿收入征免个人所得税问题的通知

财税[2001]157号

各省、自治区、直辖市、计划单列市财政厅(局)、地方税务局，新疆生产建设兵团财务局：

为进一步支持企业、事业单位、机关、社会团体等用人单位推进劳动人事制度改革，妥善安置有关人员，维护社会稳定，现对个人因与用人单位解除劳动关系而取得的一次性补偿收入征免个人所得税的有关问题通知如下：

一、个人因与用人单位解除劳动关系而取得的一次性补偿收入(包括用人单位发放的经济补偿金、生活补助费和其他补助费用)，其收入在当地上年职工平均工资3倍数额以内的部分，免征个人所得税；超过的部分按照《国家税务总局关于个人因解除劳动合同取得经济补偿金征收个人所得税问题的通知》(国税发[1999]178号)的有关规定，计算征收个人所得税。

二、个人领取一次性补偿收入时按照国家和地方政府规定的比例实际缴纳的住房公积金、医疗保险费、基本养老保险费、失业保险费，可以在计征其一次性补偿收入的个人所得税时予以扣除。

三、企业依照国家有关法律规定宣告破产，企业职工从该破产企业取得的一次性安置费收入，免征个人所得税。

本通知自2001年10月1日起执行。以前规定与本通知规定不符的，一律按本通知规定执行。对于此前已发生而尚未进行税务处理的一次性补偿收入也按本通知规定执行。

【注释】《个人所得税法》第6条。

国家税务总局关于外籍个人取得的探亲费免征个人所得税有关执行标准问题的通知

国税函[2001]336号

各省、自治区、直辖市和计划单列市地方税务局：

近接一些地方反映，根据《国家税务总局关于外籍个人取得有关补贴免征个人所得税执行问题的通知》(国税发[1997]054号)第四条的规定，对外籍个人取得的探亲费免征个人所得税，应由纳税人提供探亲的交通支出凭证(复印件)，由主管税务机关审核，对其实际用于本人探亲，且每年探亲的次数和支付的标准合理的部分给予免税。但在执行中，对如何掌握“每年探亲的次数和支付的标准合理的部分”，要求予以进一步明确，现对此统一规定如下：

一、可以享受免征个人所得税优惠待遇的探亲费，仅限于外籍个人在我国的受雇地与其家庭所在地(包括配偶或父母居住地)之间搭乘交通工具且每年不超过2次的费用。

二、本通知自发文之日起执行，对于此前发生且尚未进行税务处理的探亲费也应按本通知执行。

【注释】《国家税务总局关于外籍个人取得有关补贴免征个人所得税执行问题的通知》(国税发[1997]

054 号)。

国家税务总局关于联想集团改制员工取得的用于购买企业国有股权的劳动分红征收个人所得税问题的批复

国税函[2001]832 号

北京市地方税务局:

你局《北京市地方税务局关于联想集团改制员工获得国有股权征免个人所得税问题的请示》(京地税个[2001]411 号)收悉。来文反映,联想集团经有关部门批准,建立了一套产权激励机制,将多年留存在企业应分配给职工的劳动分红(1.63 亿元),划分给职工个人,用于购买企业的国有股权(35%),再以职工持股会的形式持有联想集团控股公司的股份。你局提出,对联想集团控股公司职工取得的用于购买企业国有股权的劳动分红,比照《国家税务总局关于企业改组改制过程中个人取得量化资产征收个人所得税问题的通知》(国税发[2000]60 号)规定,暂缓征收个人所得税。经研究,现批复如下:

一、该公司职工取得的用于购买企业国有股权的劳动分红,不宜比照国税发[2000]60 号文的规定暂缓征收个人所得税。理由是:(一)两者的前提不同。国税发[2000]60 号文规定暂缓征税的前提,是集体所有制企业改制为股份合作制,而联想集团改制不符合这一前提。(二)两者的分配方式不同。国税发[2000]60 号文规定暂缓征税的分配方式,是在企业改制时将企业的所有资产一次量化给职工个人,而联想集团仅是分配历年留存的劳动分红。

二、联想集团控股公司的做法,实际上是将多年留存在企业应分未分的劳动分红在职工之间进行了分配,职工个人再将分得的部分用于购买企业的国有股权。

三、根据前述事实及个人所得税法有关规定,对联想集团控股公司职工取得的用于购买企业国有股权的劳动分红,应按"工资、薪金所得"项目计征个人所得税,税款由联想集团控股公司代扣代缴。

【注释】《个人所得税法实施条例》第 8 条。

国家税务总局关于剧本使用费征收个人所得税问题的通知

国税发[2002]52 号

各省、自治区、直辖市和计划单列市地方税务局:

为促进文化事业发展,丰富人民群众文化生活,经研究,现对电影、电视剧剧本作者取得的剧本使用费征收个人所得税的政策调整如下:

对于剧本作者从电影、电视剧的制作单位取得的剧本使用费,不再区分剧本的使用方是否为其任职单位,统一按特许权使用费所得项目计征个人所得税。

本通知自 2002 年 5 月 1 日起执行,《国家税务总局关于影视演职人员个人所得税问题的批复》(国税函[1997]385 号)中与本通知精神不符的规定,同时废止。

【注释】《个人所得税法实施条例》第 8 条。

国家税务总局关于保险营销员取得收入征收个人所得税有关问题的通知

国税发[2002]98 号

各省、自治区、直辖市和计划单列市地方税务局:

随着我国保险业的发展和保险行业竞争的日趋激烈,《国家税务总局关于保险业营销员(非雇员)取得的收入计征个人所得税问题的通知》(国税发[1998]13 号)规定的营销员取得收入发生的营销费用税前扣除比例已显偏低,应及时进行调整。为提高保险营销员(非雇员,下同)的展业积极性,现就保险业营销员取得收入计征个人所得税有关问题进一步明确如下:

一、保险业营销员每月取得佣金收入扣除实际缴纳的营业税金及附加后,可按其余额扣除不超过 25% 的营销费用,再按照个人所得税法规定的费用扣除标准和适用税率计算缴纳个人所得税。

各省、自治区、直辖市和计划单列市地方税务局可根据本地的实际情况，在上述范围内确定具体扣除比例。

二、由于保险公司计算机管理手段比较先进，财务核算较为规范，各地对保险业营销员取得佣金收入一律不得采用核定征税方式计征个人所得税，必须实行查账征收。

三、本通知自2002年8月1日起执行。此前规定与本通知规定相抵触的，按本通知执行。

【注释】《个人所得税法实施条例》第8条。

财政部 国家税务总局关于开放式证券投资基金有关税收问题的通知

财税[2002]128号

各省、自治区、直辖市、计划单列市财政厅(局)、国家税务局、地方税务局，新疆生产建设兵团财务局：

为支持和积极培育机构投资者，充分利用开放式基金手段，进一步拓宽社会投资渠道，促进证券市场的健康、稳定发展，经国务院批准，现对中国证监会批准设立的开放式证券投资基金(以下简称基金)的税收问题通知如下：

……

二、关于所得税问题

1. 对基金管理人运用基金买卖股票、债券的差价收入，在2003年底前暂免征收企业所得税。

2. 对个人投资者申购和赎回基金单位取得的差价收入，在对个人买卖股票的差价收入未恢复征收个人所得税以前，暂不征收个人所得税；对企业投资者申购和赎回基金单位取得的差价收入，应并入企业的应纳税所得额，征收企业所得税。

3. 对基金取得的股票的股息、红利收入，债券的利息收入、储蓄存款利息收入，由上市公司、发行债券的企业和银行在向基金支付上述收入时代扣代缴20%的个人所得税；对投资者(包括个人和机构投资者)从基金分配中取得的收入，暂不征收个人所得税和企业所得税。

……

【注释】《个人所得税法》第4条。

国家税务总局关于个人所得税若干业务问题的批复

国税函[2002]146号

北京市地方税务局：

你局《北京市地方税务局关于个人所得税若干问题的请示》(京地税个[2001]502号)收悉，经研究，现批复如下：

一、关于个人认购股票等有价证券而从雇主取得的折扣或补贴收入计算缴纳个人所得税的问题

个人认购股票等有价证券时，从雇主取得的折扣或补贴收入，应按照《国家税务总局关于个人认购股票等有价证券而从雇主取得的折扣或补贴收入有关征收个人所得税问题的通知》(国税发[1998]9号)的规定进行处理。

二、关于财产租赁所得计算缴纳个人所得税时税前扣除有关税、费的次序问题

个人出租财产取得的财产租赁收入，在计算缴纳个人所得税时，应依次扣除以下费用：

(一) 财产租赁过程中缴纳的税费；

(二) 由纳税人负担的该出租财产实际开支的修缮费用；

(三) 税法规定的费用扣除标准。

三、关于报刊、杂志、出版等单位的职员在本单位的刊物上发表作品、出版图书取得所得征税的问题

(一) 任职、受雇于报刊、杂志等单位的记者、编辑等专业人员，因在本单位的报刊、杂志上发表作品取得的所得，属于因任职、受雇而取得的所得，应与其当月工资收入合并，按"工资、薪金所得"项目征收个人所得税。

除上述专业人员以外，其他人员在本单位的报刊、杂志上发表作品取得的所得，应按"稿酬所得"项目征收个人所得税。

（二）出版社的专业作者撰写、编写或翻译的作品，由本社以图书形式出版而取得的稿费收入，应按“稿酬所得”项目计算缴纳个人所得税。

四、关于在校学生参与勤工俭学活动取得的收入征收个人所得税的问题

在校学生因参与勤工俭学活动（包括参与学校组织的勤工俭学活动）而取得属于个人所得税法规定的应税所得项目的所得，应依法缴纳个人所得税。

【注释】 《个人所得税法》第6条；《个人所得税法实施条例》第8条。

国家税务总局关于个人所得税若干政策问题的批复

国税函[2002]629号

黑龙江省地方税务局：

你局《关于个人所得税有关政策问题的请示》（黑地税发[2002]35号）收悉，经研究，现批复如下：

一、国家机关、事业单位、企业和其他单位在实行“双薪制”（按照国家有关规定，单位为其雇员多发放一个月的工资）后，个人因此而取得的“双薪”，应单独作为一个月的工资、薪金所得计征个人所得税。对上述“双薪”所得原则上不再扣除费用，应全额作为应纳税所得额按适用税率计算纳税，但如果纳税人取得“双薪”当月的工资、薪金所得不足800元的，应以“双薪”所得与当月工资、薪金所得合并减除800元后的余额作为应纳税所得额，计算缴纳个人所得税。

二、个人因参加企业的有奖销售活动而取得的赠品所得，应按“偶然所得”项目计征个人所得税。赠品所得为实物的，应以《中华人民共和国个人所得税法实施条例》第十条规定的方法确定应纳税所得额，计算缴纳个人所得税。税款由举办有奖销售活动的企业（单位）负责代扣代缴。

三、个人因从事彩票代销业务而取得所得，应按照“个体工商户的生产、经营所得”项目计征个人所得税。

四、在纳税人享受减免个人所得税优惠政策时，是否须经税务机关审核或批准，应按照以下原则执行：

（一）税收法律、行政法规、部门规章和规范性文件中未明确规定纳税人享受减免税必须经税务机关审批的，且纳税人取得的所得完全符合减免税条件的，无须经主管税务机关审批，纳税人可自行享受减免税。

（二）税收法律、行政法规、部门规章和规范性文件中明确规定纳税人享受减免税必须经税务机关审批的，或者纳税人无法准确判断其取得的所得是否应享受个人所得税减免的，必须经主管税务机关按照有关规定审核。

（三）纳税人有个人所得税法第五条规定情形之一的，必须经主管税务机关批准，方可减征个人所得税。

【注释】 《个人所得税法》第5条；《个人所得税法实施条例》第8条、第10条；其中的800元已经修改为2000元。

国家税务总局关于个人独资企业个人所得税税前固定资产折旧费扣除问题的批复

国税函[2002]1090号

辽宁省地方税务局：

你局《关于个人独资企业个人所得税税前固定资产折旧费扣除问题的请示》（辽地税发[2002]99号）收悉。文中称，辽宁省本溪市原国有企业彩屯煤矿破产后，2000年5月本溪煤炭实业有限公司破产清算组与崔某签定了财产转让合同，崔某以500万元买断了彩屯煤矿整体资产，又注入部分资金筹备生产。之后，崔某聘请资产评估所对其买断的企业整体资产进行了评估，评估结果为固定资产原值16702万元，净值5314万元。2001年3月崔某注册了本溪市彩屯煤矿，性质为个人独资企业，该企业根据以上评估确认的固定资产原值为基数，计提了折旧，计入成本在税前列支，据此进行了个人所得税申报。关于该企业固定资产折旧费如何在税前扣除的问题，经研究，现批复如下：

根据税法规定，个人独资企业在计算缴纳投资者个人所得税时，应遵循历史成本原则，按照购入固定资产的实际支出500万元计提固定资产折旧费用，并准予在税前扣除。彩屯煤矿按照固定资产评估价值计提的折旧虽然可以作为企业成本核算的依据，但不允许在税前扣除。

【注释】《个人所得税法实施条例》第17条。

国家税务总局关于转租浅海滩涂使用权收入征收个人所得税问题的批复

国税函[2002]1158号

河北省地方税务局：

你局《河北省地方税务局关于转租浅海滩涂使用权收入征税问题的请示》(冀地税发[2002]75号)收悉。文中称，河北省秦皇岛市石河镇村民丁某于1996年与村委会签定了承包合同，承包部分浅海滩涂，用于海产养殖，承包期为10年。其后，丁某又将其承包的海滩转租给姜某，另外将原海滩的一切设施和剩余的文蛤作价一并转让给姜某。关于丁某转租滩涂使用权取得收入征收个人所得税问题，经研究，现批复如下：

根据《中华人民共和国个人所得税实施条例》第八条规定，个人转租滩涂使用权取得的收入，应按照“财产租赁所得”应税项目征收个人所得税，其每年实际上交村委会的承包费可以在税前扣除；同时，个人一并转让原海滩的设施和剩余文蛤的所得应按照“财产转让所得”应税项目征收个人所得税。

【注释】《个人所得税法实施条例》第8条。

国家税务总局关于纳税人向中国法律援助基金会捐赠税前扣除问题的通知

国税函[2003]22号

各省、自治区、直辖市和计划单列市国家税务局，地方税务局：

中国法律援助基金会是经中国人民银行批准成立，在民政部登记注册的全国性非营利社团组织，根据其章程，接受捐赠的款项直接用于法律援助事业。按照《中华人民共和国企业所得税暂行条例》及其细则，《中华人民共和国外商投资企业和外国企业所得税法》及其细则和《中华人民共和国个人所得税法》的规定，纳税人向中国法律援助基金会的捐赠，并用于法律援助事业的，可按税收法律、法规规定的比例在所得税前扣除。

【注释】《个人所得税法实施条例》第24条。

财政部　国家税务总局关于自主择业的军队转业干部有关税收政策问题的通知

财税[2003]26号

各省、自治区、直辖市、计划单列市财政厅(局)、地方税务局、国家税务局：

为促进军队转业干部自主择业，现将与自主择业的军队转业干部有关的税收政策通知如下：

一、从事个体经营的军队转业干部，经主管税务机关批准，自领取税务登记证之日起，3年内免征营业税和个人所得税。

二、为安置自主择业的军队转业干部就业而新开办的企业，凡安置自主择业的军队转业干部占企业总人数60%(含60%)以上的，经主管税务机关批准，自领取税务登记证之日起，3年内免征营业税和企业所得税。

三、自主择业的军队转业干部必须持有师以上部队颁发的转业证件。

四、本通知自2003年5月1日起执行。

本通知生效前，已经从事个体经营的军队转业干部和符合本通知规定条件的企业，如果已经按[2001]国转联8号文件的规定，享受了税收优惠政策，可以继续执行到期满为止；如果没有享受上述文件规定的税收优惠政策，可自本通知生效之日起，3年内免征营业税、个人所得税、企业所得税。

【注释】《个人所得税法实施条例》第4条。

财政部　国家税务总局关于医疗机构有关个人所得税政策问题的通知

财税[2003]109 号

各省、自治区、直辖市、计划单列市财政厅(局)、国家税务局、地方税务局:

近来一些部门要求明确医疗机构有关征免个人所得税问题。经研究,现明确如下:

一、财政部　国家税务总局《关于医疗卫生机构有关税收政策的通知》(财税[2000]42 号)规定的对非营利的医疗机构按照国家规定的价格取得的医疗服务收入免征各项税收,仅指机构自身的各项税收,不包括个人从医疗机构取得所得应纳的个人所得税。按照《中华人民共和国个人所得税法》(以下简称《个人所得税法》)的规定,个人取得应税所得,应依法缴纳个人所得税。

二、个人因在医疗机构(包括营利性医疗机构和非营利性医疗机构)任职而取得的所得,依据《个人所得税法》的规定,应按照"工资、薪金所得"应税项目计征个人所得税。

对于非典型肺炎疫情发生期间,在医疗机构任职的个人取得的特殊临时性工作补助等所得按照《财政部　国家税务总局关于非典型肺炎疫情发生期间个人取得的特殊临时性工作补助等所得免征个人所得税问题的通知》(财税[2003]101 号)的规定执行。

三、医生或其他个人承包、承租经营医疗机构,经营成果归承包人所有的,依据个人所得税法规定,承包人取得的所得,应按照"对企事业单位的承包经营、承租经营所得"应税项目计征个人所得税。

四、个人投资或个人合伙投资开设医院(诊所)而取得的收入,应依据个人所得税法规定,按照"个体工商户的生产、经营所得"应税项目计征个人所得税。

对残疾人、转业军人、随军家属和下岗职工等投资开设医院(诊所)而取得的收入,仍按现行相关政策执行。

【注释】 《个人所得税法实施条例》第 8 条。

财政部　国家税务总局关于非产权人重新购房征免个人所得税问题的批复

财税[2003]123 号

江苏省地方税务局:

你局《关于个人出售住房所得征收个人所得税有关问题的请示》(苏地税发[2003]11 号)收悉。经研究,批复如下:

个人现自有住房房产证登记的产权人为 1 人,在出售后一年内又以产权人配偶名义或产权人夫妻双方名义按市场价重新购房的,产权人出售住房所得应缴纳的个人所得税,可以按照财政部、国家税务总局、建设部《关于个人出售住房所得征收个人所得税有关问题的通知》(财税字[1999]278 号)第三条的规定,全部或部分予以免税;以其他人名义按市场价重新购房的,产权人出售住房所得应缴纳的个人所得税,不予免税。

【注释】 《个人所得税法》第 4 条。

财政部　国家税务总局关于规范个人投资者个人所得税征收管理的通知

财税[2003]158 号

各省、自治区、直辖市、计划单列市财政厅(局)、国家税务局、地方税务局、新疆生产建设兵团财务局:

为规范个人投资者个人所得税管理,确保依法足额征收个人所得税,现对个人投资者征收个人所得税的有关问题明确如下:

一、关于个人投资者以企业(包括个人独资企业、合伙企业和其他企业)资金为本人、家庭及其相关人员支付消费性支出及购买家庭财产的处理问题

个人独资企业、合伙企业的个人投资者以企业资金为本人、家庭及其相关人员支付与企业生产经营无关的消费性支出及购买汽车、住房等财产性支出,视为企业对个人投资者的利润分配,并入投资者个人的生

产经营所得，依照“个体工商户的生产经营所得”项目计征个人所得税。

除个人独资企业、合伙企业以外的其他企业的个人投资者，以企业资金为本人、家庭成员及其相关人员支付与企业经营无关的消费性支出及购买汽车、住房等财产性支出，视为企业对个人投资者的红利分配，依照“利息、股息、红利所得”项目计征个人所得税。

企业的上述支出不允许在所得税前扣除。

二、关于个人投资者从其投资的企业（个人独资企业、合伙企业除外）借款长期不还的处理问题

纳税年度内个人投资者从其投资企业（个人独资企业、合伙企业除外）借款，在该纳税年度终了后既不归还，又未用于企业生产经营的，其未归还的借款可视为企业对个人投资者的红利分配，依照“利息、股息、红利所得”项目计征个人所得税。

三、《国家税务总局关于进一步加强对高收入者个人所得税征收管理的通知》（国税发[2001]57号）中关于对私营有限责任公司的企业所得税后剩余利润、不分配、不投资、挂账达1年的，从挂帐的第2年起，依照投资者（股东）出资比例计算分配征收个人所得税的规定，同时停止执行。

【注释】《个人所得税法实施条例》第8条。

财政部　国家税务总局关于工商企业订阅党报党刊有关所得税税前扣除问题的通知

财税[2003]224号

各省、自治区、直辖市、计划单列市国家税务局、地方税务局，新疆生产建设兵团财务局：

根据中共中央办公厅《关于做好2004年度〈人民日报〉、〈求是〉杂志发行工作的通知》精神，为鼓励社会力量订阅《人民日报》、《求是》杂志捐赠给贫困地区，实施文化扶贫，现对工商企业订阅党报党刊所得税税前扣除问题通知如下：

对工商企业订阅《人民日报》、《求是》杂志捐赠给贫困地区的费用支出，视同公益救济性捐赠，可按现行《中华人民共和国企业所得税暂行条例》及其实施细则、《中华人民共和国外商投资企业和外国企业所得税法》及其实施细则和《中华人民共和国个人所得税法》及其实施条例规定的比例，在缴纳企业所得税和个人所得税时予以税前扣除。

【注释】《个人所得税法实施条例》第24条。

国家税务总局关于加强企业债券利息个人所得税代扣代缴工作的通知

国税函[2003]612号

各省、自治区、直辖市和计划单列市地方税务局：

为进一步加强企业债券利息个人所得税征收管理工作，保证税款及时足额入库，经研究，现就企业债券利息个人所得税征管问题通知如下：

一、企业债券利息个人所得税统一由各兑付机构在向持有债券的个人兑付利息时负责代扣代缴，就地入库。各兑付机构应按照个人所得税法的有关规定做好代扣代缴个人所得税工作。

二、各级税务机关应加强对各兑付机构个人所得税代扣代缴工作的管理，保证税款及时足额入库。

三、本通知从文到之日起执行。

【注释】《个人所得税法》第8条。

财政部　国家税务总局关于企业以免费旅游方式提供对营销人员个人奖励有关个人所得税政策的通知

财税[2004]11号

各省、自治区、直辖市计划单列市财政厅（局）、地方税务局，新疆生产建设兵团财务局：

近来，部分地区财税部门来函反映，一些企业和单位通过组织免费培训班、研讨会、工作考察等形式奖

励营销业绩突出人员的现象比较普遍，要求国家对此类奖励如何征收个人所得税政策问题予以进一步明确。经研究，现就企业和单位以免费培训班、研讨会、工作考察等形式提供个人营销业绩奖励有关个人所得税政策明确如下：

按照我国现行个人所得税法律法规有关规定，对商品营销活动中，企业和单位对营销业绩突出人员以培训班、研讨会、工作考察等名义组织旅游活动，通过免收差旅费、旅游费对个人实行的营销业绩奖励（包括实物、有价证券等），应根据所发生费用全额计入营销人员应税所得，依法征收个人所得税，并由提供上述费用的企业和单位代扣代缴。其中，对企业雇员享受的此类奖励，应与当期的工资薪金合并，按照“工资、薪金所得”项目征收个人所得税；对其他人员享受的此类奖励，应作为当期的劳务收入，按照“劳务报酬所得”项目征收个人所得税。

上述规定自文发之日起执行。

【注释】《个人所得税法实施条例》第8条。

财政部　国家税务总局关于教育税收政策的通知

财税［2004］39号

各省、自治区、直辖市、计划单列市财政厅（局）、国家税务局、地方税务局，新疆生产建设兵团财务局：

为了进一步促进教育事业发展，经国务院批准，现将有关教育的税收政策通知如下：

……

11. 对个人取得的教育储蓄存款利息所得，免征个人所得税；对省级人民政府、国务院各部委和中国人民解放军军以上单位，以及外国组织、国际组织颁布的教育方面的奖学金，免征个人所得税；高等学校转化职务科技成果以股份或出资比例等股权形式给予个人奖励，获奖人在取得股份、出资比例时，暂不缴纳个人所得税；取得按股份、出资比例分红或转让股权、出资比例所得时，依法缴纳个人所得税。

……

六、本通知自2004年1月1日起执行，此前规定与本通知不符的，以本通知为准。

【注释】《个人所得税法》第4条；《个人所得税法实施条例》第24条。

国家税务总局关于取消及下放外商投资企业和外国企业以及外籍个人若干税务行政审批项目的后续管理问题的通知

国税发［2004］80号

各省、自治区、直辖市和计划单列市国家税务局、地方税务局：

为贯彻落实《国务院关于第三批取消和调整行政审批项目的决定》（国发［2004］16号）的规定，现就国发［2004］16号文件规定取消及下放的外商投资企业和外国企业（以下简称企业）以及外籍个人若干税务行政审批项目的后续管理工作通知如下：

……

十三、取消外籍纳税人固定在一地申报缴纳个人所得税审批的后续管理

根据《国家税务总局关于印发〈征收个人所得税若干问题的规定〉的通知》（国税发［1994］089号）第十条的规定，外籍纳税人临时来华在我国几地工作或提供劳务的，可以提出申请，经批准后，可以固定在一地申报纳税。取消上述审批后，外籍纳税人临时来华在我国几地工作或提供劳务的，统一按纳税人在税法规定的申报纳税日期时所在实际工作地为申报纳税地，即：在某一地达到申报纳税日期的，即在该地申报纳税。

十四、取消外籍个人住房、伙食等补贴免征个人所得税审批的后续管理

根据《财政部、国家税务总局关于个人所得税若干政策问题的通知》（财税字［1994］020号）第二条、《国家税务总局关于外籍个人取得有关补贴征免个人所得税执行问题的批复》（国税发［1997］54号）的规定，外籍个人以非现金或实报实销形式取得的住房补贴、伙食补贴、洗衣费、搬迁费、出差补贴、探亲费、语言训练费、子女教育费等补贴，由纳税人提供有关凭证，主管税务机关核准后给予免征个人所得税。取消上述核准后，外籍个人取得上述补贴收入，在申报缴纳或代扣代缴个人所得税时，应按国税发[1997]54号的规定提供有关有效凭证及证明资料。主管税务机关应按照国税发[1997]54号的要求，就纳税人或代扣代缴义务人申报的有关补贴收入逐项审核。对其中有关凭证及证明资料，不能证明其上述免税补贴的合理性的，主管税务机关应要求纳税人或代扣代缴义务人在限定的时间内，重新提供证明材料。凡未能提供有效凭证及证明资料的补贴收入，主管税务机关有权给予纳税调整。

十五、取消外籍个人在中国期间取得来华之前的工资薪金所得不予征税审批的后续管理

根据《国家税务总局关于×××大连事务所外籍雇员取得数月奖金确定纳税义务问题的批复》(国税函[1997]546号)第一条的规定，在我国境内无住所的个人来华后一次性取得数月奖金，凡能提供雇佣单位有关奖励制度规定，证明上述数月奖金含有属于来华之前在我国境外工作月份相应奖金的，经当地主管税务机关核准后，不予征收个人所得税。取消上述核准后，在我国境内无住所的个人取得上述数月奖金，在申报纳税时，应就取得的上述不予征税的奖金做出说明，并附送雇佣单位有关奖励制度，证明其上述奖金有属于来我国之前在我国境外工作月份奖金的，可以扣除并不予征税。否则，税务机关有权进行纳税调整。

十六、取消个人认购股票等有价证券分期纳税审批的后续管理

根据《国家税务总局关于个人认购股票等有价证券而从雇主取得折扣或补贴收入有关征收个人所得税问题的通知》(国税发[1998]009号)第二条的规定，个人认购股票等有价证券而从雇主取得折扣或补贴收入，在计算缴纳个人所得税时，因一次收入较多，全部计入当月工资、薪金所得计算纳税有困难的，可以报经主管税务机关批准后，在不超过六个月的期限内，平均分月计算纳税。取消上述批准后，个人取得上述收入，如果数额较大，可由个人自行选择，在不超过六个月的期限内，平均分月计入个人工资、薪金所得计算缴纳个人所得税，同时在纳税申报时应做出说明。个人就上述计算纳税期限一经选定，不得变更。

……

十八、本通知自2004年7月1日起执行。本通知执行前发生的尚未完成审批的事项，仍按原规定执行。

【注释】《国家税务总局关于印发〈征收个人所得税若干问题的规定〉的通知》(国税发[1994]089号)。

财政部　国家税务总局关于扶持城镇退役士兵自谋职业有关税收优惠政策的通知

财税[2004]93号

各省、自治区、直辖市、计划单列市财政厅(局)、国家税务局、地方税务局，新疆生产建设兵团财务局：

为更好地扶持城镇退役士兵自谋职业，根据《国务院办公厅转发民政部等部门关于扶持城镇退役士兵自谋职业优惠政策意见的通知》(国办发[2004]10号)的精神，现就城镇退役士兵自谋职业有关税收政策通知如下：

……

三、对自谋职业的城镇退役士兵在《国务院办公厅转发民政部等部门关于扶持城镇退役士兵自谋职业优惠政策意见的通知》(国办发[2004]10号)下发后从事下列行业的，可以享受如下税收优惠政策：

1. 从事个体经营(除建筑业、娱乐业以及广告业、桑拿、按摩、网吧、氧吧外)的，自领取税务登记证之日起，3年内免征营业税、城市维护建设税、教育费附加和个人所得税。

2. 从事开发荒山、荒地、荒滩、荒水的，从有收入年度开始，3年内免征农业税。

3. 从事种植、养殖业的，其应缴纳的个人所得税按照国家有关种植、养殖业个人所得税的规定执行。

……

本《通知》所称自谋职业的城镇退役士兵是指符合城镇安置条件，并与安置地民政部门签订《退役士兵自谋职业协议书》，领取《城镇退役士兵自谋职业证》的士官和义务兵。

五、上述优惠政策自2004年1月1日起执行，此前已征税款予以退还。

六、本《通知》下发之后，现行有关劳动就业服务企业的税收优惠政策以及其他扶持就业的税收优惠政策，仍按原规定执行。如果企业既适用本《通知》规定的优惠政策，又适用原有的优惠政策，企业可选择适用最优惠的政策，但不能累加执行。

七、自谋职业的城镇退役士兵享受有关税收优惠政策的具体办法由国家税务总局、民政部另行制定。

【注释】 《个人所得税法》第4条。

国家税务总局关于在中国境内无住所的个人执行税收协定和个人所得税法若干问题的通知

国税发[2004]97号

各省、自治区、直辖市和计划单列市国家税务局、地方税务局，局内各单位：

根据《中华人民共和国个人所得税法》(以下简称税法)及其实施细则和我国与有关国家或地区签订的税收协定或安排(以下称协定或安排)的有关规定，现就在我国境内无住所的个人若干税收政策执行问题，通知如下：

一、关于判定纳税义务时如何计算在中国境内居住天数问题

对在中国境内无住所的个人，需要计算确定其在中国境内居住天数，以便依照税法和协定或安排的规定判定其在华负有何种纳税义务时，均应以该个人实际在华逗留天数计算。上述个人入境、离境、往返或多次往返境内外的当日，均按一天计算其在华实际逗留天数。

二、关于对个人入、离境当日如何计算在中国境内实际工作期间的问题

对在中国境内、境外机构同时担任职务或仅在境外机构任职的境内无住所个人，在按《国家税务总局关于在中国境内无住所的个人计算缴纳个人所得税若干具体问题的通知》(国税函发[1995]125号)第一条的规定计算其境内工作期间时，对其入境、离境、往返或多次往返境内外的当日，均按半天计算为在华实际工作天数。

三、关于对不同纳税义务的个人计算应纳税额的适用公式问题

对分别按照《国家税务总局关于在中国境内无住所的个人取得工资薪金所得纳税义务问题的通知》(国税发[1994]148号)第二条至第五条规定判定负有纳税义务的个人，在计算其应纳税额时，分别适用以下公式：

(一) 按国税发[1994]148号第二条规定负有纳税义务的个人应适用下述公式：

$$\text{应纳税额}=\left[\text{当月境内外工资薪金应纳税所得额}\times\text{适用税率}-\text{速算扣除数}\right]\times\frac{\text{当月境内支付工资}}{\text{当月境内外支付工资总额}}\times\frac{\text{当月境内工作天数}}{\text{当月天数}}$$

(二) 按国税发[1994]148号第三条规定负有纳税义务的个人仍应适用国税发[1994]148号第六条规定的下述公式：

$$\text{应纳税额}=\left[\text{当月境内外工资薪金应纳税所得额}\times\text{适用税率}-\text{速算扣除数}\right]\times\frac{\text{当月境内工作天数}}{\text{当月天数}}$$

(三) 按国税发[1994]148号第四条或第五条规定负有纳税义务的个人应适用国税函发[1995]125号第四条规定的下述公式：

$$\text{应纳税额}=\left[\text{当月境内外工资薪金应纳税所得额}\times\text{适用税率}-\text{速算扣除数}\right]\times\left[1-\frac{\text{当月境内支付工资}}{\text{当月境内外支付工资总额}}\times\frac{\text{当月境内工作天数}}{\text{当月天数}}\right]$$

如果上款所述各类个人取得的是日工资薪金或者不满一个月工资薪金，均仍应按照国税发[1994]148号文第六条第二款的规定换算为月工资后，按照上述公式计算其应纳税额。

四、关于企业高层管理人员适用协定或安排条款的问题

在中国境内无住所的个人担任中国境内企业高层管理职务的，该个人所在国或地区与我国签订的协定或安排中的董事费条款中，未明确表述包括企业高层管理人员的，对其取得的报酬可按该协定或安排中有关非独立个人劳务条款和国税发[1994]148号第二、三、四条的规定，判定纳税义务。

在中国境内无住所的个人担任中国境内企业高层管理职务同时又担任企业董事，或者虽名义上不担任董事但实际上享有董事权益或履行董事职责的，其从该中国境内企业取得的报酬，包括以董事名义取得的报酬和以高层管理人员名义取得的报酬，均仍应适用协定或安排中有关董事费条款和国税发[1994]148号第五条的有关规定，判定纳税义务。

五、本通知自2004年7月1日起执行。以前规定与本通知规定不一致的，以本通知规定为准。

【注释】《个人所得税法实施条例》第24条。

国家税务总局关于国际组织驻华机构、外国政府驻华使领馆和驻华新闻机构雇员个人所得税征收方式的通知

国税函[2004]808号

各省、自治区、直辖市和计划单列市地方税务局：

为加强个人所得税征收管理，防止税收流失，根据《中华人民共和国个人所得税法》和《中华人民共和国税收征收管理法》有关规定，现对在国际组织驻华机构、外国政府驻华使领馆和外国驻华新闻机构中工作的中方雇员和外籍雇员个人所得税管理问题明确如下：

一、根据《维也纳外交关系公约》和国际组织有关章程规定，对于在国际组织驻华机构、外国政府驻华使领馆中工作的中方雇员和在外国驻华新闻机构的中外籍雇员，均应按照《中华人民共和国个人所得税法》规定缴纳个人所得税。

二、根据国际惯例，在国际组织驻华机构、外国政府驻华使领馆中工作的非外交官身份的外籍雇员，如是"永久居留"者，亦应在驻在国缴纳个人所得税，但由于我国税法对"永久居留"者尚未作出明确的法律定义和解释，因此，对于仅在国际组织驻华机构和外国政府驻华使领馆中工作的外籍雇员，暂不征收个人所得税。

在中国境内，若国际驻华机构和外国政府驻华使领馆中工作的外交人员、外籍雇员在该机构或使领馆之外，从事非公务活动所取得的收入，应缴纳个人所得税。

三、根据《中华人民共和国个人所得税法》规定，对于在国际组织驻华机构和外国政府驻华使领馆中工作的中方雇员的个人所得税，应以直接支付所得的单位或者个人作为代扣代缴义务人，考虑到国际组织驻华机构和外国政府驻华使领馆的特殊性，各级地方税务机关可暂不要求国际组织驻华机构和外国政府驻华使领馆履行个人所得税代扣代缴义务。

四、鉴于北京外交人员服务局和各省(市)省级人民政府指定的外事服务单位等机构，通过一定途径能够掌握在国际组织驻华机构、外国政府驻华使领馆工作的中方雇员受雇情况，根据《中华人民共和国税收征收管理法实施细则》第四十四条规定，各主管税务机关可委托外交人员服务机构代征上述中方雇员的个人所得税。各主管税务机关要加强与外事服务单位联系，及时办理国际组织驻华机构和外国政府驻华使领馆中方雇员个人所得税委托代征手续。

五、接受委托代征个人所得税的各外事服务单位应采取有效措施，掌握国际组织驻华机构和外国政府驻华使领馆中方雇员受雇及收入情况，严格依照法律规定征收解缴税款，并按月向主管税务机关通报有关信息。

六、北京、上海、广东、四川等有外国驻当地新闻媒体机构的省(市)地方税务局应定期向省级人民政府外事办公室索要《外国驻华新闻媒体名册》，了解、掌握外国驻当地新闻媒体机构以及外籍人员变动情况，并据此要求上述驻华新闻机构做好中外籍记者、雇员个人所得税扣缴工作。

【注释】《个人所得税法》第8条。

国家税务总局关于调整个人取得全年一次性奖金等计算征收个人所得税方法问题的通知

国税发[2005]9号

各省、自治区、直辖市和计划单列市地方税务局，局内各单位：

为了合理解决个人取得全年一次性奖金征税问题，经研究，现就调整征收个人所得税的有关办法通知如下：

一、全年一次性奖金是指行政机关、企事业单位等扣缴义务人根据其全年经济效益和对雇员全年工作业绩的综合考核情况，向雇员发放的一次性奖金。

上述一次性奖金也包括年终加薪、实行年薪制和绩效工资办法的单位根据考核情况兑现的年薪和绩效工资。

二、纳税人取得全年一次性奖金，单独作为一个月工资、薪金所得计算纳税，并按以下计税办法，由扣缴义务人发放时代扣代缴：

（一）先将雇员当月内取得的全年一次性奖金，除以 12 个月，按其商数确定适用税率和速算扣除数。

如果在发放年终一次性奖金的当月，雇员当月工资薪金所得低于税法规定的费用扣除额，应将全年一次性奖金减除“雇员当月工资薪金所得与费用扣除额的差额”后的余额，按上述办法确定全年一次性奖金的适用税率和速算扣除数。

（二）将雇员个人当月内取得的全年一次性奖金，按本条第（一）项确定的适用税率和速算扣除数计算征税，计算公式如下：

1. 如果雇员当月工资薪金所得高于（或等于）税法规定的费用扣除额的，适用公式为：

$$\text{应纳税额}=\text{雇员当月取得全年一次性奖金}\times\text{适用税率}-\text{速算扣除数}$$

2. 如果雇员当月工资薪金所得低于税法规定的费用扣除额的，适用公式为：

$$\text{应纳税额}=\left(\begin{matrix}\text{雇员当月取得}\\\text{全年一次性奖金}\end{matrix}-\begin{matrix}\text{雇员当月工资薪金所}\\\text{得与费用扣除额的差额}\end{matrix}\right)\times\text{适用税率}-\text{速算扣除数}$$

三、在一个纳税年度内，对每一个纳税人，该计税办法只允许采用一次。

四、实行年薪制和绩效工资的单位，个人取得年终兑现的年薪和绩效工资按本通知第二条、第三条执行。

五、雇员取得除全年一次性奖金以外的其它各种名目奖金，如半年奖、季度奖、加班奖、先进奖、考勤奖等，一律与当月工资、薪金收入合并，按税法规定缴纳个人所得税。

六、对无住所个人取得本通知第五条所述的各种名目奖金，如果该个人当月在我国境内没有纳税义务，或者该个人由于出入境原因导致当月在我国工作时间不满一个月的，仍按照《国家税务总局关于在我国境内无住所的个人取得奖金征税问题的通知》（国税发［1996］183 号）计算纳税。

七、本通知自 2005 年 1 月 1 日起实施，以前规定与本通知不一致的，按本通知规定执行。《国家税务总局关于在中国境内有住所的个人取得奖金征税问题的通知》（国税发［1996］206 号）和《国家税务总局关于企业经营者试行年薪制后如何计征个人所得税的通知》（国税发［1996］107 号）同时废止。

【注释】《个人所得税法》第 6 条。

财政部　国家税务总局关于个人股票期权所得征收个人所得税问题的通知

财税［2005］35 号

各省、自治区、直辖市、计划单列市财政厅（局）、地方税务局：

为适应企业（包括内资企业、外商投资企业和外国企业在中国境内设立的机构场所）薪酬制度改革，加强个人所得税征管，现对企业员工（包括在中国境内有住所和无住所的个人）参与企业股票期权计划而取得的所得征收个人所得税问题通知如下：

一、关于员工股票期权所得征税问题

实施股票期权计划企业授予该企业员工的股票期权所得，应按《中华人民共和国个人所得税法》及其实施条例有关规定征收个人所得税。

企业员工股票期权（以下简称股票期权）是指上市公司按照规定的程序授予本公司及其控股企业员工的一项权利，该权利允许被授权员工在未来时间内以某一特定价格购买本公司一定数量的股票。

上述“某一特定价格”被称为“授予价”或“施权价”，即根据股票期权计划可以购买股票的价格，一般为股票期权授予日的市场价格或该价格的折扣价格，也可以是按照事先设定的计算方法约定的价格；“授予日”，也称“授权日”，是指公司授予员工上述权利的日期；“行权”，也称“执行”，是指员工根据股票期权计划选择购买股票的过程；员工行使上述权利的当日为“行权日”，也称“购买日”。

二、关于股票期权所得性质的确认及其具体征税规定

(一) 员工接受实施股票期权计划企业授予的股票期权时，除另有规定外，一般不作为应税所得征税。

(二) 员工行权时，其从企业取得股票的实际购买价(施权价)低于购买日公平市场价(指该股票当日收盘价，下同)的差额，是因员工在企业的表现和业绩情况而取得的与任职、受雇有关的所得，应按"工资、薪金所得"适用的规定计算缴纳个人所得税。

对因特殊情况，员工在行权日之前将股票期权转让的，以股票期权的转让净收入，作为工资薪金所得征收个人所得税。

员工行权日所在期间的工资薪金所得，应按下列公式计算工资薪金应纳税所得额：

$$\begin{matrix}\text{股票期权形式的工资}\\\text{薪金应纳税所得额}\end{matrix}=\left(\begin{matrix}\text{行权股票的}\\\text{每股市场价}\end{matrix}-\begin{matrix}\text{员工取得该股票期权}\\\text{支付的每股施权价}\end{matrix}\right)\times\text{股票数量}$$

(三) 员工将行权后的股票再转让时获得的高于购买日公平市场价的差额，是因个人在证券二级市场上转让股票等有价证券而获得的所得，应按照"财产转让所得"适用的征免规定计算缴纳个人所得税。

(四) 员工因拥有股权而参与企业税后利润分配取得的所得，应按照"利息、股息、红利所得"适用的规定计算缴纳个人所得税。

三、关于工资薪金所得境内外来源划分

按照《国家税务局关于在中国境内无住所个人以有价证券形式取得工资薪金所得确定纳税义务有关问题的通知》(国税函[2000]190号)有关规定，需对员工因参加企业股票期权计划而取得的工资薪金所得确定境内或境外来源的，应按照该员工据以取得上述工资薪金所得的境内、外工作期间月份数比例计算划分。

四、关于应纳税款的计算

(一) 认购股票所得(行权所得)的税款计算。员工因参加股票期权计划而从中国境内取得的所得，按本通知规定应按工资薪金所得计算纳税的，对该股票期权形式的工资薪金所得可区别于所在月份的其他工资薪金所得，单独按下列公式计算当月应纳税款：

$$\text{应纳税额}=\left(\frac{\text{股票期权形式的工资薪金应纳税所得额}}{\text{规定月份数}}\times\text{适用税率}-\text{速算扣除数}\right)\times\text{规定月份数}$$

上款公式中的规定月份数，是指员工取得来源于中国境内的股票期权形式工资薪金所得的境内工作期间月份数，长于12个月的，按12个月计算；上款公式中的适用税率和速算扣除数，以股票期权形式的工资薪金应纳税所得额除以规定月份数后的商数，对照《国家税务总局关于印发〈征收个人所得税若干问题〉的通知》(国税发[1994]089号)所附税率表确定。

(二) 转让股票(销售)取得所得的税款计算。对于员工转让股票等有价证券取得的所得，应按现行税法和政策规定征免个人所得税。即：个人将行权后的境内上市公司股票再行转让而取得的所得，暂不征收个人所得税；个人转让境外上市公司的股票而取得的所得，应按税法的规定计算应纳税所得额和应纳税额，依法缴纳税款。

(三) 参与税后利润分配取得所得的税款计算。员工因拥有股权参与税后利润分配而取得的股息、红利所得，除依照有关规定可以免税或减税的外，应全额按规定税率计算纳税。

五、关于征收管理

(一) 扣缴义务人。实施股票期权计划的境内企业为个人所得税的扣缴义务人，应按税法规定履行代扣代缴个人所得税的义务。

(二) 自行申报纳税。员工从两处或两处以上取得股票期权形式的工资薪金所得和没有扣缴义务人的，该个人应在个人所得税法规定的纳税申报期限内自行申报缴纳税款。

(三) 报送有关资料。实施股票期权计划的境内企业，应在股票期权计划实施之前，将企业的股票期权计划或实施方案、股票期权协议书、授权通知书等资料报送主管税务机关；应在员工行权之前，将股票期权行权通知书和行权调整通知书等资料报送主管税务机关。

扣缴义务人和自行申报纳税的个人在申报纳税或代扣代缴税款时，应在税法规定的纳税申报期限内，将个人接受或转让的股票期权以及认购的股票情况(包括种类、数量、施权价格、行权价格、市场价格、转让价格等)报送主管税务机关。

(四) 处罚。实施股票期权计划的企业和因股票期权计划而取得应税所得的自行申报员工，未按规定报送上述有关报表和资料，未履行申报纳税义务或者扣缴税款义务的，按《中华人民共和国税收征收管理

…规定进行处理。

…7月1日起执行。《国家税务总局关于个人认购股票等有价证券而从雇主取得折扣…得征收个人所得税问题的通知》》(国税发[1998]9号)的规定与本通知不一致的，按本通知规…

…个人所得税法》第6条;《个人所得税法实施条例》第8条。补充规定:《国家税务总局关于个…所得缴纳个人所得税有关问题的补充通知》(国税函[2006]902号)。

财政部　国家税务总局关于城镇房屋拆迁有关税收政策的通知

财税[2005]45号

各省、自治区、直辖市、计划单列市财政厅(局)、地方税务局，新疆生产建设兵团财务局：

经国务院批准，现将城镇房屋拆迁有关税收政策通知如下：

一、对被拆迁人按照国家有关城镇房屋拆迁管理办法规定的标准取得的拆迁补偿款，免征个人所得税。

二、对拆迁居民因拆迁重新购置住房的，对购房成交价格中相当于拆迁补偿款的部分免征契税，成交价格超过拆迁补偿款的，对超过部分征收契税。

【注释】《个人所得税法》第4条。

财政部　国家税务总局关于个人所得税有关问题的批复

财税[2005]94号

江苏省财政厅、地方税务局：

你局《关于个人所得税有关问题的请示》(苏地税发[2005]52号)收悉。经研究，批复如下：

一、关于单位为个人办理补充养老保险退保后个人所得税及企业所得税的处理问题。单位为职工个人购买商业性补充养老保险等，在办理投保手续时应作为个人所得税的“工资、薪金所得”项目，按税法规定缴纳个人所得税；因各种原因退保，个人未取得实际收入的，已缴纳的个人所得税应予以退回。

二、关于个人提供担保取得收入征收个人所得税问题。个人为单位或他人提供担保获得报酬，应按照个人所得税法规定的“其他所得”项目缴纳个人所得税，税款由支付所得的单位或个人代扣代缴。

【注释】《个人所得税法实施条例》第8条。

财政部　国家税务总局关于股息红利个人所得税有关政策的通知

财税[2005]102号

各省、自治区、直辖市、计划单列市财政厅(局)、国家税务局、地方税务局，新疆生产建设兵团财务局：

为促进资本市场发展，经国务院批准，现将个人所得税股息红利所得有关税收政策问题通知如下：

一、对个人投资者从上市公司取得的股息红利所得，暂减按50%计入个人应纳税所得额，依照现行税法规定计征个人所得税。

二、上述规定自文发之日起执行。

【注释】《个人所得税法》第3条；补充规定：《财政部　国家税务总局关于股息红利有关个人所得税政策的补充通知》(财税[2005]107号)。

财政部　国家税务总局关于股权分置试点改革有关税收政策问题的通知

财税[2005]103号

各省、自治区、直辖市、计划单列市财政厅(局)、国家税务局、地方税务局，新疆生产建设兵团财务局，财政部驻各省、自治区、直辖市、计划单列市财政监察专员办事处：

为促进资本市场发展和股市全流通，推动股权分置改革试点的顺利实施，经国务院批准，现就股权分置试点改革中有关税收政策问题通知如下：

一、股权分置改革过程中因非流通股股东向流通股股东支付对价而发生的股权转让，暂免征收印花税。

二、股权分置改革中非流通股股东通过对价方式向流通股股东支付的股份、现金等收入，暂免征收流通股股东应缴纳的企业所得税和个人所得税。

三、上述规定自文发之日起开始执行。

【注释】《个人所得税法》第4条。

财政部 国家税务总局关于股息红利有关个人所得税政策的补充通知

财税[2005]107号

各省、自治区、直辖市、计划单列市财政厅(局)、国家税务局、地方税务局，新疆生产建设兵团财务局：

为进一步规范股息红利税收政策，加强税收征管，现将个人所得税股息红利所得减免税政策有关执行口径问题通知如下：

一、财税[2005]102号文下发之日后(含当日)上市公司实际派发的股息红利所得，按照财税[2005]102号文规定的减征个人所得税政策执行。

符合上述规定的上市公司，已按股息红利全额计算扣缴个人所得税的，可按财税[2005]102号文规定的减税政策将多扣缴的税款退还个人投资者；税款已缴入国库的，由财税部门按规定程序办理退税，并由扣缴义务人退还个人投资者。

二、对证券投资基金从上市公司分配取得的股息红利所得，按照财税[2005]102号文规定，扣缴义务人在代扣代缴个人所得税时，减按50%计算应纳税所得额。

三、财税[2005]102号文所称上市公司是指在上海证券交易所、深圳证券交易所挂牌交易的上市公司。

【注释】《个人所得税法》第3条；补充规定：《财政部 国家税务总局关于股息红利个人所得税有关政策的通知》(财税[2005]102号)。

个人所得税管理办法

国税发[2005]120号

第一章 总 则

第一条 为了进一步加强和规范税务机关对个人所得税的征收管理，促进个人所得税征管的科学化、精细化，不断提高征管效率和质量，根据《中华人民共和国个人所得税法》(以下简称税法)、《中华人民共和国税收征收管理法》(以下简称征管法)及有关税收法律法规规定，制定本办法。

第二条 加强和规范个人所得税征管，要着力健全管理制度，完善征管手段，突出管理重点。即要建立个人收入档案管理制度、代扣代缴明细账制度、纳税人与扣缴义务人向税务机关双向申报制度、与社会各部门配合的协税制度；尽快研发应用统一的个人所得税管理信息系统，充分利用信息技术手段加强个人所得税管理；切实加强高收入者的重点管理、税源的源泉管理、全员全额管理。

第二章 个人收入档案管理制度

第三条 个人收入档案管理制度是指，税务机关按照要求对每个纳税人的个人基本信息、收入和纳税信息以及相关信息建立档案，并对其实施动态管理的一项制度。

第四条 省以下(含省级)各级税务机关的管理部门应当按照规定逐步对每个纳税人建立收入和纳税档案，实施“一户式”的动态管理。

第五条 省以下(含省级)各级税务机关的管理部门应区别不同类型纳税人，并按以下内容建立相应的基础信息档案：

(一)雇员纳税人(不含股东、投资者、外籍人员)的档案内容包括：姓名、身份证照类型、身份证照号码、学历、职业、职务、电子邮箱地址、有效联系电话、有效通信地址、邮政编码、户籍所在地、扣缴义务人编码、是否重点纳税人。

（二）非雇员纳税人（不含股东、投资者）的档案内容包括：姓名、身份证照类型、身份证照号码、电子邮箱地址、有效联系电话、有效通信地址（工作单位或家庭地址）、邮政编码、工作单位名称、扣缴义务人编码、是否重点纳税人。

（三）股东、投资者（不含个人独资、合伙企业投资者）的档案内容包括：姓名、国籍、身份证照类型、身份证照号码、有效通讯地址、邮政编码、户籍所在地、有效联系电话、电子邮箱地址、公司股本（投资）总额、个人股本（投资）额、扣缴义务人编码、是否重点纳税人。

（四）个人独资、合伙企业投资者、个体工商户、对企事业单位的承包承租经营人的档案内容包括：姓名、身份证照类型、身份证照号码、个体工商户（或个人独资企业、合伙企业、承包承租企事业单位）名称，经济类型、行业、经营地址、邮政编码、有效联系电话、税务登记证号码、电子邮箱地址、所得税征收方式（核定、查账）、主管税务机关、是否重点纳税人。

（五）外籍人员（含雇员和非雇员）的档案内容包括：纳税人编码、姓名（中、英文）、性别、出生地（中、英文）、出生年月、境外地址（中、英文）、国籍或地区、身份证照类型、身份证照号码、居留许可号码（或台胞证号码、回乡证号码）、劳动就业证号码、职业、境内职务、境外职务、入境时间、任职期限、预计在华时间、预计离境时间、境内任职单位名称及税务登记证号码、境内任职单位地址、邮政编码、联系电话、其他任职单位（也应包括地址、电话、联系方式）名称及税务登记证号码、境内受聘或签约单位名称及税务登记证号码、地址、邮政编码、联系电话、境外派遣单位名称（中、英文）、境外派遣单位地址（中、英文）、支付地（包括境内支付还是境外支付）、是否重点纳税人。

第六条 纳税人档案的内容来源于：

（一）纳税人税务登记情况。

（二）《扣缴个人所得税报告表》和《支付个人收入明细表》。

（三）代扣代收税款凭证。

（四）个人所得税纳税申报表。

（五）社会公共部门提供的有关信息。

（六）税务机关的纳税检查情况和处罚记录。

（七）税务机关掌握的其他资料及纳税人提供的其他信息资料。

第七条 税务机关应对档案内容适时进行更新和调整；并根据本地信息化水平和征管能力提高的实际，以及个人收入的变化等情况，不断扩大档案管理的范围，直至实现全员全额管理。

第八条 税务机关应充分利用纳税人档案资料，加强个人所得税管理。定期对重点纳税人、重点行业和企业的个人档案资料进行比对分析和纳税评估，查找税源变动情况和原因，及时发现异常情况，采取措施堵塞征管漏洞。

第三章　代扣代缴明细账制度

第九条 代扣代缴明细账制度是指，税务机关依据个人所得税法和有关规定，要求扣缴义务人按规定报送其支付收入的个人所有的基本信息、支付个人收入和扣缴税款明细信息以及其他相关涉税信息，并对每个扣缴义务人建立档案，为后续实施动态管理打下基础的一项制度。

第十条 税务机关应按照税法及相关法律、法规的有关规定，督促扣缴义务人按规定设立代扣代缴税款账簿，正确反映个人所得税的扣缴情况。

第十一条 扣缴义务人申报的纳税资料，税务机关应严格审查核实。对《扣缴个人所得税报告表》和《支付个人收入明细表》没有按每一个人逐栏逐项填写的，或者填写内容不全的，主管税务机关应要求扣缴义务人重新填报。已实行信息化管理的，可以将《支付个人收入明细表》并入《扣缴个人所得税报告表》。

《扣缴个人所得税报告表》填写实际缴纳了个人所得税的纳税人的情况；《支付个人收入明细表》填写支付了应税收入，但未达到纳税标准的纳税人的情况。

第十二条 税务机关应将扣缴义务人报送的支付个人收入情况与其同期财务报表交叉比对，发现不符的，应要求其说明情况，并依法查实处理。

第十三条 税务机关应对每个扣缴义务人建立档案，其内容包括：扣缴义务人编码、扣缴义务人名称、税务(注册)登记证号码、电话号码、电子邮件地址、行业、经济类型、单位地址、邮政编码、法定代表人(单位负责人)和财务主管人员姓名及联系电话、税务登记机关、登记证照类型、发照日期、主管税务机关、应纳税所得额(按所得项目归类汇总)、免税收入、应纳税额(按所得项目归类汇总)、纳税人数、已纳税额、应补(退)税额、减免税额、滞纳金、罚款、完税凭证号等。

第十四条 扣缴义务人档案的内容来源于:

(一) 扣缴义务人扣缴税款登记情况。

(二)《扣缴个人所得税报告表》和《支付个人收入明细表》。

(三) 代扣代收税款凭证。

(四) 社会公共部门提供的有关信息。

(五) 税务机关的纳税检查情况和处罚记录。

(六) 税务机关掌握的其他资料。

第四章 纳税人与扣缴义务人向税务机关双向申报制度

第十五条 纳税人与扣缴义务人向税务机关双向申报制度是指,纳税人与扣缴义务人按照法律、行政法规规定和税务机关依法律、行政法规所提出的要求,分别向主管税务机关办理纳税申报,税务机关对纳税人和扣缴义务人提供的收入、纳税信息进行交叉比对、核查的一项制度。

第十六条 对税法及其实施条例,以及相关法律、法规规定纳税人必须自行申报的,税务机关应要求其自行向主管税务机关进行纳税申报。

第十七条 税务机关接受纳税人、扣缴义务人的纳税申报时,应对申报的时限、应税项目、适用税率、税款计算及相关资料的完整性和准确性进行初步审核,发现有误的,应及时要求纳税人、扣缴义务人修正申报。

第十八条 税务机关应对双向申报的内容进行交叉比对和评估分析,从中发现问题并及时依法处理。

第五章 与社会各部门配合的协税制度

第十九条 与社会各部门配合的协税制度是指,税务机关应建立与个人收入和个人所得税征管有关的各部门的协调与配合的制度,及时掌握税源和与纳税有关的信息,共同制定和实施协税、护税措施,形成社会协税、护税网络。

第二十条 税务机关应重点加强与以下部门的协调配合:公安、检察、法院、工商、银行、文化体育、财政、劳动、房管、交通、审计、外汇管理等部门。

第二十一条 税务机关通过加强与有关部门的协调配合,着重掌握纳税人的相关收入信息。

(一) 与公安部门联系,了解中国境内无住所个人出入境情况及在中国境内的居留暂住情况,实施阻止欠税人出境制度,掌握个人购车等情况。

(二) 与工商部门联系,了解纳税人登记注册的变化情况和股份制企业股东及股本变化等情况。

(三) 与文化体育部门联系,掌握各种演出、比赛获奖等信息,落实演出承办单位和体育单位的代扣代缴义务等情况。

(四) 与房管部门联系,了解房屋买卖、出租等情况。

(五) 与交通部门联系,了解出租车、货运车以及运营等情况。

(六) 与劳动部门联系,了解中国境内无住所个人的劳动就业情况。

第二十二条 税务机关应积极创造条件,逐步实现与有关部门的相关信息共享或定期交换。

第二十三条 各级税务机关应当把大力宣传和普及个人所得税法知识、不断提高公民的依法纳税意识作为一项长期的基础性工作予以高度重视,列入重要议事日程,并结合征管工作的要求、社会关注的热点和本地征管的重点,加强与上述部门的密切配合。制定周密的宣传工作计划,充分利用各种宣传媒体和途径、采取灵活多样的方式进行个人所得税宣传。

第六章 加快信息化建设

第二十四条 各级税务机关应在金税工程三期的总体框架下,按照"一体化"要求和"统筹规划、统一标准,突出重点、分步实施,整合资源、讲究实效,加强管理、保证安全"的原则,进一步加快个人所得税征管信息化建设,以此提高个人所得税征管质量和效率。

第二十五条 按照一体化建设的要求,个人所得税与其他税种具有共性的部分,由核心业务系统统一开发软件,个人所得税个性的部分单独开发软件。根据个人所得税特点,总局先行开发个人所得税代扣代缴(扣缴义务人端)和基础信息管理(税务端)两个子系统。

第二十六条 代扣代缴(扣缴义务人端)系统的要求是:

(一)为扣缴义务人提供方便快捷的报税工具。

(二)可以从扣缴义务人现有的财务等软件中导入相关信息。

(三)自动计算税款,自动生成各种报表。

(四)支持多元化的申报方式。

(五)方便扣缴义务人统计、查询、打印。

(六)提供《代扣代收税款凭证》打印功能。

(七)便于税务机关接受扣缴义务人的明细扣缴申报,准确全面掌握有关基础数据资料。

第二十七条 基础信息管理系统(税务端)的要求是:

(一)建立个人收入纳税一户式档案,用于汇集扣缴义务人、纳税人的基础信息、收入及纳税信息资料。

(二)传递个人两处以上取得的收入及纳税信息给征管环节。

(三)从一户式档案中筛选高收入个人、高收入行业、重点纳税人、重点扣缴义务人,并实施重点管理。

(四)通过对纳税人收入、纳税相关信息进行汇总比对,判定纳税人申报情况的真实性。

(五)通过设定各类统计指标、口径和运用统计结果,为加强个人所得税管理和完善政策提供决策支持。

(六)建立与各部门的数据应用接口,为其他税费征收提供信息。

(七)按规定打印《中华人民共和国个人所得税完税证明》,为纳税人提供完税依据。

第二十八条 省级税务机关应做好现有个人所得税征管软件的整合工作。省级及以下各级税务机关原则上不应再自行开发个人所得税征管软件。

第七章 加强高收入者的重点管理

第二十九条 税务机关应将下列人员纳入重点纳税人范围:金融、保险、证券、电力、电信、石油、石化、烟草、民航、铁道、房地产、学校、医院、城市供水供气、出版社、公路管理、外商投资企业和外国企业、高新技术企业、中介机构、体育俱乐部等高收入行业人员;民营经济投资者、影视明星、歌星、体育明星、模特等高收入个人;临时来华演出人员。

第三十条 各级税务机关应从下列人员中,选择一定数量的个人作为重点纳税人,实施重点管理:

(一)收入较高者。

(二)知名度较高者。

(三)收入来源渠道较多者。

(四)收入项目较多者。

(五)无固定单位的自由职业者。

(六)对税收征管影响较大者。

第三十一条 各级税务机关对重点纳税人应实行滚动动态管理办法,每年都应根据本地实际情况,适时增补重点纳税人,不断扩大重点纳税人管理范围,直至实现全员全额管理。

第三十二条 税务机关应对重点纳税人按人建立专门档案,实行重点管理,随时跟踪其收入和纳税变化情况。

第三十三条 各级税务机关应充分利用建档管理掌握的重点纳税人信息,定期对重点纳税人的收入、纳税情况进行比对、评估分析,从中发现异常问题,及时采取措施堵塞管理漏洞。

第三十四条 省级(含计划单列市)税务机关应于每年7月底以前和次年1月底以前,分别将所确定的重点纳税人的半年和全年的基本情况及收入、纳税等情况,用Excel表格的形式填写《个人所得税重点纳税人收入和纳税情况汇总表》报送国家税务总局(所得税管理司)。

第三十五条 各级税务机关应强化对个体工商户、个人独资企业和合伙企业投资者以及独立从事劳务活动的个人的个人所得税征管。

(一)积极推行个体工商户、个人独资企业和合伙企业建账工作,规范财务管理,健全财务制度;有条件的地区应使用税控装置加强对纳税人的管理和监控。

（二）健全和完善核定征收工作，对账证不全、无法实行查账征收的纳税人，按规定实行核定征收，并根据纳税人经营情况及时进行定额调整。

（三）加强税务系统的协作配合，实现信息共享，建立健全个人所得税情报交流和异地协查制度，互通信息，解决同一个投资者在两处或两处以上投资和取得收入合并缴纳个人所得税的监控难题。

（四）加强个人投资者从其投资企业借款的管理，对期限超过一年又未用于企业生产经营的借款，严格按照有关规定征税。

（五）要严格对个人投资的企业和个体工商户税前扣除的管理，定期进行检查。对个人投资者以企业资金为本人、家庭成员及其相关人员支付的与生产经营无关的消费性、财产性支出，严格按照规定征税。

（六）加强对从事演出、广告、讲课、医疗等人员的劳务报酬所得的征收管理，全面推行预扣预缴办法，从源泉上加强征管。

第三十六条 税务机关要加强对重点纳税人、独立纳税人的专项检查，严厉打击涉税违法犯罪行为。各地每年应当通过有关媒体公开曝光 2 至 3 起个人所得税违法犯罪案件。

第三十七条 税务机关要重视和加强重点纳税人、独立纳税人的个人所得税日常检查，及时发现征管漏洞和薄弱环节，制定和完善征管制度、办法。日常检查由省级以下税务机关的征管和税政部门共同组织实施。

实施日常检查应当制定计划，并按规定程序进行，防止多次、重复检查，防止影响纳税人的生产经营。

第八章 加强税源的源泉管理

第三十八条 税务机关应严格税务登记管理制度，认真开展漏征漏管户的清理工作，摸清底数。

第三十九条 税务机关应按照有关要求建立和健全纳税人、扣缴义务人的档案，切实加强个人所得税税源管理。

第四十条 税务机关应继续做好代扣代缴工作，提高扣缴质量和水平：

（一）要继续贯彻落实已有的个人所得税代扣代缴工作制度和办法，并在实践中不断完善提高。

（二）要对本地区所有行政、企事业单位、社会团体等扣缴义务人进行清理和摸底，在此基础上按照纳税档案管理的指标建立扣缴义务人台账或基本账户，对其实行跟踪管理。

（三）配合全员全额管理，推行扣缴义务人支付个人收入明细申报制度。

（四）对下列行业应实行重点税源管理：金融、保险、证券、电力、电信、石油、石化、烟草、民航、铁道、房地产、学校、医院、城市供水供气、出版社、公路管理、外商投资企业、高新技术企业、中介机构、体育俱乐部等高收入行业；连续 3 年（含 3 年）为零申报的代扣代缴单位（以下简称长期零申报单位）。

（五）对重点税源管理的行业、单位和长期零申报单位，应将其列为每年开展专项检查的重点对象，或对其纳税申报材料进行重点审核。

第四十一条 各级税务机关应充分利用与各部门配合的协作制度，从公安、工商、银行、文化、体育、房管、劳动、外汇管理等社会公共部门获取税源信息。

第四十二条 各级税务机关应利用从有关部门获取的信息，加强税源管理、进行纳税评估。税务机关应定期分析税源变化情况，对变动较大等异常情况，应及时分析原因，采取相应管理措施。

第四十三条 各级税务机关在加强查帐征收工作的基础上，对符合征管法第三十五条规定情形的，采取定期定额征收和核定应税所得率征收，以及其它合理的办法核定征收个人所得税。

对共管个体工商户的应纳税经营额由国家税务局负责核定。

第四十四条 主管税务机关在确定对纳税人的核定征收方式后，要选择有代表性的典型户进行调查，在此基础上确定应纳税额。典型调查面不得低于核定征收纳税人的 3%。

第九章 加强全员全额管理

第四十五条 全员全额管理是指，凡取得应税收入的个人，无论收入额是否达到个人所得税的纳税标准，均应就其取得的全部收入，通过代扣代缴和个人申报，全部纳入税务机关管理。

第四十六条 各级税务机关应本着先扣缴义务人后纳税人，先重点行业、企业和纳税人后一般行业、企业和纳税人，先进“笼子”后规范的原则，积极稳妥地推进全员全额管理工作。

第四十七条 各级税务机关要按照规定和要求，尽快建立个人收入档案管理制度、代扣代缴明细账制度、纳税人与扣缴义务人向税务机关双向申报制度、与社会各部门配合的协税制度，为实施全员全额管理打下基础。

第四十八条 各级税务机关应积极创造条件,并根据金税工程三期的总体规划和有关要求,依托信息化手段,逐步实现全员全额申报管理,并在此基础上,为每个纳税人开具完税凭证(证明)。

第四十九条 税务机关应充分利用全员全额管理掌握的纳税人信息、扣缴义务人信息、税源监控信息、有关部门、媒体提供的信息、税收管理人员实地采集的信息等,依据国家有关法律和政策法规的规定,对自行申报纳税人纳税申报情况和扣缴义务人扣缴税情况的真实性、准确性进行分析、判断,开展个人所得税纳税评估,提高全员全额管理的质量。

第五十条 税务机关应加强个人独资和合伙企业投资者、个体工商户、独立劳务者等无扣缴义务人的独立纳税人的基础信息和税源管理工作。

第五十一条 个人所得税纳税评估应按"人机结合"的方式进行,其基本原理和流程是:根据当地居民收入水平及其变动、行业收入水平及其变动等影响个人所得税的相关因素,建立纳税评估分析系统;根据税收收入增减额、增减率或行业平均指标模型确定出纳税评估的重点对象;对纳税评估对象进行具体评估分析,查找锁定引起该扣缴义务人或者纳税人个人所得税变化的具体因素;据此与评估对象进行约谈,要求其说明情况并纠正错误,或者交由稽查部门实施稽查,并进行后续的重点管理。

第五十二条 税务机关应按以下范围和来源采集纳税评估的信息:

(一)信息采集的范围

1. 当地职工年平均工资、月均工资水平。

2. 当地分行业职工年平均工资、月均工资水平。

3. 当地分行业资金利润率。

4. 企业财务报表相关数据。

5. 股份制企业分配股息、红利情况。

6. 其他有关数据。

(二)信息采集的来源

1. 税务登记的有关信息。

2. 纳税申报的有关信息。

3. 会计报表有关信息。

4. 税控收款装置的有关信息。

5. 中介机构出具的审计报告、评估报告的信息。

6. 相关部门、媒体提供的信息。

7. 税收管理人员到纳税户了解采集的信息。

8. 其他途径采集的纳税人和扣缴义务人与个人所得税征管有关的信息。

第五十三条 税务机关应设置纳税评估分析指标、财务分析指标、业户不良记录评析指标,通过分析确定某一期间个人所得税的总体税源发生增减变化的主要行业、主要企业、主要群体,确定纳税评估重点对象。个人所得税纳税评估的程序、指标、方法等按照总局《纳税评估管理办法》(试行)及相关规定执行。

第五十四条 个人所得税纳税评估主要从以下项目进行:

(一)工资、薪金所得,应重点分析工资总额增减率与该项目税款增减率对比情况,人均工资增减率与人均该项目税款增减率对比情况,税款增减率与企业利润增减率对比分析,同行业、同职务人员的收入和纳税情况对比分析。

(二)利息、股息、红利所得,应重点分析当年该项目税款与上年同期对比情况,该项目税款增减率与企业利润增减率对比情况,企业转增个人股本情况,企业税后利润分配情况。

(三)个体工商户的生产、经营所得(含个人独资企业和合伙企业),应重点分析当年与上年该项目税款对比情况,该项目税款增减率与企业利润增减率对比情况;税前扣除项目是否符合现行政策规定;是否连续多个月零申报;同地区、同行业个体工商户生产、经营所得的税负对比情况。

(四)对企事业单位的承包经营、承租经营所得,应重点分析当年与上年该项目税款对比情况,该项目税款增减率与企业利润增减率对比情况,其行业利润率、上缴税款占利润总额的比重等情况;是否连续多个月零申报;同地区、同行业对企事业单位的承包经营、承租经营所得的税负对比情况。

（五）劳务报酬所得，应重点分析纳税人取得的所得与过去对比情况，支付劳务费的合同、协议、项目情况，单位白条列支劳务报酬情况。

（六）其他各项所得，应结合个人所得税征管实际，选择有针对性的评估指标进行评估分析。

第十章 附 则

第五十五条 储蓄存款利息所得的个人所得税管理办法，另行制定。

第五十六条 此前规定与本办法不一致的，按本办法执行。

第五十七条 本办法未尽事宜按照税收法律、法规以及相关规定办理。

第五十八条 本办法由国家税务总局负责解释，各省、自治区、直辖市和计划单列市税务局可根据本办法制定具体实施意见。

第五十九条 本办法自2005年10月1日起执行。

【注释】《个人所得税法》第13条。

国家税务总局关于纳税人收回转让的股权征收个人所得税问题的批复

国税函［2005］130号

四川省地方税务局：

你局《关于纳税人收回转让的股权是否退还已纳个人所得税问题的请示》（川地税发［2004］126号）收悉。经研究，现批复如下：

一、根据《中华人民共和国个人所得税法》（以下简称个人所得税法）及其实施条例和《中华人民共和国税收征收管理法》（以下简称征管法）的有关规定，股权转让合同履行完毕、股权已作变更登记，且所得已经实现的，转让人取得的股权转让收入应当依法缴纳个人所得税。转让行为结束后，当事人双方签订并执行解除原股权转让合同、退回股权的协议，是另一次股权转让行为，对前次转让行为征收的个人所得税款不予退回。

二、股权转让合同未履行完毕，因执行仲裁委员会作出的解除股权转让合同及补充协议的裁决、停止执行原股权转让合同，并原价收回已转让股权的，由于其股权转让行为尚未完成、收入未完全实现，随着股权转让关系的解除，股权收益不复存在，根据个人所得税法和征管法的有关规定，以及从行政行为合理性原则出发，纳税人不应缴纳个人所得税。

【注释】《个人所得税法》第4条。

个人所得税全员全额扣缴申报管理暂行办法

国税发［2005］205号

第一条 为加强个人所得税征收管理，规范扣缴义务人的代扣代缴行为，维护纳税人和扣缴义务人的合法权益，根据《中华人民共和国个人所得税法》（以下简称税法）及其实施条例、《中华人民共和国税收征收管理法》（以下简称征管法）及其实施细则和其他法律、法规的规定，制定本办法。

第二条 扣缴义务人必须依法履行个人所得税全员全额扣缴申报义务。

第三条 本办法所称个人所得税全员全额扣缴申报（以下简称扣缴申报），是指扣缴义务人向个人支付应税所得时，不论其是否属于本单位人员、支付的应税所得是否达到纳税标准，扣缴义务人应当在代扣税款的次月内，向主管税务机关报送其支付应税所得个人（以下简称个人）的基本信息、支付所得项目和数额、扣缴税款数额以及其他相关涉税信息。

本办法所称扣缴义务人，是指向个人支付应税所得的单位和个人。

第四条 实行个人所得税全员全额扣缴申报的应税所得包括：

（一）工资、薪金所得；

（二）劳务报酬所得；

（三）稿酬所得；

（四）特许权使用费所得；

（五）利息、股息、红利所得；

（六）财产租赁所得；

（七）财产转让所得；

（八）偶然所得；

（九）经国务院财政部门确定征税的其他所得。

第五条　扣缴义务人应向主管税务机关报送个人的以下基础信息：姓名、身份证照类型及号码、职务、户籍所在地、有效联系电话、有效通信地址及邮政编码等。

对下列个人，扣缴义务人还应加报有关信息：

（一）非雇员（不含股东、投资者）：工作单位名称等；

（二）股东、投资者：公司股本（投资）总额、个人股本（投资）额等；

（三）在中国境内无住所的个人（含雇员和非雇员）：外文姓名、国籍或地区、出生地（中、外文）、居留许可号码（或台胞证号码、回乡证号码）、劳动就业证号码、职业、境内职务、境外职务、入境时间、任职期限、预计在华时间、预计离境时间、境内任职单位名称及税务登记证号码、境内任职单位地址和邮政编码及联系电话、境外派遣单位名称（中、外文）、境外派遣单位地址（中、外文）、支付地（包括境内支付和境外支付）等。

储蓄机构向储户支付的储蓄存款利息所得、证券兑付机构向企业债券持有人兑付的企业债券利息所得和上市公司向股民支付的股息、红利所得，可暂报送以下信息：姓名、身份证照类型及号码、支付的利息（股息、红利）所得、扣缴税款等。

各地应根据这些基础信息和管理工作的要求，制定《个人基础信息登记表》，并要求扣缴义务人填报。

第六条　扣缴义务人在进行初次扣缴申报时，应报送第五条所述个人的基础信息。个人及基础信息发生变化时，扣缴义务人应在次月扣缴申报时，将变更信息报送主管税务机关。

第七条　扣缴义务人在扣缴税款时，应按每个人逐栏逐项填写《扣缴个人所得税报告表》、《支付个人收入明细表》。

《扣缴个人所得税报告表》填写实际缴纳了个人所得税的个人情况。《支付个人收入明细表》填写支付了应税所得，但未达到纳税标准的个人情况。

已实行扣缴申报信息化管理的，可以将《支付个人收入明细表》并入《扣缴个人所得税报告表》。

第八条　扣缴义务人在税法规定的期限内解缴代扣税款时，应向主管税务机关报送《扣缴个人所得税报告表》、《支付个人收入明细表》和个人基础信息。但同时报送有困难的，应最迟在扣缴税款的次月底前报送。

第九条　扣缴义务人应设立代扣代缴个人所得税款备查簿，正确反映扣缴个人所得税情况。

第十条　主管税务机关应严格审核扣缴义务人的扣缴申报资料。对《扣缴个人所得税报告表》和《支付个人收入明细表》没有按每一个人逐栏逐项填写的，或者填写不准确的，应要求扣缴义务人重新填报。

第十一条　扣缴义务人可以直接到税务机关办理扣缴申报，也可以按照规定采取邮寄、数据电文或者其他方式办理扣缴申报。

第十二条　扣缴义务人不能按期报送《扣缴个人所得税报告表》、《支付个人收入明细表》和个人基础信息，需要延期申报的，应按征管法的有关规定办理。

第十三条　扣缴义务人代扣税款时，纳税人要求扣缴义务人开具代扣税款凭证的，扣缴义务人应当开具。扣缴义务人应在开具代扣税款凭证的次月扣缴申报时，将开具代扣税款凭证的底联一并报送主管税务机关。

第十四条　主管税务机关应按照“一户式”管理的要求，对每个扣缴义务人建立档案，其内容包括：

（一）扣缴义务人编码、扣缴义务人名称、登记证照类型、税务登记证号码、电话号码、电子邮件地址、行业、经济类型、单位地址、邮政编码、法定代表人（单位负责人）和财务主管人员姓名及联系电话、税务登记机关、税务登记日期、主管税务机关；

（二）全年的职工人数、纳税人数及汇总的应纳税所得额（按所得项目归类汇总）、免税收入、应纳税额（按所得项目归类汇总）、减免税额、已扣税额、应补（退）税额、滞纳金、罚款等。

第十五条　主管税务机关应以个人身份证照号码或个人纳税编码为标识，归集个人的基础信息、收入及纳税信息，逐人建立个人收入与纳税档案。

第十六条 税务机关应于年度终了3个月内，为已经实行扣缴申报后的个人按其全年实际缴纳的个人所得税额开具《中华人民共和国个人所得税完税证明》。

第十七条 税务机关应根据所掌握的涉税信息，定期对扣缴义务人扣缴申报和个人自行纳税申报的情况进行交叉稽核、分析评估。

第十八条 扣缴义务人未按照规定设置、保管代扣代缴税款账簿或者保管代扣代缴税款记账凭证及有关资料的，依照征管法第六十一条的规定给予相应处罚。

第十九条 扣缴义务人未按照规定的期限向主管税务机关报送《扣缴个人所得税报告表》、《支付个人收入明细表》和个人基础信息等有关情况的，依照征管法第六十二条的规定给予相应处罚。

第二十条 税务机关应依法为扣缴义务人和个人的情况保密。对未为扣缴义务人和个人保密的，对直接负责的主管人员和其他直接责任人员，由所在单位或者有关单位依法给予行政处分。

第二十一条 其他税收违法行为，按照法律、法规的有关规定处理。

第二十二条 税务机关应加强对扣缴义务人和个人的税法宣传、政策辅导和咨询服务。

第二十三条 各省、自治区、直辖市和计划单列市国家税务局、地方税务局可以根据本办法，结合本地实际，制定具体实施办法，并报国家税务总局备案。

第二十四条 本办法由国家税务总局负责解释。

第二十五条 本办法从2006年1月1日起执行。此前规定与本办法有抵触或不一致的，按本办法执行。

【注释】 《个人所得税法实施条例》第37条。

国家税务总局关于个人所得税纳税人纳税申报有关事项的通知

国税发[2005]207号

各省、自治区、直辖市和计划单列市国家税务局、地方税务局：

根据十届全国人大常委会第十八次会议《关于修改〈中华人民共和国个人所得税法〉的决定》和《国务院关于修改〈中华人民共和国个人所得税法实施条例〉的决定》，现就纳税人办理个人所得税纳税申报的有关事项通知如下：

一、纳税人2005年度从中国境内两处或两处以上取得工资、薪金所得和从中国境外取得所得的，以及取得应税所得但没有扣缴义务人的，应按现行有关规定向主管税务机关办理纳税申报。

二、纳税人2005年度所得12万元以上的，除本通知第一条规定的情形外，无需办理纳税申报。已纳入当地税务机关对高收入者管理范围的，按当地税务机关的规定执行。

三、纳税人自2006年1月1日起，当年取得所得12万元以上的，应认真记录各项收入信息，按规定于次年3月底前向主管税务机关申报年度全部所得。

【注释】 《个人所得税法实施条例》第37条。

国家税务总局关于单位为员工支付有关保险缴纳个人所得税问题的批复

国税函[2005]318号

黑龙江省地方税务局：

你局《关于代扣代缴单位为员工支付保险有关缴纳个人所得税问题的请示》(黑地税发[2005]19号)收悉。经研究，现批复如下：

依据《中华人民共和国个人所得税法》及有关规定，对企业为员工支付各项免税之外的保险金，应在企业向保险公司缴付时(即该保险落到被保险人的保险账户)并入员工当期的工资收入，按“工资、薪金所得”项目计征个人所得税，税款由企业负责代扣代缴。

【注释】 《个人所得税法实施条例》第8条。

国家税务总局关于企业为股东个人购买汽车征收个人所得税的批复

国税函[2005]364号

辽宁省地方税务局：

你局《关于企业利用资金为股东个人购买汽车征收个人所得税问题的请示》(辽地税发[2005]19号)收悉。经研究，批复如下：

一、依据《中华人民共和国个人所得税法》以及有关规定，企业购买车辆并将车辆所有权办到股东个人名下，其实质为企业对股东进行了红利性质的实物分配，应按照“利息、股息、红利所得”项目征收个人所得税。考虑到该股东个人名下的车辆同时也为企业经营使用的实际情况，允许合理减除部分所得，减除的具体数额由主管税务机关根据车辆的实际使用情况合理确定。

二、依据《中华人民共和国企业所得税暂行条例》以及有关规定，上述企业为个人股东购买的车辆，不属于企业的资产，不得在企业所得税前扣除折旧。

【注释】《个人所得税法实施条例》第8条。

国家税务总局关于个人兼职和退休人员再任职取得收入如何计算征收个人所得税问题的批复

国税函[2005]382号

厦门市地方税务局：

你局《关于个人兼职和退休人员再任职取得收入如何计算征收个人所得税问题的请示》(厦地税发[2005]34号)收悉。经研究，批复如下：

根据《中华人民共和国个人所得税法》(以下简称个人所得税法)、《国家税务总局关于印发〈征收个人所得税若干问题的规定〉的通知》(国税发[1994]089号)和《国家税务总局关于影视演职人员个人所得税问题的批复》(国税函[1997]385号)的规定精神，个人兼职取得的收入应按照“劳务报酬所得”应税项目缴纳个人所得税；退休人员再任职取得的收入，在减除按个人所得税法规定的费用扣除标准后，按“工资、薪金所得”应税项目缴纳个人所得税。

【注释】《个人所得税法实施条例》第8条。

国家税务总局关于个人因购买和处置债权取得所得征收个人所得税问题的批复

国税函[2005]655号

天津市地方税务局：

你局《关于个人通过购买债权取得的收入如何征收个人所得税问题的请示》(津地税所[2005]4号)收悉。经研究，批复如下：

一、根据《中华人民共和国个人所得税法》及有关规定，个人通过招标、竞拍或其他方式购置债权以后，通过相关司法或行政程序主张债权而取得的所得，应按照“财产转让所得”项目缴纳个人所得税。

二、个人通过上述方式取得“打包”债权，只处置部分债权的，其应纳税所得额按以下方式确定：

(一)以每次处置部分债权的所得，作为一次财产转让所得征税。

(二)其应税收入按照个人取得的货币资产和非货币资产的评估价值或市场价值的合计数确定。

(三)所处置债权成本费用(即财产原值)，按下列公式计算：

$$\text{当次处置债权成本费用}=\text{个人购置“打包”债权实际支出}\times\frac{\text{当次处置债权账面价值(或拍卖机构公布价值)}}{\text{“打包”债权账面价值(或拍卖机构公布价值)}}$$

(四)个人购买和和处置债权过程中发生的拍卖招标手续费、诉讼费、审计评估费以及缴纳的税金等合理税费，在计算个人所得税时允许扣除。

【注释】《个人所得税法实施条例》第8条。

国家税务总局关于纳税人取得不含税全年一次性奖金收入计征个人所得税问题的批复

国税函[2005]715 号

北京市地方税务局：

你局《关于全年一次性奖金单位负担税款计算方法的请示》(京地税个[2005]278 号)收悉。经研究，批复如下：

一、根据《国家税务总局关于印发〈征收个人所得税若干问题的规定〉的通知》(国税发[1994]089 号)第十四条的规定，不含税全年一次性奖金换算为含税奖金计征个人所得税的具体方法为：

(一) 按照不含税的全年一次性奖金收入除以 12 的商数，查找相应适用税率 A 和速算扣除数 A；

(二) 含税的全年一次性奖金收入＝(不含税的全年一次性奖金收入－速算扣除数 A)÷(1－适用税率 A)；

(三) 按含税的全年一次性奖金收入除以 12 的商数，重新查找适用税率 B 和速算扣除数 B；

(四) 应纳税额＝含税的全年一次性奖金收入×适用税率 B－速算扣除数 B。

二、如果纳税人取得不含税全年一次性奖金收入的当月工资薪金所得，低于税法规定的费用扣除额，应先将不含税全年一次性奖金减去当月工资薪金所得低于税法规定费用扣除额的差额部分后，再按照上述第一条规定处理。

三、根据企业所得税和个人所得税的现行规定，企业所得税的纳税人、个人独资和合伙企业、个体工商户为个人支付的个人所得税款，不得在所得税前扣除。

【注释】 《个人所得税法》第 6 条；《国家税务总局关于印发〈征收个人所得税若干问题的规定〉的通知》(国税发[1994]089 号)。

财政部 国家税务总局关于基本养老保险费 基本医疗保险费失业保险费 住房公积金有关个人所得税政策的通知

财税[2006]10 号

各省、自治区、直辖市、计划单列市财政厅(局)、国家税务局、地方税务局，财政部驻各省、自治区、直辖市、计划单列市财政监察专员办事处，新疆生产建设兵团财务局：

根据国务院 2005 年 12 月公布的《中华人民共和国个人所得税法实施条例》有关规定，现对基本养老保险费、基本医疗保险费、失业保险费、住房公积金有关个人所得税政策问题通知如下：

一、企事业单位按照国家或省(自治区、直辖市)人民政府规定的缴费比例或办法实际缴付的基本养老保险费、基本医疗保险费和失业保险费，免征个人所得税；个人按照国家或省(自治区、直辖市)人民政府规定的缴费比例或办法实际缴付的基本养老保险费、基本医疗保险费和失业保险费，允许在个人应纳税所得额中扣除。

企事业单位和个人超过规定的比例和标准缴付的基本养老保险费、基本医疗保险费和失业保险费，应将超过部分并入个人当期的工资、薪金收入，计征个人所得税。

二、根据《住房公积金管理条例》、《建设部 财政部 中国人民银行关于住房公积金管理若干具体问题的指导意见》(建金管[2005]5 号)等规定精神，单位和个人分别在不超过职工本人上一年度月平均工资 12%的幅度内，其实际缴存的住房公积金，允许在个人应纳税所得额中扣除。单位和职工个人缴存住房公积金的月平均工资不得超过职工工作地所在设区城市上一年度职工月平均工资的 3 倍，具体标准按照各地有关规定执行。

单位和个人超过上述规定比例和标准缴付的住房公积金，应将超过部分并入个人当期的工资、薪金收入，计征个人所得税。

三、个人实际领(支)取原提存的基本养老保险金、基本医疗保险金、失业保险金和住房公积金时，免征个人所得税。

四、上述职工工资口径按照国家统计局规定列入工资总额统计的项目计算。

五、各级财政、税务机关要按照依法治税的要求，严格执行本通知的各项规定。对于各地擅自提高上述保险费和住房公积金税前扣除标准的，财政、税务机关应予坚决纠正。

六、本通知发布后，《财政部　国家税务总局关于住房公积金 医疗保险金 养老保险金征收个人所得税问题的通知》(财税字[1997]144号)第一条、第二条和《国家税务总局关于失业保险费(金)征免个人所得税问题的通知》(国税发[2000]83号)同时废止。

【注释】《个人所得税法实施条例》第25条。

国家税务总局关于个人独资企业变更为个体经营户是否享受个人所得税再就业优惠政策的批复

国税函[2006]39号

安徽省地方税务局：

你局《关于芜湖市金百川宾馆能否享受再就业个人所得税税收优惠的请示》(皖地税[2005]160号)收悉。经研究，批复如下：

一、根据《国家税务总局关于下岗失业人员从事个体经营有关税收政策问题的通知》(国税发[2004]93号)的规定，个体经营是指《中共中央国务院关于进一步做好下岗失业人员再就业工作的通知》(中发[2002]12号)下发后，即2002年9月30日以后从无到有建立起来的新办个体经营户。由个人独资企业变更为个体经营户，不符合上述文件精神，不得享受个人所得税再就业优惠政策。

二、自2006年1月1日起，个体经营户可按照《国务院关于进一步加强就业再就业工作的通知》(国发[2005]36号)规定，申请享受个人所得税再就业优惠政策。

【注释】《国家税务总局关于下岗失业人员从事个体经营有关税收政策问题的通知》(国税发[2004]93号)。

财政部　国家税务总局关于调整个体工商户业主个人独资企业和合伙企业投资者个人所得税费用扣除标准的通知

财税[2006]44号

各省、自治区、直辖市、计划单列市财政厅(局)、地方税务局，新疆生产建设兵团财务局：

根据现行个人所得税法及其实施条例和相关政策规定，现对个体工商户业主、个人独资企业和合伙企业投资者个人所得税费用扣除标准问题通知如下：

一、对个体工商户业主、个人独资企业和合伙企业投资者的生产经营所得依法计征个人所得税时，个体工商户业主、个人独资企业和合伙企业投资者本人的费用扣除标准统一确定为19200元/年(1600元/月)。

二、《国家税务总局关于印发〈个体工商户个人所得税计税办法(试行)〉的通知》(国税发[1997]43号)第十三条第一款修改为："个体户业主的费用扣除标准为19200元/年(1600元/月)；从业人员的工资扣除标准，由各省、自治区、直辖市地方税务局根据当地实际情况确定，并报国家税务总局备案。"

三、财政部　国家税务总局《关于印发〈关于个人独资企业和合伙企业投资者征收个人所得税的规定〉的通知》(财税[2000]91号)附件1第六条(一)修改为："投资者的费用扣除标准为19200元/年(1600元/月)。投资者的工资不得在税前扣除。"

本通知自2006年1月1日起执行。

【注释】《个人所得税法实施条例》第17条。

国家税务总局关于个人住房转让所得征收个人所得税有关问题的通知

国税发[2006]108号

各省、自治区、直辖市和计划单列市地方税务局，河北、黑龙江、江苏、浙江、山东、安徽、福建、江西、河南、湖南、广东、广西、重庆、贵州、青海、宁夏、新疆、甘肃省(自治区、直辖市)财政厅(局)，青岛、宁波、厦门市财政局：

《中华人民共和国个人所得税法》及其实施条例规定，个人转让住房，以其转让收入额减除财产原值和合理费用后的余额为应纳税所得额，按照“财产转让所得”项目缴纳个人所得税。之后，根据我国经济形势发展需要，《财政部　国家税务总局　建设部关于个人出售住房所得征收个人所得税有关问题的通知》(财税字[1999]278号)对个人转让住房的个人所得税应纳税所得额计算和换购住房的个人所得税有关问题做了具体规定。目前，在征收个人转让住房的个人所得税中，各地又反映出一些需要进一步明确的问题。为完善制度，加强征管，根据个人所得税法和税收征收管理法的有关规定精神，现就有关问题通知如下：

一、对住房转让所得征收个人所得税时，以实际成交价格为转让收入。纳税人申报的住房成交价格明显低于市场价格且无正当理由的，征收机关依法有权根据有关信息核定其转让收入，但必须保证各税种计税价格一致。

二、对转让住房收入计算个人所得税应纳税所得额时，纳税人可凭原购房合同、发票等有效凭证，经税务机关审核后，允许从其转让收入中减除房屋原值、转让住房过程中缴纳的税金及有关合理费用。

(一) 房屋原值具体为：

1. 商品房：购置该房屋时实际支付的房价款及交纳的相关税费。

2. 自建住房：实际发生的建造费用及建造和取得产权时实际交纳的相关税费。

3. 经济适用房(含集资合作建房、安居工程住房)：原购房人实际支付的房价款及相关税费，以及按规定交纳的土地出让金。

4. 已购公有住房：原购公有住房标准面积按当地经济适用房价格计算的房价款，加上原购公有住房超标准面积实际支付的房价款以及按规定向财政部门(或原产权单位)交纳的所得收益及相关税费。

已购公有住房是指城镇职工根据国家和县级(含县级)以上人民政府有关城镇住房制度改革政策规定，按照成本价(或标准价)购买的公有住房。

经济适用房价格按县级(含县级)以上地方人民政府规定的标准确定。

5. 城镇拆迁安置住房：根据《城市房屋拆迁管理条例》(国务院令第305号)和《建设部关于印发〈城市房屋拆迁估价指导意见〉的通知》(建住房[2003]234号)等有关规定，其原值分别为：

(1) 房屋拆迁取得货币补偿后购置房屋的，为购置该房屋实际支付的房价款及交纳的相关税费；

(2) 房屋拆迁采取产权调换方式的，所调换房屋原值为《房屋拆迁补偿安置协议》注明的价款及交纳的相关税费；

(3) 房屋拆迁采取产权调换方式，被拆迁人除取得所调换房屋，又取得部分货币补偿的，所调换房屋原值为《房屋拆迁补偿安置协议》注明的价款和交纳的相关税费，减去货币补偿后的余额；

(4) 房屋拆迁采取产权调换方式，被拆迁人取得所调换房屋，又支付部分货币的，所调换房屋原值为《房屋拆迁补偿安置协议》注明的价款，加上所支付的货币及交纳的相关税费。

(二) 转让住房过程中缴纳的税金是指：纳税人在转让住房时实际缴纳的营业税、城市维护建设税、教育费附加、土地增值税、印花税等税金。

(三) 合理费用是指：纳税人按照规定实际支付的住房装修费用、住房贷款利息、手续费、公证费等费用。

1. 支付的住房装修费用。纳税人能提供实际支付装修费用的税务统一发票，并且发票上所列付款人姓名与转让房屋产权人一致的，经税务机关审核，其转让的住房在转让前实际发生的装修费用，可在以下规定比例内扣除：

(1) 已购公有住房、经济适用房：最高扣除限额为房屋原值的15%；

(2) 商品房及其他住房：最高扣除限额为房屋原值的10%。

纳税人原购房为装修房，即合同注明房价款中含有装修费(铺装了地板，装配了洁具、厨具等)的，不得再重复扣除装修费用。

2. 支付的住房贷款利息。纳税人出售以按揭贷款方式购置的住房的，其向贷款银行实际支付的住房贷款利息，凭贷款银行出具的有效证明据实扣除。

3. 纳税人按照有关规定实际支付的手续费、公证费等，凭有关部门出具的有效证明据实扣除。

本条规定自2006年8月1日起执行。

三、纳税人未提供完整、准确的房屋原值凭证，不能正确计算房屋原值和应纳税额的，税务机关可根据《中华人民共和国税收征收管理法》第三十五条的规定，对其实行核定征税，即按纳税人住房转让收入的一定比例核定应纳个人所得税额。具体比例由省级地方税务局或者省级地方税务局授权的地市级地方税务局根据纳税人出售住房的所处区域、地理位置、建造时间、房屋类型、住房平均价格水平等因素，在住房转让收入1%—3%的幅度内确定。

四、各级税务机关要严格执行《国家税务总局关于进一步加强房地产税收管理的通知》(国税发[2005]82号)和《国家税务总局关于实施房地产税收一体化管理若干具体问题的通知》(国税发[2005]156号)的规定。为方便出售住房的个人依法履行纳税义务，加强税收征管，主管税务机关要在房地产交易场所设置税收征收窗口，个人转让住房应缴纳的个人所得税，应与转让环节应缴纳的营业税、契税、土地增值税等税收一并办理；地方税务机关暂没有条件在房地产交易场所设置税收征收窗口的，应委托契税征收部门一并征收个人所得税等税收。

五、各级税务机关要认真落实有关住房转让个人所得税优惠政策。按照《财政部　国家税务总局 建设部关于个人出售住房所得征收个人所得税有关问题的通知》(财税字[1999]278号)的规定，对出售自有住房并拟在现住房出售1年内按市场价重新购房的纳税人，其出售现住房所缴纳的个人所得税，先以纳税保证金形式缴纳，再视其重新购房的金额与原住房销售额的关系，全部或部分退还纳税保证金；对个人转让自用5年以上，并且是家庭唯一生活用房取得的所得，免征个人所得税。要不折不扣地执行上述优惠政策，确保维护纳税人的合法权益。

六、各级税务机关要做好住房转让的个人所得税纳税保证金收取、退还和有关管理工作。要按照《财政部　国家税务总局 建设部关于个人出售住房所得征收个人所得税有关问题的通知》(财税字[1999]278号)和《国家税务总局 财政部 中国人民银行关于印发〈税务代保管资金账户管理办法〉的通知》(国税发[2005]181号)要求，按规定建立个人所得税纳税保证金专户，为缴纳纳税保证金的纳税人建立档案，加强对纳税保证金信息的采集、比对、审核；向纳税人宣传解释纳税保证金的征收、退还政策及程序；认真做好纳税保证金退还事宜，符合条件的确保及时办理。

七、各级税务机关要认真宣传和落实有关税收政策，维护纳税人的各项合法权益。一是要持续、广泛地宣传个人所得税法及有关税收政策，加强对纳税人和征收人员如何缴纳住房交易所得个人所得税的纳税辅导；二是要加强与房地产管理部门、中介机构的协调、沟通，充分发挥中介机构协税护税作用，促使其协助纳税人准确计算税款；三是严格执行住房交易所得的减免税条件和审批程序，明确纳税人应报送的有关资料，做好涉税资料审查鉴定工作；四是对于符合减免税政策的个人住房交易所得，要及时办理减免税审批手续。

【注释】 《个人所得税法》第6条。

国家税务总局关于印发《个人所得税自行纳税申报办法(试行)》的通知

国税发[2006]162号

个人所得税自行纳税申报办法(试行)

第一章　总　　则

第一条　为进一步加强个人所得税征收管理，保障国家税收收入，维护纳税人的合法权益，方便纳税人自行纳税申报，规范自行纳税申报行为，根据《中华人民共和国个人所得税法》(以下简称个人所得税法)及其实施条例、《中华人民共和国税收征收管理法》(以下简称税收征管法)及其实施细则和其他法律、法规的有关规定，制定本办法。

第二条　凡依据个人所得税法负有纳税义务的纳税人，有下列情形之一的，应当按照本办法的规定办理纳税申报：

(一) 年所得12万元以上的；

(二) 从中国境内两处或者两处以上取得工资、薪金所得的；

(三) 从中国境外取得所得的；

（四）取得应税所得，没有扣缴义务人的；

（五）国务院规定的其他情形。

第三条　本办法第二条第一项年所得12万元以上的纳税人，无论取得的各项所得是否已足额缴纳了个人所得税，均应当按照本办法的规定，于纳税年度终了后向主管税务机关办理纳税申报。

本办法第二条第二项至第四项情形的纳税人，均应当按照本办法的规定，于取得所得后向主管税务机关办理纳税申报。

本办法第二条第五项情形的纳税人，其纳税申报办法根据具体情形另行规定。

第四条　本办法第二条第一项所称年所得12万元以上的纳税人，不包括在中国境内无住所，且在一个纳税年度中在中国境内居住不满1年的个人。

本办法第二条第三项所称从中国境外取得所得的纳税人，是指在中国境内有住所，或者无住所而在一个纳税年度中在中国境内居住满1年的个人。

第二章　申报内容

第五条　年所得12万元以上的纳税人，在纳税年度终了后，应当填写《个人所得税纳税申报表（适用于年所得12万元以上的纳税人申报）》（见附表1），并在办理纳税申报时报送主管税务机关，同时报送个人有效身份证件复印件，以及主管税务机关要求报送的其他有关资料。

有效身份证件，包括纳税人的身份证、护照、回乡证、军人身份证件等。

第六条　本办法所称年所得12万元以上，是指纳税人在一个纳税年度取得以下各项所得的合计数额达到12万元：

（一）工资、薪金所得；

（二）个体工商户的生产、经营所得；

（三）对企事业单位的承包经营、承租经营所得；

（四）劳务报酬所得；

（五）稿酬所得；

（六）特许权使用费所得；

（七）利息、股息、红利所得；

（八）财产租赁所得；

（九）财产转让所得；

（十）偶然所得；

（十一）经国务院财政部门确定征税的其他所得。

第七条　本办法第六条规定的所得不含以下所得：

（一）个人所得税法第四条第一项至第九项规定的免税所得，即：

1. 省级人民政府、国务院部委、中国人民解放军军以上单位，以及外国组织、国际组织颁发的科学、教育、技术、文化、卫生、体育、环境保护等方面的奖金；

2. 国债和国家发行的金融债券利息；

3. 按照国家统一规定发给的补贴、津贴，即个人所得税法实施条例第十三条规定的按照国务院规定发放的政府特殊津贴、院士津贴、资深院士津贴以及国务院规定免纳个人所得税的其他补贴、津贴；

4. 福利费、抚恤金、救济金；

5. 保险赔款；

6. 军人的转业费、复员费；

7. 按照国家统一规定发给干部、职工的安家费、退职费、退休工资、离休工资、离休生活补助费；

8. 依照我国有关法律规定应予免税的各国驻华使馆、领事馆的外交代表、领事官员和其他人员的所得；

9. 中国政府参加的国际公约、签订的协议中规定免税的所得。

（二）个人所得税法实施条例第六条规定可以免税的来源于中国境外的所得。

（三）个人所得税法实施条例第二十五条规定的按照国家规定单位为个人缴付和个人缴付的基本养老保险费、基本医疗保险费、失业保险费、住房公积金。

第八条 本办法第六条所指各项所得的年所得按照下列方法计算：

（一）工资、薪金所得，按照未减除费用（每月 1600 元）及附加减除费用（每月 3200 元）的收入额计算。

（二）个体工商户的生产、经营所得，按照应纳税所得额计算。实行查账征收的，按照每一纳税年度的收入总额减除成本、费用以及损失后的余额计算；实行定期定额征收的，按照纳税人自行申报的年度应纳税所得额计算，或者按照其自行申报的年度应纳税经营额乘以应税所得率计算。

（三）对企事业单位的承包经营、承租经营所得，按照每一纳税年度的收入总额计算，即按照承包经营、承租经营者实际取得的经营利润，加上从承包、承租的企事业单位中取得的工资、薪金性质的所得计算。

（四）劳务报酬所得，稿酬所得，特许权使用费所得，按照未减除费用（每次 800 元或者每次收入的 20%）的收入额计算。

（五）财产租赁所得，按照未减除费用（每次 800 元或者每次收入的 20%）和修缮费用的收入额计算。

（六）财产转让所得，按照应纳税所得额计算，即按照以转让财产的收入额减除财产原值和转让财产过程中缴纳的税金及有关合理费用后的余额计算。

（七）利息、股息、红利所得，偶然所得和其他所得，按照收入额全额计算。

第九条 纳税人取得本办法第二条第二项至第四项所得，应当按规定填写并向主管税务机关报送相应的纳税申报表（见附表 2—附表 9），同时报送主管税务机关要求报送的其他有关资料。

第三章 申报地点

第十条 年所得 12 万元以上的纳税人，纳税申报地点分别为：

（一）在中国境内有任职、受雇单位的，向任职、受雇单位所在地主管税务机关申报。

（二）在中国境内有两处或者两处以上任职、受雇单位的，选择并固定向其中一处单位所在地主管税务机关申报。

（三）在中国境内无任职、受雇单位，年所得项目中有个体工商户的生产、经营所得或者对企事业单位的承包经营、承租经营所得（以下统称生产、经营所得）的，向其中一处实际经营所在地主管税务机关申报。

（四）在中国境内无任职、受雇单位，年所得项目中无生产、经营所得的，向户籍所在地主管税务机关申报。在中国境内有户籍，但户籍所在地与中国境内经常居住地不一致的，选择并固定向其中一地主管税务机关申报。在中国境内没有户籍的，向中国境内经常居住地主管税务机关申报。

第十一条 取得本办法第二条第二项至第四项所得的纳税人，纳税申报地点分别为：

（一）从两处或者两处以上取得工资、薪金所得的，选择并固定向其中一处单位所在地主管税务机关申报。

（二）从中国境外取得所得的，向中国境内户籍所在地主管税务机关申报。在中国境内有户籍，但户籍所在地与中国境内经常居住地不一致的，选择并固定向其中一地主管税务机关申报。在中国境内没有户籍的，向中国境内经常居住地主管税务机关申报。

（三）个体工商户向实际经营所在地主管税务机关申报。

（四）个人独资、合伙企业投资者兴办两个或两个以上企业的，区分不同情形确定纳税申报地点：

1. 兴办的企业全部是个人独资性质的，分别向各企业的实际经营管理所在地主管税务机关申报。

2. 兴办的企业中含有合伙性质的，向经常居住地主管税务机关申报。

3. 兴办的企业中含有合伙性质，个人投资者经常居住地与其兴办企业的经营管理所在地不一致的，选择并固定向其参与兴办的某一合伙企业的经营管理所在地主管税务机关申报。

（五）除以上情形外，纳税人应当向取得所得所在地主管税务机关申报。

第十二条 纳税人不得随意变更纳税申报地点，因特殊情况变更纳税申报地点的，须报原主管税务机关备案。

第十三条 本办法第十一条第四项第三目规定的纳税申报地点，除特殊情况外，5 年以内不得变更。

第十四条 本办法所称经常居住地，是指纳税人离开户籍所在地最后连续居住一年以上的地方。

第四章 申报期限

第十五条 年所得 12 万元以上的纳税人，在纳税年度终了后 3 个月内向主管税务机关办理纳税申报。

第十六条 个体工商户和个人独资、合伙企业投资者取得的生产、经营所得应纳的税款，分月预缴的，纳税人在每月终了后 7 日内办理纳税申报；分季预缴的，纳税人在每个季度终了后 7 日内办理纳税申报。

纳税年度终了后，纳税人在 3 个月内进行汇算清缴。

第十七条 纳税人年终一次性取得对企事业单位的承包经营、承租经营所得的，自取得所得之日起 30 日内办理纳税申报；在 1 个纳税年度内分次取得承包经营、承租经营所得的，在每次取得所得后的次月 7 日内申报预缴，纳税年度终了后 3 个月内汇算清缴。

第十八条 从中国境外取得所得的纳税人，在纳税年度终了后 30 日内向中国境内主管税务机关办理纳税申报。

第十九条 除本办法第十五条至第十八条规定的情形外，纳税人取得其他各项所得须申报纳税的，在取得所得的次月 7 日内向主管税务机关办理纳税申报。

第二十条 纳税人不能按照规定的期限办理纳税申报，需要延期的，按照税收征管法第二十七条和税收征管法实施细则第三十七条的规定办理。

第五章 申报方式

第二十一条 纳税人可以采取数据电文、邮寄等方式申报，也可以直接到主管税务机关申报，或者采取符合主管税务机关规定的其他方式申报。

第二十二条 纳税人采取数据电文方式申报的，应当按照税务机关规定的期限和要求保存有关纸质资料。

第二十三条 纳税人采取邮寄方式申报的，以邮政部门挂号信函收据作为申报凭据，以寄出的邮戳日期为实际申报日期。

第二十四条 纳税人可以委托有税务代理资质的中介机构或者他人代为办理纳税申报。

第六章 申报管理

第二十五条 主管税务机关应当将各类申报表，登载到税务机关的网站上，或者摆放到税务机关受理纳税申报的办税服务厅，免费供纳税人随时下载或取用。

第二十六条 主管税务机关应当在每年法定申报期间，通过适当方式，提醒年所得 12 万元以上的纳税人办理自行纳税申报。

第二十七条 受理纳税申报的主管税务机关根据纳税人的申报情况，按照规定办理税款的征、补、退、抵手续。

第二十八条 主管税务机关按照规定为已经办理纳税申报并缴纳税款的纳税人开具完税凭证。

第二十九条 税务机关依法为纳税人的纳税申报信息保密。

第三十条 纳税人变更纳税申报地点，并报原主管税务机关备案的，原主管税务机关应当及时将纳税人变更纳税申报地点的信息传递给新的主管税务机关。

第三十一条 主管税务机关对已办理纳税申报的纳税人建立纳税档案，实施动态管理。

第七章 法律责任

第三十二条 纳税人未按照规定的期限办理纳税申报和报送纳税资料的，依照税收征管法第六十二条的规定处理。

第三十三条 纳税人采取伪造、变造、隐匿、擅自销毁账簿、记账凭证，或者在账簿上多列支出或者不列、少列收入，或者经税务机关通知申报而拒不申报或者进行虚假的纳税申报，不缴或者少缴应纳税款的，依照税收征管法第六十三条的规定处理。

第三十四条 纳税人编造虚假计税依据的，依照税收征管法第六十四条第一款的规定处理。

第三十五条 纳税人有扣缴义务人支付的应税所得，扣缴义务人应扣未扣、应收未收税款的，依照税收征管法第六十九条的规定处理。

第三十六条 税务人员徇私舞弊或者玩忽职守，不征或者少征应征税款的，依照税收征管法第八十二条第一款的规定处理。

第三十七条 税务人员滥用职权，故意刁难纳税人的，依照税收征管法第八十二条第二款的规定处理。

第三十八条 税务机关和税务人员未依法为纳税人保密的，依照税收征管法第八十七条的规定处理。

第三十九条 税务代理人违反税收法律、行政法规，造成纳税人未缴或者少缴税款的，依照税收征管法实施细则第九十八条的规定处理。

第四十条 其他税收违法行为，依照税收法律、法规的有关规定处理。

第八章 附 则

第四十一条 纳税申报表由各省、自治区、直辖市和计划单列市地方税务局按照国家税务总局规定的式样统一印制。

第四十二条 纳税申报的其他事项,依照税收征管法、个人所得税法及其他有关法律、法规的规定执行。

第四十三条 本办法第二条第一项年所得12万元以上情形的纳税申报,按照第十届全国人民代表大会常务委员会第十八次会议通过的《关于修改〈中华人民共和国个人所得税法〉的决定》规定的施行时间,自2006年1月1日起执行。

第四十四条 本办法有关第二条第二项至第四项情形的纳税申报规定,自2007年1月1日起执行,《国家税务总局关于印发〈个人所得税自行申报纳税暂行办法〉的通知》(国税发[1995]077号)同时废止。

【注释】《个人所得税法实施条例》第36条。补充规定:《国家税务总局关于明确年所得12万元以上自行纳税申报口径的通知》(国税函[2006]1200号)。

国家税务总局关于个体工商户定期定额征收管理有关问题的通知

国税发[2006]183号

各省、自治区、直辖市和计划单列市国家税务局、地方税务局:

国家税务总局令(第16号)发布的《个体工商户税收定期定额征收管理办法》(以下简称《办法》)将于2007年1月1日开始施行。为了有利于征纳双方准确理解和全面贯彻落实《办法》,现将有关问题明确如下:

一、《办法》第二条所称的"经营数量",是指从量计征的货物数量。

二、对虽设置账簿,但账目混乱或成本资料、收入凭证、费用凭证残缺不全,难以查账的个体工商户,税务机关可以实行定期定额征收。

三、个人所得税附征率应当按照法律、行政法规的规定和当地实际情况,分地域、行业进行换算。

个人所得税可以按照换算后的附征率,依据增值税、消费税、营业税的计税依据实行附征。

四、核定定额的有关问题:

(一)定期定额户应当自行申报经营情况,对未按照规定期限自行申报的,税务机关可以不经过自行申报程序,按照《办法》第七条规定的方法核定其定额。

(二)税务机关核定定额可以到定期定额户生产、经营场所,对其自行申报的内容进行核实。

(三)运用个体工商户定额核定管理系统的,在采集有关数据时,应当由两名以上税务人员参加。

(四)税务机关不得委托其他单位核定定额。

五、新开业的个体工商户,在未接到税务机关送达的《核定定额通知书》前,应当按月向税务机关办理纳税申报,并缴纳税款。

六、对未达到起征点定期定额户的管理:

(一)税务机关应当按照核定程序核定其定额。对未达起征点的定期定额户,税务机关应当送达《未达起征点通知书》。

(二)未达到起征点的定期定额户月实际经营额达到起征点,应当在纳税期限内办理纳税申报手续,并缴纳税款。

(三)未达到起征点的定期定额户连续三个月达到起征点,应当向税务机关申报,提请重新核定定额。税务机关应当按照《办法》有关规定重新核定定额,并下达《核定定额通知书》。

七、定期定额户委托银行或其他金融机构划缴税款的,其账户内存款数额,应当足以缴纳当期税款。为保证税款及时入库,其存款入账的时间不得影响银行或其他金融机构在纳税期限内将其税款划缴入库。

八、定期定额户在定额执行期结束后,应当将该期每月实际发生经营额、所得额向税务机关申报(以下简称分月汇总申报),申报额超过定额的,税务机关按照申报额所应缴纳的税款减去已缴纳税款的差额补缴税款。

九、《办法》第二十条"……或者当期发生的经营额、所得额超过定额一定幅度……"中的"当期",是指定额执行期内所有纳税期。

十、滞纳金的有关问题：

（一）定期定额户在定额执行期届满分月汇总申报时，月申报额高于定额又低于省税务机关规定申报幅度的应纳税款，在规定的期限内申报纳税不加收滞纳金。

（二）对实行简并征期的定期定额户，其按照定额所应缴纳的税款在规定的期限内申报纳税不加收滞纳金。

十一、实行简并征期的定期定额户，在简并征期结束后应当办理分月汇总申报。

十二、定期定额户的经营额、所得额连续纳税期超过或低于定额一定幅度的，应当提请税务机关重新核定定额。具体幅度由省税务机关确定。

十三、定期定额户注销税务登记，应当向税务机关进行分月汇总申报并缴清税款。其停业是否分月汇总申报由主管税务机关确定。

【注释】《个体工商户税收定期定额征收管理办法》（国家税务总局令第 16 号）。

国家税务总局关于保险营销员取得佣金收入征免个人所得税问题的通知

国税函［2006］454 号

各省、自治区、直辖市和计划单列市地方税务局：

由于目前保险市场同业竞争激烈，保险营销员的营销费用有所增加，现行规定已不能使展业成本得到完全扣除。为促进保险事业发展，合理调整保险营销员的税收负担，现通知如下：

一、根据保监会《关于明确保险营销员佣金构成的通知》（保监发［2006］48 号）的规定，保险营销员的佣金由展业成本和劳务报酬构成。按照税法规定，对佣金中的展业成本，不征收个人所得税；对劳务报酬部分，扣除实际缴纳的营业税金及附加后，依照税法有关规定计算征收个人所得税。

根据目前保险营销员展业的实际情况，佣金中展业成本的比例暂定为 40%。

二、各级税务机关要严格按照税法及上述规定计征税款，不得擅自扩大政策的适用范围、口径和标准，不得执行违反国家统一规定的政策。

三、本通知自 2006 年 6 月 1 日起执行，《国家税务总局关于保险营销员（非雇员）取得的收入计征个人所得税问题的通知》（国税发［1998］13 号）第二、三、五条和《国家税务总局关于保险营销员取得收入征收个人所得税有关问题的通知》（国税发［2002］98 号）同时废止。

【注释】《个人所得税法》第 6 条。

国家税务总局关于酒店产权式经营业主税收问题的批复

国税函［2006］478 号

深圳市地方税务局：

你局《关于大梅沙海景酒店产权式经营业主税收问题的请示》（深地税发［2006］192 号）收悉。经研究，现就有关税收处理问题批复如下：

酒店产权式经营业主（以下简称业主）在约定的时间内提供房产使用权与酒店进行合作经营，如房产产权并未归属新的经济实体，业主按照约定取得的固定收入和分红收入均应视为租金收入，根据有关税收法律、行政法规的规定，应按照“服务业—租赁业”征收营业税，按照财产租赁所得项目征收个人所得税。

【注释】《个人所得税法实施条例》第 8 条。

国家税务总局关于个人股权转让过程中取得违约金收入征收个人所得税问题的批复

国税函［2006］866 号

四川省地方税务局：

你局《关于股权转让取得违约金收入如何征收个人所得税问题的请示》（川地税发［2006］48 号）收悉。

经研究,批复如下:

根据《中华人民共和国个人所得税法》的有关规定,股权成功转让后,转让方个人因受让方个人未按规定期限支付价款而取得的违约金收入,属于因财产转让而产生的收入。转让方个人取得的该违约金应并入财产转让收入,按照“财产转让所得”项目计算缴纳个人所得税,税款由取得所得的转让方个人向主管税务机关自行申报缴纳。

【注释】《个人所得税法实施条例》第8条。

国家税务总局关于个人股票期权所得缴纳个人所得税有关问题的补充通知

国税函[2006]902号

各省、自治区、直辖市和计划单列市地方税务局:

关于员工取得股票期权所得有关个人所得税处理问题,《财政部国家税务总局关于个人股票期权所得征收个人所得税问题的通知》(财税[2005]35号)已经做出规定。现就有关执行问题补充通知如下:

一、员工接受雇主(含上市公司和非上市公司)授予的股票期权,凡该股票期权指定的股票为上市公司(含境内、外上市公司)股票的,均应按照财税[2005]35号文件进行税务处理。

二、财税[2005]35号文件第二条第(二)项所述“股票期权的转让净收入”,一般是指股票期权转让收入。如果员工以折价购入方式取得股票期权的,可以股票期权转让收入扣除折价购入股票期权时实际支付的价款后的余额,作为股票期权的转让净收入。

三、财税[2005]35号文件第二条第(二)项公式中所述“员工取得该股票期权支付的每股施权价”,一般是指员工行使股票期权购买股票实际支付的每股价格。如果员工以折价购入方式取得股票期权的,上述施权价可包括员工折价购入股票期权时实际支付的价格。

四、凡取得股票期权的员工在行权日不实际买卖股票,而按行权日股票期权所指定股票的市场价与施权价之间的差额,直接从授权企业取得价差收益的,该项价差收益应作为员工取得的股票期权形式的工资薪金所得,按照财税[2005]35号文件的有关规定计算缴纳个人所得税。

五、在确定员工取得股票期权所得的来源地时,按照财税[2005]35号文件第三条规定需划分境、内外工作期间月份数。该境、内外工作期间月份总数是指员工按企业股票期权计划规定,在可行权以前须履行工作义务的月份总数。

六、部分股票期权在授权时即约定可以转让,且在境内或境外存在公开市场及挂牌价格(以下称可公开交易的股票期权)。员工接受该可公开交易的股票期权时,应作为财税[2005]35号文件第二条第(一)项所述的另有规定情形,按以下规定进行税务处理:

(一)员工取得可公开交易的股票期权,属于员工已实际取得有确定价值的财产,应按授权日股票期权的市场价格,作为员工授权日所在月份的工资薪金所得,并按财税[2005]35号文件第四条第(一)项规定计算缴纳个人所得税。如果员工以折价购入方式取得股票期权的,可以授权日股票期权的市场价格扣除折价购入股票期权时实际支付的价款后的余额,作为授权日所在月份的工资薪金所得。

(二)员工取得上述可公开交易的股票期权后,转让该股票期权所取得的所得,属于财产转让所得,按财税[2005]35号文件第四条第(二)项规定进行税务处理。

(三)员工取得本条第(一)项所述可公开交易的股票期权后,实际行使该股票期权购买股票时,不再计算缴纳个人所得税。

七、员工以在一个公历月份中取得的股票期权形式工资薪金所得为一次。员工在一个纳税年度中多次取得股票期权形式工资薪金所得的,其在该纳税年度内首次取得股票期权形式的工资薪金所得应按财税[2005]35号文件第四条第(一)项规定的公式计算应纳税款;本年度内以后每次取得股票期权形式的工资薪金所得,应按以下公式计算应纳税款:

$$\text{应纳税款}=\left(\frac{\text{本纳税年度内取得的股票期权形式工资薪金所得累计应纳税所得额}}{\text{规定月份数}}\times\text{适用税率}-\text{速算扣除数}\right)\times\text{规定月份数}-\text{本纳税年度内股票期权形式的工资薪金所得累计已纳税款}$$

上款公式中的本纳税年度内取得的股票期权形式工资薪金所得累计应纳税所得额,包括本次及本次以前各次取得的股票期权形式工资薪金所得应纳税所得额;上款公式中的规定月份数,是指员工取得来源于中国境内的股票期权形式工资薪金所得的境内工作期间月份数，长于12个月的，按12个月计算；上款公式中的适用税率和速算扣除数，以本纳税年度内取得的股票期权形式工资薪金所得累计应纳税所得额除以规定月份数后的商数，对照《国家税务总局关于印发〈征收个人所得税若干问题的规定〉的通知》(国税发[1994]089号)所附税率表确定；上款公式中的本纳税年度内股票期权形式的工资薪金所得累计已纳税款，不含本次股票期权形式的工资薪金所得应纳税款。

八、员工多次取得或者一次取得多项来源于中国境内的股票期权形式工资薪金所得，而且各次或各项股票期权形式工资薪金所得的境内工作期间月份数不相同的，以境内工作期间月份数的加权平均数为财税[2005]35号文件第四条第(一)项规定公式和本通知第七条规定公式中的规定月份数，但最长不超过12个月，计算公式如下：

$$\text{规定月份数}=\frac{\sum\text{各次或各项股票期权形式工资薪金应纳税所得额与该次或该项所得境内工作期间月份数的乘积}}{\sum\text{各次或各项股票期权形式工资薪金应纳税所得额}}$$

抄送：各省、自治区、直辖市和计划单列市国家税务局。

【注释】 《个人所得税法》第6条。

国家税务总局关于明确年所得12万元以上自行纳税申报口径的通知

国税函[2006]1200号

各省、自治区、直辖市和计划单列市地方税务局，西藏、宁夏回族自治区国家税务局：

《国家税务总局关于印发〈个人所得税自行纳税申报办法(试行)〉的通知》(国税发[2006]162号，以下简称《办法》)下发后，部分地区要求进一步明确年所得12万元以上的所得计算口径。现就有关问题通知如下：

一、年所得12万元以上的纳税人，除按照《办法》第六条、第七条、第八条规定计算年所得以外，还应同时按以下规定计算年所得数额：

(一) 劳务报酬所得、特许权使用费所得。不得减除纳税人在提供劳务或让渡特许权使用权过程中缴纳的有关税费。

(二) 财产租赁所得。不得减除纳税人在出租财产过程中缴纳的有关税费；对于纳税人一次取得跨年度财产租赁所得的，全部视为实际取得所得年度的所得。

(三) 个人转让房屋所得。采取核定征收个人所得税的，按照实际征收率(1%、2%、3%)分别换算为应税所得率(5%、10%、15%)，据此计算年所得。

(四) 个人储蓄存款利息所得、企业债券利息所得。全部视为纳税人实际取得所得年度的所得。

(五) 对个体工商户、个人独资企业投资者，按照征收率核定个人所得税的，将征收率换算为应税所得率，据此计算应纳税所得额。

合伙企业投资者按照上述方法确定应纳税所得额后，合伙人应根据合伙协议规定的分配比例确定其应纳税所得额，合伙协议未规定分配比例的，按合伙人数平均分配确定其应纳税所得额。对于同时参与两个以上企业投资的，合伙人应将其投资所有企业的应纳税所得额相加后的总额作为年所得。

(六) 股票转让所得。以一个纳税年度内，个人股票转让所得与损失盈亏相抵后的正数为申报所得数额，盈亏相抵为负数的，此项所得按"零"填写。

二、上述年所得计算口径主要是为了方便纳税人履行自行申报义务，仅适用于个人年所得12万元以上的年度自行申报，不适用于个人计算缴纳税款。各级税务机关要向社会广泛宣传解释12万元以上自行申报年所得的计算口径。

三、按照《办法》第二十四条规定："纳税人可以委托有税务代理资质的中介机构或者他人代为办理纳税申报"。年所得12万元以上的纳税人，在自愿委托有税务代理资质的中介机构(以下简称中介机构)、扣缴义务人或其他个人代为办理自行纳税申报时，应当签订委托办理个人所得税自行纳税申报协议(合同)，同时，纳税人还应将其纳税年度内所有应税所得项目、所得额、税额等，告知受托人，由受托人将其各项所得合并后进行申报，并附报委托协议(合同)。

税务机关受理中介机构、扣缴义务人或其他个人代为办理的自行申报时，应审核纳税人与受托人签订的委托申报协议(合同),凡不能提供委托申报协议(合同)的,不得受理其代为办理的自行申报。

【注释】《国家税务总局关于印发〈个人所得税自行纳税申报办法(试行)〉的通知》(国税发[2006]162号)。

财政部　国家税务总局关于单位低价向职工售房有关个人所得税问题的通知

财税[2007]13号

各省、自治区、直辖市、计划单列市财政厅(局)、地方税务局:

近日部分地区来文反映,一些企事业单位将自建住房以低于购置或建造成本价格销售给职工,对此是否征收个人所得税希望予以明确。经研究,现对有关政策问题的处理明确如下:

一、根据住房制度改革政策的有关规定,国家机关、企事业单位及其他组织(以下简称单位)在住房制度改革期间,按照所在地县级以上人民政府规定的房改成本价格向职工出售公有住房,职工因支付的房改成本价格低于房屋建造成本价格或市场价格而取得的差价收益,免征个人所得税。

二、除本通知第一条规定情形外,根据《中华人民共和国个人所得税法》及其实施条例的有关规定,单位按低于购置或建造成本价格出售住房给职工,职工因此而少支出的差价部分,属于个人所得税应税所得,应按照"工资、薪金所得"项目缴纳个人所得税。

前款所称差价部分,是指职工实际支付的购房价款低于该房屋的购置或建造成本价格的差额。

三、对职工取得的上述应税所得,比照《国家税务总局关于调整个人取得全年一次性奖金等计算征收个人所得税方法问题的通知》(国税发[2005]9号)规定的全年一次性奖金的征税办法,计算征收个人所得税,即先将全部所得数额除以12,按其商数并根据个人所得税法规定的税率表确定适用的税率和速算扣除数,再根据全部所得数额、适用的税率和速算扣除数,按照税法规定计算征税。

四、本通知自印发之日起执行。此前未征税款不再追征,已征税款不予退还。

【注释】《个人所得税法》第6条。

财政部　国家税务总局关于宣传文化所得税优惠政策的通知

财税[2007]24号

各省、自治区、直辖市、计划单列市财政厅(局)、国家税务局、地方税务局,新疆生产建设兵团财务局:

为继续支持我国宣传文化事业的发展,现将有关所得税政策明确如下:

一、对企事业单位、社会团体按照《捐赠法》的规定,通过中国境内非营利性的社会团体、国家机关向科普单位的捐赠,符合《中华人民共和国企业所得税暂行条例实施细则》(财法字[1994]3号)第十二条规定的,在年度应纳税所得额的10%以内的部分,准予扣除。

二、自2006年1月1日起至2010年12月31日,对企事业单位、社会团体和个人等社会力量通过国家批准成立的非营利性的公益组织或国家机关对宣传文化事业的公益性捐赠,经税务机关审核后,纳税人缴纳企业所得税时,在其年度应纳税所得额10%以内的部分,可在计算应纳税所得额时予以扣除;纳税人缴纳个人所得税时,捐赠额未超过纳税人申报的应纳税所得额30%的部分,可从其应纳税所得额中扣除。

三、对宣传文化企事业单位按照《财政部　国家税务总局关于宣传文化增值税和营业税优惠政策的通知》(财税[2006]153号)有关规定取得的增值税先征后退收入和免征增值税、营业税收入,不计入其应纳税所得额,并实行专户管理,专项用于新技术、新兴媒体和重点出版物的引进和开发以及发行网点和信息系统建设。

四、本通知所述科普单位,是指按照《科技部 财政部国家税务总局 海关总署 新闻出版总署关于印发〈科普税收优惠政策实施办法〉的通知》(国科发改字[2003]416号)的有关规定认定的科技馆,自然博物馆,对公众开放的天文馆(台、站)、气象台(站)、地震台(站),以及高等院校和科研机构对公众开放的科普基地等。

五、本通知所述宣传文化事业的公益性捐赠,其范围为:

1. 对国家重点交响乐团、芭蕾舞团、歌剧团、京剧团和其他民族艺术表演团体的捐赠。

2. 对公益性的图书馆、博物馆、科技馆、美术馆、革命历史纪念馆的捐赠。

3. 对重点文物保护单位的捐赠。

4. 对文化行政管理部门所属的非生产经营性的文化馆或群众艺术馆接受的社会公益性活动、项目和文化设施等方面的捐赠。

上述国家重点艺术表演团体和重点文物保护单位的认定办法由文化部和国家文物局会同财政部、国家税务总局及有关行业行政主管部门另行制订。

六、本通知自 2006 年 1 月 1 日起执行。此前规定与本通知规定不一致的,按本通知规定执行。

【注释】《个人所得税法实施条例》第 24 条。

财政部 国家税务总局关于个人取得有奖发票奖金征免个人所得税问题的通知

财税[2007]34 号

各省、自治区、直辖市、计划单列市财政厅(局)、地方税务局,新疆生产建设兵团财务局:

为促进有奖发票的使用和推广,鼓励单位和个人依法开具发票,规范发票管理,现就个人取得有奖发票奖金征免个人所得税问题通知如下:

一、个人取得单张有奖发票奖金所得不超过 800 元(含 800 元)的,暂免征收个人所得税;个人取得单张有奖发票奖金所得超过 800 元的,应全额按照个人所得税法规定的"偶然所得"目征收个人所得税。

二、税务机关或其指定的有奖发票兑奖机构,是有奖发票奖金所得个人所得税的扣缴义务人,应依法认真做好个人所得税代扣代缴工作。

【注释】《个人所得税法》第 4 条。

国家税务总局关于加强和规范个人取得拍卖收入征收个人所得税有关问题的通知

国税发[2007]38 号

各省、自治区、直辖市和计划单列市地方税务局,宁夏、西藏自治区国家税务局:

据部分地区反映,对于个人通过拍卖市场拍卖各种财产(包括字画、瓷器、玉器、珠宝、邮品、钱币、古籍、古董等物品)的所得征收个人所得税有关规定不够细化,为增强可操作性,需进一步完善规范。为此,根据《中华人民共和国个人所得税法》及其实施条例和《中华人民共和国税收征收管理法》及其实施细则规定,现通知如下:

一、个人通过拍卖市场拍卖个人财产,对其取得所得按以下规定征税:

(一)根据《国家税务总局关于印发〈征收个人所得税若干问题的规定〉的通知》(国税发[1994]089 号),作者将自己的文字作品手稿原件或复印件拍卖取得的所得,应以其转让收入额减除 800 元(转让收入额 4000 元以下)或者 20%(转让收入额 4000 元以上)后的余额为应纳税所得额,按照"特许权使用费"所得项目适用 20%税率缴纳个人所得税。

(二)个人拍卖除文字作品原稿及复印件外的其他财产,应以其转让收入额减除财产原值和合理费用后的余额为应纳税所得额,按照"财产转让所得"项目适用 20%税率缴纳个人所得税。

二、对个人财产拍卖所得征收个人所得税时,以该项财产最终拍卖成交价格为其转让收入额。

三、个人财产拍卖所得适用"财产转让所得"项目计算应纳税所得额时,纳税人凭合法有效凭证(税务机关监制的正式发票、相关境外交易单据或海关报关单据、完税证明等),从其转让收入额中减除相应的财产原值、拍卖财产过程中缴纳的税金及有关合理费用。

(一)财产原值,是指售出方个人取得该拍卖品的价格(以合法有效凭证为准)。具体为:

1. 通过商店、画廊等途径购买的,为购买该拍卖品时实际支付的价款;

2. 通过拍卖行拍得的,为拍得该拍卖品实际支付的价款及交纳的相关税费;

3. 通过祖传收藏的,为其收藏该拍卖品而发生的费用;

4. 通过赠送取得的,为其受赠该拍卖品时发生的相关税费;

5. 通过其他形式取得的，参照以上原则确定财产原值。

（二）拍卖财产过程中缴纳的税金，是指在拍卖财产时纳税人实际缴纳的相关税金及附加。

（三）有关合理费用，是指拍卖财产时纳税人按照规定实际支付的拍卖费（佣金）、鉴定费、评估费、图录费、证书费等费用。

四、纳税人如不能提供合法、完整、准确的财产原值凭证，不能正确计算财产原值的，按转让收入额的3%征收率计算缴纳个人所得税；拍卖品为经文物部门认定是海外回流文物的，按转让收入额的2%征收率计算缴纳个人所得税。

五、纳税人的财产原值凭证内容填写不规范，或者一份财产原值凭证包括多件拍卖品且无法确认每件拍卖品一一对应的原值的，不得将其作为扣除财产原值的计算依据，应视为不能提供合法、完整、准确的财产原值凭证，并按上述规定的征收率计算缴纳个人所得税。

六、纳税人能够提供合法、完整、准确的财产原值凭证，但不能提供有关税费凭证的，不得按征收率计算纳税，应当就财产原值凭证上注明的金额据实扣除，并按照税法规定计算缴纳个人所得税。

七、个人财产拍卖所得应纳的个人所得税税款，由拍卖单位负责代扣代缴，并按规定向拍卖单位所在地主管税务机关办理纳税申报。

八、拍卖单位代扣代缴个人财产拍卖所得应纳的个人所得税税款时，应给纳税人填开完税凭证，并详细标明每件拍卖品的名称、拍卖成交价格、扣缴税款额。

九、主管税务机关应加强对个人财产拍卖所得的税收征管工作，在拍卖单位举行拍卖活动期间派工作人员进入拍卖现场，了解拍卖的有关情况，宣传辅导有关税收政策，审核鉴定原值凭证和费用凭证，督促拍卖单位依法代扣代缴个人所得税。

十、本通知自5月1日起执行。《国家税务总局关于书画作品、古玩等拍卖收入征收个人所得税有关问题的通知》（国税发[1997]154号）同时废止。

【注释】《个人所得税法》第6条。

国家税务总局关于取消促进科技成果转化暂不征收个人所得税审核权有关问题的通知

国税函[2007]833号

各省、自治区、直辖市和计划单列市地方税务局，宁夏、西藏自治区国家税务局：

根据国务院关于行政审批制度改革工作要求，现对取消促进科技成果转化暂不征收个人所得税审核权的有关问题通知如下：

一、《国家税务总局关于促进科技成果转化有关个人所得税问题的通知》（国税发[1999]125号）规定，科研机构、高等学校转化职务科技成果以股份或出资比例等股权形式给予个人奖励，经主管税务机关审核后，暂不征收个人所得税。此项审核权自2007年8月1日起停止执行。

二、取消上述审核权后，主管税务机关应加强科研机构、高等学校转化职务科技成果以股份或出资比例等股权形式给予个人奖励暂不征收个人所得税的管理。

（一）将职务科技成果转化为股份、投资比例的科研机构、高等学校或者获奖人员，应在授（获）奖后30日内，向主管税务机关提交相关部门出具的《出资入股高新技术成果认定书》、技术成果价值评估报告和确认书，以及奖励的其他相关详细资料。

（二）主管税务机关应对科研机构、高等学校或者获奖人员提供的上述材料认真核对确认，并将其归入纳税人和扣缴义务人的"一户式"档案，一并动态管理。

（三）主管税务机关应对获奖人员建立电子台账（条件不具备的可建立纸质台账），及时登记奖励相关信息和股权转让等信息，具体包括授奖单位、获奖人员的姓名、获奖金额、获奖时间、职务转化股权数量或者出资比例，股权转让情况等信息，并根据获奖人员股权或者出资比例变动情况，及时更新电子台账和纸质台帐，加强管理。

（四）主管税务机关要加强对有关科研机构、高等学校或者获奖人员的日常检查，及时掌握奖励和股权转让等相关信息，防止出现管理漏洞。

三、科研机构、高等学校和获奖人不能提供上述资料，或者报送虚假资料，故意隐瞒有关情况的，获奖人不得享受暂不征收个人所得税的优惠政策，税务机关应按照税收征管法的有关规定对报送虚假资料，故意隐瞒有关情况的科研机构、高等学校和获奖人进行处理。

【注释】《国家税务总局关于促进科技成果转化有关个人所得税问题的通知》(国税发[1999]125 号)。

国家税务总局关于在中国境内担任董事或高层管理职务无住所个人计算个人所得税适用公式的批复

国税函[2007]946 号

青岛市地方税务局：

你局《关于担任中国境内董事或高层管理职务的外籍个人计算个人所得税适用公式问题的请示》(青地税发[2006]132 号)收悉。批复如下：

一、在中国境内无住所的个人担任中国境内企业的董事或高层管理人员(以下称企业高管人员)，同时兼任中国境内、外的职务，其从中国境内、外收取的当月全部报酬不能合理地归属为境内或境外工作报酬的，应分别按照下列公式计算缴纳其工资薪金所得应纳的个人所得税：

$$\text{应纳税额}=\left[\begin{array}{c}\text{当月境内外工资薪}\\\text{金应纳税所得额}\end{array}\times\text{适用税率}-\text{速算扣除数}\right]\times\frac{\text{当月境内支付工资}}{\text{当月境内外支付工资总额}}$$

(一) 无税收协定(安排)适用的企业高管人员，在一个纳税年度中在中国境内连续或累计居住不超过 90 天，或者按税收协定(安排)规定应认定为对方税收居民，但按税收协定(安排)及《国家税务总局关于在中国境内无住所的个人执行税收协定和个人所得税法若干问题的通知》(国税发[2004]97 号)第四条的有关规定应适用税收协定(安排)董事费条款的企业高管人员，在税收协定(安排)规定的期间在中国境内连续或累计居住不超过 183 天，均应按照《国家税务总局关于在中国境内无住所的个人取得工资薪金所得纳税义务问题的通知》(国税发[1994]148 号)第二条和第五条规定确定纳税义务，无论其在中国境内或境外的工作期间长短，可不适用国税发[2004]97 号第三条第一款第(三)项规定的公式，而按下列公式计算其取得的工资薪金所得应纳的个人所得税：

(二) 下列企业高管人员仍应按照国税发[2004]97 号第三条第一款第(三)项规定的公式，计算其取得的工资薪金所得应纳的个人所得税。

1. 无税收协定(安排)适用，或按税收协定(安排)规定应认定为我方税收居民的企业高管人员，在一个纳税年度在中国境内连续或累计居住超过 90 天，但按《财政部 国家税务总局关于在华无住所的个人如何计算在华居住满五年问题的通知》(财税字[1995]098 号)的有关规定，在中国境内连续居住不满五年的。

2. 按税收协定(安排)规定应认定为对方税收居民，但按税收协定(安排)及国税发[2004]97 号第四条的有关规定应适用税收协定(安排)董事费条款的企业高管人员，在税收协定规定的期间在中国境内连续或累计居住超过 183 天的。

(三) 无税收协定(安排)适用，或按税收协定(安排)应认定为我方税收居民的企业高管人员，在按财税字[1995]098 号的有关规定构成在中国境内连续居住满五年后的纳税年度中，仍在中国境内居住满一年的，应按下列公式计算其取得的工资薪金所得应纳的个人所得税：

$$\text{应纳税额}=\text{当月境内外的工资薪金应纳税所得额}\times\text{适用税率}-\text{速算扣除数}$$

二、如果本批复第一条所述各类人员取得的是日工资或者不满一个月工资，应按照国税发[1994]148 号文件第六条第二款和国税发[2004]97 号文件第三条第二款的规定换算为月工资后，再按照本批复第一条规定的适用公式计算其应纳税额。

【注释】《个人所得税法》第 6 条。

国家税务总局关于个人取得房屋拍卖收入征收个人所得税问题的批复

国税函[2007]1145 号

广东省地方税务局：

你局《关于个人取得房屋拍卖收入适用个人所得税征收率问题的请示》(粤地税发[2007]131 号)收悉。

经研究，批复如下：

根据《国家税务总局关于加强和规范个人取得拍卖收入征收个人所得税有关问题的通知》(国税发[2007]38号)和《国家税务总局关于个人住房转让所得征收个人所得税有关问题的通知》(国税发[2006]108号)规定精神，个人通过拍卖市场取得的房屋拍卖收入在计征个人所得税时，其房屋原值应按照纳税人提供的合法、完整、准确的凭证予以扣除；不能提供完整、准确的房屋原值凭证，不能正确计算房屋原值和应纳税额的，统一按转让收入全额的3%计算缴纳个人所得税。

为方便纳税人依法履行纳税义务和税务机关加强税收征管，纳税人应比照国税发[2006]108号文件第四条的有关规定，在房屋拍卖后缴纳营业税、契税、土地增值税等税收的同时，一并申报缴纳个人所得税。

【注释】《个人所得税法》第6条。

国家税务总局关于个人所得税工资薪金所得减除费用标准政策衔接问题的通知

国税发[2008]20号

各省、自治区、直辖市和计划单列市地方税务局，西藏、宁夏、青海省(自治区)国家税务局：

根据《中华人民共和国主席令》(第八十五号)公布的《全国人民代表大会常务委员会关于修改〈中华人民共和国个人所得税法〉的决定》(2007年12月29日第十届全国人民代表大会常务委员会第三十一次会议通过)，自2008年3月1日起，个人所得税工资、薪金所得减除费用标准从每月1600元提高到每月2000元。现就工资、薪金所得计算缴纳个人所得税的政策衔接问题通知如下：

一、"自2008年3月1日起施行"是指从2008年3月1日(含)起，纳税人实际取得的工资、薪金所得，应适用每月2000元的减除费用标准，计算缴纳个人所得税。

二、纳税人2008年3月1日前实际取得的工资、薪金所得，无论税款是否在2008年3月1日以后入库，均应适用每月1600元的减除费用标准，计算缴纳个人所得税。

三、各级地方税务机关要加强上述政策衔接的宣传解释工作，指导扣缴义务人正确理解政策精神，切实做好个人所得税的代扣代缴工作。

财政部　国家税务总局关于廉租住房经济适用住房和住房租赁有关税收政策的通知

财税[2008]24号

各省、自治区、直辖市、计划单列市财政厅(局)、国家税务局、地方税务局，新疆生产建设兵团财务局：

为贯彻落实《国务院关于解决城市低收入家庭住房困难的若干意见》(国发[2007]24号)精神，促进廉租住房、经济适用住房制度建设和住房租赁市场的健康发展，经国务院批准，现将有关税收政策通知如下：

一、支持廉租住房、经济适用住房建设的税收政策

(一)对廉租住房经营管理单位按照政府规定价格、向规定保障对象出租廉租住房的租金收入，免征营业税、房产税。

(二)对廉租住房、经济适用住房建设用地以及廉租住房经营管理单位按照政府规定价格、向规定保障对象出租的廉租住房用地，免征城镇土地使用税。

开发商在经济适用住房、商品住房项目中配套建造廉租住房，在商品住房项目中配套建造经济适用住房，如能提供政府部门出具的相关材料，可按廉租住房、经济适用住房建筑面积占总建筑面积的比例免征开发商应缴纳的城镇土地使用税。

(三)企事业单位、社会团体以及其他组织转让旧房作为廉租住房、经济适用住房房源且增值额未超过扣除项目金额20%的，免征土地增值税。

(四)对廉租住房、经济适用住房经营管理单位与廉租住房、经济适用住房相关的印花税以及廉租住房承租人、经济适用住房购买人涉及的印花税予以免征。

开发商在经济适用住房、商品住房项目中配套建造廉租住房，在商品住房项目中配套建造经济适用住房，如能提供政府部门出具的相关材料，可按廉租住房、经济适用住房建筑面积占总建筑面积的比例免征开发商应缴纳的印花税。

（五）对廉租住房经营管理单位购买住房作为廉租住房、经济适用住房经营管理单位回购经济适用住房继续作为经济适用住房房源的，免征契税。

（六）对个人购买经济适用住房，在法定税率基础上减半征收契税。

（七）对个人按《廉租住房保障办法》（建设部等9部委令第162号）规定取得的廉租住房货币补贴，免征个人所得税；对于所在单位以廉租住房名义发放的不符合规定的补贴，应征收个人所得税。

（八）企事业单位、社会团体以及其他组织于2008年1月1日前捐赠住房作为廉租住房的，按《中华人民共和国企业所得税暂行条例》（国务院令第137号）、《中华人民共和国外商投资企业和外国企业所得税法》有关公益性捐赠政策执行；2008年1月1日后捐赠的，按《中华人民共和国企业所得税法》有关公益性捐赠政策执行。个人捐赠住房作为廉租住房的，捐赠额未超过其申报的应纳税所得额30%的部分，准予从其应纳税所得额中扣除。

廉租住房、经济适用住房、廉租住房承租人、经济适用住房购买人以及廉租住房租金、货币补贴标准等须符合国发[2007]24号文件及《廉租住房保障办法》（建设部等9部委令第162号）、《经济适用住房管理办法》（建住房[2007]258号）的规定；廉租住房、经济适用住房经营管理单位为县级以上人民政府主办或确定的单位。

二、支持住房租赁市场发展的税收政策

（一）对个人出租住房取得的所得减按10%的税率征收个人所得税。

（二）对个人出租、承租住房签订的租赁合同，免征印花税。

（三）对个人出租住房，不区分用途，在3%税率的基础上减半征收营业税，按4%的税率征收房产税，免征城镇土地使用税。

（四）对企事业单位、社会团体以及其他组织按市场价格向个人出租用于居住的住房，减按4%的税率征收房产税。

上述与廉租住房、经济适用住房相关的新的优惠政策自2007年8月1日起执行，文到之日前已征税款在以后应缴税款中抵减。与住房租赁相关的新的优惠政策自2008年3月1日起执行。其他政策仍按现行规定继续执行。

各地要严格执行税收政策，加强管理，对执行过程中发现的问题，及时上报财政部、国家税务总局。

特此通知。

财政部　国家税务总局关于生育津贴和生育医疗费有关个人所得税政策的通知

各省、自治区、直辖市、计划单列市财政厅（局）、地方税务局，新疆生产建设兵团财务局：

根据《中华人民共和国个人所得税法》有关规定，经国务院批准，现就生育津贴和生育医疗费有关个人所得税政策通知如下：

一、生育妇女按照县级以上人民政府根据国家有关规定制定的生育保险办法，取得的生育津贴、生育医疗费或其他属于生育保险性质的津贴、补贴，免征个人所得税。

二、上述规定自发文之日起执行。

国家税务总局关于个人所得税代扣代缴软件技术支持服务有关问题的通告

国家税务总局通告2008年第1号

为做好纳税人服务工作，确保个人所得税管理系统的推行与应用，国家税务总局就个人所得税代扣代缴软件的技术支持服务事宜通告如下：

一、个人所得税代扣代缴软件由税务总局开发，免费提供给代扣代缴义务人使用，税务总局负责该软件的升级维护工作。

二、税务总局百望呼叫中心已开通个人所得税代扣代缴软件的远程服务热线。

电话号码：010－62466669

服务内容：软件操作咨询，问题解答，软件存在问题建议的收集与整理，服务质量投诉受理等。

服务对象：全国范围使用税务总局个人所得税代扣代缴软件的代扣代缴义务人，税务总局不收取代扣代缴义务人任何服务费用。

服务时间：人工电话为周一至周五8时至12时、13时至17时(法定节假日除外)，其他时间自动语音服务。

三、个人所得税代扣代缴软件、补丁及相关资料可从各地主管税务机关获取，也可登录百望呼叫技术支持网站(网址:)下载。

特此通告。

财政部　国家税务总局关于认真落实抗震救灾及灾后重建税收政策问题的通知

财税[2008]62号

各省、自治区、直辖市、计划单列市财政厅(局)、国家税务局、地方税务局：

随着抗震救灾工作的不断深入，灾后重建工作也将陆续展开。为贯彻落实好党中央、国务院关于抗震救灾工作的重要指示精神，积极支持受灾地区做好抗震救灾及灾后重建工作，现就有关税收政策问题通知如下：

各级财政税务机关要将支持抗震救灾和灾后重建工作作为当前一项十分紧迫的重要任务，采取有效措施，认真贯彻落实好现行税收法律、法规中可以适用于抗震救灾及灾后重建的有关税收优惠政策。主要包括：

一、企业所得税

(一)企业实际发生的因地震灾害造成的财产损失，准予在计算应纳税所得额时扣除。

(二)企业发生的公益性捐赠支出，按企业所得税法及其实施条例的规定在计算应纳税所得额时扣除。

二、个人所得税

(一)因地震灾害造成重大损失的个人，可减征个人所得税。具体减征幅度和期限由受灾地区省、自治区、直辖市人民政府确定。

(二)对受灾地区个人取得的抚恤金、救济金，免征个人所得税。

(三)个人将其所得向地震灾区的捐赠，按照个人所得税法的有关规定从应纳税所得中扣除。

三、房产税

(一)经有关部门鉴定，对毁损不堪居住和使用的房屋和危险房屋，在停止使用后，可免征房产税。

(二)房屋大修停用在半年以上的，在大修期间免征房产税，免征税额由纳税人在申报缴纳房产税时自行计算扣除，并在申报表附表或备注栏中作相应说明。

四、契税

因地震灾害灭失住房而重新购买住房的，准予减征或者免征契税，具体的减免办法由受灾地区省级人民政府制定。

五、资源税

纳税人开采或者生产应税产品过程中，因地震灾害遭受重大损失的，由受灾地区省、自治区、直辖市人民政府决定减征或免征资源税。

六、城镇土地使用税

纳税人因地震灾害造成严重损失，缴纳确有困难的，可依法申请定期减免城镇土地使用税。

七、车船税

已完税的车船因地震灾害报废、灭失的，纳税人可申请退还自报废、灭失月份起至本年度终了期间的税款。

八、进出口税收

对外国政府、民间团体、企业、个人等向我国境内受灾地区捐赠的物资，包括食品、生活必需品、药品、抢救工具等，免征进口环节税收。

九、现行税收法律、法规中适用于抗震救灾及灾后重建的其他税收政策。

国家税务总局关于个人向地震灾区捐赠有关个人所得税征管问题的通知

国税发［2008］55号

各省、自治区、直辖市和计划单列市地方税务局，西藏、宁夏、青海省（自治区）国家税务局：

根据《中华人民共和国个人所得税法》及其实施条例和有关规定，现就个人向“5.12”地震灾区（以下简称灾区）捐赠涉及的个人所得税征管问题通知如下：

一、个人通过扣缴单位统一向灾区的捐赠，由扣缴单位凭政府机关或非营利组织开具的汇总捐赠凭据、扣缴单位记载的个人捐赠明细表等，由扣缴单位在代扣代缴税款时，依法据实扣除。

二、个人直接通过政府机关、非营利组织向灾区的捐赠，采取扣缴方式纳税的，捐赠人应及时向扣缴单位出示政府机关、非营利组织开具的捐赠凭据，由扣缴单位在代扣代缴税款时，依法据实扣除；个人自行申报纳税的，税务机关凭政府机关、非营利组织开具的接受捐赠凭据，依法据实扣除。

三、扣缴单位在向税务机关进行个人所得税全员全额扣缴申报时，应一并报送由政府机关或非营利组织开具的汇总接受捐赠凭据（复印件）、所在单位每个纳税人的捐赠总额和当期扣除的捐赠额。

四、各级税务机关应本着鼓励纳税人捐赠的精神，在加强对捐赠扣除管理的同时，通过各种媒体广泛宣传捐赠扣除的政策、方法、程序，提供优质纳税服务，方便扣缴单位和纳税人具体操作。

国家税务总局关于中国共产党党员交纳抗震救灾“特殊党费”在个人所得税前扣除问题的通知

国税发［2008］60号

各省、自治区、直辖市和计划单列市地方税务局，西藏、宁夏、青海省（自治区）国家税务局：

“5.12”四川汶川特大地震发生后，广大党员响应党组织的号召，以“特殊党费”的形式积极向灾区捐款。党员个人通过党组织交纳的抗震救灾“特殊党费”，属于对公益、救济事业的捐赠。党员个人的该项捐赠额，可以按照个人所得税法及其实施条例的规定，依法在缴纳个人所得税前扣除。

财政部　国家税务总局关于调整个体工商户个人独资企业和合伙企业个人所得税税前扣除标准有关问题的通知

财税［2008］65号

各省、自治区、直辖市、计划单列市财政厅（局）、地方税务局，西藏、宁夏、青海省（自治区）国家税务局，新疆生产建设兵团财务局：

根据现行个人所得税法及其实施条例和相关政策规定，现将个体工商户、个人独资企业和合伙企业个人所得税税前扣除标准有关问题通知如下：

一、对个体工商户业主、个人独资企业和合伙企业投资者的生产经营所得依法计征个人所得税时，个体工商户业主、个人独资企业和合伙企业投资者本人的费用扣除标准统一确定为24000元/年（2000元/月）。

二、个体工商户、个人独资企业和合伙企业向其从业人员实际支付的合理的工资、薪金支出，允许在税前据实扣除。

三、个体工商户、个人独资企业和合伙企业拨缴的工会经费、发生的职工福利费、职工教育经费支出分别在工资薪金总额2%、14%、2.5%的标准内据实扣除。

四、个体工商户、个人独资企业和合伙企业每一纳税年度发生的广告费和业务宣传费用不超过当年销售(营业)收入15%的部分,可据实扣除;超过部分,准予在以后纳税年度结转扣除。

五、个体工商户、个人独资企业和合伙企业每一纳税年度发生的与其生产经营业务直接相关的业务招待费支出,按照发生额的60%扣除,但最高不得超过当年销售(营业)收入的5‰。

六、上述第一条规定自2008年3月1日起执行,第二、三、四、五条规定自2008年1月1日起执行。

七、《国家税务总局关于印发〈个体工商户个人所得税计税办法(试行)〉的通知》(国税发[1997]43号)第十三条第一款、第二十九条根据上述规定作相应修改;增加一条作为第三十条:"个体工商户拨缴的工会经费、发生的职工福利费、职工教育经费支出分别在工资薪金总额2%、14%、2.5%的标准内据实扣除。"同时对条文的顺序作相应调整。

《财政部　国家税务总局关于印发〈关于个人独资企业和合伙企业投资者征收个人所得税的规定〉的通知》(财税[2000]91号)附件1第六条第(一)、(二)、(五)、(六)、(七)项根据上述规定作相应修改。

《财政部　国家税务总局关于调整个体工商户业主个人独资企业和合伙企业投资者个人所得税费用扣除标准的通知》(财税[2006]44号)停止执行。

财政部　国家税务总局关于企业为个人购买房屋或其他财产征收个人所得税问题的批复

江苏省财政厅、地方税务局:

江苏省地税局《关于以企业资金为个人购房是否征收个人所得税问题的请示》(苏地税发[2007]11号)收悉。经研究,批复如下:

一、根据《中华人民共和国个人所得税法》和《财政部　国家税务总局关于规范个人投资者个人所得税征收管理的通知》(财税[2003]158号)的有关规定,符合以下情形的房屋或其他财产,不论所有权人是否将财产无偿或有偿交付企业使用,其实质均为企业对个人进行了实物性质的分配,应依法计征个人所得税。

(一)企业出资购买房屋及其他财产,将所有权登记为投资者个人、投资者家庭成员或企业其他人员的;

(二)企业投资者个人、投资者家庭成员或企业其他人员向企业借款用于购买房屋及其他财产,将所有权登记为投资者、投资者家庭成员或企业其他人员,且借款年度终了后未归还借款的。

二、对个人独资企业、合伙企业的个人投资者或其家庭成员取得的上述所得,视为企业对个人投资者的利润分配,按照"个体工商户的生产、经营所得"项目计征个人所得税;对除个人独资企业、合伙企业以外其他企业的个人投资者或其家庭成员取得的上述所得,视为企业对个人投资者的红利分配,按照"利息、股息、红利所得项目计征个人所得税;对企业其他人员取得的上述所得,按照"工资、薪金所得项目计征个人所得税。

国家税务总局关于个人与房地产开发企业签订有条件优惠价格协议购买商店征收个人所得税问题的批复

国税函[2008]576号

福建省地方税务局:

你局《关于个人与房地产开发企业签订有条件价格优惠协议购买商店征收个人所得税问题的请示》(闽地税发[2008]67号)收悉。经研究,批复如下:

房地产开发企业与商店购买者个人签订协议规定,房地产开发企业按优惠价格出售其开发的商店给购买者个人,但购买者个人在一定期限内必须将购买的商店无偿提供给房地产开发企业对外出租使用。其实质是购买者个人以所购商店交由房地产开发企业出租而取得的房屋租赁收入支付了部分购房价款。

根据个人所得税法的有关规定精神,对上述情形的购买者个人少支出的购房价款,应视同个人财产租赁所得,按照"财产租赁所得"项目征收个人所得税。每次财产租赁所得的收入额,按照少支出的购房价款和协议规定的租赁月份数平均计算确定。

国务院关于支持汶川地震灾后恢复重建政策措施的意见

国发[2008]21号

各省、自治区、直辖市人民政府，国务院各部委、各直属机构：

汶川特大地震给四川、甘肃、陕西等地人民生命财产和经济社会发展造成重大损失。为支持和帮助受灾地区积极开展生产自救，重建家园，鼓励和引导社会各方面力量参与灾后恢复重建工作，使地震灾区早日恢复正常的生产生活秩序，现就支持汶川地震灾后恢复重建有关政策措施提出以下意见：

一、指导思想和基本原则

（一）指导思想。

以邓小平理论和"三个代表"重要思想为指导，深入贯彻落实科学发展观，坚持以人为本，充分发挥社会主义制度集中力量办大事的政治优势，举全国之力支持地震灾后恢复重建，统筹规划、精心组织，明确政策、加强保障，突出重点、分类指导，努力争取灾后恢复重建的最大效益和最好效果，让灾区人民满意，让全国人民满意。

（二）基本原则。

1. 全面支持，突出重点。政策措施支持范围覆盖灾后恢复生产和重建的各方面，同时重点支持城乡居民倒塌毁损住房、公共服务设施和基础设施等恢复重建。

2. 统筹协调，形成合力。综合运用财政、税收、金融、产业、就业等各类政策，统筹协调中央和地方各项财政投入、对口支援、国内银行贷款等资金，引导使用好各类捐赠资金，使政策安排、资金投入及重建规划相互衔接，有机配合，形成合力。

3. 因地制宜，分类指导。根据受灾程度、恢复重建对象的不同，实行分类支持。对受灾严重地区给予重点支持；对公共服务设施和公益性基础设施恢复重建，以政府投入为主，社会捐赠等其他投入为辅；对工商等企业恢复生产和重建，运用市场机制，以企业生产自救为主，国家给予财税等政策支持，带动银行信贷资金投入。

4. 立足自救，各方帮扶。贯彻一方有难、八方支援，自力更生、艰苦奋斗的方针，把国家支持、社会援助和生产自救结合起来，调动和发挥受灾地区干部群众等各方面的积极性，立足自力更生，加快恢复重建。

5. 加大力度，简便易行。根据受灾地区损失严重、恢复重建任务艰巨等特殊情况，依法加大政策措施支持的力度和针对性，同时做到科学简明，便于操作，容易执行。

二、政策措施的主要内容

（一）中央财政建立地震灾后恢复重建基金。

为支持受灾地区恢复重建，统筹和引导各类资金，中央财政建立地震灾后恢复重建基金。所需资金以中央一般预算收入安排为主，中央国有资本经营预算收入、车购税专项收入、中央彩票公益金、中央分成的新增建设用地有偿使用费用于灾后重建的资金也列入基金。2008年中央财政安排灾后恢复重建基金700亿元，明、后两年继续做相应安排。同时调整经常性预算安排的有关专项资金使用结构，向受灾地区倾斜。

在加大中央财政投入的同时，要统筹使用好受灾地区财政投入、对口支援、国内银行贷款以及国际组织贷款等资金，引导各类捐赠资金合理配置、规范使用，提高资金使用效益。受灾地区主要是四川省财政比照中央财政做法，相应建立地震灾后恢复重建基金。

（二）财政支出政策。

中央财政地震灾后恢复重建基金支出，按照"统筹安排、突出重点、分类指导、包干使用"的原则，采取对居民个人补助、项目投资补助、企业资本金注入、贷款贴息等方式，对城乡居民倒塌毁损住房、公共服务设施、基础设施恢复重建以及工农业恢复生产和重建等给予支持。

1. 倒塌毁损民房恢复重建。对房屋倒塌或严重损坏、无房可住的农户住房建设，中央财政原则上按平均每户1万元的标准给予补助；对其他损房的农户给予适当补助。

对房屋倒塌或严重损坏的城镇居民和其他城镇无房可住居民（包括中央在受灾地区的机关、企事业单位职工）住房建设，中央财政采取对项目投资补助、居民个人补助等方式给予支持。受灾地区根据实际情况，可组织建设安居房出售或出租给符合条件的家庭；由政府投资建设适量廉租住房按照低租金出租给符合条件的家庭；对居民购买各类住房（包括安居房）或其他方式自行解决住房的，每户按一定标准给予补助。对城镇居民住房经鉴定需除险加固的，给予适当补助。

2. 公共服务设施恢复重建。对教育、卫生、基层政权等公共服务设施，恢复重建资金原则上由中央和受灾地区财政按比例负担，其中中央垂直管理部门（含直属事业单位）由中央财政负担。同时，对口支援和社会捐赠资金要优先用于教育、卫生等公共服务设施建设。

3. 工商企业恢复生产和重建。中央财政对国资委管理的中央国有重点骨干企业恢复生产和重建，采取按因灾毁损恢复重建投资的一定比例注入资本金或贷款贴息方式给予支持。其中，注入资本金资金从中央国有资本经营预算收入中安排。

中央财政对中央军工企事业单位恢复生产和重建，通过项目投资补助或贷款贴息给予支持。

对地方工商、旅游等企业恢复生产和重建，除中央财政对受灾严重地区的重点行业给予贷款贴息支持外，原则上由地方负责统筹考虑资金支持办法。鼓励地方政府通过财政注资等方式，支持受灾严重地区地方法人金融机构恢复重建。

4. 农业、林业恢复生产和重建。中央财政对种子、种苗、种畜等农业生产资料、土地整理以及受损农田水利设施、规模化种养殖棚舍池、良种繁育设施、农林推广和服务基础设施、森林防火设施、受损林木和农林业病疫情控制等，采取项目投资补助、贷款贴息等方式给予适当支持。中央财政增加扶贫贷款贴息资金。

5. 基础设施恢复重建。中央财政重点对破坏严重需整体重建或搬迁的非经营性城镇市政设施给予项目投资补助；对经营性或有收费（收入）来源的城镇市政设施恢复重建给予贷款贴息。

中央财政对交通基础设施恢复重建采取项目投资补助、贷款贴息等方式给予支持。其中公路包括受损国道、省道及桥梁、涵洞、县乡公路，所需资金以车购税专项收入调剂安排为主，中央一般预算收入适当安排为辅。

中央财政对受损水库结合病险水库除险加固工程给予投资补助；对受灾严重地区的其他水利设施给予适当支持。

6. 其他恢复重建。中央财政对震后地质灾害治理、环保监测设施等给予项目投资补助。

（三）税收政策。

促进企业尽快恢复生产：

1. 自 2008 年 7 月 1 日起，对受灾严重地区实行增值税扩大抵扣范围政策，允许企业新购进机器设备所含的增值税进项税额予以抵扣。国家限制发展的特定行业除外。

2. 对受灾严重地区损失严重的企业，免征 2008 年度企业所得税；对受灾地区企业取得的救灾款项以及与抗震救灾有关的减免税收入，免征企业所得税。

3. 对受灾地区企业、单位或支援受灾地区重建的企业、单位进口国内不能满足供应并直接用于灾后重建的大宗物资、设备等，在三年内给予进口税收优惠。

减轻个人税收负担：

对受灾地区个人取得的各级政府发放的救灾款项、接受捐赠的款项；对抗震救灾一线人员，按照地方各级政府及其部门规定标准取得的与抗震救灾有关的补贴收入，免征个人所得税。

支持受灾地区基础设施、房屋建筑物等恢复重建：

1. 由政府为受灾居民组织建设的安居房免征城镇土地使用税，转让时免征土地增值税。

2. 对地震中住房倒塌的农民重建住房的，在规定标准内的部分免征耕地占用税。

3. 由政府组织建设的安居房，所签订的建筑安装、销售、租赁合同，免征印花税。

4. 对在地震中损毁的应缴而未缴契税的居民住房，不再征收契税；对受灾居民购买安居房，按法定税率减半征收契税。

5. 经省级人民政府批准，在 2008 年年底前免征损毁房产、土地的房产税、城市房地产税和城镇土地使用税。

鼓励社会各界支持抗震救灾和灾后恢复重建：

1. 对单位和个体经营者将自产、委托加工或购买的货物通过公益性社会团体、县级以上人民政府及其部门无偿捐赠给受灾地区的，免征增值税、城市维护建设税及教育费附加。

2. 对企业、个人通过公益性社会团体、县级以上人民政府及其部门向受灾地区的捐赠，允许在当年企业所得税前和当年个人所得税前全额扣除。

3. 财产所有人将财产(物品)捐赠给受灾地区所书立的产权转移书据免征应缴纳的印花税。

4. 对专项用于抗震救灾和灾后恢复重建、能够提供抗震救灾证明的新购特种车辆，免征车辆购置税。

促进就业：

1. 受灾严重地区的企业在新增加的就业岗位中，招用当地因地震灾害失去工作的城镇职工，经县级劳动保障部门认定，按实际招用人数予以定额依次扣减营业税、城市维护建设税、教育费附加和企业所得税。

定额标准为每人每年4000元，可上下浮动20%，由灾区省级人民政府根据本地实际情况具体确定。

2. 受灾严重地区因地震灾害失去工作的城镇职工从事个体经营的，按每户每年8000元的限额扣减其当年实际应缴纳的营业税、城市维护建设税、教育费附加和个人所得税。

以上优惠政策中，除增值税扩大抵扣范围政策外，凡未注明优惠期限的，一律执行至2008年年底止。确需延长期限的，由国务院另行决定。

(四) 政府性基金和行政事业性收费政策。

为了减轻受灾严重地区的企业、单位和个人基金、收费负担，三年内对受灾严重地区减免部分政府性基金和行政事业性收费。

1. 减免部分政府性基金。对受灾严重地区内的用电企业、单位和个人，免收三峡工程建设基金、大中型水库移民后期扶持基金；对企业和有关经营者免收属于中央收入的文化事业建设费、国家电影事业发展专项资金、水路客货运附加费。

四川、甘肃、陕西省根据本地实际情况，对受灾严重地区酌情减免属于地方收入的政府性基金。

2. 减免部分行政事业性收费。对受灾严重地区内的建筑企业，全部免收属于中央收入的工程定额测定费、建设工程质量监督费、占用农业灌溉水源及设施补偿费、水利建设工程质量监督费、铁路工程质量监督费；对矿产资源开采企业，全部免收属于中央收入的矿产资源补偿费、探矿权采矿权使用费、石油(天然气)勘查开采登记费、采矿登记费、矿产资源勘查登记费；对银行、信用社、邮政储蓄机构(包括注册地在受灾地区的法人机构及在受灾地区的分支机构)，全部免收银行业机构监管费和业务监管费；对保险公司、保险中介机构(包括注册地在受灾地区的法人机构及在受灾地区的分支机构)，全部免收保险业务监管费；对证券、基金、期货公司(包括注册地在受灾地区的法人机构及在受灾地区的分支机构)，全部免收证券市场监管费；对电力企业全部免收电力监管费。

四川、甘肃、陕西省根据本地实际情况，对受灾严重地区酌情减免由中央级批准属于地方收入的行政事业性收费，以及本省出台的行政事业性收费。

(五) 金融政策。

支持金融机构尽快全面恢复金融服务功能：

1. 支持金融机构基层网点恢复重建。加快修复和合理布设金融基层网点，加强和改进对受灾居民集中安置点的金融服务。对受灾损失严重的全国性金融机构由其总行(部)提供对口援助，对受灾损失严重的地方法人金融机构，鼓励有实力、经营稳健的金融机构按照市场化原则对其兼并重组。鼓励金融机构在有效控制风险的前提下到受灾地区设立分支机构。

2. 保障支付清算、国库、现金发行、证券期货交易和邮政汇兑系统的安全运营，为受灾地区资金汇划提供便捷、高效的金融服务。

3. 支持适当减免金融业收费。支持适当减免受灾严重地区金融机构缴纳的交易场所会费、投资者保护基金、保险保障基金等收费。鼓励受灾地区金融机构适当减免客户账户查询、挂失和补办、转账，证券持有人的证券账户卡挂失与补办、证券查询、证券继承等收费。

鼓励银行业金融机构加大对受灾地区信贷投放：

1. 对受灾地区实施倾斜和优惠的信贷政策。在坚持总量从紧宏观政策的同时，对受灾地区信贷投放实行区别对待、有保有压。全国性银行业金融机构要加大系统内调剂力度，将信贷资源向受灾地区倾斜。受灾地区地方性法人银行业金融机构可在满足资本充足率等要求的前提下充分运用资金，支持当地恢复重建合理的信贷需求。允许银行业金融机构开展并购贷款业务，在受灾地区没有营业网点的银行业金融机构可以开展跨地区贷款业务，支持受灾地区恢复重建。对灾前已经发放、灾后不能按期偿还的各项贷款延长还款期限六个月，在2008年底前不催收催缴、不罚息，不作为不良记录，不影响其继续获得受灾地区其他信贷支持。

2. 加大对受灾地区重点基础设施、重点企业、支柱产业、中小企业和因灾失业人员的信贷支持力度。对受灾地区吸纳就业强、产品有前景、守信用的中小企业加大支持力度。对因灾失业人员和吸纳受灾群众就业达到一定比例的劳动密集型中小企业，参照下岗失业人员小额担保贷款政策执行。

3. 加大对受灾地区"三农"发展的信贷支持力度。积极发展适合受灾地区特点的村镇银行、农村资金互助社、贷款公司和小额贷款公司等新型农村金融机构。采取专项票据兑付等方式增强农村信用社信贷投放能力。拓宽农村贷款抵押担保范围，鼓励发展农村小额信贷。鼓励各金融机构大力发放面向受灾地区农户的小额信用贷款和农户联保贷款，对农村种养大户、特色种养业予以重点扶持。增加对受灾地区扶贫贴息贷款，支持农村受灾群众恢复生产。

4. 对受灾地区实行住房信贷优惠政策。各商业银行对政府组织的住宅恢复重建项目优先给予贷款支持。对国家确定的重灾区的普通商品住宅和经济适用住房开发建设项目，鼓励银行业金融机构在贷款条件方面给予优惠。鼓励商业银行发放农民自建住房贷款，用于重建和修复因灾损毁住房。对受灾地区居民购置自住房的贷款利率下限由人民银行规定的现行水平统一下调为贷款基准利率的0.6倍，最低首付款比例下调为10%；具体利率水平和首付款比例由商业银行根据风险管理原则自主确定。个人住房公积金贷款利率各档次均优惠1个百分点。

支持受灾地区金融机构增强贷款能力：

1. 加大对受灾地区的再贷款(再贴现)支持力度。2008年增加受灾地区200亿元再贷款(再贴现)额度，今后根据实际需要可再适当增加支农再贷款额度，并相应拓宽其使用范围，再贷款利率在现行优惠支农再贷款利率水平上再降1个百分点。

2. 继续对受灾地区地方法人金融机构执行倾斜的存款准备金政策；允许受灾地区金融机构提前支取特种存款，增加信贷资金来源。

发挥资本、保险市场功能支持灾后恢复重建：

1. 支持受灾机构通过债券市场募集灾后重建资金。支持符合条件的地方法人金融机构通过发行各类债券用于补充资本金和灾后重建信贷资金来源。鼓励符合条件的企业集团财务公司、非金融企业等通过债券市场发行企业债券、公司债券、短期融资券等债务融资工具。鼓励融资创新，支持有稳定收益的交通、水务等基础设施项目发行资产证券化产品。鼓励开展针对受灾地区重建发展的直接投资和集合理财、专项理财业务。

2. 支持受灾地区企业通过股票市场融资。在符合法定条件下，优先安排受灾地区企业申请首次公开发行股票和上市公司再融资，优先审核拟将募集资金投向受灾地区和生产受灾地区重建、安置急需物资的公司的融资申请。支持受灾地区上市公司并购重组、资产注入和整体上市。支持证券交易所适当减免受灾地区上市公司的上市年费等费用。加强对受灾地区企业的上市培育服务，推动符合条件的企业上市。

3. 积极引导保险机构参与灾后恢复重建。积极引导和协调保险机构，将保险资金优先投资受灾地区关系国计民生的重大项目，支持受灾地区基础设施恢复重建。发挥保险产品的功能作用，提供受灾地区所需的各类保险，给予费率优惠。大力发展针对受灾地区的保险产品。

4. 鼓励和引导各类基金支持灾后恢复重建。

加强受灾地区信用环境建设：

1. 保护受灾地区客户合法权益。加快整理核实受灾地区金融机构客户基本信息。对暂时无主客户的债权，另账保存。依法确认和保护遇难者账户资金、金融资产所有权和继承权。为遇难者亲属妥善办理周到、便利、快捷的各项金融服务。原则上按合同进行地震保险赔付。加快保险理赔进度，提高理赔效率。

2. 对于符合现行核销规定的贷款，按照相关政策和程序及时核销。积极鼓励和支持金融机构对因灾形成的不良债务实施有效重组，促使企业和个人恢复生产和偿债能力。金融业按照市场化、法制化、可持续的原则支持灾后重建，防止金融风险和道德风险。

3. 推进受灾地区信用体系建设。加强受灾地区金融运行监测，保持受灾地区金融秩序和金融安全。加强受灾地区信贷统计、征信和金融知识普及宣传工作。

（六）产业扶持政策。

1. 恢复特色优势产业生产能力。大力支持符合国家产业政策、当地资源环境条件、灾后恢复重建规划的特色优势产业发展。重点恢复重建农牧业、农副产品加工业、大型发电设备基地、高新技术、环保建材等产业以及化肥、农药、饲料等农业生产资料生产。把旅游业作为先导产业，加快重点旅游景区、景点的恢复重建。

2. 调整产业结构。产业恢复重建要高起点、高标准、高水平，发展循环经济，加强节能减排，提高技术水平。坚决淘汰高耗能、高污染企业以及不符合国家产业政策和不具备安全生产条件的落后产能，关闭重要水源保护区内的污染严重企业。中央财政对地方淘汰“两高一资”落后产能给予适当奖励。

3. 优化产业布局。对不适宜原地重建的企业要异地迁建。在成都、德阳、绵阳、广元等地将企业相对集中，形成资源集约利用、土地节约使用、环境综合治理、功能有效发挥的产业集中区。

4. 改善产业发展环境。在恢复重建期内，按灾后恢复重建规划要求适度调整煤炭新建项目规模限制。实行直购电试点。

（七）土地和矿产资源政策。

1. 免收新增建设用地土地有偿使用费和土地出让收入。对受灾地区为安置受灾居民新建各类安置住房以及非地震受灾地区为安置受灾居民新建各类安置住房；受灾地区的行政机关、学校等事业单位、各类企业、人民团体、社会团体等单位因地震造成房屋倒塌、毁损，需要在原地区进行重建或迁至异地重建的，免收新增建设用地土地有偿使用费和土地出让收入。

2. 划拨土地。对利用政府投资、社会捐助以及自筹资金为受灾居民建设非商品住宅用地；采取BOT、TOT等方式建设的经营性基础设施、公益性设施用地；规划易地重建村庄确需用地；按规划需要整体搬迁并收回其原有土地的工商企业用地，实行划拨土地。

3. 降低地价。对投资规模大、促进经济发展作用明显的新建工业或大型商业设施等项目用地，可根据实际情况降低地价。

4. 增加矿产资源补偿费等留成。为支持受灾严重地区的矿山企业恢复生产和发展，三年内将四川、甘肃、陕西三省的矿产资源补偿费、探矿权采矿权使用费、矿业权价款收入等中央分成部分全额留给地方。

（八）就业援助和社会保险政策。

加大就业援助：

除前面所列鼓励就业的税收和金融政策外，加大对受灾地区的就业援助力度。

1. 将省级人民政府确定的因地震灾害出现的就业困难人员按规定及时纳入就业援助的对象范围，优先保证受灾地区零就业家庭至少有一人就业。

2. 将本地就业困难人员正在参与的抗震救灾相关工作，按规定纳入现有和新开发的公益性岗位认定范围，时限为三个月。对从事公益性岗位工作的就业困难人员，按规定提供岗位补贴和社会保险补贴。

3. 对受灾地区企业在重建中吸收就业困难人员的，按规定给予相应的社会保险补贴。

4. 对从事灵活就业的就业困难人员，按规定享受社会保险补贴。

5. 对因灾中断营业后重新开业的个体工商户，按规定给予小额担保贷款扶持。

6. 省级人民政府在确保失业保险基金按时足额发放的前提下，对受灾地区企业采取适当降低失业保险费率等措施。

7. 按规定对受灾地区从事个体经营的有关人员实行三年内免收管理类、登记类和证照类等有关行政事业性收费。

8. 受灾地区企业恢复生产、公路、农田水利等基础设施以及对口支援项目建设，要优先吸纳当地受灾群众。组织引导好受灾群众参加以工代赈和生产自救活动。

9. 对受灾地区实行就业援助所需相关资金，按规定从就业专项资金中列支，中央财政通过专项转移支付给予适当支持。

保障工伤保险待遇支付：

1. 为解决四川受灾地区工伤保险基金收不抵支问题，对参加工伤保险的职工伤亡的，在核实伤亡人数、伤残等级及具体待遇标准的基础上，按规定支付相关待遇，所需资金在地方尽快实行市级或省级统筹、动用历年结余、加大基金调剂力度解决的基础上，仍有不足的，可动用部分全国社会保障基金。

2. 对未参加工伤保险伤亡职工的待遇支付，由职工所在企业（单位）负责解决，企业（单位）无力支付或不存在，并符合救助条件的，可通过相关的社会捐助、社会救助制度予以帮助。

保障养老保险待遇支付：

对因灾困难企业距法定退休年龄不足 5 年的职工，可按《国有企业富余职工安置规定》（国务院令第 111 号）有关规定办理内部退养，达到退休年龄后，享受相应的养老保险待遇；对受灾较重、暂停生产的企业，允许缓缴社会保险费；对因灾关闭破产企业欠缴的养老保险费，应按国家有关规定使用破产财产清偿，不足部分应按规定报批后予以核销。

保障受灾困难人员基本生活：

对受灾地区符合《失业保险条例》（国务院令第 258 号）规定的失业人员，按时足额发放失业保险金；符合享受城市居民最低生活保障条件的人员，按规定纳入城市低保范围，享受城市低保待遇；符合享受临时生活救助条件的人员，按规定实施临时生活救助。

（九）粮食政策。

1. 稳定受灾地区粮食市场。适时充实受灾地区中央和地方粮食储备，增加受灾地区市场供应。对已安排出库的抗震救灾中央储备粮，新粮上市后要及时补库。做好市场应急调控预案，运用中央和地方粮食储备吞吐，确保当地市场稳定。中央财政对抛售的中央储备粮统负盈亏。

2. 支持受灾地区受损粮库维修重建。中央财政对四川省专门安排应急维修资金，用于抢修该省地震灾区受损粮库。受灾地区确需恢复重建的粮食仓房，纳入灾后重建规划统筹考虑。

3. 促进受灾地区种粮农民增收。粮食直补、农资综合直补等资金适当向受灾地区倾斜，促进受灾地区粮食增产和农民增收。

上述九个方面的政策属于新制定或扩大了原有政策执行范围。凡现行法律法规及政策中适用于抗震救灾和灾后恢复重建的各项优惠政策措施，受灾地区均继续执行。

三、工作要求

（一）统一思想，加强领导。各地区、各部门要切实把思想和行动统一到党中央、国务院各项决策部署上来，进一步增强政治意识、大局意识、责任意识，加强领导、周密部署，把大力支持抗震救灾和灾后恢复重建工作作为当前的一项重要任务，切实抓紧抓好。

（二）明确责任，密切配合。各地区、各部门要各负其责，加强协调配合。国务院有关部门要尽快落实好相关政策措施，并加强指导和监督检查。受灾地区省级人民政府要立即全面部署本地支持地震灾后恢复重建工作，明确相关部门的责任、分工和工作要求。承担对口支援任务的省市人民政府要抓紧做好对口支援各项工作。

（三）细化政策，完善办法。国务院有关部门要尽快制订有关政策措施的具体实施办法，明确政策措施适用范围和执行期限，并根据灾后恢复重建进展情况和实际需要，及时调整和完善各项政策措施。受灾地区省级人民政府要结合本地区实际制订贯彻实施具体操作办法，便于各项政策措施执行。

财政部　国家税务总局关于高级专家延长离休退休期间取得工资薪金所得有关个人所得税问题的通知

财税[2008]7 号

各省、自治区、直辖市、计划单列市财政厅（局）、地方税务局，西藏、宁夏、青海省（自治区）国家税务局，新疆生产建设兵团财务局：

近来一些地区反映，对高级专家延长离休退休期间取得的工资、薪金所得，有关征免个人所得税政策口径问题需进一步明确。

经研究，现就有关政策问题明确如下：

一、《财政部　国家税务总局关于个人所得税若干政策问题的通知》（财税字「1994」20 号）第二条第（七）项中所称延长离休退休年龄的高级专家是指：

（一）享受国家发放的政府特殊津贴的专家、学者；

（二）中国科学院、中国工程院院士。

二、高级专家延长离休退休期间取得的工资薪金所得，其免征个人所得税政策口径按下列标准执行：

（一）对高级专家从其劳动人事关系所在单位取得的，单位按国家有关规定向职工统一发放的工资、薪金、奖金、津贴、补贴等收入，视同离休、退休工资，免征个人所得税；

（二）除上述第（一）项所述收入以外各种名目的津补贴收入等，以及高级专家从其劳动人事关系所在单位之外的其他地方取得的培训费、讲课费、顾问费、稿酬等各种收入，依法计征个人所得税。

三、高级专家从两处以上取得应税工资、薪金所得以及具有税法规定应当自行纳税申报的其他情形的，应在税法规定的期限内自行向主管税务机关办理纳税申报。

财政部 海关总署 国家税务总局关于支持汶川地震灾后恢复重建有关税收政策问题的通知

财税[2008]104号

各省、自治区、直辖市、计划单列市财政厅（局）、国家税务局、地方税务局，新疆生产建设兵团财务局，广东分署、各直属海关：

为支持和帮助受灾地区积极开展生产自救，重建家园，鼓励和引导社会各方面力量参与灾后恢复重建工作，使地震灾区早日恢复正常的生产生活秩序，根据《国务院关于支持汶川地震灾后恢复重建政策措施的意见》（国发[2008]21号）的有关规定，现就支持汶川地震灾后恢复重建有关税收政策问题通知如下：

一、关于减轻企业负担，促进企业尽快恢复生产的税收政策措施

1. 自2008年7月1日起，对受灾严重地区的所有行业（国家限制发展的特定行业除外）实行增值税扩大抵扣范围政策，允许企业新购进机器设备所含的增值税进项税额予以抵扣。具体实施办法由财政部、国家税务总局另行规定。

2. 对受灾严重地区损失严重的企业，免征2008年度企业所得税。

3. 自2008年5月12日起，受灾地区企业通过公益性社会团体、县级以上人民政府及其部门取得的抗震救灾和灾后恢复重建款项和物资，以及税收法律、法规和本通知规定的减免税金及附加收入，免征企业所得税。

4. 自2008年7月1日起，对受灾地区企业、单位或支援受灾地区重建的企业、单位进口国内不能满足供应并直接用于灾后重建的大宗物资、设备等，在三年内给予进口税收优惠。

各省、自治区、直辖市、计划单列市人民政府或国务院有关部门负责将所在地企业或归口管理的单位提交的直接用于灾后重建的进口国内不能满足供应的物资减免税申请汇总后报财政部，财政部会同有关部门审核提出处理意见，报请国务院批准后执行。

二、关于减轻个人负担的税收政策措施

自2008年5月12日起，对受灾地区个人接受捐赠的款项、取得的各级政府发放的救灾款项；对抗震救灾一线人员，按照地方各级政府及其部门规定标准取得的与抗震救灾有关的补贴收入，免征个人所得税。

三、关于支持受灾地区基础设施、房屋建筑物等恢复重建的税收政策措施

1. 对政府为受灾居民组织建设的安居房建设用地免征城镇土地使用税，转让时免征土地增值税。

2. 对地震中住房倒塌的农民重建住房占用耕地的，在规定标准内的部分免征耕地占用税。

3. 由政府组织建设的安居房，所签订的建筑工程勘察设计合同、建筑安装工程承包合同、产权转移书据、房屋租赁合同，免征印花税。

4. 对在地震中损毁的应缴而未缴契税的居民住房，不再征收契税；对受灾居民购买安居房，按法定税率减半征收契税。如因地震灾害灭失或损毁居民住房而重新购买住房（包括安居房）的，按照《财政部 国家税务总局关于认真落实抗震救灾及灾后重建税收政策问题的通知》（财税[2008]62号）的规定，准予减征或者免征契税，具体减免办法由受灾地区省级人民政府制定。

5. 经省级人民政府批准，对经有关部门鉴定的因地震灾害损毁的房产、土地免征2008年度房产税、城市房地产税和城镇土地使用税。对经批准免税的纳税人本年度已缴税款可以从以后年度的应缴税款中抵扣。

本通知所称安居房，按照国务院有关部门确定的标准执行。所称毁损的居民住房，是指经县级以上（含县级)人民政府房屋主管部门出具证明,在地震中倒塌或遭受严重破坏而不能居住的居民住房。

四、关于鼓励社会各界支持抗震救灾和灾后恢复重建的税收政策措施

1. 自 2008 年 5 月 12 日起,对单位和个体经营者将自产、委托加工或购买的货物通过公益性社会团体、县级以上人民政府及其部门捐赠给受灾地区的,免征增值税、城市维护建设税及教育费附加。

2. 自 2008 年 5 月 12 日起,对企业、个人通过公益性社会团体、县级以上人民政府及其部门向受灾地区的捐赠,允许在当年企业所得税前和当年个人所得税前全额扣除。

3. 财产所有人将财产(物品)直接捐赠或通过公益性社会团体、县级以上人民政府及其部门捐赠给受灾地区或受灾居民所书立的产权转移书据,免征应缴纳的印花税。

4. 对专项用于抗震救灾和灾后恢复重建、能够提供由县级以上(含县级)人民政府或其授权单位出具的抗震救灾证明的新购特种车辆,免征车辆购置税。符合免税条件但已经征税的特种车辆,退还已征税款。

新购特种车辆是指 2008 年 5 月 12 日以后(含 5 月 12 日)购买的警车、消防车、救护车、工程救险车,且车辆的所有者是受灾地区单位或个人。

本通知中的捐赠行为须符合《中华人民共和国公益事业捐赠法》和《国务院办公厅关于加强汶川地震抗震救灾捐赠款物管理使用的通知》(国办发[2008]39 号)的相关规定。

五、关于促进就业的税收政策措施

1. 受灾严重地区的商贸企业、服务型企业(除广告业、房屋中介、典当、桑拿、按摩、氧吧外)、劳动就业服务企业中的加工型企业和街道社区具有加工性质的小型企业实体在新增加的就业岗位中,招用当地因地震灾害失去工作的城镇职工,与其签订 1 年以上期限劳动合同并依法缴纳社会保险费的,经县级劳动保障部门认定,按实际招用人数和实际工作时间予以定额依次扣减营业税、城市维护建设税、教育费附加和企业所得税。

定额标准为每人每年 4000 元,可上下浮动 20%,由灾区省级人民政府根据本地区实际情况在此幅度内确定具体定额标准,并报财政部和国家税务总局备案。

按上述标准计算的税收扣减额应在企业当年实际应缴纳的营业税、城市维护建设税、教育费附加和企业所得税税额中扣减,当年扣减不足的,不得结转下年使用。

2. 受灾严重地区因地震灾害失去工作的城镇职工从事个体经营的(除建筑业、娱乐业以及销售不动产、转让土地使用权、广告业、房屋中介、桑拿、按摩、网吧、氧吧外),按每户每年 8000 元为限额依次扣减其当年实际应缴纳的营业税、城市维护建设税、教育费附加和个人所得税。纳税人年度应缴纳税款小于上述扣减限额的,以其实际缴纳的税款为限;大于上述扣减限额的,应以上述扣减限额为限。

六、关于税收政策措施的适用范围

根据《民政部　发展改革委　财政部　国土资源部　地震局关于印发汶川地震灾害范围评估结果的通知》(民发[2008]105 号)的规定,本通知所称"受灾严重地区"是指极重灾区 10 个县(市)和重灾区 41 个县(市、区),"受灾地区"是指极重灾区 10 个县(市)、重灾区 41 个县(市、区)和一般灾区 186 个县(市、区)。具体名单见附件。

七、关于税收政策措施的执行期限

以上政策措施,除增值税扩大抵扣范围政策外,凡未注明期限的,一律执行至 2008 年 12 月 31 日。

各地财政、税务部门要加强领导、周密部署,把大力支持灾后恢复重建工作作为当前的一项重要任务,贯彻落实好相关税收政策措施。同时,要密切关注上述政策措施的执行情况,对发现的问题及时向财政部、国家税务总局反映。

附件:

汶川地震灾害范围评估结果

一、极重灾区

共 10 个县(市),分别是四川省汶川县、北川县、绵竹市、什邡市、青川县、茂县、安县、都江堰市、平武县、彭州市。

二、重灾区

共 41 个县(市、区),其中:

四川省(29 个):理县、江油市、广元市利州区、广元市朝天区、旺苍县、梓潼县、绵阳市游仙区、德阳市旌阳区、小金县、绵阳市涪城区、罗江县、黑水县、崇州市、剑阁县、三台县、阆中市、盐亭县、松潘县、苍溪县、芦山县、中江县、广元市元坝区、大邑县、宝兴县、南江县、广汉市、汉源县、石棉县、九寨沟县。

甘肃省(8个):文县、陇南市武都区、康县、成县、徽县、西和县、两当县、舟曲县。

陕西省(4个):宁强县、略阳县、勉县、宝鸡市陈仓区。

三、一般灾区

共186个县(市、区),其中:

四川省(100个):郫县、成都市金牛区、成都市青白江区、成都市新都区、成都市成华区、成都市锦江区、成都市青羊区、成都市温江区、成都市武侯区、名山县、邛崃市、金堂县、南部县、蒲江县、成都市龙泉驿区、射洪县、乐山市金口河区、巴中市巴州区、新津县、丹巴县、南充市顺庆区、夹江县、天全县、丹棱县、金川县、通江县、雅安市雨城区、洪雅县、双流县、仁寿县、乐山市沙湾区、峨边彝族自治县、康定县、沐川县、仪陇县、马边彝族自治县、井研县、南充市高坪区、彭山县、犍为县、荥经县、荣县、西充县、泸定县、乐山市五通桥区、峨眉山市、简阳市、马尔康县、青神县、南充市嘉陵区、蓬安县、资阳市雁江区、眉山市东坡区、华蓥市、平昌县、乐山市市中区、营山县、安岳县、达州市通川区、乐至县、大英县、遂宁市船山区、万源市、甘洛县、威远县、遂宁市安居区、红原县、岳池县、达县、武胜县、广安市广安区、自贡市大安区、资中县、越西县、渠县、蓬溪县、自贡市自流井区、自贡市沿滩区、富顺县、内江市东兴区、自贡市贡井区、内江市市中区、隆昌县、屏山县、宜宾县、南溪县、大竹县、宜宾市翠屏区、若尔盖县、宣汉县、美姑县、雷波县、泸县、邻水县、开江县、阿坝县、道孚县、冕宁县、九龙县、高县。

甘肃省(32个):礼县、宕昌县、清水县、崇信县、天水市秦州区、临潭县、武山县、甘谷县、灵台县、平凉市崆峒区、天水市麦积区、秦安县、迭部县、张家川县、通渭县、岷县、漳县、庄浪县、渭源县、泾川县、华亭县、静宁县、陇西县、镇原县、卓尼县、定西市安定区、庆阳市西峰区、会宁县、宁县、临洮县、碌曲县、康乐县。

陕西省(36个):宝鸡市金台区、南郑县、留坝县、凤县、汉中市汉台区、陇县、麟游县、太白县、宝鸡市渭滨区、眉县、西乡县、岐山县、千阳县、城固县、扶风县、凤翔县、佛坪县、镇巴县、永寿县、洋县、石泉县、周至县、武功县、乾县、彬县、长武县、咸阳市杨凌区、兴平市、西安市碑林区、汉阴县、宁陕县、紫阳县、礼泉县、西安市雁塔区、户县、西安市莲湖区。

重庆市(10个):合川区、荣昌县、潼南县、大足县、双桥区、铜梁县、北碚区、璧山县、永川区、梁平县。

云南省(3个):绥江县、水富县、永善县。

宁夏回族自治区(5个):隆德县、泾源县、西吉县、彭阳县、固原市原州区。

国家税务总局关于离退休人员取得单位发放离退休工资以外奖金补贴征收个人所得税的批复

国税函[2008]723号

福建省地方税务局:

你局《关于单位对离退休人员发放退休工资以外的奖金补贴如何征收个人所得税的请示》(闽地税发[2008]121号)收悉。经研究,批复如下:

离退休人员除按规定领取离退休工资或养老金外,另从原任职单位取得的各类补贴、奖金、实物,不属于《中华人民共和国个人所得税法》第四条规定可以免税的退休工资、离休工资、离休生活补助费。根据《中华人民共和国个人所得税法》及其实施条例的有关规定,离退休人员从原任职单位取得的各类补贴、奖金、实物,应在减除费用扣除标准后,按"工资、薪金所得"应税项目缴纳个人所得税。

关于个人通过网络买卖虚拟货币取得收入征收个人所得税问题的批复

国税函[2008]818号

北京市地方税务局:

你局《关于个人通过网络销售虚拟货币取得收入计征个人所得税问题的请示》(京地税个[2008]114

号)收悉。现批复如下：

一、个人通过网络收购玩家的虚拟货币，加价后向他人出售取得的收入，属于个人所得税应税所得，应按照“财产转让所得”项目计算缴纳个人所得税。

二、个人销售虚拟货币的财产原值为其收购网络虚拟货币所支付的价款和相关税费。

三、对于个人不能提供有关财产原值凭证的，由主管税务机关核定其财产原值。

关于做好对储蓄存款利息所得暂免征收个人所得税工作的通知

国税函[2008]826号

各省、自治区、直辖市和计划单列市国家税务局：

经国务院批准，财政部、国家税务总局联合下发了《财政部　国家税务总局关于储蓄存款利息所得有关个人所得税政策的通知》(财税[2008]132号)，自2008年10月9日起暂免征收储蓄存款利息所得个人所得税。为贯彻落实好暂免征收储蓄存款利息所得个人所得税(以下简称“利息税”)工作，现通知如下：

一、迅速行动，加紧宣传，确保暂免征收利息税政策落实到位

储蓄存款利息所得暂免征收个人所得税，涉及广大纳税人的切身利益。各级国家税务局要认真做好相关宣传辅导工作。一方面，要迅速组织干部学习，全面理解和准确掌握利息税暂免征收的政策规定。利息税自2008年10月9日起暂免征收，利息税实行分段计算征免，居民储蓄存款在1999年10月31日前孳生的利息，不征收个人所得税；1999年11月1日至2007年8月14日孳生的利息，按照20%的税率征税；2007年8月15日至2008年10月8日孳生的利息，按照5%的税率征税；2008年10月9日起孳生的利息，实行暂免征收个人所得税的规定。另一方面，要通过各种途径和方式进行宣传，使广大纳税人和扣缴义务人正确理解政策的具体内涵，让纳税人知晓免税带来的实惠和好处，切实维护纳税人的权益；同时，要使纳税人理解不是从10月9日后取得的利息都免税，而是根据储蓄存款孳生利息的时间不同，分段计税，2008年10月9日之前孳生的利息所得仍须按照有关规定纳税。

二、强化服务，督促落实，做好利息税暂免征收的贯彻工作

各级国家税务局要迅速、主动地与各储蓄机构加强联系，共同做好对纳税人、各分支机构和社会各界的政策宣传及贯彻落实工作。要协助、督促各储蓄机构在最短时间内做好免征利息税后相关软件的修改、调试、应用工作。各级国家税务局要把本地区的股份制银行、城市商业银行、城市信用社、农村信用社等储蓄机构，作为服务和工作的重点，确保所有储蓄机构快速、顺利地完成软件修改工作。同时，各级国家税务局要帮助储蓄机构加强储蓄机构内部，特别是各营业网点的政策培训和解释工作，使他们熟练掌握利息税政策调整、分段征免的规定，正确扣缴或免征跨利息税政策调整时点的利息税，并向储户解释清楚。

三、密切关注，及时反馈，确保利息税暂免征收工作顺利进行

各级国家税务局要随时关注和收集社会各界、储蓄机构和纳税人对利息税政策调整的反映，以及政策调整实施前后利息税征免工作的开展情况等。对在利息税政策调整工作中出现的问题，能够就地解决的，及时就地解决；需要各部门协商解决的，及时协商解决；不能解决的，及时向上级机关报告，由上级机关协商解决。

财政部　国家税务总局关于储蓄存款利息所得有关个人所得税政策的通知

财税[2008]132号

各省、自治区、直辖市、计划单列市财政厅(局)、国家税务局、新疆生产建设兵团财务局：

为配合国家宏观调控政策需要，经国务院批准，自2008年10月9日起，对储蓄存款利息所得暂免征收个人所得税。即储蓄存款在1999年10月31日前孳生的利息所得，不征收个人所得税；储蓄存款在1999年11月1日至2007年8月14日孳生的利息所得，按照20%的比例税率征收个人所得税；储蓄存款在2007年8月15日至2008年10月8日孳生的利息所得，按照5%的比例税率征收个人所得税；储蓄存款在2008年10月9日后(含10月9日)孳生的利息所得，暂免征收个人所得税。

关于证券市场个人投资者证券交易结算资金利息所得有关个人所得税政策的通知

财税[2008]140号

各省、自治区、直辖市、计划单列市财政厅(局)、地方税务局,西藏、宁夏、青海省(自治区)国家税务局,新疆生产建设兵团财务局:

根据《中华人民共和国个人所得税法》有关规定,经国务院批准,现就证券市场个人投资者取得的证券交易结算资金利息所得有关个人所得税政策通知如下:

自2008年10月9日起,对证券市场个人投资者取得的证券交易结算资金利息所得,暂免征收个人所得税,即证券市场个人投资者的证券交易结算资金在2008年10月9日后(含10月9日)孳生的利息所得,暂免征收个人所得税。

国家税务总局关于做好证券市场个人投资者证券交易结算资金利息所得免征个人所得税工作的通知

国税函[2008]870号

各省、自治区、直辖市和计划单列市地方税务局,西藏、宁夏、青海省(自治区)国家税务局:

为全面落实《财政部　国家税务总局关于证券市场个人投资者证券交易结算资金利息所得有关个人所得税政策的通知》(财税[2008]140号),切实维护纳税人的合法权益,现就做好证券市场个人投资者证券交易结算资金利息所得免征个人所得税工作的有关问题通知如下:

一、加强宣传,确保免税政策理解到位

证券市场个人投资者证券交易结算资金利息所得暂免征收个人所得税,涉及广大股民的切身利益,也关系到资本市场的稳定健康发展。各地税务机关要在全面、准确理解和掌握政策规定的基础上,认真做好相关宣传辅导工作。要多渠道、多方式地广泛宣传,使广大纳税人和证券公司正确理解政策具体内涵,让纳税人知晓政策出台所带来的实惠和好处,切实维护纳税人的合法权益。同时,要使纳税人和证券公司理解不是从10月9日后实际取得的全部利息所得都免税,而是根据利息孳生时间的不同,分段计税,即个人投资者证券交易结算资金从2008年10月9日(含9日)之后孳生的利息,才暂免征收个人所得税。

二、优化服务,确保免税政策落实到位

各地税务机关要主动加强与辖区内各证券公司的联系,督促其贯彻落实好免税政策。要协助证券公司尽快修改调试相关软件,保证证券公司在结算利息时,使纳税人能够依法享受免税优惠。要与证券公司共同做好对纳税人和社会各界的政策宣传解释工作,特别要加强对证券公司内部及各营业部人员的培训、辅导、解释工作,使他们正确扣缴或免征跨政策调整时点的个人所得税,并通过一定方式主动向广大股民解释清楚。

财政部　国家税务总局关于合伙企业合伙人所得税问题的通知

财税[2008]159号

各省、自治区、直辖市、计划单列市财政厅(局)、国家税务局、地方税务局,新疆生产建设兵团财务局:

根据《中华人民共和国企业所得税法》及其实施条例和《中华人民共和国个人所得税法》有关规定,现将合伙企业合伙人的所得税问题通知如下:

一、本通知所称合伙企业是指依照中国法律、行政法规成立的合伙企业。

二、合伙企业以每一个合伙人为纳税义务人。合伙企业合伙人是自然人的,缴纳个人所得税;合伙人是法人和其他组织的,缴纳企业所得税。

三、合伙企业生产经营所得和其他所得采取"先分后税"的原则。具体应纳税所得额的计算按照《关于个人独资企业和合伙企业投资者征收个人所得税的规定》(财税[2000]91号)及《财政部　国家税务总局关于调整个体工商户个人独资企业和合伙企业个人所得税税前扣除标准有关问题的通知》(财税[2008]65号)的有关规定执行。

前款所称生产经营所得和其他所得,包括合伙企业分配给所有合伙人的所得和企业当年留存的所得(利润)。

四、合伙企业的合伙人按照下列原则确定应纳税所得额:

(一)合伙企业的合伙人以合伙企业的生产经营所得和其他所得,按照合伙协议约定的分配比例确定应纳税所得额。

(二)合伙协议未约定或者约定不明确的,以全部生产经营所得和其他所得,按照合伙人协商决定的分配比例确定应纳税所得额。

(三)协商不成的,以全部生产经营所得和其他所得,按照合伙人实缴出资比例确定应纳税所得额。

(四)无法确定出资比例的,以全部生产经营所得和其他所得,按照合伙人数量平均计算每个合伙人的应纳税所得额。

合伙协议不得约定将全部利润分配给部分合伙人。

五、合伙企业的合伙人是法人和其他组织的,合伙人在计算其缴纳企业所得税时,不得用合伙企业的亏损抵减其盈利。

六、上述规定自2008年1月1日起执行。此前规定与本通知有抵触的,以本通知为准。

第二部分　中华人民共和国企业所得税法

中华人民共和国企业所得税法

（2007年3月16日第十届全国人民代表大会第五次会议通过）

目　录

第一章　总　　则

第一条　在中华人民共和国境内，企业和其他取得收入的组织（以下统称企业）为企业所得税的纳税人，依照本法的规定缴纳企业所得税。

个人独资企业、合伙企业不适用本法。

【注释】《企业所得税法实施条例》第2条对本条进行了解释。

第二条　企业分为居民企业和非居民企业。

本法所称居民企业，是指依法在中国境内成立，或者依照外国（地区）法律成立但实际管理机构在中国境内的企业。

本法所称非居民企业，是指依照外国（地区）法律成立且实际管理机构不在中国境内，但在中国境内设立机构、场所的，或者在中国境内未设立机构、场所，但有来源于中国境内所得的企业。

【注释】《企业所得税法实施条例》第3—5条对本条进行了解释。

第三条　居民企业应当就其来源于中国境内、境外的所得缴纳企业所得税。

非居民企业在中国境内设立机构、场所的，应当就其所设机构、场所取得的来源于中国境内的所得，以及发生在中国境外但与其所设机构、场所有实际联系的所得，缴纳企业所得税。

非居民企业在中国境内未设立机构、场所的，或者虽设立机构、场所但取得的所得与其所设机构、场所没有实际联系的，应当就其来源于中国境内的所得缴纳企业所得税。

第四条　企业所得税的税率为25%。

非居民企业取得本法第三条第三款规定的所得，适用税率为20%。

【注释】《企业所得税法实施条例》第6—8条对本条进行了解释。

第二章　应纳税所得额

第五条　企业每一纳税年度的收入总额，减除不征税收入、免税收入、各项扣除以及允许弥补的以前年度亏损后的余额，为应纳税所得额。

【注释】《企业所得税法实施条例》第10条对本条进行了解释。

第六条　企业以货币形式和非货币形式从各种来源取得的收入，为收入总额。包括：

（一）销售货物收入；

（二）提供劳务收入；

（三）转让财产收入；

（四）股息、红利等权益性投资收益；

（五）利息收入；

（六）租金收入；

（七）特许权使用费收入；

（八）接受捐赠收入；

（九）其他收入。

【注释】《企业所得税法实施条例》第12—22条对本条进行了解释。

第七条 收入总额中的下列收入为不征税收入：

（一）财政拨款；

（二）依法收取并纳入财政管理的行政事业性收费、政府性基金；

（三）国务院规定的其他不征税收入。

【注释】《企业所得税法实施条例》第26条对本条进行了解释。相关规定包括：《国家税务总局关于中央和国务院各部门机关服务中心恢复征税的通知》（国税发[2007]94号）。

第八条 企业实际发生的与取得收入有关的、合理的支出，包括成本、费用、税金、损失和其他支出，准予在计算应纳税所得额时扣除。

【注释】《企业所得税法实施条例》第27—50条对本条进行了解释。相关规定包括：《国家税务总局关于保险企业发生与退保业务相关佣金支出税前扣除问题的通知》（国税函[2007]880号）、《企业支付实习生报酬税前扣除管理办法》（国税发[2007]42号）、《国家税务总局关于企事业单位公务用车制度改革后相关费用税前扣除问题的批复》（国税函[2007]305号）。

第九条 企业发生的公益性捐赠支出，在年度利润总额12%以内的部分，准予在计算应纳税所得额时扣除。

【注释】《企业所得税法实施条例》第51—53条对本条进行了解释。相关规定包括：《财政部 国家税务总局关于中国青少年社会教育基金会等16家单位公益救济性捐赠所得税税前扣除问题的通知》（财税[2007]112号）、《财政部 国家税务总局关于宣传文化所得税优惠政策的通知》（财税[2007]24号）。

第十条 在计算应纳税所得额时，下列支出不得扣除：

（一）向投资者支付的股息、红利等权益性投资收益款项；

（二）企业所得税税款；

（三）税收滞纳金；

（四）罚金、罚款和被没收财物的损失；

（五）本法第九条规定以外的捐赠支出；

（六）赞助支出；

（七）未经核定的准备金支出；

（八）与取得收入无关的其他支出。

【注释】《企业所得税法实施条例》第54、55条对本条进行了解释。相关规定包括：《国家税务总局关于保险企业非寿险业务未到期责任准备金税前扣除问题的通知》（国税函[2007]889号）。

第十一条 在计算应纳税所得额时，企业按照规定计算的固定资产折旧，准予扣除。

下列固定资产不得计算折旧扣除：

（一）房屋、建筑物以外未投入使用的固定资产；

（二）以经营租赁方式租入的固定资产；

（三）以融资租赁方式租出的固定资产；

（四）已足额提取折旧仍继续使用的固定资产；

（五）与经营活动无关的固定资产；

（六）单独估价作为固定资产入账的土地；

（七）其他不得计算折旧扣除的固定资产。

【注释】《企业所得税法实施条例》第57—64条对本条进行了解释。

第十二条 在计算应纳税所得额时，企业按照规定计算的无形资产摊销费用，准予扣除。

下列无形资产不得计算摊销费用扣除：

（一）自行开发的支出已在计算应纳税所得额时扣除的无形资产；

（二）自创商誉；

（三）与经营活动无关的无形资产；

（四）其他不得计算摊销费用扣除的无形资产。

【注释】《企业所得税法实施条例》第65—67条对本条进行了解释。

第十三条 在计算应纳税所得额时,企业发生的下列支出作为长期待摊费用,按照规定摊销的,准予扣除:

(一)已足额提取折旧的固定资产的改建支出;

(二)租入固定资产的改建支出;

(三)固定资产的大修理支出;

(四)其他应当作为长期待摊费用的支出。

【注释】《企业所得税法实施条例》第68—70条对本条进行了解释。相关规定包括:《国家税务总局关于铁路运输企业机车车辆大修理支出税前扣除问题的通知》(国税函[2007]762号)。

第十四条 企业对外投资期间,投资资产的成本在计算应纳税所得额时不得扣除。

【注释】《企业所得税法实施条例》第71条对本条进行了解释。

第十五条 企业使用或者销售存货,按照规定计算的存货成本,准予在计算应纳税所得额时扣除。

【注释】《企业所得税法实施条例》第72、73条对本条进行了解释。

第十六条 企业转让资产,该项资产的净值,准予在计算应纳税所得额时扣除。

【注释】《企业所得税法实施条例》第74条对本条进行了解释。

第十七条 企业在汇总计算缴纳企业所得税时,其境外营业机构的亏损不得抵减境内营业机构的盈利。

第十八条 企业纳税年度发生的亏损,准予向以后年度结转,用以后年度的所得弥补,但结转年限最长不得超过五年。

第十九条 非居民企业取得本法第三条第三款规定的所得,按照下列方法计算其应纳税所得额:

(一)股息、红利等权益性投资收益和利息、租金、特许权使用费所得,以收入全额为应纳税所得额;

(二)转让财产所得,以收入全额减除财产净值后的余额为应纳税所得额;

(三)其他所得,参照前两项规定的方法计算应纳税所得额。

【注释】《企业所得税法实施条例》第74条对本条进行了解释。

第二十条 本章规定的收入、扣除的具体范围、标准和资产的税务处理的具体办法,由国务院财政、税务主管部门规定。

第二十一条 在计算应纳税所得额时,企业财务、会计处理办法与税收法律、行政法规的规定不一致的,应当依照税收法律、行政法规的规定计算。

第三章 应纳税额

第二十二条 企业的应纳税所得额乘以适用税率,减除依照本法关于税收优惠的规定减免和抵免的税额后的余额,为应纳税额。

【注释】《企业所得税法实施条例》第76条对本条进行了解释。

第二十三条 企业取得的下列所得已在境外缴纳的所得税税额,可以从其当期应纳税额中抵免,抵免限额为该项所得依照本法规定计算的应纳税额;超过抵免限额的部分,可以在以后五个年度内,用每年度抵免限额抵免当年应抵税额后的余额进行抵补:

(一)居民企业来源于中国境外的应税所得;

(二)非居民企业在中国境内设立机构、场所,取得发生在中国境外但与该机构、场所有实际联系的应税所得。

【注释】《企业所得税法实施条例》第77—79、81条对本条进行了解释。

第二十四条 居民企业从其直接或者间接控制的外国企业分得的来源于中国境外的股息、红利等权益性投资收益,外国企业在境外实际缴纳的所得税税额中属于该项所得负担的部分,可以作为该居民企业的可抵免境外所得税税额,在本法第二十三条规定的抵免限额内抵免。

【注释】《企业所得税法实施条例》第80、81条对本条进行了解释。

第四章 税收优惠

第二十五条 国家对重点扶持和鼓励发展的产业和项目,给予企业所得税优惠。

第二十六条 企业的下列收入为免税收入:

（一）国债利息收入；

（二）符合条件的居民企业之间的股息、红利等权益性投资收益；

（三）在中国境内设立机构、场所的非居民企业从居民企业取得与该机构、场所有实际联系的股息、红利等权益性投资收益；

（四）符合条件的非营利组织的收入。

【注释】《企业所得税法实施条例》第 82—85 条对本条进行了解释。相关规定包括：《财政部 国家税务总局关于国家大学科技园有关税收政策问题的通知》（财税[2007]120 号）、《财政部 国家税务总局关于科技企业孵化器有关税收政策问题的通知》（财税[2007]121 号）。

第二十七条 企业的下列所得，可以免征、减征企业所得税：

（一）从事农、林、牧、渔业项目的所得；

（二）从事国家重点扶持的公共基础设施项目投资经营的所得；

（三）从事符合条件的环境保护、节能节水项目的所得；

（四）符合条件的技术转让所得；

（五）本法第三条第三款规定的所得。

【注释】《企业所得税法实施条例》第 86—91 条对本条进行了解释。

第二十八条 符合条件的小型微利企业，减按 20％的税率征收企业所得税。

国家需要重点扶持的高新技术企业，减按 15％的税率征收企业所得税。

【注释】《企业所得税法实施条例》第 92、93 条对本条进行了解释。

第二十九条 民族自治地方的自治机关对本民族自治地方的企业应缴纳的企业所得税中属于地方分享的部分，可以决定减征或者免征。自治州、自治县决定减征或者免征的，须报省、自治区、直辖市人民政府批准。

【注释】《企业所得税法实施条例》第 94 条对本条进行了解释。

第三十条 企业的下列支出，可以在计算应纳税所得额时加计扣除：

（一）开发新技术、新产品、新工艺发生的研究开发费用；

（二）安置残疾人员及国家鼓励安置的其他就业人员所支付的工资。

【注释】《企业所得税法实施条例》第 95、96 条对本条进行了解释。相关规定包括：《财政部 国家税务总局关于促进残疾人就业税收优惠政策的通知》（财税[2007]92 号）。

第三十一条 创业投资企业从事国家需要重点扶持和鼓励的创业投资，可以按投资额的一定比例抵扣应纳税所得额。

【注释】《企业所得税法实施条例》第 97 条对本条进行了解释。相关规定包括：《财政部 国家税务总局关于促进创业投资企业发展有关税收政策的通知》（财税 [2007] 31 号）。

第三十二条 企业的固定资产由于技术进步等原因，确需加速折旧的，可以缩短折旧年限或者采取加速折旧的方法。

【注释】《企业所得税法实施条例》第 98 条对本条进行了解释。

第三十三条 企业综合利用资源，生产符合国家产业政策规定的产品所取得的收入，可以在计算应纳税所得额时减计收入。

【注释】《企业所得税法实施条例》第 99 条对本条进行了解释。

第三十四条 企业购置用于环境保护、节能节水、安全生产等专用设备的投资额，可以按一定比例实行税额抵免。

【注释】《企业所得税法实施条例》第 100 条对本条进行了解释。

第三十五条 本法规定的税收优惠的具体办法，由国务院规定。

第三十六条 根据国民经济和社会发展的需要，或者由于突发事件等原因对企业经营活动产生重大影响的，国务院可以制定企业所得税专项优惠政策，报全国人民代表大会常务委员会备案。

第五章 源泉扣缴

第三十七条 对非居民企业取得本法第三条第三款规定的所得应缴纳的所得税，实行源泉扣缴，以支付人为扣缴义务人。税款由扣缴义务人在每次支付或者到期应支付时，从支付或者到期应支付的款项中扣缴。

【注释】《企业所得税法实施条例》第104、105条对本条进行了解释。

第三十八条　对非居民企业在中国境内取得工程作业和劳务所得应缴纳的所得税，税务机关可以指定工程价款或者劳务费的支付人为扣缴义务人。

【注释】《企业所得税法实施条例》第106条对本条进行了解释。

第三十九条　依照本法第三十七条、第三十八条规定应当扣缴的所得税，扣缴义务人未依法扣缴或者无法履行扣缴义务的，由纳税人在所得发生地缴纳。纳税人未依法缴纳的，税务机关可以从该纳税人在中国境内其他收入项目的支付人应付的款项中，追缴该纳税人的应纳税款。

【注释】《企业所得税法实施条例》第107、108条对本条进行了解释。

第四十条　扣缴义务人每次代扣的税款，应当自代扣之日起七日内缴入国库，并向所在地的税务机关报送扣缴企业所得税报告表。

第六章　特别纳税调整

第四十一条　企业与其关联方之间的业务往来，不符合独立交易原则而减少企业或者其关联方应纳税收入或者所得额的，税务机关有权按照合理方法调整。

企业与其关联方共同开发、受让无形资产，或者共同提供、接受劳务发生的成本，在计算应纳税所得额时应当按照独立交易原则进行分摊。

【注释】《企业所得税法实施条例》第109—112条对本条进行了解释。

第四十二条　企业可以向税务机关提出与其关联方之间业务往来的定价原则和计算方法，税务机关与企业协商、确认后，达成预约定价安排。

【注释】《企业所得税法实施条例》第113条对本条进行了解释。相关规定包括：《关联企业间业务往来预约定价实施规则(试行)》(国税发[2004]118号)。

第四十三条　企业向税务机关报送年度企业所得税纳税申报表时，应当就其与关联方之间的业务往来，附送年度关联业务往来报告表。

税务机关在进行关联业务调查时，企业及其关联方，以及与关联业务调查有关的其他企业，应当按照规定提供相关资料。

【注释】《企业所得税法实施条例》第114条对本条进行了解释。

第四十四条　企业不提供与其关联方之间业务往来资料，或者提供虚假、不完整资料，未能真实反映其关联业务往来情况的，税务机关有权依法核定其应纳税所得额。

【注释】《企业所得税法实施条例》第115条对本条进行了解释。

第四十五条　由居民企业，或者由居民企业和中国居民控制的设立在实际税负明显低于本法第四条第一款规定税率水平的国家(地区)的企业，并非由于合理的经营需要而对利润不作分配或者减少分配的，上述利润中应归属于该居民企业的部分，应当计入该居民企业的当期收入。

【注释】《企业所得税法实施条例》第116—118条对本条进行了解释。

第四十六条　企业从其关联方接受的债权性投资与权益性投资的比例超过规定标准而发生的利息支出，不得在计算应纳税所得额时扣除。

【注释】《企业所得税法实施条例》第119条对本条进行了解释。

第四十七条　企业实施其他不具有合理商业目的的安排而减少其应纳税收入或者所得额的，税务机关有权按照合理方法调整。

【注释】《企业所得税法实施条例》第120条对本条进行了解释。

第四十八条　税务机关依照本章规定作出纳税调整，需要补征税款的，应当补征税款，并按照国务院规定加收利息。

【注释】《企业所得税法实施条例》第122条对本条进行了解释。

第七章　征收管理

第四十九条　企业所得税的征收管理除本法规定外，依照《中华人民共和国税收征收管理法》的规定执行。

第五十条　除税收法律、行政法规另有规定外，居民企业以企业登记注册地为纳税地点；但登记注册地在境外的，以实际管理机构所在地为纳税地点。

居民企业在中国境内设立不具有法人资格的营业机构的，应当汇总计算并缴纳企业所得税。

【注释】《企业所得税法实施条例》第124、125条对本条进行了解释。

第五十一条 非居民企业取得本法第三条第二款规定的所得，以机构、场所所在地为纳税地点。非居民企业在中国境内设立两个或者两个以上机构、场所的，经税务机关审核批准，可以选择由其主要机构、场所汇总缴纳企业所得税。

非居民企业取得本法第三条第三款规定的所得，以扣缴义务人所在地为纳税地点。

【注释】《企业所得税法实施条例》第126、127条对本条进行了解释。

第五十二条 除国务院另有规定外，企业之间不得合并缴纳企业所得税。

第五十三条 企业所得税按纳税年度计算。纳税年度自公历1月1日起至12月31日止。

企业在一个纳税年度中间开业，或者终止经营活动，使该纳税年度的实际经营期不足十二个月的，应当以其实际经营期为一个纳税年度。

企业依法清算时，应当以清算期间作为一个纳税年度。

第五十四条 企业所得税分月或者分季预缴。

企业应当自月份或者季度终了之日起十五日内，向税务机关报送预缴企业所得税纳税申报表，预缴税款。

业应当自年度终了之日起五个月内，向税务机关报送年度企业所得税纳税申报表，并汇算清缴，结清应缴应退税款。

企业在报送企业所得税纳税申报表时，应当按照规定附送财务会计报告和其他有关资料。

【注释】《企业所得税法实施条例》第128、129条对本条进行了解释。相关规定包括：《企业所得税汇算清缴纳税申报鉴证业务准则（试行）》（国税发[2007]10号）、《国家税务总局关于印发〈中华人民共和国企业所得税月（季）度预缴纳税申报表〉等报表的通知》（国税函[2008]44号）、《国家税务总局关于企业所得税预缴问题的通知》（国税发[2008]17号）。

第五十五条 企业在年度中间终止经营活动的，应当自实际经营终止之日起六十日内，向税务机关办理当期企业所得税汇算清缴。

企业应当在办理注销登记前，就其清算所得向税务机关申报并依法缴纳企业所得税。

【注释】《企业所得税法实施条例》第11条对本条进行了解释。

第五十六条 依照本法缴纳的企业所得税，以人民币计算。所得以人民币以外的货币计算的，应当折合成人民币计算并缴纳税款。

【注释】《企业所得税法实施条例》第130条对本条进行了解释。

第八章 附 则

第五十七条 本法公布前已经批准设立的企业，依照当时的税收法律、行政法规规定，享受低税率优惠的，按照国务院规定，可以在本法施行后五年内，逐步过渡到本法规定的税率；享受定期减免税优惠的，按照国务院规定，可以在本法施行后继续享受到期满为止，但因未获利而尚未享受优惠的，优惠期限从本法施行年度起计算。

法律设置的发展对外经济合作和技术交流的特定地区内，以及国务院已规定执行上述地区特殊政策的地区内新设立的国家需要重点扶持的高新技术企业，可以享受过渡性税收优惠，具体办法由国务院规定。

国家已确定的其他鼓励类企业，可以按照国务院规定享受减免税优惠。

【注释】《企业所得税法实施条例》第131条对本条进行了解释。《国务院关于实施企业所得税过渡优惠政策的通知》（国发[2007]39号）、《国务院关于经济特区和上海浦东新区新设立高新技术企业实行过渡性税收优惠的通知》（国发[2007]40号）详细规定了过渡政策。

第五十八条 中华人民共和国政府同外国政府订立的有关税收的协定与本法有不同规定的，依照协定的规定办理。

第五十九条 国务院根据本法制定实施条例。

第六十条 本法自2008年1月1日起施行。1991年4月9日第七届全国人民代表大会第四次会议通过的《中华人民共和国外商投资企业和外国企业所得税法》和1993年12月13日国务院发布的《中华人民共和国企业所得税暂行条例》同时废止。

中华人民共和国企业所得税法实施条例

（国务院2007年12月6日发布，国务院令[2007]第512号）

第一章　总　　则

第一条　根据《中华人民共和国企业所得税法》（以下简称企业所得税法）的规定，制定本条例。

第二条　企业所得税法第一条所称个人独资企业、合伙企业，是指依照中国法律、行政法规成立的个人独资企业、合伙企业。

【注释】　解释《企业所得税法》第1条。

第三条　企业所得税法第二条所称依法在中国境内成立的企业，包括依照中国法律、行政法规在中国境内成立的企业、事业单位、社会团体以及其他取得收入的组织。

企业所得税法第二条所称依照外国（地区）法律成立的企业，包括依照外国（地区）法律成立的企业和其他取得收入的组织。

【注释】　解释《企业所得税法》第2条。

第四条　企业所得税法第二条所称实际管理机构，是指对企业的生产经营、人员、账务、财产等实施实质性全面管理和控制的机构。

【注释】　解释《企业所得税法》第2条。

第五条　企业所得税法第二条第三款所称机构、场所，是指在中国境内从事生产经营活动的机构、场所，包括：

（一）管理机构、营业机构、办事机构；

（二）工厂、农场、开采自然资源的场所；

（三）提供劳务的场所；

（四）从事建筑、安装、装配、修理、勘探等工程作业的场所；

（五）其他从事生产经营活动的机构、场所。

非居民企业委托营业代理人在中国境内从事生产经营活动的，包括委托单位或者个人经常代其签订合同，或者储存、交付货物等，该营业代理人视为非居民企业在中国境内设立的机构、场所。

【注释】　解释《企业所得税法》第2条。

第六条　企业所得税法第三条所称所得，包括销售货物所得、提供劳务所得、转让财产所得、股息红利等权益性投资所得、利息所得、租金所得、特许权使用费所得、接受捐赠所得和其他所得。

【注释】　解释《企业所得税法》第3条。

第七条　企业所得税法第三条所称来源于中国境内、境外的所得，按照以下原则确定：

（一）销售货物所得，按照交易活动发生地确定；

（二）提供劳务所得，按照劳务发生地确定；

（三）转让财产所得，不动产转让所得按照不动产所在地确定，动产转让所得按照转让动产的企业或者机构、场所所在地确定，权益性投资资产转让所得按照被投资企业所在地确定；

（四）股息、红利等权益性投资所得，按照分配所得的企业所在地确定；

（五）利息所得、租金所得、特许权使用费所得，按照负担、支付所得的企业或者机构、场所所在地确定，或者按照负担、支付所得的个人的住所地确定；

（六）其他所得，由国务院财政、税务主管部门确定。

【注释】　解释《企业所得税法》第3条。

第八条　企业所得税法第三条所称实际联系，是指非居民企业在中国境内设立的机构、场所拥有据以取得所得的股权、债权，以及拥有、管理、控制据以取得所得的财产等。

【注释】　解释《企业所得税法》第3条。

第二章　应纳税所得额

第一节　一般规定

第九条　企业应纳税所得额的计算，以权责发生制为原则，属于当期的收入和费用，不论款项是否收付，均作为当期的收入和费用；不属于当期的收入和费用，即使款项已经在当期收付，均不作为当期的收入和费用。本条例和国务院财政、税务主管部门另有规定的除外。

第十条 企业所得税法第五条所称亏损，是指企业依照企业所得税法和本条例的规定将每一纳税年度的收入总额减除不征税收入、免税收入和各项扣除后小于零的数额。

【注释】 解释《企业所得税法》第5条。

第十一条 企业所得税法第五十五条所称清算所得，是指企业的全部资产可变现价值或者交易价格减除资产净值、清算费用以及相关税费等后的余额。

投资方企业从被清算企业分得的剩余资产，其中相当于从被清算企业累计未分配利润和累计盈余公积中应当分得的部分，应当确认为股息所得；剩余资产减除上述股息所得后的余额，超过或者低于投资成本的部分，应当确认为投资资产转让所得或者损失。

【注释】 解释《企业所得税法》第55条。

第二节 收 入

第十二条 企业所得税法第六条所称企业取得收入的货币形式，包括现金、存款、应收账款、应收票据、准备持有至到期的债券投资以及债务的豁免等。

企业所得税法第六条所称企业取得收入的非货币形式，包括固定资产、生物资产、无形资产、股权投资、存货、不准备持有至到期的债券投资、劳务以及有关权益等。

【注释】 解释《企业所得税法》第6条。

第十三条 企业所得税法第六条所称企业以非货币形式取得的收入，应当按照公允价值确定收入额。

前款所称公允价值，是指按照市场价格确定的价值。

【注释】 解释《企业所得税法》第6条。

第十四条 企业所得税法第六条第(一)项所称销售货物收入，是指企业销售商品、产品、原材料、包装物、低值易耗品以及其他存货取得的收入。

【注释】 解释《企业所得税法》第6条。

第十五条 企业所得税法第六条第(二)项所称提供劳务收入，是指企业从事建筑安装、修理修配、交通运输、仓储租赁、金融保险、邮电通信、咨询经纪、文化体育、科学研究、技术服务、教育培训、餐饮住宿、中介代理、卫生保健、社区服务、旅游、娱乐、加工以及其他劳务服务活动取得的收入。

【注释】 解释《企业所得税法》第6条。

第十六条 企业所得税法第六条第(三)项所称转让财产收入，是指企业转让固定资产、生物资产、无形资产、股权、债权等财产取得的收入。

【注释】 解释《企业所得税法》第6条。

第十七条 企业所得税法第六条第(四)项所称股息、红利等权益性投资收益，是指企业因权益性投资从被投资方取得的收入。

股息、红利等权益性投资收益，除国务院财政、税务主管部门另有规定外，按照被投资方作出利润分配决定的日期确认收入的实现。

【注释】 解释《企业所得税法》第6条。

第十八条 企业所得税法第六条第(五)项所称利息收入，是指企业将资金提供他人使用但不构成权益性投资，或者因他人占用本企业资金取得的收入，包括存款利息、贷款利息、债券利息、欠款利息等收入。

息收入，按照合同约定的债务人应付利息的日期确认收入的实现。

【注释】 解释《企业所得税法》第6条。

第十九条 企业所得税法第六条第(六)项所称租金收入，是指企业提供固定资产、包装物或者其他有形资产的使用权取得的收入。

租金收入，按照合同约定的承租人应付租金的日期确认收入的实现。

【注释】 解释《企业所得税法》第6条。

第二十条 企业所得税法第六条第(七)项所称特许权使用费收入，是指企业提供专利权、非专利技术、商标权、著作权以及其他特许权的使用权取得的收入。

特许权使用费收入，按照合同约定的特许权使用人应付特许权使用费的日期确认收入的实现。

【注释】 解释《企业所得税法》第6条。

第二十一条 企业所得税法第六条第(八)项所称接受捐赠收入,是指企业接受的来自其他企业、组织或者个人无偿给予的货币性资产、非货币性资产。

接受捐赠收入,按照实际收到捐赠资产的日期确认收入的实现。

【注释】 解释《企业所得税法》第6条。

第二十二条 企业所得税法第六条第(九)项所称其他收入,是指企业取得的除企业所得税法第六条第(一)项至第(八)项规定的收入外的其他收入,包括企业资产溢余收入、逾期未退包装物押金收入、确实无法偿付的应付款项、已作坏账损失处理后又收回的应收款项、债务重组收入、补贴收入、违约金收入、汇兑收益等。

【注释】 解释《企业所得税法》第6条。

第二十三条 企业的下列生产经营业务可以分期确认收入的实现:

(一)以分期收款方式销售货物的,按照合同约定的收款日期确认收入的实现;

(二)企业受托加工制造大型机械设备、船舶、飞机,以及从事建筑、安装、装配工程业务或者提供其他劳务等,持续时间超过12个月的,按照纳税年度内完工进度或者完成的工作量确认收入的实现。

第二十四条 采取产品分成方式取得收入的,按照企业分得产品的日期确认收入的实现,其收入额按照产品的公允价值确定。

第二十五条 企业发生非货币性资产交换,以及将货物、财产、劳务用于捐赠、偿债、赞助、集资、广告、样品、职工福利或者利润分配等用途的,应当视同销售货物、转让财产或者提供劳务,但国务院财政、税务主管部门另有规定的除外。

第二十六条 企业所得税法第七条第(一)项所称财政拨款,是指各级人民政府对纳入预算管理的事业单位、社会团体等组织拨付的财政资金,但国务院和国务院财政、税务主管部门另有规定的除外。

企业所得税法第七条第(二)项所称行政事业性收费,是指依照法律法规等有关规定,按照国务院规定程序批准,在实施社会公共管理,以及在向公民、法人或者其他组织提供特定公共服务过程中,向特定对象收取并纳入财政管理的费用。

企业所得税法第七条第(二)项所称政府性基金,是指企业依照法律、行政法规等有关规定,代政府收取的具有专项用途的财政资金。

企业所得税法第七条第(三)项所称国务院规定的其他不征税收入,是指企业取得的,由国务院财政、税务主管部门规定专项用途并经国务院批准的财政性资金。

【注释】 解释《企业所得税法》第7条。相关规定包括:《国家税务总局关于中央和国务院各部门机关服务中心恢复征税的通知》(国税发[2007]94号)。

第三节 扣 除

第二十七条 企业所得税法第八条所称有关的支出,是指与取得收入直接相关的支出。

企业所得税法第八条所称合理的支出,是指符合生产经营活动常规,应当计入当期损益或者有关资产成本的必要和正常的支出。

【注释】 解释《企业所得税法》第8条。相关规定包括:《国家税务总局关于保险企业发生与退保业务相关佣金支出税前扣除问题的通知》(国税函[2007]880号)。

第二十八条 企业发生的支出应当区分收益性支出和资本性支出。收益性支出在发生当期直接扣除;资本性支出应当分期扣除或者计入有关资产成本,不得在发生当期直接扣除。

企业的不征税收入用于支出所形成的费用或者财产,不得扣除或者计算对应的折旧、摊销扣除。

除企业所得税法和本条例另有规定外,企业实际发生的成本、费用、税金、损失和其他支出,不得重复扣除。

第二十九条 企业所得税法第八条所称成本,是指企业在生产经营活动中发生的销售成本、销货成本、业务支出以及其他耗费。

【注释】 解释《企业所得税法》第8条。

第三十条 企业所得税法第八条所称费用,是指企业在生产经营活动中发生的销售费用、管理费用和财务费用,已经计入成本的有关费用除外。

【注释】 解释《企业所得税法》第8条。

第三十一条 企业所得税法第八条所称税金，是指企业发生的除企业所得税和允许抵扣的增值税以外的各项税金及其附加。

【注释】 解释《企业所得税法》第8条。

第三十二条 企业所得税法第八条所称损失，是指企业在生产经营活动中发生的固定资产和存货的盘亏、毁损、报废损失，转让财产损失，呆账损失，坏账损失，自然灾害等不可抗力因素造成的损失以及其他损失。

企业发生的损失，减除责任人赔偿和保险赔款后的余额，依照国务院财政、税务主管部门的规定扣除。

企业已经作为损失处理的资产，在以后纳税年度又全部收回或者部分收回时，应当计入当期收入。

【注释】 解释《企业所得税法》第8条。相关规定包括：《企业财产损失所得税前扣除管理办法》（国家税务总局令[2005]13号）、《企业财产损失所得税税前扣除鉴证业务准则（试行）》（国税发[2007]9号）。

第三十三条 企业所得税法第八条所称其他支出，是指除成本、费用、税金、损失外，企业在生产经营活动中发生的与生产经营活动有关的、合理的支出。

【注释】 解释《企业所得税法》第8条。

第三十四条 企业发生的合理的工资薪金支出，准予扣除。

前款所称工资薪金，是指企业每一纳税年度支付给在本企业任职或者受雇的员工的所有现金形式或者非现金形式的劳动报酬，包括基本工资、奖金、津贴、补贴、年终加薪、加班工资，以及与员工任职或者受雇有关的其他支出。

【注释】 解释《企业所得税法》第8条。相关规定包括：《企业支付实习生报酬税前扣除管理办法》（国税发[2007]42号）、《国家税务总局关于企事业单位公务用车制度改革后相关费用税前扣除问题的批复》（国税函[2007]305号）。

第三十五条 企业依照国务院有关主管部门或者省级人民政府规定的范围和标准为职工缴纳的基本养老保险费、基本医疗保险费、失业保险费、工伤保险费、生育保险费等基本社会保险费和住房公积金，准予扣除。

企业为投资者或者职工支付的补充养老保险费、补充医疗保险费，在国务院财政、税务主管部门规定的范围和标准内，准予扣除。

【注释】 解释《企业所得税法》第8条。

第三十六条 除企业依照国家有关规定为特殊工种职工支付的人身安全保险费和国务院财政、税务主管部门规定可以扣除的其他商业保险费外，企业为投资者或者职工支付的商业保险费，不得扣除。

【注释】 解释《企业所得税法》第8条。

第三十七条 企业在生产经营活动中发生的合理的不需要资本化的借款费用，准予扣除。

企业为购置、建造固定资产、无形资产和经过12个月以上的建造才能达到预定可销售状态的存货发生借款的，在有关资产购置、建造期间发生的合理的借款费用，应当作为资本性支出计入有关资产的成本，并依照本条例的规定扣除。

【注释】 解释《企业所得税法》第8条。相关规定包括：《财政部　国家税务总局关于执行〈企业会计准则〉有关企业所得税政策问题的通知》（财税[2007]80号）。

第三十八条 企业在生产经营活动中发生的下列利息支出，准予扣除：

（一）非金融企业向金融企业借款的利息支出、金融企业的各项存款利息支出和同业拆借利息支出、企业经批准发行债券的利息支出；

（二）非金融企业向非金融企业借款的利息支出，不超过按照金融企业同期同类贷款利率计算的数额的部分。

【注释】 解释《企业所得税法》第8条。

第三十九条 企业在货币交易中，以及纳税年度终了时将人民币以外的货币性资产、负债按照期末即期人民币汇率中间价折算为人民币时产生的汇兑损失，除已经计入有关资产成本以及与向所有者进行利润分配相关的部分外，准予扣除。

【注释】 解释《企业所得税法》第8条。

第四十条　企业发生的职工福利费支出，不超过工资薪金总额14%的部分，准予扣除。

【注释】　解释《企业所得税法》第8条。

第四十一条　企业拨缴的工会经费，不超过工资薪金总额2%的部分，准予扣除。

【注释】　解释《企业所得税法》第8条。

第四十二条　除国务院财政、税务主管部门另有规定外，企业发生的职工教育经费支出，不超过工资薪金总额2.5%的部分，准予扣除；超过部分，准予在以后纳税年度结转扣除。

【注释】　解释《企业所得税法》第8条。

第四十三条　企业发生的与生产经营活动有关的业务招待费支出，按照发生额的60%扣除，但最高不得超过当年销售(营业)收入的5‰。

【注释】　解释《企业所得税法》第8条。

第四十四条　企业发生的符合条件的广告费和业务宣传费支出，除国务院财政、税务主管部门另有规定外，不超过当年销售(营业)收入15%的部分，准予扣除；超过部分，准予在以后纳税年度结转扣除。

【注释】　解释《企业所得税法》第8条。

第四十五条　企业依照法律、行政法规有关规定提取的用于环境保护、生态恢复等方面的专项资金，准予扣除。上述专项资金提取后改变用途的，不得扣除。

【注释】　解释《企业所得税法》第8条。

第四十六条　企业参加财产保险，按照规定缴纳的保险费，准予扣除。

【注释】　解释《企业所得税法》第8条。

第四十七条　企业根据生产经营活动的需要租入固定资产支付的租赁费，按照以下方法扣除：

(一) 以经营租赁方式租入固定资产发生的租赁费支出，按照租赁期限均匀扣除；

(二) 以融资租赁方式租入固定资产发生的租赁费支出，按照规定构成融资租入固定资产价值的部分应当提取折旧费用，分期扣除。

【注释】　解释《企业所得税法》第8条。

第四十八条　企业发生的合理的劳动保护支出，准予扣除。

【注释】　解释《企业所得税法》第8条。

第四十九条　企业之间支付的管理费、企业内营业机构之间支付的租金和特许权使用费，以及非银行企业内营业机构之间支付的利息，不得扣除。

【注释】　解释《企业所得税法》第8条。

第五十条　非居民企业在中国境内设立的机构、场所，就其中国境外总机构发生的与该机构、场所生产经营有关的费用，能够提供总机构出具的费用汇集范围、定额、分配依据和方法等证明文件，并合理分摊的，准予扣除。

【注释】　解释《企业所得税法》第8条。

第五十一条　企业所得税法第九条所称公益性捐赠，是指企业通过公益性社会团体或者县级以上人民政府及其部门，用于《中华人民共和国公益事业捐赠法》规定的公益事业的捐赠。

【注释】　解释《企业所得税法》第9条。相关规定包括：《财政部　国家税务总局关于中国青少年社会教育基金会等16家单位公益救济性捐赠所得税税前扣除问题的通知》(财税[2007]112号)、《财政部　国家税务总局关于宣传文化所得税优惠政策的通知》(财税［2007］24号)。

第五十二条　本条例第五十一条所称公益性社会团体，是指同时符合下列条件的基金会、慈善组织等社会团体：

(一) 依法登记，具有法人资格；

(二) 以发展公益事业为宗旨，且不以营利为目的；

(三) 全部资产及其增值为该法人所有；

(四) 收益和营运结余主要用于符合该法人设立目的的事业；

(五) 终止后的剩余财产不归属任何个人或者营利组织；

(六) 不经营与其设立目的无关的业务；

(七) 有健全的财务会计制度；

（八）捐赠者不以任何形式参与社会团体财产的分配；

（九）国务院财政、税务主管部门会同国务院民政部门等登记管理部门规定的其他条件。

【注释】 解释《企业所得税法》第9条。相关规定包括:《财政部 国家税务总局关于中国青少年社会教育基金会等16家单位公益救济性捐赠所得税税前扣除问题的通知》(财税[2007]112号)、《财政部 国家税务总局关于宣传文化所得税优惠政策的通知》(财税［2007］24号)。

第五十三条 企业发生的公益性捐赠支出，不超过年度利润总额12%的部分，准予扣除。

年度利润总额，是指企业依照国家统一会计制度的规定计算的年度会计利润。

【注释】 解释《企业所得税法》第9条。相关规定包括:《财政部 国家税务总局关于中国青少年社会教育基金会等16家单位公益救济性捐赠所得税税前扣除问题的通知》(财税[2007]112号)、《财政部 国家税务总局关于宣传文化所得税优惠政策的通知》(财税［2007］24号)。

第五十四条 企业所得税法第十条第(六)项所称赞助支出，是指企业发生的与生产经营活动无关的各种非广告性质支出。

【注释】 解释《企业所得税法》第10条。

第五十五条 企业所得税法第十条第(七)项所称未经核定的准备金支出，是指不符合国务院财政、税务主管部门规定的各项资产减值准备、风险准备等准备金支出。

【注释】 解释《企业所得税法》第10条。

第四节 资产的税务处理

第五十六条 企业的各项资产，包括固定资产、生物资产、无形资产、长期待摊费用、投资资产、存货等，以历史成本为计税基础。

前款所称历史成本，是指企业取得该项资产时实际发生的支出。

企业持有各项资产期间资产增值或者减值，除国务院财政、税务主管部门规定可以确认损益外，不得调整该资产的计税基础。

第五十七条 企业所得税法第十一条所称固定资产，是指企业为生产产品、提供劳务、出租或者经营管理而持有的、使用时间超过12个月的非货币性资产，包括房屋、建筑物、机器、机械、运输工具以及其他与生产经营活动有关的设备、器具、工具等。

【注释】 解释《企业所得税法》第11条。

第五十八条 固定资产按照以下方法确定计税基础：

（一）外购的固定资产，以购买价款和支付的相关税费以及直接归属于使该资产达到预定用途发生的其他支出为计税基础；

（二）自行建造的固定资产，以竣工结算前发生的支出为计税基础；

（三）融资租入的固定资产，以租赁合同约定的付款总额和承租人在签订租赁合同过程中发生的相关费用为计税基础，租赁合同未约定付款总额的，以该资产的公允价值和承租人在签订租赁合同过程中发生的相关费用为计税基础；

（四）盘盈的固定资产，以同类固定资产的重置完全价值为计税基础；

（五）通过捐赠、投资、非货币性资产交换、债务重组等方式取得的固定资产，以该资产的公允价值和支付的相关税费为计税基础；

（六）改建的固定资产，除企业所得税法第十三条第(一)项和第(二)项规定的支出外，以改建过程中发生的改建支出增加计税基础。

【注释】 解释《企业所得税法》第11条。

第五十九条 固定资产按照直线法计算的折旧，准予扣除。

企业应当自固定资产投入使用月份的次月起计算折旧；停止使用的固定资产，应当自停止使用月份的次月起停止计算折旧。

企业应当根据固定资产的性质和使用情况，合理确定固定资产的预计净残值。固定资产的预计净残值一经确定，不得变更。

【注释】 解释《企业所得税法》第11条。

第六十条 除国务院财政、税务主管部门另有规定外，固定资产计算折旧的最低年限如下：

（一）房屋、建筑物，为20年；

（二）飞机、火车、轮船、机器、机械和其他生产设备，为10年；

（三）与生产经营活动有关的器具、工具、家具等，为5年；

（四）飞机、火车、轮船以外的运输工具，为4年；

（五）电子设备，为3年。

【注释】　解释《企业所得税法》第11条。

第六十一条　从事开采石油、天然气等矿产资源的企业，在开始商业性生产前发生的费用和有关固定资产的折耗、折旧方法，由国务院财政、税务主管部门另行规定。

【注释】　解释《企业所得税法》第11条。

第六十二条　生产性生物资产按照以下方法确定计税基础：

（一）外购的生产性生物资产，以购买价款和支付的相关税费为计税基础；

（二）通过捐赠、投资、非货币性资产交换、债务重组等方式取得的生产性生物资产，以该资产的公允价值和支付的相关税费为计税基础。

前款所称生产性生物资产，是指企业为生产农产品、提供劳务或者出租等而持有的生物资产，包括经济林、薪炭林、产畜和役畜等。

【注释】　解释《企业所得税法》第11条。

第六十三条　生产性生物资产按照直线法计算的折旧，准予扣除。

企业应当自生产性生物资产投入使用月份的次月起计算折旧；停止使用的生产性生物资产，应当自停止使用月份的次月起停止计算折旧。

企业应当根据生产性生物资产的性质和使用情况，合理确定生产性生物资产的预计净残值。生产性生物资产的预计净残值一经确定，不得变更。

【注释】　解释《企业所得税法》第11条。

第六十四条　生产性生物资产计算折旧的最低年限如下：

（一）林木类生产性生物资产，为10年；

（二）畜类生产性生物资产，为3年。

【注释】　解释《企业所得税法》第11条。

第六十五条　企业所得税法第十二条所称无形资产，是指企业为生产产品、提供劳务、出租或者经营管理而持有的、没有实物形态的非货币性长期资产，包括专利权、商标权、著作权、土地使用权、非专利技术、商誉等。

【注释】　解释《企业所得税法》第12条。

第六十六条　无形资产按照以下方法确定计税基础：

（一）外购的无形资产，以购买价款和支付的相关税费以及直接归属于使该资产达到预定用途发生的其他支出为计税基础；

（二）自行开发的无形资产，以开发过程中该资产符合资本化条件后至达到预定用途前发生的支出为计税基础；

（三）通过捐赠、投资、非货币性资产交换、债务重组等方式取得的无形资产，以该资产的公允价值和支付的相关税费为计税基础。

【注释】　解释《企业所得税法》第12条。

第六十七条　无形资产按照直线法计算的摊销费用，准予扣除。

无形资产的摊销年限不得低于10年。

作为投资或者受让的无形资产，有关法律规定或者合同约定了使用年限的，可以按照规定或者约定的使用年限分期摊销。

外购商誉的支出，在企业整体转让或者清算时，准予扣除。

【注释】　解释《企业所得税法》第12条。

第六十八条　企业所得税法第十三条第（一）项和第（二）项所称固定资产的改建支出，是指改变房屋或者建筑物结构、延长使用年限等发生的支出。

企业所得税法第十三条第(一)项规定的支出，按照固定资产预计尚可使用年限分期摊销；第(二)项规定的支出，按照合同约定的剩余租赁期限分期摊销。

改建的固定资产延长使用年限的，除企业所得税法第十三条第(一)项和第(二)项规定外，应当适当延长折旧年限。

【注释】 解释《企业所得税法》第13条。相关规定包括：《国家税务总局关于铁路运输企业机车车辆大修理支出税前扣除问题的通知》(国税函[2007]762号)。

第六十九条 企业所得税法第十三条第(三)项所称固定资产的大修理支出，是指同时符合下列条件的支出：

(一) 修理支出达到取得固定资产时的计税基础50%以上；

(二) 修理后固定资产的使用年限延长2年以上。

企业所得税法第十三条第(三)项规定的支出，按照固定资产尚可使用年限分期摊销。

【注释】 解释《企业所得税法》第13条。相关规定包括：《国家税务总局关于铁路运输企业机车车辆大修理支出税前扣除问题的通知》(国税函[2007]762号)。

第七十条 企业所得税法第十三条第(四)项所称其他应当作为长期待摊费用的支出，自支出发生月份的次月起，分期摊销，摊销年限不得低于3年。

【注释】 解释《企业所得税法》第13条。相关规定包括：《国家税务总局关于铁路运输企业机车车辆大修理支出税前扣除问题的通知》(国税函[2007]762号)。

第七十一条 企业所得税法第十四条所称投资资产，是指企业对外进行权益性投资和债权性投资形成的资产。

企业在转让或者处置投资资产时，投资资产的成本，准予扣除。

投资资产按照以下方法确定成本：

(一) 通过支付现金方式取得的投资资产，以购买价款为成本；

(二) 通过支付现金以外的方式取得的投资资产，以该资产的公允价值和支付的相关税费为成本。

【注释】 解释《企业所得税法》第14条。

第七十二条 企业所得税法第十五条所称存货，是指企业持有以备出售的产品或者商品、处在生产过程中的在产品、在生产或者提供劳务过程中耗用的材料和物料等。

存货按照以下方法确定成本：

(一) 通过支付现金方式取得的存货，以购买价款和支付的相关税费为成本；

(二) 通过支付现金以外的方式取得的存货，以该存货的公允价值和支付的相关税费为成本；

(三) 生产性生物资产收获的农产品，以产出或者采收过程中发生的材料费、人工费和分摊的间接费用等必要支出为成本。

【注释】 解释《企业所得税法》第15条。

第七十三条 企业使用或者销售的存货的成本计算方法，可以在先进先出法、加权平均法、个别计价法中选用一种。计价方法一经选用，不得随意变更。

【注释】 解释《企业所得税法》第15条。

第七十四条 企业所得税法第十六条所称资产的净值和第十九条所称财产净值，是指有关资产、财产的计税基础减除已经按照规定扣除的折旧、折耗、摊销、准备金等后的余额。

【注释】 解释《企业所得税法》第16条、第19条。

第七十五条 除国务院财政、税务主管部门另有规定外，企业在重组过程中，应当在交易发生时确认有关资产的转让所得或者损失，相关资产应当按照交易价格重新确定计税基础。

第三章 应纳税额

第七十六条 企业所得税法第二十二条规定的应纳税额的计算公式为：

应纳税额＝应纳税所得额×适用税率－减免税额－抵免税额

公式中的减免税额和抵免税额，是指依照企业所得税法和国务院的税收优惠规定减征、免征和抵免的应纳税额。

【注释】 解释《企业所得税法》第22条。

第七十七条 企业所得税法第二十三条所称已在境外缴纳的所得税税额，是指企业来源于中国境外的所得依照中国境外税收法律以及相关规定应当缴纳并已经实际缴纳的企业所得税性质的税款。

【注释】 解释《企业所得税法》第23条。

第七十八条 企业所得税法第二十三条所称抵免限额，是指企业来源于中国境外的所得，依照企业所得税法和本条例的规定计算的应纳税额。除国务院财政、税务主管部门另有规定外，该抵免限额应当分国（地区）不分项计算，计算公式如下：

$$\text{抵免限额}=\text{中国境内、境外所得依照企业所得税法和本条例的规定计算的应纳税总额}\times\frac{\text{来源于某国（地区）的应纳税所得额}}{\text{中国境内、境外应纳税所得总额}}$$

【注释】 解释《企业所得税法》第23条。

第七十九条 企业所得税法第二十三条所称5个年度，是指从企业取得的来源于中国境外的所得，已经在中国境外缴纳的企业所得税性质的税额超过抵免限额的当年的次年起连续5个纳税年度。

【注释】 解释《企业所得税法》第23条。

第八十条 企业所得税法第二十四条所称直接控制，是指居民企业直接持有外国企业20%以上股份。

企业所得税法第二十四条所称间接控制，是指居民企业以间接持股方式持有外国企业20%以上股份，具体认定办法由国务院财政、税务主管部门另行制定。

【注释】 解释《企业所得税法》第24条。

第八十一条 企业依照企业所得税法第二十三条、第二十四条的规定抵免企业所得税税额时，应当提供中国境外税务机关出具的税款所属年度的有关纳税凭证。

【注释】 解释《企业所得税法》第23条、第24条。

第四章 税收优惠

第八十二条 企业所得税法第二十六条第(一)项所称国债利息收入，是指企业持有国务院财政部门发行的国债取得的利息收入。

【注释】 解释《企业所得税法》第26条。

第八十三条 企业所得税法第二十六条第(二)项所称符合条件的居民企业之间的股息、红利等权益性投资收益，是指居民企业直接投资于其他居民企业取得的投资收益。企业所得税法第二十六条第(二)项和第(三)项所称股息、红利等权益性投资收益，不包括连续持有居民企业公开发行并上市流通的股票不足12个月取得的投资收益。

【注释】 解释《企业所得税法》第26条。

第八十四条 企业所得税法第二十六条第(四)项所称符合条件的非营利组织，是指同时符合下列条件的组织：

(一) 依法履行非营利组织登记手续；

(二) 从事公益性或者非营利性活动；

(三) 取得的收入除用于与该组织有关的、合理的支出外，全部用于登记核定或者章程规定的公益性或者非营利性事业；

(四) 财产及其孳息不用于分配；

(五) 按照登记核定或者章程规定，该组织注销后的剩余财产用于公益性或者非营利性目的，或者由登记管理机关转赠给与该组织性质、宗旨相同的组织，并向社会公告；

(六) 投入人对投入该组织的财产不保留或者享有任何财产权利；

(七) 工作人员工资福利开支控制在规定的比例内，不变相分配该组织的财产。

前款规定的非营利组织的认定管理办法由国务院财政、税务主管部门会同国务院有关部门制定。

【注释】 解释《企业所得税法》第26条。

第八十五条 企业所得税法第二十六条第(四)项所称符合条件的非营利组织的收入，不包括非营利组织从事营利性活动取得的收入，但国务院财政、税务主管部门另有规定的除外。

【注释】 解释《企业所得税法》第26条。相关规定包括：《财政部　国家税务总局关于国家大学科技园有关税收政策问题的通知》(财税[2007]120号)、《财政部　国家税务总局关于科技企业孵化器有关税收政策问题的通知》(财税[2007]121号)。

第八十六条 企业所得税法第二十七条第(一)项规定的企业从事农、林、牧、渔业项目的所得，可以免征、减征企业所得税，是指：

(一) 企业从事下列项目的所得，免征企业所得税：

1. 蔬菜、谷物、薯类、油料、豆类、棉花、麻类、糖料、水果、坚果的种植；
2. 农作物新品种的选育；
3. 中药材的种植；
4. 林木的培育和种植；
5. 牲畜、家禽的饲养；
6. 林产品的采集；
7. 灌溉、农产品初加工、兽医、农技推广、农机作业和维修等农、林、牧、渔服务业项目；
8. 远洋捕捞。

(二) 企业从事下列项目的所得，减半征收企业所得税：

1. 花卉、茶以及其他饮料作物和香料作物的种植；
2. 海水养殖、内陆养殖。

企业从事国家限制和禁止发展的项目，不得享受本条规定的企业所得税优惠。

【注释】 解释《企业所得税法》第 27 条。

第八十七条 企业所得税法第二十七条第(二)项所称国家重点扶持的公共基础设施项目，是指《公共基础设施项目企业所得税优惠目录》规定的港口码头、机场、铁路、公路、城市公共交通、电力、水利等项目。

企业从事前款规定的国家重点扶持的公共基础设施项目的投资经营的所得，自项目取得第一笔生产经营收入所属纳税年度起，第一年至第三年免征企业所得税，第四年至第六年减半征收企业所得税。

企业承包经营、承包建设和内部自建自用本条规定的项目，不得享受本条规定的企业所得税优惠。

【注释】 解释《企业所得税法》第 27 条。

第八十八条 企业所得税法第二十七条第(三)项所称符合条件的环境保护、节能节水项目，包括公共污水处理、公共垃圾处理、沼气综合开发利用、节能减排技术改造、海水淡化等。项目的具体条件和范围由国务院财政、税务主管部门商国务院有关部门制订，报国务院批准后公布施行。

企业从事前款规定的符合条件的环境保护、节能节水项目的所得，自项目取得第一笔生产经营收入所属纳税年度起，第一年至第三年免征企业所得税，第四年至第六年减半征收企业所得税。

【注释】 解释《企业所得税法》第 27 条。

第八十九条 依照本条例第八十七条和第八十八条规定享受减免税优惠的项目，在减免税期限内转让的，受让方自受让之日起，可以在剩余期限内享受规定的减免税优惠；减免税期限届满后转让的，受让方不得就该项目重复享受减免税优惠。

【注释】 解释《企业所得税法》第 27 条。

第九十条 企业所得税法第二十七条第(四)项所称符合条件的技术转让所得免征、减征企业所得税，是指一个纳税年度内，居民企业技术转让所得不超过 500 万元的部分，免征企业所得税；超过 500 万元的部分，减半征收企业所得税。

【注释】 解释《企业所得税法》第 27 条。

第九十一条 非居民企业取得企业所得税法第二十七条第(五)项规定的所得，减按 10%的税率征收企业所得税。

下列所得可以免征企业所得税：

(一) 外国政府向中国政府提供贷款取得的利息所得；

(二) 国际金融组织向中国政府和居民企业提供优惠贷款取得的利息所得；

(三) 经国务院批准的其他所得。

【注释】 解释《企业所得税法》第 27 条。

第九十二条 企业所得税法第二十八条第一款所称符合条件的小型微利企业，是指从事国家非限制和禁止行业，并符合下列条件的企业：

(一) 工业企业，年度应纳税所得额不超过 30 万元，从业人数不超过 100 人，资产总额不超过 3000 万元；

(二) 其他企业，年度应纳税所得额不超过 30 万元，从业人数不超过 80 人，资产总额不超过 1000 万元。

【注释】 解释《企业所得税法》第 28 条。

第九十三条 企业所得税法第二十八条第二款所称国家需要重点扶持的高新技术企业，是指拥有核心自主知识产权，并同时符合下列条件的企业：

(一) 产品(服务)属于《国家重点支持的高新技术领域》规定的范围；

(二) 研究开发费用占销售收入的比例不低于规定比例；

(三) 高新技术产品(服务)收入占企业总收入的比例不低于规定比例；

(四) 科技人员占企业职工总数的比例不低于规定比例；

(五) 高新技术企业认定管理办法规定的其他条件。

《国家重点支持的高新技术领域》和高新技术企业认定管理办法由国务院科技、财政、税务主管部门商国务院有关部门制订，报国务院批准后公布施行。

【注释】 解释《企业所得税法》第 28 条。

第九十四条 企业所得税法第二十九条所称民族自治地方，是指依照《中华人民共和国民族区域自治法》的规定，实行民族区域自治的自治区、自治州、自治县。

对民族自治地方内国家限制和禁止行业的企业，不得减征或者免征企业所得税。

【注释】 解释《企业所得税法》第 29 条。

第九十五条 企业所得税法第三十条第(一)项所称研究开发费用的加计扣除，是指企业为开发新技术、新产品、新工艺发生的研究开发费用，未形成无形资产计入当期损益的，在按照规定据实扣除的基础上，按照研究开发费用的 50%加计扣除；形成无形资产的，按照无形资产成本的 150%摊销。

【注释】 解释《企业所得税法》第 30 条。

第九十六条 企业所得税法第三十条第(二)项所称企业安置残疾人员所支付的工资的加计扣除，是指企业安置残疾人员的，在按照支付给残疾职工工资据实扣除的基础上，按照支付给残疾职工工资的 100%加计扣除。残疾人员的范围适用《中华人民共和国残疾人保障法》的有关规定。

企业所得税法第三十条第(二)项所称企业安置国家鼓励安置的其他就业人员所支付的工资的加计扣除办法，由国务院另行规定。

【注释】 解释《企业所得税法》第 30 条。相关规定包括：《财政部 国家税务总局关于促进残疾人就业税收优惠政策的通知》(财税[2007]92 号)。

第九十七条 企业所得税法第三十一条所称抵扣应纳税所得额，是指创业投资企业采取股权投资方式投资于未上市的中小高新技术企业 2 年以上的，可以按照其投资额的 70%在股权持有满 2 年的当年抵扣该创业投资企业的应纳税所得额；当年不足抵扣的，可以在以后纳税年度结转抵扣。

【注释】 解释《企业所得税法》第 31 条。相关规定包括：《财政部 国家税务总局关于促进创业投资企业发展有关税收政策的通知》(财税［2007］31 号)。

第九十八条 企业所得税法第三十二条所称可以采取缩短折旧年限或者采取加速折旧的方法的固定资产，包括：

(一) 由于技术进步，产品更新换代较快的固定资产；

(二) 常年处于强震动、高腐蚀状态的固定资产。

采取缩短折旧年限方法的，最低折旧年限不得低于本条例第六十条规定折旧年限的 60%；采取加速折旧方法的，可以采取双倍余额递减法或者年数总和法。

【注释】 解释《企业所得税法》第 32 条。

第九十九条 企业所得税法第三十三条所称减计收入，是指企业以《资源综合利用企业所得税优惠目录》规定的资源作为主要原材料，生产国家非限制和禁止并符合国家和行业相关标准的产品取得的收入，减按 90%计入收入总额。

前款所称原材料占生产产品材料的比例不得低于《资源综合利用企业所得税优惠目录》规定的标准。

【注释】 解释《企业所得税法》第 33 条。

第一百条 企业所得税法第三十四条所称税额抵免，是指企业购置并实际使用《环境保护专用设备企业所得税优惠目录》、《节能节水专用设备企业所得税优惠目录》和《安全生产专用设备企业所得税优惠目录》规定的环境保护、节能节水、安全生产等专用设备的，该专用设备的投资额的10%可以从企业当年的应纳税额中抵免；当年不足抵免的，可以在以后5个纳税年度结转抵免。

享受前款规定的企业所得税优惠的企业，应当实际购置并自身实际投入使用前款规定的专用设备；企业购置上述专用设备在5年内转让、出租的，应当停止享受企业所得税优惠，并补缴已经抵免的企业所得税税款。

【注释】 解释《企业所得税法》第34条。

第一百零一条 本章第八十七条、第九十九条、第一百条规定的企业所得税优惠目录，由国务院财政、税务主管部门商国务院有关部门制订，报国务院批准后公布施行。

第一百零二条 企业同时从事适用不同企业所得税待遇的项目的，其优惠项目应当单独计算所得，并合理分摊企业的期间费用；没有单独计算的，不得享受企业所得税优惠。

第五章 源泉扣缴

第一百零三条 依照企业所得税法对非居民企业应当缴纳的企业所得税实行源泉扣缴的，应当依照企业所得税法第十九条的规定计算应纳税所得额。

企业所得税法第十九条所称收入全额，是指非居民企业向支付人收取的全部价款和价外费用。

第一百零四条 企业所得税法第三十七条所称支付人，是指依照有关法律规定或者合同约定对非居民企业直接负有支付相关款项义务的单位或者个人。

【注释】 解释《企业所得税法》第37条。

第一百零五条 企业所得税法第三十七条所称支付，包括现金支付、汇拨支付、转账支付和权益兑价支付等货币支付和非货币支付。

企业所得税法第三十七条所称到期应支付的款项，是指支付人按照权责发生制原则应当计入相关成本、费用的应付款项。

【注释】 解释《企业所得税法》第37条。

第一百零六条 企业所得税法第三十八条规定的可以指定扣缴义务人的情形，包括：

（一）预计工程作业或者提供劳务期限不足一个纳税年度，且有证据表明不履行纳税义务的；

（二）没有办理税务登记或者临时税务登记，且未委托中国境内的代理人履行纳税义务的；

（三）未按照规定期限办理企业所得税纳税申报或者预缴申报的。

前款规定的扣缴义务人，由县级以上税务机关指定，并同时告知扣缴义务人所扣税款的计算依据、计算方法、扣缴期限和扣缴方式。

【注释】 解释《企业所得税法》第38条。

第一百零七条 企业所得税法第三十九条所称所得发生地，是指依照本条例第七条规定的原则确定的所得发生地。在中国境内存在多处所得发生地的，由纳税人选择其中之一申报缴纳企业所得税。

【注释】 解释《企业所得税法》第39条。

第一百零八条 企业所得税法第三十九条所称该纳税人在中国境内其他收入，是指该纳税人在中国境内取得的其他各种来源的收入。

税务机关在追缴该纳税人应纳税款时，应当将追缴理由、追缴数额、缴纳期限和缴纳方式等告知该纳税人。

【注释】 解释《企业所得税法》第39条。

第六章 特别纳税调整

第一百零九条 企业所得税法第四十一条所称关联方，是指与企业有下列关联关系之一的企业、其他组织或者个人：

（一）在资金、经营、购销等方面存在直接或者间接的控制关系；

（二）直接或者间接地同为第三者控制；

（三）在利益上具有相关联的其他关系。

【注释】 解释《企业所得税法》第41条。

第一百一十条 企业所得税法第四十一条所称独立交易原则，是指没有关联关系的交易各方，按照公平成交价格和营业常规进行业务往来遵循的原则。

【注释】 解释《企业所得税法》第41条。

第一百一十一条 企业所得税法第四十一条所称合理方法，包括：

（一）可比非受控价格法，是指按照没有关联关系的交易各方进行相同或者类似业务往来的价格进行定价的方法；

（二）再销售价格法，是指按照从关联方购进商品再销售给没有关联关系的交易方的价格，减除相同或者类似业务的销售毛利进行定价的方法；

（三）成本加成法，是指按照成本加合理的费用和利润进行定价的方法；

（四）交易净利润法，是指按照没有关联关系的交易各方进行相同或者类似业务往来取得的净利润水平确定利润的方法；

（五）利润分割法，是指将企业与其关联方的合并利润或者亏损在各方之间采用合理标准进行分配的方法；

（六）其他符合独立交易原则的方法。

【注释】 解释《企业所得税法》第41条。

第一百一十二条 企业可以依照企业所得税法第四十一条第二款的规定，按照独立交易原则与其关联方分摊共同发生的成本，达成成本分摊协议。

企业与其关联方分摊成本时，应当按照成本与预期收益相配比的原则进行分摊，并在税务机关规定的期限内，按照税务机关的要求报送有关资料。

企业与其关联方分摊成本时违反本条第一款、第二款规定的，其自行分摊的成本不得在计算应纳税所得额时扣除。

【注释】 解释《企业所得税法》第41条。

第一百一十三条 企业所得税法第四十二条所称预约定价安排，是指企业就其未来年度关联交易的定价原则和计算方法，向税务机关提出申请，与税务机关按照独立交易原则协商、确认后达成的协议。

【注释】 解释《企业所得税法》第42条。相关规定包括：《关联企业间业务往来预约定价实施规则（试行）》（国税发[2004]118号）。

第一百一十四条 企业所得税法第四十三条所称相关资料，包括：

（一）与关联业务往来有关的价格、费用的制定标准、计算方法和说明等同期资料；

（二）关联业务往来所涉及的财产、财产使用权、劳务等的再销售（转让）价格或者最终销售（转让）价格的相关资料；

（三）与关联业务调查有关的其他企业应当提供的与被调查企业可比的产品价格、定价方式以及利润水平等资料；

（四）其他与关联业务往来有关的资料。

企业所得税法第四十三条所称与关联业务调查有关的其他企业，是指与被调查企业在生产经营内容和方式上相类似的企业。

企业应当在税务机关规定的期限内提供与关联业务往来有关的价格、费用的制定标准、计算方法和说明等资料。关联方以及与关联业务调查有关的其他企业应当在税务机关与其约定的期限内提供相关资料。

【注释】 解释《企业所得税法》第43条。

第一百一十五条 税务机关依照企业所得税法第四十四条的规定核定企业的应纳税所得额时，可以采用下列方法：

（一）参照同类或者类似企业的利润率水平核定；

（二）按照企业成本加合理的费用和利润的方法核定；

（三）按照关联企业集团整体利润的合理比例核定；

（四）按照其他合理方法核定。

企业对税务机关按照前款规定的方法核定的应纳税所得额有异议的，应当提供相关证据，经税务机关……，调整核定的应纳税所得额。

【注释】 解释《企业所得税法》第44条。

第一百一十六条 企业所得税法第四十五条所称中国居民，是指根据《中华人民共和国个人所得税法》的规定，就其从中国境内、境外取得的所得在中国缴纳个人所得税的个人。

【注释】 解释《企业所得税法》第45条。

第一百一十七条 企业所得税法第四十五条所称控制，包括：

(一) 居民企业或者中国居民直接或者间接单一持有外国企业10%以上有表决权股份，且由其共同持有该外国企业50%以上股份；

(二) 居民企业，或者居民企业和中国居民持股比例没有达到第(一)项规定的标准，但在股份、资金、经营、购销等方面对该外国企业构成实质控制。

【注释】 解释《企业所得税法》第45条。

第一百一十八条 企业所得税法第四十五条所称实际税负明显低于企业所得税法第四条第一款规定税率水平，是指低于企业所得税法第四条第一款规定税率的50%。

【注释】 解释《企业所得税法》第45条。

第一百一十九条 企业所得税法第四十六条所称债权性投资，是指企业直接或者间接从关联方获得的，需要偿还本金和支付利息或者需要以其他具有支付利息性质的方式予以补偿的融资。

企业间接从关联方获得的债权性投资，包括：

(一) 关联方通过无关联第三方提供的债权性投资；

(二) 无关联第三方提供的、由关联方担保且负有连带责任的债权性投资；

(三) 其他间接从关联方获得的具有负债实质的债权性投资。

企业所得税法第四十六条所称权益性投资，是指企业接受的不需要偿还本金和支付利息，投资人对企业净资产拥有所有权的投资。

企业所得税法第四十六条所称标准，由国务院财政、税务主管部门另行规定。

【注释】 解释《企业所得税法》第46条。

第一百二十条 企业所得税法第四十七条所称不具有合理商业目的，是指以减少、免除或者推迟缴纳税款为主要目的。

【注释】 解释《企业所得税法》第47条。

第一百二十一条 税务机关根据税收法律、行政法规的规定，对企业作出特别纳税调整的，应当对补征的税款，自税款所属纳税年度的次年6月1日起至补缴税款之日止的期间，按日加收利息。

前款规定加收的利息，不得在计算应纳税所得额时扣除。

第一百二十二条 企业所得税法第四十八条所称利息，应当按照税款所属纳税年度中国人民银行公布的与补税期间同期的人民币贷款基准利率加5个百分点计算。

企业依照企业所得税法第四十三条和本条例的规定提供有关资料的，可以只按前款规定的人民币贷款基准利率计算利息。

【注释】 解释《企业所得税法》第48条。

第一百二十三条 企业与其关联方之间的业务往来，不符合独立交易原则，或者企业实施其他不具有合理商业目的的安排的，税务机关有权在该业务发生的纳税年度起10年内，进行纳税调整。

第七章 征收管理

第一百二十四条 企业所得税法第五十条所称企业登记注册地，是指企业依照国家有关规定登记注册的住所地。

【注释】 解释《企业所得税法》第50条。

第一百二十五条 企业汇总计算并缴纳企业所得税时，应当统一核算应纳税所得额，具体办法由国务院财政、税务主管部门另行制定。

【注释】 解释《企业所得税法》第50条。

第一百二十六条 企业所得税法第五十一条所称主要机构、场所，应当同时符合下列条件：

(一) 对其他各机构、场所的生产经营活动负有监督管理责任；

（二）设有完整的账簿、凭证，能够准确反映各机构、场所的收入、成本、费用和盈亏情况。

【注释】 解释《企业所得税法》第 51 条。

第一百二十七条 企业所得税法第五十一条所称经税务机关审核批准，是指经各机构、场所所在地税务机关的共同上级税务机关审核批准。

非居民企业经批准汇总缴纳企业所得税后，需要增设、合并、迁移、关闭机构、场所或者停止机构、场所业务的，应当事先由负责汇总申报缴纳企业所得税的主要机构、场所向其所在地税务机关报告；需要变更汇总缴纳企业所得税的主要机构、场所的，依照前款规定办理。

【注释】 解释《企业所得税法》第 51 条。

第一百二十八条 企业所得税分月或者分季预缴，由税务机关具体核定。

企业根据企业所得税法第五十四条规定分月或者分季预缴企业所得税时，应当按照月度或者季度的实际利润额预缴；按照月度或者季度的实际利润额预缴有困难的，可以按照上一纳税年度应纳税所得额的月度或者季度平均额预缴，或者按照经税务机关认可的其他方法预缴。预缴方法一经确定，该纳税年度内不得随意变更。

【注释】 解释《企业所得税法》第 54 条。

第一百二十九条 企业在纳税年度内无论盈利或者亏损，都应当依照企业所得税法第五十四条规定的期限，向税务机关报送预缴企业所得税纳税申报表、年度企业所得税纳税申报表、财务会计报告和税务机关规定应当报送的其他有关资料。

【注释】 解释《企业所得税法》第 54 条。

第一百三十条 企业所得以人民币以外的货币计算的，预缴企业所得税时，应当按照月度或者季度最后一日的人民币汇率中间价，折合成人民币计算应纳税所得额。年度终了汇算清缴时，对已经按照月度或者季度预缴税款的，不再重新折合计算，只就该纳税年度内未缴纳企业所得税的部分，按照纳税年度最后一日的人民币汇率中间价，折合成人民币计算应纳税所得额。

经税务机关检查确认，企业少计或者多计前款规定的所得的，应当按照检查确认补税或者退税时的上一个月最后一日的人民币汇率中间价，将少计或者多计的所得折合成人民币计算应纳税所得额，再计算应补缴或者应退的税款。

【注释】 解释《企业所得税法》第 56 条。

第八章　附　　则

第一百三十一条 企业所得税法第五十七条第一款所称本法公布前已经批准设立的企业，是指企业所得税法公布前已经完成登记注册的企业。

【注释】 解释《企业所得税法》第 57 条。

第一百三十二条 在香港特别行政区、澳门特别行政区和台湾地区成立的企业，参照适用企业所得税法第二条第二款、第三款的有关规定。

第一百三十三条 本条例自 2008 年 1 月 1 日起施行。1991 年 6 月 30 日国务院发布的《中华人民共和国外商投资企业和外国企业所得税法实施细则》和 1994 年 2 月 4 日财政部发布的《中华人民共和国企业所得税暂行条例实施细则》同时废止。

国家税务总局关于下发协定股息税率情况一览表的通知

国税函[2008]112 号

各省、自治区、直辖市和计划单列市国家税务局、地方税务局：

根据《中华人民共和国企业所得税法》及其实施条例的规定，2008 年 1 月 1 日起，非居民企业从我国居民企业获得的股息将按照 10%的税率征收预提所得税，但是，我国政府同外国政府订立的关于对所得避免双重征税和防止偷漏税的协定以及内地与香港、澳门间的税收安排（以下统称“协定”），与国内税法有不同规定的，依照协定的规定办理。为方便协定的执行，现将《协定股息税率情况一览表》印发给你们并就有关问题通知如下：

一、表中协定税率高于我国法律法规规定税率的，可以按国内法律法规规定的税率执行。

二、纳税人申请执行协定税率时必须提交享受协定待遇申请表。

三、各地税务机关应严格审批协定待遇申请，防范协定适用不当。

附件：

协定股息税率情况一览表

税率	与下列国家(地区)协定
0%	格鲁吉亚(直接拥有支付股息公司至少50%股份并在该公司投资达到200万欧元情况下)
5%	科威特、蒙古、毛里求斯、斯洛文尼亚、牙买加、南斯拉夫、苏丹、老挝、南非、克罗地亚、马其顿、塞舌尔、巴巴多斯、阿曼、巴林、沙特
5%(直接拥有支付股息公司至少10%股份情况下)	委内瑞拉、格鲁吉亚(并在该公司投资达到10万欧元)(与上述国家协定规定直接拥有支付股息公司股份低于10%情况下税率为10%)
5%(直接拥有支付股息公司至少25%股份情况下)	卢森堡、韩国、乌克兰、亚美尼亚、冰岛、立陶宛、拉脱维亚、爱沙尼亚、爱尔兰、摩尔多瓦、古巴、特多、香港、新加坡(与上述国家(地区)协定规定直接拥有支付股息公司股份低于25%情况下税率为10%)
7%	阿联酋
7%(直接拥有支付股息公司至少25%股份情况下)	奥地利(直接拥有支付股息公司股份低于25%情况下税率为10%)
8%	埃及、突尼斯、墨西哥
10%	日本、美国、法国、英国、比利时、德国、马来西亚、丹麦、芬兰、瑞典、意大利、荷兰、捷克、波兰、保加利亚、巴基斯坦、瑞士、塞浦路斯、西班牙、罗马尼亚、奥地利、匈牙利、马耳他、俄罗斯、印度、白俄罗斯、以色列、越南、土耳其、乌兹别克斯坦、葡萄牙、孟加拉、哈萨克斯坦、印尼、伊朗、吉尔吉斯、斯里兰卡、阿尔巴尼亚、阿塞拜疆、摩洛哥、澳门
10%(直接拥有支付股息公司至少10%股份情况下)	加拿大、菲律宾(与上述国家协定规定直接拥有支付股息公司股份低于10%情况下税率为15%)
15%	挪威、新西兰、巴西、巴布亚新几内亚
15%(直接拥有支付股息公司至少25%股份情况下)	泰国(直接拥有支付股息公司股份低于25%情况下税率为20%)

国家税务总局关于企业所得税预缴问题的通知

国税发[2008]17号

各省、自治区、直辖市和计划单列市国家税务局、地方税务局：

《中华人民共和国企业所得税法》(以下简称“新税法”)已于2008年1月1日起施行，为保证企业所得税预缴工作顺利进行，经研究，现对下列企业预缴问题明确如下：

一、2008年1月1日之前已经被认定为高新技术企业的，在按照新税法有关规定重新认定之前，暂按25%的税率预缴企业所得税。

上述企业如果享受新税法中其他优惠政策和国务院规定的过渡优惠政策，按有关规定执行。

二、深圳市、厦门市经济特区以外的企业以及上海浦东新区内非生产性外商投资企业和内资企业，原采取按月预缴方式的，2008年一季度改为按季度预缴。

三、原经批准实行合并纳税的企业，采取按月预缴方式的，2008年一季度改为按季度预缴。

【注释】 对《企业所得税法》第 54 条进行了解释。

国家税务总局关于高新技术企业 2008 年度缴纳企业所得税问题的通知

国税函[2008]985 号

各省、自治区、直辖市和计划单列市国家税务局、地方税务局：

为配合国家宏观调控政策的实施，及时落实高新技术企业所得税优惠政策，减轻企业负担，现就高新技术企业 2008 年度企业所得税有关问题通知如下：

一、对经认定已取得“高新技术企业证书”的企业，各级税务机关要按《国家税务总局关于企业所得税减免税管理问题的通知》(国税发[2008]111 号)的规定，及时按 15%的税率办理税款预缴。

二、经认定已取得“高新技术企业证书”的企业，2008 年以来已按 25%税率预缴税款的，可以就 25%与 15%税率差计算的税额，在 2008 年 12 月份预缴时抵缴应预缴的税款。

国家税务总局关于印发《中华人民共和国企业所得税月(季)度预缴纳税申报表》等报表的通知

国税函[2008]44 号

各省、自治区、直辖市和计划单列市国家税务局、地方税务局：

为贯彻落实《中华人民共和国企业所得税法》及其实施条例，按照企业所得税科学化、精细化管理的要求，国家税务总局制定了与新的企业所得税法配套的企业所得税月(季)度预缴纳税申报表(A 类和 B 类)、扣缴企业所得税报告表、汇总纳税分支机构企业所得税分配表及填报说明，现印发给你们，报表与新的企业所得税法同步实行。请各地税务机关及时做好上述报表的印制、发放、学习、培训等工作。

附件：1. 中华人民共和国企业所得税月(季)度预缴纳税申报表(A 类)

2. 中华人民共和国企业所得税月(季)度预缴纳税申报表(B 类)

3. 中华人民共和国企业所得税扣缴报告表

4. 中华人民共和国企业所得税汇总纳税分支机构分配表

【注释】 对《企业所得税法》第 54 条进行了细化。相关表格可以到国家税务总局和各地国家税务局网站下载。

国家税务总局关于填报企业所得税月(季)度预缴纳税申报表有关问题的通知

国税函[2008]635 号

各省、自治区、直辖市和计划单列市国家税务局、地方税务局：

根据各地贯彻落实《国家税务总局关于印发〈中华人民共和国企业所得税月(季)度预缴纳税申报表〉等报表的通知》(国税函[2008]44 号)(以下简称《通知》)过程中反映的问题，经研究，现就企业所得税月(季)度预缴纳税申报表的有关填报口径问题明确如下：

一、《中华人民共和国企业所得税月(季)度预缴纳税申报表(A 类)》第 4 行“利润总额”修改为“实际利润额”。填报说明第五条第 3 项相应修改为：“第 4 行实际利润额：填报按会计制度核算的利润总额减除以前年度待弥补亏损以及不征税收入、免税收入后的余额。事业单位、社会团体、民办非企业单位比照填报。房地产开发企业本期取得预售收入按规定计算出的预计利润额计入本行。”

为了节约成本，已经印制了《中华人民共和国企业所得税月(季)度预缴纳税申报表(A 类)》并尚未使用完的，可继续使用，其中“利润总额”一栏按照上述说明的口径填写。

二、《中华人民共和国企业所得税月(季)度预缴纳税申报表(A 类)》填报说明第五条第 16 项“(分支机构本行填报总机构申报的第 24 行分支机构分摊的所得税额)”中的“第 24 行”修改为“第 20 行”。

三、《中华人民共和国企业所得税月(季)度预缴纳税申报表(A类)》填报说明第五条第14—16项之后增加:"上述第18—20行,汇总纳税总、分机构税率一致的,按《通知》填报;汇总纳税总、分机构税率不一致的,按《国家税务总局关于印发〈跨地区经营汇总纳税企业所得税征收管理暂行办法〉的通知》(国税发[2008]28号)及相关补充文件的规定计算填报。即第9行或14行或16行与第18—20行关系不成立,且《中华人民共和国企业所得税汇总纳税分支机构分配表》中分支机构分摊的所得税额×分配比例=分配税额计算关系不成立。"

国家税务总局关于非居民企业不享受小型微利企业所得税优惠政策问题的通知

国税函[2008]650号

各省、自治区、直辖市和计划单列市国家税务局、地方税务局:

关于非居民企业是否享受企业所得税法规定的对小型微利企业的税收优惠政策问题,现明确如下:

企业所得税法第二十八条规定的小型微利企业是指企业的全部生产经营活动产生的所得均负有我国企业所得税纳税义务的企业。因此,仅就来源于我国所得负有我国纳税义务的非居民企业,不适用该条规定的对符合条件的小型微利企业减按20%税率征收企业所得税的政策。

国务院关于实施企业所得税过渡优惠政策的通知

国发[2007]39号

各省、自治区、直辖市人民政府,国务院各部委、各直属机构:

《中华人民共和国企业所得税法》(以下简称新税法)和《中华人民共和国企业所得税法实施条例》(以下简称实施条例)将于2008年1月1日起施行。根据新税法第五十七条规定,现对企业所得税优惠政策过渡问题通知如下:

一、新税法公布前批准设立的企业税收优惠过渡办法

企业按照原税收法律、行政法规和具有行政法规效力文件规定享受的企业所得税优惠政策,按以下办法实施过渡:

自2008年1月1日起,原享受低税率优惠政策的企业,在新税法施行后5年内逐步过渡到法定税率。其中:享受企业所得税15%税率的企业,2008年按18%税率执行,2009年按20%税率执行,2010年按22%税率执行,2011年按24%税率执行,2012年按25%税率执行;原执行24%税率的企业,2008年起按25%税率执行。

自2008年1月1日起,原享受企业所得税"两免三减半"、"五免五减半"等定期减免税优惠的企业,新税法施行后继续按原税收法律、行政法规及相关文件规定的优惠办法及年限享受至期满为止,但因未获利而尚未享受税收优惠的,其优惠期限从2008年度起计算。

享受上述过渡优惠政策的企业,是指2007年3月16日以前经工商等登记管理机关登记设立的企业;实施过渡优惠政策的项目和范围按《实施企业所得税过渡优惠政策表》(见附表)执行。

二、继续执行西部大开发税收优惠政策

根据国务院实施西部大开发有关文件精神,财政部、税务总局和海关总署联合下发的《财政部、国家税务总局、海关总署关于西部大开发税收优惠政策问题的通知》(财税[2001]202号)中规定的西部大开发企业所得税优惠政策继续执行。

三、实施企业税收过渡优惠政策的其他规定

享受企业所得税过渡优惠政策的企业,应按照新税法和实施条例中有关收入和扣除的规定计算应纳税所得额,并按本通知第一部分规定计算享受税收优惠。

企业所得税过渡优惠政策与新税法及实施条例规定的优惠政策存在交叉的,由企业选择最优惠的政策执行,不得叠加享受,且一经选择,不得改变。

附表：

实施企业所得税过渡优惠政策表

序号	文件名称	相关政策内容
1	《中华人民共和国外商投资企业和外国企业所得税法》第七条第一款	设在经济特区的外商投资企业、在经济特区设立机构、场所从事生产、经营的外国企业和设在经济技术开发区的生产性外商投资企业，减按15%的税率征收企业所得税。
2	《中华人民共和国外商投资企业和外国企业所得税法》第七条第三款	设在沿海经济开放区和经济特区、经济技术开发区所在城市的老市区或者设在国务院规定的其他地区的外商投资企业，属于能源、交通、港口、码头或者国家鼓励的其他项目的，可以减按15%的税率征收企业所得税。
3	《中华人民共和国外商投资企业和外国企业所得税法实施细则》第七十三条第一款第一项	在沿海经济开放区和经济特区、经济技术开发区所在城市的老市区设立的从事下列项目的生产性外资企业，可以减按15%的税率征收企业所得税：技术密集、知识密集型的项目；外商投资在3000万美元以上，回收投资时间长的项目；能源、交通、港口建设的项目。
4	《中华人民共和国外商投资企业和外国企业所得税法实施细则》第七十三条第一款第二项	从事港口、码头建设的中外合资经营企业，可以减按15%的税率征收企业所得税。
5	《中华人民共和国外商投资企业和外国企业所得税法实施细则》第七十三条第一款第四项	在上海浦东新区设立的生产性外商投资企业，以及从事机场、港口、铁路、公路、电站等能源、交通建设项目的外商投资企业，可以减按15%的税率征收企业所得税。
6	国务院关于上海外高桥、天津港、深圳福田、深圳沙头角、大连、广州、厦门象屿、张家港、海口、青岛、宁波、福州、汕头、珠海、深圳盐田保税区的批复（国函[1991]26号、国函[1991]32号、国函[1992]43号、国函[1992]44号、国函[1992]148号、国函[1992]150号、国函[1992]159号、国函[1992]179号、国函[1992]180号、国函[1992]181号、国函[1993]3号等）	生产性外商投资企业，减按15%的税率征收企业所得税。
7	《国务院关于在福建省沿海地区设立台商投资区的批复》（国函[1989]35号）	厦门台商投资区内设立的台商投资企业，减按15%税率征收企业所得税；福州台商投资区内设立的生产性台商投资企业，减按15%税率征收企业所得税，非生产性台资企业，减按24%税率征收企业所得税。
8	国务院关于进一步对外开放南宁、重庆、黄石、长江三峡经济开放区、北京等城市的通知（国函[1992]62号、国函[1992]93号、国函[1993]19号、国函[1994]92号、国函[1995]16号）	省会（首府）城市及沿江开放城市从事下列项目的生产性外资企业，减按15%的税率征收企业所得税：技术密集、知识密集型的项目；外商投资在3000万美元以上，回收投资时间长的项目；能源、交通、港口建设的项目。

（续表）

序号	文 件 名 称	相关政策内容
9	《国务院关于开发建设苏州工业园区有关问题的批复》(国函[1994]9号)	在苏州工业园区设立的生产性外商投资企业,减按15%税率征收企业所得税。
10	《国务院关于扩大外商投资企业从事能源交通基础设施项目税收优惠规定适用范围的通知》(国发[1999]13号)	自1999年1月1日起,将外资税法实施细则第七十三条第一款第(一)项第3目关于从事能源、交通基础设施建设的生产性外商投资企业,减按15%征收企业所得税的规定扩大到全国。
11	《广东省经济特区条例》(1980年8月26日第五届全国人民代表大会常务委员会第十五次会议批准施行)	广东省深圳、珠海、汕头经济特区的企业所得税率为15%。
12	《对福建省关于建设厦门经济特区的批复》([80]国函字88号)	厦门经济特区所得税率按15%执行。
13	《国务院关于鼓励投资开发海南岛的规定》(国发[1988]26号)	在海南岛举办的企业(国家银行和保险公司除外),从事生产、经营所得税和其他所得,均按15%的税率征收企业所得税。
14	《中华人民共和国外商投资企业和外国企业所得税法》第七条第二款	设在沿海经济开放区和经济特区、经济技术开发区所在城市的老市区的生产性外商投资企业,减按24%的税率征收企业所得税。
15	《国务院关于试办国家旅游度假区有关问题的通知》(国发[1992]46号)	国家旅游度假区内的外商投资企业,减按24%税率征收企业所得税。
16	国务院关于进一步对外开放黑河、伊宁、凭祥、二连浩特市等边境城市的通知(国函[1992]21号、国函[1992]61号、国函[1992]62号、国函[1992]94号)	沿边开放城市的生产性外商投资企业,减按24%税率征收企业所得税。
17	《国务院关于进一步对外开放南宁、昆明市及凭祥等五个边境城镇的通知》(国函[1992]62号)	允许凭祥、东兴、畹町、瑞丽、河口五市(县、镇)在具备条件的市(县、镇)兴办边境经济合作区,对边境经济合作区内以出口为主的生产性内联企业,减按24%的税率征收。
18	国务院关于进一步对外开放南宁、重庆、黄石、长江三峡经济开放区、北京等城市的通知(国函[1992]62号、国函[1992]93号、国函[1993]19号、国函[1994]92号、国函[1995]16号)	省会(首府)城市及沿江开放城市的生产性外商投资企业,减按24%税率征收企业所得税。
19	《中华人民共和国外商投资企业和外国企业所得税法》第八条第一款	对生产性外商投资企业,经营期在十年以上的,从开始获利的年度起,第一年和第二年免征企业所得税,第三年至第五年减半征收企业所得税。
20	《中华人民共和国外商投资企业和外国企业所得税法实施细则》第七十五条第一款第一项	从事港口码头建设的中外合资经营企业,经营期在15年以上的,经企业申请,所在地的省、自治区、直辖市税务机关批准,从开始获利的年度起,第一年至第五年免征企业所得税,第六年至第十年减半征收企业所得税。

（续表）

序号	文 件 名 称	相关政策内容
21	《中华人民共和国外商投资企业和外国企业所得税法实施细则》第七十五条第一款第二项	在海南经济特区设立的从事机场、港口、码头、铁路、公路、电站、煤矿、水利等基础设施项目的外商投资企业和从事农业开发经营的外商投资企业，经营期在15年以上的，经企业申请，海南省税务机关批准，从开始获利的年度起，第一年至第五年免征企业所得税，第六年至第十年减半征收企业所得税。
22	《中华人民共和国外商投资企业和外国企业所得税法实施细则》第七十五条第一款第三项	在上海浦东新区设立的从事机场、港口、铁路、公路、电站等能源、交通建设项目的外商投资企业，经营期在15年以上的，经企业申请，上海市税务机关批准，从开始获利的年度起，第一年至第五年免征企业所得税，第六年至第十年减半征收企业所得税。
23	《中华人民共和国外商投资企业和外国企业所得税法实施细则》第七十五条第一款第四项	在经济特区设立的从事服务性行业的外商投资企业，外商投资超过500万美元，经营期在十年以上的，经企业申请，经济特区税务机关批准，从开始获利的年度起，第一年免征企业所得税，第二年和第三年减半征收企业所得税。
24	《中华人民共和国外商投资企业和外国企业所得税法实施细则》第七十五条第一款第六项	在国务院确定的国家高新技术产业开发区设立的被认定为高新技术企业的中外合资经营企业，经营期在十年以上的，经企业申请，当地税务机关批准，从开始获利的年度起，第一年和第二年免征企业所得税。
25	《中华人民共和国外商投资企业和外国企业所得税法实施细则》第七十五条第一款第六项《国务院关于〈北京市新技术产业开发试验区暂行条例〉的批复》（国函[1988]74号）	设在北京市新技术产业开发试验区的外商投资企业，依照北京市新技术产业开发试验区的税收优惠规定执行。 对试验区的新技术企业自开办之日起，三年内免征所得税。经北京市人民政府指定的部门批准，第四至六年可按15%或10%的税率，减半征收所得税。
26	《中华人民共和国企业所得税暂行条例》第八条第一款	需要照顾和鼓励的民族自治地方的企业，经省级人民政府批准实行定期减税或免税的，过渡优惠执行期限不超过5年。
27		在海南岛举办的企业（国家银行和保险公司除外），从事港口、码头、机场、公路、铁路、电站、煤矿、水利等基础设施开发经营的企业和从事农业开发经营的企业，经营期限在十五年以上的，从开始获利的年度起，第一年至第五年免征所得税，第六年至第十年减半征收所得税。

（续表）

序号	文 件 名 称	相关政策内容
28	《国务院关于鼓励投资开发海南岛的规定》(国发[1988]26号)	在海南岛举办的企业(国家银行和保险公司除外),从事工业、交通运输业等生产性行业的企业经营期限在十年以上的,从开始获利的年度起,第一年和第二年免征所得税,第三年至第五年减半征收所得税。
29		在海南岛举办的企业(国家银行和保险公司除外),从事服务性行业的企业,投资总额超过500万美元或者2000万人民币,经营期限在十年以上的,从开始获利的年度起,第一年免征所得税,第二年和第三年减半征收所得税。
30	《国务院关于实施〈国家中长期科学和技术发展规划纲要(2006—2020年)若干配套政策的通知〉》(国发[2006]6号)	国家高新技术产业开发区内新创办的高新技术企业经严格认定后,自获利年度起两年内免征所得税。

【注释】 解释《企业所得税法》第57条。

财政部　国家税务总局关于贯彻落实国务院关于实施企业所得税过渡优惠政策有关问题的通知

财税[2008]21

各省、自治区、直辖市、计划单列市财政厅(局)、国家税务局、地方税务局,新疆生产建设兵团财务局:

为贯彻落实《国务院关于实施企业所得税过渡优惠政策的通知》(国发[2007]39号)和《国务院关于经济特区和上海浦东新区新设立高新技术企业实行过渡性税收优惠的通知》(国发[2007]40号)(以下简称过渡优惠政策通知),现将有关事项通知如下:

一、各级财政、税务部门要密切配合,严格按照国务院过渡优惠政策通知的有关规定,抓紧做好新旧企业所得税优惠政策的过渡衔接工作。对过渡优惠政策要加强规范管理,不得超越权限擅自扩大过渡优惠政策执行范围。同时,要及时跟踪、了解过渡优惠政策的执行情况,对发现的新问题及时反映,确保国务院过渡优惠政策通知落实到位。

二、对按照国发[2007]39号文件有关规定适用15%企业所得税率并享受企业所得税定期减半优惠过渡的企业,应一律按照国发[2007]39号文件第一条第二款规定的过渡税率计算的应纳税额实行减半征税,即2008年按18%税率计算的应纳税额实行减半征税,2009年按20%税率计算的应纳税额实行减半征税,2010年按22%税率计算的应纳税额实行减半征税,2011年按24%税率计算的应纳税额实行减半征税,2012年及以后年度按25%税率计算的应纳税额实行减半征税。

对原适用24%或33%企业所得税率并享受国发[2007]39号文件规定企业所得税定期减半优惠过渡的企业,2008年及以后年度一律按25%税率计算的应纳税额实行减半征税。

三、根据《《中华人民共和国企业所得税法》(以下称新税法)第二十九条有关"民族自治地方的自治机关对本民族自治地方的企业应缴纳的企业所得税中属于地方分享的部分,可以决定减征或者免征"的规定,对2008年1月1日后民族自治地方批准享受减免税的企业,一律按新税法第二十九条的规定执行,即对民族自治地方的企业减免企业所得税,仅限于减免企业所得税中属于地方分享的部分,不得减免属于中央分享的部分。民族自治地方在新税法实施前已经按照《财政部国家税务总局海关总署关于西部大开发税收优惠政策问题的通知》(财税[2001]202号)第二条第2款有关减免税规定批准享受减免企业所得税(包括减免中央分享企业所得税的部分)的,自2008年1月1日起计算,对减免税期限在5年以内(含5年)的,继续执行至期满后停止;对减免税期限超过5年的,从第六年起按新税法第二十九条规定执行。

国务院关于经济特区和上海浦东新区新设立高新技术企业实行过渡性税收优惠的通知

国发[2007]40号

各省、自治区、直辖市人民政府，国务院各部委、各直属机构：

根据《中华人民共和国企业所得税法》第五十七条的有关规定，国务院决定对法律设置的发展对外经济合作和技术交流的特定地区内，以及国务院已规定执行上述地区特殊政策的地区内新设立的国家需要重点扶持的高新技术企业，实行过渡性税收优惠。现就有关问题通知如下：

一、法律设置的发展对外经济合作和技术交流的特定地区，是指深圳、珠海、汕头、厦门和海南经济特区；国务院已规定执行上述地区特殊政策的地区，是指上海浦东新区。

二、对经济特区和上海浦东新区内在2008年1月1日(含)之后完成登记注册的国家需要重点扶持的高新技术企业(以下简称新设高新技术企业)，在经济特区和上海浦东新区内取得的所得，自取得第一笔生产经营收入所属纳税年度起，第一年至第二年免征企业所得税，第三年至第五年按照25%的法定税率减半征收企业所得税。

国家需要重点扶持的高新技术企业，是指拥有核心自主知识产权，同时符合《中华人民共和国企业所得税法实施条例》第九十三条规定的条件，并按照《高新技术企业认定管理办法》认定的高新技术企业。

三、经济特区和上海浦东新区内新设高新技术企业同时在经济特区和上海浦东新区以外的地区从事生产经营的，应当单独计算其在经济特区和上海浦东新区内取得的所得，并合理分摊企业的期间费用；没有单独计算的，不得享受企业所得税优惠。

四、经济特区和上海浦东新区内新设高新技术企业在按照本通知的规定享受过渡性税收优惠期间，由于复审或抽查不合格而不再具有高新技术企业资格的，从其不再具有高新技术企业资格年度起，停止享受过渡性税收优惠；以后再次被认定为高新技术企业的，不得继续享受或者重新享受过渡性税收优惠。

五、本通知自2008年1月1日起执行。

【注释】 解释《企业所得税法》第57条、《企业所得税法实施条例》第93条。

财政部、国家税务总局关于企业所得税若干优惠政策的通知

财税[2008]1

各省、自治区、直辖市，计划单列市财政厅(局)、国家税务局、地方税务局，新疆生产建设兵团财务局：

根据《中华人民共和国企业所得税法》第三十六条的规定，经国务院批准，现将有关企业所得税优惠政策问题通知如下：

一、关于鼓励软件产业和集成电路产业发展的优惠政策

(一) 软件生产企业实行增值税即征即退政策所退还的税款，由企业用于研究开发软件产品和扩大再生产，不作为企业所得税应税收入，不予征收企业所得税。

(二) 我国境内新办软件生产企业经认定后，自获利年度起，第一年和第二年免征企业所得税，第三年至第五年减半征收企业所得税。

(三) 国家规划布局内的重点软件生产企业，如当年未享受免税优惠的，减按10%的税率征收企业所得税。

(四) 软件生产企业的职工培训费用，可按实际发生额在计算应纳税所得额时扣除。

(五) 企事业单位购进软件，凡符合固定资产或无形资产确认条件的，可以按照固定资产或无形资产进行核算，经主管税务机关核准，其折旧或摊销年限可以适当缩短，最短可为2年。

(六) 集成电路设计企业视同软件企业，享受上述软件企业的有关企业所得税政策。

(七) 集成电路生产企业的生产性设备，经主管税务机关核准，其折旧年限可以适当缩短，最短可为

3年。

（八）投资额超过80亿元人民币或集成电路线宽小于0.25um的集成电路生产企业，可以减按15%的税率缴纳企业所得税，其中，经营期在15年以上的，从开始获利的年度起，第一年至第五年免征企业所得税，第六年至第十年减半征收企业所得税。

（九）对生产线宽小于0.8微米（含）集成电路产品的生产企业，经认定后，自获利年度起，第一年和第二年免征企业所得税，第三年至第五年减半征收企业所得税。

已经享受自获利年度起企业所得税“两免三减半”政策的企业，不再重复执行本条规定。

（十）自2008年1月1日起至2010年底，对集成电路生产企业、封装企业的投资者，以其取得的缴纳企业所得税后的利润，直接投资于本企业增加注册资本，或作为资本投资开办其他集成电路生产企业、封装企业，经营期不少于5年的，按40%的比例退还其再投资部分已缴纳的企业所得税税款。再投资不满5年撤出该项投资的，追缴已退的企业所得税税款，

自2008年1月1日起至2010年底，对国内外经济组织作为投资者，以其在境内取得的缴纳企业所得税后的利润，作为资本投资于西部地区开办集成电路生产企业、封装企业或软件产品生产企业，经营期不少于5年的，按80%的比例退还其再投资部分已缴纳的企业所得税税款。再投资不满5年撤出该项投资的，追缴已退的企业所得税税款。

二、关于鼓励证券投资基金发展的优惠政策

（一）对证券投资基金从证券市场中取得的收入，包括买卖股票、债券的差价收入，股权的股息、红利收入，债券的利息收入及其他收入，暂不征收企业所得税。

（二）对投资者从证券投资基金分配中取得的收入，暂不征收企业所得税。

（三）对证券投资基金管理人运用基金买卖股票、债券的差价收入，暂不征收企业所得税。

三、关于其他有关行业、企业的优惠政策

为保证部分行业、企业税收优惠政策执行的连续性，对原有关就业再就业，奥运会和世博会，社会公益，债转股、清产核资、重组、改制、转制等企业改革，涉农和国家储备，其他单项优惠政策共6类定期企业所得税优惠政策（见附件），自2008年1月1日起，继续按原优惠政策规定的办法和时间执行到期。

四、关于外国投资者从外商投资企业取得利润的优惠政策

2008年1月1日之前外商投资企业形成的累积未分配利润，在2008年以后分配给外国投资者的，免征企业所得税；2008年及以后年度外商投资企业新增利润分配给外国投资者的，依法缴纳企业所得税。

五、除《中华人民共和国企业所得税法》、《中华人民共和国企业所得税法实施条例》、《国务院关于实施企业所得税过渡优惠政策的通知》（国发[2007]39号），《国务院关于经济特区和上海浦东新区新设立高新技术企业实行过渡性税收优惠的通知》（国发[2007]40号）及本通知规定的优惠政策以外，2008年1月1日之前实施的其他企业所得税优惠政策一律废止。各地区、各部门一律不得越权制定企业所得税的优惠政策。

附件：

执行到期的企业所得税优惠政策表

类　别	序号	文　件　名　称	备　注
一、就业再就业政策	1	财政部国家税务总局关于下岗失业人员再就业有关税收政策问题的通知（财税[2002]208号）	对2005年底之前核准享受再就业减免税政策的企业，在剩余期限内享受至期满
	2	财政部国家税务总局关于下岗失业人员再就业有关税收政策问题的通知（财税[2005]186号）	政策审批时间截止到2008年底

（续表）

类　别	序号	文　件　名　称	备　注
二、奥运会和世博会政策	3	财政部国家税务总局海关总署关于第29届奥运会税收政策问题的通知(财税[2003]10号)	奥运会结束并北京奥组委财务清算完结后停止执行
		财政部国家税务总局关于第29届奥运会补充税收政策的通知(财税[2006]128号)	
	4	财政部国家税务总局关于2010年上海世博会有关税收政策问题的通知(财税[2005]180号)	世博会结束并上海世博局财务清算完结后停止执行
		财政部国家税务总局关于增补上海世博运营有限公司享受上海世博会有关税收优惠政策的批复(财税[2006]155号)	
三、杜会公益政策	5	财政部国家税务总局关于延长生产和装配伤残人员专门用品企业免征所得税执行期限的通知(财税[2006]148号)	
四、债转股、清产核资,重组、改制,转制等企业改革政策	6	财政部国家税务总局关于债转股企业有关税收政策的通知(财税[2005]29号)	
	7	财政部国家税务总局关于中央企业清产核资有关税务处理问题的通知(财税[2006]18号)	
	8	财政部国家税务总局关于延长转制科研机构有关税收政策执行期限的通知(财税[2005]14号)	
	9	财政部海关总署国家税务总局关于文化体制改革中经营性文化事业单位转制后企业的若干税收政策问题的通知(财税[2005]1号)	
		财政部海关总署国家税务总局关于文化体制改革试点中支持文化产业发展若干税收政策问题的通知(财税[2005]2号)	
五、涉农和国家储备政策	10	财政部国家税务总局关于促进农产品连锁经营试点税收优惠政策的通知(财税[2007]10号)	
	11	财政部国家税务总局关于广播电视村村通税收政策的通知(财税[2007]17号)	
	12	财政部国家税务总局关于部分国家储备商品有关税收政策的通知(财税[2006]105号)	
六、单项优惠政策	13	财政部国家税务总局关于股权分置试点改革有关税收政策问题的通知(财税[2005]103号)	执行到股权分置试点改革结束
	14	财政部国家税务总局关于中国证券投资者保护基金有限责任公司有关税收问题的通知(财税[2006]169号)	
	15	财政部国家税务总局关于延长试点地区农村信用社有关税收政策期限的通知(财税[2006]46号)	
		财政部国家税务总局关于海南省改革试点的农村信用社税收政策的通知(财税[2007]18号)	
	16	财政部国家税务总局关于继续执行监狱劳教企业有关税收政策的通知(财税[2006]123号)	

关于发布享受企业所得税优惠政策的农产品初加工范围(试行)的通知

财税[2008]149号

各省、自治区、直辖市、计划单列市财政厅(局)、国家税务局、地方税务局,新疆生产建设兵团财务局:

根据《中华人民共和国企业所得税法》及其实施条例的规定,为贯彻落实农、林、牧、渔业项目企业所得税优惠政策,现将《享受企业所得税优惠政策的农产品初加工范围(试行)》印发给你们,自2008年1月1日起执行。

各地财政、税务机关对《享受企业所得税优惠政策的农产品初加工范围(试行)》执行中发现的新情况、新问题应及时向国务院财政、税务主管部门反馈,国务院财政、税务主管部门会同有关部门将根据经济社会发展需要,适时对《享受企业所得税优惠政策的农产品初加工范围(试行)》内的项目进行调整和修订。

附件:

享受企业所得税优惠政策的农产品初加工范围(试行)(2008年版)

一、种植业类

(一)粮食初加工

1. 小麦初加工。通过对小麦进行清理、配麦、磨粉、筛理、分级、包装等简单加工处理,制成的小麦面粉及各种专用粉。

2. 稻米初加工。通过对稻谷进行清理、脱壳、碾米(或不碾米)、烘干、分级、包装等简单加工处理,制成的成品粮及其初制品,具体包括大米、蒸谷米。

3. 玉米初加工。通过对玉米籽粒进行清理、浸泡、粉碎、分离、脱水、干燥、分级、包装等简单加工处理,生产的玉米粉、玉米碴、玉米片等;鲜嫩玉米经筛选、脱皮、洗涤、速冻、分级、包装等简单加工处理,生产的鲜食玉米(速冻粘玉米、甜玉米、花色玉米、玉米籽粒)。

4. 薯类初加工。通过对马铃薯、甘薯等薯类进行清洗、去皮、磋磨、切制、干燥、冷冻、分级、包装等简单加工处理,制成薯类初级制品。具体包括:薯粉、薯片、薯条。

5. 食用豆类初加工。通过对大豆、绿豆、红小豆等食用豆类进行清理去杂、浸洗、晾晒、分级、包装等简单加工处理,制成的豆面粉、黄豆芽、绿豆芽。

6. 其他类粮食初加工。通过对燕麦、荞麦、高粱、谷子等杂粮进行清理去杂、脱壳、烘干、磨粉、轧片、冷却、包装等简单加工处理,制成的燕麦米、燕麦粉、燕麦麸皮、燕麦片、荞麦米、荞麦面、小米、小米面、高粱米、高粱面。

(二)林木产品初加工

通过将伐倒的乔木、竹(含活立木、竹)去枝、去梢、去皮、去叶、锯段等简单加工处理,制成的原木、原竹、锯材。

(三)园艺植物初加工

1. 蔬菜初加工。

(1)将新鲜蔬菜通过清洗、挑选、切割、预冷、分级、包装等简单加工处理,制成净菜、切割蔬菜。

(2)利用冷藏设施,将新鲜蔬菜通过低温贮藏,以备淡季供应的速冻蔬菜,如速冻茄果类、叶类、豆类、瓜类、葱蒜类、柿子椒、蒜苔。

(3)将植物的根、茎、叶、花、果、种子和食用菌通过干制等简单加工处理,制成的初制干菜,如黄花菜、玉兰片、萝卜干、冬菜、梅干菜、木耳、香菇、平菇。

* 以蔬菜为原料制作的各类蔬菜罐头(罐头是指以金属罐、玻璃瓶、经排气密封的各种食品。下同)及碾磨后的园艺植物(如胡椒粉、花椒粉等)不属于初加工范围。

2. 水果初加工。通过对新鲜水果(含各类山野果)清洗、脱壳、切块(片)、分类、储藏保鲜、速冻、干燥、分级、包装等简单加工处理,制成的各类水果、果干、原浆果汁、果仁、坚果。

3. 花卉及观赏植物初加工。通过对观赏用、绿化及其它各种用途的花卉及植物进行保鲜、储藏、烘干、分级、包装等简单加工处理,制成的各类鲜、干花。

（四）油料植物初加工

通过对菜籽、花生、大豆、葵花籽、蓖麻籽、芝麻、胡麻籽、茶子、桐子、棉籽、红花籽及米糠等粮食的副产品等，进行清理、热炒、磨坯、榨油（搅油、墩油）、浸出等简单加工处理，制成的植物毛油和饼粕等副产品。具体包括菜籽油、花生油、豆油、葵花油、蓖麻籽油、芝麻油、胡麻籽油、茶子油、桐子油、棉籽油、红花油、米糠油以及油料饼粕、豆饼、棉籽饼。

* 精炼植物油不属于初加工范围。

（五）糖料植物初加工

通过对各种糖料植物，如甘蔗、甜菜、甜菊等，进行清洗、切割、压榨等简单加工处理，制成的制糖初级原料产品。

（六）茶叶初加工

通过对茶树上采摘下来的鲜叶和嫩芽进行杀青（萎凋、摇青）、揉捻、发酵、烘干、分级、包装等简单加工处理，制成的初制毛茶。

* 精制茶、边销茶、紧压茶和掺兑各种药物的茶及茶饮料不属于初加工范围。

（七）药用植物初加工

通过对各种药用植物的根、茎、皮、叶、花、果实、种子等，进行挑选、整理、捆扎、清洗、晾晒、切碎、蒸煮、炒制等简单加工处理，制成的片、丝、块、段等中药材。

* 加工的各类中成药不属于初加工范围。

（八）纤维植物初加工

1. 棉花初加工。通过轧花、剥绒等脱绒工序简单加工处理，制成的皮棉、短绒、棉籽。

2. 麻类初加工。通过对各种麻类作物（大麻、黄麻、槿麻、苎麻、苘麻、亚麻、罗布麻、蕉麻、剑麻等）进行脱胶、抽丝等简单加工处理，制成的干（洗）麻、纱条、丝、绳。

3. 蚕茧初加工。通过烘干、杀蛹、缫丝、煮剥、拉丝等简单加工处理，制成的蚕、蛹、生丝、丝棉。

（九）热带、南亚热带作物初加工

通过对热带、南亚热带作物去除杂质、脱水、干燥、分级、包装等简单加工处理，制成的工业初级原料。具体包括：天然橡胶生胶和天然浓缩胶乳、生咖啡豆、胡椒籽、肉桂油、桉油、香茅油、木薯淀粉、木薯干片、坚果。

二、畜牧业类

（一）畜禽类初加工

1. 肉类初加工。通过对畜禽类动物（包括各类牲畜、家禽和人工驯养、繁殖的野生动物以及其他经济动物）宰杀、去头、去蹄、去皮、去内脏、分割、切块或切片、冷藏或冷冻、分级、包装等简单加工处理，制成的分割肉、保鲜肉、冷藏肉、冷冻肉、绞肉、肉块、肉片、肉丁。

2. 蛋类初加工。通过对鲜蛋进行清洗、干燥、分级、包装、冷藏等简单加工处理，制成的各种分级、包装的鲜蛋、冷藏蛋。

3. 奶类初加工。通过对鲜奶进行净化、均质、杀菌或灭菌、灌装等简单加工处理，制成的巴氏杀菌奶、超高温灭菌奶。

4. 皮类初加工。通过对畜禽类动物皮张剥取、浸泡、刮里、晾干或熏干等简单加工处理，制成的生皮、生皮张。

5. 毛类初加工。通过对畜禽类动物毛、绒或羽绒分级、去杂、清洗等简单加工处理，制成的洗净毛、洗净绒或羽绒。

6. 蜂产品初加工。通过去杂、过滤、浓缩、熔化、磨碎、冷冻简单加工处理，制成的蜂蜜、蜂蜡、蜂胶、蜂花粉。

* 肉类罐头、肉类熟制品、蛋类罐头、各类酸奶、奶酪、奶油、王浆粉、各种蜂产品口服液、胶囊不属于初加工范围。

（二）饲料类初加工

1. 植物类饲料初加工。通过碾磨、破碎、压榨、干燥、酿制、发酵等简单加工处理，制成的糠麸、饼粕、糟渣、树叶粉。

2. 动物类饲料初加工。通过破碎、烘干、制粉等简单加工处理，制成的鱼粉、虾粉、骨粉、肉粉、血粉、羽毛粉、乳清粉。

3. 添加剂类初加工。通过粉碎、发酵、干燥等简单加工处理，制成的矿石粉、饲用酵母。

（三）牧草类初加工

通过对牧草、牧草种籽、农作物秸秆等，进行收割、打捆、粉碎、压块、成粒、分选、青贮、氨化、微化等简单加工处理，制成的干草、草捆、草粉、草块或草饼、草颗粒、牧草种籽以及草皮、秸秆粉（块、粒）。

三、渔业类

（一）水生动物初加工

将水产动物（鱼、虾、蟹、鳖、贝、棘皮类、软体类、腔肠类、两栖类、海兽类动物等）整体或去头、去鳞（皮、壳）、去内脏、去骨（刺）、擂溃或切块、切片，经冰鲜、冷冻、冷藏等保鲜防腐处理、包装等简单加工处理，制成的水产动物初制品。

* 熟制的水产品和各类水产品的罐头以及调味烤制的水产食品不属于初加工范围。

（二）水生植物初加工

将水生植物（海带、裙带菜、紫菜、龙须菜、麒麟菜、江篱、浒苔、羊栖菜、莼菜等）整体或去根、去边梢、切段，经热烫、冷冻、冷藏等保鲜防腐处理、包装等简单加工处理的初制品，以及整体或去根、去边梢、切段、经晾晒、干燥（脱水）、包装、粉碎等简单加工处理的初制品。

* 罐装（包括软罐）产品不属于初加工范围。

国家外汇管理局　国家税务总局关于试行服务贸易对外支付税务备案有关问题的通知

汇发[2008]8号

国家外汇管理局天津、上海、江苏、四川、福建、湖南省（直辖市）分局，天津、上海、江苏、四川、福建、湖南省（直辖市）国家税务局、地方税务局：

为推进服务贸易外汇管理改革，完善国家国际税收征管体制，进一步促进服务贸易发展，国家外汇管理局、国家税务总局决定从2008年4月1日起，在天津、上海、江苏、四川、福建、湖南6个地区试点，实行服务贸易对外支付先行税务备案的管理措施。现将有关试点内容通知如下：

一、在试点地区注册的境内机构（以下简称境内机构），到试点地区外汇指定银行（以下简称银行）办理等值5万美元以上（不含5万美元）的服务贸易对外支付，应当事先持相关合同复印件到辖内主管国家税务机关进行备案，填报《境内机构服务贸易对外支付税务备案表》（以下简称《备案表》）。

境内机构办理等值5万美元以下（含5万美元）的服务贸易对外支付无需备案。

二、主管国家税务机关根据有关合同复印件确认《备案表》填写无误后，应当现场填写《备案表》中“主管国税机关填写”相关内容，编制《备案表》流水号，并在《备案表》原件及3份复印件上签章。主管国家税务机关将《备案表》原件及1份复印件退还境内机构，留存《备案表》复印件2份。

三、境内机构在银行办理等值5万美元以上（不含5万美元）服务贸易对外支付时，应当提交主管国家税务机关签章的《备案表》原件，用以替代现行规定要求的税务凭证，并根据现行规定提交其他单证。银行在办理有关对外支付手续后，应在《备案表》原件上签章。

四、办理服务贸易对外支付的境内机构，应当按照国家法律法规的规定，在规定的时间内，向主管国家税务机关、地方税务机关履行申报纳税手续，或就税务事项做出说明。

五、同一笔合同需要多次对外支付的，境内机构须在每次付汇前办理税务备案手续，但只需在首次付汇备案时向主管国家税务机关提交合同复印件。

六、非试点地区注册的境内机构在试点地区外汇指定银行办理服务贸易对外支付，以及试点地区注册的境内机构在非试点地区的外汇指定银行办理服务贸易对外支付，根据现行规定办理。

七、主管国家税务机关、地方税务机关之间的备案信息交换制度，按国家税务总局随后制定的有关文件执行。

八、试点地区外汇局及国家税务局、地方税务局应将本通知转发辖内各级外汇、税务管理机关，以及辖内各级银行，并做好宣传和政策解释工作。

九、本通知由国家外汇管理局和国家税务总局负责解释。在试点期内，试点地区外汇局及国家税务局、地方税务局应当按月报告试点情况，及时汇报试点中遇到的问题。

国家税务总局关于服务贸易对外支付税收征管有关问题的通知

国税函[2008]219号

天津、上海、江苏、福建、湖南、四川省(市)国家税务局、地方税务局：

根据《国家外汇管理局 国家税务总局关于试行服务贸易对外支付税务备案有关问题的通知》(汇发[2008]8号)的要求，进一步完善国际税收征管制度，现就上海、天津、江苏、四川、福建、湖南试行服务贸易对外支付税收征管有关问题通知如下：

一、关于适用对象

(一) 境内机构

境内机构在外汇指定银行办理服务贸易5万美元以上(含5万美元)的对外支付(以下简称"服务贸易对外支付")时，需要办理税务备案。

个人对外支付仍按现行规定办理，不适用本通知的规定。

(二) 适用项目

本通知所称服务贸易对外支付包括：因运输、旅游、通信、建筑安装及劳务承包、保险、金融服务、计算机和信息服务，专有权利使用和特许、体育文化和娱乐服务、其他商业服务、政府服务等交易而发生的对外支付。

(三) 主管税务机关

服务贸易对外支付税务备案工作的主管税务机关为地市国家税务局、地方税务局。

主管国家税务局负责受理境内机构提交的《境内机构服务贸易对外支付税务备案表》(以下简称《备案表》)，根据备案信息进行税收征管，并将《备案表》传递至主管地方税务局。

主管地方税务局根据主管国家税务局传递的《备案表》提供的信息，进行税收征管。

二、备案的办理程序

(一) 境内机构的办理程序

1. 境内机构办理服务贸易对外支付时，应当事先向主管国家税务局办理税务备案手续，如实填写《备案表》一式四份并签章，同时附送合同或协议两份(复印件)。

2. 境内机构完成税务备案手续后，持主管国家税务局签章的两份《备案表》，及国家外汇管理局规定的其他单证，到外汇指定银行办理对外支付手续。

3. 境内机构应当在办理税务备案后7日内，向主管国家税务局、地方税务局履行申报纳税手续，或就相关的税务事项作出说明。

4. 境内机构发生的服务贸易涉及多次对外支付的，只需在首次办理税务备案时提交合同或协议的复印件，之后办理对外支付时，只需提交境内机构填报并签章的《备案表》。

5. 境内机构可以通过以下方法取得空白《备案表》：

(1) 主管国家税务局办税服务厅窗口领取；

(2) 省、市两级国家税务局官方网站下载；

(3) 自行复印空白表备用。

(二) 主管税务机关受理程序

主管国家税务局应当在收到境内机构提交《备案表》时，当即对《备案表》所填内容与相关合同协议进行核对并确认无误后，在四份《备案表》上确认签章，留存两份《备案表》，另外两份《备案表》交境内机构到外汇指定银行办理对外支付手续。

三、关于居民身份证明

纳税人需要适用税收协定或享受税收协定待遇的，相关境内机构需在办理纳税申报或就税务事项作出说明时，提交协定对方主管税务机关出具的纳税人为对方国家居民的《居民身份证明》。

四、关于税收征管

《备案表》是主管国家税务局、地方税务局对服务贸易对外支付项目进行税收征管的依据。

(一) 受理备案的主管国家税务局应当自为境内机构办理税务备案之日起 3 日内，将留存的《备案表》一份及相关的合同或协议(复印件)传递给主管地方税务局。

(二) 主管国家税务局、地方税务局应当自收到《备案表》之日起 7 日内，主动要求境内机构进一步提供相关资料，并对相关资料进行审核，作出征免税判断，及时进行税收征管。

(三) 主管国家税务局、地方税务局应当及时为境内机构建立服务贸易对外支付项目税收管理档案，做到一户一档。

(四) 境内机构为企业所得税纳税义务人的，境内机构的对外支付档案应当在每年企业所得税汇算清缴前，并入境内机构的纳税档案。

主管国家税务局、地方税务局应当根据所得税汇算清缴情况，将境内机构的《企业所得税纳税申报表》的对外支付附表，与其提供的《备案表》信息进行比对，严格进行税收征管。

五、关于其他管理工作

服务贸易对外支付办理税务备案工作从 2008 年 4 月 1 日起试行。各试点省、直辖市国家税务局应该尽快将《备案表》及《备案须知》发布到省、市国家税务局的互联网站，同时印制纸质《备案表》和《备案须知》。

国家税务总局将及时对试点省、直辖市国家税务局、地方税务局的业务骨干进行培训。试点省、直辖市国家税务局、地方税务局要做好本省的培训和宣传工作，做好试行的准备工作。

试点省、直辖市国家税务局、地方税务局，应当在 2008 年 12 月 31 日前，将本省服务贸易对外支付办理税务备案及税收征管情况上报国家税务总局(国际税务司)。国家税务总局将组织人员对各地试点情况进行抽查，并对抽查结果进行总结通报。

国家税务总局关于服务贸易对外支付税收征管有关问题的补充通知

国税函[2008]258 号

天津、上海、江苏、福建、湖南、四川省(直辖市)国家税务局、地方税务局：

《国家外汇管理局 国家税务总局关于试行服务贸易对外支付税务备案有关问题的通知》(汇发[2008]8号)和《国家税务总局关于服务贸易对外支付税收征管有关问题的通知》(国税函[2008]219 号)已经下发，现就试行服务贸易对外支付税务备案制度的执行问题补充通知如下：

一、关于两个文件的执行范围：

(一) 运输项目中，试点政策不适用于国际海运。

(二) 金融服务项目中，试点政策包括担保费，但不包括利息。

二、关于税务备案的主管税务机关，仍按国家外汇管理局和国家税务总局联合下发的汇发[1999]372号文件的规定执行，试点期间不作变动。

三、试点地区进行税务备案的金额为，每次对外支付在 5 万美元以上(不含 5 万美元)。每次付汇金额在 5 万美元以下(含 5 万美元)的，无需办理税务备案。

四、境内机构办理税务备案时，应当提交两份合同复印件。

五、试点省市的主管国家税务局按以下规格刻制税务备案专用章，并到同级外汇管理部门备案。

内容分为两行：第一行为办理税务备案的国家税务局名称，第二行为对外支付税务备案专用章。

规格：63MM×20MM　字体：仿宋　字号：不限

六、主管国家税务局、地方税务局之间的《境内机构服务贸易对外支付税务备案表》传递方式为：主管国家税务局在办理税务备案的当日，将《境内机构服务贸易对外支付税务备案表》传真至主管地方税务局。同时，主管地方税务局应当定期到主管国家税务局取回《境内机构服务贸易对外支付税务备案表》原件及合同复印件，以保证应征税款及时征收。

七、试点期间以附后的《境内机构服务贸易对外支付税务备案表》及《备案须知》为准。

国家税务总局关于外商投资企业和外国企业原有若干税收优惠政策取消后有关事项处理的通知

国税发［2008］23号

各省、自治区、直辖市和计划单列市国家税务局，广东、海南省地方税务局，深圳市地方税务局：

根据《中华人民共和国企业所得税法》及其实施条例、《中华人民共和国税收征收管理法》及其实施细则和《国务院关于实施企业所得税过渡优惠政策的通知》（国发［2007］39号）的有关规定，现就外商投资企业和外国企业原执行的若干税收优惠政策取消后的税务处理问题通知如下。

一、关于原外商投资企业的外国投资者再投资退税政策的处理

外国投资者从外商投资企业取得的税后利润直接再投资本企业增加注册资本，或者作为资本投资开办其他外商投资企业，凡在2007年底以前完成再投资事项，并在国家工商管理部门完成变更或注册登记的，可以按照《中华人民共和国外商投资企业和外国企业所得税法》及其有关规定，给予办理再投资退税。对在2007年底以前用2007年度预分配利润进行再投资的，不给予退税。

二、关于外国企业从我国取得的利息、特许权使用费等所得免征企业所得税的处理

外国企业向我国转让专有技术或提供贷款等取得所得，凡上述事项所涉及的合同是在2007年底以前签订，且符合《中华人民共和国外商投资企业和外国企业所得税法》规定免税条件，经税务机关批准给予免税的，在合同有效期内可继续给予免税，但不包括延期、补充合同或扩大的条款。各主管税务机关应做好合同执行跟踪管理工作，及时开具完税证明。

三、关于享受定期减免税优惠的外商投资企业在2008年后条件发生变化的处理

外商投资企业按照《中华人民共和国外商投资企业和外国企业所得税法》规定享受定期减免税优惠，2008年后，企业生产经营业务性质或经营期发生变化，导致其不符合《中华人民共和国外商投资企业和外国企业所得税法》规定条件的，仍应依据《中华人民共和国外商投资企业和外国企业所得税法》规定补缴其此前（包括在优惠过渡期内）已经享受的定期减免税税款。各主管税务机关在每年对这类企业进行汇算清缴时，应对其经营业务内容和经营期限等变化情况进行审核。

财政部 国家税务总局关于廉租住房经济适用住房和住房租赁有关税收政策的通知

财税［2008］24号

各省、自治区、直辖市、计划单列市财政厅（局）、国家税务局、地方税务局，新疆生产建设兵团财务局：

为贯彻落实《国务院关于解决城市低收入家庭住房困难的若干意见》（国发［2007］24号）精神，促进廉租住房、经济适用住房制度建设和住房租赁市场的健康发展，经国务院批准，现将有关税收政策通知如下：

一、支持廉租住房、经济适用住房建设的税收政策

（一）对廉租住房经营管理单位按照政府规定价格、向规定保障对象出租廉租住房的租金收入，免征营业税、房产税。

（二）对廉租住房、经济适用住房建设用地以及廉租住房经营管理单位按照政府规定价格、向规定保障对象出租的廉租住房用地，免征城镇土地使用税。

开发商在经济适用住房、商品住房项目中配套建造廉租住房，在商品住房项目中配套建造经济适用住房，如能提供政府部门出具的相关材料，可按廉租住房、经济适用住房建筑面积占总建筑面积的比例免征开发商应缴纳的城镇土地使用税。

（三）企事业单位、社会团体以及其他组织转让旧房作为廉租住房、经济适用住房房源且增值额未超过扣除项目金额20％的，免征土地增值税。

（四）对廉租住房、经济适用住房经营管理单位与廉租住房、经济适用住房相关的印花税以及廉租住房承租人、经济适用住房购买人涉及的印花税予以免征。

开发商在经济适用住房、商品住房项目中配套建造廉租住房,在商品住房项目中配套建造经济适用住房,如能提供政府部门出具的相关材料,可按廉租住房、经济适用住房建筑面积占总建筑面积的比例免征开发商应缴纳的印花税。

(五)对廉租住房经营管理单位购买住房作为廉租住房、经济适用住房经营管理单位回购经济适用住房继续作为经济适用住房房源的,免征契税。

(六)对个人购买经济适用住房,在法定税率基础上减半征收契税。

(七)对个人按《廉租住房保障办法》(建设部等9部委令第162号)规定取得的廉租住房货币补贴,免征个人所得税;对于所在单位以廉租住房名义发放的不符合规定的补贴,应征收个人所得税。

(八)企事业单位、社会团体以及其他组织于2008年1月1日前捐赠住房作为廉租住房的,按《中华人民共和国企业所得税暂行条例》(国务院令第137号)、《中华人民共和国外商投资企业和外国企业所得税法》有关公益性捐赠政策执行;2008年1月1日后捐赠的,按《中华人民共和国企业所得税法》有关公益性捐赠政策执行。个人捐赠住房作为廉租住房的,捐赠额未超过其申报的应纳税所得额30%的部分,准予从其应纳税所得额中扣除。

廉租住房、经济适用住房、廉租住房承租人、经济适用住房购买人以及廉租住房租金、货币补贴标准等须符合国发[2007]24号文件及《廉租住房保障办法》(建设部等9部委令第162号)、《经济适用住房管理办法》(建住房[2007]258号)的规定;廉租住房、经济适用住房经营管理单位为县级以上人民政府主办或确定的单位。

二、支持住房租赁市场发展的税收政策

(一)对个人出租住房取得的所得减按10%的税率征收个人所得税。

(二)对个人出租、承租住房签订的租赁合同,免征印花税。

(三)对个人出租住房,不区分用途,在3%税率的基础上减半征收营业税,按4%的税率征收房产税,免征城镇土地使用税。

(四)对企事业单位、社会团体以及其他组织按市场价格向个人出租用于居住的住房,减按4%的税率征收房产税。

上述与廉租住房、经济适用住房相关的新的优惠政策自2007年8月1日起执行,文到之日前已征税款在以后应缴税款中抵减。与住房租赁相关的新的优惠政策自2008年3月1日起执行。其他政策仍按现行规定继续执行。

企业所得税核定征收办法(试行)

国税发[2008]30号

第一条 为了加强企业所得税征收管理,规范核定征收企业所得税工作,保障国家税款及时足额入库,维护纳税人合法权益,根据《中华人民共和国企业所得税法》及其实施条例、《中华人民共和国税收征收管理法》及其实施细则的有关规定,制定本办法。

第二条 本办法适用于居民企业纳税人。

第三条 纳税人具有下列情形之一的,核定征收企业所得税:

(一)依照法律、行政法规的规定可以不设置账簿的;

(二)依照法律、行政法规的规定应当设置但未设置账簿的;

(三)擅自销毁账簿或者拒不提供纳税资料的;

(四)虽设置账簿,但账目混乱或者成本资料、收入凭证、费用凭证残缺不全,难以查账的;

(五)发生纳税义务,未按照规定的期限办理纳税申报,经税务机关责令限期申报,逾期仍不申报的;

(六)申报的计税依据明显偏低,又无正当理由的。

特殊行业、特殊类型的纳税人和一定规模以上的纳税人不适用本办法。上述特定纳税人由国家税务总局另行明确。

第四条 税务机关应根据纳税人具体情况,对核定征收企业所得税的纳税人,核定应税所得率或者核定应纳所得税额。

具有下列情形之一的，核定其应税所得率：

(一) 能正确核算(查实)收入总额，但不能正确核算(查实)成本费用总额的；

(二) 能正确核算(查实)成本费用总额，但不能正确核算(查实)收入总额的；

(三) 通过合理方法，能计算和推定纳税人收入总额或成本费用总额的。

纳税人不属于以上情形的，核定其应纳所得税额。

第五条 税务机关采用下列方法核定征收企业所得税：

(一) 参照当地同类行业或者类似行业中经营规模和收入水平相近的纳税人的税负水平核定；

(二) 按照应税收入额或成本费用支出额定率核定；

(三) 按照耗用的原材料、燃料、动力等推算或测算核定；

(四) 按照其他合理方法核定。

采用前款所列一种方法不足以正确核定应纳税所得额或应纳税额的，可以同时采用两种以上的方法核定。采用两种以上方法测算的应纳税额不一致时，可按测算的应纳税额从高核定。

第六条 采用应税所得率方式核定征收企业所得税的，应纳所得税额计算公式如下：

应纳所得税额＝应纳税所得额×适用税率

应纳税所得额＝应税收入额×应税所得率

或：应纳税所得额＝成本(费用)支出额/(1－应税所得率)×应税所得率

第七条 实行应税所得率方式核定征收企业所得税的纳税人，经营多业的，无论其经营项目是否单独核算，均由税务机关根据其主营项目确定适用的应税所得率。

主营项目应为纳税人所有经营项目中，收入总额或者成本(费用)支出额或者耗用原材料、燃料、动力数量所占比重最大的项目。

第八条 应税所得率按下表规定的幅度标准确定：

行　业	应税所得率
农、林、牧、渔业	3％—10％
制造业	5％—15％
批发和零售贸易业	4％—15％
交通运输业	7％—15％
建筑业	8％—20％
饮食业	8％—25％
娱乐业	15％—30％
其他行业	10％—30％

第九条 纳税人的生产经营范围、主营业务发生重大变化，或者应纳税所得额或应纳税额增减变化达到20％的，应及时向税务机关申报调整已确定的应纳税额或应税所得率。

第十条 主管税务机关应及时向纳税人送达《企业所得税核定征收鉴定表》，及时完成对其核定征收企业所得税的鉴定工作。具体程序如下：

(一) 纳税人应在收到《企业所得税核定征收鉴定表》后10个工作日内，填好该表并报送主管税务机关。《企业所得税核定征收鉴定表》一式三联，主管税务机关和县税务机关各执一联，另一联送达纳税人执行。主管税务机关还可根据实际工作需要，适当增加联次备用。

(二) 主管税务机关应在受理《企业所得税核定征收鉴定表》后20个工作日内，分类逐户审查核实，提出鉴定意见，并报县税务机关复核、认定。

(三) 县税务机关应在收到《企业所得税核定征收鉴定表》后30个工作日内，完成复核、认定工作。

纳税人收到《企业所得税核定征收鉴定表》后，未在规定期限内填列、报送的，税务机关视同纳税人已经报送，按上述程序进行复核认定。

第十一条 税务机关应在每年6月底前对上年度实行核定征收企业所得税的纳税人进行重新鉴定。

重新鉴定工作完成前,纳税人可暂按上年度的核定征收方式预缴企业所得税;重新鉴定工作完成后,按重新鉴定的结果进行调整。

第十二条 主管税务机关应当分类逐户公示核定的应纳所得税额或应税所得率。主管税务机关应当按照便于纳税人及社会各界了解、监督的原则确定公示地点、方式。

纳税人对税务机关确定的企业所得税征收方式、核定的应纳所得税额或应税所得率有异议的,应当提供合法、有效的相关证据,税务机关经核实认定后调整有异议的事项。

第十三条 纳税人实行核定应税所得率方式的,按下列规定申报纳税:

(一)主管税务机关根据纳税人应纳税额的大小确定纳税人按月或者按季预缴,年终汇算清缴。预缴方法一经确定,一个纳税年度内不得改变。

(二)纳税人应依照确定的应税所得率计算纳税期间实际应缴纳的税额,进行预缴。按实际数额预缴有困难的,经主管税务机关同意,可按上一年度应纳税额的1/12或1/4预缴,或者按经主管税务机关认可的其他方法预缴。

(三)纳税人预缴税款或年终进行汇算清缴时,应按规定填写《中华人民共和国企业所得税月(季)度预缴纳税申报表(B类)》,在规定的纳税申报时限内报送主管税务机关。

第十四条 纳税人实行核定应纳所得税额方式的,按下列规定申报纳税:

(一)纳税人在应纳所得税额尚未确定之前,可暂按上年度应纳所得税额的1/12或1/4预缴,或者按经主管税务机关认可的其他方法,按月或按季分期预缴。

(二)在应纳所得税额确定以后,减除当年已预缴的所得税额,余额按剩余月份或季度均分,以此确定以后各月或各季的应纳税额,由纳税人按月或按季填写《中华人民共和国企业所得税月(季)度预缴纳税申报表(B类)》,在规定的纳税申报期限内进行纳税申报。

(三)纳税人年度终了后,在规定的时限内按照实际经营额或实际应纳税额向税务机关申报纳税。申报额超过核定经营额或应纳税额的,按申报额缴纳税款;申报额低于核定经营额或应纳税额的,按核定经营额或应纳税额缴纳税款。

第十五条 对违反本办法规定的行为,按照《中华人民共和国税收征收管理法》及其实施细则的有关规定处理。

第十六条 各省、自治区、直辖市和计划单列市国家税务局、地方税务局,根据本办法的规定联合制定具体实施办法,并报国家税务总局备案。

第十七条 本办法自2008年1月1日起执行。《国家税务总局关于印发〈核定征收企业所得税暂行办法〉的通知》(国税发[2000]38号)同时废止。

国家税务总局关于印发《跨地区经营汇总纳税企业所得税征收管理暂行办法》的通知

国税发[2008]28号

各省、自治区、直辖市和计划单列市国家税务局、地方税务局:

为加强跨地区经营汇总纳税企业所得税的征收管理,根据《财政部 国家税务总局 中国人民银行关于印发〈跨省市总分机构企业所得税分配及预算管理暂行办法〉的通知》(财预[2008]10号)的精神,国家税务总局制定了《跨地区经营汇总纳税企业所得税征收管理暂行办法》。现印发给你们,请遵照执行。

一、统一思想,牢固树立大局意识。实行法人所得税制度是新的企业所得税法的重要内容,也是促进我国社会主义市场经济进一步发展和完善的客观要求。为了有效解决法人所得税制度下税源跨省市转移问题,财政部、国家税务总局、中国人民银行制定了《跨省市总分机构企业所得税分配及预算管理暂行办法》,并报国务院批准后实施。国家税务总局在此基础上反复研究,制定了具体的征管办法。各地务必统一思想,牢固树立大局意识,认真学习领会,深入贯彻执行。

二、加强合作、密切配合,切实做好基础工作。通过税款分配的办法对跨省区的总分机构所得税实施管理,是一项新生事物,面临很多新情况。总机构所在地主管税务机关和分支机构所在地主管税务机关要相互支持,密切配合,坚决防止为了局部利益相互扯皮,甚至干预企业经营等问题的出现,要牢固树立全国一盘棋的观念，扎扎实实按照各自的职责做好各项基础工作，确保新办法的平稳运行。

执行中有何问题，请及时向国家税务总局反映。

附件：

跨地区经营汇总纳税企业所得税征收管理暂行办法

第一章 总 则

第一条 为加强跨地区经营汇总纳税企业所得税征收管理，根据《中华人民共和国企业所得税法》及其实施条例、《中华人民共和国税收征收管理法》及其实施细则和《财政部 国家税务总局 中国人民银行关于印发〈跨省市总分机构企业所得税分配及预算管理暂行办法〉的通知》（财预[2008]10号）的有关规定，制定本办法。

第二条 居民企业在中国境内跨地区（指跨省、自治区、直辖市和计划单列市，下同）设立不具有法人资格的营业机构、场所（以下称分支机构）的，该居民企业为汇总纳税企业（以下称企业），除另有规定外，适用本办法。

铁路运输企业（包括广铁集团和大秦铁路公司）、国有邮政企业、中国工商银行股份有限公司、中国农业银行、中国银行股份有限公司、国家开发银行、中国农业发展银行、中国进出口银行、中央汇金投资有限责任公司、中国建设银行股份有限公司、中国建银投资有限责任公司、中国石油天然气股份有限公司、中国石油化工股份有限公司以及海洋石油天然气企业（包括港澳台和外商投资、外国海上石油天然气企业）等缴纳所得税未纳入中央和地方分享范围的企业，不适用本办法。

第三条 企业实行“统一计算、分级管理、就地预缴、汇总清算、财政调库”的企业所得税征收管理办法。

第四条 统一计算，是指企业总机构统一计算包括企业所属各个不具有法人资格的营业机构、场所在内的全部应纳税所得额、应纳税额。

第五条 分级管理，是指总机构、分支机构所在地的主管税务机关都有对当地机构进行企业所得税管理的责任，总机构和分支机构应分别接受机构所在地主管税务机关的管理。

第六条 就地预缴，是指总机构、分支机构应按本办法的规定，分月或分季分别向所在地主管税务机关申报预缴企业所得税。

第七条 汇总清算，是指在年度终了后，总机构负责进行企业所得税的年度汇算清缴，统一计算企业的年度应纳所得税额，抵减总机构、分支机构当年已就地分期预缴的企业所得税款后，多退少补税款。

第八条 财政调库，是指财政部定期将缴入中央国库的跨地区总分机构企业所得税待分配收入，按照核定的系数调整至地方金库。

第九条 总机构和具有主体生产经营职能的二级分支机构，就地分期预缴企业所得税。

二级分支机构及其下属机构均由二级分支机构集中就地预缴企业所得税；三级及以下分支机构不就地预缴企业所得税，其经营收入、职工工资和资产总额统一计入二级分支机构。

第十条 总机构设立具有独立生产经营职能部门，且具有独立生产经营职能部门的经营收入、职工工资和资产总额与管理职能部门分开核算的，可将具有独立生产经营职能的部门视同一个分支机构，就地预缴企业所得税。具有独立生产经营职能部门与管理职能部门的经营收入、职工工资和资产总额不能分开核算的，具有独立生产经营职能的部门不得视同一个分支机构，不就地预缴企业所得税。

第十一条 不具有主体生产经营职能，且在当地不缴纳增值税、营业税的产品售后服务、内部研发、仓储等企业内部辅助性的二级及以下分支机构，不就地预缴企业所得税。

第十二条 上年度认定为小型微利企业的，其分支机构不就地预缴企业所得税。

第十三条 新设立的分支机构，设立当年不就地预缴企业所得税。

第十四条 撤销的分支机构，撤销当年剩余期限内应分摊的企业所得税款由总机构缴入中央国库。

第十五条 企业在中国境外设立的不具有法人资格的营业机构，不就地预缴企业所得税。

企业计算分期预缴的所得税时，其实际利润额、应纳税额及分摊因素数额，均不包括其在中国境外设立的营业机构。

第十六条 总机构和分支机构处于不同税率地区的，先由总机构统一计算全部应纳税所得额，然后依照本办法第十九条规定的比例和第二十三条规定的三因素及其权重，计算划分不同税率地区机构的应纳税所得额后，再分别按总机构和分支机构所在地的适用税率计算应纳税额。

第十七条 总机构和分支机构2007年及以前年度按独立纳税人计缴所得税尚未弥补完的亏损，允许在法定剩余年限内继续弥补。

第二章 税款预缴和汇算清缴

第十八条 企业应根据当期实际利润额，按照本办法规定的预缴分摊方法计算总机构和分支机构的企业所得税预缴额，分别由总机构和分支机构分月或者分季就地预缴。

在规定期限内按实际利润额预缴有困难的，经总机构所在地主管税务机关认可，可以按照上一年度应纳税所得额的1/12或1/4，由总机构、分支机构就地预缴企业所得税。

预缴方式一经确定，当年度不得变更。

第十九条 总机构和分支机构应分期预缴的企业所得税，50%在各分支机构间分摊预缴，50%由总机构预缴。总机构预缴的部分，其中25%就地入库，25%预缴入中央国库，按照财预[2008]10号文件的有关规定进行分配。

第二十条 按照当期实际利润额预缴的税款分摊方法：

（一）分支机构应分摊的预缴数

总机构根据统一计算的企业当期实际应纳所得税额，在每月或季度终了后10日内，按照各分支机构应分摊的比例，将本期企业全部应纳所得税额的50%在各分支机构之间进行分摊并通知到各分支机构；各分支机构应在每月或季度终了之日起15日内，就其分摊的所得税额向所在地主管税务机关申报预缴。

（二）总机构应分摊的预缴数

总机构根据统一计算的企业当期应纳所得税额的25%，在每月或季度终了后15日内自行就地申报预缴。

（三）总机构缴入中央国库分配税款的预缴数

总机构根据统一计算的企业当期应纳所得税额的25%，在每月或季度终了后15日内自行就地申报预缴。

第二十一条 按照上一年度应纳税所得额的1/12或1/4预缴的税款分摊方法：

（一）分支机构应分摊的预缴数

总机构根据上年汇算清缴统一计算应缴纳所得税额的1/12或1/4，在每月或季度终了之日起10日内，按照各分支机构应分摊的比例，将本期企业全部应纳所得税额的50%在各分支机构之间进行分摊并通知到各分支机构；各分支机构应在每月或季度终了之日起15日内，就其分摊的所得税额向所在地主管税务机关申报预缴。

（二）总机构应分摊的预缴数

总机构根据上年汇算清缴统一计算应缴纳所得税额的1/12或1/4，将企业全部应纳所得税额的25%部分，在每月或季度终了后15日内自行向所在地主管税务机关申报预缴。

（三）总机构缴入中央国库分配税款的预缴数

总机构根据上年汇算清缴统一计算应缴纳所得税额的1/12或1/4，将企业全部应纳所得税额的25%部分，在每月或季度终了后15日内，自行向所在地主管税务机关申报预缴。

第二十二条 总机构在年度终了后5个月内，应依照法律、法规和其他有关规定进行汇总纳税企业的所得税年度汇算清缴。各分支机构不进行企业所得税汇算清缴。

当年应补缴的所得税款，由总机构缴入中央国库。当年多缴的所得税款，由总机构所在地主管税务机关开具“税收收入退还书”等凭证，按规定程序从中央国库办理退库。

第三章 分支机构分摊税款比例

第二十三条 总机构应按照以前年度（1—6月份按上上年度，7—12月份按上年度）分支机构的经营收入、职工工资和资产总额三个因素计算各分支机构应分摊所得税款的比例，三因素的权重依次为0.35、0.35、0.30，计算公式如下：

$$\text{某分支机构分摊比例}=0.35\times\frac{\text{该分支机构营业收入}}{\text{各分支机构营业收入之和}}+0.35\times\frac{\text{该分支机构工资总额}}{\text{各分支机构工资总额之和}}+0.30\times\frac{\text{该分支机构资产总额}}{\text{各分支机构资产总额之和}}$$

以上公式中分支机构仅指需要就地预缴的分支机构，该税款分摊比例按上述方法一经确定后，当年不作调整。

第二十四条　本办法所称分支机构经营收入，是指分支机构在销售商品或者提供劳务等经营业务中实现的全部营业收入。其中，生产经营企业的经营收入是指销售商品、提供劳务等取得的全部收入；金融企业的经营收入是指利息和手续费等全部收入；保险企业的经营收入是指保费等全部收入。

第二十五条　本办法所称分支机构职工工资，是指分支机构为获得职工提供的服务而给予职工的各种形式的报酬。

第二十六条　本办法所称分支机构资产总额，是指分支机构拥有或者控制的除无形资产外能以货币计量的经济资源总额。

第二十七条　各分支机构的经营收入、职工工资和资产总额的数据均以企业财务会计决算报告数据为准。

第二十八条　分支机构所在地主管税务机关对总机构计算确定的分摊所得税款比例有异议的，应于收到《中华人民共和国企业所得税汇总纳税分支机构分配表》后30日内向企业总机构所在地主管税务机关提出书面复核建议，并附送相关数据资料。总机构所在地主管税务机关必须于收到复核建议后30日内，对分摊税款的比例进行复核，并作出调整或维持原比例的决定。分支机构所在地主管税务机关应执行总机构所在地主管税务机关的复核决定。

第二十九条　分摊所得税款比例复核期间，分支机构应先按总机构确定的分摊比例申报预缴税款。

第四章　征收管理

第三十条　总机构和分支机构均应依法办理税务登记，接受所在地税务机关的监督和管理。

第三十一条　总机构应在每年6月20日前，将依照本办法第二十三条规定方法计算确定的各分支机构当年应分摊税款的比例，填入《中华人民共和国企业所得税汇总纳税分支机构分配表》（见《国家税务总局关于印发〈中华人民共和国企业所得税月（季）度预缴纳税申报表〉等报表的通知》（国税函[2008]44号）附件4，该附件填报说明第二条第10项"各分支机构分配比例"的计算公式依照本办法第二十三条的规定执行），报送总机构所在地主管税务机关，同时下发各分支机构。

第三十二条　总机构所在地主管税务机关收到总机构报送的《中华人民共和国企业所得税汇总纳税分支机构分配表》后10日内，应通过国家税务总局跨地区经营汇总纳税企业信息交换平台或邮寄等方式，及时传送给各分支机构所在地主管税务机关。

第三十三条　总机构应当将其所有二级分支机构（包括不参与就地预缴分支机构）的信息及二级分支机构主管税务机关的邮编、地址报主管税务机关备案。

第三十四条　分支机构应将总机构信息、上级机构、下属分支机构信息报主管税务机关备案。

第三十五条　分支机构注销后15日内，总机构应将分支机构注销情况报主管税务机关备案。

第三十六条　总机构及其分支机构除按纳税申报规定向主管税务机关报送相关资料外，还应报送《中华人民共和国企业所得税汇总纳税分支机构分配表》、财务会计决算报告和职工工资总额情况表。

第三十七条　分支机构的各项财产损失，应由分支机构所在地主管税务机关审核并出具证明后，再由总机构向所在地主管税务机关申报扣除。

第三十八条　各分支机构主管税务机关应根据总机构主管税务机关反馈的《中华人民共和国企业所得税汇总纳税分支机构分配表》，对其主管分支机构应分摊入库的所得税税款和计算分摊税款比例的3项指标进行查验核对。发现计算分摊税款比例的3项指标有问题的，应及时将相关情况通报总机构主管税务机关。分支机构未按税款分配数额预缴所得税造成少缴税款的，主管税务机关应按照《中华人民共和国税收征收管理法》及其实施细则的有关规定对其处罚，并将处罚结果通知总机构主管税务机关。

第五章　附　　则

第三十九条　居民企业在同一省、自治区、直辖市和计划单列市内跨地、市（区、县）设立不具有法人资格营业机构、场所的，其企业所得税征收管理办法，由各省、自治区、直辖市和计划单列市国家税务局、地方税务局参照本办法联合制定。

第四十条　本办法自2008年1月1日起执行。

第四十一条　本办法由国家税务总局负责解释。

国家税务总局关于跨地区经营汇总纳税企业所得税征收管理有关问题的通知

国税函[2008]747号

各省、自治区、直辖市和计划单列市国家税务局、地方税务局：

为进一步加强跨地区经营汇总纳税企业所得税征收管理工作，经研究，现将有关问题通知如下：

一、关于总机构不向分支机构提供企业所得税分配表，导致分支机构无法正常就地申报预缴企业所得税的处理问题

首先，分支机构主管税务机关要对二级分支机构进行审核鉴定，如该二级分支机构具有主体生产经营职能，可以确定为应就地申报预缴所得税的二级分支机构；其次，对确定为就地申报预缴所得税的二级分支机构，主管税务机关应责成该分支机构督促总机构限期提供税款分配表，同时函请总机构主管税务机关责成总机构限期提供税款分配表，并由总机构主管税务机关对总机构按照《中华人民共和国税收征收管理法》的有关规定予以处罚；总机构主管税务机关未尽责的，由上级税务机关对总机构主管税务机关依照税收执法责任制的规定严肃处理。

二、关于实行跨地区汇总纳税的企业能否核定征收所得税的问题

跨地区汇总纳税企业的所得税收入涉及到跨区利益，跨区法人应健全财务核算制度并准确计算经营成果，不适用《国家税务总局关于印发〈企业所得税核定征收办法（试行）〉的通知》（国税发[2008]30号）。

国家税务总局关于小型微利企业所得税预缴问题的通知

国税函[2008]251号

各省、自治区、直辖市和计划单列市国家税务局、地方税务局：

为贯彻落实新的企业所得税法，确保企业所得税预缴工作顺利进行，经研究，现就小型微利企业所得税预缴问题通知如下：

一、企业按当年实际利润预缴所得税的，如上年度符合《中华人民共和国企业所得税法实施条例》第九十二条规定的小型微利企业条件，在本年度填写《中华人民共和国企业所得税月（季）度纳税申报表（A类）》（国税函[2008]44号文件附件1）时，第4行“利润总额”与5%的乘积，暂填入第7行“减免所得税额”内。

二、小型微利企业条件中，“从业人数”按企业全年平均从业人数计算，“资产总额”按企业年初和年末的资产总额平均计算。

三、企业在当年首次预缴企业所得税时，须向主管税务机关提供企业上年度符合小型微利企业条件的相关证明材料。主管税务机关对企业提供的相关证明材料核实后，认定企业上年度不符合小型微利企业条件的，该企业当年不得按本通知第一条规定填报纳税申报表。

四、纳税年度终了后，主管税务机关要根据企业当年有关指标，核实企业当年是否符合小型微利企业条件。企业当年有关指标不符合小型微利企业条件，但已按本通知第一条规定计算减免所得税额的，在年度汇算清缴时要补缴按本通知第一条规定计算的减免所得税额。

国家税务总局关于外国企业所得税纳税年度有关问题的通知

国税函[2008]301号

各省、自治区、直辖市和计划单列市国家税务局，广东省和深圳市地方税务局：

现就外国企业所得税的纳税年度问题通知如下：

根据《中华人民共和国外商投资企业和外国企业所得税法实施细则》第八条规定，经当地主管税务机关批准以满十二个月的会计年度为纳税年度的外国企业，其2007—2008年度企业所得税的纳税年度截止到2007年12月31日，并按照《中华人民共和国外商投资企业和外国企业所得税法》规定的税率计算缴纳企业所得税。自2008年1月1日起，外国企业一律以公历年度为纳税年度，按照《中华人民共和国企业所得税法》规定的税率计算缴纳企业所得税。

财政部 国家税务总局关于核电行业税收政策有关问题的通知

财税[2008]38 号

各省、自治区、直辖市、计划单列市财政厅(局)、国家税务局,财政部驻各省、自治区、直辖市、计划单列市财政监察专员办事处:

为支持核电事业的发展,统一核电行业税收政策,经国务院批准,现将有关税收政策问题通知如下:

一、关于核力发电企业的增值税政策:

(一)核力发电企业生产销售电力产品,自核电机组正式商业投产次月起 15 个年度内,统一实行增值税先征后退政策,返还比例分三个阶段逐级递减。具体返还比例为:

1. 自正式商业投产次月起 5 个年度内,返还比例为已入库税款的 75%;

2. 自正式商业投产次月起的第 6 至第 10 个年度内,返还比例为已入库税款的 70%;

3. 自正式商业投产次月起的第 11 至第 15 个年度内,返还比例为已入库税款的 55%;

4. 自正式商业投产次月起满 15 个年度以后,不再实行增值税先征后退政策。

(二)核力发电企业采用按核电机组分别核算增值税退税额的办法,企业应分别核算核电机组电力产品的销售额,未分别核算或不能准确核算的,不得享受增值税先征后退政策。单台核电机组增值税退税额可以按以下公式计算:

$$\text{单台核电机组增值税退税额}=\frac{\text{单台核电机组电力产品销售额}}{\text{核力发电企业电力产品销售额合计}}\times\begin{matrix}\text{核力发电企业实}\\\text{际缴纳增值税额}\end{matrix}\times\text{退税比例}$$

(三)原已享受增值税先征后退政策但该政策已于 2007 年内到期的核力发电企业,自该政策执行到期后次月起按上述统一政策核定剩余年度相应的返还比例;对 2007 年内新投产的核力发电企业,自核电机组正式商业投产日期的次月起按上述统一政策执行。

二、自 2008 年 1 月 1 日起,核力发电企业取得的增值税退税款,专项用于还本付息,不征收企业所得税。

三、关于大亚湾核电站和广东核电投资有限公司税收政策。

大亚湾核电站和广东核电投资有限公司在 2014 年 12 月 31 日前继续执行以下政策,不适用本通知第一、二条规定的政策:

(一)对大亚湾核电站销售给广东核电投资有限公司的电力免征增值税。

(二)对广东核电投资有限公司销售给广东电网公司的电力实行增值税先征后退政策,并免征城市维护建设税和教育费附加。

(三)对大亚湾核电站出售给香港核电投资有限公司的电力及广东核电投资有限公司转售给香港核电投资有限公司的大亚湾核电站生产的电力免征增值税。

(四)自 2008 年 1 月 1 日起财政部和国家税务总局《关于广东大亚湾核电站有关税收政策问题的通知》(财税字[1998]173 号)停止执行。

四、增值税先征后退具体操作办法由财政部驻当地财政监察专员办事处按《财政部 国家税务总局中国人民银行关于税制改革后对某些企业实行"先征后退"有关预算管理问题的暂行规定的通知》[(94)财预字第 55 号]有关规定办理。

国家税务总局关于房地产开发企业所得税预缴问题的通知

国税函[2008]299 号

各省、自治区、直辖市和计划单列市国家税务局、地方税务局:

为贯彻落实新的企业所得税法,确保企业所得税预缴工作顺利开展,经研究,现就房地产开发企业所得税预缴问题通知如下:

一、房地产开发企业按当年实际利润据实分季(或月)预缴企业所得税的,对开发、建造的住宅、商业用房以及其他建筑物、附着物、配套设施等开发产品,在未完工前采取预售方式销售取得的预售收入,按照规定的预计利润率分季(或月)计算出预计利润额,计入利润总额预缴,开发产品完工、结算计税成本后按照实际利润再行调整。

二、预计利润率暂按以下规定的标准确定：

（一）非经济适用房开发项目

1. 位于省、自治区、直辖市和计划单列市人民政府所在地城区和郊区的，不得低于20%。

2. 位于地级市、地区、盟、州城区及郊区的，不得低于15%。

3. 位于其他地区的，不得低于10%。

（二）经济适用房开发项目

经济适用房开发项目符合建设部、国家发展改革委员会、国土资源部、中国人民银行《关于印发〈经济适用房管理办法〉的通知》（建住房[2004]77号）等有关规定的，不得低于3%。

三、房地产开发企业按当年实际利润据实预缴企业所得税的，对开发、建造的住宅、商业用房以及其他建筑物、附着物、配套设施等开发产品，在未完工前采取预售方式销售取得的预售收入，按照规定的预计利润率分季（或月）计算出预计利润额，填报在《中华人民共和国企业所得税月（季）度预缴纳税申报表（A类）》（国税函[2008]44号文件附件1）第4行"利润总额"内。

四、房地产开发企业对经济适用房项目的预售收入进行初始纳税申报时，必须附送有关部门批准经济适用房项目开发、销售的文件以及其他相关证明材料。凡不符合规定或未附送有关部门的批准文件以及其他相关证明材料的，一律按销售非经济适用房的规定执行。

五、本通知适用于从事房地产开发经营业务的居民纳税人。

六、本通知自2008年1月1日起执行。已按原预计利润率办理完毕2008年一季度预缴的外商投资房地产开发企业，从二季度起按本通知执行。

科技部　财政部　国家税务总局关于印发《高新技术企业认定管理办法》的通知

国科发火[2008]172号

各省、自治区、直辖市、计划单列市科技厅（局）、财政厅（局）、国家税务局、地方税务局：

根据《中华人民共和国企业所得税法》、《中华人民共和国企业所得税法实施条例》的有关规定，经国务院批准，现将《高新技术企业认定管理办法》及其附件《国家重点支持的高新技术领域》印发给你们，请遵照执行。

高新技术企业认定管理办法

第一章　总　　则

第一条　为扶持和鼓励高新技术企业的发展，根据《中华人民共和国企业所得税法》（以下称《企业所得税法》）、《中华人民共和国企业所得税法实施条例》（以下称《实施条例》）有关规定，特制定本办法。

第二条　本办法所称的高新技术企业是指：在《国家重点支持的高新技术领域》（见附件）内，持续进行研究开发与技术成果转化，形成企业核心自主知识产权，并以此为基础开展经营活动，在中国境内（不包括港、澳、台地区）注册一年以上的居民企业。

第三条　高新技术企业认定管理工作应遵循突出企业主体、鼓励技术创新、实施动态管理、坚持公平公正的原则。

第四条　依据本办法认定的高新技术企业，可依照《企业所得税法》及其《实施条例》、《中华人民共和国税收征收管理法》（以下称《税收征管法》）及《中华人民共和国税收征收管理法实施细则》（以下称《实施细则》）等有关规定，申请享受税收优惠政策。

第五条　科技部、财政部、税务总局负责指导、管理和监督全国高新技术企业认定工作。

第二章　组 织 与 实 施

第六条　科技部、财政部、税务总局组成全国高新技术企业认定管理工作领导小组（以下称"领导小组"），其主要职责为：

（一）确定全国高新技术企业认定管理工作方向，审议高新技术企业认定管理工作报告；

（二）协调、解决认定及相关政策落实中的重大问题；

（三）裁决高新技术企业认定事项中的重大争议，监督、检查各地区认定工作；

（四）对高新技术企业认定工作出现重大问题的地区，提出整改意见。

第七条 领导小组下设办公室。办公室设在科技部，其主要职责为：

（一）提交高新技术企业认定管理工作报告；

（二）组织实施对高新技术企业认定管理工作的检查；

（三）负责高新技术企业认定工作的专家资格的备案管理；

（四）建立并管理"高新技术企业认定管理工作网"；

（五）领导小组交办的其他工作。

第八条 各省、自治区、直辖市、计划单列市科技行政管理部门同本级财政、税务部门组成本地区高新技术企业认定管理机构（以下称"认定机构"），根据本办法开展下列工作：

（一）负责本行政区域内的高新技术企业认定工作；

（二）接受企业提出的高新技术企业资格复审；

（三）负责对已认定企业进行监督检查，受理、核实并处理有关举报；

（四）选择参与高新技术企业认定工作的专家并报领导小组办公室备案。

第九条 企业取得高新技术企业资格后，应依照本办法第四条的规定到主管税务机关办理减税、免税手续。

享受减税、免税优惠的高新技术企业，减税、免税条件发生变化的，应当自发生变化之日起 15 日内向主管税务机关报告；不再符合减税、免税条件的，应当依法履行纳税义务；未依法纳税的，主管税务机关应当予以追缴。同时，主管税务机关在执行税收优惠政策过程中，发现企业不具备高新技术企业资格的，应提请认定机构复核。复核期间，可暂停企业享受减免税优惠。

第三章 条件与程序

第十条 高新技术企业认定须同时满足以下条件：

（一）在中国境内（不含港、澳、台地区）注册的企业，近三年内通过自主研发、受让、受赠、并购等方式，或通过 5 年以上的独占许可方式，对其主要产品（服务）的核心技术拥有自主知识产权；

（二）产品（服务）属于《国家重点支持的高新技术领域》规定的范围；

（三）具有大学专科以上学历的科技人员占企业当年职工总数的 30%以上，其中研发人员占企业当年职工总数的 10%以上；

（四）企业为获得科学技术（不包括人文、社会科学）新知识，创造性运用科学技术新知识，或实质性改进技术、产品（服务）而持续进行了研究开发活动，且近三个会计年度的研究开发费用总额占销售收入总额的比例符合如下要求：

1. 最近一年销售收入小于 5000 万元的企业，比例不低于 6%；
2. 最近一年销售收入在 5000 万元至 20000 万元的企业，比例不低于 4%；
3. 最近一年销售收入在 20000 万元以上的企业，比例不低于 3%。

其中，企业在中国境内发生的研究开发费用总额占全部研究开发费用总额的比例不低于 60%。企业注册成立时间不足三年的，按实际经营年限计算；

（五）高新技术产品（服务）收入占企业当年总收入的 60%以上；

（六）企业研究开发组织管理水平、科技成果转化能力、自主知识产权数量、销售与总资产成长性等指标符合《高新技术企业认定管理工作指引》（另行制定）的要求。

第十一条 高新技术企业认定的程序如下：

（一）企业自我评价及申请。

企业登录"高新技术企业认定管理工作网"，对照本办法第十条规定条件，进行自我评价。认为符合认定条件的，企业可向认定机构提出认定申请。

（二）提交下列申请材料：

1. 高新技术企业认定申请书；
2. 企业营业执照副本、税务登记证（复印件）；
3. 知识产权证书（独占许可合同）、生产批文，新产品或新技术证明（查新）材料、产品质量检验报告、省

级以上科技计划立项证明,以及其他相关证明材料;

4. 企业职工人数、学历结构以及研发人员占企业职工的比例说明;

5. 经具有资质的中介机构鉴证的企业近三个会计年度研究开发费用情况表(实际年限不足三年的按实际经营年限),并附研究开发活动说明材料;

6. 经具有资质的中介机构鉴证的企业近三个会计年度的财务报表(含资产负债表、损益表、现金流量表,实际年限不足三年的按实际经营年限)以及技术性收入的情况表。

(三) 合规性审查。

认定机构应建立高新技术企业认定评审专家库;依据企业的申请材料,抽取专家库内专家对申报企业进行审查,提出认定意见。

(四) 认定、公示与备案。

认定机构对企业进行认定。经认定的高新技术企业在"高新技术企业认定管理工作网"上公示 15 个工作日,没有异议的,报送领导小组办公室备案,在"高新技术企业认定管理工作网"上公告认定结果,并向企业颁发统一印制的"高新技术企业证书"。

第十二条 高新技术企业资格自颁发证书之日起有效期为三年。企业应在期满前三个月内提出复审申请,不提出复审申请或复审不合格的,其高新技术企业资格到期自动失效。

第十三条 高新技术企业复审须提交近三年开展研究开发等技术创新活动的报告。

复审时应重点审查第十条(四)款,对符合条件的,按照第十一条(四)款进行公示与备案。

通过复审的高新技术企业资格有效期为三年。期满后,企业再次提出认定申请的,按本办法第十一条的规定办理。

第十四条 高新技术企业经营业务、生产技术活动等发生重大变化(如并购、重组、转业等)的,应在十五日内向认定管理机构报告;变化后不符合本办法规定条件的,应自当年起终止其高新技术企业资格;需要申请高新技术企业认定的,按本办法第十一条的规定办理。

高新技术企业更名的,由认定机构确认并经公示、备案后重新核发认定证书,编号与有效期不变。

第四章 罚 则

第十五条 已认定的高新技术企业有下述情况之一的,应取消其资格:

(一) 在申请认定过程中提供虚假信息的;

(二) 有偷、骗税等行为的;

(三) 发生重大安全、质量事故的;

(四) 有环境等违法、违规行为,受到有关部门处罚的。

被取消高新技术企业资格的企业,认定机构在 5 年内不再受理该企业的认定申请。

第十六条 参与高新技术企业认定工作的各类机构和人员对所承担认定工作负有诚信以及合规义务,并对申报认定企业的有关资料信息负有保密义务。违反高新技术企业认定工作相关要求和纪律的,给予相应处理。

第五章 附 则

第十七条 原《国家高新技术产业开发区外高新技术企业认定条件和办法》(国科发火字[1996]018号)、原《国家高新技术产业开发区高新技术企业认定条件和办法》(国科发火字[2000]324 号),自本办法实施之日起停止执行。

第十八条 本办法由科技部、财政部、税务总局负责解释。

第十九条 科技部、财政部、税务总局另行制定《高新技术企业认定管理工作指引》。

第二十条 本办法自 2008 年 1 月 1 日起实施。

附:

国家重点支持的高新技术领域

一、电子信息技术

二、生物与新医药技术

三、航空航天技术

四、新材料技术

五、高技术服务业

六、新能源及节能技术

七、资源与环境技术

八、高新技术改造传统产业

一、电子信息技术

(一)软件

1. 系统软件

操作系统软件技术,包括实时操作系统技术;小型专用操作系统技术;数据库管理系统技术;基于 EFI 的通用或专用 BIOS 系统技术等。

2. 支撑软件

测试支撑环境与平台技术;软件管理工具套件技术;数据挖掘与数据呈现、分析工具技术;虚拟现实(包括游戏类)的软件开发环境与工具技术;面向特定应用领域的软件生成环境与工具套件技术;模块封装、企业服务总线(ESB)、服务绑定等的工具软件技术;面向行业应用及基于相关封装技术的软件构件库技术等。

3. 中间件软件

中间件软件包括:行业应用的关键业务控制;基于浏览器/服务器(B/S)和面向 Web 服务及 SOA 架构的应用服务器;面向业务流程再造;支持异种智能终端间数据传输的控制等。

4. 嵌入式软件

嵌入式图形用户界面技术;嵌入式数据库管理技术;嵌入式网络技术;嵌入式 Java 平台技术;嵌入式软件开发环境构建技术;嵌入式支撑软件层中的其他关键软件模块研发及生成技术;面向特定应用领域的嵌入式软件支撑平台(包括:智能手机软件平台、信息家电软件平台、汽车电子软件平台等)技术;嵌入式系统整体解决方案的技术研发等。

5. 计算机辅助工程管理软件

用于工程规划、工程管理/产品设计、开发、生产制造等过程中使用的软件工作平台或软件工具。包括:基于模型数字化定义(MBD)技术的计算机辅助产品设计、制造及工艺软件技术;面向行业的产品数据分析和管理软件技术;基于计算机协同工作的辅助设计软件技术;快速成型的产品设计和制造软件技术;具有行业特色的专用计算机辅助工程管理/产品开发工具技术;产品全生命周期管理(PLM)系统软件技术;计算机辅助工程(CAE)相关软件技术等。

6. 中文及多语种处理软件

中文及多语种处理软件是指针对中国语言文字(包括汉语和少数民族语言文字)和外国语言文字开发的识别、编辑、翻译、印刷等方面的应用软件。包括:基于智能技术的中、外文字识别软件技术;字处理类(包括少数民族语言)文字处理软件技术;基于先进语言学理论的中文翻译软件技术;语音识别软件和语音合成软件技术;集成中文手写识别、语音识别/合成、机器翻译等多项智能中文处理技术的应用软件技术;具有多语种交叉的软件应用开发环境和平台构建技术等。

7. 图形和图像软件

支持多通道输入/输出的用户界面软件技术;基于内容的图形图像检索及管理软件技术;基于海量图像数据的服务软件技术;具有交互功能与可量测计算能力的 3D 软件技术;具有真实感的 3D 模型与 3D 景观生成软件技术;遥感图像处理与分析软件技术等。

8. 金融信息化软件

金融信息化软件是指面向银行、证券、保险行业等金融领域服务业务创新的软件。包括:支持网上财、税、库、行、海关等联网业务运作的软件技术;基于金融领域管理主题的数据仓库或数据集市及其应用等技术;金融行业领域的财务评估、评级软件技术;金融领域新型服务模式的软件技术等。

9. 地理信息系统

网络环境下多系统运行的 GIS 软件平台构建技术;基于 3D/4D(即带有时间标识)技术的 GIS 开发平台构建技术;组件式和可移动应用的 GIS 软件包技术等。

10. 电子商务软件

基于 Web 服务(Web Services)及面向服务体系架构(SOA)的电子商务应用集成环境及其生成工具软件或套件的技术;面向电子交易或事务处理服务的各类支持平台、软件工具或套件的技术;支持电子商务协同应用的软件环境、平台、或工具套件的技术;面向桌面和移动终端设备应用的信息搜索与服务软件或工具的技术;面向行业的电子商务评估软件或工具的技术;支持新的交易模式的工具软件和应用软件技术等。

11. 电子政务软件

用于构建电子政务系统或平台的软件构件及工具套件技术；跨系统的电子政务协同应用软件环境、平台、工具等技术；应急事件联动系统的应用软件技术；面向电子政务应用的现场及移动监管稽核软件和工具技术；面向电子政务应用的跨业务系统工作流软件技术；异构系统下政务信息交换及共享软件技术；面向电子政务应用的决策支持软件和工具技术等。

12. 企业管理软件

数据分析与决策支持的商业智能(BI)软件技术；基于 RFID 和 GPS 应用的现代物流管理软件技术；企业集群协同的供应链管理(SCM)软件技术；面向客户个性化服务的客户关系管理(CRM)软件技术等。

(二) 微电子技术

1. 集成电路设计技术

自主品牌 ICCAD 工具版本优化和技术提升，包括设计环境管理器、原理图编辑、版图编辑、自动版图生成、版图验证以及参数提取与反标等工具；器件模型、参数提取以及仿真工具等专用技术。

2. 集成电路产品设计技术

音视频电路、电源电路等量大面广的集成电路产品设计开发；专用集成电路芯片开发；具有自主知识产权的高端通用芯片 CPU、DSP 等的开发与产业化；符合国家标准、具有自主知识产权、重点整机配套的集成电路产品，3G 移动终端电路、数字电视电路、无线局域网电路等。

3. 集成电路封装技术

小外型有引线扁平封装(SOP)、四边有引线塑料扁平封装(PQFP)、有引线塑封芯片载体(PLCC)等高密度塑封的大生产技术研究，成品率达到 99%以上；新型的封装形式，包括采用薄型载带封装、塑料针栅阵列(PGA)、球栅阵列(PBGA)、多芯片组装(MCM)、芯片倒装焊(Flip Chip)、WLP(Wafer Level Package)，CSMP(Chip Size Module Package)，3D(3 Dimension)等封装工艺技术。

4. 集成电路测试技术

集成电路品种的测试软件，包括圆片(Wafer)测试及成品测试。芯片设计分析验证测试软件；提高集成电路测试系统使用效率的软/硬件工具、设计测试自动连接工具等。

5. 集成电路芯片制造技术

CMOS 工艺技术、CMOS 加工技术、BiCMOS 技术，以及各种与 CMOS 兼容工艺的 SoC 产品的工业化技术；双极型工艺技术，CMOS 加工技术与 BiCMOS 加工技术；宽带隙半导体基集成电路工艺技术；电力电子集成器件工艺技术。

6. 集成光电子器件技术

半导体大功率高速激光器；大功率泵浦激光器；高速 PIN—FET 模块；阵列探测器；10Gbit/s—40Gbit/s 光发射及接收模块；用于高传输速率多模光纤技术的光发射与接收器件；非线性光电器件；平面波导器件(PLC)(包括 CWDM 复用/解复用、OADM 分插复用、光开关、可调光衰减器等)。

(三) 计算机及网络技术

1. 计算机及终端技术

手持和移动计算机(HPC、PPC、PDA)；具有特定功能的行业应用终端，包括金融、公安、税务、教育、交通、民政等行业的应用中，集信息采集(包括条形码、RFID、视频等)、认证支付和无线连接等功能的便携式智能终端等；基于电信网络或/和计算机网络的智能终端等。

2. 各类计算机外围设备技术

具有自主知识产权的计算机外围设备，包括打印机、复印机等；计算机外围设备的关键部件，包括打印机硒鼓、墨盒、色带等；计算机使用的安全存储设备，存储、移动存储设备等；基于 USB 技术、蓝牙技术、闪联技术标准的各类外部设备及器材；基于标识管理和强认证技术；基于视频、射频等识别技术。

3. 网络技术

基于标准协议的(如 SNMP 和 ITSM 等)的应用于企业网和行业专网的信息服务管理和网络管理软件，包括监控软件、IP 业务管理软件等；ISP、ICP 的增值业务软件和应用平台等；用于企业和家庭的中、低端无线网络设备，包括无线接入点、无线网关、无线网桥、无线路由器、无线网卡等；以及符合蓝牙、UWB 标准的近距离(几米到十几米)无线收发技术等；向 IPv4 向 IPv6 过渡的中、低端网络设备和终端。

4. 空间信息获取及综合应用集成系统

空间数据获取系统，包括低空遥感系统、基于导航定位的精密测量与检测系统、与 PDA 及移动通信部件一体化的数据获取设备等；导航定位综合应用集成系统，包括基于"北斗一号"卫星导航定位应用的主动/被动的导航、定位设备及公众服务系统；基于位置服务（LBS）技术的应用系统平台；时空数据库的构建及其应用技术等。

5. 面向行业及企业信息化的应用系统

融合多种通信手段的企业信息通信集成技术；智能化的知识管理；工作流、多媒体；基于 SOA 架构建立的企业信息化集成应用。

6. 传感器网络节点、软件和系统

面向特定行业的传感器网络节点、软件或应用系统；传感器网络节点的硬件平台和模块、嵌入式软件平台及协议软件等；传感器网络节点的网络接口产品模块、软件等。

* 采用 OEM 或 CKD 方式的集成生产项目除外。

（四）通信技术

1. 光传输技术

可用于城域网和接入网的新型光传输设备技术，包括：中/低端新型多业务光传输设备和系统；新型光接入设备和系统；新型低成本小型化波分复用传输设备和系统；光传输设备中新型关键模块光传输系统仿真计算等专用软件。

2. 小型接入设备技术

适合国内的网络状况和用户特殊应用需求的小型接入设备技术，包括：各类综合接入设备，各种互联网接入设备（IAD）；利用无线接入、电力线接入、CATV 接入等的行业专用接入设备（包括远程监控等）；其它新型中小型综合接入设备。

3. 无线接入技术

调制方式多样、能适应复杂使用环境的移动通信接入技术的无线接入设备及其关键部件，包括：宽带无线接入设备，如包括基站、终端、网关等；基于 IEEE 802.11 等协议的基站与无线局域网终端设备；基于 IEEE 802.16 等协议的宽带无线城域网终端设备、系统和技术；各类高效率天线终端设备和特种天线技术和设备等；固定无线接入设备；各种无线城域网设备和系统，包括增强型 WLAN 基站和终端等。

4. 移动通信系统的配套技术

适用于移动通信网络等的系列配套技术，包括：3G 系统的直放站（含天线）配套设备；用于各种基站间互联的各种传输设备；移动通信网络规划优化软件与工具；基站与天线的 RF 信号光纤拉远传输设备；移动通信的网络测试、监视和分析仪表等；数字集群系统的配套技术；其它基于移动通信网络的行业应用的配套技术。

5. 软交换和 VoIP 系统

基于分组交换原理的下一代网络系统和设备技术，包括：中小型 IP 电话系统及设备；面向特定行业和企业应用、集成 VoIP 功能的呼叫中心系统及设备；VoIP 系统的监测和监控技术等。

6. 业务运营支撑管理系统

网络和资源管理系统；结算和计费系统；业务管理和性能分析系统；经营分析与决策支持系统；客户服务管理系统；服务质量管理系统；各类通信设备的测试系统；适用于上述系统的组件产品，包括各类中间件等。

7. 电信网络增值业务应用系统

固定网、2.5G/3G 移动、互联网等网络的增值业务应用软件技术，包括：各类增值业务的综合开发平台；流媒体、手机可视电话、手机 QQ、IPTV 等的应用系统；基于电信网、互联网等的增值业务和应用系统；基于 P2P 技术的各类应用系统，包括即时通信系统等；基于现有网络技术的增值业务平台；支持网络融合和业务融合的增值业务应用平台及系统。

（五）广播电视技术

1. 演播室设备技术

与数字电视系统相适应的各类数字化电子设备技术，包括：演播室数字视频服务器、数字视频切换控制台、数字音视频非线性编辑服务器;节目的电子交换、节目制播系统软件、面向数字媒体版权保护的加解密和密钥管理、数字版权保护等系统;适合我国地面电视标准的地面数字电视传输设备;地面—有线合一的数字电视传输设备;符合我国标准的具有自主知识产权的数字电视发射与转发设备;卫星数字电视调制器、有线数字电视调制器、地面数字电视调制器;广播电视监控系统及设备;用于IP网络、移动接收服务网络的数据网关,数据协议转发服务器;有线数字电视和卫星数字电视运营商的运营支撑系统;以电子节目指南、综合信息发布、数据广播,以及交互电视等构成的业务应用系统。

2. 交互信息处理系统

能够实现交互式控制的服务端系统技术。

3. 信息保护系统

能够实现各种信息媒体整体版权保护的系统技术。

4. 数字地面电视技术

可提高收发机性能的技术,与单频组网、覆盖补点、专用测试等应用相关的技术,包括:数字电视单频网适配器;广播信号覆盖补点器;GB20600—2006广播信号发生器;GB20600—2006广播信号分析仪等。

5. 地面无线数字广播电视技术

符合国家《地面数字电视广播传输标准》的设备技术,包括:数字广播电视发射机;数字广播电视复用器;数字广播电视信道编码调制器;无线地面数字广播技术。

6. 专业音视频信息处理系统

公共交通、公共场所等各类专业级网络化的音视频处理系统技术。

7. 光发射、接收技术

具备自主知识产权的光发射和光接收设备的技术,包括:激光器模块;光电转换模块;调幅返送光发射机;室外型宽带光接收机等。

8. 电台、电视台自动化技术

适合电台、电视台开展音频及视像节目编、采、播业务的技术,包括:具备发射机单机模拟量、开关量的选择与采集,控制信号接口选择功能的设备;能对发射机工作状态实现控制、监测、记录、分析、诊断、显示、报警等功能的设备;能对全系统实现数据处理的计算机设备;能对发射机房多机系统实现自动化控制管理的设备等。

9. 网络运营综合管理系统

基于卫星、有线、无线电视传输的、能实现分级网络运营管理、能实现全网传输设备的维护、设置及业务管理一体化的软件系统的技术,包括:广播影视传输覆盖网的管理系统;有线电视分配网网络管理系统等。

10. IPTV技术

电信、计算机和广电三大网络的业务应用融合的技术,包括:IPTV路由器和交换器; IPTV终端设备; IPTV监管系统和设备; IPTV前端设备等。

11. 高端个人媒体信息服务平台

移动办公软件技术,包括:个人信息综合处理平台;便携式个人信息综合处理终端等。

* 采用OEM或CKD方式的集成生产项目除外。

(六)新型电子元器件

1. 半导体发光技术

半导体发光二极管用外延片制造技术,生长高效高亮度低光衰高抗静电的外延片技术,包括:采用GaN基外延片/Si基外延片/蓝宝石衬底外延片技术;半导体发光二极管制作技术;大功率高效高亮度低光衰高抗静电的发光二极管技术;高效高亮度低光衰高抗静电的发光二极管技术;半导体照明用长寿命高效荧光粉、热匹配性能和密封性能好的封装树脂材料和热沉材料技术等。

2. 片式和集成无源元件技术

片式复合网络、片式EMI/EMP复合元件和LTCC集成无源元件;片式高温、高频、大容量多层陶瓷电容器(MLCC);片式NTC、PTC热敏电阻和片式多层压敏电阻;片式高频、高稳定、高精度频率器件等。

3. 片式半导体器件技术

小型、超小型有引线及无引线产品;采用低弧度键合、超薄封装的相关产品;功率型有引线及无引线产品等。

4. 中高档机电组件技术

符合工业标准的超小型高密度高传输速度的连接器；新一代通信继电器，小体积、大电流、组合式继电器和固体光 MOS 继电器；高保真、高灵敏度、低功耗电声器件；刚挠结合板和 HDI 高密度积层板等。

（七）信息安全技术

1. 安全测评类

网络与系统的安全性能进行测试与评估技术；对安全产品的功能、性能进行测试与评估，能满足行业或用户对安全产品自测评需求的技术等。

2. 安全管理类

具备安全集中管理、控制与审计分析等功能的综合安全管理类技术；具备安全策略、安全控制措施的统一配置、分发和审核功能的安全管理类技术等。

3. 安全应用类

具有电子政务相关应用安全软件及相关技术；具有电子商务相关应用安全软件及相关技术；具有公众信息服务相关应用安全软件及相关技术等。

4. 安全基础类

操作系统安全的相关支撑技术；数据库安全管理的相关支撑技术；安全路由和交换设备的研发和生产技术；安全中间件技术；可信计算和标识认证相关支撑技术等。

5. 网络安全类

网络攻击防护技术；网络异常监控技术；无线与移动安全接入技术；恶意代码防护技术；网络内容安全管理技术等。

6. 专用安全类

密码及其应用技术；安全隔离与交换等边界防护技术；屏蔽、抑制及干扰类电磁泄漏发射防护和检测技术；存储设备和介质中信息的防护、销毁及存储介质的使用管理技术；高速安全芯片技术；安全事件取证和证据保全技术等。

* 市场前景不明朗、低水平重复，以及简单的技术引进类信息安全软件及其相关产品除外。

（八）智能交通技术

1. 先进的交通管理和控制技术

具备可扩展性的适于中小城市信号设备和控制技术；可支持多种下端协议的上端控制系统的软件技术研发；交通应急指挥管理相关设备的技术研发和生产；网络环境下的外场交通数据综合接入设备的技术研发和生产；交通事件自动检测和事件管理的软件技术研发等。

2. 交通基础信息采集、处理设备及相关软件技术

采用微波、主被动红外、激光、超声波技术（不含视频）设备，可用于采集交通量、速度、车型、占有率、车头时距等交通流参数；车辆、站场枢纽客流统计检测设备生产及分析技术；用于公众服务的动态交通信息融合、处理软件技术研发；交通基础设施状态监测设备的软件研发和生产技术；内河船舶交通量自动检测设备技术研发等。

3. 先进的公共交通管理设备和系统技术

大容量快速公交系统（BRT）运营调度管理系统（含车、路边设备）技术研发；公交（含大容量公交）自动售检票系统技术研发，要能够支持现金、信用卡、预付费卡等多种支付方式；大中城市公共交通运营组织与调度管理相关设备和系统的技术研发等。

4. 车载电子设备和系统技术

具有实时接收数据能力，并可进行本地路径动态规划功能的车载导航设备的研发及生产；符合国家标准的电子不停车收费系统技术研发；车载安全驾驶辅助产品生产技术等。

二、生物与新医药技术

（一）医药生物技术

1. 新型疫苗

具有自主知识产权且未曾在国内外上市销售的、预防重大疾病的新型高效基因工程疫苗，包括：预防流

行性呼吸系统疾病、艾滋病、肝炎、出血热、大流行感冒、疟疾、狂犬病、钩虫病、血吸虫病等人类疾病和肿瘤的新型疫苗、联合疫苗等，疫苗生产用合格实验动物，培养细胞及菌种等。

2. 基因工程药物

具有自主知识产权，用于心脑血管疾病、肿瘤、艾滋病、血友病等重大疾病以及其他单基因遗传病治疗的基因工程药物、基因治疗药物、靶向药物，重组人血白蛋白制品等。

3. 重大疾病的基因治疗

用于恶性肿瘤、心血管疾病、神经性疾病的基因治疗及其关键技术和产品，具有自主知识产权的重大疾病基因治疗类产品，包括：恶性肿瘤、遗传性疾病、自身免疫性疾病、神经性疾病、心血管疾病和糖尿病等的基因治疗产品；基因治疗药物输送系统等。

4. 单克隆抗体系列产品与检测试剂

用于肝炎、艾滋病、血吸虫病、人禽流感、性病等传染性疾病和肿瘤、出生缺陷及吸毒等早期检测、诊断的单克隆抗体试剂，食品中微生物、生物毒素、农药兽药残留检测用单克隆抗体及试剂盒；重大动植物疫病、转基因生物检测用单克隆抗体及试剂盒，造血干细胞移植的分离、纯化和检测所需的单克隆抗体系列产品；抗肿瘤及抗表皮生长因子单克隆抗体药物；单克隆抗体药物研究关键技术和系统；先进的单克隆抗体规模化制备集成技术、工艺和成套设备；新型基因扩增（PCR）诊断试剂及检测试剂盒和人源化/性基因工程抗体。

5. 蛋白质/多肽/核酸类药物

面向重大疾病——抗肿瘤蛋白药物（如肿瘤坏死因子），心脑血管系统蛋白药物（如纤溶酶原，重组溶血栓），神经系统蛋白药物尤其是抑郁药物，老年痴呆药物，肌肉关节疾病的蛋白质治疗药物，以及抗病毒等严重传染病蛋白药物的研究与产业化技术；各类细胞因子（如促红细胞生成素，促人血小板生长因子，干扰素，集落刺激因子，白细胞介素，肿瘤坏死因子，趋化因子，转化生长因子，生长因子）等多肽药物的开发技术；抗病毒、抗肿瘤及治疗自身免疫病的核酸类药物及相关中间体的研究及产业化技术等。

6. 生物芯片

重大疾病、传染病、遗传病、地方病等诊断用芯片，生物安全检测用芯片，研究用芯片，进出口检验检疫芯片、生物芯片数据获取、处理和分析设备及软件等。

7. 生物技术加工天然药物

采用细胞大规模培养、生物转化技术开发生物资源和中药资源，包括：动植物细胞大规模培养技术、发酵法生产濒危、名贵、紧缺药用原料和动植物组织中分离提取生物活性物质原料及新药等。

8. 生物分离、装置、试剂及相关检测试剂

适用于基因工程、细胞工程、发酵工程、天然药物的生产、药物活性成份等分离用的高精度、自动化、程序化、连续高效的设备和介质，以及适用于生物制品厂的生产装置等，包括：生物、医药用新型高效分离介质及装置；生物、医药用新型高效膜分离组件及装置；生物、医药用新型高效层析介质及装置；生物、医药用新型发酵技术与装置；生物反应和生物分离的过程集成技术；生物、医药研究、生产及其检测用试剂、试剂盒等。

9. 新生物技术

具有明确应用前景的新生物技术，包括：治疗疾病的干细胞技术及用于基因治疗、新药开发和生物医学的 RNAi 技术；用于生物医药研究的纳米技术；能提高多肽药物的稳定性和半衰期，降低免疫原性的多肽修饰技术；海洋生物技术。

（二）中药、天然药物

1. 创新药物

拥有自主知识产权、符合现代新药开发技术要求的中药、天然药物新药，包括：从中药、天然药物中提取的有效成份、有效部位，以及新发现的中药材和中药材新的药用部位及制剂等。

2. 中药新品种的开发

由中药、天然药物制成的新的复方制剂，对名优中成药及民族药的二次开发，以及新型中药给药系统品种，包括：透皮制剂、缓控速释制剂、靶向制剂、定位制剂等；作为中药质量控制所必需的中药标准品的开发与应用技术。

3. 中药资源可持续利用

珍贵和濒危野生动植物资源的种植(养殖)、良种选育技术;珍贵和濒危野生药材代用品及人工制品;符合种植规范和管理要求的中药材;中药材去除重金属和农药残留新技术、新产品的研究等。

(三) 化学药

1. 创新药物

拥有自主知识产权的创新药物,包括:通过合成或半合成的方法制得的原料药及其制剂;天然物质中提取或通过发酵提取的新的有效单体及其制剂;用拆分或合成等方法制得的已知药物中的单一光学异构体及其制剂;由已上市销售的多组份药物制备为较少组份的药物;新的复方制剂;已有药物新的适应症等。

2. 心脑血管疾病治疗药物

抗高血压药物;抗冠心病药物;抗心衰药物;抗血栓药物;治疗脑卒中新药等。

3. 抗肿瘤药物

抗恶性肿瘤细胞侵袭转移药物;放化疗增敏药物;肿瘤化学预防及用于癌前病变治疗的药物;作用于肿瘤细胞信号传递系统的新药;其他新型抗肿瘤药物;肿瘤辅助治疗(包括镇痛、止吐、增强免疫功能、肿瘤引起的高钙血症等)药物等。

4. 抗感染药物(包括抗细菌、抗真菌、抗原虫药等)

大环内酯类抗生素;头孢菌素抗生素;非典型β—内酰胺类抗生素;抗真菌药物;喹诺酮类抗菌药;四环素类抗菌药;手性硝基咪唑类抗原虫、抗厌氧菌药物;多肽类抗生素等。

5. 老年病治疗药物

防治骨质疏松新药;老年痴呆治疗新药;慢性阻塞性肺病治疗新药;前列腺炎及前列腺肥大治疗药物;帕金森氏病治疗药物;便秘治疗药物等。

6. 精神神经系统药物

抗抑郁药;抗焦虑药;精神病治疗药;偏头痛治疗药;儿童注意力缺乏综合症治疗药;癫痫治疗药等。

7. 计划生育药物

女用避孕药;男用避孕药;事后避孕药;抗早孕药等。

8. 重大传染病治疗药物

艾滋病治疗药物;传染性肝炎治疗药物;结核病防治药物;血吸虫病防治药物;流感、禽流感、非典型肺炎等呼吸道传染病的防治药物等。

9. 治疗代谢综合症的药物

糖尿病及其并发症治疗药物;血脂调节药;脂肪肝治疗药物;肥胖症治疗药物等。

10. 罕见病用药(Orphan Drugs)及诊断用药

罕见病用药;解毒药;诊断用药等(包括X—射线、超声、CT、NMR对比增强剂等)。

11. 手性药物和重大工艺创新的药物及药物中间体

手性药物技术(包括:外消旋药物的拆分,无效对映体的转化及生物转化合成技术;包结拆分和手性药物的制备技术;手性药物的生物催化合成技术;新型手性体的设计与合成技术;工业化不对称催化技术;由糖合成手性纯天然化合物和其类似物的开发技术;拆分试剂,手性辅助剂,手性分析用试剂,手性源化合物的开发与应用技术等);能大幅度降低现有药物生产成本的重大工艺创新;节能降耗明显的重大工艺改进;能大幅度减少环境污染的重大工艺改进;市场急需的、有较大出口创汇潜力的药物及药物中间体;改进药物晶型的重大工艺改进等。

* 简单的改变制备工艺的品种除外。

(四) 新剂型及制剂技术

1. 缓、控、速释制剂技术——固体、液体及复方

具有控制药物释放速度的缓、控、速释制剂技术,包括:透皮吸收制剂技术;注射缓、控释制剂(长效储库型注射剂)技术,口服(含舌下)缓、控、速释制剂技术;缓释微丸胶囊(直径为5～250μm)制剂技术;粘膜、腔道、眼用等其它缓、控释制剂技术等。

2. 靶向给药系统

采用脂类、类脂蛋白质及生物降解高分子成分作为载体,将药物包封或嵌构而成的各种类型的新型靶

向给药系统，包括：结肠靶向给药（口服）系统及技术；心脑靶向给药（口服、注射）系统及技术；淋巴靶向给药（注射）系统及技术；能实现2级靶向，3级靶向药物制剂的系统及技术等。

3. 给药新技术及药物新剂型

高效、速效、长效、靶向给药新型药物，药物控释纳米材料，新型给药技术和装备，缓释、控释、透皮吸收制剂技术，蛋白或多肽类药物的口服制剂技术。包括：纳米技术、脂质体技术、微囊释放新技术等。

4. 制剂新辅料

β—环糊精衍生物、微晶纤维素和微粉硅胶等固体制剂用辅料，具有掩盖药物的不良口感、提高光敏药物的稳定性、减少药物对胃肠道的刺激性、使药物在指定部位释放等作用的包衣材料，包括：纤维素衍生物和丙烯酸树脂类衍生物等；注射用辅料，包括：注射用β—环糊精衍生物、注射用卵磷脂和注射用豆磷脂等。控、缓释口服制剂，粘膜给药和靶向给药制剂，眼用药物，皮肤给药等特殊药用辅料。

＊ 简单改变剂型和给药途径的技术除外。

（五）医疗仪器技术、设备与医学专用软件

1. 医学影像技术

X射线摄影成像技术（高频，中频）、新型高性能超声诊断技术（彩色B超）、功能影像和分子影像成像技术、新型图像识别和分析系统以及其它新型医学成像技术，包括：电阻抗成像技术，光CT技术等。

2. 治疗、急救及康复技术

新型微创外科手术器具及其配套装置；植入式电子刺激装置；新型急救装置；各类介入式治疗技术与设备；以治疗计划系统为核心的数字化精确放射治疗技术以及医用激光设备等。

3. 电生理检测、监护技术

数字化新型电生理检测和监护设备技术；适用于基层医院、社区医疗、生殖健康服务机构，以及能面向家庭的各类新型无创和微创检测诊断技术、监护设备和康复设备；高灵敏度、高可靠性的新型医用传感器及其模块组件等。

4. 医学检验技术

体现自动化和信息化的应急生化检验装置、常规生化分析仪器、常规临床检验仪器以及具有明确的临床诊断价值的新技术，采用新工艺、新方法或新材料的其他医学检验技术和设备等。

5. 医学专用网络环境下的软件

医用标准化语言编译及电子病历（EMR）系统；电子健康档案系统；重大疾病专科临床信息系统；社区医疗健康信息系统以及实用三维数字医学影像后处理系统等。

＊ 机理不清、治疗效果不确定的产品除外。

（六）轻工和化工生物技术

1. 生物催化技术

具有重要市场前景及自主知识产权的生物催化技术，包括：用于合成精细化学品的生物催化技术；新型高效酶催化剂品种和新用途；新型酶和细胞固定化方法及反应器；生物手性化学品的合成；生物法合成多肽类物质；有生物活性的新型糖类和糖醇类等。

2. 微生物发酵新技术

高效菌种的选育和新型发酵工程和代谢工程技术，包括：微生物发酵生产的新产品及其化学改性新产品；微生物发酵新技术和新型反应器；新功能微生物的选育方法和发酵过程的优化、控制新方法以及采用代谢工程手段提高发酵水平的新方法；传统发酵产品的技术改造和生产新工艺等；重大发酵产品中可提高资源利用度，减少排污量的清洁生产新技术和新工艺等。

3. 新型、高效工业酶制剂

对提高效率、降低能耗和减少排污有显著效果的绿色化学处理工艺及新型、高效工业酶制剂，包括：有机合成用酶制剂；纺织工业用酶、洗涤剂用酶、食品用酶、制药工业用酶、饲料用酶、环保用酶等酶制剂，酶制剂质量评价技术及标准；生物新材料用酶；生物新能源用酶等。

4. 天然产物有效成份的分离提取技术

可提高资源利用率的、从天然动植物中提取有效成份制备高附加值精细化学品的分离提取技术，包括：天然产物有效成份的分离提取新技术；天然产物有效成份的全合成、化学改性及深加工新技术；天然产物中分离高附加值的新产品；高效分离纯化技术集成及装备的开发与生产；从动植物原料加工废弃物中进一步分离提取有效成份的新技术等。

5. 生物反应及分离技术

高效生物反应器，高密度表达系统技术，大规模高效分离技术、介质和设备，大型分离系统及在线检测控制装置，基因工程、细胞工程和蛋白质工程产品专用分离设备，生物过程参数传感器和自控系统。

6. 功能性食品及生物技术在食品安全领域的应用

辅助降血脂、降血压、降血糖功能食品；抗氧化功能食品；减肥功能食品；辅助改善老年记忆功能食品；功能化传统食品；以及功能性食品有效成份检测技术和功能因子生物活性稳态化技术；食品安全的生物检测技术等。

（七）现代农业技术

1. 农林植物优良新品种与优质高效安全生产技术

优质、高效、高产优良新品种技术；水肥资源高效利用型新品种技术；抗病虫、抗寒、抗旱、耐盐碱等抗逆新品种技术；新型、环保肥料与植物生长调节剂及高效安全施用技术。

2. 畜禽水产优良新品种与健康养殖技术

畜禽水产优良新品种及快繁技术；珍稀动物、珍稀水产养殖技术；畜牧业、水产业健康养殖技术和模式；畜牧水产业环境调控和修复技术与模式；安全、优质、专用、新型饲料及饲料添加剂生产和高效利用技术；畜牧水产业质量安全监控、评价、检测技术；优质奶牛新品种及规模化、集约化饲养与管理技术。

3. 重大农林植物灾害与动物疫病防控技术

重大农林植物病虫鼠草害、重大旱涝等气象灾害以及森林火灾监测、预警、防控新技术；主要植物病虫害及抗药性检测、诊断技术；环保型农药创制、高效安全施用与区域性农林重大生物灾害可持续控制技术；畜禽水产重大疾病监测预警、预防控制、快速诊断、应急处理技术；烈性动物传染病、动物源性人畜共患病高效特异性疫苗生产技术；高效安全新型兽药及技术质量监测等技术。

4. 农产品精深加工与现代储运

农业产业链综合开发和利用技术；农产品加工资源节约和综合利用技术；农产品分级、包装和品牌管理技术；农业产业链标准化管理技术；大宗粮油绿色储运、鲜活农产品保鲜及物流配送、农林产品及特种资源增值加工、农林副产品资源化利用；农副产品精深加工和清洁生态型加工技术与设备；农产品质量安全评价、快速检测、全程质量控制等技术。

5. 现代农业装备与信息化技术

新型农作物、牧草、林木种子收获、清选、加工设备；新型农田作业机械、设施农业技术装备与高效施肥、施药机械和设备；新型畜禽、水产规模化养殖以及牧草、饲料加工、林产机械和新型农产品产地处理技术装备；农业生产过程监测、控制及决策系统与技术；精准农业技术、遥感技术与估产及农村信息化服务系统与技术。

6. 水资源可持续利用与节水农业

水源保护、水环境修复、节水灌溉、非常规水源灌溉利用、旱作节水和农作物高效保水等新技术、新材料、新工艺和新产品。

7. 农业生物技术

新型畜禽生物兽药和生物疫苗，生物肥料，生物农药及生物饲料等。

三、航空航天技术

1. 民用飞机技术

民用飞机综合航空电子、飞行控制技术；安全及救生技术，民用航空发动机及重要部件；小型、超小型飞机（含无人驾驶飞机）专用发动机及重要部件。

* 无动力运动滑翔机、教练机等除外。

2. 空中管制系统

民用航空卫星通信、导航、监视及航空交通管理系统（CNS/ATM）管制工作站系统、CNS/ATM 网关系统、飞行流量管理系统和自动化管制系统等；先进的空中管制空域设计与评估系统，数字化放行（PDC）系统，自动终端信息服务（D-ATIS）系统，空中交通进离港排序辅助决策系统，空管监视数据融合处理系统，飞行计划集成系统，卫星导航地面增强系统，自动相关监视系统和多点相关定位系统等。

3. 新一代民用航空运行保障系统

新型民用航空综合性公共信息网络平台、安全管理系统、天气观测和预报系统、适航审定系统；新型先进的机场安全检查系统、货物及行李自动运检系统、机场运行保障系统。

* 通用独立的机场运行保障信息显示、控制设备及仪器除外。

4. 卫星通信应用系统

通信卫星地面用户终端、便携式多媒体终端、卫星地面上行系统、卫星地面差放站以及采用卫星通信新技术（新协议）的高性价比地面通信系统，宽带/高频/激光卫星通信系统等；与卫星固定通信业务、卫星移动通信业务、电视卫星直播业务（卫星数字音频广播）和互联网宽带接入业务相关的四大业务地面终端设备及关键配套部件；高精度地面终端综合检测仪器与系统。

* 3位半以下便携式通用测试仪表等除外。

5. 卫星导航应用服务系统

卫星导航多模增强应用服务系统（含连续观测网络、实时通信网络、数据处理中心和公共服务平台）、基于位置信息的综合服务系统及其应用服务终端（与无线通信网络结合的全球导航卫星系统技术和室内定位技术）、具有导航、通信、视听等多种功能的车载、船载等移动信息系统；个人导航信息终端；兼容型卫星导航接收机；卫星导航专用芯片、SOC系统、小型嵌入系统；嵌入式软件。

四、新材料技术

（一）金属材料

1. 铝、镁、钛轻合金材料深加工技术

环保、节能新工艺新技术生产高纯金属镁、高洁净镁合金和高强度、高韧性、耐腐蚀铝合金、镁合金、钛合金材料，及其在航空、汽车、信息、高速列车等行业的应用技术；大断面、中空大型钛合金及铝合金板材，镁及镁合金的液态铸轧技术，镁、铝、钛合金的线、板、带、薄板（箔）、铸件、锻件、异型材等系列化产品的加工与焊接技术，后加工成形技术和着色、防腐技术以及相关的配套设备；精密压铸技术生产高性能铝合金、镁合金材及铸件；钛及钛合金低成本生产技术及其应用技术，钛及钛合金焊接管生产技术。

* 高污染高能耗皮江法生产金属镁及镁合金、常规铝合金、仿不锈钢铝建材和一般民用铝制品除外。

2. 高性能金属材料及特殊合金材料生产技术

先进高温合金材料及其民用制品生产技术；超细晶粒的高强度、高韧性、强耐蚀钢铁材料生产技术；为提高钢铁材料洁净度、均匀度、组织细度等影响材料性能，提高冶金行业资源、能源利用效率，实现节能、环保，促进钢铁行业可持续发展的配套相关材料、部件制造技术；高强度、高韧性、高导性、耐腐蚀、高抗磨、耐高（低）温等特殊钢材料、高温合金材料、工模具材料制造技术；超细组织钢铁材料的轧制工艺、先进微合金化、高均质连铸坯、高洁净钢的冶炼工艺，高强度耐热合金钢及铸锻工艺和焊接技术，高性能碳素结构钢、高强度低合金钢、超高强度钢、高牌号冷轧硅钢生产工艺；高性能铜合金材（高强、高导、无铅黄铜等）生产技术、采用金属横向强迫塑性变形和冷轧一次成型工艺生产热交换器用铜及铜合金无缝高翅片管技术；通过连铸、拉拔制成合金管线材技术。

* 高能耗、高污染的“地条钢”和一般建筑用钢、常规铸造、常规机加工项目除外。

3. 超细及纳米粉体及粉末冶金新材料工艺技术

高纯超细粉、纳米粉体和多功能金属复合粉生产技术，包括铜、镍、钴、铝、镁、钛等有色金属和特殊铁基合金粉末冶金材料粉体成型和烧结致密化技术；采用粉末预处理、烧结扩散制成高性能铜等有色金属预合金粉制造技术；高性能、特殊用途钨、钼深加工材料及应用技术，超细晶粒（纳米晶）硬质合金材料及高端硬质合金刀具等制造技术。

* 超细钨粉及碳化钨粉和传统工艺生产常规粉末冶金材料及制品除外。

4. 低成本、高性能金属复合材料加工成型技术

耐高压、耐磨损、抗腐蚀、改善导电、导热性等方面具有明显优势的金属与多种材料复合的新材料及结构件制、热交换器用铜铝复合管材新工艺；低密度、高强度、高弹性模量、耐疲劳的颗粒增强、纤维增强的铝基复合材料产业化的成型加工技术以及低成本高性能的增强剂生产技术。

* 铝塑复合管材、钢（铝）塑门窗等一般民用产品除外。

5. 电子元器件用金属功能材料制造技术

制取电容器用高压、超高比容钽粉的金属热还原、球团化造粒、热处理、脱氧等技术；制成超细径电容器用钽丝的粉末冶金方法成型烧结技术；特种导电和焊接用集成电路引线及引线框架材料、电子级无铅焊料、焊球、焊粉、焊膏、贱金属专用电子浆料制造技术；异形接触点材料和大功率无银触头材料制造技术；高磁能积、高内禀矫顽力高性能铁氧体永磁材料和高导磁、低功耗、抗电磁干扰的软磁体材料（高于 OP8F、CL11F、PW40 牌号性能）制造技术，片式电感器用高磁导率、低温烧结铁氧体（NiCuZn）、高性能屏蔽材料、锂离子电池负极载体、覆铜板用的高均匀性超薄铜薄制造技术；电真空用无夹杂、无气孔不锈钢及无氧铜材料规模化生产技术。

* 常规电力电工用金属电线、电缆及漆包线材料，贵金属浆料及阴极、阳极铝箔等除外。

6. 半导体材料生产技术

经拉晶、切割、研磨、抛光、清洗加工制成的直径大于 8 英寸超大规模集成电路用硅单晶及抛光片和外延片加工技术；太阳能电池用大直径（8 英寸）硅单晶片拉晶技术；低成本、低能耗多晶硅材料及产品产业化技术；大直径红外光学锗单晶材料及大面积宽带隙半导体（氮化镓、碳化硅、氧化锌等）单晶和外延材料制造技术。高纯铜、高纯镍、高纯钴、高纯银、高纯铑、高纯铋、高纯锑、高纯铟、高纯镓等高纯及超纯有色金属材料精炼提纯技术等。

7. 低成本超导材料实用化技术

实用化超导线材、块材、薄膜的制备技术和应用技术。

8. 特殊功能有色金属材料及应用技术

形状记忆钛镍合金、铜合金材及制品；高阻尼铜合金材；高电位、高电容量镁牺牲阳极；高性能新型释汞、吸汞、吸气材料等。

9. 高性能稀土功能材料及其应用技术

高纯度稀土氧化物和稀土单质分离、提取的无污染、生产过程废弃物综合回收的新工艺技术；生产高性能烧结钕铁硼永磁材料和各向异性粘结钕铁硼永磁材料及新型稀土永磁材料新工艺技术；新型高性能稀土发光显示材料，LCD 显示器用稀土荧光粉、PDP 显示器用低压（电压几百伏）荧光粉和绿色节能电光源材料制备和应用技术，高亮度、长余晖红色稀土贮光荧光粉制备和应用技术；大尺寸稀土超磁致伸缩材料及应用技术；稀土激光晶体和玻璃稀土精密陶瓷材料，稀土磁光存储材料，稀土磁制冷材料和巨磁阻材料，稀土生物功能材料制备和应用技术。应用于燃气、石化和环保领域的新型高效稀土催化剂和满足欧Ⅳ标准的稀土汽车尾气催化剂制造技术；高性能稀土镁、铝、铜等有色金属材料熔铸加工技术；用于集成电路、平面显示、光学玻璃的高纯、超细稀土抛光材料制备技术。

* 性能为 N45 以下和磁能积加内禀矫顽力之和小于 60 的常规烧结 NdFeB 永磁体，灯用三基色荧光粉、绿黄色长余晖稀土发光粉和普通 CRT 荧光粉除外。

10. 金属及非金属材料先进制备、加工和成型技术

用来制造高性能、多功能的高精、超宽、薄壁、特细、超长的新型材料及先进加工和成形技术；超细和纳米晶粒组织的快速凝固制造技术及超大形变加工技术；高速、高精、超宽、薄壁连铸连轧和高度自动化生产板、带、箔技术；金属半固态成型和近终成型技术；短流程生产工艺技术；超细、高纯、低氧含量、无（少）夹杂合金粉末的制备技术，以及实现致密化、组织均匀化、结构功能一体化或梯度化的粉末冶金成型与烧结技术（包括机械合金化粉末，快速凝固非晶纳米晶粉末，高压水及限制式惰性气体气雾化粉末；温压成型、注射成型、喷射成型、热等静压成型、高速压制等成型；压力烧结、微波、激光、放电、等离子等快速致密化烧结技术及低温烧结）；摩擦焊接技术；物理和化学表面改性技术。

* 常规铸造、常规机加工项目，电弧喷涂、镀锌磷化、电镀硬铬（铜）、火焰喷涂、喷焊、渗氮渗碳等中低档表面工程技术用以修复部件的项目除外。

（二）无机非金属材料

1. 高性能结构陶瓷强化增韧技术

制造强度高、耐高温、耐磨损、耐腐蚀、耐冲刷、抗氧化、耐烧蚀等优越性能结构陶瓷的超细粉末制备技术、控制烧结工艺和晶界工程及强化、增韧技术；现代工业用陶瓷结构件制备技术；可替代进口和特殊用途

的高性能陶瓷结构件制备技术；有重要应用前景的高性能陶瓷基复合材料和超硬复合材料制备技术；陶瓷—金属复合材料，高温过滤及净化用多孔陶瓷材料，连续陶瓷纤维及其复合材料制备技术，高性能、细晶氧化铝产品，低温复相陶瓷产品、碳化硅陶瓷产品等制备技术。

2. 高性能功能陶瓷制造技术

通过成份优化调节，生产高性能功能陶瓷的粉末制备、成型及烧结工艺控制技术，包括大规模集成电路封装、贴片专用高性能电子陶瓷材料制造技术；微电子和真空电子用新型高频高导热绝缘陶瓷材料制造技术；新型微波器件及电容器用介电陶瓷和铁电陶瓷材料制造技术；传感器和执行器用各类敏感功能陶瓷材料制造技术；激光元件（激光调制、激光窗口等）用功能陶瓷材料制造技术；光传输、光转换、光放大、红外透过、光开关、光存储、光电耦合等用途的光功能陶瓷、薄膜制造技术等。

3. 人工晶体生长技术

新型非线性光学晶体、激光晶体材料制备技术；高机电耦合系数、高稳定性铁电、压电晶体材料制备技术；特殊应用的光学晶体材料制备技术；低成本高性能的类金刚石膜和金刚石膜制品制备技术；衰减时间短、能量分辨率高、光产额高的新型闪烁晶体材料制备技术等。

* 钽酸锂、铌酸锂、钒酸钇、六面顶金刚石、蓝宝石和石英晶体除外。

4. 功能玻璃制造技术

具有特殊性能和功能的玻璃或无机非晶态材料的制造技术。包括光传输或成像用玻璃制造技术；光电、压电、激光、电磁、耐辐射、闪烁体等功能玻璃制造技术；屏蔽电磁波玻璃制造技术；新型高强度玻璃制造技术；生物体和固定酶生物化学功能玻璃制造技术；新型玻璃滤光片、光学纤维面板、光学纤维倒像器、X 射线像增强器用微通道板制造技术等。

5. 节能与环保用新型无机非金属材料制造技术

替代传统材料，可显著降低能源消耗的无污染节能材料制造技术；与新能源开发和利用相关的无机非金属材料制造技术；高透光新型透明陶瓷制造技术；环保用高性能多孔陶瓷材料制造技术；低辐射镀膜玻璃及多层膜结构玻璃及高强单片铯钾防火玻璃制造技术等。

（三）高分子材料

1. 高性能高分子结构材料的制备技术

高强、耐高温、耐磨、超韧的高性能高分子结构材料的聚合物合成技术，分子设计技术，先进的改性技术等，包括特种工程塑料制备技术；具有特殊功能、特殊用途的高附加值热塑性树脂制备技术；关键的聚合物单体制备技术等，如：有机硅、有机氟等聚合物的单体制造技术。

2. 新型高分子功能材料的制备及应用技术

新化合物的合成、物理及化学改性等先进的加工成型技术，膜组件；光电信息，高分子材料；液晶高分子材料；形状记忆高分子材料；高分子相变材料，高分子转光材料；具有特殊功能，高附加值的特种高分子材料及以上材料的应用技术。

3. 高分子材料的低成本、高性能化技术

高分子化合物或新的复合材料的改性技术、共混技术等；高刚性、高韧性、高电性、高耐热的聚合物合金或改性材料技术；新型热塑性弹性体；具有特殊用途、高附加值的新型改性高分子材料技术。

* 以下普通材料除外：普通塑料的一般改性专用料；普通电线、电缆专用料；流延、吹塑、拉伸法生产的通用薄膜；普通管材、管件异型材；普通橡胶制品；以聚乙烯、聚丙烯为基材的降解材料；普通 PS、PU 发泡材料；普通塑料板材等。

4. 新型橡胶的合成技术及橡胶新材料

橡胶新品种的分子设计技术；接枝、共聚技术；卤化技术；充油、充碳黑技术等；特种合成橡胶材料；新型橡胶功能材料及制品；重大的橡胶基复合新材料技术。

5. 新型纤维材料

成纤聚合物的接枝、共聚、改性及纺丝新技术；成纤聚合物制备的具有特殊性能或功能化纤维；高性能纤维产品；环境友好及可降解型纤维。

* 服装面料、衬布、纱线、常规或性能仅略有改善的纤维及服装；常规的非织造布、涂层布或压层纺织

品、一般功能性纤维产品等除外。

6. 环境友好型高分子材料的制备技术及高分子材料的循环再利用技术

以可再生的生物质为原料制备新型高分子材料技术；全降解塑料制备技术；子午线轮胎翻新工艺；废弃橡胶循环再利用技术。

* 淀粉填充的不完全降解塑料及制品；单纯填充材料；废旧高分子直接回用、单纯降解塑料制品等除外。

7. 高分子材料的加工应用技术

采用现代橡胶加工设备和现代加工工艺的共混、改性、配方技术；高比强度、大型、外型结构复杂的热塑性塑料制备技术；大型先进的橡塑加工设备、高精密的橡塑设备技术；先进的模具设计和制造技术等。

（四）生物医用材料

1. 介入治疗器具材料

可降解血管内支架；减少血栓形成或再狭窄的表面涂层或改性的血管内支架；具有特殊功能的非血管管腔支架；介入导管，包括 PTCA 导管（导丝）等；介入栓塞式封堵器械及基栓塞剂等。

* 一般性能的支架和导管（包括导丝）除外。

2. 心血管外科用新型生物材料及产品

材料编织的人工血管；生物复合型人工血管；人工心脏瓣膜或瓣膜成形环等。

* 性能一般的单叶、双叶金属人工心脏瓣膜及传统生化改性技术处理的生物瓣膜或其它产品除外。

3. 骨科内置物

可降解固定材料；可降解人工骨移植材料；可生物降解的骨、神经修复生物活性材料等。

* 一般性人工关节和骨科内固定材料除外。

4. 口腔材料

牙种植体；高耐磨复合树脂充填材料；非创伤性牙体修复材料（ART）；金属烤瓷制品；硅橡胶类印模材料等。

* 一般的复合树脂充填材料、种植体、银汞合金、藻酸盐印模材料除外。

5. 组织工程用材料及产品

组织器官缺损修复用可降解材料；组织工程技术产品，包括组织工程骨、皮肤等；组织诱导性支架材料等。

6. 载体材料、控释系统用材料

生物活性物质载体材料；药物控释系统用材料等。

7. 专用手术器械及材料

微创外科器械；手术各科的专用或精细手术器械；外科手术灌洗液等。

（五）精细化学品

1. 电子化学品

集成电路和分立器件用化学品；印刷线路板生产和组装用化学品；显示器件用化学品。包括高分辨率光刻胶及配套化学品；印制电路板（PCB）加工用化学品；超净高纯试剂及特种（电子）气体；先进的封装材料；彩色液晶显示器用化学品；研磨抛光用化学品等。

2. 新型催化剂技术

重要精细化学品合成催化剂；新型石油加工催化剂；新型生物催化技术及催化剂；环保用新型、高效催化剂；有机合成新型催化剂；聚烯烃用新型高效催化剂；催化剂载体用新材料及各种新型助催化材料等。

3. 新型橡塑助剂技术

新型环保型橡胶助剂；加工型助剂新品种；新型、高效、复合橡塑助剂新产品。

4. 超细功能材料技术

采用最新粉体材料的结构、形态、尺寸控制技术、粒子表面处理和改性技术、高分散均匀复合技术等。

* 常规的粉体材料除外。

5. 功能精细化学品

环境友好的新型水处理剂及其它高效水处理材料；新型造纸专用化学品；适用于保护性开采和提高石

油采收率的新型油田化学品;新型表面活性剂;高性能、水性化功能涂料及助剂;新型纺织染整助剂;高性能环保型胶粘剂;新型安全环保颜料和染料;高性能环境友好型皮革化学品。

* 以下产品除外:生物降解功能差或毒性大的表面活性剂;通用溶剂型涂料,通用水性建筑涂料及普通防锈涂料,低档涂料及助剂;普通打印墨水;低水平重复生产的精细化学品等。

五、高技术服务业

1. 共性技术

具有自主知识产权、面向行业特定需求的共性技术,包括:行业共性技术标准研究、制定与推广业务,专利分析等。

2. 现代物流

具备自主知识产权的现代物流管理系统或平台技术;具备自主知识产权的供应链管理系统或平台技术等。

3. 集成电路

基于具有自主知识产权的集成电路产品专有设计技术(含掩模版制作专有技术),包括:芯片设计软件、IP 核、布图等,提供专业化的集成电路产品设计与掩模版制作服务;基于具有自主知识产权的集成电路产品测试软、硬件技术,为客户的集成电路产品(含对圆片和半成品)研发和生产提供测试;基于具有自主知识产权的集成电路芯片加工及封装技术与生产设备,为客户提供圆片加工和封装加工。

* 双列直插(DIP)、金属封装、陶瓷封装技术除外。

4. 业务流程外包(BPO)

依托行业,利用其自有技术,为行业内企业提供有一定规模的、高度知识和技术密集型的服务;面向行业、产业以及政府的特定业务,基于自主知识产权的服务平台,为客户提供高度知识和技术密集型的业务整体解决方案等。

5. 文化创意产业支撑技术

具有自主知识产权的文化创意产业支撑技术。包括:终端播放技术、后台服务和运营管理平台支撑技术、内容制作技术(虚拟现实、三维重构等)、移动通信服务技术等。

* 仅仅对国外创意进行简单外包、简单模仿或简单离岸制造,既无知识产权,也无核心竞争力,产品内容涉及色情、暴力、意识形态、造成文化侵蚀、有害青少年身心健康的除外。

6. 公共服务

有明显行业特色和广泛用户群基础的信息化共性服务,包括:客户信息化规划咨询、信息化系统的运行维护、网络信息安全服务等。

7. 技术咨询服务

信息化系统咨询服务、方案设计、集成性规划等。

8. 精密复杂模具设计

具备一定的信息化、数字化高端技术条件,为中小企业提供先进精密复杂模具制造技术、设计服务(包括汽车等相关产品高精密模具设计等)。

9. 生物医药技术

为生物、医药的研究提供符合国家新药研究规范的高水平的安全、有效、可控性评价服务。包括:毒理、药理、药代、毒代、药物筛选与评价,以及药物质量标准的制定、杂质对照品的制备及标化;为研究药物缓、控释等新型制剂提供先进的技术服务,中试放大的技术服务等。

10. 工业设计

能够创造和发展产品或系统的概念和规格,使其功能、价值和外观达到最优化,同时满足用户与生产商的要求。

六、新能源及节能技术

(一) 可再生清洁能源技术

1. 太阳能

(1) 太阳能热利用技术

包括新型高效、低成本的太阳能热水器技术;太阳能建筑一体化技术及热水器建筑模块技术;太阳能采暖和制冷技术；太阳能中高温(80—200℃)利用技术等。

* 简单重复生产的产品除外。

(2) 太阳能光伏发电技术

包括高效、低成本晶体硅太阳光伏电池技术(包括厚度250微米以下的薄片电池和效率16%的高效电池)。新型高效、低成本新型及薄膜太阳能电池技术，包括非晶硅薄膜电池，化合物薄膜电池，纳米染料电池，异质结太阳电池，有机太阳电池，低倍和高倍聚光太阳电池，第三代新型太阳电池等。并网光伏技术，包括与建筑结合的光伏发电(BIPV)技术，大型(MW级以上)荒漠光伏电站技术，光伏建筑专用模块，并网逆变器，专用控制、监测系统，自动向日跟踪系统等。光伏发电综合利用技术，包括太阳能照明产品(包括LED产品)，太阳能制氢，太阳能水泵，太阳能空调，太阳能动力车、船，太阳能工业和通信电源、太阳能光伏村落和户用成套电源等。

* 简单太阳电池组件的封装和低水平的重复性生产除外。

(3) 太阳能热发电技术

高温(300—1500℃)太阳能热发电技术、产品和工程开发，包括塔式热发电，槽式热发电，碟式热发电和菲涅尔透镜聚光式太阳能热发电等。

2. 风能

(1) 1.5MW以上风力发电技术

适应中国气候、复杂地形条件的1.5MW以上风力发电机组的总体设计、总装技术及关键部件的设计制造技术等。

(2) 风电场配套技术

风资源评估分析、风电场设计和优化、风电场监视与控制、风电接入系统设计及电网稳定性分析、短期发电量预测及调度匹配、风电场平稳过渡及控制等技术。

3. 生物质能

(1) 生物质发电关键技术及发电原料预处理技术

包括直燃(混燃)发电系统耦合技术，蒸汽余热回收技术，热效率≥85%、燃烧过程不结渣、不产生新污染，具有广泛原料适应性的生物质直燃发电装置；能保证生物质在燃烧设备中充分燃烧的原料装卸、输送技术，能有效分离生物质中的Cl等腐蚀性物质的预处理技术等。

(2) 生物质固体燃料致密加工成型技术

吨成型燃料的加工过程能耗低于80Kwh/t，成型燃料密度1～1.4g/cm^3，水分小于12%，加工过程机械化和自动化的生物质致密加工成型技术。包括木质纤维碾切搭接技术，成型模板设计技术，一体化、可移动颗粒燃料生产设备的系统耦合技术等。

(3) 生物质固体燃料高效燃烧技术

热效率≥85%、不结渣、废气符合排放标准的生物质固体燃料高效燃烧技术与装置等。

(4) 生物质气化和液化技术

高转化率热解气化、热解过程工艺条件的系统优化耦合及控制、可凝性有机物(焦油)高效净化处理、生物质气化过程液体、固体产品综合利用技术与装置，生物质气化效率≥70%；燃气热值≥5.0MJ/Nm^3；燃气中可凝性有机物≤10mg/Nm^3。高效厌氧发酵、有机肥生产、无废水排放技术与装置，有机废弃物产气率≥200L/Kg。

以流化床为基础的生物质热裂解、催化裂解提升液化产品热值技术与装置；生物质直接催化热裂解生产生物柴油技术与装置等。

(5) 非粮生物液体燃料生产技术

非粮生物液体燃料包括非粮(糖)的甜高粱、薯类原料生产的乙醇，以及用非食用油原料生产的生物柴油。

甜高粱生产乙醇技术包括原料保存技术，高效产乙醇菌种的筛选与构建技术，快速固体发酵技术与机械化生产和自动化控制装置；低能耗的高粱秆榨汁、保存与发酵技术；发酵时间≤48小时，糖转化率≥92%，乙醇收率≥90%(相对于理论值)，吨燃料乙醇能耗≤500Kg，水耗≤5吨，无废水排放。

薯类淀粉原料生产乙醇技术包括无蒸煮糖化技术、浓醪发酵技术、纤维素利用技术、废水处理技术；发酵时间≤60小时，糖转化率≥95%，乙醇收率≥92%（相对于理论值），吨燃料乙醇能耗≤500Kg，水耗≤8吨，废水COD≤100ppm。

非食用油原料生产的生物柴油技术包括超临界、亚临界、共溶剂、固体碱（酸）催化、酶催化技术与装置；生物柴油收率≥99.6%（相对于理论转化率），甘油纯度≥99%，吨生物柴油水耗≤0.35吨，能耗≤20Kg标煤。

(6) 大中型生物质能利用技术

生物质固体燃料致密加工成型设备能力≥500Kg/h，沼气装置日生产能力≥1000M³，甜高粱燃料乙醇厂生产能力≥5万吨/年，薯类燃料乙醇厂生产能力≥10万吨/年，生物柴油厂生产能力≥3万吨/年。

4. 地热能利用

高温地热能发电和地热能综合利用技术，包括：地热采暖，地热工业加工，地热供热水，地热养殖、种植，地热洗浴、医疗等，以及利用地源热泵实现采暖、空调的技术。

（二）核能及氢能

1. 核能技术

百万千瓦级先进压水堆核电站关键技术，铀浓缩技术及关键设备、高性能燃料零件技术、铀钚混合氧化物燃料技术，先进乏燃料后处理技术，核辐射安全与监测技术，放射性废物处理和处置技术，快中子堆和高温气冷堆核电站技术。

2. 氢能技术

天然气制氢技术，化工、冶金副产煤气制氢技术，低成本电解水制氢技术，生物质制氢、微生物制氢技术，金属贮氢、高压容器贮氢、化合物贮氢技术，氢加注设备和加氢站技术，超高纯度氢的制备技术，以氢为燃料的发动机与发电系统。

（三）新型高效能量转换与储存技术

1. 新型动力电池（组）、高性能电池（组）

已有研究工作基础、并可实现中试或产业化生产的动力电池（组）、高性能电池（组）和相关技术产品的研究，包括：镍氢电池（组）与相关产品；锂离子动力电池（组）与相关产品；新型高容量、高功率电池与相关产品；电池管理系统；动力电池高性价比关键材料等。

2. 燃料电池、热电转换技术

小型燃料电池的关键部件及相关产品；直接醇类燃料电池的关键部件；实现热电转换技术的关键部件及其相关产品等。

（四）高效节能技术

1. 钢铁企业低热值煤气发电技术

钢铁企业余压、余热、余能回收利用关键技术，包括高炉煤气余压能量回收透平发电技术（TRT）、低热值煤气燃气轮机联合循环发电技术（CCPP）等。

2. 蓄热式燃烧技术

工业炉窑和电站、民用锅炉的高效蓄热式燃烧技术等。

3. 低温余热发电技术

水泥、冶金、石油化工等行业低温余热蒸汽发电关键技术。

4. 废弃燃气发电技术

沼气、煤层气、高炉煤气、焦炉尾气等工业废弃燃气发电关键技术。

* 高热值燃气发电技术及产品除外。

5. 蒸汽余压、余热、余能回收利用技术

冷凝水、低参数蒸汽等回收利用新技术。

6. 输配电系统优化技术

电能质量优化（包括在先动态谐波治理、先进无功功率补偿等）新技术，电网优化运行分析、设计、管理（包括企业电网优化配置、用电设备功率合理分配等）软件及硬件新技术。

7. 高泵热泵技术

地源、水源、空气源、太阳能复合式等高温热泵技术；空调冷凝热回收利用等技术。

8. 蓄冷蓄热技术

用于剩余能量储存(包括与之相关转化、移送、利用)新技术。

9. 能源系统管理、优化与控制技术

工业、建筑领域的能量系统优化设计、能源审计、优化控制、优化运行管理软件技术，特别是能量系统节能综合优化技术。

10. 节能监测技术

自动化、智能化、网络化、功能全、测量范围广、适应性强的能源测量、记录和节能检测新技术。

11. 节能量检测与节能效果确认技术

工业、建筑领域节能改造项目节能量检测与节能效果确认(M&V)软件技术。

七、资源与环境技术

(一) 水污染控制技术

1. 城镇污水处理技术

城市污水生物处理新技术及生物与化学联合处理技术；中、小城镇生活污水低能耗处理技术；村镇生活污水；村镇小型源分离处理技术，低能耗生活污水处理技术。

2. 工业废水处理技术

有毒难降解工业废水处理技术，有毒有害化工和放射性废水处理技术，湿式催化氧化技术；重金属废水集成化处理和回收技术与成套装置，煤化工等行业高氨氮废水处理技术与装置，固定化微生物高效脱氮技术；采油废水处理及回注，高含盐废水处理工艺与技术；高浓度工业有机废水处理工艺与技术，高效厌氧生物反应器；高效生物填料，薄膜负载型光催化材料，膜材料及组件，高效水处理药剂的研制，新型复合型絮凝剂处理高浓度、高色度印染废水技术。

3. 城市和工业节水和废水资源化技术

生产过程工业冷却水重复利用药剂、技术，管网水质在线检测和防漏技术；各类工业废水深度处理回用集成技术；城市污水处理再生水生产的集成技术；工业、城市废水处理中污泥的处理、处置和资源化技术。

4. 面源水污染的控制技术

规模化农业面源污染控制技术及生态处理技术；水产养殖水循环利用和污染控制技术；畜禽养殖场废水厌氧处理沼气高效利用技术。

5. 雨水、海水、苦咸水利用技术

雨水收集利用与回渗技术与装置，苦咸水淡化技术；海水膜法低成本淡化技术及关键材料，规模化海水淡化技术；海水、卤水直接利用及综合利用技术。

6. 饮用水安全保障技术

灵敏、快速水质在线检测技术；饮用水有机物的高级催化氧化技术，高效膜过滤技术，安全消毒技术，高效控藻、除藻和藻毒素去除技术；饮用水有机物高效吸附剂、高效混凝剂及强化混凝技术；农村饮用水除氟、除砷技术与装置，边远地区和农村饮用水安全消毒小型设备和技术。

(二) 大气污染控制技术

1. 煤燃烧污染防治技术

高效低耗烟气脱硫、脱硝技术：燃煤电厂烟气脱硫技术及副产品综合利用技术，烟气脱硫关键技术，烟气脱硝选择性催化还原技术；煤、煤化工转化过程中的废气污染防治技术；高效长寿命除尘技术。

2. 机动车排放控制技术

机动车控制用高性能蜂窝载体、满足欧Ⅲ、Ⅳ标准汽车净化技术；满足欧Ⅲ、Ⅳ标准的柴油车净化技术：颗粒物捕集器及再生技术；催化氧化与还原技术；满足欧Ⅱ、Ⅲ标准摩托车净化技术。

3. 工业可挥发性有机污染物防治技术

高效长寿命的吸附材料和吸附回收装置；高效低耗催化材料与燃烧装置；低浓度污染物的高效吸附—催化技术及联合燃烧装置；恶臭废气的捕集与防治技术；油气回收分离技术：针对油库、加油站油气的挥发性有机化合物(VOCs)控制技术。

4. 局部环境空气质量提高与污染防治技术

城市公共设施空气环境的消毒杀菌、除尘、净化和提高空气氧含量技术。

5. 其他重污染行业空气污染防治技术

高性能除尘滤料和高性能电、袋组合式除尘技术；特殊行业工业排放的有毒有害废气、二噁英、恶臭气体的控制技术；工业排放温室气体的减排技术，碳减排及碳转化利用技术。

（三）固体废弃物的处理与综合利用技术

1. 危险固体废弃物的处置技术

危险废物高效焚烧技术，焚烧渣、飞灰熔融技术；危险废物安全填埋处置技术，危险废物固化技术、设备和固化药剂；医疗废物收运、高温消毒处理技术；有害化学品处理技术，放射性废物处理与整备技术与装备；电子废物处置、回收和再利用技术。

2. 工业固体废弃物的资源综合利用技术

利用工业固体废弃物生产复合材料、尾矿微晶玻璃、轻质建材、地膜、水泥替代物、工程结构制品等技术；电厂粉煤灰及煤矿矸石、冶金废渣等废弃物的资源回收与综合利用技术；废弃物资源化处理技术。

3. 有机固体废物的处理和资源化技术

利用农作物秸秆等废弃植物纤维生产复合板材及其他建材制品的技术；有机垃圾破碎、分选等预处理技术；填埋物气体回收利用技术；填埋场高效防渗技术；小城镇垃圾处理适用技术。

（四）环境监测技术

1. 在线连续自动监测技术

环境空气质量自动监测系统（粉尘、细颗粒物、二氧化硫、氮氧化物、酸沉降、沙尘天气、机动车排气等）；地表水水质自动监测系统（化学需氧量、余氯、BOD 水质、氨氮、石油类、挥发酚、微量有机污染物、总氮、总磷等等）；污染源自动监测系统（傅立叶红外测量烟气污染物、烟气含湿量；砷、总铅、总锌；氰化物、氟化物等）；大气中超细颗粒物、有机污染物等采样分析技术。

2. 应急监测技术

便携式现场快速测定技术，污染事故应急监测等危险废物特性鉴别、环境监控及灾害预警技术；移动式应急环境监测技术（便携式快速有毒有害气体监测仪及测试组件；便携式水质监测仪与测试组件；便携式工业危险物、重金属、有毒有害化合物的快速监测专用仪器及系统）；应急安全供水技术；应急处理火灾、泄漏造成的环境污染技术。

3. 生态环境监测技术

海洋环境监测技术，环境遥感监测系统；脆弱生态资源环境监控及灾害预警技术；多物种生物在线检测技术，水中微量有机污染物的富集技术，持久性有机污染物采样、分析技术。

（五）生态环境建设与保护技术

水土流失防治技术，沙漠化防治技术，天然林保护、植被恢复和重建技术，林草综合加工技术及配套机械设备；湿地保护、恢复与利用及其监测技术，矿山生态恢复、污染土壤修复，非点源污染控制技术；持久性有机污染物（POPs）替代技术；国家生物多样性预警监测和评价技术，系统生态功能区恢复与重建技术。

（六）清洁生产与循环经济技术

1. 重点行业污染减排和“零排放”关键技术

电镀、皮革、酿造、化工、冶金、造纸、钢铁、电子等行业污染减排关键技术；上述行业工艺过程中废气、废水、废物资源化回收利用技术。

2. 污水和固体废物回收利用技术

污水深度处理安全消毒和高值利用技术；城市景观水深度脱氮除磷处理技术；矿产废渣资源化利用技术；工业无机、有机固体废物资源化处理技术。

3. 清洁生产关键技术

煤洁净燃烧、能量梯级利用技术；有毒有害原材料、破坏臭氧层物质替代技术。

4. 绿色制造关键技术

绿色基础材料及其制备技术，高效、节能、环保和可循环的新型制造工艺及装备，机电产品表面修复和再制造技术，绿色制造技术在产品开发、加工制造、销售服务及回收利用等产品全生命周期中的应用。

(七) 资源高效开发与综合利用技术

1. 提高资源回收利用率的采矿、选矿技术

复杂难采矿床规模化开采及开发利用产业化技术；复杂多金属矿高效分离技术；难处理氧化矿高效分离与提取技术；多金属硫化矿电化学控制浮选技术；就地浸矿及生物提取技术；采选过程智能控制及信息化技术。

2. 共、伴生矿产的分选提取技术

综合回收共伴生矿物的联合选矿技术；共伴生非金属矿物的回收深加工技术；伴生稀贵金属元素富集提取分离技术。

3. 极低品位资源和尾矿资源综合利用技术

极低品位、难选冶金属矿有价金属综合回收利用技术；大用量、低成本、高附加值尾矿微晶玻璃技术；尾矿中有价元素综合回收技术。

＊ 一些常规的污染控制技术除外：

1. 常规工艺技术装备组合的水处理技术；

2. 城市混合垃圾和畜禽粪便制肥技术；

3. 20 吨以下的锅炉脱硫除尘技术；

4. 油烟净化技术(吸附、静电、喷淋)；

5. 技术含量低的用工业废物制造建材项目；

6. 一次性餐具及相关材料技术；

7. 未经安全评价的用于治理环境污染的生物菌剂技术；

8. 室内空气净化空气清新剂及常规消毒技术。

八、高新技术改造传统产业

(一) 工业生产过程控制系统

1. 现场总线及工业以太网技术

符合国际、国内自动化行业普遍采用的主流技术标准(包括：IEC61158、PROFIBUS、FF、DeviceNet、PROFINET、EtherNet/IP、EPA、MODBUS/TCP 等)的现场总线及工业以太网技术。

2. 可编程序控制器(PLC)

包括符合 IEC61131 标准、可靠性高、具有新技术特点的 PLC 技术；集成了嵌入式系统、单片机、数模混合等新技术成果的 PLC 技术等。

＊ 以 OEM 方式集成的 PLC 产品除外。

3. 基于 PC 的控制系统

以"工业 PC 机＋软逻辑(SoftPLC)"、可编程序先进控制器(PAC)、现场总线及工业以太网为网络、连接远程 I/O 及其它现场设备组成的分布式控制系统。

4. 新一代的工业控制计算机

面向图形的操作系统和应用要求，能够解决处理器和显示设备瓶颈问题，采用地址、数据多路复用的高性能 32 位和 64 位总线技术，具有在不关闭系统的情况下"即插即用"功能的高可用系统和容错系统。

(二) 高性能、智能化仪器仪表

1. 新型自动化仪表技术

适用于实时在线分析、新型现场控制系统、e 网控制系统、基于工业控制计算机和可编程控制的开放式控制系统和特种测控装备，能满足重大工程项目在智能化、高精度、高可靠性、人量程、耐腐蚀、全密封和防爆等特殊要求的新型自动化仪器仪表技术。

＊ 一般传统的流量、温度、物位、压力计或变送器除外。

2. 面向行业的传感器技术

面向行业和重大工程配套，采用新工艺、新结构，具有高稳定性、高可靠性、高精度、智能化的专用传感器技术。

3. 新型传感器技术

包括阵列传感器、多维传感器、复合型传感器、直接输出数字量或频率量的新型敏感器以及采用新传感

转换原理的新型传感器等。

＊ 采用传统工艺且性能没有显著提高的传感器(包括:热电偶、热电阻、电位器、电容、电感、差动变压器、电涡流、应变、压电、磁电等原理的传感器)除外。

4. 科学分析仪器、检测仪器技术

等离子光谱仪、近红外光谱仪、非制冷红外焦平面热像仪、微型专用色谱仪;特定领域的专用仪器,包括:农业技术品质和食品营养成分检测、农药及残留量检测、土壤速测等农业和食品专用仪器;海洋仪器;大气、水和固体废弃物安全监测和预警等核心专用仪器,各种灾害监测仪器;生命科学用分离分析仪器等。

＊ 传统的气相色谱仪除外。

5. 精确制造中的测控仪器技术

包括网络化、协同化、开放型的测控系统;精密成形制造及超精密加工制造中的测控仪器仪表;亚微米到纳米级制造中的测控仪器仪表;制造过程中的无损检测仪器仪表;激光加工中的测控仪器仪表等。

(三) 先进制造技术

1. 先进制造系统及数控加工技术

具有先进制造技术和制造工艺的单元设备、制造系统、生产线等,包括:复合加工、组合加工、绿色制造、快速制造、微米/纳米制造等相关装备和系统;CAD/CAPP/CAM/PDM 技术在内的数字化设计制造系统,现代集成制造系统应用软件、平台及工具,生产计划与实时优化调度系统/ERP 管理软件,虚拟制造(VM)技术,网络制造系统;智能型开放式数控系统、伺服驱动、数控装备、数控编程软件和应用软件、数控加工、数控工艺在内的先进数控技术;中高档数控设备和关键功能部件及关键配套零部件技术等。

＊ 低附加值的和低技术含量的零部件加工技术除外。

2. 机器人技术

新一代工业机器人;服务机器人;医疗机器人;水切割机器人;激光切割机器人;AGV 以及制造工厂的仓储物流设备;机器人周边设备;特种机器人;开放式机器人控制技术;虚拟现实(VR)技术;机器人伺服驱动技术;基于机器人的自动加工成套技术;信息机器人技术等。

＊ 性能和结构一般的没有知识产权的普通机器人除外。

3. 激光加工技术

激光切割加工技术;激光焊接加工技术;材料激光表面改性处理技术;激光雕刻技术和激光三维制造技术以及激光发生器制造和控制系统技术等。

4. 电力电子技术

包括具有节能、高效、良好的控制性能和特种传动技术的应用系统;大容量化、高频化、智能化、小功率器件芯片方片化的电力半导体器件;多功能化、智能控制化、绿色环保化的模块;面向工业设备、物流系统、城市交通系统、信息与自动化系统等的高性能特种电机及其控制和驱动技术等。

＊ 性能一般的电源变换产品除外。

5. 纺织及轻工行业专用设备技术

包括采用高精度驱动、智能化控制、高可靠性技术等开发的纺织机械专用配套部件;建立在计算机及网络技术应用基础上的在线检测控制系统和高性能的产品检测仪器;以控制、计量、检测、调整为一体的、带有闭环控制的环保型包装机械,袋成型、充填、封口设备,无菌包装设备;具有辅助操作自动化和联机自动化的柔性版印刷、防伪印刷、条形码印刷设备、数字直接制版机;精密型注塑机、精密挤出成型及复合挤出成型装备等。

＊ 性能一般的普通纺织机械、性能一般的包装机械及柔性版印刷机、卷筒进料多色凹版印刷机、不干胶商标印刷机除外。

(四) 新型机械

1. 机械基础件及模具技术

包括数控机床等重点主机配套用精密轴承;高性能、高可靠性、长寿命液压、气动控制元件;精密、复杂、长寿命塑料模具及冲压模具;快速原型和快速经济模具制造新技术等。

＊ 常规通用工艺技术,性能、结构、精度、寿命一般的普通机械基础件、普通塑料模具和冷冲压模具除外。

2. 通用机械和新型机械

包括采用新原理，在功能、结构上有重大创新的新型阀门技术和新型泵技术；有核心专利技术或自主知识产权，利用新传动原理、新机械结构和新加工工艺的新型机械技术等。

* 性能一般的各类普通泵和阀门除外。

（五）电力系统信息化与自动化技术

1. 采用新型原理、新型元器件的电力自动化装置

包括采用新型原理、新型元器件和计算机技术开发用于电力生产、输送和供用电各环节的自动化装置；可明显提高系统可靠性、提高生产效率、保证系统安全和供电质量的技术。包括：发电机组新型励磁装置和调速装置，新型安全监控装置和采用新技术的电网监测、控制装置等。

2. 采用数字化、信息化技术，提高设备性能及自动化水平的技术

采用数字化和信息化技术，符合国际标准、具有开放性和通用性、高精度和高可靠的新型装置，包括：采用现场总线技术、具有综合状态检测功能的智能化开关柜；具有控制、保护和监测功能的数字化、智能化、集成化和网络化的终端装置；电力设备在线数字化状态检测与监控装置；电能质量检测、控制与综合治理装置；基于IEC61850通信协议的变电站综合自动化系统；采用虚拟仪器技术的电力系统用仪器设备；用于新型电能（包括核能发电）系统的连续、高效、安全、可靠的发、输、配电设备中的新技术和新装置等。

3. 电力系统应用软件

与发电、变电、输电、配电和用电各领域有关的控制、调度、管理和故障诊断等方面的高级应用软件，以提高电力系统和电力设备的自动化水平、保障安全经济运行、提高设备效率及管理水平，包括：电力系统优化控制软件；新型输配电在线安全监控及决策软件；电力系统调度自动化软件；电力设备管理及状态检修软件，继电保护信息管理及故障诊断专家系统软件；电力建设工程项目管理软件；节能运行管理专家系统软件；用电管理软件以及电能质量在线评估、仿真分析软件等。

4. 用于输配电系统和企业的新型节电装置

采用新原理、新技术和新型元器件，能够补偿无功功率、提高功率因数、减少电能损耗、改善电能质量的新型节电装置，包括：用于企业的新型节电装置；用于企业的节能、节电控制装置及其综合管理系统，用于输配电系统的先进无功功率控制装置以及区域的在线动态谐波治理装置等。

* 传统的高、低压开关设备，常规的发、供、配电设备除外。

（六）汽车行业相关技术

1. 汽车发动机零部件技术

用于乘用车汽油机、乘用车柴油机、商用车柴油机等，具有自主知识产权的先进汽车发动机零部件技术，包括：汽油机电控燃油喷射系统、稀薄燃烧技术、可变进气技术、增压技术、排气净化技术；柴油机电控高压喷射技术、增压中冷技术、排气净化技术，新型代用燃料发动机技术等；新型混合动力驱动系统技术；新型电动驱动系统技术；氢发动机技术、燃料电池动力系统技术；新型动力电池组合技术等。

2. 汽车关键零部件技术

具有自主知识产权的新型汽车关键零部件，包括：传动系统、制动系统、转向系统、悬挂系统、车身附件、汽车电器、进排气系统、新型混合动力传动系统、新型纯电动传动系统、轮毂电机、新型代用燃料发动机转换器、新型动力电池等。

3. 汽车电子技术

汽车电子控制系统，包括：车身稳定系统、悬架控制系统、驱动力分配系统、制动力分配系统、制动防抱死系统、安全气囊、自动避障系统、自动停车系统、车载故障诊断系统、车身总线系统、智能雨刷、智能防盗系统等。

新型混合动力驱动管理系统、车用动力电池组管理系统、新型电动车用传感器、电动车用大功率电子器件、电动车用新型集成芯片、电动车电器系统用安全保护部件等。

4. 汽车零部件前端技术

新能源汽车的配套零部件技术，包括：混合动力系统技术；燃料电池动力系统技术；氢发动机技术；合成燃料技术等。

科技部　财政部　国家税务总局关于认真做好 2008年高新技术企业认定管理工作的通知

国科发火[2008]705号

各省、自治区、直辖市、计划单列市科技厅(委、局)、财政厅(局)、国家税务局、地方税务局:

自2008年8月5日召开全国高新技术企业认定管理工作会议以来,全国大部分地区的认定工作正在按照《高新技术企业认定管理办法》和《高新技术企业认定管理工作指引》的要求稳步推进,但仍有一些地区工作措施不到位,认定工作进展缓慢。为落实中央关于扩大内需,促进经济平稳较快增长的决策部署,做好高新技术企业认定管理工作,确保今年认定工作顺利推进,现将有关事项通知如下:

一、尽快建立健全工作机制,加快认定进程

各地科技、财政、税务部门务必抓紧时间,健全工作机制,在严格执行认定工作原则和规程的情况下,对符合条件的企业加快认定工作,并力争在今年底前完成。要把握工作进度,遇到问题要及时研究解决。全国高新技术企业认定管理工作领导小组办公室将对一些地区进行重点检查。

为了保证政策实施的规范化,不提倡制定本地区高新技术企业认定管理工作的"实施细则"、"实施条例". 已经制定的,须报领导小组办公室备案,有问题的要及时纠正。

二、关于核心自主知识产权

在计算企业拥有的核心自主知识产权时,企业近3年内(至申报日前)获得的核心自主知识产权均视为有效。

三、关于中介机构

各地认定机构要加强对中介机构的管理。中介机构要严格按照《高新技术企业认定管理办法》和《高新技术企业认定管理工作指引》的规定,以及国家有关专项审计的要求,出具专项审计报告。我们将于明年正式启用高新技术企业认定专项审计报告的统一格式,今年已经出具的审计报告不需要重做。

国家税务总局关于停止执行企业购买国产设备投资抵免企业所得税政策问题的通知

国税发[2008]52号

各省、自治区、直辖市和计划单列市国家税务局、地方税务局:

现就实施新企业所得税法后,企业购买国产设备投资抵免企业所得税的政策问题通知如下:

自2008年1月1日起,停止执行企业购买国产设备投资抵免企业所得税的政策。

财政部　国家税务总局关于认真落实抗震救灾及灾后重建税收政策问题的通知

财税[2008]62号

各省、自治区、直辖市、计划单列市财政厅(局)、国家税务局、地方税务局:

随着抗震救灾工作的不断深入,灾后重建工作也将陆续展开。为贯彻落实好党中央、国务院关于抗震救灾工作的重要指示精神,积极支持受灾地区做好抗震救灾及灾后重建工作,现就有关税收政策问题通知如下:

各级财政税务机关要将支持抗震救灾和灾后重建工作作为当前一项十分紧迫的重要任务,采取有效措施,认真贯彻落实好现行税收法律、法规中可以适用于抗震救灾及灾后重建的有关税收优惠政策。主要包括:

一、企业所得税

(一) 企业实际发生的因地震灾害造成的财产损失,准予在计算应纳税所得额时扣除。

(二) 企业发生的公益性捐赠支出,按企业所得税法及其实施条例的规定在计算应纳税所得额时扣除。

二、个人所得税

（一）因地震灾害造成重大损失的个人，可减征个人所得税。具体减征幅度和期限由受灾地区省、自治区、直辖市人民政府确定。

（二）对受灾地区个人取得的抚恤金、救济金，免征个人所得税。

（三）个人将其所得向地震灾区的捐赠，按照个人所得税法的有关规定从应纳税所得中扣除。

三、房产税

（一）经有关部门鉴定，对毁损不堪居住和使用的房屋和危险房屋，在停止使用后，可免征房产税。

（二）房屋大修停用在半年以上的，在大修期间免征房产税，免征税额由纳税人在申报缴纳房产税时自行计算扣除，并在申报表附表或备注栏中作相应说明。

四、契税

因地震灾害灭失住房而重新购买住房的，准予减征或者免征契税，具体的减免办法由受灾地区省级人民政府制定。

五、资源税

纳税人开采或者生产应税产品过程中，因地震灾害遭受重大损失的，由受灾地区省、自治区、直辖市人民政府决定减征或免征资源税。

六、城镇土地使用税

纳税人因地震灾害造成严重损失，缴纳确有困难的，可依法申请定期减免城镇土地使用税。

七、车船税

已完税的车船因地震灾害报废、灭失的，纳税人可申请退还自报废、灭失月份起至本年度终了期间的税款。

八、进出口税收

对外国政府、民间团体、企业、个人等向我国境内受灾地区捐赠的物资，包括食品、生活必需品、药品、抢救工具等，免征进口环节税收。

九、现行税收法律、法规中适用于抗震救灾及灾后重建的其他税收政策。

国家税务总局关于母子公司间提供服务支付费用有关企业所得税处理问题的通知

国税发［2008］86号

各省、自治区、直辖市和计划单列市国家税务局、地方税务局：

根据《中华人民共和国企业所得税法》及其实施条例的有关规定，现就在中国境内，属于不同独立法人的母子公司之间提供服务支付费用有关企业所得税处理问题通知如下：

一、母公司为其子公司（以下简称子公司）提供各种服务而发生的费用，应按照独立企业之间公平交易原则确定服务的价格，作为企业正常的劳务费用进行税务处理。

母子公司未按照独立企业之间的业务往来收取价款的，税务机关有权予以调整。

二、母公司向其子公司提供各项服务，双方应签订服务合同或协议，明确规定提供服务的内容、收费标准及金额等，凡按上述合同或协议规定所发生的服务费，母公司应作为营业收入申报纳税；子公司作为成本费用在税前扣除。

三、母公司向其多个子公司提供同类项服务，其收取的服务费可以采取分项签订合同或协议收取；也可以采取服务分摊协议的方式，即，由母公司与各子公司签订服务费用分摊合同或协议，以母公司为其子公司提供服务所发生的实际费用并附加一定比例利润作为向子公司收取的总服务费，在各服务受益子公司（包括盈利企业、亏损企业和享受减免税企业）之间按《中华人民共和国企业所得税法》第四十一条第二款规定合理分摊。

四、母公司以管理费形式向子公司提取费用，子公司因此支付给母公司的管理费，不得在税前扣除。

五、子公司申报税前扣除向母公司支付的服务费用，应向主管税务机关提供与母公司签订的服务合同或者协议等与税前扣除该项费用相关的材料。不能提供相关材料的，支付的服务费用不得税前扣除。

财政部　国家税务总局关于
地方商品储备有关税收问题的通知

财税[2008]110号

各省、自治区、直辖市、计划单列市财政厅(局)、国家税务局、地方税务局,新疆生产建设兵团财务局:

为支持地方商品储备发展,经国务院批准,现将地方商品储备有关税收政策明确如下:

一、对承担地方粮、油、棉、糖、肉等商品储备任务的地方商品储备管理公司及其直属库取得的财政补贴收入免征营业税、企业所得税。

二、对承担地方粮、油、棉、糖、肉等商品储备任务的地方商品储备管理公司及其直属库资金账簿免征印花税,对其经营上述地方储备商品业务过程中书立的购销合同免征印花税,对合同其他各方当事人应缴纳的印花税照章征收。

三、对承担地方粮、油、棉、糖、肉等商品储备任务的地方商品储备管理公司及其直属库经营上述地方储备商品业务自用的房产、土地,免征房产税、城镇土地使用税。

本通知所称地方商品储备管理公司及其直属库,是指承担由省级人民政府批准、财政拨付储备经费的粮、油、棉、糖、肉等5种储备商品的地方商品储备企业。

本通知执行期限为发文之日至2008年12月31日。

关于非居民企业征收企业所得税有关问题的通知

财税[2008]130号

各省、自治区、直辖市、计划单列市财政厅(局)、国家税务局、地方税务局,新疆生产建设兵团财务局:

现将非居民企业征收企业所得税的有关问题明确如下:

根据《中华人民共和国企业所得税法》第十九条及《中华人民共和国企业所得税实施条例》第一百零三条规定,在对非居民企业取得《中华人民共和国企业所得税法》第三条第三款规定的所得计算征收企业所得税时,不得扣除上述条款规定以外的其他税费支出。

本规定自2008年1月1日起执行。

财政部　国家税务总局　安全监管总局关于公布《安全生产
专用设备企业所得税优惠目录(2008年版)》的通知

财税[2008]118号

各省、自治区、直辖市、计划单列市财政厅(局)、国家税务局、地方税务局、安全生产监督管理局,新疆生产建设兵团财务局:

《安全生产专用设备企业所得税优惠目录(2008年版)》已经国务院批准,现予以公布,自2008年1月1日起施行。

附件:

安全生产专用设备企业所得税优惠目录(2008年版)

序号	设备名称	技术指标	参照标准	功能及作用	适用范围
一、煤矿					
01	瓦斯含量、压力测试设备		国家煤矿安全监察局强制执行安全标志管理检验标准	随时监测煤矿瓦斯含量及涌出量,防止发生瓦斯事故	有有害气体的矿井

（续表）

序号	设备名称	技术指标	参照标准	功能及作用	适用范围
02	瓦斯突出预测预报设备		国家煤矿安全监察局强制执行安全标志管理检验标准	预测高瓦斯矿井瓦斯变化情况，防止瓦斯突出有	有有害气体的矿井
03	瓦斯抽放监测设备		国家煤矿安全监察局强制执行安全标志管理检验标准	降低煤矿瓦斯含量，保证瓦斯不超标，确保安全生产有	有有害气体的矿井
04	煤矿井下瓦斯抽采用钻机		国家煤矿安全监察局强制执行安全标志管理检验标准	抽采煤矿瓦斯，防止瓦斯事故	有瓦斯灾害的矿井
05	瓦斯抽放泵		国家煤矿安全监察局强制执行安全标志管理检验标准	降低煤矿瓦斯含量，保证瓦斯不超标，确保安全生产	有瓦斯灾害的矿井
06	瓦斯抽放封孔泵		国家煤矿安全监察局强制执行安全标志管理检验标准	降低煤矿瓦斯含量，保证瓦斯不超标，确保安全生产	有瓦斯灾害的矿井
07	矿井井下超前探测设备		国家煤矿安全监察局强制执行安全标志管理检验标准	探测断层、含水层等地质构造，防治突出、冲击地压、透水事故	有瓦斯、冲击地压和水害的矿井
08	矿井井下安全监测监控及人员定位监测设备		国家煤矿安全监察局强制执行安全标志管理检验标准	监测煤矿井下动态，防止违章作业	用于煤矿安全监测监控

财政部　国家税务总局　国家发展改革委关于公布资源综合利用企业所得税优惠目录(2008年版)的通知

财税[2008]117号

各省、自治区、直辖市、计划单列市财政厅(局)、国家税务局、地方税务局、发展改革委、经贸委(经委)，新疆生产建设兵团财务局：

《资源综合利用企业所得税优惠目录(2008年版)》，已经国务院批准，现予以公布，自2008年1月1日起施行。2004年1月12日国家发展改革委、财政部、国家税务总局发布的《资源综合利用目录(2003年修订)》同时废止。

附件：

资源综合利用企业所得税优惠目录(2008年版)

类型	序号	综合利用的资源	生产的产品	技术标准
一、共生、伴生矿产资源	1	煤系共生、伴生矿产资源、瓦斯	高岭岩、铝矾土，膨润土、电力、热力及燃气	1.产品原料100%来自所列资源 2.煤炭开发中的废弃物 3.产品符合国家和行业标准

（续表）

类型	序号	综合利用的资源	生产的产品	技术标准
二、废水（液）、废气、废渣	2	煤矸石、石煤、粉煤灰、采矿和选矿废渣、冶炼废渣、工业炉渣、脱硫石膏、磷石膏、江河（渠）道的清淤（淤沙）、风积沙、建筑垃圾、生活垃圾焚烧余渣、化工废渣、工业废渣	砖（瓦）、砌块、墙板类产品、石膏类制品以及商品粉煤灰	产品原料70%以上来自所列资源
	3	转炉渣、电炉渣、铁合金炉渣、氧化铝赤泥、化工废渣、工业废渣	铁、铁合金料、精矿粉、稀土	产品原料100%来自所列资源
	4	化工、纺织、造纸工业废液及废渣	银、盐、锌、纤维、碱、羊毛脂、聚乙烯醇、硫化钠、亚硫酸钠、硫氰酸钠、硝酸、铁盐、铬盐、木素磺酸盐、乙酸、乙二酸、乙酸钠、盐酸、粘合剂、酒精、香兰素、饲料酵母、肥料、甘油、乙氰	产品原料70%以上来自所列资源
	5	制盐液（苦卤）及硼酸废液	氯化钾、硝酸钾、溴素、氯化镁、氢氧化镁、无水硝、石膏、硫酸镁、硫酸钾、肥料	产品原料70%以上来自所列资源
	6	工矿废水、城市污水	再生水	1. 产品原100%来自所列资源 2. 达到国家有关标准
	7	废生物质油、废弃润滑油	生物柴油及工业油料	产品原100%来自所列资源
	8	焦炉煤气、化工、石油（炼油）化工废气、发酵废气、火炬气、炭黑尾气	硫磺、硫酸、磷铵、硫铵、脱硫石膏，可燃气、轻烃、氢气，硫酸亚铁、有色金属，二氧化碳、干冰、甲醇、合成氨	
	9	转炉煤气、高炉煤气、火炬气以及除焦炉煤气以外的工业炉气，工业过程中的余热、余压	电力、势力	

（续表）

类型	序号	综合利用的资源	生产的产品	技术标准
三、再生资源	10	废旧电池、电子电器产品	金属（包括稀贵金属）、非金属	产品原料100％来自所列资源
	11	废感光材料、废灯泡（管）	有色（稀贵）金属及其产品	产品原料100％来自所列资源
	12	锯末、树皮、枝丫材	人造板及其制品	1.符合产品标准 2.产品原料100％来自所列资源
	13	废塑料	塑料制品	产品原料100％来自所列资源
	14	废、旧轮胎	翻新轮胎、胶粉	1.产品符合GB9037和GB14646标准 2.产品原料100％来自所列资源； 3.符合GB/T19208等标准规定的性能指标.
	15	废弃天然纤维；化学纤维及其制品	造纸原料、纤维纱及织物、无纺布、毡、粘合剂、再生聚酯	产品原料100％来自所列资源
	16	农作物秸秆及壳皮（包括粮食作物秸秆、农业经济作物秸秆、粮食壳皮、玉米芯）	代木产品，电力、，热力及燃气	产品原料70％以上来自所列资源

关于执行资源综合利用企业所得税优惠目录有关问题的通知

财税［2008］47号

各省、自治区、直辖市、计划单列市财政厅（局）、国家税务局、地方税务局，新疆生产建设兵团财务局：

根据《中华人民共和国企业所得税法》和《中华人民共和国企业所得税法实施条例》（国务院令第512号，以下简称实施条例）有关规定，经国务院批准，财政部、税务总局、发展改革委公布了《资源综合利用企业所得税优惠目录》（以下简称《目录》）。现将执行《目录》的有关问题通知如下：

一、企业自2008年1月1日起以《目录》中所列资源为主要原材料，生产《目录》内符合国家或行业相关标准的产品取得的收入，在计算应纳税所得额时，减按90％计入当年收入总额。享受上述税收优惠时，《目录》内所列资源占产品原料的比例应符合《目录》规定的技术标准。

二、企业同时从事其他项目而取得的非资源综合利用收入，应与资源综合利用收入分开核算，没有分开核算的，不得享受优惠政策。

三、企业从事不符合实施条例和《目录》规定范围、条件和技术标准的项目，不得享受资源综合利用企业所得税优惠政策。

四、根据经济社会发展需要及企业所得税优惠政策实施情况，国务院财政、税务主管部门会同国家发展改革委等有关部门适时对《目录》内的项目进行调整和修订，并在报国务院批准后对《目录》进行更新。

财政部　国家税务总局　国家发展改革委关于公布节能节水专用设备企业所得税优惠目录(2008年版)和环境保护专用设备企业所得税优惠目录(2008年版)的通知

财税[2008]115号

各省、自治区、直辖市、计划单列市财政厅(局)、国家税务局、地方税务局、发展改革委、经贸委(经委),新疆生产建设兵团财务局:

《节能节水专用设备企业所得税优惠目录(2008年版)》和《环境保护专用设备企业所得税优惠目录(2008年版)》,已经国务院批准,现予以公布,自2008年1月1日起施行。

附件1:

节能节水专用设备企业所得税优惠目录(2008年版)

序号	设备类别	设备名称	性能参数	应用领域	能效标准
一、节能设备					
1	中小型三相电动机	节能中小型三相异步电动机	电压660V及以下、额定功率0.55kW～315kW范围内,单速封闭扇冷式、N设计的一般用途、防爆电动机。效率指标不小于节能评价值	工业生产电力拖动	GB 18613—2002
2	空气调节设备	能效等级1级的单元式空气调节机	名义制冷量大于7000W,能效比达到能效等级1级要求	工业制冷	GB 19576—2004
		能效等级1级的风管送风式空调(热泵)机组	能效比达到能效等级1级要求	工业制冷	GB 19576—2004
		能效等级1级的屋顶式空调(热泵)机组	制冷量为28～420kW,能效比达到能效等级1级要求	工业制冷	GB 19576—2004
		能效等级1级的冷水机组	能效比达到能效等级1级要求	工业制冷	GB 19577—2004
		能效等级1级的房间空气调节器	名义制冷量小于等于14000W,能效比达到能效等级1级要求	工业制冷	GB 12021.3—2004
3	通风机	节能型离心通风机	效率达到节能评价值要求	工业生产传输	GB 19761—2005
		节能型轴流通风机	效率达到节能评价值要求	工业生产传输	
		节能型空调离心通风机	效率达到节能评价值要求	工业生产传输	

（续表）

序号	设备类别	设备名称	性能参数	应用领域	能效标准
4	水泵	节能型单级清水离心泵	单级清水离心泵（单吸和双吸），效率达到节能评价值要求	工业生产传输	GB 19762—2005
		节能型多级清水离心泵	多级清水离心泵，效率达到节能评价值要求	工业生产传输	
5	空气压缩机	高效空气压缩机	输入比功率应不小于节能评价值的103%	工业生产	GB19153—2003
6	变频器	高压大容量变频器	额定电压不超过10kV、额定容量500kVA以上	高压大功率电动机	
6	配电变压器	高效油浸式配电变压器	三相10kV，无励磁调压额定容量30kVA～ 1600kVA的油浸式，空载损耗和负载损耗应不大于节能评价值的36%	电力输配电	GB 20052—2006
		高效干式配电变压器	三相10kV，无励磁调压，额定容量30kVA～2500kVA干式配电变压器，空载损耗和负载损耗应不大于节能评价值的36%	电力输配电	
7	高压电动机	节能型三相异步高压电动机机	机座号355—560，效率指标不小于节能评价值	工业生产电力拖动	
8	节电器	电机轻载节电器	额定电压不超过10kV、50/60Hz、额定容量500kVA～2500kVA，节电率达到30%以上	工业生产电力拖动	
9	交流接触器	永磁式交流接触器	1000V及以下的电压：50Hz交流电源供电、额定电流1000A及以下的接触器。功耗小于0.5VA	电力控制	
10	用电过程优化控制器	配电系统节电设备	额定电压不超过10kV、50/60Hz、额定容量不超过2500kVA。采用微电脑实时控制。具有电压自动检测控制、时间＋电压控制、电压梯度控制模式，可根据不同的输入电压、不同时间及工艺要求进行过程能量优化控制的功能	工业生产及商用配电系统	
11	工业锅炉	热水锅炉	热效率在GB/T17954—2000表2中一级指标的基础上再提高5%。	工业生产	GB/T17954—2000
		蒸汽锅炉			
12	工业加热装置	铜锭感应加热炉	额定功率1600kW，加热处理每吨铜锭，单耗电量从250kW. h/t降到180kW. h/t	铜加工业	GB5959. 3—1988 GB/10067. 3—2005
		高阻抗电弧炉	容量40T，熔炼每吨钢节能20kW. h/t电极消耗降低15%～20%	钢铁冶炼	GB5959. 2—1998 GB/10067. 2—2005

（续表）

序号	设备类别	设备名称	性能参数	应用领域	能效标准
13	节煤、节油、节气关键件	汽车电磁风扇离合器	不少于3级变速；第2级变速是柔性联结	汽车节能	QC/T777—2007
二、节水设备					
14	洗衣机	工业洗衣机	单位洗涤容量用水量≤15L/kg，洗净率＞35％	适用于商业用工业洗衣机（水洗机），不包括干洗机和隧道式洗涤机组	QB/T 2323—2004 工业洗衣机中6.3.10条，6.3.8 a)条
15	换热器	空冷式换热器	强度和密封性能： 经管束压力试验符合GB/T 15386—1994的要求	适用于设计压力≤35MPa的空冷式换热器。不适用于铝或其他有色金属制受压元件的空冷式换热器	GB/T 15386—1994中8.3条
16	冷却塔	冷却塔	冷却能力：实测冷却能力与设计冷却能力的百分比≥95％；飘水率：冷却水量≤1000m3/h的冷却塔不得有明显飘水现象，冷却水量＞1000m3/h的冷却塔飘水率＜0.01％	适用于用水冷却的冷却塔	GB 7190.1—1997 GB 7190.2—1997
17		喷灌机	机械行业标准	农业、园林、林业灌溉	机械行业标准
18	灌溉机具	滴灌带(管)	铺设长度80m以上，滴水均匀度＞90％，工作压力＞0.1MPa，滴灌带能够承受130N(滴灌管能够承受180N)的拉力不破裂、不渗漏	适用于棉花、蔬菜、果树等经济作物的滴灌	

附件 2：

环境保护专用设备企业所得税优惠目录(2008 年版)

序号	类别	设备名称	性能参数	应用领域
1	一、水污染治理设备	高负荷厌氧EGSB反应器	有机负荷≥20kg/m^3.d；BOD5 去除率≥90%	工业废水处理和垃圾渗滤液处理
2		膜生物反应器	进水水质：COD＜400mg/l；BOD5＜200mg/l； PH 值：6～9；NH4—N≤20mg/l； 工作通量≥120 l/m^2.h；水回收率≥95%； 出水达到《城市污水再生利用城市杂用水水质》(GB/T18920)。使用寿命≥5 年	生活污水处理和中水回用处理
3		反渗透过滤器	采用聚酰胺复合反渗透膜，净水寿命(膜材料的更换周期)≥2 年；对规定分子量物质的截留率应达到设计的额定制	工业废水处理
4		重金属离子去除器	对重金属离子(Cr^{3+}、Cu^{2+}、Ni^{2+}、Pb^{2+}、Cd^{2+}、Hg^{2+}等)去除率≥99.9%，废渣达到无害化处理	工业废水处理
5		紫外消毒灯	杀菌效率≥99.99%；紫外剂量≥16mj/cm^2；灯管寿命≥9000h；设备耐压：0.1—0.8Mpa/cm^2；使用寿命≥10 年	城市污水处理和工业废水处理
6		污泥浓缩脱水一体机	脱水后泥饼含固率≥25%	城市污水处理和工业废水处理
7		污泥干化机	单台蒸发水量 1t/h～15t/h；单台污泥日处理能力≥100t；干化后污泥固含量≥80%	污水处理
8	二、大气污染防治设备	湿法脱硫专用喷嘴	流量≥40m^3/h；雾化浆滴平均直径≤2100μm； 流速：额定值±10%；喷雾角：额定值±10%； 粒径分布均匀度：0.8—1.2； 流量密度变化幅度：±10%	燃煤发电机组脱硫
9		湿法脱硫专用除雾器	在除雾器出口雾滴夹带的浓度≤75mg/Nm^3， 除雾器阻力≤150Pa；临界分离粒径≤25～35μm	燃煤发电机组脱硫
10		袋式除尘器	除尘效率≥99.5%；排放浓度≤40mg/m^3； 出口温度≤120℃；林格曼一级； 设备阻力低＜1200Pa；漏风率≤3%； 耐压强度＞5kPa；滤袋寿命≥3 年； 耐高温、高湿，耐腐蚀	发电机组、工业锅炉、工业窑炉除尘
11		型煤锅炉	热效率＞80%，煤渣含炭量≤2%；低热负荷燃烧运行良好；各项污染物排放指标均低于《锅炉大气污染物排放标准》(GB13271)	用于采暖、洗浴、饮用水、制冷的热水锅炉

（续表）

序号	类别	设备名称	性能参数	应用领域
12	三、固体废物处置设备	危险废弃物焚烧炉	处理量＞10t/d；焚烧温度：危险废物≥1100℃、多氯联苯≥1200℃、医院临床废物≥850℃；烟气停留时间＞2s；残渣热灼减率＜5%；焚烧炉燃烧效率＞65%；烟气排放达到《危险废物焚烧污染控制标准》(GB 18484)	工业、医疗垃圾和危险废弃物焚烧处理
13		医疗废物高温高压灭菌锅	灭菌温度≥1100℃，压力≥200kPa，灭菌时间≤25min，干燥时间≤15min。灭菌效率 99.99%，气体中的微生物被截流的效率 99.99%。达到100%灭活，排水排气均达到国家相应的排放标准	医疗废物处理
14	四、环境监测仪器仪表	在线固定污染源排放烟气连续监测仪	含尘量测量范围：0—200—2000mg/m³； 精度：±2%；气体污染物测量范围：SO_2/NOX：0—250—2500mg/m³； CO：0—500—5000mg/m³； 气体污染物测量精度：±1%满量程； 流速测量范围：0—35m/s； 流速测量精度：±0.2m/s；压力：±3000Pa； 精度：±1%；温度：0—200℃；精度：±1℃； 湿度：0—20%；精度：±2%满量程	大气污染源监测

关于执行环境保护专用设备企业所得税优惠目录节能节水专用设备企业所得税优惠目录和安全生产专用设备企业所得税优惠目录有关问题的通知

财税[2008]48 号

各省、自治区、直辖市、计划单列市财政厅（局）、国家税务局、地方税务局，新疆生产建设兵团财务局：

根据《中华人民共和国企业所得税法》（以下简称企业所得税法）和《中华人民共和国企业所得税法实施条例》（国务院令第 512 号）有关规定，经国务院批准，财政部、税务总局、发展改革委公布了《环境保护专用设备企业听得税优惠目录》、《节能节水专用设备企业所得税优惠目录》，财政部、税务总局、安监总局公布了《安全生产专用设备企业所得税优惠目录》（以下统称《目录》）。现将执行《目录》的有关问题通知如下：

一、企业自 2008 年 1 月 1 日起购置并实际使用列入《目录》范围内的环境保护、节能节水和安全生产专用设备，可以按专用设备投资额的 10%抵免当年企业所得税应纳税额；企业当年应纳税额不足抵免的，可以向以后年度结转，但结转期不得超过 5 个纳税年度。

二、专用设备投资额，是指购买专用设备发票价税合计价格，但不包括按有关规定退还的增值税税款以及设备运输、安装和调试等费用。

三、当年应纳税额，是指企业当年的应纳税所得额乘以适用税率，扣除依照企业所得税法和国务院有关税收优惠规定以及税收过渡优惠规定减征、免征税额后的余额。

四、企业利用自筹资金和银行贷款购置专用设备的投资额，可以按企业所得税法的规定抵免企业应纳所得税额；企业利用财政拨款购置专用设备的投资额，不得抵免企业应纳所得税额。

五、企业购置并实际投入适用、已开始享受税收优惠的专用设备，如从购置之日起 5 个纳税年度内转让、出租的，应在该专用设备停止使用当月停止享受企业所得税优惠，并补缴已经抵免的企业所得税税款。转让的受让方可以按照该专用设备投资额的 10%抵免当年企业所得税应纳税额；当年应纳税额不足抵免的，可以在以后5个纳税年度结转抵免。

六、根据经济社会发展需要及企业所得税优惠政策实施情况，国务院财政、税务主管部门会同国家发展改革委、安监总局等有关部门适时对《目录》内的项目进行调整和修订，并在报国务院批准后对《目录》进行更新。

财政部 国家税务总局 国家发展改革委关于公布公共基础设施项目企业所得税优惠目录(2008年版)的通知

财税[2008]116号

各省、自治区、直辖市、计划单列市财政厅(局)、国家税务局、地方税务局、发展改革委、经贸委(经委)，新疆生产建设兵团财务局：

《公共基础设施项目企业所得税优惠目录(2008年版)》已经国务院批准，现予以公布，自2008年1月1日起施行。

附件：

公共基础设施项目企业所得税优惠目录(2008年版)

序号	类别	项目	范围、条件及技术标准
1	港口码头	码头、泊位、通航建筑物新建项目	由省级以上政府投资主管部门核准的沿海港口万吨级及以上泊位、内河千吨级及以上泊位、滚装泊位、内河航运枢纽新建项目
2	机场	民用机场新建项目	由国务院核准的民用机场新建项目，包括民用机场迁建、军航机场军民合用改造项目
3	铁路	铁路新线建设项目	由省级以上政府投资主管部门或国务院行业主管部门核准的客运专线、城际轨道交通和Ⅲ级及以上铁路建设项目
4		既有线路改造项	由省级以上政府投资主管部门或国务院行业主管部门核准的铁路电气化改造、增建二线项目以及其他改造投入达到项目固定资产账面原值75%以上的改造项目
5	公路	公路新建项目	由省级以上政府投资主管部门核准的一级以上的公路建设项目
6	城市公共交通	城市快速轨道交通新建项目	由国务院核准的城市地铁、轻轨新建项目
7	电力	水力发电新建项目(包括控制性水利枢纽工程)	由国务院投资主管部门核准的在主要河流上新建的水电项目，总装机容量在25万千瓦及以上的新建水电项目，以及抽水蓄能电站项目
8		核电站新建项目	由国务院核准的核电站新建项目
9		电网(输变电设施)新建项目	由国务院投资主管部门核准的330kv及以上跨省及长度超过200km的交流输变电新建项目，500kv及以上直流输变电新建项目；由省级以上政府投资主管部门核准的革命老区、老少边穷地区电网新建工程项目；农网输变电新建项目。
10		风力发电新建项目	由政府投资主管部门核准的风力发电新建项目
11		海洋能发电新建项目	由省级以上政府投资主管部门核准的海洋能发电新建项目
12		太阳能发电新建项目	由政府投资主管部门核准的太阳能发电新建项目
13		地热发电新建项目	由政府投资主管部门核准的地热发电新建项目

（续表）

序号	类别	项　目	范围、条件及技术标准
14	水利	灌区配套设施及农业节水灌溉工程新建项目	由政府投资主管部门核准的灌区水源工程、灌排系统工程、节水工程
15		地表水水源工程新建项目	由政府投资主管部门核准的水库、塘堰、水窖及配套工程
16		调水工程新建项目	由政府投资主管部门核准的取水、输水、配水工程
17		农村人畜饮水工程新建项目	由政府投资主管部门核准的农村人畜饮水工程中取水、输水、净化水、配水工程
18		牧区水利工程新建项目	由政府投资主管部门核准的牧区水利工程中的取水、输配水、节水灌溉及配套工程

关于执行公共基础设施项目企业所得税优惠目录有关问题的通知

财税[2008]46号

各省、自治区、直辖市、计划单列市财政厅(局)、国家税务局、地方税务局，新疆生产建设兵团财务局：

根据《中华人民共和国企业所得税法》(以下简称企业所得税法)和《中华人民共和国企业所得税法实施条例》(国务院令第512号)的有关规定，经国务院批准，财政部 税务总局发展改革委公布了《公共基础设施项目企业所得税优惠目录》(以下简称《目录》)。现将执行《目录》的有关问题通知如下：

一、企业从事《目录》内符合相关条件和技术标准及国家投资管理相关规定、于2008年1月1日后经批准的公共基础设施项目，其投资经营的所得，自该项目取得第一笔生产经营收入所属纳税年度起，第一年至第三年免征企业所得税，第四年至第六年减半征收企业所得税。

第一笔生产经营收入，是指公共基础设施项目已建成并投入运营后所取得的第一笔收入。

二、企业同时从事不在《目录》范围内的项目取得的所得，应与享受优惠的公共基础设施项目所得分开核算，并合理分摊期间费用，没有分开核算的，不得享受上述企业所得税优惠政策。

三、企业承包经营、承包建设和内部自建自用公共基础设施项目，不得享受上述企业所得税优惠。

四、根据经济社会发展需要及企业所得税优惠政策实施情况，国务院财政、税务主管部门会同国家发展改革委等有关部门适时对《目录》内的项目进行调整和修订，并在报国务院批准后对《目录》进行更新。

关于贯彻落实从事农、林、牧、渔业项目企业所得税优惠政策有关事项的通知

各省、自治区、直辖市和计划单列市国家税务局、地方税务局：

为更好地贯彻落实《中华人民共和国企业所得税法》及其实施条例规定的从事农、林、牧、渔业项目的企业所得税优惠政策，现将有关事项通知如下：

一、《中华人民共和国企业所得税法实施条例》第八十六条规定的农、林、牧、渔业项目企业所得税优惠政策，各地可直接贯彻执行。对属已明确的免税项目，如有征税的，要及时退还税款。

农、林、牧、渔业项目中尚需进一步细化规定的农产品初加工等少数项目，税务总局正与相关部门抓紧研究，拟于近期下发执行。对从事此类项目的企业，因有特殊困难，不能按期缴纳企业所得税税款的，可按《中华人民共和国税收征收管理法》及其实施细则的相关规定，申请延期缴纳税款。

二、各地可暂按《国家税务总局关于印发〈税收减免管理办法(试行)〉的通知》(国税发[2005]129号)规定的程序，办理《中华人民共和国企业所得税法》及其实施条例规定的从事农、林、牧、渔业项目的企业所得

税优惠政策事宜。

三、各级国税局、地税局要密切配合，确保从事农、林、牧、渔业项目的企业所得税优惠政策执行口径一致。各地对执行中发现的新情况和新问题要及时向税务总局(所得税司)反映，确保政策落实到位。

财政部　国家税务总局关于企业关联方利息支出税前扣除标准有关税收政策问题的通知

财税[2008]121号

各省、自治区、直辖市、计划单列市财政厅(局)、国家税务局、地方税务局，新疆生产建设兵团财务局：

为规范企业利息支出税前扣除，加强企业所得税管理，根据《中华人民共和国企业所得税法》(以下简称税法)第四十六条和《中华人民共和国企业所得税法实施条例》(国务院令第512号，以下简称实施条例)第一百一十九条的规定，现将企业接受关联方债权性投资利息支出税前扣除的政策问题通知如下：

一、在计算应纳税所得额时，企业实际支付给关联方的利息支出，不超过以下规定比例和税法及其实施条例有关规定计算的部分，准予扣除，超过的部分不得在发生当期和以后年度扣除。

企业实际支付给关联方的利息支出，除符合本通知第二条规定外，其接受关联方债权性投资与其权益性投资比例为：

(一) 金融企业，为5∶1；

(二) 其他企业，为2∶1。

二、企业如果能够按照税法及其实施条例的有关规定提供相关资料，并证明相关交易活动符合独立交易原则的；或者该企业的实际税负不高于境内关联方的，其实际支付给境内关联方的利息支出，在计算应纳税所得额时准予扣除。

三、企业同时从事金融业务和非金融业务，其实际支付给关联方的利息支出，应按照合理方法分开计算；没有按照合理方法分开计算的，一律按本通知第一条有关其他企业的比例计算准予税前扣除的利息支出。

四、企业自关联方取得的不符合规定的利息收入应按照有关规定缴纳企业所得税。

关于企业处置资产所得税处理问题的通知

国税函[2008]828号

各省、自治区、直辖市和计划单列市国家税务局、地方税务局：

根据《中华人民共和国企业所得税法实施条例》第二十五条规定，现就企业处置资产的所得税处理问题通知如下：

一、企业发生下列情形的处置资产，除将资产转移至境外以外，由于资产所有权属在形式和实质上均不发生改变，可作为内部处置资产，不视同销售确认收入，相关资产的计税基础延续计算。

(一) 将资产用于生产、制造、加工另一产品；

(二) 改变资产形状、结构或性能；

(三) 改变资产用途(如，自建商品房转为自用或经营)；

(四) 将资产在总机构及其分支机构之间转移；

(五) 上述两种或两种以上情形的混合；

(六) 其他不改变资产所有权属的用途。

二、企业将资产移送他人的下列情形，因资产所有权属已发生改变而不属于内部处置资产，应按规定视同销售确定收入。

(一) 用于市场推广或销售；

(二) 用于交际应酬；

(三) 用于职工奖励或福利；

(四) 用于股息分配；

(五) 用于对外捐赠；

（六）其他改变资产所有权属的用途。

三、企业发生本通知第二条规定情形时，属于企业自制的资产，应按企业同类资产同期对外销售价格确定销售收入；属于外购的资产，可按购入时的价格确定销售收入。

四、本通知自 2008 年 1 月 1 日起执行。对 2008 年 1 月 1 日以前发生的处置资产，2008 年 1 月 1 日以后尚未进行税务处理的，按本通知规定执行。

关于试点企业集团缴纳企业所得税有关问题的通知

财税[2008]119 号

各省、自治区、直辖市、计划单列市财政厅（局）、国家税务局、地方税务局，新疆生产建设兵团财务局：

为确保《中华人民共和国企业所得税法》（以下简称新税法）的平稳实施，根据新税法第五十二条规定，经国务院批准，对 2007 年 12 月 31 日前经国务院批准或按国务院规定条件批准实行合并缴纳企业所得税的企业集团（具体名单见附件），在 2008 年度继续按原规定执行。从 2009 年 1 月 1 日起，上述企业集团一律停止执行合并缴纳企业所得税政策。

请遵照执行。

财政部　国家税务总局

二〇〇八年十月十七日

附件：

2008 年实行合并纳税企业集团名单

序号	企业集团名称
1	中国五矿集团
2	中艺进出口集团
3	中粮集团
4	中纺集团
5	中化集团
6	中国外运集团
7	中国通用集团
8	国家开发投资公司
9	中国第一汽车集团
10	南京汽车集团
11	东风汽车集团
12	奇瑞汽车有限公司
13	中国重型汽车集团
14	中国东方电气集团公司
15	西电集团
16	华能集团
17	葛洲坝集团
18	中国国电集团公司
19	中国华电集团公司
20	中国电力投资集团公司
21	中国大唐电力集团公司
22	南方电网公司
23	吉林农电有限公司
24	中国第一重型机械集团
25	中国第二重型机械集团
26	万向集团

序号	企业集团名称
27	民用航空总局
28	中国航空集团
29	中国国际航空股份有限公司
30	中国南方航空集团公司
31	中国南方航空股份有限公司
32	中国东方航空集团公司
33	中国东方航空股份有限公司
34	海航集团
35	中国海运集团
36	中远集团
37	长航集团
38	武钢集团
39	攀钢集团
40	鞍钢集团
41	首钢总公司
42	太原钢铁集团
43	本溪钢铁(集团)有限公司
44	广东佛陶集团
45	铁道部(含广铁集团)
46	中国北方机车车辆集团公司
47	中国南方机车车辆集团公司
48	中国铁路物资总公司
49	中国铝业股份有限公司
50	哈药集团
51	中国电影集团
52	上海新华发行集团
53	解放日报报业集团
54	文汇新民联合报业集团
55	上海世纪出版集团
56	上海文艺出版总社
57	上海文化广播影视集团
58	上海印刷(集团)有限公司
59	河南有线电视网络集团有限公司
60	江苏省演艺集团公司
61	中国乐凯胶片集团
62	仪征化纤集团
63	巨化集团
64	吉化集团
65	南京化学工业有限公司
66	中国石油天然气股份有限公司
67	中国石油化工股份有限公司
68	中国振华电子集团公司
69	中国航空工业第一集团公司
70	中国航空工业第二集团公司
71	中国船舶重工集团公司

序号	企业集团名称
72	中国船舶工业集团公司
73	中国兵器装备集团公司
74	中国兵器工业集团公司
75	中国核工业集团公司
76	中国核工业建设集团公司
77	中国三江航天集团
78	中国江南航天集团
79	中国邮政集团公司
80	中国电信集团
81	中国移动通信集团
82	中国联合通信有限公司
83	中国铁通集团
84	中国网通集团
85	中国卫通集团
86	神华集团
87	同煤集团
88	兖矿集团
89	中国中信集团公司
90	中国保利集团公司
91	中国轻工集团公司
92	中国华星集团公司
93	中国农业发展集团总公司
94	中国农垦(集团)总公司
95	中谷粮油集团公司
96	新疆生产建设兵团
97	黑龙江农垦总局
98	吉林森林工业集团
99	中国龙江森工(集团)总公司
100	大兴安岭林业集团公司
101	内蒙古森林工业集团
102	中国投资有限责任公司
103	中国海洋石油总公司
104	中港集团
105	中国一拖集团有限公司
106	国家核电技术公司

国家税务总局关于确认企业所得税收入若干问题的通知

国税函[2008]875号

各省、自治区、直辖市和计划单列市国家税务局、地方税务局：

根据《中华人民共和国企业所得税法》(以下简称企业所得税法)及《中华人民共和国企业所得税法实施条例》(以下简称实施条例)规定的原则和精神，现对确认企业所得税收入的若干问题通知如下：

一、企业所得税法及实施条例另有规定外，企业销售收入的确认，必须遵循权责发生制原则和实质重于形式原则。

(一) 业销售商品同时满足下列条件的，应确认收入的实现：

1. 商品销售合同已经签订，企业已将商品所有权相关的主要风险和报酬转移给购货方；

2. 企业对已售出的商品既没有保留通常与所有权相联系的继续管理权，也没有实施有效控制；

3. 收入的金额能够可靠地计量；

4. 已发生或将发生的销售方的成本能够可靠地核算。

（二）合上款收入确认条件，采取下列商品销售方式的，应按以下规定确认收入实现时间：

1. 销售商品采用托收承付方式的，在办妥托收手续时确认收入。

2. 销售商品采取预收款方式的，在发出商品时确认收入。

3. 销售商品需要安装和检验的，在购买方接受商品以及安装和检验完毕时确认收入。如果安装程序比较简单，可在发出商品时确认收入。

4. 销售商品采用支付手续费方式委托代销的，在收到代销清单时确认收入。

（三）用售后回购方式销售商品的，销售的商品按售价确认收入，回购的商品作为购进商品处理。有证据表明不符合销售收入确认条件的，如以销售商品方式进行融资，收到的款项应确认为负债，回购价格大于原售价的，差额应在回购期间确认为利息费用。

（四）售商品以旧换新的，销售商品应当按照销售商品收入确认条件确认收入，回收的商品作为购进商品处理。

（五）业为促进商品销售而在商品价格上给予的价格扣除属于商业折扣，商品销售涉及商业折扣的，应当按照扣除商业折扣后的金额确定销售商品收入金额。

债权人为鼓励债务人在规定的期限内付款而向债务人提供的债务扣除属于现金折扣，销售商品涉及现金折扣的，应当按扣除现金折扣前的金额确定销售商品收入金额，现金折扣在实际发生时作为财务费用扣除。

企业因售出商品的质量不合格等原因而在售价上给的减让属于销售折让；企业因售出商品质量、品种不符合要求等原因而发生的退货属于销售退回。企业已经确认销售收入的售出商品发生销售折让和销售退回，应当在发生当期冲减当期销售商品收入。

二、业在各个纳税期末，提供劳务交易的结果能够可靠估计的，应采用完工进度（完工百分比）法确认提供劳务收入。

（一）供劳务交易的结果能够可靠估计，是指同时满足下列条件：

1. 收入的金额能够可靠地计量；

2. 交易的完工进度能够可靠地确定；

3. 交易中已发生和将发生的成本能够可靠地核算。

（二）业提供劳务完工进度的确定，可选用下列方法：

1. 已完工作的测量；

2. 已提供劳务占劳务总量的比例；

3. 发生成本占总成本的比例。

（三）业应按照从接受劳务方已收或应收的合同或协议价款确定劳务收入总额，根据纳税期末提供劳务收入总额乘以完工进度扣除以前纳税年度累计已确认提供劳务收入后的金额，确认为当期劳务收入；同时，按照提供劳务估计总成本乘以完工进度扣除以前纳税期间累计已确认劳务成本后的金额，结转为当期劳务成本。

（四）列提供劳务满足收入确认条件的，应按规定确认收入：

1. 安装费。应根据安装完工进度确认收入。安装工作是商品销售附带条件的，安装费在确认商品销售实现时确认收入。

2. 宣传媒介的收费。应在相关的广告或商业行为出现于公众面前时确认收入。广告的制作费，应根据制作广告的完工进度确认收入。

3. 软件费。为特定客户开发软件的收费，应根据开发的完工进度确认收入。

4. 服务费。包含在商品售价内可区分的服务费，在提供服务的期间分期确认收入。

5. 艺术表演、招待宴会和其他特殊活动的收费。在相关活动发生时确认收入。收费涉及几项活动的，预收的款项应合理分配给每项活动，分别确认收入。

6. 会员费。申请入会或加入会员，只允许取得会籍，所有其他服务或商品都要另行收费的，在取得该会员费时确认收入。申请入会或加入会员后，会员在会员期内不再付费就可得到各种服务或商品，或者以低于非会员的价格销售商品或提供服务的，该会员费应在整个受益期内分期确认收入。

7. 特许权费。属于提供设备和其他有形资产的特许权费，在交付资产或转移资产所有权时确认收入；属于提供初始及后续服务的特许权费，在提供服务时确认收入。

8. 劳务费。长期为客户提供重复的劳务收取的劳务费，在相关劳务活动发生时确认收入。

三、业以买一赠一等方式组合销售本企业商品的，不属于捐赠，应将总的销售金额按各项商品的公允价值的比例来分摊确认各项的销售收入。

国家税务总局关于印发《中华人民共和国企业所得税年度纳税申报表》的通知

国税发[2008]101 号

各省、自治区、直辖市和计划单列市国家税务局、地方税务局：

为贯彻落实《中华人民共和国企业所得税法》及其实施条例，税务总局制定了企业所得税年度纳税申报表及附表。现将《中华人民共和国企业所得税年度纳税申报表》及附表印发给你们，请各地税务机关及时做好上述报表的印制、发放、学习、培训及软件修改等工作。

国家税务总局关于中国居民企业向境外 H 股非居民企业股东派发股息代扣代缴企业所得税有关问题的通知

国税函[2008]897 号

各省、自治区、直辖市和计划单列市国家税务局、地方税务局：

根据《中华人民共和国企业所得税法》及其实施条例的规定，现就中国居民企业向境外 H 股非居民企业股东派发股息代扣代缴企业所得税的有关问题通知如下：

一、中国居民企业向境外 H 股非居民企业股东派发 2008 年及以后年度股息时，统一按 10%的税率代扣代缴企业所得税。

二、非居民企业股东在获得股息之后，可以自行或通过委托代理人或代扣代缴义务人，向主管税务机关提出享受税收协定（安排）待遇的申请，提供证明自己为符合税收协定（安排）规定的实际受益所有人的资料。主管税务机关审核无误后，应就已征税款和根据税收协定（安排）规定税率计算的应纳税款的差额予以退税。

三、各地应加强对我国境外上市企业派发股息情况的了解，并发挥售付汇凭证的作用，确保代扣代缴税款及时足额入库。

关于全国社会保障基金有关企业所得税问题的通知

财税[2008]136 号

各省、自治区、直辖市、计划单列市财政厅（局）、国家税务局、地方税务局，新疆生产建设兵团财务局：

经国务院同意，现对全国社会保障基金理事会（简称社保基金理事会）管理的社会保障基金（简称社保基金）的有关企业所得税问题通知如下：

一、对社保基金理事会、社保基金投资管理人管理的社保基金银行存款利息收入，社保基金从证券市场中取得的收入，包括买卖证券投资基金、股票、债券的差价收入，证券投资基金红利收入，股票的股息、红利收入，债券的利息收入及产业投资基金收益、信托投资收益等其他投资收入，作为企业所得税不征税收入。

二、对社保基金投资管理人、社保基金托管人从事社保基金管理活动取得的收入，依照税法的规定征收企业所得税。

三、本通知从 2008 年 1 月 1 日起执行。

财政部 国家税务总局关于执行《企业会计准则》有关企业所得税政策问题的通知

财税[2007]80号

各省、自治区、直辖市、计划单列市财政厅(局),国家税务局,地方税务局,新疆生产建设兵团财务局,财政部驻各省、自治区、直辖市、计划单列市财政监察专员办事处:

为便于企业执行2006年财政部发布的企业会计准则(以下称新会计准则),协调会计与税收之间的政策差异,现就执行新会计准则的企业所得税政策问题明确如下:

一、企业对持有至到期投资、贷款等按照新会计准则规定采用实际利率法确认的利息收入,可计入当期应纳税所得额。对于采用实际利率法确认的与金融负债相关的利息费用,应按照现行税收有关规定的条件,未超过同期银行贷款利率的部分,可在计算当期应纳税所得额时扣除,超过的部分不得扣除。

二、企业按照国务院财政、税务主管部门有关文件规定,实际收到具有专门用途的先征后返所得税税款,按照会计准则规定应计入取得当期的利润总额,暂不计入取得当期的应纳税所得额。

三、企业以公允价值计量的金融资产、金融负债以及投资性房地产等,持有期间公允价值的变动不计入应纳税所得额,在实际处置或结算时,处置取得的价款扣除其历史成本后的差额应计入处置或结算期间的应纳税所得额。

四、企业发生的借款费用,符合会计准则规定的资本化条件的,应当资本化,计入相关资产成本,按税法规定计算的折旧等成本费用可在税前扣除。

本通知自2007年1月1日起执行,以前的政策规定与本通知规定不一致的,按本通知规定执行。

【注释】 2008年以后,该文件与《企业所得税法》和《企业所得税法实施条例》不一致的规定停止执行,不违反的规定可以继续执行。《企业所得税法实施条例》第37条。

国家税务总局关于调整核定征收企业所得税应税所得率的通知

国税发[2007]104号

各省、自治区、直辖市和计划单列市国家税务局、地方税务局:

为进一步规范企业所得税核定征收工作,完善核定征税办法,经研究,对《国家税务总局关于印发〈核定征收企业所得税暂行办法〉的通知》(国税发[2000]38号,以下简称《暂行办法》)规定的应税所得率标准进行调整,现通知如下:

一、《暂行办法》第十条规定的应税所得率调整为按下表规定的标准执行:

应税所得率表

行业	应税所得率
农、林、牧、渔业	3%—10%
制造业	5%—15%
批发和零售贸易业	4%—15%
交通运输业	7%—15%
建筑业	8%—20%
饮食业	8%—25%
娱乐业	15%—30%
其他行业	10%—30%

二、房地产开发企业按照《国家税务总局关于房地产开发业务征收企业所得税问题的通知》(国税发[2006]31号)的有关规定执行。

三、各省、自治区、直辖市和计划单列市国家税务局、地方税务局应结合本地实际情况,在本通知规定的应税所得率范围内联合确定本地区的具体应税所得率,并报国家税务总局备案。

四、本通知自2007年1月1日起执行,《暂行办法》第十条规定的《应税所得率表》同时废止。

【注释】 2008年以后,该文件与《企业所得税法》和《企业所得税法实施条例》不一致的规定停止执行,不违反的规定可以继续执行。

国家税务总局关于保险企业非寿险业务未到期责任准备金税前扣除问题的通知

国税函[2007]889号

各省、自治区、直辖市和计划单列市国家税务局:

现将保险企业非寿险业务提取未到期责任准备金所得税前扣除问题通知如下:

一、保险企业非寿险业务在本期依据保险精算结果计算提取的未到期责任准备金,大于上期提取的未到期责任准备金的余额部分,准予在所得税前扣除;小于上期提取的未到期责任准备金的差额部分,应计入当期应纳税所得额。

未到期责任准备金是指保险企业非寿险业务在准备金评估日为尚未终止的保险责任而提取的准备金,包括保险企业非寿险业务为保险期间在一年以内(含一年)的保险合同项下尚未到期的保险责任而提取的准备金,以及为保险期间在一年以上(不含一年)的保险合同项下尚未到期的保险责任而提取的长期责任准备金。

二、本规定从2007年1月1日起执行,《国家税务总局关于保险企业所得税若干问题的通知》(国税发[1999]169号)第九条关于按当期自留保费收入的50%提取未到期责任准备金在税前扣除的规定同时废止。

【注释】 2008年以后,该文件与《企业所得税法》和《企业所得税法实施条例》不一致的规定停止执行,不违反的规定可以继续执行。《企业所得税法》第10条。

财政部　国家税务总局关于国家大学科技园有关税收政策问题的通知

财税[2007]120号

各省、自治区、直辖市、计划单列市财政厅(局)、国家税务局、地方税务局,新疆生产建设兵团财务局:

为贯彻落实《国务院关于印发实施〈国家中长期科学和技术发展规划纲要(2006—2020年)〉若干配套政策的通知》(国发[2006]6号),经研究,现就符合条件的国家大学科技园有关税收政策问题通知如下:

一、国家大学科技园(以下简称科技园)是以具有较强科研实力的大学为依托,将大学的综合智力资源优势与其他社会优势资源相组合,为高等学校科技成果转化、高新技术企业孵化、创新创业人才培养、产学研结合提供支撑的平台和服务的机构。自2008年1月1日至2010年12月31日,对符合条件的科技园自用以及无偿或通过出租等方式提供给孵化企业使用的房产、土地,免征房产税和城镇土地使用税;对其向孵化企业出租场地、房屋以及提供孵化服务的收入,免征营业税。

二、对符合非营利组织条件的科技园的收入,自2008年1月1日起按照税法及其有关规定享受企业所得税优惠政策。

三、享受本通知规定的房产税、城镇土地使用税以及营业税优惠政策的科技园,应同时符合下列条件:

(一)科技园的成立和运行符合国务院科技和教育行政主管部门公布的认定和管理办法,经国务院科技和教育行政管理部门认定,并取得国家大学科技园资格;

(二)科技园应将面向孵化企业出租场地、房屋以及提供孵化服务的业务收入在财务上单独核算;

(三)科技园内提供给孵化企业使用的场地面积应占科技园可自主支配场地面积的60%以上(含60%),孵化企业数量应占科技园内企业总数量的90%以上(含90%)。

四、本通知所称"孵化企业"应当同时符合以下条件:

(一)企业注册地及工作场所必须在科技园的工作场地内;

(二)属新注册企业或申请进入科技园前企业成立时间不超过3年;

(三)企业在科技园内孵化的时间不超过3年;

(四) 企业注册资金不超过500万元;

(五) 属迁入企业的,上年营业收入不超过200万元;

(六) 企业租用科技园内孵化场地面积不高于1000平方米;

(七) 企业从事研究、开发、生产的项目或产品应属于科学技术部等部门印发的《中国高新技术产品目录》范围,且《中国高新技术产品目录》范围内项目或产品的研究、开发、生产业务取得的收入应占企业年收入的50%以上。

五、本通知所称"孵化服务"是指为孵化企业提供的属于营业税"服务业"税目中"代理业"、"租赁业"和"其他服务业"中的咨询和技术服务范围内的服务。

六、国务院科技和教育行政主管部门负责对科技园是否符合本通知规定的各项条件进行事前审核确认,并出具相应的证明材料。

七、各主管税务机关要严格执行税收政策,按照税收减免管理办法的有关规定为符合条件的科技园办理税收减免,加强对科技园的日常税收管理和服务。主管税务机关要定期对享受税收优惠政策的科技园进行监督检查,发现问题的,及时向上级机关报告,并按照税收征管法以及税收减免管理办法的有关规定处理。

【注释】 2008年以后,该文件与《企业所得税法》和《企业所得税法实施条例》不一致的规定停止执行,不违反的规定可以继续执行。《企业所得税法》第26条。《企业所得税法实施条例》第85条。

国家税务总局关于中央和国务院各部门机关服务中心恢复征税的通知

国税发[2007]94号

各省、自治区、直辖市和计划单列市国家税务局、地方税务局:

《财政部　国家税务总局关于延长中央和国务院各部门机关服务中心有关税收政策执行期限的通知》(财税[2006]109号)已于2006年12月末执行期满,自2007年1月1日起,对机关服务中心为机关内部提供的后勤保障服务所取得的收入,恢复征收企业所得税、营业税、城市维护建设税和教育费附加。

【注释】 2008年以后,该文件与《企业所得税法》和《企业所得税法实施条例》不一致的规定停止执行,不违反的规定可以继续执行。《企业所得税法》第7条。《企业所得税法实施条例》第26条。

国家税务总局关于保险企业发生与退保业务相关佣金支出税前扣除问题的通知

国税函[2007]880号

各省、自治区、直辖市和计划单列市国家税务局:

为加强保险企业所得税的征收管理,结合保险企业退保业务的实际情况,现对保险企业发生的与退保业务相关的佣金支出所得税前扣除问题通知如下:

一、保险公司退保业务发生之前已实际支付的与退保业务相关的佣金,准予在企业所得税前扣除;退保业务发生之后再支付与该退保业务相关的佣金,不得在企业所得税前扣除。

二、本通知自2007年1月1日起执行,《国家税务总局关于金融保险企业所得税有关业务问题的通知》(国税函[2002]960号)第二条第二款"对退保收入的佣金支出部分,不得在税前扣除"的规定同时废止。此前发生的与退保业务相关的佣金支出,超出退保扣回额的部分,不得在企业所得税前扣除。

【注释】 2008年以后,该文件与《企业所得税法》和《企业所得税法实施条例》不一致的规定停止执行,不违反的规定可以继续执行。《企业所得税法》第8条。《企业所得税法实施条例》第27条。

财政部　国家税务总局关于科技企业孵化器有关税收政策问题的通知

财税[2007]121号

各省、自治区、直辖市、计划单列市财政厅(局)、国家税务局、地方税务局,新疆生产建设兵团财务局:

为贯彻落实《国务院关于印发实施〈国家中长期科学和技术发展规划纲要(2006—2020年)〉若干配套

政策的通知》(国发[2006]6号),经研究,现就符合条件的科技企业孵化器(高新技术创业服务中心)有关税收政策问题通知如下:

一、科技企业孵化器(也称高新技术创业服务中心,以下简称孵化器)是以促进科技成果转化、培养高新技术企业和企业家为宗旨的科技创业服务机构。自2008年1月1日至2010年12月31日,对符合条件的孵化器自用以及无偿或通过出租等方式提供给孵化企业使用的房产、土地,免征房产税和城镇土地使用税;对其向孵化企业出租场地、房屋以及提供孵化服务的收入,免征营业税。

二、对符合非营利组织条件的孵化器的收入,自2008年1月1日起按照税法及其有关规定享受企业所得税优惠政策。

三、享受本通知规定的房产税、城镇土地使用税以及营业税优惠政策的孵化器,应同时符合下列条件:

(一)孵化器的成立和运行符合国务院科技行政主管部门发布的认定和管理办法,经国务院科技行政管理部门认定,并取得国家高新技术创业服务中心资格;

(二)孵化器应将面向孵化企业出租场地、房屋以及提供孵化服务的业务收入在财务上单独核算;

(三)孵化器内提供给孵化企业使用的场地面积应占孵化器可自主支配场地面积的75%以上(含75%),孵化企业数量应占孵化器内企业总数量的90%以上(含90%)。

四、本通知所称"孵化企业"应当同时符合以下条件:

(一)企业注册地及办公场所必须在孵化器的孵化场地内;

(二)属新注册企业或申请进入孵化器前企业成立时间不超过2年;

(三)企业在孵化器内孵化的时间不超过3年;

(四)企业注册资金不超过200万元;

(五)属迁入企业的,上年营业收入不超过200万元;

(六)企业租用孵化器内孵化场地面积低于1000平方米;

(七)企业从事研究、开发、生产的项目或产品应属于科学技术部等部门颁布的《中国高新技术产品目录》范围,且《中国高新技术产品目录》范围内项目或产品的研究、开发、生产业务取得的收入应占企业年收入的50%以上。

五、本通知所称"孵化服务"是指为孵化企业提供的属于营业税"服务业"税目中"代理业"、"租赁业"和"其他服务业"中的咨询和技术服务范围内的服务。

六、国务院科技行政主管部门负责对孵化器是否符合本通知规定的各项条件进行事前审核确认,并出具相应的证明材料。

七、各主管税务机关要严格执行税收政策,按照税收减免管理办法的有关规定为符合条件的孵化器办理税收减免,加强对孵化器的日常税收管理和服务。主管税务机关要定期对享受税收优惠政策的孵化器进行监督检查,发现问题的,及时向上级机关报告,并按照税收征管法以及税收减免管理办法的有关规定处理。

【注释】 2008年以后,该文件与《企业所得税法》和《企业所得税法实施条例》不一致的规定停止执行,不违反的规定可以继续执行。《企业所得税法》第26条。《企业所得税法实施条例》第85条。

国家税务总局关于铁路运输企业机车车辆大修理支出税前扣除问题的通知

国税函[2007]762号

各省、自治区、直辖市和计划单列市国家税务局、地方税务局:

考虑到铁路提速和铁路运输企业机车车辆大修理的特殊情况,经研究,现将铁路运输企业机车车辆大修理支出税前扣除问题通知如下:

从2007年度起,铁路运输企业以机车、客车和货车的修理支出总额分别占该类全部固定资产原值的20%,作为铁路运输企业机车车辆改良支出的标准。对不足标准的大修理支出可以在税前扣除,超过标准的应按税收规定进行纳税调整。2008年以后如有新的税收规定,按新规定执行。

【注释】 2008年以后，该文件与《企业所得税法》和《企业所得税法实施条例》不一致的规定停止执行，不违反的规定可以继续执行。《企业所得税法》第13条。《企业所得税法实施条例》第68—70条。

财政部　国家税务总局关于促进残疾人就业税收优惠政策的通知

财税[2007]92号

各省、自治区、直辖市、计划单列市财政厅(局)、国家税务局、地方税务局，新疆生产建设兵团财务局：

为了更好地发挥税收政策促进残疾人就业的作用，进一步保障残疾人的切身利益，经国务院批准并商民政部、中国残疾人联合会同意，决定在全国统一实行新的促进残疾人就业的税收优惠政策。现将有关政策通知如下：

一、对安置残疾人单位的增值税和营业税政策

对安置残疾人的单位，实行由税务机关按单位实际安置残疾人的人数，限额即征即退增值税或减征营业税的办法。

(一) 实际安置的每位残疾人每年可退还的增值税或减征的营业税的具体限额，由县级以上税务机关根据单位所在区县(含县级市、旗，下同)适用的经省(含自治区、直辖市、计划单列市，下同)级人民政府批准的最低工资标准的6倍确定，但最高不得超过每人每年3.5万元。

(二) 主管国税机关应按月退还增值税，本月已交增值税额不足退还的，可在本年度(指纳税年度，下同)内以前月份已交增值税扣除已退增值税的余额中退还，仍不足退还的可结转本年度内以后月份退还。主管地税机关应按月减征营业税，本月应缴营业税不足减征的，可结转本年度内以后月份减征，但不得从以前月份已交营业税中退还。

(三) 上述增值税优惠政策仅适用于生产销售货物或提供加工、修理修配劳务取得的收入占增值税业务和营业税业务收入之和达到50%的单位，但不适用于上述单位生产销售消费税应税货物和直接销售外购货物(包括商品批发和零售)以及销售委托外单位加工的货物取得的收入。上述营业税优惠政策仅适用于提供"服务业"税目(广告业除外)取得的收入占增值税业务和营业税业务收入之和达到50%的单位，但不适用于上述单位提供广告业劳务以及不属于"服务业"税目的营业税应税劳务取得的收入。

单位应当分别核算上述享受税收优惠政策和不得享受税收优惠政策业务的销售收入或营业收入，不能分别核算的，不得享受本通知规定的增值税或营业税优惠政策。

(四) 兼营本通知规定享受增值税和营业税税收优惠政策业务的单位，可自行选择退还增值税或减征营业税，一经选定，一个年度内不得变更。

(五) 如果既适用促进残疾人就业税收优惠政策，又适用下岗再就业、军转干部、随军家属等支持就业的税收优惠政策的，单位可选择适用最优惠的政策，但不能累加执行。

(六) 本条所述"单位"是指税务登记为各类所有制企业(包括个人独资企业、合伙企业和个体经营户)、事业单位、社会团体和民办非企业单位。

二、对安置残疾人单位的企业所得税政策

(一) 单位支付给残疾人的实际工资可在企业所得税前据实扣除，并可按支付给残疾人实际工资的100%加计扣除。

单位实际支付给残疾人的工资加计扣除部分，如大于本年度应纳税所得额的，可准予扣除其不超过应纳税所得额的部分，超过部分本年度和以后年度均不得扣除。亏损单位不适用上述工资加计扣除应纳税所得额的办法。

单位在执行上述工资加计扣除应纳税所得额办法的同时，可以享受其他企业所得税优惠政策。

(二) 对单位按照第一条规定取得的增值税退税或营业税减税收入，免征企业所得税。

(三) 本条所述"单位"是指税务登记为各类所有制企业(不包括个人独资企业、合伙企业和个体经营户)、事业单位、社会团体和民办非企业单位。

三、对残疾人个人就业的增值税和营业税政策

(一) 根据《中华人民共和国营业税暂行条例》(国务院令第136号)第六条第(二)项和《中华人民共和国营业税暂行条例实施细则》[(93)财法字第40号]第二十六条的规定，对残疾人个人为社会提供的劳务免

征营业税。

（二）根据《财政部 国家税务总局关于调整农业产品增值税税率和若干项目征免增值税的通知》[（94）财税字第004号]第三条的规定，对残疾人个人提供的加工、修理修配劳务免征增值税。

四、对残疾人个人就业的个人所得税政策

根据《中华人民共和国个人所得税法》（主席令第四十四号）第五条和《中华人民共和国个人所得税法实施条例》（国务院令第142号）第十六条的规定，对残疾人个人取得的劳动所得，按照省（不含计划单列市）人民政府规定的减征幅度和期限减征个人所得税。具体所得项目为：工资薪金所得、个体工商户的生产和经营所得、对企事业单位的承包和承租经营所得、劳务报酬所得、稿酬所得、特许权使用费所得。

五、享受税收优惠政策单位的条件

安置残疾人就业的单位（包括福利企业、盲人按摩机构、工疗机构和其他单位），同时符合以下条件并经过有关部门的认定后，均可申请享受本通知第一条和第二条规定的税收优惠政策：

（一）依法与安置的每位残疾人签订了一年以上（含一年）的劳动合同或服务协议，并且安置的每位残疾人在单位实际上岗工作。

（二）月平均实际安置的残疾人占单位在职职工总数的比例应高于25%（含25%），并且实际安置的残疾人人数多于10人（含10人）。

月平均实际安置的残疾人占单位在职职工总数的比例低于25%（不含25%）但高于1.5%（含1.5%），并且实际安置的残疾人人数多于5人（含5人）的单位，可以享受本通知第二条第（一）项规定的企业所得税优惠政策，但不得享受本通知第一条规定的增值税或营业税优惠政策。

（三）为安置的每位残疾人按月足额缴纳了单位所在区县人民政府根据国家政策规定的基本养老保险、基本医疗保险、失业保险和工伤保险等社会保险。

（四）通过银行等金融机构向安置的每位残疾人实际支付了不低于单位所在区县适用的经省级人民政府批准的最低工资标准的工资。

（五）具备安置残疾人上岗工作的基本设施。

六、其他有关规定

（一）经认定的符合上述税收优惠政策条件的单位，应按月计算实际安置残疾人占单位在职职工总数的平均比例，本月平均比例未达到要求的，暂停其本月相应的税收优惠。在一个年度内累计三个月平均比例未达到要求的，取消其次年度享受相应税收优惠政策的资格。

（二）《财政部 国家税务总局关于教育税收政策的通知》（财税[2004]39号）第一条第7项规定的特殊教育学校举办的企业，是指设立的主要为在校学生提供实习场所、并由学校出资自办、由学校负责经营管理、经营收入全部归学校所有的企业，上述企业只要符合第五条第（二）项条件，即可享受本通知第一条和第二条规定的税收优惠政策。这类企业在计算残疾人人数时可将在企业实际上岗工作的特殊教育学校的全日制在校学生计算在内，在计算单位在职职工人数时也要将上述学生计算在内。

（三）在除辽宁、大连、上海、浙江、宁波、湖北、广东、深圳、重庆、陕西以外的其他地区，2007年7月1日前已享受原福利企业税收优惠政策的单位，凡不符合本通知第五条第（三）项规定的有关缴纳社会保险条件，但符合本通知第五条规定的其他条件的，主管税务机关可暂予认定为享受税收优惠政策的单位。上述单位应按照有关规定尽快为安置的残疾人足额缴纳有关社会保险。2007年10月1日起，对仍不符合该项规定的单位，应停止执行本通知第一条和第二条规定的各项税收优惠政策。

（四）对安置残疾人单位享受税收优惠政策的各项条件实行年审办法，具体年审办法由省级税务部门会同同级民政部门及残疾人联合会制定。

七、有关定义

（一）本通知所述"残疾人"，是指持有《中华人民共和国残疾人证》上注明属于视力残疾、听力残疾、言语残疾、肢体残疾、智力残疾和精神残疾的人员和持有《中华人民共和国残疾军人证（1至8级）》的人员。

（二）本通知所述"个人"均指自然人。

（三）本通知所述"单位在职职工"是指与单位建立劳动关系并依法应当签订劳动合同或服务协议的雇员。

（四）本通知所述"工疗机构"是指集就业和康复为一体的福利性生产安置单位，通过组织精神残疾人员参加适当生产劳动和实施康复治疗与训练，达到安定情绪、缓解症状、提高技能和改善生活状况的目的，包括精神病院附设的康复车间、企业附设的工疗车间、基层政府和组织兴办的工疗站等。

八、对残疾人人数计算的规定

（一）允许将精神残疾人员计入残疾人人数享受本通知第一条和第二条规定的税收优惠政策，仅限于工疗机构等适合安置精神残疾人就业的单位。具体范围由省级税务部门会同同级财政、民政部门及残疾人联合会规定。

（二）单位安置的不符合《中华人民共和国劳动法》（主席令第二十八号）及有关规定的劳动年龄的残疾人，不列入本通知第五条第（二）款规定的安置比例及第一条规定的退税、减税限额和第二条规定的加计扣除额的计算。

九、单位和个人采用签订虚假劳动合同或服务协议、伪造或重复使用残疾人证或残疾军人证、残疾人挂名而不实际上岗工作、虚报残疾人安置比例、为残疾人不缴或少缴规定的社会保险、变相向残疾人收回支付的工资等方法骗取本通知规定的税收优惠政策的，除依照法律、法规和其他有关规定追究有关单位和人员的责任外，其实际发生上述违法违规行为年度内实际享受到的减（退）税款应全额追缴入库，并自其发生上述违法违规行为年度起三年内取消其享受本通知规定的各项税收优惠政策的资格。

十、本通知规定的各项税收优惠政策的具体征收管理办法由国家税务总局会同民政部、中国残疾人联合会另行制定。福利企业安置残疾人比例和安置残疾人基本设施的认定管理办法由民政部商财政部、国家税务总局、中国残疾人联合会制定，盲人按摩机构、工疗机构及其他单位安置残疾人比例和安置残疾人基本设施的认定管理办法由中国残疾人联合会商财政部、民政部、国家税务总局制定。

十一、本通知自2007年7月1日起施行，但外商投资企业适用本通知第二条企业所得税优惠政策的规定自2008年1月1日起施行。财政部、国家税务总局《关于企业所得税若干优惠政策的通知》[（94）财税字第001号]第一条第（九）项、财政部、国家税务总局《关于对福利企业、学校办企业征税问题的通知》[（94）财税字第003号]、《国家税务总局关于民政福利企业征收流转税问题的通知》（国税发[1994]155号）、财政部、国家税务总局《关于福利企业有关税收政策问题的通知》（财税字[2000]35号）、《财政部　国家税务总局关于调整完善现行福利企业税收优惠政策试点工作的通知》（财税[2006]111号）、《国家税务总局 财政部 民政部 中国残疾人联合会关于调整完善现行福利企业税收优惠政策试点实施办法的通知》（国税发[2006]112号）和《财政部　国家税务总局关于进一步做好调整现行福利企业税收优惠政策试点工作的通知》（财税[2006]135号）自2007年7月1日起停止执行。

十二、各地各级财政、税务部门要认真贯彻落实本通知的各项规定，加强领导，及时向当地政府汇报，取得政府的理解与支持，并密切与民政、残疾人联合会等部门衔接、沟通。税务部门要牵头建立由上述部门参加的联席会议制度，共同将本通知规定的各项政策贯彻落实好。财政、税务部门之间要相互配合，省级税务部门每半年要将执行本通知规定的各项政策的减免（退）税数据及相关情况及时通报省级财政部门。

十三、各地在执行中有何问题，请及时上报财政部和国家税务总局。

【注释】　2008年以后，该文件与《企业所得税法》和《企业所得税法实施条例》不一致的规定停止执行，不违反的规定可以继续执行。《企业所得税法》第30条。《企业所得税法实施条例》第96条。

国家税务总局关于印发《企业支付实习生报酬税前扣除管理办法》的通知

国税发[2007]42号

企业支付实习生报酬税前扣除管理办法

第一条　为进一步促进教育事业的发展，加强企业支付学生实习报酬税前扣除的管理，根据《中华人民共和国企业所得税暂行条例》及其实施细则、《中华人民共和国税收征收管理法》及其实施细则、《财政部 国家税务总局关于企业支付学生实习报酬有关所得税政策问题的通知》（财税[2006]107号）和有关规定，制定本办法。

第二条　本办法所称"企业"，是指在中华人民共和国境内依照《中华人民共和国企业所得税暂行条例》缴纳企业所得税的纳税人。

第三条　本办法所称"学校"，是指在中华人民共和国境内依法设立的中等职业学校和高等院校（包括公办学校与民办学校)。其中,中等职业学校包括中等专业学校、成人中等专业学校、职业高中(职教中心)和技工学校;高等院校包括高等职业院校、普通高等院校和全日制成人高等院校。

第四条 企业按照财税[2006]107号文件规定支付给在本企业实习学生的报酬,可以在计算缴纳企业所得税时依照本办法的有关规定扣除。

第五条 接收实习生的企业与学生所在学校必须正式签订期限在三年以上(含三年)的实习合作协议,明确规定双方的权利与义务。

第六条 对未与学校签订实习合作协议或仅签订期限在三年以下实习合作协议的企业,其支付给实习生的报酬,不得列入企业所得税税前扣除项目。

第七条 企业虽与学校正式签订期限在三年以上(含三年)的实习合作协议,如出现未满三年停止履行协议情况的,主管税务机关对已享受税前扣除实习生报酬税收政策的企业应调增应纳税所得额,补征企业所得税,并依法加收滞纳金;对因企业主体消亡或学校撤销等客观原因导致未满三年停止履行协议情况的,不再补征企业所得税和加收滞纳金。

第八条 企业可在税前扣除的实习生报酬,包括以货币形式支付的基本工资、奖金、津贴、补贴(含地区补贴、物价补贴和误餐补贴)、加班工资、年终加薪和企业依据实习合同为实习生支付的意外伤害保险费。企业以非货币形式给实习生支付的报酬,不允许在税前扣除。

第九条 企业或学校必须为每个实习生独立开设银行账户,企业支付给实习生的货币性报酬必须以转账方式支付。

第十条 企业税前扣除的实习生报酬,依照税收规定的工资税前扣除办法进行管理。实际支付的实习生报酬高于允许税前扣除工资标准的,按照允许税前扣除工资标准扣除;实际支付的实习生报酬低于允许税前扣除工资标准的,按照实际支付的报酬税前扣除。

第十一条 企业税前扣除实习生报酬实行备查制,即企业在向主管税务机关申报时自行计算扣除,但企业日常管理中必须备齐以下资料供税务机关检查核实:

(一)企业与学校签订的实习合作协议书;

(二)实习生名册(必须注明实习生身份证号、学生证号及实习合同号);

(三)实习生报酬银行转账凭证;

(四)为实习生支付意外伤害保险费的缴付凭证。

第十二条 企业因接受学生实习而从国家或学校取得的补贴收入,应并入企业的应税收入,缴纳企业所得税。

第十三条 各地税务机关应加强实习生报酬税前扣除的监督管理,对企业故意弄虚作假骗取实习生报酬税前扣除的,税务机关除责令其纠正外,应根据《中华人民共和国税收征收管理法》等有关规定,予以处罚。

第十四条 本办法从2006年1月1日起执行。

第十五条 各省、自治区、直辖市和计划单列市国税局、地税局,可根据本办法制定具体实施方案。

第十六条 本办法由国家税务总局负责解释。

【注释】 2008年以后,该文件与《企业所得税法》和《企业所得税法实施条例》不一致的规定停止执行,不违反的规定可以继续执行。《企业所得税法》第8条。《企业所得税法实施条例》第34条。

企业所得税汇算清缴纳税申报鉴证业务准则(试行)

国税发[2007]10号

一、总则

(一)为了规范企业所得税汇算清缴纳税申报鉴证业务(以下简称所得税汇算鉴证),根据企业所得税法规和《注册税务师管理暂行办法》及其有关规定,制定本准则。

(二)所得税汇算鉴证是指,税务师事务所接受委托对企业所得税汇算清缴纳税申报的信息实施必要审核程序,并出具鉴证报告,以增强税务机关对该项信息信任程度的一种业务。

(三)在接受委托前,税务师事务所应当初步了解业务环境。业务环境包括:业务约定事项、鉴证对象特征、使用的标准、预期使用者的需求、责任方及其环境的相关特征，以及可能对鉴证业务产生重大影响的事项、交易、条件和惯例等其他事项。

（四）承接所得税汇算鉴证业务，应当具备下列条件：

1. 属于企业所得税汇算鉴证项目；

2. 税务师事务所符合独立性和专业胜任能力等相关专业知识和职业道德规范的要求；

3. 税务师事务所能够获取充分、适当的证据以支持其结论并出具书面鉴证报告；

4. 与委托人协商签订涉税鉴证业务约定书(见附件 1)。

（五）所得税汇算鉴证的鉴证对象是，与企业所得税汇算清缴纳税申报相关的会计资料和纳税资料等可以收集、识别和评价的证据及信息。具体包括：企业会计资料及会计处理、财务状况及财务报表、纳税资料及税务处理、有关文件及证明材料等。

（六）税务师事务所运用职业判断对鉴证对象作出合理一致的评价或计量时，应当符合适当的标准。适当的评价标准应当具备相关性、完整性、可靠性、中立性和可理解性等特征。

（七）税务师事务所从事所得税汇算鉴证业务，应当以职业怀疑态度、有计划地实施必要的审核程序，获取与鉴证对象相关的充分、适当的证据，并及时对制定的计划、实施的程序、获取的相关证据以及得出的结论作出记录。在确定证据收集的性质、时间和范围时，应当体现重要性原则，评估鉴证业务风险以及可获取证据的数量和质量，对委托事项提供合理保证。

（八）税务师事务所应当严格按照税法及其有关规定开展所得税汇算鉴证业务，并遵守国家有关法律、法规及本业务准则。

二、收入的审核

（一）收入审核的基本方法

1. 评价收入内部控制是否存在、有效且一贯遵守。

2. 取得或编制收入项目明细表，复核加计正确，并与报表、总账、明细账及有关申报表等核对。

3. 了解纳税人各类合同、协议的执行情况及其业务项目的合理性和经常性。

4. 初步评价与计算企业所得税相关的各个税种税目、税率选用的准确性。

5. 查明收入的确认原则、方法，注意会计制度与税收规定在收入确认上的差异。

（二）主营业务收入的审核

1. 收入的确认依产品销售或提供服务方式和货款结算方式，按以下几种情况分类确认：

(1) 采用直接收款销售方式的，应于货款已收到或取得收取货款的权利，并已将发票账单和提货单交给购货单位时，确认收入的实现。结合货币资金、应收账款、存货等科目，审核委托单位是否收到货款或取得收取货款的权利，发票账单和提货单是否已交付购货单位。应注意有无扣压结算凭证，将当期收入转入下期入账，或者虚开发票、虚列购货单位，虚记收入，下期予以冲销等情形。

(2) 采用预收账款销售方式的，应于商品已经发出时，确认收入的实现。结合预收账款、存货等科目，审核是否存在对已收货款并已将商品发出的交易不入账、转为下期收入等情形。

(3) 采用托收承付结算方式的，应于商品已经发出，劳务已经提供，并已将发票账单提交银行、办妥收款手续时，确认收入的实现。结合货币资金、应收账款、存货等科目，审核是否发货，托收手续是否办妥，托收承付结算回单是否正确，是否在发货并办妥托收手续当月作收入处理。

(4) 委托其他单位代销商品、劳务的，应结合存货、应收账款、银行存款等科目，审核是否在收到代销单位代销清单，并按税法规定作收入处理。

(5) 采用赊销和分期收款结算方式的，应按合同约定的收款日期，分期确认收入的实现。审核是否按合同约定的收款日期作收入处理，是否存在不按合同约定日期确认收入不入账、少入账、缓入账的情形。

(6) 长期工程合同收入，应按完工进度或者完成工作量，确认收入的实现。审核收入的计算、确认方法是否合乎规定，并核对应计收入与实计收入是否一致。注意查明有无随意确认收入、虚增或虚减本期收入的情形。

(7) 采用委托外贸代理出口方式的，应于收到外贸企业代办的发运凭证和银行交款凭证时，确认收入的实现。重点审核有无代办发运凭证和银行交款单，是否存在不按发运凭证或银行交款凭证确认收入的情形。

(8) 对外转让土地使用权和销售商品房的,应于土地使用权和商品房已经移交,并将发票结算账单提交对方时,确认收入的实现。采用按揭方式销售的,审核是否按相关规定确认收入和交纳税金,即其首付款应于实际收到日确认收入的实现,余款在银行按揭贷款办理转账之日确认收入的实现。

(9) 对于向客户收取的一次性入网费用,如有线电视入网费、城市供热供水接网费、管道燃气入网费,审核是否按有关规定确认收入。

(10) 对于企业取得的会员制会籍收入,审核入会者在入会后是否接受企业其他商品或服务而确定会籍收入,是否全额或分期计入收入。

2. 验证应税收入在不同税目之间、应税与减免税项目之间是否准确划分,是否存在高税率的收入记入低税率的收入情况。

3. 截止性测试:审核决算日前后若干日的出库单(或销售发票、账簿记录),观察截至决算日止销售收入记录是否有跨年度的情形。

4. 审核企业从购货方取得的价外费用是否按规定入账。

5. 审核销售退回、销售折扣与折让业务是否合理,内容是否完整,相关手续是否符合规定,确认销售退回、销售折扣与折让的计算和税务处理是否正确。重点审核给予关联企业的销售折扣与折让是否合理,是否有利用折让和销售折扣而转利于关联单位等情形。

(三) 其他业务收入的审核

1. 其他业务收入依销售方式按以下情况确认:

(1) 材料销售的收入,应于货款已收到,并已将发票账单和提货单交给购货单位时,确认收入的实现。结合货币资金、应收账款、存货等科目,审核有无扣压结算凭证,将当期收入转入下期入账,或将当期未实现的收入虚转为收入记账,在下期予以冲销等情形。

(2) 代购代销手续费收入,应于企业收到代销清单时,确认收入的实现。重点审核代销清单的开出日期、商品的数量及金额的正确性。

(3) 包装物出租收入,应于企业收到租金或取得收取租金的权利时,确认收入的实现。重点审核发票账单和包装物发货单是否已交付租赁包装物单位,有无扣压结算凭证,将当期收入转入下期入账,或将当期未实现的收入虚转为收入记账,在下期予以冲销等情形。

(4) 审核包装物押金收入,有无逾期未返还买方,未按规定确认收入的情形。

2. 抽查大额其他业务收入的真实性。

3. 对经常性的其他业务收入,从经营部门的记录中审核其完整性。

4. 审核其他业务收入计价的合理性,查明有无明显转利于关联公司或截留收入;跟踪了解市场价格及同行业同期水平,判断计价是否合理。

5. 审核其他业务收入涉及的相关各个税种是否及时申报足额纳税。

(四) 补贴收入的审核

1. 审核实际收到的补贴收入是否经过有关部门批准。

2. 审核按销量或工作量及国家规定的补助定额取得的补贴收入、销量或工作量计算是否准确、定额是否符合规定、计算结果是否正确。

3. 审核企业从购货方取得的价外费用是否按规定入账。

4. 审核企业取得减免税或地方性财政返还、国家财政性补贴和其他补贴收入是否按规定入账。

(五) 视同销售收入的审核

1. 视同销售是指会计核算不作为销售,而税法规定作为销售,确认收入计缴税金的商品或劳务的转移行为。

2. 采用以旧换新方式销售的,重点审核是否按新货物的同期销售价格确定销售额,不得扣减旧货物的收购价格。

3. 采用还本方式销售的,重点审核是否按货物的销售价格确定销售额,不得从销售额中减除还本支出。

4. 采用以物易物方式销售的,重点审核以物易物的双方是否都作购销处理。

5. 采用售后回购方式销售的,重点审核是否分解为销售、购入处理。

6. 商业企业向供货方收取的返利、返点及进场费、上架费等，是否按规定冲减成本及进项税金或确认收入和交纳税金。

7. 审核用于在建工程、管理部门、非生产机构、赞助、集资、广告样品、职工福利、奖励等方面的材料、自产、委托加工产品，是否按税收规定视同销售确认收入并缴纳相关税金。

8. 审核将非货币性资产用于投资分配、捐赠、抵偿债务等是否按税收规定视同销售确认收入并缴纳相关税金。

9. 审核纳税人对外进行来料加工装配业务节省留归企业的材料，是否按规定确认收入。

10. 审核增值税、消费税、营业税等税种视同销售货物行为是否符合税法的有关规定。

（六）投资收益的审核

1. 根据“长期投资”、“短期投资”、“银行存款”、“无形资产”、“固定资产”、“存货”等明细账与有关凭证及签订的投资合同与协议，审核纳税人对外投资的方式和金额，了解该企业对投资单位是否拥有控制权，核算投资收益的方法是否符合税法的有关规定。

2. 根据“长期投资”、“银行存款”、“无形资产”、“固定资产”等明细账及有关凭证，评估确认资产价值与账面净值的差额是否计入收益。

3. 根据“长期投资”明细账，审核企业发生的债券溢价或折价是否在存续期间分期摊销，摊销方法及摊销额的计算是否正确，有无不按规定摊销调整当期收益的情形。

4. 根据“长期投资”、“短期投资”、“投资收益”等明细账及其他有关资料，审核纳税人已实现的收益是否计入投资收益账户，有无利润分配分回实物直接计入存货等账户，未按同类商品市价或其销售收入计入投资收益的情形。

5. 审核投资到期收回或中途转让所取得价款高于账面价值的差额，是否计入投资收益，有无挪作他用的情形。

6. 审核纳税人以非货币性资产对外投资或向投资方分配，是否按销售和投资或销售和分配处理。

7. 审核纳税人对外投资是否按规定记账，收回的投资收益是否入账，确认对外投资收益金额的准确性。

（七）营业外收入的审核

1. 结合固定资产科目，审核固定资产盘盈、清理的收益是否准确计算入账。

2. 结合存货、其他应付款、盈余公积、资本公积等科目，审核是否存在营业外收入不入账或不及时入账的情况。

3. 审核无形资产转让的会计处理及税务处理是否正确，注意转让的是所有权还是使用权。

4. 审核营业外收入是否涉及需申报增值税或营业税的情况。

5. 审核非货币性资产交易的会计处理及税务处理是否正确，注意收到补价一方所确认的损益的正确性。

6. 审核罚款净收入的会计处理及税务处理是否正确，注意纳税人是否将内部罚款与外部罚款区别，是否将行政处罚与违法处罚区别。

（八）税收上应确认的其他收入的审核

1. 税收上应确认的其他收入是指，会计核算不作收入处理，而税法规定应确认收入的除视同销售收入之外的其他收入。

2. 审核企业因债权人原因确实无法支付的应付款项、应付未付的三年以上应付账款及已在成本费用中列支的其他应付款确认收入。

3. 审核企业债务重组收益，是否将纳税人重组债务的计税成本与支付的现金金额或者非现金资产金额、股权公允价值的差额确认收入。

4. 审核企业接受捐赠是否按税法有关规定将有关货币性资产及非货币性资产确认收入。

5. 审核企业是否将因改组改制或以非货币资产对外投资发生的资产评估增值按规定确认收入。

6. 审核企业在建工程发生的试运行收入是否按规定并入总收入，是否发生了冲减在建工程成本的情形。

7. 审核企业取得的保险无赔款优待，是否按税法有关规定确认为收入。

8. 审核其他除视同销售收入之外税法规定应确认的收入。

三、成本费用的审核

(一) 成本费用审核的基本方法

1. 评价有关成本费用的内部控制是否存在、有效且一贯遵守。

2. 获取相关成本费用明细表,复核计算是否正确,并与有关的总账、明细账、会计报表及有关的申报表等核对。

3. 审核成本费用各明细子目内容的记录、归集是否正确。

4. 对大额业务抽查其收支的配比性,审核有无少计或多计业务支出。

5. 审核会计处理的正确性,注意会计制度与税收规定间在成本费用确认上的差异。

(二) 主营业务成本的审核(以工业企业生产成本为例)

1. 审核明细账与总账、报表(在产品项目)是否相符;审核主营业务收入与主营业务成本等账户及其有关原始凭证,确认企业的经营收入与经营成本口径是否一致。

2. 获取生产成本分析表,分别列示各项主要费用及各产品的单位成本,采用分析性复核方法,将其与预算数、上期数或上年同期数、同行业平均数比较,分析增减变动情况,对有异常变动的情形,查明原因,作出正确处理。

3. 采购成本的审核。

(1) 审核由购货价格、购货费用和税金构成的外购存货的实际成本。

(2) 审核购买、委托加工存货发生的各项应缴税款是否完税并计入存货成本。

(3) 审核直接归于存货实际成本的运输费、保险费、装卸费等采购费用是否符合税法的有关规定。

4. 材料费用的审核。

(1) 审核直接材料耗用数量是否真实。

——审核“生产成本”账户借方的有关内容、数据,与对应的“材料”类账户贷方内容、数据核对,并追查至领料单、退料单和材料费用分配表等凭证资料。

——实施截止性测试。抽查决算日前后若干天的领料单、生产记录、成本计算单,结合材料单耗和投入产出比率等资料,审核领用的材料品名、规格、型号、数量是否与耗用的相一致,是否将不属于本期负担的材料费用计入本期生产成本,特别应注意期末大宗领用材料。

(2) 确认材料计价是否正确。

——实际成本计价条件下:了解计价方法,抽查材料费用分配表、领料单等凭证验算发出成本的计算是否正确,计算方法是否遵循了一贯性原则。

——计划成本计价条件下:抽查材料成本差异计算表及有关的领料单等凭证,验证材料成本差异率及差异额的计算是否正确。

(3) 确认材料费用分配是否合理。核实材料费用的分配对象是否真实,分配方法是否恰当。

5. 辅助生产费用的审核。

(1) 抽查有关凭证,审核辅助生产费用的归集是否正确。

(2) 审核辅助生产费用是否在各部门之间正确分配,是否按税法的有关规定准确计算该费用的列支金额。

6. 制造费用的审核。

(1) 审核制造费用中的重大数额项目、例外项目是否合理。

(2) 审核当年度部分月份的制造费用明细账,是否存在异常会计事项。

(3) 必要时,应对制造费用实施截止性测试。

(4) 审核制造费用的分配标准是否合理。必要时,应重新测算制造费用分配率,并调整年末在产品与产成品成本。

(5) 获取制造费用汇总表,并与生产成本账户进行核对,确认全年制造费用总额。

7. 审核“生产成本”、“制造费用”明细账借方发生额并与领料单相核对,以确认外购和委托加工收回的应税消费品是否用于连续生产应税消费品,当期用于连续生产的外购消费品的价款数及委托加工收回材料的相应税款数是否正确。

8. 审核“生产成本”、“制造费用”的借方红字或非转入产成品的支出项目，并追查至有关的凭证，确认是否将加工修理修配收入、销售残次品、副产品、边角料等的其他收入直接冲减成本费用而未计收入。

9. 在产品成本的审核。

(1) 采用存货步骤，审核在产品数量是否真实正确。

(2) 审核在产品计价方法是否适应生产工艺特点，是否坚持一贯性原则。

——约当产量法下，审核完工率和投料率及约当产量的计量是否正确；

——定额法下，审核在产品负担的料工费定额成本计算是否正确，并将定额成本与实际相比较，差异较大时应予调整；

——材料成本法下，审核原材料费用是否在成本中占较大比重；

——固定成本法下，审核各月在产品数量是否均衡，年终是否对产品实地盘点并重新计算调整；

——定额比例法下，审核各项定额是否合理，定额管理基础工作是否健全。

10. 完工产品成本的审核。

(1) 审核成本计算对象的选择和成本计算方法是否恰当，且体现一贯性原则。

(2) 审核成本项目的设置是否合理，各项费用的归集与分配是否体现受益性原则。

(3) 确认完工产品数量是否真实正确。

(4) 分析主要产品单位成本及构成项目有无异常变动，结合在产品的计价方法，确认完工产品计价是否正确。

11. 审核工业企业以外的其他行业主营业务成本，应参照相关会计制度，按税法的有关规定进行。

(三) 其他业务支出的审核

1. 审核材料销售成本、代购代销费用，包装物出租成本、相关税金及附加等其他业务支出的核算内容是否正确，并与有关会计账表核对。

2. 审核其他业务支出的会计处理与税务处理的差异，并作出相应处理。

(四) 视同销售成本的审核

1. 审核视同销售成本是否与按税法规定计算的视同销售收入数据的口径一致。

2. 审核企业自己生产或委托加工的产品用于在建工程、管理部门、非生产性机构、赞助、集资、广告、样品、职工福利、奖励等，是否按税法规定作为完工产品成本结转销售成本。

3. 审核企业处置非货币性资产用于投资、分配、捐赠、抵偿债务等，是否按税法规定将实际取得的成本结转销售成本。

4. 审核企业对外进行来料加工装配业务节省留归企业的材料，是否按海关审定的完税价格计算销售成本。

(五) 营业外支出的审核

1. 审核营业外支出是否涉及税收规定不得在税前扣除的项目。重点审核：

(1) 违法经营的罚款和被没收财物的损失；

(2) 各种税收的滞纳金、罚金和罚款；

(3) 自然灾害或者意外事故损失的有赔偿部分；

(4) 用于中国境内公益、救济性质以外的捐赠；

(5) 各项赞助支出；

(6) 与生产经营无关的其他各项支出；

(7) 为被担保人承担归还所担保贷款的本息；

(8) 计提的固定资产减值准备，无形资产减值准备、在建工程减值准备。

2. 审核营业外支出是否按税法规定准予税前扣除。

(1) 审核固定资产、在建工程、流动资产非正常盘亏、毁损、报废的净损失是否减除责任人赔偿，保险赔偿后的余额是否已经主管税务机关认定。

(2) 审核存货、固定资产、无形资产、长期投资发生永久性或实质性损失，是否已经过主管税务机关认定。

(3) 审核处置固定资产损失、出售无形资产损失、债务重组损失，是否按照税法规定经过税务机关认定审批。

(4) 审核捐赠是否通过民政部门批准成立的非营利性公益组织、社会团体、国家机关进行,捐赠数额是否超过税法规定限额。

(5) 审核企业遭受自然灾害或意外事故损失,是否扣除了已经赔偿的部分。

3. 审核大额营业外支出原始凭证是否齐全,是否符合税前扣除规定的要求。

4. 抽查金额较大的营业外支出项目,验证其按税法规定税前扣除的金额。

5. 审核营业外支出是否涉及将自产、委托加工、购买的货物赠送他人等视同销售行为是否缴纳相关税金。

(六) 税收上应确认的其他成本费用的审核

1. 审核资产评估减值等其他特殊财产损失税前扣除是否已经过主管税务机关认定。

2. 审核其他需要主管税务机关认定的事项。

(七) 销售(营业)费用的审核

1. 分析各月销售(营业)费用与销售收入比例及趋势是否合理,对异常变动的情形,应追踪查明原因。

2. 审核明细表项目的设置,是否符合销售(营业)费用的范围及其有关规定。

3. 审核企业发生的计入销售(营业)费用的佣金,是否符合税法的有关规定。

4. 审核从事商品流通业务的企业购入存货抵达仓库前发生的包装费、运杂费、运输存储过程中的保险费、装卸费、运输途中的合理损耗和入库前的挑选整理费用等购货费用按税法规定计入营业费用后,是否再计入销售费用等科目重复申报扣除。

5. 审核从事邮电等其他业务的企业发生的营业费用已计入营运成本后,是否再计入营业费用等科目重复申报扣除。

6. 审核销售(营业)费用明细账,确认是否剔除应计入材料采购成本的外地运杂费、向购货方收回的代垫费用等。

7. 涉及到进行纳税调整事项的费用项目,应按相关的纳税调整事项审核要点进行审核,并将审核出的问题反映在相关的纳税调整事项审核表中。

(八) 管理费用的审核

1. 审核是否把资本性支出项目作为收益性支出项目计入管理费。

2. 审核企业是否按税法规定列支实际发生的合理的劳动保护支出,并确认计算该项支出金额的准确性。

3. 审核企业是否按税法规定剔除了向其关联企业支付的管理费。

4. 审核计入管理费的总部经费(公司经费)的具体项目是否符合税法的有关规定,计算的金额是否准确。

5. 审核企业计入管理费用的差旅费、会议费、董事会费是否符合税法的有关规定,有关凭证和证明材料是否齐全。

6. 涉及到进行纳税调整事项的费用项目,应按相关的纳税调整事项审核要点进行审核,并将审核中发现的问题反映在相关的纳税调整事项审核表中。

(九) 财务费用的审核

1. 利息支出的审核参见纳税调整审核中利息支出的审核,并将审核中发现的问题反映在利息支出审核表中。

2. 审核利息收入项目。

(1) 获取利息收入分析表,初步评价计息项目的完整性。

(2) 抽查各银行账户或应收票据的利息通知单,审核其是否将实现的利息收入入账。期前已计提利息,实际收到时,是否冲转应收账款。

(3) 复核会计期间截止日应计利息计算表,审核其是否正确将应计利息收入列入本期损益。

3. 审核汇兑损益项目。

(1) 审核记账汇率的使用是否符合税法规定。

(2) 抽样审核日常外汇业务,审核折合记账本位币事项的会计处理的准确性。

(3) 抽查期末(月、季或年)汇兑损益计算书,结合对外币现金、外币银行存款、对外结算的外币债权债务项目,审核计算汇兑损益项目的完整性、折算汇率的正确性、汇兑损益额计算的准确性、汇兑损益会计处理的适当性。

4. 抽查金额较大的手续费或其他筹资费用项目相关的原始凭证,判断该项费用的合理性。

四、资产及负债的审核

(一) 货币资产的审核

1. 评价有关货币资金的内部控制是否存在、有效且一贯遵守。

2. 审核货币资金日记账,并与总账、明细账核对确认余额是否相符。

3. 获取截止日银行存款对账单及决算日银行存款调节表,复核并分析是否需要进一步审核。

4. 函证银行存款户(含其他存款户,如外币存款,银行汇票存款等)的年末余额(含零余额)。

5. 审核银行存款对账单。对金额较大的收支业务,应审核其原始凭证和银行存款日记账。

6. 会同会计主管人员盘存库存现金,获取库存现金盘点表和现金证明书。

7. 审核现金、银行存款、其他货币资金的记账汇率的确认及汇兑损益的计算是否符合税法规定。

8. 进行货币资金收支的截止性测试,以确定是否存在跨期事项。

9. 获取货币资金收支明细表,与有关的收入、费用、资产项目的金额勾稽核对。必要时,应抽查相关凭证,以佐证货币资金的金额是否正确,与相关记录是否一致。

10. 抽查银行存款日记账部分记录和往来账、费用账、收入明细账等。

(二) 存货的审核

1. 评价有关存货的内部控制是否存在、有效且一贯遵守。

2. 运用分析性复核程序,确认存货的总体合理性,对于重大或异常的变动予以关注,应查明原因,作出正确处理。

3. 根据存货盘点表中各存货大类的合计数,与相应的总分类账户余额核对。

4. 确认存货决算日结存数量。

(1) 对企业已盘点存货数量实施抽查。

(2) 获取盘点汇总表副本进行复核,并选择金额较大、收发频繁等存货项目作为重要的存货项目,与永续盘存记录核对。

(3) 获取并审核存货盘点计划及存货盘点表,评价存货盘点的可信程度。

——重大盈亏盘点事项是否已获得必要解释。

——盈亏盘点事项税务处理是否正确并已获批准。

——盈亏盘点事项账务调整是否已及时入账,非正常损失的外购货物及产成品、在产品所耗用的外购项目的进项税额是否按规定转出。

——选择重要的存货项目,适当时日进行实地盘点,并进行倒轧调节测试;测试时,应获取有关存货项目决算日与盘点日之间增减变动的全部会计记录。

5. 购发货实行截止性测试。

(1) 在存货明细账中选择决算日前后若干天的收发记录,审核购货发票与存货验收报告、销货发票与存货发出报告、记账凭证所列存货品名、规格、型号、数量及价格是否一致;收发货日期与入账日期是否一致。

(2) 调整重大跨年度存货项目及其金额。

6. 存货计价的审核。

(1) 选择重大存货项目进行计价测试,对于发现的计价错误应予以调整。

(2) 原材料及外购商品计价的审核。

——实际成本计价条件下,应以样本的单位成本与存货明细账及购货发票核对。

——计划成本计价条件下,应以样本的单位成本与存货明细账、存货成本差异明细账及购货发票核对,并审核成本差异的正确性及差异分摊的合理性。

(3) 在产品与产成品计价的审核。

——实际成本计价条件下,应以样本的单位成本与存货明细账及成本计算单核对。

——计划成本计价条件下，应以样本的单位成本与存货明细账、存货成本差异明细账及成本计算单核对，并审核成本差异计算的准确性及差异分摊的合理性。

7. 在途材料计价的审核。

(1) 核对材料采购总账与明细账余额的合计数。

(2) 抽查组成材料采购明细账余额的若干在途材料项目，追查至相关购货合同、购货发票并审核采购成本的正确性。

(3) 对货已到并应入库但发票未到的材料，审核其暂估价格金额的合理性，并审核是否错误估计抵扣进项减少当期应纳税额。

8. 审核委托加工材料账户余额的正确性。

(1) 获取金额较大的委托加工业务合同及客户有关委托加工业务政策的资料。

(2) 核对委托加工材料总账与明细账余额的合计数。

(3) 从委托加工材料明细账中抽查若干材料项目，追查至有关加工合同、发料凭证、加工费、运输费结算凭证、收料凭证等，并核对加工材料品名、数量及实际成本的计算是否正确。

(4) 对加工中金额较大的材料项目，应通过函证或赴现场实地审核。

9. 应通过函证，审核存放于企业外的存货数量与价格，或赴现场实地抽查，并获取该类存货的原始凭证，复核其计价的正确性。

10. 确认存货资产是否被充作担保，并获取相关的证明资料。

11. 与有关账户勾稽核对，并追查至有关资料、凭证，确认是否符合税务处理的有关规定。

(1) 审核存货类明细账的有关内容，重点审核“营业外支出”、“长期投资”、“应付股利”、“往来账款”等账户，确认相关项目是否属于税法规定的视同销售行为，并作出相应的税务处理。

(2) 审核“产成品”、“半成品”明细账的有关内容，重点审核“在建工程”、“经营成本”、“经营费用”、“应付工资”、“应付福利费”等账户，确认相关项目是否属于视同销售行为，并作出相应的税务处理。

(3) 审核外购存货类明细账的有关内容，重点审核“经营成本”、“经营费用”、“在建工程”、“免税产品的成本费用”、“应付福利费”、“应付工资”、“待处理财产损益”、“营业外支出——非常损失”、“制造费用——原材料损失”、“其他应收款——原材料损失”等账户，确认相关项目是否符合税法的有关规定，并作出相应的税务处理。

(4) 审核自制消费品的“产成品”、“半成品”明细账的有关内容，重点审核“生产成本”、“在建工程”、“管理费用”、“销售费用”、“其他业务支出”、“营业外支出”、“应付工资”、“应付福利费”、“应付奖励福利基金”、“长期投资”等账户，确认相关项目是否符合税法的有关规定，并作出相应的税务处理。

(5) 结合“原材料”、“其他业务收入——销售材料收入”、“其他业务收入——加工收入”、“生产成本”明细账，审核材料的去向和加工收入的来源，确认其相关项目是否符合税法的有关规定，并作出相应的税务处理。

(6) 审核存货类明细账的贷方业务内容并追查至“往来账款”、“原材料”、“销售收入”明细账及原始凭证，确认以物易物、抵偿债务的存货是否符合税法的有关规定，并作出相应的税务处理。

(7) 审核存货类借方红字或贷方非领用的业务内容，确认购进货物是否符合税法的有关规定，并作出相应的税务处理。

(8) 审核应税消费品的“材料采购”(或在途材料)、“原材料”等材料类明细账借方的内容并追查至有关的原始凭证，确认相关项目是否符合税法的有关规定，并作出相应的税务处理。

(9) 审核应税消费品的“委托加工材料”明细账，并结合加工合同及原始凭证，确认相关项目是否符合税法的有关规定，并作出相应的税务处理。

(三) 短期投资的审核

1. 评价有关短期投资的内部控制是否存在、有效且一贯遵守。

2. 获取有价证券明细表，按股票投资、债券投资、其他投资分类进行加计验算，并与总账及明细账核对一致。

3. 审核企业短期投资成本的确定是否正确。

(1) 以现金购入的短期投资，按实际支付的全部价款，包括税金、手续费等相关费用，作为投资成本。

(2) 投资者投入的短期投资,按投资各方确认的价值,作为短期投资成本。

(3) 企业接受债务人以非现金资产抵偿债务方式取得的短期投资,或以应收债权换入的短期投资,按照应收债权的账面价值加上应支付的相关税费,作为短期投资成本。

(4) 以非货币交易换入的短期投资,按照换入资产的账面价值加上应支付的相关税费,作为短期投资成本。

4. 审核企业短期投资在期末是否按成本与市价孰低的原则计算投资金额。

5. 审核企业短期投资跌价准备在申报所得税时,是否按照税法规定进行纳税调整。

(四) 长期投资的审核

1. 评价有关长期投资的内部控制是否存在、有效且一贯遵守。

2. 获取长期投资明细表,按股票投资、债券投资、其他投资分类进行加计验算。

3. 将长期投资明细表与长期投资明细账、总账核对,并对库存的股票和债券进行盘点。

4. 结合有关的文件及凭证,审核投资资产的所有权是否确属企业。

5. 对股票投资,审核认购股票的账务处理是否正确,对应收的股利是否已单独记账。

6. 对债券投资,审核认购债券的账务处理是否正确,应计利息是否已计入当期的投资收益。

7. 对其他投资审核下列事项:

(1) 审核有关的法律性文件,确认会计记录中的财务数据与法律性文件及董事会纪要的授权批准是否相符。

(2) 投资作价与资产账面价值的差额(递延投资损益)的处理是否正确。

(3) 审核对外投资的固定资产和货物以及自产应税消费品是否符合税法的有关规定,并作出相应的税务处理。

8. 审核长期投资的核算是否按规定采用权益法或成本法,采用权益法核算的长期投资是否已按税法规定对会计上已按权益法计入的收益或损失进行纳税调整。

9. 审核本年度内长期投资增减变动的原始凭证,并追查其变动的原因及账务处理是否正确,是否正确核算收益或损失。

10. 对长期投资年末余额进行函证,或审核联营公司签发的出资证明书。

11. 获取联营公司当年度已审会计报表,审核其利润分配比例与投资比例是否一致。

12. 审核已收到长期投资收益的原始凭证,计算复核其金额及入账的正确性。

13. 审核长期投资合同及报表日后事项,以确认约定资本支出的存在及影响。

14. 审核投资于其他企业的投资收益计入(或未计入)应纳税所得额时,因投资发生的费用和损失是否也同样减少(或不冲减)应纳税所得额。

15. 审核长期投资跌价准备在申报所得税时,是否按照税法规定进行纳税调整。

(五) 应收及预付账款的审核

1. 评价应收及预付账款的内部控制是否存在、有效且一贯遵守。

2. 获取应收及预付款明细表与总账及明细账核对一致。

3. 将应收账款发生额与收入账、货币资金账进行对比分析,核对收入入账数的金额是否正确,与相关记录是否一致。

4. 必要时,向债务人函证应收、预付账款并分析函证结果。

5. 抽查对应账户,确认账务处理是否正确,分析对应账户异常的原因,并作出正确处理。

6. 审核应收账款相关项目是否符合税法的有关规定,并作出正确的税务处理。

(六) 应收票据的审核

1. 评价应收票据内部控制是否存在、有效且一贯遵守。

2. 采取下列审核步骤,确认应收账款及收入的合理性和准确性。

(1) 获取决算日应收票据明细表,追查至应收票据明细账和票据并与有关文件核对。

(2) 实地检视库存票据,确认账实是否相符。

(3) 向票据持有人函证,确认审核日由他人保管的票据。

(4) 选择部分票据样本向出票人函证。

(5) 审核对应账户是否异常,分析原因并作出正确处理。

3. 验明票据的利息收入和应计利息是否正确入账。

4. 审核票据贴现的处理及贴现利息的计算是否正确。

(七) 其他应收款的审核

1. 评价其他应收款的内部控制是否存在、有效且一贯遵守。

2. 获取其他应收款明细表,并与明细账、总账核对相符。

3. 选择金额较大和异常的明细账户余额,抽查其原始凭证,必要时进行函证,以确认其合理性和准确性。

4. 审核其他应收款明细账并追查至"货币资金"账户,核实其是否已收回或转销,对长期挂账的其他应收款,应进一步分析其合理性。

5. 审核明细账内容,并适当抽查原始凭证,以确认该账户核算内容是否符合规定范围。

6. 审核明细账,确认账务处理是否异常,若存在非同一客户往来科目的对冲或对应类、费用类科目,应进一步与相关账户核对,并调查有关的资料凭证,分析相关项目的合理性和准确性。

7. 与相关账户核对,审核价外费用是否合并申报应缴纳的各项税收。

8. 查询、函证企业间的借款利息的处理是否正确。

9. 审核下年度期初的收款事项,确认有无未及时入账的情况。

(八) 待摊费用的审核

1. 获取待摊费用明细表,并与明细账、总账核对。

2. 对本年发生额较大的项目,应审核其合同、协议、原始单据并判断其合理性。

3. 审核是否有不属于待摊费用性质的项目已列入本账户中。

4. 验证待摊费用的摊销期限及各期摊销费用的计算是否正确、合理。

(九) 应付账款/预收账款的审核

1. 获取应付账款/预收货款明细表并与明细账、总账相核对。

2. 初步确认所列客户的合同、订单及其支付项目是否按税法规定缴纳相关的税收。

3. 审核借方发生额与相关的资产或费用科目。

4. 审核合同、订货单、验收单、购货发票、客户对账单等有关附件及凭证,核对应付金额是否正确。

5. 审核结算日后应付账款的现金和银行支出会计记录,核实其支付或清算情况。

(1) 对于长期挂账的金额,应重点审核企业资产和相关费用的合理性和准确性,发生的呆账收益是否已按税法规定作出相应的税务处理。

(2) 审核非付款的借方发生额,确认是否存在以货物或劳务等方式抵债,而未计收入的情形。

6. 在必要的情况下,可函证应付账款/预收货款。

7. 实施应付账款截止性审核。

(1) 审核企业在结算日未处理的不相符的购货发票及有材料入库凭证但未收到的购货发票,确认其入账时间的正确性。

(2) 审核结算日后应付账款明细账贷方发生额的相应凭证,确认其入账时间的正确性。

(3) 审核结算日后收到的购货发票,确认其入账时间的正确性。

(4) 审核结算日后的大额支付业务和负债借方发生额所减少的债务的正确归属时间。核对相关的发货记录或提供服务记录,审核预收账款转销是否及时、正确。对于长期的预收货款,应特别关注其是否存在不作或未及时作收入处理的情况。

8. 核对相关的发货记录或提供服务记录,审核预收账款转销是否及时、正确。未转销的预收货款,应特别关注其是否存在不作或未及时作收入处理的情况。

9. 审核其他应收款应付账款/预收货款账户的记账汇率及汇兑损益计算的正确性。

10. 将应代扣代缴个人所得税、营业税的支付项目及金额与代扣代缴中报表进行核对,确认其是否正确地履行了代扣代缴义务。

11. 对应付账款进行账龄分析,审核 3 年以上无法付出的应付账款是否调增应纳税所得额。

(十) 应付票据的审核

1. 获取应付票据及利息明细表,并与有关明细账、总账相核对。主要核对:

(1) 应付票据的期初余额；

(2) 本期增发与偿还票据金额；

(3) 应付票据的期末余额；

(4) 票据到期日；

(5) 利息约定(利息率、期限、金额)。

2. 审核有关附件及凭证，并核对会计记录。

(1) 审核企业现存的所有票据的副本，确认其内容与会计记录是否相符。

(2) 审核应付票据中所存在的抵押或担保契约，并在审核工作底稿中予以注明。

(3) 审核发行票据所收入现款的现金收据、汇款通知、送款簿和银行对账单。

3. 函证应付票据。对于应付债权人的重要票据，可对债权人发函予以证实。函证的内容包括：出票日、到期日、票面金额、未付金额、已付息期间、利息率以及票据抵押担保品等。

4. 复核应付利息是否足额计提，以及支付利息时账务处理的正确性。

5. 查明逾期应付未付票据的原因。

(十一) 应付债券的审核

1. 了解并评价有关的内部控制是否存在、有效且一贯遵守。

2. 获取应付债券明细表，并同有关的明细账、总账相核对。

3. 审核有关债券交易的原始凭证。

(1) 审核现有债券副本，确定其各项内容是否同相关的会计记录相一致。

(2) 审核发行债券所收入现金的依据、汇款通知单、送款登记簿及相关的银行对账单。

(3) 审核偿还债券的支票存根，并复核利息费用计算的正确性。

(4) 审核已偿还债券数额同应付债券借方发生额是否相符，如果发行债券时已作抵押或担保，还应审核相关契约履行情况。

4. 审核应计利息，债券折(溢)价摊销及其税务处理是否正确。

5. 必要时，直接向债权人及债券的承销人或包销人函证应付债券账户期末余额。

(十二) 预提费用的审核

1. 获取预提费用明细表，复核其加计的正确性，并与明细账、总账的余额核对相符。

2. 抽查大额预提费用的记账凭证及相关文件资料，确认其预提额及其税务处理是否正确。

3. 抽查大额预提费用转销的记账凭证及相关文件资料是否齐全，确认其税务处理是否正确。

4. 审核有无利用预提费用账户截留利润情况。

5. 审核预提费用是否存在异常，并查明原因，作出正确处理。

(十三) 短期借款/长期借款/长期应付款的审核

1. 获取短期借款/长期借款/长期应付款明细表，并与明细账，总账核对一致。

2. 对本年内增加的借款/长期应付项目，应审核借款合同、协议、融资租赁合同、补偿贸易引进设备合同或董事会会议纪要，以确认其真实性，确认各项目借款、长期应付款是否为经营活动所需，进而确认其相应利息支出是否在税前扣除。

3. 必要时，对短期借款、长期借款、长期应付款通过函证以进一步验证其合理性和准确性。

4. 审核短期借款和长期应付款汇率使用是否正确，汇兑损益的计算是否正确。

5. 审核关联企业之间的短期借款、长期借款的利息支出是否在税前扣除。

(十四) 其他流动负债的审核

1. 其他流动负债审核的范围包括：其他应付款、应付福利费、应付工资、应付股利等科目。

2. 其他应付款的审核。

(1) 获取决算日其他应付款明细表，并与明细账、总账相核对。

(2) 判断选择较大和异常的明细账户余额，审核其原始凭证并函证或追查至下一年度的明细账，以确定其是否真实存在。

(3) 审核下年度初(若干天)的付款事项，确定有无未入账的负债。

(4) 审核明细账及对应账户并追查至原始凭证，确认该账户核算的内容是否符合有关规定范围，是否对相关项目按税法规定作出相应的税务处理。对异常情况应查明原因，并作出正确处理。

3. 应付福利费的审核。

(1) 根据明细账，获取应付福利费变动表并与总账、报表核对。

(2) 按税法规定核实工资总额，确认税前扣除的福利费金额是否符合税法的有关规定，并作出相应的税务处理。

4. 应付工资的审核。

(1) 结合工资薪金费用的审核，确认应付工资金额的准确性。

(2) 核实月后支付情况和是否存在期末余额冲回的情况，确认税前列支的工资薪金是否符合税法的有关规定，并作出相应的税务处理。

5. 应付股利的审核。

(1) 获取应付股利明细账，与总账、报表相核对。

(2) 审核董事会有关利润分配的方案，结合有关账户、报表，确定股利的提取是否正确。

(3) 审核股利的列支金额是否符合税法的有关规定，并作出相应的税务处理。

(十五) 实收资本的审核

1. 获取实收资本明细表，与有关明细账、总账相核对。确认实收资本期初余额、增减变动、期末余额。

2. 审核实收资本的形成与增减变动情况，确认各项目涉税事项是否符合税法的有关规定，并相应作出税务处理。

(十六) 资本公积金的审核

1. 获取资本公积金明细表，与有关明细账、总账相核对。确认各类公积金的期初余额、增减变动、期末余额。

2. 审核资本公积金的形式与增减变动情况，确认各项目涉税事项是否符合税法的有关规定，并相应作出税务处理。

五、纳税调整的审核

(一) 纳税调增项目的审核

1. 工资薪金支出的审核。

(1) 工资薪金支出的审核范围包括：基本工资、各类奖金、津贴、补贴、年终加薪、加班工资，以及与任职或者受雇有关的其他支出。

(2) 核实工资薪金费用明细表所列的员工是否与本单位签订了用工协议或劳务合同。

(3) 获取工资薪金费用明细表，并与相关的明细账和总账核对。

(4) 将直接人工、管理费用、销售费用、在建工程账户中的工薪费用入账数或工资分配表进行核对，并审核工薪费用分配的准确性和合理性。

(5) 审核按税法规定不作为工资薪金支出的项目，并对下列已列入工资薪金支出的进行纳税调整。

① 雇员向纳税人投资而分配的股息性所得。

② 根据国家或省级政府的规定为雇员支付的社会保障性缴款。

③ 从已提取职工福利基金中支付的各项福利支出(包括职工生活困难补助、探亲路费等)。

④ 各项劳动保护支出。

⑤ 雇员调动工作的旅费和安家费。

⑥ 雇员离退休、退职待遇的各项支出。

⑦ 独生子女补贴。

⑧ 纳税人负担的住房公积金。

⑨ 国家税收法规规定的其他不属于工资薪金支出的项目。

(6) 企业工资薪金的支出按税法的特殊规定进行处理的，其工资薪金的审核涉及下列事项：

① 审核是否符合有关税法规定适用范围和条件，并获取相关的文件和证明材料；

② 审核企业适用该项税收规定的正确性，并确认按税法规定在税前扣除的工资薪金总额。

(7) 审核中涉及到进行纳税调整事项的费用项目时，审核出的问题应反映在相关的纳税调整事项审核表中。

2. 职工福利费等三项经费的审核。

(1) 审核企业本年度发生的职工福利费、工会经费、职工教育费是否符合税法规定的标准和范围，列支的金额是否正确，并作出相应税务处理。

(2) 审核工会经费税前扣除是否取得专用收据。

3. 利息支出的审核。

(1) 评价利息支出的内部控制是否存在、有效且一贯遵守。

(2) 获取利息支出分析表，并与明细账核对。

(3) 审核所有付息项目，核实其债务的性质、产生的原因、用途，确认付息债务项目的真实性和计算的准确性。

(4) 分析比较企业计算利息支出的利率与一般商业贷款利率的差异，确认利息支出计价的合理性。应特别关注：

① 涉及关联公司之间融资所支付的利率是否超过没有关联关系的同类业务的正常利率；

② 非金融机构贷款利率是否高于金融机构同类业务利率；

③ 境内贷款利率是否超出中国人民银行规定的浮动利率。

(5) 分析所有利息支出项目其会计处理与税务处理上的差异，审核各项利息支出是否按照税法的有关规定进行税务处理。

4. 业务招待费的审核。

(1) 评价业务招待费的内部控制是否存在、有效且一贯遵守。

(2) 抽查业务招待费金额较大的项目，追查支出原始凭证及货币资金账簿和会计记录，分析支出的项目、内容、用途、数量和金额，审核其是否与企业的业务有关。

(3) 结合其他费用项目的审核，核实是否将业务招待费性质的项目，列入其他费用科目。

(4) 结合收入项目审核，核实业务招待费是否按照税法规定进行税务处理，并验证列支限额计算的准确性。

(5) 审核企业申报扣除业务招待费提供的凭证或资料是否有效、齐全，是否符合税法规定的范围及有关要求。

5. 固定资产折旧的审核。

(1) 评价固定资产管理的内部控制是否存在、有效且一贯遵守。

(2) 核对期初余额并验算计提折旧的计算是否正确。

(3) 审核纳税人的固定资产计价是否正确，固定资产计提折旧的范围、依据、方法是否符合有关规定，计算的折旧金额是否准确。特别关注固定资产计提折旧会计处理与税务处理上的差异，逐项审核是否按税法的有关规定进行税务处理。

6. 无形资产(递延资产)摊销的审核。

(1) 获取无形资产明细表，与有关账户、报表相核对，审核年初余额与上年度期末余额是否相符。

(2) 审核各项资产的应计摊销额是否符合合同、协议和税法有关规定的年限，计算是否正确，是否与上年一致，改变摊销政策是否符合有关规定或已经税务机关批准。

(3) 审核无形资产的转让是转让所有权还是使用权，无形资产是否存在因有效期、受益期提前结束而需转销的情况。

(4) 审核企业无形资产成本计价及摊销的依据、范围、方法是否按有关规定执行，计价及摊销金额是否准确。特别关注该项目会计处理与税务处理上的差异，审核是否按税法的有关规定进行税务处理。

7. 广告费支出的审核。

(1) 评价广告费支出的内部控制是否存在、有效且一贯遵守。

(2) 抽查广告费金额较大的项目，追查支出原始凭证及货币资金账簿和会计记录，分析支出的项目内容、用途、数量和金额，审核其是否与企业的业务有关。

(3) 审核企业列支的广告费支出是否符合税法规定，并验证税前扣除金额计算的准确性。

8. 业务宣传费的审核。

(1) 评价业务宣传费支出的内部控制是否存在、有效且一贯遵守。

(2) 抽查业务宣传费金额较大的项目,追查支出原始凭证及货币资金账簿和会计记录,分析支出的项目内容、用途、数量和金额,审核其是否与企业的业务有关。

(3) 审核企业列支的宣传费支出是否符合税法规定,并验证税前扣除金额计算的准确性。

9. 销售佣金的审核。

(1) 审核企业发生的佣金的凭证或资料是否有效、齐全。

(2) 审核支付对象是否符合规定的范围和条件。

(3) 审核支付的佣金的金额是否符合税法的有关规定,验证税前列支的销售佣金计算的准确性。

10. 投资转让净损失的审核。

审核企业股权投资转让净损失税前扣除的金额是否符合税法有关规定,计算的金额是否准确。

11. 坏账损失、坏账准备金的审核。

(1) 根据备抵法和直接摊销法的不同特点确定审核重点,注意企业坏账的核算方法是否符合一贯性原则。

(2) 采用提取坏账准备列支方式的,实施如下审核程序:

① 审核计提坏账准备金的计提范围及比例是否符合税法规定。

② 复核坏账准备金计算书,验证补提基数是否与应收账款(含应收票据和非购销活动引起的应收债权)期末余额相一致,提取率适用是否正确,当期坏账准备计算是否准确。

③ 结合应收账款(含应收票据和非购销活动引起的应收债权)和货币资金项目,审核实际发生坏账损失时是否冲减坏账准备。对于超过上一年计提的坏账准备部分,是否作为当期损失列支,少于上一年度计提的坏账准备,是否计入本年度应纳税所得额。

④ 结合应收账款(含应收票据和非购销活动引起的应收债权)和货币资金项目,审核收回的坏账损失是否冲转有关成本费用,并相应增加应纳税所得额。

(3) 采用直接列支方式的,实施如下审核程序:

① 结合应收账款项目,逐笔审核坏账损失的原因及有关证明资料,计算金额的准确性。分析坏账发生的合理性,并确认是否符合税法规定的条件。

② 属于债务人破产或死亡发生的坏账,应特别关注所获得财产或遗产清偿是否冲转管理费用。

③ 结合应收账款和货币资金项目,审核收回的坏账损失是否按规定冲转有关成本费用,并相应增加应纳税所得额。

(4) 结合应收账款审核中的账龄分析,审核决算日后仍未收到货款的长期未清应收账款,判断坏账损失的合理性。

(5) 必要时,向债务人或有关部门函证坏账发生的原因,进一步验证坏账损失的合理性和准确性。

12. 资产盘亏、毁损和报废的审核。

(1) 获取资产盘亏、毁损、报废明细表,复核加计是否正确,并与明细账、总账余额核对相符。

(2) 查明损益原因,审核转销的手续是否完备,是否按税法规定向税务机关报批财产损失。

(3) 注意残料回收是否冲减相关损失,有无记入其他账户减少应税所得的情况。

(4) 审核是否存在应予处理而未处理、长期挂账的待处理资产损溢,并作出相应的税务处理。

13. 上缴管理费的审核。

(1) 审核企业支付给总机构的管理费是否符合税法的有关规定,各类文件、证明材料、凭证是否有效、齐全,计算税前扣除的金额是否准确。

(2) 审核企业支付给主管部门的管理费支付的比例和限额,是否按税法规定进行纳税调整,计算税前扣除的金额是否准确。

(3) 审核企业是否存在提取上缴管理费后不上交的情况。

14. 各类社会保障性缴款的审核。

(1) 获取投保财产及保险费分析表,并与有关固定资产及保险费明细账核对。

(2) 查阅保险合同清单,审核投保项目的原始凭证,并追查至银行存款账,确认保险费支出的金额。

(3) 审核所投保财产的使用情况,确认保险支出在资本性支出和收益性支出划分的恰当性。

(4) 审核企业所有投保项目的范围、标准和金额,是否按税法的有关规定进行相应的纳税调整。

15. 资产减值准备的审核。

(1) 审核企业计提各项资产减值准备的范围、标准、方法和条件是否符合有关规定，计提各项资产减值准备的金额是否准确。

(2) 审核企业各项资产减值准备，是否按税法的有关规定进行纳税调整。

16. 罚款、罚金或滞纳金的审核。审核企业发生的罚款、罚金或滞纳金，是否按税法的有关规定进行纳税调整。

17. 租金支出的审核。

(1) 评价租金支出的内部控制是否存在、有效且一贯遵守。

(2) 获取租金支出分析表，并与有关明细账核对。

(3) 审核租赁合同清册，核实租赁资产的存在、所有权和用途。

(4) 抽查重大租赁项目，追查合同及其他原始凭证，计提或付款记录，确认租金支出计价的准确性，以及在资本性支出、成本支出、期间费用分配的恰当性。

(5) 审核关联公司项目，审核其租价是否符合正常交易原则。

18. 公益救济性捐赠支出的审核。

(1) 获取捐赠支出明细表，与明细账、总账核对是否一致。

(2) 审核各捐赠项目的捐赠书或捐赠协议，并与款项结算情况核对，确认支出已经发生。

(3) 审核公益救济性捐赠的税前扣除的比例、标准和具体金额是否符合税法的有关规定，并作出正确的税务处理。

19. 增提各项准备金的审核。审核企业当年增提的准备金是否符合税法的有关规定，并作出正确的税务处理。

20. 不允许税前扣除项目的审核。结合成本费用与资产及负债相关项目，审核企业的应纳税所得额是否剔除了下列按税法规定不允许扣除的项目，并作出相应的纳税调整。

(1) 资本性支出。

(2) 无形资产受让、开发支出。

(3) 违法经营的罚款和被没收财物的损失。

(4) 自然灾害或者意外事故损失有赔偿的部分。

(5) 用于中国境内公益、救济性以外的捐赠及各种赞助支出。

(6) 为被担保人承担归还贷款担保本息。

(7) 各种税收滞纳金、罚金和罚款。

(8) 与取得收入无关的其他各项支出。

(9) 其他不准许在企业所得税税前扣除的项目。

(二) 纳税调减项目的审核

1. 审核企业以前年度结转在本年度扣除、并进行了纳税调增的广告费支出，是否按税法规定调减应纳税所得额。

2. 审核企业以前年度结转在本年度扣除、并进行了纳税调增的股权投资转让损失，是否按税法规定调减应纳税所得额。

3. 审核企业在应付福利费中列支的基本医疗保险、补充医疗保险是否符合税法规定的范围和标准，税前扣除金额的计算是否准确，并按税法规定的范围和标准相应调减应纳税所得额。

4. 审核企业以前年度进行了纳税调增、本年度发生了减提的各项准备金，包括坏账准备、存货跌价准备、固定资产减值准备、无形资产减值准备、在建工程减值准备、自营证券跌价准备、呆账准备、保险责任准备金提转差和其他准备，是否按税法规定相应调减应纳税所得额。

5. 审核企业其他纳税调减项目是否按税法规定相应调减应纳税所得额。

(三) 税前弥补亏损的审核

1. 获取税前弥补亏损明细表，并与企业所得税年度申报表等有关账表核对是否一致。

2. 结合企业利润表和有关账表，审核并确认企业本年度纳税申报前5个年度发生的尚未弥补的亏损额。

3. 审核并确认企业本年度可以弥补亏损的所得额和在亏损年度以后已弥补过的亏损额以及合并分立企业转入的可弥补亏损额。

4. 审核并确认本年度可弥补的以前年度亏损额和可结转下一年度弥补的亏损额。

5. 对不符合税法规定在税前弥补亏损的，应当进行纳税调整。

(四) 免税所得及减免税的审核

1. 获取免税所得及减免税明细表，并与企业所得税年度申报表等有关账表核对是否一致。

2. 逐笔审核明细表所列各项免税所得及减免税项目是否符合税法的有关规定，适用的范围和条件是否正确，所需的相关文件和证明材料是否有效、齐全。

3. 按照税法的有关规定确认各项免税所得及减免税金额的计算是否准确，是否作出相应的税务处理。

(五) 技术开发费和加计扣除的审核

1. 审核企业是否符合技术开发费加计扣除规定的范围和条件，所需的相关文件和证明材料是否有效、齐全。

2. 审核企业申报技术开发费加计扣除所需报送有关文件和证明材料，是否符合税务机关管理的有关要求。

3. 审核技术开发费的归集和计算是否符合税法及其有关规定，技术开发费加计扣除金额的计算是否准确。

(六) 国产设备投资抵免所得税的审核

1. 审核企业是否符合国产设备抵免所得税规定的范围、条件，所需的相关文件和证明材料是否有效、齐全。

2. 审核以前年度结转未抵扣的国产设备投资余额是否准确，是否按照有关税收规定报批，有关文件和证明材料是否有效、齐全。

3. 审核本年度国产设备投资抵免所得税是否符合有关税收规定，抵免额计算是否准确。

(七) 境外所得税抵扣的审核

1. 获取境外所得税抵扣和计算明细表，并与企业所得税纳税申报表等账表核对一致。

2. 审核企业境外收入总额是否按照税收规定的范围和标准扣除境外发生的成本、费用，计算的境外所得、境外免税所得及境外应纳税所得额金额是否符合有关税收规定。

3. 审核并确认企业本年度境外所得税扣除限额和抵扣金额是否符合有关税收规定，计算的金额是否准确。

六、鉴证报告的出具

(一) 鉴证报告的基本内容

税务师事务所应当按照相关法律、法规、规章及其他有关规定，在实施必要的审核程序后出具含有鉴证结论或鉴证意见的书面报告。鉴证报告应当包括：

1. 标题。鉴证报告的标题应当统一规范为“鉴证事项＋鉴证报告”。

2. 收件人。鉴证报告的收件人是指注册税务师按照业务约定书的要求致送鉴证报告的对象，一般是指鉴证业务的委托人。鉴证报告应当载明收件人的全称。

3. 引言段。鉴证报告的引言段应当表明委托人和受托人的责任，说明对委托事项已进行鉴证审核以及审核的原则和依据等。

4. 审核过程及实施情况。鉴证报告的审核过程及实施情况应当披露以下内容：

(1) 简要评述与企业所得税有关的内部控制及其有效性。

(2) 简要评述与企业所得税有关的各项内部证据和外部证据的相关性和可靠性。

(3) 简要陈述对委托单位提供的会计资料及纳税资料等进行审核、验证、计算和进行职业推断的情况。

5. 鉴证结论或鉴证意见。注册税务师应当根据鉴证情况提出鉴证结论或鉴证意见。无保留意见的鉴证报告应当提出鉴证结论，并确认审核事项的具体金额。持保留意见的鉴证报告应当提出鉴证结论，并对持保留意见的审核事项予以说明，提出初步意见或解决方案供税务机关审核裁定。无法表明意见或持否定意见的鉴证报告应当提出鉴证意见，并详细说明审核事项可能对鉴证结论产生的重大影响，逐项阐述无法表明意见的理据；或描述审核事项存在违反税收法律法规及有关规定的情形，逐项阐述出具否定意见的理据。

6. 鉴证报告的要素还应当包括：

(1) 由税务师事务所所长和注册税务师签名或盖章；

(2) 载明税务师事务所的名称和地址，并加盖税务师事务所公章；

(3) 注明报告日期。

（二）鉴证报告的分类与适用

税务师事务所经过审核鉴证，应当根据鉴证情况，出具真实、合法的鉴证报告。鉴证报告的种类可以分为以下四种：

1. 无保留意见的鉴证报告。适用于税务师事务所经过审核鉴证，完全可以确认企业具体纳税金额的情形。企业可以据此办理所得税纳税申报或审批事宜。（参考文本见附件 2）

2. 保留意见的鉴证报告。适用于税务师事务所经过审核鉴证，发现某些可能对企业所得税纳税申报产生影响的事项，因税法有关规定本身不够明确或经咨询税务机关后理解该项政策仍有较大分歧，或获取的证据不够充分，对上述涉税事项提出保留意见后，可以确认企业具体纳税金额的情形。企业可据此办理所得税纳税申报或审批事宜。（参考文本见附件 3）

3. 无法表明意见的鉴证报告。适用于税务师事务所经过审核鉴证，发现某些可能对企业纳税申报产生重大影响的事项，因审核范围受到限制，无法对企业年度纳税申报发表意见的情形。企业不可据此办理所得税纳税申报或审批事宜。（参考文本见附件 4）

4. 否定意见的鉴证报告。适用于税务师事务所经过审核鉴证，对该企业编报的年度纳税申报表持有重大异议，不能确认企业具体纳税金额的情形。企业不可据此办理所得税纳税申报或审批事宜。（参考文本见附件 5）

【注释】 2008 年以后，该文件与《企业所得税法》和《企业所得税法实施条例》不一致的规定停止执行，不违反的规定可以继续执行。《企业所得税法》第 54 条。

国家税务总局关于企事业单位公务用车制度改革后相关费用税前扣除问题的批复

国税函[2007]305 号

云南省国家税务局：

你局《关于企事业单位用车制度改革后相关费用税前扣除问题的请示》（云国税发[2006]381 号）收悉。经研究，批复如下：

根据国家税务总局《企业所得税税前扣除办法》（国税发[2000]84 号）第十七条规定，工资薪金支出是纳税人每一纳税年度支付给在本企业任职或与其有雇佣关系的员工的所有现金或非现金形式的劳动报酬，包括基本工资、奖金、津贴、补贴、年终加薪、加班工资，以及与任职或受雇有关的其他支出。企事业单位公务用车制度改革后，在规定的标准内，为员工报销的油料费、过路费、停车费、洗车费、修理费、保险费等相关费用，以及以现金或实物形式发放的交通补贴，均属于企事业单位的工资薪金支出，应一律计入企事业单位的工资总额，按照现行的计税工资标准进行税前扣除。

【注释】 2008 年以后，该文件与《企业所得税法》和《企业所得税法实施条例》不一致的规定停止执行，不违反的规定可以继续执行。《企业所得税法》第 8 条。《企业所得税法实施条例》第 34 条。

财政部　国家税务总局关于促进创业投资企业发展有关税收政策的通知

财税[2007]31 号

各省、自治区、直辖市、计划单列市财政厅(局)、国家税务局、地方税务局，新疆生产建设兵团财务局：

为贯彻国务院《关于印发实施〈国家中长期科学和技术发展规划纲要（2006—2020 年）〉若干配套政策的通知》（国发[2006]6 号）精神，结合《创业投资企业管理暂行办法》（发展改革委等 10 部门令第 39 号，以下简称《办法》），为扶持创业投资企业发展，现就有关税收政策问题通知如下：

一、创业投资企业采取股权投资方式投资于未上市中小高新技术企业2年以上(含2年),凡符合下列条件的,可按其对中小高新技术企业投资额的70%抵扣该创业投资企业的应纳税所得额。

(一)经营范围符合《办法》规定,且工商登记为“创业投资有限责任公司”、“创业投资股份有限公司”等专业性创业投资企业。在2005年11月15日《办法》发布前完成工商登记的,可保留原有工商登记名称,但经营范围须符合《办法》规定。

(二)遵照《办法》规定的条件和程序完成备案程序,经备案管理部门核实,投资运作符合《办法》有关规定。

(三)创业投资企业投资的中小高新技术企业职工人数不超过500人,年销售额不超过2亿元,资产总额不超过2亿元。

(四)创业投资企业申请投资抵扣应纳税所得额时,所投资的中小高新技术企业当年用于高新技术及其产品研究开发经费须占本企业销售额的5%以上(含5%),技术性收入与高新技术产品销售收入的合计须占本企业当年总收入的60%以上(含60%)。

高新技术企业认定和管理办法,按照科技部、财政部、国家税务总局《关于印发〈中国高新技术产品目录2006〉的通知》(国科发计字[2006]370号)、科技部《国家高新技术产业开发区高新技术企业认定条件和办法》(国科发火字[2000]324号)、《关于国家高新技术产业开发区外高新技术企业认定有关执行规定的通知》(国科发火字[2000]120号)等规定执行。

二、创业投资企业按本通知第一条规定计算的应纳税所得额抵扣额,符合抵扣条件并在当年不足抵扣的,可在以后纳税年度逐年延续抵扣。

三、创业投资企业从事股权投资业务的其他所得税事项,按照国家税务总局《关于企业股权投资业务若干所得税问题的通知》(国税发[2000]118号)的有关规定执行。

四、创业投资企业申请享受投资抵扣应纳税所得额应向其所在地的主管税务机关报送以下资料:

(一)经备案管理部门核实的创业投资企业投资运作情况等证明材料;

(二)中小高新技术企业投资合同的复印件及实投资金验资证明等相关材料;

(三)中小高新技术企业基本情况,以及省级科技部门出具的高新技术企业认定证书和高新技术项目认定证书的复印件。

五、当地主管税务机关对创业投资企业的申请材料进行汇总审核并签署相关意见后,按备案管理部门的不同层次报上级主管机关:

(一)凡按照《办法》规定在创业投资企业所在地省级(含副省级城市)管理有关部门备案的,报省、自治区、直辖市税务部门,省级财政、税务部门共同审核;

(二)凡按照《办法》规定在国务院有关管理部门备案的,报国家税务总局,财政部和国家税务总局共同审核。

六、财政部、国家税务总局会同有关部门审核公布在国务院有关管理部门备案的享受税收优惠的具体创业投资企业名单。省、自治区、直辖市财政、税务部门会同有关部门审核公布在省级有关管理部门备案的享受税收优惠的具体创业投资企业名单,并报财政部、国家税务总局备案。

七、本通知自2006年1月1日起实施。各级财政、税务等管理部门要及时审核创业投资企业报送的相关资料,认真做好税收优惠政策的贯彻落实工作。

【注释】 2008年以后,该文件与《企业所得税法》和《企业所得税法实施条例》不一致的规定停止执行,不违反的规定可以继续执行。《企业所得税法》第31条。《企业所得税法实施条例》第97条。

国家税务总局关于印发《企业财产损失所得税税前扣除鉴证业务准则(试行)》的通知

国税发[2007]9号

企业财产损失所得税税前扣除鉴证业务准则(试行)

一、总则

(一)为了规范企业财产损失所得税税前扣除鉴证业务(以下简称财产损失鉴证),根据企业所得税法规和《注册税务师管理暂行办法》及其有关规定，制定本准则。

（二）财产损失鉴证是指，税务师事务所接受委托对企业财产损失所得税税前扣除的信息实施必要的审核程序，并出具鉴证报告，以增强税务机关对该项信息信任程度的一种业务。

（三）在接受委托前，税务师事务所应当初步了解业务环境。业务环境包括：业务约定事项、鉴证对象特征、使用的标准，预期使用者的需求、责任方及其环境的相关特征，以及可能对鉴证业务产生重大影响的事项、交易、条件和惯例等其他事项。

（四）承接财产损失鉴证业务，应当具备下列条件：

1. 属于企业财产损失鉴证项目；

2. 税务师事务所符合独立性和专业胜任能力等相关专业知识和职业道德规范的要求；

3. 税务师事务所能够获取充分、适当的证据以支持其结论，并出具书面鉴证报告；

4. 与委托人协商签订涉税鉴证业务约定书（见附件1）。

（五）财产损失鉴证的鉴证对象是，与企业财产损失所得税税前扣除相关的会计资料、内部证据和外部证据等可以收集、识别和评价的证据及信息。具体包括：企业相关会计资料、有关文件及证明材料等。

（六）税务师事务所运用职业判断对鉴证对象作出合理一致的评价或计量时，应当符合适当的标准。适当的评价标准应当具备相关性、完整性、可靠性、中立性和可理解性等特征。

（七）税务师事务所从事财产损失鉴证业务，应当以职业怀疑态度、有计划地实施必要的审核程序，获取与鉴证对象相关的充分、适当的证据，并及时对制定的计划、实施的程序、获取的相关证据以及得出的结论作出记录。在确定证据收集的性质、时间和范围时，应当体现重要性原则，评估鉴证业务风险以及可获取证据的数量和质量，对委托事项提供合理保证。

（八）税务师事务所应当严格按照税法及其有关规定开展财产损失鉴证业务，并遵守国家有关法律、法规及本业务准则。

二、货币资产损失的审核

（一）现金损失的审核

1. 评价有关货币资金的内部控制是否存在、有效且一贯遵守。

2. 抽查凭证，并与总账、明细账核对。

3. 会同会计主管人员盘存库存现金，获取现金保管人确认及会计主管人员签字的现金盘点表（包括倒推至基准日的记录）。

4. 获取现金保管人对于短款的说明及相关核准文件。

5. 由于管理责任造成的现金损失，应取得责任认定及赔偿情况的说明。

6. 涉及刑事犯罪的现金损失，应取得有关司法涉案材料。

7. 确认现金损失税前扣除的金额。计算企业清查出的现金短缺金额，并扣除责任人赔偿后的余额，确认现金损失税前扣除的具体金额。

（二）坏账损失的审核

1. 评价有关坏账准备及坏账损失内部控制是否存在、有效且一贯遵守。

2. 确认应收账款的存在，并为申报企业所有。

(1) 获取应收、预付账款明细表与总账及明细账核对一致；

(2) 审核应收及预付款项发生、结存的合理性和合法性；

(3) 采用下列步骤确认应收、预付款是否真实存在：

① 审核构成该笔债权的相关文件资料（契约、定购单、发票、运货单据等）；

② 抽查对应账户，以确认账务处理是否正确。

3. 审核坏账损失的合理性和真实性。

(1) 申报企业采用备抵法核算损失的，实施如下审核程序：

① 复核坏账准备金计算书，当期坏账准备计算是否准确；

② 审核坏账损失的相关会计处理及税务处理是否正确。

(2) 逐笔审核坏账损失的原因及有关证明资料，确认坏账发生的真实性及计算的准确性，并确认是否符合税法规定的条件。

(3) 审核企业关联方之间的往来账款。关联方之间的往来账款不得确认为坏账。但关联企业的应收账款,经法院判决债务方破产后,破产企业的财产不足清偿债务的部分,经税务机关审核后,债权方企业可以作为坏账损失在税前扣除。

4. 获取充分必要的证据。

(1) 债务人被依法宣告破产、撤销(包括被政府责令关闭)、吊销工商营业执照、死亡、失踪,其剩余财产或遗产确实不足清偿或无法找到承债人追偿债务的,应当取得以下证据:

① 法院的破产公告或破产判决书及破产清算的清偿文件;

② 政府部门有关撤销、责令关闭等的行政决定文件;

③ 工商等有关部门出具的注销、吊销营业证照的证明;

④ 公安等有关部门出具的死亡、失踪证明。

(2) 债务人逾期三年以上未清偿且有确凿证明表明已无力清偿债务的,应取得以下证据:

① 企业依法催收磋商的记录;

② 债务人已资不抵债的,应取得经审计的上年度会计报告;债务人连续三年亏损的,应取得经审计的最近三年度会计报告;债务人连续三年停止经营的,应取得所在地工商等部门的证明材料,并取得三年内没有任何业务往来的证明;

③ 逾期三年以上未收回的应收款项,债务人在中国境外及港、澳、台地区的,应取得境外有资质的机构或中国驻外使(领)馆出具的有关证明。

(3) 符合条件的债务重组形成的坏账,应取得下列证据:

① 企业进行债务重组的批准文件、法院判决书、裁决书和企业债务重组方案及相关资料;

② 企业应收债权账面价值的有效凭证和账务处理证据等。

(4) 因自然灾害、战争及国际政治事件等不可抗力因素影响,确实无法收回的应收款项,应取得下列证据:

① 企业的专项说明;

② 专门机构或部门出具的相关证明文件,或者中国驻外使(领)馆出具的有关说明。

5. 确认坏账损失税前扣除的金额。

(1) 债务人已经清算的,计算扣除债务人清算财产实际清偿后的余额,确认不能收回的坏账损失税前扣除的具体金额。

(2) 对尚未清算的,由中介机构进行职业推断和客观评判,计算并确认不能收回的坏账损失的具体金额。

(3) 债务人已失踪、死亡的应收账款,其遗产不足清偿部分或无法找到承债人追偿债务的,由中介机构进行职业推断和客观评判,计算并确认不能收回的坏账损失的具体金额。

(4) 因自然灾害、战争及国际政治事件等不可抗力因素影响,对确实无法收回的应收款项,由中介机构进行职业推断和客观评判,计算并确认不能收回的坏账损失的具体金额。

(5) 逾期不能收回的应收款项,有败诉的法院判决书、裁决书,或者胜诉但无法执行或债务人无偿债能力被法院裁定终(中)止执行的,依据法院判决、裁定或终(中)止执行的法律文书,确认坏账损失税前扣除的具体金额。

在逾期不能收回的应收款项中,单笔数额较小、不足以弥补清收成本的,由企业作出专项说明,由中介机构进行职业推断和客观评判,计算并确认不能收回的坏账损失的具体金额。

(6) 逾期三年以上且认定为坏账的应收款项,由中介机构进行职业推断和客观评判,确认坏账损失税前扣除的具体金额。

(7) 逾期三年以上的应收款项,债务人在境外及港、澳、台地区的,经依法催收仍不能收回的,依据有关境外证明材料,确认坏账损失税前扣除的具体金额。

(8) 债务重组形成的坏账损失,应按债权人重组债权的计税成本与收到的现金或非现金资产的公允价值之间的差额,确认坏账损失税前扣除的具体金额。

三、非货币性资产损失的审核

(一) 存货损失的审核

1. 企业存货发生的损失,包括有关商品、产成品、半成品、在产品以及各类材料、燃料、包装物、低值易耗品等发生的盘亏、变质、淘汰、毁损、报废、被盗等造成的净损失及永久性或实质性损失。

2. 存货损失真实性的审核。

(1) 评价有关存货的内部控制是否存在、有效且一贯遵守。

(2) 确认存货盘点日盘亏数量。

① 对已盘点存货数量实施抽查；

② 获取盘点汇总表副本进行复核，并选择金额较大、收发频繁等存货项目作为重要的存货项目，与存货明细账核对；

③ 审核存货盘点，获取存货盘点盈亏调整记录。重大盘亏事项是否已获得必要解释；盘亏事项会计处理是否正确并已获批准；盘亏事项账务调整是否已及时入账，非正常损失的外购货物及产成品、在产品所耗用的外购项目的进项税额是否按规定转出，并同时确认为损失。

(3) 获取并审核纳税人存货盘点计划及存货盘点表，评价存货盘点的可信程度。

3. 报废、毁损存货的审核。到现场察看存货的现状，并记录、拍照等。

4. 获取充分必要的证据。

(1) 盘亏的存货。

① 取得存货盘点表；

② 存货保管人对于盘亏的情况说明；

③ 取得盘亏存货的价值确定依据(包括相关入库手续、相同或相近存货采购发票价格或其他确定依据)；

④ 企业内部有关责任认定、责任人赔偿说明和内部核批文件。

(2) 报废、毁损的存货。

① 属于单项或批量金额较小的存货，应取得企业内部有关技术部门出具的技术鉴定证明；

② 属于单项或批量金额较大的存货，应取得国家有关技术部门或具有技术鉴定资格的机构出具的技术鉴定证明；

③ 涉及保险索赔的，应取得保险公司理赔情况的说明；

④ 取得企业内部关于存货报废、毁损情况的责任认定、赔偿情况及相关审批文件；

⑤ 残值情况的说明。

(3) 被盗的存货。

① 取得公安机关出具的相关报案、结案证明材料；

② 取得涉及责任人的责任认定及赔偿情况的说明材料；

③ 涉及保险索赔的，应取得保险公司理赔情况的说明材料。

(4) 发生永久或实质性损失的存货。对发生永久或实质性损失的应提供或取得以下证据：

① 资产被淘汰、变质的经济、技术等原因的说明；

② 企业法定代表人、主要负责人和财务负责人签章证实有关资产已霉烂变质、已无使用价值或转让价值、已毁损等的书面证明；

③ 有关技术部门或具有技术鉴定资格的机构出具的品质鉴定报告；

④ 有关资产的成本和价值回收情况的说明。

5. 确认存货损失税前扣除的金额。计算企业的存货确已形成财产净损失或者已发生永久或实质性损失，并扣除变价收入、可收回金额以及责任和保险赔款后的余额，确认存货损失税前扣除的具体金额。

(二) 固定资产损失的审核

1. 固定资产损失，包括企业房屋建筑物、机器设备、运输设备、工具器具等发生盘亏、淘汰、毁损、报废、丢失、被盗等造成的净损失及固定资产发生的永久或实质性损失。

2. 固定资产损失真实性审核。

(1) 评价固定资产管理的内部控制是否存在、有效且一贯遵守。

(2) 评价固定资产计价对应缴所得税的影响，审核固定资产计价是否符合税法及有关规定。

(3) 审核房屋产权证、车辆运营证、船舶船籍证明等所有权证明文件，确定固定资产是否归被审核单位所有。

① 通过核对购货合同、发票、保险单、运单等资料，抽查测试其计价是否正确，授权批准手续是否齐备，会计处理是否正确；

② 审核竣工决算、验收和移交报告是否正确，与在建工程的相关记录是否核对相符；

③ 审核投资者投入固定资产是否按投资各方确认价值入账，是否有评估报告并经有关部门或有资质的机构确认，交接手续是否齐全。

3. 报废、毁损的固定资产审核。实地观察报废、毁损的固定资产，并进行记录、拍照等。

4. 获取充分必要的证据。

(1) 盘亏的固定资产应取得：

① 固定资产盘点表；

② 盘亏情况说明，单项或批量金额较大的固定资产盘亏，企业应逐项作出专项说明；

③ 企业内部有关责任认定和内部核准文件等。

(2) 对报废、毁损的固定资产应取得：

① 企业内部有关部门出具的鉴定证明；

② 单项或批量金额较大的固定资产报废、毁损，企业应逐项作出专项说明，并委托有技术鉴定资格的机构进行鉴定，出具鉴定说明；

③ 不可抗力原因（自然灾害、意外事故、战争等）造成固定资产毁损、报废的，应当有相关职能部门出具的鉴定报告，如消防部门出具受灾证明，公安部门出具的事故现场处理报告、车辆报损证明，房管部门的房屋拆除证明，锅炉、电梯等安检部门的检验报告等；

④ 企业固定资产报废、毁损情况说明及内部核批文件；

⑤ 涉及保险索赔的，应取得保险公司理赔情况的说明。

(3) 对被盗的固定资产应取得下列证据：

① 向公安机关的报案和结案的相关证明材料；

② 涉及责任人的，应取得责任认定及赔偿情况的说明；

③ 涉及保险索赔的，应取得保险公司理赔情况的说明。

(4) 对发生永久或实质性损失的，应取得下列证据：

① 资产被淘汰、变质的经济、技术等原因的说明；

② 企业法定代表人、主要负责人和财务负责人签章证实有关资产已无使用价值或转让价值、已毁损等的书面证明；

③ 有关技术部门或具有技术鉴定资格的机构出具的品质鉴定报告；

④ 有关资产的成本和价值回收情况说明。

5. 确认固定资产损失税前扣除的金额。

(1) 对盘亏的固定资产，依据账面净值扣除责任人赔偿后的余额，确认固定资产损失税前扣除的具体金额；

(2) 对报废、毁损的固定资产，依据账面净值扣除残值、保险赔偿和责任人赔偿后的余额，确认固定资产损失税前扣除的具体金额；

(3) 对被盗的固定资产，依据账面净值扣除保险理赔以及责任赔偿后的余额，确认固定资产损失税前扣除的具体金额；

(4) 计算企业固定资产已发生永久或实质性损失，并扣除变价收入、可收回金额以及责任和保险赔款后的余额，确认固定资产损失税前扣除的具体金额。

（三）在建工程及其他资产损失的审核

1. 在建工程及其他资产损失，包括企业已经发生的因停建、废弃和报废、拆除在建工程项目以及因此而引起的相应工程物资报废或削价处理等发生的损失。

2. 确认在建工程及其他资产的存在，并为申报企业所有。

(1) 获取或编制在建工程及其他资产递延资产明细表，复核加计正确。

(2) 抽查重要的原始凭证，审核在建工程及其他资产增加的合法性和真实性，查阅有关合同、协议等资料和支出凭证，是否经授权批准，会计处理是否正确。

3. 在建工程及其他资产状态的审核。到现场察看在建工程及其他资产的现状，并记录、拍照等。

4. 获取充分必要的证据。

(1) 因停建、废弃和报废、拆除的在建工程，应取得下列证据：

① 国家明令停建项目的文件；

② 有关政府部门出具的工程停建、拆除文件；

③ 企业对报废、废弃的在建工程项目出具的鉴定意见和原因说明及核批文件，单项数额较大的在建工程项目报废，应取得行业专家参与的技术鉴定意见；

④ 工程项目实际投资额的确定依据。

(2) 由于自然灾害和意外事故毁损的在建工程，应取得下列证据：

① 有关自然灾害或者意外事故的证明；

② 涉及保险索赔的，应取得保险理赔的说明；

③ 企业内部有关责任认定、责任人赔偿说明和核准文件。

5. 确认在建工程及其他资产损失税前扣除的金额。

(1) 因停建、废弃和报废、拆除的在建工程造成的损失，依据账面价值扣除残值后的余额，确认该项资产损失税前扣除的具体金额；

(2) 由于自然灾害和意外事故毁损的在建工程造成的损失，依据账面价值扣除残值、保险赔偿及责任赔偿后的余额，确认该项资产损失税前扣除的具体金额。

四、无形资产损失的审核

1. 确认无形资产的存在并为申报企业所有。

(1) 获取或编制无形资产明细表，复核加计正确，并与总账数和明细账合计数核对是否相符。

(2) 审核无形资产的权属证书原件、专利技术的持有和保密状况等，并获取有关协议和董事会纪要等文件、资料，审核无形资产的性质、构成内容、计价依据，确定无形资产的存在性。

(3) 评价无形资产计价对应缴所得税的影响，审核无形资产计价是否符合税法及其有关规定。

(4) 审核无形资产各项目的摊销是否符合有关规定，是否与上期一致，若改变摊销政策，审核其依据是否充分。审核本期摊销额及其会计处理和税务处理是否正确。

① 除另有规定者外，外购商誉的摊销费用不得税前扣除；

② 外购无形资产的价值，包括买价和购买过程中发生的相关费用。企业自行研制开发无形资产，应对研究开发费用进行准确归集，凡在发生时已作为研究开发费直接扣除的，该项无形资产使用时，不得再分期摊销；

③ 取得土地使用权支付给国家或其他纳税人的土地出让价款应作为无形资产管理，并在不短于合同规定的使用期间内平均摊销；

④ 购买的计算硬件所附带的软件，未单独计价的，应并入计算机硬件作为固定资产管理；单独计价的软件，应作为无形资产管理。

2. 获取充分必要的证据。确认无形资产损失，应取得下列证据：

(1) 资产被淘汰的经济、技术等原因的说明；

(2) 企业法定代表人、主要负责人和财务负责人签章证实有关资产已无使用价值或转让价值等的书面证明；

(3) 有关技术部门或具有技术鉴定资格的机构出具的品质鉴定报告；

(4) 无形资产的法律保护期限文件；

(5) 无形资产的成本和价值回收情况的说明。

3. 确认无形资产损失税前扣除的金额。计算企业无形资产确已形成财产净损失或者已发生永久或实质性损失，并扣除变价收入、可收回金额以及责任和保险赔款后的余额，确认无形资产损失税前扣除的具体金额。

五、投资损失的审核

1. 确认投资的存在并为申报企业所有。

(1) 短期投资。

① 获取或编制短期投资明细表，复核加计正确，并与总账数和明细账合计数核对是否相符，结合短期

投资跌价准备和委托贷款科目与报表数核对是否相符。

② 获取股票、债券及基金账户对账单，与明细账余额核对，审核期末资金账户余额会计处理是否正确。必要时，向证券公司等发函询证。

③ 获取期货账户对账单，与明细账余额核对，审核期末资金账户余额会计处理是否正确。必要时，向期货公司发函询证。

④ 监盘库存有价证券，并与相关账户余额进行核对，如有差异，应查明原因，并作出记录或进行适当调整。

⑤ 对在外保管的有价证券，查阅有关保管的证明文件。必要时，向保管人函证。

⑥ 审核申报损失的短期投资增加项目的记账凭证及其原始凭证是否完整合法，会计处理是否正确。审核短期投资成本的确定是否符合相关规定。

（2）长期投资。

① 获取或编制长期股权投资明细表，复核加计正确，并与总账数和明细账合计数核对相符，结合长期投资减值准备科目与报表数核对相符。

② 审核申报损失的长期投资的原始凭证，对于增加的项目要核实其入账基础是否符合投资合同、协议的有关规定，会计处理是否正确；对于减少的项目要核实其变动原因及授权批准手续。

③ 以非货币性交易换入长期股权投资时，审核其初始投资成本是否为换出资产的账面价值加上应付的相关税费。

④ 审核股票权证等凭据，核对其所有权及金额。必要时，应向被投资单位函证投资单位的投资额、持股比例及被审计单位发放股利情况。若股票权证等已提供质押或受到其他约束的，应取证（或函证），提请被审计单位作适当披露。

（3）债权投资。

① 获取或编制长期债权投资明细表，复核加计正确，并与总账数和明细账合计数核对相符，结合长期投资减值准备和委托贷款科目与报表数核对相符。

② 审核申报损失的债券投资的原始凭证，对于增加的项目要核实其入账基础是否符合有关规定，会计处理是否正确；对于减少的项目要核实其变动原因及授权批准手续。

③ 监盘库存有价证券，取得盘点表，核对其所有权及金额。

2. 取得充分必要的证据。确认投资损失应取得下列证据：

（1）有关被投资方破产公告、破产清偿文件；工商等有关部门注销、吊销文件；政府有关部门的行政决定文件；终止经营、停止交易的法律或其他证明文件；

（2）有关资产的成本和价值回收情况说明；

（3）被投资方清算剩余财产分配情况的证明；

（4）企业法定代表人、主要负责人和财务负责人签章证实有关资产已霉烂变质、已无使用价值或转让价值、已毁损等的书面证明。

3. 确认投资损失税前扣除的金额。计算企业各类投资确已形成财产净损失或者已发生永久或实质性损失，并扣除变价收入、可收回金额以及责任和保险赔款后的余额，确认投资损失税前扣除的具体金额。

六、其他资产损失的审核

（一）资产评估损失的审核

1. 确认评估资产的存在，审核申请资产评估损失税前扣除是否符合规定条件。

（1）获取资产评估报告和附件，并与总账数和明细账记录的资产评估损失额核对是否相符。

（2）审核各项资产评估确认的损失是否符合税收法规和有关规定。

2. 取得充分必要的证据。确认资产评估损失应取得下列证据：

（1）国家统一组织清产核资的文件（不包括国有资产日常管理中经常化、制度化资产清查）；

（2）具有评估资质的机构出具的资产评估资料；

（3）政府部门资产评估确认文书；

（4）应税改组业务已纳税证明资料；

(5) 免税改组业务涉及资产评估增值或损失已纳税调整证明资料。

3. 确认资产评估损失税前扣除的金额。计算企业确已形成的资产评估损失税前扣除的具体金额。

(二) 搬迁、征用资产损失的审核

1. 确认因政府规划搬迁、征用资产的存在,审核申请该项资产损失税前扣除是否符合规定的条件。

(1) 获取政府规划搬迁、征用的资产明细表,复核加计正确,并与总账数和明细账合计数核对是否相符。

(2) 审核因政府规划搬迁、征用的资产损失是否有明确的法律、政策依据;

(3) 审核因政府规划搬迁、征用的资产损失是否属于政府行为。

2. 取得充分必要的证据。确认因政府规划搬迁、征用等发生的财产损失应取得下列证据:

(1) 政府有关部门的行政决定文件及法律政策依据;

(2) 专业技术部门或具有资质的机构出具的鉴定证明;

(3) 企业资产账面价值的确定依据。

3. 确认搬迁、征用资产损失税前扣除的金额。计算企业因政府规划搬迁、征用确已形成的财产损失,并扣除政府拆迁补偿等收入后的余额,确认该项资产损失税前扣除的具体金额。

(三) 担保资产损失的审核

1. 确认担保资产存在并为申报企业所有。获取担保损失明细表,复核加计正确,并与总账数和明细账合计数核对是否相符。

2. 取得充分必要的证据。确认企业对外提供与本身应纳税收入有关的担保,承担连带还款责任发生财产损失,应取得下列证据:

(1) 法院的破产公告或破产判决书及破产清算的清偿文件、政府部门有关撤销、责令关闭等的行政决定文件、工商等有关部门出具的注销、吊销执业证照的证明、公安等有关部门出具的死亡、失踪证明;

(2) 逾期三年以上无力清偿债务的确凿证明;

(3) 企业依法催收磋商记录;

(4) 地方主管税务机关的证明。

3. 确认担保损失税前扣除的金额。计算企业对外提供与本身应纳税收入有关的担保、承担连带还款责任发生的财产损失,并扣除可收回金额后的余额,确认担保资产损失税前扣除的具体金额。

(四) 抵押资产损失的审核

1. 确认抵押资产为申报企业所有。

2. 取得企业未能按期赎回抵押资产的相关资料。

3. 取得抵押资产被拍卖或变卖的证明材料。

4. 确认抵押资产损失税前扣除的金额。依据抵押资产账面净值扣除变卖收入后的余额,确认抵押资产损失税前扣除的具体金额。

(五) 出售住房损失的审核

1. 确认资产的存在,并为申报企业所有。

(1) 获取企业出售房改住房明细表(包括出售住房使用权和全部或部分产权);

(2) 复核加计正确,并与总账、明细账核对是否相符。

2. 取得充分必要的证据。

(1) 县级以上人民政府房改主管机构批准的实行房改的批复文件或企业上级主管部门依据县级以上人民政府房改主管机构批复,对该企业实行房改的批复方案;

(2) 购置住房的发票(企业自建的住房,提供竣工决算和建造支出的发票或有关凭证)和住房计提折旧的情况及账面净值余额;

(3) 出售住房的价格及每套住房的出售价格的凭证;

(4) 获取住宅共用部位、公用设施维修基金的情况及清理费用支出凭证;

(5) 住房周转金建立及取消的情况说明,取消住房周转金的会计凭证。

3. 审核企业出售的住房是否按市(州、地区)政府规定的房改价格收取房款,是否存在实际售价低于市(州、地区)政府核定的房改价格的情形。

4. 审核企业对已按规定领取了一次性补发购房补贴的无房和住房未达到规定面积的老职工，以及停止住房实物分配后参加工作的新职工，是否存在按低于成本价出售住房的情形。

5. 审核企业住房制度改革中出售住房的时间和账务处理，是否符合相关规定。

6. 确认出售住房损失税前扣除的金额。计算企业按规定取消住房基金和住房周转金制度后出售住房的收入，扣除按规定提取的住宅共用部位、公用设施维修基金以及住房账面净值和有关清理费用后的余额，确认出售住房损失税前扣除的具体金额。

七、金融企业呆账损失的审核

（一）确认财产的存在并为申报企业所有

1. 获取或编制短期贷款（长期贷款）明细表，复核加计正确，并与报表数、总账数和明细账合计数核对是否相符。

2. 获取并审核贷款合同、协议、贷款证（或 IC 卡）及授权批准或其他有关资料和借款凭证（借据），确认贷款的真实性，并与会计记录核对。

3. 审核申报损失贷款的偿还情况，核对会计记录和原始凭证。

4. 向借款单位函证，并与贷款期末余额核对。

5. 对于以财产抵押的贷款，应注意有关抵押资产的所有权归属和贷款合同规定的限制条款。

（二）取得充分必要的证据

1. 金融企业发生符合税法规定的各类呆账损失，应提供或取得下列证明材料：

（1）借款人或被投资企业的贷款和投资合同、发放贷款和投资凭证及相关材料。

（2）法院、公安、工商、企业主管等部门、保险企业等单位出具的呆账损失的相关证明材料。

（3）税务机关要求报送的其他资料。

（4）遇有下列情形之一的，应提供或取得相关证明材料：

① 借款人和担保人依法宣告破产、关闭、解散，并终止法人资格，金融企业对借款人和担保人进行追偿后，未能收回债权的相关证明材料；

② 借款人死亡，或者依照民法通则及其有关规定宣告失踪或者死亡，金融企业依法对其财产或者遗产进行清偿，并对担保人进行追偿后，未能收回债权的相关证明材料；

③ 借款人遭受重大自然灾害或意外事故，损失巨大且不能获得保险补偿，确实无力偿还的贷款；或者保险赔偿清偿后，确实无力偿还的部分债务，金融企业对其财产进行清偿和对担保人进行追偿后，未能收回债权的相关证明材料；

④ 借款人和担保人虽未依法宣告破产、关闭、解散，但已完全停止经营活动，被县（市、区）及县以上工商行政管理部门依法注销、吊销营业执照，终止法人资格，金融企业对借款人和担保人进行清偿后，未能收回债权的相关证明材料；

⑤ 借款人触犯刑律，依法受到制裁，其财产不足归还所借债务，又无其他债务承担者，金融企业经追偿后确实无法收回债权的相关证明材料；

⑥ 由于借款人和担保人不能偿还到期债务，金融企业诉诸法律，经法院对借款人和担保人强制执行，借款人和担保人均无财产可执行，法院裁定终结执行后，金融企业仍无法收回债权的相关证明材料；

⑦ 由于上述(1)至(6)项原因借款人不能偿还到期债务，金融企业对依法取得的抵债资产，按评估确认的市场公允价值入账后，扣除抵债资产接收费用，小于贷款本息的差额，经追偿后仍无法收回债权的相关证明材料；

⑧ 开立信用证、办理承兑汇票、开具保函等发生垫款时，凡开证申请人和保证人由于上述(1)至(7)项原因，无法偿还垫款，金融企业经追偿后仍无法收回垫款的相关证明材料；

⑨ 按照国家法律法规规定具有投资权的金融企业的对外投资，由于被投资企业依法宣告破产、关闭、解散，并终止法人资格的，经金融企业对被投资企业清算和追偿后仍无法收回股权的相关证明材料；

⑩ 银行卡被伪造、冒用、骗领而发生的应由银行承担的净损失的相关证明材料；

助学贷款逾期后，银行在确定的有效追索期内，并依法处置助学贷款抵押物（质押物）和向担保人追索连带责任后，仍无法收回贷款的相关证明材料；

金融企业发生的除贷款本金和应收利息以外的其他逾期3年无法收回的应收账款（不含关联企业之间的往来账款）的相关证明材料；

经国务院专案批准核销债权的相关证明材料。

2. 确认呆账损失税前扣除的金额。对于符合税法规定允许在税前扣除的呆账损失，应当按照金融企业对借款人和担保人进行追偿后仍无法收回的债权或净损失，确认税前扣除的呆账损失的具体金额。下列债权或者股权不得作为呆账损失税前扣除：

(1) 借款人或者担保人有经济偿还能力，不论何种原因，未按期偿还的金融企业债权；

(2) 违反法律、法规的规定，以各种形式、借口逃废或者悬空的金融企业债权；

(3) 行政干预逃废或者悬空的金融企业债权；

(4) 金融企业未向借款人和担保人追偿的债权；

(5) 金融企业发生非经营活动的债权；

(6) 其他不应当核销的金融企业债权或者股权。

八、鉴证报告的出具

(一) 鉴证报告的基本内容

税务师事务所应当按照相关法律、法规、规章及其他有关规定，在实施必要的审核程序后出具含有鉴证结论或鉴证意见的书面报告。鉴证报告应当包括：

1. 标题。鉴证报告的标题应当统一规范为“鉴证事项＋鉴证报告”。

2. 收件人。鉴证报告的收件人是指注册税务师按照业务约定书的要求致送鉴证报告的对象，一般是指鉴证业务的委托人。鉴证报告应当载明收件人的全称。

3. 引言段。鉴证报告的引言段应当表明委托人和受托人的责任，说明对委托事项已进行鉴证审核以及审核的原则和依据等。

4. 审核过程及实施情况。鉴证报告的审核过程及实施情况应当披露以下内容：

(1) 简要评述与企业财产损失所得税税前扣除有关的内部控制及其有效性。

(2) 简要评述与企业财产损失所得税税前扣除有关的各项内部证据和外部证据的相关性和可靠性。

(3) 简要陈述对委托单位和具有法定资质的机构提供的证据、事实及涉及金额等进行审核、验证和计算并进行职业推断的情况。

5. 鉴证结论或鉴证意见。注册税务师应当根据鉴证情况提出鉴证结论或鉴证意见。无保留意见的鉴证报告应当提出鉴证结论，并确认审核事项的具体金额。保留意见的鉴证报告应当提出鉴证结论，并对持保留意见的审核事项予以说明，提出初步意见或解决方案供税务机关审核裁定。无法表明意见或否定意见的鉴证报告应当提出鉴证意见，并详细说明审核事项可能对鉴证结论产生的重大影响，逐项阐述无法表明意见的理据；或描述审核事项存在违反税收法律法规及有关规定的情形，逐项阐述出具否定意见的理据。

6. 鉴证报告的要素还应当包括：

(1) 由税务师事务所所长和注册税务师签名或盖章；

(2) 载明税务师事务所的名称和地址，并加盖税务师事务所公章；

(3) 注明报告日期。

(二) 鉴证报告的分类与适用

税务师事务所经过审核鉴证，应当根据鉴证情况，出具真实、合法的鉴证报告。鉴证报告的种类可以分为以下四种：

1. 无保留意见的鉴证报告。适用于税务师事务所经过审核鉴证，完全可以确认企业财产损失所得税税前扣除具体金额的情形。企业可以据此办理财产损失税前扣除申报或审批事宜。（参考文本见附件2）

2. 保留意见的鉴证报告。适用于税务师事务所经过审核鉴证，发现可能对企业财产损失金额产生影响的事项，因税法有关规定本身不够明确或经咨询税务机关后理解该项政策仍有较大分歧，或获取的证据不够充分，对上述涉税事项提出保留意见后，可以确认企业财产损失所得税税前扣除具体金额的情形。企业可据此办理财产损失税前扣除申报或审批事宜。（参考文本见附件3）

3. 无法表明意见的鉴证报告。适用于税务师事务所经过审核鉴证，发现某些可能对企业财产损失产生重大影响的事项，因审核范围受到限制，无法对企业财产损失所得税税前扣除发表意见的情形。企业不可据此办理财产损失税前扣除申报或审批事宜。（参考文本见附件4）

4. 否定意见的鉴证报告。适用于税务师事务所经过审核鉴证，对该企业编报财产损失申报表持有重大异议，不能确认企业财产损失所得税税前扣除具体金额的情形。企业不可据此办理财产损失税前扣除申报或审批事宜。（参考文本见附件5）

【注释】 2008年以后，该文件与《企业所得税法》和《企业所得税法实施条例》不一致的规定停止执行，不违反的规定可以继续执行。《企业所得税法实施条例》第32条。

财政部 国家税务总局关于宣传文化所得税优惠政策的通知

财税［2007］24号

各省、自治区、直辖市、计划单列市财政厅（局）、国家税务局、地方税务局，新疆生产建设兵团财务局：

为继续支持我国宣传文化事业的发展，现将有关所得税政策明确如下：

一、对企事业单位、社会团体按照《捐赠法》的规定，通过中国境内非营利性的社会团体、国家机关向科普单位的捐赠，符合《中华人民共和国企业所得税暂行条例实施细则》（财法字［1994］3号）第十二条规定的，在年度应纳税所得额的10%以内的部分，准予扣除。

二、自2006年1月1日起至2010年12月31日，对企事业单位、社会团体和个人等社会力量通过国家批准成立的非营利性的公益组织或国家机关对宣传文化事业的公益性捐赠，经税务机关审核后，纳税人缴纳企业所得税时，在其年度应纳税所得额10%以内的部分，可在计算应纳税所得额时予以扣除；纳税人缴纳个人所得税时，捐赠额未超过纳税人申报的应纳税所得额30%的部分，可从其应纳税所得额中扣除。

三、对宣传文化企事业单位按照《财政部 国家税务总局关于宣传文化增值税和营业税优惠政策的通知》（财税［2006］153号）有关规定取得的增值税先征后退收入和免征增值税、营业税收入，不计入其应纳税所得额，并实行专户管理，专项用于新技术、新兴媒体和重点出版物的引进和开发以及发行网点和信息系统建设。

四、本通知所述科普单位，是指按照《科技部 财政部国家税务总局 海关总署 新闻出版总署关于印发〈科普税收优惠政策实施办法〉的通知》（国科发改字［2003］416号）的有关规定认定的科技馆，自然博物馆，对公众开放的天文馆（台、站）、气象台（站）、地震台（站），以及高等院校和科研机构对公众开放的科普基地等。

五、本通知所述宣传文化事业的公益性捐赠，其范围为：

1. 对国家重点交响乐团、芭蕾舞团、歌剧团、京剧团和其他民族艺术表演团体的捐赠。

2. 对公益性的图书馆、博物馆、科技馆、美术馆、革命历史纪念馆的捐赠。

3. 对重点文物保护单位的捐赠。

4. 对文化行政管理部门所属的非生产经营性的文化馆或群众艺术馆接受的社会公益性活动、项目和文化设施等方面的捐赠。

上述国家重点艺术表演团体和重点文物保护单位的认定办法由文化部和国家文物局会同财政部、国家税务总局及有关行业行政主管部门另行制订。

六、本通知自2006年1月1日起执行。此前规定与本通知规定不一致的，按本通知规定执行。

【注释】 2008年以后，该文件与《企业所得税法》和《企业所得税法实施条例》不一致的规定停止执行，不违反的规定可以继续执行。《企业所得税法》第9条。《企业所得税法实施条例》第51—53条。

《关联企业间业务往来预约定价实施规则》（试行）

国税发［2004］118号

第一章 总 则

第一条 根据《中华人民共和国税收征收管理法》（以下简称税收征管法）第三十六条及其实施细则（以

下简称税收征管法实施细则)第五十一条至五十六条的规定,以及中国政府与有关国家政府间签订的税收协定的有关规定(以下简称税收协定),为规范关联企业间业务往来预约定价的税收管理程序,特制定本规则。

第二条 本规则适用于关联企业间业务往来预约定价的税收管理。关联企业间业务往来预约定价的税收管理是指,纳税人与其关联企业间在有形财产的购销和使用、无形财产的转让和使用、提供劳务、融通资金等业务往来中,申请预先约定关联交易所适用的转让定价原则和计算方法,用以解决和确定在未来年度关联交易所涉及的税收问题时,各级主管税务机关和纳税人按照自愿、平等、守信原则,依本规则所进行的会谈、审核和评估、磋商、预约定价安排的拟定和批准,以及监控执行等项具体管理工作。

第三条 本规则所称各级主管税务机关是指设区的市、自治州以上税务局。具体实施由设区的市、自治州以上税务局内设立的国际(涉外)税收管理机构或者其他相关税务管理部门办理。

第二章 预备会谈

第四条 主管税务机关应当在同意纳税人正式提出预约定价安排申请前,根据纳税人的书面要求,与纳税人就预约定价的安排、以及达成预约定价安排需要研究、分析的范围等问题,进行预备会谈。预备会谈的时间、地点、具体内容等事项,由双方确定。

第五条 在预备会谈可能的预约定价安排时,纳税人应当在向主管税务机关提交书面要求的同时,就以下内容,提出初步书面建议和意见。

1. 实施程序方面:

(1) 预约定价安排的建议;

(2) 预约定价安排期限;

(3) 准备提交的文件、资料;

(4) 预约定价安排批准后的报告和监控;

(5) 是否通过预约定价安排解决以前年度的税收问题等。

2. 具体内容方面,主要应当包括:

(1) 有关的关联企业情况;

(2) 以前年度的税务审计情况;

(3) 预约定价安排涉及到的有关经营活动情况的说明;

(4) 境内、境外的关联交易情况;

(5) 功能和可比性分析(包括市场状况、可获取的可比定价信息分析);

(6) 对可比信息调整因素的考虑;

(7) 建议采用的转让定价原则和计算方法,以及其符合公平交易原则的理由;

(8) 拟选用的转让定价原则和计算方法所基于的假设条件;

(9) 可能出现的双重征税等问题,包括涉及税收协定相互磋商程序的可能性;

(10) 其他需要说明的情况。

第六条 在预备会谈可能的预约定价安排时,主管税务机关应当自收到纳税人的书面要求及其初步建议和意见之日起20日内书面答复纳税人。若不同意纳税人的书面要求,应当答复时说明理由;若同意纳税人的书面要求,应当就以下内容予以说明。

1. 实施程序方面:

(1) 有关预约定价安排的可行性;

(2) 有关预约定价安排协商各阶段的预期时间安排、包括基本要求、审核评估和时限的一般规定和原则;

(3) 需要说明的其他程序问题。

2. 具体内容方面,主要说明:

(1) 预约定价安排适用的范围;

(2) 根据有关税收协定的规定,预约定价安排相互磋商达成一致的可能性;

(3) 按不同关联交易类型,应当分别提供的分析和评估资料;

(4) 审核和评估时间;

(5) 预约定价安排批准执行后，双方的义务和责任等。

第七条 在预备会谈阶段，凡涉及税收协定的双边或多边预约定价安排的，应当将预备会谈的情况及时、完整地书面报告国家税务总局。经过预备会谈，若双方达成一致意见，主管税务机关应当自达成一致意见之日起15日内以书面形式通知纳税人，可以就预约定价安排的相关事宜进行正式谈判。在预约定价安排正式谈判后和预约定价安排签订前，主管税务机关和纳税人均可中止谈判。

第三章 正式申请

第八条 纳税人应当在接到主管税务机关可以就预约定价安排的相关事宜进行正式谈判通知之日起3个月内，向主管税务机关提出实行预约定价的正式书面申请。若涉及双边或多边预约定价的正式书面申请，纳税人应当同时上报国家税务总局。如因下列特殊原因，纳税人需要延长提出正式书面申请期限的，可以向主管税务机关提出延期报告：

1. 需要特别准备某些方面的资料；

2. 需要对资料作技术上的处理，如文字翻译等；

3. 其他非主观原因。

主管税务机关应当自收到纳税人预约定价安排正式书面申请延期报告后15日内，对其申请延期事项做出书面答复。逾期未做出答复的，视同主管税务机关已同意纳税人有关延期的申请。

第九条 纳税人向主管税务机关提出实行预约定价安排正式书面申请的内容，至少应当包括：

1. 相关的集团组织、公司结构、关联关系、关联交易情况；

2. 纳税人近三年财务、会计报表资料，产品功能和财产(包括无形财产和有形财产)的资料；

3. 预约定价安排所涉及的关联交易类别和纳税年度；

4. 关联企业间的职能、功能和风险划分；

5. 是否涉及税收协定的双边或多边预约定价安排；

6. 预约定价适用的转让定价原则和计算方法考虑，以及支持这一原则和方法的功能分析和可比性分析，拟选用的转让定价原则和计算方法的假设条件；

7. 市场情况的说明，包括行业发展趋势和竞争环境；

8. 预约期间的年度经营效益预测和规划等；

9. 有关关联企业合作的态度，能否提供有关其交易、经营安排及财务成果方面的信息；

10. 是否涉及双重征税等问题；

11. 涉及境内、外有关法律、税收协定等相关问题。

上述应当提供的资料，纳税人按税收法律、法规已报送的除外。

上述申请内容所涉及的文件资料和情况说明，包括能够支持拟选用的定价原则、计算方法和能证实符合预约定价安排条件的所有文件资料，纳税人和主管税务机关均应妥善保存。

第四章 审核与评估

第十条 主管税务机关应当自收到纳税人提交的实行预约定价安排正式书面申请及所需文件、资料之日起5个月内，进行审核和评估，并可根据审核和评估的具体情况向纳税人或其税务代理提出咨询，要求其补充有关资料，以形成审核评估结论。如因特殊情况，需要延长审核评估时间的，应当及时书面通知纳税人，所延长期限不得超过3个月。涉及税收协定的双边或多边预约定价安排，超过上述延长期限的，由双方协商确定。

第十一条 主管税务机关对纳税人实行预约定价安排正式书面申请的审核和评估内容，至少应当包括：

1. 历史经营状况。分析、评估纳税人的经营规划、发展趋势、经营范围等文件资料，重点审核可行性研究报告、投资预(决)算、董事会决议等；综合分析反映经营业绩的有关信息和资料，如财务、会计报表、审计报告等。主要考察历史、现实状况，找出影响企业经营的关键因素。

2. 职能及风险状况。分析、评估纳税人与其关联企业之间的业务往来中，在供货、生产、运输、销售等各环节以及在研究、开发无形资产等方面各自所拥有的份额，履行的职能以及在存货、信贷、外汇、市场等过程中所承担的风险。

3. 可比价格信息。分析、评估纳税人提供的境内、外可比价格信息，说明独立企业间业务往来作价和关联企业间业务往来作价的重大差别，并对影响交易的实质性差异进行调整。若不能确认可比交易或经营活动的合理性，应当明确纳税人须进一步提供的有关文件、资料，以证明其所选用的转让定价原则和计算方法公平地反映了被审核的关联企业间业务往来和经营现状，并得到相关财务、经营等资料的证实。

主管税务机关要多方收集可比价格，包括利用已掌握的出口退税"口岸电子执法系统"出口退税子系统中的出口货物报送单数据分析、评估纳税人可比交易或经营活动的合理性。

4. 假设条件。分析、评估纳税人提出的所有能够支持或证明预约转让定价原则和计算方法的信息资料及其说明，要从宏观或微观（如政治、经济、法律、技术等）方面，分析其对行业盈利能力的影响、以及分析其对纳税人的经营战略、生产规模和生命周期的假设等方面的具体影响程度，以确定其是否具有合理性。

5. 转让定价原则和计算方法。分析、评估纳税人在预约定价安排中选用的转让定价原则和计算方法是否以及如何真实地运用于以前、当前和未来年度的关联企业间业务往来以及相关财务、经营资料之中，是否符合法律、法规的规定。

6. 预期的公平交易价格或利润值域。通过对确定的可比价格、利润加成比率、可比企业的交易等的进一步审核和评估，运用建议的转让定价原则和计算方法，测算出税务机关和纳税人均可接受的价格或利润值域，为最终确定预约定价安排建立基础。

第十二条 主管税务机关对涉及税收协定的双边或多边预约定价安排，应当将审核、评估结论逐级上报国家税务总局审定。

第五章 磋 商

第十三条 主管税务机关应当在形成审核评估结论之日起30日内，与纳税人就职能、风险、可比价格信息，假设条件、定价原则和计算方法以及公平交易值域等主要问题进一步磋商，相互沟通、论证，达成一致意见，并形成预约定价安排草案。涉及形成双边或多边预约定价安排草案的，应当逐级上报国家税务总局审定。

第十四条 预约定价安排草案的内容，主要包括：

1. 相关的关联企业（安排包含的所有企业名称、地址等基本信息）；
2. 涉及的关联交易及期间；
3. 条款设置与有效日期；
4. 转让定价方法（包括选定的可比价格或交易、定价原则和计算方法、预期经营结果范围等）；
5. 与转让定价方法运用和计算基础相关的术语定义（如销售额、销售费用、毛利、净利等）；
6. 假设条件；
7. 纳税人义务，包括年度报告、记录保存、假设条件变动通知等；
8. 安排的法律效力，文件资料等信息的保密性；
9. 相互责任条款；
10. 安排的修订；
11. 解决争议的方法和途径；
12. 消除双重征税；
13. 注意事项；
14. 生效日期；
15. 相关附件。

第六章 签订安排

第十五条 自主管税务机关与纳税人就预约定价安排草案内容达成一致之日起30日内，双方的法定代表人或法定代表人授权的代表正式签订预约定价安排。

第十六条 预约定价安排一般仅适用于自纳税人提交正式申请年度的次年起2至4个未来连续年度的关联企业间业务往来，但如果纳税人提交预约定价安排正式申请的年度，其经营状况、关联交易类别，以及各种相关条件与即将签订的预约定价安排条款所述情况相同或类似，经主管税务机关审核批准，也可追溯适用于正式申请年度。

第十七条 预约定价安排可以连续续签但不能自动续签。纳税人应当于原签预约定价安排执行期满前90日向主管税务机关提出续签申请,并同时提供可靠的证明材料,说明已到期的预约定价安排所述事实和相关环境没有发生实质性变化,并且一直遵守该预约定价安排中的各项条款和约定。主管税务机关应当自收到纳税人续签申请之日起60日内完成审核、评估和拟定预约定价安排草案,并按双方商定的续签时间、地点等相关事宜,与纳税人完成续签工作。

第七章 监控执行

第十八条 主管税务机关应当对与纳税人签订的预约定价安排的执行情况进行监控,并建立相关的监控管理制度。

第十九条 在预约定价安排执行期内,纳税人必须完整保存与安排有关的文件和资料(包括账簿和有关记录等),不得丢失、销毁和转移;必须在纳税年度终了后4个月内,向主管税务机关报送执行预约定价安排情况的年度报告。年度报告应当说明报告期内经营情况,并证明已遵守预约定价安排的条款,包括预约定价安排要求的所有事项,以及是否有修改或实质上取消该预约定价安排的要求。如有未决问题或将要发生的问题,纳税人也必须在年度报告中予以说明,以便与主管税务机关协商是否更改、修订或终止安排。

第二十条 在预约定价安排执行期内,主管税务机关应当定期(一般为半年)检查纳税人履行安排的情况。检查内容主要包括:纳税人是否遵守了安排条款及要求;为谈签安排而提供的资料和年度报告是否反映了纳税人的实际经营情况;转让定价方法所依据的资料和计算方法是否正确;安排中所描述的假设条件前提是否仍然有效;纳税人对转让定价方法的运用是否与假设条件前提相一致等。

纳税人遵守了预约定价安排条款并符合安排条件,主管税务机关应当认可预约定价安排所述关联交易的转让定价原则和计算方法。如发现纳税人有一般违反安排的情况,可视情况进行处理,直至撤销安排。如发现纳税人存在隐瞒或拒不执行安排的情况,主管税务机关应当将终止安排时间追溯至预约定价安排实施第一年的第一日。

第二十一条 在已签订并执行的预约定价安排的预约期内,如果发生实际经营结果不在安排所预期的价格或利润值域范围之内的情况,而且该情况不属于违反安排全部条款及要求,主管税务机关应当在报经上一级主管税务机关核准后,将实际经营结果调整到安排所确定的价格或利润值域范围内,并对安排中与该纳税人有关联业务往来的各方作相应调整。涉及税收协定的双边或多边预约定价安排的,应当逐级上报国家税务总局核准。

第二十二条 在预约定价安排执行期内,如发生任何影响预约定价的实质性变化(例如,假设条件发生变化),纳税人应当在发生变化后15日内向主管税务机关书面报告,详细说明该变化对预约定价安排执行的影响,并附相关资料。由于非主观原因,可以延期报告,但延长期不得超过15日。主管税务机关应当在收到纳税人书面报告之日起30日内,予以审核和处理,包括审查变化情况、与纳税人协商修改预约定价安排条款、相关条件或根据实质性变化对预约定价安排执行情况的影响程度,采取合理的补救办法或中止预约定价安排等措施。当原预约定价安排中止执行时,主管税务机关可以和纳税人按本规则规定的程序和要求,重新协商新的预约定价安排。

第八章 附 则

第二十三条 主管税务机关和纳税人在预约定价安排谈签或执行过程中,需要与本省其他地区以及跨省、自治区、直辖市和计划单列市的主管税务机关协调或共同谈签的(包括国家税务局或地方税务局),应当按以下程序,互通信息,商请协助或依序共同办理:

1. 本省、自治区、直辖市和计划单列市范围内的,由接受纳税人申请(包括预备会谈申请和正式申请)的主管税务机关直接商请有关地区主管税务机关(包括国家税务局或地方税务局)办理或报经省、自治区、直辖市和计划单列市国家税务局或地方税务局批准,依序共同办理。

2. 关联交易跨两个省、自治区、直辖市和计划单列市范围的,由接受纳税人申请(包括预备会谈申请和正式申请)的主管税务机关填写《预约定价安排工作联系单》,上报本省、自治区、直辖市和计划单列市国家税务局或地方税务局,由其与有关省、自治区、直辖市和计划单列市国家税务局或地方税务局联系办理。有关省、自治区、直辖市和计划单列市国家税务局或地方税务局应当在接到联系单后15日内,研究相关信息资料、协助方式,以及共同办理的可能性等,并给予书面答复。

3. 预约定价安排的谈签或执行，有下列情况之一的，应当逐级书面上报国家税务总局，由国家税务总局负责协调、督导或直接处理。国家税务总局应当按本条规定，及时处理和函复。

(1) 关联交易跨三个(含三个)省、自治区、直辖市和计划单列市以上的；

(2) 涉及境内、外的关联交易数额较大(指关联企业间年度业务往来收取或者支付价款、费用额达到或超过1000万元人民币以上的)或关联交易类型较多的；

(3) 涉及双边或多边预约定价安排的谈签、执行、续签、变更、修订、中止等情况的。

第二十四条　各地国家税务局、地方税务局经过与纳税人协商一致或共同签订的预约定价安排，只要纳税人遵守了安排的全部条款及其要求，国家税务局、地方税务局均应当予以认可。若预约定价安排是纳税人与有关地区国家税务局和地方税务局共同签订的，在预约定价安排的执行中，纳税人应当按照本规则第二十条和第二十三条的规定，分别向有关地区国家税务局和地方税务局报送执行预约定价安排情况的年度报告和变化情况报告。有关地区国家税务局和地方税务局应当按照税收征管法实施细则第八十五条的规定，以及本规则第二十一条和第二十三条的规定，对纳税人履行安排的情况，实行联合检查和审核，具体联系、办理程序，按本规则第二十四条规定处理。

第二十五条　主管税务机关与纳税人在预约定价安排预备会谈、正式谈签、审核、分析等全过程中所获取或得到的所有信息资料，双方均负有保密义务，并受到税法以及国家保密法有关规定的保护和制约。主管税务机关和纳税人的每次会谈(包括预备会谈和正式谈判)，均应当对会谈内容进行书面记录，同时载明每次会谈时相互提供资料的份数和内容，并签印。若主管税务机关和纳税人经过预备会谈或正式谈判，不能就预约定价安排达成一致而终止会谈的，双方应当将在会谈中相互提供的全部资料退还给对方。

第二十六条　主管税务机关与纳税人经过会谈、协商不能达成预约定价安排时，在会谈、协商过程中所获取或得到的非事实性信息(如各种提议、推理、观念和判断等)不得用于以后对该预约定价安排涉及交易行为的审计过程中。

第二十七条　在预约定价安排的执行和解释中，如果主管税务机关与纳税人发生分歧，双方应当进行充分协商，协商不能解决的，可报上一级主管税务机关或逐级上报国家税务总局协调。对上一级主管税务机关或国家税务总局的协调结果或决定，下一级税务机关应当予执行。但若纳税人仍不能接受的，应当考虑中止安排的执行。

第二十八条　涉及税收协定的双边或多边预约定价安排，按照税收协定的有关规定，需要启动缔约国双方主管当局相互协商程序的，由国家税务总局负责并制定相应程序。

第二十九条　主管税务机关应当在与纳税人正式签订《预约定价安排》后五日内，以及《预约定价安排》执行中，发生变更、中止、撤销等情况后十日内，将《预约定价安排》正式文本及其相关变动情况的说明逐级上报国家税务总局备案。

第三十条　本规则所述程序也适用于已实施的预约定价安排个别条款的修订。

第三十一条　实施本规则所需各种文书，以及预约定价安排参照文本随同本规则同时执行。

第三十二条　本规则由国家税务总局负责解释和修订。

第三十三条　本规则自公布之日起执行。1998年4月23日国家税务总局印发的《关联企业间业务往来税务管理规程》(国税发[1998]59号)第48条与本规则有抵触的，以本规则为准。公布之日前，主管税务机关已与纳税人签订的预约定价安排可执行至期满。公布之日后，签订预约定价安排，或公布之日前执行期满需续签的预约定价安排，均按本规则执行。

【注释】　2008年以后，该文件与《企业所得税法》和《企业所得税法实施条例》不一致的规定停止执行，不违反的规定可以继续执行。《企业所得税法》第42条。《企业所得税法实施条例》第113条。

国家税务总局关于印发《中华人民共和国企业年度关联业务往来报告表》的通知

国税发[2008]114号

各省、自治区、直辖市和计划单列市国家税务局、地方税务局：

为贯彻落实《中华人民共和国企业所得税法》及其实施条例，国家税务总局制定了企业年度关联业务往来报告表。根据企业所得税法第四十三条第一款的规定，企业向税务机关报送年度企业所得税纳税申报表时，应附送企业年度关联业务往来报告表。

现将《中华人民共和国企业年度关联业务往来报告表》印发给你们，请各地税务机关及时做好上述报表的印制、发放、学习、培训及软件修改等工作。

附件

中华人民共和国企业年度关联业务往来报告表

所属年度：______年

纳税人名称(公章)：____________________

纳税人识别号：□□□□□□□□□□□□□□□□□□□□

法 定代表人：____________________

联 系 电 话：____________________

申 报 日 期：

主管税务机关名称(受理专用章)：________

受理税务人员：____________________

联 系 电 话：____________________

受 理 日 期：____________________

关联关系表(表一)

关联方名称	纳税人识别号	国家(地区)	地　址	法定代表人	关联关系类型

经办人(签章)：　　　　　　　　　　法定代表人(签章)：

关联交易汇总表(表二)

1. 本年度是否按要求准备同期资料:是□ 否□;2. 本年度免除准备同期资料□;3. 本年度是否签订成本分摊协议:是□ 否□

金额单位:人民币元(列至角分)

<table>
<tr><td rowspan="3">交易类型</td><td rowspan="2">交易总金额</td><td colspan="2">关联交易</td><td colspan="3">境外关联交易</td><td colspan="3">境内关联交易</td></tr>
<tr><td>金 额</td><td>比例%</td><td>金 额</td><td>比例%</td><td>比例%</td><td>金 额</td><td>比例%</td><td>比例%</td></tr>
<tr><td>1</td><td>2=4+7</td><td>3=2/1</td><td>4</td><td>5=4/1</td><td>6=4/2</td><td>7</td><td>8=7/1</td><td>9=7/2</td></tr>
<tr><td>材料(商品)购入</td><td></td><td></td><td></td><td></td><td></td><td></td><td></td><td></td><td></td></tr>
<tr><td>商品(材料)销售</td><td></td><td></td><td></td><td></td><td></td><td></td><td></td><td></td><td></td></tr>
<tr><td>劳务收入</td><td></td><td></td><td></td><td></td><td></td><td></td><td></td><td></td><td></td></tr>
<tr><td>劳务支出</td><td></td><td></td><td></td><td></td><td></td><td></td><td></td><td></td><td></td></tr>
<tr><td>受让无形资产</td><td></td><td></td><td></td><td></td><td></td><td></td><td></td><td></td><td></td></tr>
<tr><td>出让无形资产</td><td></td><td></td><td></td><td></td><td></td><td></td><td></td><td></td><td></td></tr>
<tr><td>受让固定资产</td><td></td><td></td><td></td><td></td><td></td><td></td><td></td><td></td><td></td></tr>
<tr><td>出让固定资产</td><td></td><td></td><td></td><td></td><td></td><td></td><td></td><td></td><td></td></tr>
<tr><td>融资应计利息收入</td><td>—</td><td></td><td>—</td><td></td><td>—</td><td></td><td></td><td>—</td><td></td></tr>
<tr><td>融资应计利息支出</td><td>—</td><td></td><td>—</td><td></td><td>—</td><td></td><td></td><td>—</td><td></td></tr>
<tr><td>其他</td><td></td><td></td><td></td><td></td><td></td><td></td><td></td><td></td><td></td></tr>
<tr><td>合 计</td><td></td><td></td><td>—</td><td></td><td>—</td><td></td><td></td><td>—</td><td></td></tr>
</table>

经办人(签章): 法定代表人(签章):

购 销 表(表三)

金额单位:人民币元(列至角分)

一、总购销

<table>
<tr><td colspan="3">材料(商品)购入</td><td>金 额</td><td colspan="3">商品(材料)销售</td><td>金 额</td></tr>
<tr><td colspan="3">购入总额 1=2+5</td><td></td><td colspan="3">销售总额 8=9+12</td><td></td></tr>
<tr><td rowspan="6">其中</td><td colspan="2">进口购入 2=3+4</td><td></td><td rowspan="6">其中</td><td colspan="2">出口销售 9=10+11</td><td></td></tr>
<tr><td rowspan="2">其中</td><td>非关联进口 3</td><td></td><td rowspan="2">其中</td><td>非关联出口 11</td><td></td></tr>
<tr><td>关联进口 4</td><td></td><td>关联出口 11</td><td></td></tr>
<tr><td colspan="2">国内购入 5=6+7</td><td></td><td colspan="2">国内销售 12=13+14</td><td></td></tr>
<tr><td rowspan="2">其中</td><td>非关联购入 6</td><td></td><td rowspan="2">其中</td><td>非关联销售 13</td><td></td></tr>
<tr><td>关联购入 7</td><td></td><td>关联销售 14</td><td></td></tr>
</table>

二、按出口贸易方式分类的出口销售收入

<table>
<tr><td rowspan="2">来料加工</td><td>关联金额</td><td>非关联金额</td><td rowspan="2">其他贸易方式</td><td>关联金额</td><td>非关联金额</td></tr>
<tr><td></td><td></td><td></td><td></td></tr>
</table>

三、占出口销售总额10%以上的境外销售对象及其交易

境外关联方名称	国家(地区)	交易金额	定价方法	备 注

境外非关联方名称	国家(地区)	交易金额	定价方法	备 注
			—	
			—	
			—	

（续表）

四、占进口采购总额10％以上的境外采购对象及其交易

境外关联方名称	国家(地区)	交易金额	定价方法	备　注
境外非关联方名称	国家(地区)	交易金额	定价方法	备　注
			—	
			—	
			—	

经办人(签章)：　　　　　　　　　　　　法定代表人(签章)：

劳务表(表四)

金额单位：人民币元(列至角分)

一、总劳务交易

<table>
<tr><th colspan="3">劳务收入</th><th>金　额</th><th colspan="3">劳务支出</th><th>金　额</th></tr>
<tr><td colspan="3">劳务收入1＝2＋5</td><td></td><td colspan="3">劳务支出8＝9＋12</td><td></td></tr>
<tr><td rowspan="6">其
中</td><td colspan="2">境外劳务收入2＝3＋4</td><td></td><td rowspan="6">其
中</td><td colspan="2">境外劳务支出9＝10＋11</td><td></td></tr>
<tr><td rowspan="2">其
中</td><td>非关联劳务收入3</td><td></td><td rowspan="2">其
中</td><td>非关联劳务支出11</td><td></td></tr>
<tr><td>关联劳务收入4</td><td></td><td>关联劳务支出11</td><td></td></tr>
<tr><td colspan="2">境内劳务收入5＝6＋7</td><td></td><td colspan="2">境内劳务支出12＝13＋14</td><td></td></tr>
<tr><td rowspan="2">其
中</td><td>非关联劳务收入6</td><td></td><td rowspan="2">其
中</td><td>非关联劳务支出13</td><td></td></tr>
<tr><td>关联劳务收入7</td><td></td><td>关联劳务支出14</td><td></td></tr>
</table>

二、境外劳务收入额占劳务收入总额10％以上的境外交易对象及其交易

境外关联方名称	国家(地区)	交易金额	定价方法	备　注
境外非关联方名称	国家(地区)	交易金额	定价方法	备　注
			—	
			—	
			—	

三、境外劳务支出额占劳务支出总额10％以上的境外交易对象及其交易

境外关联方名称	国家(地区)	交易金额	定价方法	备　注
境外非关联方名称	国家(地区)	交易金额	定价方法	备　注
			—	
			—	
			—	

经办人(签章)：　　　　　　　　　　　　法定代表人(签章)

无形资产表(表五)

金额单位:人民币元(列至角分)

项目		受让					出让				
		总交易金额	从境外受让无形资产		从境内受让无形资产		总交易金额	向境外出让无形资产		向境内出让无形资产	
			关联交易金额	非关联交易金额	关联交易金额	非关联交易金额		关联交易金额	非关联交易金额	关联交易金额	非关联交易金额
		1=2+3+4+5	2	3	4	5	6=7+8+9+10	7	8	9	10
使用权	土地使用权										
	专利权										
	非专利技术										
	商标权										
	著作权										
	其他										
	合　计										
所有权	专利权										
	非专利技术										
	商标权										
	著作权										
	其他										
	合　计										
总　计											

经办人(签章):　　　　　　　　　　法定代表人(签章):

固定资产表(表六)

金额单位:人民币元(列至角分)

项目		受让					出让				
		总交易金额	从境外受让固定资产		从境内受让固定资产		总交易金额	向境外出让固定资产		向境内出让固定资产	
			关联交易金额	非关联交易金额	关联交易金额	非关联交易金额		关联交易金额	非关联交易金额	关联交易金额	非关联交易金额
		1=2+3+4+5	2	3	4	5	6=7+8+9+10	7	8	9	10
用权	房屋、建筑物										
	飞机、火车、轮船、机器、机械和其他生产设备										
	与生产经营活动有关的器具、工具、家具等										
	飞机、火车、轮船以外的运输工具										
	电子设备										
	其他										
	合　计										

(续表)

项目		受让					出让				
		总交易金额	从境外受让固定资产		从境内受让固定资产		总交易金额	向境外出让固定资产		向境内出让固定资产	
			关联交易金额	非关联交易金额	关联交易金额	非关联交易金额		关联交易金额	非关联交易金额	关联交易金额	非关联交易金额
		1=2+3+4+5	2	3	4	5	6=7+8+9+10	7	8	9	10
有权	房屋、建筑物										
	飞机、火车、轮船、机器、机械和其他生产设备										
	与生产经营活动有关的器具、工具、家具等										
	飞机、火车、轮船以外的运输工具										
	电子设备										
	其他										
	合计										
总计											

经办人(签章): 法定代表人(签章):

融通资金表(表七)

企业从其关联方接受的债权性投资与企业接受的权益性投资的比例:__________

金额单位:人民币元(列至角分)

	境外关联方名称	国家(地区)	币种	融资金额		利率	融资起止时间	应计利息支出	应计利息收入	担保方名称	担保费	担保费率
				融入金额	融出金额							
定期融资												
其他	—	—	—		—	—	—		—	—		—
合计	—	—	—		—	—	—		—	—		—
合计		—	—		—	—	—		—	—		—

	境内关联方名称	国家(地区)	币种	融资金额		利率	融资起止时间	应计利息支出	应计利息收入	担保方名称	担保费	担保费率
				融入金额	融出金额							
定期融资												
其他	—	—	—		—	—	—		—	—		—
合计	—	—	—		—	—	—		—	—		—
合计		—	—		—	—	—		—	—		—
总计		—	—		—	—	—		—	—		—

经办人(签章): 法定代表人(签章):

对外投资情况表(表八)

金额单位:人民币元(列至角分)

一、企业基本信息

企业名称		纳税人识别号	
注册地址		法定代表人	

二、被投资外国企业基本信息

企业名称		纳税人识别号	
注册地址		法定代表人	
主要经营地址		成立时间	
法定代表人居住地址		记账本位货币	
主营业务范围		对人民币汇率	
		纳税年度起止	

被投资外国企业总股份信息		企业持有被投资外国企业股份信息			
总股份量	起止时间	股份种类	起止时间	持股数量	持股比例%
1	2	3	4	5	6=5/1

三、被投资外国企业是否在国家税务总局指定的非低税率国家(地区)是□　否□

四、被投资外国企业年度利润是否不高于500万元人民币是□　否□

五、被投资外国企业年度企业所得税税负信息

应纳税所得额	实际缴纳所得税	税后利润额	实际税负比率%	被投资企业法定所得税率
7	8	9=7-8	10=8/7	11

六、被投资外国企业全部股东信息

股东名称	国家(地区)	纳税人识别号	持股种类	起止时间	占全部股份比例%

七、被投资外国企业年度损益表		八、被投资外国企业资产负债表	
项　　目	金额	项　　目	金额
收入总额		现金	
成本		应收账款	
毛利润		存货	
股息、红利收入		其他流动资产	
利息收入		向股东或其他关联方贷款	
租金、特许权使用费收入		对附属机构投资	
财产转让收益(损失)		其他投资	
其他收入		建筑物及其他可折旧财产	

（续表）

扣减补偿支出		土地	
租金、特许权使用总支出		无形资产	
利息支出		其他财产	
折旧		总资产	
税金		应付账款	
其他扣除		其他流动负债	
年度利润总额		股东或其他关联方贷款	
		其他负债	
		股本	
		未分配利润	
		总负债	

九、企业从被投资外国企业分得的股息情况

本年度应分配股息额	本年度实际分配股息额	比例%
12	13	14＝13/12

经办人(签章)：　　　　法定代表人(签章)：

对外支付款项情况表(表九)

金额单位:人民币元(列至角分)

项　目	本年度向境外支付款项金额	其中:向境外关联企业支付款项金额	已扣缴企业所得税金额	是否享受税收协定优惠
1. 股息、红利				
2. 利息				
3. 租金				
4. 特许权使用费				
其中：商标费				
技术使用费				
5. 财产转让支出				
6. 佣金				
7. 设计费				
8. 咨询费				
9. 培训费				
10. 管理服务费				
11. 承包工程款				
12. 建筑安装款				
13. 文体演出款				
14. 认证、检测费				
15. 市场拓展费				
16. 售后服务费				
17. 其他				
其中：				
合 计				

经办人(签章)：　　　　法定代表人(签章)：

中华人民共和国企业年度关联业务往来报告表

填报说明

一、根据《中华人民共和国企业所得税法》第四十三条的规定，制定本报告表。

二、本报告表包括："关联关系表（表一）"、"关联交易汇总表（表二）"、"购销表（表三）"、"劳务表（表四）"、"无形资产表（表五）"、"固定资产表（表六）"、"融通资金表（表七）"、"对外投资情况表（表八）"、"对外支付款项情况表（表九）"共九张报告表。

三、本报告表适用于实行查账征收的居民企业和在中国境内设立机构、场所并据实申报缴纳企业所得税的非居民企业填报。

四、企业向税务机关报送年度企业所得税纳税申报表时，应附送本报告表。

五、"纳税人名称"：填报税务登记证所载纳税人的全称。

六、"纳税人识别号"：填报税务机关统一核发的税务登记证号码。

关联关系表（表一）：

一、"纳税人识别号"：填报关联方所在国家或地区用于纳税申报的纳税人号码。

二、"国家（地区）"：填报关联方所在国家或地区的名称。

三、"地址"：填报关联企业注册地址和实际经营管理机构所在地地址或关联个人住所。

四、"关联关系类型"：应按以下关联关系标准填报代码 A、B、C 等，有多个关联关系类型的，应填报多个代码：

A. 一方直接或间接持有另一方的股份总和达到 25%或以上；或者双方直接或间接同为第三方所持有股份达到 25%或以上。若一方通过中间方对另一方间接持有股份，只要一方对中间方持股比例达到 25%或以上，则一方对另一方的持股比例按照中间方对另一方的持股比例计算；

B. 一方与另一方（独立金融机构除外）之间借贷资金占一方实收资本 50%或以上，或者一方借贷资金总额的 10%或以上是由另一方（独立金融机构除外）担保；

C. 一方半数以上的高级管理人员（包括董事会成员和经理）或至少一名可以控制董事会的董事会高级成员是由另一方委派，或者双方半数以上的高级管理人员（包括董事会成员和经理）或至少一名可以控制董事会的董事会高级成员同为第三方委派；

D. 一方半数以上的高级管理人员（包括董事会成员和经理）同时担任另一方的高级管理人员（包括董事会成员和经理），或者一方至少一名可以控制董事会的董事会高级成员同时担任另一方的董事会高级成员；

E. 一方的生产经营活动必须由另一方提供的工业产权、专有技术等特许权才能正常进行；

F. 一方的购买或销售活动主要由另一方控制；

G. 一方接受或提供劳务主要由另一方控制；

H. 一方对另一方的生产经营、交易具有实质控制、或者双方在利益上具有相关联的其它关系，包括虽未达到 A 项持股比例，但一方与另一方的主要持股方享受基本相同的经济利益，以及家族、亲属关系等。

关联交易汇总表（表二）：

一、本表为表三至表七的汇总情况表，除其他交易类型的交易金额外，所有交易类型的交易金额均为表三至表七各表的相应交易类型的交易金额汇总数。各表间勾稽关系如下：

1. 材料（商品）购入第 1 列＝表 3 购销表第 1 项；
   材料（商品）购入第 4 列＝表 3 购销表第 4 项；
   材料（商品）购入第 7 列＝表 3 购销表第 7 项。
2. 商品（材料）销售第 1 列＝表 3 购销表第 8 项；
   商品（材料）销售第 4 列＝表 3 购销表第 11 项；
   商品（材料）销售第 7 列＝表 3 购销表第 14 项。
3. 劳务收入第 1 列＝表 4 劳务表第 1 项；
   劳务收入第 4 列＝表 4 劳务表第 4 项；
   劳务收入第 7 列＝表 4 劳务表第 7 项。
4. 劳务支出第 1 列＝表 4 劳务表第 8 项；

劳务支出第4列＝表4劳务表第11项；

劳务支出第7列＝表4劳务表第14项。

5. 受让无形资产第1列＝表5无形资产表总计第1列；

受让无形资产第4列＝表5无形资产表总计第2列；

受让无形资产第7列＝表5无形资产表总计第4列。

6. 出让无形资产第1列＝表5无形资产表总计第6列；

出让无形资产第4列＝表5无形资产表总计第7列；

出让无形资产第7列＝表5无形资产表总计第9列。

7. 受让固定资产第1列＝表6固定资产表总计第1列；

受让固定资产第4列＝表6固定资产表总计第2列；

受让固定资产第7列＝表6固定资产表总计第4列。

8. 出让固定资产第1列＝表6固定资产表总计第6列；

出让固定资产第4列＝表6固定资产表总计第7列；

出让固定资产第7列＝表6固定资产表总计第9列。

9. 融资应计利息收入第4列＝表7融通资金表合计1第8列；

融资应计利息收入第7列＝表7融通资金表合计2第8列；

融资应计利息支出第4列＝表7融通资金表合计1第7列；

融资应计利息支出第7列＝表7融通资金表合计2第7列。

10. 其他是指除上述列举业务类型以外的业务发生金额。

二、"是否按要求准备了同期资料：是□　否□"：按有关规定准备同期资料的企业在"是□"方框内打√，否则在"否□"方框内打√。

三、"免除准备同期资料□"：如符合免除准备同期资料的企业在方框内打√。

四、"本年度是否签订成本分摊协议：是□　否□"：本年度签订成本分摊协议的企业在"是□"方框内打√，否则在"否□"方框内打√。

购销表(表三)：

一、"购入总额"：填报年度购入的原材料、半成品、材料(商品)等有形资产的金额，不包括固定资产、工程物资和低值易耗品。

二、"销售总额"：填报年度所有销售商品(材料)的金额。

三、"来料加工"：填报收取的加工费金额。

四、"国家(地区)"：填报境外关联方或非关联方所在国家或地区的名称。

五、"定价方法"：分为以下六种：1. 可比非受控价格法；2. 再销售价格法；3. 成本加成法；4. 交易净利润法；5. 利润分割法；6. 其他方法。本栏填报对应数字，如选择"6"，应在备注栏中说明所使用的具体方法。

劳务表(表四)：

一、"境外劳务收入"：填报企业提供劳务从境外取得的收入。

二、"境外劳务支出"：填报企业接受劳务向境外支付的费用。

三、"国家(地区)"：填写境外关联方或非关联方所在国家或地区的名称。

四、"定价方法"：分为以下六种：1. 可比非受控价格法；2. 再销售价格法；3. 成本加成法；4. 交易净利润法；5. 利润分割法；6. 其他方法。本栏填报对应数字，如选择"6"，应在备注栏中说明所使用的具体方法。

融通资金表(表七)：

一、企业从其关联方接受的债权性投资与企业接受的权益性投资的比例＝年度各月平均关联债权投资之和/年度各月平均权益投资之和，其中：各月平均关联债权投资＝(关联债权投资月初账面余额＋月末账面余额)/2；各月平均权益投资＝(权益投资月初账面余额＋月末账面余额)/2。

二、定期融资应按每笔融资分别填报，融入、融出不得填在同一行。

三、"国家(地区)"：填报境外关联方所在国家或地区的名称。

四、"利率"：填报融资的年利率。

五、"应计利息支出"或"应计利息收入"：填报按权责发生制计算的应计利息支出或应计利息收入，应计利息支出包括资本化的应计利息支出。

六、如果金额单位为外币的，按照纳税年度最后一日的人民币汇率中间价折合人民币。

对外投资情况表（表八）：

一、本表适用于持有外国（地区）企业股份的中国居民企业填报。

二、“被投资外国企业基本信息”：填报企业所投资的外国企业的基本信息，如企业投资多个外国企业的，应分别填报。其中，“对人民币汇率”填报年度12月31日的记帐本位货币对人民币汇率的中间价。

三、“被投资外国企业总股份信息”和“企业持有被投资外国企业股份信息”：填报外国企业全部股份数量和企业持有的股份数量，按照有表决权的普通股、无表决权的普通股、优先股以及其他类似股份的权益性资本等分类、分时间段填报。

四、在香港特别行政区、澳门特别行政区和台湾地区成立的企业，参照适用本表所称的“外国企业”。

对外支付款项情况表（表九）：

一、“本年度向境外支付款项金额”：填报本年度向境外实际支付款项的金额，包括未支付但已列入本年度成本费用的金额。

二、“是否享受税收协定优惠”：填报“是”或“否”。

三、“已扣缴企业所得税金额”：填报该项支付金额所对应的非居民企业所得税扣缴金额，不属于非居民企业所得税扣缴范围的，填报“不适用”。

四、“股息、红利”：填报向权益性投资方支付的投资收益。

五、“利息”：填报向债权性投资方支付的投资收益。

六、“租金”：填报因取得固定资产等有形资产的使用权而向出租方支付的费用。

七、“特许权使用费”：填报支付的专利权、非专利技术、商标权、著作权等的使用费。

八、“财产转让支出”：填报因取得各种财产所有权而支付的款项。

九、“佣金”：填报向居间介绍货物购销成交的第三方支付的费用，包括佣金、手续费、回扣等。

十、“设计费”：填报委托受托方进行建筑、工程、系统、软件等项目设计而支付的费用。

十一、“咨询费”：填报接受咨询服务而支付的费用。

十二、“培训费”：填报接受业务技能、专业知识、系统操作、设备操作等培训而支付的费用。

十三、“管理服务费”：填报接受各种管理服务而支付的费用。

十四、“承包工程款”：填报接受承包装配、勘探等工程作业或有关工程项目劳务而支付的款项。

十五、“建筑安装款”：填报接受建筑、安装等项目的劳务而支付的款项。

十六、“文体演出款”填报向境外演出团体或个人支付的境内文艺、体育等表演的款项。

十七、“认证检测费”：填报接受有关资质、证书、产品检测等劳务而支付的费用。

十八、“市场拓展费”：填报接受有关市场开发、拓展、渗透等劳务而支付的费用。

十九、“售后服务费”：填报接受产品的检测、维修、保养等售后服务而支付的费用。

二十、“其他”：填报不能归入上述分类的劳务费支出，对于主要的项目应在下面的栏目中列明具体名称。

企业研究开发费用税前扣除管理办法（试行）

国税发[2008]116号

第一条　为鼓励企业开展研究开发活动，规范企业研究开发费用的税前扣除及有关税收优惠政策的执行，根据《中华人民共和国企业所得税法》及其实施条例、《中华人民共和国税收征收管理法》及其实施细则和《国务院关于印发实施〈国家中长期科学和技术发展规划纲要（2006—2020）〉若干配套政策的通知》（国发[2006]6号）的有关规定，制定本办法。

第二条　本办法适用于财务核算健全并能准确归集研究开发费用的居民企业（以下简称企业）。

第三条　本办法所称研究开发活动是指企业为获得科学与技术（不包括人文、社会科学）新知识，创造性运用科学技术新知识，或实质性改进技术、工艺、产品（服务）而持续进行的具有明确目标的研究开发活动。

创造性运用科学技术新知识，或实质性改进技术、工艺、产品（服务），是指企业通过研究开发活动在技术、工艺、产品(服务)方面的创新取得了有价值的成果,对本地区(省、自治区、直辖市或计划单列市)相关行业的技术、工艺领先具有推动作用,不包括企业产品(服务)的常规性升级或对公开的科研成果直接应用等活动(如直接采用公开的新工艺、材料、装置、产品、服务或知识等)。

第四条 企业从事《国家重点支持的高新技术领域》和国家发展改革委员会等部门公布的《当前优先发展的高技术产业化重点领域指南(2007年度)》规定项目的研究开发活动,其在一个纳税年度中实际发生的下列费用支出,允许在计算应纳税所得额时按照规定实行加计扣除。

(一) 新产品设计费、新工艺规程制定费以及与研发活动直接相关的技术图书资料费、资料翻译费。

(二) 从事研发活动直接消耗的材料、燃料和动力费用。

(三) 在职直接从事研发活动人员的工资、薪金、奖金、津贴、补贴。

(四) 专门用于研发活动的仪器、设备的折旧费或租赁费。

(五) 专门用于研发活动的软件、专利权、非专利技术等无形资产的摊销费用。

(六) 专门用于中间试验和产品试制的模具、工艺装备开发及制造费。

(七) 勘探开发技术的现场试验费。

(八) 研发成果的论证、评审、验收费用。

第五条 对企业共同合作开发的项目,凡符合上述条件的,由合作各方就自身承担的研发费用分别按照规定计算加计扣除。

第六条 对企业委托给外单位进行开发的研发费用,凡符合上述条件的,由委托方按照规定计算加计扣除,受托方不得再进行加计扣除。

对委托开发的项目,受托方应向委托方提供该研发项目的费用支出明细情况,否则,该委托开发项目的费用支出不得实行加计扣除。

第七条 企业根据财务会计核算和研发项目的实际情况,对发生的研发费用进行收益化或资本化处理的,可按下述规定计算加计扣除:

(一) 研发费用计入当期损益未形成无形资产的,允许再按其当年研发费用实际发生额的50%,直接抵扣当年的应纳税所得额。

(二) 研发费用形成无形资产的,按照该无形资产成本的150%在税前摊销。除法律另有规定外,摊销年限不得低于10年。

第八条 法律、行政法规和国家税务总局规定不允许企业所得税前扣除的费用和支出项目,均不允许计入研究开发费用。

第九条 企业未设立专门的研发机构或企业研发机构同时承担生产经营任务的,应对研发费用和生产经营费用分开进行核算,准确、合理的计算各项研究开发费用支出,对划分不清的,不得实行加计扣除。

第十条 企业必须对研究开发费用实行专账管理,同时必须按照本办法附表的规定项目,准确归集填写年度可加计扣除的各项研究开发费用实际发生金额。企业应于年度汇算清缴所得税申报时向主管税务机关报送本办法规定的相应资料。申报的研究开发费用不真实或者资料不齐全的,不得享受研究开发费用加计扣除,主管税务机关有权对企业申报的结果进行合理调整。

企业在一个纳税年度内进行多个研究开发活动的,应按照不同开发项目分别归集可加计扣除的研究开发费用额。

第十一条 企业申请研究开发费加计扣除时,应向主管税务机关报送如下资料:

(一) 自主、委托、合作研究开发项目计划书和研究开发费预算。

(二) 自主、委托、合作研究开发专门机构或项目组的编制情况和专业人员名单。

(三) 自主、委托、合作研究开发项目当年研究开发费用发生情况归集表。

(四) 企业总经理办公会或董事会关于自主、委托、合作研究开发项目立项的决议文件。

(五) 委托、合作研究开发项目的合同或协议。

(六) 研究开发项目的效用情况说明、研究成果报告等资料。

第十二条 企业实际发生的研究开发费,在年度中间预缴所得税时,允许据实计算扣除,在年度终了进行所得税年度申报和汇算清缴时,再依照本办法的规定计算加计扣除。

第十三条 主管税务机关对企业申报的研究开发项目有异议的,可要求企业提供政府科技部门的鉴定意见书。

第十四条　企业研究开发费各项目的实际发生额归集不准确、汇总额计算不准确的，主管税务机关有权调整其税前扣除额或加计扣除额。

第十五条　企业集团根据生产经营和科技开发的实际情况，对技术要求高、投资数额大，需要由集团公司进行集中开发的研究开发项目，其实际发生的研究开发费，可以按照合理的分摊方法在受益集团成员公司间进行分摊。

第十六条　企业集团采取合理分摊研究开发费的，企业集团应提供集中研究开发项目的协议或合同，该协议或合同应明确规定参与各方在该研究开发项目中的权利和义务、费用分摊方法等内容。如不提供协议或合同，研究开发费不得加计扣除。

第十七条　企业集团采取合理分摊研究开发费的，企业集团集中研究开发项目实际发生的研究开发费，应当按照权利和义务、费用支出和收益分享一致的原则，合理确定研究开发费用的分摊方法。

第十八条　企业集团采取合理分摊研究开发费的，企业集团母公司负责编制集中研究开发项目的立项书、研究开发费用预算表、决算表和决算分摊表。

第十九条　税企双方对企业集团集中研究开发费的分摊方法和金额有争议的，如企业集团成员公司设在不同省、自治区、直辖市和计划单列市的，企业按照国家税务总局的裁决意见扣除实际分摊的研究开发费；企业集团成员公司在同一省、自治区、直辖市和计划单列市的，企业按照省税务机关的裁决意见扣除实际分摊的研究开发费。

第二十条　本办法从2008年1月1日起执行。

国家税务总局关于企业所得税减免税管理问题的通知

国税发[2008]111号

各省、自治区、直辖市和计划单列市国家税务局、地方税务局：

为有效落实《中华人民共和国企业所得税法》及其实施条例和其他税收法规规定的企业所得税减免税优惠政策，现将企业所得税减免税管理问题通知如下：

一、企业所得税的各类减免税应按照《国家税务总局关于印发〈税收减免管理办法（试行）〉的通知》（国税发[2005]129号）的相关规定办理。

国税发[2005]129号文件规定与《中华人民共和国企业所得税法》及其实施条例规定不一致的，按《中华人民共和国企业所得税法》及其实施条例的规定执行。

二、企业所得税减免税实行审批管理的，必须是《中华人民共和国企业所得税法》及其实施条例等法律法规和国务院明确规定需要审批的内容。

对列入备案管理的企业所得税减免的范围、方式，由各省、自治区、直辖市和计划单列市国家税务局、地方税务局（企业所得税管理部门）自行研究确定，但同一省、自治区、直辖市和计划单列市范围内必须一致。

三、企业所得税减免税期限超过一个纳税年度的，主管税务机关可以进行一次性确认，但每年必须对相关减免税条件进行审核，对情况变化导致不符合减免税条件的，应停止享受减免税政策。

四、企业所得税减免税有资质认定要求的，纳税人须先取得有关资质认定，税务部门在办理减免税手续时，可进一步简化手续，具体认定方式由各省、自治区、直辖市和计划单列市国家税务局、地方税务局研究确定。

五、对各类企业所得税减免税管理，税务机关应本着精简、高效、便利的原则，方便纳税人，减少报送资料，简化手续。

六、本通知自2008年1月1日起执行。

国家税务总局关于非居民企业船舶、航空运输收入计算征收企业所得税有关问题的通知

国税函[2008]952号

各省、自治区、直辖市和计划单列市国家税务局、地方税务局：

根据《中华人民共和国企业所得税法》及其实施条例的有关规定，现对非居民企业在我国从事船舶、航

空运输取得国际运输收入计算征收企业所得税的问题明确如下：

一、非居民企业在我国境内从事船舶、航空等国际运输业务的，以其在中国境内起运客货收入总额的5%为应纳税所得额。

二、纳税人的应纳税额，按照每次从中国境内起运旅客、货物出境取得的收入总额，依照1.25%的计征率计算征收企业所得税。调整后的综合计征率为4.25%，其中营业税为3%，企业所得税为1.25%。

三、本通知自2008年1月1日起执行。

国家税务总局关于加强非居民企业来源于我国利息所得扣缴企业所得税工作的通知

国税函[2008]955号

各省、自治区、直辖市和计划单列市国家税务局，广东省和深圳市地方税务局：

根据《中华人民共和国企业所得税法》及其实施条例的有关规定，现就加强非居民企业取得来源于我国境内利息所得扣缴企业所得税的有关问题通知如下：

一、自2008年1月1日起，我国金融机构向境外外国银行支付贷款利息、我国境内外资金融机构向境外支付贷款利息，应按照企业所得税法及其实施条例规定代扣代缴企业所得税。

二、我国境内机构向我国银行的境外分行支付的贷款利息，应按照企业所得税法及其实施条例规定代扣代缴企业所得税。

三、各地应建立健全非居民企业利息所得源泉扣缴企业所得税监控机制，确保及时足额扣缴税款。

国家税务总局关于跨地区经营外商独资银行汇总纳税问题的通知

国税函[2008]958号

各省、自治区、直辖市和计划单列市国家税务局、地方税务局：

为贯彻落实《中华人民共和国企业所得税》及其实施条例，现对跨地区（指跨省、自治区、直辖市和计划单列市，下同）经营外商独资银行的汇总纳税问题通知如下：

一、由外国银行在中国设立的分行改制而成的跨地区经营外商独资银行，其所属跨地区经营分支机构应按照《国家税务总局关于印发〈跨地区经营汇总纳税企业所得税征收管理暂行办法〉的通知》（国税发[2008]28号）的规定就地预缴企业所得税。

二、对外商独资银行当年新设立的跨地区经营分支机构，因总机构无法获得新设分支机构上上年度的经营收入、职工工资和资产总额三个因素的相关数据而未分配税金的，新设分支机构在次年上半年可不就地预缴企业所得税。

三、本通知自2008年1月1日起执行。本通知下发之前，外商独资银行总行没有向所属的跨地区经营分支机构分配应就地预缴税款的，所属的跨地区经营分支机构在以后预缴期间不再就地补缴。外商独资银行2007年新设立的跨地区经营分支机构，已就地预缴企业所得税的，在以后预缴期间也不再进行调整。

四、其他跨地区经营汇总纳税企业，符合上述情况的，参照上述规定执行。

国家税务总局关于调整新增企业所得税征管范围问题的通知

国税发[2008]120号

各省、自治区、直辖市和计划单列市国家税务局、地方税务局：

为深入贯彻落实科学发展观，进一步提高企业所得税征管质量和效率，经国务院同意，现对2009年以后新增企业的所得税征管范围调整事项通知如下：

一、基本规定

以2008年为基年，2008年底之前国家税务局、地方税务局各自管理的企业所得税纳税人不作调整。

2009 年起新增企业所得税纳税人中，应缴纳增值税的企业，其企业所得税由国家税务局管理；应缴纳营业税的企业，其企业所得税由地方税务局管理。

同时，2009 年起下列新增企业的所得税征管范围实行以下规定：

（一）企业所得税全额为中央收入的企业和在国家税务局缴纳营业税的企业，其企业所得税由国家税务局管理。

（二）银行（信用社）、保险公司的企业所得税由国家税务局管理，除上述规定外的其他各类金融企业的企业所得税由地方税务局管理。

（三）外商投资企业和外国企业常驻代表机构的企业所得税仍由国家税务局管理。

二、对若干具体问题的规定

（一）境内单位和个人向非居民企业支付《中华人民共和国企业所得税法》第三条第三款规定的所得的，该项所得应扣缴的企业所得税的征管，分别由支付该项所得的境内单位和个人的所得税主管国家税务局或地方税务局负责。

（二）2008 年底之前已成立跨区经营汇总纳税企业，2009 年起新设立的分支机构，其企业所得税的征管部门应与总机构企业所得税征管部门相一致；2009 年起新增跨区经营汇总纳税企业，总机构按基本规定确定的原则划分征管归属，其分支机构企业所得税的管理部门也应与总机构企业所得税管理部门相一致。

（三）按税法规定免缴流转税的企业，按其免缴的流转税税种确定企业所得税征管归属；既不缴纳增值税也不缴纳营业税的企业，其企业所得税暂由地方税务局管理。

（四）既缴纳增值税又缴纳营业税的企业，原则上按照其税务登记时自行申报的主营业务应缴纳的流转税税种确定征管归属；企业税务登记时无法确定主营业务的，一般以工商登记注明的第一项业务为准；一经确定，原则上不再调整。

（五）2009 年起新增企业，是指按照《财政部 国家税务总局关于享受企业所得税优惠政策的新办企业认定标准的通知》（财税［2006］1 号）及有关规定的新办企业认定标准成立的企业。

三、各地国家税务局、地方税务局要加强沟通协调，及时研究和解决实施过程中出现的新问题，本着保证税收收入不流失和不给纳税人增加额外负担的原则，确保征管范围调整方案落实到位。

本通知自 2009 年 1 月 1 日起执行。

第二编

流转税法

第三部分　中华人民共和国增值税法

中华人民共和国增值税暂行条例

（1993 年 12 月 13 日中华人民共和国国务院令第 134 号发布 2008 年 11 月 5 日国务院第 34 次常务会议修订通过）

第一条　在中华人民共和国境内销售货物或者提供加工、修理修配劳务以及进口货物的单位和个人，为增值税的纳税人，应当依照本条例缴纳增值税。

【注释】　相关规定包括：《国家税务总局关于印发〈增值税部分货物征税范围注释〉的通知》（国税发[1993]151 号）、《国家税务总局关于印发〈增值税若干具体问题的规定〉的通知》（国税发[1993]154 号）、《财政部国家税务总局关于增值税、营业税若干政策规定的通知》（财税[1994]26 号）、《国家税务总局关于下发〈货物期货征收增值税具体办法〉的通知 》（国税发[1994]244 号）、《财政部国家税务总局关于外国石油公司参与煤层气开采所适用税收政策问题的通知》（财税[1996]62 号）、《国家税务总局关于烧卤熟制食品征收流转税问题的批复》（国税函发[1996]261 号）、《财政部国家税务总局关于体育彩票发行收入税收问题的通知 》（财税[1996]77 号）、《国家税务总局关于厦门邮电纵横股份有限公司销售传呼机、移动电话征收增值税问题的批复》（国税函发[1997]504 号）、《国家税务总局国家税务总局关于电梯保养、维修收入征税问题的批复》（国税函发[1998]390 号）、《国家税务总局关于融资租赁业务征收流转税问题的通知》（国税函[2000]514 号）、《国家税务总局关于白银生产环节征收增值税的通知》（国税发[2000]51 号）、《国家税务总局关于转让企业全部产权不征收增值税问题的批复》（国税函[2002]420 号）、《国家税务总局关于纳税人销售自产货物提供增值税劳务并同时提供建筑业劳务征收流转税问题的通知》（国税发[2002]117 号）、《财政部国家税务总局关于停止焦炭和炼焦煤出口退税的紧急通知》（财税明电[2004]3 号）、《国家税务总局关于电力公司过网费收入征收增值税问题的批复》（国税函[2004]607 号）、《国家税务总局国家税务总局关于纳税人提供泥浆工程劳务征收流转税问题的批复》（国税函[2005]375 号）。

第二条　增值税税率：

（一）纳税人销售或者进口货物，除本条第（二）项、第（三）项规定外，税率为 17%。

（二）纳税人销售或者进口下列货物，税率为 13%：

1. 粮食、食用植物油；
2. 自来水、暖气、冷气、热水、煤气、石油液化气、天然气、沼气、居民用煤炭制品；
3. 图书、报纸、杂志；
4. 饲料、化肥、农药、农机、农膜；
5. 国务院规定的其他货物。

（三）纳税人出口货物，税率为零；但是，国务院另有规定的除外。

（四）纳税人提供加工、修理修配劳务（以下称应税劳务），税率为 17%。

税率的调整，由国务院决定。

【注释】　相关规定包括：《国家税务总局关于印发〈增值税部分货物征税范围注释〉的通知》（国税发[1993]151 号）、《财政部国家税务总局关于调整农业产品增值税税率和若干项目征免增值税的通知》（财税[1994]4 号）、《财政部国家税务总局关于增值税几个税收政策问题的通知》（财税[1994]60 号）、《财政部　国家税务总局关于金银首饰等货物征收增值税问题的通知》（财税[1996]74 号）、《国家税务总局关于淀粉的增值税适用税率问题的批复》（国税函发[1996]744 号）、《国家税务总局关于正大康地（深圳）有限公司生产经营饲料添加剂预混料应否免征增值税问题的批复》（国税函发[1997]424 号）、《财政部　国家税务总局关于旧货经营增值税问题的通知 》（财税[1998]6 号）、《国家税务总局关于修订“饲料”注释及加强饲料征免增值税管理问题的通知》（国税发[1999]39 号）、《国家税务总局关于增值税若干税收政策问题的批复》（国税函[2001]248 号）、《财政部关于出口大米、小麦、玉米增值税实行零税率的通知》（财税[2002]46 号）、

《国家税务总局关于宠物饲料征收增值税问题的批复》(国税函[2002]812 号)、《国家税务总局关于茴油、毛椰子油适用增值税税率的批复》(国税函[2003]426 号)、《国家税务总局关于不带动力的手扶拖拉机和三轮农用运输车适用 13%税率执行时间的批复》(国税函[2003]1118 号)、《国家税务总局关于水煤浆产品适用增值税税率的批复》(国税函[2003]1144 号)、《国家税务总局关于农药出口退税政策的通知》(国税函[2003]1158 号)、《国家税务总局关于天然二氧化碳适用增值税税率的批复》(国税函[2003]1324 号)、《财政部 国家税务总局关于停止执行国内设计国外流片加工集成电路产品进口环节增值税退税政策的通知》(财关税[2004]40 号)、《财政部 国家税务总局关于调整国内航空公司进口飞机有关增值税政策的通知》(财关税[2004]43 号)、《财政部 国家税务总局 国家发展改革委关于暂停尿素和磷酸氢二铵出口退税的补充通知》(财税[2005]51 号)、《财政部 国家税务总局关于钢坯等钢铁初级产品停止执行出口退税的通知》(财税[2005]57 号)、《国家税务总局关于由石油伴生气加工压缩成的石油液化气适用增值税税率的通知》(国税发[2005]83 号)、《国家税务总局 关于营养强化奶适用增值税税率问题的批复》(国税函[2005]676 号)、《国家税务总局关于出口豆腐皮等产品适用征、退税率问题的批复》(国税函[2005]944 号)、《国家税务总局关于亚麻油等出口货物退税问题的批复》(国税函[2005]974 号)、《财政部 国家税务总局 国家发展改革委关于继续暂停部分化肥品种出口退税的通知》(财税[2005]192 号)、《财政部 海关总署 国家税务总局关于调整钻石及上海钻石交易所有关税收政策的通知》(财税[2006]65 号)、《国家税务总局关于中小学课本配套产品适用增值税税率的批复》(国税函[2006]770 号)、《国家税务总局关于水洗猪鬃征收增值税问题的批复》(国税函[2006]773 号)、《国家税务总局关于饲料级磷酸二氢钙产品增值税政策问题的通知》(国税函[2007]10 号)、《财政部 国家税务总局关于明确硝酸铵适用增值税税率的通知》(财税[2007]7 号)、《国家税务总局关于粉煤灰(渣)征收增值税问题的批复》(国税函[2007]158 号)、《财政部 国家税务总局关于明确生皮和生毛皮进口环节增值税税率的通知》(财关税[2007]34 号)。

第三条 纳税人兼营不同税率的货物或者应税劳务,应当分别核算不同税率货物或者应税劳务的销售额;未分别核算销售额的,从高适用税率。

第四条 除本条例第十一条规定外,纳税人销售货物或者提供应税劳务(以下简称销售货物或者应税劳务),应纳税额为当期销项税额抵扣当期进项税额后的余额。应纳税额计算公式:

应纳税额=当期销项税额-当期进项税额

当期销项税额小于当期进项税额不足抵扣时,其不足部分可以结转下期继续抵扣。

第五条 纳税人销售货物或者应税劳务,按照销售额和本条例第二条规定的税率计算并向购买方收取的增值税额,为销项税额。销项税额计算公式:

销项税额=销售额×税率

【注释】 相关规定包括:《国家税务总局关于下发〈货物期货征收增值税具体办法〉的通知 》(国税发[1994]244 号)、《国家税务总局关于生产销售并连续安装铝合金门窗等业务收入征收增值税问题的批复》(国税函发[1996]447 号)。

第六条 销售额为纳税人销售货物或者应税劳务向购买方收取的全部价款和价外费用,但是不包括收取的销项税额。

销售额以人民币计算。纳税人以人民币以外的货币结算销售额的,应当折合成人民币计算。

【注释】 相关规定包括:《国家税务总局关于印发〈增值税若干具体问题的规定〉的通知》(国税发[1993]154 号)、《国家税务总局关于各种性质的价外收入都应当征收增值税的批复》(国税函发[1994]87 号)、《财政部 国家税务总局关于城镇公用事业附加应纳入增值税计税销售额征收增值税的通知》(财税[1994]35 号)、《国家税务总局关于下发〈货物期货征收增值税具体办法〉的通知》(国税发[1994]244 号)、《国家税务总局关于加强增值税征收管理若干问题的通知》(国税发[1995]192 号)、《财政部 国家税务总局关于金银首饰等货物征收增值税问题的通知》(财税[1996]74 号)、《国家税务总局关于铁路支线维护费征收增值税问题的通知》(国税函发[1996]561 号)、《国家税务总局关于原油管理费征收增值税问题的通知》(国税发[1996]111 号)、《国家税务总局关于平销行为征收增值税问题的通知》(国税发[1997]167 号)、《国家税务总局关于增值税一般纳税人平销行为征收增值税问题的批复》(国税函[2001]247 号)、《国家税务总局关于对福建雪津啤酒有限公司收取经营保证金征收增值税问题的批复》(国税函[2004]416 号)、《国家税务总局关于商业企业向货物供应方收取的部分费用征收流转税问题的通知》(国税发[2004]136 号)、

《国家税务总局关于燃油电厂取得发电补贴有关增值税政策的通知》(国税函[2006]1235号)。

第七条　纳税人销售货物或者应税劳务的价格明显偏低并无正当理由的，由主管税务机关核定其销售额。

第八条　纳税人购进货物或者接受应税劳务(以下简称购进货物或者应税劳务)支付或者负担的增值税额，为进项税额。

下列进项税额准予从销项税额中抵扣：

(一) 从销售方取得的增值税专用发票上注明的增值税额。

(二) 从海关取得的海关进口增值税专用缴款书上注明的增值税额。

(三) 购进农产品，除取得增值税专用发票或者海关进口增值税专用缴款书外，按照农产品收购发票或者销售发票上注明的农产品买价和13%的扣除率计算的进项税额。进项税额计算公式：

进项税额＝买价×扣除率

(四) 购进或者销售货物以及在生产经营过程中支付运输费用的，按照运输费用结算单据上注明的运输费用金额和7%的扣除率计算的进项税额。进项税额计算公式：

进项税额＝运输费用金额×扣除率

准予抵扣的项目和扣除率的调整，由国务院决定。

【注释】　相关规定包括:《财政部　国家税务总局于调整增值税运输费用扣除率的通知》(财税[1998]114号)、《财政部　国家税务总局关于棉花进项税抵扣有关问题的补充通知》(财税[2001]165号)、《财政部　国家税务总局关于增值税一般纳税人向小规模纳税人购进农产品进项税抵扣率问题的通知》(财税[2002]105号)、《国家税务总局关于增值税一般纳税人期货交易进项税额抵扣问题的通知》(国税发[2002]45号)、《国家税务总局关于血液制品增值税政策的批复》(国税函[2004]335号)、《财政部　国家税务总局关于推广税控收款机有关税收政策的通知》(财税[2004]167号)、《国家税务总局关于增值税一般纳税人支付的货物运输代理费用不得抵扣进项税额的批复》(国税函[2005]54号)、《财政部　国家税务总局关于购进烟叶的增值税抵扣政策的通知》(财税[2006]140号)、《国家税务总局关于旧版货运发票抵扣增值税进项税额有关问题的通知》(国税函[2006]1187号)、《国家税务总局关于增值税专用发票抵扣联信息扫描器具等设备有关税收问题的通知》(国税函[2006]1248号)、《国家税务总局关于纳税人进口货物增值税进项税额抵扣有关问题的通知》(国税函[2007]350号)。

第九条　纳税人购进货物或者应税劳务，取得的增值税扣税凭证不符合法律、行政法规或者国务院税务主管部门有关规定的，其进项税额不得从销项税额中抵扣。

第十条　下列项目的进项税额不得从销项税额中抵扣：

(一) 用于非增值税应税项目、免征增值税项目、集体福利或者个人消费的购进货物或者应税劳务；

(二) 非正常损失的购进货物及相关的应税劳务；

(三) 非正常损失的在产品、产成品所耗用的购进货物或者应税劳务；

(四) 国务院财政、税务主管部门规定的纳税人自用消费品；

(五) 本条第(一)项至第(四)项规定的货物的运输费用和销售免税货物的运输费用。

【注释】　相关规定包括:《财政部　国家税务总局关于增值税几个税收政策问题的通知》(财税[1994]60号)。

第十一条　小规模纳税人销售货物或者应税劳务，实行按照销售额和征收率计算应纳税额的简易办法，并不得抵扣进项税额。应纳税额计算公式：

应纳税额＝销售额×征收率

小规模纳税人的标准由国务院财政、税务主管部门规定。

【注释】　相关规定包括:《国家税务总局关于印发〈增值税一般纳税人申请认定办法〉的通知》(国税发[1994]59号)、《财政部　国家税务总局关于自来水征收增值税问题的通知》(财税[1994]14号)、《国家税务总局关于印发〈增值税小规模纳税人征收管理办法〉的通知》(国税发[1994]116号)、《国家税务总局关于增值税若干征收问题的通知》(国税发[1994]122号)、《国家税务总局关于增值税几个业务问题的通知》(国税发[1994]186号)、《国家税务总局关于加强新办商贸企业增值税征收管理有关问题的紧急通知》(国税发明电[2004]37号)。

第十二条 小规模纳税人增值税征收率为3%。

征收率的调整，由国务院决定。

【注释】 相关规定包括：《国家税务总局关于增值税几个业务问题的通知》(国税发[1994]186号)、《财政部 国家税务总局关于旧货经营增值税问题的通知 》(财税[1998]6号)、《财政部 国家税务总局关于贯彻国务院有关完善小规模商业企业增值税政策的决定的通知》(财税字[1998]113号)、《国家税务总局关于县以下小水电企业电力产品增值税征税问题的批复》(国税函[1998]843号)、《国家税务总局关于拍卖行取得的拍卖收入征收增值税、营业税有关问题的通知》(国税发[1999]40号)、《国家税务总局关于商品混凝土实行简易办法征收增值税问题的通知》(国税发[2000]37号)、《国家税务总局关于新闻产品征收流转税问题的通知》(国税发[2001]105号)、《财政部 国家税务总局关于提高农产品进项税抵扣率的通知》(财税[2002]12号)、《财政部 国家税务总局关于旧货和旧机动车增值税政策的通知》(财税[2002]29号)、《国家税务总局关于自来水行业增值税政策问题的通知》(国税发[2002]56号)。

第十三条 小规模纳税人以外的纳税人应当向主管税务机关申请资格认定。具体认定办法由国务院税务主管部门制定。

小规模纳税人会计核算健全，能够提供准确税务资料的，可以向主管税务机关申请资格认定，不作为小规模纳税人，依照本条例有关规定计算应纳税额。

【注释】 相关规定包括：《财政部 国家税务总局关于加强商业环节增值税征收管理的通知》(财税[1998]4号)。

第十四条 纳税人进口货物，按照组成计税价格和本条例第二条规定的税率计算应纳税额。组成计税价格和应纳税额计算公式：

组成计税价格＝关税完税价格＋关税＋消费税

应纳税额＝组成计税价格×税率

第十五条 下列项目免征增值税：

(一) 农业生产者销售的自产农产品；

(二) 避孕药品和用具；

(三) 古旧图书；

(四) 直接用于科学研究、科学试验和教学的进口仪器、设备；

(五) 外国政府、国际组织无偿援助的进口物资和设备；

(六) 由残疾人的组织直接进口供残疾人专用的物品；

(七) 销售的自己使用过的物品。

除前款规定外，增值税的免税、减税项目由国务院规定。任何地区、部门均不得规定免税、减税项目。

【注释】 相关规定包括：《财政部 国家税务总局关于印发〈于继续对宣传文化单位实行财税优惠政策的规定〉的通知》(财税[1994]89号)、《财政部 国家税务总局关于继续对部分资源综合利用产品等实行增值税优惠政策的通知》(财税[1996]20号)、《国家税务总局关于农牧业救灾柴油征收增值税问题的批复》(国税函发[1996]612号)、《财政部 国家税务总局关于供电工程贴费不征收增值税和营业税的通知 》(财税[1997]102号)、《财政部 国家税务总局关于民贸企业有关税收问题的通知》(财税[1998]124号)、《财政部 国家税务总局关于继续对商业企业批发肉、禽、蛋、水产品和蔬菜的业务实行增值税先征后返政策问题的通知》(财税[1998]31号)、《财政部 国家税务总局关于免征农村电网维护费增值税问题的通知》(财税[1998]47号)、《国家税务总局关于生猪生产流通过程中有关税收问题的通知》(国税发[1999]113号)、《财政部 国家税务总局关于粮食企业增值税征免问题的通知》(财税[1999]198号)、《财政部 国家税务总局关于血站有关税收问题的通知》(财税[1999]264号)、《财政部 国家税务总局关于贯彻落实〈中共中央 国务院关于加强技术创新，发展高科技，实现产业化的决定〉有关税收问题的通知》(财税[1999]273号)、《财政部 国家税务总局关于医疗卫生机构有关税收政策的通知》(财税[2000]42号)、《财政部 国家税务总局关于延续若干增值税免税政策的通知》(财税明电[2000]6号)、《财政部 国家税务总局关于小化肥生产企业改产尿素等产品征收增值税问题的通知》(财税字[2000]69号)、《财政部 国家税务总局关于飞机维修增值税问题的通知》(财税[2000]102号)、《财政部 国家税务总局 海关总署关于鼓励软件产业和集成电路产业发展有关税收政策问题的通知》(财税[2000]25号)、《国务院关于支持文化事业发展若干经济政策的通知》(国发[2000]41 号)、《财政部 国家税务总局关于铁路货车修理免征增值税的通知》(财税[2001]54 号)、《财政部 国家税务总局关于污水处理费有关增值税政策的通知》(财税[2001]97 号)、《财政部 国家税务总局关于饲料产品免征增值税问题的通知》(财税[2001]121 号)、《财政部 国家税务总局关于农业生产资料征免增值税政策的通知》(财税[2001]113 号)、《财政部 国家税务总局关于豆粕等粕类产品征免增值税政策的通知》(财税[2001]30 号)、《国家税务总局关于退耕还林还草补助粮免征增值税问题的通知》(国税发[2001]131 号)、《财政部 国家税务总局关于西部大开发税收优惠政策问题的通知》(财税[2001]202 号)、《财政部 国家税务总局关于不带动力的手扶拖拉机和三轮农用运输车增值税政策的通知》(财税[2002]89 号)、《财政部 国家税务总局关于黄金税收政策问题的通知》(财税[2002]142 号)、《国家税务总局关于铂金及其制品税收政策的通知》(财税[2003]86 号)、《财政部 海关总署 国家税务总局关于农药税收政策的通知》(财税[2003]186 号)、《国家税务总局关于饲用鱼油产品免征增值税的批复》(国税函[2003]1395 号)、《国家税务总局关于债转股企业实物投资免征增值税政策有关问题的批复》(国税函[2003]1394 号)、《财政部 国家税务总局关于教育税收政策的通知》(财税[2004]39 号)、《财政部 海关总署 国家税务总局关于印发〈关于进口货物进口环节海关代征税税收政策问题的规定〉的通知》(财关税[2004]7 号)、《国家税务总局关于农户手工编织的竹制和竹芒藤柳坯具征收增值税问题的批复》(国税函[2005]56 号)、《商务部 财政部 税务总局关于开展农产品连锁经营试点的通知》(商建发[2005]1 号)、《财政部 国家税务总局关于印刷少数民族文字出版物增值税政策的通知》(财税[2005]48 号)、《财政部 国家税务总局关于暂免征收尿素产品增值税的通知》(财税[2005]87 号)、《财政部 国家税务总局关于增值税营业税消费税实行先征后返等办法有关城建税和教育费附加政策的通知》(财税[2005]72 号)、《国家税务总局关于矿物质微量元素舔砖免征增值税问题的批复》(国税函[2005]1127 号)、《财政部 国家税务总局关于继续对民族贸易企业销售的货物及国家定点企业生产和经销单位经销的边销茶实行增值税优惠政策的通知》(财税[2006]103 号)、《财政部 国家税务总局关于宣传文化所得税优惠政策的通知》(财税 [2007] 24 号)、《财政部 国家税务总局关于加快煤层气抽采有关税收政策问题的通知》(财税 [2007] 16 号)、《财政部国家税务总局关于继续免征国产抗艾滋病病毒药品增值税的通知》(财税[2007]49 号)、《财政部国家税务总局关于免征滴灌带和滴灌管产品增值税的通知》(财税[2007]83 号)、《国家税务总局关于商品混凝土征收增值税有关问题的通知》(国税函[2007]599 号)、《财政 国家税务总局关于促进残疾人就业税收优惠政策的通知》(财税[2007]92 号)。

第十六条 纳税人兼营免税、减税项目的,应当分别核算免税、减税项目的销售额;未分别核算销售额的,不得免税、减税。

第十七条 纳税人销售额未达到国务院财政、税务主管部门规定的增值税起征点的,免征增值税;达到起征点的,依照本条例规定全额计算缴纳增值税。

【注释】 相关规定包括:《国家税务总局关于个体工商户销售农产品有关税收政策问题的通知》(国税发[2003]149 号)、《国家税务总局关于增值税起征点调整后有关问题的批复》(国税函[2003]1396 号)。

第十八条 中华人民共和国境外的单位或者个人在境内提供应税劳务,在境内未设有经营机构的,以其境内代理人为扣缴义务人;在境内没有代理人的,以购买方为扣缴义务人。

第十九条 增值税纳税义务发生时间:

(一) 销售货物或者应税劳务,为收讫销售款项或者取得索取销售款项凭据的当天;先开具发票的,为开具发票的当天。

(二) 进口货物,为报关进口的当天。

增值税扣缴义务发生时间为纳税人增值税纳税义务发生的当天。

第二十条 增值税由税务机关征收,进口货物的增值税由海关代征。

个人携带或者邮寄进境自用物品的增值税,连同关税一并计征。具体办法由国务院关税税则委员会会同有关部门制定。

第二十一条 纳税人销售货物或者应税劳务,应当向索取增值税专用发票的购买方开具增值税专用发票,并在增值税专用发票上分别注明销售额和销项税额。

属于下列情形之一的,不得开具增值税专用发票:

(一) 向消费者个人销售货物或者应税劳务的;

（二）销售货物或者应税劳务适用免税规定的；

（三）小规模纳税人销售货物或者应税劳务的。

【注释】 相关规定包括：《国家税务总局关于增值税起征点调整后有关问题的批复》（国税函[2003]1396号）。

第二十二条 增值税纳税地点：

（一）固定业户应当向其机构所在地的主管税务机关申报纳税。总机构和分支机构不在同一县（市）的，应当分别向各自所在地的主管税务机关申报纳税；经国务院财政、税务主管部门或者其授权的财政、税务机关批准，可以由总机构汇总向总机构所在地的主管税务机关申报纳税。

（二）固定业户到外县（市）销售货物或者应税劳务，应当向其机构所在地的主管税务机关申请开具外出经营活动税收管理证明，并向其机构所在地的主管税务机关申报纳税；未开具证明的，应当向销售地或者劳务发生地的主管税务机关申报纳税；未向销售地或者劳务发生地的主管税务机关申报纳税的，由其机构所在地的主管税务机关补征税款。

（三）非固定业户销售货物或者应税劳务，应当向销售地或者劳务发生地的主管税务机关申报纳税；未向销售地或者劳务发生地的主管税务机关申报纳税的，由其机构所在地或者居住地的主管税务机关补征税款。

（四）进口货物，应当向报关地海关申报纳税。

扣缴义务人应当向其机构所在地或者居住地的主管税务机关申报缴纳其扣缴的税款。

【注释】 相关规定包括：《国家税务总局关于印发〈增值税问题解答（之一）〉的通知》（国税函发[1995]288号）、《财政部国家税务总局关于连锁经营企业增值税纳税地点问题的通知》（财税[1997]97号）。

第二十三条 增值税的纳税期限分别为1日、3日、5日、10日、15日、1个月或者1个季度。纳税人的具体纳税期限，由主管税务机关根据纳税人应纳税额的大小分别核定；不能按照固定期限纳税的，可以按次纳税。

纳税人以1个月或者1个季度为1个纳税期的，自期满之日起15日内申报纳税；以1日、3日、5日、10日或者15日为1个纳税期的，自期满之日起5日内预缴税款，于次月1日起15日内申报纳税并结清上月应纳税款。

扣缴义务人解缴税款的期限，依照前两款规定执行。

第二十四条 纳税人进口货物，应当自海关填发海关进口增值税专用缴款书之日起15日内缴纳税款。

第二十五条 纳税人出口货物适用退（免）税规定的，应当向海关办理出口手续，凭出口报关单等有关凭证，在规定的出口退（免）税申报期内按月向主管税务机关申报办理该项出口货物的退（免）税。具体办法由国务院财政、税务主管部门制定。

出口货物办理退税后发生退货或者退关的，纳税人应当依法补缴已退的税款。

第二十六条 增值税的征收管理，依照《中华人民共和国税收征收管理法》及本条例有关规定执行。

【注释】 相关规定包括：《国家税务总局关于由税务所为小规模企业代开增值税专用发票的通知》（国税发[1994]58号）、《财政部　国家税务总局关于油气田企业增值税计算缴纳方法问题的通知》（财税[1994]73号）、《财政部关于外商投资企业出口货物税收问题有关会计处理规定的通知》（财会[1994]43号）、《国家税务总局关于固定业户临时外出经营有关增值税专用发票管理问题的通知》（国税发[1995]87号）、《国家税务总局对代开、虚开增值税专用发票征补税款问题的批复》（国税函发[1995]415号）、《国家税务总局关于增值税若干征管问题的通知》（国税发[1996]155号）、《国家税务总局关于易货贸易进口环节减征的增值税税款抵扣问题的通知》（国税函发[1996]550号）、《国家税务总局关于纳税人取得虚开的增值税专用发票处理问题的通知》（国税发[1997]134号）、《国家税务总局关于印发〈增值税一般纳税人年审办法〉的通知》（国税函发[1998]156号）、《国家税务总局关于印发〈增值税日常稽查办法〉的通知》（国税发[1998]44号）、国税发[1998]44号《国家税务总局关于增值税一般纳税人发生偷税行为如何确定偷税数额和补税罚款的通知》（国税发[1998]66号）、《国家税务总局关于贯彻国务院有关完善小规模商业企业增值税政策的决定的补充通知》（国税发[1998]124号）、《国家税务总局关于增值税一般纳税人丢失防伪税控系统开具的增值税专用发票有关税务处理问题的通知》（国税发[2002]10号）、《国家税务总局关于修改〈国家税务总局关于严格控制增值税专用发票使用范围的通知〉的通知》（国税发[2000]75号）、《国家税务总局关于印发

〈出口加工区税收管理暂行办法〉的通知》(国税发[2000]155号)、《国家税务总局关于推行增值税防伪税控系统若干问题的通知》(国税发[2000]183号)、《国家税务总局关于纳税人善意取得虚开的增值税专用发票处理问题的通知》(国税发[2000]187号)、《国家税务总局关于金税工程发现的涉嫌违规增值税专用发票处理问题的通知》(国税函[2001]730号)、《国家税务总局关于加油站一律按照增值税一般纳税人征税的通知》(国税函[2001]882号)、《国家税务总局成品油零售加油站增值税征收管理办法》(国家税务总局令[2002]2号)、《国家税务总局关于使用增值税防伪税控系统的增值税一般纳税人资格认定问题的通知》(国税函[2002]326号)、《国家税务总局关于增值税一般纳税人取得防伪税控系统开具的增值税专用发票进项税额抵扣问题的通知》(国税发[2003]17号)、《财政部　国家税务总局关于海洋工程结构物增值税实行退税的通知》(财税[2003]46号)、《国家税务总局关于重新修订〈增值税一般纳税人纳税申报办法〉的通知》(国税发[2003]53号)、《国家税务总局关于加强货物运输业税收征收管理的通知》(国税发[2003]121号)、《财政部　国家税务总局关于出口企业从增值税一般纳税人购进的出口货物不再实行增值税税收专用缴款书管理的通知》(财税[2004]101号)、《国家税务总局关于严格执行税法规定不得实行边境贸易"双倍抵扣"政策的通知》(国税函[2004]830号)、《国家税务总局 信息产业部关于调整集成电路设计企业及产品认定机构和集成电路设计企业及产品认定管理方式的通知》(国税发[2004]92号)、《国家税务总局关于增值税一般纳税人用进项留抵税额抵减增值税欠税问题的通知》(国税发[2004]112号)、《国家税务总局关于增值税一般纳税人取得海关进口增值税专用缴款书抵扣进项税额问题的通知》(国税发[2004]148号)、《国家税务总局电力产品增值税征收管理办法》(国家税务总局令[2004]10号)、《国家税务总局关于印发〈税务机关代开增值税专用发票管理办法(试行)〉的通知》(国税发[2004]153号)、《国家税务总局关于国家税务局为小规模纳税人代开发票及税款征收有关问题的通知》(国税发[2005]18号)、《国家税务总局关于加强农产品增值税抵扣管理有关问题的通知》(国税函[2005]545号)、《财政部　国家税务总局关于停止执行加工出口专用钢材有关税收政策的通知》(财税[2005]105号)、《国家税务总局关于出口含金成份产品有关税收政策的通知》(国税发[2005]125号)、《国家税务总局关于加强免征增值税货物专用发票管理的通知》(国税函[2005]780号)、《国家税务总局关于金融机构开展个人实物黄金交易业务增值税有关问题的通知》(国税发[2005]178号)、《国家税务总局关于增值税一般纳税人期货交易有关增值税问题的通知》(国税函[2005]1060号)、《国家税务总局关于辅导期增值税一般纳税人增购增值税专用发票预缴增值税有关问题的通知》(国税函[2005]1097号)、《国家税务总局关于印发〈钻石交易增值税征收管理办法〉的通知》(国税发[2006]131号)、《国家税务总局关于修订〈增值税专用发票使用规定〉的通知》(国税发[2006]156号)、《国家税务总局关于加强增值税其他抵扣凭证数据采集传输管理有关问题的通知》(国税函[2006]1244号)、《国家税务总局关于下放增值税专用发票最高开票限额审批权限的通知》(国税函[2007]918号)。

第二十七条　本条例自2009年1月1日起施行。

中华人民共和国增值税暂行条例实施细则

财政部　国家税务总局第50号令

第一条　根据《中华人民共和国增值税暂行条例》(以下简称条例),制定本细则。

第二条　条例第一条所称货物,是指有形动产,包括电力、热力、气体在内。

条例第一条所称加工,是指受托加工货物,即委托方提供原料及主要材料,受托方按照委托方的要求,制造货物并收取加工费的业务。

条例第一条所称修理修配,是指受托对损伤和丧失功能的货物进行修复,使其恢复原状和功能的业务。

【注释】　相关规定包括:《财政部　国家税务总局关于增值税、营业税若干政策规定的通知》(财税[1994]26号)、《国家税务总局关于烧卤熟制食品征收流转税问题的批复》(国税函发[1996]261号)、《财政部　国家税务总局关于体育彩票发行收入税收问题的通知》(财税[1996]77号)、《国家税务总局关于厦门邮电纵横股份有限公司销售传呼机、移动电话征收增值税问题的批复》(国税函发[1997]504号)、《国家税务总局国家税务总局关于电梯保养、维修收入征税问题的批复》(国税函发[1998]390号)、《国家税务总局关于转让企业全部产权不征收增值税问题的批复》(国税函[2002]420号)、《国家税务总局关于纳税人销售自产货物提供增值税劳务并同时提供建筑业劳务征收流转税问题的通知》(国税发[2002]117号)、《国家税务总局关于电力公司过网费收入征收增值税问题的批复》(国税函[2004]607号)。

第三条 条例第一条所称销售货物,是指有偿转让货物的所有权。

条例第一条所称提供加工、修理修配劳务(以下称应税劳务),是指有偿提供加工、修理修配劳务。单位或者个体工商户聘用的员工为本单位或者雇主提供加工、修理修配劳务,不包括在内。

本细则所称有偿,是指从购买方取得货币、货物或者其他经济利益。

第四条 单位或者个体工商户的下列行为,视同销售货物:

(一)将货物交付其他单位或者个人代销;

(二)销售代销货物;

(三)设有两个以上机构并实行统一核算的纳税人,将货物从一个机构移送其他机构用于销售,但相关机构设在同一县(市)的除外;

(四)将自产或者委托加工的货物用于非增值税应税项目;

(五)将自产、委托加工的货物用于集体福利或者个人消费;

(六)将自产、委托加工或者购进的货物作为投资,提供给其他单位或者个体工商户;

(七)将自产、委托加工或者购进的货物分配给股东或者投资者;

(八)将自产、委托加工或者购进的货物无偿赠送其他单位或者个人。

【注释】 相关规定包括:《国家税务总局国家税务总局关于企业所属机构间移送货物征收增值税问题的通知》(国税发[1998]137号)。

第五条 一项销售行为如果既涉及货物又涉及非增值税应税劳务,为混合销售行为。除本细则第六条的规定外,从事货物的生产、批发或者零售的企业、企业性单位和个体工商户的混合销售行为,视为销售货物,应当缴纳增值税;其他单位和个人的混合销售行为,视为销售非增值税应税劳务,不缴纳增值税。

本条第一款所称非增值税应税劳务,是指属于应缴营业税的交通运输业、建筑业、金融保险业、邮电通信业、文化体育业、娱乐业、服务业税目征收范围的劳务。

本条第一款所称从事货物的生产、批发或者零售的企业、企业性单位和个体工商户,包括以从事货物的生产、批发或者零售为主,并兼营非增值税应税劳务的单位和个体工商户在内。

第六条 纳税人的下列混合销售行为,应当分别核算货物的销售额和非增值税应税劳务的营业额,并根据其销售货物的销售额计算缴纳增值税,非增值税应税劳务的营业额不缴纳增值税;未分别核算的,由主管税务机关核定其货物的销售额:

(一)销售自产货物并同时提供建筑业劳务的行为;

(二)财政部、国家税务总局规定的其他情形。

【注释】 相关规定包括:《国家税务总局关于增值税若干征收问题的通知》(国税发[1994]122号)、《国家税务总局关于工业企业制售安装铁塔征税问题的批复》(国税函[1999]505号)。

第七条 纳税人兼营非增值税应税项目的,应分别核算货物或者应税劳务的销售额和非增值税应税项目的营业额;未分别核算的,由主管税务机关核定货物或者应税劳务的销售额。

【注释】 相关规定包括:《国家税务总局关于饮食业征收流转税问题的通知》(国税发[1996]202号)。

第八条 条例第一条所称在中华人民共和国境内(以下简称境内)销售货物或者提供加工、修理修配劳务,是指:

(一)销售货物的起运地或者所在地在境内;

(二)提供的应税劳务发生在境内。

【注释】 相关规定包括:《国家税务总局关于增值税若干征收问题的通知》(国税发[1994]122号)。

第九条 条例第一条所称单位,是指企业、行政单位、事业单位、军事单位、社会团体及其他单位。

条例第一条所称个人,是指个体工商户和其他个人。

第十条 单位租赁或者承包给其他单位或者个人经营的,以承租人或者承包人为纳税人。

第十一条 小规模纳税人以外的纳税人(以下称一般纳税人)因销售货物退回或者折让而退还给购买方的增值税额,应从发生销售货物退回或者折让当期的销项税额中扣减;因购进货物退出或者折让而收回的增值税额,应从发生购进货物退出或者折让当期的进项税额中扣减。

一般纳税人销售货物或者应税劳务,开具增值税专用发票后,发生销售货物退回或者折让、开票有误等情形，应按国家税务总局的规定开具红字增值税专用发票。未按规定开具红字增值税专用发票的，增值税额不得从销项税额中扣减。

第十二条　条例第六条第一款所称价外费用，包括价外向购买方收取的手续费、补贴、基金、集资费、返还利润、奖励费、违约金、滞纳金、延期付款利息、赔偿金、代收款项、代垫款项、包装费、包装物租金、储备费、优质费、运输装卸费以及其他各种性质的价外收费。但下列项目不包括在内：

（一）受托加工应征消费税的消费品所代收代缴的消费税；

（二）同时符合以下条件的代垫运输费用：

1. 承运部门的运输费用发票开具给购买方的；

2. 纳税人将该项发票转交给购买方的。

（三）同时符合以下条件代为收取的政府性基金或者行政事业性收费：

1. 由国务院或者财政部批准设立的政府性基金，由国务院或者省级人民政府及其财政、价格主管部门批准设立的行政事业性收费；

2. 收取时开具省级以上财政部门印制的财政票据；

3. 所收款项全额上缴财政。

（四）销售货物的同时代办保险等而向购买方收取的保险费，以及向购买方收取的代购买方缴纳的车辆购置税、车辆牌照费。

【注释】　相关规定包括：《国家税务总局关于各种性质的价外收入都应当征收增值税的批复》（国税函发[1994]87号）、《国家税务总局关于调整部分按简易办法征收增值税的特定货物销售行为征收率的通知》（国税发[1998]122号）。

第十三条　混合销售行为依照本细则第五条规定应当缴纳增值税的，其销售额为货物的销售额与非增值税应税劳务营业额的合计。

第十四条　一般纳税人销售货物或者应税劳务，采用销售额和销项税额合并定价方法的，按下列公式计算销售额：

销售额＝含税销售额÷（1＋税率）

第十五条　纳税人按人民币以外的货币结算销售额的，其销售额的人民币折合率可以选择销售额发生的当天或者当月1日的人民币汇率中间价。纳税人应在事先确定采用何种折合率，确定后1年内不得变更。

第十六条　纳税人有条例第七条所称价格明显偏低并无正当理由或者有本细则第四条所列视同销售货物行为而无销售额者，按下列顺序确定销售额：

（一）按纳税人最近时期同类货物的平均销售价格确定；

（二）按其他纳税人最近时期同类货物的平均销售价格确定；

（三）按组成计税价格确定。组成计税价格的公式为：

组成计税价格＝成本×（1＋成本利润率）

属于应征消费税的货物，其组成计税价格中应加计消费税额。

公式中的成本是指：销售自产货物的为实际生产成本，销售外购货物的为实际采购成本。公式中的成本利润率由国家税务总局确定。

【注释】　相关规定包括：《国家税务总局关于增值税一般纳税人发生偷税行为如何确定偷税数额和补税罚款的通知》（国税发[1998]66号）、《国家税务总局关于修改〈国家税务总局关于增值税一般纳税人发生偷税行为如何确定偷税数额和补税罚款的通知〉的通知》（国税函[1999]739号）。

第十七条　条例第八条第二款第（三）项所称买价，包括纳税人购进农产品在农产品收购发票或者销售发票上注明的价款和按规定缴纳的烟叶税。

第十八条　条例第八条第二款第（四）项所称运输费用金额，是指运输费用结算单据上注明的运输费用（包括铁路临管线及铁路专线运输费用）、建设基金，不包括装卸费、保险费等其他杂费。

第十九条　条例第九条所称增值税扣税凭证，是指增值税专用发票、海关进口增值税专用缴款书、农产品收购发票和农产品销售发票以及运输费用结算单据。

第二十条　混合销售行为依照本细则第五条规定应当缴纳增值税的，该混合销售行为所涉及的非增值税应税劳务所用购进货物的进项税额，符合条例第八条规定的，准予从销项税额中抵扣。

第二十一条 条例第十条第(一)项所称购进货物，不包括既用于增值税应税项目(不含免征增值税项目)也用于非增值税应税项目、免征增值税(以下简称免税)项目、集体福利或者个人消费的固定资产。

前款所称固定资产，是指使用期限超过 12 个月的机器、机械、运输工具以及其他与生产经营有关的设备、工具、器具等。

第二十二条 条例第十条第(一)项所称个人消费包括纳税人的交际应酬消费。

第二十三条 条例第十条第(一)项和本细则所称非增值税应税项目，是指提供非增值税应税劳务、转让无形资产、销售不动产和不动产在建工程。

前款所称不动产是指不能移动或者移动后会引起性质、形状改变的财产，包括建筑物、构筑物和其他土地附着物。

纳税人新建、改建、扩建、修缮、装饰不动产，均属于不动产在建工程。

第二十四条 条例第十条第(二)项所称非正常损失，是指因管理不善造成被盗、丢失、霉烂变质的损失。

【注释】 相关规定包括：《国家税务总局关于企业改制中资产评估减值发生的流动资产损失进项税额抵扣问题的批复》(国税函[2002]1103 号)。

第二十五条 纳税人自用的应征消费税的摩托车、汽车、游艇，其进项税额不得从销项税额中抵扣。

第二十六条 一般纳税人兼营免税项目或者非增值税应税劳务而无法划分不得抵扣的进项税额的，按下列公式计算不得抵扣的进项税额：

$$\begin{matrix}\text{不得抵扣的}\\\text{进项税额}\end{matrix}=\begin{matrix}\text{当月无法划分的}\\\text{全部进项税额}\end{matrix}\times\frac{\text{当月免税项目销售额、非增值税应税劳务营业额合计}}{\text{当月全部销售额、营业额合计}}$$

第二十七条 已抵扣进项税额的购进货物或者应税劳务，发生条例第十条规定的情形的(免税项目、非增值税应税劳务除外)，应当将该项购进货物或者应税劳务的进项税额从当期的进项税额中扣减；无法确定该项进项税额的，按当期实际成本计算应扣减的进项税额。

第二十八条 条例第十一条所称小规模纳税人的标准为：

(一) 从事货物生产或者提供应税劳务的纳税人，以及以从事货物生产或者提供应税劳务为主，并兼营货物批发或者零售的纳税人，年应征增值税销售额(以下简称应税销售额)在 50 万元以下(含本数，下同)的；

(二) 除本条第一款第(一)项规定以外的纳税人，年应税销售额在 80 万元以下的。

本条第一款所称以从事货物生产或者提供应税劳务为主，是指纳税人的年货物生产或者提供应税劳务的销售额占年应税销售额的比重在 50%以上。

【注释】 相关规定包括：《国家税务总局关于印发〈增值税若干具体问题的规定〉的通知》(国税发[1993]154 号)、《国家税务总局关于印发〈增值税一般纳税人申请认定办法〉的通知 》(国税发[1994]59 号)、《国家税务总局关于印发〈增值税小规模纳税人征收管理办法〉的通知》(国税发[1994]116 号)、《国家税务总局关于增值税几个业务问题的通知》(国税发[1994]186 号)、《财政部　国家税务总局关于加强商业环节增值税征收管理的通知》(财税[1998]4 号)、《国家税务总局关于卫生防疫站调拨生物制品及药械征收增值税的批复》(国税函[1999]191 号)、《国家税务总局关于加强新办商贸企业增值税征收管理有关问题的紧急通知》(国税发明电[2004]37 号)。

第二十九条 年应税销售额超过小规模纳税人标准的其他个人按小规模纳税人纳税；非企业性单位、不经常发生应税行为的企业可选择按小规模纳税人纳税。

第三十条 小规模纳税人的销售额不包括其应纳税额。

小规模纳税人销售货物或者应税劳务采用销售额和应纳税额合并定价方法的，按下列公式计算销售额：

$$\text{销售额}=\text{含税销售额}\div(1+\text{征收率})$$

【注释】 相关规定包括：《国家税务总局关于印发〈增值税若干具体问题的规定〉的通知》(国税发[1993]154 号)。

第三十一条 小规模纳税人因销售货物退回或者折让退还给购买方的销售额，应从发生销售货物退回或者折让当期的销售额中扣减。

第三十二条 条例第十三条和本细则所称会计核算健全，是指能够按照国家统一的会计制度规定设置账簿，根据合法、有效凭证核算。

第三十三条 除国家税务总局另有规定外，纳税人一经认定为一般纳税人后，不得转为小规模纳税人。

第三十四条 有下列情形之一者，应按销售额依照增值税税率计算应纳税额，不得抵扣进项税额，也不得使用增值税专用发票：

（一）一般纳税人会计核算不健全，或者不能够提供准确税务资料的；

（二）除本细则第二十九条规定外，纳税人销售额超过小规模纳税人标准，未申请办理一般纳税人认定手续的。

【注释】 相关规定包括：《国家税务总局国家税务总局关于增值税一般纳税人恢复抵扣进项税额资格后有关问题的批复》（国税函[2000]584号）。

第三十五条 条例第十五条规定的部分免税项目的范围，限定如下：

（一）第一款第（一）项所称农业，是指种植业、养殖业、林业、牧业、水产业。

农业生产者，包括从事农业生产的单位和个人。

农产品，是指初级农产品，具体范围由财政部、国家税务总局确定。

（二）第一款第（三）项所称古旧图书，是指向社会收购的古书和旧书。

（三）第一款第（七）项所称自己使用过的物品，是指其他个人自己使用过的物品。

第三十六条 纳税人销售货物或者应税劳务适用免税规定的，可以放弃免税，依照条例的规定缴纳增值税。放弃免税后，36个月内不得再申请免税。

第三十七条 增值税起征点的适用范围限于个人。

增值税起征点的幅度规定如下：

（一）销售货物的，为月销售额2000—5000元；

（二）销售应税劳务的，为月销售额1500—3000元；

（三）按次纳税的，为每次（日）销售额150—200元。

前款所称销售额，是指本细则第三十条第一款所称小规模纳税人的销售额。

省、自治区、直辖市财政厅（局）和国家税务局应在规定的幅度内，根据实际情况确定本地区适用的起征点，并报财政部、国家税务总局备案。

【注释】 相关规定包括：《国家税务总局关于明确流转税、资源税法规中"主管税务机关、征收机关"名称问题的通知》（国税发[1994]232号）、《国家税务总局关于个体工商户销售农产品有关税收政策问题的通知》（国税发[2003]149号）。

第三十八条 条例第十九条第一款第（一）项规定的收讫销售款项或者取得索取销售款项凭据的当天，按销售结算方式的不同，具体为：

（一）采取直接收款方式销售货物，不论货物是否发出，均为收到销售款或者取得索取销售款凭据的当天；

（二）采取托收承付和委托银行收款方式销售货物，为发出货物并办妥托收手续的当天；

（三）采取赊销和分期收款方式销售货物，为书面合同约定的收款日期的当天，无书面合同的或者书面合同没有约定收款日期的，为货物发出的当天；

（四）采取预收货款方式销售货物，为货物发出的当天，但生产销售生产工期超过12个月的大型机械设备、船舶、飞机等货物，为收到预收款或者书面合同约定的收款日期的当天；

（五）委托其他纳税人代销货物，为收到代销单位的代销清单或者收到全部或者部分货款的当天。未收到代销清单及货款的，为发出代销货物满180天的当天；

（六）销售应税劳务，为提供劳务同时收讫销售款或者取得索取销售款的凭据的当天；

（七）纳税人发生本细则第四条第（三）项至第（八）项所列视同销售货物行为，为货物移送的当天。

【注释】 相关规定包括：《财政部 国家税务总局关于增值税若干政策的通知》（财税[2005]165号）。

第三十九条 条例第二十三条以1个季度为纳税期限的规定仅适用于小规模纳税人。小规模纳税人的具体纳税期限，由主管税务机关根据其应纳税额的大小分别核定。

第四十条 本细则自2009年1月1日起施行。

增值税部分货物征税范围注释

国税发[1993]151号

一、粮食

粮食是各种主食食科的总称。本货物的范围包括小麦、稻谷、玉米、高粱、谷子、大豆和其他杂粮(如大麦、燕麦)及经加工的面粉、大米、玉米等。不包括粮食复制品(如挂面、切面、馄饨皮等)和各种熟食品和副食品。(此条款已失效或废止)

二、食用植物油

植物油是从植物根、茎、叶、果实、花或胚芽组织中加工提取的油脂。

食用植物油仅指:芝麻油、花生油、豆油、菜籽油、米糠油、葵花籽油、棉籽油、玉米胚油、茶油、胡麻油,以及以上述油为原料生产的混合油。

三、自来水

自来水是指自来水公司及工矿企业经抽取、过滤、沉淀、消毒等工序加工后,通过供水系统向用户供应的水。

农业灌溉用水、引水工程输送的水等,不属于本货物的范围。

四、暖气、热水

暖气、热水是指利用各种燃料(如煤、石油、其他各种气体或固体、液体燃料)和电能将水加热,使之生成的气体和热水,以及开发自然热能,如开发地热资源或用太阳能生产的暖气、热气、热水。

利用工业余热生产、回收的暖气、热气和热水也属于本货物的范围。

五、冷气

冷气是指为了调节室内温度,利用制冷设备生产的,并通过供风系统向用户提供的低温气体。

六、煤气

煤气是指由煤、焦炭、半焦和重油等经干馏或汽化等生产过程所得气体产物的总称。

煤气的范围包括:

(一) 焦炉煤气:是指煤在炼焦炉中进行干馏所产生的煤气。

(二) 发生炉煤气:是指用空气(或氧气)和少量的蒸气将煤或焦炭、半焦,在煤气发生炉中进行汽化所产生的煤气、混合煤气、水煤气、单水煤气、双水煤气等。

(三) 液化煤气:是指压缩成液体的煤气。

七、石油液化气

石油液化气是指由石油加工过程中所产生的低分子量的烃类炼厂气经压缩成的液体。主要成分是丙烷、丁烷、丁烯等。

八、天然气

天然气是蕴藏在地层内的碳氢化合物可燃气体。主要含有甲烷、乙烷等低分子烷烃和丙烷、丁烷、戊烷及其他重质气态烃类。

天然气包括气田天然气、油田天然气、煤矿天然气和其他天然气。

九、沼气

沼气,主要成分为甲烷,由植物残体在与空气隔绝的条件下经自然分解而成,沼气主要作燃料。

本货物的范围包括:天然沼气和人工生产的沼气。

十、居民用煤炭制品

居民用煤炭制品是指煤球、煤饼、蜂窝煤和引火炭。

十一、图书、报纸、杂志

图书、报纸、杂志是采用印刷工艺,按照文字、图画和线条原稿印刷成的纸制品。本货物的范围包括:

(一) 图书。是指由国家新闻出版署批准的出版单位出版,采用国际标准书号编序的书籍,以及图片。

(二) 报纸。是指经国家新闻出版署批准,在各省、自治区、直辖市新闻出版部门登记,具有国内统一刊号(CN)的报纸。

（三）杂志。是指经国家新闻出版署批准，在省、自治区、直辖市新闻出版管理部门登记，具有国内统一刊号(CN)的刊物。

十二、饲料

饲料是指用于动物饲养的产品或其加工品。

本货物的范围包括：

（一）单一饲料：指作饲料用的某一种动物、植物、微生物产品或其加工品。

（二）混合饲料：指采用简单方法，将两种以上的单一饲料混合到一起的饲料。

（三）配合饲料：指根据不同的饲养对象、饲养对象的不同生长发育阶段对各种营养成分的不同需要量，采用科学的方法，将不同的饲料按一定的比例配合到一起，并均匀地搅拌，制成一定料型的饲料。

直接用于动物饲养的粮食、饲料添加剂不属于本货物的范围。

十三、化肥

化肥是指经化学和机械加工制成的各种化学肥料。

化肥的范围包括：

（一）化学氮肥。主要品种有尿素和硫酸铵、硝酸铵、碳酸氢铵、氯化铵、石灰氨、氨水等。

（二）磷肥。主要品种有磷矿粉、过磷酸钙(包括普通过磷酸钙和重过磷酸钙两种)、钙镁磷肥、钢渣磷肥等。

（三）钾肥。主要品种有硫酸钾、氯化钾等。

（四）复合肥料。是用化学方法合成或混配制成含有氮、磷、钾中的两种或两种以上的营养元素的肥料。含有两种的称二元复合肥，含有三种的称三元复合肥料，也有含三种元素和某些其他元素的叫多元复合肥料。主要产品有硝酸磷肥、磷酸铵、磷酸二氢钾肥、钙镁磷钾肥、磷酸一铵、磷粉二铵、氮磷钾复合肥等。

（五）微量元素肥。是指含有一种或多种植物生长所必需的，但需要量又极少的营养元素的肥料，如硼肥、锰肥、锌肥、铜肥、钼肥等。

（六）其他肥。是指上述列举以外的其他化学肥料。

十四、农药

农药是指用于农林业防治病虫害、除草及调节植物生长的药剂。

农药包括农药原药和农药制剂。如杀虫剂、杀菌剂、除草剂、植物生长调节剂、植物性农药、微生物农药、卫生用药、其他农药原药、制剂等等。

十五、农膜

农膜是指用于农业生产的各种地膜、大棚膜。

十六、农机

农机是指用于农业生产(包括林业、牧业、副业、渔业)的各种机器和机械化和半机械化农具，以及小农具。

农机的范围包括：

（一）拖拉机。是以内燃机为驱动牵引机具从事作业和运载物资的机械。包括轮拖拉机、履带拖拉机、手扶拖拉机、机耕船。

（二）土壤耕整机械。是对土壤进行耕翻整理的机械。包括机引犁、机引耙、旋耕机、镇压器、联合整地器、合壤器、其他土壤耕整机械。

（三）农田基本建设机械。是指从事农田基本建设的专用机械。包括开沟筑埂机、开沟铺管机、铲抛机、平地机、其他农田基本建设机械。

（四）种植机械。是指将农作物种子或秧苗移植到适于作物生长的苗床机械。包括播作机、水稻插秧机、栽植机、地膜覆盖机、复式播种机、秧苗准备机械。

（五）植物保护和管理机械。是指农作物在生长过程中的管理、施肥、防治病虫害的机械。包括机动喷粉机、喷雾机(器)、弥雾喷粉机、修剪机、中耕除草机、播种中耕机、培土机具、施肥机。

（六）收获机械。是指收获各种农作物的机械。包括粮谷、棉花、薯类、甜菜、甘蔗、茶叶、油料等收获机。

（七）场上作业机械。是指对粮食作物进行脱粒、清选、烘干的机械设备。包括各种脱粒机、清选机、粮谷干燥机、种子精选机。

（八）排灌机械。是指用于农牧业排水、灌溉的各种机械设备。包括喷灌机、半机械化提水机具、打井机。

（九）农副产品加工机械。是指对农副产品进行初加工，加工后的产品仍属农副产品的机械。包括茶叶机械、剥壳机械、棉花加工机械（包括棉花打包机）、食用菌机械（培养木耳、蘑菇等）、小型粮谷机械。

以农副产品为原料加工工业产品的机械，不属于本货物的范围。

（十）农业运输机械。是指农业生产过程中所需的各种运输机械。包括人力车（不包括三轮运货车）、畜力车和拖拉机挂车。

农用汽车不属于本货物的范围。

（十一）畜牧业机械。是指畜牧业生产中所需的各种机械。包括草原建设机械、牧业收获机械、饲料加工机械、畜禽饲养机械、畜产品采集机械。

（十二）渔业机械。是指捕捞、养殖水产品所用的机械。包括捕捞机械、增氧机、饵料机。

机动渔船不属于本货物的范围。

（十三）林业机械。是指用于林业的种植、育林的机械。包括清理机械、育林机械、树苗栽植机械。

森林砍伐机械、集材机械不属于本货物征收范围。

（十四）小农具。包括畜力犁、畜力耙、锄头和镰刀等农具。

农机零部件不属于本货物的征收范围。

【注释】 对《增值税暂行条例》第1、2条进行了解释。

增值税若干具体问题的规定

国税发[1993]154号

一、征税范围

（一）货物期货（包括商品期货和贵金属期货），应当征收增值税。

（二）银行销售金银的业务，应当征收增值税。

（三）融资租赁业务，无论租赁的货物的所有权是否转让给承租方，均不征收增值税。（此条款已失效或废止）

（四）基本建设单位和从事建筑安装业务的企业附设的工厂、车间生产的水泥预制构件、其他构件或建筑材料，用于本单位或本企业的建筑工程的，应在移送使用时征收增值税。但对其在建筑现场制造的预制构件，凡直接用于本单位或本企业建筑工程的，不征收增值税。

（五）典当业的死当物品销售业务和寄售业代委托人销售寄售物品的业务，均应征收增值税。

（六）因转让著作所有权而发生的销售电影母片、录像带母带、录音磁带母带的业务，以及因转让专利技术和非专利技术的所有权而发生的销售计算机软件的业务，不征收增值税。

（七）供应或开采未经加工的天然水（如水库供应农业灌溉用水，工厂自采地下水用于生产），不征收增值税。

（八）邮政部门销售集邮邮票、首日封，应当征收增值税。

（九）缝纫，应当征收增值税。

二、计税依据

（一）纳税人为销售货物而出租出借包装物收取的押金，单独记账核算的，不并入销售额征税。但对因逾期未收回包装物不再退还的押金，应按所包装货物的适用税率征收增值税。

（二）纳税人采取折扣方式销售货物，如果销售额和折扣额在同一张发票上分别注明的，可按折扣后的销售额征收增值税；如果将折扣额另开发票，不论其在财务上如何处理，均不得从销售额中减除折扣额。

（三）纳税人采取以旧换新方式销售货物，应按新货物的同期销售价格确定销售额。

纳税人采取还本销售方式销售货物，不得从销售额中减除还本支出。

（四）纳税人因销售价格明显偏低或无销售价格等原因，按规定需组成计税价格确定销售额的，其组价公式中的成本利润率为10%。但属于应从价定率征收消费税的货物，其组价公式中的成本利润率，为《消费税若干具体问题的规定》中规定的成本利润率。

三、小规模纳税人标准

(一) 增值税细则第二十四条关于小规模纳税人标准的规定中所提到的销售额,是指该细则第二十五条所说的小规模纳税人的销售额。

(二) 该细则第二十四条所说的以从事货物生产或提供应税劳务为主,并兼营货物的批发或零售的纳税人,是指该类纳税人的全部年应税销售额中货物或应税劳务的销售额超过 50%,批发或零售货物的销售额不到 50%。

四、固定业户到外县(市)销售货物,应当向其机构所在地主管税务机关申请开具外出经营活动税收管理证明,回其机构所在地向税务机关申报纳税。未持有其机构所在地主管税务机关核发的外出经营活动税收管理证明的,销售地主管税务机关一律按 6%的征收率征税。其在销售地发生的销售额,回机构所在地后,仍应按规定申报纳税,在销售地缴纳的税款不得从当期应纳税额中扣减。

【注释】 对《增值税暂行条例》第 1、6 条进行了解释。对《增值税暂行条例实施细则》第 24、25 条进行了解释。

国家税务总局关于各种性质的价外收入都应当征收增值税的批复

国税函发[1994]87 号

北京市税务局:

你局京税一[1994]137 号《关于各种代中央、地方财政收取的价外收入是否征收增值税的请示》悉。根据《中华人民共和国增值税暂行条例》第六条和《中华人民共和国增值税暂行条例实施细则》第十二条的规定,我局意见,对纳税人代中央、地方财政收取的各种价外收入都应并入货物或应税劳务的销售额征收增值税。

【注释】 对《增值税暂行条例》第 6 条进行了解释。对《增值税暂行条例实施细则》第 12 条进行了解释。

国家税务总局关于由税务所为小规模企业代开增值税专用发票的通知

国税发[1994]58 号

各省、自治区、直辖市税务局,各计划单列市税务局:

根据增值税暂行条例的规定,小规模纳税人不得领购使用专用发票。此项规定的目的,是为了加强专用发票的管理,堵塞偷税漏洞。但是,由于一般纳税人向小规模纳税人购进货物不能取得专用发票,无法抵扣进项税额,此项规定对于小规模纳税人的销售产生了一定影响。鉴于这种影响主要存在于小规模纳税人中的企业及企业性单位(以下简称小规模企业),为了既有利于加强专用发票的管理,又不影响小规模企业的销售。1994 年 1 月 20 日我局以国税明电[1994]023 号明传电报将《国家税务总局关于由税务所为小规模企业代开增值税专用发票的通知》发给各地。现印发给你们,请继续遵照执行。

一、凡能够认真履行纳税义务的小规模企业,经县(市)税务局批准,其销售货物或应税劳务可由税务所代开专用发票。税务机关应将代开专用发票的情况造册详细登记备查。但销售免税货物或将货物、应税劳务销售给消费者的,以及小额零星销售,不得代开专用发票。

对于不能认真履行纳税义务的小规模企业,不得代开专用发票。

税务机关应限期要求小规模企业健全会计核算,在限期内会计核算达到要求的,可认定为一般纳税人,按一般纳税人的规定计算交纳增值税;达不到要求的,仍按小规模纳税人的规定计算交纳增值税,但不再代开专用发票。

二、为小规模企业代开专用发票,应在专用发票"单价"栏和"金额"栏分别填写不含其本身应纳税额的单价和销售额;"税率"栏填写增值税征收率 6%;"税额"栏填写其本身应纳的税额,即按销售额依照 6%征收率计算的增值税额。一般纳税人取得由税务所代开的专用发票后,应以专用发票上填写的税额为进项税额。

三、由税务所代开专用发票的具体办法，暂由各省、自治区、直辖市、计划单列市税务局制定并报总局备案。

【注释】 对《增值税暂行条例》第26条进行了解释。相关规定包括：《国家税务总局关于取消小规模企业销售货物或应税劳务由税务所代开增值税专用发票审批后有关问题的通知》(国税函[2004]895号)。

增值税一般纳税人申请认定办法

国税发[1994]59号

一、凡增值税一般纳税人(以下简称一般纳税人)，均应依照本办法向其企业所在地主管税务机关申请办理一般纳税人认定手续。

一般纳税人总分支机构不在同一县(市)的，应分别向其机构所在地主管税务机关申请办理一般纳税人认定手续。

二、一般纳税人是指年应征增值税销售额(以下简称年应税销售额，包括一个公历年度内的全部应税销售额)，超过财政部规定的小规模纳税人标准的企业和企业性单位(以下简称企业)。

下列纳税人不属于一般纳税人：

(一) 年应税销售额未超过小规模纳税人标准的企业(以下简称小规模企业)；

(二) 个人；

(三) 非企业性单位；

(四) 不经常发生增值税应税行为的企业。(此条款已失效或废止)

三、年应税销售额未超过标准的小规模企业，会计核算健全，能准确核算并提供销项税额、进项税额的，可申请办理一般纳税人认定手续。

纳税人总分支机构实行统一核算，其总机构年应税销售额超过小规模企业标准，但分支机构年应税销售额未超过小规模企业标准的，其分支机构可申请办理一般纳税人认定手续。在办理认定手续时，须提供总机构所在地主管税务机关批准其总机构为一般纳税人的证明(总机构申请认定表的影印件)。

由于销售免税货物不得开具增值税专用发票，因此全部销售免税货物的企业不办理一般纳税人认定手续。(此条款已失效或废止)

四、经税务机关审核认定的一般纳税人，可按《中华人民共和国增值税暂行条例》第四条的规定计算应纳税额，并使用增值税专用发票。

对符合一般纳税人条件但不申请办理一般纳税人认定手续的纳税人，应按销售额依照增值税税率计算应纳税额，不得抵扣进项税额，也不得使用增值税专用发票。

五、新开业的符合一般纳税人条件的企业，应在办理税务登记的同时申请办理一般纳税人认定手续。税务机关对其预计年应税销售额超过小规模企业标准的暂认定为一般纳税人；其开业后的实际年应税销售额未超过小规模纳税人标准的，应重新申请办理一般纳税人认定手续。符合本办法第三条第一款条件的，可继续认定为一般纳税人；不符合本办法第三条第一款条件的，取消一般纳税人资格。(此条款已失效或废止)

六、已开业的小规模企业，其年应税销售额超过小规模纳税人标准的，应在次年1月底以前申请办理一般纳税人认定手续。

七、企业申请办理一般纳税人认定手续，应提出申请报告，并提供下列有关证件、资料：

(一) 营业执照；

(二) 有关合同、章程、协议书；

(三) 银行账号证明；

(四) 税务机关要求提供的其他有关证件、资料。

上款第四项所列证件、资料的内容由省级税务机关确定。

八、主管税务机关在初步审核企业的申请报告和有关资料后，发给《增值税一般纳税人申请认定表》，企业应如实填写《增值税一般纳税人申请认定表》。企业填报《增值税一般纳税人申请认定表》一式两份，审批后，一份交基层征收机关，一份退企业留存。

《增值税一般纳税人申请认定表》表样，由国家税务总局统一制定。

九、一般纳税人认定的审批权限，在县级以上税务机关。对于企业填报的《增值税一般纳税人申请认定表》，负责审批的税务机关应在收到之日起30日内审核完毕。符合一般纳税人条件的，在其《税务登记证》副本首页上方加盖“增值税一般纳税人”确认专章，作为领购增值税专用发票的证件。

“增值税一般纳税人”确认专章印色统一为红色，印模由国家税务总局制定。

【注释】 对《增值税暂行条例》第11条进行了解释。对《增值税暂行条例实施细则》第24条进行了解释。

增值税小规模纳税人征收管理办法

国税发[1994]116号

第一条 为了加强对增值税小规模纳税人（以下简称小规模纳税人）缴纳增值税的管理，帮助小规模纳税人提高经营管理水平，根据《中华人民共和国税收征收管理法》和《中华人民共和国增值税暂行条例》的有关规定，制定本办法。

第二条 小规模纳税人是指年销售额在规定标准以下，并且会计核算不健全，不能按规定报送有关税务资料的增值税纳税人。

上款所称会计核算不健全是指不能正确核算增值税的销项税额、进项税额和应纳税额。

小规模纳税人销售额标准为：

（一）从事货物生产或提供应税劳务的纳税人，以及以从事货物生产或提供应税劳务为主，并兼营货物批发或零售的纳税人，年应征增值税销售额（以下称应税销售额）在100万元以下的；

（二）从事货物批发或零售的纳税人，年应税销售额在180万元以下的。

年应税销售额超过小规模纳税人标准的个人、非企业性单位，不经常发生应税行为的企业，视同小规模纳税人纳税。

第三条 年应税销售额未超过标准的小规模企业（未超过标准的企业和企业性单位），账簿健全，能准确核算并提供销项税额、进项税额，并能按规定报送有关税务资料的，经企业申请，税务部门可将其认定为一般纳税人。

第四条 认定一般纳税人，还是小规模纳税人的权限，在县级以上税务机关。

第五条 小规模纳税人实行简易办法征收增值税，应纳税额的计算公式为：

应纳税额＝应税销售额×征收率

以上公式中，征收率为6％。

第六条 为了既有利于加强专用发票的管理，又不影响小规模企业的销售，对会计核算暂时不健全，但能够认真履行纳税义务的小规模企业，经县（市）主管税务机关批准，在规定期限内其销售货物或提供应税劳务，可由所在地税务所代开增值税专用发票。在专用发票“单价”栏和“金额”栏分别填写不含其本身应纳税额的单价和销售额；“税率”栏填写增值税征收率6％；“税额”栏填写其本身应纳的税额，即按销售额依照6％征收率计算的增值税额。

第七条 基层税务机关要加强对小规模生产企业财会人员的培训，帮助建立会计账簿，只要小规模企业有会计，有账册，能够正确计算进项税额、销项税额和应纳税额，并能按规定报送有关税务资料，就可以认定为增值税一般纳税人。

第八条 对没有条件设置专职会计人员的小规模企业，在纳税人自愿并配有本单位兼职会计人员的前提下，可采取以下措施，使兼职人员尽快独立工作，进行会计核算。

（一）由税务机关帮助小规模企业从税务咨询公司、会计师事务所等聘请会计人员建账、核算。

（二）由税务机关组织从事过财会业务，有一定工作经验，政治上可靠，遵纪守法的离、退休会计人员，帮助小规模企业建账、核算。

（三）在职会计人员经所在单位同意，主管税务机关批准，也可以到小规模企业兼任会计。

第九条 小规模企业可以单独聘请会计人员，也可以几个企业联合聘请会计人员。

第十条 从事货物零售业务的小规模企业,不认定为一般纳税人。

第十一条 在职的会计人员兼职或离、退休会计人员到小规模企业从事会计工作,其有关记账代理的事项,按财政部的有关规定办理。

【注释】 对《增值税暂行条例》第 11 条进行了解释。对《增值税暂行条例实施细则》第 24 条进行了解释。

财政部 国家税务总局关于调整农业产品增值税税率和若干项目征免增值税的通知

财税[1994]4 号

根据国务院《关于研究财税体制改革方案出台后有关问题的会议纪要》(国阅[1994]42 号)的精神,现就调整农业产品增值税税率和对若干项目免征增值税问题通知如下:

一、农业产品的增值税税率由 17%调整为 13%。

二、下列货物在 1995 年底以前免征增值税:

(一) 国有粮食商业企业销售给军队的粮食、食用植物油和返销农村的粮、油;

国有粮食批发企业销售给国有粮食零售企业的粮食和食用植物油;

国有粮食零售企业销售给城市居民的粮食和食用植物油。

(二) 饲料。

(三) 农膜。

(四) 化肥生产企业生产销售的碳酸氢铵、普通过磷酸钙、钙镁磷肥以及原生产碳酸氢铵、普通过磷酸钙、钙镁磷肥产品的小化肥生产企业,改产生产销售的尿素、磷铵和硫磷铵。

(五) 农药生产企业生产销售的敌百虫、敌敌畏、乐果、对硫磷、锌硫磷、甲胺磷、乙酰甲胺磷、异稻瘟净、杀虫双、杀螟松、马拉松、磷化铝、除草醚、丁草胺和氧化乐果。

(六) 批发和零售的种子、种苗、化肥、农药、农机。

(七) 电影制片厂销售的电影拷贝。

三、残疾人员个人提供加工和修理修配劳务,免征增值税。

四、一般纳税人生产下列货物,可按简易办法依照 6%征收率计算缴纳增值税,并可由其自己开具专用发票:

(一) 县以下小型水力发电单位生产的电力;

(二) 建筑用和生产建筑材料所用的砂、土、石料;

(三) 以自己采掘的砂、土、石料或其他矿物连续生产的砖、瓦、石灰;

(四) 原料中掺有煤矸石、石煤、粉煤灰、烧煤锅炉的炉底渣及其他废渣(不包括高炉水渣)生产的墙体材料;

(五) 用微生物、微生物代谢产物、动物毒素、人或动物的血液或组织制成的生物制品。

生产上列货物的一般纳税人,也可不按简易办法而按有关对一般纳税人的规定计算缴纳增值税。一般纳税人生产上列货物所选择的计算缴纳增值税的办法至少 3 年内不得变更。

根据增值税暂行条例的规定,按简易办法计算增值税额,不得抵扣进项税额。一般纳税人除生产上列货物外还生产其他货物或提供加工、修理修配劳务,并且选择简易办法计算上列货物应纳税额的,如果无法准确划分不得抵扣的进项税额,应按下列公式计算不得抵扣的进项税额:

$$不得抵扣进项税额=当月全部进项税额\times\frac{当月按简易办法计税的货物销售额}{当月全部销售额}$$

生产上列货物的一般纳税人,如选择简易办法计算缴纳增值税额,应在专用发票的“单价”、“金额”栏填写不含其本身应纳税额的金额,在“税率”栏填写征收率 6%,在“税额”栏填写其本身应纳的税额。此种专用发票可以作为扣税凭证。

本通知从 1994 年 5 月 1 日起执行。

【注释】 对《增值税暂行条例》第 2 条进行了解释。

财政部　国家税务总局关于增值税、营业税若干政策规定的通知

财税[1994]26号

各省、自治区、直辖市、计划单列市财政厅(局)、税务局：

新税制实施以来，各地陆续反映了一些增值税、营业税执行中出现的问题。经研究，现将有关政策问题规定如下：

一、关于集邮商品征税问题

集邮商品，包括邮票、小型张、小本票、明信片、首日封、邮折、集邮簿、邮盘、邮票目录、护邮袋、贴片及其他集邮商品。

集邮商品的生产、调拨征收增值税。邮政部门销售集邮商品，征收营业税；邮政部门以外的其他单位与个人销售集邮商品，征收增值税。

二、关于报刊发行征税问题

邮政部门发行报刊，征收营业税；其他单位和个人发行报刊征收增值税。

三、关于销售无线寻呼机、移动电话征税问题

电信单位(电信局及电信局批准的其他从事电信业务的单位)自己销售无线寻呼机、移动电话，并为客户提供有关的电信劳务服务的，属于混合销售，征收营业税；对单纯销售无线寻呼机、移动电话，不提供有关的电信劳务服务的，征收增值税。

四、关于混合销售征税问题

(一)根据增值税暂行条例实施细则(以下简称细则)第五条的规定，“以从事货物的生产、批发或零售为主，并兼营非应税劳务的企业、企业性单位及个体经营者”的混合销售行为，应视为销售货物征收增值税。此条规定所说的“以从事货物的生产、批发或零售为主，并兼营非应税劳务”，是指纳税人的年货物销售额与非增值税应税劳务营业额的合计数中，年货物销售额超过50%，非增值税应税劳务营业额不到50%。

(二)从事运输业务的单位与个人，发生销售货物并负责运输所售货物的混合销售行为，征收增值税。

五、关于代购货物征税问题

代购货物行为，凡同时具备以下条件的，不征收增值税；不同时具备以下条件的，无论会计制度规定如何核算，均征收增值税。

(一)受托方不垫付资金；

(二)销货方将发票开具给委托方，并由受托方将该项发票转交给委托方；

(三)受托方按销售方实际收取的销售额和增值税额(如系代理进口货物则为海关代征的增值税额)与委托方结算货款，并另外收取手续费。

六、关于棕榈油、棉籽油和粮食复制品征税问题

(一)棕榈油、棉籽油按照食用植物油13%的税率征收增值税；

(二)切面、饺子皮、米粉等经过简单加工的粮食复制品，比照粮食13%的税率征收增值税。粮食复制品是指以粮食为主要原料经简单加工的生食品，不包括挂面和以粮食为原料加工的速冻食品、副食品。粮食复制品的具体范围由各省、自治区、直辖市、计划单列市直属分局根据上述原则确定，并上报财政部和国家税务总局备案。

七、关于出口“国务院另有规定的货物”征税问题

根据增值税暂行条例第二条：“纳税人出口国务院另有规定的货物，不得适用零税率”的规定，纳税人出口的原油，援外出口货物，国家禁止出口的货物，包括天然牛黄、麝香、铜及铜基合金、白金等，糖应按规定征收增值税。

八、关于外购农业产品的进项税额处理问题

增值税一般纳税人向小规模纳税人购买的农业产品，可视为免税农业产品按10%的扣除率计算进项税额。

九、关于寄售物品和死当物品征税问题

寄售商店代销的寄售物品(包括居民个人寄售的物品在内)、典当业销售的死当物品，无论销售单位是

否属于一般纳税人，均按简易办法依照6%的征收率计算缴纳增值税，并且不得开具专用发票。

十、关于销售自己使用过的固定资产征税问题

单位和个体经营者销售自己使用过的游艇、摩托车和应征消费税的汽车，无论销售者是否属于一般纳税人，一律按简易办法依照6%的征收率计算缴纳增值税，并且不得开具专用发票。销售自己使用过的其他属于货物的固定资产，暂免征收增值税。

十一、关于人民币折合率的问题

纳税人按外汇结算销售额的，其销售额的人民币折合率为中国人民银行公布的市场汇价。

十二、本规定自1994年6月1日起执行。

【注释】 对《增值税暂行条例》第1条进行了解释。对《增值税暂行条例实施细则》第2条进行了解释。

国家税务总局关于增值税若干征收问题的通知

国税发[1994]122号

近一时期以来，各地各部门不断反映一些增值税征税方面的问题，如纳税地点的确定问题，增值税专用发票的填开问题等，要求总局明确。根据各地反映的情况，我们进行了研究，现明确如下：

一、关于纳税地点问题

固定业户的总、分支机构不在同一县（市），但在同一省、自治区、直辖市范围内的，其分支机构应纳的增值税是否可由总机构汇总缴纳，由省、自治区、直辖市税务局决定。

二、关于非企业性单位可否认定为一般纳税人问题

非企业性单位如果经常发生增值税应税行为，并且符合一般纳税人条件，可以认定为一般纳税人。

三、关于无偿赠送货物可否开具专用发票问题

一般纳税人将货物无偿赠送给他人，如果受赠者为一般纳税人，可以根据受赠者的要求开具专用发票。

四、关于混合销售征税问题

根据细则第五条规定，以从事非增值税应税劳务为主，并兼营货物销售的单位与个人，其混合销售行为应视为销售非应税劳务，不征收增值税。但如果其设立单独的机构经营货物销售并单独核算，该单独机构应视为从事货物的生产、批发或零售的企业、企业性单位，其发生的混合销售行为应当征收增值税。

五、关于计算外购农业产品的进项税额问题

根据细则第十七条的规定，购进免税农业产品的买价，仅限于经主管税务机关批准使用的收购凭证上注明的价款。各地反映，一些农业生产单位销售自产农产品，可以开具普通发票，为了简化手续，对一般纳税人购进农业产品取得的普通发票，可以按普通发票上注明的价款计算进项税额。

六、关于增值税专用发票的填写问题

（一）专用发票的"单价"栏，必须填写不含税单价。纳税人如果采用销售额和增值税额合并定价方法的，其不含税单价应按下列公式计算：

1. 一般纳税人按增值税税率计算应纳税额的，不含税单价计算公式为：

不含税单价＝含税单价/(1＋税率)

2. 一般纳税人按简易办法计算应纳税额的和由税务所代开专用发票的小规模纳税人，不含税单价计算公式为：

不含税单价＝含税单价/(1＋征收率)

（二）专用发票"金额"栏的数字，应按不含税单价和数量相乘计算填写，计算公式为：

金额栏数字＝不含税单价×数量

不含税单价的尾数，"元"以下一般保留到"分"，特殊情况下也可以适当增加保留的位数。

（三）专用发票的"税率"栏，应填写销售货物或应税劳务的适用税率，"税额"栏的数字应按"金额"栏数字和"税率"相乘计算填写。计算公式为：

税额＝金额×税率

（四）为了有利于提高专用发票的开票效率，销货方可以预先在专用发票有关"销售单位"的栏目内加盖刻有其名称、地址、电话号码、纳税人登记号的专用戳记。印迹必须清楚。如果上述内容发生变化，必须

及时更换。(此条款已失效或废止)

(五)《国家税务总局关于增值税专用发票使用问题的通知》(国税明传电报[1994]035号)第三条所说的"其销售电力或自来水可以使用税务机关监制的机外专用发票和电子计算机开具专用发票",是指供电部门和自来水公司可以使用电子计算机开具专用发票,但必须领购使用税务机关统一监制的机外发票。(此条款已失效或废止)

【注释】 对《增值税暂行条例》第11条进行了解释。对《增值税暂行条例实施细则》第5、8条进行了解释。

财政部　国家税务总局关于城镇公用事业附加应纳入增值税计税销售额征收增值税的通知

财税[1994]35号

各省、自治区、直辖市财政厅(局)、税务局,各计划单列市财政局、税务局:

新税制实行后,按照《中华人民共和国增值税暂行条例》和条例实施细则的规定,向购买方收取的各种价外费用均应并入销售额计算缴纳增值税。最近,一些地区和部门要求对在价外收取的城镇公用事业附加是否征收增值税问题予以明确。经研究,现明确如下:

这次税制改革,增值税税基包括价外收取的一切费用,这是严肃税法、保护税基完整所采取的重要措施。目前,国家规定的价外收取的各项基金都已作为应税收入征税。因此,为统一税收政策,对在价外与应征增值税的销售收入一并收取的城镇公用事业附加,亦应按照税法规定纳入增值税计税销售额征收增值税。

【注释】 对《增值税暂行条例》第6条进行了解释。

国家税务总局关于增值税几个业务问题的通知

国税发[1994]186号

各省、自治区、直辖市国家税务局,各计划单列市国家税务局:

最近,各地在征收增值税方面提出了一些问题,要求予以明确。经调查研究和全国增值税业务会议讨论,现明确如下:

一、对承租或承包的企业、单位和个人,有独立的生产、经营权,在财务上独立核算,并定期向出租者或发包者上缴租金或承包费的,应作为增值税纳税人按规定缴纳增值税。

二、对1994年6月1日以后销售货物并负责运输所售货物的运输单位和个人,凡符合增值税一般纳税人标准的,可认定为一般纳税人。

三、糠麸、油渣(饼)、酒糟、糖渣按"饲料"的适用税率征收增值税。(此条款已失效或废止)

四、根据(94)财税字第004号通知的规定,一般纳税人生产的原料中掺有煤矸石、石煤、粉煤灰、烧煤锅炉的炉底渣及其他废渣(不包括高炉水渣)的墙体材料,1994年5月1日以后可按简易办法依照6%征收率计算缴纳增值税。此条规定所称墙体材料是指废渣砖、石煤和粉煤灰砌块、煤矸石砌块、炉底渣及其他废渣(不包括高炉水渣)砌块。

五、本通知除第二、四条以外,从1994年1月1日起执行。

【注释】 对《增值税暂行条例》第11、12条进行了解释。对《增值税暂行条例实施细则》第24条进行了解释。

财政部　国家税务总局关于增值税几个税收政策问题的通知

财税[1994]60号

各省、自治区、直辖市财政厅、国家税务局,各计划单列市财政局、国家税务局:

根据国务院批示精神,经研究,现对几个增值税政策问题明确如下:

一、增值税一般纳税人1994年5月1日以后销售应税货物而支付的运输费用，除《中华人民共和国增值税暂行条例实施细则》第十二条所规定的不并入销售额的代垫运费以外，可按(94)财税字第012号《财政部、国家税务总局关于运输费用和废旧物资准予抵扣进项税额问题的通知》中有关规定，依10%的扣除率计算进项税额予以抵扣。

纳税人购买或销售免税货物所发生的运输费用，不得计算进项税额抵扣。

二、供残疾人专用的假肢、轮椅、矫型器(包括上肢矫型器、下肢矫型器、脊椎侧弯矫型器)，免征增值税。

三、对国家定点企业(名单见附件)生产和经销单位经销的专供少数民族饮用的边销茶，免征增值税。

边销茶，是指以黑茶、红茶末、老青茶、绿茶经蒸制、加压、发酵、压制成不同形状，专门销往边疆少数民族地区的紧压茶。

四、对农业产品收购单位在收购价格之外按规定缴纳的农业特产税，准予并入农业产品的买价，计算进项税额扣除。

五、铁路工附业单位，凡是向其所在铁路局内部其他单位提供的货物或应税劳务，1995年底前暂免征收增值税；向其所在铁路局以外销售的货物或应税劳务，应照章征收增值税。

上款所称铁路工附业，是指直接为铁路运输生产服务的工业性和非工业性生产经营单位，主要包括工业性生产和加工修理修配、材料供应、生活供应等。

六、农用水泵、农用柴油机按农机产品依13%的税率征收增值税。

农用水泵是指主要用于农业生产的水泵，包括农村水井用泵、农田作业面潜水泵、农用轻便离心泵、与喷灌机配套的喷灌自吸泵。其他水泵不属于农机产品征税范围。

农用柴油机是指主要配套于农田拖拉机、田间作业机具、农副产品加工机械以及排灌机械，以柴油为燃料，油缸数在3缸以下(含3缸)的往复式内燃动力机械。4缸以上(含4缸)柴油机不属于农机产品征税范围。

七、本通知除第一条外，从1994年1月1日起执行。

【注释】 对《增值税暂行条例》第2、10条进行了解释。

财政部　国家税务总局关于油气田企业增值税计算缴纳方法问题的通知

财税[1994]73号

各省、自治区、直辖市、计划单列市财政厅(局)、国家税务局：

据中国石油天然气总公司反映，油气田企业具有生产分散、大部分材料自行采购，而油气产品需集中由销售部门统一对外销售的特点，为了既便于油气田企业计算和缴纳增值税，又保证油气田企业所在地的财政利益不受影响，经研究，现将各石油管理局的增值税计算缴纳方法问题通知如下：

对跨省、自治区、直辖市、计划单列市的油气田企业，由石油管理局汇集所属单位的进项税额、计算出销项税额，并据以计算应缴增值税税额后，按照各油气田产量比例进行分配，然后由各油气田按所分配的应纳税额向所在地税务机关缴纳。对在省、自治区、直辖市、计划单列市内的油气田企业，其增值税的计算缴纳方法由各省、自治区、直辖市、计划单列市国家税务局商财政厅(局)确定。

本通知自1994年1月1日起执行。

【注释】 对《增值税暂行条例》第26条进行了解释。

财政部关于外商投资企业出口货物税收问题有关会计处理规定的通知

财会[1994]43号

国务院各有关部门，各省、自治区、直辖市财政厅(局)，计划单列市财政局：

根据财政部和国家税务总局《关于外商投资企业出口货物税收问题的通知》[(94)财税字第058号](以

下简称《通知》),现对外商投资企业出口货物税收问题的有关会计处理规定如下:

一、关于增值税的会计处理

1. 外商投资企业生产直接出口并按规定免征增值税的货物,因购买国内原材料所负担的进项税额不予退税,应直接计入所购原材料的成本,借记“材料采购”等科目,贷记“应付账款”等科目。

2. 企业生产的货物既有出口又有内销的,应分别核算出口货物和内销货物的进项税额。属于出口货物的进项税额,按本通知第1条规定进行会计处理;属于内销货物的进项税额,可以自销售货物的销项税额中抵扣,在购入原材料时,按应支付的进项税额借记“应交税金——应交增值税(进项税额)”科目,贷记“应付账款”等科目。

3. 既有出口货物又有内销货物的企业,如不能分别核算或划分不清出口货物和内销货物的进项税额,应先将所有购入货物的进项税额全部计入“应交税金——应交增值税(进项税额)”科目中,即借记“应交税金——应交增值税(进项税额)”科目,贷记“应付账款”等科目。月末,按《通知》规定的公式计算出口货物不得抵扣的进项税额,借记“产品销售成本”科目,贷记“应交税金——应交增值税(进项税额转出)”科目。

4. 外商投资企业出口按规定不予免征增值税的货物,或将生产的货物销售给国内出口企业或委托国内出口企业代理出口,应视同内销进行会计处理。

二、关于消费税的会计处理

1. 外商投资企业直接出口按规定免征消费税的应税消费品,可不计算消费税。

2. 外商投资企业将生产的应税消费品销售给国内出口企业或委托国内出口企业代理出口,应视同内销进行会计处理。

【注释】 对《增值税暂行条例》第26条进行了解释。

货物期货征收增值税具体办法

国税发[1994]244号

根据国家税务总局《增值税若干具体问题的规定》,“货物期货应当征收增值税”。现将对货物期货征收增值税的具体办法规定如下:

一、货物期货交易增值税的纳税环节为期货的实物交割环节。

二、货物期货交易增值税的计税依据为交割时的不含税价格(不含增值税的实际成交额)。

不含税价格=含税价格÷(1+增值税税率)

三、货物期货交易增值税的纳税人为:

(一)交割时采取由期货交易所开具发票的,以期货交易所为纳税人。

期货交易所增值税按次计算,其进项税额为该货物交割时供货会员单位开具的增值税专用发票上注明的销项税额,期货交易所本身发生的各种进项不得抵扣。

(二)交割时采取由供货的会员单位直接将发票开给购货会员单位的,以供货会员单位为纳税人。

【注释】 对《增值税暂行条例》第1、5、6条进行了解释。

关于继续对宣传文化单位实行财税优惠政策的规定

财税[1994]89号

第一条　根据中共中央中发[1992]9号文件的有关精神,为了促进社会主义精神文明建设的发展,决定继续对宣传文化单位实行财税优惠政策,制定本规定。

第二条　原根据财政部《关于进一步支持宣传文化企业发展的通知》[(93)财文字第467号]和《国家税务局关于进一步支持宣传文化事业的通知》(国税发[1993]059号)享受税收优惠政策的宣传文化单位,应按新税制的有关规定执行。对因执行新税制增加税负的单位,属于本规定第三条所属范围的,采取先征税后退税的办法。具体退税办法按财政部的有关规定执行。

第三条　实行先征税后退税的具体范围包括:

一、下列出版物的增值税:

（一）中国共产党和各民主党派的各级组织的机关报和机关刊物；

（二）各级人民政府的机关报和机关刊物；

（三）各级人大、政协、妇联、工会、共青团的机关报和机关刊物；

（四）新华通讯社的机关报和机关刊物；

（五）军事部门的机关报和机关刊物；

（六）大中小学的学生课本和专为少年儿童出版发行的报纸和刊物；

（七）科技图书和科技期刊。

二、全国县及县以下新华书店和农村供销社销售的出版物的增值税，“八五”期间实行先征后退的办法，退还的税款用于发行网点建设。

第四条 电影制片厂销售的电影拷贝收入按财政部、国家税务总局《关于调整农业产品增值税税率和若干项目征免增值税的通知》[（94）财税字第004号]的规定，在1995年底以前免征增值税。

第五条 因转让著作所有权而发生的销售电影母片、录像带母带、录音磁带母带的业务，不征收增值税。

第六条 纪念馆、博物馆、文化馆、美术馆、展览馆、书画院、图书馆、文物保护单位举办文化活动所售门票收入按《中华人民共和国营业税暂行条例》的规定执行，免征营业税。

第七条 对专业剧团排练及舞美用房；与当地民用建筑标准相当的文化馆（站）、群艺馆、图书馆、档案馆、文物保护、图书发行网点；省级及省以上的电视台和省以上广播台及其传输转发系统；新闻、儿童、科教、美术电影制片厂，单纯设备购置，其固定资产投资方向调节税按《中华人民共和国固定资产投资方向调节税暂行条例》的规定执行，均适用零税率。

第八条 与当地民用建筑标准相当的博物馆、全国定点书、报、刊印刷厂及全国定点出版社、报社、杂志社，其固定资产投资方向调节税按《中华人民共和国固定资产投资方向调节税暂行条例》的规定执行，均适用5%的税率。

第九条 对故事片电影制片厂和生产唱片的工厂技改项目按《中华人民共和国固定资产投资方向调节税暂行条例》的规定执行，仅就建筑工程投资按10%的税率征收固定资产投资方向调节税。

上述第七条至第九条的具体适用范围，按国家税务局、国家计委《关于下发固定资产投资方向调节税文化、新闻、出版类税目注释的通知》（国税发[1993]073号）执行。

第十条 对财政部门拨付事业经费的宣传、文化事业单位自用的房产、车船、土地，按《中华人民共和国房产税暂行条例》、《中华人民共和国车船使用税暂行条例》、《中华人民共和国城镇土地使用税暂行条例》的规定免征房产税、车船使用税和土地使用税。

第十一条 宣传文化企业按《中华人民共和国企业所得税暂行条例》规定的税率缴纳所得税。

第十二条 中央和省级财政从1994年至1997年按宣传文化企业上年上缴所得税的实际入库数列支出预算，建立“宣传文化发展专项资金”（以下简称：专项资金）。

由于集中增值税返还主管部门难以操作，中央和省级财政要分别在预算中再安排部分专项经费，也纳入宣传文化发展专项资金。

（一）专项资金是财政资金，重点用于宣传文化工作的宏观调控。

（二）专项资金的使用要采取无偿和有偿相结合的办法，有偿使用的要按期归还。

（三）专项资金的使用。中央级由财政部根据中宣部和宣传文化主管部门（以下简称主管部门）商定的比例，分别拨付中宣部和主管部门安排使用，中宣部和主管部门提出使用范围报财政部审核。专项资金的使用单位要专款专用，年终或项目完成后，要将宣传文化发展专项资金的使用情况报中宣部、主管部门和财政部。中宣部、主管部门和财政部负责监督和检查专项资金的使用情况。

省级专项资金的使用和管理方式，由省自定。

（四）中央级和省级专项资金的管理办法分别由财政部和省级财政部门另行制定。

第十三条 各级财政部门要随着财力的增长，继续增加对宣传文化事业的投入，进一步改善宣传文化单位发展的条件。

第十四条 宣传文化主管部门要加强宏观管理，统筹规划，避免重复建设和人力、物力、财力的浪费，赋予宣传文化单位经营上的自主权，逐步使宣传文化单位成为自主经营、自我发展、自我约束的经营单位。

第十五条 宣传文化单位要深化内部改革，加强经营管理，按照建立社会主义市场经济体制的要求，转换经营机制，完善管理制度，在保证社会效益的前提下，注重经济效益，为人民群众提供健康向上、喜闻乐见的精神产品，为社会主义精神文明的建设做出贡献。

第十六条 各地财政、税务部门可以根据本规定，结合本地实际情况制定具体实施细则。

第十七条 本规定由财政部、国家税务总局负责解释。

第十八条 本规定从 1994 年 1 月 1 日起执行。财政部《关于进一步支持宣传文化企业发展的通知》((93)财文字第 467 号)和国家税务总局《国家税务局关于进一步支持宣传文化事业的通知》(国税发[1993]059 号)同时废止。

【注释】 对《增值税暂行条例》第 16 条进行了解释。

国家税务总局关于明确流转税、资源税法规中“主管税务机关、征收机关”名称问题的通知

国税发[1994]232 号

各省、自治区、直辖市国家税务局、地方税务局，各计划单列市国家税务局、地方税务局：

在增值税、消费税、营业税、资源税暂行条例、实施细则及相关文件中，对“主管税务机关、征收机关”已作了解释，但是，由于各地国家税务局和地方税务局机构的分设，原名称所指已发生变化，现重新明确如下：

一、《中华人民共和国增值税暂行条例实施细则》第三十六条第二款中所称“主管税务机关、征收机关”，是指国家税务总局所属的县级以上(含县级)国家税务局，第二十八条、第三十二条第四款中所称“国家税务总局直属分局”，是指省、自治区、直辖市国家税务局，也包括享有省级经济管理权限的城市的国家税务局。

二、《中华人民共和国消费税暂行条例》第十三条、《中华人民共和国消费税暂行条例实施细则》第十八、二十三、二十四条、《消费税若干具体问题的规定》第三、五条中的“主管税务机关”，是指国家税务总局所属的县级以上(含县级)国家税务局。

《中华人民共和国消费税暂行条例实施细则》第二十一、二十五条、《消费税若干具体问题的规定》第四条中“国家税务总局所属税务分局”，是指省、自治区、直辖市国家税务局，也包括享有省级经济管理权限的城市的国家税务局。

三、《中华人民共和国营业税暂行条例实施细则》第五条、第六条中所称“国家税务总局所属征收机关”，是指国家税务总局所属的县级以上(含县级)国家税务局。

四、《中华人民共和国资源税暂行条例》第十二条中的“省、自治区、直辖市税务机关，”是指省、自治区、直辖市地方税务局和享有省级经济管理权限的城市的地方税务局。

《中华人民共和国资源税暂行条例》第十二、十三条以及《中华人民共和国资源税暂行条例实施细则》第五、八、九、十条所说的“主管税务机关”或“税务机关”，是指县级以上(含县级)的地方税务局。

【注释】 对《增值税暂行条例实施细则》第 28、32、36 条进行了解释。

国家税务总局关于固定业户临时外出经营有关增值税专用发票管理问题的通知

国税发[1995]87 号

各省、自治区、直辖市和计划单列市国家税务局：

为了强化对增值税专用发票(以下简称专用发票)的管理，堵塞漏洞，根据全国增值税工作会议讨论意见，现将固定业户临时到外地经营有关专用发票使用管理的问题通知如下：

固定业户(指增值税一般纳税人)临时到外省、市销售货物的，必须向经营地税务机关出示“外出经营活动税收管理证明”回原地纳税，需要向购货方开具专用发票的，亦回原地补开。对未持“外出经营活动税收管理证明”的，经营地税务机关按 6%的征收率征税。对擅自携票外出，在经营地开具专用发票的，经营地主管税务机关根据发票管理的有关规定予以处罚并将其携带的专用发票逐联注明“违章使用作废”字样。

本规定自 1995 年 7 月 1 日起执行，此前有关规定同时废止。

【注释】 对《增值税暂行条例》第26条进行了解释。

增值税问题解答(之一)

国税函发[1995]288号

一、问:《财政部、国家税务总局关于运输费用和废旧物资准予抵扣进项税额问题的通知》[(94)财税字第012号]规定,增值税一般纳税人外购货物(固定资产除外)所支付的运输费用,根据运费结算单据(普通发票)所列运费金额依10%的扣除率计算进项税额准予扣除,但随同运费支付的装卸费、保险费等其他杂费不得计算扣除进项税额,其准予抵扣的运费金额的具体范围应如何掌握?

答:(一) 增值税一般纳税人外购货物(固定资产除外)所支付的运输费用,准予抵扣的运费结算单据(普通发票),是指国营铁路、民用航空、公路和水上运输单位开据的货票,以及从事货物运输的非国有运输单位开具的套印全国统一发票监制章的货票。

(二) 准予抵扣的货物运费金额是指在运输单位开具的货票上注明的运费、建设基金,不包括随同运费支付的装卸费、保险费等其他杂费。

二、问:增值税一般纳税人采取邮寄方式销售、购买货物所支付的邮寄费,能否比照《财政部、国家税务总局关于增值税几个税收政策问题的通知》[(94)财税字第060号]中关于销售应税货物而支付的运输费用的规定,依10%的扣除率计算进项税额予以抵扣?

答:增值税一般纳税人采取邮寄方式销售、购买货物所支付的邮寄费,不允许计算进项税额抵扣。

三、问:《财政部、国家税务总局关于增值税几个税收政策问题的通知》[(94)财税字第060号]中规定,铁路工附业单位,凡是向其所在铁路局内部其他单位提供的货物或应税劳务,1995年底前暂免征收增值税;向其所在铁路局以外销售的货物或应税劳务,应照章征收增值税。在执行中铁路工附业的具体范围应如何掌握?铁路局及铁路局内部所属单位销售货物或应税劳务,缴纳增值税的纳税地点应如何确定?铁路局及铁路局内部所属单位销售货物或应税劳务,计算增值税应纳税额时,进项税额应如何确定?

答:(一)《财政部、国家税务总局关于增值税几个税收政策问题的通知》((94)财税字第060号)中所称的铁路工附业,是指直接为铁路运输生产服务的工业性和非工业性生产经营单位,主要包括工业性生产和加工修理修配、材料供应、生活供应等,暂免增值税的具体范围如下:

1. 铁路局所属的工业企业为其所在铁路局内部其他单位提供的货物。

2. 铁路局所属的从事加工、修理修配的单位,为其所在铁路局内部其他单位提供的应税劳务。

3. 铁路局所属的材料供应单位为其所在铁路局内部其他单位提供的货物。

4. 铁路局所属的生活供应站为其所在铁路局内部其他单位提供的货物。

铁路局所属单位兴办的多种经营业务,铁路局和其所属单位与其他单位合营、联营、合作经营业务,以及铁路局所属集体企业销售货物、应税劳务,应按规定征收增值税。

(二) 铁路局及铁路局内部所属单位销售货物或应税劳务,缴纳增值税的纳税地点,按增值税纳税地点的有关规定执行。

(三) 铁路局及铁路局内部所属单位销售货物或应税劳务,计算增值税应纳税额时,进项税额的范围和抵扣凭证,应按增值税进项税额抵扣的统一规定执行。铁路局内部所属单位相互开具的调拨结算单、普通发票等,不属于增值税税法规定的抵扣凭证,不允许计算进项税额抵扣。

三、问:代理进口货物应如何征税?

答:代理进口货物的行为,属于增值税条例所称的代购货物行为,应按增值税代购货物的征税规定执行。但鉴于代理进口货物的海关完税凭证有的开具给委托方,有的开具给受托方的特殊性,对代理进口货物,以海关开具的完税凭证上的纳税人为增值税纳税人。即对报关进口货物,凡是海关的完税凭证开具给委托方的,对代理方不征增值税;凡是海关的完税凭证开具给代理方的,对代理方应按规定增收增值税。

四、问:集邮公司销售的集邮商品应如何征税?

答:根据财政部、国家税务总局(94)财税字第026号通知和国税发[1995]076号通知的规定,集邮商品的生产应征收增值税。邮政部门、集邮公司销售(包括调拨在内)集邮商品,一律征收营业税,不征收增值税。

五、问：对利用图书、报纸、杂志等形式为客户作广告，介绍商品、经营服务、文化体育节目或通告、声明等事项的业务，取得的广告收入应如何征税？

答：按照现行税法规定，利用图书、报纸、杂志等形式为客户作广告，介绍商品、经营服务、文化体育节目或通告、声明等事项的业务，属于营业税"广告业"的征税范围，其取得的广告收入应征收营业税。但纳税人为制作、印刷广告所用的购进货物不得计入进项税额抵扣，因此，纳税人应准确划分不得抵扣的进项税额；对无法准确划分不得抵扣的进项税额的，按《中华人民共和国增值税暂行条例实施细则》(以下简称增值税实施细则)第二十三条的规定划分不得抵扣的进项税额。(此条款已失效或废止)

六、问：对国家管理部门行使其管理职能，发放的执照、牌照和有关证书等取得的工本费收入，是否征收增值税？

答：对国家管理部门行使其管理职能，发放的执照、牌照和有关证书等取得的工本费收入，不征收增值税。

七、问：货物的生产企业为搞好售后服务，支付给经销企业修理费用，作为经销企业为用户提供售后服务的费用支出，对经销企业从货物的生产企业取得的"三包"收入，应如何征税？

答：经销企业从货物的生产企业取得"三包"收入，应按"修理修配"征收增值税。

八、问：对纳税人倒闭、破产、解散、停业后销售的货物应如何征税？其增值税一般纳税人，不再购进货物而只销售存货，或者为了维持销售存货的业务而只购进水、电的，其期初存货已征税款应如何抵扣？对纳税人期初存货中尚未抵扣的已征税款，以及征税后出现的进项税金大于销项税金后不足抵扣部分，税务机关是否退税？

答：(一) 对纳税人倒闭、破产、解散、停业后销售的货物，应按现行税法的规定征税。

(二)《财政部、国家税务总局关于期初存货已征税款抵扣问题的通知》(财税字[1995]042号)规定，从1995年起，增值税一般纳税人期初存货已征税款在5年内实行按比例分期抵扣的办法。增值税一般纳税人，如因倒闭、破产、解散、停业等原因不再购进货物而只销售存货的，或者为了维持销售存货的业务而只购进水、电的，其期初存货已征税款的抵扣，可按实际动用数抵扣。增值税一般纳税人申请按动用数抵扣期初进项税额，需提供有关部门批准其倒闭、破产、解散、停业的文件等资料，并报经税务机关批准。

(三) 对纳税人期初存货中尚未抵扣的已征税款，以及征税后出现的进项税额大于销项税额后不足抵扣部分，税务机关不再退税。

九、问：对出版单位委托发行图书、报刊、杂志等支付给发行单位的经销手续费，在征收增值税时是否允许从销售额中减除？

答：对出版单位委托发行图书、报刊、杂志等支付给发行单位的经销手续费，在征收增值税时按"折扣销售"的有关规定办理，如果销售额和支付的经销手续费在同一发票上分别注明的，可按减除经销手续费后的销售额征收增值税；如果经销手续费不在同一发票上注明，另外开具发票，不论其在财务上如何处理，均不得从销售额中减除经销手续费。

十、问：根据(94)财税字第026号通知的规定，单位和个体经营者销售自己使用过的游艇、摩托车和应征消费税的汽车，无论销售者是否属于一般纳税人，一律按简易办法依照6%的征收率计算增值税。销售自己使用过的其他属于货物的固定资产，暂免征收增值税。在实际征收中"使用过的其他属于货物的固定资产"的具体标准应如何掌握？

答："使用过的其他属于货物的固定资产"应同时具备以下几个条件：

(一) 属于企业固定资产目录所列货物；

(二) 企业按固定资产管理，并确已使用过的货物；

(三) 销售价格不超过其原值的货物。

对不同时具备上述条件的，无论会计制度规定如何核算，均应按6%的征收率征收增值税。

十一、问：增值税若干具体问题的规定中规定，纳税人为销售货物而出租出借包装物收取的押金，单独记账核算，不并入销售额征税。但对因逾期未收回包装物不再退还的押金，应按所包装货物的适用税率征收增值税。该规定中"逾期"的期限应如何确定？

答：包装物押金征税规定中"逾期"以1年为期限，对收取1年以上的押金，无论是否退还均并入销售额征税。个别包装物周转使用期限较长的，报经税务征收机关确定后，可适当放宽逾期期限。

十二、问:根据增值税实施细则第二十三条规定,纳税人兼营免税项目或非应税项目而无法准确划分不得抵扣的进项税额的,按当月免税项目销售额、非应税项目营业额占当月全部销售额、营业额的比例,乘以当月全部进项税额的公式,计算不得抵扣的进项税额。该办法在实际执行中,由于纳税人月度之间的购销不均衡,按上述公式计算出现不得抵扣的进项税额不实的现象,对此,应如何处理?

答:对由于纳税人月度之间购销不均衡,按上述公式计算出现不得抵扣的进项税额不实的现象,税务征收机关可采取按年度清算的办法,即:年末按当年的有关数据计算当年不得抵扣的进项税额,对月度计算的数据进行调整。

十三、问:增值税一般纳税人购进免税农产品,从事废旧物资经营的增值税一般纳税人收购废旧物资,按收购凭证上注明的价款,依10%的扣除率计算进项税额,对收购凭证应如何管理?

答:对增值税一般纳税人购进免税农产品,以及从事废旧物资经营的增值税一般纳税人收购废旧物资所使用的收购凭证,各省、自治区、直辖市和计划单列市国家税务局应严格管理。收购凭证的印制,按照《中华人民共和国发票管理办法》及其细则有关发票印制的规定办理,对收购凭证的发放、使用、保管,由省、自治区、直辖市和计划单列市国家税务局做出统一的规定。增值税一般纳税人购进免税农产品、收购废旧物资应使用税务机关批准的收购凭证,对其使用未经税务机关批准的收购凭证,以及不按税务机关的要求使用、保管收购凭证的,其收购的农产品和废旧物资不得计算进项税额抵扣。

十四、问:新申请认定为增值税一般纳税人的,是否允许计算期初存货已征税款?

答:新申请认定为增值税一般纳税人的,不得计算期初存货已征税款。

十五、问:《中华人民共和国增值税暂行条例》第二十二条及其实施细则第三十五条中所称"主管税务机关",是否包括国家税务总局所属的各级征收机关?

答:增值税实施细则第三十六条规定,主管税务机关、征收机关,指国家税务总局所属支局以上税务机关。但是由于各地国家税务局和地方税务局机构分设,原税务机关名称所指已发生变化,《国家税务总局关于明确流转税、资源税法规中"主管税务机关征收机关"名称问题的通知》(国税发[1994]232号)又重新明确为:主管税务机关、征收机关是指国家税务总局所属的县级以上(含县级)国家税务局。主要是考虑到增值税政策性强,为了保证各地正确执行税法而确定的。鉴于目前纳税申报的实际情况,《中华人民共和国增值税暂行条例》第二十二条及其实施细则第三十五条中所称"征收机关",均指国家税务总局及其所属的各级征收机关。

十六、问:国家税务总局国税发[1994]272号通知,根据增值税一年的执行情况,修改了《增值税纳税申报表》(以下简称申报表),申报表中的本期销项税额中的"货物"项目,应按国家税务总局计会统计报表的分类口径及不同的税率分别填列,一些生产、经营品种较多的企业存在一张申报表货物名称填写不下的问题,对此,应如何解决?申报表期初进项税额项目中的"累计数",税款计算项目中的"累计数"应如何填写?

答:(一)对一些生产、经营品种较多的企业,如果一张申报表货物名称填写不下的,可以按不同的税率汇总名称填报增值税纳税申报表,对汇总填报申报表的,必须附有销货方填开的按国家税务总局计会统计报表的分类口径及不同的税率分别填列"货物"清单。其清单的具体样式,由各省、自治区、直辖市、计划单列市国家税务局制定。

(二)申报表期初进项税额项目中的"累计数"(第11、12、13、14栏累计数),税款计算项目中的"累计数"(第15、16、17、18、19、20、21、22、23、24、25栏累计数),纳税人在申报纳税时暂不填写。

【注释】 对《增值税暂行条例》第22条进行了解释。对《增值税暂行条例实施细则》第22、23、35、36条进行了解释。

国家税务总局对代开、虚开增值税专用发票征补税款问题的批复

国税函发[1995]415号

安徽省国家税务局:

你局《关于代开增值税专用发票如何计算补税问题的请示》(皖国税流[1995]305号)收悉。关于企业

为他人非法代开、虚开增值税专用发票如何征补税款问题，我局曾以《国家税务总局关于加强增值税征收管理工作的通知》(国税发[1995]015 号)作出规定："对已开具专用发票的销售货物，要及时足额计入当期销售额征税。凡开具了专用发票，其销售额未按规定计入销售账户核算的，一律按偷税论处。"为加强增值税专用发票的管理，我们意见：对代开、虚开专用发票的，一律按票面所列货物的适用税率全额征补税款，并按《中华人民共和国税收征收管理法》的规定给予处罚。

【注释】 对《增值税暂行条例》第 26 条进行了解释。

国家税务总局关于加强增值税征收管理若干问题的通知

国税发[1995]192 号

各省、自治区、直辖市和计划单列市国家税务局：

为了保证增值税顺利实施，经全国加强增值税管理经验交流会议讨论，现就加强增值税征收管理有关问题通知如下：

一、关于增值税一般纳税人进项税额的抵扣问题

(一) 运输费用进项税额的抵扣。

1. 准予计算进项税额扣除的货运发票种类。根据规定，增值税一般纳税人外购和销售货物(固定资产除外)所支付的运输费用，准予抵扣的运费结算单据(普通发票)，是指国营铁路、民用航空、公路和水上运输单位开具的货票，以及从事货物运输的非国有运输单位开具的套印全国统一发票监制章的货票。准予计算进项税额扣除的货运发票种类，不包括增值税一般纳税人取得的货运定额发票。

2. 准予计算进项税额扣除的货运发票，其发货人、收货人、起运地、到达地、运输方式、货物名称、货物数量、运输单价、运费金额等项目的填写必须齐全，与购货发票上所列的有关项目必须相符，否则不予抵扣。

3. 纳税人购进、销售货物所支付的运输费用明显偏高、经过审查不合理的，不予抵扣运输费用。

(二) 商业企业接受投资、捐赠和分配的货物抵扣进项税额的手续。根据《国家税务总局关于加强增值税征收管理工作的通知》(国税发[1995]015 号)的规定，增值税一般纳税人购进货物，其进项税额的抵扣，商业企业必须在购进货物付款后才能够申报抵扣进项税额。对商业企业接受投资、捐赠和分配的货物，以收到增值税专用发票的时间为申报抵扣进项税额的时限。在纳税人申报抵扣进项税额时，应提供有关投资、捐赠和分配货物的合同或证明材料。(此条款已失效或废止)

(三) 购进货物或应税劳务支付货款、劳务费用的对象。纳税人购进货物或应税劳务，支付运输费用，所支付款项的单位，必须与开具抵扣凭证的销货单位、提供劳务的单位一致，才能够申报抵扣进项税额，否则不予抵扣。

(四) 分期付款方式购进货物的抵扣时间。商业企业采取分期付款方式购进货物，凡是发生销货方先全额开具发票，购货方再按合同约定的时间分期支付款项的情况，其进项税额的抵扣时间应在所有款项支付完毕后，才能够申报抵扣该货物的进项税额。(此条款已失效或废止)

(五) 增值税一般纳税人违反上述第(三)、(四)项规定的，税务机关应从纳税人当期进项税额中剔除，并在该进项发票上注明，以后无论是否支付款项，均不得计入进项税额申报抵扣。(此条款已失效或废止)

二、关于虚开代开的增值税专用发票的处罚问题

对纳税人虚开代开的增值税专用发票，一律按票面所列货物的适用税率全额征补税款，并按《中华人民共和国税收征收管理法》的规定给予处罚；对纳税人取得虚开代开的增值税专用发票，不得作为增值税合法的抵扣凭证抵扣进项税额。

三、关于酒类产品包装物的征税问题

从 1995 年 6 月 1 日起，对销售除啤酒、黄酒外的其他酒类产品而收取的包装物押金，无论是否返还以及会计上如何核算，均应并入当期销售额征税。

四、关于日用"卫生用药"的适用税率问题

用于人类日常生活的各种类型包装的日用卫生用药(如卫生杀虫剂、驱虫剂、驱蚊剂、蚊香、消毒剂等),不属于增值税"农药"的范围,应按17%的税率征税。

【注释】 对《增值税暂行条例》第2、6条进行了解释。

财政部　国家税务总局关于继续对部分资源综合利用产品等实行增值税优惠政策的通知

财税[1996]20号

各省、自治区、直辖市、计划单列市财政厅(局)、国家税务局:

经国务院批准,从1996年1月1日起,以下文件规定的增值税优惠政策继续执行:

一、《关于对部分资源综合利用产品免征增值税的通知》(财税字[1995]044号)。免征增值税的建材产品包括以其他废渣为原料生产的建材产品。

二、《关于人民银行配售黄金征税问题的通知》((94)财税字第018号)、《关于人民银行配售白银征税问题的通知》((94)财税字第052号)、《关于黄金生产环节免征增值税问题的通知》((94)财税字第024号)、《关于白银生产环节免征增值税问题的通知》(财税字[1995]013号)及有关文件对黄金、白银生产环节免征增值税的规定。

【注释】 对《增值税暂行条例》第16条进行了解释。

国家税务总局关于增值税若干征管问题的通知

国税发[1996]155号

为有利于各级税务机关和纳税人正确理解增值税的有关规定,税务机关严格执行税法和纳税人正确履行纳税义务,现就各地提出的有关增值税征管问题明确如下:

一、对增值税一般纳税人(包括纳税人自己或代其他部门)向购买方收取的价外费用和逾期包装物押金,应视为含税收入,在征税时换算成不含税收入并入销售额计征增值税。

二、对福利企业未按规定进行申报,事后被税务机关查补的增值税应纳税额,不得按"即征即退"办法退还给企业。

三、对商业企业采取以物易物、以货抵债、以物投资方式交易的,收货单位可以凭以物易物、以货抵债、以物投资书面合同以及与之相符的增值税专用发票和运输费用普通发票,确定进项税额,报经税务征收机关批准予以抵扣。

四、增值税一般纳税人外购和销售货物(固定资产除外)所支付的管道运输费用,可以根据套印有全国统一发票监制章的运输费用结算单据(普通发票)所列运费金额,按10%计算进项税额抵扣。(此条款已失效或废止)

五、免税货物恢复征税后,其免税期间外购的货物,一律不得作为当期进项税额抵扣。恢复征税后收到的该项货物免税期间的增值税专用发票,应当从当期进项税额中剔除。

【注释】 对《增值税暂行条例》第26条进行了解释。

财政部　国家税务总局关于金银首饰等货物征收增值税问题的通知

财税[1996]74号

各省、自治区、直辖市、计划单列市财政厅(局)、国家税务局:

近期,各地陆续反映了一些增值税政策执行中遇到的问题。经研究,现将有关政策问题明确如下:

一、考虑到金银首饰以旧换新业务的特殊情况,对金银首饰以旧换新业务,可以按销售方实际收取的不含增值税的全部价款征收增值税。

二、骨粉、鱼粉按照“饲料”征收增值税。

【注释】 对《增值税暂行条例》第2、6条进行了解释。

国家税务总局关于生产销售并连续安装铝合金门窗等业务收入征收增值税问题的批复

国税函发[1996]447号

陕西省国家税务局：

接你省西安市国家税务局《关于生产销售并连续安装铝型材门窗、玻璃幕墙等业务收入应征收增值税问题的请示》(市国税发[1996]119号)，现批复如下：增值税暂行条例实施细则规定：“从事货物的生产、批发或零售的企业，企业性单位及个体经营者的混合销售行为，视为销售货物应当征收增值税。”据此，我们意见，西安市所属的生产、销售铝合金门窗、玻璃幕墙的企业、企业性单位及个体经营者，其销售铝合金门窗、玻璃幕墙的同时负责安装的，属混合销售行为，对其取得的应税收入照章征收增值税。

【注释】 对《增值税暂行条例实施细则》第5条进行了解释。

国家税务总局关于农牧业救灾柴油征收增值税问题的批复

国税函发[1996]612号

青海省国家税务局：

你局《关于对农牧业救灾柴油征税问题的请示》(青国税流字[1996]378号)收悉，关于要求对农牧业救灾柴油免征增值税的问题，考虑到我国地域广阔，各种自然灾害时有发生，为了税制完整，按照国务院批准的《关于停止审批救灾物资减免税的请示》(财税政字[1995]010号)精神，我们意见，不宜对救灾物资免征增值税。

特此批复。

【注释】 对《增值税暂行条例》第16条进行了解释。

财政部 国家税务总局关于外国石油公司参与煤层气开采所适用税收政策问题的通知

财税[1996]62号

各省、自治区、直辖市、计划单列市财政厅(局)、国家税务局、地方税务局：

为了鼓励外国企业和外商投资企业(以下简称企业)开采我国陆上煤层气资源，现将有关税收问题明确如下：

一、在我国开采陆上煤层气资源的企业取得的经营所得和其他所得，均应当按照《中华人民共和国外商投资企业和外国企业所得税法》及其施行细则的规定缴纳所得税。

二、《中华人民共和国外商投资企业和外国企业所得税法实施细则》中有关“从事开采石油资源的企业”的规定，适用于从事开采陆上煤层气资源的企业。

三、除另有规定者外，财政部、国家税务总局及海洋石油税务管理局制定的有关对从事合作开采石油资源的企业所得税问题的规定，均适用于从事开采陆上煤层气资源的企业。

四、开采陆上煤层气所取得的收入，应当按照《国家税务总局关于中外合作开采石油资源缴纳增值税有关问题的通知》(国税发[1994]114号)和《中外合作开采陆上石油资源缴纳矿区使用费暂行规定》(财政部[1990]第3号令)的规定，缴纳增值税和矿区使用费。

五、从事开采陆上煤层气资源的企业，应当按照《城市房地产税暂行条例》的规定，缴纳房产税；按照《车船使用牌照税暂行条例》的规定，缴纳车船使用牌照税；按照《中华人民共和国印花税暂行条例》的规定，缴纳印花税。

【注释】 对《增值税暂行条例》第1条进行了解释。

国家税务总局关于淀粉的增值税适用税率问题的批复

国税函发[1996]744号

广西壮族自治区国家税务局：

你局《关于淀粉的增值税适用税率问题的请示》(桂国税报字[1996]041号)悉。关于淀粉的增值税适用税率问题，根据财政部、国家税务总局《关于印发〈农业产品征税范围注释〉的通知》(财税字[1995]052号)的规定，农业产品是指种植业、养殖业、林业、牧业、水产业生产的各种植物、动物的初级产品。从淀粉的生产工艺流程等方面看，淀粉不属于农业产品的范围，应按照17%的税率征收增值税。

【注释】 对《增值税暂行条例》第2条进行了解释。

国家税务总局关于烧卤熟制食品征收流转税问题的批复

国税函发[1996]261号

广西壮族自治区地方税务局：

你局《关于经营烤鸭等熟制食品征税问题的请示》(桂地税报字[1996]009号)收悉。经研究，现批复如下：

关于纳税人经营烧卤熟制食品如何征收流转税的问题，按照《中华人民共和国营业税暂行条例》和《中华人民共和国增值税暂行条例》的规定，饮食业属于营业税的征税范围，销售货物则属于增值税的征税范围。因此，对饮食店、餐馆等饮食行业经营烧卤熟制食品的行为，不论消费者是否在现场消费，均应当征收营业税；而对专门生产或销售食品的工厂、商场等单位销售烧卤熟制食品，应当征收增值税。

【注释】 对《增值税暂行条例》第1条进行了解释。对《增值税暂行条例实施细则》第2条进行了解释。

财政部　国家税务总局关于体育彩票发行收入税收问题的通知

财税[1996]77号

各省、自治区、直辖市、计划单列市财政厅(局)、国家税务局、地方税务局：

近接国家体委来函，要求明确体育彩票发行收入的有关税收政策。为确保体育彩票销售工作的顺利进行，根据现行税制的有关规定，对体育彩票发行收入的若干税收问题，明确规定如下：

一、增值税

根据现行《中华人民共和国增值税暂行条例》及其实施细则等有关规定，对体育彩票的发行收入不征增值税。

二、营业税

根据现行《中华人民共和国营业税暂行条例》及其实施细则等有关规定，对体育彩票的发行收入不征营业税；对体育彩票代销单位代销体育彩票取得的手续费收入应按规定征收营业税。

三、所得税

根据《中华人民共和国企业所得税暂行条例》及其实施细则的规定，对体育彩票的发行收入应照章征收企业所得税。

根据《中华人民共和国个人所得税法》及其实施条例的规定，个人购买体育彩票的中奖收入属于偶然所得，应全额依20%的税率征收个人所得税。

四、固定资产投资方向调节税

对用体育彩票收入建设贯彻实施全民健身计划和奥运争光计划所需的体育设施项目，应根据《中华人民共和国固定资产投资方向调节税暂行条例》及其有关规定，区别项目的不同情况，确定其适用税率计征固定资产投资方向调节税。

【注释】 对《增值税暂行条例》第1条进行了解释。对《增值税暂行条例实施细则》第2条进行了解释。

国家税务总局关于饮食业征收流转税问题的通知

国税发[1996]202号

各省、自治区、直辖市和计划单列市国家税务局、地方税务局：

近期，各地反映，饮食店、餐馆等营业税纳税人销售货物，在征收流转税时，地区之间政策执行上不尽一致。经研究，现明确如下：

一、饮食店、餐馆(厅)、酒店(家)、宾馆、饭店等单位发生属于营业税"饮食业"应税行为的同时销售货物给顾客的，不论顾客是否在现场消费，其货物部分的收入均应当并入营业税应税收入征收营业税。

二、饮食店、餐馆(厅)、酒店(家)、宾馆、饭店等单位附设门市部、外卖点等对外销售货物的，仍按《增值税暂行条例实施细则》第六条和《营业税暂行条例实施细则》第六条关于兼营行为的征税规定征收增值税。

三、专门生产或销售货物(包括烧卤熟制食品在内)的个体经营者及其他个人应当征收增值税。

四、以前规定与本通知相抵触的，一律以本通知为准。

【注释】 对《增值税暂行条例实施细则》第7条进行了解释。

国家税务总局关于纳税人取得虚开的增值税专用发票处理问题的通知

国税发[1997]134号

各省、自治区、直辖市和计划单列市国家税务局：

最近，一些地区国家税务局询问，对纳税人取得虚开的增值税专用发票(以下简称专用发票)如何处理。经研究，现明确如下：

一、受票方利用他人虚开的专用发票，向税务机关申报抵扣税款进行偷税的，应当依照《中华人民共和国税收征收管理法》及有关规定追缴税款，处以偷税数额五倍以下的罚款；进项税金大于销项税金的，还应当调减其留抵的进项税额。利用虚开的专用发票进行骗取出口退税的，应当依法追缴税款，处以骗税数额五倍以下的罚款。

二、在货物交易中，购货方从销售方取得第三方开具的专用发票，或者从销货地以外的地区取得专用发票，向税务机关申报抵扣税款或者申请出口退税的，应当按偷税、骗取出口退税处理，依照《中华人民共和国税收征收管理法》及有关规定追缴税款，处以偷税、骗税数额五倍以下的罚款。

三、纳税人以上述第一条、第二条所列的方式取得专用发票未申报抵扣税款，或者未申请出口退税的，应当依照《中华人民共和国发票管理办法》及有关规定，按所取得专用发票的份数，分别处以一万元以下的罚款；但知道或者应当知道取得的是虚开的专用发票，或者让他人为自己提供虚开的专用发票的，应当从重处罚。

四、利用虚开的专用发票进行偷税、骗税，构成犯罪的，税务机关依法进行追缴税款等行政处理，并移送司法机关追究刑事责任。

【注释】 对《增值税暂行条例》第26条进行了解释。相关规定包括：《国家税务总局关于〈国家税务总局关于纳税人取得虚开的增值税专用发票处理问题的通知〉的补充通知》(国税发[2000]182号)、《国家税务总局关于纳税人善意取得虚开的增值税专用发票处理问题的通知》(国税发[2000]187号)。

财政部　国家税务总局关于供电工程贴费不征收增值税和营业税的通知

财税[1997]102号

各省、自治区、直辖市、计划单列市财政厅(局)、国家税务局、地方税务局：

最近，一些地区和部门来文，要求对供电企业收取的供电工程贴费是否征收增值税或营业税的问题予以明确，经研究，现通知如下：

供电工程贴费是指在用户申请用电或增加用电容量时，供电企业向用户收取的用于建设110千伏及以下各级电压外部供电工程建设和改造等费用的总称，包括供电和配电贴费两部分。经国务院批准同意的国家计委《关于调整供电贴费标准和加强贴费管理的请示》(计投资[1992]2569号)附件一规定："根据贴费的性质和用途，凡电力用户新建的工程项目所支付的贴费，应从该工程的基建投资中列支：凡电力用户改建、扩建的工程项目所支付的贴费，从单位自有资金中列支"。同时，用贴费建设的工程项目由电力用户交由电力部门统一管理使用。根据贴费和用贴费建设的工程项目的性质以及增值税、营业税有关法规政策的规定，供电工程贴费不属于增值税销售货物和收取价外费用的范围，不应当征收增值税，也不属于营业税的应税劳务收入，不应当征收营业税。

【注释】 对《增值税暂行条例》第16条进行了解释。

国家税务总局关于平销行为征收增值税问题的通知

国税发[1997]167号

各省、自治区、直辖市和计划单列市国家税务局：

近期以来，在商业经营活动中出现了大量平销行为，即生产企业以商业企业经销价或高于商业企业经销价的价格将货物销售给商业企业，商业企业再以进货成本或低于进货成本的价格进行销售，生产企业则以返还利润等方式弥补商业企业的进销差价损失。据调查，在平销活动中，生产企业弥补商业企业进销差价损失的方式主要有以下几种：一是生产企业通过返还资金方式弥补商业企业的损失，如有的对商业企业返还利润，有的向商业企业投资等。二是生产企业通过赠送实物或以实物投资方式弥补商业企业的损失。已发现有些生产企业赠送实物或商业企业进销此类实物不开发票、不记账，以此来达到偷税的目的。目前，平销行为基本上发生在生产企业和商业企业之间，但有可能进一步在生产企业与生产企业之间、商业企业与商业企业之间的经营活动中出现。平销行为不仅造成地区间增值税收入非正常转移，而且具有偷、避税因素，给国家财政收入造成损失。为堵塞税收漏洞，保证国家财政收入和有利于各地区完成增值税收入任务，现就平销行为中有关增值税问题规定如下：

一、对于采取赠送实物或以实物投资方式进行平销经营活动的，要制定切实可行的措施，加强增值税征管稽查，大力查处和严厉打击有关的偷税行为。

二、自1997年1月1日起，凡增值税一般纳税人，无论是否有平销行为，因购买货物而从销售方取得的各种形式的返还资金，均应依所购货物的增值税税率计算应冲减的进项税金，并从其取得返还资金当期的进项税金中予以冲减。应冲减的进项税金计算公式如下：

当期应冲减进项税金＝当期取得的返还资金×所购货物适用的增值税税率

【注释】 对《增值税暂行条例》第6条进行了解释。

国家税务总局关于厦门邮电纵横股份有限公司销售传呼机、移动电话征收增值税问题的批复

国税函发[1997]504号

厦门市国家税务局、地方税务局：

你局《关于厦门邮电纵横股份有限公司应税行为适用税种的请示》(厦国税流[1997]020号)收悉，现就有关问题明确如下：

一、财政部、国家税务总局《关于增值税、营业税若干政策规定的通知》(财税字[1994]026号)第三条中所规定的电信单位自己销售无线寻呼机、移动电话，并为客户提供有关的电信劳务服务，是指电信单位自己销售无线寻呼机、移动电话，并为客户提供无线发射电信服务。因此，对厦门市邮电纵横股份有限公司移动通信设备维修中心(以下简称维修中心)的应税行为不能认定为提供电信劳务。

二、维修中心销售传呼机、移动电话、其他通讯器材以及修理通讯器材而取得的收入，均应征收增

值税。

三、鉴于过去对维修中心征税问题是由于企业经营、核算方式混乱以及国家税务局、地方税务局对财税字[1994]026号理解不一致引起的，因此，对以往改变税种属性、混淆级次库别不再追究。自我局批复之日起，对维修中心上述收入改征增值税。

【注释】 对《增值税暂行条例》第1条进行了解释。对《增值税暂行条例实施细则》第2条进行了解释。

财政部　国家税务总局关于连锁经营企业增值税纳税地点问题的通知

财税[1997]97号

各省、自治区、直辖市、计划单列市财政厅(局)、国家税务局：

为支持连锁经营的发展，根据《增值税暂行条例》第二十二条的有关规定，现对连锁经营企业实行统一缴纳增值税的有关问题通知如下：

一、对跨地区经营的直营连锁企业，即连锁店的门店均由总部全资或控股开设，在总部领导下统一经营的连锁企业，凡按照国内贸易部《连锁店经营管理规范意见》(内贸政体法字[1997]第24号)的要求，采取微机联网，实行统一采购配送商品，统一核算，统一规范化管理和经营，并符合以下条件的，可对总店和分店实行由总店向其所在地主管税务机关统一申报缴纳增值税：

1. 在直辖市范围内连锁经营的企业，报经直辖市国家税务局会同市财政局审批同意；

2. 在计划单列市范围内连锁经营的企业，报经计划单列市国家税务局会同市财政局审批同意；

3. 在省(自治区)范围内连锁经营的企业，报经省(自治区)国家税务局会同省财政厅审批同意；

4. 在同一县(市)范围内连锁经营的企业，报经县(市)国家税务局会同县(市)财政局审批同意。

二、连锁企业实行由总店向总店所在地主管税务机关统一缴纳增值税后，财政部门应研究采取妥善办法，保证分店所在地的财政利益在纳税地点变化后不受影响。涉及省内地、市间利益转移的，由省级财政部门确定；涉及地、市内县(市)间利益转移的，由地、市财政部门确定；县(市)范围内的利益转移，由县(市)财政部门确定。

三、对自愿连锁企业，即连锁店的门店均为独立法人，各自的资产所有权不变的连锁企业和特许连锁企业，即连锁店的门店同总部签订合同，取得使用总部商标、商号、经营技术及销售总部开发商品的特许权的连锁企业，其纳税地点不变，仍由各独立核算门店分别向所在地主管税务机关申报缴纳增值税。

【注释】 对《增值税暂行条例》第22条进行了解释。

财政部　国家税务总局关于民贸企业有关税收问题的通知

财税[1998]124号

各省、自治区、直辖市、计划单列市财政厅(局)，国家税务局：

根据《国务院关于"九五"期间民族贸易和民族用品生产有关问题的批复》(国函[1997]47号)精神，为扶持和发展民族贸易，促进民族地区经济发展，现对民族贸易企业增值税、所得税问题通知如下：

一、关于增值税。在2000年年底以前，对民族贸易县县级国有民贸企业和供销社企业销售货物，按实际缴纳增值税税额先征后返50%，具体返还办法由财政部驻各地财政监察专员办事机构按财政部、国家税务总局、中国人民银行(94)财预字第55号文件的规定执行；对县以下(不含县)国有民贸企业和基层供销社销售货物免征增值税。

二、关于企业所得税。根据现行《中华人民共和国企业所得税暂行条例》规定，民族自治地方的民族贸易企业，需要照顾和鼓励的，经省级人民政府批准，可以实行定期减税或者免税政策。

三、上述减免和返还的税款按照现行财政体制，由中央财政和地方财政分别负担。在此期间，国家如果对民族贸易县进行重新调整认定，按调整后的民族贸易县范围执行。

本通知自1998年1月1日起执行。

【注释】 对《增值税暂行条例》第16条进行了解释。

财政部　国家税务总局关于加强商业环节增值税征收管理的通知

财税[1998]4号

各省、自治区、直辖市、计划单市财政厅(局)、国家税务局、新疆生产建设兵团:

(编者略)

根据增值税暂行条例第十四条和增值税暂行条例实施细则第二十四条规定,现行对增值税一般纳税人的认定有两个标准:一是按照年销售额划分,年应税销售额在180万元以上的,为增值税一般纳税人;年销售额在180万元以下的,为小规模纳税人。二是小规模纳税人会计核算健全,能够提供准确税务资料的,经主管税务机关批准,也可以视为一般纳税人。因财务核算是否健全在实际操作中很难衡量和把握,大量的小型商业企业以财务核算健全为标准被认定为一般纳税人,增加了税收管理的难度。鉴于商业环节异常纳税申报绝大部分发生在小型商业企业的一般纳税人中,为便于征收管理,减少收入流失,主管税务机关应严格对一般纳税人的审查,对销售额达不到规定标准的小型商业企业原则上不要以财务核算健全为由认定为一般纳税人,而应按小规模纳税人征税。

采取上述措施,有利于保证增值税制度在商业企业的实行,有利于加强对专用发票的管理,也可增加税收收入。

以上意见,请即布置执行。

【注释】 对《增值税暂行条例》第14条进行了解释。对《增值税暂行条例实施细则》第24条进行了解释。

财政部　国家税务总局关于旧货经营增值税问题的通知

财税[1998]6号

各省、自治区、直辖市、计划单列市财政厅(局),国家税务局:

经国务院批准,现对旧货经营增值税问题通知如下:

一、对经内贸部批准认定的旧货调剂试点单位经营旧货,不论采取买断经营方式或寄售经营方式,均暂按6%的征收率计算应纳增值税税额,并减半征收增值税。

旧货是指进入二次流通,具有部分使用价值的旧生产资料和旧生活资料。

二、经内贸部批准认定的旧货调剂试点单位,凭内贸部颁发的《全国旧货调剂试点单位证书》向当地税务机关提出申请,经税务机关审查批准后,享受上述政策。

三、享受优惠政策的旧货调剂试点单位销售的旧货不得开具增值税专用发票,税务机关也不得为其代开增值税专用发票。

四、对未列入试点的增值税一般纳税人经营旧货,可按6%的征收率征收增值税。

五、对小规模纳税人经营旧货,仍按现行增值税征收办法执行。本通知自1998年1月1日起执行。

【注释】 对《增值税暂行条例》第2、12条进行了解释。

增值税一般纳税人年审办法

国税函发[1998]156号

第一条　为严格增值税一般纳税人(以下简称一般纳税人)认定制度,加强对一般纳税人的纳税管理,维护增值税纳税秩序,特制定本办法。

第二条　一般纳税人资格年度审验(以下简称年审),是国家税务征收机关(以下简称税务机关)按年度实施的对一般纳税人资格审验、确认的一项制度。

第三条　年审对象:

(一)上一年度应税销售额在《中华人民共和国增值税暂行条例实施细则》第二十四条规定标准以下的一般纳税人。即:从事工业生产,年应税销售额在100万元以下的;以及从事商业经营,年应税销售额在180万元以下的一般纳税人。

（二）上一年度认定的临时一般纳税人。

对于上一年应税销售额在规定标准以上的一般纳税人是否需要年审，由省级税务机关确定。

第四条　年审内容：

一般纳税人上一年度应税销售额的实现情况，会计人员的配置与核算状况以及纳税表现等。

第五条　年审对象上一年度应税销售额在下列限额以下的，取消一般纳税人资格，改按小规模纳税人征税：

（一）从事商业经营（包括兼营的），50万元以下；

（二）从事工业生产的，30万元以下。

第六条　年审对象上一年度应税销售额超过本办法第五条所列限额的，如存在下列情形之一者，取消一般纳税人资格，亦按小规模纳税人征税：

（一）在会计人员配备、会计账簿设置和会计核算方法等三方面中，任何一方面不符合国家税务局要求的；

（二）有偷税行为或有虚开增值税专用发票行为的；

（三）不按规定保管增值税专用发票造成严重后果的；

（四）经税务机关日常稽查连续3个月被列入《未申报纳税人清单》或连续6个月被列入《申报异常纳税人清单》的；

（五）无固定经营场所的。

第七条　凡经年审不合格取消一般纳税人资格的，税务机关在其《税务登记证》副本的首页右上方加盖"已取消一般纳税人资格"专用章（附件1）。收缴增值税专用发票及专用发票领购簿。

第八条　对符合一般纳税人认定标准的企业，颁发《一般纳税人资格证书》（附件2），并在证书及发票领购簿上加贴一般纳税人年审合格标识。

一般纳税人年审合格标识由国家税务总局统一印制。

第九条　年审自每年1月开始至5月底结束，具体实施期限由省级税务机关确定。

第十条　税务机关应自开始实施年审前的1个月发布通告，明确年审对象、内容及要求等具体事项。

第十一条　一般纳税人应在规定期限内填报《增值税一般纳税人年审表》并附下列资料供税务机关查验：

（一）税务登记证（副本）；

（二）《增值税专用发票领购簿》；

（三）主管税务机关要求提供的其他资料。

《增值税一般纳税人年审表》的格式由各省级税务机关制定。

第十二条　根据《国务院关于贯彻实施〈中华人民共和国行政处罚法〉的通知》（国发[1996]13号）有关规定，对一般纳税人未按规定办理年审手续的，处以1000元以下的罚款。

第十三条　税务机关接到一般纳税人申报的《增值税一般纳税人年审表》后30日内，逐级进行审验，并由县级以上税务机关作出年审结论。

第十四条　税务机关应根据所辖区域内一般纳税人的分布状况、交通条件等客观情况，以方便纳税人为原则，可灵活采取分片定点、按点巡回或集中办班等年审形式。

第十五条　年审工作结束后，省级税务机关应于当年7月底前填制《增值税一般纳税人年审计表》（附件3）上报总局。

第十六条　省级税务机关可结合本地实际情况制定具体的实施办法。

第十七条　本办法自1998年1月1日起执行。

【注释】　对《增值税暂行条例》第26条进行了解释。

增值税日常稽查办法

国税发[1998]44号

第一条　为了规范增值税日常稽查的内容和程序，加强增值税日常稽查管理，防范和查处偷骗增值税行为，提高纳税人依法纳税自觉性，根据《中华人民共和国税收征收管理法》、《中华人民共和国增值税暂行条例》制定本办法。

第二条 本办法适用于税务机关对增值税一般纳税人(以下简称纳税人)实施的增值税日常稽查。小规模纳税人增值税日常稽查办法另行制定。

第三条 增值税日常稽查是税务机关依照税收法律、法规和规章,对纳税人履行纳税义务情况实施常规稽核和检查的总称,包括稽核、检查及一般性违法问题的处理。

第四条 增值税稽核是税务机关监审纳税人增值税纳税申报情况及相关资料,筛选检查对象的过程,分为一级稽核和二级稽核。

一级稽核的工作内容和步骤:

(一) 监控纳税人的申报情况。对超过纳税申报期限未办理纳税申报者,在本纳税申报期结束后5日内,向其发出催报通知。对连续两个月逾期未申报的,列印《未申报纳税人清单》送交检查。

(二) 审核纳税人的申报数据。依据纳税申报表内各指标之间的逻辑关系,对所申报的应纳税额进行逻辑审核。对申报有误的,应及时向纳税人发出《申报错误更正通知》。

(三) 按季计算分析纳税人销售额变动率和税负率,计算公式如下:

1. 销售额变动率=(本年累计应税销售额-上年同期应税销售额)/上年同期应税销售额

2. 税负率=本年累计应纳税额/本年累计应税销售额×100%

将销售额变动率和税负率与相应的正常峰值进行比较,对存在下列问题的纳税人,列印《纳税申报异常纳税人清单》送交二级稽核。

1. 销售额变动率高于正常峰值,税负率低于正常峰值的;

2. 销售额变动率低于正常峰值,税负率低于正常峰值的;

3. 销售额变动率及税负率均高于正常峰值的。

前款所称正常峰值,是指纳税人在一定时期内实现的销售额和税负正常变化的上限或下限。即:销售额变动率正常峰值,为纳税人在正常经营的前提下,销售额与上年同期比较,销售额变动率(±)所能达到的最大值;税负率正常峰值,为纳税人在正常履行纳税义务的前提下,由于受市场、季节等因素的影响而使税负率变化所能达到的最小值或最大值。正常峰值由地市级以上税务机关根据本地区不同行业的具体情况分别确定。

二级稽核的工作内容和步骤:

(一) 审核增值税纳税申报表、发票领用存月报表、相关发票存根联、抵扣联、发票领用存原始记录等资料之间的数据是否相符。

(二) 对防伪税控系统开具的增值税专用发票抵扣联按规定进行认证。

(三) 运用全国丢失、被盗增值税专用发票查询系统对其抵扣联进行抽查验证。

(四) 根据纳税人报送的增值税纳税申报表、资产负债表、损益表和其他有关纳税资料,做好案头分析工作,对纳税人形成异常申报的原因作出初步判断。

1. 毛益率分析。根据损益表计算销售毛益率,计算公式为:

销售毛益率=(销售收入-销售成本)÷销售收入×100%

若本期销售毛益率较以前各期或上年同期有较大幅度下降,可能存在购进货物(包括应税劳务,下同)入账,销售货物结转销售成本而不计或少计销售额的问题。

2. 存货、负债、进项税额综合分析。适用于商品流通企业。分析时,先计算本期进项税额控制数,计算公式为:

$$\begin{array}{c}\text{本期进项税}\\\text{额控制数}\end{array}=\left[\begin{array}{c}\text{期末存货较期初增加额}\\\text{(减少额用负数表示)}\end{array}+\begin{array}{c}\text{本期销}\\\text{售成本}\end{array}+\begin{array}{c}\text{期末应付账款较期初减少}\\\text{数(增加额用负数表示)}\end{array}\right]\times\begin{array}{c}\text{主要外购货物}\\\text{的增值税税率}\end{array}+\text{本期运费支出数}\times 10\%$$

以进项税额控制数与增值税申报表中的本期进项税额核对,若前者明显小于后者,则可能存在虚抵进项税额和未付款的购进货物提前申报抵扣进项税额的问题。

3. 销售额分析。将损益表中的当期销售成本加上按成本毛利率计算出的毛益额后,与损益表、增值税申报表中的本期销售额进行对比,若表中数额小,且差距较大,则可能存在销售额不入账、挂账或瞒报等问题。成本毛利率计算公式如下:

成本毛利率=本年累计毛利额/本年累计销售成本×100%

第五条　将稽核发现的问题和疑点，分别不同情况作如下处理：

（一）对纳税人申报异常提出质询，并逐一记录质询情况，质询记录内容包括：纳税人名称、纳税人识别号、申报异常所属时期、销售额变动率及税负率、答复人姓名以及答复情况等。

（二）对申报异常且无正当理由的纳税人应填写《增值税待查对象通知》，送交检查；申报异常现象特别严重或有较大偷骗税嫌疑的，填写《增值税待查对象特急通知》送交专案检查。

（三）质询记录、待查对象通知和检查情况所报资料要随时复核，定期统计并报主管领导审阅。

第六条　对稽核阶段未被列入检查对象的纳税人，应定期随机抽取一定数量的待查对象送交检查。对该类纳税人的检查间隔（即实施两次检查之间的时间）最长不得超过3年。

第七条　增值税检查是税务机关对纳税人会计核算资料及有关生产经营情况进行实地检查的过程。

第八条　增值税检查的对象为稽核环节送达的未申报清单和待查对象通知所列的纳税人以及根据本办法第六条确定的纳税人。

第九条　增值税检查应按计划组织实施，对未申报待查对象的检查应自通知送达之日起1个月内实施，对申报异常的待查对象的检查应自通知送达之日起2个月内实施。

第十条　增值税检查方法根据待查对象的具体情况确定：

（一）无申报异常现象的，可采取抽查的方法，如有问题再全面检查。

（二）有申报异常现象的，应以销项或进项的某一方面问题核实为主，实施销项税额与进项税额的全面检查。

1. 销售额变动率高于正常峰值及税负率低于正常峰值或销售额变动率正常，而税负率低于正常峰值的，以进项税额为检查重点，查证有无扩大进项抵扣范围、骗抵进项税额、不按规定申报抵扣等问题，对应核实销项税额计算的正确性；

2. 销售额变动率低于正常峰值及税负率变动低于正常峰值的，销项税额和进项税额均应作为检查重点。

对销项税额的检查，应侧重查证有无账外经营、瞒报、迟报计税销售额、混淆增值税与营业税征税范围、错用税率等问题。

检查基本方法见附件1。

第十一条　经稽核、检查核实的一般性偷骗税问题应按《中华人民共和国税收征收管理法》有关条款及现行有关管理规定进行处理；同时责成纳税人进行相关的账务调整（具体调账方法见附件2）。对偷骗税数额较大、情节较严重、涉及地域范围较广的偷骗税案件应及时移送专案稽查。

第十二条　经增值税检查查实的问题及处理情况应按国家税务总局统一规定的文书形式反馈给二级稽核。

第十三条　《未申报纳税人清单》、《申报错误更正通知》、《纳税申报异常纳税人清单》、《增值税待查对象通知》、《增值税待查对象特急通知》的样式及内容由各省级税务机关确定。

第十四条　本办法自1998年1月1日起执行。

附件1：

增值税检查基本方法

一、瞒报计税销售额的检查。应对下列问题运用账证核对法逐项查证：

（一）发票上填开的销售额与有关收入账户中的记录是否一致；

（二）有无计税销售额记入往来账户问题；

（三）有无将计税销售额或差价记入“应付福利费”、“投资收益”、“资本公积”、“盈余公积”等账户，逃避纳税的现象；

（四）以物易物有无不反映销售而只办理存货之间转账的问题；

（五）有无发生销售不反映销售额，而是以“生产成本”、“产成品”、“库存商品”等存货账户以及资金账户或往来账户对转的问题；

（六）有关收入账户的红字冲销记录有无足以证明业务确实发生的证据；

（七）视同销售业务不申报纳税。检查“应付福利费”、“在建工程”、“长期投资”、“营业外支出”等账户的借方记录，核对会计凭证，查明视同销售是否按规定申报了计税销售额和销项税额。

二、迟报计税销售额的检查。

（一）将已填开的发票存根联与有关收入账户记录进行核对，看当月实现的收入是否全部入账，有无压票现象；

（二）对不以销货发票为记账依据的商业零售企业，应查明有无将本月的“销售日报”作为下月原始凭证入账的现象。

三、适用税率的检查。看已填开的增值税专用发票和含税销售额换算为不含税销售额所使用的税率是否正确。

四、虚开发票的检查。将已填开的发票存根联与其所列货物的明细账记录进行核对，看账证记录是否一致。

五、扩大进项税额抵扣范围的检查。以“进项税额”账户为中心，逐一分析每笔记录记账凭证的会计处理和原始凭证所载明的经济业务，看有无将不属于抵扣范围的进项税额申报抵扣。

六、骗抵进项税额的检查。将进项凭证与相关的付款凭证、资金账户，相关的存货账户进行核实，凡发现异常的进项凭证或涉嫌虚开、伪造的进项凭证，应委托销货方所在地税务机关配合查实。

对依据运费发票等其他扣税凭证计算进项税额的，应检查进项税额计算的正确性和扣税凭证的真实性。

七、擅自抵扣期初存货进项税额的检查。对纳税人申报抵扣的期初存货进项税额，应查明是否经主管税务机关批准，验证其计算的正确性。

八、进项税额转出的检查。分析“应付福利费”、“在建工程”、“其他业务支出”、“待处理财产损益”、“营业外支出”以及销售收入类等账户，并核对其会计凭证，看是否发生了进项税额转出事项，该办理进项税额转出的是否已经转出，转出额确定的是否正确。对兼营免税项目的纳税人，应通过分析有关销售收入和成本账户，看是否按规定办理进项税额转出。

九、账外经营检查。涉嫌有账外经营的，可采用突击检查方式，运用盘存法对存货和库存现金进行账实核对，凡相差悬殊的，要进一步查证有无未入账的进项凭证（包括代销、寄存等其他有效凭证）和现金收入凭证，如有未入账凭证，将其所载金额从实存数中扣除后，其结果仍大于账存的，即存在账外经营。

附件 2：

增值税检查调账方法

增值税检查后的账务调整，应设立“应交税金——增值税检查调整”专门账户。凡检查后应调减账面进项税额或调增销项税额和进项税额转出的数额，借记有关科目，贷记本科目；凡检查后应调增账面进项税额或调减销项税额和进项税额转出的数额，借记本科目，贷记有关科目；全部调账事项入账后，应结出本账户的余额，并对该余额进行处理：

1. 若余额在借方，全部视同留抵进项税额，按借方余额数，借记“应交税金——应交增值税（进项税额）”科目，贷记本科目。

2. 若余额在贷方，且“应交税金——应交增值税”账户无余额，按贷方余额数，借记本科目，贷记“应交税金——未交增值税”科目。

3. 若本账户余额在贷方，“应交税金——应交增值税”账户有借方余额且等于或大于这个贷方余额，按贷方余额数，借记本科目，贷记“应交税金——应交增值税”科目。

4. 若本账户余额在贷方，“应交税金——应交增值税”账户有借方余额但小于这个贷方余额，应将这两个账户的余额冲出，其差额贷记“应交税金——未交增值税”科目。

上述账务调整应按纳税期逐期进行。

【注释】 对《增值税暂行条例》第 26 条进行了解释。

国家税务总局关于增值税一般纳税人发生偷税行为如何确定偷税数额和补税罚款的通知

国税发[1998]66 号

各省、自治区、直辖市和计划单列市国家税务局：

目前，各地对增值税一般纳税人发生偷税行为，如何计算确定其增值税偷税额以及如何补税、罚款的认识和做法不一，现统一明确如下：

一、关于偷税数额的确定

（一）由于现行增值税制采取购进扣税法计税，一般纳税人有偷税行为，其不报、少报的销项税额或者多报的进项税额，即是其不缴或少缴的应纳增值税额。因此，偷税数额应当按销项税额的不报、少报部分或者进项税额的多报部分确定。如果销项、进项均查有偷税问题，其偷税数额应当为两项偷税数额之和。

（二）纳税人的偷税手段如属账外经营，即购销活动均不入账，其不缴或少缴的应纳增值税额即偷税额为账外经营部分的销项税额抵扣账外经营部分中已销货物进项税额后的余额。已销货物的进项税额按下列公式计算：

已销货物进项税额＝账外经营部分购货的进项税额－账外经营部分存货的进项税额

（三）如账外经营部分的销项税额或已销货物进项税额难以核实，应当根据《中华人民共和国增值税暂行条例实施细则》第十六条第（三）项规定，按照组成计税价格公式核定销售额，再行确定偷税数额。凡销项税额难以核实的，以账外经营部分已销货物的成本为基础核定销售额；已销货物进项税额难以核实的，以账外经营部分的购货成本为基础核定销售额。（本项已经废止）

二、关于税款的补征

偷税款的补征入库，应当视纳税人不同情况处理，即：根据检查核实后一般纳税人当期全部的销项税额与进项税额（包括当期留抵税额），重新计算当期全部应纳税额，若应纳税额为正数，应当作补税处理，若应纳税额为负数，应当核减期末留抵税额（企业账务调整的具体方法，见《增值税日常稽查办法》）。

三、关于罚款

对一般纳税人偷税行为的罚款，应当按照本通知第一条的规定计算确定偷税数额，以偷税数额为依据处理。

【注释】　对《增值税暂行条例》第26条进行了解释。对《增值税暂行条例实施细则》第16条进行了解释。相关规定包括：《国家税务总局关于修改〈国家税务总局关于增值税一般纳税人发生偷税行为如何确定偷税数额和补税罚款的通知〉的通知》（国税函[1999]739号）。

国家税务总局关于贯彻国务院有关完善小规模商业企业增值税政策的决定的补充通知

国税发[1998]124号

各省、自治区、直辖市、计划单列市国家税务局：

财政部、国家税务总局《关于贯彻国务院有关完善小规模商业企业增值税政策的决定的通知》（财税字[1998]113号）下发以后，各地在贯彻执行中提出了一些问题，现补充通知如下：

一、1998年6月30日以前具有一般纳税人资格的下列商业企业，1997年度应税销售额或前三年平均年应税销售额虽然没有超过180万元，但具有下列情形之一者，可不划转为小规模纳税人，继续按一般纳税人征税。

（一）1998年1月至1998年6月应税销售额超过180万元；

（二）具有进出口经营权；

（三）持有盐业批发许可证并从事盐业批发。

上述商业企业已被划转为小规模纳税人的，可重新恢复其一般纳税人资格。

二、实行统一核算的机构，如果总机构属于一般纳税人，而分支机构属于小规模商业企业，该分支机构不得认定为一般纳税人，已具有一般纳税人资格的应划转为小规模纳税人。

三、小规模商业企业划转前销售的货物，在划转后发生销货退回或折让，应视不同情况分别按以下规定办理：

（一）在购买方已作账务处理，增值税专用发票（以下简称专用发票）发票联和抵扣联无法退还的情况下，应根据购买方所在地税务机关出具的进货退出或索取折让证明单开具红字普通发票，并相应冲减发生销货退回或折让当期的销售额。购买方取得此项发票后，应换算不含税销售额，并据以计算进项税额，分别冲减采购成本和进项税额。

（二）在购买方未作账务处理，将专用发票发票联和抵扣联退回的情况下，如果属于部分销货退回或折让，应根据购买方所在地税务机关出具的进货退出或索取折让证明单开具红字普通发票，将红字普通发票的发票联随同购买方退回的专用发票一并交给购买方，作为购买方冲减进项税额的凭证，并以红字普通发票的记账联作为冲减发生销货退回或折让当期销售额的合法依据；如果属于全部销货退回，专用发票不再退还给购买方，可根据购买方退回的专用发票冲减发生销货退回当期的销售额。

四、小规模商业企业在划转前销售货物或应税劳务开具的专用发票因填写错误成为废票，需要重新开具专用发票的，可由主管税务机关按照增值税适用税率代其重新开具专用发票。

小规模商业企业在划转前货物和应税劳务的销售已发生，但尚未开具专用发票，可由主管税务机关按照增值税适用税率代开专用发票。主管税务机关在代开专用发票的同时，应当将专用发票所注明的销项税额全额征收入库。

上述两项按增值税适用税率代开专用发票的规定执行到 1998 年 10 月 31 日，1998 年 11 月 1 日后税务机关不得按增值税适用税率为小规模纳税人代开专用发票。

【注释】 对《增值税暂行条例》第 26 条进行了解释。

财政部　国家税务总局关于贯彻国务院有关完善小规模商业企业增值税政策的决定的通知

财税字[1998]113 号

各省、自治区、直辖市、计划单列市财政厅（局）、国家税务局：

国务院决定，从 1998 年 7 月 1 日起，凡年应税销售额在 180 万元以下的小规模商业企业，无论财务核算是否健全，一律不得认定为增值税一般纳税人，均应按照小规模纳税人的规定征收增值税，同时决定将商业企业小规模纳税人的增值税征收率由 6%调减为 4%。国务院的决定对于加强增值税征收管理，堵塞税收流失漏洞，保证财政收入具有重大意义，各级税务机关一定要坚定不移地认真贯彻落实这一决定。

根据国务院的决定，要将现在具有一般纳税人资格的小规模商业企业划转为小规模纳税人，此项划转工作必须在 1998 年 8 月底前完成。各省、自治区、直辖市和计划单列市国家税务局要采取有效措施，尽可能迅速地将国务院决定和本通知规定传达到基层征收机关，并做好工作部署，以有利于按期完成划转工作。各级税务机关要不折不扣地坚决按照国务院决定做好划转工作，凡现在具有一般纳税人资格的小规模商业企业一律划转为小规模纳税人，不允许有任何变通，违者要进行严肃处理。为了有利于将国务院决定贯彻落实到位，国家税务总局决定对划转工作进行检查验收。各省、自治区、直辖市和计划单列市国家税务局对所属单位划转工作的检查验收在 1998 年 9 月底前完成，10 月中旬要将划转工作完成情况报国家税务总局，国家税务总局将于四季度对各地的划转工作进行抽查验收。现就小规模商业企业划转的有关具体问题规定如下：

一、本通知所称“商业企业”，是指从事货物批发或零售的企业、企业性单位，以及以从事货物批发或零售为主，并兼营货物生产或提供应税劳务的企业、企业性单位。

商业企业以外的其他企业，即从事货物生产或提供应税劳务的企业、企业性单位，以及以从事货物生产或提供应税劳务为主，并兼营货物批发或零售的企业、企业性单位，年应税销售额在 100 万元以下、30 万元以上的，如果财务核算健全，仍可认定为一般纳税人。其他企业小规模纳税人的增值税征收率仍为 6%。

本条所称某项应征增值税行为“为主”，是指该项行为的销售额占各项应征增值税行为的销售额合计的比重在 50%以上。

二、确定商业企业一般纳税人是否属于划转对象，应以 1997 年度的应税销售额为准。如果商业企业一般纳税人 1997 年度应税销售额不到 180 万元，但其前三年平均年应税销售额超过 180 万元的，也可按前三年的平均年应税销售额确定；如果其经营时间不足三年，可以按前二年的平均年应税销售额确定。

三、对于暂认定为一般纳税人的新开业商业企业，待暂定期满后再按照有关规定确认其是否应正式认定为一般纳税人。

四、小规模商业企业划转后，其在 1998 年 7 月 1 日以前发生的货物未销售但已抵扣的增值税进项税额，不补缴入库；原有期初存货已征税款余额和留抵税额不予退还，一律转入成本。

五、小规模商业企业划转前销售的货物，在划转后发生销货退回或折让，应根据购买方所在地税务机关出具的进货退出或索取折让证明单开具普通发票，并相应冲减发生销货退回或折让当期的销售额。购买方取得此项发票后，应换算不含税销售额，并据以计算进项税额，分别冲减采购成本和进项税额。

凡发生部分销货退回或折让，购买方将原发票（增值税专用发票发票联和抵扣联）退回的，应按退货或折让金额开具红字普通发票，随同退回的增值税专用发票一并退还给购买方。

六、小规模商业企业在划转前如有偷骗税行为或违反增值税专用发票有关规定的行为，在划转后被检查发现的，仍应按对增值税一般纳税人的有关规定处理。

七、凡划转为小规模纳税人的商业企业，税务机关应按规定缴销其《增值税专用发票领购簿》，并收缴其库存未用的专用发票予以注销。

八、小规模商业企业划转后，销售货物和应税劳务可以向税务机关申请代开增值税专用发票。税务机关代开增值税专用发票必须按照增值税征收率开具，不得按照增值税适用税率开具。

九、小规模商业企业征收率调为4%以后，原按定期定额征税的小规模纳税人，仍按原定税额征税，并相应换算调高营业额。

【注释】 对《增值税暂行条例》第12条进行了解释。

财政部　国家税务总局关于调整增值税运输费用扣除率的通知

财税[1998]114号

各省、自治区、直辖市、计划单列市财政厅（局）、国家税务局：

经国务院批准，从1998年7月1日起，将增值税一般纳税人购进或销售应税货物支付的运输费用的扣除率由10%降低为7%。凡1998年7月1日以后申报抵扣的运输费用进项税额，不论运输发票何时开具、其所注明的运输费用是否已经支付，均按7%的扣除率计算进项税额。

【注释】 对《增值税暂行条例》第8条进行了解释。

国家税务总局关于企业所属机构间移送货物征收增值税问题的通知

国税发[1998]137号

目前，对实行统一核算的企业所属机构间移送货物，接受移送货物机构（以下简称受货机构）的经营活动是否属于销售应在当地纳税，各地执行不一。经研究，现明确如下：

《中华人民共和国增值税暂行条例实施细则》第四条视同销售货物行为的第（三）项所称的用于销售，是指受货机构发生以下情形之一的经营行为：

一、向购货方开具发票；

二、向购货方收取货款。

受货机构的货物移送行为有上述两项情形之一的，应当向所在地税务机关缴纳增值税；未发生上述两项情形的，则应由总机构统一缴纳增值税。

如果受货机构只就部分货物向购买方开具发票或收取货款，则应当区别不同情况计算并分别向总机构所在地或分支机构所在地缴纳税款。

【注释】 对《增值税暂行条例实施细则》第4条进行了解释。相关规定包括：《国家税务总局关于纳税人以资金结算网络方式收取货款增值税纳税地点问题的通知》（国税函[2002]802号）。

国家税务总局关于调整部分按简易办法征收增值税的特定货物销售行为征收率的通知

国税发[1998]122号

各省、自治区、直辖市、计划单列市国家税务局：

现行增值税法规规定，对一些特定货物销售行为，无论其从事者是一般纳税人还是小规模纳税人，一律按简易办法依照《中华人民共和国增值税暂行条例》第十三条规定计算应纳税额。根据国务院关于调整商业小规模纳税人征收率的决定的精神，自1998年8月1日起，下列特定货物销售行为的征收率由6%调减为4%：

一、寄售商店代销寄售物品(包括居民个人寄售的物品在内)；

二、典当业销售死当物品；

三、销售旧货(不再划分销售者是否为内贸部批准认定的旧货调剂试点单位)；(此条款已失效或废止)

四、经国务院或国务院授权机关批准的免税商店零售免税货物。

【注释】 对《增值税暂行条例》第12条进行了解释。

国家税务总局关于电梯保养、维修收入征税问题的批复

国税函发[1998]390号

深圳市国家税务局：

你局《关于电梯保养、维修收入征税问题的请示》(深国税发[1998]144号)收悉，现批复如下：

电梯属于增值税应税货物的范围，但安装运行之后，则与建筑物一道形成不动产。因此，对企业销售电梯(自产或购进的)并负责安装及保养、维修取得的收入，一并征收增值税；对不从事电梯生产、销售，只从事电梯保养和维修的专业公司对安装运行后的电梯进行的保养、维修取得的收入，征收营业税。

深圳市粤日电梯工程有限公司系专门从事电梯保养、维修的专业公司。因此，对其所取得的电梯保养、维修收入应当征收营业税，不征收增值税。

【注释】 对《增值税暂行条例》第1条进行了解释。对《增值税暂行条例实施细则》第2条进行了解释。

国家税务总局关于县以下小水电企业电力产品增值税征税问题的批复

国税函[1998]843号

广西壮族自治区国家税务局：

你局《广西壮族自治区国家税务局关于县以下小水电企业电力产品增值税征税问题的请示》(桂国税报[1998]68号)收悉，现批复如下：

一、《财政部、国家税务总局关于调整农业产品增值税税率和若干项目征免增值税的通知》(财税字[1994]第004号)中第四条所规定的可按6%的征收率计算缴纳增值税的小型水力发电单位，包括县级及县级以下小水电企业。

二、县以下小型水力发电单位既销售自产电力，又转售大电网电力的，只能选择一种征税办法就其全部销售额计算缴纳增值税，即，纳税人可以选择简易办法按照征收率全额计税，也可以选择销项税额减进项税额的办法按照增值税适用税率计算应纳税额。纳税人所选择的计算缴纳增值税的办法至少3年内不得变更。

【注释】 对《增值税暂行条例》第12条进行了解释。

国家税务总局关于修订“饲料”注释及加强饲料征免增值税管理问题的通知

国税发[1999]39号

各省、自治区、直辖市和计划单列市国家税务局：

随着我国饲料工业的发展，饲料的品种和生产特点发生了较大变化，为了支持饲料工业发展，进一步明确和规范饲料的征免增值税范围，加强对饲料免征增值税的管理，现将对《增值税部分货物征税范围注释》(国税发[1993]151号)中饲料注释的修订及饲料免征增值税的管理办法明确如下：

一、饲料指用于动物饲养的产品或其加工品。

本货物的范围包括：

1. 单一大宗饲料。指以一种动物、植物、微生物或矿物质为来源的产品或其副产品。其范围仅限于糠麸、酒糟、油饼、骨粉、鱼粉、饲料级磷酸氢钙。

2. 混合饲料。指由两种以上单一大宗饲料、粮食、粮食副产品及饲料添加剂按照一定比例配置，其中单一大宗饲料、粮食及粮食副产品的参兑比例不低于95%的饲料。

3. 配合饲料。指根据不同的饲养对象，饲养对象的不同生长发育阶段的营养需要，将多种饲料原料按饲料配方经工业生产后，形成的能满足饲养动物全部营养需要(除水分外)的饲料。

4. 复合预混料。指能够按照国家有关饲料产品的标准要求量，全面提供动物饲养相应阶段所需微量元素(4种或以上)、维生素(8种或以上)，由微量元素、维生素、氨基酸和非营养性添加剂中任何两类或两类以上的组分与载体或稀释剂按一定比例配置的均匀混合物。

5. 浓缩饲料。指由蛋白质、复合预混料及矿物质等按一定比例配制的均匀混合物。

用于动物饲养的粮食、饲料添加剂不属于本货物的范围。

二、原有的饲料生产企业及新办的饲料生产企业，应凭省级饲料质量检测机构出具的饲料产品合格证明及饲料工业管理部门审核意见，向所在地主管税务机关提出免税申请，经省级国家税务局审核批准后，由企业所在地主管税务机关办理免征增值税手续。

三、本通知自1999年1月1日起执行。此前，各地执行的饲料免税范围与本通知不一致的，可按饲料的销售对象确定征免，即：凡销售给饲料生产企业、饲养单位及个体养殖户的饲料，免征增值税，销售给其他单位的一律征税。

【注释】 对《增值税暂行条例》第2条进行了解释。

国家税务总局关于拍卖行取得的拍卖收入征收增值税、营业税有关问题的通知

国税发[1999]40号

各省、自治区、直辖市和计划单列市国家税务局、地方税务局：

据了解，由于拍卖行特殊的经营性质，对拍卖行取得的拍卖收入是征收增值税还是征收营业税，各地理解不一，执行中不尽一致。为了统一拍卖行的增值税、营业税政策，现就有关问题明确如下：

一、对拍卖行受托拍卖增值税应税货物，向买方收取的全部价款和价外费用，应当按照4%的征收率征收增值税。拍卖货物属免税货物范围的，经拍卖行所在地县级主管税务机关批准，可以免征增值税。

二、对拍卖行向委托方收取的手续费征收营业税。

【注释】 对《增值税暂行条例》第12条进行了解释。

国家税务总局关于生猪生产流通过程中有关税收问题的通知

国税发[1999]113号

各省、自治区、直辖市和计划单列市国家税务局、地方税务局：

根据一些地区和有关部门近来陆续反映的在生猪生产流通过程中存在的一些税收法规执行不规范的问题，为了严格依法征税，切实减轻农民负担，进一步规范生猪市场的征税办法，促进我国生猪饲养业稳定、健康地发展，经研究，现就有关生猪税收问题，进一步重申和明确如下：

一、在生猪生产、销售、运输、宰杀、加工、储存等全部过程中，必须严格执行国家各项税收规定，不得变通税法，擅自改变纳税环节，禁止包税和各种摊派或变相摊派税款的行为。严格实施一税一票，禁止一票多税和一票又税又费、税费混征的做法。

二、屠宰税必须据实征收、不得以加强征管为理由，将应由从事生猪收购或屠宰业务的纳税人缴纳的屠宰税改由饲养者缴纳。根据当前我国生猪价格下跌幅度较大的情况，生猪屠宰税税负明显偏高的地区，

要向政府建议适当调低税额标准。

三、农业生产者销售自己饲养的生猪免缴增值税，非农业生产者销售生猪应当按照规定征收增值税，税务机关不得以任何理由擅自改变纳税环节让农业生产者缴纳或代缴生猪增值税。

四、专业养猪户取得的养猪收入，减除成本、费用及损失后的余额，按照"个体工商户生产、经营所得"项目计征个人所得税。无法准确核算其收入、成本、费用及损失的，由主管税务机关依照税法核定其应纳税所得额，计征个人所得税。

非专业养猪户取得的养猪收入，暂不征收个人所得税。

专业养猪户由各省、自治区、直辖市地方税务局根据以下条件制定具体的界定标准：

（一）以养猪为其主业；

（二）养猪取得的收入为其全部收入的主要部分；

（三）以年出栏生猪数为标准的，最低限额不得少于5头（不含自家育养的仔猪数，出售仔猪无数量限制）。

五、猪皮农业特产税从1999年起已经停征，各地应严格执行国家政策，不得继续征收。如有违反规定继续征收猪皮农业特产税的，要立即纠正。

各地接此通知后，应立即对生猪税收政策执行中存在的问题进行一次清理检查和整改。总局将在适当时候对生猪税收执法情况进行一次专项抽查。

以上规定，请认真贯彻执行。

【注释】 对《增值税暂行条例》第16条进行了解释。

财政部　国家税务总局关于粮食企业增值税征免问题的通知

财税［1999］198号

各省、自治区、直辖市、计划单列市财政厅（局）、国家税务局，新疆生产建设兵团财务局：

为支持和配合粮食流通体制改革，经国务院批准，现就粮食增值税政策调整的有关问题通知如下：

一、国有粮食购销企业必须按顺价原则销售粮食。对承担粮食收储任务的国有粮食购销企业销售的粮食免征增值税。免征增值税的国有粮食购销企业，由县（市）国家税务局会同同级财政、粮食部门审核确定。

审批享受免税优惠的国有粮食购销企业时，税务机关应按规定缴销其《增值税专用发票领购簿》，并收缴其库存未用的增值税专用发票予以注销；兼营其他应税货物的，须重新核定其增值税专用发票用量。

二、对其他粮食企业经营粮食，除下列项目免征增值税外，一律征收增值税。

（一）军队用粮：指凭军用粮票和军粮供应证按军供价供应中国人民解放军和中国人民武装警察部队的粮食。

（二）救灾救济粮：指经县（含）以上人民政府批准，凭救灾救济粮食（证）按规定的销售价格向需救助的灾民供应的粮食。

（三）水库移民口粮：指经县（含）以上人民政府批准，凭水库移民口粮票（证）按规定的销售价格供应给水库移民的粮食。

三、对销售食用植物油业务，除政府储备食用植物油的销售继续免征增值税外，一律照章征收增值税。

四、对粮油加工业务，一律照章征收增值税。

五、承担粮食收储任务的国有粮食购销企业和经营本通知所列免税项目的其他粮食经营企业，以及有政府储备食用植物油销售业务的企业，均需经主管税务机关审核认定免税资格，未报经主管税务机关审核认定，不得免税。享受免税优惠的企业，应按期进行免税申报，违反者取消其免税资格。

粮食部门应向同级国家税务局提供军队用粮、救灾救济粮、水库移民口粮的单位、供应数量等有关资料，经国家税务局审核无误后予以免税。

六、属于增值税一般纳税人的生产、经营单位从国有粮食购销企业购进的免税粮食，可依据购销企业开具的销售发票注明的销售额按13%的扣除率计算抵扣进项税额；购进的免税食用植物油，不得计算抵扣进项税额。

七、各省、自治区、直辖市、计划单列市国家税务局可依据本通知和增值税法规的有关规定制定具体执行办法,并报财政部、国家税务总局备案。

本通知从1999年8月1日起执行。

【注释】 对《增值税暂行条例》第16条进行了解释。

国家税务总局关于工业企业制售安装铁塔征税问题的批复

国税函[1999]505号

河北省国家税务局:

你局《河北省国家税务局关于铁塔安装业务纳税问题的请示》(冀国税发[1999]152号)收悉,关于工业企业制售安装用于通讯、电信的铁塔如何征税问题,经研究,现批复如下:

工业企业生产销售用于通讯、电信的铁塔同时提供建筑安装劳务,属混合销售行为,根据《中华人民共和国增值税暂行条例实施细则》第五条的规定,对其取得的货物及建筑安装劳务收入应当一并征收增值税,不征收营业税。对工业企业异地销售安装铁塔,其纳税地点的确定,应按照《国家税务总局关于企业所属机构间移送货物征收增值税问题的通知》(国税发[1999]137号)的有关规定执行。

【注释】 对《增值税暂行条例实施细则》第5条进行了解释。

财政部 国家税务总局关于贯彻落实《中共中央 国务院关于加强技术创新,发展高科技,实现产业化的决定》有关税收问题的通知

财税[1999]273号

海关总署,各省、自治区、直辖市、计划单列市财政厅(局)、国家税务局、地方税务局,新疆生产建设兵团:

为了贯彻落实《中共中央 国务院关于加强技术创新,发展高科技,实现产业化的决定》(中发[1999]14号)的精神,鼓励技术创新和高新技术企业的发展,现对有关税收问题通知如下:

一、关于增值税

(一)一般纳税人销售其自行开发生产的计算机软件产品,可按法定17%的税率征收后,对实际税负超过6%的部分实行即征即退。

(二)属生产企业的小规模纳税人,生产销售计算机软件按6%的征收率计算缴纳增值税;属商业企业的小规模纳税人,销售计算机软件按4%的征收率计算缴纳增值税,并可由税务机关分别按不同的征收率代开增值税发票。

(三)对随同计算机网络、计算机硬件、机器设备等一并销售的软件产品,应当分别核算销售额。如果未分别核算或核算不清,按照计算机网络或计算机硬件以及机器设备等的适用税率征收增值税,不予退税。

(四)计算机软件产品是指记载有计算机程序及其有关文档的存储介质(包括软盘、硬盘、光盘等)。对经过国家版权局注册登记,在销售时一并转让著作权、所有权的计算机软件征收营业税,不征收增值税。

……

六、科研机构转制问题

(一)中央直属科研机构以及省、地(市)所属的科研机构转制后,自1999年至2003年5年内,免征企业所得税和科研开发自用土地的城镇土地使用税。

本条所指科研机构不包括:已经转制和已并入企业的科研机构,以及所有从事社会科学研究的科研机构。

(二)享受上述税收优惠政策的科研机构,需持转制变更后的企业工商登记材料报当地主管税务机关,并按规定办理有关减免税手续。

七、本通知自1999年10月1日起开始执行。

【注释】 对《增值税暂行条例》第16条进行了解释。

国家税务总局关于修改《国家税务总局关于增值税一般纳税人发生偷税行为如何确定偷税数额和补税罚款的通知》的通知

国税函[1999]739号

各省、自治区、直辖市和计划单列市国家税务局：

《国家税务总局关于增值税一般纳税人发生偷税行为如何确定偷税数额和补税罚款的通知》(国税发[1998]66号)下发后，部分地区反映通知第一条第(三)项的表述不够确切，现修改如下：

纳税人账外经营部分的销售额(计税价格)难以核实的，应根据《中华人民共和国增值税暂行条例实施细则》第十六条第(三)项规定按组成计税价格核定其销售额。

原《国家税务总局关于增值税一般纳税人发生偷税行为如何确定偷税数额和补税罚款的通知》(国税发[1998]66号)第一条第(三)项废止。

【注释】 对《增值税暂行条例实施细则》第16条进行了解释。对《国家税务总局关于增值税一般纳税人发生偷税行为如何确定偷税数额和补税罚款的通知》(国税发[1998]66号)进行了修改。

国家税务总局关于商品混凝土实行简易办法征收增值税问题的通知

国税发[2000]37号

各省、自治区、直辖市、计划单列市国家税务局：

近接部分地区反映，商品混凝土生产企业由于其外购原材料难以取得增值税专用发票，进项税额抵扣不足，造成企业税收负担较高，为了平衡企业的税收负担并便于对商品混凝土生产企业的税收征管，现将有关问题通知如下：

对增值税一般纳税人生产销售的商品混凝土，按规定应当征收增值税的，自2000年1月1日起按照6%的征收率征收增值税，但不得开具增值税专用发票。

【注释】 对《增值税暂行条例》第12条进行了解释。

财政部 国家税务总局关于医疗卫生机构有关税收政策的通知

财税[2000]42号

各省、自治区、直辖市、计划单列市财政厅(局)、国家税务局、地方税务局：

为了贯彻落实《国务院办公厅转发国务院体改办等部门关于城镇医药卫生体制改革指导意见的通知》(国办发[2000]16号)，促进我国医疗卫生事业的发展，经国务院批准，现将医疗卫生机构有关税收政策通知如下：

一、关于非营利性医疗机构的税收政策

(一) 对非营利性医疗机构按照国家规定的价格取得的医疗服务收入，免征各项税收。不按照国家规定价格取得的医疗服务收入不得享受这项政策。

医疗服务是指医疗服务机构对患者进行检查、诊断、治疗、康复和提供预防保健、接生、计划生育方面的服务，以及与这些服务有关的提供药品、医用材料器具、救护车、病房住宿和伙食的业务(下同)。

(二) 对非营利性医疗机构从事非医疗服务取得的收入，如租赁收入、财产转让收入、培训收入、对外投资收入等应按规定征收各项税收。非营利性医疗机构将取得的非医疗服务收入，直接用于改善医疗卫生服务条件的部分，经税务部门审核批准可抵扣其应纳税所得额，就其余额征收企业所得税。

(三) 对非营利性医疗机构自产自用的制剂，免征增值税。

(四) 非营利性医疗机构的药房分离为独立的药品零售企业，应按规定征收各项税收。

(五) 对非营利性医疗机构自用的房产、土地、车船，免征房产税、城镇土地使用税和车船使用税。

二、关于营利性医疗机构的税收政策

(一) 对营利性医疗机构取得的收入，按规定征收各项税收。但为了支持营利性医疗机构的发展，对营利性医疗机构取得的收入，直接用于改善医疗卫生条件的，自其取得执业登记之日起，3年内给予下列优惠：对其取得的医疗服务收入免征营业税；对其自产自用的制剂免征增值税；对营利性医疗机构自用的房产、土地、车船免征房产税、城镇土地使用税和车船使用税。3年免税期满后恢复征税。

（二）对营利性医疗机构的药房分离为独立的药品零售企业，应按规定征收各项税收。

三、关于疾病控制机构和妇幼保健机构等卫生机构的税收政策

（一）对疾病控制机构和妇幼保健机构等卫生机构按照国家规定的价格取得的卫生服务收入（含疫苗接种和调拨、销售收入），免征各项税收。不按照国家规定的价格取得的卫生服务收入不得享受这项政策。对疾病控制机构和妇幼保健等卫生机构取得的其他经营收入如直接用于改善本卫生机构卫生服务条件的，经税务部门审核批准可抵扣其应纳税所得额，就其余额征收企业所得税。

（二）对疾病控制机构和妇幼保健机构等卫生机构自用的房产、土地、车船，免征房产税、城镇土地使用税和车船使用税。

医疗机构需要书面向卫生行政主管部门申明其性质，按《医疗机构管理条例》进行设置审批和登记注册，并由接受其登记注册的卫生行政部门核定，在执业登记中注明“非营利性医疗机构”和“营利性医疗机构”。

上述医疗机构具体包括：各级各类医院、门诊部（所）、社区卫生服务中心（站）、急救中心（站）、城乡卫生院、护理院（所）、疗养院、临床检验中心等。上述疾病控制、妇幼保健等卫生机构具体包括：各级政府及有关部门举办的卫生防疫站（疾病控制中心）、各种专科疾病防治站（所），各级政府举办的妇幼保健所（站）、母婴保健机构、儿童保健机构等，各级政府举办的血站（血液中心）。

本通知自发布之日起执行。

【注释】　对《增值税暂行条例》第16条进行了解释。

国家税务总局关于融资租赁业务征收流转税问题的通知

国税函[2000]514号

据了解，目前一些地区在对融资租赁业务征收流转税时，政策执行不一，有的征收增值税，有的征收营业税，为统一增值税政策，严肃执法，现就有关问题明确如下：

对经中国人民银行批准经营融资租赁业务的单位所从事的融资租赁业务，无论租赁的货物的所有权是否转让给承租方，均按《中华人民共和国营业税暂行条例》的有关规定征收营业税，不征收增值税。其他单位从事的融资租赁业务，租赁的货物的所有权转让给承租方，征收增值税，不征收营业税；租赁的货物的所有权未转让给承租方，征收营业税，不征收增值税。

融资租赁是指具有融资性质和所有权转移特点的设备租赁业务。即：出租人根据承租人所要求的规格、型号、性能等条件购入设备租赁给承租人，合同期内设备所有权属于出租人，承租人只拥有使用权，合同期满付清租金后，承租人有权按残值购入设备，以拥有设备的所有权。

本通知自公布之日起执行，此前规定与本通知相抵触的，一律以本通知为准。

【注释】　对《增值税暂行条例》第1条进行了解释。

国家税务总局关于出版物广告收入有关增值税问题的通知

国税发[2000]188号

各省、自治区、直辖市和计划单列市国家税务局：

《国家税务总局关于印发〈增值税问题解答（之一）〉的通知》（国税发[1995]288号）规定，“纳税人为制作、印刷广告所用的购进货物不得计入进项税额抵扣，因此，纳税人应准确划分不得抵扣的进项税额；对无法准确划分不得抵扣的进项税额的，按《中华人民共和国增值税暂行条例实施细则》第二十三条的规定划分不得抵扣的进项税额”。由于该通知未明确应以何种标准进行“准确划分”，因此各地执行不尽一致。经研究，现明确如下：

确定文化出版单位用于广告业务的购进货物的进项税额，应以广告版面占整个出版物版面的比例为划分标准,凡文化出版单位能准确提供广告所占版面比例的,应按此项比例划分不得抵扣的进项税额。

本通知自 2000 年 12 月 1 日起执行。此前一些地区的税务机关按照《中华人民共和国增值税暂行条例实施细则》第二十三条规定确定不得抵扣进项税额的,已征收入库的税款不再作纳税调整,凡征税不足的,一律按照本通知的规定计算应补征的税款。

【注释】 对《增值税暂行条例实施细则》第 23 条进行了解释。

财政部 国家税务总局关于延续若干增值税免税政策的通知

财税明电[2000]6 号

各省、自治区、直辖市、计划单列市财政厅(局)、国家税务局:

1994 年税制改革后,为实现新老税制的平稳过渡,国务院及其有关部门陆续制定了一些过渡性的税收优惠政策文件。这些文件大都于 2000 年底执行到期。国务院有关部门正在对此进行清理。为了做好衔接工作,在新的政策文件下发前,以下规定从 2001 年 1 月 1 日后可暂继续执行:

一、《关于对若干农业生产资料征免增值税问题的通知》(财税字[1998]78 号);

二、《关于民贸企业有关税收问题的通知》(财税字[1997]124 号)中关于县以下(不含县)国有民贸企业和基层供销社销售货物免征增值税的规定;

三、《关于继续对废旧物资回收经营企业等实行增值税优惠政策的通知》(财税字[1998]33 号)中对国家定点企业生产和经销单位经销的边销茶免征增值税的规定;

四、《关于继续对宣传文化单位实行增值税优惠政策的通知》(财税字[1996]78 号)中对经国务院批准成立的电影制片厂销售的电影拷贝收入免征增值税的规定。

【注释】 对《增值税暂行条例》第 16 条进行了解释。

国家税务总局关于增值税一般纳税人丢失防伪税控系统开具的增值税专用发票有关税务处理问题的通知

国税发[2002]10 号

各省、自治区、直辖市和计划单列市国家税务局、地方税务局:

为解决增值税一般纳税人(以下简称一般纳税人)丢失增值税专用发票产生的涉税问题,现将一般纳税人丢失增值税防伪税控系统开具的增值税专用发票的有关税务处理问题明确如下:

一、一般纳税人丢失防伪税控系统开具的增值税专用发票,如果该发票丢失前已通过防伪税控认证系统的认证,购货单位可凭销货单位出具的丢失发票的存根联复印件及销货方所在地主管税务机关出具的“增值税一般纳税人丢失防伪税控开具增值税专用发票已抄报税证明单”(样式附后),经购货单位主管税务机关审核批准后,作为增值税进项税额抵扣的合法凭证抵扣进项税额。

一般纳税人丢失防伪税控系统开具的增值税专用发票,如果该发票丢失前未通过防伪税控认证系统的认证,购货单位应凭销货单位出具的丢失发票的存根联复印件到主管税务机关进行认证,认证通过后可凭该发票复印件及销货方所在地主管税务机关出具的“增值税一般纳税人丢失防伪税控开具增值税专用发票已抄报税证明单”,经购货单位主管税务机关审核批准后,作为增值税进项税额抵扣的合法凭证抵扣进项税额。

二、一般纳税人发生丢失防伪税控系统开具的增值税专用发票情况,必须及时向所在地主管税务机关报告,税务机关应对其报告的丢失发票是否已申报抵扣进行检查,对纳税人弄虚作假的行为,按照有关的法律法规进行处理。

三、本通知自 2001 年 7 月 1 日起执行。原《国家税务总局关于加强增值税征收管理工作的通知》(国税发[1995]015 号)第三条第二项的有关规定同时废止。

附件:增值税一般纳税人丢失防伪税控开具增值税专用发票已抄报税证明单

【注释】 对《增值税暂行条例》第 26 条进行了解释。

国家税务总局关于白银生产环节征收增值税的通知

国税发[2000]51号

各省、自治区、直辖市、计划单列市国家税务局：

根据国务院关于白银管理体制改革的指示，现就白银产品有关增值税政策规定如下：

自2000年1月1日起，对企业生产销售的银精矿含银、其他有色金属精矿含银、冶炼中间产品含银及成品银恢复征收增值税。

【注释】 对《增值税暂行条例》第1条进行了解释。

国家税务总局关于修改《国家税务总局关于严格控制增值税专用发票使用范围的通知》的通知

国税发[2000]75号

各省、自治区、直辖市和计划单列市国家税务局：

近接部分地区反映，《国家税务总局关于严格控制增值税专用发票使用范围的通知》(国税发[1995]088号)的有关规定已不适应目前增值税专用发票使用的需要，经研究，现对原通知修改如下：

各地要严格控制专用发票的使用范围，对商业企业零售的烟、酒、食品、服装、鞋帽(不包括劳保专用部分)、化妆品等消费品不得开具专用发票；对工商企业销售的机械、机车、汽车、轮船、锅炉等大型机械电子设备，如购货方索取增值税专用发票，销货方可开具增值税专用发票。

本通知自2000年1月1日起执行。

【注释】 对《增值税暂行条例》第26条进行了解释。

财政部　国家税务总局关于小化肥生产企业改产尿素等产品征收增值税问题的通知

财税字[2000]69号

各省、自治区、直辖市、计划单列市财政厅(局)、国家税务局：

近接部分地区反映，财政部、国家税务总局《关于对若干农业生产资料征免增值税问题的通知》(财税字[1998]78号)对原生产碳酸氢铵、普通过磷酸钙、钙镁磷肥产品的小化肥生产企业改产生产销售的尿素、磷铵和硫磷铵给予免征增值税的规定中，对改产没有明确的解释，在执行中出现了分歧。为统一税收政策，现就有关问题明确如下：

小化肥生产企业改产尿素、磷铵和硫磷铵，其享受免征增值税政策的产品是指企业停止生产碳酸氢铵、普通过磷酸钙、钙镁磷肥产品后，在改产尿素、磷铵和硫磷铵当年，生产设备所达设计能力内生产的上述产品。对改产以后再扩产和扩建生产销售的上述产品，不得给予免征增值税的政策。此前，各地税务机关确定的上述产品免征增值税政策范围与本通知不一致的，不再作调整，自本通知发布之日起一律按本通知的规定执行。

【注释】 对《增值税暂行条例》第16条进行了解释。

财政部　国家税务总局关于飞机维修增值税问题的通知

财税[2000]102号

各省、自治区、直辖市、计划单列市财政厅(局)、国家税务局：

经国务院批准，现将有关飞机维修劳务的增值税政策问题通知如下：

为支持飞机维修行业的发展，决定自2000年1月1日起对飞机维修劳务增值税实际税负超过6%的部分实行由税务机关即征即退的政策。

【注释】 对《增值税暂行条例》第16条进行了解释。

国家税务总局关于《国家税务总局关于纳税人取得虚开的增值税专用发票处理问题的通知》的补充通知

国税发[2000]182号

各省、自治区、直辖市和计划单列市国家税务局、地方税务局：

为了严格贯彻执行《国家税务总局关于纳税人取得虚开的增值税专用发票处理问题的通知》(国税发[1997]134号,以下简称134号文件),严厉打击虚开增值税专用发票活动,保护纳税人的合法权益,现对有关问题进一步明确如下：

有下列情形之一的,无论购货方(受票方)与销售方是否进行了实际的交易,增值税专用发票所注明的数量、金额与实际交易是否相符,购货方向税务机关申请抵扣进项税款或者出口退税的,对其均应按偷税或者骗取出口退税处理。

一、购货方取得的增值税专用发票所注明的销售方名称、印章与其进行实际交易的销售方不符的,即134号文件第二条规定的"购货方从销售方取得第三方开具的专用发票"的情况。

二、购货方取得的增值税专用发票为销售方所在省(自治区、直辖市和计划单列市)以外地区的,即134号文件第二条规定的"从销货地以外的地区取得专用发票"的情况。

三、其他有证据表明购货方明知取得的增值税专用发票系销售方以非法手段获得的,即134号文件第一条规定的"受票方利用他人虚开的专用发票,向税务机关申报抵扣税款进行偷税"的情况。

【注释】 对《国家税务总局关于纳税人取得虚开的增值税专用发票处理问题的通知》(国税发[1997]134号)进行了补充规定。相关规定包括:《国家税务总局关于纳税人善意取得虚开的增值税专用发票处理问题的通知》(国税发[2000]187号)。

国家税务总局关于推行增值税防伪税控系统若干问题的通知

国税发[2000]183号

各省、自治区、直辖市和计划单列市国家税务局：

根据《国务院办公厅转发国家税务总局关于全面推广应用增值税防伪税控系统意见的通知》(国办发[2000]12号)(见附件1),现就增值税防伪税控系统推行工作的有关问题明确如下：

一、2002年年底前,各地要逐步将增值税防伪税控系统推广到所有增值税一般纳税人,具体步骤为：

(一) 2001年将增值税防伪税控系统推行到所有开具万元以上销售额增值税专用发票(以下简称专用发票)的企业。自2002年1月1日起,所有增值税一般纳税人必须通过增值税防伪税控系统开具销售额在万元以上的专用发票,同时全国统一废止手写万元版专用发票。自2002年4月1日起手写万元版专用发票不得作为增值税的扣税凭证。

(二) 2002年完成增值税防伪税控系统的全面推行工作。自2003年1月1日起,所有增值税一般纳税人必须通过增值税防伪税控系统开具专用发票,同时全国将统一废止手写版专用发票。自2003年4月1日起,手写版专用发票一律不得作为增值税的扣税凭证。

(三) 实现上述分步推行计划,2000年全国要完成25万户的推行任务(见附件2)。为此,各地要积极做好宣传动员工作,在金税卡大批量供应之前,要与航天金穗公司商定好防伪税控系统专用设备的供货数量、供货次数及供货间隔,督促服务单位做好企业技术培训和设备安装工作,努力完成好2000年的推行任务。(此条款已失效或废止)

二、自2000年1月1日起,企业购置增值税防伪税控系统专用设备和通用设备发生的费用,准予在当期计算缴纳所得税前一次性列支;同时可凭购货所取得的专用发票所注明的税额从增值税销项税额中抵扣。

增值税防伪税控专用设备包括税控金税卡、税控ic卡和读卡器;通用设备包括用于防伪税控系统开具专用发票的计算机和打印机。

三、增值税防伪税控专用设备和技术维护价格按照《国家计委关于核定防伪税控系统专用设备和技术维护价格的通知》(计价格[2000]1381号)(见附件3)的规定执行。

四、各级税务机关要严格按照国务院办公厅国办发[2000]12号文件的规定,对防伪税控系统的销售和售后服务进行严格监督,但不得直接或间接从事与防伪税控系统相关的商业性经营活动,不得承担收费性纳税人使用防伪税控系统的技术维护工作(西藏除外)。防伪税控系统省级服务单位和省内服务网络应由航天金穗高技术有限公司负责建立和管理,各级税务机关不得指定服务单位。凡不符合此要求的,必须于2000年12月31日前予以纠正。

【注释】 对《增值税暂行条例》第26条进行了解释。

财政部　国家税务总局　海关总署关于鼓励软件产业和集成电路产业发展有关税收政策问题的通知

财税[2000]25号

各省、自治区、直辖市、计划单列市财政厅(局)、国家税务局、地方税务局、海关总署广东分署、各直属海关:

为贯彻落实《国务院关于印发鼓励软件产业和集成电路产业发展若干政策的通知》(国发[2000]18号)的精神、推动我国软件产业和集成电路产业的发展,增强信息产业创新能力和国际竞争力,现就鼓励软件产业和集成电路产业发展的有关税收政策问题通知如下:

一、关于鼓励软件产业发展的税收政策

(一)自2000年6月24日起至2010年底以前,对增值税一般纳税人销售其自行开发生产的软件产品,按17%的法定税率征收增值税后,对其增值税实际税负超过3%的部分实行即征即退政策。所退税款由企业用于研究开发软件产品和扩大再生产,不作为企业所得税应税收入,不予征收企业所得税。

增值税一般纳税人将进口的软件进行转换等本地化改造后对外销售,其销售的软件可按照自行开发生产的软件产品的有关规定享受即征即退的税收优惠政策。

本地化改造是指对进口软件重新设计、改进、转换等工作,单纯对进口软件进行汉字化处理后再销售的不包括在内。

企业自营出口或委托、销售给出口企业出口的软件产品,不适用增值税即征即退办法。

……

(五)对应认定的软件生产企业进口所需的自用设备,以及按照合同随设备进口的技术(含软件)及配套件、备件,不需出具确认书、不占用投资总额,除国务院国发[1997]37号文件规定的《外商投资项目不予免税的进口商品目录》和《国内投资项目不予免税的进口商品目录》所列商品外,免征关税和进口环节增值税。

(六)企事业单位购进软件,凡购置成本达到固定资产标准或构成无形资产,可以按照固定资产或无形资产进行核算。内资企业经主管税务机关核准;投资额在3000万美元以上的外商投资企业,报由国家税务总局批准;投资额在3000万美元以下的外商投资企业,经主管税务机关核准,其折旧或摊销年限可以适当缩短,最短可为2年。

(七)集成电路设计企业视同软件企业,享受软件企业有关税收政策。

集成电路设计是将系统、逻辑与性能的设计要求转化为具体的物理版图的过程。

二、关于鼓励集成电路产业发展的税收政策

(一)自2000年6月24日起至2010年底以前,对增值税一般纳税人销售其自行生产的集成电路产品(含单晶硅片),按17%的法定税率征收增值税后,对其增值税实际税负超过6%的部分实行即征即退政策。所退税款由企业用于研究开发集成电路产品和扩大再生产,不作为企业所得税应税收入,不予征收企业所得税。

集成电路产品是指通过特定加工将电器元件集成在一块半导体单晶片或陶瓷基片上,封装在一个外壳内,执行特定电路或系统功能的产品。

单晶硅片是呈单晶状态的半导体硅材料。

企业自营出口或委托、销售给出口企业的集成电路产品,不适用增值税即征即退办法。

（二）集成电路生产企业的生产性设备，内资企业经主管税务机关核准；投资额在3000万美元以下的外商投资企业，经主管税务机关核准，其折旧年限可以适当缩短，最短可为3年。

（三）投资额超过80亿元人民币或集成电路线宽小于0.25um的集成电路生产企业，可享受以下税收优惠政策：

1. 按鼓励外商对能源、交通投资的税收优惠政策执行。

2. 进口自用生产性原材料、消耗品，免征关税和进口环节增值税。

对符合上述规定的集成电路生产企业，海关应为其提供通关便利。

（四）对经认定的集成电路生产企业引进集成电路技术和成套生产设备，单项进口的集成电路专用设备与仪器，除国务院国发[1997]37号文件规定的《外商投资项目不予免税的进口商品目录》和《国内投资项目不予免税的进口商品目录》所列商品外，免征关税和进口环节增值税。

（五）集成电路设计企业设计的集成电路，如在境内确实无法生产，可在国外生产芯片，其加工合同（包括规格、数量）经行业主管部门认定后，进口时按优惠暂定税率征收关税。

三、税务管理

（一）软件企业的认定标准由信息产业部会同教育部、科技部、国家税务总局等有关部门制定。经由地（市）级以上软件行业协会或相关协会初选，报经同级信息产业主管部门审核，并会签同级税务部门批准后列入正式公布名单的软件企业，可以享受税收优惠政策。

国家规划布局内的重点软件企业名单由国家计委、信息产业部、外经贸部和国家税务总局共同确定。

（二）经由集成电路项目审批部门征求同级税务部门意见后确定的集成电路生产企业，可以享受税收优惠政策。

符合上述第二条第（三）款条件的集成电路免税商品目录由信息产业部会同国家计委、外经贸部、海关总署等有关部门拟定，报经国务院批准后执行。

（三）集成电路设计企业的认定和管理，按软件企业的认定管理办法执行。

（四）增值税一般纳税人在销售计算机软件、集成电路（含单晶硅片）的同时销售其他货物，其计算机软件、集成电路（含单晶硅片）难以单独核算进项税额的，应按照开发生产计算机软件、集成电路（含单晶硅片）的实际成本或销售收入比例确定其应分摊的进项税额。

（五）软件企业和集成电路生产企业实行年审制度，年审不合格的企业，取消其软件企业或集成电路生产企业的资格，并不再享受有关税收优惠政策。

准予和取消享受税收优惠政策的企业一经认定，应立即通知企业所在地主管海关。

关于软件、集成电路产品以及软件、集成电路企业的具体管理办法另行制定。

本通知中未明确生效时间的政策，一律从2000年7月1日起开始执行。此前规定与本通知有抵触的，以本通知为准。

【注释】 对《增值税暂行条例》第16条进行了解释。

国家税务总局关于纳税人善意取得虚开的增值税专用发票处理问题的通知

国税发[2000]187号

各省、自治区、直辖市和计划单列市国家税务局、地方税务局：

近接一些地区反映，在购货方（受票方）不知道取得的增值税专用发票（以下简称专用发票）是销售方虚开的情况下，对购货方应当如何处理的问题不够明确。经研究，现明确如下：

购货方与销售方存在真实的交易，销售方使用的是其所在省（自治区、直辖市和计划单列市）的专用发票，专用发票注明的销售方名称、印章、货物数量、金额及税额等全部内容与实际相符，且没有证据表明购货方知道销售方提供的专用发票是以非法手段获得的，对购货方不以偷税或者骗取出口退税论处。但应按有关规定不予抵扣进项税款或者不予出口退税；购货方已经抵扣的进项税款或者取得的出口退税，应依法追缴。

购货方能够重新从销售方取得防伪税控系统开出的合法、有效专用发票的，或者取得手工开出的合法、有效专用发票且取得了销售方所在地税务机关已经或者正在依法对销售方虚开专用发票行为进行查处证明的，购货方所在地税务机关应依法准予抵扣进项税款或者出口退税。

如有证据表明购货方在进项税款得到抵扣、或者获得出口退税前知道该专用发票是销售方以非法手段获得的，对购货方应按《国家税务总局关于纳税人取得虚开的增值税专用发票处理问题的通知》(国税发[1997]134号)和《国家税务总局关于〈国家税务总局关于纳税人取得虚开的增值税专用发票处理问题的通知〉的补充通知》(国税发[2000]182号)的规定处理。

本通知自印发之日起执行。

【注释】 对《增值税暂行条例》第26条进行了解释。

国家税务总局关于增值税一般纳税人恢复抵扣进项税额资格后有关问题的批复

国税函[2000]584号

广西壮族自治区国家税务局：

你局《关于停止纳税人抵扣进项税额的上期留抵税额可否在经批准准许抵扣进项税额时给予抵扣的请示》(桂国税报[2000]75号)收悉，现批复如下：

《中华人民共和国增值税暂行条例实施细则》第三十条规定："一般纳税人有下列情形之一者，应按销售额依照增值税税率计算应纳税额，不得抵扣进项税额，也不得使用增值税专用发票：

(一) 会计核算不健全，或者不能够提供准确税务资料的；

(二) 符合一般纳税人条件，但不申请办理一般纳税人认定手续的。"

此规定所称的不得抵扣进项税额是指纳税人在停止抵扣进项税额期间发生的全部进项税额，包括在停止抵扣期间取得的进项税额、上期留抵税额以及经批准允许抵扣的期初存货已征税款。

纳税人经税务机关核准恢复抵扣进项税额资格后，其在停止抵扣进项税额期间发生的全部进项税额不得抵扣。

【注释】 对《增值税暂行条例实施细则》第30条进行了解释。

国务院关于支持文化事业发展若干经济政策的通知

国发[2000]41号

各省、自治区、直辖市人民政府，国务院各部委、各直属机构：

改革开放以来，特别是党的十四大以来，党中央、国务院先后出台了一系列文化经济政策，对改革宣传文化管理体制和完善宣传文化机构内部经营机制，促进精神文化产品生产和宣传文化设施建设，改善宣传文化机构的物质条件，发挥了积极作用，推动了宣传文化事业健康发展。

为认真贯彻《中共中央关于制定国民经济和社会发展第十个五年计划的建议》中关于"继续实行支持文化事业发展的有关政策，增加对重要新闻媒体和公益文化事业的投入"的精神，深化宣传文化管理体制改革，推动宣传文化事业发展，在"九五"结束后，要继续执行《国务院关于进一步完善文化经济政策的若干规定》(国发[1996]37号)及相关文件并加大财税支持力度，对现行的各项文化经济政策加以调整和完善。现将有关问题通知如下：

一、继续征收文化事业建设费。

(一) 各种营业性的歌厅、舞厅、卡拉ok歌舞厅、音乐茶座和高尔夫球、台球、保龄球等娱乐场所，按营业收入的3%缴纳文化事业建设费。

广播电台、电视台和报纸、刊物等广告媒介单位以及户外广告经营单位，按经营收入的3%缴纳文化事业建设费。

(二) 文化事业建设费由地方税务机关在征收娱乐业、广告业的营业税时一并征收。中央和国家机关所属单位缴纳的文化事业建设费，由地方税务机关征收后全额上缴中央金库。地方缴纳的文化事业建设费，全额缴入省级金库。

（三）文化事业建设费纳入财政预算管理，分别由中央和省级建立专项资金，用于文化事业建设。文化事业建设费的管理和使用，继续按照财政部、中宣部《关于颁发〈文化事业建设费使用管理办法〉的通知》（财文字[1997]243号）执行。

二、对下列出版物的增值税继续实行先征后退的办法。违规出版物和多次出现违规出版物的出版社不得享受此项政策。

（一）中国共产党和各民主党派的机关报和机关刊物。

（二）各级人民政府的机关报和机关刊物。

（三）各级人大、政协、工会、共青团、妇联组织的机关报和机关刊物。

（四）新华通讯社的机关报和机关刊物。

（五）军事部门的机关报和机关刊物。

（六）大中小学的学生课本和专为少年儿童出版发行的报纸和刊物。

（七）科技图书和科技期刊。

三、全国县（含县级市）及县以下新华书店和农村供销社销售出版物的增值税，继续实行先征后退的办法。

四、继续实施下列发展电影事业的五项经济政策。

（一）对经国务院批准成立的电影制片厂销售的电影拷贝收入，免征增值税；对电影发行单位向放映单位收取的发行收入，免征营业税。

（二）从电影放映收入中提取5%建立“国家电影事业发展专项资金”，用于电影行业的宏观调控。

（三）从电视广告纯收入中提取3%建立“电影精品专项资金”，用于支持电影精品摄制。

（四）从进口影片收入中提取部分资金用于电影制片、译制。

（五）特别重点影片的创作生产，可个案报批财政补贴。

五、继续增加对宣传文化事业的财政投入。

（一）中央和省级财政继续按宣传文化企业上年上缴所得税的实际入库数列支出预算，建立宣传文化发展专项资金；中央和省级财政要继续在预算中安排部分专项经费，纳入宣传文化发展专项资金。

（二）适当增加“万里边境文化长廊”补助经费。在民族事业费和边境建设费中安排一定数量扶持边远地区、民族地区发展文化事业。有关地方人民政府也应逐步增加对边远地区、民族地区文化事业的投入。

六、建立健全专项资金制度。为促进宣传文化事业发展、增强调控能力、保证重点需要、规范资金管理，中央和省级要建立健全有关专项资金制度。

专项资金的来源为财政预算资金和按国家有关规定批准的收费等预算外资金。财政部门要做好专项资金的预算安排，有关部门要严格按照规定征收预算外资金。要进一步完善“宣传文化发展专项资金”、“优秀剧（节）目创作演出专项资金”、“国家电影事业发展专项资金”、“电影精品专项资金”和“出版发展专项资金”等专项资金制度。

专项资金是财政资金，要按照有关财政法规的要求健全制度、加强管理，保证专项专用并接受财政和审计部门监督检查。

七、继续鼓励对宣传文化事业的捐赠。社会力量通过国家批准成立的非营利性的公益组织或国家机关对下列宣传文化事业的捐赠，纳入公益性捐赠范围，经税务机关审核后，纳税人缴纳企业所得税时，在年度应纳税所得额10%以内的部分，可在计算应纳税所得额时予以扣除；纳税人缴纳个人所得税时，捐赠额未超过纳税人申报的应纳税所得额30%的部分，可从其应纳税所得额中扣除。

（一）对国家重点交响乐团、芭蕾舞团、歌剧团、京剧团和其他民族艺术表演团体的捐赠。

（二）对公益性的图书馆、博物馆、科技馆、美术馆、革命历史纪念馆的捐赠。

（三）对重点文物保护单位的捐赠。

（四）对文化行政管理部门所属的非生产经营性的文化馆或群众艺术馆接受的社会公益性活动、项目和文化设施等方面的捐赠。

八、抓好落实，加强管理。各级财税部门要认真落实各项文化经济政策。宣传文化主管部门要充分发挥文化经济政策的宏观调控作用。宣传文化机构要深化内部改革，转换经营机制，健全财务制度，加强资金管理，接受的捐赠资金要专门用于发展宣传文化事业，不得挤占、挪用甚至私分，也不得以捐赠为由搞乱摊派、乱集资等活动。对出现的各种违法违纪行为,要追究责任,严肃处理。

【注释】 对《增值税暂行条例》第16条进行了解释。

国家税务总局关于增值税若干税收政策问题的批复

国税函[2001]248号

江苏省国家税务局:

你局《关于增值税若干税收政策问题的请示》(苏国税发[2000]554号)收悉。现就有关问题批复如下:

一、关于薄荷油、拖拉机底盘适用税率问题

根据《国家税务总局关于〈增值税部分货物征税范围注释〉的通知》(国税发[1993]151号)对“食用植物油”的注释,薄荷油未包括在内,因此,薄荷油应按17%的税率征收增值税;拖拉机底盘属于农机零部件,不属于农机产品,因此,拖拉机底盘也应按17%的税率征收增值税。

二、关于收购免税棉花抵扣税率问题

根据现行规定,属于增值税一般纳税人的棉花经营单位向农业生产者购进免税棉花,可根据农产品收购凭证注明的收购金额按13%的税率计算抵扣进项税额。这里的“棉花经营单位”不包括良种棉加工厂和纺织企业。良种棉加工厂和纺织企业直接向农业生产者购进的免税棉花,应按10%的税率抵扣。(此条款已失效或废止)

【注释】 对《增值税暂行条例》第2条进行了解释。

财政部　国家税务总局关于污水处理费有关增值税政策的通知

财税[2001]97号

各省、自治区、直辖市、计划单列市财政厅(局)、国家税务局、新疆生产建设兵团财务局:

为了切实加强和改进城市供水、节水和水污染防治工作,促进社会经济的可持续发展,加快城市污水处理设施的建设步伐,根据《国务院关于加强城市供水节水和水污染防治工作的通知》(国发[2000]36号)的规定,对各级政府及主管部门委托自来水厂(公司)随水费收取的污水处理费,免征增值税。本通知自2001年7月1日起执行,此前对上述污水处理费未征税的一律不再补征。

【注释】 对《增值税暂行条例》第16条进行了解释。

财政部　国家税务总局关于饲料产品免征增值税问题的通知

财税[2001]121号

各省、自治区、直辖市、计划单列市财政厅(局)、国家税务局,新疆生产建设兵团财务局:

根据国务院关于部分饲料产品继续免征增值税的指示,现将免税饲料产品范围及国内环节饲料免征增值税的管理办法明确如下:

一、免税饲料产品范围包括:

(一)单一大宗饲料。指以一种动物、植物、微生物或矿物质为来源的产品或其副产品。其范围仅限于糠麸、酒糟、鱼粉、草饲料、饲料级磷酸氢钙及除豆粕以外的菜子粕、棉子粕、向日葵粕、花生粕等粕类产品。

(二)混合饲料。指由两种以上单一大宗饲料、粮食、粮食副产品及饲料添加剂按照一定比例配置,其中单一大宗饲料、粮食及粮食副产品的参兑比例不低于95%的饲料。

(三)配合饲料。指根据不同的饲养对象,饲养对象的不同生长发育阶段的营养需要,将多种饲料原料按饲料配方经工业生产后,形成的能满足饲养动物全部营养需要(除水分外)的饲料。

(四)复合预混料。指能够按照国家有关饲料产品的标准要求量,全面提供动物饲养相应阶段所需微量元素(4种或以上)、维生素(8种或以上),由微量元素、维生素、氨基酸和非营养性添加剂中任何两类或两类以上的组分与载体或稀释剂按一定比例配置的均匀混合物。

(五)浓缩饲料。指由蛋白质、复合预混料及矿物质等按一定比例配制的均匀混合物。

二、原有的饲料生产企业及新办的饲料生产企业，应凭省级税务机关认可的饲料质量检测机构出具的饲料产品合格证明，向所在地主管税务机关提出免税申请，经省级国家税务局审核批准后，由企业所在地主管税务机关办理免征增值税手续。饲料生产企业饲料产品需检测品种由省级税务机关根据本地区的具体情况确定。

三、本通知自 2001 年 8 月 1 日起执行。2001 年 8 月 1 日前免税饲料范围及豆粕的征税问题，仍按照《国家税务总局关于修订"饲料"注释及加强饲料征免增值税管理问题的通知》(国税发[1999]39 号)执行。

【注释】 对《增值税暂行条例》第 16 条进行了解释。相关规定包括：《国家税务总局关于取消饲料产品免征增值税审批程序后加强后续管理的通知》(国税函[2004]884 号)。

财政部　国家税务总局关于农业生产资料征免增值税政策的通知

财税[2001]113 号

各省、自治区、直辖市、计划单列市财政厅(局)、国家税务局，新疆生产建设兵团财务局，财政部驻各省、自治区、直辖市、计划单列市财政监察专员办事处：

为支持农业生产发展，经国务院批准，现就若干农业生产资料征免增值税的政策通知如下：

一、下列货物免征增值税：

1. 农膜。

2. 生产销售的除尿素以外的氮肥、除磷酸二铵以外的磷肥、钾肥以及免税化肥为主要原料的复混肥(企业生产复混肥产品所用的免税化肥成本占原料中全部化肥成本的比重高于 70%)。"复混肥"是指用化学方法或物理方法加工制成的氮、磷、钾三种养分中至少有两种养分标明量的肥料，包括仅用化学方法制成的复合肥和仅用物理方法制成的混配肥(也称掺合肥)。

3. 生产销售的阿维菌素、胺菊酯、百菌清、苯噻酰草胺、苄嘧磺隆、草除灵、吡虫啉、丙烯菊酯、哒螨灵、代森锰锌、稻瘟灵、敌百虫、丁草胺、啶虫脒、多抗霉素、二甲戊乐灵、二嗪磷、氟乐灵、高效氯氰菊酯、炔螨特、甲多丹、甲基硫菌灵、甲基异柳磷、甲(乙)基毒死蜱、甲(乙)基嘧啶磷、精恶唑禾草灵、精喹禾灵、井冈霉素、咪鲜胺、灭多威、灭蝇胺、苜蓿银纹夜蛾核型多角体病毒、噻磺隆、三氟氯氰菊酯、三唑磷、三唑酮、杀虫单、杀虫双、顺式氯氰菊酯、涕灭威、烯唑醇、锌硫磷、辛酰溴苯精、异丙甲草胺、乙阿合剂、乙草胺、乙酰甲胺磷、莠去津。

4. 批发和零售的种子、种苗、化肥、农药、农机。

二、对生产销售的尿素统一征收增值税，并在 2001、2002 年两年内实行增值税先征后退的政策。2001 年对征收的税款全额退还，2002 年退还 50%，自 2003 年起停止退还政策。增值税具体退税事宜，由财政部驻各地财政监察专员办事处按财政部、国家税务总局、中国人民银行《关于税制改革后对某些企业实行"先征后退"有关预算管理问题的暂行规定的通知》[(94)财预字第 55 号]的有关规定办理。

三、对原征收增值税的尿素生产企业生产销售的尿素，实行增值税先征后退政策从 2001 年 1 月 1 日起执行；对原免征增值税的尿素生产企业生产销售的尿素，恢复征收增值税和实行先征后退政策以及对农业生产资料免征增值税政策，自 2001 年 8 月 1 日起执行，《关于延续若干增值税免税政策的通知》(财税明电[2000]6 号)第四条同时停止执行。

【注释】 对《增值税暂行条例》第 16 条进行了解释。

财政部　国家税务总局关于豆粕等粕类产品征免增值税政策的通知

财税[2001]30 号

海关总署，各省、自治区、直辖市、计划单列市财政厅(局)、国家税务局：

经国务院批准，现将饲料产品征免增值税问题通知如下：

一、自 2000 年 6 月 1 日起，饲料产品分为征收增值税和免征增值税两类。

二、进口和国内生产的饲料，一律执行同样的征税或免税政策。

三、自 2000 年 6 月 1 日起，豆粕属于征收增值税的饲料产品，进口或国内生产豆粕，均按 13% 的税率征收增值税。其他粕类属于免税饲料产品，免征增值税，已征收入库的税款做退库处理。

四、为保护纳税人的经济利益，对纳税人 2000 年 6 月 1 日至 9 月 30 日期间销售的国内生产的豆粕以及在此期间定货并进口的豆粕，凭有效凭证，仍免征增值税，已征收入库的增值税给予退还。

五、自 2000 年 6 月 1 日起，《国家税务总局关于修改〈国家税务总局关于修订"饲料"注释及加强饲料征免增值税管理问题的通知〉的通知》（国税发[2000]93 号）第二条的规定停止执行。

【注释】 对《增值税暂行条例》第 16 条进行了解释。相关规定包括：《财政部　国家税务总局关于矿物质微量元素舔砖免征进口环节增值税的通知》（财关税[2006]73 号）。

国家税务总局关于新闻产品征收流转税问题的通知

国税发[2001]105 号

各省、自治区、直辖市和计划单列市国家税务局、地方税务局：

为了规范新闻产品的流转税政策，保证流转税政策的统一性，经研究，现通知如下：

一、关于增值税

对新华通讯社系统销售印刷品应按照现行增值税政策规定征收增值税；鉴于新华社系统属于非企业性单位，对其销售印刷品可按小规模纳税人的征税办法征收增值税。

二、关于营业税

新华社各分社向当地用户有偿转让新闻信息产品，应由直接向用户收费的单位以其收费全额，按"文化体育业"税目，向所在地主管税务机关缴纳营业税。新华社从各地分社分得的新闻信息产品收入，不再缴纳营业税。

以上所称"新闻信息产品"，是指新华总社编辑的新闻信息产品，不包括新华社各分社再编辑的新闻信息产品。

【注释】 对《增值税暂行条例》第 12 条进行了解释。

国家税务总局关于金税工程发现的涉嫌违规增值税专用发票处理问题的通知

国税函[2001]730 号

各省、自治区、直辖市和计划单列市国家税务局：

近期，一些地区询问对金税工程发现的涉嫌违规增值税专用发票（以下简称发票）如何处理。经研究，现明确如下：

一、关于防伪税控认证系统发现涉嫌违规发票的处理（此条款已失效或废止）

目前，防伪税控认证系统发现涉嫌违规发票共分"无法认证"、"认证不符"、"密文有误"、"重复认证"和"纳税人识别号认证不符（指发票所列购货方纳税人识别号与申报认证企业的纳税人识别号不符）"五种。

（一）凡防伪税控认证系统发现的上述五种涉嫌违规的发票，一律不得作为增值税进项税额的抵扣凭证。

（二）属于"无法认证"、"纳税人识别号认证不符"和"认证不符"中的"发票代码号码认证不符（指密文与明文相比较，发票代码或号码不符）"的发票，税务机关应将发票原件退还企业，企业可要求销货方重新开具。

（三）属于"重复认证"的发票，应送稽查部门查处。

（四）属于"密文有误"和"认证不符（不包括发票代码号码认证不符）"的发票，应移交稽查部门处理。

二、关于增值税计算机稽核系统发现涉嫌违规发票的处理（此条款已失效或废止）

目前，增值税计算机稽核系统发现涉嫌违规发票共分"比对不符"、"缺联"、"抵扣联重号"、"失控"、"作废"、"缺红字抵扣联"等六种。

（一）凡属于增值税计算机稽核系统发现的上述涉嫌违规的发票，均不得作为增值税进项税额的抵扣凭证。

（二）属于“抵扣联重号”的发票，应送稽查部门查处。

（三）属于“比对不符”、“缺联”、“失控”、“作废”的发票，应移交稽查部门处理。

（四）属于“缺红字抵扣联”发票，暂不移交稽查部门。

三、本《通知》自2001年10月1日起施行。此前有关规定与本通知的规定不符的，以本通知的规定为准。

【注释】 对《增值税暂行条例》第26条进行了解释。

财政部　国家税务总局关于棉花进项税抵扣有关问题的补充通知

财税[2001]165号

各省、自治区、直辖市、计划单列市财政厅(局)、国家税务局，新疆生产建设兵团财务局：

为了贯彻落实《国务院关于进一步深化棉花流通体制改革的意见》(国发[2001]27号)的精神，现对增值税一般纳税人外购棉花进项税额抵扣有关问题补充通知如下：

增值税一般纳税人(包括良种棉加工厂和纺织企业)直接向农业生产者购进的免税棉花，均可根据买价按13%的抵扣率计算进项税额。

本通知自2001年7月1日起执行。以前规定与本通知相抵触的，以本通知为准。

抄送：财政部驻各省、自治区、直辖市、计划单列市财政监察专员办事处，各省、自治区、直辖市、计划单列市地方税务局

【注释】 对《增值税暂行条例》第8条进行了解释。

财政部　国家税务总局关于民贸企业有关增值税问题的批复

财税[2001]167号

湖北省财政厅、国家税务局：

你局《关于民贸企业有关增值税政策问题的请示》(鄂国税发[2001]165号)收悉。经研究，现批复如下：

一、关于租赁和承包给他人的国有民贸企业和供销社企业能否享受增值税优惠政策的问题

根据《财政部国家税务总局关于继续对民族贸易企业执行增值税优惠政策的通知》(财税[2001]69号)精神，在“十五”期间，国有民贸企业和供销社企业改制后所有制性质发生变化的，仍可享受国家对民贸企业的增值税优惠政策。因此，租赁和承包给他人经营的国有民贸企业和供销社企业，可按文件规定享受国家对民贸企业的有关增值税优惠政策。但加油社不属于民族贸易企业的范围，因此，不能享受民贸和供销社企业的有关增值税优惠政策。

二、关于民贸县在非民贸县设立的国有民贸企业和供销社企业能否享受增值税优惠政策问题

根据《财政部国家税务总局关于民贸企业有关税收问题的通知》(财税字[1997]124号)和《财政部国家税务总局关于继续对民族贸易企业执行增值税优惠政策的通知》(财税[2001]69号)精神，国家对民贸企业和供销社企业实行税收优惠政策的范围，仅限于民族贸易县境内设立的民贸企业和供销社企业，民贸县在非民贸县设立的国有民贸企业和供销社企业不能享受增值税优惠政策。

【注释】 对《财政部国家税务总局关于民贸企业有关税收问题的通知》(财税字[1997]124号)和《财政部国家税务总局关于继续对民族贸易企业执行增值税优惠政策的通知》(财税[2001]69号)进行了解释。

国家税务总局关于加油站一律按照增值税一般纳税人征税的通知

国税函[2001]882号

各省、自治区、直辖市和计划单列市国家税务局：

为了加强对加油站成品油销售的增值税征收管理，经研究决定，从2002年1月1日起，对从事成品油

销售的加油站，无论其年应税销售额是否超过180万元，一律按增值税一般纳税人征税。目前按照小规模纳税人征税的加油站，其增值税一般纳税人资格的认定，各地须于2001年12月31日前完成，并于2002年1月15日前将加油站户数报国家税务总局（流转税管理司）。

【注释】　对《增值税暂行条例》第26条进行了解释。

财政部　国家税务总局关于西部大开发税收优惠政策问题的通知

财税[2001]202号

各省、自治区、直辖市、计划单列市财政厅（局）、国家税务局、地方税务局，海关总署广东分署，各直属海关：

为体现国家对西部地区的重点支持，全面贯彻落实《国务院关于实施西部大开发若干政策措施的通知》（国发[2000]33号）及《国务院办公厅转发国务院西部开发办关于西部大开发若干政策措施实施意见的通知》（国办发[2001]73号）精神，现将西部大开发的税收优惠政策问题通知如下：

一、适用范围。

本政策的适用范围包括重庆市、四川省、贵州省、云南省、西藏自治区、陕西省、甘肃省、宁夏回族自治区、青海省、新疆维吾尔自治区、新疆生产建设兵团、内蒙古自治区和广西壮族自治区（上述地区以下统称"西部地区"）。湖南省湘西土家族苗族自治州、湖北省恩施土家族苗族自治州、吉林省延边朝鲜族自治州，可以比照西部地区的税收优惠政策执行。

二、具体内容。

……

6.对西部地区内资鼓励类产业、外商投资鼓励类产业及优势产业的项目在投资总额内进口的自用设备，除《国内投资项目不予免税的进口商品目录（2000年修订）》和《外商投资项目不予免税的进口商品目录》所列商品外，免征关税和进口环节增值税。外资优势产业按国家经济贸易委员会、国家发展计划委员会和对外经济贸易合作部联合发布的《中西部地区外商投资优势产业目录》（第18号令）执行。

上述免税政策按照《国务院关于调整进口设备税收政策的通知》（国发[1997]37号）的有关规定执行。

三、具体执行办法由国家税务总局、海关总署另行规定。

四、本通知自2001年1月1日起执行。

【注释】　对《增值税暂行条例》第16条进行了解释。

国家税务总局关于增值税一般纳税人平销行为征收增值税问题的批复

国税函[2001]247号

江苏省国家税务局：

你局《关于增值税一般纳税人平销行为征收增值税问题的请示》（苏国税发[2000]349号）收悉。现批复如下：

与总机构实行统一核算的分支机构从总机构取得的日常工资、电话费、租金等资金，不应视为因购买货物而取得的返利收入，不应做冲减进项税额处理。

【注释】　对《增值税暂行条例》第6条进行了解释。

财政部　国家税务总局关于提高农产品进项税抵扣率的通知

财税[2002]12号

各省、自治区、直辖市和计划单列市国家税务局新疆生产建设兵团财务局：

经国务院批准，从2002年1月1日起，增值税一般纳税人购进农业生产者销售的免税农业产品的进项税额扣除率由10%提高到13%。

【注释】　对《增值税暂行条例》第12条进行了解释。

财政部　国家税务总局关于旧货和旧机动车增值税政策的通知

财税[2002]29号

各省、自治区、直辖市、计划单列市财政厅(局)、国家税务局,新疆生产建设兵团财务局:

经研究,现将有关旧货和旧机动车的增值税政策明确如下:

一、纳税人销售旧货(包括旧货经营单位销售旧货和纳税人销售自己使用过的应税固定资产),无论其是增值税一般纳税人或小规模纳税人,也无论其是否为批准认定的旧货调剂试点单位,一律按4%的征收率减半增收增值税,不得抵扣进项税额。

二、纳税人销售自己使用过的属于应征消费税的机动车、摩托车、游艇,售价超过原值的,按照4%的征收率减半征收增值税;售价未超过原值的,免征增值税。旧机动车经营单位销售旧机动车、摩托车、游艇,按照4%的征收率减半征收增值税。

三、本通知自2002年1月1日起执行。

【注释】 对《增值税暂行条例》第12条进行了解释。

财政部关于出口大米、小麦、玉米增值税实行零税率的通知

财税[2002]46号

各省、自治区、直辖市、计划单列市财政厅(局)、国家税务局,新疆生产建设兵团财务局:

经国务院批准,对出口大米、小麦、玉米增值税实行零税率。现将有关事项通知如下:

一、适用增值税零税率的大米、小麦、玉米的商品范围及税则号列见下表:

税则号列	商品名称	税则号列	商品名称
1001·1000	硬粒小麦	1006·1091	其他籼米稻谷
1001·9010	种用小麦	1006·1099	其他稻谷
1001·9090	其他小麦及混合麦	1006·2010	籼米糙米
1005·1000	种用玉米	1006·2090	其他糙米
1005·9000	其他玉米	1006·3010	籼米精米(不论是否磨光或上光)
1104·2300	经其他加工的玉米	1006·3090	其他精米(不论是否磨光或上光)
1006·1011	种用籼米稻谷	1006·4010	籼米碎米
1006·1019	其他种用稻谷	1006·4090	其他碎米

具体出口退税率文库由国家税务总局调整后另行下达。

二、出口上述适用零税率的货物,在出口时免征销项税,应退税款按下列公式计算:

应退税款=出口货物计税价格×13%

出口货物计税价格=按企业成本核算办法计算确定的该批出口货物购进价格

具体计税价格由出口企业所在地主管出口退税的税务机关依据企业成本核算办法计算确定。

三、没有进出口经营权的企业委托外贸企业代理出口上述货物,应在发生第一笔委托出口业务之前,持代理出口协议等有关凭证向主管税务机关申请办理出口退税登记手续。

四、出口企业在申报办理退税时,须提供下列凭证:

1. 出口货物报关单(出口退税专用);
2. 出口发票;
3. 出口收汇核销单(出口退税专用);
4. 代理出口证明。

五、主管税务机关在受理出口企业的退税申报后，应认真核实企业填报的“出口货物计税价格”，在核实无误的情况下，办理退税。同时，应将退税情况进行单项统计，按月上报国家税务总局。国家税务总局统一汇总后转送财政部。

六、本通知从2002年1月1日起执行，具体执行日期以“出口货物报关单（出口退税联）”上海关注明的离境日期为准。

特此通知。

【注释】 对《增值税暂行条例》第2条进行了解释。

成品油零售加油站增值税征收管理办法

国家税务总局令[2002]2号

第一条 为加强成品油零售加油站的增值税征收管理，堵塞税收管理漏洞，根据《中华人民共和国税收征收管理法》、《中华人民共和国增值税暂行条例》及有关税收政策规定，制定本办法。

第二条 凡经经贸委批准从事成品油零售业务，并已办理工商、税务登记，有固定经营场所，使用加油机自动计量销售成品油的单位和个体经营者（以下简称加油站），适用本办法。

第三条 本办法第一条所称加油站，一律按照《国家税务总局关于加油站一律按照增值税一般纳税人征税的通知》（国税函[2001]882号）认定为增值税一般纳税人；并根据《中华人民共和国增值税暂行条例》有关规定进行征收管理。

第四条 采取统一配送成品油方式设立的非独立核算的加油站，在同一县市的，由总机构汇总缴纳增值税。在同一省内跨县市经营的，是否汇总缴纳增值税，由省级税务机关确定。跨省经营的，是否汇总缴纳增值税，由国家税务总局确定。

对统一核算，且经税务机关批准汇总缴纳增值税的成品油销售单位跨县市调配成品油的，不征收增值税。

第五条 加油站无论以何种结算方式（如收取现金、支票、汇票、加油凭证（簿）、加油卡等）收取售油款，均应征收增值税。加油站销售成品油必须按不同品种分别核算，准确计算应税销售额。加油站以收取加油凭证（簿）、加油卡方式销售成品油，不得向用户开具增值税专用发票。

第六条 加油站应税销售额包括当月成品油应税销售额和其他应税货物及劳务的销售额。其中成品油应税销售额的计算公式为：

成品油应税销售额＝（当月全部成品油销售数量－允许扣除的成品油数量）×油品单价

第七条 加油站必须按规定建立《加油站日销售油品台账》（以下简称台账）登记制度。加油站应按日登记台账，按日或交接班次填写，完整、详细地记录当日或本班次的加油情况，月终汇总登记《加油站月销售油品汇总表》。台账须按月装订成册，按会计原始账证的期限保管，以备主管税务机关检查。

第八条 加油站除按月向主管税务机关报送增值税一般纳税人纳税申报办法规定的申报资料外，还应报送以下资料：

（一）《加油站________月份加油信息明细表》或加油ic卡；

（二）《加油站月销售油品汇总表》；

（三）《成品油购销存数量明细表》。

第九条 加油站通过加油机加注成品油属于以下情形的，允许在当月成品油销售数量中扣除：

（一）经主管税务机关确定的加油站自有车辆自用油。

（二）外单位购买的，利用加油站的油库存放的代储油。

加油站发生代储油业务时，应凭委托代储协议及委托方购油发票复印件向主管税务机关申报备案。

（三）加油站本身倒库油。

加油站发生成品油倒库业务时，须提前向主管税务机关报告说明，由主管税务机关派专人实地审核监控。

（四）加油站检测用油（回罐油）。

上述允许扣除的成品油数量，加油站月终应根据《加油站月销售油品汇总表》统计的数量向主管税务机关申报。

第十条 成品油生产、批发单位所在地税务机关应按月将其销售成品油信息通过金税工程网络传递到购油企业所在地主管税务机关。

第十一条 对财务核算不健全的加油站，如已全部安装税控加油机，应按照税控加油机所记录的数据确定计税销售额征收增值税。对未全部安装税控加油机（包括未安装）或税控加油机运行不正常的加油站，主管税务机关应要求其严格执行台账制度，并按月报送《成品油购销存数量明细表》。按月对其成品油库存数量进行盘点，定期联合有关执法部门对其进行检查。

主管税务机关应将财务核算不健全的加油站全部纳入增值税纳税评估范围，结合通过金税工程网络所掌握的企业购油信息以及本地区同行业的税负水平等相关信息，按照《国家税务总局关于加强商贸企业增值税纳税评估工作的通知》（国税发[2001]140号）的有关规定进行增值税纳税评估。对纳税评估有异常的，应立即移送稽查部门进行税务稽查。

主管税务机关对财务核算不健全的加油站可以根据所掌握的企业实际经营状况，核定征收增值税。

财务核算不健全的加油站，主管税务机关应根据其实际经营情况和专用发票使用管理规定限量供应专用发票。

第十二条 发售加油卡、加油凭证销售成品油的纳税人（以下简称“预售单位”）在售卖加油卡、加油凭证时，应按预收账款方法作相关账务处理，不征收增值税。

预售单位在发售加油卡或加油凭证时可开具普通发票，如购油单位要求开具增值税专用发票，待用户凭卡或加油凭证加油后，根据加油卡或加油凭证回笼记录，向购油单位开具增值税专用发票。接受加油卡或加油凭证销售成品油的单位与预售单位结算油款时，接受加油卡或加油凭证销售成品油的单位根据实际结算的油款向预售单位开具增值税专用发票。

第十三条 主管税务机关每季度应对所辖加油站运用稽查卡进行1次加油数据读取，并将读出的数据与该加油站的《增值税纳税申报表》、《加油站日销售油品台账》、《加油站月销售油品汇总表》等资料进行核对，同时应对加油站的应扣除油量的确定、成品油购销存等情况进行全面纳税检查。

第十四条 本办法自2002年5月1日起执行。

【注释】 对《增值税暂行条例》第26条进行了解释。

国家税务总局关于使用增值税防伪税控系统的增值税一般纳税人资格认定问题的通知

国税函[2002]326号

各省、自治区、直辖市和计划单列市国家税务局：

为加强增值税一般纳税人（以下简称一般纳税人）的管理，在一般纳税人年审和临时一般纳税人转为一般纳税人过程中，对已使用增值税防伪税控系统但年应税销售额未达到规定标准的一般纳税人，如会计核算健全，且未有下列情形之一者，不取消其一般纳税人资格。

一、虚开增值税专用发票或者有偷、骗、抗税行为；

二、连续3个月未申报或者连续6个月纳税申报异常且无正当理由；

三、不按规定保管、使用增值税专用发票、税控装置，造成严重后果。

上述一般纳税人在年审后的一个年度内，领购增值税专用发票应限定为千元版（最高开票限额1万元），个别确有需要经严格审核可领购万元版（最高开票限额10万元）的增值税专用发票，月领购增值税专用发票份数不得超过25份。

【注释】 对《增值税暂行条例》第26条进行了解释。

国家税务总局关于转让企业全部产权不征收增值税问题的批复

国税函[2002]420号

江西省国家税务局：

你局《关于江西省电力公司转让上犹江水电厂全部产权是否征收增值税问题的请示》（赣国税发[2002]88号）收悉。经研究，现批复如下：

根据《中华人民共和国增值税暂行条例》及其实施细则的规定，增值税的征收范围为销售货物或者提供加工、修理修配劳务以及进口货物。转让企业全部产权是整体转让企业资产、债权、债务及劳动力的行为，因此，转让企业全部产权涉及的应税货物的转让，不属于增值税的征税范围，不征收增值税。

【注释】 对《增值税暂行条例》第1条进行了解释。对《增值税暂行条例实施细则》第2条进行了解释。

国家税务总局关于自来水行业增值税政策问题的通知

国税发[2002]56号

各省、自治区、直辖市和计划单列市国家税务局：

近接部分地区反映，由于深化企业改革，许多地区的自来水企业进行了改组改制，将水厂从原自来水公司分离出来，进行独立核算。为了减轻自来水行业因改制后增加的税收负担，现就有关税收政策问题明确如下：

自2002年6月1日起，对自来水公司销售自来水按6%的征收率征收增值税的同时，对其购进独立核算水厂的自来水取得的增值税专用发票上注明的增值税税款(按6%征收率开具)予以抵扣。自来水公司2002年6月1日之前购进独立核算水厂自来水取得普通发票的，可根据发票金额换算成不含税销售额后依6%的征收率计算进项税额，经所属税务机关核实后予以抵扣。不含税销售额的计算公式：

$$不含税销售额=\frac{发票金额}{1+征收率}$$

【注释】 对《增值税暂行条例》第12条进行了解释。

财政部　国家税务总局关于不带动力的手扶拖拉机和三轮农用运输车增值税政策的通知

财税[2002]89号

各省、自治区、直辖市、计划单列市财政厅(局)、国家税务局：

近来接到部分地区反映，要求对不带动力的手扶拖拉机和三轮农用运输车是否属于"农机"的问题予以明确，经研究，现明确如下：

不带动力的手扶拖拉机(也称"手扶拖拉机底盘")和三轮农用运输车(指以单缸柴油机为动力装置的三个车轮的农用运输车辆)属于"农机"，应按有关"农机"的增值税政策规定征免增值税。

本通知自2002年6月1日起执行。

【注释】 对《增值税暂行条例》第16条进行了解释。

财政部　国家税务总局关于增值税一般纳税人向小规模纳税人购进农产品进项税抵扣率问题的通知

财税[2002]105号

各省、自治区、直辖市、计划单列市财政厅(局)、国家税务局，新疆生产建设兵团财务局：

近日接到部分地区询问，财政部、国家税务总局财税[2002]12号通知下发后，增值税一般纳税人向小规模纳税人购买农产品应如何确定进项税抵扣率。现明确如下：

增值税一般纳税人向小规模纳税人购买农产品，可按照《财政部国家税务总局关于提高农产品进项税抵扣率的通知》(财税[2002]12号)的规定依13%的抵扣率抵扣进项税额。

【注释】 对《增值税暂行条例》第8条进行了解释。

国家税务总局关于纳税人以资金结算网络方式收取货款增值税纳税地点问题的通知

国税函[2002]802号

各省、自治区、直辖市和计划单列市国家税务局：

近接部分地区反映，实行统一核算的纳税人为加强对分支机构资金的管理，提高资金运转效率，与总机构所在地金融机构签订协议建立资金结算网络，以总机构的名义在全国各地开立存款账户（开立的账户为分支机构所在地账号，只能存款、转账，不能取款），各地实现的销售，由总机构直接开具发票给购货方，货款由购货方直接存入总机构的网上银行存款账户。对这种新的结算方式纳税地点如何确定，各地理解不一。经研究，现明确如下：

纳税人以总机构的名义在各地开立账户，通过资金结算网络在各地向购货方收取销货款，由总机构直接向购货方开具发票的行为，不具备《国家税务总局关于企业所属机构间移送货物征收增值税问题的通知》（国税发[1998]137号）规定的受货机构向购货方开具发票、向购货方收取货款两种情形之一，其取得的应税收入应当在总机构所在地缴纳增值税。

【注释】 对《国家税务总局关于企业所属机构间移送货物征收增值税问题的通知》（国税发[1998]137号）进行了解释。

国家税务总局关于纳税人销售自产货物提供增值税劳务并同时提供建筑业劳务征收流转税问题的通知

国税发[2002]117号

各省、自治区、直辖市和计划单列市国家税务局、地方税务局：

现对纳税人销售自产货物、提供增值税应税劳务并同时提供建筑业劳务征收流转税问题通知如下：

一、关于纳税人销售自产货物提供增值税应税劳务并同时提供建筑业劳务征收增值税、营业税划分问题

纳税人以签订建设工程施工总包或分包合同（包括建筑、安装、装饰、修缮等工程总包和分包合同，下同）方式开展经营活动时，销售自产货物、提供增值税应税劳务并同时提供建筑业劳务（包括建筑、安装、修缮、装饰、其他工程作业，下同），同时符合以下条件的，对销售自产货物和提供增值税应税劳务取得的收入征收增值税，提供建筑业劳务收入（不包括按规定应征收增值税的自产货物和增值税应税劳务收入）征收营业税：

（一）必须具备建设行政部门批准的建筑业施工（安装）资质；

（二）签订建设工程施工总包或分包合同中单独注明建筑业劳务价款。

凡不同时符合以上条件的，对纳税人取得的全部收入征收增值税，不征收营业税。

对上所称建筑业劳务收入，以签订的建设工程施工总包或分包合同上注明的建筑业劳务价款为准。

纳税人通过签订建设工程施工合同，销售自产货物、提供增值税应税劳务的同时，将建筑业劳务分包或转包给其他单位和个人的，对其销售的货物和提供的增值税应税劳务征收增值税；同时，签订建设工程施工总承包合同的单位和个人，应扣缴提供建筑业劳务的单位和个人取得的建筑业劳务收入的营业税。

二、关于扣缴分包人营业税问题

不论签订建设工程施工合同的总承包人是销售自产货物、提供增值税应税劳务并提供建筑业劳务的单位和个人，还是仅销售自产货物、提供增值税应税劳务不提供建筑业劳务的单位和个人，均应当扣缴分包人或转包人（以下简称分包人）的营业税：

（一）如果分包人是销售自产货物、提供增值税应税劳务并提供建筑业劳务的单位和个人，总承包人在扣缴建筑业营业税时的营业额为除自产货物、增值税应税劳务以外的价款。

（二）除本条第一款规定以外的分包人，总承包人在扣缴建筑业营业税时的营业额为分包额。

三、关于自产货物范围问题

本通知所称自产货物是指：

（一）金属结构件：包括活动板房、钢结构房、钢结构产品、金属网架等产品；

（二）铝合金门窗；

（三）玻璃幕墙；

（四）机器设备、电子通讯设备；

（五）国家税务总局规定的其他自产货物。

四、关于纳税人问题

本通知中所称纳税人是指从事货物生产的单位或个人。

纳税人销售自产货物、提供增值税应税劳务并同时提供建筑业劳务，应向营业税应税劳务发生地地方税务局提供其机构所在地主管国家税务局出具的纳税人属于从事货物生产的单位或个人的证明，营业税应税劳务发生地地方税务局根据纳税人持有的证明按本通知的有关规定征收营业税。

五、关于税款调整及执行时间问题本通知自2002年9月1日起执行。

本通知发布前已按原有关规定征收税款的不再做纳税调整，未按原有关规定征收税款的按本通知规定执行。

【注释】 对《增值税暂行条例》第1条进行了解释。对《增值税暂行条例实施细则》第2条进行了解释。相关规定包括：《财政部 国家税务总局关于增值税若干政策的通知》(财税[2005]165号)、《国家税务总局关于纳税人销售自产建筑防水材料并同时提供建筑业劳务征收流转税问题的通知》(国税发[2006]80号)。

国家税务总局关于增值税一般纳税人期货交易进项税额抵扣问题的通知

国税发[2002]45号

《国家税务总局关于加强增值税征收管理工作的通知》和《国家税务总局关于加强增值税征收管理若干问题的通知》规定，商业企业购进货物(包括外购货物所支付的运输费用)，必须在购进的货物付款后才能申报抵扣进项税额，且纳税人购进货物或应税劳务，支付运输费用，所支付款项的单位，必须与开具抵扣凭证的销货单位、提供劳务的单位一致，否则不予抵扣进项税额。鉴于期货交易支付货款的特殊性，现将增值税一般纳税人通过期货交易购进货物进项税额抵扣问题明确如下：

对增值税一般纳税人在商品交易所通过期货交易购进货物，其通过商品交易所转付货款可视同向销货单位支付货款，对其取得的合法增值税专用发票允许抵扣。

【注释】 对《增值税暂行条例》第8条进行了解释。

财政部 国家税务总局关于黄金税收政策问题的通知

财税[2002]142号

各省、自治区、直辖市、计划单列市财政厅(局)、国家税务局、地方税务局，新疆生产建设兵团财务局：

为了贯彻国务院关于黄金体制改革决定的要求，规范黄金交易，加强黄金交易的税收管理，现将黄金交易的有关税收政策明确如下：

一、黄金生产和经营单位销售黄金(不包括以下品种：成色为au9999、au9995、au999、au995；规格为50克、100克、1公斤、3公斤、12.5公斤的黄金，以下简称标准黄金)和黄金矿砂(含伴生金)，免征增值税；进口黄金(含标准黄金)和黄金矿砂免征进口环节增值税。

二、黄金交易所会员单位通过黄金交易所销售标准黄金(持有黄金交易所开具的《黄金交易结算凭证》)，未发生实物交割的，免征增值税；发生实物交割的，由税务机关按照实际成交价格代开增值税专用发票，并实行增值税即征即退的政策，同时免征城市维护建设税、教育费附加。增值税专用发票中的单价、金额和税额的计算公式分别为：

单价＝实际成交单价÷(1＋增值税税率)

金额＝数量×单价

税额＝金额×税率

实际成交单价是指不含黄金交易所收取的手续费的单位价格。

纳税人不通过黄金交易所销售的标准黄金不享受增值税即征即退和免征城市维护建设税、教育费附加政策。

三、黄金出口不退税；出口黄金饰品，对黄金原料部分不予退税，只对加工增值部分退税。

四、对黄金交易所收取的手续费等收入照章征收营业税。

五、黄金交易所黄金交易的增值税征收管理办法及增值税专用发票管理办法由国家税务总局另行制定。

【注释】 对《增值税暂行条例》第16条进行了解释。

国家税务总局关于宠物饲料征收增值税问题的批复

国税函[2002]812号

北京市国家税务局：

你局《关于宠物饲料征收增值税问题的请示》(京国税发[2002]184号)收悉。宠物饲料产品不属于免征增值税的饲料，应按照饲料产品13%的税率征收增值税。

【注释】 对《增值税暂行条例》第2条进行了解释。

国家税务总局关于出口产品视同自产产品退税有关问题的通知

国税函[2002]1170号

各省、自治区、直辖市和计划单列市国家税务局：

《国家税务总局关于出口货物若干问题的通知》(国税发[2000]165号)下发后，对生产企业外购出口的允许退税的四类视同自产的产品，实际执行中各地理解和掌握不尽统一。为便于各地准确执行出口退税政策，经研究，对生产企业出口的四类视同自产产品的界定问题，现通知如下：

一、生产企业出口外购的产品，凡同时符合以下条件的，可视同自产货物办理退税。

(一) 与本企业生产的产品名称、性能相同；

(二) 使用本企业注册商标或外商提供给本企业使用的商标；

(三) 出口给进口本企业自产产品的外商。

二、生产企业外购的与本企业所生产的产品配套出口的产品，若出口给进口本企业自产产品的外商，符合下列条件之一的，可视同自产产品办理退税。

(一) 用于维修本企业出口的自产产品的工具、零部件、配件；

(二) 不经过本企业加工或组装，出口后能直接与本企业自产产品组合成成套产品的。

三、凡同时符合下列条件的，主管出口退税的税务机关可认定为集团成员，集团公司(或总厂，下同)收购成员企业(或分厂，下同)生产的产品，可视同自产产品办理退(免)税。

(一) 经县级以上政府主管部门批准为集团公司成员的企业，或由集团公司控股的生产企业；

(二) 集团公司及其成员企业均实行生产企业财务会计制度；

(三) 集团公司必须将有关成员企业的证明材料报送给主管出口退税的税务机关。

四、生产企业委托加工收回的产品，同时符合下列条件的，可视同自产产品办理退税。

(一) 必须与本企业生产的产品名称、性能相同，或者是用本企业生产的产品再委托深加工收回的产品；

(二) 出口给进口本企业自产产品的外商；

(三) 委托方执行的是生产企业财务会计制度；

(四) 委托方与受托方必须签订委托加工协议。主要原材料必须由委托方提供。受托方不垫付资金，只收取加工费，开具加工费(含代垫的辅助材料)的增值税专用发票。

五、上述外购货物可以退税的比例、退税计算办法，以及所需要的凭证等，按《国家税务总局关于明确生产企业出口视同自产产品实行免、抵、退税办法的通知》(国税发[2002]152号)文件执行。

【注释】 对《国家税务总局关于出口货物若干问题的通知》(国税发[2000]165号)进行了解释。

国家税务总局关于企业改制中资产评估减值发生的流动资产损失进项税额抵扣问题的批复

国税函[2002]1103号

广西壮族自治区国家税务局：

你局《关于广西壮族自治区企业改制中资产评估减值发生的流动资产损失进项税额是否可以抵扣问题的请示》(桂国税发[2002]288号)收悉，经研究，现批复如下：《中华人民共和国增值税暂行条例实施细则》

第二十一条规定："非正常损失是指生产、经营过程中正常损耗外的损失"。对于企业由于资产评估减值而发生流动资产损失，如果流动资产未丢失或损坏，只是由于市场发生变化，价格降低，价值量减少，则不属于《中华人民共和国增值税暂行条例实施细则》中规定的非正常损失，不作进项税额转出处理。

【注释】 对《增值税暂行条例实施细则》第21条进行了解释。

国家税务总局关于增值税一般纳税人取得防伪税控系统开具的增值税专用发票进项税额抵扣问题的通知

国税发[2003]17号

各省、自治区、直辖市和计划单列市国家税务局：

为贯彻《国务院办公厅转发国家税务总局关于全面推广应用增值税防伪税控系统意见的通知》(国办发[2000]12号)的要求，根据国家税务总局《增值税防伪税控系统管理办法》和现行增值税进项税额抵扣政策的规定，现就增值税一般纳税人取得防伪税控系统开具的增值税专用发票进项税额抵扣问题规定如下：

一、增值税一般纳税人申请抵扣的防伪税控系统开具的增值税专用发票，必须自该专用发票开具之日起90日内到税务机关认证，否则不予抵扣进项税额。

二、增值税一般纳税人认证通过的防伪税控系统开具的增值税专用发票，应在认证通过的当月按照增值税有关规定核算当期进项税额并申报抵扣，否则不予抵扣进项税额。

三、增值税一般纳税人取得防伪税控系统开具的增值税专用发票，其专用发票所列明的购进货物或应税劳务的进项税额抵扣时限，不再执行《国家税务总局关于加强增值税征收管理工作的通知》(国税发[1995]015号)中第二条有关进项税额申报抵扣时限的规定。

四、增值税一般纳税人申请抵扣2003年3月1日前防伪税控系统开具的增值税专用发票，应于2003年9月1日前按照本通知的规定报主管税务机关认证，否则不予抵扣进项税额。

五、增值税一般纳税人违反本通知第一条、第二条和第四条规定抵扣进项税额的，税务机关按照《中华人民共和国税收征收管理法》的有关规定予以处罚。

六、本通知自2003年3月1日起执行。

各级税务机关应做好本通知的宣传工作，采取各种方式及时通告纳税人，使纳税人及时了解和准确执行增值税新的进项税额抵扣政策。

【注释】 对《增值税暂行条例》第26条进行了解释。

财政部　国家税务总局关于连锁经营企业有关税收问题的通知

财税[2003]1号

各省、自治区、直辖市、计划单列市财政厅(局)、国家税务局、地方税务局：

为贯彻落实《国务院办公厅转发国务院体改办、国家经贸委关于促进连锁经营发展若干意见的通知》(国办发[2002]49号)的精神，支持连锁经营的发展，现将连锁经营企业实行统一缴纳增值税、所得税的有关问题进一步明确如下：

一、在省、自治区、直辖市、计划单列市内跨区域经营的统一核算的连锁企业，需要实行由总机构向其所在地主管税务机关统一申报缴纳增值税的，按照财政部、国家税务总局《关于连锁经营企业增值税纳税地点问题的通知》(财税字[1997]97号)的有关规定办理。

二、根据《中华人民共和国企业所得税暂行条例》和《中华人民共和国企业所得税暂行条例实施细则》的有关规定，对内资连锁企业省内跨区域设立的直营门店，凡在总部领导下统一经营、与总部微机联网、并由总部实行统一采购配送、统一核算、统一规范化管理，并且不设银行结算账户、不编制财务报表和账簿的，由总部向其所在地主管税务机关统一缴纳企业所得税。依照《中华人民共和国外商投资和外国企业所得税法》和《中华人民共和国外商投资和外国企业所得税法实施细则》的有关规定，对从事跨区域连锁经营的外商投资企业，由总机构向其所在地主管税务机关统一缴纳企业所得税。

三、上述跨区域经营的连锁企业实行统一缴纳增值税、所得税后，各级财政部门要认真贯彻执行国办发[2002]49号文件的精神，及时制定统一纳税后所属地区间财政利益调整办法，妥善处理好各级财政利益分配关系，以确保连锁企业门店所在地的财政利益在纳税地点变化后不受影响，以利于连锁经营的发展。

【注释】 对《关于连锁经营企业增值税纳税地点问题的通知》(财税字[1997]97号)进行了解释。

财政部 国家税务总局关于海洋工程结构物增值税实行退税的通知

财税[2003]46号

各省、自治区、直辖市、计划单列市财政厅(局)、国家税务局，新疆生产建设兵团财务局：

经国务院批准，国内生产企业向国内海上石油天然气开采企业销售海洋工程结构物产品视同出口，按统一规定的出口货物退税率予以退税。现将有关事项通知如下：

一、对2002年5月1日以后，国内生产企业与国内海上石油天然气开采企业(见附件2)签署的购销合同所涉及的海洋工程结构物产品(见附件1)，在销售时实行“免、抵、退”税管理办法。“免、抵、退”税额按下列公式计算：

(一) 当期应纳税额的计算

当期应纳税额＝当期内销货物的销项税额－(当期进项税额－当期免抵退税不得免征和抵扣税额)

(二) 免抵退税额的计算

免抵退税额＝销售价格×出口货物退税率－免抵退税额抵减额

其中：

1. “销售价格”以本通知第二条要求开具的普通发票上注明的价格为准。

2. 免抵退税额抵减额＝免税购进原材料价格×出口货物退税率

免税购进原材料包括从国内购进免税原材料和免税进口料件，其中免税进口料件的价格为组成计税价格。

免税进口料件的组成计税价格＝货物到岸价＋海关实征关税和消费税

(三) 当期应退税额和免抵税额的计算

1. 如当期期末留抵税额≤当期免抵退税额，则

当期应退税额＝当期期末留抵税额

当期免抵税额＝当期免抵退税额－当期应退税额

2. 如当期期末留抵税额＞当期免抵退税额，则

当期应退税额＝当期免抵退税额

当期免抵税额＝0

当期期末留抵税额根据当期《增值税纳税申报表》中“期末留抵税额”确定。

(四) 免抵退税不得免征和抵扣税额的计算

$$\text{免抵退税不得免征和抵扣税额}=\text{销售价格}\times\left(\text{出口货物征税率}-\text{出口货物退税率}\right)-\text{免抵退税不得免征和抵扣税额抵减额}$$

$$\text{免抵退税不得免征和抵扣税额抵减额}=\text{免税购进原材料价格}\times\left(\text{出口货物征税率}-\text{出口货物退税率}\right)$$

二、国内生产企业在向海上石油天然气开采企业销售附件一所列海洋工程结构物产品时应开具普通发票，不得开具增值税专用发票。

三、国内生产企业销售的海洋工程结构物产品在财务上作销售后，持开具的普通发票、购销合同等凭证，向当地主管征税的税务机关申报办理免、抵、退税手续。

四、主管征税的税务机关在收到生产企业的申报后，须对购销合同、销售的产品、购货企业等进行认真审核，核实无误后，批准其办理免、抵、退税。具体管理办法比照现行“免、抵、退”税管理办法执行。

【注释】 对《增值税暂行条例》第26条进行了解释。相关规定包括：《财政部 国家税务总局关于海洋工程结构物增值税实行退税的补充通知》(财税[2003]249号)。

国家税务总局关于茴油、毛椰子油适用增值税税率的批复

国税函[2003]426号

广西壮族自治区国家税务局：

你局《关于茴油适用增值税税率问题的请示》(桂国税发[2003]62号)和《关于毛椰子油适用增值税税率问题的请示》(桂国税发[2003]72号)收悉，经研究，现批复如下：

茴油是八角树枝叶、果实简单加工后的农业产品，毛椰子油是椰子经初加工而成的农业产品，二者均属于农业初级产品，可按13%的税率征收增值税。

【注释】 对《增值税暂行条例》第2条进行了解释。

国家税务总局关于铂金及其制品税收政策的通知

财税[2003]86号

各省、自治区、直辖市、计划单列市财政厅(局)、国家税务局、地方税务局，新疆生产建设兵团财务局：

为规范铂金交易，加强铂金交易的税收管理，经国务院批准，现将铂金及铂金制品的税收政策明确如下：

一、对进口铂金免征进口环节增值税。

二、对中博世金科贸有限责任公司通过上海黄金交易所销售的进口铂金，以上海黄金交易所开具的《上海黄金交易所发票》(结算联)为依据，实行增值税即征即退政策。采取按照进口铂金价格计算退税的办法，具体如下：

即征即退的税额计算公式：

$$\text{进口铂金平均单价}=\sigma\left[\frac{(\text{当月进口铂金报关单价}\times\text{当月进口铂金数量})+\text{上月末库存进口铂金总价值}}{\text{当月进口铂金数量}+\text{上月末库存进口铂金数量}}\right]$$

金额＝销售数量×进口铂金平均单价÷(1＋17%)

即征即退税额＝金额×17%

中博世金科贸有限责任公司进口的铂金没有通过上海黄金交易所销售的，不得享受增值税即征即退政策。

三、中博世金科贸有限责任公司通过上海黄金交易所销售的进口铂金，由上海黄金交易所主管税务机关按照实际成交价格代开增值税专用发票。增值税专用发票中的单价、金额和税额的计算公式为：

单价＝实际成交单价÷(1＋17%)

金额＝成交数量×单价

税额＝金额×17%

实际成交单价是指不含黄金交易所收取的手续费的单位价格。

四、国内铂金生产企业自产自销的铂金也实行增值税即征即退政策。

五、对铂金制品加工企业和流通企业销售的铂金及其制品仍按现行规定征收增值税。

六、铂金出口不退税；出口铂金制品，对铂金原料部分的进项增值税不实行出口退税，只对铂金制品加工环节的加工费按规定退税率退税。

七、铂金首饰消费税的征收环节由现行在生产环节和进口环节征收改为在零售环节征收，消费税税率调整为5%。具体征收管理比照财政部、国家税务总局《关于调整金银首饰消费税纳税环节有关问题的通知》[(94)财税字第095号]和国家税务总局关于印发《金银首饰消费税征收管理办法的通知》规定执行。

八、对黄金交易所收取的手续费等收入照章征收营业税。

九、黄金交易所铂金交易的增值税征收管理及增值税专用发票管理由国家税务总局另行制定。

十、本通知自2003年5月1日起执行。

【注释】 对《增值税暂行条例》第16条进行了解释。

增值税一般纳税人纳税申报办法

国税发[2003]53 号

根据《中华人民共和国税收征收管理法》、《中华人民共和国增值税暂行条例》及《中华人民共和国发票管理办法》的有关规定，制定本办法。

一、凡增值税一般纳税人(以下简称纳税人)均按本办法进行纳税申报。

二、纳税申报资料。

(一)《增值税纳税申报表》及其三个附表：

附表 1.《发票领用存月报表》；

附表 2.《增值税(专用/普通)发票使用明细表》；

附表 3.《增值税(专用发票/收购凭证/运输发票)抵扣明细表》。

(二) 附报资料。

1. 已开具的增值税专用发票和普通发票存根联；

2. 增值税专用发票抵扣联；

3. 海关进口货物完税凭证的复印件；

4. 运输发票复印件(如果取得的运输发票数量较多，经县级国家税务局批准可只附报单份票面金额在一定数额以上的运输发票复印件)；

5. 收购凭证的存根联或报查联；

6. 收购农产品的普通发票复印件；

7. 主管税务机关要求报送的其他资料。

经营规模大的纳税人，如上述附报资料很多，报送确有困难的，经县级国家税务局批准，由主管国家税务机关(以下简称税务机关)派人到企业审核。

三、《增值税纳税申报表》及其有关附表的填报要求。

(一)《增值税纳税申报表》按填表说明的要求填写，一式两份。其中，一份纳税人留存，一份报税务机关。

(二)《发票领用存月报表》(附表 1)一式三份。其中，一份纳税人留存，两份报税务机关。该表每月月末由纳税人根据清点核对结存专用发票、普通发票的数量和号码的结果以及发票领、用、存情况填写。

(三)《增值税(专用/普通)发票使用明细表》(附表 2)分为《增值税专用发票使用明细表》和《增值税普通发票使用明细表》两类。纳税人使用该表登记专用发票时，应在“普通”两字上划线，表示该表为《增值税专用发票使用明细表》；登记普通发票时，应在“专用”两字上划线，表示该表为《增值税普通发票使用明细表》。

1.《增值税专用发票使用明细表》。本表根据纳税人销售货物或应税劳务开具的专用发票按序号逐票填写。凡增值税计划机交叉稽核试点地区的纳税人，在填写本表时一式三份，其中，一份纳税人留存，两份报税务机关；其他地区的纳税人在填写本表时一式两份，其中，一份纳税人留存，一份报税务机关。其具体填写要求如下：

(1) 纳税人手工开具的专用发票按发票序号逐票登记，每本填写一张《增值税专用发票使用明细表》。纳税人每月使用一本专用发票的，在本表的“小计”栏填写小计数，同时，将小计数填写在本表的“合计”栏内；纳税人每月使用两本以上专用发票的，每张表在“小计”栏填写小计数，并将每张表的小计数累加起来填写在第一张表“合计”栏内。纳税人每月专用发票用票量特别大，金额又较小，逐笔登记确有困难的，经县级国家税务局批准，对整本专用发票中每单张票面销售额在 1000 元以下的，可按整本专用发票汇总登记《增值税专用发票使用明细表》。

一本专用发票当月未用完的，按顺序填报用完的部分，剩余空格部分用线划掉；下个月申报时该本继续使用的专用发票应另用一张《增值税专用发票使用明细表》，接上月顺序填报，并将上月已填报部分的空格用线划掉。如一本专用发票两个月仍未用完的，剩余部分报税务机关剪角作废，并在第二个月所填表格剩余的空格注明“已作废”。

（2）纳税人使用计算机开具的专用发票（即电脑票）按发票序号逐票登记，每25份填写一张《增值税专用发票使用明细表》。纳税人每月使用25份或不足25份电脑票的，在本表的“小计”栏填写小计数，同时，将小计数填写在本表的“合计”栏内；纳税人每月使用25份以上电脑票的，每张表在“小计”栏填写小计数，并将每张表的小计数累加起来填写在第一张表的“合计”栏内。

如果一张表格中填写的电脑票份数不足25份的，应将表中剩余的空格部分用线划掉。

纳税人使用计算机开具增值税专用发票的，经县级国家税务局批准，在纳税申报时可以用计算机直接打印附表2。

（3）纳税人因销货退回或折让开出的红字专用发票，应用红字（或负数）填写《增值税专用发票使用明细表》。

（4）作废的专用发票只填写发票号码，在“备注”栏注明是废票，其他栏次用线划掉。

（5）凡增值税交叉稽核试点地区的纳税人，对表格的内容应全部填写；其他地区的纳税人，对表格中的纳税人登记号可不填写，其他内容应全部按要求填写。

2.《增值税普通发票使用明细表》。本表根据纳税人销售货物开具的普通发票逐票填写。

《增值税普通发票使用明细表》一式两份，其中，一份纳税人留存，一份报税务机关。纳税人销售货或应税劳务开具的普通发票应比照《增值税专用发票使用明细表》的填报办法办理。

纳税人销售免税货物必须另本开具普通发票，并单独填写《增值税普通发票使用明细表》。填写时在本表的“备注”栏注明是免税货物，此表的小计数不得汇总在《增值税普通发票使用明细表》的合计数中。

3. 纳税人销售货物（包括视同销售）或应税劳务不需开具发票的应纳税业务，按月将其销售额及税额的汇总数填写在《增值税专用发票使用明细表》的第一页的规定栏目内。

（四）《增值税（专用发票/收购凭证/运输发票）抵扣明细表》（附表3）分为《增值税专用发票抵扣明细表》、《增值税收购凭证抵扣明细表》、《增值税运输发票抵扣明细表》三类。纳税人使用该表登记进项专用发票时，应在“收购凭证”、“运输发票”上划线，表示该表为《增值税专用发票抵扣明细表》；纳税人使用该表登记收购凭证时，应在“专用发票”、“运输发票”上划线，表示该表为《增值税收购凭证抵扣明细表》；纳税人使用该表登记运输发票时，应在“使用发票”、“收购凭证”上划线，表示该表为《增值税运输发票抵扣明细表》。

1.《增值税专用发票抵扣明细表》。纳税人购进货物取得的专用发票抵扣联以及进口货物从海关取得的完税凭证按规定审核无误后，逐票登记《增值税专用发票抵扣明细表》。其具体填写要求如下：

（1）纳税人中的工业企业，购进货物取得专用发票抵扣联以及进口货物从海关取得完税凭证并将已收到的货物验收入库后方可登记《增值税专用发票抵扣明细表》。否则，不得登记该表并申报抵扣。

（2）纳税人中的商业企业，购进货物取得专用发票抵扣联以及进口货物从海关取得完税凭证并已支付货款的，方可登记《增值税专用发票抵扣明细表》。否则，不得登记该表并申报抵扣。

（3）纳税人中的工业企业不填本表的“付款日期”栏、“付款金额”栏、“付款凭证号码”栏；纳税人中的商业企业不填本表的“货物入库时间”栏。

2.《增值税收购凭证抵扣明细表》。纳税人收购废品、免税农产品应按收购凭证（包括按规定允许抵扣的普通发票）逐笔登记《增值税收购凭证抵扣明细表》。

（1）纳税人中的工业企业，收购免税农产品应按收购凭证（包括按规定允许抵扣的普通发票）登记本表，并比照工业企业填写《增值税专用发票抵扣明细表》的要求办理。

（2）纳税人中的商业企业，收购废品、免税农产品应按收购凭证（包括按规定允许抵扣的普通发票）登记本表，并比照商业企业填写《增值税专用发票抵扣明细表》的要求办理。

3.《增值税运输发票抵扣明细表》。纳税人取得的符合扣税规定的购货运输发票和销售应税货物的运输发票，应逐票登记《增值税运输发票抵扣明细表》。

4. 凡增值税计算机交叉稽核试点地区的纳税人，对表格的内容应全部填写；其他地区的纳税人，对表格中的纳税人登记号可不填写，其他内容应全部填写。

5. 纳税人使用计算机录入增值税进项抵扣凭证（包括专用发票、海关完税证、收购凭证、运输发票）的，经县级国家税务局批准，可以直接打印附表3。

四、附报资料的报送要求。

（一）增值税专用发票和普通发票存根联的报送要求。

1. 手工开具的增值税专用发票和普通发票存根联。

(1) 手工开具的增值税专用发票存根联。对已使用完的整本专用发票,在其存根联的右上角依序编号,号码1至25;对当月未使用完的整本增值税专用发票,当月暂不报送,第二个月不论是否用完,均应报送,并将剩余部分报税务机关剪角作废。

(2) 手工开具的增值税普通发票存根联。不论当月普通发票是否不整本用完,均应按整本报送。

2. 使用计算机开具的增值各专用发票存根联。每25份装订一册,不足25份时,按实际装订,并在每张票面右上角依序编号,号码1至25。每册均应加装封面,其封面应注明单位名称、本册张数、本月总册数等。

(二) 增值税专用发票抵扣联原件及海关进口货物完税凭证的复印件的装订要求。

增值税专用发票抵扣联原件及海关进口货物完税凭证的复印件每25份装订一册,不足25份时,按实际装订,并在每张票面右上角依序编号,号码1至25。其装订顺序应与《增值税专用发票抵扣明细表》的填写顺序一致。

每册均应加装封面,封面上应注明单位名称、本册张数、本月总册数、汇总扣税额等。

(三) 运输发票的复印件、收购凭证的存根联或报查联、收购免税农产品的普通发票复印件的装订比照上述办法办理。

(四) 纳税人报送的附报资料,经税务机关审核后将附报资料退还纳税人,纳税人要按要求妥善保管。

五、申报期限。

纳税人应按月进行纳税申报,申报期为次月1日至10日止。

六、罚则。

1. 纳税人未按规定期限办理纳税申报的,按照《中华人民共和国税收征收管理法》第三十九条的有关规定处罚。

2. 纳税人进行纳税申报,税款申报不实的,按偷税处理,并按《中华人民共和国税收征收管理法》第四十条的规定予以处罚。

七、《增值税纳税申报表》及其附表由纳税人向税务机关领购。

八、本办法自1996年1月1日施行。

【注释】 对《增值税暂行条例》第26条进行了解释。

财政部　海关总署　国家税务总局关于农药税收政策的通知

财税[2003]186号

各省、自治区、直辖市、计划单列市财政厅(局)、国家税务局、新疆生产建设兵团财务局、广东分署、各直属海关:

经国务院批准,现将有关农药的税收政策问题通知如下:

一、自2003年1月1日起,停止执行对部分列名进口农药(成药、原药)免征进口环节增值税的政策,已征收的保证金转为税款。

二、自2004年1月1日起,停止执行对部分进口农药原料及中间体进口环节增值税先征后返的政策。

三、自2004年1月1日起,《财政部、国家税务总局关于若干农业生产资料征免增值税政策通知》(财税[2001]113号)第一条第3项关于对国产农药免征生产环节增值税的政策停止执行。

【注释】 对《增值税暂行条例》第16条进行了解释。

国家税务总局关于不带动力的手扶拖拉机和三轮农用运输车适用13%税率执行时间的批复

国税函[2003]1118号

辽宁省国家税务局:

你局《辽宁省国家税务局关于沈阳辽河机械总厂复议案有关税收政策问题的请示》(辽国税发[2003]97

号)收悉,现对不带动力的手扶拖拉机和三轮农用运输车适用13%税率执行时间问题批复如下。

根据国家税务总局《增值税部分货物征税范围注释》(国税发[1993]151号)的规定,不带动力的手扶拖拉机和三轮农用运输车不属于农机增值税征收范围。为减轻农民负担,《财政部、国家税务总局关于不带动力的手扶拖拉机和三轮农用运输车有关政策问题的通知》(财税[2002]89号)对农机增值税征收范围进行了调整,对不带动力的手扶拖拉机和三轮农用运输车按照"农机"依13%的增值税税率征收增值税,因此,上述两类产品应当从2002年6月1日起按"农机"征收增值税,在此之前,应按17%的税率征收增值税。

【注释】　对《增值税暂行条例》第2条进行了解释。

国家税务总局关于水煤浆产品适用增值税税率的批复

国税函[2003]1144号

山西省国家税务局:

你局《关于对水煤浆产品适用增值税税率问题的请示》(晋国税发[2003]81号)收悉。经研究,现批复如下:

自2003年10月1日起,对水煤浆产品可比照煤炭,按13%的税率征收增值税。

【注释】　对《增值税暂行条例》第2条进行了解释。

国家税务总局关于加强货物运输业税收征收管理的通知

国税发[2003]121号

各省、自治区、直辖市和计划单列市国家税务局、地方税务局:

为了进一步贯彻国务院关于整顿市场经济秩序的决定,加强对货物运输业的税收管理,总局制定了《货物运输业营业税征收管理试行办法》、《运费发票增值税抵扣管理试行办法》、《货物运输业营业税纳税人认定和年审试行办法》和《货物运输业发票管理流程实施方案》(以下简称"三个办法和一个方案"),现印发给你们,请你们按照以下要求认真贯彻执行。

一、执行"三个办法和一个方案"是整顿税收秩序、推进依法治税、加强营业税征收管理、规范增值税抵扣的重大举措。各级税务部门的领导要高度重视,统一思想,加强对此项工作的领导。

二、各级税务机关接到通知后要认真学习"三个办法和一个方案"的内容,研究贯彻执行的具体操作办法。具体工作方案由各省税务机关部署,各级税务机关要从全局的利益出发,认真负责,相互配合,通力协作,按照各自工作范围积极稳妥地贯彻落实"三个办法和一个方案",全面做好加强货物运输业税收征收管理的各项工作。凡相互推诿,不执行"三个办法和一个方案"或执行不到位的,一律按规定追究相关单位和有关人员的责任。

三、各地接到本通知后,要召开专门会议,布置此项工作,做好宣传工作,加强对有关税务人员和纳税人的培训,要按照"三个办法和一个方案"的要求结合本地实际制定相关配套措施,保证将"三个办法和一个方案"执行到位。

四、各地要将本地区贯彻落实情况于2003年12月31日前书面报告总局(5份),总局将对各地执行本通知情况进行通报。

货物运输业营业税征收管理试行办法

第一条　为了进一步贯彻国务院关于整顿市场经济秩序的决定,加强对货物运输业营业税的征收管理,根据《中华人民共和国税收征收管理法》及其实施细则、《中华人民共和国营业税暂行条例》及其实施细则、《中华人民共和国发票管理办法》以及其他相关的法律、法规的规定,特制定本办法。

第二条　在中华人民共和国境内提供公路、内河货物运输劳务(以下简称货物运输劳务)的单位和个人均适用本办法。

第三条　在中华人民共和国境内提供货物运输劳务的单位和个人,属于"交通运输业"营业税纳税义务人。

以上所称个人，是指个体工商户及其他有经营行为的个人。

实行承包、承租、挂靠方式提供货物运输劳务凡同时具备以下条件的，以出包方、出租方、被挂靠方为营业税纳税义务人；不同时具备以下条件的，以承包人、承租人、挂靠人为营业税纳税义务人（以下简称“承包人”、“承租人”、“挂靠人”）：

（一）以出包方、出租方、被挂靠方的名义对外经营，由出包方、出租方、被挂靠方承担相关的法律责任；

（二）经营收支全部纳入出包方、出租方、被挂靠方的财务会计核算；

（三）利益分配以出包方、出租方、被挂靠方的利润为基础。

第四条 提供货物运输劳务的单位和个人，根据其开具货物运输业发票的方式，分为自开票纳税人和代开票纳税人。

自开票纳税人，是指符合规定条件，向主管地方税务局申请领购并自行开具货物运输业发票的纳税人。

自开票纳税人不包括个人、承包人、承租人以及挂靠人。

代开票纳税人，是指除自开票纳税人以外的需由代开票单位代开货物运输业发票的单位和个人。

以上所称代开票单位是指主管地方税务局。

经省级地方税务局批准也可以委托中介机构代开货物运输业发票。

第五条 第四条所称符合规定条件，是指同时具备以下条件：

（一）具有工商行政管理部门核发的营业执照，地方税务局核发的税务登记证。交通管理部门核发的道路运输经营许可证、水路运输许可证；

（二）年提供货物运输劳务金额在20万元以上（新办企业除外）；

（三）具有固定的办公场所。如是租用办公场所，则租期必须1年以上；

（四）在银行开设结算帐户；

（五）具有自备运输工具，并提供货物运输劳务；

（六）帐簿设置齐全，能按发票管理办法规定妥善保管、使用发票及其他单证等资料，能按财务会计制度和税务局的要求正确核算营业收入、营业成本、税金、营业利润并能按规定向主管地方税务局正常进行纳税申报和缴纳各项税款。

第六条 自开票纳税人应按照发票管理办法及相关的法律、法规的规定，如实填开货物运输业发票，加盖财务印章和开票人专章（见附件一）。

自开票纳税人对下列情况不得开具货物运输业发票：

（一）未提供货物运输劳务；

（二）非货物运输劳务；

（三）由其他纳税人（包括承包人、承租人及挂靠人）提供的货物运输劳务。

第七条 代开票纳税人提供货物运输劳务，凡需开具货物运输业发票的，提供以下资料并缴纳税款后，由代开票单位代开货物运输业发票：

（一）《代开票纳税人资格认定证书》；

（二）所承运货物同货主签订的承运货物合同或其他有效证明。

代开票单位为承包人、承租人以及挂靠人代开发票时，统一使用出包方、出租方以及被挂靠方的单位名称和纳税人识别号。

代开票单位对代开的货物运输业发票应按发票所注承运单位逐户建立货物运输收入台账，逐笔登记代开发票数量、发票号码、开具金额，并将代征的税款按法律、法规的规定及时解缴入库。

第八条 除自开票纳税人和代开票单位以外，其他任何单位和个人均不得开具货物运输业发票。

第九条 货物运输业必须使用全国统一的发票，发票的样式和内容由国家税务总局另行制定。

铁路运输、航空运输、海洋运输的货物运输业发票应按照国家税务总局统一规定的格式、内容印制和使用。

第十条 自开票纳税人和代开票单位必须按照规定逐栏、如实填开货物运输业发票。凡开具给增值税一般纳税人的货物运输业发票，必须填写该增值税一般纳税人的名称和纳税人识别号。

第十一条　货物运输业发票的印制、领购、开具、取得、保管、缴销均由地方税务局管理和监督。凡已经委托给其他部门管理的，必须依法收回。

第十二条　在全国实行新的由税控器具开具货物运输业发票以前，货物运输业发票清单汇总、传递方法如下：

(一) 地方税务局代开货物运输业发票时要先征收税款后再开具货物运输业发票，并将代开的货物运输业发票填写《地税局代开货物运输业发票清单》(见附件二)。

自开票纳税人在申报缴纳营业税时，除报送营业税申报表外，必须向主管地方税务局报送《自开票纳税人货物运输业发票清单》(见附件三)的纸制文件和电子信息。

纳税人每月申报缴纳营业税的计税营业额，不得小于每月发票开具金额。

代开票中介机构代开货物运输业发票时要先代征税款后再开具货物运输业发票。代开票中介机构在解缴代征税款后，必须按主管地方税务局规定的申报期限向主管地方税务局报送《中介机构代开货物运输业发票清单》(见附件四)的纸制文件和电子信息。

(二)《地税局代开货物运输业发票清单》、《自开票纳税人货物运输业发票清单》和《中介机构代开货物运输业发票清单》必须是电子信息，软件由国家税务总局统一制作(见《货物运输业发票管理流程实施方案》)。

(三) 县(市)级地方税务局应将《地税局代开货物运输业发票清单》和《自开票纳税人货物运输业发票清单》、《中介机构代开货物运输业发票清单》进行汇总，并将汇总后的电子信息于每月 20 日前送同级国家税务局。

凡具备网络条件的地方税务局，可由县(市)级地方税务局将《地税局代开货物运输业发票清单》、《自开票纳税人货物运输业发票清单》、《中介机构代开货物运输业发票清单》汇总后的电子信息上报地(市)或省级地方税务局，由地(市)或省级地方税务局将本级汇总后的电子信息于每月 22 日前送同级国家税务局。

第十三条　对自开票纳税人实行查账征收方法。对自开票纳税人开具的货物运输业发票注明的运费和其他价外收费，一律按"交通运输业"税目征收营业税。

第十四条　对自开票纳税人的联运业务，以其向货主收取的运费及其他价外收费减去付给其他联运合作方运费后的余额为营业额计算征收营业税。

以上所称联运必须同时符合以下条件：

(一) 自开票纳税人必须参与该项货物运输业务；

(二) 联运合作方向自开票纳税人开具货物运输业发票；

(三) 自开票纳税人必须将其接受的货物运输业发票作为原始计帐凭证，妥善保管，以备税务机关检查。

第十五条　对代开票纳税人实行定期定额征收方法。代开票单位代开发票时，按代开的货物运输业发票注明的运费和其他价外收费即时征收营业税、所得税及附加，年终时对"双定"户按以下方法进行清算：

(一) 开票金额大于定额的，以开票金额数为依据征收税款，并作为下一年度核定定期定额的依据。如定期定额税款已征，可将按期征收的定期定额税款退还纳税人或抵顶下期税款；

(二) 开票金额小于定额的，按定额数征收税款。如定期定额税款已征，可将代开发票时征收的税款数额退还纳税人或抵顶下期税款。

第十六条　代开票纳税人是承包人、承租人以及挂靠人的，其"双定"税款可由主管地税局委托出包方、出租方以及挂靠方统一代征。年终以出包方、出租方以及挂靠方为单位进行统一清算，清算及下一年度核定方法按本办法第十五条的规定执行。

第十七条　符合营业税法规规定的减免条件的自开票纳税人，应向主管地方税务局报送有关资料，并经主管地方税务局认定后才能享受减免营业税优惠。

符合营业税法规规定减免条件的代开票纳税人，必须提供主管地方税务局批准的减免税文书，其由代开票单位代开的货物运输业发票的营业额，才能享受减免营业税优惠。

省级地方税务局要制定加强对营业税减税免税的管理办法。

第十八条 提供货物运输劳务的单位向其机构所在地主管地方税务局申报缴纳营业税。

第十九条 提供货物运输劳务的承包人、承租人或挂靠人，向其发包、出租或所挂靠单位机构所在地主管地方税务局申报缴纳营业税。

除本条第一款规定者外，其他提供货物运输劳务的个人向其运营车辆的车籍所在地主管地方税务局申报缴纳营业税。

第二十条 凡委托中介机构代开货物运输业发票的，省级地方税务局要制定对中介机构的管理办法，保证税款及时足额入库。

第二十一条 地方税务局要按规定向委托代征税款单位支付代征税款手续费。

第二十二条 提供货物运输劳务的单位和个人应向主管地方税务局申请认定为自开票纳税人或代开票纳税人，并实行年审。具体认定和年审办法由国家税务总局另行制定。

第二十三条 自开票纳税人、代开票纳税人和代开票单位应严格执行本办法和其他相关法律、法规的有关规定，违者按照有关规定处理。

第二十四条 本办法由国家税务总局负责解释。

第二十五条 本办法自2003年11月1日起执行。

运输发票增值税抵扣管理试行办法

第一条 为了进一步加强增值税有关运输发票抵扣凭证的管理，堵塞税收漏洞，特制定本办法。

第二条 凡增值税一般纳税人(以下简称“纳税人”)取得运输发票并应计算抵扣进项税额的，均适用本办法。

本条所称取得运输发票是指：

(一) 纳税人外购货物(固定资产除外)支付运输费用而取得的运费结算单据；

(二) 纳税人销售应税货物而支付运输费用所取得的运费结算单据(《中华人民共和国增值税暂行条例实施细则》第十二条所规定的不并入销售额的代垫运费除外)。

第三条 运输单位提供运输劳务自行开具的运输发票，运输单位主管地方税务局及省级地方税务局委托的代开发票中介机构为运输单位和个人代开的运输发票准予抵扣。其他单位代运输单位和个人开具的运输发票一律不得抵扣。

第四条 纳税人取得所有需计算抵扣增值税进项税额的运输发票，应根据相关运输发票逐票填写《增值税运输发票抵扣清单》，在进行增值税纳税申报时，除按现行规定申报报表资料外，增加报送《增值税运输发票抵扣清单》。纳税人除报送清单纸质资料外，还需同时报送《增值税运输发票抵扣清单》的电子信息。未单独报送《增值税运输发票抵扣清单》纸质资料及电子信息的，其运输发票进项税额不得抵扣。如果纳税人未按规定要求填写《增值税运输发票抵扣清单》或者填写内容不全的，该张运输发票不得计算抵扣进项税额。

增值税运输发票抵扣清单信息采集软件由国家税务总局统一开发，主管国税局免费提供给纳税人。如果纳税人无使用信息采集软件的条件，可委托中介机构代为采集。

第五条 纳税人取得的2003年10月31日以后开具的运输发票，应当自开票之日起90天内向主管国税局申报抵扣，超过90天的不得予以抵扣。纳税人取得的2003年10月31日以前开具的运输发票，必须在2004年1月31日前抵扣完毕，逾期不再准予抵扣。

第六条 主管国税局在纳税申报期内受理申报时，应对《增值税纳税申报表附列资料(表二)》中第8栏“7%扣除率”的“金额、税额”项数据与《增值税运输发票抵扣清单》中“合计”栏“允许计算抵扣的运费金额、计算抵扣的进项税额”项数据进行核对，如不一致，退纳税人重新申报。

第七条 纳税申报期结束后，各地县(市)级国税局应将当期《增值税运输发票抵扣清单》汇总电子信息通过网络传递给上级税务机关。

运输发票信息的采集、传递、清分与比对等具体要求详见《货物运输发票管理流程实施方案》。

第八条 对比对不符的先由稽查部门进行稽查，经查实后确有问题的按有关规定进行处理。稽查部门应将稽查、处理结果及时反馈管理部门。

第九条 本办法自2003年11月1日起执行。

货物运输业营业税纳税人认定和年审试行办法

第一条 根据国家税务总局《货物运输业营业税征收管理试行办法》的规定，对公路、内河货物运输业自开票、代开票纳税人（以下简称自开票、代开票纳税人）实行认定和年审制度，特制定本办法。

第二条 提供公路、内河货物运输劳务（以下简称货物运输劳务）的单位需申请自开票纳税人的，应向主管地方税务局办理认定手续。

第三条 提供货物运输劳务的单位同时符合下列条件的，可向其主管地方税务局申请认定为自开票纳税人：

（一）具有工商行政管理部门核发的营业执照，地方税务局核发的税务登记证，交通管理部门核发的道路运输经营许可证、水路运输许可证；

（二）年提供货物运输劳务金额在20万元以上（新办企业除外）；

（三）具有固定的经营场所。如是租用办公场所，则承租期必须1年以上；

（四）在银行开设结算帐户；

（五）具有自备运输工具，并提供货物运输劳务；

（六）帐簿设置齐全，能按发票管理办法规定妥善保管、使用发票及其他单证等资料，能按税务机关和财务会计制度的要求正确核算营业收入、营业成本、税金和营业利润，并能按规定向税务机关进行纳税申报和缴纳各项税款。

第四条 以下纳税人不能认定为自开票纳税人：

（一）不同时具备本办法第三条规定条件的单位；

（二）不同时具备以下条件的承包人、承租人以及挂靠人（属代开票人，其"双定"税款可由主管税务机关委托出包方、出租方以及挂靠方统一代征）；

1. 以出包方、出租方、被挂靠方的名义对外经营，由出包方、出租方、被挂靠方承担相关的法律责任；

2. 经营收支全部纳入出包方、出租方、被挂靠方的财务会计核算；

3. 利益分配以出包方、出租方、被挂靠方的利润为基础。

（三）拥有运输工具的个人。

第五条 申请办理自开票纳税人认定的单位，应提供或出示下列有关证件和资料：

（一）单位申请报告；

（二）货物运输业自开票纳税人认定表；

（三）营业执照复印件；

（四）税务登记证副本；

（五）车辆道路运输证、船舶营业运输证复印件；

（六）自有房屋产权证或房屋租赁合同复印件；

（七）购置自有运输工具购买发票复印件；

（八）地方税务局要求提供的其他有关证件、资料。

第六条 申请办理自开票纳税人认定手续的程序：

（一）对现有的提供货物运输劳务的单位，应按以下程序办理认定手续：

1. 申请程序。提供货物运输劳务的单位应向主管地方税务局提交申请报告，如实填写《货物运输业自开票纳税人认定表》及认定所需资料。

2. 审批程序和审批机关。自开票纳税人由县级或县级以上税务机关认定。对单位提出的申请报告和有关资料，负责审批的税务机关应在收到之日起30日内审核完毕。对符合自开票纳税人条件的，发给《货物运输业营业税自开票纳税人认定证书》，并在其税务登记证副本首页上方和《发票领购簿》上加盖"自开票纳税人"确认专用章，作为领购货物运输发票的证件。

（二）对新办提供公路、内河货物运输劳务的单位。

新办的提供货物运输劳务的单位，凡符合自开票纳税人条件，注册资金在30万元以上的，可在办理税务登记的同时申请办理自开票纳税人认定手续。

新办提供货物运输劳务的单位申请人，办理自开票纳税人认定手续的程序，按本办法第六条第一款规定办理。

第七条 除自开票纳税人以外的其他提供货物运输劳务的单位和个人,同时符合下列条件的,可向其主管地方税务局申请认定代开票纳税人:

(一) 有工商行政管理部门核发的营业执照,地税局核发的税务登记证;

(二) 有自备或承包、承租的车、船等运输工具的证明。

第八条 单位和个人申请办理代开票纳税人认定手续,应提供下列有关证件和资料:

(一) 单位和个人申请报告;

(二) 货物运输业代开票纳税人认定表;

(三) 营业执照复印件;

(四) 税务登记证复印件;

(五) 车辆道路运输证、船舶营业运输证复印件;

(六) 承包、承租或挂靠车辆应提供出包、出承租或所挂靠方的税务登记证复印件、纳税人识别码及承包、承租或挂靠合同复印件;

(七) 地方税务局要求提供的其他有关证件、资料。

第九条 申请办理代开票纳税人认定手续的程序:

(一) 对现有提供货物运输劳务的单位和个人,应按以下程序办理认定手续。

1. 申请程序。单位和个人应提交申请报告,如实填写《货物运输业代开票纳税人认定表》及地方税务局要求提供的其他资料。

2. 审批程序和审批机关。代开票纳税人认定的审批权限在县级或县级以上地方税务局。对单位和个人提出的申请报告和有关资料,负责审批的地方税务局应在收到之日起 30 日内审核完毕。符合代开票纳税人条件的,发给《货物运输业营业税代开票纳税人认定证书》。纳税人凭《货物运输业营业税代开票纳税人认定证书》及同货主签定的承运货物合同、托运单及地方税务局要求提供的其他有效证明到代开票单位代开货物运输业发票。

(二) 对新办提供货物运输劳务的单位和个人。

新办提供货物运输劳务的单位和个人需认定为代开票纳税人的,凡符合代开票纳税人条件的,可在办理税务登记的同时申请办理代开票纳税人认定手续。

第十条 代开票纳税人达到自开票纳税人条件的,可以按本办法第六条第一款规定申请办理自开票纳税人认定手续。

第十一条 地方税务局应按年度对自开票、代开票纳税人进行资格审验和确认。

第十二条 年审的范围。

地方税务局应对原已认定为自开票、代开票纳税人实行年度审验制度(以下简称年审)。

第十三条 年审的时间。

自开票、代开票纳税人的年审从每年 11 月起至 12 月底结束,具体期限由省级地方税务局确定。

第十四条 年审的内容:

(一) 自开票纳税人:

1. 基本情况。包括纳税人名称、经营地址、经济性质、经营范围、开户银行及帐号、车辆、船舶等运输工具状况、联系电话等。

2. 纳税情况。包括本年度实现的营业额、营业成本、应纳税额、实缴税额和欠缴税额等。

3. 财务核算情况。包括会计人员配备、帐簿设置、财务核算状况等。

4. 货物运输发票管理情况。包括货物运输业发票领购、使用、结存、保管、缴销及违章情况。

(二) 代开票纳税人:

1. 基本情况。包括纳税人名称、经营地址、经济性质、经营范围、开户银行及帐号、车辆、船舶等运输工具状况、联系电话等。

2. 纳税情况。包括年审本年度实现的营业额、营业成本、应纳税额、实缴税额和欠缴税额等。

第十五条 年审的程序:

(一) 按照年审规定的时间要求,自开票、代开票纳税人应到主管地方税务局领取《自开票、代开票纳税人年审申请审核表》(以下简称《年审表》),填写盖章后连同工商营业执照副本、道路、水上运输经营许可证复印件、税务登记证副本、《发票领购簿》、年度财务报表及税务机关要求提供的其他资料,一并报主管地方税务局。

(二) 主管地税局接到自开票、代开票纳税人申报的《年审表》及有关资料后30日内进行初审,并签署初审意见,逐级报送上级审批机关,审批机关应在30日内作出年审结论。年审审批机关是指有批准认定自开票、代开票纳税人资格的县级或县级以上的地方税务局。

第十六条　年审的结果:

(一) 自开票纳税人

1. 年审合格的处理。

对年审合格的自开票纳税人,在《货物运输业营业税自开票纳税人认定证书》及《发票领购簿》上加贴自开票纳税人年审合格标识。

2. 年审不合格的处理。

达不到自开票纳税人资格的纳税人,暂缓通过年审,在3个月内进行整改,整改期间不得自行开具货物运输业发票,如需开具货物运输业发票的由主管地方税务局代开。在规定的期限内,整改合格的按年审合格办法处理,整改不合格的取消其自开票纳税人资格,清缴货物运输发票,并在其税务登记证副本首页右上方和《发票领购簿》上加盖"已取消自开票纳税人资格"专用章,并收回《货物运输业营业税自开票纳税人认定证书》。

(二) 代开票纳税人

1. 年审合格的处理。

对年审合格的代开票纳税人,在《货物运输业营业税代开票纳税人认定证书》上加贴代开票纳税人年审合格标识。

2. 年审不合格的处理。

达不到代开票纳税人资格的纳税人,暂缓通过年审,在3个月内进行整改,整改期间主管地方税务局不得为其开具货物运输业发票。在规定的期限内,整改合格的按年审合格的办法处理,整改不合格取消其代开票纳税人的资格,并收回《货物运输业营业税代开票纳税人认定证书》。

第十七条　对已具有自开票纳税人资格的提供货物运输劳务单位,一旦发现有下列情形之一的,经主管地方税务局审定,可取消其自开票纳税人的资格,收回《货物运输业营业税自开票纳税人认定证书》和停止其使用货物运输业发票。

(一) 没有按地方税务局的要求正确核算货物运输和非货物运输的营业收入、营业成本、税金、营业利润的;

(二) 不能按规定向税务机关进行正常纳税申报和缴纳各项税款的;

(三) 有偷税、抗税行为的;

(四) 不能妥善保管、使用货物运输业发票造成严重后果的;

(五) 违反规定,对货物运输和非货物运输业务都开具货物运输业发票的;

(六) 违反规定,为其他纳税人开具货物运输业发票的。

第十八条　对已具有代开票纳税人资格提供货物运输劳务的单位和个人,凡有下列情形之一的,经主管地方税务局审定,可取消其代开票纳税人的资格,并收回《货物运输业营业税代开票纳税人认定证书》。

(一) 没有按地方税务局的要求准确核算货物运输和非货物运输的营业收入、税金的;

(二) 不按规定向税务机关进行纳税申报和缴纳各项税款的;

(三) 有偷税、抗税行为的;

(四) 有伪造承运货物合同等有效证明的。

第十九条　纳税人必须在规定的期限内向地方税务局办理年审手续,在规定期限内未办理年审手续的按年审不合格处理。

第二十条　《年审表》填报不实、数据不准确的,随同《年审表》报送其他资料不齐全,以及其他未按规定办理年审手续的,地方税务局应责令其在年审规定期内如实申报和补报。如仍不如实申报和补报的,则按年审不合格处理。

第二十一条 凡被取消自开票、代开票纳税人资格的纳税人，一年内不得再重新申请认定自开票、代开票纳税人。

第二十二条 自开票、代开票纳税人年审，由省级地方税务局统一组织，年审的具体工作，由具有批准认定自开票纳税人资格的各级地方税务局负责实施。

第二十三条 《货物运输业自开票纳税人认定表》、《货物运输业代开票纳税人认定表》、《货物运输业营业税自开票纳税人认定证书》、《货物运输业营业税代开票纳税人认定证书》、《年审表》、年审合格标识、"自开票纳税人"、"已取消自开票纳税人资格"专用章由省级地方税务局统一制定下发。

第二十四条 本办法由国家税务总局负责解释。

第二十五条 本办法自2003年11月1日起实行。

【注释】 对《增值税暂行条例》第26条进行了解释。相关规定包括:《国家税务总局关于使用公路、内河货物运输业统一发票有关问题的通知》(国税函[2004]557号)、《国家税务总局关于货物运输业若干税收问题的通知》(国税发[2004]88号)、《国家税务总局关于加强货物运输企业纳税申报管理工作的通知》(国税发[2006]99号)。

国家税务总局关于农药出口退税政策的通知

国税函[2003]1158号

各省、自治区、直辖市和计划单列市国家税务局:

经国务院批准，从2004年1月1日起，对国产农药免征生产环节增值税的政策停止执行。为鼓励农药出口，现将农药出口有关退税政策通知如下:

《财政部、国家税务总局关于若干农业生产资料征免增值税政策通知》(财税[2001]113号)第一条第三款规定的48种农药出口，从2004年1月1日起，准予按现行出口货物退税有关规定办理退税，并适用11%的出口退税率。

上述出口农药海关商品码为3808101910、38081090、8082090101、3808209029、38083011、38083019。具体执行日期以"出口货物报关单(出口退税联)"上海关注明的出口日期为准。

【注释】 对《增值税暂行条例》第2条进行了解释。

集成电路设计企业及产品认定机构管理办法

国税发[2003]140号

第一章 总 则

第一条 为规范对从事集成电路设计企业及产品认定工作的机构的管理，根据国务院《鼓励软件产业和集成电路产业发展的若干政策》(国发[2000]18号)，制定本办法。

第二条 本办法适用于在中华人民共和国境内设立的集成电路设计企业及产品认定机构(以下简称"认定机构")的管理。

第三条 国家税务总局、信息产业部负责境内认定机构的审定、授权、监督和管理工作。

第二章 认定机构的资格条件

第四条 认定机构应具备下列条件:

(一) 能够独立承担民事法律责任的法人组织;

(二) 拥有具备集成电路相关专业知识和管理能力的业务人员(不少于5人);

(三) 拥有经验丰富、熟悉国内外集成电路产业发展的专业人员(不少于5人);

(四) 拥有固定办公场所和用于集成电路设计企业及产品认定管理工作的软硬件设施;

(五) 内部管理制度健全，岗责体系明晰;

(六) 独立于集成电路产品设计及相关的生产、经营活动;

(七) 国家税务总局、信息产业部要求的其他条件。

本办法第四条(二)(三)款规定应具备的人员不得相互兼任，并应与认定机构订立1—3年服务协议。

第五条 认定机构应公平、公正、科学、高效地开展工作，并为申请认定单位保守商业和技术秘密。

第六条 认定机构应对从事认定工作的技术人员定期进行培训，确保有关人员具备胜任工作的能力，满足认定工作的要求。

第七条 认定机构及其工作人员不得从事可能影响认定结果的活动。工作人员与申请认定单位有利害关系的，应当回避。

第三章 认定机构的申请和批准

第八条 符合本办法规定条件的单位，应同时向国家税务总局、信息产业部提交获得认定机构资格的书面申请，并附送相关资格能力证明和各项管理制度等资料。

第九条 国家税务总局、信息产业部依据本办法的规定，组织人员对申请单位进行审核（包括文件审核、现场审核、对实施集成电路设计企业及产品认定的过程进行见证），并形成审核报告。

第十条 经审核符合条件的申请单位，由国家税务总局、信息产业部列名单公布，获得从事集成电路设计企业及产品认定工作的执业资格。

第四章 认定机构的职责

第十一条 认定机构接受国家税务总局、信息产业部的委托，按照规定的章程，开展集成电路设计企业及产品的认定工作。

（一）依据《集成电路设计企业及产品认定管理办法》，对申请认定单位及产品进行评审；

（二）向申请认定单位出具评审报告；

（三）提出认定建议，拟定初选的合格企业及产品名单；

（四）组织对集成电路设计企业的年度资格审验工作；

（五）国家税务总局、信息产业部委托的其他工作。

第十二条 认定机构应自接受委托之日起5个工作日内以信函、电话或电子邮件等方式通知申请认定单位提供相关资料，并收取认定费用。

第十三条 认定机构应自收到申请认定单位报送的各项资料日起，在60个工作日内完成评审，并将初选的合格企业与产品名单上报国家税务总局、信息产业部审核。

第十四条 认定机构应在国家核定的费用幅度内收取认定费用，不得擅自改变收费标准。费用幅度由国家价格主管部门核定。

第十五条 认定机构应当制订认定管理章程，规定评审程序，并报国家税务总局、信息产业部备案。

第五章 罚 则

第十六条 国家税务总局、信息产业部负责对认定机构的监督管理，对认定机构进行不定期检查。

第十七条 对于提供虚假资格条件证明、骗取认定机构资格的，国家税务总局、信息产业部公布撤销其认定执业资格。

第十八条 凡发现认定机构存在下列情形之一者，国家税务总局、信息产业部暂停其认定执业资格，并责令限期整改：

（一）弄虚作假，徇私舞弊，帮助不符合条件的申请认定单位及产品通过认定；

（二）故意刁难申请认定单位，有失公正，严重失职；

（三）超额收取认定费用；

（四）认定机构与人员在工作中有严重违法违纪行为；

（五）认定机构与人员的能力不能胜任认定管理的要求；

（六）国家税务总局、信息产业部规定的其他情形。

对于整改后仍不能满足要求的认定机构，国家税务总局、信息产业部撤销其认定执业资格，3年内不受理其执业申请。

第六章 附 则

第十九条 本办法自2004年1月1日起施行。

【注释】 对《增值税暂行条例》第26条进行了解释。

国家税务总局关于天然二氧化碳适用增值税税率的批复

国税函[2003]1324号

江苏省国家税务局：

你局《关于对天然二氧化碳原矿比照天然气适用税率征收增值税的请示》(苏国税发[2003]116号)收悉。经研究，现批复如下：

天然二氧化碳不属于天然气，不应比照天然气征税，仍应按17%的适用税率征收增值税。

【注释】 对《增值税暂行条例》第2条进行了解释。

财政部　国家税务总局关于海洋工程结构物增值税实行退税的补充通知

财税[2003]249号

各省、自治区、直辖市、计划单列市财政厅(局)、国家税务局，新疆生产建设兵团财务局：

近接中国海洋石油总公司来函，要求进一步明确《财政部　国家税务总局关于海洋工程结构物增值税实行退税的通知》(财税[2003]46号)所规定退税政策的企业适用范围，同时由于该公司改制上市对内部企业进行了调整，以及新设立了海洋石油对外合作公司，要求对财税[2003]46号附件2"海上石油开采企业"的企业名单进行调整。经研究决定，现将有关事宜补充通知如下：

一、财税[2003]46号文件第一条：国内生产企业与国内海上石油天然气开采企业签署的购销合同所涉及的海洋工程结构物产品，在销售时实行"免、抵、退"税管理办法。其中所述"国内生产企业"是指：国内实行独立核算并为增值税一般纳税人的所有生产海洋工程结构物生产企业。财税[2003]46号附件2所列"海上石油开采企业"之间的销售，也同样享受此项政策。

二、调整财税[2003]46号附件2"海上石油开采企业"的名单：

(一)调整中国海洋石油总公司项下的企业名单：

1. 取消原名单中的：中海石油船舶有限公司、中海华东能源公司；

2. 原名单中的"中海油田服务有限公司"更名为"中海油田服务股份有限公司"；

3. 补充增加：上海石油天然气有限公司、中海石油(中国)有限公司文昌13—1/2油田作业公司、渤海石油实业公司、渤海石油采油公司、南海西部石油合众近海建设公司。

(二)在中国海洋石油对外合作公司名单项下增列：中海石油(中国)东海西湖石油天然气作业公司、台南——潮汕石油作业有限公司、优尼科东海有限公司、cact作业者集团、中海石油(中国)有限公司崖城作业公司。

【注释】 对《财政部　国家税务总局关于海洋工程结构物增值税实行退税的通知》(财税[2003]46号)进行了解释。

国家税务总局关于个体工商户销售农产品有关税收政策问题的通知

国税发[2003]149号

各省、自治区、直辖市和计划单列市国家税务局：

为进一步贯彻落实《财政部、国家税务总局关于下岗失业人员再就业有关税收政策问题的通知》(财税[2002]208号)有关精神，现将个体工商户销售农产品有关增值税政策通知如下：

一、自2004年1月1日起，对于销售水产品、畜牧产品、蔬菜、果品、粮食等农产品的个体工商户，以及以销售上述农产品为主的个体工商户，其起征点一律确定为月销售额5000元，按次纳税的，起征点一律确定为每次(日)销售额200元。

农产品的具体范围由各省、自治区、直辖市和计划单列市国家税务局依据现行《农业产品征税范围注释》(财税字[1995]52号)确定,并报总局备案。

"以销售农产品为主"是指纳税人月(次)农产品销售额与其他货物销售额的合计数中,农产品销售额超过50%(含50%),其他货物销售额不到50%。

二、增值税起征点调整政策是国家鼓励社会就业、提高经营者收入的重要措施,各级国家税务局要高度重视,认真贯彻落实。对于从事农产品以外其他货物销售的纳税人,要严格执行起征点调整政策的规定,销售额未达到起征点的应一律免征增值税,不得以任何理由采取变通政策。

三、增值税起征点调整后,各地要严格按照《国家税务总局关于提高增值税和营业税起征点后加强个人所得税征收管理工作的通知》(国税发[2003]80号)规定,加强对销售非自产农产品个体户的个人所得税征管工作。

【注释】 对《增值税暂行条例》第18条进行了解释。对《增值税暂行条例实施细则》第32条进行了解释。

国家税务总局关于增值税起征点调整后有关问题的批复

国税函[2003]1396号

江苏省国家税务局:

你局《关于增值税起征点调整政策执行中有关问题的请示》(苏国税发[2003]117号)收悉。经研究,现批复如下:

一、增值税起征点调整政策应自2003年1月1日起执行。对销售额未达到新起征点的个体双定户,其应免予征收而实际已征收的税款,税务机关应在核实无误后按照规定的税款退还程序予以退还。

二、《中华人民共和国增值税暂行条例》第十八条规定销售额未达到起征点的纳税人免征增值税,第二十一条规定纳税人销售免税货物不得开具专用发票。对销售额未达到起征点的个体工商业户,税务机关不得为其代开专用发票。

【注释】 对《增值税暂行条例》第18、21条进行了解释。

国家税务总局关于饲用鱼油产品免征增值税的批复

国税函[2003]1395号

福建省国家税务局:

你局《关于"饲用鱼油"产品免征增值税问题的请示》(闽国税发[2003]214号)收悉。经研究,现批复如下:

饲用鱼油是鱼粉生产过程中的副产品,主要用于水产养殖和肉鸡饲养,属于单一大宗饲料。经研究,自2003年1月1日起,对饲用鱼油产品按照现行"单一大宗饲料"的增值税政策规定,免予征收增值税。

【注释】 对《增值税暂行条例》第16条进行了解释。

国家税务总局关于债转股企业实物投资免征增值税政策有关问题的批复

国税函[2003]1394号

江西省国家税务局:

你局《关于债转股企业实物资产投入新公司免征增值税有关问题的请示》(赣国税发[2003]90号)收悉。经研究,现批复如下:

《中华人民共和国增值税暂行条例》第21条规定,纳税人销售免税货物不得开具增值税专用发票。鉴于债转股企业投入到新公司的实物资产享受免征增值税政策,因此债转股企业将实物资产投入到新公司时不得开具增值税专用发票。

【注释】 对《增值税暂行条例》第16条进行了解释。

国家税务总局关于使用增值税专用发票认证信息审核出口退税的紧急通知

国税函[2004]133号

各省、自治区、直辖市和计划单列市国家税务局：

为进一步加强出口退税管理，提高出口退税工作效率，根据《国家税务总局关于使用增值税专用发票电子信息审核出口退税有关事项的通知》(国税函[2003]995号)和《国家税务总局关于出口货物专用税票电子信息审核有关问题的通知》(国税函[2003]1392号)文件规定，经研究，国家税务总局决定对外贸企业2004年1月1日以后报关出口的货物(以出口货物报关单〈出口退税专用联〉上注明的出口日期为准，下同)使用增值税专用发票认证信息审核办理出口退税。现将有关事项通知如下：

一、对外贸企业2004年1月1日以后报关出口的货物，外贸企业向其主管退税机关申报办理退税时，须按2004年新版出口退税电子申报系统录入以增值税专用发票(或普通发票)内容为主的进货凭证数据，不再录入增值税"税收(出口货物专用)缴款书"或"出口货物完税分割单"(以下简称增值税专用税票)的内容，但对国税函[2003]1392号文件第二条规定的出口货物仍需录入增值税专用税票号码。

二、对外贸企业2004年1月1日以后报关出口的货物，退税机关在审核退税时，凡外贸企业提供2003年8月1日(以开票日期为准)以后增值税防伪税控系统开具的增值税专用发票，必须通过2004年新版出口退税审核系统审核。审核无误的方可按现行出口退税规定退税；凡外贸企业提供2003年8月1日(以开票日期为准)以前开具的增值税专用发票或普通发票，仍按国税函[2003]1392号文件第二条的规定审核办理退税。

三、对机电产品中标企业2004年1月1日(以开票日期为准)以后申报退税时，提供的是增值税防伪税控系统开具的增值税专用发票，退税机关必须通过2004年新版出口退税审核系统与该增值税专用发票认证信息进行电子对审，对审无误的方可按现行出口退税规定退税；提供的是非增值税防伪税控系统开具的增值税专用发票，退税机关仍应对该企业申报的增值税专用税票与总局下发的电子信息进行审核，审核无误，方可按现行规定办理退税。

四、退税机关使用增值税专用发票认证信息审核办理外贸企业(包括机电产品中标企业，下同)退税后三个月内，将该笔退税的增值税专用发票认证信息与按国税函[2003]995号文件有关规定取得的总局下传增值税专用发票稽核、协查信息进行比对，比对不符的按下列规定处理：

(一) 凡属于国税函[2003]995号文件第四条第一款规定协查有误发票信息或增值税专用发票认证信息与稽核、协查信息中相符发票、协查无误发票信息比对不符的，一律追回该笔出口货物已退税款。

(二) 凡属于国税函[2003]995号文件第四条第二款规定，应立即暂停办理该外贸企业退税业务，并按该条款的规定进行处理。

五、对下列外贸企业，退税机关在审核出口退税时按以下规定处理：

(一) 对于2004年1月1日以后取得进出口经营权的外贸企业，退税机关自审核该企业申报第一笔出口退税业务的一年内，在按本通知第二、三条规定使用增值税专用发票认证信息电子对审通过后，暂不办理退税，必须按本通知第四条规定将增值税专用发票稽核、协查信息与认证信息比对通过后，方可办理退税。

(二) 对于按本通知二、三条规定使用增值税专用发票认证信息电子对审通过后，仍对外贸企业出口货物有疑问的，可暂不办理退税，待按本通知第四条规定将增值税专用发票稽核、协查信息与认证信息比对通过后，办理退税。

六、增值税专用发票认证信息传递办法：

(一) 总局提供了《增值税专用发票认证信息导出与传递技术方案》(附件)，各地应根据该方案，结合本地区出口退税审核、审批的管理模式，确定增值税专用发票认证信息传递办法，并于2004年2月5日前将本地区确定的增值税专用发票认证信息传递办法上报总局(信息中心)。(此条款已失效或废止)

(二) 各地制定的增值税专用发票认证信息传递办法必须符合以下原则：

1. 增值税专用发票认证信息传递工作由各级国税局信息中心牵头负责，退税、流转税、征管部门予以配合，必须建立税务系统内部增值税专用发票认证发票信息传递的规则，建立岗位责任制和过错追究制度。

2. 自2004年1月起，各级国税局信息中心必须及时将增值税专用发票认证信息传递给外贸企业的主管退税机关，具体办法由各地自定但必须确保能够及时办理退税。

七、外贸企业申报应退消费税出口货物，退税机关仍按现行出口退税规定办理退税。

八、2004年开始使用增值税专用发票认证信息审核出口退税是出口退税管理的一项重要改革，各地应高度重视，认真抓好落实工作。同时，总局也将组成督查组对各地开展此项工作情况进行督查。

【注释】 对《增值税暂行条例》第26条进行了解释。

财政部　国家税务总局关于教育税收政策的通知

财税[2004]39号

各省、自治区、直辖市、计划单列市财政厅(局)、国家税务局、地方税务局，新疆生产建设兵团财务局：

为了进一步促进教育事业发展，经国务院批准，现将有关教育的税收政策通知如下：

一、关于营业税、增值税、所得税

……

7. 对特殊教育学校举办的企业可以比照福利企业标准，享受国家对福利企业实行的增值税和企业所得税优惠政策。

……

六、本通知自2004年1月1日起执行，此前规定与本通知不符的，以本通知为准。

【注释】 对《增值税暂行条例》第16条进行了解释。

关于进口货物进口环节海关代征税税收政策问题的规定

财关税[2004]7号

一、经海关批准暂时进境的下列货物，在进境时纳税义务人向海关缴纳相当于应纳税款的保证金或者提供其他担保的，可以暂不缴纳进口环节增值税和消费税，并应当自进境之日起6个月内复运出境；经纳税义务人申请，海关可以根据海关总署的规定延长复运出境的期限：

(一) 在展览会、交易会、会议及类似活动中展示或者使用的货物；

(二) 文化、体育交流活动中使用的表演、比赛用品；

(三) 进行新闻报道或者摄制电影、电视节目使用的仪器、设备及用品；

(四) 开展科研、教学、医疗活动使用的仪器、设备及用品；

(五) 在本款第(一)项至第(四)项所列活动中使用的交通工具及特种车辆；

(六) 货样；

(七) 供安装、调试、检测设备时使用的仪器、工具；

(八) 盛装货物的容器；

(九) 其他用于非商业目的的货物。

上述所列暂准进境货物在规定的期限内未复运出境的，海关应当依法征收进口环节增值税和消费税。

上述所列可以暂时免征进口环节增值税和消费税范围以外的其他暂准进境货物，应当按照该货物的组成计税价格和其在境内滞留时间与折旧时间的比例分别计算征收进口环节增值税和消费税。

二、因残损、短少、品质不良或者规格不符原因，由进口货物的发货人、承运人或者保险公司免费补偿或者更换的相同货物，进口时不征收进口环节增值税和消费税。被免费更换的原进口货物不退运出境的，海关应当对原进口货物重新按照规定征收进口环节增值税和消费税。

三、进口环节增值税税额在人民币50元以下的一票货物，免征进口环节增值税；消费税税额在人民币50元以下的一票货物，免征进口环节消费税。

四、无商业价值的广告品和货样免征进口环节增值税和消费税。

五、外国政府、国际组织无偿赠送的物资免征进口环节增值税和消费税。

六、在海关放行前损失的进口货物免征进口环节增值税和消费税；在海关放行前遭受损坏的货物，可以按海关认定的进口货物受损后的实际价值确定进口环节增值税和消费税组成计税价格公式中的关税完税价格和关税，并依法计征进口环节增值税和消费税。

七、进境运输工具装载的途中必需的燃料、物料和饮食用品免征进口环节增值税和消费税。

八、有关法律、行政法规规定进口货物减征或者免征进口环节海关代征税的，海关按照规定执行。

九、本规定自2004年1月1日起施行。

【注释】 对《增值税暂行条例》第16条进行了解释。

国家税务总局关于使用公路、内河货物运输业统一发票有关问题的通知

国税函[2004]557号

各省、自治区、直辖市和计划单列市地方税务局：

为了加强公路、内河货物运输行业的税收管理，规范货运发票的使用，堵塞税收漏洞，根据《中华人民共和国税收征收管理法》、《中华人民共和国发票管理办法》和《国家税务总局关于进一步加强货物运输业税收征收管理的通知》(国税发[2003]121号)的有关规定，决定从2004年7月1日起，统一使用公路、内河货物运输业统一发票(以下简称《货运发票》)。现将有关问题明确如下：

一、凡在中华人民共和国境内提供公路、内河货物运输劳务的单位和个人，在结算运输劳务费用，收取运费时，必须开具《货运发票》。

《货运发票》按使用对象不同分为“公路、内河货物运输业统一发票(以下简称自开发票)”和“公路、内河货物运输业统一发票(代开)(以下简称代开发票)”两种。自开发票由自开票纳税人领购和开具；代开发票由代开单位领购和开具；代开发票由税务机关代开时，税务机关为代开单位；代开票纳税人应当到税务机关指定的代开单位办理代开发票事宜。

二、《货运发票》由各省、自治区、直辖市和计划单列市地方税务局统一印制。《货运发票》采用压感纸，并按总局新颁布的全国统一发票分类代码和发票号码规则印制；发票分类代码中4位地区代码统一使用省、自治区、直辖市和计划单列市代码。

三、《货运发票》为一式四联的计算机发票(票样见附件1)，第一联为抵扣联(绿色)，第二联为发票联(棕色)，第三联为记帐联(红色)，第四联为存根联(黑色)。发票规格为241mm×152mm，其中密码区规格为：92mm×22mm，具体方位详见票样。

四、开具《货运发票》的要求：

(一)《货运发票》必须采用税控收款机系列产品开具，手写无效。交通运输业推广使用税控收款机的有关问题按总局的统一规定执行。

(二) 填开《货运发票》时，需要录入的信息除发票代码和发票号码(一次录入)外，其他的内容包括：开票日期、收货人及纳税人识别号、发货人及纳税人识别号、承运人及纳税人识别号、主管税务机关及代码、运输项目及金额、其他项目及金额、代开单位及代码(或代开税务机关及代码)、扣缴税额、税率、完税凭证(或缴款书)号码、开票人。在录入上述信息后，税控收款机按规定程序自动生成并打印的信息包括：机打代码、机打号码、机器编号、税控码、运费小计、其他费用小计、合计(大写、小写)。录入和打印时应保证机打代码、机打号码与印刷的发票代码、发票号码相一致。

(三) 为了保证在稽核比对时正确区分收货人、发货人中实际受票方(或抵扣方)，在填开《货运发票》时应首先确认实际受票方，并在纳税人识别号前打印“+”号标记。“+”号与纳税人识别号之间不留空格。在填开收货人及纳税人识别号、发货人及纳税人识别号、承运人及纳税人识别号、主管税务机关及代码、代开单位及代码(或代开税务机关及代码)栏目时应分二行分别填开。

(四) 有关项目的逻辑关系：运费小计＝运费项目各项费用相加之和；其他费用小计＝其他项目各项费用相加之和；合计＝运费小计＋其他费用小计；扣缴税额＝合计×税率。税率按法律、法规规定的税率填开。

(五)《货运发票》应如实一次性填开，运费和其他费用要分别注明。“运输项目及金额”栏填开内容包括：货物名称、数量(重量)、单位运价、计费里程及金额等；“其他项目及金额”栏内容包括：装卸费(搬运费)、

仓储费、保险费及其他项目和费用。备注栏可填写起运地、到达地和车(船)号等内容。

(六)开具《货运发票》时应加盖财务印章或发票专用章。税务机关代开发票时,应加盖税务机关代开发票专用章(式样见附件2)。盖章位置应在"备注"栏中间,避免压盖代码和合计(小写)等栏目。

(七)税控收款机根据自开票纳税人和代开单位录入的有关开票信息和设定的参数,在打印发票的同时,自动打印出××位的税控码;税控码通过《税控收款机管理系统》可以还原成设定参数的打印信息。打印信息不完整及打印信息与还原信息不符的,为无效发票,国税机关在审核进项税额时不予抵扣。《货运发票》数据采集和录入的具体规定,由总局另行规定。

设定参数包括:发票代码、发票号码、开票日期、承运人纳税人识别号、主管税务机关代码、收货人纳税人识别号或发货人纳税人识别号(即有"+"号标记的一方代码)、代开单位代码(或代开税务机关代码)、运费小计、扣缴税额、完税凭证号码。其中,自开发票7个参数,代开发票10个参数。

五、自开票纳税人和代开单位应建立严格的发票领、用、存制度。各地方税务局应严格《货运发票》的管理,限量供应,验旧购新,定期检查。

六、自开票纳税人和代开单位不按规定使用税控收款机和开具《货运发票》的,税务机关应严格按照《中华人民共和国税收征收管理法》及实施细则和《中华人民共和国发票管理办法》的有关规定进行处罚。

七、本通知下发后,凡旧版《货运发票》已经用完的地区,可直接使用统一的新版《货运发票》。在尚未统一使用税控收款机前,填开时可暂不填写机打代码、机打号码、机器编号和税控码内容。

【注释】 对《增值税暂行条例》第26条进行了解释。

国家税务总局关于严格执行税法规定不得实行边境贸易"双倍抵扣"政策的通知

国税函[2004]830号

黑龙江、吉林、辽宁、内蒙古、甘肃、新疆、广西、云南省(自治区)国家税务局:

为鼓励边境贸易的发展,国家对以边贸方式进口的货物给予了减半征收进口环节增值税的优惠政策,但部分地区对取得的以边贸方式进口货物的海关完税凭证不是按照注明缴纳的增值税给予抵扣,而是采取了"双倍抵扣"的办法。"双倍抵扣"违反现行增值税政策规定,损害税制的统一与严肃性,给税收征管带来隐患,极易诱发偷骗税犯罪,必须坚决制止并严格纠正。对此,重申如下:

一、依照《中华人民共和国税收征收管理法》第3条、第33条的规定,各级税务机关应当严格执行现行税收法律、法规,不得擅自制定税收政策。其他部门、单位或个人擅自作出的与现行税收法律、行政法规相抵触的决定,税务机关不得执行,并应向上级税务机关报告。对违反规定擅自执行的单位和人员,应依照有关规定追究相关责任人的责任。

二、各地应对进口环节增值税抵扣情况进行全面检查,立即停止执行"双倍抵扣"政策。进口货物减免的进口环节增值税税款,一律不得作为下一环节进项税额计算抵扣。

三、总局将对边境贸易地区增值税抵扣情况进行不定期检查,发现有继续执行"双倍抵扣"等不规范政策的,将严肃处理。

【注释】 对《增值税暂行条例》第26条进行了解释。

国家税务总局关于取消为纳税人提供增值税专用发票开票服务的中介机构资格审批后有关问题的通知

国税函[2004]822号

各省、自治区、直辖市和计划单列市国家税务局:

根据《国务院关于第三批取消和调整行政审批的决定》(国发[2004]16号)文件精神,对《国家税务总局关于印发〈增值税防伪税控主机共享服务系统管理暂行办法〉的通知》(国税发[2003]67号)中规定的"为纳税人提供增值税专用发票开票服务的中介机构资格审批,由地市级注册税务师管理机构报同级税务机关增值税管理部门审批"予以取消。取消审批后,税务机关要进一步做好无偿为纳税人提供开票服务工作,同时对中介机构提供的开票服务要进行监督管理，督促其严格遵照《增值税防伪税控主机共享服务系统管理暂行办法》的有关规定，对违规操作的要依照有关规定处理；对涉嫌虚开发票等违法犯罪活动的要依法处理。

【注释】 对《国家税务总局关于印发〈增值税防伪税控主机共享服务系统管理暂行办法〉的通知》(国税发[2003]67号)进行了修正。

国家税务总局关于取消包装物押金逾期期限审批后有关问题的通知

国税函[2004]827号

各省、自治区、直辖市和计划单列市国家税务局：

根据《国务院关于第三批取消和调整行政审批项目的决定》(国发[2004]16号)，《国家税务总局关于印发〈增值税问题解答(之一)〉的通知》(国税函发[1995]288号)第十一条"个别包装物周转使用期限较长的，报经税务征收机关确定后，可适当放宽逾期期限"的规定取消后，为了加强管理工作，现就有关问题明确如下：

纳税人为销售货物出租出借包装物而收取的押金，无论包装物周转使用期限长短，超过一年(含一年)以上仍不退还的均并入销售额征税。

本通知自2004年7月1日起执行。

【注释】 对《国家税务总局关于印发〈增值税问题解答(之一)〉的通知》(国税函发[1995]288号)进行了修正。

国家税务总局　信息产业部关于调整集成电路设计企业及产品认定机构和集成电路设计企业及产品认定管理方式的通知

国税发[2004]92号

各省、自治区、直辖市和计划单列市国家税务局、地方税务局，信息产业主管部门：

《国务院关于第三批取消和调整行政审批项目的决定》(国发[2004]16号)取消了国家税务总局对集成电路设计企业及产品认定机构(以下简称"认定机构")审批和集成电路设计企业及产品认定审批等两项审批。为加强后续管理，保证征管质量与效率，现将有关问题通知如下：

一、改变认定机构管理方式，对集成电路设计企业及产品认定机构的审核批准，统一由信息产业部进行，并由信息产业部按照规定开展对认定机构的监管、受理申诉等工作。信息产业部将批准执业的认定机构名单同时抄送国家税务总局，国家税务总局将名单转发各级税务机关。

二、改变集成电路设计企业及产品认定管理方式，纳税人向认定机构提出认定申请，认定机构将认定意见报信息产业部，由信息产业部审核后发文批准并抄送国家税务总局。纳税人凭信息产业部的集成电路设计企业及产品认定文件以及税务机关要求出具的其他有关材料等，向主管税务机关申请办理减免税手续，经审核确认无误后给予办理。

三、认定机构应按月将集成电路设计企业及产品认定意见通报给纳税人主管税务机关。本通知自2004年7月1日起执行。

【注释】 对《增值税暂行条例》第26条进行了解释。

国家税务总局关于加强新办商贸企业增值税征收管理有关问题的紧急通知

国税发明电[2004]37号

各省、自治区、直辖市和计划单列市国家税务局：

从最近一个时期税务机关查处的增值税违法案件看，犯罪分子大多以注册商贸企业作掩护，骗购增值税专用发票(以下简称专用发票)，虚开后迅速走逃的手段骗取国家税款。此类犯罪活动严重干扰了社会正常经济秩序，导致国家税收的大量流失。同时，也暴露出税务机关目前在对增值税一般纳税人(以下简称一般纳税人)认定和管理方面存在着较大的漏洞。为了打击和防范虚开发票和骗抵税款的犯罪活动,总局决定进一步完善对新办商贸企业一般纳税人的认定管理办法,规范对商贸企业增值税的征收管理,现将有关问题通知如下:

一、对新办商贸企业一般纳税人实行分类管理。

(一) 对新办小型商贸企业改变目前按照预计年销售额认定增值税一般纳税人的办法。新办小型商贸企业必须自税务登记之日起,一年内实际销售额达到180万元,方可申请一般纳税人资格认定。

1. 新办小型商贸企业在认定为一般纳税人之前一律按照小规模纳税人管理。

2. 一年内销售额达到180万元以后,税务机关对企业申报材料以及实际经营、申报缴税情况进行审核评估,确认无误后方可认定为一般纳税人,并相继实行纳税辅导期管理制度(以下简称辅导期一般纳税人管理)。

3. 辅导期结束后,经主管税务机关审核同意,可转为正式一般纳税人,按照正常的一般纳税人管理。

(二) 对设有固定经营场所和拥有货物实物的新办商贸零售企业以及注册资金在500万元以上、人员在50人以上的新办大中型商贸企业在进行税务登记时,即提出一般纳税人资格认定申请的,可认定为一般纳税人,直接进入辅导期,实行辅导期一般纳税人管理。辅导期结束后,经主管税务机关审核同意,可转为正式一般纳税人,按照正常的一般纳税人管理。对经营规模较大、拥有固定的经营场所、固定的货物购销渠道、完善的管理和核算体系的大中型商贸企业,可不实行辅导期一般纳税人管理,而直接按照正常的一般纳税人管理。

二、对新办商贸企业一般纳税人资格认定的审批管理。

对申请一般纳税人资格认定的新办商贸企业,主管税务机关应严格按照一般纳税人认定标准、程序对申请资料进行审核。要与有关人员进行约谈并且派专人(两人以上)实地查验。未经实地查验或查验情况与申请资料不符的,不得认定为一般纳税人。

(一) 案头审核

对商贸企业一般纳税人资格认定申请全部资料进行认真审核,审核其资料是否齐全准确。

(二) 约谈

约谈的根本目的是通过与约谈对象的直接交流,了解印证纳税人的相关情况,以确认其是否为正常经营户。与企业法定代表人约谈,应着重了解企业登记注册情况、企业章程、组织结构、决策的程序、管理层的情况、经营范围及经营状况等企业的整体情况。与企业出资人约谈,应着重了解出资人与企业经营管理方面的关系。与主管财务人员约谈,应着重了解企业的银行帐户情况、企业注册资金及经营资金情况、销售收入情况、财务会计核算情况、纳税申报和实际缴税情况。与销售、采购、仓储运输等相关业务主管人员约谈,了解企业购销业务的真实度。对于约谈的内容,要做好记录,并有参与约谈的人员签字。

(三) 实地查验

实地查验是印证评估疑点和约谈内容的重要过程。实地查验时需两名(或两名以上)税务人员同时到场。

查验内容包括:营业执照和税务登记证、企业经营场所的所有权或租赁证明、原材料和商品的出入库单据、运费凭据、水电等费用凭据、法定代表人和主要管理人员身份证明、财务人员的资格证明、银行存款证明、有关机构的验资报告、购销合同原件及公证资料、资金往来账等。在实地查验中,要认真核实区分商业零售企业、大中型商贸企业、小型商贸企业和生产企业,除按照上述查验内容全面核查外,对生产企业要特别检查有无生产厂房、设备等必备的生产条件;对商贸零售企业要特别检查有无固定经营场所和拥有货物实物;对大中型商贸企业要特别核实注册资金、银行存款证明、银行帐户及企业人数。

三、辅导期的一般纳税人管理。

一般纳税人纳税辅导期一般应不少于6小月。在辅导期内,主管税务机关应积极做好增值税税收政策和征管制度的宣传辅导工作,同时按以下办法对其进行增值税征收管理:

(一) 对小型商贸企业,主管税务机关应根据约谈和实地核查的情况对其限量限额发售专用发票,其增值税防伪税控开票系统最高开票限额不得超过一万元。专用发票的领购实行按次限量控制,主管税务机关可根据企业的实际年销售额和经营情况确定每次的专用发票供应数量,但每次发售专用发票数量不得超过25份。

（二）对商贸零售企业和大中型商贸企业，主管税务机关也应根据企业实际经营情况对其限量限额发售专用发票，其增值税防伪税控开票系统最高开票限额由相关税务机关按照现行规定审批。专用发票的领购也实行按次限量控制，主管税务机关可根据企业的实际经营情况确定每次的供应数量，但每次发售专用发票数量不得超过25份。

（三）企业按次领购数量不能满足当月经营需要的，可以再次领购，但每次增购前必须依据上一次已领购并开具的专用发票销售额的4%向主管税务机关预缴增值税，未预缴增值税税款的企业，主管税务机关不得向其增售专用发票。

（四）对每月第一次领陶的专用发票在月末尚未使用的，主管税务机关在次月发售专用发票时，应当按照上月未使用专用发票份数相应核减其次月专用发票供应数量。

（五）对每月最后一次领购的专用发票在月末尚未使用的，主管税务机关在次月首次发售专用发票时，应当按照每次核定的数量与上月未使用专用发票份数相减后发售差额部分。

（六）在辅导期内，商贸企业取得的专用发票抵扣联、海关进口增值税专用缴款书和废旧物资普通发票以及货物运输发票要在交叉稽核比对无误后，方可予以抵扣。

（七）企业在次月进行纳税申报时，按照一般纳税人计算应纳税额方法计算申报增值税。如预缴增值税税额超过应纳税额的，经主管税务机关评估核实无误，多缴税款可在下期应纳税额中抵减。

四、对转为正常一般纳税人的审批及管理。

（一）转为正常一般纳税人的审批

纳税辅导期达到6个月后，主管税务机关应对商贸企业进行全面审查，对同时符合以下条件的，可认定为正式一般纳税人。

1. 纳税评估的结论正常。

2. 约谈、实地查验的结果正常。

3. 企业申报、缴纳税款正常。

4. 企业能够准确核算进项、销项税额，并正确取得和开具专用发票和其它合法的进项税额抵扣凭证。

凡不符合上述条件之一的商贸企业，主管税务机关可延长其纳税辅导期或者取消其一般纳税人资格。

（二）转为正常一般纳税人的管理

商贸企业结束辅导期转为正式一般纳税人后，原则上其增值税防伪税控开票系统最高限额不得超过一万元，对辅导期内实际销售额在300万元以上，并且足额缴纳了税款的，经审核批准，可开具金额在十万元以下的专用发票。对于只开具金额在一万元以下专用发票的小型商贸企业，如有大宗货物交易，可凭国家公证部门公证的货物交易合同，经主管税务机关审核同意，适量开具金额在十万元以下专用发票，以满足该宗交易的需要。

大中型商贸企业结束辅导期转为正式一般纳税人后，其增值税防伪税控开票系统最高限额由相关税务机关根据企业实际经营情况按照现行规定审核批准。

五、各地税务机关应对本通知下发前已认定为一般纳税人的小型商贸企业（尤其是办理税务登记时间在一年以内的小型商贸企业）进行一次全面检查，对在会计人员配备、会计帐簿设置、和会计核算方法中有不符合要求的；有虚开增值税专用发票行为的；不按规定保管增值税专用发票造成严重后果的；无固定经营场所等问题的，要取消其一般纳税人资格。各地要高度重视对小型商贸企业增值税管理工作，加强对小型商贸企业增值税的监控。

六、每月增值税纳税申报期结束后的次日，征收部门应将未进行增值税纳税申报（包括防伪税控IC卡抄报税）或虽已申报但未经税务机关批准而欠缴增值税税款的商贸企业名单提交管理部门，管理部门必须立即组织实地核查，如发现企业走逃，应于当日通知负责税务登记和发票管理的部门，并填写《增值税一般纳税人走逃户报告表》（附后），连同其已领购但未向税务机关申报或已申报但未缴纳增值税税款的专用发票信息同时上传地市局、省局和总局。主管税务机关应及时通知有关银行冻结其银行帐户，并立即向公安机关报案。主管税务机关应将商贸企业走逃户失控发票信息电子数据按日上传。总局将于7月初部署实施非正常户失控发票快速反应系统，在防伪税控系统中增加失控发票与待认证发票比对功能和失控发票与已认证发票比对功能，并实现全国失控发票数据按日同步更新。总局将对《增值税一般纳税人走逃户报告表》信息进行即期通报。

七、本通知自2004年8月1日起执行。本通知第一条(一)款和第五条的规定自接到通知之日起实施。

【注释】 对《增值税暂行条例》第11条进行了解释。对《增值税暂行条例实施细则》第24条进行了解释。相关规定包括:《国家税务总局关于加强新办商贸企业增值税征收管理有关问题的补充通知》(国税发明电[2004]62号)。

国家税务总局关于取消饲料产品免征增值税审批程序后加强后续管理的通知

国税函[2004]884号

各省、自治区、直辖市和计划单列市国家税务局,局内各单位:

根据《国务院关于第三批取消和调整行政审批项目的决定》(国发[2004]16号),《财政部　国家税务总局关于饲料产品免征增值税的通知》(财税[2001]121号)第二条有关饲料生产企业向所在地主管税务机关提出申请,经省级国家税务局审核批准后办理免税的规定予以取消。为了加强对免税饲料产品的后续管理,现将有关问题明确如下:

一、符合免税条件的饲料生产企业,取得有计量认证资质的饲料质量检测机构(名单由省级国家税务局确认)出具的饲料产品合格证明后即可按规定享受免征增值税优惠政策,并将饲料产品合格证明报其所在地主管税务机关备案。

二、饲料生产企业应于每月纳税申报期内将免税收入如实向其所在地主管税务机关申报。

三、主管税务机关应加强对饲料免税企业的监督检查,凡不符合免税条件的要及时纠正,依法征税。对采取弄虚作假手段骗取免税资格的,应依照《中华人民共和国税收征收管理法》及有关税收法律、法规的规定予以处罚。

【注释】 对《财政部　国家税务总局关于饲料产品免征增值税的通知》(财税[2001]121号)进行了补充规定。

国家税务总局关于货物运输业若干税收问题的通知

国税发[2004]88号

各省、自治区、直辖市和计划单列市国家税务局、地方税务局:

为了加强对公路、内河货物运输业的税收管理,总局下发了《国家税务总局关于加强货物运输业税收征收管理的通知》(国税发[2003]121号)和四个明传电报,各地在执行中又陆续反映了一些问题。经研究,现将有关税收问题明确如下:

一、在中华人民共和国境内提供公路、内河货物运输劳务(包括内海及近海货物运输)的单位和个人适用《货物运输业营业税征收管理办法》(以下简称《试行办法》)。

二、关于纳税人认定问题:

(一)适用《试行办法》从事货物运输的承包人、承租人、挂靠人和个体运输户不得认定为自开票纳税人。

(二)铁路运输(包括中央、地方、工矿及其他单位所属铁路)、管道运输、国际海洋运输业务,装卸搬运以及公路、内河客运业务的纳税人不需要进行自开票纳税人资格认定,不需要报送货物运输业发票清单。

(三)《货物运输业营业税纳税人认定和年审试行办法》中有关代开票纳税人认定和年审的规定停止执行。

三、关于办理税务登记前发生的货物运输劳务征税问题:

(一)单位和个人在领取营业执照之日起三十日内向主管地方税务局申请办理税务登记的,对其自领取营业执照之日至取得税务登记证期间提供的货物运输劳务,办理税务登记手续后,主管地方税务局可为其代开货物运输业发票。

(二)单位和个人领取营业执照超过三十日未向主管地方税务局申请办理税务登记的,主管地方税务局应按《征管法》及其《实施细则》的规定进行处理,在补办税务登记手续后,对其自领取营业执照之日至取得税务登记证期间提供的货物运输劳务,可为其代开货物运输发票。

（三）地方税务局对提供货物运输劳务的单位和个人进行税收管理过程中，凡发现代开票纳税人（包括承包人、承租人、挂靠人以及其他单位和个人）未办理税务登记的，符合税务登记条件的，必须依法办理税务登记。

四、关于货运发票开具问题：

（一）按代开票纳税人管理的所有单位和个人（包括外商投资企业、特区企业和其他单位、个人），凡按规定应当征收营业税，在代开货物运输业发票时一律按开票金额3%征收营业税，按营业税税款7%预征城建税，按营业税税款3%征收教育附加费。同时按开票金额3.3%预征所得税，预征的所得税年终时进行清算。但代开票纳税人实行核定征收企业所得税办法的，年终不再进行所得税清算。

在代开票时已征收的属于法律法规规定的减征或者免征的营业税及城市维护建设税、教育费附加、所得税以及高于法律法规规定的城市维护建设税税率的税款，在下一征期退税。具体退税办法按《国家税务总局 中国人民银行 财政部关于现金退税问题的紧急通知》（国税发[2004]47号）执行。

（二）提供了货物运输劳务但按规定不需办理工商登记和税务登记的单位和个人，凭单位证明或个人身份证在单位机构所在地或个人车籍地由代开票单位代开货物运输业发票。

（三）《试行办法》第七条有关代开票纳税人在申请代开票时须提供《代开票纳税人资格证书》和承运货物时同货主签订的承运货物合同或其他有效证明，停止执行。

五、关于税款核定征收问题：

（一）按照《试行办法》的规定，对代开票纳税人实行定期定额征收方法。凡核定的营业额低于当地确定的营业税起征点的，不征收营业税；凡核定的营业额高于当地确定的营业税起征点的，代开发票时按规定征收税款。

（二）单位和个人利用自备车辆偶尔对外提供货物运输劳务的，可不进行定期定额管理，代开票时对其按次征税。

（三）代开票纳税人实行定期定额征收方法时，为避免在代开票时按票征收发生重复征税，对代开票纳税人可采取以下征收方法：

1. 在代开票时按开具的货物运输业发票上注明的营业税应税收入按规定征收（代征）营业税、所得税及附加。

2. 代开票纳税人采取按月还是按季结算，由省级地方税务局确定。

3. 代开票纳税人在缴纳定额税款时，如其在代开票时取得的税收完税凭证上注明的税款大于定额税款的，不再缴纳定额税款；如完税凭证上注明的税款小于定额的，则补缴完税凭证上注明的税款与定额税款差额部分。

六、关于企业所得税征收问题。

对2002年以后新办的货物运输业代开票纳税人的所得税，由代开票单位在代开货物运输业发票时统一代征税款，并由地方税务局统一入库。

七、关于代开票纳税人从事联营业务得计税依据问题。

代开票纳税人从事联运业务的，其计征营业税的营业额为代开的货物运输业发票注明营业税应税收入，不得减除支付给其他联运合作方的各种费用。

八、关于物流劳务的征税问题：

（一）利用自备车辆提供运输劳务的同时提供其他劳务（如对运输货物进行挑选、整理、包装、仓储、装卸搬运等劳务）的单位（以下简称物流劳务单位），凡符合规定的自开票纳税人条件的，可以认定为自开票纳税人。

（二）自开票的物流劳务单位开展物流业务应按其收入性质分别核算，提供运输劳务取得的运输收入按“交通运输业”税目征收营业税并开具货物运输业发票；提供其他劳务取得的收入按“服务业”税目征收营业税并开具服务业发票。

凡未按规定分别核算其应税收入的，一律按“服务业”税目征收营业税。

（三）代开票单位在为代开票物流劳务单位代开发票时也应按照以上原则征税（代征）并代开发票。

九、关于税务机关纳税申报审核问题：

（一）地方税务局在受理自开票纳税人纳税申报和中介机构代开票清单及代征税款时，要对其申报的纸质清单汇总数与电子信息汇总数以及缴纳税款数进行核对。

（二）国家税务局在受理增值税一般纳税人货物运输业发票申报抵扣时，要严格核对其申报的纸质清单汇总数与电子信息汇总数是否一致，录入的清单信息是否准确、规范。

十、关于货运发票的抵扣问题：

（一）增值税一般纳税人外购货物（固定资产除外）和销售应税货物所取得的由自开票纳税人或代开票单位为代开票纳税人开具的货物运输业发票准予抵扣进项税额。

（二）增值税一般纳税人取得税务机关认定为自开票纳税人的联运单位和物流单位开具的货物运输业发票准予计算抵扣进项税额。准予抵扣的货物运费金额是指自开票纳税人和代开票单位为代开票纳税人开具的货运发票上注明的运费、建设基金和现行规定允许抵扣的其他货物运输费用；装卸费、保险费和其他杂费不予抵扣。货运发票应当分别注明运费和杂费，对未分别注明，而合并注明为运杂费的不予抵扣。

（三）增值税一般纳税人取得的货物运输业发票，可以在自发票开具日 90 天后的第一个纳税申报期结束以前申报抵扣。

（四）增值税一般纳税人在 2004 年 3 月 1 日以后取得的货物运输业发票，必须按照《增值税运费发票抵扣清单》的要求填写全部内容，对填写内容不全的不得予以抵扣进项税额。

（五）增值税一般纳税人取得的联运发票应当逐票填写在《增值税运费发票抵扣清单》的“联运”栏次内。

（六）增值税一般纳税人取得的内海及近海货物运输发票，可暂填写在《增值税运输发票抵扣清单》内河运输栏内。

十一、关于协调配合问题：

（一）地方税务局要按照有关规定的要求，将自开票纳税人和地方税务局、代开票中介机构开具的货物运输业发票的有关信息及时传送给国家税务局，国家税务局和地方税务局要建立密切、畅通的信息交换制度，切实落实好“三个办法和一个方案”。

（二）地方税务局要加强与交通管理部门的协作，将纳税人认定情况与交通管理部门发放的道路运输经营许可证、水路运输经营许可证情况进行逐户核对，凡对外提供货物运输劳务的单位和个人都要纳入税收管理。

十二、关于代开票中介机构管理问题。

地方税务局要加强对代开票中介机构的管理，不得随意放宽代开票中介机构的条件和范围。接受委托代开货物运输业发票的中介机构必须按照《试行办法》中的有关规定开具发票，代征和解缴税款并按期向主管地方税务局报送《中介机构代开货物运输业发票清单》。

十三、本通知自 2004 年 7 月 1 日起执行。

【注释】 对《国家税务总局关于加强货物运输业税收征收管理的通知》（国税发[2003]121 号）进行了补充规定。

国家税务总局关于取消小规模企业销售货物或应税劳务由税务所代开增值税专用发票审批后有关问题的通知

国税函[2004]895 号

各省、自治区、直辖市和计划单列市国家税务局：

根据《国务院关于第三批取消和调整行政审批的决定》（国办发[2004]16 号）文件精神，对《国家税务总局关于由税务所为小规模企业代开增值税专用发票的通知》（国税发[1994]058 号）中“凡能够认真履行纳税义务的小规模企业，经县（市）税务局批准，其销售货物或应税劳务可由税务所代开”予以取消。取消审批后，各地税务机关要严格执行《国家税务总局关于加强税务机关代开增值税专用发票管理的通知》（国税发[2004]68 号）中的有关规定，按照文件要求认真做好数据采集、上传和比对审核工作。为进一步加强代开增值税专用发票管理，现就有关事项明确如下：

一、主管税务机关为小规模纳税人（包括小规模纳税人中的企业、企业性单位及其他小规模纳税人，下同）代开专用发票，应在专用发票“单价”栏和“金额”栏分别填写不含增值税税额的单价和销售额；“税率”栏填写增值税征收率4%(商业)或6%(其他);"税额"栏填写按销售额依照征收率计算的增值税税额。增值税一般纳税人取得由税务机关代开的专用发票后,应以专用发票上填写的税额为进项税额。

二、主管税务机关为小规模纳税人代开专用发票时,按代开的专用发票上注明的税额即时征收增值税。

三、主管税务机关为小规模纳税人代开专用发票后,发生退票的,可比照增值税一般纳税人开具专用发票后作废或开具红字发票的有关规定处理。由销售方到税务机关办理,对于重新开票的,应同时进行新开票税额与原开票税额的清算,多退少补;对无需重新开票的,退还其已征的税款。

【注释】 对《国家税务总局关于由税务所为小规模企业代开增值税专用发票的通知》(国税发[1994]058号)进行了补充规定。

国家税务总局关于增值税一般纳税人用进项留抵税额抵减增值税欠税问题的通知

国税发[2004]112号

各省、自治区、直辖市和计划单列市国家税务局:

为了加强增值税管理,及时追缴欠税,解决增值税一般纳税人(以下简称"纳税人")既欠缴增值税,又有增值税留抵税额的问题,现将纳税人用进项留抵税额抵减增值税欠税的有关问题通知如下:

一、对纳税人因销项税额小于进项税额而产生期末留抵税额的,应以期末留抵税额抵减增值税欠税。

二、纳税人发生用进项留抵税额抵减增值税欠税时,按以下方法进行会计处理:

(一) 增值税欠税税额大于期末留抵税额,按期末留抵税额红字借记"应交税金——应交增值税(进项税额)"科目,贷记"应交税金——未交增值税"科目。

(二) 若增值税欠税税额小于期末留抵税额,按增值税欠税税额红字借记"应交税金——应交增值税(进项税额)"科目,贷记"应交税金——未交增值税"科目。

三、为了满足纳税人用留抵税额抵减增值税欠税的需要,将《增值税一般纳税人纳税申报办法》(国税发[2003]53号)《增值税纳税申报表》(主表)相关栏次的填报口径作如下调整:

(一) 第13项"上期留抵税额"栏数据,为纳税人前一申报期的"期末留抵税额"减去抵减欠税额后的余额数,该数据应与"应交税金——应交增值税"明细科目借方月初余额一致。

(二) 第25项"期初未缴税额(多缴为负数)"栏数据,为纳税人前一申报期的"期末未缴税额(多缴为负数)"减去抵减欠税额后的余额数。

【注释】 对《增值税暂行条例》第26条进行了解释。相关规定包括:《国家税务总局关于增值税进项留抵税额抵减增值税欠税有关处理事项的通知》(国税函[2004]1197号)。

财政部 国家税务总局关于调整国内航空公司进口飞机有关增值税政策的通知

财关税[2004]43号

海关总署,民航总局:

经国务院批准,从2004年10月1日起,对国内航空公司进口空载重量在25吨以上的客货运飞机,减按4%征收进口环节增值税。

【注释】 对《增值税暂行条例》第2条进行了解释。

国家税务总局关于商业企业向货物供应方收取的部分费用征收流转税问题的通知

国税发[2004]136号

各省、自治区、直辖市和计划单列市国家税务局、地方税务局:

据部分地区反映,商业企业向供货方收取的部分收入如何征收流转税的问题,现行政策规定不够统一,导致不同地区之间政策执行不平衡。经研究，现规定如下：

一、商业企业向供货方收取的部分收入，按照以下原则征收增值税或营业税：

（一）对商业企业向供货方收取的与商品销售量、销售额无必然联系，且商业企业向供货方提供一定劳务的收入，例如进场费、广告促销费、上架费、展示费、管理费等，不属于平销返利，不冲减当期增值税进项税金，应按营业税的适用税目税率征收营业税。

（二）对商业企业向供货方收取的与商品销售量、销售额挂钩（如以一定比例、金额、数量计算）的各种返还收入，均应按照平销返利行为的有关规定冲减当期增值税进项税金，不征收营业税。

二、商业企业向供货方收取的各种收入，一律不得开具增值税专用发票。

三、应冲减进项税金的计算公式调整为：

$$\text{当期应冲减进项税金}=\frac{\text{当期取得的返还资金}}{1+\text{所购货物适用增值税税率}}\times\text{所购货物适用增值税税率}$$

四、本通知自2004年7月1日起执行。本通知发布前已征收入库税款不再进行调整。其他增值税一般纳税人向供货方收取的各种收入的纳税处理，比照本通知的规定执行。

特此通知。

【注释】 对《增值税暂行条例》第6条进行了解释。

国家税务总局关于增值税进项留抵税额抵减增值税欠税有关处理事项的通知

国税函［2004］1197号

各省、自治区、直辖市和计划单列市国家税务局：

根据国家税务总局《关于增值税一般纳税人用进项留抵税额抵减增值税欠税问题的通知》（国税发［2004］112号）规定，现将增值税进项留抵税额抵减欠税的有关处理事项明确如下：

一、关于税务文书的填开

当纳税人既有增值税留抵税额，又欠缴增值税而需要抵减的，应由县（含）以上税务机关填开《增值税进项留抵税额抵减增值税欠税通知书》（以下简称《通知书》，式样见附件）一式两份，纳税人、主管税务机关各一份。

二、关于抵减金额的确定

抵减欠缴税款时，应按欠税发生时间逐笔抵扣，先发生的先抵。抵缴的欠税包含呆账税金及欠税滞纳金。确定实际抵减金额时，按填开《通知书》的日期作为截止期，计算欠缴税款的应缴未缴滞纳金金额，应缴未缴滞纳金余额加欠税余额为欠缴总额。若欠缴总额大于期末留抵税额，实际抵减金额应等于期末留抵税额，并按配比方法计算抵减的欠税和滞纳金；若欠缴总额小于期末留抵税额，实际抵减金额应等于欠缴总额。

三、关于税收会计账务处理

税收会计根据《通知书》载明的实际抵减金额作抵减业务的账务处理。即先根据实际抵减的2001年5月1日之前发生的欠税以及抵减的应缴未缴滞纳金，借记“待征”类科目，贷记“应征”类科目；再根据实际抵减的增值税欠税和滞纳金，借记“应征税收——增值税”科目，贷记“待征税收——××户——增值税”科目。

【注释】 对《关于增值税一般纳税人用进项留抵税额抵减增值税欠税问题的通知》（国税发［2004］112号）进行了补充规定。

财政部 国家税务总局关于推广税控收款机有关税收政策的通知

财税［2004］167号

各省、自治区、直辖市、计划单列市财政厅（局）、国家税务局、地方税务局，新疆生产建设兵团财务局：

为加快税控收款机的推行工作，减轻纳税人购进使用税控收款机的负担，现将有关纳税人购进使用税控收款机的税收优惠政策通知如下：

一、增值税一般纳税人购置税控收款机所支付的增值税税额(以购进税控收款机取得的增值税专用发票上注明的增值税税额为准),准予在该企业当期的增值税销项税额中抵扣。

二、增值税小规模纳税人或营业税纳税人购置税控收款机,经主管税务机关审核批准后,可凭购进税控收款机取得的增值税专用发票,按照发票上注明的增值税税额,抵免当期应纳增值税或营业税税额,或者按照购进税控收款机取得的普通发票上注明的价款,依下列公式计算可抵免税额:

价款　　可抵免税额=价款/(1+17%)×17%

当期应纳税额不足抵免的,未抵免部分可在下期继续抵免。

三、税控收款机购置费用达到固定资产标准的,应按固定资产管理,其按规定提取的折旧额可在企业计算缴纳所得税前扣除;达不到固定资产标准的,购置费用可在所得税前一次性扣除。

四、上述优惠政策自2004年12月1日起执行。凡2004年12月1日以后(含当日)购置的符合国家标准并按《国家税务总局财政部信息产业部国家质量监督检验检疫总局关于推广应用税控收款机加强税源监控的通知》(国税发[2004]44号)的规定,通过选型招标中标的税控收款机适用上述优惠政策。

五、金融税控收款机的有关税收政策另行制定。

【注释】 对《增值税暂行条例》第8条进行了解释。

国家税务总局关于增值税一般纳税人取得海关进口增值税专用缴款书抵扣进项税额问题的通知

国税发[2004]148号

各省、自治区、直辖市、计划单列市国家税务局:

近接部分地区反映,增值税一般纳税人(以下简称"纳税人")进口货物,取得的海关进口增值税专用缴款书(以下简称"海关完税凭证"),由于主客观原因,导致未能在规定的期限内申报抵扣,给纳税人带来一定的经济损失。为合理解决纳税人的实际困难,经研究,现将有关问题明确如下:

一、纳税人进口货物,凡已缴纳了进口环节增值税的,不论其是否已经支付货款,其取得的海关完税凭证均可作为增值税进项税额抵扣凭证,在《国家税务总局关于加强海关进口增值税专用缴款书和废旧物资发票管理有关问题的通知》(国税函[2004]128号)中规定的期限内申报抵扣进项税额。

二、对纳税人进口货物已取得的海关完税凭证,未能在规定申报期限内向主管税务机关申报抵扣的,可在2005年1月11日前向主管税务机关申报抵扣,逾期不得予以抵扣。

三、对纳税人丢失的海关完税凭证,纳税人应当凭海关出具的相关证明,向主管税务机关提出抵扣申请。主管税务机关受理申请后,应当进行审核,并将纳税人提供的海关完税凭证电子数据纳入稽核系统比对,稽核比对无误后,可予以抵扣进项税额。

四、凡取得的海关完税凭证,超过规定期限未申报抵扣的纳税人,可以使用《海关完税凭证抵扣清单信息采集软件》(逾期抵扣版),该软件发布在国家税务总局技术支持网站(http://130.9.1.248)上。没有超期未抵扣的纳税人,仍使用现《海关完税凭证抵扣清单信息采集软件》采集。

【注释】 对《增值税暂行条例》第26条进行了解释。

国家税务总局关于加强新办商贸企业增值税征收管理有关问题的补充通知

国税发明电[2004]62号

各省、自治区、直辖市和计划单列市国家税务局:

《国家税务总局关于加强新办商贸企业增值税征收管理有关问题的紧急通知》(国税发明电[2004]37号,以下简称《紧急通知》)下发后,各级税务机关认真贯彻执行,取得了明显效果。同时各地也反映了一些问题,为了进一步做好新办商贸企业一般纳税人认定和增值税管理工作,现补充通知如下:

一、《紧急通知》第一条第(一)项所称新办小型商贸企业是指新办小型商贸批发企业。由于新办小型商贸批发企业尚未进行正常经营,对其一般纳税人资格,一般情况下需要经过一定时间的实际经营才能审核认定。但对具有一定经营规模，拥有固定的经营场所，有相应的经营管理人员，有货物购销合同或书面意向，有明确的货物购销渠道(供货企业证明)，预计年销售额可达到180万元以上的新办商贸企业，经主管税务机关审核，也可认定其为一般纳税人，实行辅导期一般纳税人管理。

对申请一般纳税人资格认定的新办小型商贸批发企业，主管税务机关必须严格按照《紧急通知》和本通知的要求进行案头审核、法定代表人约谈和实地查验工作。对不符合条件的新办商贸批发企业不得认定为增值税一般纳税人。认定为一般纳税人并售发票后一个月内，税务机关要对企业经营和发票使用情况进行实地检查，提供服务，跟踪管理。

二、对新办小型商贸批发企业中只从事货物出口贸易，不需要使用专用发票的企业(以下简称出口企业)，为解决出口退税问题提出一般纳税人资格认定申请的，经主管税务机关案头审核、法定代表人约谈和实地查验，符合企业设立的有关规定，并有购销合同或书面意向，有明确的货物购销渠道(供货企业证明)，可给予其增值税一般纳税人资格，但不发售增值税防伪税控开票系统和增值税专用发票。以后企业若要经营进口业务或内贸业务要求使用专用发票，则需重新申请，主管税务机关审核后按有关规定办理。

出口企业在申请认定一般纳税人资格时，应向税务机关提供由商务部或其授权的地方对外贸易主管部门加盖备案登记专用章的有效《对外贸易经营者备案登记表》，作为申请认定的必报资料。

对认定为上述类型一般纳税人的新办出口企业，税务机关管理部门要在相关批文中注明不售专用发票，并将认定情况及时反馈给进出口税收管理部门。进出口税收管理部门应根据有关规定予以审核办理出口退税。

三、《紧急通知》第一条第(二)项所称注册资金在500万元以上，人员在50人以上的新办大中型商贸企业，提出一般纳税人资格认定申请的，经主管税务机关案头审核、法定代表人约谈和实地查验，确认符合规定条件的，可直接认定为一般纳税人，不实行辅导期一般纳税人管理。

四、对已认定为增值税一般纳税人的新办商贸零售企业，第一个月内首次领购专用发票数量不能满足经营需要，需再次领购的，税务机关应当在第二次发售专用发票前对其进行实地查验，核实其是否有货物实物，是否实际从事货物零售业务。对未从事货物零售业务的，应取消其一般纳税人资格。

五、对新办工业企业增值税一般纳税人的认定，主管税务机关也应及时组织对纳税人的实地查验，核实是否拥有必要的厂房、机器设备和生产人员，是否具备一般纳税人财务核算条件。经现场核实，对符合有关条件的，应及时给予认定。不符合条件的不得认定。防止不法分子假借工业企业之名骗取增值税一般纳税人资格。

六、在2004年6月30日前已办理税务登记并正常经营的属于小规模纳税人的商贸企业，按其实际纳税情况核算年销售额实际达到180万元后，经主管税务机关审核，可直接认定为一般纳税人，不实行辅导期一般纳税人管理。

七、辅导期一般纳税人因需要增购增值税专用发票的，应先预缴税款。纳税人应依据已领购并开具的正数专用发票上注明的销售额按4%征收率计算，向主管税务机关预缴税款，同时应将领购并已开具的专用发票自行填写清单(格式见附件一)，连同已开具专用发票的记帐联复印件一并提交税务机关核查。主管税务机关应对纳税人提供的专用发票清单与专用发票记帐联进行核对，并确认企业已经缴纳预缴税款之后，方可允许继续领购。

对辅导期一般纳税人发售发票时，须按以下公式计算本次发售发票数量：本次发售发票数量≤核定次购票量－本次申购票时结存发票数量。

八、对进入纳税辅导期管理的新办小型商贸企业不再实行原临时一般纳税人管理。

九、辅导期一般纳税人的增值税防伪税控开票系统最高开票限额原则上不得超过一万元，如果开票限额确实不能满足实际经营需要的，主管税务机关可根据纳税人实际经营需要，经审核，按照现行规定审批其增值税防伪税控开票系统最高开票限额和数量。

十、主管税务机关对申请一般纳税人资格的新办企业进行约谈或实地查验前，应及时通知纳税人，约谈或实地查验过程中，税务机关应当如实书面记录约谈和实地查验的内容及相关情况，存入审批档案。

十一、税务机关除要求新办商贸企业按照统一规定报送有关资料外，可结合本地区实际情况确定新办商贸企业申请增值税一般纳税人资格需报送的其它资料。

十二、失控发票电子数据按日上传及失控发票与认证发票的双向比对工作已于9月底在全国部署。

关于走逃户数据上报工作，各省级单位可通过浏览器(IE6.0 及以上版本)访问总局网站(网址为：HTTP://130.9.1.116/zthgl/login.asp)登录到走逃户数据上报系统。各省级单位的用户名及初始密码放置在总局技术支持网站(HTTP://130.9.1.248)上，各地取得密码后应及时登录系统，将初始密码变更为自己的工作用密码并妥善保存。各地在使用过程中注意查看系统提供的使用帮助。

十三、《紧急通知》有关规定与防伪税控系统、征管软件相互衔接问题的解决方案，详见《防伪税控系统、综合征管软件操作流程》(附件二)。

十四、各地税务机关要按《紧急通知》和本通知要求，切实做好新办小型商贸企业一般纳税人认定和辅导期管理工作。对新办企业的申请，要认真负责地做好资料审核，实地查验和法定代表人约谈等审查工作，按规定区别不同情况处理，不要简单化，不搞一刀切。要切实加强辅导期管理和服务，尤其要抓住专用发票发售管理和对各种抵扣凭证先交叉稽核比对后抵扣等关键环节。要落实和运用好失控发票快速反应机制。要认真开展对近年来已认定为一般纳税人的小型商贸企业的检查，特别是对长期零负申报、大量运用海关进口缴款书和农副产品收购发票抵扣的企业重点检查，发现问题及时处理。要注意收集执行中发现的问题，并将开展的商贸企业一般纳税人认定检查工作与收集到的问题进行整理总结，形成正式报告，于 2004 年 12 月 31 日前上报总局流转税管理司和信息中心。

【注释】 对《国家税务总局关于加强新办商贸企业增值税征收管理有关问题的紧急通知》(国税发明电[2004]37号)进行了补充规定。

电力产品增值税征收管理办法

国家税务总局令[2004]10号

第一条 为了加强电力产品增值税的征收管理，根据《中华人民共和国税收征收管理法》、《中华人民共和国增值税暂行条例》、《中华人民共和国增值税暂行条例实施细则》及其有关规定，结合电力体制改革以及电力产品生产、销售特点，制定本办法。

第二条 生产、销售电力产品的单位和个人为电力产品增值税纳税人，并按本办法规定缴纳增值税。

第三条 电力产品增值税的计税销售额为纳税人销售电力产品向购买方收取的全部价款和价外费用，但不包括收取的销项税额。价外费用是指纳税人销售电力产品在目录电价或上网电价之外向购买方收取的各种性质的费用。

供电企业收取的电费保证金，凡逾期(超过合同约定时间)未退还的，一律并入价外费用缴纳增值税。

第四条 电力产品增值税的征收，区分不同情况，分别采取以下征税办法：

(一) 发电企业(电厂、电站、机组，下同)生产销售的电力产品，按照以下规定计算缴纳增值税：

1. 独立核算的发电企业生产销售电力产品，按照现行增值税有关规定向其机构所在地主管税务机关申报纳税；具有一般纳税人资格或具备一般纳税人核算条件的非独立核算的发电企业生产销售电力产品，按照增值税一般纳税人的计算方法计算增值税，并向其机构所在地主管税务机关申报纳税。

2. 不具有一般纳税人资格且不具有一般纳税人核算条件的非独立核算的发电企业生产销售的电力产品，由发电企业按上网电量，依核定的定额税率计算发电环节的预缴增值税，且不得抵扣进项税额，向发电企业所在地主管税务机关申报纳税。计算公式为：

预征税额＝上网电量×核定的定额税率

(二) 供电企业销售电力产品，实行在供电环节预征、由独立核算的供电企业统一结算的办法缴纳增值税，具体办法如下：

1. 独立核算的供电企业所属的区县级供电企业，凡能够核算销售额的，依核定的预征率计算供电环节的增值税，不得抵扣进项税额，向其所在地主管税务机关申报纳税；不能核算销售额的，由上一级供电企业预缴供电环节的增值税。计算公式为：

预征税额＝销售额×核定的预征率

2. 供电企业随同电力产品销售取得的各种价外费用一律在预征环节依照电力产品适用的增值税税率征收增值税，不得抵扣进项税额。

(三) 实行预缴方式缴纳增值税的发、供电企业按照隶属关系由独立核算的发、供电企业结算缴纳增值税，具体办法为：

独立核算的发、供电企业月末依据其全部销售额和进项税额，计算当期增值税应纳税额，并根据发电环节或供电环节预缴的增值税税额，计算应补（退）税额，向其所在地主管税务机关申报纳税。计算公式为：

应纳税额＝销项税额－进项税额

应补（退）税额＝应纳税额－发（供）电环节预缴增值税额

独立核算的发、供电企业当期销项税额小于进项税额不足抵扣，或应纳税额小于发、供电环节预缴增值税税额形成多交增值税时，其不足抵扣部分和多交增值税额可结转下期抵扣或抵减下期应纳税额。

（四）发、供电企业的增值税预征率（含定额税率，下同），应根据发、供电企业上期财务核算和纳税情况、考虑当年变动因素测算核定，具体权限如下：

1. 跨省、自治区、直辖市的发、供电企业增值税预征率由预缴增值税的发、供电企业所在地和结算增值税的发、供电企业所在地省级国家税务局共同测算，报国家税务总局核定；

2. 省、自治区、直辖市范围内的发、供电企业增值税预征率由省级国家税务局核定。

发、供电企业预征率的执行期限由核定预征率的税务机关根据企业生产经营的变化情况确定。

（五）不同投资、核算体制的机组，由于隶属于各自不同的独立核算企业，应按上述规定分别缴纳增值税。

（六）对其他企事业单位销售的电力产品，按现行增值税有关规定缴纳增值税。

（七）实行预缴方式缴纳增值税的发、供电企业，销售电力产品取得的未并入上级独立核算发、供电企业统一核算的销售收入，应单独核算并按增值税的有关规定就地申报缴纳增值税。

第五条　实行预缴方式缴纳增值税的发、供电企业生产销售电力产品以外的其他货物和应税劳务，如果能准确核算销售额的，在发、供电企业所在地依适用税率计算缴纳增值税。不能准确核算销售额的，按其隶属关系由独立核算的发、供电企业统一计算缴纳增值税。

第六条　发、供电企业销售电力产品的纳税义务发生时间的具体规定如下：

（一）发电企业和其他企事业单位销售电力产品的纳税义务发生时间为电力上网并开具确认单据的当天。

（二）供电企业采取直接收取电费结算方式的，销售对象属于企事业单位，为开具发票的当天；属于居民个人，为开具电费缴纳凭证的当天。

（三）供电企业采取预收电费结算方式的，为发行电量的当天。

（四）发、供电企业将电力产品用于非应税项目、集体福利、个人消费，为发出电量的当天。

（五）发、供电企业之间互供电力，为双方核对计数量，开具抄表确认单据的当天。

（六）发、供电企业销售电力产品以外其他货物，其纳税义务发生时间按《中华人民共和国增值税暂行条例》及其实施细则的有关规定执行。

第七条　发、供电企业应按现行增值税的有关规定办理税务登记，进行增值税纳税申报。

实行预缴方式缴纳增值税的发、供电企业应按以下规定办理：

（一）实行预缴方式缴纳增值税的发、供电企业在办理税务开业、变更、注销登记时，应将税务登记证正本复印件按隶属关系逐级上报其独立核算的发、供电企业所在地主管税务机关留存。

独立核算的发、供电企业也应将税务登记证正本复印件报其所属的采用预缴方式缴纳增值税的发、供电企业所在地主管税务机关留存。

（二）采用预缴方式缴纳增值税的发、供电企业在申报纳税的同时，应将增值税进项税额和上网电量、电力产品销售额、其他产品销售额、价外费用、预征税额和查补税款分别归集汇总，填写《电力企业增值税销项税额和进项税额传递单》（样式附后，以下简称《传递单》）报送主管税务机关签章确认后，按隶属关系逐级汇总上报给独立核算发、供电企业；预征地主管税务机关也必须将确认后的《传递单》于收到当月传递给结算缴纳增值税的独立核算发、供电企业所在地主管税务机关。

（三）结算缴纳增值税的发、供电企业应按增值税纳税申报的统一规定，汇总计算本企业的全部销项税额、进项税额、应纳税额、应补（退）税额，于本月税款所属期后第二个月征期内向主管税务机关申报纳税。

（四）实行预缴方式缴纳增值税的发、供电企业所在地主管税务机关应定期对其所属企业纳税情况进行检查。发现申报不实，一律就地按适用税率全额补征税款，并将检查情况及结果发函通知结算缴纳增值税的独立核算发、供电企业所在地主管税务机关。独立核算发、供电企业所在地主管税务机关收到预征地税务机关的发函后,应督促发、供电企业调整申报表。对在预缴环节查补的增值税,独立核算的发、供电企业在结算缴纳增值税时可以予以抵减。

第八条 发、供电企业销售电力产品,应按《中华人民共和国发票管理办法》和增值税专用发票使用管理规定领购、使用和管理发票。

第九条 电力产品增值税的其他征税事项,按《中华人民共和国税收征收管理法》、《中华人民共和国税收征收管理法实施细则》、《中华人民共和国增值税暂行条例》和《中华人民共和国增值税暂行条例实施细则》及其他有关规定执行。

第十条 本办法由国家税务总局负责解释。

第十一条 本办法自 2005 年 2 月 1 日起施行。

【注释】 对《增值税暂行条例》第 26 条进行了解释。

税务机关代开增值税专用发票管理办法(试行)

国税发[2004]153 号

第一条 为了进一步加强税务机关为增值税纳税人代开增值税专用发票(以下简称专用发票)管理,防范不法分子利用代开专用发票进行偷骗税活动,优化税收服务,特制定本办法。

第二条 本办法所称代开专用发票是指主管税务机关为所辖范围内的增值税纳税人代开专用发票,其他单位和个人不得代开。

第三条 主管税务机关应设立代开专用发票岗位和税款征收岗位,并分别确定专人负责代开专用发票和税款征收工作。

第四条 代开专用发票统一使用增值税防伪税控代开票系统开具。非防伪税控代开票系统开具的代开专用发票不得作为增值税进项税额抵扣凭证。

增值税防伪税控代开票系统由防伪税控企业发行岗位按规定发行。

第五条 本办法所称增值税纳税人是指已办理税务登记的小规模纳税人(包括个体经营者)以及国家税务总局确定的其他可予代开增值税专用发票的纳税人。

第六条 增值税纳税人发生增值税应税行为、需要开具专用发票时,可向其主管税务机关申请代开。

第七条 增值税纳税人申请代开专用发票时,应填写《代开增值税专用发票缴纳税款申报单》(式样见附件,以下简称《申报单》),连同税务登记证副本,到主管税务机关税款征收岗位按专用发票上注明的税额全额申报缴纳税款,同时缴纳专用发票工本费。

第八条 税款征收岗位接到《申报单》后,应对以下事项进行审核:

(一)是否属于本税务机关管辖的增值税纳税人;

(二)《申报单》上增值税征收率填写、税额计算是否正确。

审核无误后,税款征收岗位应通过防伪税控代开票征收子系统录入《申报单》的相关信息,按照《申报单》上注明的税额征收税款,开具税收完税凭证,同时收取专用发票工本费,按照规定开具有关票证,将有关征税电子信息及时传递给代开发票岗位。

在防伪税控代开票征税子系统未使用前暂传递纸质凭证。

税务机关可采取税银联网划款、银行卡(POS 机)划款或现金收取三种方式征收税款。

第九条 增值税纳税人缴纳税款后,凭《申报单》和税收完税凭证及税务登记证副本,到代开专用发票岗位申请代开专用发票。

代开发票岗位确认税款征收岗位传来的征税电子信息与《申报单》和税收完税凭证上的金额、税额相符后,按照《申报单》、完税凭证和专用发票一一对应即"一单一证一票"原则,为增值税纳税人代开专用发票。

在防伪税控代开票征税子系统未使用前,代开票岗位凭《申报单》和税收完税凭证代开发票。

第十条 代开发票岗位应按下列要求填写专用发票的有关项目:

1. "单价"栏和"金额"栏分别填写不含增值税税额的单价和销售额;

2. "税率"栏填写增值税征收率;

3. 销货单位栏填写代开税务机关的统一代码和代开税务机关名称；

4. 销方开户银行及帐号栏内填写税收完税凭证号码；

5. 备注栏内注明增值税纳税人的名称和纳税人识别号。

其他项目按照专用发票填开的有关规定填写。

第十一条 增值税纳税人应在代开专用发票的备注栏上，加盖本单位的财务专用章或发票专用章。

第十二条 代开专用发票遇有填写错误、销货退回或销售折让等情形的，按照专用发票有关规定处理。

税务机关代开专用发票时填写有误的，应及时在防伪税控代开票系统中作废，重新开具。代开专用发票后发生退票的，税务机关应按照增值税一般纳税人作废或开具负数专用发票的有关规定进行处理。对需要重新开票的，税务机关应同时进行新开票税额与原开票税额的清算，多退少补；对无需重新开票的，按有关规定退还增值税纳税人已缴的税款或抵顶下期正常申报税款。

第十三条 为增值税纳税人代开的专用发票应统一使用六联专用发票，第五联代开发票岗位留存，以备发票的扫描补录，第六联交税款征收岗位，用于代开发票税额与征收税款的定期核对，其他联次交增值税纳税人。

第十四条 代开专用发票岗位领用专用发票，经发票管理部门负责人批准后，到专用发票发售窗口领取专用发票，并将相应发票的电子信息读入防伪税控代开票系统。

第十五条 代开专用发票岗位应在每月纳税申报期的第一个工作日，将上月所开具的代开专用发票数据抄取、传递到防伪税控报税系统。代开专用发票的金税卡等专用设备发生故障的，税务机关应使用留存的专用发票第五联进行扫描补录。

第十六条 代开发票岗位应妥善保管代开专用发票数据，及时备份。

第十七条 税务机关应按月对代开专用发票进行汇总统计，对代开专用发票数据通过增值税计算机稽核系统比对后属于滞留、缺联、失控、作废、红字缺联等情况，应及时分析，查明原因，按规定处理，确保代开专用发票存根联数据采集的完整性和准确性。

第十八条 代开专用发票各岗位人员应严格执行本办法及有关规定。对违反规定的，追究有关人员的责任。

第十九条 各省、自治区、直辖市和计划单列市国家税务局可根据实际在本办法基础上制定实施细则。

第二十条 本办法自二〇〇五年一月一日起实施，凡与本办法相抵触的规定同时停止执行。

【注释】 对《增值税暂行条例》第 26 条进行了解释。相关规定包括：《国家税务总局关于加强税务机关代开增值税专用发票管理问题的通知》(国税函[2004]1404 号)、《财政部　国家税务总局关于税务机关代开增值税专用发票的出口货物不再实行增值税税收专用缴款书管理的通知》(财税[2005]43 号)。

国家税务总局关于加强税务机关代开增值税专用发票管理问题的通知

国税函[2004]1404 号

各省、自治区、直辖市和计划单列市国家税务局：

为落实《国家税务总局关于印发〈税务机关代开增值税专用发票管理办法(试行)〉的通知》(国税发[2004]153 号)的要求，做好税务机关代开增值税专用发票工作，现将有关事项通知如下：

一、从 2005 年 1 月 1 日起，凡税务机关代开增值税专用发票必须通过防伪税控系统开具，通过防伪税控报税子系统采集代开增值税专用发票开具信息，不再填报《代开发票开具清单》，同时停止使用非防伪税控系统为纳税人代开增值税专用发票(包括手写版增值税专用发票和计算机开具不带密码的电脑版增值税专用发票)。

二、增值税一般纳税人取得的税务机关用非防伪税控系统代开的增值税专用发票，应当在 2005 年 3 月份纳税申报期结束以前向主管税务机关申报抵扣，并填报《代开发票抵扣清单》，逾期不得抵扣进项税额。

增值税一般纳税人取得的税务机关通过防伪税控系统代开的增值税专用发票，通过防伪税控认证子系统采集抵扣联信息，不再填报《代开发票抵扣清单》，其认证、申报抵扣期限的有关规定按照《国家税务总局关于增值税一般纳税人取得防伪税控系统开具的增值税专用发票进项税额抵扣问题的通知》(国税发

[2003]17号)文件规定执行,并按照现行防伪税控增值税专用发票比对内容进行“一窗式”比对。

三、税务机关必须在一个窗口设置征收岗位和代开发票岗位。

四、对实行定期定额征收方法的纳税人正常申报时,按以下方法进行清算:

(一)每月开票金额大于应征增值税税额的,以开票金额数为依据征收税款,并作为下一年度核定定期定额的依据。

(二)每月开票金额小于应征增值税税额的,按应征增值税税额数征收税款。

五、在防伪税控代开票征收子系统未投入运行前,要加强对手工传递凭证的监控工作,要设置审核监控岗位专门负责核对开票税额、收款数额和入库税款是否一致。

六、税务机关要加强对认证通过的代开增值税专用发票和纳税人申报表进行比对。对票表比对异常的要查清原因,依照有关规定分别进行处理。要对小规模纳税人申报的应纳税销售额进行审核,其当期申报的应纳税销售额不得小于税务机关为其代开的增值税专用发票上所注明的金额。

七、各级税务机关要高度重视代开增值税专用发票工作,对《税务机关代开增值税专用发票管理办法(试行)》和本通知执行过程中出现的问题,要及时报告国家税务总局。

【注释】 对《国家税务总局关于印发〈税务机关代开增值税专用发票管理办法(试行)〉的通知》(国税发[2004]153号)进行了补充规定。相关规定包括:《财政部　国家税务总局关于税务机关代开增值税专用发票的出口货物不再实行增值税税收专用缴款书管理的通知》(财税[2005]43号)。

国家税务总局关于增值税一般纳税人支付的货物运输代理费用不得抵扣进项税额的批复

国税函[2005]54号

重庆市国家税务局:

你局《关于〈国际货物运输代理业专用发票〉国内段运输费用能否抵扣进项税额的请示》(渝国税发[2004]219号)收悉,经研究,批复如下:

国际货物运输代理业务是国际货运代理企业作为委托方和承运单位的中介人,受托办理国际货物运输和相关事宜并收取中介报酬的业务。因此,增值税一般纳税人支付的国际货物运输代理费用,不得作为运输费用抵扣进项税额。

【注释】 对《增值税暂行条例》第8条进行了解释。

国家税务总局关于农户手工编织的竹制和竹芒藤柳坯具征收增值税问题的批复

国税函[2005]56号

广东省国家税务局:

你局《关于农民手工编织的竹芒藤柳坯具是否属于自产农产品问题的请示》(粤国税发[2001]226号)收悉。经研究,批复如下:

对于农民个人按照竹器企业提供样品规格,自产或购买竹、芒、藤、木条等,再通过手工简单编织成竹制或竹芒藤柳混合坯具的,属于自产农业初级产品,应当免征销售环节增值税。收购坯具的竹器企业可以凭开具的农产品收购凭证计算进项税额抵扣。

【注释】 对《增值税暂行条例》第16条进行了解释。

财政部　国家税务总局关于生产企业出口货物实行免抵退税办法后有关城市维护建设税教育费附加政策的通知

财税[2005]25号

各省、自治区、直辖市、计划单列市财政厅(局)、地方税务局,新疆生产建设兵团财务局:

经国务院批准,现就生产企业出口货物全面实行免抵退税办法后,城市维护建设税、教育费附加的政策明确如下:

一、经国家税务局正式审核批准的当期免抵的增值税税额应纳入城市维护建设税和教育费附加的计征范围，分别按规定的税（费）率征收城市维护建设税和教育费附加。

二、2005 年 1 月 1 日前，已按免抵的增值税税额征收的城市维护建设税和教育费附加不再退还，未征的不再补征。

三、本通知自 2005 年 1 月 1 日起执行。

国家税务总局关于国家税务局为小规模纳税人代开发票及税款征收有关问题的通知

国税发[2005]18 号

各省、自治区、直辖市和计划单列市国家税务局、地方税务局：

为加强税收征管，优化纳税服务，针对一些地方反映的问题，现对国家税务局为增值税小规模纳税人（以下简称纳税人）代开发票征收增值税时，如何与地税局协作加强有关地方税费征收问题通知如下：

一、经国、地税局协商，可由国税局为地税局代征有关税费。纳税人销售货物或应税劳务，按现行规定需由主管国税局为其代开普通发票或增值税专用发票（以下简称发票）的，主管国税局应当在代开发票并征收增值税（除销售免税货物外）的同时，代地税局征收城市维护建设税和教育费附加。

二、经协商，不实行代征方式的，则国、地税要加强信息沟通。国税局应定期将小规模纳税人缴纳增值税情况，包括国税为其代开发票情况通报给地税局，地税局用于加强对有关地方税费的征收管理。

三、实行国税代征方式的，为保证此项工作顺利进行，国税系统应在其征管软件上加列征收城市维护建设税和教育费附加的功能，总局综合征管软件总局负责修改，各地开发的征管软件由各地自行修改。在软件修改前，暂用人工方式进行操作。

四、主管国税局为纳税人代开的发票作废或销货退回按现行规定开具红字发票时，由主管国税局退还或在下期抵缴已征收的增值税，由主管地税局退还已征收的城市维护建设税和教育费附加或者委托主管国税局在下期抵缴已征收的城市维护建设税和教育费附加，具体退税办法按《国家税务总局 中国人民银行财政部关于现金退税问题的紧急通知》（国税发[2004]47 号）执行。

五、主管国税局应当将代征的地方预算收入按照国家规定的预算科目和预算级次及时缴入国库。

六、国税局代地税局征收城市维护建设税和教育费附加，使用国税系统征收票据，并由主管国税局负责有关收入对账、核算和汇总上拨工作。

各级国税局应在“应征类”和“入库类”科目下增设“城市维护建设税”和“教育费附加”明细科目。

七、主管国税局应按月将代征地方税款入库信息，及时传送主管地税局。具体信息交换方式由各省级国税局和地税局协商确定。

八、各省级国税局和地税局应按照《中华人民共和国税收征收管理法》的有关规定签定代征协议，并分别通知所属税务机关执行。

【注释】 对《增值税暂行条例》第 26 条进行了解释。

财政部 国家税务总局关于税务机关代开增值税专用发票的出口货物不再实行增值税税收专用缴款书管理的通知

财税[2005]43 号

各省、自治区、直辖市、计划单列市财政厅（局）、国家税务局，新疆生产建设兵团财务局：

《国家税务总局关于印发〈税务机关代开增值税专用发票管理办法（试行）〉的通知》（国税发[2004]153 号）和《国家税务总局关于加强税务机关代开增值税专用发票管理问题的通知》（国税函[2004]1404 号）规定，从 2005 年 1 月 1 日起，税务机关代开增值税专用发票纳入增值税防伪税控系统管理。为提高出口退税工作效率，简化出口退税办理手续，经研究决定，对税务机关利用增值税防伪税控系统代开增值税专用发票的出口货物不再实行增值税“税收（出口货物专用）缴款书”或“出口货物完税分割单”（以下简称增值税专用税票）管理。具体通知如下：

一、2005年1月1日以后报关出口货物(以出口报关单〈出口退税专用联〉上注明的出口日期为准),凡税务机关利用增值税防伪税控系统代开增值税专用发票(指国税发[2004]153号第二条规定所述代开专用发票,下同)在2005年1月1日以后开具的,出口企业在申请办理出口退税时,免予提供增值税专用税票。

二、利用外国政府贷款和国际金融组织贷款采用国际招标国内中标的机电产品,以及外商投资企业采购的国产设备,凡税务机关利用增值税防伪税控系统代开增值税专用发票并在2005年1月1日以后开具的,中标企业、外商投资企业在申请退税时,免予提供增值税专用税票。

三、对出口企业2005年1月1日以前出口货物,凡规定需要开具增值税专用税票的,各级税务机关应按规定及时给予开具,不得以任何理由拒绝供货企业开具增值税专用税票的要求。

四、出口企业取得的税务机关代开增值税专用发票,应按照增值税专用发票认证管理的有关规定办理认证手续。未认证或认证不符的,不得申请办理出口退税。

五、税务机关受理本通知第一条规定的出口货物出口退税申报后,应按照《国家税务总局关于出口货物退(免)管理有关问题的通知》(国税发[2004]64号)第六规定,使用增值税专用发票相关电子信息审核出口退税。各级税务机关的信息部门和退税部门应加强协作,切实做好税务机关代开增值税专用发票电子信息的传输和接收工作。

【注释】 对《国家税务总局关于印发〈税务机关代开增值税专用发票管理办法(试行)〉的通知》(国税发[2004]153号)和《国家税务总局关于加强税务机关代开增值税专用发票管理问题的通知》(国税函[2004]1404号)进行了补充规定。

国家税务总局关于调整凭普通发票退税政策的通知

国税函[2005]248号

各省、自治区、直辖市和计划单列市国家税务局:

《国家税务总局关于印发〈税务机关代开增值税专用发票管理办法(试行)〉的通知》(国税发[2004]153号)下发后,总局决定调整出口企业出口货物凭普通发票办理退(免)税的规定。现将有关事项通知如下:

一、《国家税务总局关于印发〈出口货物退(免)税管理办法〉的通知》(国税发[1994]031号)第五条规定停止执行。今后凡出口企业从小规模纳税人购进的货物出口,一律凭增值税专用发票(必须是增值税防伪税控开票系统或防伪税控代开票系统开具的增值税专用发票,下同)及有关凭证办理退税。小规模纳税人向出口企业销售这些产品,可到税务机关代开增值税专用发票。

二、《国家税务总局关于中国出版对外贸易总公司等三家企业图书报刊杂志出口退税提供退税凭证有关问题的批复》(国税函[1996]649号)停止执行,今后对出口企业出口的书刊等一律凭增值税专用发票及有关凭证办理退税。

三、《国家税务总局关于境外带料加工装配业务有关出口退税问题的批复》(国税函[1999]539号)停止执行,今后对出口企业以境外带料加工装配业务方式出口的非自产二手设备,一律凭增值税专用发票及有关凭证办理退税。

四、从属于增值税小规模纳税人的商贸公司购进的货物出口,按增值税专用发票上注明的征收率计算办理退税。

五、本通知自2005年4月1日起执行。具体执行日期以"出口货物报关单(出口退税专用)"上注明的出口日期为准。本通知下发前已经取得普通发票的上述货物,出口企业需在2005年4月1日以后出口的,请于2005年4月15日前到企业主管退税机关申请办理备案手续。

六、各地税务机关应尽快将本通知告之相关出口企业。

【注释】 对《国家税务总局关于印发〈出口货物退(免)税管理办法〉的通知》(国税发[1994]031号)、《国家税务总局关于中国出版对外贸易总公司等三家企业图书报刊杂志出口退税提供退税凭证有关问题的批复》(国税函[1996]649号)和《国家税务总局关于境外带料加工装配业务有关出口退税问题的批复》(国税函[1999]539号)进行了补充修正。

商务部　财政部　税务总局关于开展农产品连锁经营试点的通知

商建发[2005]1号

各省、自治区、直辖市及计划单列市商务主管部门、财政厅(局)、国家税务局、地方税务局：

为进一步贯彻《中共中央、国务院关于促进农民增加收入若干政策的意见》(中发[2004]1号)和《中共中央、国务院关于进一步加强农村工作提高农业综合生产能力若干政策的意见》(中发[2005]1号)关于"加快发展农产品连锁、超市、配送经营，鼓励有条件的地方将城市农贸市场改建成超市，支持农业龙头企业到城市开办农产品超市，逐步把网络延伸到城市社区"、"鼓励发展现代物流、连锁经营、电子商务等新型业态和流通方式"的精神，决定自2005年起，用三年的时间开展农产品连锁经营的试点工作，促进农产品流通的规模化，增加农民收入。现将有关问题通知如下：

一、发展农产品连锁经营的目标和类型

目标：通过试点，大幅度提高农产品连锁经营的规模，减少流通环节，降低流通成本。

主要类型有：

(一)依托现有大型连锁综合超市发展农产品连锁经营。现有的大型连锁综合超市从经营品种和面积上逐步加大农产品的经营份额，试点企业力争用三年的时间，使食用农产品的销售比例达到25%以上。

(二)支持现有农产品批发市场开办农产品超市，实现批零兼营。鼓励有条件的地方将农贸市场改建成超市。

(三)支持农产品流通龙头企业到城市开办农产品连锁超市或发展便利店，逐步把网络延伸到城市社区。

(四)支持大型农产品物流配送中心建设冷藏和低温仓储、运输为主的农产品冷链系统。

二、支持试点的政策措施

(一)中央在外贸发展基金项下安排专门资金，支持农产品连锁经营试点，具体办法由商务部会同财政部另行制定。

(二)各地按照《财政部、国家税务总局关于提高农产品进项税抵扣率的通知》(财税[2002]12号)和《财政部、国家税务总局关于增值税一般纳税人向小规模纳税人购进农产品进项税抵扣率问题的通知》(财税[2002]105号)的规定，对增值税一般纳税人购进免税农产品按13%的扣除率计算进项额抵扣。

对纳入试点的农产品连锁经营企业，税务部门要指导其正确使用、填开农产品收购凭证。对试点企业从农业生产单位购进农产品的，应鼓励其取得农业生产单位开具的普通发票，作为进项税额抵扣凭证。

(三)对于试点企业建设的冷藏和低温仓储、运输为主的农产品冷链系统，可以实行加速折旧，具体范围和办法由财政部、国家税务总局另行制定。

(四)促进农产品连锁经营试点的相关税收政策上报国务院批准后，由财政部、国家税务总局制定具体办法。

三、试点企业申请条件及程序

(一)试点企业应具备下列条件之一：

1. 企业侧重于农产品流通，销售情况良好，近两年食用农产品年销售额，东部地区在6000万元以上，中部地区在4000万元以上，西部地区在1500万以上，农产品批发市场年交易额在10亿元以上。食用农产品范围见附件。

2. 在城市已开办5家以上农产品连锁超市(上一年每家超市食用农产品销售额不低于总销售额的25%)。

3. 年销售额在5000万元以上的大型农产品配送中心。

(二)企业应向各省商务主管部门提交下列材料：

1. 申请书；

2. 企业的工商营业执照、法人代码原件及复印件(省商务部门核对后返还原件)；

3. 经审计部门或中介机构审核的企业近两年的资产负债表和损益表；

4. 当地商务部门对企业情况的认定；

5. 在城市开办连锁超市、或新建农产品基地，或发展农产品冷链系统项目的计划；

6. 各省商务、财政、税务主管部门规定的其他应提交的材料。

(三) 各省、自治区、直辖市、计划单列市商务主管部门会同财政、税务部门，根据本地区农产品连锁经营的实际情况，在2005年6月底前将推荐试点企业的有关情况报商务部(原则上当年推荐不超过4家)。被推荐的企业经商务部、财政部、税务总局联合确认后，纳入试点范围。

(四) 各省相关主管部门按照商务部、财政部、税务总局联合确定的试点企业名单，衔接相关扶持政策，做好对试点企业的指导和监督，并将情况及时上报。

(五) 商务部、财政部、税务总局将对各地试点情况进行检查。

四、加强组织领导

各地要充分认识发展农产品连锁超市对农产品的流通安全、带动农业的产业化、实现农民增收的重要意义，加强领导，落实措施，把农产品连锁超市试点工作抓紧抓好。要认真总结试点经验，及时解决试点中出现的问题。

附件

食用农产品范围注释

食用农产品是指可供食用的各种植物、畜牧、渔业产品及其初级加工产品。范围包括：

一、植物类

植物类包括人工种植和天然生长的各种植物的初级产品及其初加工品。范围包括：

(一) 粮食

粮食是指供食用的谷类、豆类、薯类的统称。范围包括：

1. 小麦、稻谷、玉米、高粱、谷子、杂粮(如：大麦、燕麦等)及其他粮食作物。

2. 对上述粮食进行淘洗、碾磨、脱壳、分级包装、装缸发制等加工处理，制成的成品粮及其初制品，如大米、小米、面粉、玉米粉、豆面粉、米粉、荞麦面粉、小米面粉、莜麦面粉、薯粉、玉米片、玉米米、燕麦片、甘薯片、黄豆芽、绿豆芽等。

3. 切面、饺子皮、馄饨皮、面皮、米粉等粮食复制品。

以粮食为原料加工的速冻食品、方便面、副食品和各种熟食品，不属于食用农产品范围。

(二) 园艺植物

1. 蔬菜。是指可作副食的草本、木本植物的总称。范围包括：

(1) 各种蔬菜(含山野菜)、菌类植物和少数可作副食的木本植物。

(2) 对各类蔬菜经晾晒、冷藏、冷冻、包装、脱水等工序加工的蔬菜。

(3) 将植物的根、茎、叶、花、果、种子和食用菌通过干制加工处理后，制成的各类干菜，如黄花菜、玉兰片、萝卜干、冬菜、梅干菜，木耳、香菇、平菇等。

(4) 腌菜、咸菜、酱菜和盐渍菜等也属于食用农产品范围。

各种蔬菜罐头(罐头是指以金属罐、玻璃瓶，经排气密封的各种食品。下同)及碾磨后的园艺植物(如胡椒粉、花椒粉等)，不属于食用农产品范围。

2. 水果及坚果。

(1) 新鲜水果。

(2) 通过对新鲜水果(含各类山野果)清洗、脱壳、分类、包装、储藏保鲜、干燥、炒制等加工处理，制成的各类水果、果干(如荔枝干、桂圆干、葡萄干等)、果仁、坚果等。

(3) 经冷冻、冷藏等工序加工的水果。

各种水果罐头，果脯，蜜饯，炒制的果仁、坚果，不属于食用农产品范围。

3. 花卉及观赏植物。通过对花卉及观赏植物进行保鲜、储蓄、分级包装等加工处理，制成的各类用于食用的鲜、干花，晒制的药材等。

(三) 茶叶

茶叶是指从茶树上采摘下来的鲜叶和嫩芽(即茶青)，以及经吹干、揉拌、发酵、烘干等工序初制的茶。范围包括各种毛茶(如红毛茶、绿毛茶、乌龙毛茶、白毛茶、黑毛茶等)。

精制茶、边销茶及掺兑各种药物的茶和茶饮料，不属于食用农产品范围。

（四）油料植物

1. 油料植物是指主要用作榨取油脂的各种植物的根、茎、叶、果实、花或者胚芽组织等初级产品，如菜子（包括芥菜子、花生、大豆、葵花籽、蓖麻籽、芝麻籽、胡麻籽、茶籽、桐籽、橄榄仁、棕榈仁、棉籽等）。

2. 通过对菜子、花生、大豆、葵花籽、蓖麻籽、芝麻、胡麻籽、茶籽、桐籽、棉籽及粮食的副产品等，进行清理、热炒、磨坯、榨油（搅油、墩油）等加工处理，制成的植物油（毛油）和饼粕等副产品，具体包括菜籽油、花生油、小磨香油、豆油、棉籽油、葵花油、米糠油以及油料饼粕、豆饼等。

3. 提取芳香油的芳香油料植物。

精炼植物油不属于食用农产品范围。

（五）药用植物

1. 药用植物是指用作中药原药的各种植物的根、茎、皮、叶、花、果实等。

2. 通过对各种药用植物的根、茎、皮、叶、花、果实等进行挑选、整理、捆扎、清洗、晾晒、切碎、蒸煮、密炒等处理过程，制成的片、丝、块、段等中药材。

3. 利用上述药用植物加工制成的片、丝、块、段等中药饮片。

中成药不属于食用农产品范围。

（六）糖料植物

1. 糖料植物是指主要用作制糖的各种植物，如甘蔗、甜菜等。

2. 通过对各种糖料植物，如甘蔗、甜菜等，进行清洗、切割、包装等加工处理的初级产品。

（七）热带、南亚热带作物初加工

通过对热带、南亚热带作物去除杂质、脱水、干燥等加工处理，制成的半成品或初级食品。具体包括：天然生胶和天然浓缩胶乳、生熟咖啡豆、胡椒籽、肉桂油、桉油、香茅油、木薯淀粉、腰果仁、坚果仁等。

（八）其他植物

其他植物是指除上述列举植物以外的其他各种可食用的人工种植和野生的植物及其初加工产品，如谷类、薯类、豆类、油料植物、糖料植物、蔬菜、花卉、植物种子、植物叶子、草、藻类植物等。

可食用的干花、干草、薯干、干制的藻类植物，也属于食用农产品范围。

二、畜牧类

畜牧类产品是指人工饲养、繁殖取得和捕获的各种畜禽及初加工品。范围包括：

（一）肉类产品

1. 兽类、禽类和爬行类动物（包括各类牲畜、家禽和人工驯养、繁殖的野生动物以及其他经济动物），如牛、马、猪、羊、鸡、鸭等。

2. 兽类、禽类和爬行类动物的肉产品。通过对畜禽类动物宰杀、去头、去蹄、去皮、去内脏、分割、切块或切片、冷藏或冷冻等加工处理，制成的分割肉、保鲜肉、冷藏肉、冷冻肉、冷却肉、盐渍肉，绞肉、肉块、肉片、肉丁等。

3. 兽类、禽类和爬行类动物的内脏、头、尾、蹄等组织。

4. 各种兽类、禽类和爬行类动物的肉类生制品，如腊肉、腌肉、熏肉等。

各种肉类罐头、肉类熟制品，不属于食用农产品范围。

（二）蛋类产品

1. 蛋类产品。是指各种禽类动物和爬行类动物的卵，包括鲜蛋、冷藏蛋。

2. 蛋类初加工品。通过对鲜蛋进行清洗、干燥、分级、包装、冷藏等加工处理，制成的各种分级、包装的鲜蛋、冷藏蛋等。

3. 经加工的咸蛋、松花蛋、腌制的蛋等。

各种蛋类的罐头不属于食用农产品范围。

（三）奶制品

1. 鲜奶。是指各种哺乳类动物的乳汁和经净化、杀菌等加工工序生产的乳汁。

2. 通过对鲜奶进行净化、均质、杀菌或灭菌、灌装等，制成的巴氏杀菌奶、超高温灭菌奶、花色奶等。

用鲜奶加工的各种奶制品，如酸奶、奶酪、奶油等，不属于食用农产品范围。

（四）蜂类产品

1. 是指采集的未经加工的天然蜂蜜、鲜蜂王浆等。

2. 通过去杂、浓缩、熔化、磨碎、冷冻等加工处理，制成的蜂蜜、鲜王浆以及蜂蜡、蜂胶、蜂花粉等。

各种蜂产品口服液、王浆粉不属于食用农产品范围。

（五）其他畜牧产品

其他畜牧产品是指上述列举以外的可食用的兽类、禽类、爬行类动物的其他组织，以及昆虫类动物。如动物骨、壳、动物血液、动物分泌物、蚕种、动物树脂等。

三、渔业类

（一）水产动物产品

水产动物是指人工放养和人工捕捞的鱼、虾、蟹、鳖、贝类、棘皮类、软体类、腔肠类、两栖类、海兽及其他水产动物。范围包括：

1. 鱼、虾、蟹、鳖、贝类、棘皮类、软体类、腔肠类、海兽类、鱼苗（卵）、虾苗、蟹苗、贝苗（秧）等。

2. 将水产动物整体或去头、去鳞（皮、壳）、去内脏、去骨（刺）、擂溃或切块、切片，经冰鲜、冷冻、冷藏、盐渍、干制等保鲜防腐处理和包装的水产动物初加工品。

熟制的水产品和各类水产品的罐头，不属于食用农产品范围。

（二）水生植物

1. 海带、裙带菜、紫菜、龙须菜、麒麟菜、江篱、浒苔、羊栖菜、莼菜等。

2. 将上述水生植物整体或去根、去边梢、切段，经热烫、冷冻、冷藏等保鲜防腐处理和包装的产品，以及整体或去根、去边梢、切段，经晾晒、干燥（脱水）、粉碎等处理和包装的产品。

罐装（包括软罐）产品不属于食用农产品范围。

（三）水产综合利用初加工品

通过对食用价值较低的鱼类、虾类、贝类、藻类以及水产品加工下脚料等，进行压榨（分离）、浓缩、烘干、粉碎、冷冻、冷藏等加工处理制成的可食用的初制品。如鱼粉、鱼油、海藻胶、鱼鳞胶、鱼露（汁）、虾酱、鱼籽、鱼肝酱等。

以鱼油、海兽油脂为原料生产的各类乳剂、胶丸、滴剂等制品不属于食用农产品范围。

【注释】 对《增值税暂行条例》第16条进行了解释。

财政部　国家税务总局关于印刷少数民族文字出版物增值税政策的通知

财税[2005]48号

各省、自治区、直辖市、计划单列市财政厅（局）、国家税务局，财政部驻各省、自治区、直辖市、计划单列市财政监察专员办事处，新疆生产建设兵团财务局：

为促进少数民族文字出版工作的发展，经国务院批准，现将印刷少数民族文字出版物增值税政策通知如下：

自2005年1月1日起，对增值税一般纳税人印刷的少数民族文字出版物（指图书、报纸、期刊）实行增值税先征后退。享受政策的纳税人对少数民族文字出版物在财务上应实行单独核算，不进行单独核算的，不得享受上述政策。

【注释】 对《增值税暂行条例》第16条进行了解释。

国家税务总局关于铁路运费进项税额抵扣问题的补充通知

国税函[2005]332号

各省、自治区、直辖市和计划单列市国家税务局：

近据铁道部和各地国税局反映，《国家税务总局关于铁路运费进项税额抵扣有关问题的通知》（国税发[2000]14号）和《国家税务总局关于铁路运费进项税额抵扣有关问题的补充通知》（国税函[2003]970

号)规定,对列明的临管线、新线运费允许抵扣,未列明新增的铁路临管线及铁路专线的货物运输费用不能抵扣。由于我国铁路建设发展较快,新线不断投入使用,没有列明的临管线和新线运费不能抵扣,导致铁路运费增值税抵扣政策不平衡。为解决上述问题,经研究,现将铁路运费进项税额抵扣问题补充通知如下:

一、增值税一般纳税人购进或销售货物(固定资产除外)所支付的运输费用(包括未列明的新增的铁路临管线及铁路专线运输费用)准予抵扣。准予抵扣的范围仅限于铁路运输企业开具各种运营费用和铁路建设基金,随同运费支付的装卸费、保险费等其他杂费不得抵扣。

东北地区扩大增值税抵扣范围企业购进或销售固定资产支付的运输费用准予抵扣。

二、本通知自 2005 年 4 月 1 日起执行。此前规定凡与本通知规定不符的,一律按本通知规定执行。

【注释】 对《国家税务总局关于铁路运费进项税额抵扣有关问题的通知》(国税发[2000]14 号)和《国家税务总局关于铁路运费进项税额抵扣有关问题的补充通知》(国税函[2003]970 号)进行了补充规定。

国家税务总局关于纳税人提供泥浆工程劳务征收流转税问题的批复

国税函[2005]375 号

深圳市国家税务局:

你局《关于中国南海麦克巴泥浆有限公司泥浆销售征税问题的请示》(深国税发[2004]202 号)收悉。经研究,批复如下:

一、《国家税务总局关于合作开采海洋石油提供应税劳务适用营业税税目、税率问题的通知》(国税发[1997]42 号)所称"泥浆工程",是指为钻井作业提供泥浆和工程技术服务的行为。纳税人按照客户要求,为钻井作业提供泥浆和工程技术服务的行为,应按提供泥浆工程劳务项目,照章征收营业税,不征收增值税。

二、无论纳税人与建设单位如何核算,其营业额均包括工程所用原材料及其他物资和动力价款在内。

【注释】 对《增值税暂行条例》第 1 条进行了解释。

国家税务总局关于由石油伴生气加工压缩成的石油液化气适用增值税税率的通知

国税发[2005]83 号

各省、自治区、直辖市和计划单列市国家税务局:

近接部分地区请示,要求明确部分液化气产品适用增值税税率,现明确如下:

对由石油伴生气加工压缩而成的石油液化气,应当按照 13%的增值税税率征收增值税。

【注释】 对《增值税暂行条例》第 2 条进行了解释。

财政部　国家税务总局关于暂免征收尿素产品增值税的通知

财税[2005]87 号

各省、自治区、直辖市、计划单列市财政厅(局)、国家税务局,财政部驻各省、自治区、直辖市、计划单列市财政监察专员办事处,新疆生产建设兵团财务局:

为支持农业发展,经国务院批准,现将尿素产品增值税政策明确如下:

自 2005 年 7 月 1 日起,对国内企业生产销售的尿素产品增值税由先征后返 50%调整为暂免征收增值税。

【注释】 对《增值税暂行条例》第 16 条进行了解释。

财政部 国家税务总局关于增值税 营业税 消费税实行先征后返等办法有关城建税和教育费附加政策的通知

财税[2005]72号

各省、自治区、直辖市、计划单列市财政厅(局)、地方税务局,财政部驻各省、自治区、直辖市、计划单列市财政监察专员办事处:

经研究,现对增值税、营业税、消费税(以下简称"三税")实行先征后返、先征后退、即征即退办法有关的城市维护建设税和教育费附加政策问题明确如下:

对"三税"实行先征后返、先征后退、即征即退办法的,除另有规定外,对随"三税"附征的城市维护建设税和教育费附加,一律不予退(返)还。

【注释】 对《增值税暂行条例》第16条进行了解释。

国家税务总局关于加强农产品增值税抵扣管理有关问题的通知

国税函[2005]545号

各省、自治区、直辖市和计划单列市国家税务局:

为防范利用农产品收购凭证偷骗税的违法犯罪活动,堵塞征管漏洞,强化增值税管理,现将有关加强农产品增值税抵扣管理的问题通知如下:

一、各级税务机关要进一步加强对农产品增值税抵扣管理,要经常深入企业,全面掌握和了解有关生产企业的生产经营特点、农产品原料的消耗、采购规律以及纳税申报情况,检查农产品收购凭证的开具情况是否正常,查找征管的薄弱环节,积极采取有针对性的管理措施,堵塞漏洞,切实加强管理。

二、对纳税人发生大宗农产品收购业务的,主管税务机关应派专人深入现场核查,审核该项业务发生的真实性。

三、对有条件的地区,税务机关可运用信息化管理手段促进农产品收购凭证的使用管理。

四、税务机关应当积极引导和鼓励纳税人通过银行或农村信用社等金融机构支付农产品货款,对采用现金方式结算且支付数额较大的,应作为重点评估对象,严格审核,防止发生虚假收购行为,骗取国家税款。

五、税务机关应对农产品经销和生产加工企业定期开展增值税纳税评估,特别是要加强以农产品为主要原料的生产企业的纳税评估,发现问题的,要及时移交稽查部门处理。

六、税务机关应根据日常管理掌握的情况,有计划地组织开展对农产品经销和生产加工企业的重点稽查,凡查有偷骗税问题的,应依法严肃查处。

【注释】 对《增值税暂行条例》第26条进行了解释。

国家税务总局关于营养强化奶适用增值税税率问题的批复

国税函[2005]676号

上海市国家税务局:

你局《关于确定部分营养强化奶增值税适用税率的请示》(沪国税流[2005]7号)收悉,经研究,批复如下:

按照《食品营养强化剂使用卫生标准》(GB14880—94)添加微量元素生产的鲜奶,可依照《农业产品征税范围注释》(财税字[1995]52号)中的"鲜奶"按13%的增值税税率征收增值税。

在本批复之前已按17%适用增值税税率征收的税款不再进行调整。

【注释】 对《增值税暂行条例》第2条进行了解释。

国家税务总局关于出口含金成份产品有关税收政策的通知

国税发[2005]125号

各省、自治区、直辖市和计划单列市国家税务局：

为进一步完善含金成份产品出口税收政策，经研究，通知如下：

一、出口企业出口含金（包括黄金和铂金）成份的产品实行免征增值税政策，相应的进项税额不再退税或抵扣，须转入成本处理。实行出口免税政策的含金成份产品的海关商品代码为：28431000、2843300010、2843300090、28439000、3824909030、3824909090、71110000、71123090、71129110、71129120、71129210、71129220、71129920、71129990、71131911、7113191910、7113191990、71131991、7113199910、7113199990、7114190010、7114190090、7114200010、7114200090、71151000、7115901020、7115901090、71159090等。

二、出口企业出口上述含金产品后，须持出口退（免）税所规定的凭证按月向主管税务机关退税部门填报《出口含金产品免税证明申报表》（见附件一，一式二联，第一联留存企业，第二联交由退税部门）。

三、税务机关退税部门对出口企业报送的《出口含金产品免税证明申报表》及规定凭证进行审核，同时通过审核系统审核相关电子信息。退税部门审核无误后开具《出口含金产品免税证明》（见附件二，一式四联，第一联留存退税部门，第二联交由征税部门，第三联交由出口企业向征税部门申报免税，第四联交由出口企业留存），并将第二联交由征税部门审核办理免税。

四、出口企业持退税部门开具的《出口含金产品免税证明》（第三联）向征税部门申报免税，征税部门将出口企业的免税申报同退税部门开具的《出口含金产品免税证明》（第二联）碰对审核无误后，办理免税手续。出口企业须将免税出口货物相应的进项税额转入企业成本科目。

五、出口企业未在规定期限内向主管税务机关申报免税的出口含金产品，企业须按照《国家税务总局关于出口货物退（免）税管理有关问题的通知》（国税发[2004]64号）、《国家税务总局关于出口企业未在规定期限内申报出口货物退（免）税有关问题的通知》（国税发[2005]68号）有关规定计提销项税额。

各地税务机关要加强征税与退税环节的衔接，强化责任，建立与完善征税与退税部门沟通协调的工作制度和管理办法。要注意含金产品出口动态，凡发现企业出口的含金产品不属于上述海关商品代码，或上述商品代码有不含黄金、铂金成份产品，以及执行免税政策发现的其他问题等，要及时报告总局（进出口税收管理司）。

本通知自2005年5月1日起执行，具体执行日期以出口货物报关单（出口退税专用）上的出口日期为准。《财政部、国家税务总局关于黄金税收政策问题的通知》（财税字[2002]142号）第三条有关黄金首饰退税规定、《国家税务总局关于明确含金成份产品出口退（免）税政策的通知》（国税发[2005]59号）从2005年5月1日起同时废止。对出口企业在2005年5月1日前出口的上述产品，出口企业所在地税务机关要向货源地税务机关进行函调，对排除骗税嫌疑的予以退（免）税，对不能排除骗税嫌疑的暂不予退（免）税。

【注释】　对《增值税暂行条例》第26条进行了解释。相关规定包括：《国家税务总局关于含金产品出口实行免税政策有关问题的补充通知》（国税发[2006]10号）。

国家税务总局关于增值税一般纳税人取得的帐外经营部分防伪税控增值税专用发票进项税额抵扣问题的批复

国税函[2005]763号

北京市国家税务局：

你局《关于增值税一般纳税人采用帐外经营手段进行偷税涉及增值税进项税额抵扣问题的请示》（京国税发[2005]187号）收悉，批复如下：

根据《国家税务总局关于增值税一般纳税人取得防伪税控系统开具的增值税专用发票进项税额抵扣问题的通知》（国税发[2003]17号）规定，自2003年3月1日起，增值税一般纳税人（以下简称"纳税人"）申请抵扣防伪税控系统开具的增值税专用发票（以下简称"防伪税控专用发票"），必须自该防伪税控专用发票开具之日起90日内到税务机关认证，纳税人申请抵扣2003年3月1日前的防伪税控专用发票，应于2003年

9月1日前报主管税务机关认证，纳税人认证通过的防伪税控专用发票，应在认证通过的当月按照增值税有关规定核算当期进项税额并申报抵扣，否则不予抵扣进项税额。

鉴于纳税人采用帐外经营手段进行偷税，其取得的帐外经营部分防伪税控专用发票，未按上述规定的时限进行认证，或者未在认证通过的当月按照增值税有关规定核算当期进项税额并申报抵扣，因此，不得抵扣其帐外经营部分的销项税额。

【注释】 对《国家税务总局关于增值税一般纳税人取得防伪税控系统开具的增值税专用发票进项税额抵扣问题的通知》(国税发[2003]17号)进行了补充规定。

国家税务总局关于加强免征增值税货物专用发票管理的通知

国税函[2005]780号

各省、自治区、直辖市和计划单列市国家税务局：

为加强免征增值税货物专用发票的管理，现就有关问题通知如下：

一、增值税一般纳税人(以下简称"一般纳税人")销售免税货物，一律不得开具专用发票(国有粮食购销企业销售免税粮食除外)。如违反规定开具专用发票的，则对其开具的销售额依照增值税适用税率全额征收增值税，不得抵扣进项税额，并按照《中华人民共和国发票管理办法》及其实施细则的有关规定予以处罚。

二、一般纳税人销售的货物，由先征后返或即征即退改为免征增值税后，如果其销售的货物全部为免征增值税的，税务机关应收缴其结存的专用发票，并不得再对其发售专用发票。税务机关工作人员违反规定为其发售专用发票的，应按照有关规定予以严肃处理。

【注释】 对《增值税暂行条例》第26条进行了解释。

国家税务总局关于加强增值税专用发票管理有关问题的通知

国税发[2005]150号

各省、自治区、直辖市和计划单列市国家税务局：

近据部分地区反映，一些增值税一般纳税人(以下简称一般纳税人)利用与小规模纳税人交易不需要开具增值税专用发票(以下简称专用发票)的机会，转手开具给第三方一般纳税人用于骗税的现象较为突出。为防范此种虚开专用发票行为，堵塞利用虚假专用发票骗取抵扣增值税和出口退税的漏洞，现就有关问题通知如下：

一、税务机关要加强对小规模纳税人的管理。对小规模纳税人进行全面清查，凡年应税销售额超过小规模纳税人标准的，税务机关应当按规定认定其一般纳税人资格。对符合一般纳税人条件而不申请办理一般纳税人认定手续的纳税人，应按销售额依照增值税税率计算应纳税额，不得抵扣进项税额，也不得使用专用发票。凡违反规定对超过小规模纳税人标准不认定为一般纳税人的，要追究经办人和审批人的责任。

二、税务机关要认真做好一般纳税人的认定工作。对一般纳税人资格认定要按照现行有关规定严格审核，但对达到一般纳税人认定条件的纳税人应当督促其申请认定一般纳税人资格。凡纳税人向税务机关提出一般纳税人资格认定申请的，主管税务机关应当及时进行案头审核、约谈和实地核查工作，对符合认定条件的要及时予以认定，不得以任何理由拖延，也不得无理由不予认定。

三、税务机关应加强一般纳税人专用发票的管理工作：

(一)应加强一般纳税人增值税专用发票的使用管理，要求纳税人严格按照《增值税专用发票使用规定》及有关规定开具专用发票。

(二)对申报异常的一般纳税人要重点审核其取得的专用发票或销货清单注明的货物品名与其经营范围或生产耗用原料是否相符。要根据纳税人的购销合同、银行结算凭据等有关资料审核实际交易方与专用发票开具方是否一致。

对违反《增值税专用发票使用规定》的，应当按照有关规定进行处理；有涉嫌为第三方开票、涉嫌骗取进项税额抵扣和出口退税的，应移交稽查部门实施稽查。

四、税务机关在办理专用发票认证时，应认真审核专用发票的内容，对密文有误、认证不符(不包括纳税人识别号认证不符和发票代码号码认证不符)和重复认证的发票，应当即扣留，并移交稽查部门实施稽查。

五、税务机关应加强纳税评估工作，重点对以现金支付货款、赊欠货款、委托其他单位或个人支付货款抵扣增值税进项税额的一般纳税人进行纳税评估，必要时可进行实地核查。凡发现纳税人购进的货物与其实际经营业务不符、长期未付款或委托他人付款金额较大且无正当理由，以及购销货物或提供应税劳务未签订购销合同(零星购销业务除外)的，应转交稽查部门实施稽查。

【注释】 对《增值税暂行条例》第26条进行了解释。

国家税务总局关于出口豆腐皮等产品适用征、退税率问题的批复

国税函[2005]944号

宁波市国家税务局：

你局《关于出口豆腐皮等货物退税问题的请示》(甬国税发[2005]124号)收悉。经研究，批复如下：

一、浙江浦江保康食品厂生产的豆腐皮，从生产过程看，经过磨浆、过滤、加热、结膜、捞制、成皮、包装等工艺流程，不属于农业产品的征税范围，应按17%的税率征收增值税。对你市出口企业已购买的按13%税率征税的用于出口的豆腐皮，你局应要求出口企业到供货企业换开按17%征税的增值税专用发票。否则，不予退税。

二、成都金凤液氮容器有限公司生产的液氮容器，是以液氮(－196℃)为制冷剂，主要用于畜牧、医疗、科研部门对家畜冷冻精液及疫苗、细胞、微生物等的长期超低温储存和运输，也可用于国防、科研、机械、医疗、电子、冶金、能源等部门，不属于农机的征税范围，应按17%的税率征收增值税。对你市出口企业按农机征税的液氮容器的出口退税按本批复第一条规定的办法处理。

三、《2005年出口商品消费税税率表》"8711100010"与"8711100090"商品代码中的"微马力摩托车及脚踏两用车(装有往复式发动机、微马力是指排气量≤50CC)"，按照消费税的有关规定，属于消费税征税范围。对生产企业销售给出口企业用于出口的上述货物，应按规定征收消费税。出口企业出口的上述货物若不能提供消费税专用税票的，不退消费税，可按规定退还增值税。

【注释】 对《增值税暂行条例》第2条进行了解释。

国家税务总局关于亚麻油等出口货物退税问题的批复

国税函[2005]974号

辽宁省国家税务局：

你局《辽宁省国家税务局关于亚麻油等出口货物退税问题的请示》(辽国税发[2005]120号)收悉。经研究，批复如下：

一、亚麻油系亚麻籽经压榨或溶剂提取制成的干性油，不属于《农业产品征税范围注释》所规定的"农业产品"，适用的增值税税率应为17%。对出口企业出口的增值税按13%税率征税的亚麻油，你局应要求出口企业到供货企业换开按17%税率征税的增值税专用发票，办理退税。否则，不予退税。

……

【注释】 对《增值税暂行条例》第2条进行了解释。

国家税务总局关于金融机构开展个人实物黄金交易业务增值税有关问题的通知

国税发[2005]178号

各省、自治区、直辖市和计划单列市国家税务局：

近接部分金融机构来文，反映其经中国人民银行、中国银行业监督管理委员会批准，在所属分理处、储

蓄所等营业场所内开展个人实物黄金交易业务，即向社会公开销售刻有不同字样的特制实物金条等黄金制品，并依照市场价格向购买者购回所售金条，由分行统一清算交易情况。对于金融机构销售实物黄金的行为，应当照章征收增值税，考虑到金融机构征收管理的特殊性，为加强税收管理，促进交易发展，现将有关问题通知如下：

一、对于金融机构从事的实物黄金交易业务，实行金融机构各省级分行和直属一级分行所属地市级分行、支行按照规定的预征率预缴增值税，由省级分行和直属一级分行统一清算缴纳的办法。

（一）发生实物黄金交易行为的分理处、储蓄所等应按月计算实物黄金的销售数量、金额，上报其上级支行。

（二）各支行、分理处、储蓄所应依法向机构所在地主管国家税务局申请办理税务登记。各支行应按月汇总所属分理处、储蓄所上报的实物黄金销售额和本支行的实物黄金销售额，按照规定的预征率计算增值税预征税额，向主管税务机关申报缴纳增值税。

预征税额＝销售额×预征率

（三）各省级分行和直属一级分行应向机构所在地主管国家税务局申请办理税务登记，申请认定增值税一般纳税人资格。按月汇总所属地市分行或支行上报的实物黄金销售额和进项税额，按照一般纳税人方法计算增值税应纳税额，根据已预征税额计算应补税额，向主管税务机关申报缴纳。

应纳税额＝销项税额－进项税额

应补税额＝应纳税额－预征税额

当期进项税额大于销项税额的，其留抵税额结转下期抵扣，预征税额大于应纳税额的，在下期增值税应纳税额中抵减。

（四）从事实物黄金交易业务的各级金融机构取得的进项税额，应当按照现行规定划分不可抵扣的进项税额，作进项税额转出处理。

（五）预征率由各省级分行和直属一级分行所在地省级国家税务局确定。

二、金融机构所属分行、支行、分理处、储蓄所等销售实物黄金时，应当向购买方开具国家税务总局统一监制的普通发票，不得开具银行自制的金融专业发票，普通发票领购事宜由各分行、支行办理。

三、各地在执行中遇到的问题，应及时向总局（流转税管理司）报告。

【注释】 对《增值税暂行条例》第26条进行了解释。

国家税务总局关于增值税一般纳税人期货交易有关增值税问题的通知

国税函［2005］1060号

各省、自治区、直辖市和计划单列市国家税务局：

为合理解决期货交易升贴水有关税款征收与专用发票开具问题，现将增值税一般纳税人期货交易有关增值税政策通知如下：

一、增值税一般纳税人在商品交易所通过期货交易销售货物的，无论发生升水或贴水，均可按照标准仓单持有凭证（式样见附件1）所注明货物的数量和交割结算价开具增值税专用发票。

二、对于期货交易中仓单注册人注册货物时发生升水的，该仓单注销（即提取货物退出期货流通）时，注册人应当就升水部分款项向注销人开具增值税专用发票，同时计提销项税额，注销人凭取得的专用发票计算抵扣进项税额。

发生贴水的，该仓单注销时，注册人应当就贴水部分款项向注销人开具负数增值税专用发票，同时冲减销项税额，注销人凭取得的专用发票调减进项税额，不得由仓单注销人向仓单注册人开具增值税专用发票。注册人开具负数专用发票时，应当取得商品交易所出具的《标准仓单注册升贴水单》或《标准仓单注销升贴水单》（式样见附件2、附件3），按照所注明的升贴水金额向注销人开具，并将升贴水单留存以备主管税务机关检查。

三、本通知自2005年12月1日起执行。12月1日前注册的期货仓单交易增值税征管问题仍按《国家税务总局关于印发〈货物期货征收增值税具体办法〉的通知》（国税发［1994］244号）及有关规定执行。

四、本通知所称升水，是指按照规定的期货交易规则，所注册货物的等级、重量、类别、仓库位置等相比基准品、基准仓库为优的，交易所通过升贴水帐户支付给货物注册方的一定差价金额。发生升水时，经多次交易后，标准仓单持有人提取货物注销仓单时，交易所需通过升贴水帐户向注销人收取与升水额相等的金额。

所称贴水，是指按照规定的期货交易规则，所注册货物的等级、重量、类别、仓库位置等相比基准品、基准仓库为劣的，交易所通过升贴水帐户向货物注册方收取的一定差价金额。发生贴水时，经多次交易后，标准仓单持有人提取货物注销仓单时，交易所需通过升贴水帐户向注销人支付与贴水额相等的金额。

五、本通知执行中遇有问题，请及时上报总局（流转税管理司）。

【注释】　对《增值税暂行条例》第26条进行了解释。

国家税务总局关于辅导期增值税一般纳税人增购增值税专用发票预缴增值税有关问题的通知

国税函[2005]1097号

各省、自治区、直辖市和计划单列市国家税务局：

近据部分企业反映，增值税一般纳税人（以下简称纳税人）在辅导期内增购增值税专用发票按次预缴增值税，资金占压问题较为突出。为进一步方便纳税人，现就有关问题通知如下：

一、纳税人在辅导期内增购专用发票，继续实行预缴增值税的办法，预缴的增值税可在本期增值税应纳税额中抵减，抵减后预缴增值税仍有余额的，应于下期增购专用发票时，按次抵减。

二、主管税务机关应加强对纳税人预缴税款抵减的审核工作：

（一）纳税人发生预缴税款抵减的，应自行计算需抵减的税款并向主管税务机关提出抵减申请。

（二）主管税务机关接到申请后，经审核，纳税人缴税和专用发票发售情况无误，且纳税人预缴增值税余额大于本次预缴增值税的，不再预缴税款可直接发售专用发票；纳税人本次预缴增值税大于预缴增值税余额的，应按差额部分预缴后再发售专用发票。

三、主管税务机关应在纳税人辅导期结束后的第一个月内，一次性退还纳税人因增购专用发票发生的预缴增值税余额。

【注释】　对《增值税暂行条例》第26条进行了解释。

财政部　国家税务总局关于增值税若干政策的通知

财税[2005]165号

各省、自治区、直辖市、计划单列市财政厅（局）、国家税务局，新疆生产建设兵团财务局：

经研究，现对增值税若干政策问题明确如下：

一、销售自产货物提供增值税劳务并同时提供建筑业劳务征收增值税，纳税义务发生时间的确定

按照《国家税务总局关于纳税人销售自产货物提供增值税劳务并同时提供建筑业劳务征收流转税问题的通知》（国税发[2002]117号）规定，纳税人销售自产货物提供增值税劳务并同时提供建筑业劳务应征增值税的，其增值税纳税义务发生时间依照《中华人民共和国增值税暂行条例实施细则》第三十三条的规定执行。

二、企业在委托代销货物的过程中，无代销清单纳税义务发生时间的确定

（一）纳税人以代销方式销售货物，在收到代销清单前已收到全部或部分货款的，其纳税义务发生时间为收到全部或部分货款的当天。

（二）对于发出代销商品超过180天仍未收到代销清单及货款的，视同销售实现，一律征收增值税，其纳税义务发生时间为发出代销商品满180天的当天。

三、个别货物进口环节与国内环节以及国内地区间增值税税率执行不一致进项税额抵扣问题

对在进口环节与国内环节，以及国内地区间个别货物（如初级农产品、矿产品等）增值税适用税率执行不一致的，纳税人应按其取得的增值税专用发票和海关进口完税凭证上注明的增值税额抵扣进项税额。

主管税务机关发现同一货物进口环节与国内环节以及地区间增值税税率执行不一致的，应当将有关情况逐级上报至共同的上一级税务机关，由上一级税务机关予以明确。

四、不得抵扣增值税进项税额的计算划分问题

纳税人兼营免税项目或非应税项目（不包括固定资产在建工程）无法准确划分不得抵扣的进项税额部分，按下列公式计算不得抵扣的进项税额：

$$\text{不得抵扣的进项税额}=\left(\text{当月全部进项税额}-\text{当月可准确划分用于应税项目、免税项目及非应税项目的进项税额}\right)\times\frac{\text{当月免税项目销售额、非应税项目营业额合计}}{\text{当月全部销售额、营业额合计}}+\text{当月可准确划分用于免税项目和非应税项目的进项税额}$$

五、增值税一般纳税人（以下简称一般纳税人）转为小规模纳税人有关问题

纳税人一经认定为正式一般纳税人，不得再转为小规模纳税人；辅导期一般纳税人转为小规模纳税人问题继续按照《国家税务总局关于加强新办商贸企业增值税征收管理有关问题的紧急通知》（国税发明电［2004］37号）的有关规定执行。

六、一般纳税人注销时存货及留抵税额处理问题

一般纳税人注销或被取消辅导期一般纳税人资格，转为小规模纳税人时，其存货不作进项税额转出处理，其留抵税额也不予以退税。

七、运输发票抵扣问题

（一）一般纳税人购进或销售货物（东北以外地区固定资产除外）通过铁路运输，并取得铁路部门开具的运输发票，如果铁路部门开具的铁路运输发票托运人或收货人名称与其不一致，但铁路运输发票托运人栏或备注栏注有该纳税人名称的（手写无效），该运输发票可以作为进项税额抵扣凭证，允许计算抵扣进项税额。

（二）一般纳税人在生产经营过程中所支付的运输费用，允许计算抵扣进项税额。

（三）一般纳税人取得的国际货物运输代理业发票和国际货物运输发票，不得计算抵扣进项税额。

（四）一般纳税人取得的汇总开具的运输发票，凡附有运输企业开具并加盖财务专用章或发票专用章的运输清单，允许计算抵扣进项税额。

（五）一般纳税人取得的项目填写不齐全的运输发票（附有运输清单的汇总开具的运输发票除外）不得计算抵扣进项税额。

八、对从事公用事业的纳税人收取的一次性费用是否征收增值税问题

对从事热力、电力、燃气、自来水等公用事业的增值税纳税人收取的一次性费用，凡与货物的销售数量有直接关系的，征收增值税；凡与货物的销售数量无直接关系的，不征收增值税。

九、纳税人代行政部门收取的费用是否征收增值税问题

纳税人代有关行政管理部门收取的费用，凡同时符合以下条件的，不属于价外费用，不征收增值税。

（一）经国务院、国务院有关部门或省级政府批准；

（二）开具经财政部门批准使用的行政事业收费专用票据；

（三）所收款项全额上缴财政或虽不上缴财政但由政府部门监管，专款专用。

十、代办保险费、车辆购置税、牌照费征税问题

纳税人销售货物的同时代办保险而向购买方收取的保险费，以及从事汽车销售的纳税人向购买方收取的代购买方缴纳的车辆购置税、牌照费，不作为价外费用征收征增值税。

十一、关于计算机软件产品征收增值税有关问题

（一）嵌入式软件不属于财政部、国家税务总局《关于鼓励软件产业和集成电路产业发展有关税收政策问题的通知》（财税［2000］25号）规定的享受增值税优惠政策的软件产品。

（二）纳税人销售软件产品并随同销售一并收取的软件安装费、维护费、培训费等收入，应按照增值税混合销售的有关规定征收增值税，并可享受软件产品增值税即征即退政策。

对软件产品交付使用后，按期或按次收取的维护、技术服务费、培训费等不征收增值税。

（三）纳税人受托开发软件产品，著作权属于受托方的征收增值税，著作权属于委托方或属于双方共同拥有的不征收增值税。

十二、印刷企业自己购买纸张，接受出版单位委托，印刷报纸书刊等印刷品的征税问题

印刷企业接受出版单位委托，自行购买纸张，印刷有统一刊号（CN）以及采用国际标准书号编序的图书、报纸和杂志，按货物销售征收增值税。

十三、会员费收入

对增值税纳税人收取的会员费收入不征收增值税。

【注释】 对《增值税暂行条例实施细则》第 33 条、《国家税务总局关于纳税人销售自产货物提供增值税劳务并同时提供建筑业劳务征收流转税问题的通知》(国税发[2002]117 号)、《关于鼓励软件产业和集成电路产业发展有关税收政策问题的通知》(财税[2000]25 号)进行了解释。

国家税务总局关于矿物质微量元素舔砖免征增值税问题的批复

国税函[2005]1127 号

内蒙古自治区国家税务局：

你局《关于企业进口饲料国内销售如何免征增值税问题的请示》(内国税流字[2005]1 号)收悉。经研究，批复如下：

矿物质微量元素舔砖，是以四种以上微量元素、非营养性添加剂和载体为原料，经高压浓缩制成的块状预混物，可供牛、羊等牲畜直接食用，应按照"饲料"免征增值税。

【注释】 对《增值税暂行条例》第 16 条进行了解释。

财政部　国家税务总局　国家发展改革委关于继续暂停部分化肥品种出口退税的通知

财税[2005]192 号

各省、自治区、直辖市、计划单列市财政厅(局)、国家税务局、发展改革委，新疆生产建设兵团财务局：

经国务院批准，2006 年 1 月 1 日继续对出口商品代码为 3102100010、3102100090、31028000 的尿素产品和出口商品代码为 3105300010、3105300090、31054000 的磷酸氢二铵、磷酸氢一铵化肥产品，不论出口合同是否备案，一律暂停出口退税。具体执行日期，以"出口货物报关单(出口退税专用)"上海关注明的出口日期为准。

【注释】 对《增值税暂行条例》第 2 条进行了解释。

国家税务总局关于含金产品出口实行免税政策有关问题的补充通知

国税发[2006]10 号

各省、自治区、直辖市和计划单列市国家税务局：

针对《国家税务总局关于出口含金成份产品有关税收政策的通知》(国税发[2005]125 号，以下简称"125 号文件")执行中存在的问题，补充通知如下：

一、属于应归入海关商品代码 3824909090、7115901090、7114200090、71110000、28439000，但又不含黄金、铂金成份的出口货物(具体名单见附件)，从 2005 年 5 月 1 日起，继续执行出口退(免)税政策。本通知下发前已出口的上述货物，若超过出口退税申报期的，各地税务机关应正常受理出口企业的退税申报。各地税务机关在审批出口退税时，应严格审核，确保上述货物不含黄金、铂金成份后，方可办理退税手续。其它上述海关商品代码之内的不含黄金、铂金成份的其他货物，各省市国家税务局应严格审核后提出处理意见，并以正式文件报国家税务总局批准。

二、125 号文件所列商品代码之外的含金(包括黄金和铂金)成份的出口产品，如"91131000""贵金属表带"中的铂金表带，须从 2005 年 5 月 1 日起按 125 号文件的规定执行免征增值税政策。《财政部、国家税务总局关于铂金及其制品税收政策的通知》(财税[2003]86 号)第六条"出口铂金制品对铂金原料部分的进项增值税不实行出口退税，只对铂金制品加工环节的加工费按规定退税率退税"的规定，从 2005 年 5 月 1 日起停止执行。

三、以进料加工方式出口的含黄金、铂金成份的产品，应按 125 号文件的规定，执行免征增值税政策。

【注释】 对《国家税务总局关于出口含金成份产品有关税收政策的通知》(国税发[2005]125号)进行了解释。

国家税务总局关于增值税网上申报有关问题的通知

国税发[2006]20号

各省、自治区、直辖市和计划单列市国家税务局:

近年来,各级税务机关按照科学化、精细化管理的总体要求,在增值税纳税申报方式上,积极探索网上申报等申报方式,增值税管理的信息化水平不断提高,但是有些地方在采用网上申报办法时也出现了一些问题。为了进一步规范增值税网上申报工作,不断提高增值税申报纳税"一窗式"管理水平,现就增值税网上申报工作提出如下意见,请贯彻执行。

一、在增值税管理中,认证、报税、纳税申报等都是税务机关受理、审核纳税人申报工作的内容,是一个有机的整体,增值税网上申报只是申报数据电子采集、网上传输及前期初步审核的技术手段,它不是纳税申报的全部内容,更不能将其从申报的整体工作中割裂开来。

二、纳税人采取网上申报方式时,可以通过网络报送增值税纳税申报表主表和附表的电子申报数据以及"四小票"的电子信息。税务机关要切实采取措施提高电子申报数据报送的成功率,在接收电子数据时可采取必要的技术手段,对数据之间的基本逻辑关系进行初步审核检查,以提高数据质量,防止垃圾数据的大量产生。

三、采取网上申报方式的纳税人,要按有关规定自行对照IC卡准确填写申报表,并在申报期内先将申报资料电子数据(不含税控IC卡)传递到主管税务机关,再携带记录专用发票存根联信息的税控IC卡到办税服务厅的窗口办理纳税申报事宜,其纸质申报资料也可于季度末申报期内报送至主管税务机关。税务机关必须坚持在窗口进行申报纳税的审核工作,要按照"一窗式"管理的要求,首先审核申报的销项税额,插卡比对IC卡记录数与网上传来的申报表所填专用发票销售数,确认后录下存根联信息;再比对认证信息、四小票数据,审核进项税额,经审核无误后计算应缴税额,开具缴款书等,发现异常的要及时处理。纳税人办理申报纳税后,即可凭卡去购买发票,这样可以一次性解决申报纳税(包括报税,即录取存根联数据)和购买发票等事宜,方便纳税人。

四、税务机关要增强服务意识,帮助纳税人掌握查阅IC卡、准确填申报表、报送等要求,在数据录入、传输、接收等环节为纳税人提供便利条件,提升服务水平;要及时做好网上申报软件的升级维护工作,确保"一窗式"比对的顺利进行。

五、各级税务机关增值税、信息等管理部门要加强协调与配合,规范增值税网上申报工作,从业务上进行积极的指导,做好网上申报与"一窗式"管理工作的衔接,巩固和提高增值税"一窗式"管理工作水平。

【注释】 对《增值税暂行条例》第26条进行了解释。

国家税务总局关于纳税人销售自产建筑防水材料并同时提供建筑业劳务征收流转税问题的通知

国税发[2006]80号

各省、自治区、直辖市和计划单列市国家税务局、地方税务局:

近接部分地区请示,对纳税人销售自产建筑防水材料并同时提供建筑业劳务如何征收增值税和营业税,经研究,现将有关问题通知如下:

纳税人销售自产建筑防水材料的同时提供建筑业劳务,凡符合《国家税务总局关于纳税人销售自产货物提供增值税劳务并同时提供建筑业劳务征收流转税问题的通知》(国税发[2002]117号)规定条件的,按照该文件的有关规定征收增值税、营业税。

本通知自2006年5月1日起执行。

【注释】 对《国家税务总局关于纳税人销售自产货物提供增值税劳务并同时提供建筑业劳务征收流转税问题的通知》(国税发[2002]117号)进行了解释。

财政部　海关总署　国家税务总局关于调整钻石及上海钻石交易所有关税收政策的通知

财税[2006]65号

各省、自治区、直辖市、计划单列市财政厅(局)、国家税务局,新疆生产建设兵团财务局,海关广东分署、天津、上海特派办、各直属海关:

为规范国内钻石市场,平衡同类商品税收负担,经国务院批准,现将钻石及上海钻石交易所有关税收政策通知如下:

一、纳税人自上海钻石交易所销往国内市场的毛坯钻石,免征进口环节增值税;纳税人自上海钻石交易所销往国内市场的成品钻石,进口环节增值税实际税负超过4%的部分由海关实行即征即退。进入国内环节,纳税人凭海关开具的完税凭证注明的增值税额抵扣进项税金。

纳税人自上海钻石交易所销往国内市场的钻石实行进口环节增值税免征和即征即退政策后,销往国内市场的钻石,在出上海钻石交易所时,海关按照现行规定依法实施管理。

二、出口企业出口的以下钻石产品免征增值税,相应的进项税额不予退税或抵扣,须转入成本。具体产品的范围是:税则序列号为71021000、71023100、71023900、71042010、71049091、71051010、71131110、71131911、71131991、71132010、71162000。

各地税务机关要注意含有钻石的产品的出口动态,凡发现企业出口产品含钻石且价值比重较大,同时不属于以上所列产品范围,以及执行中发现其他问题的,应及时报告财政部、国家税务总局。

三、对国内钻石开采企业通过上海钻石交易所销售的自产毛坯钻石实行免征增值税政策;不通过上海钻石交易所销售的,照章征收增值税。

四、对国内加工的成品钻石,通过上海钻石交易所销售的,在国内销售环节免征增值税;不通过上海钻石交易所销售的,在国内销售环节按17%的税率征收增值税。

对国内加工的成品钻石,进入上海钻石交易所时视同出口,不予退税,自上海钻石交易所再次进入国内市场,其进口环节增值税实际税负超过4%的部分,由海关实行即征即退。

五、对上海钻石交易所取得的交易手续费收入、会员缴纳的年费收入照章征收营业税。

六、关于上海钻石交易所的保税政策和钻石的其他税收政策,仍按现行规定执行。

七、进口环节增值税即征即退的具体操作办法由海关总署制定;对钻石的国内环节的增值税征收管理办法及增值税专用发票管理办法由国家税务总局另行制定。

八、对以一般贸易方式报关进口的工业用钻,不再集中到上海钻石交易所海关办理报关手续、实行统一管理,照章征收进口关税和进口环节增值税(具体商品范围见附件)。

本通知自2006年7月1日起执行。

【注释】 对《增值税暂行条例》第2条进行了解释。

财政部　国家税务总局关于以三剩物和次小薪材为原料生产加工的综合利用产品增值税即征即退政策的通知

财税[2006]102号

各省、自治区、直辖市、计划单列市财政厅(局)、国家税务局,新疆生产建设兵团财务局:

经国务院批准,现将以三剩物和次小薪材为原料生产加工的综合利用产品增值税政策通知如下:

一、自2006年1月1日起至2008年12月31日止,对纳税人以三剩物和次小薪材为原料生产加工的综合利用产品(产品目录见附件)由税务部门实行增值税即征即退办法。纳税人应单独核算该综合利用产品的销售额和增值税销项税额、进项税额或应纳税额。不符合上述要求的,不适用即征即退政策。

二、纳税人申请办理增值税即征即退手续时,应先将所生产产品送交由省级以上质量技术监督部门资质认定的产品质量检验机构进行质量检验,并取得该机构出具的符合产品质量标准要求的检测报告。凡未取得相关质量检测合格报告的,不予办理即征即退手续。

三、税务机关应加强增值税即征即退管理，不定期对企业经营情况进行核实，凡经核实产品质量不符合质量标准要求的，应停止其继续享受增值税即征即退政策的资格。

四、本通知所述"三剩物"是指：采伐剩余物（指枝、丫、树梢、树皮、树叶、树根及藤条、灌木等）；造材剩余物（指造材截头）；加工剩余物（指板皮、板条、木竹截头、锯末、碎单板、木芯、刨花、木块、边角余料等）。

本通知所述"次小薪材"是指：次加工材（指材质低于针、阔叶树加工用原木最低等级但具有一定利用价值的次加工原木，其中东北、内蒙古地区按 LY/T1 505—1999 标准执行，南方及其他地区按 LY/T1369—1999 标准执行）；小径材（指长度在 2 米以下或径级 8 厘米以下的小原木条、松木杆、脚手杆、杂木杆、短原木等）；薪材。

五、《财政部　国家税务总局关于以三剩物和次小薪材为原料生产加工的综合利用产品增值税优惠政策的通知》（财税[2001]72 号）同时废止。

财政部　国家税务总局关于继续对民族贸易企业销售的货物及国家定点企业生产和经销单位经销的边销茶实行增值税优惠政策的通知

财税[2006]103 号

各省、自治区、直辖市、计划单列市财政厅（局）、国家税务局，新疆生产建设兵团财务局：

经国务院批准，现对民族贸易企业销售的货物及国家定点企业生产和经销单位经销的边销茶有关增值税问题通知如下：

一、自 2006 年 1 月 1 日起至 2008 年 12 月 31 日止，对民族贸易县内县级和县以下的民族贸易企业和供销社企业销售货物（除石油、烟草外）免征增值税。

二、自 2006 年 1 月 1 日起至 2008 年 12 月 31 日止，对国家定点企业生产的边销茶及经销单位销售的边销茶免征增值税。

三、在政策执行期间，国家如果对民族贸易县和边销茶定点企业进行重新调整认定，按调整后的范围执行。

四、《财政部　国家税务总局关于继续对民族贸易企业执行增值税优惠政策的通知》（财税[2001]69 号）和《财政部　国家税务总局关于继续对国家定点企业生产和经销单位经销的边销茶免征增值税的通知》（财税[2001]71 号）同时废止。

【注释】 对《增值税暂行条例》第 16 条进行了解释。

国家税务总局关于中小学课本配套产品适用增值税税率的批复

国税函[2006]770 号

宁波市国家税务局：

你局《关于纳税人销售教材配套产品适用增值税税率的请示》（甬国税发[2006]131 号）收悉。经研究，批复如下：

教材配套产品与中小学课本辅助使用，包括各种纸制品或图片，是课本的必要组成部分。对纳税人生产销售的与中小学课本相配套的教材配套产品（包括各种纸制品或图片），应按照税目"图书"13%的增值税税率征税。

【注释】 对《增值税暂行条例》第 2 条进行了解释。

国家税务总局关于水洗猪鬃征收增值税问题的批复

国税函[2006]773 号

重庆市国家税务局：

你局《关于水洗猪鬃是否属于农业产品的请示》（渝国税发[2006]109 号）收悉。经研究，批复如下：

根据《财政部　国家税务总局关于印发〈农业产品征税范围注释〉的通知》（财税字[1995]52 号）有关规

定，水洗猪鬃是生猪鬃经过浸泡（脱脂）、打洗、分绒等加工过程生产的产品，已不属于农业产品征税范围，应按"洗净毛、洗净绒"征收增值税。

【注释】 对《增值税暂行条例》第2条进行了解释。

增值税专用发票使用规定

国税发[2006]156号

第一条 为加强增值税征收管理，规范增值税专用发票（以下简称专用发票）使用行为，根据《中华人民共和国增值税暂行条例》及其实施细则和《中华人民共和国税收征收管理法》及其实施细则，制定本规定。

第二条 专用发票，是增值税一般纳税人（以下简称一般纳税人）销售货物或者提供应税劳务开具的发票，是购买方支付增值税额并可按照增值税有关规定据以抵扣增值税进项税额的凭证。

第三条 一般纳税人应通过增值税防伪税控系统（以下简称防伪税控系统）使用专用发票。使用，包括领购、开具、缴销、认证纸质专用发票及其相应的数据电文。

本规定所称防伪税控系统，是指经国务院同意推行的，使用专用设备和通用设备、运用数字密码和电子存储技术管理专用发票的计算机管理系统。

本规定所称专用设备，是指金税卡、IC卡、读卡器和其他设备。

本规定所称通用设备，是指计算机、打印机、扫描器具和其他设备。

第四条 专用发票由基本联次或者基本联次附加其他联次构成，基本联次为三联：发票联、抵扣联和记账联。发票联，作为购买方核算采购成本和增值税进项税额的记账凭证；抵扣联，作为购买方报送主管税务机关认证和留存备查的凭证；记账联，作为销售方核算销售收入和增值税销项税额的记账凭证。其他联次用途，由一般纳税人自行确定。

第五条 专用发票实行最高开票限额管理。最高开票限额，是指单份专用发票开具的销售额合计数不得达到的上限额度。

最高开票限额由一般纳税人申请，税务机关依法审批。最高开票限额为十万元及以下的，由区县级税务机关审批；最高开票限额为一百万元的，由地市级税务机关审批；最高开票限额为一千万元及以上的，由省级税务机关审批。防伪税控系统的具体发行工作由区县级税务机关负责。

税务机关审批最高开票限额应进行实地核查。批准使用最高开票限额为十万元及以下的，由区县级税务机关派人实地核查；批准使用最高开票限额为一百万元的，由地市级税务机关派人实地核查；批准使用最高开票限额为一千万元及以上的，由地市级税务机关派人实地核查后将核查资料报省级税务机关审核。

一般纳税人申请最高开票限额时，需填报《最高开票限额申请表》（附件1）。

第六条 一般纳税人领购专用设备后，凭《最高开票限额申请表》、《发票领购簿》到主管税务机关办理初始发行。

本规定所称初始发行，是指主管税务机关将一般纳税人的下列信息载入空白金税卡和IC卡的行为。

（一）企业名称；

（二）税务登记代码；

（三）开票限额；

（四）购票限量；

（五）购票人员姓名、密码；

（六）开票机数量；

（七）国家税务总局规定的其他信息。

一般纳税人发生上列第一、三、四、五、六、七项信息变化，应向主管税务机关申请变更发行；发生第二项信息变化，应向主管税务机关申请注销发行。

第七条 一般纳税人凭《发票领购簿》、IC卡和经办人身份证明领购专用发票。

第八条 一般纳税人有下列情形之一的，不得领购开具专用发票：

（一）会计核算不健全，不能向税务机关准确提供增值税销项税额、进项税额、应纳税额数据及其他有关增值税税务资料的。上列其他有关增值税税务资料的内容，由省、自治区、直辖市和计划单列市国家税务局确定。

（二）有《税收征管法》规定的税收违法行为，拒不接受税务机关处理的。

（三）有下列行为之一，经税务机关责令限期改正而仍未改正的：

1. 虚开增值税专用发票；

2. 私自印制专用发票；

3. 向税务机关以外的单位和个人买取专用发票；

4. 借用他人专用发票；

5. 未按本规定第十一条开具专用发票；

6. 未按规定保管专用发票和专用设备；

7. 未按规定申请办理防伪税控系统变更发行；

8. 未按规定接受税务机关检查。

有上列情形的，如已领购专用发票，主管税务机关应暂扣其结存的专用发票和IC卡。

第九条 有下列情形之一的，为本规定第八条所称未按规定保管专用发票和专用设备：

（一）未设专人保管专用发票和专用设备；

（二）未按税务机关要求存放专用发票和专用设备；

（三）未将认证相符的专用发票抵扣联、《认证结果通知书》和《认证结果清单》装订成册；

（四）未经税务机关查验，擅自销毁专用发票基本联次。

第十条 一般纳税人销售货物或者提供应税劳务，应向购买方开具专用发票。

商业企业一般纳税人零售的烟、酒、食品、服装、鞋帽（不包括劳保专用部分）、化妆品等消费品不得开具专用发票。

增值税小规模纳税人（以下简称小规模纳税人）需要开具专用发票的，可向主管税务机关申请代开。

销售免税货物不得开具专用发票，法律、法规及国家税务总局另有规定的除外。

第十一条 专用发票应按下列要求开具：

（一）项目齐全，与实际交易相符；

（二）字迹清楚，不得压线、错格；

（三）发票联和抵扣联加盖财务专用章或者发票专用章；

（四）按照增值税纳税义务的发生时间开具。

对不符合上列要求的专用发票，购买方有权拒收。

第十二条 一般纳税人销售货物或者提供应税劳务可汇总开具专用发票。汇总开具专用发票的，同时使用防伪税控系统开具《销售货物或者提供应税劳务清单》（附件2），并加盖财务专用章或者发票专用章。

第十三条 一般纳税人在开具专用发票当月，发生销货退回、开票有误等情形，收到退回的发票联、抵扣联符合作废条件的，按作废处理；开具时发现有误的，可即时作废。

作废专用发票须在防伪税控系统中将相应的数据电文按“作废”处理，在纸质专用发票（含未打印的专用发票）各联次上注明“作废”字样，全联次留存。

第十四条 一般纳税人取得专用发票后，发生销货退回、开票有误等情形但不符合作废条件的，或者因销货部分退回及发生销售折让的，购买方应向主管税务机关填报《开具红字增值税专用发票申请单》（以下简称《申请单》，附件3）。

《申请单》所对应的蓝字专用发票应经税务机关认证。

经认证结果为“认证相符”并且已经抵扣增值税进项税额的，一般纳税人在填报《申请单》时不填写相对应的蓝字专用发票信息。

经认证结果为“纳税人识别号认证不符”、“专用发票代码、号码认证不符”的，一般纳税人在填报《申请单》时应填写相对应的蓝字专用发票信息。

第十五条 《申请单》一式两联：第一联由购买方留存；第二联由购买方主管税务机关留存。

《申请单》应加盖一般纳税人财务专用章。

第十六条 主管税务机关对一般纳税人填报的《申请单》进行审核后，出具《开具红字增值税专用发票通知单》（以下简称《通知单》，附件4）。《通知单》应与《申请单》一一对应。

第十七条　《通知单》一式三联:第一联由购买方主管税务机关留存;第二联由购买方送交销售方留存;第三联由购买方留存。

《通知单》应加盖主管税务机关印章。

《通知单》应按月依次装订成册,并比照专用发票保管规定管理。

第十八条　购买方必须暂依《通知单》所列增值税税额从当期进项税额中转出,未抵扣增值税进项税额的可列入当期进项税额,待取得销售方开具的红字专用发票后,与留存的《通知单》一并作为记账凭证。属于本规定第十四条第四款所列情形的,不作进项税额转出。

第十九条　销售方凭购买方提供的《通知单》开具红字专用发票,在防伪税控系统中以销项负数开具。

红字专用发票应与《通知单》一一对应。

第二十条　同时具有下列情形的,为本规定所称作废条件:

(一) 收到退回的发票联、抵扣联时间未超过销售方开票当月;

(二) 销售方未抄税并且未记账;

(三) 购买方未认证或者认证结果为“纳税人识别号认证不符”、“专用发票代码、号码认证不符”。

本规定所称抄税,是报税前用IC卡或者IC卡和软盘抄取开票数据电文。

第二十一条　一般纳税人开具专用发票应在增值税纳税申报期内向主管税务机关报税,在申报所属月份内可分次向主管税务机关报税。

本规定所称报税,是纳税人持IC卡或者IC卡和软盘向税务机关报送开票数据电文。

第二十二条　因IC卡、软盘质量等问题无法报税的,应更换IC卡、软盘。

因硬盘损坏、更换金税卡等原因不能正常报税的,应提供已开具未向税务机关报税的专用发票记账联原件或者复印件,由主管税务机关补采开票数据。

第二十三条　一般纳税人注销税务登记或者转为小规模纳税人,应将专用设备和结存未用的纸质专用发票送交主管税务机关。

主管税务机关应缴销其专用发票,并按有关安全管理的要求处理专用设备。

第二十四条　本规定第二十三条所称专用发票的缴销,是指主管税务机关在纸质专用发票监制章处按“V”字剪角作废,同时作废相应的专用发票数据电文。

被缴销的纸质专用发票应退还纳税人。

第二十五条　用于抵扣增值税进项税额的专用发票应经税务机关认证相符(国家税务总局另有规定的除外)。认证相符的专用发票应作为购买方的记账凭证,不得退还销售方。

本规定所称认证,是税务机关通过防伪税控系统对专用发票所列数据的识别、确认。

本规定所称认证相符,是指纳税人识别号无误,专用发票所列密文解译后与明文一致。

第二十六条　经认证,有下列情形之一的,不得作为增值税进项税额的抵扣凭证,税务机关退还原件,购买方可要求销售方重新开具专用发票。

(一) 无法认证。

本规定所称无法认证,是指专用发票所列密文或者明文不能辨认,无法产生认证结果。

(二) 纳税人识别号认证不符。

本规定所称纳税人识别号认证不符,是指专用发票所列购买方纳税人识别号有误。

(三) 专用发票代码、号码认证不符。

本规定所称专用发票代码、号码认证不符,是指专用发票所列密文解译后与明文的代码或者号码不一致。

第二十七条　经认证,有下列情形之一的,暂不得作为增值税进项税额的抵扣凭证,税务机关扣留原件,查明原因,分别情况进行处理。

(一) 重复认证。

本规定所称重复认证,是指已经认证相符的同一张专用发票再次认证。

(二) 密文有误。

本规定所称密文有误,是指专用发票所列密文无法解译。

(三) 认证不符。

本规定所称认证不符，是指纳税人识别号有误，或者专用发票所列密文解译后与明文不一致。

本项所称认证不符不含第二十六条第二项、第三项所列情形。

（四）列为失控专用发票。

本规定所称列为失控专用发票，是指认证时的专用发票已被登记为失控专用发票。

第二十八条 一般纳税人丢失已开具专用发票的发票联和抵扣联，如果丢失前已认证相符的，购买方凭销售方提供的相应专用发票记账联复印件及销售方所在地主管税务机关出具的《丢失增值税专用发票已报税证明单》（附件5），经购买方主管税务机关审核同意后，可作为增值税进项税额的抵扣凭证；如果丢失前未认证的，购买方凭销售方提供的相应专用发票记账联复印件到主管税务机关进行认证，认证相符的凭该专用发票记账联复印件及销售方所在地主管税务机关出具的《丢失增值税专用发票已报税证明单》，经购买方主管税务机关审核同意后，可作为增值税进项税额的抵扣凭证。

一般纳税人丢失已开具专用发票的抵扣联，如果丢失前已认证相符的，可使用专用发票发票联复印件留存备查；如果丢失前未认证的，可使用专用发票发票联到主管税务机关认证，专用发票发票联复印件留存备查。

一般纳税人丢失已开具专用发票的发票联，可将专用发票抵扣联作为记账凭证，专用发票抵扣联复印件留存备查。

第二十九条 专用发票抵扣联无法认证的，可使用专用发票发票联到主管税务机关认证。专用发票发票联复印件留存备查。

第三十条 本规定自2007年1月1日施行，《国家税务总局关于印发〈增值税专用发票使用规定〉的通知》（国税发[1993]150号）、《国家税务总局关于增值税专用发票使用问题的补充通知》（国税发[1994]056号）、《国家税务总局关于由税务所为小规模企业代开增值税专用发票的通知》（国税发[1994]058号）、《国家税务总局关于印发〈关于商业零售企业开具增值税专用发票的通告〉的通知》（国税发[1994]081号）、《国家税务总局关于修改〈国家税务总局关于严格控制增值税专用发票使用范围的通知〉的通知》（国税发[2000]075号）、《国家税务总局关于加强防伪税控开票系统最高开票限额管理的通知》（国税发明电[2001]57号）、《国家税务总局关于增值税一般纳税人丢失防伪税控系统开具的增值税专用发票有关税务处理问题的通知》（国税发[2002]010号）、《国家税务总局关于进一步加强防伪税控开票系统最高开票限额管理的通知》（国税发明电[2002]33号）同时废止。以前有关政策规定与本规定不一致的，以本规定为准。

【注释】 对《增值税暂行条例》第26条进行了解释。相关规定包括：《国家税务总局关于修订增值税专用发票使用规定的补充通知》（国税发[2007]18号）。

财政部　国家税务总局关于购进烟叶的增值税抵扣政策的通知

财税[2006]140号

各省、自治区、直辖市、计划单列市财政厅（局）、国家税务局、地方税务局，新疆生产建设兵团财务局：

经国务院批准，现对购进烟叶的增值税抵扣政策明确如下：

对烟叶税纳税人按规定缴纳的烟叶税，准予并入烟叶产品的买价计算增值税的进项税额，并在计算缴纳增值税时予以抵扣。即购进烟叶准予抵扣的增值税进项税额，按照《中华人民共和国烟叶税暂行条例》及《财政部　国家税务总局印发〈关于烟叶税若干具体问题的规定〉的通知》（财税[2006]64号）规定的烟叶收购金额和烟叶税及法定扣除率计算。烟叶收购金额包括纳税人支付给烟叶销售者的烟叶收购价款和价外补贴，价外补贴统一暂按烟叶收购价款的10%计算，即烟叶收购金额＝烟叶收购价款×（1＋10%）。

【注释】 对《增值税暂行条例》第8条进行了解释。

国家税务总局关于旧版货运发票抵扣增值税进项税额有关问题的通知

国税函[2006]1187号

各省、自治区、直辖市和计划单列市国家税务局、地方税务局：

自2007年1月1日起，公路、内河货物运输业发票税控系统将在全国全面推行，现将纳税人取得的不带税控码的旧版《公路、内河货物运输业统一发票》（以下简称旧版货运发票）抵扣增值税进项税额有关问题通知如下：

一、纳税人取得的2006年12月31日以前开具的旧版货运发票可以在自发票开具日90天后的第一个纳税申报期结束以前申报抵扣，超过90天的不得抵扣。

自2007年4月1日起，纳税人取得的旧版货运发票，一律不得作为增值税进项税额的抵扣凭证。

二、纳税人取得的2007年1月1日以后开具的旧版货运发票一律不得作为增值税进项税额的抵扣凭证。

本通知自发布之日起执行。此前规定与本通知不一致的，以本通知为准。

【注释】 对《增值税暂行条例》第8条进行了解释。

财政部　国家税务总局关于矿物质微量元素舔砖免征进口环节增值税的通知

财关税[2006]73号

海关总署：

为支持国内畜牧业的发展并根据《财政部　国家税务总局关于豆粕等粕类产品征免增值税政策的通知》(财税[2001]30号)第二条的有关规定，自2007年1月1日起，对进口的矿物质微量元素舔砖(税号ex38249090)免征进口环节增值税。

矿物质微量元素舔砖是以四种以上微量元素、非营养性添加剂和载体为原料，经高压浓缩制成的块状预混物，供牛、羊等直接食用。

【注释】 对《财政部　国家税务总局关于豆粕等粕类产品征免增值税政策的通知》(财税[2001]30号)进行了解释。

国家税务总局关于公路　内河货物运输业统一发票增值税抵扣有关问题的公告

国家税务总局公告[2006]2号

为进一步加强公路、内河货物运输业发票(以下简称货运发票)管理，国家税务总局下发的《关于全国范围内推行公路、内河货物运输业发票税控系统有关工作的通知》(国税发[2006]163号)规定，自2007年1月1日起，全国将使用税控系统开具货运发票。为做好新旧货运发票增值税抵扣的衔接，现将有关事项公告如下：

一、自2007年1月1日起，增值税一般纳税人购进或销售货物，取得的作为增值税扣税凭证的货运发票，必须是通过货运发票税控系统开具的新版货运发票。

纳税人取得的2007年1月1日以后开具的旧版货运发票，不再作为增值税扣税凭证抵扣进项税额。

二、纳税人取得的2006年12月31日以前开具的旧版货运发票暂继续作为增值税扣税凭证，纳税人应在开具之日起90天后的第一个纳税申报期结束以前申报抵扣进项税额。

自2007年4月1日起，旧版货运发票一律不得作为增值税扣税凭证抵扣进项税额。

特此公告。

【注释】 对《关于全国范围内推行公路、内河货物运输业发票税控系统有关工作的通知》(国税发[2006]163号)进行了解释。

国家税务总局关于增值税专用发票抵扣联信息扫描器具等设备有关税收问题的通知

国税函[2006]1248号

各省、自治区、直辖市和计划单列市国家税务局：

为减轻纳税人增值税专用发票抵扣联信息采集工作量，部分地区实行了专用发票抵扣联信息网络传递的办法。现将纳税人用于采集专用发票抵扣联信息的扫描器具和计算机增值税进项税额抵扣问题明确如下：

增值税一般纳税人用于采集增值税专用发票抵扣联信息的扫描器具和计算机，属于防伪税控通用设备，可以按照《国务院办公厅转发国家税务总局关于全面推广应用增值税防伪税控系统意见的通知》(国办发[2000]12号)和《国家税务总局关于推行增值税防伪税控系统若干问题的通知》(国税发[2000]183号)的规定，对纳税人购置上述设备发生的费用，准予在当期计算缴纳所得税前一次性列支；同时可按购置上述设备取得的增值税专用发票所注明的增值税税额，计入当期增值税进项税额。

【注释】 对《增值税暂行条例》第8条进行了解释。

国家税务总局关于加强增值税其他抵扣凭证数据采集传输管理有关问题的通知

国税函[2006]1244号

各省、自治区、直辖市和计划单列市国家税务局：

针对目前增值税其他抵扣凭证(包括废旧物资发票、海关进口增值税专用缴款书、货物运输业发票)数据采集、传输环节存在的纳税人不按规定采集清单数据、清单数据采集录入错误、误将非增值税抵扣凭证(如废旧物资收购凭证、海关进口关税专用缴款书、海关进口消费税专用缴款书以及海关征收的滞纳金凭证等)填入清单、税务机关漏传数据等问题，为进一步加强增值税其他抵扣凭证数据采集和传输管理，现将有关问题通知如下：

一、各地税务机关要健全管理制度，加强督促检查，落实工作责任，采取有效措施确保数据采集和传输的完整、准确、及时，确保清单采集数据与申报抵扣数据、采集数据与上传数据的一致性，做好废旧物资经营单位中的小规模纳税人《废旧物资发票开具清单》的采集工作。

二、各地税务机关要加强对税务人员的业务培训和对纳税人的纳税辅导，以提高数据采集和传输的质量。要严格按照有关规定认真审核纳税人填报的清单，发现问题及时进行纠正。

三、目前通过审核检查发现纳税人填写海关进口增值税专用缴款书抵扣清单数据不规范问题较为突出，为便于纳税人准确填写清单，税务总局将海关进口增值税专用缴款书号码的编制规则和有关注意事项进行了明确(具体内容见附件)，请各地尽快告知纳税人。

【注释】 对《增值税暂行条例》第26条进行了解释。

国家税务总局关于纳税人折扣折让行为开具红字增值税专用发票问题的通知

国税函[2006]1279号

各省、自治区、直辖市和计划单列市国家税务局：

近接部分地区询问，因市场价格下降等原因，纳税人发生的销售折扣或折让行为应如何开具红字增值税专用发票。经研究，明确如下：

纳税人销售货物并向购买方开具增值税专用发票后，由于购货方在一定时期内累计购买货物达到一定数量，或者由于市场价格下降等原因，销货方给予购货方相应的价格优惠或补偿等折扣、折让行为，销货方可按现行《增值税专用发票使用规定》的有关规定开具红字增值税专用发票。

【注释】 对《增值税专用发票使用规定》进行了解释。

国家税务总局关于饲料级磷酸二氢钙产品增值税政策问题的通知

国税函[2007]10号

各省、自治区、直辖市和计划单列市国家税务局：

近接部分地区询问，饲料级磷酸二氢钙产品用于水产品饲养、补充水产品所需的钙、磷等微量元素，与饲料级磷酸氢钙产品的生产用料、工艺等基本相同，是否应按照饲料级磷酸氢钙免税。现将饲料级磷酸二氢钙产品增值税政策通知如下：

一、对饲料级磷酸二氢钙产品可按照现行“单一大宗饲料”的增值税政策规定，免征增值税。

二、纳税人销售饲料级磷酸二氢钙产品，不得开具增值税专用发票；凡开具专用发票的，不得享受免征增值税政策，应照章全额缴纳增值税。

本通知自2007年1月1日起执行。

【注释】 对《增值税暂行条例》第2条进行了解释。

财政部　国家税务总局关于明确硝酸铵适用增值税税率的通知

财税[2007]7号

各省、自治区、直辖市、计划单列市财政厅(局)、国家税务局，新疆生产建设兵团财务局：

为贯彻落实《国务院办公厅关于进一步加强民用爆炸物品安全管理的通知》(国办发[2002]52号)精神，经研究，现将硝酸铵增值税政策通知如下：

一、自2007年2月1日起，硝酸铵适用的增值税税率统一调整为17%，同时不再享受化肥产品免征增值税政策。

二、自2007年2月1日起，出口企业出口的硝酸铵(税号:31023000)统一执行13%的退税率(以出口退税专用的出口货物报关单上注明的出口日期为准)。在此之前，出口企业已经出口的硝酸铵，按17%计算征收增值税的，按13%计算办理退税(含免抵退税，下同)；按13%计算征收增值税的，按11%计算办理退税。

三、外贸企业在2007年2月1日后出口的硝酸铵，取得的增值税专用发票是在2007年2月1日前开具，且注明的税率为13%的，准予继续按11%计算办理退税；增值税专用发票是在2007年2月1日后开具，且注明税率仍为13%的，不予办理退税。

四、税务机关对外贸企业上述出口退税申报，可采取人机结合的办法予以审核处理。

【注释】 对《增值税暂行条例》第2条进行了解释。

国家税务总局关于粉煤灰(渣)征收增值税问题的批复

国税函[2007]158号

深圳市国家税务局：

你局《关于粉煤灰(渣)增值税问题的请示》(深国税发[2006]173号)收悉。经研究，批复如下：

粉煤灰(渣)是煤炭燃烧后的残留物，可以用作部分建材产品的生产原料，属于废渣产品，不属于建材产品。纳税人生产销售的粉煤灰(渣)不属于《财政部国家税务总局关于对部分资源综合利用产品免征增值税的通知》(财税[1995]44号)规定的免征增值税产品的范围，也不属于《财政部国家税务总局关于调整农业产品增值税税率和若干项目征免增值税的通知》(财税字[1994]4号)规定的按照简易办法征收增值税产品的范围。对纳税人生产销售的粉煤灰(渣)应当按照增值税适用税率征收增值税，不得免征增值税，也不得按照简易办法征收增值税。

【注释】 对《增值税暂行条例》第2条进行了解释。

财政部　国家税务总局关于宣传文化所得税优惠政策的通知

财税 [2007] 24号

各省、自治区、直辖市、计划单列市财政厅(局)、国家税务局、地方税务局，新疆生产建设兵团财务局：

为继续支持我国宣传文化事业的发展，现将有关所得税政策明确如下：

一、对企事业单位、社会团体按照《捐赠法》的规定，通过中国境内非营利性的社会团体、国家机关向科普单位的捐赠，符合《中华人民共和国企业所得税暂行条例实施细则》(财法字[1994]3号)第十二条规定的，在年度应纳税所得额的10%以内的部分，准予扣除。

二、自2006年1月1日起至2010年12月31日，对企事业单位、社会团体和个人等社会力量通过国家批准成立的非营利性的公益组织或国家机关对宣传文化事业的公益性捐赠，经税务机关审核后，纳税人缴纳企业所得税时，在其年度应纳税所得额10%以内的部分，可在计算应纳税所得额时予以扣除；纳税人缴纳个人所得税时，捐赠额未超过纳税人申报的应纳税所得额30%的部分，可从其应纳税所得额中扣除。

三、对宣传文化企事业单位按照《财政部　国家税务总局关于宣传文化增值税和营业税优惠政策的通知》（财税[2006]153号）有关规定取得的增值税先征后退收入和免征增值税、营业税收入，不计入其应纳税所得额，并实行专户管理，专项用于新技术、新兴媒体和重点出版物的引进和开发以及发行网点和信息系统建设。

四、本通知所述科普单位，是指按照《科技部 财政部国家税务总局 海关总署 新闻出版总署关于印发〈科普税收优惠政策实施办法〉的通知》（国科发改字[2003]416号）的有关规定认定的科技馆，自然博物馆，对公众开放的天文馆（台、站）、气象台（站）、地震台（站），以及高等院校和科研机构对公众开放的科普基地等。

五、本通知所述宣传文化事业的公益性捐赠，其范围为：

1. 对国家重点交响乐团、芭蕾舞团、歌剧团、京剧团和其他民族艺术表演团体的捐赠。

2. 对公益性的图书馆、博物馆、科技馆、美术馆、革命历史纪念馆的捐赠。

3. 对重点文物保护单位的捐赠。

4. 对文化行政管理部门所属的非生产经营性的文化馆或群众艺术馆接受的社会公益性活动、项目和文化设施等方面的捐赠。

上述国家重点艺术表演团体和重点文物保护单位的认定办法由文化部和国家文物局会同财政部、国家税务总局及有关行业行政主管部门另行制订。

六、本通知自2006年1月1日起执行。此前规定与本通知规定不一致的，按本通知规定执行。

【注释】 对《增值税暂行条例》第16条进行了解释。

财政部　国家税务总局关于加快煤层气抽采有关税收政策问题的通知

财税[2007]16号

各省、自治区、直辖市、计划单列市财政厅（局）、国家税务局、地方税务局，新疆生产建设兵团财务局，财政部驻各省、自治区、直辖市、计划单列市财政监察专员办事处：

为加快推进煤层气资源的抽采利用，鼓励清洁生产、节约生产和安全生产，经国务院批准，现就鼓励煤层气抽采有关税收政策问题通知如下：

一、对煤层气抽采企业的增值税一般纳税人抽采销售煤层气实行增值税先征后退政策。先征后退税款由企业专项用于煤层气技术的研究和扩大再生产，不征收企业所得税。

煤层气是指赋存于煤层及其围岩中与煤炭资源伴生的非常规天然气，也称煤矿瓦斯。

煤层气抽采企业应将享受增值税先征后退政策的业务和其他业务分别核算，不能分别准确核算的，不得享受增值税先征后退政策。

煤层气抽采企业增值税先征后退政策由财政部驻各地财政监察专员办事处根据财政部、国家税务总局、中国人民银行《关于税制改革后对某些企业实行"先征后退"有关预算管理问题的暂行规定的通知》（[94]财预字第55号）的规定办理。

二、对独立核算的煤层气抽采企业购进的煤层气抽采泵、钻机、煤层气监测装置、煤层气发电机组、钻井、录井、测井等专用设备，统一采取双倍余额递减法或年数总和法实行加速折旧，具体加速折旧方法可以由企业自行决定，但一经确定，以后年度不得随意调整。

三、对独立核算的煤层气抽采企业利用银行贷款或自筹资金从事技术改造项目国产设备投资，其项目所需国产设备投资的40%可从企业技术改造项目设备购置当年比前一年新增的企业所得税中抵免。具体管理办法按财政部、国家税务总局《关于印发〈技术改造国产设备投资抵免企业所得税暂行办法〉的通知》(财税字[1999]290号)、国家税务总局《关于印发〈技术改造国产设备投资抵免企业所得税审核管理办法〉的通知》(国税发[2000]13号)、财政部、国家税务总局《关于外商投资企业和外国企业购买国产设备投资抵免企业所得税有关问题的通知》(财税字[2000]49号)和国家税务总局《关于印发〈外商投资企业和外国企业购买国产设备投资抵免企业所得税管理办法〉的通知》(国税发[2000]90号)的规定执行。

四、对财务核算制度健全、实行查账征税的煤层气抽采企业研究开发新技术、新工艺发生的技术开发费，在按规定实行100%扣除基础上，允许再按当年实际发生额的50%在企业所得税税前加计扣除。具体管理办法按财政部、国家税务总局《关于企业技术创新有关企业所得税优惠政策的通知》(财税[2006]88号)第一条的有关规定执行。

五、对地面抽采煤层气暂不征收资源税。

六、本通知自2007年1月1日起执行。现行对中联公司中外合作开采陆上煤层气按实物征收5%的增值税以及中联公司自营开采陆上煤层气增值税超5%税负返还政策同时废止。

【注释】　对《增值税暂行条例》第16条进行了解释。

国家税务总局关于修订增值税专用发票使用规定的补充通知

国税发[2007]18号

各省、自治区、直辖市和计划单列市国家税务局：

《国家税务总局关于修订〈增值税专用发票使用规定〉的通知》(国税发[2006]156号，以下简称《通知》)下发后，各地陆续反映了一些执行中存在的问题，经研究，现补充通知如下：

一、增值税一般纳税人开具增值税专用发票(以下简称专用发票)后，发生销货退回、销售折让以及开票有误等情况需要开具红字专用发票的，视不同情况分别按以下办法处理：

(一)因专用发票抵扣联、发票联均无法认证的，由购买方填报《开具红字增值税专用发票申请单》(以下简称申请单)，并在申请单上填写具体原因以及相对应蓝字专用发票的信息，主管税务机关审核后出具《开具红字增值税专用发票通知单》(以下简称通知单)。购买方不作进项税额转出处理。

(二)购买方所购货物不属于增值税扣税项目范围，取得的专用发票未经认证的，由购买方填报申请单，并在申请单上填写具体原因以及相对应蓝字专用发票的信息，主管税务机关审核后出具通知单。购买方不作进项税额转出处理。

(三)因开票有误购买方拒收专用发票的，销售方须在专用发票认证期限内向主管税务机关填报申请单，并在申请单上填写具体原因以及相对应蓝字专用发票的信息，同时提供由购买方出具的写明拒收理由、错误具体项目以及正确内容的书面材料，主管税务机关审核确认后出具通知单。销售方凭通知单开具红字专用发票。

(四)因开票有误等原因尚未将专用发票交付购买方的，销售方须在开具有误专用发票的次月内向主管税务机关填报申请单，并在申请单上填写具体原因以及相对应蓝字专用发票的信息，同时提供由销售方出具的写明具体理由、错误具体项目以及正确内容的书面材料，主管税务机关审核确认后出具通知单。销售方凭通知单开具红字专用发票。

(五)发生销货退回或销售折让的，除按照《通知》的规定进行处理外，销售方还应在开具红字专用发票后将该笔业务的相应记账凭证复印件报送主管税务机关备案。

二、税务机关为小规模纳税人代开专用发票需要开具红字专用发票的，比照一般纳税人开具红字专用发票的处理办法，通知单第二联交代开税务机关。

三、为实现对通知单的监控管理，税务总局正在开发通知单开具和管理系统。在系统推广应用之前，通知单暂由一般纳税人留存备查，税务机关不进行核销。红字专用发票暂不报送税务机关认证。

四、对2006年开具的专用发票，在2007年4月30日前可按照原规定开具红字专用发票。

特此通知。

【注释】　对《国家税务总局关于修订〈增值税专用发票使用规定〉的通知》(国税发[2006]156号)进行了补充规定。

财政部　国家税务总局关于明确生皮和生毛皮进口环节增值税税率的通知

财关税[2007]34号

海关总署：

根据2007版《中华人民共和国进出口税则》及《财政部　国家税务总局关于印发〈农业产品征税范围注释〉的通知》(财税字[1995]52号)、《财政部　国家税务总局关于调整部分商品进口环节增值税税率的通知》(财税字[2000]296号),自2007年4月1日起,对生皮、生毛皮等动物皮张类商品(具体税号见附件)的进口环节增值税按13%的税率计征。

【注释】　对《增值税暂行条例》第2条进行了解释。

国家税务总局关于纳税人进口货物增值税进项税额抵扣有关问题的通知

国税函[2007]350号

各省、自治区、直辖市和计划单列市国家税务局：

近接部分地区咨询,纳税人进口货物报关后,境外供货商向国内进口方退还或返还的资金,或进口货物向境外实际支付的货款低于进口报关价格的差额,是否应当作进项税额转出。现明确如下：

《中华人民共和国增值税暂行条例》第八条规定,纳税人从海关取得的完税凭证上注明的增值税额准予从销项税额中抵扣。因此,纳税人进口货物取得的合法海关完税凭证,是计算增值税进项税额的唯一依据,其价格差额部分以及从境外供应商取得的退还或返还的资金,不作进项税额转出处理。

本文发布前纳税人已作进项税额转出处理的,可重新计入"应交税金—应交增值税—进项税额"科目,准予从销项税额中抵扣。

【注释】　对《增值税暂行条例》第8条进行了解释。

财政部　国家税务总局关于继续免征国产抗艾滋病病毒药品增值税的通知

财税[2007]49号

各省、自治区、直辖市、计划单列市财政厅(局)、国家税务局,新疆生产建设兵团财务局：

为有效阻断艾滋病病毒的传播,继续推进艾滋病防治工作的顺利开展,经国务院批准,现对抗艾滋病病毒药品有关增值税政策通知如下：

一、自2007年1月1日起至2010年12月31日止,对国内定点生产企业生产的国产抗艾滋病病毒药品继续免征生产环节和流通环节增值税。国产抗艾滋病病毒药品的品种及定点生产企业名单见附件。

二、抗艾滋病病毒药品的生产企业和流通企业对于免税药品和征税药品应分别核算,不分别核算的不得享受增值税免税政策。

【注释】　对《增值税暂行条例》第16条进行了解释。

财政部　国家税务总局关于免征滴灌带和滴灌管产品增值税的通知

财税[2007]83号

各省、自治区、直辖市、计划单列市财政厅(局)、国家税务局,新疆生产建设兵团财务局：

为节约水资源,促进农业节水灌溉,发展农业生产,经国务院批准,现将滴灌带和滴灌管产品有关增值税政策问题通知如下：

一、自 2007 年 7 月 1 日起，纳税人生产销售和批发、零售滴灌带和滴灌管产品免征增值税。

滴灌带和滴灌管产品是指农业节水滴灌系统专用的、具有制造过程中加工的孔口或其他出流装置、能够以滴状或连续流状出水的水带和水管产品。滴灌带和滴灌管产品按照国家有关质量技术标准要求进行生产，并与 PVC 管（主管）、PE 管（辅管）、承插管件、过滤器等部件组成为滴灌系统。

二、享受免税政策的纳税人应按照《中华人民共和国增值税暂行条例》及其实施细则等规定，单独核算滴灌带和滴灌管产品的销售额。未单独核算销售额的，不得免税。

三、纳税人销售免税的滴灌带和滴灌管产品，应一律开具普通发票，不得开具增值税专用发票。

四、生产滴灌带和滴灌管产品的纳税人申请办理免征增值税时，应向主管税务机关报送由产品质量检验机构出具的质量技术检测合格报告，出具报告的产品质量检验机构须通过省以上质量技术监督部门的相关资质认定。批发和零售滴灌带和滴灌管产品的纳税人申请办理免征增值税时，应向主管税务机关报送由生产企业提供的质量技术检测合格报告原件或复印件。未取得质量技术检测合格报告的，不得免税。

五、税务机关应加强对享受免税政策纳税人的后续管理，不定期对企业经营情况进行核实，凡经核实产品质量不符合有关质量技术标准要求的，应停止其继续享受免税政策的资格，依法恢复征税。

【注释】 对《增值税暂行条例》第 16 条进行了解释。

国家税务总局关于商品混凝土征收增值税有关问题的通知

国税函[2007]599 号

各省、自治区、直辖市和计划单列市国家税务局：

近接部分地区询问，纳税人用碎石、天然砂、矿粉、沥青等按一定比例配比并加温搅拌成沥青混凝土，对此是否应按照商品混凝土征收增值税。经研究，现将商品混凝土征收增值税的有关问题明确如下：

《国家税务总局关于商品混凝土实行简易办法征收增值税问题的通知》（国税发[2000]37 号）规定的商品混凝土，仅限于以水泥产品为原料生产的水泥混凝土，不包括以沥青等其他材料制成的混凝土。对于沥青混凝土等其他商品混凝土，应统一按照适用税率征收增值税。

【注释】 对《增值税暂行条例》第 16 条进行了解释。

财政部 国家税务总局关于
促进残疾人就业税收优惠政策的通知

财税[2007]92 号

各省、自治区、直辖市、计划单列市财政厅（局）、国家税务局、地方税务局，新疆生产建设兵团财务局：

为了更好地发挥税收政策促进残疾人就业的作用，进一步保障残疾人的切身利益，经国务院批准并商民政部、中国残疾人联合会同意，决定在全国统一实行新的促进残疾人就业的税收优惠政策。现将有关政策通知如下：

一、对安置残疾人单位的增值税和营业税政策

对安置残疾人的单位，实行由税务机关按单位实际安置残疾人的人数，限额即征即退增值税或减征营业税的办法。

（一）实际安置的每位残疾人每年可退还的增值税或减征的营业税的具体限额，由县级以上税务机关根据单位所在区县（含县级市、旗，下同）适用的经省（含自治区、直辖市、计划单列市，下同）级人民政府批准的最低工资标准的 6 倍确定，但最高不得超过每人每年 3.5 万元。

（二）主管国税机关应按月退还增值税，本月已交增值税额不足退还的，可在本年度（指纳税年度，下同）内以前月份已交增值税扣除已退增值税的余额中退还，仍不足退还的可结转本年度内以后月份退还。主管地税机关应按月减征营业税，本月应缴营业税不足减征的，可结转本年度内以后月份减征，但不得从以前月份已交营业税中退还。

（三）上述增值税优惠政策仅适用于生产销售货物或提供加工、修理修配劳务取得的收入占增值税业务和营业税业务收入之和达到 50% 的单位，但不适用于上述单位生产销售消费税应税货物和直接销售外

购货物(包括商品批发和零售)以及销售委托外单位加工的货物取得的收入。上述营业税优惠政策仅适用于提供“服务业”税目(广告业除外)取得的收入占增值税业务和营业税业务收入之和达到50%的单位,但不适用于上述单位提供广告业劳务以及不属于“服务业”税目的营业税应税劳务取得的收入。

单位应当分别核算上述享受税收优惠政策和不得享受税收优惠政策业务的销售收入或营业收入,不能分别核算的,不得享受本通知规定的增值税或营业税优惠政策。

(四)兼营本通知规定享受增值税和营业税税收优惠政策业务的单位,可自行选择退还增值税或减征营业税,一经选定,一个年度内不得变更。

(五)如果既适用促进残疾人就业税收优惠政策,又适用下岗再就业、军转干部、随军家属等支持就业的税收优惠政策的,单位可选择适用最优惠的政策,但不能累加执行。

(六)本条所述“单位”是指税务登记为各类所有制企业(包括个人独资企业、合伙企业和个体经营户)、事业单位、社会团体和民办非企业单位。

……

五、享受税收优惠政策单位的条件

安置残疾人就业的单位(包括福利企业、盲人按摩机构、工疗机构和其他单位),同时符合以下条件并经过有关部门的认定后,均可申请享受本通知第一条和第二条规定的税收优惠政策:

(一)依法与安置的每位残疾人签订了一年以上(含一年)的劳动合同或服务协议,并且安置的每位残疾人在单位实际上岗工作。

(二)月平均实际安置的残疾人占单位在职职工总数的比例应高于25%(含25%),并且实际安置的残疾人人数多于10人(含10人)。

月平均实际安置的残疾人占单位在职职工总数的比例低于25%(不含25%)但高于1.5%(含1.5%),并且实际安置的残疾人人数多于5人(含5人)的单位,可以享受本通知第二条第(一)项规定的企业所得税优惠政策,但不得享受本通知第一条规定的增值税或营业税优惠政策。

(三)为安置的每位残疾人按月足额缴纳了单位所在区县人民政府根据国家政策规定的基本养老保险、基本医疗保险、失业保险和工伤保险等社会保险。

(四)通过银行等金融机构向安置的每位残疾人实际支付了不低于单位所在区县适用的经省级人民政府批准的最低工资标准的工资。

(五)具备安置残疾人上岗工作的基本设施。

六、其他有关规定

(一)经认定的符合上述税收优惠政策条件的单位,应按月计算实际安置残疾人占单位在职职工总数的平均比例,本月平均比例未达到要求的,暂停其本月相应的税收优惠。在一个年度内累计三个月平均比例未达到要求的,取消其次年度享受相应税收优惠政策的资格。

(二)《财政部 国家税务总局关于教育税收政策的通知》(财税[2004]39号)第一条第7项规定的特殊教育学校举办的企业,是指设立的主要为在校学生提供实习场所、并由学校出资自办、由学校负责经营管理、经营收入全部归学校所有的企业,上述企业只要符合第五条第(二)项条件,即可享受本通知第一条和第二条规定的税收优惠政策。这类企业在计算残疾人人数时可将在企业实际上岗工作的特殊教育学校的全日制在校学生计算在内,在计算单位在职职工人数时也要将上述学生计算在内。

(三)在除辽宁、大连、上海、浙江、宁波、湖北、广东、深圳、重庆、陕西以外的其他地区,2007年7月1日前已享受原福利企业税收优惠政策的单位,凡不符合本通知第五条第(三)项规定的有关缴纳社会保险条件,但符合本通知第五条规定的其他条件的,主管税务机关可暂予认定为享受税收优惠政策的单位。上述单位应按照有关规定尽快为安置的残疾人足额缴纳有关社会保险。2007年10月1日起,对仍不符合该项规定的单位,应停止执行本通知第一条和第二条规定的各项税收优惠政策。

(四)对安置残疾人单位享受税收优惠政策的各项条件实行年审办法,具体年审办法由省级税务部门会同同级民政部门及残疾人联合会制定。

七、有关定义

(一)本通知所述“残疾人”,是指持有《中华人民共和国残疾人证》上注明属于视力残疾、听力残疾、言语残疾、肢体残疾、智力残疾和精神残疾的人员和持有《中华人民共和国残疾军人证(1至8级)》的人员。

（二）本通知所述“个人”均指自然人。

（三）本通知所述“单位在职职工”是指与单位建立劳动关系并依法应当签订劳动合同或服务协议的雇员。

（四）本通知所述“工疗机构”是指集就业和康复为一体的福利性生产安置单位，通过组织精神残疾人员参加适当生产劳动和实施康复治疗与训练，达到安定情绪、缓解症状、提高技能和改善生活状况的目的，包括精神病院附设的康复车间、企业附设的工疗车间、基层政府和组织兴办的工疗站等。

八、对残疾人人数计算的规定

（一）允许将精神残疾人员计入残疾人人数享受本通知第一条和第二条规定的税收优惠政策，仅限于工疗机构等适合安置精神残疾人就业的单位。具体范围由省级税务部门会同同级财政、民政部门及残疾人联合会规定。

（二）单位安置的不符合《中华人民共和国劳动法》（主席令第二十八号）及有关规定的劳动年龄的残疾人，不列入本通知第五条第（二）款规定的安置比例及第一条规定的退税、减税限额和第二条规定的加计扣除额的计算。

九、单位和个人采用签订虚假劳动合同或服务协议、伪造或重复使用残疾人证或残疾军人证、残疾人挂名而不实际上岗工作、虚报残疾人安置比例、为残疾人不缴或少缴规定的社会保险、变相向残疾人收回支付的工资等方法骗取本通知规定的税收优惠政策的，除依照法律、法规和其他有关规定追究有关单位和人员的责任外，其实际发生上述违法违规行为年度内实际享受到的减（退）税款应全额追缴入库，并自其发生上述违法违规行为年度起三年内取消其享受本通知规定的各项税收优惠政策的资格。

十、本通知规定的各项税收优惠政策的具体征收管理办法由国家税务总局会同民政部、中国残疾人联合会另行制定。福利企业安置残疾人比例和安置残疾人基本设施的认定管理办法由民政部商财政部、国家税务总局、中国残疾人联合会制定，盲人按摩机构、工疗机构及其他单位安置残疾人比例和安置残疾人基本设施的认定管理办法由中国残疾人联合会商财政部、民政部、国家税务总局制定。

十一、本通知自 2007 年 7 月 1 日起施行，但外商投资企业适用本通知第二条企业所得税优惠政策的规定自 2008 年 1 月 1 日起施行。财政部、国家税务总局《关于企业所得税若干优惠政策的通知》[（94）财税字第 001]号第一条第（九）项、财政部、国家税务总局《关于对福利企业、学校办企业征税问题的通知》[（94）财税字第 003 号]、《国家税务总局关于民政福利企业征收流转税问题的通知》（国税发[1994]155 号）、财政部、国家税务总局《关于福利企业有关税收政策问题的通知》（财税字[2000]35 号）、《财政部　国家税务总局关于调整完善现行福利企业税收优惠政策试点工作的通知》（财税[2006]111 号）、《国家税务总局 财政部 民政部 中国残疾人联合会关于调整完善现行福利企业税收优惠政策试点实施办法的通知》（国税发[2006]112 号）和《财政部　国家税务总局关于进一步做好调整现行福利企业税收优惠政策试点工作的通知》（财税[2006]135 号）自 2007 年 7 月 1 日起停止执行。

十二、各地各级财政、税务部门要认真贯彻落实本通知的各项规定，加强领导，及时向当地政府汇报，取得政府的理解与支持，并密切与民政、残疾人联合会等部门衔接、沟通。税务部门要牵头建立由上述部门参加的联席会议制度，共同将本通知规定的各项政策贯彻落实好。财政、税务部门之间要相互配合，省级税务部门每半年要将执行本通知规定的各项政策的减免（退）税数据及相关情况及时通报省级财政部门。

十三、各地在执行中有何问题，请及时上报财政部和国家税务总局。

【注释】 对《增值税暂行条例》第 16 条进行了解释。

国家税务总局关于下放增值税专用发票最高开票限额审批权限的通知

国税函[2007]918 号

各省、自治区、直辖市和计划单列市国家税务局：

自 2001 年 10 月份起，税务总局先后下发了一些加强增值税专用发票（以下简称专用发票）最高开票限额管理的规定，增值税各项管理工作不断加强。为了在加强管理同时，提高工作效率，优化纳税服务，经研究，税务总局决定下放专用发票最高开票限额审批权限。现将有关问题通知如下：

一、自2007年9月1日起，原省、地市税务机关的增值税一般纳税人专用发票最高开票限额审批权限下放至区县税务机关。地市税务机关对此项工作要进行监督检查。

二、区县税务机关对纳税人申请的专用发票最高开票限额要严格审核，根据企业生产经营和产品销售的实际情况进行审批，既要控制发票数量以利于加强管理，又要保证纳税人生产经营的正常需要。

三、区县税务机关应结合本地实际情况，从加强发票管理和方便纳税人的要求出发，采取有效措施，合理简化程序、办理专用发票最高开票限额审批手续。

四、专用发票最高开票限额审批权限下放和手续简化后，各地税务机关要严格按照"以票控税、网络比对、税源监控、综合管理"的要求，落实各项管理措施，通过纳税申报"一窗式"管理、发票交叉稽核、异常发票检查以及纳税评估等日常管理手段，切实加强征管，做好增值税管理工作。

【注释】 对《增值税暂行条例》第26条进行了解释。

财政部 商务部 国家税务总局关于老长贸合同适用出口退税政策的通知

财税[2008]9号

各省，自治区，直辖市、计划单列市财政厅(局)、商务主管部门、国家税务局，新疆生产建设兵团财务局、商务局：

经国务院批准，对2007年7月1日以前已经签订的长期贸易出口合同，适用以下退税政策。

一、对下列9个长期贸易合同，准予出口企业持已签合同或中标证明，于本通知下发后10日内，到当地主管退税的税务机关备案，准予按2007年7月1日前的出口退税率将合同执行完毕。

(一)中汽凯瑞贸易有限公司与古巴交通部TRANSIPORT汽车公司，签订的总金额为9124万美元的出口大宗柴油发动机的长期供货合同。

(二)江苏亚星锚链有限公司在2007年7月1日政策调整前，签订的总金额为1.3亿美元的出口船用锚链和海洋石油工程链的长期供货合同。

(三)麦基嘉集团定牌生产企业(南通虹波重工有限公司48249183美元、南通中远钢结构有限公司32284275美元、南通蛟龙重工发展有限公司13960905美元、上海凯航通力船用设备有限公司16131786美元、中船江南重工股份有限公司14085111美元、重庆国营川东造船厂369629美元、张家港市禾佳钢结构有限公司530000美元、张家港市安远钢结构有限公司1859316美元)在2007年7月1日之前与外国客户签订的总金额为130233205美元的船甲板舱口盖和滚装船设备的长期供货合同。

(四)中国煤炭开发有限责任公司在2007年6月18日中标，总金额为1050万欧元的出口韩国和德国的焦炉设备的长期供货合同。

(五)新兴铸管股份有限公司在2007年7月1日政策调整前签订的总金额为8.48亿人民币的出口西班牙、突尼斯、哈萨克斯坦、土耳其、加纳、尼日利亚等国的离心球墨铸铁管及其配套管件的长期供货合同。

(六)河南宝龙国际物流贸易有限公司出口叙利亚的电工圆铝杆，总金额为1.5亿元人民币的长期供货合同。

(七)福建福耀玻璃集团股份有限公司在2007年7月1日前与巴西、美国、俄罗斯、韩国、日本、西班牙、印度、德国和英国等国客户签订的总金额为72亿元人民币的汽车玻璃的长期出口合同。

(八)中国中化集团公司下属的中化宁波公司在2007年7月1日前与欧盟的客户签订的总金额6024.5万美元的出口草甘膦和双氧化物等货物的长期供货合同。

(九)石家庄鸿锐集团有限公司在2007年4月以前与美欧客户签订的总金额1.993亿美元的出口PVC、丁腈手套的长期供货合同。

二、对其他2007年7月1日前签订的、且合同金额超过1亿元人民币、合同期限超过1年，价格不可更改的长期出口合同，凡在2008年2月15日内以书面形式上报财政部、商务部和国家税务总局的，经审核无误，特批准予凭出口合同到当地主管出口退税的税务机关登记备案，按2007年7月1日前的出口退税率执行完毕。对2008年2月15日以后上报的一概不予受理。

国家税务总局关于出境口岸免税店有关增值税政策问题的通知

国税函[2008]81号

各省、自治区、直辖市和计划单列市国家税务局：

现就纳税人在机场、港口、车站、陆路边境等出境口岸海关隔离区(以下简称海关隔离区)设立免税店销售免税品，以及在城市区域内设立市内免税店销售免税品但购买者必须在海关隔离区提取后直接出境征收增值税问题明确如下：

一、《中华人民共和国增值税暂行条例实施细则》第七条规定“所销售的货物的起运地或所在地在境内”，“境内”是指在中华人民共和国关境以内。

海关隔离区是海关和边防检查划定的专供出国人员出境的特殊区域，在此区域内设立免税店销售免税品和市内免税店销售但在海关隔离区内提取免税品，由海关实施特殊的进出口监管，在税收管理上属于国境以内关境以外。因此，对于海关隔离区内免税店销售免税品以及市内免税店销售但在海关隔离区内提取免税品的行为，不征收增值税。对于免税店销售其他不属于免税品的货物，应照章征收增值税。

前款所称免税品具体是指免征关税、进口环节税的进口商品和实行退(免)税(增值税、消费税)进入免税店销售的国产商品。

二、纳税人兼营应征收增值税货物或劳务和免税品的，应分别核算应征收增值税货物或劳务和免税品的销售额。未分别核算或者不能准确核算销售额的，其免税品与应征收增值税货物或劳务一并征收增值税。

三、纳税人销售免税品一律开具出口发票，不得使用防伪税控专用器具开具增值税专用发票或普通发票。

四、纳税人经营范围仅限于免税品销售业务的，一律不得使用增值税防伪税控专用器具。已发售的防伪税控专用器具及增值税专用发票、普通发票一律收缴。收缴的发票按现行有关发票作废规定处理。

五、纳税人在关境以内销售免税品，仍按照《国家税务总局关于进口免税品销售业务征收增值税问题的通知》(国税发[1994]62号)及有关规定执行。

六、免税店销售已退税国产品，仍按照《海关总署、国家税务总局关于对中国免税品(集团)总公司经营的国产商品监管和退税有关事宜的通知》(署监发[2004]403号)等规定执行。

七、税务机关应与海关加强沟通，定期将纳税人申报免税品经营情况与海关监管免税品经营情况进行比对，发现比对不一致的，应及时查明原因，按有关规定处理。

本通知自发文之日起执行。各地在执行中发现问题，应及时上报国家税务总局(流转税管理司)。

财政部 国家税务总局关于黄金期货交易有关税收政策的通知

财税[2008]5号

上海市财政局、国家税务局：

经国务院批准，自2008年1月1日起，上海期货交易黄金期货交易发生实物交割时，比照现行上海黄金交易所黄金交易的税收政策执行。现将有关政策明确如下：

一、上海期货交易所会员和客户通过上海期货交易所销售标准黄金(持上海期货交易所开具的《黄金结算专用发票》)，发生实物交割但未出库的，免征增值税；发生实物交割并已出库的，由税务机关按照实际交割价格代开增值税专用发票，并实行增值税即征即退的政策，同时免征城市维护建设税和教育费附加。增值税专用发票中的单价、金额和税额的计算公式分别如下：

单价＝实际交割单价÷(1＋增值税税率)

金额＝数量×单价

税额＝金额×税率

实际交割单价是指不含上海期货交易所收取的手续费的单位价格。

其中，标准黄金是指：成色为AU9999、AU9995、AU999、AU995；规格为50克、100克、1公斤、3公斤、

12.5公斤的黄金。

二、上海期货交易所黄金期货交易的增值税征收管理办法及增值税专用发票管理办法由国家税务总局另行制订。

国家税务总局关于林木销售和管护征收流转税问题的通知

国税函[2008]212号

各省、自治区、直辖市和计划单列市国家税务局、地方税务局：

近接部分地区反映销售林木和提供林木管护行为如何征收流转税问题，经研究，现将有关问题明确如下：

纳税人销售林木以及销售林木的同时提供林木管护劳务的行为，属于增值税征收范围，应征收增值税。纳税人单独提供林木管护劳务行为属于营业税征收范围，其取得的收入中，属于提供农业机耕、排灌、病虫害防治、植保劳务取得的收入，免征营业税；属于其他收入的，应照章征收营业税。

国家税务总局关于外贸企业出口视同内销货物进项税额抵扣有关问题的通知

国税函[2008]265号

各省、自治区、直辖市和计划单列市国家税务局：

现将外贸企业出口视同内销货物征税时的进项税额抵扣问题通知如下：

一、外贸企业购进货物后，无论内销还是出口，须将所取得的增值税专用发票在规定的认证期限内到税务机关办理认证手续。凡未在规定的认证期限内办理认证手续的增值税专用发票，不予抵扣或退税。

二、外贸企业出口货物，凡未在规定期限内申报退(免)税或虽已申报退(免)税但未在规定期限内向税务机关补齐有关凭证，以及未在规定期限内申报开具《代理出口货物证明》的，自规定期限截止之日的次日起30天内，由外贸企业根据应征税货物相应的未办理过退税或抵扣的进项增值税专用发票情况，填具进项发票明细表(包括进项增值税专用发票代码、号码、开具日期、金额、税额等)，向主管退税的税务机关申请开具《外贸企业出口视同内销征税货物进项税额抵扣证明》(以下简称《证明》，具体格式附后)。

三、已办理过退税或抵扣的进项发票，外贸企业不得向税务机关申请开具《证明》。外贸企业如将已办理过退税或抵扣的进项发票向税务机关申请开具《证明》，税务机关查实后要按照增值税现行有关规定进行处罚，情节严重的要移交公安部门进一步查处。

四、主管退税的税务机关接到外贸企业申请后，应根据外贸企业出口的视同内销征税货物的情况，对外贸企业填开的进项发票明细表列明的情况进行审核，开具《证明》。《证明》一式三联，第一联由主管退税的税务机关留存，第二联由主管退税的税务机关转送主管征税的税务机关，第三联由主管退税的税务机关转交外贸企业。

五、外贸企业取得《证明》后，应将《证明》允许抵扣的进项税额填写在《增值税纳税申报表》附表二第11栏"税额"中，并在取得《证明》的下一个征收期申报纳税时，向主管征税的税务机关申请抵扣相应的进项税额。超过申报时限的，不予抵扣。

六、主管征税的税务机关接到外贸企业的纳税申报后，应将外贸企业的纳税申报表与主管退税的税务机关转来的《证明》进行人工比对，申报表数据小于或等于《证明》所列税额的，予以抵扣；否则不予抵扣。

七、本通知自2008年4月1日起执行。此前已经发生此类问题的外贸出口企业，可向主管退税的税务机关申请开具《证明》，由主管退税的税务机关一次性办理解决。

财政部　国家税务总局关于有机肥产品免征增值税的通知

财税[2008]56号

各省、自治区、直辖市、计划单列市财政厅(局)、国家税务局，新疆生产建设兵团财务局：

为科学调整农业施肥结构，改善农业生态环境，经国务院批准，现将有机肥产品有关增值税政策通知如下：

一、自2008年6月1日起，纳税人生产销售和批发、零售有机肥产品免征增值税。

二、享受上述免税政策的有机肥产品是指有机肥料、有机—无机复混肥料和生物有机肥。

（一）有机肥料

指来源于植物和（或）动物，施于土壤以提供植物营养为主要功能的含碳物料。

（二）有机—无机复混肥料

指由有机和无机肥料混合和（或）化合制成的含有一定量有机肥料的复混肥料。

（三）生物有机肥

指特定功能微生物与主要以动植物残体（如禽畜粪便、农作物秸秆等）为来源并经无害化处理、腐熟的有机物料复合而成的一类兼具微生物肥料和有机肥效应的肥料。

三、享受免税政策的纳税人应按照《中华人民共和国增值税暂行条例》（国务院令[1993]第134号）、《中华人民共和国增值税暂行条例实施细则》（财法字[1993]第38号）等规定，单独核算有机肥产品的销售额。未单独核算销售额的，不得免税。

四、纳税人销售免税的有机肥产品，应按规定开具普通发票，不得开具增值税专用发票。

五、纳税人申请免征增值税，应向主管税务机关提供以下资料，凡不能提供的，一律不得免税。

（一）生产有机肥产品的纳税人

1. 由农业部或省、自治区、直辖市农业行政主管部门批准核发的在有效期内的肥料登记证复印件，并出示原件。

2. 由肥料产品质量检验机构一年内出具的有机肥产品质量技术检测合格报告原件。出具报告的肥料产品质量检验机构须通过相关资质认定。

3. 在省、自治区、直辖市外销售有机肥产品的，还应提供在销售使用地省级农业行政主管部门办理备案的证明原件。

（二）批发、零售有机肥产品的纳税人

1. 生产企业提供的在有效期内的肥料登记证复印件。

2. 生产企业提供的产品质量技术检验合格报告原件。

3. 在省、自治区、直辖市外销售有机肥产品的，还应提供在销售使用地省级农业行政主管部门办理备案的证明复印件。

六、主管税务机关应加强对享受免征增值税政策纳税人的后续管理，不定期对企业经营情况进行核实。凡经核实所提供的肥料登记证、产品质量技术检测合格报告、备案证明失效的，应停止其享受免税资格，恢复照章征税。

上海期货交易所黄金期货交易增值税征收管理办法

国税发[2008]46号

第一条　根据《中华人民共和国税收征收管理法》及实施细则、《中华人民共和国增值税暂行条例》及实施细则、《财政部　国家税务总局关于黄金期货交易有关税收政策的通知》（财税[2008]5号）等规定，制定本办法。

第二条　本办法所规定的"黄金"是指标准黄金，即成色与规格同时符合以下标准的金锭、金条及金块等黄金原料：

成色：AU9999，AU9995，AU999，AU995。

规格：50克，100克，1公斤，3公斤，12.5公斤。

非标准黄金，即成色与规格不同时符合以上标准的黄金原料，不适用本办法。

第三条　上海期货交易所黄金期货交易增值税的征收管理按以下规定执行：

（一）上海期货交易所应向主管税务机关申请印制《黄金结算专用发票》（一式三联，分为结算联、发票联和存根联）。

（二）上海期货交易所会员和客户，通过上海期货交易所进行黄金期货交易并发生实物交割的，按照以下规定办理：

1. 卖方会员或客户按交割结算价向上海期货交易所开具普通发票，对其免征增值税。上海期货交易所按交割结算价向卖方提供《黄金结算专用发票》结算联，发票联、存根联由交易所留存。

2. 买方会员或客户未提取黄金出库的，由上海期货交易所按交割结算价开具《黄金结算专用发票》并提供发票联，存根联、结算联由上海期货交易所留存。

3. 买方会员或客户提取黄金出库的，应向上海期货交易所主管税务机关出具期货交易交割结算单、标准仓单出库确认单、溢短结算单，由税务机关按实际交割价和提货数量，代上海期货交易所向具有增值税一般纳税人资格的买方会员或客户（提货方）开具增值税专用发票（抵扣联），增值税专用发票的发票联和记账联由上海期货交易所留存，抵扣联传递给提货方会员或客户。

买方会员或客户（提货方）不属于增值税一般纳税人的，不得向其开具增值税专用发票。

（三）上海期货交易所应对黄金期货交割并提货环节的增值税税款实行单独核算，并享受增值税即征即退政策，同时免征城市维护建设税、教育费附加。

第四条　会员和客户按以下规定核算增值税进项税额：

（一）上海期货交易所会员或客户（中国人民银行除外）应对在上海期货交易所或黄金交易所办理黄金实物交割提取出库时取得的进项税额实行单独核算，按取得的税务机关代开的增值税专用发票上注明的增值税税额（包括相对应的买入量）单独记账。

对会员或客户从上海期货交易所或黄金交易所购入黄金（指提货出库后）再通过上海期货交易所卖出的，应计算通过上海期货交易所卖出黄金进项税额的转出额，并从当期进项税额中转出，同时计入成本；对当期账面进项税额小于通过下列公式计算出的应转出的进项税额，其差额部分应当立即补征入库。

应转出的进项税额＝单位进项税额×当期黄金卖出量。

单位进项税额＝购入黄金的累计进项税额÷累计黄金购入额

（二）对上海期货交易所会员或客户（中国人民银行除外）通过上海期货交易所销售企业原有库存黄金，应按实际成交价格计算相应进项税额的转出额，并从当期进项税额中转出，计入成本。

应转出的进项税额＝销售库存黄金实际成交价格÷（1＋增值税税率）×增值税税率。

（三）买方会员或客户（提货方）取得增值税专用发票抵扣联后，应按发票上注明的税额从黄金材料成本科目中转入“应缴税金——进项税额”科目，核算进项税额。

第五条　增值税专用发票的单价和金额、税额按以下规定确定：

上海期货交易所买方会员或客户（提货方）提货出库时，主管税务机关代开增值税专用发票上注明的单价，应由实际交割货款和提货数量确定，但不包括手续费、仓储费等其他费用。其中，实际交割货款由交割货款和溢短结算货款组成，交割货款按后进先出法原则确定。具体计算公式如下：

税额＝金额×增值税税率

金额＝数量×单价

单价＝实际交割价÷（1＋增值税税率）

实际交割价＝实际交割货款÷提货数量

实际交割货款＝交割货款＋溢短结算货款

交割货款＝标准仓单张数×每张仓单标准数量×交割结算价

溢短结算货款＝溢短×溢短结算日前一交易日上海期货交易所挂牌交易的最近月份黄金期货合约的结算价

其中，单价小数点后至少保留6位。

第六条　会员和客户应将上海期货交易所开具的《黄金结算专用发票》（发票联）作为会计记账凭证进行财务核算；买方会员和客户（提货方）取得税务部门代开的增值税专用发票（抵扣联），仅作为核算进项税额的凭证。

第七条　卖方会员或客户应凭上海期货交易所开具的《黄金结算专用发票》（结算联），向卖方会员或客户主管税务机关办理免税手续。

第八条　上海期货交易所会员应分别核算自营黄金期货交易、代理客户黄金期货交易与黄金实物交割业务的销售额以及增值税销项税额、进项税额、应纳税额。

第九条　本办法所规定的"提取黄金出库"，是指期货交易所会员或客户从指定的金库中提取在期货交易所已交割的黄金的行为。

第十条　本办法由国家税务总局解释。

第十一条　本办法自2008年1月1日起执行。

国家税务总局关于开展水泥生产企业增值税专项纳税评估工作的通知

国税函[2008]407号

各省、自治区、直辖市和计划单列市国家税务局：

近年来，各地在开展增值税纳税评估工作中，初步探索和建立起了分行业、分类的专项增值税纳税评估工作机制，取得了一定成效。为进一步加强增值税管理，在总结各地经验的基础上，税务总局研究决定，每年选择部分行业或项目统一组织全国增值税专项纳税评估，今年选择对水泥生产企业开展增值税专项纳税评估。现就专项评估工作安排通知如下：

一、评估对象

2007年生产销售水泥产品的生产企业。

二、评估内容

（一）水泥生产企业应税收入的真实性、完整性评估。是否存在隐瞒销售收入问题；是否存在无偿赠送商品、商品偿还债务、以物易物等行为以及各种价外费用不按规定计算收入问题；是否存在逾期包装物押金不计算收入问题；是否存在销货退回或折让不按规定处理问题；是否存在不按规定开具增值税专用发票问题等。

（二）水泥生产企业取得的各类进项抵扣凭证是否符合政策规定的评估。取得增值税专用发票认证、入账和申报是否符合规定，申报抵扣进项税额的购进业务、价格是否真实，是否存在虚增进项税额的行为，是否存在接受虚开专用发票的问题；其他抵扣凭证项目填开是否完整齐全，取得运输发票的运输业务与销售购进货物的名称、数量是否匹配、吻合，有无取得虚开、代开运输发票抵扣进项税问题；有无擅自扩大进项税额抵扣范围的问题等。

（三）水泥生产企业享受资源综合利用税收优惠政策的评估。就其取得资源综合利用认定证书资格、享受税收优惠条件、退税申报等政策执行情况进行全面评估。

三、工作步骤

2008年6月至8月，各地国税局对所辖水泥生产企业实施纳税评估；9月各省国税局对专项评估工作进行总结，并于9月底前将评估工作报告及《水泥生产企业增值税基本情况表》(附件4)、《水泥生产企业增值税纳税评估结果统计表》(附件5)上报税务总局流转税管理司。

四、工作要求

各级税务机关应高度重视，统筹安排，采取案头分析与实地核查相结合的方式认真做好本次专项评估工作。在实施纳税评估的过程中，基层税务机关评估人员应充分利用第三方信息(如供电部门开具的电费发票信息、国家公布的水泥行业能耗标准等)，运用能耗法、投入产出法等评估方法，测算出水泥产品的产量、销量，与企业申报资料进行对比，验证企业申报资料是否真实，审核其是否存在骗取税收优惠政策资格的问题。对发现存在偷税嫌疑的企业，基层税务机关应严格按照《国家税务总局关于印发〈纳税评估管理办法(试行)〉的通知》(国税发[2005]43号)的规定，及时移交稽查部门进行查处。

各地除了反馈评估工作开展情况外，还应对偷逃税企业的偷税手段及方法进行归纳总结，对日常征管工作的薄弱环节提出改进意见或建议。

附件：

1. 水泥行业增值税纳税评估方法
2. 可比水泥综合电耗分级定额
3. 可比熟料烧成标煤耗分级定额
4. 水泥生产企业增值税基本情况表
5. 水泥生产企业增值税纳税评估结果统计表(略)

国家税务总局关于四川省等遭受强烈地震灾害地区延期申报纳税的通知

国税函[2008]409 号

四川、重庆、甘肃、陕西、云南、青海、湖北省(市)国家税务局、地方税务局:

5 月 12 日,四川、重庆、甘肃、陕西、云南、青海和湖北等省市遭受强烈地震灾害,根据《中华人民共和国税收征收管理法》及其实施细则等有关规定,现就上述地区纳税人、扣缴义务人延期申报纳税事宜通知如下:

一、纳税人、扣缴义务人因地震灾害不能按期办理纳税申报或者报送代扣代缴、代收代缴税款报告表的,可以延期办理;其应缴纳的税款,可以延期缴纳。延期时限由各省市在最长不超过三个月的期限内自行核准。核准期限届满,因灾情影响仍无法正常缴纳税款的,应上报税务总局。延期期间,纳税人的应纳税款一律不加收滞纳金、不罚款。

二、对增值税一般纳税人因受地震灾害影响而无法认证的增值税专用发票,可以在 90 天之内进行认证。申报资料暂不作“一窗式”票表比对,待申报纳税正常后,将申报纳税期内申报表销项数据、进项数据分别相加,与税务机关采集的累计报税信息、认证信息进行总额比对。

受灾期间,税务总局不对受灾地区的增值税专用发票和四小票数据采集工作进行考核。

三、对因强烈地震灾害导致本省(市)出口企业不能按期申报出口货物退(免)税的,以及全国其他地区出口企业因受灾地区企业原因导致退税单证没有收齐影响出口货物退(免)税申报的,税务机关可按照《国家税务总局关于出口企业未在规定期限内申报出口货物退(免)税有关问题的通知》(国税发[2005]68 号)文件第 4 条规定,办理出口企业申报出口货物退(免)税延期手续。

四、各级税务机关要及时通过网站、12366 纳税服务热线、短信以及电视、广播等多种渠道,将上述延期申报纳税等有关规定事项尽快告知纳税人、扣缴义务人。

国家税务总局关于做好地震灾害期间税收征管工作的通知

国税函[2008]418 号

四川、重庆、甘肃、陕西、云南、青海、湖北省(市)国家税务局、地方税务局:

现就做好地震灾害期间税收征管工作的有关事项通知如下:

一、抢救和保护好灾区税收征管资料。各地税务机关应在保证人员生命安全的前提下,积极开展对灾区纳税人各类税收征管资料的抢救、清理,并尽快转移到安全区域妥善保管。

对于计算机内储存的征管数据和资料,要按照税务总局有关规定,明确数据备份的岗位职责和人员安排,及时进行数据备份和验证;相关备份介质,应存放于安全地点,确保存储资料介质万无一失。

二、对于纳税人因地震而损毁、丢失的发票(含增值税专用发票和普通发票)、税票(含各种完税凭证)、税务登记证和发票领购簿等,凡纳税人提出申请的,各地税务机关应及时记录、核销或备案(如是增值税专用发票,还要将有关信息录入增值税失控发票快速反应机制系统),并按规定向社会公告。主管税务机关可根据纳税人申请,按规定补发税务登记证和发票领购簿,并及时做好发票供应工作。

三、各地要认真清点税务机关库存的空白增值税专用发票、普通发票和各种完税凭证,凡遭损毁的,应及时予以核销(包括增值税专用发票电子数据)并备案。

四、各地税务机关要采取措施,在完成人员、财产抢救工作后,积极开展税收征管秩序恢复工作,为当地抗震救灾工作做出积极贡献。

各地在贯彻执行中如发现问题,请及时报告税务总局(征管司)。

国家税务总局关于增值税一般纳税人抗震救灾期间增值税扣税凭证认证稽核有关问题的通知

国税函[2008]513 号

各省、自治区、直辖市和计划单列市国家税务局、地方税务局:

四川汶川地震灾害发生后,一些地区增值税一般纳税人(含纳入增值税辅导期管理的纳税人,以下简称

"纳税人")不能按照规定期限办理增值税防伪税控系统的报税和认证,纳税人增值税进项税额无法正常抵扣。经研究,现就有关处理办法通知如下:

一、纳税人取得的增值税专用发票(以下简称"专用发票")经金税工程稽核为"缺联票"的,由主管税务机关通过专用发票审核检查系统进行核查。属于地震灾害造成销售方不能按期报税的,由销售方主管税务机关或其上级税务机关出具证明,购买方出具付款凭证,据以抵扣进项税额。

二、受灾地区纳税人购进货物和劳务取得专用发票、货物运输发票,未能在开票之日起 90 天内认证的,可由纳税人提出申请,经主管税务机关审核,逐级上报税务总局进行逾期认证、稽核无误的,可作为增值税扣税凭证。

三、纳税人取得货物运输发票经金税工程稽核为"缺联票"的,可比照本通知第一条规定办理;受灾地区纳税人取得进口货物海关完税凭证未能在规定期限内向税务机关申报抵扣的,可比照本通知第二条规定办理。

四、受灾地区纳税人发生专用发票(包括相应电子数据)和防伪税控专用设备损毁等有关问题的处理办法另行通知。

财政部　国家税务总局关于二甲醚增值税适用税率问题的通知

财税[2008]72 号

各省、自治区、直辖市、计划单列市财政厅(局)、国家税务局,新疆生产建设兵团财务局:

为促进二甲醚的推广使用,经国务院批准,现将二甲醚适用增值税税率问题通知如下:

一、自 2008 年 7 月 1 日起,二甲醚按 13%的增值税税率征收增值税。

二、本通知所称二甲醚,是指化学分子式为 CH3OCH3,常温常压下为具有轻微醚香味,易燃、无毒、无腐蚀性的气体。

国家税务总局关于失控增值税专用发票处理的批复

国税函[2008]607 号

深圳市国家税务局:

你局《关于明确增值税失控发票后续处理的请示》(深国税发[2008]74 号)收悉,批复如下:

在税务机关按非正常户登记失控增值税专用发票(以下简称失控发票)后,增值税一般纳税人又向税务机关申请防伪税控报税的,其主管税务机关可以通过防伪税控报税子系统的逾期报税功能受理报税。

购买方主管税务机关对认证发现的失控发票,应按照规定移交稽查部门组织协查。属于销售方已申报并缴纳税款的,可由销售方主管税务机关出具书面证明,并通过协查系统回复购买方主管税务机关,该失控发票可作为购买方抵扣增值税进项税额的凭证。

财政部　国家税务总局关于农民专业合作社有关税收政策的通知

财税[2008]81 号

各省、自治区、直辖市、计划单列市财政厅(局)、国家税务局、地方税务局,新疆生产建设兵团财务局:

经国务院批准,现将农民专业合作社有关税收政策通知如下:

一、对农民专业合作社销售本社成员生产的农业产品,视同农业生产者销售自产农业产品免征增值税。

二、增值税一般纳税人从农民专业合作社购进的免税农业产品,可按 13%的扣除率计算抵扣增值税进项税额。

三、对农民专业合作社向本社成员销售的农膜、种子、种苗、化肥、农药、农机,免征增值税。

四、对农民专业合作社与本社成员签订的农业产品和农业生产资料购销合同,免征印花税。

本通知所称农民专业合作社,是指依照《中华人民共和国农民专业合作社法》规定设立和登记的农民专业合作社。

本通知自 2008 年 7 月 1 日起执行。

财政部　国家税务总局关于嵌入式软件增值税政策的通知

财税[2008]92 号

各省、自治区、直辖市、计划单列市财政厅(局)、国家税务总局,新疆生产建设兵团财务局:

为更好落实软件增值税优惠政策,促进软件产业发展,根据各地反映的情况,经研究,就嵌入式软件增值税政策明确如下:

一、增值税一般纳税人随同计算机网络、计算机硬件和机器设备等一并销售其自行开发生产的嵌入式软件,如果能够按照《财政部国家税务总局关于贯彻落实〈中共中央、国务院关于加强技术创新,发展高科技,实现产业化的决定〉有关税收问题的通知》(财税字[1999]273 号)第一条第三款的规定,分别核算嵌入式软件与计算机硬件、机器设备等的销售额,可以享受软件产品增值税优惠政策。凡不能分别核算销售额的,仍按照《财政部国家税务总局关于增值税若干政策的通知》(财税[2005]165 号)第十一条第一款规定,不予退税。

二、纳税人按照下列公式核算嵌入式软件的销售额

$$\begin{matrix}\text{嵌入式软}\\\text{件销售额}\end{matrix}=\begin{matrix}\text{嵌入式软件与计算机硬件、}\\\text{机器设备销售额合计}\end{matrix}-\left[\begin{matrix}\text{计算机硬件、}\\\text{机器设备成本}\end{matrix}\times(1+\text{成本利润率})\right]$$

上述公式中的成本是指,销售自产(或外购)的计算机硬件与机器设备的实际生产(或采购)成本。成本利润率是指,纳税人一并销售的计算机硬件与机器设备的成本利润率,实际成本利润率高于 10%的,按实际成本利润率确定,低于 10%的,按 10%确定。

三、税务机关应按下列公式计算嵌入式软件的即征即退税额,并办理退税

$$\text{即征即退税额}=\text{嵌入式软件销售额}\times 17\%-\text{嵌入式软件销售额}\times 3\%$$

四、税务机关应定期对纳税人的生产(或采购)成本等进行重点检查,审核纳税人是否如实核算成本及利润。对于软件销售额偏高、成本或利润计算明显不合理的,应及时纠正,涉嫌偷骗税的,应移交税务稽查部门处理。

五、本通知自《财政部　国家税务总局关于增值税若干政策的通知》(财税[2005]165 号)发布之日起执行。《财政部　国家税务总局关于嵌入式软件增值税政策问题的通知》(财税[2006]174 号)停止执行。本通知发布之前,纳税人销售软件产品符合本通知规定条件的,各地按本通知规定办理退税。

财政部　国家税务总局关于再生资源增值税政策的通知

财税[2008]157 号

各省、自治区、直辖市、计划单列市财政厅(局)、国家税务局,财政部驻各省、自治区、直辖市、计划单列市财政监察专员办事处,新疆生产建设兵团财务局:

为了促进再生资源的回收利用,促进再生资源回收行业的健康有序发展,节约资源,保护环境,促进税收公平和税制规范,经国务院批准,决定调整再生资源回收与利用的增值税政策,现通知如下:

一、取消“废旧物资回收经营单位销售其收购的废旧物资免征增值税”和“生产企业增值税一般纳税人购入废旧物资回收经营单位销售的废旧物资,可按废旧物资回收经营单位开具的由税务机关监制的普通发票上注明的金额,按 10%计算抵扣进项税额”的政策。

二、单位和个人销售再生资源,应当依照《中华人民共和国增值税暂行条例》(以下简称增值税条例)、《中华人民共和国增值税暂行条例实施细则》及财政部、国家税务总局的相关规定缴纳增值税。但个人(不含个体工商户)销售自己使用过的废旧物品免征增值税。增值税一般纳税人购进再生资源,应当凭取得的增值税条例及其细则规定的扣税凭证抵扣进项税额,原印有“废旧物资”字样的专用发票停止使用,不再作为增值税扣税凭证抵扣进项税额。

三、在 2008 年 12 月 31 日前,各地主管税务机关应注销企业在防伪税控系统中“废旧物资经营单位”的档案信息,收缴企业尚未开具的专用发票,重新核定企业增值税专用发票的最高开票限额和最大购票数量,

做好增值税专用发票的发售工作。

四、在2010年底以前，对符合条件的增值税一般纳税人销售再生资源缴纳的增值税实行先征后退政策。

(一) 适用退税政策的纳税人范围。

适用退税政策的增值税一般纳税人应当同时满足以下条件：

1. 按照《再生资源回收管理办法》(商务部令2007年第8号)第七条、第八条规定应当向有关部门备案的，已经按照有关规定备案；

2. 有固定的再生资源仓储、整理、加工场地；

3. 通过金融机构结算的再生资源销售额占全部再生资源销售额的比重不低于80%；

4. 自2007年1月1日起，未因违反《中华人民共和国反洗钱法》、《中华人民共和国环境保护法》、《中华人民共和国税收征收管理法》、《中华人民共和国发票管理办法》或者《再生资源回收管理办法》受到刑事处罚或者县级以上工商、商务、环保、税务、公安机关相应的行政处罚(警告和罚款除外)。

(二) 退税比例。

对符合退税条件的纳税人2009年销售再生资源实现的增值税，按70%的比例退回给纳税人；对其2010年销售再生资源实现的增值税，按50%的比例退回给纳税人。

(三) 纳税人申请退税时，除按有关规定提交的相关资料外，应提交下列资料：

1. 按照《再生资源回收管理办法》第七条、第八条规定应当向有关部门备案的，商务主管部门核发的备案登记证明的复印件；

2. 再生资源仓储、整理、加工场地的土地使用证和房屋产权证或者其租赁合同的复印件；

3. 通过金融机构结算的再生资源销售额及全部再生资源销售额的有关数据及资料。为保护纳税人的商业秘密，不要求纳税人提交其与客户通过银行交易的详细记录，对于有疑问的，可到纳税人机构所在地等场所进行现场核实；

4. 自2007年1月1日起，未因违反《中华人民共和国反洗钱法》、《中华人民共和国环境保护法》、《中华人民共和国税收征收管理法》、《中华人民共和国发票管理办法》或者《再生资源回收管理办法》受到刑事处罚或者县级以上工商、商务、环保、税务、公安机关相应的行政处罚(警告和罚款除外)的书面申明。

(四) 退税业务由财政部驻当地财政监察专员办事处及负责初审和复审的财政部门按照本通知及相关规定办理。

1. 退税申请办理时限。(1)纳税人一般按季申请退税，申请退税金额较大的，也可以按月申请，具体时限由财政部驻当地财政监察专员办事处确定；(2)负责初审的财政机关应当在收到退税申请之日起10个工作日内，同时向负责复审和终审的财政机关提交初审意见；(3)负责复审的财政机关应当在收到初审意见之日起5个工作日内向负责终审的财政机关提交复审意见；(4)负责终审的财政机关是财政部驻当地财政监察专员办事处，其应当在收到复审意见之日的10个工作日内完成终审并办理妥当有关退税手续。

2. 负责初审的财政机关对于纳税人第一次申请退税的，应当在上报初审意见前派人到现场审核有关条件的满足情况；有特殊原因不能做到的，应在提交初审意见后2个月内派人到现场审核有关条件的满足情况，发现有不满足条件的，及时通知负责复审或者终审的财政机关。

3. 负责初审、复审的财政机关应当定期(自收到纳税人第一次退税申请之日起至少每12个月一次)向同级公安、商务、环保和税务部门及人民银行对纳税人申明的内容进行核实，对经查实的与申明不符的问题要严肃处理。凡问题在初次申请退税之日前发生的，应当追缴纳税人此前骗取的退税款，根据《财政违法行为处罚处分条例》的相关规定进行处罚，并取消其以后申请享受本通知规定退税政策的资格；凡问题在初次申请退税之日后发生的，取消其刑事处罚和行政处罚生效之日起申请享受本通知规定退税政策的资格。

五、报废船舶拆解和报废机动车拆解企业，适用本通知的各项规定。

六、本通知所称再生资源，是指《再生资源回收管理办法》(商务部令2007年第8号)第二条所称的再生资源，即在社会生产和生活消费过程中产生的，已经失去原有全部或部分使用价值，经过回收、加工处理，能够使其重新获得使用价值的各种废弃物。上述加工处理，仅指清洗、挑选、整理等简单加工。

七、各级国家税务机关要加强与财政、公安、商务、环保、人民银行等部门的信息沟通，加强对重点行业的纳税评估，采取有效措施，强化对再生资源的产生、回收经营、加工处理等各个环节的税收管理，堵塞偷逃税收的漏洞，保证增值税链条机制的正常运行。

八、本通知自 2009 年 1 月 1 日起执行。《财政部国家税务总局关于废旧物资回收经营业务有关增值税政策的通知》(财税[2001] 78 号)、《国家税务总局关于加强废旧物资回收经营单位和使用废旧物资生产企业增值税征收管理的通知》(国税发[2004]60 号)、《国家税务总局关于中国再生资源开发公司废旧物资回收经营业务中有关税收问题的通知》(国税函[2004]736 号)、《国家税务总局关于中国再生资源开发公司废旧物资回收经营业务有关增值税问题的批复》(国税函[2006]1227 号)、《国家税务总局关于加强海关进口增值税专用缴款书和废旧物资发票管理有关问题的通知》(国税函[2004]128 号)关于废旧物资发票管理的规定、《国家税务总局关于加强废旧物资增值税管理有关问题的通知》(国税函[2005]544 号)、《国家税务总局关于废旧物资回收经营企业使用增值税防伪税控一机多票系统开具增值税专用发票有关问题的通知》(国税发[2007]43 号)同时废止。

财政部　国家税务总局关于提高劳动密集型产品等商品增值税出口退税率的通知

财税[2008]144 号

各省、自治区、直辖市、计划单列市财政厅(局)、国家税务局，新疆生产建设兵团财务局：

经国务院批准，决定提高部分商品的增值税出口退税率(以下简称退税率)。现就有关事项通知如下：

一、提高退税率的商品范围

(一) 将部分橡胶制品、林产品的退税率由 5%提高到 9%。

(二) 将部分模具、玻璃器皿的退税率由 5%提高到 11%。

(三) 将部分水产品的退税率由 5%提高到 13%。

(四) 将箱包、鞋、帽、伞、家具、寝具、灯具、钟表等商品的退税率由 11%提高到 13%。

(五) 将部分化工产品、石材、有色金属加工材等商品的退税率分别由 5%、9%提高到 11%、13%。

(六) 将部分机电产品的退税率分别由 9%提高到 11%，11%提高到 13%，13%提高到 14%。

上述提高退税率的具体商品名称、税号及退税率见附件。

二、执行时间

本通知规定的退税率的调整自 2008 年 12 月 1 日起执行。具体执行时间，以“出口货物报关单(出口退税专用)”海关注明的出口日期为准。

财政部　国家税务总局关于资源综合利用及其他产品增值税政策的通知

财税[2008]156 号

各省、自治区、直辖市、计划单列市财政厅(局)、国家税务局，财政部驻各省、自治区、直辖市、计划单列市财政监察专员办事处，新疆生产建设兵团财务局：

为了进一步推动资源综合利用工作，促进节能减排，经国务院批准，决定调整和完善部分资源综合利用产品的增值税政策。同时，为了规范对资源综合利用产品的认定管理，需对现行相关政策进行整合。现将有关资源综合利用及其他产品增值税政策统一明确如下：

一、对销售下列自产货物实行免征增值税政策：

(一) 再生水。再生水是指对污水处理厂出水、工业排水(矿井水)、生活污水、垃圾处理厂渗透(滤)液等水源进行回收，经适当处理后达到一定水质标准，并在一定范围内重复利用的水资源。再生水应当符合水利部《再生水水质标准》(SL368—2006)的有关规定。

(二) 以废旧轮胎为全部生产原料生产的胶粉。胶粉应当符合 GB/T19208—2008 规定的性能指标。

(三) 翻新轮胎。翻新轮胎应当符合 GB7037—2007、GB14646—2007 或者 HG/T3979—2007 规定的性能指标，并且翻新轮胎的胎体 100%来自废旧轮胎。

(四) 生产原料中掺兑废渣比例不低于 30%的特定建材产品。

特定建材产品，是指砖(不含烧结普通砖)、砌块、陶粒、墙板、管材、混凝土、砂浆、道路井盖、道路护栏、防火材料、耐火材料、保温材料、矿(岩)棉。

二、对污水处理劳务免征增值税。污水处理是指将污水加工处理后符合 GB18918—2002 有关规定的水质标准的业务。

三、对销售下列自产货物实行增值税即征即退的政策:

(一) 以工业废气为原料生产的高纯度二氧化碳产品。高纯度二氧化碳产品,应当符合 GB10621—2006 的有关规定。

(二) 以垃圾为燃料生产的电力或者热力。垃圾用量占发电燃料的比重不低于 80%,并且生产排放达到 GB13223—2003 第 1 时段标准或者 GB18485—2001 的有关规定。

所称垃圾,是指城市生活垃圾、农作物秸秆、树皮废渣、污泥、医疗垃圾。

(三) 以煤炭开采过程中伴生的舍弃物油母页岩为原料生产的页岩油。

(四) 以废旧沥青混凝土为原料生产的再生沥青混凝土。废旧沥青混凝土用量占生产原料的比重不低于 30%。

(五) 采用旋窑法工艺生产并且生产原料中掺兑废渣比例不低于 30%的水泥(包括水泥熟料)。

1. 对经生料烧制和熟料研磨工艺生产水泥产品的企业,掺兑废渣比例计算公式为:

$$\text{掺兑废渣比例}=\frac{\text{生料烧制阶段掺兑废渣数量}+\text{熟料研磨阶段掺兑废渣数量}}{\text{生料数量}+\text{生料烧制和熟料研磨阶段掺兑废渣数量}+\text{其他材料数量}}\times 100\%$$

2. 对外购熟料经研磨工艺生产水泥产品的企业,掺兑废渣比例计算公式为:

$$\text{掺兑废渣比例}=\frac{\text{熟料研磨过程中掺兑废渣数量}}{\text{熟料数量}+\text{熟料研磨过程中掺兑废渣数量}+\text{其他材料数量}}\times 100\%$$

四、销售下列自产货物实现的增值税实行即征即退 50%的政策:

(一) 以退役军用发射药为原料生产的涂料硝化棉粉。退役军用发射药在生产原料中的比重不低于 90%。

(二) 对燃煤发电厂及各类工业企业产生的烟气、高硫天然气进行脱硫生产的副产品。副产品,是指石膏(其二水硫酸钙含量不低于 85%)、硫酸(其浓度不低于 15%)、硫酸铵(其总氮含量不低于 18%)和硫磺。

(三) 以废弃酒糟和酿酒底锅水为原料生产的蒸汽、活性炭、白碳黑、乳酸、乳酸钙、沼气。废弃酒糟和酿酒底锅水在生产原料中所占的比重不低于 80%。

(四) 以煤矸石、煤泥、石煤、油母页岩为燃料生产的电力和热力。煤矸石、煤泥、石煤、油母页岩用量占发电燃料的比重不低于 60%。

(五) 利用风力生产的电力。

(六) 部分新型墙体材料产品。具体范围按本通知附件 1《享受增值税优惠政策的新型墙体材料目录》执行。

五、对销售自产的综合利用生物柴油实行增值税先征后退政策。

综合利用生物柴油,是指以废弃的动物油和植物油为原料生产的柴油。废弃的动物油和植物油用量占生产原料的比重不低于 70%。

六、对增值税一般纳税人生产的粘土实心砖、瓦,一律按适用税率征收增值税,不得采取简易办法征收增值税。2008 年 7 月 1 日起,以立窑法工艺生产的水泥(包括水泥熟料),一律不得享受本通知规定的增值税即征即退政策。

七、申请享受本通知第一条、第三条、第四条第一项至第四项、第五条规定的资源综合利用产品增值税优惠政策的纳税人,应当按照《国家发展改革委 财政部 国家税务总局关于印发〈国家鼓励的资源综合利用认定管理办法〉的通知》(发改环资[2006]1864 号)的有关规定,申请并取得《资源综合利用认定证书》,否则不得申请享受增值税优惠政策。

八、本通知规定的增值税免税和即征即退政策由税务机关,增值税先征后退政策由财政部驻各地财政监察专员办事处及相关财政机关分别按照现行有关规定办理。

九、本通知所称废渣,是指采矿选矿废渣、冶炼废渣、化工废渣和其他废渣。废渣的具体范围,按附件 2《享受增值税优惠政策的废渣目录》执行。

本通知所称废渣掺兑比例和利用原材料占生产原料的比重,一律以重量比例计算,不得以体积计算。

十、本通知第一条、第二条规定的政策自2009年1月1日起执行，第三条至第五条规定的政策自2008年7月1日起执行，《财政部　国家税务总局关于对部分资源产品免征增值税的通知》(财税字[1995]44号)、《财政部　国家税务总局关于继续对部分资源综合利用产品等实行增值税优惠政策的通知》(财税字[1996]20号)、《财政部　国家税务总局关于部分资源综合利用及其他产品增值税政策问题的通知》(财税[2001]198号)、《财政部　国家税务总局关于部分资源综合利用产品增值税政策的补充通知》(财税[2004]25号)、《国家税务总局关于建材产品征收增值税问题的批复》(国税函[2003]1151号)、《国家税务总局对利用废渣生产的水泥熟料享受资源综合利用产品增值税政策的批复》(国税函[2003]1164号)、《国家税务总局关于企业利用废渣生产的水泥中废渣比例计算办法的批复》(国税函[2004]45号)、《国家税务总局关于明确资源综合利用建材产品和废渣范围的通知》(国税函[2007]446号)、《国家税务总局关于利用废液(渣)生产白银增值税问题的批复》(国税函[2008]116号)相应废止。

附件1

享受增值税优惠政策的新型墙体材料目录

一、砖类：

(一) 非粘土烧结多孔砖(符合GB13544—2000技术要求)和非粘土烧结空心砖(符合GB13545—2003技术要求)。

(二) 混凝土多孔砖(符合JC943—2004技术要求)。

(三) 蒸压粉煤灰砖(符合JC239—2001技术要求)和蒸压灰砂空心砖(符合JC/T637—1996技术要求)。

(四) 烧结多孔砖(仅限西部地区，符合GB13544—2000技术要求)和烧结空心砖(仅限西部地区，符合GB13545—2003技术要求)。

二、砌块类：

(一) 普通混凝土小型空心砌块(符合GB8239—1997技术要求)。

(二) 轻集料混凝土小型空心砌块(符合GB15229—2002技术要求)。

(三) 烧结空心砌块(以煤矸石、江河湖淤泥、建筑垃圾、页岩为原料，符合GB13545—2003技术要求)。

(四) 蒸压加气混凝土砌块(符合GB/T11968—2006技术要求)。

(五) 石膏砌块(符合JC/T698—1998技术要求)。

(六) 粉煤灰小型空心砌块(符合JC862—2000技术要求)。

三、板材类：

(一) 蒸压加气混凝土板(符合GB15762—1995技术要求)。

(二) 建筑隔墙用轻质条板(符合JG/T169—2005技术要求)。

(三) 钢丝网架聚苯乙烯夹芯板(符合JC623—1996技术要求)。

(四) 石膏空心条板(符合JC/T829—1998技术要求)。

(五) 玻璃纤维增强水泥轻质多孔隔墙条板(简称GRC板，符合GB/T19631—2005技术要求)。

(六) 金属面夹芯板。其中：金属面聚苯乙烯夹芯板(符合JC689—1998技术要求)；金属面硬质聚氨酯夹芯板(符合JC/T868—2000技术要求)；金属面岩棉、矿渣棉夹芯板(符合JC/T869—2000技术要求)。

(七) 建筑平板。其中：纸面石膏板(符合GB/T9775—1999技术要求)；纤维增强硅酸钙板(符合JC/T564—2000技术要求)；纤维增强低碱度水泥建筑平板(符合JC/T626—1996技术要求)；维纶纤维增强水泥平板(符合JC/T671—1997技术要求)；建筑用石棉水泥平板(符合JC/T412技术要求)。

四、符合国家标准、行业标准和地方标准的混凝土砖、烧结保温砖(砌块)、中空钢网内模隔墙、复合保温砖(砌块)、预制复合墙板(体)，聚氨酯硬泡复合板及以专用聚氨酯为材料的建筑墙体。

附件2

享受增值税优惠政策的废渣目录

本通知所述废渣，是指采矿选矿废渣、冶炼废渣、化工废渣和其他废渣。

一、采矿选矿废渣，是指在矿产资源开采加工过程中产生的废石、煤矸石、碎屑、粉末、粉尘和污泥。

二、冶炼废渣，是指转炉渣、电炉渣、铁合金炉渣、氧化铝赤泥和有色金属灰渣，但不包括高炉水渣。

三、化工废渣，是指硫铁矿渣、硫铁矿煅烧渣、硫酸渣、硫石膏、磷石膏、磷矿煅烧渣、含氰废渣、电石渣、磷肥渣、硫磺渣、碱渣、含钡废渣、铬渣、盐泥、总溶剂渣、黄磷渣、柠檬酸渣、脱硫石膏、氟石膏和废石膏模。

四、其他废渣，是指粉煤灰、江河（湖、海、渠）道淤泥、淤沙、建筑垃圾、城镇污水处理厂处理污水产生的污泥。

财政部　国家税务总局关于黑大豆出口免征增值税的通知

财税[2008]154号

各省、自治区、直辖市、计划单列市财政厅（局）、国家税务局，新疆生产建设兵团财务局：

经国务院批准，从2008年12月1日起，对黑大豆（税则号为1201009200）出口免征增值税。具体执行时间，以“出口货物报关单（出口退税专用）”海关注明的出口日期为准。

财政部　国家税务总局关于金属矿非金属矿采选产品增值税税率的通知

财税[2008]171号

各省、自治区、直辖市、计划单列市财政厅（局）、国家税务局，新疆生产建设兵团财务局：

根据国务院的决定，现将金属矿、非金属矿采选产品增值税税率问题通知如下：

一、金属矿采选产品、非金属矿采选产品增值税税率由13%恢复到17%。

二、食用盐仍适用13%的增值税税率，其具体范围是指符合《食用盐》（GB5461—2000）和《食用盐卫生标准》（GB2721—2003）两项国家标准的食用盐。

三、本通知所称金属矿采选产品，包括黑色和有色金属矿采选产品；非金属矿采选产品，包括除金属矿采选产品以外的非金属矿采选产品、煤炭和盐。

四、本通知自2009年1月1日起执行，《财政部　国家税务总局关于调整金属矿、非金属矿采选产品增值税税率的通知》[（94）财税字第22号]、《财政部　国家税务总局关于调整工业盐和食用盐增值税税率的通知》（财税[2007]101号）和《国家税务总局关于有色金属焙烧矿增值税适用税率问题的通知》（国税函[1994]621号）同时废止。

财政部　国家税务总局关于全国实施增值税转型改革若干问题的通知

财税[2008]170号

各省、自治区、直辖市、计划单列市财政厅（局）、国家税务局，新疆生产建设兵团财务局：

为推进增值税制度完善，促进国民经济平稳较快发展，国务院决定，自2009年1月1日起，在全国实施增值税转型改革。为保证改革实施到位，现将有关问题通知如下：

一、自2009年1月1日起，增值税一般纳税人（以下简称纳税人）购进（包括接受捐赠、实物投资，下同）或者自制（包括改扩建、安装，下同）固定资产发生的进项税额（以下简称固定资产进项税额），可根据《中华人民共和国增值税暂行条例》（国务院令第538号，以下简称条例）和《中华人民共和国增值税暂行条例实施细则》（财政部　国家税务总局令第50号，以下简称细则）的有关规定，凭增值税专用发票、海关进口增值税专用缴款书和运输费用结算单据（以下简称增值税扣税凭证）从销项税额中抵扣，其进项税额应当记入“应交税金——应交增值税（进项税额）”科目。

二、纳税人允许抵扣的固定资产进项税额，是指纳税人2009年1月1日以后（含1月1日，下同）实际发生，并取得2009年1月1日以后开具的增值税扣税凭证上注明的或者依据增值税扣税凭证计算的增值税税额。

三、东北老工业基地、中部六省老工业基地城市、内蒙古自治区东部地区已纳入扩大增值税抵扣范围试点的纳税人，2009年1月1日以后发生的固定资产进项税额，不再采取退税方式，其2008年12月31日以前（含12月31日，下同）发生的待抵扣固定资产进项税额期末余额，应于2009年1月份一次性转入“应交税金——应交增值税(进项税额)”科目。

四、自2009年1月1日起,纳税人销售自己使用过的固定资产(以下简称已使用过的固定资产),应区分不同情形征收增值税:

(一)销售自己使用过的2009年1月1日以后购进或者自制的固定资产,按照适用税率征收增值税;

(二)2008年12月31日以前未纳入扩大增值税抵扣范围试点的纳税人,销售自己使用过的2008年12月31日以前购进或者自制的固定资产,按照4%征收率减半征收增值税;

(三)2008年12月31日以前已纳入扩大增值税抵扣范围试点的纳税人,销售自己使用过的在本地区扩大增值税抵扣范围试点以前购进或者自制的固定资产,按照4%征收率减半征收增值税;销售自己使用过的在本地区扩大增值税抵扣范围试点以后购进或者自制的固定资产,按照适用税率征收增值税。

本通知所称已使用过的固定资产,是指纳税人根据财务会计制度已经计提折旧的固定资产。

五、纳税人已抵扣进项税额的固定资产发生条例第十条(一)至(三)项所列情形的,应在当月按下列公式计算不得抵扣的进项税额:

不得抵扣的进项税额=固定资产净值×适用税率

本通知所称固定资产净值,是指纳税人按照财务会计制度计提折旧后计算的固定资产净值。

六、纳税人发生细则第四条规定固定资产视同销售行为,对已使用过的固定资产无法确定销售额的,以固定资产净值为销售额。

七、自2009年1月1日起,进口设备增值税免税政策和外商投资企业采购国产设备增值税退税政策停止执行。具体办法,财政部、国家税务总局另行发文明确。

八、本通知自2009年1月1日起执行。《财政部国家税务总局关于印发〈东北地区扩大增值税抵扣范围若干问题的规定〉的通知》(财税[2004]156号)、《财政部国家税务总局关于印发〈2004年东北地区扩大增值税抵扣范围暂行办法〉的通知》(财税[2004]168号)、《财政部　国家税务总局关于进一步落实东北地区扩大增值税抵扣范围政策的紧急通知》(财税[2004]226号)、《财政部　国家税务总局关于东北地区军品和高新技术产品生产企业实施扩大增值税抵扣范围有关问题的通知》(财税[2004]227号)、《国家税务总局关于开展扩大增值税抵扣范围企业认定工作的通知》(国税函[2004]143号)、《财政部　国家税务总局关于2005年东北地区扩大增值税抵扣范围有关问题的通知》(财税[2005]28号)、《财政部　国家税务总局关于2005年东北地区扩大增值税抵扣范围固定资产进项税额退税问题的通知》(财税[2005]176号)、《财政部　国家税务总局关于东北地区军品和高新技术产品生产企业实施扩大增值税抵扣范围有关问题的通知》(财税[2006]15号)、《财政部　国家税务总局关于2006年东北地区固定资产进项税额退税问题的通知》(财税[2006]156号)、《财政部　国家税务总局关于印发〈中部地区扩大增值税抵扣范围暂行办法〉的通知》(财税[2007]75号)、《财政部　国家税务总局关于扩大增值税抵扣范围地区2007年固定资产抵扣(退税)有关问题的补充通知》(财税[2007]128号)、《国家税务总局关于印发〈扩大增值税抵扣范围暂行管理办法〉的通知》(国税发[2007]62号)、《财政部　国家税务总局关于印发〈内蒙古东部地区扩大增值税抵扣范围暂行办法〉的通知》(财税[2008]94号)、《财政部　国家税务总局关于印发〈汶川地震受灾严重地区扩大增值税抵扣范围暂行办法〉的通知》(财税[2008]108号)、《财政部　国家税务总局关于2008年东北中部和蒙东地区扩大增值税抵扣范围固定资产进项税额退税问题的通知》(财税[2008]141号)同时废止。

财政部　国家税务总局关于停止外商投资企业购买国产设备退税政策的通知

财税[2008]176号

各省、自治区、直辖市、计划单列市财政厅(局)、国家税务局、新疆生产建设兵团财务局:

为配合全国增值税转型改革,规范税制,经国务院批准,停止执行外商投资企业采购国产设备增值税退税政策。现将有关事项通知如下:

一、自2009年1月1日起,对外商投资企业在投资总额内采购国产设备可全额退还国产设备增值税的政策停止执行。下列文件及条款同时废止:

(一)《国家税务总局关于印发〈外商投资企业采购国产设备退税管理试行办法〉的通知》(国税发

[1997]171 号)；

(二)《财政部国家税务总局关于出口货物退(免)税若干具体问题的通知》(财税[2004]116 号)第一条；

(三)《财政部国家税务总局关于调整外商投资项目购买国产设备退税政策范围的通知》(财税[2006]61 号)；

(四)《国家税务总局国家发展和改革委员会关于印发〈外商投资项目采购国产设备退税管理试行办法〉的通知》(国税发[2006]111 号)；

(五)《国家税务总局关于外商投资企业以包工包料方式委托承建企业购买国产设备退税问题的通知》(国税函[2007]637 号)。

二、为保证政策调整平稳过渡，外商投资企业在 2009 年 6 月 30 日以前(含本日，下同)购进的国产设备，在增值税专用发票稽核信息核对无误的情况下，可选择按原规定继续执行增值税退税政策，但应当同时符合下列条件：

(一) 2008 年 11 月 9 日以前获得《符合国家产业政策的外商投资项目确认书》，并已于 2008 年 12 月 31 日以前在主管税务机关备案；

(二) 2009 年 6 月 30 日以前实际购进国产设备并开具增值税专用发票，且已在主管税务机关申报退税；

(三) 购进的国产设备已列入《项目采购国产设备清单》。

三、外商投资企业购进的已享受增值税退税政策国产设备的增值税额，不得再作为进项税额抵扣销项税额。

四、外商投资企业购进的已享受增值税退税政策的国产设备，由主管税务机关负责监管，监管期为 5 年。在监管期内，如果企业性质变更为内资企业，或者发生转让、赠送等设备所有权转让情形，或者发生出租、再投资等情形的，应当向主管退税机关补缴已退税款，应补税款按以下公式计算：

应补税款＝国产设备净值×适用税率

国产设备净值是指企业按照财务会计制度计提折旧后计算的设备净值。

财政部　国家税务总局关于提高部分机电产品出口退税率的通知

财税[2008]177 号

各省、自治区、直辖市、计划单列市财政厅(局)、国家税务局，新疆生产建设兵团财务局：

经国务院批准，从 2009 年 1 月 1 日起，提高部分技术含量和附加值高的机电产品出口退税率。具体规定如下：

一、将航空惯性导航仪、陀螺仪、离子射线检测仪、核反应堆、工业机器人等产品的出口退税率由 13%、14%提高到 17%。

二、将摩托车、缝纫机、电导体等产品的出口退税率由 11%、13%提高到 14%。

三、具体执行时间，以“出口货物报关单(出口退税专用)”海关注明的出口日期为准。

国家税务总局关于废旧物资发票抵扣增值税有关事项的公告

国家税务总局公告 2008 年第 1 号

为促进再生资源(废旧物资)的回收利用，规范废旧物资回收经营行业发展，《财政部国家税务总局关于再生资源增值税政策的通知》(财税[2008]157 号)调整了现行废旧物资回收经营业务有关增值税政策，取消了生产企业增值税一般纳税人凭废旧物资发票抵扣增值税进项税额的规定。为做好相关增值税政策的过渡与衔接工作，现将有关事项公告如下：

一、自 2009 年 1 月 1 日起，从事废旧物资回收经营业务的增值税一般纳税人销售废旧物资，不得开具印有“废旧物资”字样的增值税专用发票(以下简称废旧物资专用发票)。

纳税人取得的 2009 年 1 月 1 日以后开具的废旧物资专用发票，不再作为增值税扣税凭证。

二、纳税人取得的 2008 年 12 月 31 日以前开具的废旧物资专用发票，应在开具之日起 90 天内办理认证，并在认证通过的当月核算当期增值税进项税额申报抵扣。

自2009年4月1日起，废旧物资专用发票一律不得作为增值税扣税凭证计算抵扣进项税额。

财政部　海关总署　国家税务总局公告2008年第43号

为配合全国增值税转型改革，规范税制，经国务院批准，对部分进口税收优惠政策进行相应调整，现将有关事项公告如下：

一、自2009年1月1日起，对《国务院关于调整进口设备税收政策的通知》(国发[1997]37号)中国家鼓励发展的国内投资项目和外商投资项目进口的自用设备、外国政府贷款和国际金融组织贷款项目进口设备、加工贸易外商提供的不作价进口设备以及按照合同随上述设备进口的技术及配套件、备件，恢复征收进口环节增值税，在原规定范围内继续免征关税。

二、自2009年1月1日起，对《海关总署关于进一步鼓励外商投资有关进口税收政策的通知》(署税[1999]791号)中规定的外商投资企业和外商投资设立的研究开发中心进行技术改造以及按《中西部地区外商投资优势产业目录》批准的外商投资项目进口的自用设备及其配套技术、配件、备件，恢复征收进口环节增值税，在原规定范围内继续免征关税。

三、自2009年1月1日起，对软件生产企业、集成电路生产企业、城市轨道交通项目以及其他比照《国务院关于调整进口设备税收政策的通知》(国发[1997]37号)执行的企业和项目，进口设备及其配套技术、配件、备件，一律恢复征收进口环节增值税，在原规定范围内继续免征关税。

四、对2008年11月10日以前获得《国家鼓励发展的内外资项目确认书》的项目，于2009年6月30日及以前申报进口的设备及其配套技术、配件、备件，按原规定继续执行免征关税和进口环节增值税的政策，2009年7月1日及以后申报进口的，一律恢复征收进口环节增值税，符合原免税规定的，继续免征关税。

国家税务总局关于有机肥产品免征增值税问题的批复

国税函[2008]1020号

陕西省国家税务局：

你局《关于有机肥产品免征增值税问题的请示》(陕国税发[2008]307号)收悉。经研究，批复如下：

《财政部　国家税务总局关于有机肥产品免征增值税的通知》(财税[2008]56号)规定，享受免税政策的有机肥产品是指有机肥料、有机—无机复混肥料和生物有机肥。其产品执行标准为：有机肥料NY525—2002，有机—无机复混肥料GB18877—2002，生物有机肥NY884—2004。其他不符合上述标准的产品，不属于财税[2008]56号文件规定的有机肥产品，应按照现行规定征收增值税。

国家税务总局关于金表壳及零件出口有关退税问题的通知

国税函[2008]1040号

各省、自治区、直辖市和计划单列市国家税务局：

近接部分省市来函来电，反映金表壳及零件的出口退税问题。为加强对含金成份产品出口退(免)管理，防范骗取出口退税案件的发生，经研究，对金表壳及零件的出口退税问题通知如下：

一、从2008年12月1日起，出口企业出口海关商品代码为91111000的“黄金、铂金或包黄金、铂金制的表壳”及商品代码为91119000的“黄金、铂金表壳的零件”，实行增值税免税政策，相应的进项税额不再退税或抵扣，转入成本处理。

二、对2008年1月1日至11月30日之间出口已申报退税的金表壳及零件，出口企业所在地税务机关要对供货企业的生产能力与内外销总量、货物运输方式、货款收付金额、纳税情况等是否合理进行核查，对排除骗税嫌疑的予以退(免)税，如发现涉税违法行为的，按《中华人民共和国税收征管法》有关规定处理。

国家税务总局关于调整增值税纳税申报有关事项的通知

国税函[2008]1075号

各省、自治区、直辖市和计划单列市国家税务局：

根据新修订的《中华人民共和国增值税暂行条例》及其实施细则，国家税务总局对增值税一般纳税人和小规模纳税人的纳税申报政策规定进行了调整，现将有关事项通知如下：

一、增值税一般纳税人纳税申报的调整事项。

（一）增值税一般纳税人纳税申报办法

1.《增值税一般纳税人纳税申报办法》（国税发[2003]53号印发，以下简称《申报办法》）第三条第一款第1项调整为"《增值税纳税申报表（适用于增值税一般纳税人）》、《增值税纳税申报表附列资料（表一）、（表二）》和《固定资产进项税额抵扣情况表》"。

调整后的《增值税纳税申报表（适用于增值税一般纳税人）》见附件1，《增值税纳税申报表附列资料（表一）》见附件2，《增值税纳税申报表附列资料（表二）》见附件3，《固定资产进项税额抵扣情况表》见附件4，原《增值税纳税申报表附列资料（表三）、（表四）》废止。

2. 删除《申报办法》第三条第二款第3项中"及购进废旧物资普通发票"。

3.《申报办法》第六条调整为"纳税人应按月进行纳税申报，申报期为次月1日起至15日止，遇最后一日为法定节假日的，顺延1日；在每月1日至15日内有连续3日以上法定休假日的，按休假日天数顺延"。

（二）《增值税纳税申报表（适用于增值税一般纳税人）》

《增值税纳税申报表（适用于增值税一般纳税人）》表头说明调整为"根据《中华人民共和国增值税暂行条例》第二十二条和第二十三条的规定制定本表。纳税人不论有无销售额，均应按主管税务机关核定的纳税期限按期填报本表，并于次月一日起十五日内，向当地税务机关申报"。

（三）《增值税纳税申报表附列资料（表一）》及其填表说明

1. 第1、8、15栏均包含机动车销售统一发票数据；

2. 第2、9栏"非防伪税控系统开具的增值税专用发票"不再填写。

（四）《增值税纳税申报表附列资料（表二）》及其填表说明

1. 第1—3、22—26、35栏均包含机动车销售统一发票和税务机关代开的增值税专用发票数据。

2. 第5、28栏项目名称调整为"海关进口增值税专用缴款书"。

辅导期纳税人第5栏填写本月税务机关告知的稽核比对结果通知书及其明细清单注明的稽核相符海关进口增值税专用缴款书、核查结果中允许抵扣的海关进口增值税专用缴款书的份数、金额、税额。

辅导期纳税人第28栏填写本月未收到稽核比对结果的海关进口增值税专用缴款书。

3. 第6、29栏项目名称调整为"农产品收购发票或者销售发票"。

4. 第8、31栏项目名称调整为"运输费用结算单据"。

辅导期纳税人第8栏填写税务机关告知的稽核比对结果通知书及其明细清单注明的稽核相符运输费用结算单据、核查结果中允许抵扣的运输费用结算单据的份数、金额、税额。

辅导期纳税人第31栏填写本月未收到稽核比对结果的运输费用结算单据数据。

5. 第11栏项目名称调整为"外贸企业进项税额抵扣证明"，其"税额"栏填写税务机关出口退税部门开具的《外贸企业出口视同内销征税货物进项税额抵扣证明》允许抵扣的进项税额。

6. 自2009年5月1日起，第7栏"废旧物资发票"不再填写。

7. 第9栏"6%征收率"及第10栏"4%征收率"不再填写。

8. 第15栏项目名称调整为"非应税项目、集体福利、个人消费用"，填写用于非增值税应税项目、集体福利或者个人消费的购进货物或者应税劳务转出的进项税额。

9. 第21栏增加为"红字专用发票通知单注明的进项税额"．填写纳税人按照主管税务机关开具的《开具红字增值税专用发票通知单》中"需要做进项税额转出"的税额。

10. 自2009年5月1日起，第30栏"废旧物资发票"不再填写。

11. 第32栏"6%征收率"及第33栏"4%征收率"不再填写。

12.《增值税纳税申报表附列资料(表二)》所称的"本期进项税额明细"均包括固定资产进项税额。

13. 填表说明第四条第3款"前期认证相符且本期申报抵扣",调整填写为前期认证相符本期申报抵扣的防伪税控增值税专用发票和机动车销售统一发票情况;辅导期纳税人由税务机关告知的稽核比对结果通知书及明细清单注明的稽核相符专用发票、核查结果中允许抵扣的专用发票和机动车销售统一发票的份数、金额、税额。该项应与第23栏"期初已认证相符但未申报抵扣"加第24栏"本期已认证相符且本期未申报抵扣"减第25栏"期末已认证相符但未申报抵扣"后数据相等。

14. 填表说明第六条第1款"期初已认证相符但未申报抵扣",调整填写为前期认证相符,但按照税法规定,暂不予抵扣,结存至本期的防伪税控增值税专用发票和机动车销售统一发票;辅导期纳税人认证相符但未收到稽核比对结果的防伪税控增值税专用发票和机动车销售统一发票月初余额数。该项应与上期"期末已认证相符但未申报抵扣"栏数据相等。

15. 填表说明第六条第2款"本期已认证相符且本期未申报抵扣",调整填写为本期认证相符,但因按照税法规定暂不予抵扣及按照税法规定不允许抵扣,而未申报抵扣的防伪税控增值税专用发票和机动车销售统一发票,包括外贸企业购进供出口的货物。辅导期纳税人填写本月已认证相符但未收到稽核比对结果的防伪税控增值税专用发票和机动车销售统一发票数据。

16. 填表说明第六条第2款"本期已认证相符且本期未申报抵扣",调整填写为截至本期期末,按照税法规定仍暂不予抵扣及按照税法规定不允许抵扣且已认证相符的防伪税控增值税专用发票和机动车销售统一发票情况;辅导期纳税人填写已认证相符但未收到稽核比对结果的防伪税控增值税专用发票和机动车销售统一发票月末余额数。

17. 填表说明第六条第4款调整为"其中:按照税法规定不允许抵扣",填写期末已认证相符但未申报抵扣的防伪税控增值税专用发票和机动车销售统一发票中,按照税法规定不允许抵扣,而只能作为出口退税凭证或应列入成本、资产等项目的防伪税控增值税专用发票和机动车销售统一发票。包括外贸出口企业用于出口而采购货物的防伪税控增值税专用发票等。

18. 填表说明第七条中"代扣代缴税额"项指标的填写依据,调整为《中华人民共和国增值税暂行条例》第十八条。

二、小规模纳税人纳税申报的调整事项。

《国家税务总局关于做好增值税普通发票一窗式票表比对准备工作的通知》(国税发[2005]141号)所附的《增值税纳税申报表(适用于小规模纳税人)》(以下简称《小规模纳税人申报表》)及其填表说明按以下要求填写:

(一)《小规模纳税人申报表》的"本月数"调整为"本期数"。

《小规模纳税人申报表》填表说明中涉及"本月数"的均改为"本期数"。

(二)《小规模纳税人申报表》第4、5栏不再填写,其对应的填表说明一并取消。

调整后的《小规模纳税人申报表》见附件5。

三、纳税人在2009年1月征期仍使用现行增值税纳税申报资料,调整后的增值税纳税申报资料自2009年2月1日启用。

附件:

1. 增值税纳税申报表(适用于增值税一般纳税人)
2. 增值税纳税申报表附列资料(表一)
3. 增值税纳税申报表附列资料(表二)
4. 固定资产进项税额抵扣情况表
5. 增值税纳税申报表(适用于小规模纳税人)

国家税务总局关于增值税一般纳税人认定有关问题的通知

国税函[2008]1079号

各省、自治区、直辖市和计划单列市国家税务局:

新修订的《中华人民共和国增值税暂行条例实施细则》降低了小规模纳税人标准(以下称新标准),自

2009年1月1日起实施。目前，税务总局正在制定增值税一般纳税人认定管理的具体办法，在该办法颁布之前，为保证新标准的顺利执行，增值税一般纳税人认定工作暂按以下原则办理：

一、现行增值税一般纳税人认定的有关规定仍继续执行。

二、2008年应税销售额超过新标准的小规模纳税人向主管税务机关申请一般纳税人资格认定的，主管税务机关应按照现行规定为其办理一般纳税人认定手续。

三、2009年应税销售额超过新标准的小规模纳税人，应当按照《中华人民共和国增值税暂行条例》及其实施细则的有关规定向主管税务机关申请一般纳税人资格认定。未申请办理一般纳税人认定手续的，应按销售额依照增值税税率计算应纳税额，不得抵扣进项税额，也不得使用增值税专用发票。

四、年应税销售额未超过新标准的小规模纳税人，可以按照现行规定向主管税务机关申请一般纳税人资格认定。

国家税务总局　国家发展和改革委员会关于外商投资项目采购国产设备退税有关政策的通知

国税发[2008]121号

各省、自治区、直辖市和计划单列市国家税务局，发展改革委：

为完善外商投资项目采购国产设备退税政策，现将有关问题明确如下：

一、2006年7月1日前已经有关部门按照规定批准的外商投资项目（以下简称已批准项目），凡在本通知下发前尚未按《国家税务总局 国家发展和改革委员会关于印发〈外商投资项目采购国产设备退税管理试行办法〉的通知》（国税发[2006]111号）的规定办理退税的，外商投资企业可在2009年2月28日前向企业所在地省（自治区、直辖市和计划单列市）国家税务局提出申请，经批准可按《国家税务总局关于印发〈外商投资企业采购国产设备退税管理试行办法〉的通知》（国税发[1999]171号）的规定办理退税（税务机关接到本通知后，应及时告知相关企业），逾期不再办理。本通知下发前已按国税发[2006]111号文件规定的程序办理退税的其他已批准项目和2006年7月1日后核准的外商投资项目，一律按国税发[2006]111号文件的规定办理退税。

二、项目确认书的办理，需在项目按规定核准并在国产设备采购合同签订后三个月内，由项目业主单位按程序向发展改革部门提出申请。每个项目只能办理一个项目确认书，设备清单原则上应与项目确认书同时出具。对于部分项目建设时间长、采购设备规模大，在办理项目确认书时无法确定全部设备清单的项目，可以采取一次办理项目确认书，分批确认项目清单的方式，但清单确认每年不得超过两次。

三、属于增值税一般纳税人的外商投资企业购买国产设备后，应自购买设备开具增值税专用发票的开票之日起90日到主管税务机关认证，未经过认证或认证未通过的一律不予办理退税。

四、已办理退税的国产设备的5年监管期，以税务机关开具该国产设备的《收入退还书》上的日期为起始日期开始计算。在监管期内，外商投资企业须将已退税设备有关存放区域、固定资产核算账册凭证编码的资料及设备的数码照片报主管税务机关备查；主管税务机关要定期检查该国产设备的运营情况，如发生政策规定应补税情形的要依法予以补税。

五、其他事项仍按国税发[2006]111号文件规定执行。

六、新修订的《中华人民共和国增值税暂行条例》施行后，2009年1月1日前经合规核准的外商投资鼓励类项目适用政策问题，另行规定。

第四部分　中华人民共和国营业税法

中华人民共和国营业税暂行条例

国务院令[2008]540 号

第一条　在中华人民共和国境内提供本条例规定的劳务、转让无形资产或者销售不动产的单位和个人，为营业税的纳税人，应当依照本条例缴纳营业税。

【注释】　相关规定包括：《财政部　国家税务总局关于对福利企业、学校办企业征税问题的通知》(财税[1994]3 号)、《财政部　国家税务总局关于明确民航基础设施建设基金纳税问题的通知》(财税[1994]6 号)、《财政部　国家税务总局关于铁路工附业应按规定征收营业税的通知》(财税[1995]28 号)、《财政部　国家税务总局关于铁路工附业征收营业税问题的补充通知》(财税[1995]58 号)、《国家税务总局关于地质矿产部所属地勘单位征税问题的通知》(国税函发[1995]453 号)、《国家税务总局关于海洋石油若干税收政策问题的通知》(国税发[1997]44 号)、《财政部　国家税务总局关于纳税人承包以工代赈工程征收营业税问题的通知》(财税[1997]67 号)、《国家税务总局关于外商投资企业代扣城市维护建设税问题的批复》(国税函发[1997]477 号)、《国家税务总局关于外国企业向境内转让无形资产取得收入征收营业税问题的通知》(国税发[1998]4 号)、《国家税务总局关于航空运输业营业税纳税人问题的通知》(国税发[1998]210 号)、《国家税务总局关于外国企业向我国转让无形资产征收营业税问题的批复》(国税函发[1998]797 号)、《国家税务总局关于境内单位外派员工取得收入应否征收营业税问题的批复》(国税函[1999]830 号)、《国家税务总局于从事房地产业务的外商投资企业若干税务处理问题的通知》(国税发[1999]242 号)、《财政部　国家税务总局关于外国企业和外籍个人转让无形资产营业税若干问题的通知》(财税[2001]36 号)、《财政部　国家税务总局关于营业税若干政策问题的通知》(财税[2003]16 号)、《国家税务总局关于交通部门有偿转让高速公路收费经营权征收营业税的批复》(国税函[2005]1146 号)、《国家税务总局关于营利性医疗机构医疗服务收入征收营业税问题的批复》(国税函[2006]480 号)、《国家税务总局关于未办理土地使用权证转让土地有关税收问题的批复》(国税函[2007]645 号)。

第二条　营业税的税目、税率，依照本条例所附的《营业税税目税率表》执行。

税目、税率的调整，由国务院决定。

纳税人经营娱乐业具体适用的税率，由省、自治区、直辖市人民政府在本条例规定的幅度内决定。

【注释】　相关规定包括：《营业税税目注释(试行稿)》(国税发[1993]149 号)、《国家税务总局关于中外合资××公路桥梁开发有限公司税收问题的批复》(国税函发[1994]32 号)、《国家税务总局关于外国或港、澳、台非航空运输企业以包机从事国际运输业务有关税收问题的通知》(国税发[1994]19 号)、《国家税务总局关于境外团体或个人在我国从事文艺及体育演出有关税收问题的通知》(国税发[1994]106 号)、《财政部　国家税务总局关于增值税、营业税若干政策规定的通知》(财税[1994]26 号)、《国家税务总局 海洋石油税务管理局关于中国海洋石油总公司取得的服务收入征税问题的通知》(国税油发[1994]11 号)、《国家税务总局关于电力调整试验收入适用税目问题的批复》(国税函发[1994]552 号)、《国家税务总局关于中外合作开发房地产征收营业税问题的批复》(国税函发[1994]644 号)、《国家税务总局关于营业税若干问题的通知》(国税发[1995]76 号)、《营业税问题解答(之一)》(国税函发[1995]156 号)、《财政部　国家税务总局关于工程勘察设计单位改为企业后有关税收问题的函》(财税[1995]100 号)、《国家税务总局关于中国海洋石油总公司所属公司提供劳务征收营业税问题的通知》(国税函发[1996]112 号)、《国家税务总局涉外税务管理司关于外商投资企业广告代理业营业税问题的通知》(国税外函发[1996]39 号)、《国家税务总局关于烧卤熟制食品征收流转税问题的批复》(国税函发[1996]261 号)、《国家税务总局关于外商投资企业在筹办期间取得的会员费有关税务处理问题的通知》(国税发[1996]84 号)、《国家税务总局关于外商承包工程作业和提供劳务取得收入计算征税有关问题的通知》(国税发[1995]197 号)、《国家税务总局关于邮政汇兑资金利息收入征收营业税问题的批复》(国税函发[1996]635 号)、《国家税务总局关于有偿转让资产使用权的行为征收营业税问题的批复》(国税函发[1996]636号)、《国家税务总局关于地质矿产部所属地勘单位征税问题的补充通知》(国税函发[1996]656号)、《国家税务总局关于房产开发企业销售不动产征收营业税问题的通知》(国税函发[1996]684号)、《国家税务总局关于非电信部门开办电话咨询业务适用税目问题的批复》(国税函发[1996]700号)、《国家税务总局关于个人从事房地产经营业务征收营业税问题的批复》(国税函发[1996]718号)、《国家税务总局关于征用土地过程中征地单位支付给土地承包人员的补偿费如何征税问题的批复》(国税函发[1997]87号)、《国家税务总局关于合作开采海洋石油提供应税劳务适用营业税税目、税率问题的通知》(国税发[1997]42号)、《国家税务总局关于以不动产或无形资产投资入股收取固定利润征收营业税问题的批复》(国税函发[1997]490号)、《财政部　国家税务总局关于供电工程贴费不征收增值税和营业税的通知》(财税[1997]102号)、《国家税务总局关于经营公用电话征收营业税问题的通知》(国税发[1997]161号)、《国家税务总局关于电梯保养、维修收入征税问题的批复》(国税函发[1998]390号)、《国家税务总局关于外商投资的宾馆、商务楼等经营电信业务征收营业税问题的批复》(国税函发[1998]737号)、《国家税务总局关于有线电视台有关收费征收营业税问题的批复》(国税函发[1998]748号)、《国家税务总局关于拍卖行取得的拍卖收入征收增值税、营业税有关问题的通知》(国税发[1999]40号)、《国家税务总局关于水利部门所属勘察设计单位征收营业税问题的通知》(国税函[1999]728号)、《国家税务总局关于融资租赁业务征收流转税问题的通知》(国税函[2000]514号)、《财政部　国家税务总局关于对青少年活动场所电子游戏厅有关所得税和营业税政策问题的通知》(财税[2000]21号)、《国家税务总局关于航空运输企业包机业务征收营业税问题的通知》(国税发[2000]139号)、《国家税务总局关于电信部门销售电话号码簿征收营业税问题的通知》(国税函[2000]698号)、《财政部　国家税务总局关于调整住房租赁市场税收政策的通知》(财税[2000]125号)、《国家税务总局关于电视收视费征收营业税问题的通知》(国税发[2001]22号)、《国家税务总局关于代扣代缴储蓄存款利息所得个人所得税手续费收入征免税问题的通知》(国税发[2001]31号)、《财政部　国家税务总局关于调整部分娱乐业营业税税率的通知》(财税[2001]73号)、《财政部　国家税务总局关于索道运营征收营业税问题的通知》(财税[2001]116号)、《财政部　国家税务总局关于明确调整营业税税率的娱乐业范围的通知》(财税[2001]145号)、《国家税务总局关于管道煤气集资费(初装费)征收营业税问题的批复》(国税函[2002]105号)、《国家税务总局关于转让企业产权不征营业税问题的批复》(国税函[2002]165号)、《国家税务总局关于交通运输企业征收营业税问题的通知》(国税发[2002]25号)、《国家税务总局关于保险公司分业经营改革中不动产转移过户有关税收政策的通知》(国税发[2002]69号)、《财政部　国家税务总局关于股权转让有关营业税问题的通知》(财税[2002]191号)、《财政部　国家税务总局关于营业税若干政策问题的通知》(财税[2003]16号)、《国家税务总局关于代理业营业额问题的通知》(国税发[2003]69号)、《国家税务总局关于广播电视有线数字付费频道业务征收营业税问题的通知》(国税函[2004]141号)、《财政部　国家税务总局关于调减台球保龄球营业税税率的通知》(财税[2004]97号)、《国家税务总局关于纳税人提供泥浆工程劳务征收流转税问题的批复》(国税函[2005]375号)、《财政部　国家税务总局关于公路经营企业车辆通行费收入营业税政策的通知》(财税[2005]77号)、《国家税务总局关于垃圾处置费征收营业税问题的批复》(国税函[2005]1128号)、《国家税务总局关于交通部门有偿转让高速公路收费经营权征收营业税的批复》(国税函[2005]1146号)、《国家税务总局关于酒店产权式经营业主税收问题的批复》(国税函[2006]478号)、《国家税务总局关于劳务承包行为征收营业税问题的批复》(国税函[2006]493号)、《国家税务总局关于纳税人销售自产建筑防水材料并同时提供建筑业劳务征收流转税问题的通知》(国税发[2006]80号)。

第三条　纳税人兼有不同税目的应当缴纳营业税的劳务(以下简称应税劳务)、转让无形资产或者销售不动产,应当分别核算不同税目的营业额、转让额、销售额(以下统称营业额);未分别核算营业额的,从高适用税率。

第四条　纳税人提供应税劳务、转让无形资产或者销售不动产,按照营业额和规定的税率计算应纳税额。应纳税额计算公式:

应纳税额=营业额×税率

营业额以人民币计算。纳税人以人民币以外的货币结算营业额的,应当折合成人民币计算。

【注释】　相关规定包括:《国家税务总局关于境外团体或个人在我国从事文艺及体育演出有关税收问题的通知》(国税发[1994]106号)。

第五条 纳税人的营业额为纳税人提供应税劳务、转让无形资产或者销售不动产收取的全部价款和价外费用。但是，下列情形除外：

（一）纳税人将承揽的运输业务分给其他单位或者个人的，以其取得的全部价款和价外费用扣除其支付给其他单位或者个人的运输费用后的余额为营业额；

（二）纳税人从事旅游业务的，以其取得的全部价款和价外费用扣除替旅游者支付给其他单位或者个人的住宿费、餐费、交通费、旅游景点门票和支付给其他接团旅游企业的旅游费后的余额为营业额；

（三）纳税人将建筑工程分包给其他单位的，以其取得的全部价款和价外费用扣除其支付给其他单位的分包款后的余额为营业额；

（四）外汇、有价证券、期货等金融商品买卖业务，以卖出价减去买入价后的余额为营业额；

（五）国务院财政、税务主管部门规定的其他情形。

【注释】 相关规定包括：《财政部 国家税务总局关于民航单位收取的机场管理建设费、旅游发展基金应按税法规定征收营业税的通知》（财税[1995]5号）、《营业税问题解答（之一）》（国税函发[1995]156号）、《国家税务总局关于律师事务所办案费收入征收营业税问题的批复》（国税函发[1995]479号）、《国家税务总局关于外商投资企业从事城市住宅小区建设征收营业税问题的批复》（国税函发[1995]549号）、《国家税务总局关于中国银行外汇收入计征营业税问题的函》（国税函发[1996]618号）、《国家税务总局关于电信业务征收营业税问题的通知》（国税函发[1996]685号）、《国家税务总局关于对电影发行单位的发行收入不征营业税的通知》（国税函发[1996]696号）、《国家税务总局关于经营公用电话征收营业税问题的通知》（国税发[1997]161号）、《国家税务总局关于物业管理企业的代收费用有关营业税问题的通知》（国税发[1998]217号）、《财政部 国家税务总局关于融资租赁业营业税计税营业额问题的通知》（财税[1999]183号）、《财政部 国家税务总局关于金融企业应收未收利息征收营业税问题的通知》（财税[2002]182号）、《国家税务总局关于外事服务单位营业额问题的通知》（国税函[2002]1095号）、《国家税务总局关于代理业营业额问题的通知》（国税发[2003]69号）、《国家税务总局关于商业企业向货物供应方收取的部分费用征收流转税问题的通知》（国税发[2004]136号）、《财政部 国家税务总局关于资本市场有关营业税政策的通知》（财税[2004]203号）、《财政部 国家税务总局关于中国证券登记结算公司有关营业税政策的通知》（财税[2004]204号）、《国家税务总局关于客运飞机腹舱联运收入营业税问题的通知》（国税函[2005]202号）、《财政部 国家税务总局关于福利彩票代销手续费收入征收营业税问题的通知》（财税[2005]118号）、《财政部 国家税务总局关于纳税人以清包工形式提供装饰劳务征收营业税问题的通知》（财税[2006]114号）、《国家税务总局关于加强代理报关业务营业税征收管理有关问题的通知》（国税函[2006]1310号）、《国家税务总局关于无船承运业务有关营业税问题的通知》（国税函[2006]1312号）。

第六条 纳税人按照本条例第五条规定扣除有关项目，取得的凭证不符合法律、行政法规或者国务院税务主管部门有关规定的，该项目金额不得扣除。

第七条 纳税人提供应税劳务、转让无形资产或者销售不动产的价格明显偏低并无正当理由的，由主管税务机关核定其营业额。

第八条 下列项目免征营业税：

（一）托儿所、幼儿园、养老院、残疾人福利机构提供的育养服务，婚姻介绍，殡葬服务；

（二）残疾人员个人提供的劳务；

（三）医院、诊所和其他医疗机构提供的医疗服务；

（四）学校和其他教育机构提供的教育劳务，学生勤工俭学提供的劳务；

（五）农业机耕、排灌、病虫害防治、植物保护、农牧保险以及相关技术培训业务，家禽、牲畜、水生动物的配种和疾病防治；

（六）纪念馆、博物馆、文化馆、文物保护单位管理机构、美术馆、展览馆、书画院、图书馆举办文化活动的门票收入，宗教场所举办文化、宗教活动的门票收入；

（七）境内保险机构为出口货物提供的保险产品。

除前款规定外，营业税的免税、减税项目由国务院规定。任何地区、部门均不得规定免税、减税项目。

【注释】 相关规定包括：《财政部 国家税务总局关于对若干项目免征营业税的通知》（财税[1994]2号）、《国家税务总局关于社会福利有奖募捐发行收入税收问题的通知》（国税发[1994]127号）、《财政部国家税务总局关于对科研单位取得的技术转让收入免征营业税的通知》(财税[1994]10号)、《营业税问题解答(之一)》(国税函发[1995]156号)、《财政部　国家税务总局关于金融业征收营业税有关问题的通知》(财税[1995]79号)、《财政部　国家税务总局关于对机动车驾驶员培训业务征收营业税问题的通知》(财税[1995]15号)、《财政部　国家税务总局关于世行贷款粮食流通项目营业税问题的复函》(财税[1995]71号)、《国家税务总局关于原油管理费缴纳营业税问题的复函》(国税函发[1996]101号)、《财政部　国家税务总局关于民航机场管理建设费营业税先征后返还问题的通知》(财税[1996]32号)、《财政部　国家税务总局关于体育彩票发行收入税收问题的通知》(财税[1996]77号)、《国家税务总局关于"免征营业税的博物馆"范围界定问题的批复》(国税函发[1996]679号)、《财政部　国家税务总局关于对保险公司开办个人投资分红保险业务取得的保费收入免征营业税的通知》(财税[1996]102号)、《财政部　国家税务总局关于下发不征收营业税的收费(基金)项目名单(第二批)的通知》、《财政部　国家税务总局关于世行贷款粮食流通项目建筑安装工程和服务收入免征营业税的通知》(财税[1998]87号)、《财政部　国家税务总局关于证券投资基金税收问题的通知》(财税[1998]55号)、《国家税务总局关于中央直属储备粮库建设有关税费问题的批复》(国税函发[1998]842号)、《财政部　国家税务总局关于福利企业校办企业有关税收政策问题的通知》(财税[1999]22号)、《财政部　国家税务总局关于保管储备棉财政补贴收入免征营业税的通知》(财税[1999]38号)、《财政部　国家税务总局关于促进科技成果转化有关税收政策的通知》(财税[1999]45号)、《财政部　国家税务总局关于国债转贷利息收入免征营业税的通知》(财税[1999]220号)、《财政部　国家税务总局关于贯彻落实〈中共中央 国务院关于加强技术创新,发展高科技,实现产业化的决定〉有关税收问题的通知》(财税[1999]273号)、《财政部　国家税务总局关于非金融机构统借统还业务征收营业税问题的通知》(财税[2000]7号)、《国家税务总局关于部队取得应税收入税收征管问题的批复》(国税函[2000]466号)、《财政部　国家税务总局关于对外汇管理部门委托贷款利息收入免征营业税的通知》(财税[2000]78号)、《财政部　国家税务总局财政部　国家税务总局关于随军家属就业有关税收政策的通知》(财税[2000]84号)、《国家税务总局关于明确外国企业和外籍个人技术转让收入免征营业税范围问题的通知》(国税发[2000]166号)、《财政部　国家税务总局关于住房公积金管理中心有关税收政策的通知》(财税[2000]94号)、《国家税务总局关于我国境内企业向外国企业支付软件费扣缴营业税问题的通知》(国税发[2000]179号)、《财政部　国家税务总局关于车辆通行费有关营业税等税收政策的通知》(财税[2000]139号)、《财政部　国家税务总局关于非营利性科研机构税收政策的通知》(财税[2001]5号)、《财政部　国家税务总局关于经营性公墓营业税问题的通知》(财税[2001]117号)、《财政部　国家税务总局关于人寿保险业务免征营业税若干问题的通知》(财税[2001]118号)、《财政部　国家税务总局关于国有独资商业银行、国家开发银行承购金融资产管理公司发行的专项债券利息收入免征税收问题的通知》(财税[2001]152号)、《财政部　国家税务总局关于全国社会保障基金有关税收政策问题的通知》(财税[2002]75号)、《国家税务总局关于林地使用权转让行为征收营业税问题的批复》(国税函[2002]700号)、《财政部　国家税务总局关于开放式证券投资基金有关税收问题的通知》(财税[2002]128号)、《国家税务总局关于中国建筑工程总公司重组改制过程中转让股权不征营业税的通知》(国税函[2003]12号)、《财政部　国家税务总局关于自主择业的军队转业干部有关税收政策问题的通知》(财税[2003]26号)、《财政部　国家税务总局关于民航系统8项行政事业性收费不征收营业税的通知》(财税[2003]170号)、《财政部　国家税务总局关于教育税收政策的通知》(财税[2004]39号)、《国家发展和改革委员会 国家税务总局关于继续做好中小企业信用担保机构免征营业税有关问题的通知》(发改企业[2004]303号)、《财政部　国家税务总局关于证券投资基金税收政策的通知》(财税[2004]78号)、《国家税务总局关于电力公司过网费收入征收增值税问题的批复》(国税函[2004]607号)、《国家税务总局关于住房专项维修基金征免营业税问题的通知》(税发[2004]69号)、《财政部　国家税务总局关于扶持城镇退役士兵自谋职业有关税收优惠政策的通知》(财税[2004]93号)、《财政部　国家税务总局关于暂免征收军队空余房产租赁收入营业税房产税的通知》(财税[2004]123号)、《财政部　国家税务总局关于国家石油储备基地建设有关税收政策的通知》(财税[2005]23号)、《国家税务总局关于在京外国商会征免营业税的批复》(国税函[2005]370号)、《财政部　国家税务总局关于合格境外机构投资者营业税政策的通知》(财税[2005]155号)、《国家发展改革委 国家税务总局关于中小企业信用担保机构免征营业税有关问题的通知》(发改企业[2006]563号)、《财政部　国家税务总局关于邮政普遍服务和特殊服务免征营业税的通知》(财税[2006]47号)、《财政部　国家税务总局关于证券投资者保护基金有关营业税问题的通知》(财税[2006]172 号)、《财政部　国家税务总局关于促进残疾人就业税收优惠政策的通知》(财税[2007]92 号)、《财政部　国家税务总局关于国家大学科技园有关税收政策问题的通知》(财税[2007]120 号)。

第九条　纳税人兼营免税、减税项目的,应当分别核算免税、减税项目的营业额;未分别核算营业额的,不得免税、减税。

【注释】　相关规定包括:《国家税务总局关于转让著作权征收营业税问题的通知》(国税发[2001]44 号)。

第十条　纳税人营业额未达到国务院财政、税务主管部门规定的营业税起征点的,免征营业税;达到起征点的,依照本条例规定全额计算缴纳营业税。

【注释】　相关规定包括:《财政部　国家税务总局关于中国进出口银行办理的出口信用保险业务不征营业税的通知》(财税[1996]2 号)。

第十一条　营业税扣缴义务人:

(一)中华人民共和国境外的单位或者个人在境内提供应税劳务、转让无形资产或者销售不动产,在境内未设有经营机构的,以其境内代理人为扣缴义务人;在境内没有代理人的,以受让方或者购买方为扣缴义务人。

(二)国务院财政、税务主管部门规定的其他扣缴义务人。

【注释】　相关规定包括:《营业税问题解答(之一)》(国税函发[1995]156 号)、《国家税务总局关于银行委托贷款业务代扣代缴营业税问题的函》(国税函发[1997]74 号)。

第十二条　营业税纳税义务发生时间为纳税人提供应税劳务、转让无形资产或者销售不动产并收讫营业收入款项或者取得索取营业收入款项凭据的当天。国务院财政、税务主管部门另有规定的,从其规定。

营业税扣缴义务发生时间为纳税人营业税纳税义务发生的当天。

【注释】　相关规定包括:《国家税务总局关于经营房地产收入纳税义务发生时间的通知》(国税发[1994]86 号)、《国家税务总局关于营业税若干征税问题的通知》(国税发[1994]159 号)、《国家税务总局关于高尔夫球俱乐部税收问题的批复》(国税函发[1994]514 号)、《国家税务总局关于营业税若干问题的通知》(国税发[1995]76 号)、《财政部　国家税务总局关于营业税几个政策问题的通知》(财税[1995]45 号)、《国家税务总局关于贷款业务征收营业税问题的通知》(国税发[2002]13 号)。

第十三条　营业税由税务机关征收。

第十四条　营业税纳税地点:

(一)纳税人提供应税劳务应当向其机构所在地或者居住地的主管税务机关申报纳税。但是,纳税人提供的建筑业劳务以及国务院财政、税务主管部门规定的其他应税劳务,应当向应税劳务发生地的主管税务机关申报纳税。

(二)纳税人转让无形资产应当向其机构所在地或者居住地的主管税务机关申报纳税。但是,纳税人转让、出租土地使用权,应当向土地所在地的主管税务机关申报纳税。

(三)纳税人销售、出租不动产应当向不动产所在地的主管税务机关申报纳税。

扣缴义务人应当向其机构所在地或者居住地的主管税务机关申报缴纳其扣缴的税款。

【注释】　相关规定包括:《国家税务总局海洋石油税务管理局关于地方劳务公司为外国石油公司提供劳务服务税收征收管理问题的批复》(国税油函[1994]8 号)、《财政部　国家税务总局关于营业税几个政策问题的通知》(财税[1995]45 号)、《财政部　国家税务总局关于营业税若干政策问题的通知》(财税[2003]16 号)。

第十五条　营业税的纳税期限分别为 5 日、10 日、15 日、1 个月或者 1 个季度。纳税人的具体纳税期限,由主管税务机关根据纳税人应纳税额的大小分别核定;不能按照固定期限纳税的,可以按次纳税。

纳税人以 1 个月或者 1 个季度为一个纳税期的,自期满之日起 15 日内申报纳税;以 5 日、10 日或者 15 日为一个纳税期的,自期满之日起 5 日内预缴税款,于次月 1 日起 15 日内申报纳税并结清上月应纳税款。

扣缴义务人解缴税款的期限,依照前两款的规定执行。

【注释】　相关规定包括:《国家税务总局关于国家开发银行继续集中缴纳营业税的通知》(国税函[1999]344 号)。

第十六条　营业税的征收管理，依照《中华人民共和国税收征收管理法》及本条例有关规定执行。

【注释】　相关规定包括：《财政部　国家税务总局关于发布〈外国公司船舶运输收入征税办法〉的通知》(财税[1996]87号)、《国家税务总局关于金融业营业税若干问题的通知》(国税发[2000]6号)、《国家税务总局关于从事咨询业务的外商投资企业和外国企业税务处理问题的通知》(国税发[2000]82号)、《财政部　国家税务总局关于金融业若干征税问题的通知》(财税[2000]191号)、《财政部　国家税务总局关于金融业若干征税问题的通知》(财税[2000]191号)、《国家税务总局关于新闻产品征收流转税问题的通知》(国税发[2001]105号)、《国家税务总局关于印发〈金融保险业营业税申报管理办法〉的通知》(国税发[2002]9号)、《国家税务总局关于纳税人销售自产货物提供增值税劳务并同时提供建筑业劳务征收流转税问题的通知》(国税发[2002]117号)、《国家税务总局关于外商投资性公司对其子公司提供服务有关税务处理问题的通知》(国税发[2002]128号)、《国家税务总局关于取消"货运业自开票纳税人和代开票纳税人营业税减免认定"后有关税收管理问题的通知》(国税函[2004]824号)、《国家税务总局关于取消"单位和个人从事技术转让、技术开发业务免征营业税审批"后有关税收管理问题的通知》(国税函[2004]825号)、《国家税务总局关于货物运输业若干税收问题的通知》(国税发[2004]88号)、《国家税务总局关于取消税务行政审批后外国企业及外籍个人向中国境内转让技术取得收入免征营业税管理问题的通知》(国税函[2005]652号)、《国家税务总局关于印发〈营业税纳税人纳税申报办法〉的通知》(国税发[2005]202号)、《财政部　国家税务总局关于建筑业营业税若干政策问题的通知》(财税[2006]177号)、《国家税务总局关于新版公路 内河货物运输业统一发票有关使用问题的通知》(国税发[2007]101号)。

第十七条　本条例自2009年1月1日起施行。

附件：

营业税税目税率表

税　　目	税　　率
一、交通运输业	3%
二、建筑业	3%
三、金融保险业	5%
四、邮电通信业	3%
五、文化体育业	3%
六、娱乐业	5%—20%
七、服务业	5%
八、转让无形资产	5%
九、销售不动产	5%

中华人民共和国营业税暂行条例实施细则

财政部　国家税务总局第52号令

第一条　根据《中华人民共和国营业税暂行条例》(以下简称条例)，制定本细则。

第二条　条例第一条所称条例规定的劳务是指属于交通运输业、建筑业、金融保险业、邮电通信业、文化体育业、娱乐业、服务业税目征收范围的劳务(以下称应税劳务)。

加工和修理、修配，不属于条例规定的劳务(以下称非应税劳务)。

第三条　条例第一条所称提供条例规定的劳务、转让无形资产或者销售不动产，是指有偿提供条例规定的劳务、有偿转让无形资产或者有偿转让不动产所有权的行为(以下称应税行为)。但单位或者个体工商户聘用的员工为本单位或者雇主提供条例规定的劳务，不包括在内。

前款所称有偿，是指取得货币、货物或者其他经济利益。

【注释】　相关规定包括：《营业税问题解答(之一)》(国税函发[1995]156号)、《财政部　国家税务总局关于个人提供非有形商品推销、代理等服务活动取得收入征收营业税和个人所得税有关问题的通知》(财税[1997]103号)。

第四条 条例第一条所称在中华人民共和国境内(以下简称境内)提供条例规定的劳务、转让无形资产或者销售不动产,是指:

(一) 提供或者接受条例规定劳务的单位或者个人在境内;

(二) 所转让的无形资产(不含土地使用权)的接受单位或者个人在境内;

(三) 所转让或者出租土地使用权的土地在境内;

(四) 所销售或者出租的不动产在境内。

【注释】 相关规定包括:《营业税问题解答(之一)》(国税函发[1995]156号)、《国家税务总局关于境内远洋运输企业将船舶租给境外单位使用缴纳营业税问题的通知》(国税发[1996]126号)、《国家税务总局关于外国企业向境内转让无形资产取得收入征收营业税问题的通知》(国税发[1998]4号)、《国家税务总局关于外国企业向我国转让无形资产征收营业税问题的批复》(国税函发[1998]797号)、《国家税务总局关于境内单位外派员工取得收入应否征收营业税问题的批复》(国税函[1999]830号)、《国家税务总局关于外资金融机构若干营业税政策问题的通知》(国税发[2000]135号)、《国家税务总局关于外国企业在华提供信息系统的运行维护及咨询服务征税问题的批复》(国税函[2005]912号)。

第五条 纳税人有下列情形之一的,视同发生应税行为:

(一) 单位或者个人将不动产或者土地使用权无偿赠送其他单位或者个人;

(二) 单位或者个人自己新建(以下简称自建)建筑物后销售,其所发生的自建行为;

(三) 财政部、国家税务总局规定的其他情形。

第六条 一项销售行为如果既涉及应税劳务又涉及货物,为混合销售行为。除本细则第七条的规定外,从事货物的生产、批发或者零售的企业、企业性单位和个体工商户的混合销售行为,视为销售货物,不缴纳营业税;其他单位和个人的混合销售行为,视为提供应税劳务,缴纳营业税。

第一款所称货物,是指有形动产,包括电力、热力、气体在内。

第一款所称从事货物的生产、批发或者零售的企业、企业性单位和个体工商户,包括以从事货物的生产、批发或者零售为主,并兼营应税劳务的企业、企业性单位和个体工商户在内。

第七条 纳税人的下列混合销售行为,应当分别核算应税劳务的营业额和货物的销售额,其应税劳务的营业额缴纳营业税,货物销售额不缴纳营业税;未分别核算的,由主管税务机关核定其应税劳务的营业额:

(一) 提供建筑业劳务的同时销售自产货物的行为;

(二) 财政部、国家税务总局规定的其他情形。

【注释】 相关规定包括:《财政部 国家税务总局关于增值税、营业税若干政策规定的通知》(财税[1994]26号)、《国家税务总局关于明确流转税、资源税法规中"主管税务机关、征收机关"名称问题的通知》(国税发[1994]232号)。

第八条 纳税人兼营应税行为和货物或者非应税劳务的,应当分别核算应税行为的营业额和货物或者非应税劳务的销售额,其应税行为营业额缴纳营业税,货物或者非应税劳务销售额不缴纳营业税;未分别核算的,由主管税务机关核定其应税行为营业额。

【注释】 相关规定包括:《国家税务总局关于明确流转税、资源税法规中"主管税务机关、征收机关"名称问题的通知》(国税发[1994]232号)、《国家税务总局关于饮食业征收流转税问题的通知》(国税发[1996]202号)。

第九条 条例第一条所称单位,是指企业、行政单位、事业单位、军事单位、社会团体及其他单位。

条例第一条所称个人,是指个体工商户和其他个人。

第十条 除本细则第十一条和第十二条的规定外,负有营业税纳税义务的单位为发生应税行为并收取货币、货物或者其他经济利益的单位,但不包括单位依法不需要办理税务登记的内设机构。

第十一条 单位以承包、承租、挂靠方式经营的,承包人、承租人、挂靠人(以下统称承包人)发生应税行为,承包人以发包人、出租人、被挂靠人(以下统称发包人)名义对外经营并由发包人承担相关法律责任的,以发包人为纳税人;否则以承包人为纳税人。

第十二条 中央铁路运营业务的纳税人为铁道部,合资铁路运营业务的纳税人为合资铁路公司,地方铁路运营业务的纳税人为地方铁路管理机构,基建临管线运营业务的纳税人为基建临管线管理机构。

【注释】 相关规定包括:《国家税务总局关于营业税若干征税问题的通知》(国税发[1994]159号)。

第十三条 条例第五条所称价外费用,包括收取的手续费、补贴、基金、集资费、返还利润、奖励费、违约金、滞纳金、延期付款利息、赔偿金、代收款项、代垫款项、罚息及其他各种性质的价外收费,但不包括同时符合以下条件代为收取的政府性基金或者行政事业性收费:

(一) 由国务院或者财政部批准设立的政府性基金,由国务院或者省级人民政府及其财政、价格主管部门批准设立的行政事业性收费;

(一) 收取时开具省级以上财政部门印制的财政票据;

(三) 所收款项全额上缴财政。

【注释】 相关规定包括:《国家税务总局关于律师事务所办案费收入征收营业税问题的批复》(国税函发[1995]479号)、《财政部 国家税务总局关于铁路施工企业承建京九铁路、浙赣复线工程收取三项费用等征收营业税问题的批复》(财税[1996]60号)。

第十四条 纳税人的营业额计算缴纳营业税后因发生退款减除营业额的,应当退还已缴纳营业税税款或者从纳税人以后的应缴纳营业税税额中减除。

第十五条 纳税人发生应税行为,如果将价款与折扣额在同一张发票上注明的,以折扣后的价款为营业额;如果将折扣额另开发票的,不论其在财务上如何处理,均不得从营业额中扣除。

第十六条 除本细则第七条规定外,纳税人提供建筑业劳务(不含装饰劳务)的,其营业额应当包括工程所用原材料、设备及其他物资和动力价款在内,但不包括建设方提供的设备的价款。

【注释】 相关规定包括:《国家税务总局关于长距离输送管道工程是否征收营业税问题的通知》(国税函[2001]695号)。

第十七条 娱乐业的营业额为经营娱乐业收取的全部价款和价外费用,包括门票收费、台位费、点歌费、烟酒、饮料、茶水、鲜花、小吃等收费及经营娱乐业的其他各项收费。

第十八条 条例第五条第(四)项所称外汇、有价证券、期货等金融商品买卖业务,是指纳税人从事的外汇、有价证券、非货物期货和其他金融商品买卖业务。

货物期货不缴纳营业税。

第十九条 条例第六条所称符合国务院税务主管部门有关规定的凭证(以下统称合法有效凭证),是指:

(一) 支付给境内单位或者个人的款项,且该单位或者个人发生的行为属于营业税或者增值税征收范围的,以该单位或者个人开具的发票为合法有效凭证;

(一) 支付的行政事业性收费或者政府性基金,以开具的财政票据为合法有效凭证;

(三) 支付给境外单位或者个人的款项,以该单位或者个人的签收单据为合法有效凭证,税务机关对签收单据有疑义的,可以要求其提供境外公证机构的确认证明;

(四) 国家税务总局规定的其他合法有效凭证。

第二十条 纳税人有条例第七条所称价格明显偏低并无正当理由或者本细则第五条所列视同发生应税行为而无营业额的,按下列顺序确定其营业额:

(一) 按纳税人最近时期发生同类应税行为的平均价格核定;

(一) 按其他纳税人最近时期发生同类应税行为的平均价格核定;

(三) 按下列公式核定:

$$营业额=营业成本或者工程成本\times(1+成本利润率)\div(1-营业税税率)$$

公式中的成本利润率,由省、自治区、直辖市税务局确定。

【注释】 相关规定包括:《营业税问题解答(之一)》(国税函发[1995]156号)。

第二十一条 纳税人以人民币以外的货币结算营业额的,其营业额的人民币折合率可以选择营业额发生的当天或者当月1日的人民币汇率中间价。纳税人应当在事先确定采用何种折合率,确定后1年内不得变更。

【注释】 相关规定包括:《财政部 国家税务总局关于金融保险业以外汇折合人民币计算营业额问题的通知》(财税[1996]50号)。

第二十二条 条例第八条规定的部分免税项目的范围,限定如下:

（一）第一款第（二）项所称残疾人员个人提供的劳务，是指残疾人员本人为社会提供的劳务。

（二）第一款第（四）项所称学校和其他教育机构，是指普通学校以及经地、市级以上人民政府或者同级政府的教育行政部门批准成立、国家承认其学员学历的各类学校。

（三）第一款第（五）项所称农业机耕，是指在农业、林业、牧业中使用农业机械进行耕作（包括耕耘、种植、收割、脱粒、植物保护等）的业务；排灌，是指对农田进行灌溉或排涝的业务；病虫害防治，是指从事农业、林业、牧业、渔业的病虫害测报和防治的业务；农牧保险，是指为种植业、养殖业、牧业种植和饲养的动植物提供保险的业务；相关技术培训，是指与农业机耕、排灌、病虫害防治、植物保护业务相关以及为使农民获得农牧保险知识的技术培训业务；家禽、牲畜、水生动物的配种和疾病防治业务的免税范围，包括与该项劳务有关的提供药品和医疗用具的业务。

（四）第一款第（六）项所称纪念馆、博物馆、文化馆、文物保护单位管理机构、美术馆、展览馆、书画院、图书馆举办文化活动，是指这些单位在自己的场所举办的属于文化体育业税目征税范围的文化活动。其门票收入，是指销售第一道门票的收入。宗教场所举办文化、宗教活动的门票收入，是指寺院、宫观、清真寺和教堂举办文化、宗教活动销售门票的收入。

（五）第一款第（七）项所称为出口货物提供的保险产品，包括出口货物保险和出口信用保险。

【注释】 相关规定包括：《营业税问题解答（之一）》（国税函发[1995]156号）、《财政部　国家税务总局关于对机动车驾驶员培训业务征收营业税问题的通知》（财税[1995]15号）。

第二十三条　条例第十条所称营业税起征点，是指纳税人营业额合计达到起征点。

营业税起征点的适用范围限于个人。

营业税起征点的幅度规定如下：

（一）按期纳税的，为月营业额1000—5000元；

（二）按次纳税的，为每次（日）营业额100元。

省、自治区、直辖市财政厅（局）、税务局应当在规定的幅度内，根据实际情况确定本地区适用的起征点，并报财政部、国家税务总局备案。

第二十四条　条例第十二条所称收讫营业收入款项，是指纳税人应税行为发生过程中或者完成后收取的款项。

条例第十二条所称取得索取营业收入款项凭据的当天，为书面合同确定的付款日期的当天；未签订书面合同或者书面合同未确定付款日期的，为应税行为完成的当天。

第二十五条　纳税人转让土地使用权或者销售不动产，采取预收款方式的，其纳税义务发生时间为收到预收款的当天。

纳税人提供建筑业或者租赁业劳务，采取预收款方式的，其纳税义务发生时间为收到预收款的当天。

纳税人发生本细则第五条所称将不动产或者土地使用权无偿赠送其他单位或者个人的，其纳税义务发生时间为不动产所有权、土地使用权转移的当天。

纳税人发生本细则第五条所称自建行为的，其纳税义务发生时间为销售自建建筑物的纳税义务发生时间。

第二十六条　按照条例第十四条规定，纳税人应当向应税劳务发生地、土地或者不动产所在地的主管税务机关申报纳税而自应当申报纳税之月起超过6个月没有申报纳税的，由其机构所在地或者居住地的主管税务机关补征税款。

第二十七条　银行、财务公司、信托投资公司、信用社、外国企业常驻代表机构的纳税期限为1个季度。

第二十八条　本细则自2009年1月1日起施行。

营业税税目注释（试行稿）

国税发[1993]149号

一、交通运输业

交通运输业，是指使用运输工具或人力、畜力将货物或旅客送达目的地，使其空间位置得到转移的业务活动。

本税目的征收范围包括：陆路运输、水路运输、航空运输、管道运输、装卸搬运。

凡与运营业务有关的各项劳务活动，均属本税目的征税范围。

(一) 陆路运输

陆路运输，是指通过陆路(地上或地下)运送货物或旅客的运输业务，包括铁路运输、公路运输、缆车运输、索道运输及其他陆路运输。

(二) 水路运输

水路运输，是指通过江、河、湖、川等天然、人工水道或海洋航道运送货物或旅客的运输业务。

打捞，比照水路运输征税。

(三) 航空运输

航空运输，是指通过空中航线运送货物或旅客的运输业务。

通用航空业务、航空地面服务业务，比照航空运输征税。通用航空业务，是指为专业工作提供飞行服务的业务，如航空摄影、航空测量、航空勘探、航空护林、航空吊挂飞播、航空降雨等。

航空地面服务业务，是指航空公司、飞机场、民航管理局、航站向在我国境内航行或在我国境内机场停留的境内外飞机或其他飞行器提供的导航等劳务性地面服务的业务。

(四) 管道运输

管道运输，是指通过管道设施输送气体、液体、固体物质的运输业务。

(五) 装卸搬运

装卸搬运，是指使用装卸搬运工具或人力、畜力将货物在运输工具之间、装卸现场之间或运输工具与装卸现场之间进行装卸和搬运的业务。

二、建筑业

建筑业，是指建筑安装工程作业。

本税目的征收范围包括：建筑、安装、修缮、装饰、其他工程作业。

(一) 建筑

建筑，是指新建、改建、扩建各种建筑物、构筑物的工程作业，包括与建筑物相连的各种设备或支柱、操作平台的安装或装设工程作业，以及各种窑炉和金属结构工程作业在内。

(二) 安装

安装，是指生产设备、动力设备、起重设备、运输设备、传动设备、医疗实验设备及其他各种设备的装配、安置工程作业，包括与设备相连的工作台、梯子、栏杆的装设工程作业和被安装设备的绝缘、防腐、保温、油漆等工程作业在内。

(三) 修缮

修缮，是指对建筑物、构筑物进行修补、加固、养护、改善，使之恢复原来的使用价值或延长其使用期限的工程作业。

(四) 装饰

装饰，是指对建筑物、构筑物进行修饰，使之美观或具有特定用途的工程作业。

(五) 其他工程作业

其他工程作业，是指上列工程作业以外的各种工程作业，如代办电信工程、水利工程、道路修建、疏浚、钻井(打井)、拆除建筑物或构筑物、平整土地、搭脚手架、爆破等工程作业。

三、金融保险业

金融保险业，是指经营金融、保险的业务。

本税目的征收范围包括：金融、保险。

(一) 金融

金融，是指经营货币资金融通活动的业务，包括贷款、融资租赁、金融商品转让、金融经纪业和其他金融业务。

1. 贷款，是指将资金贷与他人使用的业务，包括自有资金贷款和转贷。

自有资金贷款，是指将自有资本金或吸收的单位、个人的存款贷与他人使用。

转贷，是指将借来的资金贷与他人使用。

典当业的抵押贷款业务，无论其资金来源如何，均按自有资金贷款征税。

人民银行的贷款业务，不征税。

2. 融资租赁，是指具有融资性质和所有权转移特点的设备租赁业务。即：出租人根据承租人所要求的规格、型号、性能等条件购入设备租赁给承租人，合同期内设备所有权属于出租人，承租人只拥有使用权，合同期满付清租金后，承租人有权按残值购入设备，以拥有设备的所有权。凡融资租赁，无论出租人是否将设备残值销售给承租人，均按本税目征税。

3. 金融商品转让，是指转让外汇、有价证券或非货物期货的所有权的行为。

非货物期货，是指商品期货、贵金属期货以外的期货，如外汇期货等。

4. 金融经纪业，是指受托代他人经营金融活动的业务。

5. 其他金融业务，是指上列业务以外的各项金融业务，如银行结算、票据贴现等。存款或购入金融商品行为，不征收营业税。

(二) 保险

保险，是指将通过契约形式集中起来的资金，用以补偿被保险人的经济利益的业务。

四、邮电通信业

邮电通信业，是指专门办理信息传递的业务。

本税目的征收范围包括：邮政、电信。

(一) 邮政

邮政，是指传递实物信息的业务，包括传递函件或包件、邮汇、报刊发行、邮务物品销售、邮政储蓄及其他邮政业务。

1. 传递函件或包件，是指传递函件或包件的业务以及与传递函件或包件相关的业务。

传递函件，是指收寄信函、明信片、印刷品的业务。

传递包件，是指收寄包裹的业务。传递函件或包件相关的业务，是指出租信箱、对进口函件或包件进行处理、保管逾期包裹、附带货载及其他与传递函件或包件相关的业务。

2. 邮汇，是指为汇款人传递汇款凭证并兑取的业务。

3. 报刊发行，是指邮政部门代出版单位收订、投递和销售各种报纸、杂志的业务。

4. 邮务物品销售，是指邮政部门在提供邮政劳务的同时附带销售与邮政业务相关的各种物品(如信封、信纸、汇款单、邮件包装用品等)的业务。

5. 邮政储蓄，是指邮电部门办理储蓄的业务。

6. 其他邮政业务，是指上列业务以外的各项邮政业务。

(二) 电信

电信，是指用各种电传设备传输电信号来传递信息的业务，包括电报、电传、电话、电话机安装、电信物品销售及其他电信业务。

1. 电报，是指用电信号传递文字的通信业务及相关的业务，包括传递电报、出租电报电路设备、代维修电报电路设备以及电报分送、译报、查阅去报报底或来报回单、抄录去报报底等。

2. 电传(即传真)，是指通过电传设备传递原件的通信业务，包括传递资料、图表、相片、真迹等。

3. 电话，是指用电传设备传递语言的业务及相关的业务，包括有线电话、无线电话、寻呼电话、出租电话电路设备、代维修或出租广播电路、电视信道等业务。

4. 电话机安装，是指为用户安装或移动电话机的业务。

5. 电信物品销售，是指在提供电信劳务的同时附带销售专用和通用电信物品(如电报纸、电话号码簿、电报签收簿、电信器材、电话机等)的业务。

6. 其他电信业务，是指上列业务以外的电信业务。

五、文化体育业

文化体育业，是指经营文化、体育活动的业务。

本税目的征收范围包括：文化业、体育业。

(一) 文化业

文化业，是指经营文化活动的业务，包括表演、播映、其他文化业。

经营游览场所的业务,比照文化业征税。

1. 表演,是指进行戏剧、歌舞、时装、健美、杂技、民间艺术、武术、体育等表演活动的业务。

2. 播映,是指通过电台、电视台、音响系统、闭路电视、卫星通信等无线或有线装置传播作品以及在电影院、影剧院、录像厅及其他场所放映各种节目的业务。

广告的播映不按本税目征税。

3. 其他文化业,是指经营上列活动以外的文化活动的业务,如各种展览、培训活动,举办文学、艺术、科技讲座、演讲、报告会,图书馆的图书和资料借阅业务等。

4. 经营游览场所的业务,是指公园、动(植)物园及其他各种游览场所销售门票的业务。

(二) 体育业

体育业,是指举办各种体育比赛和为体育比赛或体育活动提供场所的业务。

以租赁方式为文化活动、体育比赛提供场所,不按本税目征税。

六、娱乐业

娱乐业,是指为娱乐活动提供场所和服务的业务。

本税目征收范围包括:经营歌厅、舞厅、卡拉OK歌舞厅、音乐茶座、台球、高尔夫球、保龄球场、游艺场等娱乐场所,以及娱乐场所为顾客进行娱乐活动提供服务的业务。

(一) 歌厅

歌厅,是指在乐队的伴奏下顾客进行自娱自乐形式的演唱活动的场所。

(二) 舞厅

舞厅,是指供顾客进行跳舞活动的场所。

(三) 卡拉OK歌舞厅

卡拉OK歌舞厅,是指在音像设备播放的音乐伴奏下,顾客自娱自乐进行歌舞活动的场所。

(四) 音乐茶座

音乐茶座,是指为顾客同时提供音乐欣赏和茶水、咖啡、酒及其他饮料消费的场所。

(五) 台球、高尔夫球、保龄球场

台球、高尔夫球、保龄球场,是指顾客进行台球、高尔夫球、保龄球活动的场所。

(六) 游艺场

游艺场,是指举办各种游艺、游乐(如射击、狩猎、跑马、玩游戏机等)活动的场所。

上列娱乐场所为顾客进行娱乐活动提供的饮食服务及其他各种服务,均属于本税目征收范围。

七、服务业

服务业,是指利用设备、工具、场所、信息或技能为社会提供服务的业务。

本税目的征收范围包括:代理业、旅店业、饮食业、旅游业、仓储业、租赁业、广告业、其他服务业。

(一) 代理业

代理业,是指代委托人办理受托事项的业务,包括代购代销货物、代办进出口、介绍服务、其他代理服务。

1. 代购代销货物,是指受托购买货物或销售货物,按实购或实销额进行结算并收取手续费的业务。

2. 代办进出口,是指受托办理商品或劳务进出口的业务。

3. 介绍服务,是指中介人介绍双方商谈交易或其他事项的业务。

4. 其他代理服务,是指受托办理上列事项以外的其他事项的业务。

金融经纪业、邮政部门的报刊发行业务,不按本税目征税。

(二) 旅店业

旅店业,是指提供住宿服务的业务。

(三) 饮食业

饮食业,是指通过同时提供饮食和饮食场所的方式为顾客提供饮食消费服务的业务。

饭馆、餐厅及其他饮食服务场所,为顾客在就餐的同时进行的自娱自乐形式的歌舞活动所提供的服务,按"娱乐业"税目征税。

(四) 旅游业

旅游业,是指为旅游者安排食宿、交通工具和提供导游等旅游服务的业务。

（五）仓储业

仓储业，是指利用仓库、货场或其他场所代客贮放、保管货物的业务。

（六）租赁业

租赁业，是指在约定的时间内将场地、房屋、物品、设备或设施等转让他人使用的业务。

融资租赁，不按本税目征税。

（七）广告业

广告业，是指利用图书、报纸、杂志、广播、电视、电影、幻灯、路牌、招贴、橱窗、霓虹灯、灯箱等形式为介绍商品、经营服务项目、文体节目或通告、声明等事项进行宣传和提供相关服务的业务。

（八）其他服务业

其他服务业，是指上列业务以外的服务业务，如沐浴、理发、洗染、照相、美术、裱画、誊写、打字、镌刻、计算、测试、试验、化验、录音、录像、复印、晒图、设计、制图、测绘、勘探、打包、咨询等。

航空勘探、钻井(打井)勘探、爆破勘探，不按本税目征税。

八、转让无形资产

转让无形资产，是指转让无形资产的所有权或使用权的行为。

无形资产，是指不具实物形态、但能带来经济利益的资产。

本税目的征收范围包括：转让土地使用权、转让商标权、转让专利权、转让非专利技术、转让著作权、转让商誉。

（一）转让土地使用权

转让土地使用权，是指土地使用者转让土地使用权的行为。

土地所有者出让土地使用权和土地使用者将土地使用权归还给土地所有者的行为，不征收营业税。

土地租赁，不按本税目征税。

（二）转让商标权

转让商标权，是指转让商标的所有权或使用权的行为。

（三）转让专利权

转让专利权，是指转让专利技术的所有权或使用权的行为。

（四）转让非专利技术

转让非专利技术，是指转让非专利技术的所有权或使用权的行为。

提供无所有权技术的行为，不按本税目征税。

（五）转让著作权

转让著作权，是指转让著作的所有权或使用权的行为。著作，包括文字著作、图形著作(如画册、影集)、音像著作(如电影母片、录像带母带)。

（六）转让商誉

转让商誉，是指转让商誉的使用权的行为。

以无形资产投资入股，参与接受投资方的利润分配、共同承担投资风险的行为，不征收营业税。但转让该项股权，应按本税目征税。

九、销售不动产

销售不动产，是指有偿转让不动产所有权的行为。

不动产，是指不能移动，移动后会引起性质、形状改变的财产。

本税目的征收范围包括：销售建筑物或构筑物，销售其他土地附着物。

（一）销售建筑物或构筑物

销售建筑物或构筑物，是指有偿转让建筑物或构筑物的所有权的行为。

以转让有限产权或永久使用权方式销售建筑物，视同销售建筑物。

（二）销售其他土地附着物

销售其他土地附着物，是指有偿转让其他土地附着物的所有权的行为。

其他土地附着物，是指建筑物或构筑物以外的其他附着于土地的不动产。

单位将不动产无偿赠与他人，视同销售不动产。

在销售不动产时连同不动产所占土地的使用权一并转让的行为,比照销售不动产征税。

以不动产投资入股,参与接受投资方利润分配、共同承担投资风险的行为,不征营业税。但转让该项股权,应按本税目征税。

不动产租赁,不按本税目征税。

【注释】 对《营业税暂行条例》第2条进行了解释。相关规定包括:《财政部 国家税务总局关于股权转让有关营业税问题的通知》(财税[2002]191号)。

国家税务总局关于中外合资××公路桥梁开发有限公司税收问题的批复

国税函发[1994]32号

河南省税务局:

1993年12月13日豫税函发[1993]272号《关于对××公路桥梁开发有限公司有关税收问题的请示》悉。经研究,我局意见,对该企业所建商品路收费站所收取的费用应依"服务业"税目5%的税率征收营业税。

【注释】 对《营业税暂行条例》第2条进行了解释。

国家税务总局关于外国或港、澳、台非航空运输企业以包机从事国际运输业务有关税收问题的通知

国税发[1994]19号

各省、自治区、直辖市税务局,各计划单列市税务局:

近来,我局陆续收到一些省、市税务局来文,反映有些外国或港、澳、台的非航空运输企业来我国、来大陆以包机从事国际运输业务,要求我局对有关税收问题予以明确。经研究,现通知如下:

一、凡外国或港、澳、台企业,虽非航空运输企业,但其包机从我国、从大陆载运旅客、货物、邮件的客票收入、货运收入及逾重行李收入等,不论是否在我国、在大陆售票或办理载运手续,均应依法在我国、在大陆征税。具体征税办法依照1993年5月14日国税发[1993]097号文关于采用包机形式从事国际航空运输业务的税收问题的有关规定执行。

二、鉴于工商统一税及其施行细则已废止,按照营业税暂行条例及其实施细则,交通运输营业税适用税率为3%。因此,从1994年1月1日起,对于从事国际航空运输业务的外国企业或香港、澳门、台湾企业从我国、从大陆运载旅客、货物、邮件的运输收入,在国家另有规定之前,应按4.65%的综合计征率计算征税。

【注释】 对《营业税暂行条例》第2条进行了解释。

国家税务总局 海洋石油税务管理局关于地方劳务公司为外国石油公司提供劳务服务税收征收管理问题的批复

国税油函[1994]8号

海洋石油税务管理局广州分局:

你局国税油穗[1994]007号文《关于地方劳务公司为外国石油公司提供劳务服务应在何地纳税问题的请示》收悉。经研究,批复如下:

一、地方劳务公司派遣人员到你局所辖的外油公司提供劳务服务,所收取的劳务费,应依照《中华人民共和国营业税暂行条例》第十二条第一款的规定,向你局申报缴纳营业税。

二、根据《中华人民共和国个人所得税法》第八条和实施条例三十五条的规定,外国石油公司工作的中方人员分别从外国石油公司和地方劳务公司取得工资、薪金、伙食、交通补贴,属在两处以上取得所得,应将两处所得合并计算,选择在一处税务机关自行申报纳税。申报纳税时,其已扣缴的税款,准予从应纳税额中扣除。

向中方人员支付上述所得的外国石油公司和地方劳务公司,均为中方人员个人所得税扣缴义务人,应

按税法规定履行各自的扣缴义务。

你局可按照上述原则实施管理，并视情况与有关地区税务机关联系，加强控制，防止漏税。

【注释】 对《营业税暂行条例》第12条进行了解释。

财政部 国家税务总局关于对若干项目免征营业税的通知

财税[1994]2号

各省、自治区、直辖市财政厅(局)、税务局，各计划单列市财政局、税务局：

根据国务院《关于研究财税体制改革方案出台后有关问题的会议纪要》(国阅[1994]42号)的精神，财政部、国家税务总局就若干营业税的减免税问题，通知如下：

一、对保险公司开展的一年期以上返还性人身保险业务的保费收入免征营业税。所谓一年期以上返还性人身保险业务，是指保期一年以上、到期返还本利的普通人寿保险、养老年金保险、健康保险。

普通人寿保险是指保险期在一年以上、以人的生存、死亡、伤残为保险事故，一次性支付给被保险人满期保险金、死亡保险金、伤残保险金的保险。

养老年金保险是指投保人(或被保险人)在一定时期内缴纳一定数额的保险费，当被保险人达到保险契约的约定年龄时，保险人(保险公司)依据保险合同的规定向被保险人支付保险契约约定的养老保险金的一种保险。

健康保险是指以疾病、分娩及其所致伤残、死亡为保险事故，补偿因疾病或身体伤残所致损失的保险。

免征营业税的具体险种须按本通知附件的规定执行。免征营业税的具体险种以后如有变化，我们将发文通知各地财政税务机关。

除附件所列险种外，各地保险公司根据当地实际情况开办的、符合上述免税规定的险种，由各省、自治区、直辖市、计划单列市财政厅(局)、税务局报财政部、国家税务总局核批后，也可享受免征营业税照顾。

二、个人转让著作权，免征营业税。

三、将土地使用权转让给农业生产者用于农业生产，免征营业税。

四、本通知自1994年1月1日起执行。

【注释】 对《营业税暂行条例》第6条进行了解释。

财政部 国家税务总局关于明确民航基础设施建设基金纳税问题的通知

财税[1994]6号

中国民用航空总局：

根据国家财税体制改革的精神，从1994年1月1日起，民航基础设施建设基金应按《中华人民共和国营业税暂行条例》及有关规定缴纳营业税、城建税及教育费附加。

【注释】 对《营业税暂行条例》第1条进行了解释。

国家税务总局关于经营房地产收入纳税义务发生时间的通知

国税发[1994]86号

各省、自治区、直辖市税务局，各计划单列市税务局：

最近，财政部就房地产开发业务收入实现问题以(94)财会二字第02号文件答复深圳市财政局称："转让、销售土地和商品房，应在土地和商品房已经移交，已将发票账单提交买主时，作为销售实现"，并将该复函抄送各省、自治区、直辖市和计划单列市税务局。该复函发出后，不少地区税务机关询问，对于房地产经营征收营业税的纳税义务发生时间，应按营业税暂行条例及其实施细则的规定执行，还是按该复函的规定执行。

经与财政部联系，该复函是仅就房地产经营的会计核算而言的，并不是对房地产经营的营业税纳税义务发生时间作出新的规定。因此，房地产经营的营业税纳税义务发生时间，仍应按营业税暂行条例及其实施细则的有关规定执行。纳税人采取预收款方式转让土地使用权或者销售不动产的，仍应以收到预收款的当天为纳税义务发生时间。

【注释】 对《营业税暂行条例》第9条进行了解释。

国家税务总局关于境外团体或个人在我国从事文艺及体育演出有关税收问题的通知

国税发[1994]106号

各省、自治区、直辖市、计划单列市税务局、文化厅(局)、体委:

1993年9月20日我局与文化部、国家体委联合下发了国税发[1993]089号《关于来我国从事文艺演出及体育表演收入应严格依照税法规定征税的通知》,现对外国及港、澳、台地区团体或个人在我国(大陆)从事文艺演出和体育表演所取得的收入征税的具体政策业务问题,明确如下:

一、外国或港、澳、台地区演员、运动员以团体名义在我国(大陆)从事文艺、体育演出,对该演出团体及其演员或运动员个人取得的收入,应按照以下规定征税:

(一) 对演出团体应依照《中华人民共和国营业税暂行条例》(以下简称营业税暂行条例)的有关规定,以其全部票价收入或者包场收入减去付给提供演出场所的单位、演出公司或经纪人的费用后的余额为营业额,按3%的税率征收营业税。

(二) 演出团体凡能够提供完整、准确费用支出凭证的,依照《中华人民共和国外商投资企业和外国企业所得税法》(以下简称企业所得税法)的有关规定,应对演出团体的收入总额减除实际支出的费用后的余额,按30%的税率征收企业所得税,并按3%的税率征收地方所得税;对演出团体实际支付给演员或运动员个人的报酬部分,依照《中华人民共和国个人所得税法》(以下简称个人所得税法)的有关规定征收个人所得税。

(三) 演出团体不能提供完整、准确的费用支出凭证,不能正确计算应纳税所得额的,在计算征收企业所得税时,根据企业所得税法实施细则第十六条规定的原则,应以其收入总额减除支付给演员、运动员个人的报酬部分和相当于收入总额30%的其他演出费用后的余额,依照企业所得税法规定的税率征收企业所得税和地方所得税;对上述支付给演员、运动员个人的报酬部分,依照个人所得税法的规定,由演出团体支付报酬时代扣代缴个人所得税。对没有申报支付给演员、运动员个人报酬额的或未履行代扣代缴义务的,应以其收入总额减除上述相当于收入总额30%的其他演出费用的余额视为该演出团体的应纳税所得额,依照企业所得税法计算征收企业所得税和地方所得税。对演员或运动员个人不再征收个人所得税。

(四) 对本条第(二)、(三)款中所述演出团体支付给演员、运动员个人的报酬,凡是演员、运动员属于临时聘请,不是该演出团体雇员的,应依照个人所得税法的规定,按劳务报酬所得,减除规定费用后,征收个人所得税;凡是演员、运动员属该演出团体雇员的,应依照个人所得税法的规定,按工资、薪金所得,减除规定费用后,征收个人所得税。

二、对外国或港、澳、台地区演员、运动员以个人名义在我国(大陆)从事演出、表演所取得的收入,应以其全部票价收入或者包场收入减去支付给提供演出场所的单位、演出公司或者经纪人的费用后的余额为营业额,依3%的税率征收营业税;依照个人所得税法的有关规定,按劳务报酬所得征收个人所得税。

三、对演出团体或个人应向演出所在地主管税务机关申报缴纳应纳税款的,具体可区别以下情况处理:

(一) 演出团体及个人应缴纳的营业税,应以其在一地的演出收入,依照营业税暂行条例的有关规定,向演出所在地主管税务机关申报缴纳。

(二) 演出团体应缴纳的企业所得税和地方所得税,应以其在一地的演出收入,依照企业所得税法及其实施细则和本通知的有关规定,计算应纳税所得额及税款,并向演出所在地主管税务机关申报缴纳。按本通知第一条第二款所述依实际费用支出计算纳税的演出团体,在全部演出活动结束后,可在与其签订演出合同的中方接待单位所在地主管税务机关,办理企业所得税结算手续。

(三) 演员、运动员个人应缴纳的个人所得税,应以其在一地演出所得报酬,依照个人所得税法的有关规定,在演出所在地主管税务机关申报缴纳。属于劳务报酬所得的,在一地演出多场的,以在一地多场演出取得的总收入为一次收入,计算征收个人所得税。

（四）主管税务机关可以指定各承包外国、港、澳、台地区演出、表演活动的演出场、馆、院或中方接待单位，在其向演出团体、个人结算收入中代扣代缴该演出团体或个人的各项应纳税款。凡演出团体或个人未在演出所在地结清各项应纳税款的，其中方接待单位应在对外支付演出收入时代扣代缴该演出团体或个人所欠应纳税款。对于未按本通知有关规定代扣代缴应纳税款的单位，应严格依照《中华人民共和国税收征收管理法》的规定予以处理。

四、各中方接待单位在对外签订演出或表演合同后的7日内，应将合同、资料报送各有关演出、表演活动所在地主管税务机关，对于逾期不提供合同资料的，可依照企业所得税法及有关法规予以处理。

本通知自文到之日起执行。

【注释】 对《营业税暂行条例》第2、4条进行了解释。

财政部　国家税务总局关于增值税、营业税若干政策规定的通知

财税[1994]26号

各省、自治区、直辖市、计划单列市财政厅(局)、税务局：

新税制实施以来，各地陆续反映了一些增值税、营业税执行中出现的问题。经研究，现将有关政策问题规定如下：

一、关于集邮商品征税问题

集邮商品，包括邮票、小型张、小本票、明信片、首日封、邮折、集邮簿、邮盘、邮票目录、护邮袋、贴片及其他集邮商品。

集邮商品的生产、调拨征收增值税。邮政部门销售集邮商品，征收营业税；邮政部门以外的其他单位与个人销售集邮商品，征收增值税。

二、关于报刊发行征税问题

邮政部门发行报刊，征收营业税；其他单位和个人发行报刊征收增值税。

三、关于销售无线寻呼机、移动电话征税问题

电信单位(电信局及电信局批准的其他从事电信业务的单位)自己销售无线寻呼机、移动电话，并为客户提供有关的电信劳务服务的，属于混合销售，征收营业税；对单纯销售无线寻呼机、移动电话，不提供有关的电信劳务服务的，征收增值税。

四、关于混合销售征税问题

(一)根据增值税暂行条例实施细则(以下简称细则)第五条的规定，“以从事货物的生产、批发或零售为主，并兼营非应税劳务的企业、企业性单位及个体经营者”的混合销售行为，应视为销售货物征收增值税。此条规定所说的“以从事货物的生产、批发或零售为主，并兼营非应税劳务”，是指纳税人的年货物销售额与非增值税应税劳务营业额的合计数中，年货物销售额超过50%，非增值税应税劳务营业额不到50%。

(二)从事运输业务的单位与个人，发生销售货物并负责运输所售货物的混合销售行为，征收增值税。

五、关于代购货物征税问题

代购货物行为，凡同时具备以下条件的，不征收增值税；不同时具备以下条件的，无论会计制度规定如何核算，均征收增值税。

(一)受托方不垫付资金；

(二)销货方将发票开具给委托方，并由受托方将该项发票转交给委托方；

(三)受托方按销售方实际收取的销售额和增值税额(如系代理进口货物则为海关代征的增值税额)与委托方结算货款，并另外收取手续费。

六、关于棕榈油、棉籽油和粮食复制品征税问题

(一)棕榈油、棉籽油按照食用植物油13%的税率征收增值税；

(二)切面、饺子皮、米粉等经过简单加工的粮食复制品，比照粮食13%的税率征收增值税。粮食复制品是指以粮食为主要原料经简单加工的生食品，不包括挂面和以粮食为原料加工的速冻食品、副食品。粮食复制品的具体范围由各省、自治区、直辖市、计划单列市直属分局根据上述原则确定，并上报财政部和国家税务总局备案。

七、关于出口“国务院另有规定的货物”征税问题

根据增值税暂行条例第二条:“纳税人出口国务院另有规定的货物,不得适用零税率”的规定,纳税人出口的原油,援外出口货物,国家禁止出口的货物,包括天然牛黄、麝香、铜及铜基合金、白金等,糖,应按规定征收增值税。

八、关于外购农业产品的进项税额处理问题

增值税一般纳税人向小规模纳税人购买的农业产品,可视为免税农业产品按10%的扣除率计算进项税额。

九、关于寄售物品和死当物品征税问题

寄售商店代销的寄售物品(包括居民个人寄售的物品在内)、典当业销售的死当物品,无论销售单位是否属于一般纳税人,均按简易办法依照6%的征收率计算缴纳增值税,并且不得开具专用发票。

十、关于销售自己使用过的固定资产征税问题

单位和个体经营者销售自己使用过的游艇、摩托车和应征消费税的汽车,无论销售者是否属于一般纳税人,一律按简易办法依照6%的征收率计算缴纳增值税,并且不得开具专用发票。销售自己使用过的其他属于货物的固定资产,暂免征收增值税。

十一、关于人民币折合率的问题

纳税人按外汇结算销售额的,其销售额的人民币折合率为中国人民银行公布的市场汇价。

十二、本规定自1994年6月1日起执行。

【注释】 对《营业税暂行条例》第2条进行了解释。对《营业税暂行条例实施细则》第5条进行了解释。

国家税务总局　海洋石油税务管理局关于中国海洋石油总公司取得的服务收入征税问题的通知

国税油发[1994]11号

海洋石油税务管理局天津、上海、广州、湛江分局:

根据《中华人民共和国营业税暂行条例》及国家税务总局国税发[1994]089号文件通知的有关规定精神,现对中国海洋石油总公司及其所属地区公司、专业公司(以下简称中油公司)派员到处商投资企业、外国企业、外国驻华机构及合作油田联管会工作,所取得的服务收入如何征税问题,明确如下:

一、中油公司派员到外商投资企业、外国企业、外国驻华机构及使用油田联管会中工作,按照合同或有关规定,由雇佣单位统一支付给中油公司的人员服务收入,应按照营业税税目税率表中服务业的其他服务业,依5%的税率缴纳营业税。

二、中油公司派出人员个人从雇佣单位和中油公司实际取得的工资、薪金所得,应按照国家税务总局国税发[1994]089号文件第三条的规定缴纳个人所得税。

本通知自1994年1月1日起执行。

【注释】 对《营业税暂行条例》第2条进行了解释。

国家税务总局关于社会福利有奖募捐发行收入税收问题的通知

国税发[1994]127号

各省、自治区、直辖市税务局,深圳、厦门、大连、青岛、宁波、重庆市税务局:

接民政部来函,要求对社会福利有奖募捐取得收入继续给予免税照顾。新税制实施后,对社会福利有奖募捐发行收入的税收问题,明确如下:

一、营业税

根据新的营业税条例规定,对社会福利有奖募捐的发行收入不征营业税,对代销单位取得的手续费收入应按规定征收营业税。

……

【注释】 对《营业税暂行条例》第6条进行了解释。

财政部　国家税务总局关于对科研单位取得的技术转让收入免征营业税的通知

财税[1994]10号

各省、自治区、直辖市财政厅(局)、税务局，各计划单列市财政局、税务局：

根据国务院《关于研究财税体制改革方案出台后有关问题的会议纪要》(国阅[1994]42号文件)的决定，现就技术转让免征营业税问题通知如下：

一、为了鼓励技术引进和推广，对科研单位取得的技术转让收入免征营业税。

二、本通知所说的技术转让，是指有偿转让专利和专利技术的所有权或使用权的行为。

三、科研单位转让技术，应持各级科委技术市场管理机构出具的技术合同认定登记证明，向主管税务机关提出申请。由主管税务机关审核批准后，方可享受免征营业税照顾。

四、本规定从1994年1月1日起执行。本文下发之前已征收的营业税退还给科研单位。

【注释】　对《营业税暂行条例》第6条进行了解释。

国家税务总局关于营业税若干征税问题的通知

国税发[1994]159号

各省、自治区、直辖市税务局，各计划单列市税务局：

新的营业税出台后，各地在贯彻实施中反映，有些具体政策规定不甚清楚，要求进一步予以明确。经广泛征求意见和专题研究，现将有关问题明确如下：

一、关于运输业务纳税人问题

《中华人民共和国营业税暂行条例实施细则》(以下简称细则)第十二条第二款“从事运输业务并计算盈亏的单位”，是指同时具备以下条件的单位：

(一) 利用运输工具、从事运输业务、取得运输收入；

(二) 在银行开设有结算账户；

(三) 在财务上计算营业收入、营业支出、经营利润。

二、关于联运业务征税问题

细则第十七条第一款所称联运业务，是指两个以上运输企业完成旅客或货物从发送地点至到达地点所进行的运输业务。联运的特点是一次购买、一次收费、一票到底。

联运业务以其实际取得的收入为营业额，即指运输企业开展联运业务时，以收到的收入扣除支付给以后的承运者的运费、装卸费、换装费等费用后的余额。(此条款已失效或废止)

三、关于与运营业务相关劳务征税问题

《营业税税目注释(试行稿)》中“交通运输业”税目注释第三款所称“与运营业务有关的各项劳务活动”，是指下列劳务：

(一) 通用航空业务；

(二) 航空地面服务；

(三) 打捞；

(四) 理货；

(五) 港务局提供的引航、系解缆、停泊、移泊等劳务及引水员交通费、过闸费、货物港务费；

(六) 国家税务总局规定的其他劳务。

除上述规定者外，其他劳务均不属于“交通运输业”税目的征税范围。

四、关于搬家业务征税问题

搬家业务是搬家公司利用运输工具或人力实现了空间位置的转移的业务，它具有装卸搬运的特征。因此，对搬家业务收入，应按“交通运输业”税目中的“装卸搬运”征收营业税。

五、关于自建建筑物征税问题

细则第四条第三款所称视同提供应税劳务的自建建筑物，是指单位或个人在1994年1月1日以后建成并未缴纳“建筑业”营业税的建筑物。

六、关于有线电视安装费征税问题

有线电视安装费，是指有线电视台为用户安装有线电视接收装置，一次性向用户收取的安装费，也称之为“初装费”。对有线电视安装费，应按“建筑业”税目征税。

七、关于建筑业纳税义务发生时间问题

按照《中华人民共和国营业税暂行条例》(以下简称条例)第九条规定，建筑业营业税纳税义务发生时间为：

(一)实行合同完成后一次性结算价款办法的工程项目，其营业税纳税义务发生时间为施工单位与发包单位进行工程合同价款结算的当天；

(二)实行旬末或月中预支、月终结算、竣工后清算办法的工程项目，其营业税纳税义务发生时间为月份终了与发包单位进行已完工程价款结算的当天；

(三)实行按工程形象进度划分不同阶段结算价款办法的工程项目，其营业税纳税义务发生时间为各月份终了与发包单位进行已完工程价款结算的当天；

(四)实行其他结算方式的工程项目，其营业税纳税义务发生时间为与发包单位结算工程价款的当天。

【注释】　对《营业税暂行条例》第9条进行了解释。对《营业税暂行条例实施细则》第12、17条进行了解释。

国家税务总局关于高尔夫球俱乐部税收问题的批复

国税函发[1994]514号

广东省国家税务局：

近接广州市税务局税外[1994]290号《关于高尔夫球俱乐部税收问题的请示》，关于高尔夫球俱乐部会员费收入如何判定纳税义务发生时间等税收问题，经研究，现明确如下：

一、对俱乐部会员入会时一次性缴清的入会费，根据《中华人民共和国营业税暂行条例》第九条：“营业税的纳税义务发生时间，为纳税人收讫营业收入款项或者取得索取营业收入款项凭据的当天”，无论该项收入在财务上如何处理，均以取得收入的当天为纳税义务发生时间，计算征收营业税。

二、对于俱乐部取得的其他类似于会员费的收入，应合并作为会员费收入计算征收营业税。

三、俱乐部向会员收取的会员资格保证金，在会员退会时全额退还的，如果是账务上直接冲减营业收入的，可以从当期的营业额中扣除，不计算征收营业税。对保证金的存款利息收入应计入营业利润中计算征收企业所得税。

四、本规定自文到之日起执行，过去规定与本规定不一致的，以本规定为准。

【注释】　对《营业税暂行条例》第9条进行了解释。

国家税务总局关于中外合作开发房地产征收营业税问题的批复

国税函发[1994]644号

广东省国家税务局：

近接广州市税务局税一[1994]327号《关于合作开发房地产征收营业税问题的请示》，反映该市部分国内企业将土地三通一平后以土地与外商合作建商品房，双方成立合作公司，领取营业执照，中方将土地使用权转移到合作公司，外方负责兴建商品房的一切资金并负责商品房在境外销售，双方采取分建筑面积、分销售收入、提取固定利润等分配形式。并对上述经营活动中涉及的转让土地使用权的行为如何计征营业税问题，要求予以明确。经研究，现批复如下：

一、关于中外双方合作建房的征税问题。

中方将获得的土地与外方合作，办理土地使用权转移后，不论是按建成的商品房分配面积，还是按商品房销售后的收入进行分配，均不符合现行政策关于“以无形资产投资入股，参与接受投资方的利润分配、共同承担投资风险的行为，不征营业税”的规定，因此，应按“转让无形资产”税目征收营业税；其营业额为实际取得的全部收入,包括价外收费;其纳税义务发生时间为取得收入的当天。

同时,对销售商品房也应征税。如果采取分房(包括分面积)各自销房的,则对中外双方各自销售商品房收入按“销售不动产”征营业税;如果采取统一销房再分配销售收入的,则就统一的销售商品房收入按“销售不动产”征营业税;如果采取对中方支付固定利润方式的,则对外方销售商品房的全部收入按“销售不动产”征营业税。

二、关于中方取得的前期工程开发费征税问题。

外方提前支付给中方的前期工程的开发费用,视为中方以预收款方式取得的营业收入,按转让土地使用权,计算征收营业税。对该项已税的开发费用,在中外双方分配收入时如数从中方应得收入中扣除的,可直接冲减中方当期的营业收入。

三、对中方定期获取的固定利润视为转让土地使用权所取得的收入,计算征收营业税。

【注释】 对《营业税暂行条例》第2条进行了解释。

国家税务总局关于明确流转税、资源税法规中“主管税务机关、征收机关”名称问题的通知

国税发[1994]232号

各省、自治区、直辖市国家税务局、地方税务局,各计划单列市国家税务局、地方税务局:

在增值税、消费税、营业税、资源税暂行条例、实施细则及相关文件中,对“主管税务机关、征收机关”已作了解释,但是,由于各地国家税务局和地方税务局机构的分设,原名称所指已发生变化,现重新明确如下:

一、《中华人民共和国增值税暂行条例实施细则》第三十六条第二款中所称“主管税务机关、征收机关”,是指国家税务总局所属的县级以上(含县级)国家税务局,第二十八条、第三十二条第四款中所称“国家税务总局直属分局”,是指省、自治区、直辖市国家税务局,也包括享有省级经济管理权限的城市的国家税务局。

二、《中华人民共和国消费税暂行条例》第十三条、《中华人民共和国消费税暂行条例实施细则》第十八、二十三、二十四条、《消费税若干具体问题的规定》第三、五条中的“主管税务机关”,是指国家税务总局所属的县级以上(含县级)国家税务局。

《中华人民共和国消费税暂行条例实施细则》第二十一、二十五条、《消费税若干具体问题的规定》第四条中“国家税务总局所属税务分局”,是指省、自治区、直辖市国家税务局,也包括享有省级经济管理权限的城市的国家税务局。

三、《中华人民共和国营业税暂行条例实施细则》第五条、第六条中所称“国家税务总局所属征收机关”,是指国家税务总局所属的县级以上(含县级)国家税务局。

四、《中华人民共和国资源税暂行条例》第十二条中的“省、自治区、直辖市税务机关,”是指省、自治区、直辖市地方税务局和享有省级经济管理权限的城市的地方税务局。

《中华人民共和国资源税暂行条例》第十二、十三条以及《中华人民共和国资源税暂行条例实施细则》第五、八、九、十条所说的“主管税务机关”或“税务机关”,是指县级以上(含县级)的地方税务局。

【注释】 对《营业税暂行条例实施细则》第5、6条进行了解释。

财政部　国家税务总局关于铁路工附业应按规定征收营业税的通知

财税[1995]28号

各省、自治区、直辖市、计划单列市财政厅(局)、国家税务局、地方税务局:

最近一些地区不断来电询问,原营业税制对铁路工附业免征营业税的政策是否继续执行,国家是否对铁路工附业要作出新的免征营业税规定。对此问题,经研究,特通知如下:

实行新的营业税制以后,原有的营业税优惠政策已废止,根据营业税暂行条例及其实施细则的有关规定,对铁路工附业中属于营业税征收范围的应税行为,应当从1994年1月1日起征收营业税。此外,根据国务院关于要严格控制减免税的要求,对铁路工附业不再给予免征营业税照顾。

【注释】 对《营业税暂行条例》第1条进行了解释。

财政部　国家税务总局关于民航单位收取的机场管理建设费、旅游发展基金应按税法规定征收营业税的通知

财税[1995]5号

各省、自治区、直辖市、计划单列市财政厅(局)、国家税务局、地方税务局:

据反映,一些民航单位认为由机场向中外旅客收取的机场管理建设费过去属于免税项目,实行新税制后并未具体明确对该项目停止免税;旅游发展基金属于为财政代收款项,因而拒绝将这两项收费并入营业额中计算缴纳营业税。这是违反税法的行为。实行新税制后,原营业税的法规均已废止,过去所作的减税免税规定也一律停止执行,对此已有明文规定。关于纳税人代收款项,营业税暂行条例及其实施细则明确规定应并入营业额中计算缴纳税款。为了维护税制的统一规范,巩固税制改革成果,各地财政和地方税务部门对于一些民航单位违反税法的行为应坚决予以纠正,责令其限期将这两项收费应纳的营业税补缴入库,对于仍然拒绝缴纳的,应依法按照抗税予以严肃处理。

【注释】　对《营业税暂行条例》第5条进行了解释。

国家税务总局关于营业税若干问题的通知

国税发[1995]76号

各省、自治区、直辖市和计划单列市国家税务局、地方税务局:

各地在贯彻新的营业税制中相继提出了一些问题,现根据营业税暂行条例及其实施细则和其他有关规定的精神,对这些问题明确如下:

一、关于融资租赁征税问题

《营业税税目注释》中的"融资租赁",是指经中国人民银行批准经营融资租赁业务的单位所从事的融资租赁业务,其他单位从事融资租赁业务应按"服务业"税目中的"租赁业"项目征收营业税。

二、关于集邮商品征税问题

生产集邮商品仍然征收增值税。邮政部门、集邮公司销售(包括调拨在内)集邮商品改为一律征收营业税。

三、关于会员费、席位费和资格保证金征税问题

对俱乐部、交易所或类似的会员制经济、文化、体育组织(以下简称会员组织),在会员入会时收取的会员费、席位费、资格保证金和其他类似费用,应按营业税有关规定确定适用税目征收营业税。其营业税纳税义务发生时间为会员组织收讫会员费、席位费、资格保证金和其他类似费用款项或者取得索取这些费用款项凭据的当天。

会员组织的上述费用,如果在会员退会时予以退还,并且账务上直接冲减退还当期的营业收入,在计征营业税时可以从当期的营业额中减除。

四、关于代理业营业额问题

代理业的营业额为纳税人从事代理业务向委托方实际收取的报酬。

五、关于转租业务征税问题

单位和个人将承租的场地、物品、设备等再转租给他人的行为也属于租赁行为,应按"服务业"税目中"租赁业"项目征收营业税。

【注释】　对《营业税暂行条例》第2、9条进行了解释。

营业税问题解答(之一)

国税函发[1995]156号

一、问:税制改革以前,原营业税规定的减税、免税项目,在1994年1月1日起实行新的营业税制以后是否还继续执行?

答:实行新税制后,原营业税的法规均已废止,过去所作的减征或免征营业税的规定自然也一律停止执行。营业税暂行条例规定:"营业税的免税、减税项目由国务院规定。任何地区、部门均不得规定免税、减税项目。"因此,在 1994 年 1 月 1 日实行新税制后如果还继续执行原营业税的减税、免税项目,是属于违反税法的行为,应当坚决予以纠正。

二、问:公安部门拍卖机动车牌照,交通部门拍卖公交线路运营权,是否征收营业税?

答:公安部门拍卖机动车牌照,交通部门拍卖公交线路运营权,这两种行为均不属于营业税的征税范围,因而不征收营业税。

三、问:运输企业在境外载运旅客或货物入境,是否征收营业税?

答:根据营业税暂行条例实施细则第七条第二款关于"在境内载运旅客或货物出境"属于境内提供应税劳务的规定,运输企业在境外载运旅客或货物入境,不属于在境内提供应税劳务,因而不征收营业税。

四、问:航空公司用飞机开展飞洒农药业务是否免征营业税?

答:营业税暂行条例第六条第(五)款规定农业病虫害防治免征营业税,营业税暂行条例实施细则第二十六条第(四)款明确农业病虫害防治"是指从事农业、林业、牧业、渔业的病虫害测报和防治的业务"。航空公司用飞机开展飞洒农药业务属于从事农业病虫害防治业务,因而应当免征营业税。

五、问:单位所属内部施工队伍承担其所隶属单位的建筑安装工程是否征收营业税?

答:这首先要看此类施工队伍是否属于独立核算单位。如果属于独立核算单位,不论承担其所隶属单位(以下称本单位)的建筑安装工程业务,还是承担其他单位的建筑安装工程业务,均应当征收营业税。如果属于非独立核算单位,承担其他单位建筑安装工程业务应当征收营业税;而承担本单位的建筑安装工程业务是否应当缴纳营业税,则要看其与本单位之间是否结算工程价款。营业税暂行条例实施细则第十一条规定,负有营业税纳税义务的单位为发生应税行为并向对方收取货币、货物或其他经济利益的单位,包括独立核算的单位和不独立核算的单位。根据这一规定,内部施工队伍为本单位承担建筑安装业务,凡同本单位结算工程价款的,不论是否编制工程概(预)算,也不论工程价款中是否包括营业税税金,均应当征收营业税;凡不与本单位结算工程价款的,不征收营业税。

六、问:对绿化工程应按何税目征税?

答:绿化工程往往与建筑工程相连,或者本身就是某个建筑工程的一个组成部分,例如,绿化与平整土地就分不开,而平整土地本身就属于建筑业中的"其他工程作业"。为了减少划分,便于征管,对绿化工程按"建筑业一其他工程作业"征收营业税。

七、问:对工程承包公司承包的建筑安装工程按何税目征税?

答:根据营业税暂行条例第五条第(三)款"建筑业的总承包人将工程分包或转包给他人的,以工程的全部承包额减去付给分包人或者转包人的价款后的余额为营业额"的规定,工程承包公司承包建筑安装工程业务,即工程承包公司与建设单位签订承包合同的建筑安装工程业务,无论其是否参与施工,均应按"建筑业"税目征收营业税。工程承包公司不与建设单位签订承包建筑安装工程合同,只是负责工程的组织协调业务,对工程承包公司的此项业务则按"服务业"税目征收营业税。

八、问:对境外机构总承包建筑安装工程如何征税?

答:根据营业税暂行条例第十一条第(二)款"建筑安装业务实行分包或者转包的,以总承包人为扣缴义务人"和营业税暂行条例实施细则第二十九条第(一)款"境外单位或者个人在境内发生应税行为而在境内未设有经营机构的,其应缴税款以代理者为扣缴义务人;没有代理者的,以受让者或购买者为扣缴义务人"的规定,建筑安装工程的总承包人为境外机构,如果该机构在境内设有机构的,则境内所设机构负责缴纳其承包工程营业税,并负责扣缴分包或转包工程的营业税税款;如果该机构在境内未设有机构,但有代理者的,则不论其承包的工程是否实行分包或转包,全部工程应纳的营业税款均由代理者扣缴;如果该机构在境内未设有机构,又没有代理者的,不论其总承包的工程是否实行分包或转包,全部工程应纳的营业税税款均由建设单位扣缴。

九、问:银行贷款给单位和个人,借款者以房屋作抵押,如果期满后借款者无力还贷,抵押的房屋归银行所有,对此是否应当征税?如果房屋归银行所有后,银行将房屋销售,是否应当征税?

答:借款者无力归还贷款,抵押的房屋被银行收走以抵作贷款本息,这表明房屋的所有权被借款者有偿转让给银行,应对借款者转让房屋所有权的行为按"销售不动产"税目征收营业税。

同样，银行如果将收归其所有的房屋销售，也应按“销售不动产”税目征收营业税。

十、问：非金融机构将资金提供给对方，并收取资金占用费，如企业与企业之间借用周转金而收取资金占用费，行政机关或企业主管部门将资金提供给所属单位或企业而收取资金占用费，农村合作基金会将资金提供给农民而收取资金占用费等，应如何征收营业税？

答：《营业税税目注释》规定，贷款属于“金融保险业”税目的征收范围，而贷款是指将资金贷与他人使用的行为。根据这一规定，不论金融机构还是其他单位，只要是发生将资金贷与他人使用的行为，均应视为发生贷款行为，按“金融保险业”税目征收营业税。

十一、问：保险公司开展财产、人身保险时向投保者收取的全部保费记入“储金”科目，储金的利息记入“保费收入”科目，储金到期返还给用户。对保险公司开展财产、人身保险征收营业税的营业额是向投保者收取的保费，还是储金的利息？对于到期返还给用户的储金是否准许从其营业额中扣除？

答：营业税暂行条例第五条规定：除另有规定者外，“纳税人的营业额为纳税人提供应税劳务、转让无形资产或者销售不动产向对方收取的全部价款和价外费用。”根据此项规定，第一，保险公司开展财产、人身保险的营业额为向投保者收取的全部保费，而不是储金的利息收入。因为，就提供保险劳务而言，此项规定所说的“对方”是指投保者，保险公司向投保者收取的是保费，而储金利息是保险公司向银行收取的，不是向投保者收取的。其次，应以保费金额为营业额，对到期返还给用户的储金不能从营业额中扣除。

十二、问：邮政部门收取的“电话初装费”按什么税目征税？

答：根据《营业税税目注释》对“邮电通信业”税目的解释，为用户安装电话的业务属于该税目的征收范围。“电话初装费”是邮政部门为用户安装电话而收取的费用，应按“邮电通信业”税目征税。

十三、问：电信部门开办 168 台电话，利用电话开展有偿咨询、点歌等业务，对此项收费按什么税目征税？

答：168 台是具有特殊用途的电话台，其业务属于《营业税税目注释》所说的“用电传设备传递语言的业务”，应按“邮电通信业”税目征收营业税。

十四、问：对邮电局（所）经营的邮电礼仪活动按什么税目征收营业税？其营业额如何确定？

答：邮电礼仪是指邮电局（所）根据客户的要求将写有祝词的电报，或者使用客户支付的价款购买的礼物传递给客户所指定的对象。对于这种业务应按“邮电通信业”税目征收营业税，其营业额为邮电部门向用户收取的全部价款和价外费用，包括所购礼物的价款在内。

十五、问：文化培训适用哪个税目？

答：根据《营业税税目注释》规定，“文化体育业”税目中的“其他文化业”是指除经营表演、播映活动以外的文化活动的业务，如各种展览、培训活动，举办文学、艺术、科技讲座、演讲、报告会，图书馆的图书和资料借阅业务等。此项规定所称培训活动包括各种培训活动，因此对文化培训应按“文化体育业”税目征税。

十六、问：学校取得的赞助收入是否征税？应如何征税？

答：根据营业税暂行条例及其实施细则规定，凡有偿提供应税劳务、有偿转让无形资产或者有偿转让不动产所有权的单位和个人，均应依照税法规定缴纳营业税，而所谓“有偿”是指取得货币、货物或其他经济利益。根据以上规定，对学校取得的各种名目的赞助收入是否征税，要看学校是否发生向赞助方提供应税劳务、转让无形资产或转让不动产所有权的行为。学校如果没有向赞助方提供应税劳务、转让无形资产或转让不动产所有权，此项赞助收入系属无偿取得，不征收营业税；反之，学校如果向赞助方提供应税劳务、转让无形资产或转让不动产所有权，此项赞助收入系属有偿取得，应征收营业税。这里需要附带说明的是，不仅对学校取得的赞助收入应按这一原则确定应否征收营业税，对于其他单位和个人取得的赞助收入也应按这一原则确定是否征收营业税。

十七、问：对合作建房行为应如何征收营业税？

答：合作建房，是指由一方（以下简称甲方）提供土地使用权，另一方（以下简称乙方）提供资金，合作建房。合作建房的方式一般有两种：

第一种方式是纯粹的“以物易物”，即双方以各自拥有的土地使用权和房屋所有权相互交换。具体的交换方式也有以下两种：

（一）土地使用权和房屋所有权相互交换，双方都取得了拥有部分房屋的所有权。在这一合作过程中，甲方以转让部分土地使用权为代价，换取部分房屋的所有权，发生了转让土地使用权的行为；乙方则以转让部分房屋的所有权为代价，换取部分土地的使用权，发生了销售不动产的行为。因而合作建房的双方都发生了营业税的应税行为。对甲方应按“转让无形资产”税目中的“转让土地使用权”子目征税；对乙方应按“销售不动产”税目征税。由于双方没有进行货币结算，因此应当按照《中华人民共和国营业税暂行条例实施细则》第十五条的规定分别核定双方各自的营业额。如果合作建房的双方（或任何一方）将分得的房屋销售出去，则又发生了销售不动产行为，应对其销售收入再按“销售不动产”税目征收营业税。

（二）以出租土地使用权为代价换取房屋所有权。例如，甲方将土地使用权出租给乙方若干年，乙方投资在该土地上建造建筑物并使用，租赁期满后，乙方将土地使用权连同所建的建筑物归还甲方。在这一经营过程中，乙方是以建筑物为代价换得若干年的土地使用权，甲方是以出租土地使用权为代价换取建筑物。甲方发生了出租土地使用权的行为，对其按“服务业—租赁业”征营业税；乙方发生了销售不动产的行为，对其按“销售不动产”税目征营业税。对双方分别征税时，其营业额也按《中华人民共和国营业税暂行条例实施细则》第十五条的规定核定。

第二种方式是甲方以土地使用权乙方以货币资金合股，成立合营企业，合作建房。对此种形式的合作建房，则要视具体情况确定如何征税。

（一）房屋建成后如果双方采取风险共担、利润共享的分配方式，按照营业税“以无形资产投资入股，参与接受投资方的利润分配、共同承担投资风险的行为，不征营业税”的规定，对甲方向合营企业提供的土地使用权，视为投资入股，对其不征营业税；只对合营企业销售房屋取得的收入按销售不动产征税；对双方分得的利润不征营业税。

（二）房屋建成后甲方如果采取按销售收入的一定比例提成的方式参与分配，或提取固定利润，则不属营业税所称的投资入股不征营业税的行为，而属于甲方将土地使用权转让给合营企业的行为，那么，对甲方取得的固定利润或从销售收入按比例提取的收入按“转让无形资产”征税；对合营企业则按全部房屋的销售收入依“销售不动产”税目征收营业税。

（三）如果房屋建成后双方按一定比例分配房屋，则此种经营行为，也未构成营业税所称的以无形资产投资入股，共同承担风险的不征营业税的行为。因此，首先对甲方向合营企业转让的土地，按“转让无形资产”征税，其营业额按实施细则第十五条的规定核定。因此，对合营企业的房屋，在分配给甲乙方后，如果各自销售，则再按“销售不动产”征税。

十八、问：对于转让土地使用权或销售不动产的预收定金，应如何确定其纳税义务发生时间？

答：营业税暂行条例实施细则第二十八条规定：“纳税人转让土地使用权或销售不动产，采用预收款方式的，其纳税义务发生时间为收到预收款的当天。”此项规定所称预收款，包括预收定金。因此，预收定金的营业税纳税义务发生时间为收到预收定金的当天。

十九、问：对个人将不动产无偿赠与他人的行为，是否视同销售不动产征收营业税？

答：根据营业税暂行条例实施细则第四条规定，“单位将不动产无偿赠与他人，视同销售不动产”，应当征收营业税。由此可见，只有单位无偿赠送不动产的行为才视同销售不动产征收营业税，对个人无偿赠送不动产的行为，不应视同销售不动产征收营业税。

二十、问：以“还本”方式销售建筑物，在计征营业税时可否从营业额中减除“还本”支出？

答：以“还本”方式销售建筑物，是指商品房经营者在销售建筑物时许诺若干年后可将房屋价款归还购房者，这是经营者为了加快资金周转而采取的一种促销手段。对以“还本”方式销售建筑物的行为，应按向购买者收取的全部价款和价外费用征收营业税，不得减除所谓“还本”支出。

【注释】 对《营业税暂行条例》第2、5、6、11条进行了解释。对《营业税暂行条例实施细则》第3、7、11、15、25、26、29条进行了解释。

财政部 国家税务总局关于营业税几个政策问题的通知

财税[1995]45号

各省、自治区、直辖市、计划单列市财政厅（局）、国家税务局、地方税务局：

各地在贯彻新的营业税制中相继提出了一些问题，经研究，现明确如下：

一、关于其他工程作业征税问题

纳税人从事建筑安装工程作业中的“其他工程作业”，无论与对方如何结算，其营业额均应包括工程所用原材料及其他物资和动力的价款在内。

二、关于金融业纳税申报期限问题

金融业(不包括典当业)自纳税期满之日起10日内申报纳税。

金融机构受托发放贷款，其应扣缴税款的解缴期限为一个季度，并自期满之日起10日内申报解缴。

三、关于租赁或承包企业的纳税人问题

营业税暂行条例实施细则第十条所称纳税人，是指有独立的经营权，在财务上独立核算，并定期向出租者或发包者上缴租金或承包费的承租人或承包人。

四、关于营业税扣缴税款义务发生时间问题

营业税的扣缴税款义务发生时间，为扣缴义务人代纳税人收讫营业收入款项或者取得索取营业收入款项凭据的当天。

五、关于营业税扣缴义务人缴税地点问题

营业税的扣缴义务人应当向其机构所在地主管税务机关申报缴纳其扣缴的营业税税款。但建筑安装工程业务的总承包人，扣缴分包或者转包的非跨省(自治区、直辖市)工程的营业税税款，应当向分包或转包工程的劳务发生地主管税务机关解缴。

中国农业发展银行省级分行以下委托由农业银行代理的业务的营业税由农业发展银行省级分行集中缴纳，不由农业银行代扣代缴。此办法的执行时间为1994年7月1日。

【注释】 对《营业税暂行条例》第9、12条进行了解释。对《营业税暂行条例实施细则》第10条进行了解释。

财政部　国家税务总局关于铁路工附业征收营业税问题的补充通知

财税[1995]58号

各省、自治区、直辖市、计划单列市财政厅(局)、国家税务局、地方税务局：

经研究决定，对财政部、国家税务总局财税字[1995]028号《关于铁路工附业应按规定征收营业税的通知》中关于对铁路工附业征收营业税的执行时间由1994年1月1日改为1995年1月1日。对1994年已征的营业税不予退还。

【注释】 对《营业税暂行条例》第1条进行了解释。

财政部　国家税务总局关于金融业征收营业税有关问题的通知

财税[1995]79号

各省、自治区、直辖市、计划单列市财政厅(局)、国家税务局、地方税务局：

经研究决定，现对金融业征收营业税有关问题明确如下，请遵照执行。

一、对金融机构往来业务暂不征收营业税。

金融机构往来，是指金融企业联行、金融企业与人民银行及同业之间的资金往来业务。

二、对金融企业经营转贷外汇业务，以贷款利息减去借款利息后的余额为营业额计算征收营业税。转贷外汇业务，是指金融企业直接向境外借入外汇资金，然后再贷给国内企业。

一般代款业务，一律以利息收入全额为营业额计算征收营业税。

三、本通知自1995年1月1日起执行。以前的征税规定与本通知有抵触的，同时废止。

1994年对金融机构往来没有征收营业税的，不再补征营业税；已经征收了营业税的，不予退税，也不得抵顶以后年度应纳的营业税。

四、除上述规定外，有关对金融业征收营业税的其他问题，仍应按现行规定执行。

【注释】 对《营业税暂行条例》第6条进行了解释。

国家税务总局关于地质矿产部所属地勘单位征税问题的通知

国税函发[1995]453 号

各省、自治区、直辖市和计划单列市地方税务局：

接地矿部《关于申请减免税收的函》(地函[1995]89 号)，要求国家对其所属的地勘单位在税收上继续给予减免税照顾。根据国务院严格控制减免税的精神，经研究，现对地矿部所属地勘单位的征税问题通知如下：

一、关于所得税问题

地矿部所属的地勘单位的所得，在 1994 年底以前减半征收所得税的期限已到期。从 1995 年 1 月 1 日起，对地勘单位开展生产经营取得的所得，应按照《中华人民共和国企业所得税暂行条例》的规定，照章征收所得税。各地税务部门应认真做好地勘单位恢复征税的各项征管工作。

二、关于营业税问题

对地矿部所属地勘单位的勘探收入，属于营业税的征收范围，应照章征收营业税。

三、关于房产税、车船使用税等税的问题

对地矿部所属的地勘单位的房产税、车船使用税、城镇土地使用税、印花税和城市维护建设税、教育费附加等，应按规定征收。

【注释】 对《营业税暂行条例》第 1 条进行了解释。

财政部　国家税务总局关于对机动车驾驶员培训业务征收营业税问题的通知

财税[1995]15 号

各省、自治区、直辖市财政厅(局)、税务局，各计划单列市财政局、税务局：

近据一些地方反映，目前公安交警、武警、部队、职业学校及一些企事业单位举办汽车、摩托车等机动车驾驶员培训班(学校)，取得大量收入，但各地对此类培训班在征免营业税上执行不一。为了统一政策，现对汽车、摩托车等机动车驾驶员培训班(学校)收取的培训收入征收营业税问题，通知如下，请遵照执行。

根据《中华人民共和国营业税暂行条例》第六条和《中华人民共和国营业税暂行条例实施细则》第二十六条规定，普通学校以及经地、市级以上人民政府或者同级政府的教育行政部门批准成立、国家承认其学员学历的各类学校提供的教育劳务可免征营业税。各种形式收费的汽车、摩托车等机动车驾驶员培训班(学校)收取的培训收入，不属于上述免税范围，应按照税法规定征收营业税。

【注释】 对《营业税暂行条例》第 6 条进行了解释。对《营业税暂行条例实施细则》第 26 条进行了解释。

国家税务总局关于律师事务所办案费收入征收营业税问题的批复

国税函发[1995]479 号

广东省地方税务局：

接你省广州市地方税务局《关于律师事务所办案费收入征免营业税问题的请示》(穗地税发[1995]81 号)，经研究，现批复如下：

《中华人民共和国营业税暂行条例》第五条规定："纳税人的营业额为纳税人提供应税劳务、转让无形资产或者销售不动产向对方收取的全部价款和价外费用。"《中华人民共和国营业税暂行条例实施细则》第十四条规定："条例第五条所称价外费用，包括向对方收取的手续费、基金、集资费、代收款项、代垫款项及其他各种性质的价外收费。凡价外费用，无论会计制度规定如何核算，均应并入营业额计算应纳税额。"据此，对律师事务所在办案过程中向委托人收取的一切费用，包括办案费等，无论其收费的名称如何，也不论财务会计如何核算，均应并入营业额中计算应纳税额。

【注释】 对《营业税暂行条例》第5条进行了解释。对《营业税暂行条例实施细则》第14条进行了解释。

国家税务总局关于外商投资企业从事城市住宅小区建设征收营业税问题的批复

国税函发[1995]549号

江苏省国家税务局：

你局《关于外商投资企业从事城市住宅小区建设有关征免营业税问题的请示》(苏国税发[1995]338号)收悉。文中反映你省南通等地外商投资企业(以下称拆迁人)根据当地政府城市规划和建设部门的要求，通过各种方式对规划区内原住户的房屋进行拆迁并最终安置(或偿还)住户。在具体办理"安置"或"偿还"时，当地政府规定，根据被拆房屋的所有权性质不同，分别实行产权调换。按质作价互找差价；或作价补偿；或产权调换、作价补偿相结合等方法，拆迁人与被拆迁人通过《房屋拆迁补偿安置协议》明确拆迁安置事宜。并要求对外商投资企业从事这类城市住宅小区建设涉及的营业税问题予以明确。经研究，现批复如下：

对外商投资企业从事城市住宅小区建设，应当按照《中华人民共和国营业税暂行条例》的有关规定，就其取得的营业额计征营业税；对偿还面积与拆迁建筑面积相等的部分，由当地税务机关按同类住宅房屋的成本价核定计征营业税，对最终转让时未作价结算的住宅区配套公共设施(如居委会用房、车棚、托儿所等)，凡转让收入已包含在住宅房屋转让价格中并已征收营业税的，不再征收营业税。

【注释】 对《营业税暂行条例》第5条进行了解释。

财政部　国家税务总局关于工程勘察设计单位改为企业后有关税收问题的函

财税[1995]100号

建设部：

你部《关于工程勘察设计单位改为企业后税收政策意见的函》(建设[1995]44号)收悉。经研究，现函复如下：

一、根据国务院严格控制减免税的精神，对工程勘察设计单位改为企业后，不能实行与科研单位(科技企业)一致的税收政策。

二、对勘察设计企业负责的建设项目可行性研究、咨询、评估、规划、勘察、设计、监理，以及有关工程建设的技术开发、技术咨询、技术转让、技术服务等业务，应按"服务业"征收营业税；对其承包的建筑安装工程，按"建筑业"征收营业税。

三、对勘察设计企业进行技术转让，以及在技术转让过程中发生的与技术转让有关的技术咨询、技术服务、技术培训的所得，年净收入在30万元以下的，暂免征收企业所得税；超过30万元的部分，以及其从事其他业务取得的所得，应按规定征收企业所得税。

【注释】 对《营业税暂行条例》第2条进行了解释。

财政部　国家税务总局关于中国进出口银行办理的出口信用保险业务不征营业税的通知

财税[1996]2号

各省、自治区、直辖市财政厅(局)、地方税务局，各计划单列市财政局、地方税务局：

近接中国进出口银行《关于中国进出口银行出口信用保险业务免征营业税的请示》(进出银财发[1995]第242号)，要求对该行办理的出口信用保险业务免征营业税。据了解，经《国务院关于组建中国进出口银行的通知》(国发[1994]20号)的批准，中国进出口银行也可办理出口信用保险业务。根据《中华人民共和国营业税暂行条例实施细则》第八条和财政部、国家税务总局《关于对中国人民保险公司办理的出口信用保险业务不征营业税的通知》[(94)财税字第 015 号]的规定，对中国进出口银行办理的出口信用保险业务不作为境内提供保险，为非应纳税劳务，不征收营业税。

【注释】 对《营业税暂行条例实施细则》第 8 条进行了解释。

国家税务总局关于中国海洋石油总公司所属公司提供劳务征收营业税问题的通知

国税函发[1996]112 号

广东省国家税务局，天津、上海、广州、深圳市国家税务局：

根据《中华人民共和国营业税暂行条例》及其实施细则的有关规定，中国海洋石油总公司所属地区公司与地区公司、地区公司与专业公司、专业公司与专业公司之间，凡提供地质勘探、钻井、固井、录井、井下作业，物探，工程设计、采油、平台制造、运输(包括管道及油气运输)、油气生产的注水、注气、船舶运输、建筑安装、通讯等应纳税劳务，应当按照《中华人民共和国营业税暂行条例》的有关税目、税率缴纳营业税。

本通知自 1996 年 1 月 1 日起执行。

【注释】 对《营业税暂行条例》第 2 条进行了解释。

财政部　国家税务总局关于民航机场管理建设费营业税先征后返还问题的通知

财税[1996]32 号

各省、自治区、直辖市、计划单列市财政厅(局)、地方税务局，沈阳、长春、哈尔滨、南京、武汉、广州、成都、西安市财政局、地方税务局：

为支持民航事业发展，经国务院批准，对民航机场管理建设费照章征收营业税，所征税款由财政部门予以返还，用于机场建设。具体操作办法，按照财政部、国家税务总局、中国人民银行《关于税制改革后对某些行业实行“先征后退”有关预算管理问题的暂行规定的通知》[(94)财预字第 055 号]第三条第(五)款的规定办理。本通知自 1996 年 1 月 1 日起执行。

【注释】 对《营业税暂行条例》第 6 条进行了解释。

国家税务总局涉外税务管理司关于外商投资企业广告代理业营业税问题的通知

国税外函发[1996]39 号

成文日期：1996 - 05 - 13

各省、自治区、直辖市和计划单列市国家税务局、地方税务局，海洋石油税收管理局各分局：

近来不少地方询问，外商投资企业从事广告代理业务，通过路牌、交通工具等载体发布广告，广告发布者支付的广告发布费在计征营业税时能否扣除。经研究，现通知如下：

总局国税发[1994]159 号《关于营业税若干具体问题的通知》第十条规定，“广告代理业的营业额为代理者向委托方收取的全部价款和价外费用减去付给广告发布者的广告发布费后的余额”。外商投资企业从事广告代理业务，通过电台、路牌、报刊杂志、交通工具等所有媒体和载体发布广告，应按照上述规定办理。

【注释】 对《营业税暂行条例》第 2 条进行了解释。

国家税务总局关于烧卤熟制食品征收流转税问题的批复

国税函发[1996]261 号

广西壮族自治区地方税务局：

你局《关于经营烤鸭等熟制食品征税问题的请示》(桂地税报字[1996]009 号)收悉。经研究，现批复如下：

关于纳税人经营烧卤熟制食品如何征收流转税的问题，按照《中华人民共和国营业税暂行条例》和《中华人民共和国增值税暂行条例》的规定，饮食业属于营业税的征税范围，销售货物则属于增值税的征税范围。因此，对饮食店、餐馆等饮食行业经营烧卤熟制食品的行为，不论消费者是否在现场消费，均应当征收营业税；而对专门生产或销售食品的工厂、商场等单位销售烧卤熟制食品，应当征收增值税。

【注释】 对《营业税暂行条例》第2条进行了解释。

国家税务总局关于外商投资企业在筹办期间取得的会员费有关税务处理问题的通知

国税发[1996]84号

各省、自治区、直辖市和计划单列市国家税务局，深圳市地方税务局：

关于外商投资企业收取的会员费税务处理问题，我局曾以《国家税务总局关于高尔夫球俱乐部税收问题的批复》(国税函发[1994]514号，以下简称批复)和《国家税务总局关于外商投资企业收取会员费等如何计征企业所得税问题的通知》(国税发[1995]146号)做出了规定。现就外商投资企业在筹办期间取得的会员费收入税收处理问题，明确如下：

外商投资企业在筹办期间对其会员入会时一次性收取的会员费、资格保证金或其他类似收费，在计算征收企业所得税时，可以从企业开始营业之日起分5年平均计入各期收入计算纳税；有关计算征收营业税问题，仍按批复第一条的规定执行，即在企业取得上述款项时，计算缴纳营业税。

【注释】 对《营业税暂行条例》第2条进行了解释。

财政部　国家税务总局关于金融保险业以外汇折合人民币计算营业额问题的通知

财税[1996]50号

各省、自治区、直辖市、计划单列市财政厅(局)、地方税务局：

经研究决定，现对金融保险业以外汇折合人民币计算营业额的问题通知如下：

一、金融保险业以外汇结算营业额的，金融业按其收到的外汇的当天或当季季末中国人民银行公布的基准汇价折合营业额，保险业按其收到的外汇的当天或当月月末中国人民银行公布的基准汇价折合营业额，并计算营业税。纳税人选择何种折合率确定后，一年之内不得变动。

二、本通知自1996年1月1日起执行。《中华人民共和国营业税暂行条例实施细则》第十六条关于金融保险业以外汇折合人民币计算营业额问题的有关规定同时废止。

1996年1月1日以前金融保险业外汇折合计算营业额仍按《中华人民共和国营业税暂行条例实施细则》第十六条的有关规定执行。

【注释】 对《营业税暂行条例实施细则》第16条进行了解释。

国家税务总局关于境内远洋运输企业将船舶租给境外单位使用缴纳营业税问题的通知

国税发[1996]126号

各省、自治区、直辖市和计划单列市地方税务局：

近据反映，目前一些位于中国境内并注册登记的远洋运输企业，将船舶出租给境外单位或个人使用并取得租金等收入，以该项收入来源于境外为由，而未申报缴纳营业税。现就该问题明确如下：

税制改革前，根据原营业税制规定，来源于境外的营业收入免征营业税。1994年税制改革以后，此项免税规定已经废止。根据《中华人民共和国营业税暂行条例实施细则》第七条规定，境内远洋运输企业将船舶出租给境外单位或个人使用，其船舶出租的劳务发生地为“中华人民共和国境内”，应按照“服务业”税目中的“租赁业”项目征收营业税。

【注释】 对《营业税暂行条例实施细则》第7条进行了解释。

财政部　国家税务总局关于铁路施工企业承建京九铁路、浙赣复线工程收取三项费用等征收营业税问题的批复

财税[1996]60号

江西省地方税务局：

你局《关于铁路施工企业承建京九铁路、浙赣复线工程收取“三项费用”等征收营业税问题的请示》(赣地税发[1996]355号)收悉，现批复如下：

根据《中华人民共和国营业税暂行条例》第五条“纳税人的营业额为纳税人提供应税劳务……向对方收取的全部价款和价外费用”以及《中华人民共和国营业税暂行条例实施细则》第十四条有关规定，对铁路施工单位承建京九铁路、浙赣复线向发包单位收取的临时设施费、劳动保险基金、施工机构迁移费及其他价外费用，应自1994年1月1日起，全部并入营业额征收营业税。

【注释】 对《营业税暂行条例实施细则》第14条进行了解释。

国家税务总局关于外商承包工程作业和提供劳务取得收入计算征税有关问题的通知

国税发[1995]197号

各省、自治区、直辖市和计划单列市国家税务局：

现就外国企业在中国境内承包工程作业和提供劳务所取得的收入，如何计算征税的有关问题通知如下：

一、外国企业与我国企业签订机器设备销售合同，同时提供设备安装、装配、技术培训、指导、监督服务等劳务的，其取得的劳务费收入，应按税法的规定计算纳税。如有关销售合同中未列明上述劳务费金额，或者作价不合理的，税务机关可以根据实际情况，以不低于合同总价款的5%为原则，确定外国企业的劳务费收入并计算征收营业税和企业所得税。

二、外国企业在我国境内承包工程作业和提供劳务活动，凡采取核定利润率征收企业所得税的，仍可依照《财政部关于对外商承包工程作业和提供劳务服务征收工商统一税和企业所得税的暂行规定》[(83)财税字第149号]第一条1、2项以及《财政部关于对外商承包工程作业和提供劳务代为采购或代为制造的机器设备、建筑材料的价款准予从承包业务收入中适当扣除计算征税问题的通知》[(87)财税字第134号]的规定，就其收入总额扣除转承包价款和代购代制设备、材料价款后的余额，以不低于10%为原则，参照同行业利润水平，核定利润计征企业所得税。

【注释】 对《营业税暂行条例》第2条进行了解释。

国家税务总局关于中国银行外汇收入计征营业税问题的函

国税函发[1996]618号

中国银行：

你行《关于我行外汇收入计缴营业税有关问题的请示》(中银财[1996]245号)收悉。经商财政部同意，现对你行外汇收入计缴营业税有关问题答复如下：

一、关于营业税计算牌价的问题

鉴于国家外汇管理局从1995年4月1日起只公布人民币对美元、日元和港币三种货币的牌价，对三种货币以外的其他外币，应按照《国家税务总局关于企业和个人的外币收入如何折算成人民币计算缴纳税款问题的通知》(国税发[1995]173号)规定的折算办法计算缴纳营业税，即：根据美元对人民币的基准汇价和国家外汇管理局提供的纽约外汇市场美元对主要外币的汇价进行套算。套算公式为：

某种货币对人民币的汇价=美元对人民币的基准汇价÷纽约外汇市场美元对该种货币的汇价

二、关于营业额确定的问题

你辖内各分支行在计算当季季末营业额时,是以上季季末的营业额加上当季发生的营业额,为了避免重复征税,我局同意,你辖内各分支行在计算营业税的营业额时,可以当季季末各货币折合人民币应纳税营业额减去上季季末已纳税营业额后的净增额,作为当季计算缴纳营业税的基数。

三、关于外汇折合人民币计算营业额时间问题

你行辖各分支行统一以当季季末国家外汇管理局公布的三种货币的中间价以及按上述第一条规定进行套算的汇价折合营业额。

【注释】 对《营业税暂行条例》第5条进行了解释。

国家税务总局关于邮政汇兑资金利息收入征收营业税问题的批复

国税函发[1996]635号

福建省地方税务局:

你局《关于邮政汇兑资金利息收入征收营业税问题的请示》(闽地税政——[1996]031号)收悉。现批复如下:

一、根据《营业税税目注释》关于"存款行为,不征收营业税"的规定,对邮政部门将邮政汇兑资金存入人民银行(或其他金融机构)取得的利息收入,不征收营业税。

二、根据财政部、国家税务总局《关于金融业征收营业税有关问题的通知》(财税字[1995]079)中关于"对一般贷款业务,一律按利息收入全额征税"的规定,人民银行(或其他金融机构)向邮政部门发放贷款,不论用途如何,均属于一般贷款业务,对其取得的利息收入应一律按规定征收营业税。

此复。

【注释】 对《营业税暂行条例》第2条进行了解释。

国家税务总局关于有偿转让资产使用权的行为征收营业税问题的批复

国税函发[1996]636号

新疆维吾尔自治区地方税务局:

你局《关于我区畜牧厅牧工商联合企业总公司转让天山饭店收取转让费(含资产增值补偿金)征收营业税问题的请示》(新地税——字[1996]053号)收悉。关于新疆畜牧厅将所属天山饭店大楼等资产的使用权采取收取转让费和资产增值补偿金方式,有偿转让给香港新华国际有限公司30年,应否按"租赁业"征收营业税问题,经研究,现批复如下:

根据《营业税税目注释》第七条第六款的规定:"租赁业,是指在约定的时间内将场地、房屋、物品、设备或设施等转让他人使用的业务。"你区畜牧厅工商联合企业总公司将饭店大楼等资产有偿转让给香港新华国际有限公司使用的行为,属于营业税法规定的租赁行为,应按营业税"服务业—租赁业"征收营业税。

【注释】 对《营业税暂行条例》第2条进行了解释。

财政部 国家税务总局关于体育彩票发行收入税收问题的通知

财税[1996]77号

各省、自治区、直辖市、计划单列市财政厅(局)、国家税务局、地方税务局:

近接国家体委来函,要求明确体育彩票发行收入的有关税收政策。为确保体育彩票销售工作的顺利进行,根据现行税制的有关规定,对体育彩票发行收入的若干税收问题,明确规定如下:

……

二、营业税

根据现行《中华人民共和国营业税暂行条例》及其实施细则等有关规定,对体育彩票的发行收入不征营业税；对体育彩票代销单位代销体育彩票取得的手续费收入应按规定征收营业税。

……

【注释】 对《营业税暂行条例》第6条进行了解释。

国家税务总局关于饮食业征收流转税问题的通知

国税发[1996]202号

各省、自治区、直辖市和计划单列市国家税务局、地方税务局：

近期，各地反映，饮食店、餐馆等营业税纳税人销售货物，在征收流转税时，地区之间政策执行上不尽一致。经研究，现明确如下：

一、饮食店、餐馆（厅）、酒店（家）、宾馆、饭店等单位发生属于营业税"饮食业"应税行为的同时销售货物给顾客的，不论顾客是否在现场消费，其货物部分的收入均应当并入营业税应税收入征收营业税。

二、饮食店、餐馆（厅）、酒店（家）、宾馆、饭店等单位附设门市部、外卖点等对外销售货物的，仍按《增值税暂行条例实施细则》第六条和《营业税暂行条例实施细则》第六条关于兼营行为的征税规定征收增值税。

三、专门生产或销售货物（包括烧卤熟制食品在内）的个体经营者及其他个人应当征收增值税。

【注释】 对《营业税暂行条例实施细则》第6条进行了解释。

国家税务总局关于外国企业出租中国境内房屋、建筑物取得租金收入税务处理问题的通知

国税发[1996]212号

根据《中华人民共和国营业税暂行条例》（以下简称营业税暂行条例）和《中华人民共和国外商投资企业和外国企业所得税法》（以下简称所得税法）的有关规定，现就外国企业出租中国境内房屋、建筑物的有关税收问题，通知如下：

一、外国企业出租位于中国境内房屋、建筑物等不动产，凡在中国境内没有设立机构、场所进行日常管理的，对其所取得的租金收入，应按营业税暂行条例的有关规定缴纳营业税，并按所得税法第十九条的规定，在扣除上述缴纳的营业税税款后，计算征收企业所得税。

根据营业税暂行条例实施细则第二十九条和所得税法第十九条的规定，上述营业税和企业所得税由承租人在每次支付租金时代扣代缴。如果承租人不是中国境内企业、机构或者不是在中国境内居住的个人，税务机关也可责成出租人，按税法规定的期限自行申报缴纳上述税款。

二、外国企业出租位于中国境内房屋、建筑物等不动产，凡委派人员在中国境内对其不动产进行日常管理的；或者上述出租人属于非协定国家居民公司，委托中国境内其他单位（或个人）对其不动产进行日常管理的；或者上述出租人属于协定国家居民公司，委托中国境内属于非独立代理人的单位（或个人）对其不动产进行日常管理的，其取得的租金收入，根据营业税暂行条例和所得税法的有关规定，应按在中国境内设有机构、场所征收营业税和企业所得税。

三、本通知自1996年10月1日起执行，以前处理与本通知规定不一致的，按本通知规定执行。

【注释】 对《营业税暂行条例实施细则》第29条进行了解释。

国家税务总局关于"免征营业税的博物馆"范围界定问题的批复

国税函发[1996]679号

厦门市地方税务局：

你局《关于对"博物馆"免税范围界定问题的请示》（厦地税政——[1996]011号）收悉。经商财政部研究，现批复如下：

关于《中华人民共和国营业税暂行条例》第六条第（六）款中所称的"免征营业税的博物馆"，是指经各级文物、文化主管部门批准并实行财政预算管理的博物馆。请你局按此条件严格界定，对其他虽冠以博物馆

的名称，但不符合上述条件的单位，不得给予免征营业税的照顾。

【注释】 对《营业税暂行条例》第 6 条进行了解释。

国家税务总局关于电信业务征收营业税问题的通知

国税函发[1996]685 号

各省、自治区、直辖市和计划单列市地方税务局：

近接中国联合通信有限公司《关于明确中国联通公司及所属分公司计税营业额的请示》。据悉，1993 年国务院批准成立中国联合通信有限公司后，为了最大限度发挥通信业务能量，方便广大用户，中国联合通信有限公司及所属通信企业（以下简称联通通信网）必须与邮电部邮电通信网实现互连互通，用户的跨网通话业务才能顺利实现。因此，涉及两网的跨网通话业务，其话费构成了两网的共同收入，必须先行分割为各自的收入，然后才能进行核算，为此，国家计委根据国务院的决定，专门制定下发了两网互连互通话费结算办法。中国联合通信有限公司据此要求仅就实际取得的话费收入征收营业税。经国家税务总局研究决定，对两网的互连互通业务，可按本通信网全部话费收入加上从另一通信网分割回的话费收入减去分割给另一通信网的话费后的余额计征营业税。

【注释】 对《营业税暂行条例》第 5 条进行了解释。

国家税务总局关于房产开发企业销售不动产征收营业税问题的通知

国税函发[1996]684 号

广东省地方税务局：

接你省广州市地方税务局《关于房产开发企业包销房产征收营业税问题的请示》（穗地税发[1996]259 号），反映房产开发企业与包销商签订合同，将房产交给包销商根据市场情况自订价格进行销售，由房产开发企业向客户开具房产销售发票，包销商收取价差或手续费，在合同期满未售出的房产由包销商进行收购，对此应如何征收营业税。经研究，现答复如下：

在合同期内房产企业将房产交给包销商承销，包销商是代理房产开发企业进行销售，所取得的手续费收入或者价差应按“服务业—代理业”征收营业税；在合同期满后，房屋未售出，由包销商进行收购，其实质是房产开发企业将房屋销售给包销商，对房产开发企业应按“销售不动产”征收营业税；包销商将房产再次销售，对包销商也应按“销售不动产”征收营业税。

【注释】 对《营业税暂行条例》第 2 条进行了解释。

国家税务总局关于对电影发行单位的发行收入不征营业税的通知

国税函发[1996]696 号

各省、自治区、直辖市和计划单列市地方税务局：

根据国务院《研究电影工作有关问题的会议纪要》（国阅[1996]167 号）精神，现对电影发行放映单位如何征收营业税问题通知如下：

对电影放映单位放映电影取得的票价收入按收入全额征收营业税后，对电影发行单位向放映单位收取的发行收入不再征收营业税，但对电影发行单位取得的片租收入仍应按收入全额征收营业税。

【注释】 对《营业税暂行条例》第 5 条进行了解释。

国家税务总局关于非电信部门开办电话咨询业务适用税目问题的批复

国税函发[1996]700 号

海南省财政税务厅：

你厅《关于非电信部门开办的信息台电话咨询业务营业税税目问题的请示》（琼财税[1996]政字第 472

号)收悉。经研究,现批复如下:

168台所提供的咨询、信息或点歌等服务,本应属于营业税"服务业"征税范围。出于对国家电信部门的扶持,同时为便于征管,减少税目划分,《国家税务总局关于印发〈营业税问题解答(之一)〉的通知》(国税函发[1995]156号)规定,电信部门开办168台电话,利用电话开展有偿咨询等业务,按"邮电通信业"税目征收营业税。这里所说的电信部门指的是国家电信管理部门直属的电信单位。但你省的两家非电信部门直属的信息台,其向用户提供电话信息服务的业务取得的收入,应按"服务业"税目征收营业税。

【注释】 对《营业税暂行条例》第2条进行了解释。

国家税务总局关于个人从事房地产经营业务征收营业税问题的批复

国税函发[1996]718号

浙江省地方税务局:

你局《浙江省地方税务局关于个人从事房地产业务有关营业税问题的请示》(浙地税一一[1996]59号)收悉。关于个人经营房地产应如何征收营业税等问题,经研究,现批复如下:

个人以各购房户代表的身份与提供土地使用权的单位或个人(以下简称"地主")签订联合建房协议,由个人出资并负责雇请施工队建房,房屋建成后,再由个人将分得的房屋销售给各购房户。这实际上是个人先通过合作建房的方式取得房屋,再将房屋销售给各购房户。因此对个人应按"销售不动产"税目征营业税,其营业额为个人向各购房户收取的全部价款和价外费用。另一方面,个人与地主的关系,属于一方提供土地使用权,另一方提供资金合作建房的行为。对其双方应按《国家税务总局关于印发〈营业税问题解答(之一)〉的通知》(国税函发[1995]156号)第十七条的有关规定征收营业税。

【注释】 对《营业税暂行条例》第2条进行了解释。

财政部 国家税务总局关于对保险公司开办个人投资分红保险业务取得的保费收入免征营业税的通知

财税[1996]102号

各省、自治区、直辖市、计划单列市财政厅(局)、地方税务局:

根据财政部、国家税务总局《关于对若干项目免征营业税的通知》[(94)财税字第002号]中的有关规定,对保险公司开办的个人投资分红保险业务取得的保费收入免征营业税。

个人投资分红保险,是指保险人向投保人提供的具有死亡、伤残等高度保障的长期人寿保险业务,保险期满后,保险人还应向被保人提供投资收益分红。

【注释】 对《营业税暂行条例》第6条进行了解释。

国家税务总局关于银行委托贷款业务代扣代缴营业税问题的函

国税函发[1997]74号

中国建设银行:

你行《关于银行委托贷款业务垫交营业税情况的请示》(建总会字[1996]第23号)收悉。现对金融机构发放委托贷款代扣代缴营业税的问题函复如下:

《中华人民共和国营业税暂行条例》第十一条规定,"委托金融机构发放贷款,以受托发放贷款的金融机构为扣缴义务人。"对于扣缴税款的义务发生时间,财政部、国家税务总局联合下发的《关于营业税几个政策问题的通知》(财税字[1995]第45号)第四条规定,营业税的扣缴税款的义务发生时间,为扣缴义务人代纳税人收讫营业收入款项或者取得索取营业收入款项凭据的当天。据此,金融机构发放委托贷款代扣代缴营业税的时间为代委托方收到贷款利息或是取得索取营业收入款项凭据的当天。至于受托方以信贷资金代委托方垫交税款的问题,应由受托方与委托方进行协商解决。

【注释】 对《营业税暂行条例》第11条进行了解释。

国家税务总局关于征用土地过程中征地单位支付给土地承包人员的补偿费如何征税问题的批复

国税函发[1997]87号

辽宁省地方税务局：

你局《关于征用土地过程中征地单位支付给土地承包人员的补偿费是否征税的请示》(辽地税个[1996]311号)收悉。经研究，现批复如下：

一、对土地承包人取得的土地上的建筑物、构筑物、青苗等土地附着物的补偿费收入，应按照《中华人民共和国营业税暂行条例》的"销售不动产——其他土地附着物"税目征收营业税。

二、对土地承包人取得的青苗补偿费收入，暂免征收个人所得税；取得的转让建筑物等财产性质的其他补偿费收入，应按照《中华人民共和国个人所得税法》的"财产转让所得"应税项目计征个人所得税。

【注释】 对《营业税暂行条例》第2条进行了解释。

国家税务总局关于合作开采海洋石油提供应税劳务适用营业税税目、税率问题的通知

国税发[1997]42号

天津、上海、广东省(直辖市)国家税务局、深圳市国家税务局：

近接一些地方反映，由于营业税税目税率表中没有列明开采海洋石油的一些特殊作业，各地在实际执行时掌握不尽一致。为了统一政策，现对这些应税劳务适用税目、税率问题明确如下：

对从事海洋石油地球物理勘探、定位、泥浆、测井、录井、固井、完井、潜水、套管、管道铺设等工程作业的，适用营业税税目税率表中建筑业税目的"其他工程作业"按3%的税率征收营业税。

【注释】 对《营业税暂行条例》第2条进行了解释。

国家税务总局关于海洋石油若干税收政策问题的通知

国税发[1997]44号

为进一步完善涉外石油税制，解决当前政策执行中存在的问题，现将几个海洋石油税收政策问题明确如下：

一、关于外国承包商在华承包海洋石油工程和提供劳务的税收问题

外国承包商在华承包海洋石油工程作业和提供劳务服务，在计征营业税时，应按照《中华人民共和国营业税暂行条例》及其实施细则的规定执行。对外国承包商承包的应税劳务，凡劳务发生地涉及境内境外的，应经主管税务机关审核确认，仅就在中国境内提供的应税劳务征税。

……

【注释】 对《营业税暂行条例》第1条进行了解释。

财政部　国家税务总局关于纳税人承包以工代赈工程征收营业税问题的通知

财税[1997]67号

各省、自治区、直辖市和计划单列市财政厅(局)、地方税务局：

据部分地区反映，1994年税制改革后，对纳税人承包以工代赈工程是否征收营业税一直未予明确。为保证税法的完整统一，现通知如下：

以工代赈工程是政府部门通过召集受灾、贫困地区的民工修建公路水利等工程而获得一定的经济收入来解决群众生活问题的一种措施。以工代赈工程属于扶贫项目，但工程承包人仍可取得经济收益，按国家

规定应缴纳税收。在税制改革前,一些地区对以工代赈工程给予了不同程度的减免税照顾。税制改革后,这些减免税政策已经取消。因此,根据《中华人民共和国营业税暂行条例》的规定,对纳税人承包以工代赈工程,如属于营业税征税范围的,应按税收法规的统一规定征收营业税,不得再给予减税免税。

【注释】 对《营业税暂行条例》第 1 条进行了解释。

国家税务总局关于外商投资企业代扣城市维护建设税问题的批复

国税函发[1997]477 号

大连市地方税务局:

你局《关于"三资"企业代扣营业税是否需要同时代扣附税问题的请示》(大地税函[1997]15 号)收悉。经研究,同意你局意见,对随同营业税附征的城市维护建设税和教育费附加,应按营业税的征收规定办理。即营业税条例规定的代扣代缴义务人,应在代扣营业税的同时,代扣城市维护建设税和教育费附加。

【注释】 对《营业税暂行条例》第 1 条进行了解释。

财政部　国家税务总局关于个人提供非有形商品推销、代理等服务活动取得收入征收营业税和个人所得税有关问题的通知

财税[1997]103 号

各省、自治区、直辖市和计划单列市国家税务局、地方税务局:

据反映,有些在境内从事保险、旅游等非有形商品经营的企业(包括从事此类业务的国有企业、集体企业、股份制企业、外商投资企业、外国企业及其他企业),通过其雇员或非雇员个人的推销、代理等服务活动开展业务。雇员或非雇员个人根据其推销、代理等服务活动的业绩从企业或其服务对象取得佣金、奖励和劳务费等名目的收入。根据《中华人民共和国营业税暂行条例》、《中华人民共和国个人所得税法》和《中华人民共和国税收征收管理法》的有关规定,现对雇员或非雇员个人为企业提供非有形商品推销、代理等服务活动取得收入征收营业税和个人所得税的有关问题明确如下:

一、对雇员的税务处理

雇员为本企业提供非有形商品推销、代理等服务活动取得佣金、奖励和劳务费等名目的收入,无论该收入采用何种计取方法和支付方式,均应计入该雇员的当期工资、薪金所得,按照《中华人民共和国个人所得税法》及其实施条例和其他有关规定计算征收个人所得税;但可适用《中华人民共和国营业税暂行条例实施细则》第四条第一款的规定,不征收营业税。

二、对非雇员的税务处理

非本企业雇员为企业提供非有形商品推销、代理等服务活动取得的佣金、奖励和劳务费等名目的收入,无论该收入采用何种计取方法和支付方式,均应计入个人从事服务业应税劳务的营业额,按照《中华人民共和国营业税暂行条例》及其实施细则和其他有关规定计算征收营业税;上述收入扣除已缴纳的营业税税款后,应计入个人的劳务报酬所得,按照《中华人民共和国个人所得税法》及其实施条例和其他有关规定计算征收个人所得税。

三、税款征收方式

(一) 雇员或非雇员从聘用的企业取得收入的,该企业即为雇员或非雇员应纳税款的扣缴义务人,应按照有关规定按期向主管税务机关申报并代扣代缴上述税款。

(二) 对雇员或非雇员直接从其服务对象或其他方面取得收入的部分,由其主动向主管税务机关申报缴纳营业税和个人所得税。

(三) 有关企业和个人拒绝申报纳税或代扣代缴税款,将按《中华人民共和国税收征收管理法》及其实施细则的有关规定处理。

【注释】 对《营业税暂行条例实施细则》第 4 条进行了解释。

国家税务总局关于以不动产或无形资产投资入股收取固定利润征收营业税问题的批复

国税函发[1997]490 号

深圳市地方税务局：

你局《关于对以不动产或无形资产投资入股收取固定利润征税问题的请示》(深地税发[1997]356 号)收悉。关于以不动产或无形资产投资入股收取固定利润是否征收营业税的问题，现批复如下：

根据《营业税税目注释》的有关规定，以不动产或无形资产投资入股，与投资方不共同承担风险，收取固定利润的行为，应区别以下两种情况征收营业税：以不动产、土地使用权投资入股，收取固定利润的，属于将场地、房屋等转让他人使用的业务，应按"服务业"税目中"租赁业"项目征收营业税；以商标权、专利权、非专利技术、著作权、商誉等投资入股，收取固定利润的，属于转让无形资产使用权的行为，应按"转让无形资产"税目征收营业税。

【注释】 对《营业税暂行条例》第 2 条进行了解释。

财政部　国家税务总局关于供电工程贴费不征收增值税和营业税的通知

财税[1997]102 号

各省、自治区、直辖市、计划单列市财政厅(局)、国家税务局、地方税务局：

最近，一些地区和部门来文，要求对供电企业收取的供电工程贴费是否征收增值税或营业税的问题予以明确，经研究，现通知如下：

供电工程贴费是指在用户申请用电或增加用电容量时，供电企业向用户收取的用于建设 110 千伏及以下各级电压外部供电工程建设和改造等费用的总称，包括供电和配电贴费两部分。经国务院批准同意的国家计委《关于调整供电贴费标准和加强贴费管理的请示》(计投资[1992]2569 号)附件一规定："根据贴费的性质和用途，凡电力用户新建的工程项目所支付的贴费，应从该工程的基建投资中列支；凡电力用户改建、扩建的工程项目所支付的贴费，从单位自有资金中列支"。同时，用贴费建设的工程项目由电力用户交由电力部门统一管理使用。根据贴费和用贴费建设的工程项目的性质以及增值税、营业税有关法规政策的规定，供电工程贴费不属于增值税销售货物和收取价外费用的范围，不应当征收增值税，也不属于营业税的应税劳务收入，不应当征收营业税。

【注释】 对《营业税暂行条例》第 2 条进行了解释。

国家税务总局关于经营公用电话征收营业税问题的通知

国税发[1997]161 号

各省、自治区、直辖市、计划单列市地方税务局：

据一些地区来文反映，目前经营公用电话业务的方式有三种：第一种是自办，即公用电话设在邮电局营业厅，由邮电部门的工作人员值守，电话费作为邮电部门的收入。第二种是委托代办，俗称"公用电话亭"。各电话亭属邮电局的经营网点，在邮电局一个统一营业执照下分列，邮电部门将"电话亭"经营人称之为代办人。代办人将向用户收取的话费全额上交，作为邮电部门的营业收入，邮电部门付给代办人劳务费。第三种是兼办，即私人住宅、小卖店以及其他单位(即兼办人)，利用其自用电话兼办公用电话业务。邮电部门按月向兼办人收取管理费，并按自用电话标准收取电话费。兼办人的经营收入为按公用电话向顾客收取话费，扣除上缴给邮电部门的话费和管理费的余额。对此，现就征收营业税问题明确如下：

一、公用电话无论采取哪种经营形式，对邮电部门取得的话费、管理费收入，均依全额按"邮电通信业"税目征收营业税。

二、对代办人取得的劳务费(或手续费等)应按"服务业"税目中的"代理服务"项目征收营业税。

三、对兼办人取得的收入按"服务业"税目中的"代理服务"项目征收营业税。其营业额为向用户收取的全部价款和价外费用减去支付给邮电部门的管理费和电话费的余额。

【注释】 对《营业税暂行条例》第2、5条进行了解释。

国家税务总局关于外国企业向境内转让无形资产取得收入征收营业税问题的通知

国税发[1998]4号

各省、自治区、直辖市和计划单列市国家税务局、地方税务局：

关于在中国境内未设立机构的外国企业向中国境内转让无形资产取得收入是否征收营业税的问题，现明确如下：

根据《中华人民共和国营业税暂行条例》第一条和该条例实施细则第七条规定，在中国境内未设立机构的外国企业向中国境内转让无形资产取得收入应当征收营业税。

【注释】 对《营业税暂行条例》第1条进行了解释。对《营业税暂行条例实施细则》第7条进行了解释。

国家税务总局关于电梯保养、维修收入征税问题的批复

国税函发[1998]390号

深圳市国家税务局：

你局《关于电梯保养、维修收入征税问题的请示》(深国税发[1998]144号)收悉，现批复如下：

电梯属于增值税应税货物的范围，但安装运行之后，则与建筑物一道形成不动产。因此，对企业销售电梯(自产或购进的)并负责安装及保养、维修取得的收入，一并征收增值税；对不从事电梯生产、销售，只从事电梯保养和维修的专业公司对安装运行后的电梯进行的保养、维修取得的收入，征收营业税。

深圳市粤日电梯工程有限公司系专门从事电梯保养、维修的专业公司。因此，对其所取得的电梯保养、维修收入应当征收营业税，不征收增值税。

【注释】 对《营业税暂行条例》第2条进行了解释。

财政部　国家税务总局关于证券投资基金税收问题的通知

财税[1998]55号

省、自治区、直辖市、计划单列市财政厅(局)、国家税务局、地方税务局，财政部驻各省、自治区、直辖市、计划单列市财政监察专员办事处，新疆生产建设兵团：

为了有利于证券投资基金制度的建立，促进证券市场的健康发展，经国务院批准，现对中国证监会新批准设立的封闭式证券投资基金(以下简称基金)的税收问题通知如下：

一、关于营业税问题：

1. 以发行基金方式募集资金不属于营业税的征税范围，不征收营业税。

2. 基金管理人运用基金买卖股票、债券的差价收入，在2000年底以前暂免征收营业税。

3. 金融机构(包括银行和非银行金融机构)买卖基金的差价收入征收营业税；个人和非金融机构买卖基金单位的差价收入不征收营业税。

……

五、本通知从1998年3月1日起实施。

【注释】 对《营业税暂行条例》第6条进行了解释。

国家税务总局关于航空运输业营业税纳税人问题的通知

国税发[1998]210号

各省、自治区、直辖市和计划单列市地方税务局：

《中华人民共和国营业税暂行条例实施细则》第十二条规定，航空运输业负有营业税纳税义务的单位为

从事运输业务并计算盈亏的单位。目前，由于各航空运输公司对其所属分公司的核算制度不同，下属分公司是否负有营业税纳税义务情况不一，大部分已成为营业税纳税人，少数仍由航空运输公司统一缴纳运输业务的营业税。实践表明，航空运输公司下属分公司承担纳税义务，向分公司所在地税务机关就地缴纳营业税，有利于加强营业税控管，堵塞营业税收入流失漏洞。有鉴于此，为加强对航空运输企业的营业税征收管理，统一税收政策，国家税务总局决定，自 1999 年 1 月 1 日起，各航空运输公司所属分公司，无论是否单独计算盈亏，均应作为纳税人向分公司所在地主管税务机关缴纳营业税。

【注释】 对《营业税暂行条例》第 1 条进行了解释。

国家税务总局关于外商投资的宾馆、商务楼等经营电信业务征收营业税问题的批复

国税函发[1998]737 号

上海市地方税务局：

你局《关于对外商投资的宾馆、商务楼等经营电信业务收入如何征收营业税问题的请示》(沪税外[1998]38 号)收悉。经研究，现批复如下：

对外商投资的宾馆、饭店、商务楼等经营电信业务取得的收入，根据《国家税务总局关于经营公用电话征收营业税问题的通知》(国税发[1997]161 号)文件第三条的规定，按“服务业”税目中的“代理服务”项目征收营业税。其营业额为向用户收取的全部价款和价外费用减去支付给邮电部门的管理费和电话费的余额。对于 1997 年未按上述规定执行的，可自 1998 年 1 月 1 日起执行。

【注释】 对《营业税暂行条例》第 2 条进行了解释。

国家税务总局关于有线电视台有关收费征收营业税问题的批复

国税函发[1998]748 号

陕西省地方税务局：

你局《陕西省地方税务局关于有线电视台有关收费是否征收营业税的请示》(陕地税函[1998]049 号)收悉。关于有线电视台有关收费是否征收营业税问题，经研究，现批复如下：

有线电视台向用户提供服务而收取的有线电视安装费(或称建设费)、收视维护费、广告费等，是其提供应税劳务取得的收入，属于营业税的征税范围。根据《中华人民共和国营业税暂行条例》及其实施细则的规定，对有线电视台向用户收取有线电视安装费、收视维护费、广告费等应按营业税的有关税目税率征收营业税。

【注释】 对《营业税暂行条例》第 2 条进行了解释。

国家税务总局关于物业管理企业的代收费用有关营业税问题的通知

国税发[1998]217 号

各省、自治区、直辖市和计划单列市地方税务局：

关于物业管理企业代收费用是否计征营业税的问题，根据《中华人民共和国营业税暂行条例》及其实施细则的有关规定精神，现通知如下：

物业管理企业代有关部门收取水费、电费、燃(煤)气费、维修基金、房租的行为，属于营业税“服务业”税目中的“代理”业务，因此，对物业管理企业代有关部门收取的水费、电费、燃(煤)气费、维修基金、房租不计征营业税，对其从事此项代理业务取得的手续费收入应当征收营业税。

维修基金，是指物业管理企业根据财政部《物业管理企业财务管理规定》(财基字[1998]7 号)的规定，接受业主管理委员会或物业产权人、使用人委托代管的房屋共用部位维修基金和共用设施设备维修基金。

【注释】 对《营业税暂行条例》第 5 条进行了解释。

国家税务总局关于外国企业向我国转让无形资产征收营业税问题的批复

国税函发[1998]797号

吉林省地方税务局：

你局《吉林省地方税务局关于营业税有关问题的请示》(吉地税流字[1998]301号)收悉。关于外国企业向我国企业转让无形资产如何征收营业税等问题，经研究，现批复如下：

一、《中华人民共和国营业税暂行条例》(以下简称条例)第一条规定，在我国境内转让无形资产的单位和个人，为营业税的纳税义务人，应当依照本条例缴纳营业税。《中华人民共和国营业税暂行条例实施细则》(以下简称细则)第七条规定，所转让的无形资产在我国境内使用的，为在我国境内转让无形资产。而第八届全国人民代表大会常务委员会第五次会议决定，外商投资企业和外国企业自1994年1月1日起适用国务院发布的增值税、消费税、营业税等暂行条例。根据上述规定，未在我国境内设立机构的外国企业向我国转让无形资产，属于在我国境内转让无形资产，应当对其1994年1月1日以后发生的转让无形资产的行为，征收营业税。总局于1998年1月下发的《国家税务总局关于外国企业向境内转让无形资产取得收入征收营业税问题的通知》(国税发[1998]4号)，是根据条例和细则的有关规定，对外国企业向我国转让无形资产应当征收营业税规定的重申和强调。

二、对转让合同中没有载明在境外发生的设计项目及劳务价款的，应按在中国境内提供应税劳务征收营业税。

三、未在我国境内设立机构的外国企业，其应纳的营业税税款，根据细则第二十九条第(一)款的规定，由代理者代扣代缴，没有代理者的，以受让者或者购买者代扣代缴。这里所说的由代理者代扣代缴税款，是指外国企业通过代理者与境内购买者结算价款的，由代理者作为扣缴义务人。如外国企业不通过代理者与境内购买者结算价款，则仍由受让者或购买者代扣代缴。

【注释】 对《营业税暂行条例》第1条进行了解释。对《营业税暂行条例实施条例》第7、29条进行了解释。

国家税务总局关于拍卖行取得的拍卖收入征收增值税、营业税有关问题的通知

国税发[1999]40号

各省、自治区、直辖市和计划单列市国家税务局、地方税务局：

据了解，由于拍卖行特殊的经营性质，对拍卖行取得的拍卖收入是征收增值税还是征收营业税，各地理解不一，执行中不尽一致。为了统一拍卖行的增值税、营业税政策，现就有关问题明确如下：

一、对拍卖行受托拍卖增值税应税货物，向买方收取的全部价款和价外费用，应当按照4%的征收率征收增值税。拍卖货物属免税货物范围的，经拍卖行所在地县级主管税务机关批准，可以免征增值税。

二、对拍卖行向委托方收取的手续费征收营业税。

【注释】 对《营业税暂行条例》第2条进行了解释。

财政部　国家税务总局关于促进科技成果转化有关税收政策的通知

财税[1999]45号

各省、自治区、直辖市、计划单列市财政厅(局)、国家税务局、地方税务局：

为贯彻落实《中华人民共和国科学技术进步法》和《中华人民共和国促进科技成果转化法》，鼓励高新技术产业发展，经国务院批准，现将科研机构、高等学校研究开发高新技术、转化科技成果有关税收政策通知如下：

一、科研机构的技术转让收入继续免征营业税，对高等学校的技术转让收入自1999年5月1日起免

征营业税。

二、科研机构、高等学校服务于各业的技术成果转让、技术培训、技术咨询、技术服务、技术承包所取得的技术性服务收入暂免征收企业所得税。

三、自1999年7月1日起，科研机构、高等学校转化职务科技成果以股份或出资比例等股权形式给予个人奖励，获奖人在取得股份、出资比例时，暂不缴纳个人所得税；取得按股份、出资比例分红或转让股权、出资比例所得时，应依法缴纳个人所得税。有关此项的具体操作规定，由国家税务总局另行制定。

【注释】　对《营业税暂行条例》第6条进行了解释。

财政部　国家税务总局关于融资租赁业营业税计税营业额问题的通知

财税[1999]183号

各省、自治区、直辖市、计划单列市财政厅(局)、国家税务局、地方税务局：

财政部、国家税务总局《关于转发〈国务院关于调整金融保险业税收政策有关问题的通知〉的通知》(财税字[1997]045号)规定：纳税人经营融资租赁业务，以其向承租者收取的全部价款和价外费用(包括残值)减去出租方承担的出租货物的实际成本后的余额为营业额。出租货物的实际成本，包括由出租方承担的货物购入价、关税、增值税、消费税、运杂费、安装费、保险费等费用。最近，一些地方来函询问融资租赁企业的境外外汇借款利息支出在征税时能否予以扣除，现明确如下：

纳税人经营融资租赁业务，以其向承租者收取的全部价款和价外费用减去出租方承担的出租货物的实际成本后的余额为营业额，并依此征收营业税。出租货物的实际成本，包括纳税人为购买出租货物而发生的境外外汇借款利息支出。

本规定自1999年7月1日起执行。此前各地在执行中不论是否允许扣除境外外汇借款利息支出，对纳税人以往的营业额均不再调整。

【注释】　对《营业税暂行条例》第5条进行了解释。

财政部　国家税务总局关于国债转贷利息收入免征营业税的通知

财税[1999]220号

各省、自治区、直辖市、计划单列市财政厅(局)、国家税务局、地方税务局、新疆生产建设兵团财务局：

为扩大有效内需，促进国民经济持续稳定发展，国务院决定1998年增发1000亿元的国债，并将其中的一部分国债资金转贷给省级人民政府，用于地方的经济和社会发展项目。鉴于发行专项国债是国家运用积极财政政策刺激有效需求，拉动经济增长的一项重大宏观调控措施，用于转贷的专项国债属于财政资金，不同于银行信贷资金，经国务院批准，对1998年及以后年度专项国债转贷取得的利息收入免征营业税。

【注释】　对《营业税暂行条例》第6条进行了解释。

财政部　国家税务总局关于贯彻落实《中共中央　国务院关于加强技术创新，发展高科技，实现产业化的决定》有关税收问题的通知

财税[1999]273号

海关总署，各省、自治区、直辖市、计划单列市财政厅(局)、国家税务局、地方税务局，新疆生产建设兵团：

为了贯彻落实《中共中央 国务院关于加强技术创新，发展高科技，实现产业化的决定》(中发[1999]14号)的精神，鼓励技术创新和高新技术企业的发展，现对有关税收问题通知如下：

……

二、关于营业税

(一)对单位和个人(包括外商投资企业、外商投资设立的研究开发中心、外国企业和外籍个人)从事技术转让、技术开发业务和与之相关的技术咨询、技术服务业务取得的收入，免征营业税。

技术转让是指转让者将其拥有的专利和非专利技术的所有权或使用权有偿转让他人的行为。

技术开发是指开发者接受他人委托，就新技术、新产品、新工艺或者新材料及其系统进行研究开发的行为。

技术咨询是指就特定技术项目提供可行性论证、技术预测、专题技术调查、分析评价报告等。

与技术转让、技术开发相关的技术咨询、技术服务业务是指转让方（或受托方）根据技术转让或开发合同的规定，为帮助受让方（或委托方）掌握所转让（或委托开发）的技术，而提供的技术咨询、技术服务业务。且这部分技术咨询、服务的价款与技术转让（或开发）的价款是开在同一张发票上的。

（二）免征营业税的技术转让、开发的营业额为：

1. 以图纸、资料等为载体提供已有技术或开发成果的，其免税营业额为向对方收取的全部价款和价外费用。

2. 以样品、样机、设备等货物为载体提供已有技术或开发成果的，其免税营业额不包括货物的价值。对样品、样机、设备等货物，应当按有关规定征收增值税。转让方（或受托方）应分别反映货物的价值与技术转让、开发的价值，如果货物部分价格明显偏低，应按《中华人民共和国增值税暂行条例实施细则》第16条的规定，由主管税务机关核定计税价格。

3. 提供生物技术时附带提供的微生物菌种母本和动、植物新品种，应包括在免征营业税的营业额内。但批量销售的微生物菌种，应当征收增值税。

（三）免税的审批程序：

1. 纳税人从事技术转让、开发业务申请免征营业税时，须持技术转让、开发的书面合同，到纳税人所在地省级科技主管部门进行认定，再持有关的书面合同和科技主管部门审核意见证明报当地省级主管税务机关审核。

外国企业和外籍个人从境外向中国境内转让技术需要免征营业税的，需提供技术转让或技术开发书面合同、纳税人或其授权人书面申请以及技术受让方所在地的省级科技主管部门审核意见证明，经省级税务主管机关审核后，层报国家税务总局批准。

2. 在科技和税务部门审核批准以前，纳税人应当先按有关规定缴纳营业税，待科技、税务部门审核后，再从以后应纳的营业税款中抵交，如以后一年内未发生应纳营业税的行为，或其应纳税款不足以抵顶免税额的，纳税人可向负责征收的税务机关申请办理退税。

……

六、科研机构转制问题

（一）中央直属科研机构以及省、地（市）所属的科研机构转制后，自1999年至2003年5年内，免征企业所得税和科研开发自用土地的城镇土地使用税。

本条所指科研机构不包括：已经转制和已并入企业的科研机构，以及所有从事社会科学研究的科研机构。

（二）享受上述税收优惠政策的科研机构，需持转制变更后的企业工商登记材料报当地主管税务机关，并按规定办理有关减免税手续。

七、本通知自1999年10月1日起开始执行。

【注释】 对《营业税暂行条例》第6条进行了解释。

国家税务总局关于水利部门所属勘察设计单位征收营业税问题的通知

国税函[1999]728号

各省、自治区、直辖市和计划单列市地方税务局：

近接水利部反映，水利部门所属的勘察设计单位从事各级政府安排的水利勘探前期工作，其工作性质、经费来源与地质部门所属的地勘单位承担各级政府安排的地质勘探工作相同，因此要求我局明确水利勘察设计单位从事水利勘探前期工作取得的财政拨款不征营业税。根据《国家税务总局关于地质矿产部所属地勘单位征税问题的补充通知》（国税函[1996]656号）的规定精神，现通知如下：

一、水利部门所属水利勘察设计单位承担各级政府安排的勘察设计工作而取得的财政拨款，不属于营业税的征税范围。

二、水利勘察设计单位承担其他各项水利勘察设计工作取得的收入，包括水利勘察设计单位分包其他单位承担的政府安排的水利勘察设计工作取得的收入，均属于营业税的征税范围。

【注释】 对《营业税暂行条例》第2条进行了解释。

国家税务总局关于境内单位外派员工取得收入应否征收营业税问题的批复

国税函[1999]830号

大连市地方税务局：

你局《关于大连中海劳务合作有限公司外派劳务收入是否征收营业税的请示》(大地税函[1999]86号)收悉。经研究，现批复如下：

境内单位派出本单位的员工赴境外，为境外企业提供劳务服务，不属于在境内提供应税劳务。根据《中华人民共和国营业税暂行条例》第一条及其《中华人民共和国营业税暂行条例实施细则》第七条的规定，对境内企业外派本单位员工赴境外从事劳务服务取得的各项收入，不征营业税。

【注释】 对《营业税暂行条例》第1条进行了解释。对《营业税暂行条例实施细则》第7条进行了解释。

国家税务总局关于从事房地产业务的外商投资企业若干税务处理问题的通知

国税发[1999]242号

各省、自治区、直辖市和计划单列市国家税务局、地方税务局：

为规范税收管理，现就从事房地产业务的外商投资企业有关税务处理问题，通知如下：

一、从事房地产业务的外商投资企业与境外企业签订房地产代销、包销合同或协议，委托境外企业在境外销售其位于我国境内房地产的，应按境外企业向购房人销售的价格，作为外商投资企业房地产销售收入，计算缴纳营业税和企业所得税。

二、上述外商投资企业向境外代销、包销企业支付的各项佣金、差价、手续费、提成费等劳务费用，应提供完整、有效的凭证资料，经主管税务机关审核确认后，方可作为外商投资企业的费用列支。但实际列支的数额，不得超过房地产销售收入的10%。

本通知自2000年1月1日起执行。

【注释】 对《营业税暂行条例》第1条进行了解释。

国家税务总局关于金融业营业税若干问题的通知

国税发[2000]6号

各省、自治区、直辖市和计划单列市国家税务局、地方税务局：

为完善金融业营业税政策，加强对金融业营业税的管理，现就有关问题通知如下：

一、关于外汇转贷业务征收营业税时的具体操作问题

(一)各银行(不包括中国银行)总行统一从境外借入外汇资金，再通过其所属分支机构贷给用户的，由所属分支机构按向用户所收取的贷款利息，减除支付给境外的借款利息支出后的余额为营业额计算纳税。具体操作方式如下：

总行按当年所借外汇的数额及其利息支出，测算出转贷外汇借款的平均利率后，下达给各分支机构执行。各分支机构据此测算出本分支机构转贷外汇借款利息支出额，以向用户所收的贷款利息收入额，减除本分支机构转贷外汇借款利息支出额后的余额为营业额计算缴纳营业税。年度终了时，如果各分支机构划转总行的转贷外汇借款利息支出额与总行支付给国外的借款利息支出额有出入时，其差额部分由总行抵补。

各银行所属分行如直接向境外借入外汇资金，再通过其下属支行发放的，也按上述办法办理。

(二) 中国银行总行统一从境外借入外汇资金，再通过其所属的分支机构贷给用户的，由所属分支机构按所收利息全额缴纳营业税，向境外支付的借款利息支出由总行从其营业额中统一减除。

二、关于金融商品转让所发生的负差的处理问题

纳税人从事金融商品转让业务，应分成股票、债券、外汇、其他金融商品四类，每类金融商品买卖中发生的正、负差，在一个会计年度内可以相抵。但不属同一类的金融商品的正负差不得相抵，不属同一个会计年度的正负差也不得相抵。

三、关于金融业的纳税期限问题

除银行、财务公司、信托投资公司、信用社从事金融业务仍以一个季度为纳税期外，其他纳税人从事金融业务，应按月缴纳工农业税。

【注释】 对《营业税暂行条例》第14条进行了解释。

财政部　国家税务总局关于非金融机构统借统还业务征收营业税问题的通知

财税[2000]7号

各省、自治区、直辖市和计划单列市财政厅(局)、国家税务局、地方税务局：

据了解，近几年来，部分金融机构为减少和防止不良贷款，确保信贷资金安全，有时出现不愿受理中小企业贷款申请的情况。中小企业为解决融资困难，往往由其主管部门或所在企业集团的核心企业统一向金融机构贷款并统一归还。一些地区最近来函，要求对此类非金融机构统借统还业务如何征收营业税的问题予以明确。经研究，现明确如下：

一、为缓解中小企业融资难的问题，对企业主管部门或企业集团中的核心企业等单位(以下简称统借方)向金融机构借款后，将所借资金分拨给下属单位(包括独立核算单位和非独立核算单位)，并按支付给金融机构的借款利率水平向下属单位收取用于归还金融机构的利息不征收营业税。

二、统借方将资金分拨给下属单位，不得按高于支付给金融机构的借款利率水平向下属单位收取利息，否则，将视为具有从事贷款业务的性质，应对其向下属单位收取的利息全额征收营业税。

本通知从2000年1月1日起执行，对此前统借方按借款利率水平将借款利息支出分摊给下属单位的，已征税款不再退还，未征税款不再补征。

【注释】 对《营业税暂行条例》第6条进行了解释。

国家税务总局关于从事咨询业务的外商投资企业和外国企业税务处理问题的通知

国税发[2000]82号

各省、自治区、直辖市和计划单列市国家税务局、地方税务局：

近年来，境外会计公司、审计公司、律师事务所、咨询公司(以下统称境外咨询企业)来华从事税务、会计、审计、法律、咨询等各项业务(以下简称咨询业务)不断增加，有些境外咨询企业在我国设立了专业从事咨询业务的外商投资企业，有些则在我国设立代表机构。但由于业务上的特殊性，一些境外咨询企业仍参与在华咨询活动，有的直接派人来华从事业务活动，有的与境内外商投资企业或代表机构联合从事业务活动。为了规范税收管理，现就在我国从事咨询业务的外商投资企业、代表机构和境外咨询企业所取得的收入税务处理问题通知如下：

一、境内外商投资企业、代表机构从事咨询活动取得的收入税务处理问题。

外商投资企业、代表机构单独与客户签订合同(包括代表机构以其总机构名义签订的合同，但实际业务由代表机构履行)，为客户提供咨询业务所取得的收入，应全部作为外商投资企业、代表机构的收入，在其机构所在地申报缴纳营业税和企业所得税。

二、境外咨询企业单独为客户提供咨询业务取得的收入税务处理问题。

境外咨询企业单独与客户签订合同，为客户提供咨询业务取得的收入，凡其提供的服务全部发生在我国境内的，应全额在我国申报缴纳营业税和企业所得税；若其提供的服务同时发生在境内外的，应以劳务发生地为原则，划分境内外收入，并就在我国境内提供服务所取得的收入申报纳税。一般情况下，上述咨询业务中，凡以中国境内客户为服务对象的，其划分为中国境内业务收入，不应低于总收入的60%。

境外咨询企业向客户提供的咨询业务服务活动全部在境外进行的，其所取得收入在我国不予征税。

三、境外咨询企业与境内外商投资企业或代表机构共同为客户提供咨询业务取得的收入税务处理问题。

境外咨询企业与境内外商投资企业或代表机构共同与客户签订合同，共同提供咨询业务所取得的收入，首先应按工作量或合同规定等合理的比例，划分境内外企业或机构各自的收入。境内外商投资企业或代表机构应就其划分的收入申报缴纳营业税和企业所得税。凡属境外咨询企业与其境内关联企业或其代表机构共同提供咨询业务，且其服务对象为中国境内客户的，划为境内外商投资企业或代表机构收入的比例，不应低于该项业务总收入的60%。

在上述业务中，凡境外企业也派人来华参与客户的咨询业务，应再按劳务发生地原则，就该项业务中划为该境外企业的收入部分，以不低于50%为标准，再行确定该境外企业的境内业务收入，并按规定申报缴纳营业税和企业所得税。

四、本通知第二条和第三条所述境外咨询企业的境内应税业务收入，凡该境外咨询企业在华设有代表机构并与其共同进行该项业务的，应并入该代表机构的收入计算纳税。凡该境外咨询企业在华未设有代表机构的，或虽设有代表机构，但其代表机构未与其共同进行该项业务活动的，应作为该境外咨询企业在华构成营业场所计算纳税，并统一由支付人扣缴税款。

五、上述规定中，凡涉及来自与我国签订有避免双重征税协定或安排的国家或香港特区的咨询企业在我国境内从事咨询业务的，应依照协定或安排有关常设机构条款的规定，判定其是否构成常设机构。对构成常设机构的，应按照本通知规定确定征收企业所得税。

六、本通知自2000年6月1日起执行。本通知执行前已处理的事项不再进行调整；尚未处理或合同尚未到期的，按本通知的规定执行。

【注释】 对《营业税暂行条例》第14条进行了解释。

财政部　国家税务总局关于金融业若干征税问题的通知

财税[2000]191号

各省、自治区、直辖市和计划单列市财政厅(局)、国家税务局、地方税务局：

近接部分地区请示，要求明确金融业营业税方面的若干政策问题。经研究，现明确如下：

一、暂不征收营业税的金融机构往来业务是指金融机构之间相互占用、拆借资金的业务，不包括相互之间提供的服务(如代结算、代发行金融债券等)。对金融机构相互之间提供服务取得的收入，应按规定征收营业税。

二、银行代发行国债取得的手续费收入，由各银行总行按向财政部收取的手续费全额缴纳营业税，对各分支机构来自于上级行的手续费收入不再征收营业税。

【注释】 对《营业税暂行条例》第14条进行了解释。

国家税务总局关于部队取得应税收入税收征管问题的批复

国税函[2000]466号

福建省地方税务局：

你局《关于对部队取得应税收入税收征管问题的紧急请示》(闽地税征[2000]17号)收悉。现批复如下：

一、关于武警、部队对外出租取得租金收入征收营业税问题。根据财政部、国家税务总局《关于军队、军工系统所属单位征收流转税、资源税问题的通知》([94]财税字第011号)第三条第一款，“军队系统各单位(不包括军办企业)附设的服务性单位，为军队内部服务取得的收入，免征营业税；对外经营取得的收入，应按规定征收营业税"的规定，对武警、部队对外经营取得的房产租金收入以及其他应税收入，均应按规定征收营业税。（此条款已失效或废止）

二、关于军队事业单位对外有偿服务征收企业所得税问题。《国家税务总局关于军队事业单位对外有偿服务征收企业所得税若干问题的通知》（国税发[2000]61 号），对军队事业单位对外有偿服务征收企业所得税问题已作出了明确的规定，应按上述文件执行。此外，中国人民解放军总后勤部已于 2000 年 5 月 26 日以[2000]后财安第 222 号文转发了这一文件。

三、关于武警、部队对外出租房产征收房产税问题。按照房产税的有关规定：免税单位非自用房产应该按规定缴纳房产税，因此，武警、军队将房产出租，应按出租房租金的 12%缴纳房产税。

四、关于武警、部队对外出租取得收入使用票据问题。根据《中华人民共和国发票管理办法》"销售商品、提供服务以及从事其他经营活动的单位和个人，对外发生经营业务收取款项，收款方应当向付款方开具发票"和《国家税务总局关于军队事业单位对外有偿服务征收企业所得税若干问题的通知》（国税发[2000]61 号），"对外有偿服务应使用税务机关统一印制的发票"的规定，武警、军队对外出租房屋、提供有偿服务应使用税务机关统一印制的发票。中华人民共和国财政部和中国人民解放军总后勤部发布的《军队票据管理规定》（[1999]后财字第 81 号）第二条和第三十三条明确规定，"本规定所称票据，是指军队单位在业务往来结算，价拨装备、被装、物资、器材，提供服务等非经营性经济活动中，开具的收款凭证，是单位财务收支的法定凭证和会计核算的原始凭证。""军队在地方工商、税务部门注册登记的保障性和福利性企业，按照国家或地方政府有关票据管理规定执行。"

希望你们向军队、武警从事对外经营的所有单位在做好税法宣传工作和正确处理征纳关系的同时，加强税收征管工作，对违反税收法律、法规规定的要依法处理。

【注释】 对《营业税暂行条例》第 6 条进行了解释。

国家税务总局关于融资租赁业务征收流转税问题的通知

国税函[2000]514 号

据了解，目前一些地区在对融资租赁业务征收流转税时，政策执行不一，有的征收增值税，有的征收营业税，为统一增值税政策，严肃执法，现就有关问题明确如下：

对经中国人民银行批准经营融资租赁业务的单位所从事的融资租赁业务，无论租赁的货物的所有权是否转让给承租方，均按《中华人民共和国营业税暂行条例》的有关规定征收营业税，不征收增值税。其他单位从事的融资租赁业务，租赁的货物的所有权转让给承租方，征收增值税，不征收营业税；租赁的货物的所有权未转让给承租方，征收营业税，不征收增值税。

融资租赁是指具有融资性质和所有权转移特点的设备租赁业务。即：出租人根据承租人所要求的规格、型号、性能等条件购入设备租赁给承租人，合同期内设备所有权属于出租人，承租人只拥有使用权，合同期满付清租金后，承租人有权按残值购入设备，以拥有设备的所有权。

本通知自公布之日起执行，此前规定与本通知相抵触的，一律以本通知为准。

【注释】 对《营业税暂行条例》第 2 条进行了解释。

财政部　国家税务总局关于对青少年活动场所电子游戏厅有关所得税和营业税政策问题的通知

财税[2000]21 号

各省、自治区、直辖市、计划单列市财政厅（局）、国家税务局、地方税务局：

根据中共中央办公厅、国务院办公厅《关于加强青少年学生活动场所建设和管理工作的通知》（中办发[2000]13 号）精神，现对青少年活动场所以及社会力量对青少年活动场所的捐赠和电子游戏厅有关所得税、营业税政策问题通知如下：

一、对公益性青少年活动场所暂免征收企业所得税；对企事业单位、社会团体和个人等社会力量，通过非营利性的社会团体和国家机关对公益性青少年活动场所（其中包括新建）的捐赠，在缴纳企业所得税和个人所得税前准予全额扣除。

本通知所称公益性青少年活动场所，是指专门为青少年学生提供科技、文化、德育、爱国主义教育、体育活动的青少年宫、青少年活动中心等校外活动的公益性场所。

二、对电子游戏厅一律按 20%的税率征收营业税。

三、对账证不全及按有关规定应采取核定征收企业所得税的电子游戏厅，应根据《国家税务总局关于印发〈核定征收企业所得税暂行办法〉的通知》（国税发[2000]38 号）规定，调高定额或应税所得率，调高幅度为 20～50%，具体幅度比例可根据电子游戏厅经营情况确定。

四、对核定征收个人所得税的电子游戏厅，一律调高 50%的个人所得税定额。

本通知第一条规定自 2000 年 1 月 1 日起执行，第二至第四条规定自 2000 年 7 月 1 日起执行。

【注释】 对《营业税暂行条例》第 2 条进行了解释。

国家税务总局关于外资金融机构若干营业税政策问题的通知

国税发[2000]135 号

随着在华外商投资和外国金融企业（以下简称外资金融机构）的增加和业务范围的扩展，各地在对其征收营业税过程中陆续反映出一些问题，为便于执行，现就有关问题明确如下：

一、关于外资金融机构离岸银行业务征收营业税问题

根据《中华人民共和国营业税暂行条例实施细则》第七条及《国家税务总局关于外国企业在中国境内取得的利息、租金收入是否征收营业税问题的通知》（国税发[1997]035 号）有关规定确定的金融机构所在地为劳务发生地的原则，我国境内外资金融机构从事离岸银行业务，属于在我国境内提供营业税应税劳务，其利息收入应照章征收营业税。

对于外资金融机构取得的利息收入以外的离岸业务收入，为便于管理，暂比照利息收入的处理办法，以其机构所在地确定其营业税应税劳务发生地。

所称离岸银行业务，是指银行吸收非居民的资金，服务于非居民的金融活动。离岸银行业务包括：外汇存款，外汇贷款，同业外汇拆借，国际结算，发行大额可转让存款证，外汇担保，咨询、见证业务，国家外汇管理局批准的其他业务。

二、关于经济特区内的外资金融机构来源于特区内的营业收入的范围问题

《财政部、国家税务总局关于转发〈国务院关于调整金融保险业税收政策有关问题的通知〉的通知》（财税字[1997]045 号）第一条第二款所说的经济特区内的外资金融机构来源于特区内的收入，可包括外资金融机构为居住在特区内的个人提供金融保险劳务所取得的营业收入。

经济特区内的外资保险公司直接为特区内的单位和个人提供保险劳务所取得的营业收入，可比照外资金融机构来源于特区内的收入，按照《国务院关于调整金融保险业税收政策有关问题的通知》（国发[1997]5 号）第三条的规定，享受自注册登记之日起，5 年内免征营业税的优惠政策。

三、关于人民币转贷业务征收营业税问题

外资银行经批准开展的经营人民币业务，应按照《财政部、国家税务总局关于金融业征收营业税有关问题的通知》（财税字[1995]79 号）的有关规定处理，即，转贷人民币业务按一般贷款业务处理，以利息收入全额为营业额计征营业税；外资金融机构间人民币同业往来暂不征收营业税。

四、关于融资租赁营业额的确定问题

根据《财政部、国家税务总局关于金融业征收营业税有关问题的通知》（财税字[1995]79 号）第二条和《财政部、国家税务总局关于融资租赁业营业税计税营业额问题的通知》（财税字[1999]183 号）的有关规定，准予从外资金融机构从事融资租赁业务应税营业额中扣除的借款利息支出，应仅限于境外外汇借款利息支出，境内外汇（或人民币）借款利息支出不得扣除。

五、关于自有资本金存入境外银行再拆借能否按转贷外汇业务征收营业税的问题

有些外资银行在经营过程中，除按规定将自有资本金的 30%存在人民银行外，其余部分存入境外的关联银行，待其发放贷款时再向该关联银行拆借。上述贷款中相当于自有资本金存款余额的部分，不属于《财政部、国家税务总局关于金融业征收营业税有关问题的通知》（财税字[1995]79 号）第二条所说的“转贷外汇业务”，具在《中华人民共和国营业税暂行条例实施细则》第二十条所说的“将自有资金贷与他人使用”的性质，因此，对外资银行从存放自有资本金的境外关联银行拆借资金对外贷款的业务，其等额于所存放的自有资本金部分的贷款，应按利息收入全额征收营业税。

六、本通知自2000年8月1日起执行，此前已经作出税务处理的，可不予调整。

【注释】 对《营业税暂行条例实施细则》第7条进行了解释。

国家税务总局关于航空运输企业包机业务征收营业税问题的通知

国税发[2000]139号

各省、自治区、直辖市和计划单列市地方税务局：

为进一步统一规范航空运输企业营业税有关政策，经研究，现对航空运输企业包机业务征收营业税问题通知如下：

对航空运输企业从事包机业务向包机公司收取的包机费，按“交通运输业”税目征收营业税；对包机公司向旅客或货主收取的运营收入，应按“服务业——代理”项目征收营业税，其营业额为向旅客或货主收取的全部价款和价外费用减除支付给航空运输企业的包机费后的余额。

本通知所称包机业务，是指航空运输企业与包机公司签订协议，由航空运输企业负责运送旅客或货物，包机公司负责向旅客或货主收取运营收入，并向航空运输企业支付固定包机费用的业务。

【注释】 对《营业税暂行条例》第2条进行了解释。

国家税务总局关于电信部门销售电话号码簿征收营业税问题的通知

国税函[2000]698号

各省、自治区、直辖市和计划单列市地方税务局：

为规范电信部门销售电话号簿业务的流转税政策，便于征收管理，经研究，现就电信部门销售电话号簿业务有关流转税政策明确如下：

对电信部门及其下属的电话号簿公司(包括独立核算与非独立核算的号簿公司)销售电话号簿业务取得的收入，应一律征收营业税，不征增值税。

【注释】 对《营业税暂行条例》第2条进行了解释。

财政部　国家税务总局关于对外汇管理部门委托贷款利息收入免征营业税的通知

财税[2000]78号

各省、自治区、直辖市、计划单列市财政厅(局)、国家税务局、地方税务局：

经国务院批准，对外汇管理部门在从事国家外汇储备经营过程中，委托金融机构发放的外汇贷款利息收入免征营业税。本通知自2000年7月1日起执行，此前已征税款不再退还，未征税款不再补征。

【注释】 对《营业税暂行条例》第6条进行了解释。

财政部　国家税务总局财政部　国家税务总局关于随军家属就业有关税收政策的通知

财税[2000]84号

各省、自治区、直辖市、计划单列市财政厅(局)、地方税务局、国家税务局：

为缓解随军家属的就业困难，经国务院、中央军委批准，现对随军家属就业的有关税收政策通知如下：

一、对为安置随军家属就业而新开办的企业，自领取税务登记证之日起，3年内免征营业税、企业所得税。

二、对从事个体经营的随军家属，自领取税务登记证之日起，3年内免征营业税和个人所得税。

三、享受税收优惠政策的企业，随军家属必须占企业总人数的60%（含）以上，并有军（含）以上政治和后勤机关出具的证明；随军家属必须有师以上政治机关出具的可以表明其身份的证明，但税务部门应进行相应的审查认定。

主管税务机关在企业或个人享受免税期间，应按现行有关税收规定，对此类企业进行年度检查，凡不符合条件的，应取消其免税政策。

每一随军家属只能按上述规定，享受一次免税政策。

四、本通知自2000年1月1日起执行。

【注释】 对《营业税暂行条例》第6条进行了解释。

国家税务总局关于明确外国企业和外籍个人技术转让收入免征营业税范围问题的通知

国税发[2000]166号

按照财政部 国家税务总局《关于贯彻落实〈中共中央国务院关于加强技术创新，发展高科技，实现产业化的决定〉有关税收问题的通知》（财税字[1999]273号）的规定，外国企业和外籍个人从事技术转让、技术开发业务和与之相关的技术咨询、技术服务业务取得的收入，免征营业税。为便于各地掌握执行，现对外国企业和外籍个人取得的可免征营业税的技术转让收入的范围明确如下：

一、免征营业税的技术转让收入是指转让者将其拥有的专利和非专利技术的所有权或使用权有偿转让他人及提供与之相关的技术咨询、技术服务等所取得的收入。采取按产品销售比例提取收入等形式取得的"入门费"、"提成费"等作价方式取得的与技术转让有关的收入，均属于免征营业税的技术转让收入范围。

二、技术转让合同中的商标使用费或类似性质的收入，不属于上述财税字[1999]273号文件规定免征营业税的范围。因此，纳税人应正确合理地划分出合同中商标使用费等不予免税的收入。如不能准确合理划分，税务机关可按照不高于合同总价款50%的金额确定免征营业税的技术转让收入额。

三、上述技术转让收入免征营业税的具体审批程序仍按照（财税字[1999]273号）第二条第（三）项的有关规定执行。

【注释】 对《营业税暂行条例》第6条进行了解释。

财政部　国家税务总局关于住房公积金管理中心有关税收政策的通知

财税[2000]94号

各省、自治区、直辖市、计划单列市财政厅（局）、地方税务局、新疆生产建设兵团财务局：

为了推进住房制度改革，经国务院批准，现将住房公积金管理中心有关税收政策通知如下：

一、对住房公积金管理中心用住房公积金在指定的委托银行发放个人住房贷款取得的收入，免征营业税；

二、对住房公积金管理中心用住房公积金购买国债、在指定的委托银行发放个人住房贷款取得的利息收入，免征企业所得税；

三、对住房公积金管理中心取得其他经营收入，按规定征收各项税收。

本通知自2000年9月1日起执行。

【注释】 对《营业税暂行条例》第6条进行了解释。

国家税务总局关于我国境内企业向外国企业支付软件费扣缴营业税问题的通知

国税发[2000]179号

各省、自治区、直辖市和计划单列市国家税务局、地方税务局：

近接一些地区反映，我国境内企业向在我国境内无机构的外国企业支付软件费时是否扣缴营业税，在执行中时有争议。为规范税收管理，现就上述问题明确如下：

一、外国企业向我国境内企业单独销售软件或随同销售邮电、通讯设备和计算机等货物一并转让与这些货物使用相关的软件，国内受让企业进口上述软件，无论是否缴纳了关税和进口环节增值税，其所支付的软件使用费，均不再扣缴外国企业的营业税。

二、外国企业向我国境内企业出租邮电、通讯设备和计算机等货物，同时包含与这些货物使用相关的软件，如果软件单独收费，应视为出租上述货物的租金收入，根据《国家税务总局关于外国企业在中国境内取得的利息、租金收入是否征收营业税问题的通知》(国税发[1997]035 号)的规定，不征收营业税。

三、本通知自 1999 年 10 月 1 日起执行。纳税人 1999 年 10 月 1 日(以海关报关日期为准，下同)以前进口上述软件自用，无论是否征税，均不再进行补、退税款处理；1999 年 10 月 1 日以后国内企业向外国企业支付的软件费征收了营业税的，应作退库处理。

【注释】 对《营业税暂行条例》第 6 条进行了解释。

财政部　国家税务总局关于调整住房租赁市场税收政策的通知

财税[2000]125 号

各省、自治区、直辖市、计划单列市财政厅(局)，国家税务局，地方税务局，新疆生产建设兵团：

为了配合国家住房制度改革，支持住房租赁市场的健康发展，经国务院批准，现对住房租赁市场有关税收政策问题通知如下：

一、对按政府规定价格出租的公有住房和廉租住房，包括企业和自收自支事业单位向职工出租的单位自有住房；房管部门向居民出租的公有住房；落实私房政策中带户发还产权并以政府规定租金标准向居民出租的私有住房等，暂免征收房产税、营业税。

二、对个人按市场价格出租的居民住房，其应缴纳的营业税暂减按 3%的税率征收，房产税暂减按 4%的税率征收。

三、对个人出租房屋取得的所得暂减按 10%的税率征收个人所得税。

本通知自 2001 年 1 月 1 日起执行。凡与本通知规定不符的税收政策，一律改按本通知的规定执行。

【注释】 对《营业税暂行条例》第 2 条进行了解释。

财政部　国家税务总局关于车辆通行费有关营业税等税收政策的通知

财税[2000]139 号

各省、自治区、直辖市和计划单列市财政厅(局)、地方税务局：

根据《国务院批转财政部、国家计委等部门〈交通和车辆税费改革实施方案〉的通知》(国发[2000]34 号)中的有关规定，现将车辆通行费征收营业税等税收政策通知如下：

一、自 2000 年 10 月 22 日起，凡交通、建设部门贷款或按照国家规定有偿集资修建路桥、隧道、渡口、船闸收取的车辆通行费、船舶过闸费，收费项目由省、自治区、直辖市财政部门会同物价、交通和建设部门审核，收费标准由省、自治区、直辖市物价部门会同财政、交通或建设部门审核后，报同级人民政府审批，收费时要按照有关规定到制定的价格主管部门申领收费许可证，使用省、自治区、直辖市财政部门统一印(监)制的收费票据，所收资金全额纳入财政专户，实行"收支两条线"管理，不缴纳营业税。此前，已征的税款不再退还，未征的税款不再补征。

二、凡国内外经济组织设立公路或城市道路经营企业收取车辆通行费，统一由省、自治区、直辖市物价部门会同交通或建设部门审核后，报同级人民政府审批，收费时要按照有关规定使用税务发票，依法缴纳各项税收。

【注释】 对《营业税暂行条例》第 6 条进行了解释。

财政部　国家税务总局关于对银行代发行国债手续费收入征收营业税执行时间的批复

财税[2001]12 号

北京市财政局、国家税务局：

你局《关于对代发行国债手续费收入征收营业税问题的请示》(京国税流[2000]695 号，以下简称《请示》)收悉。对于财政部、国家税务总局《关于金融业若干征税问题的通知》(财税字[2000]191 号)规定“银行代发行国债取得的手续费收入，由各银行总行按向财政部收取的手续费收入全额缴纳营业税，对各分支机构来自于上级行的手续费收入不再征收营业税”的执行时间问题，经研究，明确如下：鉴于财政部、国家税务总局财税字[2000]191 号文件是 2000 年 6 月 16 日发出的，该文件应当自 2000 年 6 月 16 日起生效。从 2000 年 6 月 16 日起，由各银行总行按向财政部收取的代发行国债的手续费收入全额向北京市国家税务局缴纳营业税，对银行各分支机构来自于上级行的代发行国债手续费收入不再征收营业税。对于 2000 年 6 月 16 日前，银行总行及分支机构代发行国债取得手续费缴纳营业税仍按原营业税规定执行。即：由各银行总行本身代发行国债取得的手续费收入向北京市国家税务局缴纳营业税；银行各分支机构代发行国债取得的手续费收入向当地税务机关缴纳营业税，不由各银行总行向北京市国家税务局缴纳营业税。

财政部　国家税务总局关于非营利性科研机构税收政策的通知

财税[2001]5 号

各省、自治区、直辖市、计划单列市财政厅(局)、国家税务局、地方税务局：

为了贯彻落实《国务院办公厅转发科技部等部门关于非营利性科研机构管理的若干意见(试行)的通知》(国办发[2000]78 号)，鼓励社会公益类科研事业的发展，经国务院批准，现对非营利性科研机构有关税收政策明确如下：

一、非营利性科研机构要以推动科技进步为宗旨，不以营利为目的，主要从事应用基础研究或向社会提供公共服务。非营利性科研机构的认定标准，由科技部会同财政部、中编办、国家税务总局另行制定。非营利性科研机构需要书面向科技行政主管部门申明其性质，按规定进行设置审批和登记注册，并由接受其登记注册的科技行政部门核定，在执业登记中注明“非营利性科研机构”。

二、非营利性科研机构享受如下税收优惠政策：

1. 非营利性科研机构从事技术开发、技术转让业务和与之相关的技术咨询、技术服务所得的收入，按有关规定免征营业税和企业所得税。

2. 非营利性科研机构从事与其科研业务无关的其他服务所取得的收入，如租赁收入、财产转让收入、对外投资收入等，应当按规定征收各项税收；非营利性科研机构从事上述非主营业务收入用于改善研究开发条件的投资部分，经税务部门审核批准可抵扣其应纳税所得额，就其余额征收企业所得税。

3. 非营利性科研机构自用的房产、土地，免征房产税、城镇土地使用税。

4. 社会力量对非关联的非营利性科研机构的新产品、新技术、新工艺所发生的研究开发经费资助，经主管税务机关审核确定，其资助支出可以全额在当年度应纳税所得额中扣除。当年度应纳税所得额不足抵扣的，不得结转抵扣。

三、对非营利性科研机构实行年度检查制度，凡不符合条件的，应取消其免税资格，并按规定补缴当年已免税款。

本通知自 2001 年 1 月 1 日起执行。具体执行办法由国家税务总局另行制定。

【注释】　对《营业税暂行条例》第 6 条进行了解释。

国家税务总局关于电视收视费征收营业税问题的通知

国税发[2001]22 号

为了规范电视收视费的营业税政策，保证营业税政策的统一性，经研究，现通知如下：

各地电视转播台(或其他单位)向当地用户有偿转播由中央电视台或其他电视台播放的电视节目,应由直接向用户收取收视费的电视转播台(或其他单位)按其向用户收取的收视费全额,向所在地主管税务机关缴纳营业税。播映电视节目的中央电视台或其他电视台从各地电视转播台(或其他单位)分得的收视费收入,不再缴纳营业税。

【注释】 对《营业税暂行条例》第 2 条进行了解释。

国家税务总局关于代扣代缴储蓄存款利息所得个人所得税手续费收入征免税问题的通知

国税发[2001]31 号

各省、自治区、直辖市和计划单列市国家税务局、地方税务局:

近据各地税务部门反映,部分储蓄机构要求明确代扣代缴储蓄存款利息所得个人所得税(以下简称利息税)取得手续费收入的征免税政策。为完善税收政策,进一步加强对利息征税的管理,现将代扣代缴利息税手续费收入的征免税政策明确如下:

一、根据《国务院对储蓄存款利息所得征收个人所得税的实施办法》的规定,储蓄机构代扣代缴利息税,可按所扣税款的 2%取得手续费。对储蓄机构取得的手续费收入,可按所扣税款的 2%取得手续费。对储蓄机构取得的手续费收入,应分别按照《中华人民共和国营业税暂行条例》和《中华人民共和国企业所得税暂行条例》的有关规定征收营业税和企业所得税。

二、储蓄机构内从事代扣代缴工作的办税人员取得的扣缴利息税手续费所得免征个人所得税。

【注释】 对《营业税暂行条例》第 2 条进行了解释。

财政部　国家税务总局关于外国企业和外籍个人转让无形资产营业税若干问题的通知

财税[2001]36 号

各省、自治区、直辖市、计划单列市财政厅(局)、地方税务局:

财政部、国家税务总局《关于贯彻落实〈中共中央 国务院关于加强技术创新,发展高科技,实现产业化的决定〉有关税收问题的通知》(财税字[1999]273 号)下发执行后,各地陆续反映了一些问题,为便于执行,现就外国企业和外籍个人从境外向中国境内转让技术等无形资产有关营业税问题明确如下:

一、关于外国企业和外籍个人转让无形资产征免营业税期限问题

根据《中华人民共和国营业税暂行条例》、《国家税务总局关于外国企业向境内转让无形资产取得收入征收营业税问题的通知》(国税发[1998]4 号)、《国家税务总局关于外国企业转让无形资产有关营业税问题的通知》(国税发[2000]70 号)和《财政部、国家税务总局关于贯彻落实〈中共中央国务院关于加强技术创新,发展高科技,实现产业化的决定〉有关税收问题的通知》(财税字[1999]273 号)的规定,外国企业和外籍个人向我国境内转让无形资产所取得的收入,其征免税期限为:

(一) 属于 1993 年底以前与我国境内单位签订的合同,不论在何时取得收入,均不予征收营业税;

(二) 属于 1994 年 1 月 1 日以后签订的合同,于 1997 年 12 月 31 日前取得的收入,无论是否征收了营业税,均不再进行退、补税款处理;

(三) 属于 1994 年 1 月 1 日以后签订的合同,1998 年 1 月 1 日以后取得的收入,应按照有关规定征收营业税;

(四) 属于 1994 年 1 月 1 日以后签订的技术转让合同,1999 年 10 月 1 日以后取得的收入,企业在取得有关证明资料后,经申请,层报国家税务总局批准后,可免予征收营业税。技术以外的无形资产转让收入照章征收营业税。

二、关于外国企业和外籍个人申请免征技术转让费营业税需提供证明资料问题

根据财税字[1999]273 号的规定,外国企业和外籍个人向我境内转让技术需要免征营业税的,应提供技术受让方所在地省级科技主管部门出具的审核意见证明,方可办理免税事项。为简化手续,提高效率,在办理技术转让免税时，凡能提供由审批技术引进项目的对外贸易经济合作部及其授权的地方外经贸部门出具的技术转让合同、协议批准文件的，可不再提供省级科技主管部门审核意见证明。

【注释】 对《营业税暂行条例》第1条进行了解释。

国家税务总局关于转让著作权征收营业税问题的通知

国税发[2001]44号

各省、自治区、直辖市和计划单列市地方税务局：

为规范转让著作权中涉及的营业税政策，经研究，现通知如下：

拥有无形资产所有权的单位或个人(以下简称"所有权人")授权或许可他人(以下简称"受托方")向第三者转让"所有权人"的无形资产时，如"受托方"以"所有权人"的名义向第三者转让无形资产，转让过程中产生的权利和义务由"所有权人"承担，对"所有权人"应按照"受托方"向第三者收取的全部转让费依"转让无形资产"税目征收营业税，对"受托方"取得的佣金或手续费等价款按照"服务业"税目中的"代理"项目征收营业税；如"受托方"以自己的名义向第三者转让无形资产，转让过程中产生的权利和义务均由"受托方"承担，对"所有权人"向"受托方"收取的全部转让费和"受托方"向第三者收取的全部转让费，均按照"转让无形资产"税目征收营业税。如受托方所转让的无形资产不在我国境内使用，根据《中华人民共和国营业税暂行条例实施细则》第七条第(四)款的规定不征营业税。

【注释】 对《营业税暂行条例》第7条进行了解释。

财政部　国家税务总局关于调整部分娱乐业营业税税率的通知

财税[2001]73号

各省、自治区、直辖市财政厅(局)、地方税务局，新疆生产建设兵团财务局：

为加强对娱乐性消费行为的调节，经国务院批准，从2001年5月1日起，夜总会、歌厅、舞厅、射击、狩猎、跑马、游戏、高尔夫球、保龄球、台球等娱乐行为的营业税统一按20%的税率执行。

纳税人兼营税率不同的应税业务，应分别核算营业收入，根据各自适用税率，分别计算应纳税额，不能分别核算的，一律按照最高的税率计征营业税。

【注释】 对《营业税暂行条例》第2条进行了解释。

财政部　国家税务总局关于索道运营征收营业税问题的通知

财税[2001]116号

各省、自治区、直辖市、计划单列市财政厅(局)、地方税务局，新疆生产建设兵团财务局：

近接一些地方反映，各地对设在旅游景点为旅客观光提供服务的索道运营营业税政策执行不一。为了统一政策，现就有关的营业税问题通知如下：

根据现行营业税条例及营业税税目注释的规定，在旅游景点为旅客观光提供的索道运营服务属于交通运输业税目的征税范围，应按交通运输业适用3%的税率征收营业税。

【注释】 对《营业税暂行条例》第2条进行了解释。

财政部　国家税务总局关于经营性公墓营业税问题的通知

财税[2001]117号

各省、自治区、直辖市、计划单列市财政厅(局)、地方税务局，新疆建设兵团财务局：

据一些地方反映，近年来各地陆续兴办了一些经营性公墓，取得了一定收入，对此各地在征免营业税问题上执行不一。为了统一政策，现对经营性公墓征免营业税问题通知如下：

根据《中华人民共和国营业税暂行条例》第六条的规定，对经营性公墓提供的殡葬服务包括转让墓地使用权收入免征营业税。

【注释】 对《营业税暂行条例》第6条进行了解释。

财政部　国家税务总局关于人寿保险业务免征营业税若干问题的通知

财税[2001]118号

各省、自治区、直辖市、计划单列市财政厅(局)、国家税务局、地方税务局,新疆生产建设兵团财务局:

为规范对人身保险业务免征营业税的管理,现就财政部、国家税务总局《关于对若干项目免征营业税的通知》[(94)财税字第002号,以下简称"002号文"]中有关对人身保险业务免征营业税的问题明确如下:

一、根据国务院《关于研究财税体制改革方案出台后有关问题的会议纪要》(国阅字[1994]42号)的精神和保险企业核算制度的变化,对保险公司开展一年期以上(包括一年期)返还本利的普通人寿保险、养老年金保险,以及一年期以上(包括一年期)健康保险免征营业税。

二、对保险公司开办的普通人寿保险、养老年金保险、健康保险的具体险种,凡经财政部、国家税务总局审核并列入免税名单的可免征营业税,未列入免税名单的一律征收营业税。对保险公司新开办的普通人寿保险、养老年金保险、健康保险的具体险种在财政部、国家税务总局审核批准免征营业税以前,保险公司应当先按规定缴纳营业税,待财政部、国家税务总局审核批准免征营业税以后,可从其以后应缴的营业税税款中抵扣,抵扣不完的由税务机关办理退税。

【注释】 对《营业税暂行条例》第6条进行了解释。

财政部　国家税务总局关于明确调整营业税税率的娱乐业范围的通知

财税[2001]145号

各省、自治区、直辖市、计划单列市财政厅(局)、地方税务局,新疆生产建设兵团财务局:

《财政部、国家税务总局关于调整部分娱乐业营业税税率的通知》(财税[2001]73号)下发以后,我们陆续接到一些地方反映,要求进一步明确调整营业税税率的娱乐业范围。经研究,现通知如下:

从2001年5月1日起,按20%税率征收营业税的娱乐业范围包括:歌厅、舞厅、卡拉OK歌舞厅(包括夜总会、练歌房、恋歌房)、音乐茶座(包括酒吧)、台球、高尔夫球、保龄球、游艺(如射击、狩猎、跑马、游戏机、蹦极、卡丁车、热气球、动力伞、射箭、飞镖等)。

"娱乐业"税目的范围,应按财政部和国家税务总局的有关规定执行,各地不得擅自扩大。

【注释】 对《营业税暂行条例》第2条进行了解释。

财政部　国家税务总局关于明确《中华人民共和国营业税暂行条例实施细则》第十一条有关问题的通知

财税[2001]160号

各省、自治区、直辖市、计划单列市财政厅(局)、地方税务局,新疆生产建设兵团财务局:

为进一步完善营业税政策,经研究,现将《中华人民共和国营业税暂行条例实施细则》(以下简称《细则》)第十一条有关问题明确如下:

一、《细则》第十一条"负有营业税纳税义务的单位为发生应税行为并向对方收取货币、货物或其他经济利益的单位,包括独立核算的单位和不独立核算的单位"中的"向对方收取货币、货物或其他经济利益",是指发生应税行为的独立核算单位或者独立核算单位内部非独立核算单位向本独立核算单位以外单位和个人收取货币、货物或其他经济利益,不包括独立核算单位内部非独立核算单位从本独立核算单位内部收取货币、货物或其他经济利益。

二、本通知第一条所称独立核算单位是指:

(一)在工商行政管理部门领取法人营业执照的企业。

(二)具有法人资格的行政机关、事业单位、军事单位、社会团体及其他单位。

三、纳税人必须将为本独立核算单位内部提供应税劳务、转让无形资产、销售不动产取得收入和为本独立核算单位以外单位和个人提供应税劳务、转让无形资产、销售不动产取得的收入分别记账，分别核算。凡未分别记账，未分别核算的，一律征收营业税。

四、本通知自2001年9月1日开始执行。

【注释】　对《营业税暂行条例实施细则》第11条进行了解释。

国家税务总局关于长距离输送管道工程是否征收营业税问题的通知

国税函[2001]695号

各省、自治区、直辖市、计划单列市地方税务局：

为准确计征纳税人承包管道安装工程应纳营业税，现就纳税人承包长距离输送管道工程应纳营业税的营业额问题通知如下：

一、纳税人承包长距离输送管道工程，凡工程所用的构成长距离输送管道工程主体的防腐管段、管件(弯头、三通、冷弯管、绝缘接头)、清管器、收发球筒、机泵、加热炉、金属容器等物品，属于设备。如上述设备是由建设单位提供的，根据《中华人民共和国营业税暂行条例实施细则》第十八条的规定，不纳营业税。

二、其他为管道安装所消耗的配件及现场制作的金属结构等为材料，根据《中华人民共和国营业税暂行条例实施细则》第十八条的规定，纳税人在从事管道的安装等施工中所耗用的这些材料，不论与对方如何结算价款，其营业额均应包括这部分材料的价值在内。

【注释】　对《营业税暂行条例实施细则》第18条进行了解释。

国家税务总局关于新闻产品征收流转税问题的通知

国税发[2001]105号

各省、自治区、直辖市和计划单列市国家税务局、地方税务局：

为了规范新闻产品的流转税政策，保证流转税政策的统一性，经研究，现通知如下：

一、关于增值税

对新华通讯社系统销售印刷品应按照现行增值税政策规定征收增值税；鉴于新华社系统属于非企业性单位，对其销售印刷品可按小规模纳税人的征税办法征收增值税。

二、关于营业税

新华社各分社向当地用户有偿转让新闻信息产品，应由直接向用户收费的单位以其收费全额，按"文化体育业"税目，向所在地主管税务机关缴纳营业税。新华社从各地分社分得的新闻信息产品收入，不再缴纳营业税。

以上所称"新闻信息产品"，是指新华总社编辑的新闻信息产品，不包括新华社各分社再编辑的新闻信息产品。

【注释】　对《营业税暂行条例》第14条进行了解释。

财政部　国家税务总局关于国有独资商业银行、国家开发银行承购金融资产管理公司发行的专项债券利息收入免征税收问题的通知

财税[2001]152号

经国务院批准，现就国有独资商业银行、国家开发银行购买金融资产管理公司发行的8200亿元专项债券而取得的利息收入的有关税收政策问题通知如下：

一、国有独资商业银行、国家开发银行购买金融资产管理公司发行的专项债券利息收入免征营业税和企业所得税。

二、享受免税优惠政策的专项债券利息收入的具体范围是：中国工商银行总行承购华融资产管理公司发行的3130亿元专项债券取得的利息，中国银行总行承购东方资产管理公司发行的1600亿元专项债券取

得的利息,中国建设银行总行承购信达资产管理公司发行的2470亿元专项债券取得的利息,国家开发银行承购信达资产管理公司发行的1000亿元专项债券取得的利息。定向发行的专项债券期限为10年,固定年利率为2.25%。

三、国有独资商业银行、国家开发银行享受免税优惠政策的上述债券利息收入应全额计为待分配专项利润,作为弥补不良资产最终损失的专项准备。

四、本通知自国有独资商业银行、国家开发银行与金融资产管理公司进行资金清算之日起执行。

【注释】 对《营业税暂行条例》第6条进行了解释。

国家税务总局关于管道煤气集资费(初装费)征收营业税问题的批复

国税函[2002]105号

你局《关于煤气管理公司收取管道煤气集资费(初装费)是否征收营业税问题的请示》(粤地税发[2001]128号)收悉。经研究,现批复如下:

管道煤气集资费(初装费),是用于管道煤气工程建设和技术改造,在报装环节一次性向用户收取的费用。根据现行营业税政策规定,对管道煤气集资费(初装费),应按"建筑业"税目征收营业税。

【注释】 对《营业税暂行条例》第2条进行了解释。

国家税务总局关于贷款业务征收营业税问题的通知

国税发[2002]13号

各省、自治区、直辖市和计划单列市国家税务局、地方税务局:

近接部分地区和单位反映,要求对非金融机构统借统还贷款业务和银行委托贷款业务征收营业税等有关问题给予明确。经研究,现通知如下:

一、关于非金融机构统借统还贷款业务征税问题

企业集团或集团内的核心企业(以下简称企业集团)委托企业集团所属财务公司代理统借统还贷款业务,从财务公司取得的用于归还金融机构的利息不征收营业税;财务公司承担此项统借统还委托贷款业务,从贷款企业收取贷款利息不代扣代缴营业税。

以上所称企业集团委托企业集团所属财务公司代理统借统还业务,是指企业集团从金融机构取得统借统还贷款后,由集团所属财务公司与企业集团或集团内下属企业签订统借统还贷款合同并分拨借款,按支付给金融机构的借款利率向企业集团或集团内下属企业收取用于归还金融机构借款的利息,再转付企业集团,由企业集团统一归还金融机构的业务。

二、关于金融企业承办委托贷款业务纳税义务发生时间问题

金融企业承办委托贷款业务营业税的扣缴义务发生时间,为受托发放贷款的金融机构代委托人收讫贷款利息的当天。

【注释】 对《营业税暂行条例》第9条进行了解释。

国家税务总局关于转让企业产权不征营业税问题的批复

国税函[2002]165号

海南省地方税务局:

你局《海南省地方税务局关于海南省金城国有资产经营管理公司转让富岛化工有限公司全部产权是否征收营业税问题的请示》(琼地税发[2002]9号)收悉。经研究,现批复如下:

根据《中华人民共和国营业税暂行条例》及其实施细则的规定,营业税的征收范围为有偿提供应税劳务、转让无形资产或者销售不动产的行为。转让企业产权是整体转让企业资产、债权、债务及劳动力的行为,其转让价格不仅仅是由资产价值决定的,与企业销售不动产、转让无形资产的行为完全不同。因此,转让企业产权的行为不属于营业税征收范围,不应征收营业税。

【注释】 对《营业税暂行条例》第2条进行了解释。

国家税务总局关于交通运输企业征收营业税问题的通知

国税发[2002]25号

各省、自治区、直辖市和计划单列市地方税务局：

为进一步规范交通运输业营业税政策，经研究，现对交通运输企业租赁业务征收营业税问题规定如下：

一、对远洋运输企业从事程租、期租业务和航空运输企业从事湿租业务取得的收入，按“交通运输业”税目征收营业税。

程租业务，是指远洋运输企业为租船人完成某一特定航次的运输任务并收取租赁费的业务。

期租业务，是指远洋运输企业将配备有操作人员的船舶承租给他人使用一定期限，承租期内听候承租方调遣，不论是否经营，均按天向承租方收取租赁费，发生的固定费用(如人员工资、维修费用等)均由船东负担的业务。

湿租业务，是指航空运输企业将配备有机组人员的飞机承租给他人使用一定期限，承租期内听候承租方调遣，不论是否经营，均按一定标准向承租方收取租赁费，发生的固定费用(如人员工资、维修费用等)均由承租方负担的业务。

二、对远洋运输企业从事光租业务和航空运输企业从事干租业务取得的收入，按“服务业”税目中的“租赁业”项目征收营业税。

光租业务，是指远洋运输企业将船舶在约定的时间内出租给他人使用，不配备操作人员，不承担运输过程中发生的各种费用，只收取固定租赁费的业务。

干租业务，是指航空运输企业将飞机在约定的时间内出租给他人使用，不配备机组人员，不承担运输过程中发生的各种费用，只收取固定租赁费的业务。

交通运输业务征收营业税的境内外划分，按现行税法规定执行。

【注释】 对《营业税暂行条例》第2条进行了解释。

财政部　国家税务总局关于全国社会保障基金有关税收政策问题的通知

财税[2002]75号

各省、自治区、直辖市、计划单列市财政厅(局)、国家税务局、地方税务局，新疆生产建设兵团财务局：

经国务院批准，现对全国社会保障基金理事会管理的社会保障基金(以下简称“社保基金”)的有关税收政策问题通知如下：

一、对社保基金理事会、社保基金投资管理人运用社保基金买卖证券投资基金、股票、债券的差价收入，暂免征收营业税。

二、对社保基金理事会、社保基金投资管理人管理的社保基金银行存款利息收入，社保基金从证券市场中取得的收入，包括买卖证券投资基金、股票、债券的差价收入，证券投资基金红利收入，股票的股息、红利收入，债券的利息收入及其他收入，暂免征收企业所得税。

三、对社保基金投资管理人、社保基金托管人从事社保基金管理活动取得的收入，依照税法的规定征收营业税、企业所得税以及其他税收。

【注释】 对《营业税暂行条例》第6条进行了解释。

国家税务总局关于保险公司分业经营改革中不动产转移过户有关税收政策的通知

国税发[2002]69号

各省、自治区、直辖市和计划单列市地方税务局、财政厅(局)：

为进一步落实《中华人民共和国保险法》有关综合性保险公司必须财、寿险业务分业经营的规定和国务院关于保险公司分业改革的指示精神，综合性保险公司及其子公司需将其所拥有的不动产划转到新设立的财产保险公司和人寿保险公司。由于上述这种不动产所有权转移过户过程中，并未发生有偿销售不动产行为，也不具备其他形式的交易性质，因此，对保险分业经营改革过程中，综合性保险公司及其子公司将其所拥有的不动产所有权划转过户到因分业而新设立的财产保险公司和人寿保险公司的行为，不征收营业税、契税。

【注释】 对《营业税暂行条例》第2条进行了解释。

国家税务总局关于林地使用权转让行为征收营业税问题的批复

国税函[2002]700号

福建省地方税务局：

你局《关于林地使用权转让征收营业税问题的请示》(闽地税[2000]52号)收悉。经研究，现批复如下：

单位和个人将其拥有的人工用材林使用权转让给其他单位和个人并取得货币、货物或其他经济利益的行为，应按"转让无形资产"税目中"转让土地使用权"项目征收营业税。如果转让的人工用材林是转让给农业生产者用于农业生产的，按照财政部、国家税务总局《关于对若干项目免征营业税的通知》(财税字[1994]002号)规定，可免征营业税。

【注释】 对《营业税暂行条例》第6条进行了解释。

财政部　国家税务总局关于开放式证券投资基金有关税收问题的通知

财税[2002]128号

各省、自治区、直辖市、计划单列市财政厅(局)、国家税务局、地方税务局，新疆生产建设兵团财务局：

为支持和积极培育机构投资者，充分利用开放式基金手段，进一步拓宽社会投资渠道，促进证券市场的健康、稳定发展，经国务院批准，现对中国证监会批准设立的开放式证券投资基金(以下简称基金)的税收问题通知如下：

一、关于营业税问题

1. 以发行基金方式募集资金不属于营业税的征税范围，不征收营业税。

2. 基金管理人运用基金买卖股票、债券的差价收入，在2003年底前暂免征收营业税。

3. 金融机构(包括银行和非银行金融机构)申购和赎回基金单位的差价收入征收营业税；个人和非金融机构申购和赎回基金单位的差价收入不征收营业税。

……

【注释】 对《营业税暂行条例》第6条进行了解释。

国家税务总局关于纳税人销售自产货物提供增值税劳务并同时提供建筑业劳务征收流转税问题的通知

国税发[2002]117号

各省、自治区、直辖市和计划单列市国家税务局、地方税务局：

现对纳税人销售自产货物、提供增值税应税劳务并同时提供建筑业劳务征收流转税问题通知如下：

一、关于纳税人销售自产货物提供增值税应税劳务并同时提供建筑业劳务征收增值税、营业税划分问题

纳税人以签订建设工程施工总包或分包合同(包括建筑、安装、装饰、修缮等工程总包和分包合同，下同)方式开展经营活动时，销售自产货物、提供增值税应税劳务并同时提供建筑业劳务(包括建筑、安装、修缮、装饰、其他工程作业，下同)，同时符合以下条件的，对销售自产货物和提供增值税应税劳务取得的收入征收增值税，提供建筑业劳务收入(不包括按规定应征收增值税的自产货物和增值税应税劳务收入)征收营业税：

(一) 必须具备建设行政部门批准的建筑业施工(安装)资质；

（二）签订建设工程施工总包或分包合同中单独注明建筑业劳务价款。

凡不同时符合以上条件的，对纳税人取得的全部收入征收增值税，不征收营业税。

对上所称建筑业劳务收入，以签订的建设工程施工总包或分包合同上注明的建筑业劳务价款为准。

纳税人通过签订建设工程施工合同，销售自产货物、提供增值税应税劳务的同时，将建筑业劳务分包或转包给其他单位和个人的，对其销售的货物和提供的增值税应税劳务征收增值税；同时，签订建设工程施工总承包合同的单位和个人，应扣缴提供建筑业劳务的单位和个人取得的建筑业劳务收入的营业税。

二、关于扣缴分包人营业税问题

不论签订建设工程施工合同的总承包人是销售自产货物、提供增值税应税劳务并提供建筑业劳务的单位和个人，还是仅销售自产货物、提供增值税应税劳务不提供建筑业劳务的单位和个人，均应当扣缴分包人或转包人（以下简称分包人）的营业税：

（一）如果分包人是销售自产货物、提供增值税应税劳务并提供建筑业劳务的单位和个人，总承包人在扣缴建筑业营业税时的营业额为除自产货物、增值税应税劳务以外的价款。

（二）除本条第一款规定以外的分包人，总承包人在扣缴建筑业营业税时的营业额为分包额。

三、关于自产货物范围问题

本通知所称自产货物是指：

（一）金属结构件：包括活动板房、钢结构房、钢结构产品、金属网架等产品；

（二）铝合金门窗；

（三）玻璃幕墙；

（四）机器设备、电子通讯设备；

（五）国家税务总局规定的其他自产货物。

四、关于纳税人问题

本通知中所称纳税人是指从事货物生产的单位或个人。

纳税人销售自产货物、提供增值税应税劳务并同时提供建筑业劳务，应向营业税应税劳务发生地地方税务局提供其机构所在地主管国家税务局出具的纳税人属于从事货物生产的单位或个人的证明，营业税应税劳务发生地地方税务局根据纳税人持有的证明按本通知的有关规定征收营业税。

五、关于税款调整及执行时间问题本通知自 2002 年 9 月 1 日起执行

本通知发布前已按原有关规定征收税款的不再做纳税调整，未按原有关规定征收税款的按本通知规定执行。

【注释】 对《营业税暂行条例》第 14 条进行了解释。

国家税务总局关于外商投资性公司对其子公司提供服务有关税务处理问题的通知

国税发［2002］128 号

各省、自治区、直辖市和计划单列市国家税务局、地方税务局：

根据《中华人民共和国税收征收管理法》、《中华人民共和国外商投资企业和外国企业所得税法》和《中华人民共和国营业税暂行条例》的有关规定，现就专门从事投资业务的外商投资企业（以下简称外商投资性公司）对其所投资的子公司提供服务有关税务处理问题，通知如下：

一、外商投资性公司对其子公司提供各项服务，应当按照独立企业之间的业务往来收取价款或费用，未按照独立企业之间的业务往来收取价款或费用的，税务机关有权进行调整。

二、外商投资性公司向其子公司提供各项服务，双方应签订服务合同，明确列明提供服务的内容、收费标准等。外商投资性公司提供各项服务所取得的收入，应当按照规定申报缴纳营业税和企业所得税。

三、外商投资性公司向其多个子公司提供同类服务，其服务收入收费不是采取分项签订合同，明确收费标准，而是采取按提供服务所发生的实际费用确定该项服务总收费额，以比例分摊的方法确定每一子公司应付数额的，应按以下规定处理：

（一）应准确、合理地归集核算提供服务所发生的实际费用。

（二）应按以下公式计算该项服务总收费额：

服务总收费额＝实际费用/(1－营业税税率－核定利润率)

上述公式中的核定利润率，凡属于向境内子公司提供服务的，按5%核定；属于向境外子公司提供服务的，可不受此限。

（三）分摊比例可以按接受服务的子公司间总投资额、注册资本、销售收入、资产等参数项确定。上述参数项一经确定，不得随意变更。凡特殊情况需要改变的，需报外商投资性公司主管税务机关核准。

（四）应将提供服务项目的名称、收费标准及具体数额等以书面形式通知其子公司。子公司据此支付费用，并在计算其应纳税所得额中扣除。

四、外商投资性公司向其子公司投资所发生的投资决策、投资利息、投资管理人员工资、办公费用等投资费用和投资损失，不得作为营业费用和损失在计算外商投资性公司应纳税所得额中扣除，也不得向其子公司分摊。

外商投资性公司应单独归集核算其投资费用和投资损失。其中，投资费用核算的结果低于按下列公式计算的数额的，应按下列公式计算的数额确定：

投资费用＝投资公司总费用×投资收益/(经营收入×5＋投资收益)

上述投资收益是指外商投资性公司应从其所投资的子公司分配的收益，不包括投资损失。经营收入是指外商投资性公司从事各项服务业务所取得的总收入，不包括投资收益。

五、外商投资性公司代表其子公司与其他企业签订合同，与其子公司共同接受其他企业的服务，由外商投资性公司代其子公司支付的各项服务费用(以下简称代付费用)，向其子公司收回时，不作为外商投资性公司的收入计算缴纳营业税。

外商投资性公司可以按照本通知第三条(三)项规定的比例，采取成本分摊的办法向接受服务的子公司收回上述代付费用；在收回代付费用时，也应按照本通知第三条(四)项规定的要求，出具书面通知。

六、外商投资性公司不得以任何形式向其所投资的子公司收取或分摊管理费。

七、本通知自2003年1月1日起执行。

【注释】 对《营业税暂行条例》第14条进行了解释。

财政部　国家税务总局关于股权转让有关营业税问题的通知

财税[2002]191号

各省、自治区、直辖市、计划单列市财政厅(局)、国家税务局、地方税务局，新疆生产建设兵团财务局：

近来，部分地区反映对股权转让中涉及的无形资产、不动产转让如何征收营业税问题不够清楚，要求明确。经研究，现对股权转让的营业税问题通知如下：

一、以无形资产、不动产投资入股，参与接受投资方利润分配，共同承担投资风险的行为，不征收营业税。

二、对股权转让不征收营业税。

三、《营业税税目注释(试行稿)》(国税发[1993]149号)第八、九条中与本通知内容不符的规定废止。

本通知自2003年1月1日起执行。

【注释】 对《营业税暂行条例》第2条进行了解释。

财政部　国家税务总局关于金融企业应收未收利息征收营业税问题的通知

财税[2002]182号

各省、自治区、直辖市、计划单列市财政厅(局)、国家税务局、地方税务局，财政部驻各省、自治区、直辖市、计划单列市财政监察专员办事处，新疆生产建设兵团财务局：

为适应金融企业应收未收利息财务核算办法的调整，现将金融企业贷款业务征收营业税问题通知如下：

一、金融企业应收未收利息核算期限按财政部或国家税务总局制定的财务会计制度的有关规定执行。根据《财政部关于缩短金融企业应收利息核算期限的通知》(财金[2002]5号)规定:从2002年1月1日起,金融企业应收未收利息核算期限由原来的180天调整为90天。因此,对金融企业贷款利息征收营业税作以下调整:

金融企业发放贷款(包括自营贷款和委托贷款,下同)后,凡在规定的应收未收利息核算期内发生的应收利息,均应按规定申报交纳营业税;贷款应收利息自结息之日起,超过应收未收利息核算期限或贷款本金到期(含展期)后尚未收回的,按照实际收到利息申报交纳营业税。

二、对金融企业2001年1月1日以后发生的已缴纳过营业税的应收未收利息(包括自营贷款和委托贷款利息,下同),若超过应收未收利息核算期限后仍未收回或其贷款本金到期(含展期)后尚未收回的,可从以后的营业额中减除。

三、金融企业在2000年12月31日以前已缴纳过营业税的应收未收利息,原则上应在2005年12月31日前从营业额中减除完毕。但已移交给中国华融、长城、东方和信达资产管理公司的应收未收利息不得从营业额中减除。

四、税务机关对金融企业营业税征收管理时,负责核对从营业额中减除的应收未收利息是否已征收过营业税,该项从营业额中减除的应收未收利息是否符合财政部或国家税务总局制定的财务会计制度以及税法规定。

金额企业从营业额中减除的应收未收利息的额度和年限以该金融企业确定的额度和年限确定,各级地方政府及其财政、税务机关不得规定金融企业应收未收利息从营业额中减除的年限和比例。

五、本通知中所称金融企业是指银行(包括国有、集体、股份制、合资、外资银行以及其他所有制形式的银行)城市信用社和农村信用社、信托投资公司和财务公司。

六、本通知自2003年1月1日起执行。《国家税务总局关于银行贷款利息收入营业税纳税义务发生时间问题的通知》(国税发[2001]38号)同时停止执行。

【注释】 对《营业税暂行条例》第5条进行了解释。

国家税务总局关于外事服务单位营业额问题的通知

国税函[2002]1095号

各省、自治区、直辖市和计划单列市地方税务局:

近部分地区税务机关反映,外事服务单位在为外国常驻机构、三资企业和其他企业提供人力资源服务时,负责代外国常驻机构、三资企业和其他企业支付被聘用人员的工资及福利费和交纳社会统筹(包括基本养老、医疗、工伤、失业保险金等,下同)、住房公积金等,对其开展此项业务的营业额应如何确定,要求总局予以明确。

经研究,现通知如下:外事服务单位为外国常驻机构、三资企业和其他企业提供人力资源服务,属于代理业。根据《国家税务总局关于营业税若干问题的通知》(国税发[1995]076号)"代理业的营业额为纳税人从事代理业务向委托方实际收取的报酬"的规定,外事服务单位为外国常驻机构、三资企业和其他企业提供人力资源服务的,其营业额为从委托方取得的全部收入减除代委托方支付给聘用人员的工资及福利费和交纳的社会统筹、住房公积金后的余额。

【注释】 对《营业税暂行条例》第5条进行了解释。

国家税务总局关于中国建筑工程总公司重组改制过程中转让股权不征营业税的通知

国税函[2003]12号

各省、自治区、直辖市和计划单列市地方税务局:

按照国务院的要求,中国建筑工程总公司正在进行改制。在改制过程中先对拟分离的专业分公司进行资产评估,再按照中介机构的评估净资产额,以一定比例折合为持有改制后独立法人公司股份,其后将持有的股份平价转让给改制后注册成立的专业分公司。对中国建筑工程总公司改制过程中涉及的股权转让行为是否征收营业税问题，经研究，现通知如下：

现行营业税法规规定，营业税征税范围为提供应税劳务、转让无形资产和销售不动产，中国建筑工程总公司进行的重组改制过程中发生的转让持有股权行为不属于营业税征税范围，不征营业税。

【注释】 对《营业税暂行条例》第6条进行了解释。

财政部　国家税务总局关于营业税若干政策问题的通知

财税[2003]16号

各省、自治区、直辖市、计划单列市财政厅（局）、地方税务局，新疆生产建设兵团财务局：

经研究，现对营业税若干业务问题明确如下：

一、关于征收范围问题

（一）燃气公司和生产、销售货物或提供增值税应税劳务的单位，在销售货物或提供增值税应税劳务时，代有关部门向购买方收取的集资费（包括管道煤气集资款〈初装费〉）、手续费、代收款等，属于增值税价外收费，应征收增值税，不征收营业税。

（二）保险企业取得的追偿款不征收营业税。

以上所称追偿款，是指发生保险事故后，保险公司按照保险合同的约定向被保险人支付赔款，并从被保险人处取得对保险标的价款进行追偿的权利而追回的价款。

（三）《财政部　国家税务总局关于福利彩票有关税收问题的通知》（财税[2002]59号）规定，"福利彩票机构发行销售福利彩票取得的收入不征收营业税"，其中的"福利彩票机构"包括福利彩票销售管理机构和与销售管理机构签有电脑福利彩票投注站代理销售协议书，并直接接受福利彩票销售管理机构的监督、管理的电脑福利彩票投注点。

（四）《财政部　国家税务总局关于对中国出口信用保险公司办理的出口信用保险业务不征收营业税的通知》（财税[2002]157号）规定，"对中国出口信用保险公司办理的出口信用保险业务不征收营业税"，这里的"出口信用保险业务"包括出口信用保险业务和出口信用担保业务。

以上所称出口信用担保业务，是指与出口信用保险相关的信用担保业务，包括融资担保（如设计融资担保、项目融资担保、贸易融资担保等）和非融资担保（如投标担保、履约担保、预付款担保等）。

（五）随汽车销售提供的汽车按揭服务和代办服务业务征收增值税，单独提供按揭、代办服务业务，并不销售汽车的，应征收营业税。

二、关于适用税目问题

（一）电影发行单位以出租电影拷贝形式将电影拷贝播映权在一定限期内转让给电影放映单位的行为按"转让无形资产"税目征收营业税。

（二）单位和个人从事快递业务按"邮电通信业"税目征收营业税。

（三）单位和个人在旅游景点经营索道取得的收入按"服务业"税目"旅游业"项目征收营业税。

（四）单位和个人开办"网吧"取得的收入，按"娱乐业"税目征收营业税。

（五）电信单位（指电信企业和经电信行政管理部门批准从事电信业务的单位，下同）提供的电信业务（包括基础电信业务和增值电信业务，下同）按"邮电通信业"税目征收营业税。

以上所称基础电信业务是指提供公共网络基础设施、公共数据传送和基本语音通信服务的业务，具体包括固定网国内长途及本地电话业务、移动通信业务、卫星通信业务、因特网及其它数据传送业务、网络元素出租出售业务、电信设备及电路的出租业务、网络接入及网络托管业务，国际通信基础设施国际电信业务、无线寻呼业务和转售的基础电信业务。

以上所称增值电信业务是指利用公共网络基础设施提供的电信与信息服务的业务，具体包括固定电话网增值电信业务、移动电话网增值电信业务、卫星网增值电信业务、因特网增值电信业务、其他数据传送网络增值电信业务等服务。

（六）双方签订承包、租赁合同（协议，下同）将企业或企业部分资产出包、租赁，出包、出租者向承包、承租方收取的承包费、租赁费（承租费，下同）按"服务业"税目征收营业税。出包方收取的承包费凡同时符合以下三个条件的，属于企业内部分配行为不征收营业税：

1. 承包方以出包方名义对外经营，由出包方承担相关的法律责任；

2. 承包方的经营收支全部纳入出包方的财务会计核算；

3. 出包方与承包方的利益分配是以出包方的利润为基础。

（七）单位和个人转让在建项目时，不管是否办理立项人和土地使用人的更名手续，其实质是发生了转让不动产所有权或土地使用权的行为。对于转让在建项目行为应按以下办法征收营业税：

1. 转让已完成土地前期开发或正在进行土地前期开发，但尚未进入施工阶段的在建项目，按“转让无形资产”税目中“转让土地使用权”项目征收营业税。

2. 转让已进入建筑物施工阶段的在建项目，按“销售不动产”税目征收营业税。

在建项目是指立项建设但尚未完工的房地产项目或其它建设项目。

（八）土地整理储备供应中心（包括土地交易中心）转让土地使用权取得的收入按“转让无形资产”税目中“转让土地使用权”项目征收营业税。

三、关于营业额问题

（一）单位和个人提供营业税应税劳务、转让无形资产和销售不动产发生退款，凡该项退款已征收过营业税的，允许退还已征税款，也可以从纳税人以后的营业额中减除。

（二）单位和个人在提供营业税应税劳务、转让无形资产、销售不动产时，如果将价款与折扣额在同一张发票上注明的，以折扣后的价款为营业额；如果将折扣额另开发票的，不论其在财务上如何处理，均不得从营业额中减除。

电信单位销售的各种有价电话卡，由于其计费系统只能按有价电话卡面值出帐并按有价电话卡面值确认收入，不能直接在销售发票上注明折扣折让额，以按面值确认的收入减去当期财务会计上体现的销售折扣折让后的余额为营业额。

（三）单位和个人提供应税劳务、转让无形资产和销售不动产时，因受让方违约而从受让方取得的赔偿金收入，应并入营业额中征收营业税。

（四）单位和个人因财务会计核算办法改变将已缴纳过营业税的预收性质的价款逐期转为营业收入时，允许从营业额中减除。

（五）保险企业已征收过营业税的应收未收保费，凡在财务会计制度规定的核算期限内未收回的，允许从营业额中减除。在会计核算期限以后收回的已冲减的应收未收保费，再并入当期营业额中。

（六）保险企业开展无赔偿奖励业务的，以向投保人实际收取的保费为营业额。

（七）中华人民共和国境内的保险人将其承保的以境内标的物为保险标的的保险业务向境外再保险人办理分保的，以全部保费收入减去分保保费后的余额为营业额。

境外再保险人应就其分保收入承担营业税纳税义务，并由境内保险人扣缴境外再保险人应缴纳的营业税税款。

（八）金融企业（包括银行和非银行金融机构，下同）从事票、债券买卖业务以股票、债券的卖出价减去买入价后的余额为营业额。买入价依照财务会计制度规定，以股票、债券的购入价减去股票、债券持有期间取得的股票、债券红利收入的余额确定。

（九）金融企业买卖金融商品（包括股票、债券、外汇及其他金融商品，下同），可在同一会计年度末，将不同纳税期出现的正差和负差按同一会计年度汇总的方式计算并缴纳营业税，如果汇总计算应缴的营业税税额小于本年已缴纳的营业税税额，可以向税务机关申请办理退税，但不得将一个会计年度内汇总后仍为负差的部分结转下一会计年度。

（十）金融企业从事受托收款业务，如代收电话费、水电煤气费、信息费、学杂费、寻呼费、社保统筹费、交通违章罚款、税款等，以全部收入减去支付给委托方价款后的余额为营业额。

（十一）经中国人民银行、外经贸部和国家经贸委批准经营融资租赁业务的单位从事融资租赁业务的，以其向承租者收取的全部价款和价外费用（包括残值）减除出租方承担的出租货物的实际成本后的余额为营业额。

以上所称出租货物的实际成本，包括由出租方承担的货物的购入价、关税、增值税、消费税、运杂费、安装费、保险费和贷款的利息（包括外汇借款和人民币借款利息）。

（十二）劳务公司接受用工单位的委托，为其安排劳动力，凡用工单位将其应支付给劳动力的工资和为劳动力上交的社会保险（包括养老保险金、医疗保险、失业保险、工伤保险等，下同）以及住房公积金统一交给劳务公司代为发放或办理的，以劳务公司从用工单位收取的全部价款减去代收转付给劳动力的工资和为劳动力办理社会保险及住房公积金后的余额为营业额。

（十三）通信线路工程和输送管道工程所使用的电缆、光缆和构成管道工程主体的防腐管段、管件（弯头、三通、冷弯管、绝缘接头）、清管器、收发球筒、机泵、加热炉、金属容器等物品均属于设备，其价值不包括在工程的计税营业额中。

其他建筑安装工程的计税营业额也不应包括设备价值，具体设备名单可由省级地方税务机关根据各自实际情况列举。

（十四）邮政电信单位与其他单位合作，共同为用户提供邮政电信业务及其他服务并由邮政电信单位统一收取价款的，以全部收入减去支付给合作方价款后的余额为营业额。

（十五）中国移动通信集团公司通过手机短信公益特服号“8858”为中国儿童少年基金会接受捐款业务，以全部收入减去支付给中国儿童少年基金会的价款后的余额为营业额。

（十六）经地方税务机关批准使用运输企业发票，按“交通运输业”税目征收营业税的单位将承担的运输业务分给其他运输企业并由其统一收取价款的，以其取得的全部收入减去支付给其他运输企业的运费后的余额为营业额。

（十七）旅游企业组织旅游团在中国境内旅游的，以收取的全部旅游费减去替旅游者支付给其他单位的房费、餐费、交通、门票或支付给其他接团旅游企业的旅游费后的余额为营业额。

（十八）从事广告代理业务的，以其全部收入减去支付给其他广告公司或广告发布者（包括媒体、载体）的广告发布费后的余额为营业额。

（十九）从事物业管理的单位，以与物业管理有关的全部收入减去代业主支付的水、电、燃气以及代承租者支付的水、电、燃气、房屋租金的价款后的余额为营业额。

（二十）单位和个人销售或转让其购置的不动产或受让的土地使用权，以全部收入减去不动产或土地使用权的购置或受让原价后的余额为营业额。

单位和个人销售或转让抵债所得的不动产、土地使用权的，以全部收入减去抵债时该项不动产或土地使用权作价后的余额为营业额。

四、关于营业额减除项目凭证管理问题

营业额减除项目支付款项发生在境内的，该减除项目支付款项凭证必须是发票或合法有效凭证；支付给境外的，该减除项目支付款项凭证必须是外汇付汇凭证、外方公司的签收单据或出具的公证证明。

五、关于纳税义务发生时间问题

单位和个人提供应税劳务、转让专利权、非专利技术、商标权、著作权和商誉时，向对方收取的预收性质的价款（包括预收款、预付款、预存费用、预收定金等，下同），其营业税纳税义务发生时间以按照财务会计制度的规定，该项预收性质的价款被确认为收入的时间为准。

六、关于纳税地点问题

（一）单位和个人出租土地使用权、不动产的营业税纳税地点为土地、不动产所在地；单位和个人出租物品、设备等动产的营业税纳税地点为出租单位机构所在地或个人居住地。

（二）在中华人民共和国境内的电信单位提供电信业务的营业税纳税地点为电信单位机构所在地。

（三）在中华人民共和国境内的单位提供的设计（包括在开展设计时进行的勘探、测量等业务，下同）、工程监理、调试和咨询等应税劳务的，其营业税纳税地点为单位机构所在地。

（四）在中华人民共和国境内的单位通过网络为其他单位和个人提供培训、信息和远程调试、检测等服务的，其营业税纳税地点为单位机构所在地。

本通知自2003年1月1日起执行。凡在此之前的规定与本通知不一致的，一律以本通知为准。此前因与本通知规定不一致而已征的税款不再退还，未征税款不再补征。

【注释】 对《营业税暂行条例》第1、2、12条进行了解释。

财政部　国家税务总局关于自主择业的军队转业干部有关税收政策问题的通知

财税[2003]26号

各省、自治区、直辖市、计划单列市财政厅(局)、地方税务局、国家税务局：

为促进军队转业干部自主择业，现将与自主择业的军队转业干部有关的税收政策通知如下：

一、从事个体经营的军队转业干部，经主管税务机关批准，自领取税务登记证之日起，3年内免征营业税和个人所得税。

二、为安置自主择业的军队转业干部就业而新开办的企业，凡安置自主择业的军队转业干部占企业总人数60%(含60%)以上的，经主管税务机关批准，自领取税务登记证之日起，3年内免征营业税和企业所得税。

三、自主择业的军队转业干部必须持有师以上部队颁发的转业证件。

四、本通知自2003年5月1日起执行。

本通知生效前，已经从事个体经营的军队转业干部和符合本通知规定条件的企业，如果已经按[2001]国转联8号文件的规定，享受了税收优惠政策，可以继续执行到期满为止；如果没有享受上述文件规定的税收优惠政策，可自本通知生效之日起，3年内免征营业税、个人所得税、企业所得税。

【注释】　对《营业税暂行条例》第6条进行了解释。

国家税务总局关于代理业营业额问题的通知

国税发[2003]69号

各省、自治区、直辖市和计划单列市地方税务局：

近接部分地区反映，服务性单位接受机关团体企事业单位的委托，将记载有金额的就餐卡提供给委托方的职工，持卡者到服务性单位指定的餐饮企业消费。服务性单位负责将委托方预付的餐费转付给餐饮企业，并向委托方和餐饮企业收取服务费。对服务性单位如何征收营业税问题，现通知如下：

服务性单位从事的是餐饮中介服务，应按“服务业”税目“代理业”项目征收营业税。根据《国家税务总局关于营业税若干问题的通知》(国税发[1995]76号)有关代理业的营业额为纳税人从事代理业务实际取得的报酬金的规定，服务性单位从事餐饮中介服务的营业额为向委托方和餐饮企业实际收取的中介服务费，不包括其代委托方转付的就餐费用。

【注释】　对《营业税暂行条例》第2、5条进行了解释。

财政部　国家税务总局关于民航系统8项行政事业性收费不征收营业税的通知

财税[2003]170号

各省、自治区、直辖市、计划单列市财政厅(局)、地方税务局，新疆生产建设兵团财务局：

根据财政部、国家税务总局《关于调整行政事业性收费(基金)营业税政策的通知》(财税字[1997]5号)的有关规定，自2003年8月1日起，对民航总局及地区民航管理机构在开展相关业务时收取并纳入预算管理，实行“收支两条线”的以下8项费用不征收营业税：1. 民用航空器国籍登记费；2. 民用航空器权利登记费；3. 民航经营活动主体和销售代理企业经营许可证工本费；4. 民航安全检查许可证工本费；5. 安全检查仪器使用合格证工本费；6. 民航从业人员考试费、执照工本费；7. 航空业务权补偿费；8. 适航审查费。此前已征税款不再退还，未征税款不再补征。

以上收费项目，今后凡经财政部、国家发展和改革委员会发文明确调整为服务性收费的，从调整之日起，征收营业税。

【注释】　对《营业税暂行条例》第6条进行了解释。

国家税务总局关于广播电视有线数字付费频道业务征收营业税问题的通知

国税函[2004]141号

各省、自治区、直辖市和计划单列市地方税务局：

根据全国有线数字广播影视业务发展规划，广播电视有线数字付费频道业务(以下简称数字付费频道业务)已正式开播。现就有关营业税问题通知如下：

一、关于适用营业税税目问题

根据《营业税税目注释》的规定，数字付费频道业务按"文化体育业"税目中的"播映"项目征收营业税。

二、关于计税营业额问题

根据《国家税务总局关于电视收视费征收营业税问题的通知》(国税发[2001]22号)的规定，数字付费频道业务应由直接向用户收取数字付费频道收视费的单位按其向用户收取的收视费全额，向所在地主管税务机关缴纳营业税。对各合作单位分得的收视费收入，不再征收营业税。

【注释】 对《营业税暂行条例》第2条进行了解释。

财政部　国家税务总局关于教育税收政策的通知

财税[2004]39号

各省、自治区、直辖市、计划单列市财政厅(局)、国家税务局、地方税务局，新疆生产建设兵团财务局：

为了进一步促进教育事业发展，经国务院批准，现将有关教育的税收政策通知如下：

一、关于营业税、增值税、所得税

1. 对从事学历教育的学校提供教育劳务取得的收入，免征营业税。

2. 对学生勤工俭学提供劳务取得的收入，免征营业税。

3. 对学校从事技术开发、技术转让业务和与之相关的技术咨询、技术服务业务取得的收入，免征营业税。

4. 对托儿所、幼儿园提供养育服务取得的收入，免征营业税。

5. 对政府举办的高等、中等和初等学校(不含下属单位)举办进修班、培训班取得的收入，收入全部归学校所有的，免征营业税和企业所得税。

6. 对政府举办的职业学校设立的主要为在校学生提供实习场所、并由学校出资自办、由学校负责经营管理、经营收入归学校所有的企业，对其从事营业税暂行条例"服务业"税目规定的服务项目(广告业、桑拿、按摩、氧吧等除外)取得的收入，免征营业税和企业所得税。

……

六、本通知自2004年1月1日起执行，此前规定与本通知不符的，以本通知为准。

【注释】 对《营业税暂行条例》第6条进行了解释。

国家发展和改革委员会　国家税务总局关于继续做好中小企业信用担保机构免征营业税有关问题的通知

发改企业[2004]303号

各省、自治区、直辖市和计划单列市、新疆生产建设兵团发展改革委(计委)、经贸委(经委)、中小企业局及地方税务局：

为贯彻落实《中华人民共和国中小企业促进法》和《国务院办公厅转发国家经贸委关于鼓励和促进中小企业发展若干政策意见的通知》(国办发[2000]59号)关于推进中小企业信用担保体系建设的有关规定，以及《国家税务总局关于中小企业信用担保、再担保机构免征营业税的通知》(国税发[2001]37号)精神，根据国务院赋予国家发展改革委的工作职责，现就继续做好中小企业信用担保机构免征营业税问题通知如下：

一、鉴于原国家经贸委有关推进中小企业改革和发展工作，包括信用担保体系建设工作职能已划归国家发展改革委，今后凡《国家税务总局关于中小企业信用担保、再担保机构免征营业税的通知》(国税发

[2001]37 号)涉及的原国家经贸委和地方经贸委的工作职责均改由国家发展改革委和地方中小企业管理部门承担。

二、根据《国务院办公厅转发国家经贸委关于鼓励和促进中小企业发展若干政策意见的通知》(国办发[2000]59 号)及原国家经贸委《关于建立中小企业信用担保体系试点的指导意见》(国经贸中小企[1999]540 号)、《关于建立全国中小企业信用担保体系有关问题的通知》(国经贸中小企[2001]198 号)和《国家税务总局关于中小企业信用担保、再担保机构免征营业税的通知》(国税发[2001]37 号)要求,有关中小企业信用担保机构免征营业税工作,由担保机构自愿申请,经省级中小企业管理部门审核和推荐,经国家发展改革委审核备案并商国家税务总局后下达免税名单。具体实施办法仍按《国家税务总局关于中小企业信用担保、再担保机构免征营业税的通知》(国税发[2001]37 号)要求执行。

【注释】 对《营业税暂行条例》第 6 条进行了解释。

财政部　国家税务总局关于证券投资基金税收政策的通知

财税[2004]78 号

各省、自治区、直辖市、计划单列市财政厅(局)、国家税务局、地方税务局,新疆生产建设兵团财务局:

经国务院批准,现对证券投资基金的有关税收政策通知如下:

自 2004 年 1 月 1 日起,对证券投资基金(封闭式证券投资基金,开放式证券投资基金)管理人运用基金买卖股票、债券的差价收入,继续免征营业税和企业所得税。

【注释】 对《营业税暂行条例》第 6 条进行了解释。

国家税务总局关于电力公司过网费收入征收增值税问题的批复

国税函[2004]607 号

四川省国家税务局、地方税务局:

你局《关于电力公司过网费收入征收增值税问题的请示》(川国税发[2004]52 号)收悉。经研究,现批复如下:

鉴于电力公司利用自身电网为发电企业输送电力过程中,需要利用输变电设备进行调压,属于提供加工劳务。根据《中华人民共和国增值税暂行条例》有关规定,电力公司向发电企业收取的过网费,应当征收增值税,不征收营业税。

【注释】 对《营业税暂行条例》第 6 条进行了解释。

国家税务总局关于住房专项维修基金征免营业税问题的通知

国税发[2004]69 号

各省、自治区、直辖市和计划单列市地方税务局:

关于有关单位代收的住房专项维修基金是否计征营业税的问题,现明确如下:

住房专项维修基金是属全体业主共同所有的一项代管基金,专项用于物业保修期满后物业共用部位、共用设施设备的维修和更新、改造。鉴于住房专项维修基金资金所有权及使用的特殊性,对房地产主管部门或其指定机构、公积金管理中心、开发企业以及物业管理单位代收的住房专项维修基金,不计征营业税。

【注释】 对《营业税暂行条例》第 6 条进行了解释。

财政部　国家税务总局关于调减台球保龄球营业税税率的通知

财税[2004]97 号

成文日期:2004－06－07

各省、自治区、直辖市、计划单列市财政厅(局)、地方税务局,新疆生产建设兵团财务局:

经国务院批准,现将调减台球、保龄球营业税税率通知如下:

对台球、保龄球减按5%的税率征收营业税，税目仍属于“娱乐业”。

本通知自2004年7月1日起执行。

【注释】 对《营业税暂行条例》第2条进行了解释。

财政部 国家税务总局关于扶持城镇退役士兵自谋职业有关税收优惠政策的通知

财税[2004]93号

各省、自治区、直辖市、计划单列市财政厅(局)、国家税务局、地方税务局，新疆生产建设兵团财务局：

为更好地扶持城镇退役士兵自谋职业，根据《国务院办公厅转发民政部等部门关于扶持城镇退役士兵自谋职业优惠政策意见的通知》(国办发[2004]10号)的精神，现就城镇退役士兵自谋职业有关税收政策通知如下：

一、对为安置自谋职业的城镇退役士兵就业而新办的服务型企业(除广告业、桑拿、按摩、网吧、氧吧外)当年新安置自谋职业的城镇退役士兵达到职工总数30%以上，并与其签订1年以上期限劳动合同的，经县级以上民政部门认定，税务机关审核，3年内免征营业税及其附征的城市维护建设税、教育费附加和企业所得税。

上述企业当年新安置自谋职业的城镇退役士兵人数不足职工总数30%，但与其签订1年以上期限劳动合同的，经县级以上民政部门认定，税务机关审核，3年内可按计算的减征比例减征企业所得税。减征比例＝(企业当年新招用自谋职业的城镇退役士兵人数÷企业职工总数×100%)×2。

……

三、对自谋职业的城镇退役士兵在《国务院办公厅转发民政部等部门关于扶持城镇退役士兵自谋职业优惠政策意见的通知》(国办发[2004]10号)下发后从事下列行业的，可以享受如下税收优惠政策：

1. 从事个体经营(除建筑业、娱乐业以及广告业、桑拿、按摩、网吧、氧吧外)的，自领取税务登记证之日起，3年内免征营业税、城市维护建设税、教育费附加和个人所得税。

2. 从事开发荒山、荒地、荒滩、荒水的，从有收入年度开始，3年内免征农业税。

3. 从事种植、养殖业的，其应缴纳的个人所得税按照国家有关种植、养殖业个人所得税的规定执行。

4. 从事农业机耕、排灌、病虫害防治、植保、农牧保险以及相关技术培训业务，家禽、牲畜、水生动物的配种和疾病防治业务的，按现行营业税规定免征营业税。

四、本《通知》所称新办企业是指《国务院办公厅转发民政部等部门关于扶持城镇退役士兵自谋职业优惠政策意见的通知》(国办发[2004]10号)下发后新组建的企业。原有的企业合并、分立、改制、改组、扩建、搬迁、转产以及吸收新成员、改变领导或隶属关系、改变企业名称的，不能视为新办企业。

本《通知》所称服务型企业是指从事现行营业税“服务业”税目规定的经营活动的企业。

本《通知》所称商业零售企业是指设有商品营业场所、柜台，不自产商品、直接面向最终消费者的商业零售企业，包括直接从事综合商品销售的百货商场、超级市场、零售商店等。

本《通知》所称自谋职业的城镇退役士兵是指符合城镇安置条件，并与安置地民政部门签订《退役士兵自谋职业协议书》，领取《城镇退役士兵自谋职业证》的士官和义务兵。

五、上述优惠政策自2004年1月1日起执行，此前已征税款予以退还。

六、本《通知》下发之后，现行有关劳动就业服务企业的税收优惠政策以及其他扶持就业的税收优惠政策，仍按原规定执行。如果企业既适用本《通知》规定的优惠政策，又适用原有的优惠政策，企业可选择适用最优惠的政策，但不能累加执行。

七、自谋职业的城镇退役士兵享受有关税收优惠政策的具体办法由国家税务总局、民政部另行制定。

【注释】 对《营业税暂行条例》第6条进行了解释。

国家税务总局关于取消“货运业自开票纳税人和代开票纳税人营业税减免认定”后有关税收管理问题的通知

国税函[2004]824号

各省、自治区、直辖市和计划单列市地方税务局：

根据《国务院关于第三批取消和调整行政审批项目的决定》(国发[2004]16号)文件精神，现就取消“货运业自开票纳税人和代开票纳税人营业税减免认定”后，如何加强后续监督和管理，提出如下要求：

《国家税务总局关于加强货物运输业税收征收管理的通知》(国税发[2003]121号)附件1《货物运输业营业税征收管理试行办法》第十七条“符合营业税法规规定的减免条件的自开票纳税人，应向主管地方税务局报送有关资料，并经主管地方税务局认定后才能享受减免营业税优惠。符合营业税法规规定减免条件的代开票纳税人，必须提供主管地方税务局批准的减免税文书，其由代开票单位代开的货物运输业发票的营业额，才能享受减免营业税优惠”予以取消。取消认定手续后，主管地方税务局应按照减免税条件的要求，对符合享受减免税条件的自开票纳税人所开具的货物运输业发票减免征收营业税；对符合享受减免税条件的代开票纳税人，在代开货物运输业发票时即时征收营业税、城建税、教育费附加及所得税，再按规定办理退税(具体办法另行通知)；对给予了减免营业税优惠的自开票纳税人和代开票纳税人，要分户建立减免税档案，加强对减免税企业的资质及材料档案的管理，同时要加强其日常监督、检查。

【注释】　对《营业税暂行条例》第14条进行了解释。

国家税务总局关于取消“单位和个人从事技术转让、技术开发业务免征营业税审批”后有关税收管理问题的通知

国税函[2004]825号

各省、自治区、直辖市和计划单列市地方税务局：

根据《国务院关于第三批取消和调整行政审批项目的决定》(国发[2004]16号)精神，现就取消“单位和个人(不包括外资企业、外籍个人)从事技术转让、技术开发业务免征营业税审批”后，如何加强对该项工作的后续监督和管理，提出如下要求：

《财政部　国家税务总局关于贯彻落实〈中共中央 国务院关于加强技术创新，发展高科技，实现产业化的决定〉有关税收问题的通知》(财税字[1999]273号)第二条第三款有关“单位和个人(不包括外资企业、外籍个人)从事技术转让，开发业务申请免征营业税时，须持技术转让，开发的书面合同，到纳税人所在地省级科技主管部门进行认定，再持有关的书面合同和科技主管部门审核意见证明报当地省级主管税务机关审核”予以取消。取消审核手续后，纳税人的技术转让、技术开发的书面合同仍应到省级科技主管部门进行认定，并将认定后的合同及有关证明材料文件报主管地方税务局备查。主管地方税务局要不定期地对纳税人申报享受减免税的技术转让、技术开发合同进行检查，对不符合减免税条件的单位和个人要取消税收优惠政策，同时追缴其所减免的税款，并按照《中华人民共和国税收征收管理法》的有关规定进行处罚。

【注释】　对《营业税暂行条例》第14条进行了解释。

国家税务总局关于货物运输业若干税收问题的通知

国税发[2004]88号

各省、自治区、直辖市和计划单列市国家税务局、地方税务局：

为了加强对公路、内河货物运输业的税收管理，总局下发了《国家税务总局关于加强货物运输业税收征收管理的通知》(国税发[2003]121号)和四个明传电报，各地在执行中又陆续反映了一些问题。经研究，现将有关税收问题明确如下：

一、在中华人民共和国境内提供公路、内河货物运输劳务(包括内海及近海货物运输)的单位和个人适用《货物运输业营业税征收管理办法》(以下简称《试行办法》)

二、关于纳税人认定问题

（一）适用《试行办法》从事货物运输的承包人、承租人、挂靠人和个体运输户不得认定为自开票纳税人。

（二）铁路运输（包括中央、地方、工矿及其他单位所属铁路）、管道运输、国际海洋运输业务，装卸搬运以及公路、内河客运业务的纳税人不需要进行自开票纳税人资格认定，不需要报送货物运输业发票清单。

（三）《货物运输业营业税纳税人认定和年审试行办法》中有关代开票纳税人认定和年审的规定停止执行。

三、关于办理税务登记前发生的货物运输劳务征税问题

（一）单位和个人在领取营业执照之日起三十日内向主管地方税务局申请办理税务登记的，对其自领取营业执照之日至取得税务登记证期间提供的货物运输劳务，办理税务登记手续后，主管地方税务局可为其代开货物运输业发票。

（二）单位和个人领取营业执照超过三十日未向主管地方税务局申请办理税务登记的，主管地方税务局应按《征管法》及其《实施细则》的规定进行处理，在补办税务登记手续后，对其自领取营业执照之日至取得税务登记证期间提供的货物运输劳务，可为其代开货物运输发票。

（三）地方税务局对提供货物运输劳务的单位和个人进行税收管理过程中，凡发现代开票纳税人（包括承包人、承租人、挂靠人以及其他单位和个人）未办理税务登记的，符合税务登记条件的，必须依法办理税务登记。

四、关于货运发票开具问题

（一）按代开票纳税人管理的所有单位和个人（包括外商投资企业、特区企业和其他单位、个人），凡按规定应当征收营业税，在代开货物运输业发票时一律按开票金额3%征收营业税，按营业税税款7%预征城建税，按营业税税款3%征收教育附加费。同时按开票金额3.3%预征所得税，预征的所得税年终时进行清算。但代开票纳税人实行核定征收企业所得税办法的，年终不再进行所得税清算。

在代开票时已征收的属于法律法规规定的减征或者免征的营业税及城市维护建设税、教育费附加、所得税以及高于法律法规规定的城市维护建设税税率的税款，在下一征期退税。具体退税办法按《国家税务总局 中国人民银行 财政部关于现金退税问题的紧急通知》（国税发[2004]47号）执行。

（二）提供了货物运输劳务但按规定不需办理工商登记和税务登记的单位和个人，凭单位证明或个人身份证在单位机构所在地或个人车籍地由代开票单位代开货物运输业发票。

（三）《试行办法》第七条有关代开票纳税人在申请代开票时须提供《代开票纳税人资格证书》和承运货物时同货主签订的承运货物合同或其他有效证明，停止执行。

五、关于税款核定征收问题

（一）按照《试行办法》的规定，对代开票纳税人实行定期定额征收方法。凡核定的营业额低于当地确定的营业税起征点的，不征收营业税；凡核定的营业额高于当地确定的营业税起征点的，代开发票时按规定征收税款。

（二）单位和个人利用自备车辆偶尔对外提供货物运输劳务的，可不进行定期定额管理，代开票时对其按次征税。

（三）代开票纳税人实行定期定额征收方法时，为避免在代开票时按票征收发生重复征税，对代开票纳税人可采取以下征收方法：

1. 在代开票时按开具的货物运输业发票上注明的营业税应税收入按规定征收（代征）营业税、所得税及附加。

2. 代开票纳税人采取按月还是按季结算，由省级地方税务局确定。

3. 代开票纳税人在缴纳定额税款时，如其在代开票时取得的税收完税凭证上注明的税款大于定额税款的，不再缴纳定额税款；如完税凭证上注明的税款小于定额的，则补缴完税凭证上注明的税款与定额税款差额部分。

六、关于企业所得税征收问题

对2002年以后新办的货物运输业代开票纳税人的所得税，由代开票单位在代开货物运输业发票时统一代征税款，并由地方税务局统一入库。

七、关于代开票纳税人从事联营业务的计税依据问题

代开票纳税人从事联运业务的，其计征营业税的营业额为代开的货物运输业发票注明营业税应税收入，不得减除支付给其他联运合作方的各种费用。

八、关于物流劳务的征税问题

（一）利用自备车辆提供运输劳务的同时提供其他劳务（如对运输货物进行挑选、整理、包装、仓储、装卸搬运等劳务）的单位（以下简称物流劳务单位），凡符合规定的自开票纳税人条件的，可以认定为自开票纳税人。

（二）自开票的物流劳务单位开展物流业务应按其收入性质分别核算，提供运输劳务取得的运输收入按“交通运输业”税目征收营业税并开具货物运输业发票；提供其他劳务取得的收入按“服务业”税目征收营业税并开具服务业发票。

凡未按规定分别核算其应税收入的，一律按“服务业”税目征收营业税。

（三）代开票单位在为代开票物流劳务单位代开发票时也应按照以上原则征税（代征）并代开发票。

九、关于税务机关纳税申报审核问题

（一）地方税务局在受理自开票纳税人纳税申报和中介机构代开票清单及代征税款时，要对其申报的纸质清单汇总数与电子信息汇总数以及缴纳税款数进行核对。

（二）国家税务局在受理增值税一般纳税人货物运输业发票申报抵扣时，要严格核对其申报的纸质清单汇总数与电子信息汇总数是否一致，录入的清单信息是否准确、规范。

十、关于货运发票的抵扣问题

（一）增值税一般纳税人外购货物（固定资产除外）和销售应税货物所取得的由自开票纳税人或代开票单位为代开票纳税人开具的货物运输业发票准予抵扣进项税额。

（二）增值税一般纳税人取得税务机关认定为自开票纳税人的联运单位和物流单位开具的货物运输业发票准予计算抵扣进项税额。准予抵扣的货物运费金额是指自开票纳税人和代开票单位为代开票纳税人开具的货运发票上注明的运费、建设基金和现行规定允许抵扣的其他货物运输费用；装卸费、保险费和其他杂费不予抵扣。货运发票应当分别注明运费和杂费，对未分别注明，而合并注明为运杂费的不予抵扣。

（三）增值税一般纳税人取得的货物运输业发票，可以在自发票开具日90天后的第一个纳税申报期结束以前申报抵扣。

（四）增值税一般纳税人在2004年3月1日以后取得的货物运输业发票，必须按照《增值税运费发票抵扣清单》的要求填写全部内容，对填写内容不全的不得予以抵扣进项税额。

（五）增值税一般纳税人取得的联运发票应当逐票填写在《增值税运费发票抵扣清单》的“联运”栏次内。

（六）增值税一般纳税人取得的内海及近海货物运输发票，可暂填写在《增值税运输发票抵扣清单》内河运输栏内。

十一、关于协调配合问题

（一）地方税务局要按照有关规定的要求，将自开票纳税人和地方税务局、代开票中介机构开具的货物运输业发票的有关信息及时传送给国家税务局，国家税务局和地方税务局要建立密切、畅通的信息交换制度，切实落实好“三个办法和一个方案”。

（二）地方税务局要加强与交通管理部门的协作，将纳税人认定情况与交通管理部门发放的道路运输经营许可证、水路运输经营许可证情况进行逐户核对，凡对外提供货物运输劳务的单位和个人都要纳入税收管理。

十二、关于代开票中介机构管理问题

地方税务局要加强对代开票中介机构的管理，不得随意放宽代开票中介机构的条件和范围。接受委托代开货物运输业发票的中介机构必须按照《试行办法》中的有关规定开具发票，代征和解缴税款并按期向主管地方税务局报送《中介机构代开货物运输业发票清单》。

十三、本通知自2004年7月1日起执行。

【注释】 对《营业税暂行条例》第14条进行了解释。

财政部　国家税务总局关于暂免征收军队空余房产租赁收入营业税房产税的通知

财税[2004]123 号

各省、自治区、直辖市、计划单列市财政厅(局)、地方税务局,新疆生产建设兵团财务局：

经国务院批准,现将军队空余房产租赁收入有关营业税、房产税政策通知如下：

一、自 2004 年 8 月 1 日起,对军队空余房产租赁收入暂免征收营业税、房产税;此前已征税款不予退还,未征税款不再补征。

二、暂免征收营业税、房产税的军队空余房产,在出租时必须悬挂《军队房地产租赁许可证》,以备查验。

【注释】 对《营业税暂行条例》第 6 条进行了解释。

国家税务总局关于商业企业向货物供应方收取的部分费用征收流转税问题的通知

国税发[2004]136 号

各省、自治区、直辖市和计划单列市国家税务局、地方税务局：

据部分地区反映,商业企业向供货方收取的部分收入如何征收流转税的问题,现行政策规定不够统一,导致不同地区之间政策执行不平衡。经研究,现规定如下：

一、商业企业向供货方收取的部分收入,按照以下原则征收增值税或营业税：

(一) 对商业企业向供货方收取的与商品销售量、销售额无必然联系,且商业企业向供货方提供一定劳务的收入,例如进场费、广告促销费、上架费、展示费、管理费等,不属于平销返利,不冲减当期增值税进项税金,应按营业税的适用税目税率征收营业税。

(二) 对商业企业向供货方收取的与商品销售量、销售额挂钩(如以一定比例、金额、数量计算)的各种返还收入,均应按照平销返利行为的有关规定冲减当期增值税进项税金,不征收营业税。

二、商业企业向供货方收取的各种收入,一律不得开具增值税专用发票。

三、应冲减进项税金的计算公式调整为：

$$\begin{matrix}\text{当期应冲}\\\text{减进项税金}\end{matrix}=\frac{\text{当期取得的返还资金}}{1+\text{所购货物适用增值税税率}}\times\begin{matrix}\text{所购货物适}\\\text{用增值税税率}\end{matrix}$$

四、本通知自 2004 年 7 月 1 日起执行。本通知发布前已征收入库税款不再进行调整。其他增值税一般纳税人向供货方收取的各种收入的纳税处理,比照本通知的规定执行。

特此通知。

【注释】 对《营业税暂行条例》第 5 条进行了解释。

财政部　国家税务总局关于财税[2003]16 号文件执行时间有关问题的通知

财税[2004]206 号

各省、自治区、直辖市、计划单列市财政厅(局)、地方税务局、新疆生产建设兵团财务局：

近来接到部分地区来电、来文询问,对《财政部国家税务总局关于营业税若干政策问题的通知》(财税[2003]16 号)规定的"通知自 2003 年 1 月 1 日起执行。凡在此之前的规定与本通知不一致的,一律以本通知为准。此前因与本通知规定不一致而已征的税款不再退还,未征税款不再补征。"如何贯彻执行。经研究,现将这一问题明确如下：

财税[2003]16 号文件自 2003 年 1 月 1 日起执行,2003 年 1 月 1 日之前有关涉税事宜仍按原政策规定执行。

财政部　国家税务总局关于资本市场有关营业税政策的通知

财税[2004]203 号

各省、自治区、直辖市、计划单列市财政厅(局)、地方税务局、新疆生产建设兵团财务局：

为了贯彻落实《国务院关于推进资本市场改革开放和稳定发展的若干意见》(国发[2004]3 号)，促进资本市场稳定健康发展，现将资本市场有关营业税政策通知如下：

一、准许上海、深圳证券交易所代收的证券交易监管费从其营业税计税营业额中扣除。

二、准许上海、郑州、大连期货交易所代收的期货市场监管费从其营业税计税营业额中扣除。

三、准许证券公司代收的以下费用从其营业税计税营业额中扣除。

1. 为证券交易所代收的证券交易监管费；

2. 代理他人买卖证券代收的证券交易所经手费；

3. 为中国证券登记结算公司代收的股东帐户开户费(包括 A 股和 B 股)、特别转让股票开户费、过户费、B 股结算费、转托管费。

四、准许期货经纪公司为期货交易所代收的手续费从其营业税计税营业额中扣除。

本通知自 2005 年 1 月 1 日起执行。

【注释】 对《营业税暂行条例》第 5 条进行了解释。

财政部　国家税务总局关于技术开发技术转让有关营业税问题的批复

财税[2005]39 号

云南省财政厅、地方税务局：

云南省地方税务局《关于贯彻财税字[1999]273 号文中有关营业税政策问题的请示》(云地税一字[2004]11 号)收悉，现批复如下：

《财政部、国家税务总局关于贯彻落实〈中共中央、国务院关于加强技术创新，发展高科技，实现产业化的决定〉有关税收问题的通知》(财税字[1999]273 号)中免征营业税的技术开发、技术转让业务，是指自然科学领域的技术开发和技术转让业务。

国家税务总局关于客运飞机腹舱联运收入营业税问题的通知

国税函[2005]202 号

各省、自治区、直辖市和计划单列市地方税务局：

近接中国国际航空股份有限公司关于客运飞机腹舱联运收入营业税问题的请示，经研究，现将有关问题通知如下：

中国国际航空股份有限公司(简称国航)与中国国际货运航空有限公司(简称货航)开展客运飞机腹舱联运业务时，国航以收到的腹舱收入为营业额；货航以其收到的货运收入扣除支付给国航的腹舱收入的余额为营业额，营业额扣除凭证为国航开具的“航空货运单”。

【注释】 对《营业税暂行条例》第 5 条进行了解释。

国家税务总局关于纳税人提供泥浆工程劳务征收流转税问题的批复

国税函[2005]375 号

深圳市国家税务局：

你局《关于中国南海麦克巴泥浆有限公司泥浆销售征税问题的请示》(深国税发[2004]202 号)收悉。经研究，批复如下：

一、《国家税务总局关于合作开采海洋石油提供应税劳务适用营业税税目、税率问题的通知》(国税发[1997]42号)所称"泥浆工程",是指为钻井作业提供泥浆和工程技术服务的行为。纳税人按照客户要求,为钻井作业提供泥浆和工程技术服务的行为,应按提供泥浆工程劳务项目,照章征收营业税,不征收增值税。

二、无论纳税人与建设单位如何核算,其营业额均包括工程所用原材料及其他物资和动力价款在内。

【注释】 对《营业税暂行条例》第2条进行了解释。

财政部　国家税务总局关于公路经营企业车辆通行费收入营业税政策的通知

财税[2005]77号

各省、自治区、直辖市、计划单列市财政厅(局)、地方税务局、新疆生产建设兵团财务局:

为了促进我国高速公路建设的发展,经国务院批准,现将有关营业税政策通知如下:

自2005年6月1日起,对公路经营企业收取的高速公路车辆通行费收入统一减按3%的税率征收营业税。

【注释】 对《营业税暂行条例》第2条进行了解释。

财政部　国家税务总局关于增值税营业税消费税实行先征后返等办法有关城建税和教育费附加政策的通知

财税[2005]72号

各省、自治区、直辖市、计划单列市财政厅(局)、地方税务局,财政部驻各省、自治区、直辖市、计划单列市财政监察专员办事处:

经研究,现对增值税、营业税、消费税(以下简称"三税")实行先征后返、先征后退、即征即退办法有关的城市维护建设税和教育费附加政策问题明确如下:

对"三税"实行先征后返、先征后退、即征即退办法的,除另有规定外,对随"三税"附征的城市维护建设税和教育费附加,一律不予退(返)还。

国家税务总局关于取消税务行政审批后外国企业及外籍个人向中国境内转让技术取得收入免征营业税管理问题的通知

国税函[2005]652号

各省、自治区、直辖市和计划单列市地方税务局:

关于已取消的外国企业及外籍个人向中国境内转让技术取得收入免征营业税的审批事项的后续管理问题,根据《国家税务总局关于取消及下放外商投资企业和外国企业以及外籍个人若干税务行政审批项目的后续管理问题的通知》(国税发[2004]80号)(以下简称《通知》)第十八条的规定:在《通知》执行前(2004年7月1日以前)发生的尚未完成审批的事项,仍按原规定执行。为便于各地具体掌握,现对此补充规定如下:

《通知》下发执行前发生的尚未完成审批的事项,不论合同签订日期及是否对外支付技术转让费,均应根据《通知》第十二条的规定进行管理,不再履行审批程序。已缴纳营业税的,按照《财政部、国家税务总局关于贯彻落实〈中共中央 国务院关于加强技术创新,发展高科技,实现产业化的决定〉有关税收问题的通知》(财税字[1999]273号)第二条第(三)款第2项的规定,携带国家主管部门批准的技术转让许可文件和技术转让合同,到负责征收的税务机关办理抵交或退税手续。

上述尚未完成审批的事项,是指税务机关已受理,但尚未完成审批程序的减免税申请,以及虽未受理,但属于2004年7月1日以前已实际对外支付技术转让费的技术转让合同。

【注释】 对《营业税暂行条例》第14条进行了解释。

财政部　国家税务总局关于福利彩票代销手续费收入征收营业税问题的通知

财税[2005]118号

各省、自治区、直辖市、计划单列市财政厅(局)、地方税务局，新疆生产建设兵团财务局：

《财政部　国家税务总局关于营业税若干政策问题的通知》(财税[2003]16号)发布后，部分地区地方税务局来函要求，对电脑福利彩票投注点销售福利彩票取得的手续费收入是否征收营业税予以明确，现通知如下：

电脑福利彩票投注点代销福利彩票取得的任何形式的手续费收入，应照章征收营业税。

【注释】 对《营业税暂行条例》第5条进行了解释。

国家税务总局关于外国企业在华提供信息系统的运行维护及咨询服务征税问题的批复

国税函[2005]912号

广东省地方税务局：

你局《关于外国公司在中国境内提供与信息系统有关的运行维护及咨询服务征税问题的请示》收悉。据了解，德国爱科公司与其全球子公司签订了《IT运行、维护和咨询服务协议》，在德国为其包括爱科电子(珠海保税区)有限公司和艾科电子(珠海)有限公司(以下称“我国用户”)在内的全球子公司提供信息系统和相关软件的运行、维护和咨询服务。在费用支付上，德国爱科公司负责在境内外统一安排技术人员提供服务，垫付相关费用，然后向用户收取服务费和代垫的软件费。现就德国爱科公司收取的服务费和代垫的软件费的征税问题，批复如下：

一、德国爱科公司的上述业务，属于对我国用户已有信息系统包括其受让的相关软件的正常运行，提供的支持、维护和咨询服务。现行规定中有关技术服务费用应合并作为特许权使用费征收(预提)所得税的技术服务，是指作为专有技术的授让方式而发生的传授、指导、培训等劳务形式。因此，对德国爱科公司上述业务收取的服务费，应区分不同情况进行税务处理，属于境外提供劳务部分，不征收营业税和企业所得税；属于境内劳务部分取得的收入，应根据《中华人民共和国营业税暂行条例》及《中华人民共和国外商投资企业和外国企业所得税法》及中德税收协定第三条和第七条的有关规定，缴纳营业税和所得税。

二、对德国爱科公司收取的其代垫的我国用户使用境外企业提供的软件的软件费，应根据《中华人民共和国营业税暂行条例实施细则》第七条及《中华人民共和国外商投资企业和外国企业所得税法》第十九条的规定，按照无形资产转让收入和特许权使用费分别征收营业税和企业所得税。对其中符合《财政部　国家税务总局关于贯彻〈中共中央 国务院关于加强技术创新，发展高科技，实现产业化的决定〉有关税收问题的通知》(财税字[1999]273号)规定的技术转让免征营业税条件的，可依照该项通知的规定，免征营业税。

三、企业应准确合理地划分上述收入，计算缴纳有关税收。对其中划分不合理或确实无法按实际划分的部分，主管税务机关可确定合理的比例划分方法，划分应税收入。

【注释】 对《营业税暂行条例实施细则》第7条进行了解释。

国家税务总局关于房地产税收政策执行中几个具体问题的通知

国税发[2005]172号

各省、自治区、直辖市和计划单列市财政厅(局)、地方税务局，扬州税务进修学院，局内各单位：

根据《国家税务总局 财政部 建设部关于加强房地产税收管理的通知》(国税发[2005]89号)(以下简称《通知》)的精神，经商财政部、建设部，现就各地在贯彻落实《通知》中的几个具体政策问题明确如下：

一、《通知》第三条第二款中规定的“成交价格”是指住房持有人对外销售房屋的成交价格。

二、《通知》第三条第四款中规定的“契税完税证明上注明的时间”是指契税完税证明上注明的填发日期。

三、纳税人申报时，同时出具房屋产权证和契税完税证明且二者所注明的时间不一致的，按照“孰先”的原则确定购买房屋的时间。即房屋产权证上注明的时间早于契税完税证明上注明的时间的，以房屋产权证注明的时间为购买房屋的时间；契税完税证明上注明的时间早于房屋产权证上注明的时间的，以契税完税证明上注明的时间为购买房屋的时间。

四、个人将通过受赠、继承、离婚财产分割等非购买形式取得的住房对外销售的行为，也适用《通知》的有关规定。其购房时间按发生受赠、继承、离婚财产分割行为前的购房时间确定，其购房价格按发生受赠、继承、离婚财产分割行为前的购房原价确定。个人需持其通过受赠、继承、离婚财产分割等非购买形式取得住房的合法、有效法律证明文书，到地方税务部门办理相关手续。

五、根据国家房改政策购买的公有住房，以购房合同的生效时间、房款收据的开具日期或房屋产权证上注明的时间，按照“孰先”的原则确定购买房屋的时间。

六、享受税收优惠政策普通住房的面积标准是指地方政府按国办发[2005]26号文件规定确定并公布的普通住房建筑面积标准。对于以套内面积进行计量的，应换算成建筑面积，判断该房屋是否符合普通住房标准。

国家税务总局关于垃圾处置费征收营业税问题的批复

国税函[2005]1128号

广东省地方税务局：

你局《关于垃圾处置费征免营业税问题的请示》(粤地税发[2005]205号)收悉。批复如下：

根据《中华人民共和国营业税暂行条例》的规定，单位和个人提供的垃圾处置劳务不属于营业税应税劳务，对其处置垃圾取得的垃圾处置费，不征收营业税。

【注释】 对《营业税暂行条例》第2条进行了解释。

财政部 国家税务总局关于合格境外机构投资者营业税政策的通知

财税[2005]155号

各省、自治区、直辖市、计划单列市财政厅(局)、地方税务局，新疆生产建设兵团财务局：

经国务院批准，现将合格境外机构投资者(以下简称QFII)有关营业税政策通知如下：

对QFII委托境内公司在我国从事证券买卖业务取得的差价收入，免征营业税。

【注释】 对《营业税暂行条例》第6条进行了解释。

国家税务总局关于交通部门有偿转让高速公路收费经营权征收营业税的批复

国税函[2005]1146号

湖南省地方税务局：

你局《关于湖南省交通厅高速公路收费权有偿转让行为征收营业税问题的请示》(湘地税发[2005]104号)收悉，批复如下：

根据《中华人民共和国营业税暂行条例》(简称条例)第一条的规定，在我国境内提供应税劳务的单位和个人，为营业税的纳税义务人，应当依照本条例的规定缴纳营业税。交通部门有偿转让高速公路收费权行为，属于营业税征收范围，应按“服务业”税目中的“租赁”项目征收营业税。

【注释】 对《营业税暂行条例》第1、2条进行了解释。

营业税纳税人纳税申报办法

国税发[2005]202号

根据《中华人民共和国税收征收管理法》及其实施细则、《中华人民共和国营业税暂行条例》的有关规定,制定本办法。

一、除经税务机关核准实行简易申报方式的营业税纳税人外,其他营业税纳税人均按本办法进行纳税申报。

二、纳税申报资料。

凡按本办法进行纳税申报的营业税纳税人均应报送以下资料:

1.《营业税纳税申报表》(见附件);

2. 按照本纳税人发生营业税应税行为所属的税目,分别填报相应税目的营业税纳税申报表附表(见附件);同时发生两种或两种以上税目应税行为的,应同时填报相应的纳税申报表附表;

3. 凡使用税控收款机的纳税人应同时报送税控收款机 IC 卡;

4. 主管税务机关规定的其他申报资料。

纳税申报资料的报送方式、报送的具体份数由省一级地方税务局确定。

《营业税纳税申报表》及其附表由纳税人向主管税务机关领取。

三、申报期限。

纳税人应按月(季)进行纳税申报,申报期为次月 1 日起至 10 日止,遇最后一日为法定节假日的,顺延 1 日;在每月 1 日至 10 日内有连续 3 日以上法定休假日的,按休假日天数顺延。

四、罚则。

(一) 纳税人未按规定期限办理纳税申报和报送纳税资料的,按照《中华人民共和国税收征收管理法》第六十二条的有关规定处罚。

(二) 纳税人经税务机关通知申报而拒不申报或者进行虚假的纳税申报,不缴或者少缴应纳税款的,依照《中华人民共和国税收征收管理法》第六十三条的有关规定处理。

(三) 纳税人不进行纳税申报,不缴或者少缴应纳税款的,按《中华人民共和国税收征收管理法》第六十四条的有关规定处罚。

(四) 纳税人、扣缴义务人编造虚假计税依据的,按《中华人民共和国税收征收管理法》第六十四条的有关规定处罚。

【注释】 对《营业税暂行条例》第 14 条进行了解释。

财政部 国家税务总局关于加强教育劳务营业税征收管理有关问题的通知

财税[2006]3 号

各省、自治区、直辖市、计划单列市财政厅(局)、地方税务局,新疆生产建设兵团财务局:

为进一步加强对教育劳务营业税的征收管理,现对《财政部 国家税务总局关于教育税收政策的通知》(财税[2004]39 号)中的有关问题明确如下:

一、关于"对从事学历教育的学校提供教育劳务取得的收入免征营业税"问题

(一)"学历教育"是指:受教育者经过国家教育考试或者国家规定的其他入学方式,进入国家有关部门批准的学校或者其他教育机构学习,获得国家承认的学历证书的教育形式。具体包括:

1. 初等教育:普通小学、成人小学;

2. 初级中等教育:普通初中、职业初中、成人初中;

3. 高级中等教育:普通高中、成人高中和中等职业学校(包括普通中专、成人中专、职业高中、技工学校);

4. 高等教育:普通本专科、成人本专科、网络本专科、研究生(博士、硕士)、高等教育自学考试、高等教育学历文凭考试。

(二)"从事学历教育的学校"是指:普通学校以及经地、市级以上人民政府或者同级政府的教育行政部门批准成立、国家承认其学员学历的各类学校。

上述学校均包括符合规定的从事学历教育的民办学校,但不包括职业培训机构等国家不承认学历的教育机构。

(三) 免征营业税的教育劳务收入按以下规定执行:

提供教育劳务取得的收入是指对列入规定招生计划的在籍学生提供学历教育劳务取得的收入，具体包括：经有关部门审核批准，按规定标准收取的学费、住宿费、课本费、作业本费、伙食费、考试报名费收入。

超过规定收费标准的收费以及学校以各种名义收取的赞助费、择校费等超过规定范围的收入，不属于免征营业税的教育劳务收入，一律按规定征税。

二、关于“对托儿所、幼儿园提供养育服务取得的收入免征营业税”问题

（一）“托儿所、幼儿园”是指经县级以上教育部门审批成立、取得办园许可证的实施0—6岁学前教育的机构，包括公办和民办的托儿所、幼儿园、学前班、幼儿班、保育院、幼儿院；

（二）“提供养育服务”是指上述托儿所、幼儿园对其学员提供的保育和教育服务；

（三）对公办托儿所、幼儿园予以免征营业税的养育服务收入是指，在经省级财政部门和价格主管部门审核报省级人民政府批准的收费标准以内收取的教育费、保育费；

（四）对民办托儿所、幼儿园予以免征营业税的养育服务收入是指，在报经当地有关部门备案并公示的收费标准范围内收取的教育费、保育费；

（五）超过规定收费标准的收费，以开办实验班、特色班和兴趣班等为由另外收取的费用以及与幼儿入园挂钩的赞助费、支教费等超过规定范围的收入，不属于免征营业税的养育服务收入。

三、关于“对政府举办的高等、中等和初等学校（不含下属单位）举办进修班、培训班取得的收入，收入全部归学校所有的，免征营业税”问题

1.“政府举办的高等、中等和初等学校（不含下属单位）”是指“从事学历教育的学校”（不含下属单位）。

2.“收入全部归学校所有”是指：举办进修班、培训班取得的收入进入学校统一账户，并作为预算外资金全额上缴财政专户管理，同时由学校对有关票据进行统一管理、开具。

进入学校下属部门自行开设账户的进修班、培训班收入，不属于收入全部归学校所有的收入，不予免征营业税。

四、各类学校均应单独核算免税项目的营业额，未单独核算的，一律照章征收营业税。

五、各类学校（包括全部收入为免税收入的学校）均应按照《中华人民共和国税收征收管理法》的有关规定办理税务登记，按期进行纳税申报并按规定使用发票；享受营业税优惠政策的，应按规定向主管税务机关申请办理减免税手续。

本通知自2006年1月1日起执行。

国家发展改革委　国家税务总局关于中小企业信用担保机构免征营业税有关问题的通知

发改企业[2006]563号

各省、自治区、直辖市及计划单列市、新疆生产建设兵团发展改革委、经贸委（经委）、中小企业局、地方税务局：

为贯彻落实《中华人民共和国中小企业促进法》、《国务院办公厅转发国家经贸委关于鼓励和促进中小企业发展若干政策意见的通知》（国办发[2000]59号）和国家发展改革委和国家税务总局《关于继续做好中小企业信用担保机构免征营业税有关问题的通知》（发改企业[2004]303号）以及国务院领导关于促进中小企业信用担保机构发展的有关批示精神，现就继续做好中小企业信用担保机构免征营业税工作有关问题通知如下：

一、信用担保机构免税基本条件：

（一）经政府授权部门（中小企业政府管理部门）同意，依法登记注册为企业法人，且主要从事为中小企业提供担保服务的机构。

（二）不以营利为主要目的，担保业务收费标准报经所在地人民政府中小企业主管部门和同级人民政府物价部门批准。

（三）具备健全的内部管理制度和为中小企业提供担保的能力，经营业绩突出，对受保项目具有完善的事前评估、事中监控、事后追偿与处置机制；注册资金超过2000万元。

（四）对中小企业累计贷款担保金额占其累计担保业务总额的80%，对单个受保企业提供的担保余额

不超过担保机构自身实收资本总额的10%，并且其单笔担保责任金额最高不超过4000万元人民币。

(五) 担保资金与担保贷款放大比例不低于3倍，并且其代偿额占担保资金比例不超过5%。

(六) 接受所在地政府中小企业管理部门的监管，按照要求向所在地政府中小企业管理部门报送担保业务情况和财务会计报表。

享受三年营业税减免政策期限已满的担保机构，仍符合上述条件的，可以继续申请减免税。

二、免税程序。

由担保机构自愿申请，经省级中小企业管理部门和省级地方税务部门审核、推荐后，由国家发展改革委和国家税务总局审核批准并下发免税名单，名单内的担保机构应持有关文件到主管税务机关申请办理免税手续，各地税务机关按照国家发展改革委和国家税务总局下发的名单审核批准并办理免税手续后，担保机构可以享受营业税免税政策。

三、免税期限。

营业税免税期限为三年，免税时间自担保机构主管税务机关办理免税手续之日起计算。

四、各省、自治区、直辖市、计划单列市中小企业管理部门、地方税务局要根据本通知要求，按照公开、公正原则，认真做好本地区中小企业信用担保机构审核推荐工作。

五、各省、自治区、直辖市、计划单列市中小企业管理部门、地方税务局要根据实际情况，对前期信用担保机构营业税减免工作落实情况及实施效果开展监督检查，对享受营业税减免政策的中小企业信用担保机构实行动态管理。对于违反规定，不符合减免条件的担保机构，一经发现要如实上报国家发展改革委并国家税务总局取消其继续享受免税的资格。

六、请各省、自治区、直辖市、计划单列市中小企业管理部门会同地方税务局认真做好有关工作，将下列材料以书面形式一式二份于2006年6月15日前报国家发展改革委中小企业司和国家税务总局流转税司。

(一) 前四批中小企业信用担保机构营业税减免工作的成效、存在问题及建议。

(二) 符合免税条件的中小企业信用担保机构名单(此名单应经过公示)。

(三) 符合免税条件的中小企业信用担保机构登记表(见附表)、营业执照和公司章程复印件。

(四) 经审查前四批不符合免税条件的中小企业信用担保机构取消名单及理由。

【注释】 对《营业税暂行条例》第6条进行了解释。

财政部　国家税务总局关于邮政普遍服务和特殊服务免征营业税的通知

财税[2006]47号

各省、自治区、直辖市、计划单列市财政厅(局)、地方税务局，新疆生产建设兵团财务局：

经国务院批准，现对邮政普遍服务和特殊服务营业税政策通知如下：

对国家邮政局及其所属邮政单位提供邮政普遍服务和特殊服务业务(具体为函件、包裹、汇票、机要通信、党报党刊发行)取得的收入免征营业税。享受免税的党报党刊发行收入按邮政企业报刊发行收入的70%计算。

本通知自2006年1月1日起执行。2006年1月1日至文到之日应享受免税但已缴纳的营业税，可以从以后应缴的营业税税款中抵扣。

【注释】 对《营业税暂行条例》第6条进行了解释。

国家税务总局关于酒店产权式经营业主税收问题的批复

国税函[2006]478号

深圳市地方税务局：

你局《关于大梅沙海景酒店产权式经营业主税收问题的请示》(深地税发[2006]192号)收悉。经研究，现就有关税收处理问题批复如下：

酒店产权式经营业主(以下简称业主)在约定的时间内提供房产使用权与酒店进行合作经营，如房产产权并未归属新的经济实体，业主按照约定取得的固定收入和分红收入均应视为租金收入，根据有关税收法律、行政法规的规定，应按照“服务业—租赁业”征收营业税，按照财产租赁所得项目征收个人所得税。

【注释】 对《营业税暂行条例》第2条进行了解释。

国家税务总局关于营利性医疗机构医疗服务收入征收营业税问题的批复

国税函[2006]480号

北京市地方税务局：

你局《关于北京市健宫医院有限公司为基本医疗保险患者提供医疗服务收入免征营业税问题的请示》（京地税营[2006]206号）收悉，批复如下：

根据《国务院办公厅转发国务院体改办等部门关于城镇医药卫生体制改革指导意见的通知》（国办发[2000]16号）的规定，营利性医疗机构医疗服务价格放开，依法自主经营，照章纳税。北京市健宫医院有限公司属营利性医疗机构，因此，对北京市健宫医院有限公司为基本医疗保险患者提供医疗服务取得的收入，应照章征收营业税。

【注释】 对《营业税暂行条例》第1条进行了解释。

国家税务总局关于劳务承包行为征收营业税问题的批复

国税函[2006]493号

新疆维吾尔自治区地方税务局：

你局《关于劳务承包征收营业税问题的请示》（新地税发[2005]169号）收悉。现批复如下：

建筑安装企业将其承包的某一工程项目的纯劳务部分分包给若干个施工企业，由该建筑安装企业提供施工技术、施工材料并负责工程质量监督，施工劳务由施工企业的职工提供，施工企业按照其提供的工程量与该建筑安装企业统一结算价款。按照现行营业税的有关规定，施工企业提供的施工劳务属于提供建筑业应税劳务，因此，对其取得的收入应按照“建筑业”税目征收营业税。

【注释】 对《营业税暂行条例》第2条进行了解释。

国家税务总局关于纳税人销售自产建筑防水材料并同时提供建筑业劳务征收流转税问题的通知

国税发[2006]80号

各省、自治区、直辖市和计划单列市国家税务局、地方税务局：

近接部分地区请示，对纳税人销售自产建筑防水材料并同时提供建筑业劳务如何征收增值税和营业税，经研究，现将有关问题通知如下：

纳税人销售自产建筑防水材料的同时提供建筑业劳务，凡符合《国家税务总局关于纳税人销售自产货物提供增值税劳务并同时提供建筑业劳务征收流转税问题的通知》（国税发[2002]117号）规定条件的，按照该文件的有关规定征收增值税、营业税。

本通知自2006年5月1日起执行。

【注释】 对《营业税暂行条例》第2条进行了解释。

财政部　国家税务总局关于纳税人以清包工形式提供装饰劳务征收营业税问题的通知

财税[2006]114号

各省、自治区、直辖市、计划单列市财政厅（局）、地方税务局，新疆生产建设兵团财务局：

近期，上海市地方税务局报来《关于上海百安居装饰工程有限公司以清包工形式开展的家装业务征收营业税问题的请示》（沪地税流[2006]41号），反映上海百安居装饰工程有限公司以清包工形式提供的装饰劳务在征收营业税时存在重复征税问题。经研究，现将纳税人以清包工形式提供装饰劳务的营业税问题明确如下：

纳税人采用清包工形式提供的装饰劳务，按照其向客户实际收取的人工费、管理费和辅助材料费等收入(不含客户自行采购的材料价款和设备价款)确认计税营业额。

上述以清包工形式提供的装饰劳务是指，工程所需的主要原材料和设备由客户自行采购，纳税人只向客户收取人工费、管理费及辅助材料费等费用的装饰劳务。

【注释】 对《营业税暂行条例》第5条进行了解释。

财政部　国家税务总局关于证券投资者保护基金有关营业税问题的通知

财税[2006]172号

各省、自治区、直辖市、计划单列市财政厅(局)、地方税务局，新疆生产建设兵团财务局，西藏自治区国家税务局：

为贯彻落实《国务院关于推进资本市场改革开放和稳定发展的若干意见》(国发[2004]3号)，促进资本市场稳定健康发展，现将证券投资者保护基金有关营业税问题明确如下：

一、准许上海、深圳证券交易所上缴的证券投资者保护基金从其营业税计税营业额中扣除。

二、准许证券公司上缴的证券投资者保护基金从其营业税计税营业额中扣除。

三、准许中国证券登记结算公司和主承销商代扣代缴的证券投资者保护基金从其营业税计税营业额中扣除。

本通知自2006年11月1日起执行。

【注释】 对《营业税暂行条例》第6条进行了解释。

财政部　国家税务总局关于建筑业营业税若干政策问题的通知

财税[2006]177号

各省、自治区、直辖市、计划单列市财政厅(局)、地方税务局、新疆生产建设兵团财务局：

为完善现行建筑业营业税税收政策，加强建筑业营业税征收管理，现将建筑业营业税有关政策问题通知如下：

一、纳税人提供建筑业应税劳务时应按照下列规定确定营业税扣缴义务人：

(一) 建筑业工程实行总承包、分包方式的，以总承包人为扣缴义务人。

(二) 纳税人提供建筑业应税劳务，符合以下情形之一的，无论工程是否实行分包，税务机关可以建设单位和个人作为营业税的扣缴义务人：

1. 纳税人从事跨地区(包括省、市、县，下同)工程提供建筑业应税劳务的；

2. 纳税人在劳务发生地没有办理税务登记或临时税务登记的。

二、建筑业纳税人及扣缴义务人应按照下列规定确定建筑业营业税的纳税义务发生时间和扣缴义务发生时间：

(一) 纳税义务发生时间。

1. 纳税人提供建筑业应税劳务，施工单位与发包单位签订书面合同，如合同明确规定付款(包括提供原材料、动力和其他物资，不含预收工程价款)日期的，按合同规定的付款日期为纳税义务发生时间；合同未明确付款(同上)日期的，其纳税义务发生时间为纳税人收讫营业收入款项或者取得索取营业收入款项凭据的当天。

上述预收工程价款是指工程项目尚未开工时收到的款项。对预收工程价款，其纳税义务发生时间为工程开工后，主管税务机关根据工程形象进度按月确定的纳税义务发生时间。

2. 纳税人提供建筑业应税劳务，施工单位与发包单位未签订书面合同的，其纳税义务发生时间为纳税人收讫营业收入款项或者取得索取营业收入款项凭据的当天。

3. 纳税人自建建筑物，其建筑业应税劳务的纳税义务发生时间为纳税人销售自建建筑物并收讫营业收入款项或取得索取营业收入款项凭据的当天。

纳税人将自建建筑物对外赠与，其建筑业应税劳务的纳税义务发生时间为该建筑物产权转移的当天。

（二）扣缴义务发生时间。

建设方为扣缴义务人的，其扣缴义务发生时间为扣缴义务人支付工程款的当天；总承包人为扣缴义务人的，其扣缴义务发生时间为扣缴义务人代纳税人收讫营业收入款项或者取得索取营业收入款项凭据的当天。

三、纳税人及扣缴义务人应按照下列规定确定建筑业营业税的纳税地点：

纳税人提供建筑业应税劳务，其营业税纳税地点为建筑业应税劳务的发生地。

纳税人从事跨省工程的，应向其机构所在地主管地方税务机关申报纳税。

纳税人在本省、自治区、直辖市和计划单列市范围内提供建筑业应税劳务的，其营业税纳税地点需要调整的，由省、自治区、直辖市和计划单列市税务机关确定。

扣缴义务人代扣代缴的建筑业营业税税款的解缴地点为该工程建筑业应税劳务发生地。

扣缴义务人代扣代缴跨省工程的，其建筑业营业税税款的解缴地点为被扣缴纳税人的机构所在地。

四、纳税人提供建筑业劳务，应按月就其本地和异地提供建筑业应税劳务取得的全部收入向其机构所在地主管税务机关进行纳税申报，就其本地提供建筑业应税劳务取得的收入缴纳营业税；同时，自应申报之月（含当月）起 6 个月内向机构所在地主管税务机关提供其异地建筑业应税劳务收入的完税凭证，否则，应就其异地提供建筑业应税劳务取得的收入向其机构所在地主管税务机关缴纳营业税。

上述本地提供的建筑业应税劳务是指独立核算纳税人在其机构所在地主管税务机关税收管辖范围内提供的建筑业应税劳务；上述异地提供的建筑业应税劳务是指独立核算纳税人在其机构所在地主管税务机关税收管辖范围以外提供的建筑业应税劳务。

五、本通知自 2007 年 1 月 1 日起执行。此前与本通知不符的一律以本通知为准。

【注释】 对《营业税暂行条例》第 14 条进行了解释。

国家税务总局关于加强代理报关业务营业税征收管理有关问题的通知

国税函［2006］1310 号

各省、自治区、直辖市和计划单列市地方税务局：

为加强代理报关业务营业税征收管理，现将有关问题通知如下：

一、代理报关业务营业税政策

代理报关业务，是指接受进出口货物收、发货人的委托，代为办理报关相关手续的业务，应按照“服务业——代理业”税目征收营业税。纳税人从事代理报关业务，以其向委托人收取的全部价款和价外费用扣除以下项目金额后的余额为计税营业额申报缴纳营业税：

（一）支付给海关的税金、签证费、滞报费、滞纳金、查验费、打单费、电子报关平台费、仓储费；

（二）支付给检验检疫单位的三检费、熏蒸费、消毒费、电子保险平台费；

（三）支付给预录入单位的预录费；

（四）国家税务总局规定的其他费用。

二、代理报关业务的营业税征收管理

纳税人从事代理报关业务，应按其从事代理报关业务取得的全部价款和价外费用向委托人开具发票。纳税人从事代理报关业务，应凭其取得的开具给本纳税人的发票或其它合法有效凭证作为差额征收营业税的扣除凭证。

本通知自 2007 年 1 月 1 日起执行。

【注释】 对《营业税暂行条例》第 5 条进行了解释。

国家税务总局关于无船承运业务有关营业税问题的通知

国税函［2006］1312 号

各省、自治区、直辖市和计划单列市地方税务局：

无船承运业务是指无船承运业务经营者以承运人身份接受托运人的货载，签发自己的提单或其他运输单证，向托运人收取运费，通过国际船舶运输经营者完成国际海上货物运输，承担承运人责任的国际海上运输经营活动。为进一步规范无船承运业务的营业税税收管理，现将有关问题通知如下：

一、无船承运业务应按照“服务业——代理业”税目征收营业税。

二、纳税人从事无船承运业务，以其向委托人收取的全部价款和价外费用扣除其支付的海运费以及报关、港杂、装卸费用后的余额为计税营业额申报缴纳营业税。

三、纳税人从事无船承运业务，应按照其从事无船承运业务取得的全部价款和价外费用向委托人开具发票，同时应凭其取得的开具给本纳税人的发票或其它合法有效凭证作为差额缴纳营业税的扣除凭证。

本通知自2007年1月1日起执行。

【注释】　对《营业税暂行条例》第5条进行了解释。

国家税务总局关于未办理土地使用权证转让土地有关税收问题的批复

国税函[2007]645号

四川省地方税务局：

你局《关于未办理土地使用权证而转让土地有关税收问题的请示》(川地税发[2007]7号)收悉，批复如下：

土地使用者转让、抵押或置换土地，无论其是否取得了该土地的使用权属证书，无论其在转让、抵押或置换土地过程中是否与对方当事人办理了土地使用权属证书变更登记手续，只要土地使用者享有占有、使用、收益或处分该土地的权利，且有合同等证据表明其实质转让、抵押或置换了土地并取得了相应的经济利益，土地使用者及其对方当事人应当依照税法规定缴纳营业税、土地增值税和契税等相关税收。

【注释】　对《营业税暂行条例》第1条进行了解释。

财政部　国家税务总局关于促进残疾人就业税收优惠政策的通知

财税[2007]92号

各省、自治区、直辖市、计划单列市财政厅(局)、国家税务局、地方税务局，新疆生产建设兵团财务局：

为了更好地发挥税收政策促进残疾人就业的作用，进一步保障残疾人的切身利益，经国务院批准并商民政部、中国残疾人联合会同意，决定在全国统一实行新的促进残疾人就业的税收优惠政策。现将有关政策通知如下：

一、对安置残疾人单位的增值税和营业税政策

对安置残疾人的单位，实行由税务机关按单位实际安置残疾人的人数，限额即征即退增值税或减征营业税的办法。

(一) 实际安置的每位残疾人每年可退还的增值税或减征的营业税的具体限额，由县级以上税务机关根据单位所在区县(含县级市、旗，下同)适用的经省(含自治区、直辖市、计划单列市，下同)级人民政府批准的最低工资标准的6倍确定，但最高不得超过每人每年3.5万元。

(二) 主管国税机关应按月退还增值税，本月已交增值税额不足退还的，可在本年度(指纳税年度，下同)内以前月份已交增值税扣除已退增值税的余额中退还，仍不足退还的可结转本年度内以后月份退还。主管地税机关应按月减征营业税，本月应缴营业税不足减征的，可结转本年度内以后月份减征，但不得从以前月份已交营业税中退还。

(三) 上述增值税优惠政策仅适用于生产销售货物或提供加工、修理修配劳务取得的收入占增值税业务和营业税业务收入之和达到50%的单位，但不适用于上述单位生产销售消费税应税货物和直接销售外购货物(包括商品批发和零售)以及销售委托外单位加工的货物取得的收入。上述营业税优惠政策仅适用于提供“服务业”税目(广告业除外)取得的收入占增值税业务和营业税业务收入之和达到50%的单位，但不适用于上述单位提供广告业劳务以及不属于“服务业”税目的营业税应税劳务取得的收入。

单位应当分别核算上述享受税收优惠政策和不得享受税收优惠政策业务的销售收入或营业收入，不能分别核算的，不得享受本通知规定的增值税或营业税优惠政策。

（四）兼营本通知规定享受增值税和营业税税收优惠政策业务的单位，可自行选择退还增值税或减征营业税，一经选定，一个年度内不得变更。

（五）如果既适用促进残疾人就业税收优惠政策，又适用下岗再就业、军转干部、随军家属等支持就业的税收优惠政策的，单位可选择适用最优惠的政策，但不能累加执行。

（六）本条所述“单位”是指税务登记为各类所有制企业（包括个人独资企业、合伙企业和个体经营户）、事业单位、社会团体和民办非企业单位。

……

三、对残疾人个人就业的增值税和营业税政策

（一）根据《中华人民共和国营业税暂行条例》（国务院令第136号）第六条第（二）项和《中华人民共和国营业税暂行条例实施细则》[（93）财法字第40号]第二十六条的规定，对残疾人个人为社会提供的劳务免征营业税。

（二）根据《财政部 国家税务总局关于调整农业产品增值税税率和若干项目征免增值税的通知》[（94）财税字第004号]第三条的规定，对残疾人个人提供的加工、修理修配劳务免征增值税。

……

五、享受税收优惠政策单位的条件

安置残疾人就业的单位（包括福利企业、盲人按摩机构、工疗机构和其他单位），同时符合以下条件并经过有关部门的认定后，均可申请享受本通知第一条和第二条规定的税收优惠政策：

（一）依法与安置的每位残疾人签订了一年以上（含一年）的劳动合同或服务协议，并且安置的每位残疾人在单位实际上岗工作。

（二）月平均实际安置的残疾人占单位在职职工总数的比例应高于25%（含25%），并且实际安置的残疾人人数多于10人（含10人）。

月平均实际安置的残疾人占单位在职职工总数的比例低于25%（不含25%）但高于1.5%（含1.5%），并且实际安置的残疾人人数多于5人（含5人）的单位，可以享受本通知第二条第（一）项规定的企业所得税优惠政策，但不得享受本通知第一条规定的增值税或营业税优惠政策。

（三）为安置的每位残疾人按月足额缴纳了单位所在区县人民政府根据国家政策规定的基本养老保险、基本医疗保险、失业保险和工伤保险等社会保险。

（四）通过银行等金融机构向安置的每位残疾人实际支付了不低于单位所在区县适用的经省级人民政府批准的最低工资标准的工资。

（五）具备安置残疾人上岗工作的基本设施。

六、其他有关规定

（一）经认定的符合上述税收优惠政策条件的单位，应按月计算实际安置残疾人占单位在职职工总数的平均比例，本月平均比例未达到要求的，暂停其本月相应的税收优惠。在一个年度内累计三个月平均比例未达到要求的，取消其次年度享受相应税收优惠政策的资格。

（二）《财政部 国家税务总局关于教育税收政策的通知》（财税[2004]39号）第一条第7项规定的特殊教育学校举办的企业，是指设立的主要为在校学生提供实习场所、并由学校出资自办、由学校负责经营管理、经营收入全部归学校所有的企业，上述企业只要符合第五条第（二）项条件，即可享受本通知第一条和第二条规定的税收优惠政策。这类企业在计算残疾人人数时可将在企业实际上岗工作的特殊教育学校的全日制在校学生计算在内，在计算单位在职职工人数时也要将上述学生计算在内。

（三）在除辽宁、大连、上海、浙江、宁波、湖北、广东、深圳、重庆、陕西以外的其他地区，2007年7月1日前已享受原福利企业税收优惠政策的单位，凡不符合本通知第五条第（三）项规定的有关缴纳社会保险条件，但符合本通知第五条规定的其他条件的，主管税务机关可暂予认定为享受税收优惠政策的单位。上述单位应按照有关规定尽快为安置的残疾人足额缴纳有关社会保险。2007年10月1日起，对仍不符合该项规定的单位，应停止执行本通知第一条和第二条规定的各项税收优惠政策。

（四）对安置残疾人单位享受税收优惠政策的各项条件实行年审办法，具体年审办法由省级税务部门会同同级民政部门及残疾人联合会制定。

七、有关定义

（一）本通知所述"残疾人"，是指持有《中华人民共和国残疾人证》上注明属于视力残疾、听力残疾、言语残疾、肢体残疾、智力残疾和精神残疾的人员和持有《中华人民共和国残疾军人证(1 至 8 级)》的人员。

（二）本通知所述"个人"均指自然人。

（三）本通知所述"单位在职职工"是指与单位建立劳动关系并依法应当签订劳动合同或服务协议的雇员。

（四）本通知所述"工疗机构"是指集就业和康复为一体的福利性生产安置单位，通过组织精神残疾人员参加适当生产劳动和实施康复治疗与训练，达到安定情绪、缓解症状、提高技能和改善生活状况的目的，包括精神病院附设的康复车间、企业附设的工疗车间、基层政府和组织兴办的工疗站等。

八、对残疾人人数计算的规定

（一）允许将精神残疾人员计入残疾人人数享受本通知第一条和第二条规定的税收优惠政策，仅限于工疗机构等适合安置精神残疾人就业的单位。具体范围由省级税务部门会同同级财政、民政部门及残疾人联合会规定。

（二）单位安置的不符合《中华人民共和国劳动法》(主席令第二十八号)及有关规定的劳动年龄的残疾人，不列入本通知第五条第(二)款规定的安置比例及第一条规定的退税、减税限额和第二条规定的加计扣除额的计算。

九、单位和个人采用签订虚假劳动合同或服务协议、伪造或重复使用残疾人证或残疾军人证、残疾人挂名而不实际上岗工作、虚报残疾人安置比例、为残疾人不缴或少缴规定的社会保险、变相向残疾人收回支付的工资等方法骗取本通知规定的税收优惠政策的，除依照法律、法规和其他有关规定追究有关单位和人员的责任外，其实际发生上述违法违规行为年度内实际享受到的减(退)税款应全额追缴入库，并自其发生上述违法违规行为年度起三年内取消其享受本通知规定的各项税收优惠政策的资格。

十、本通知规定的各项税收优惠政策的具体征收管理办法由国家税务总局会同民政部、中国残疾人联合会另行制定。福利企业安置残疾人比例和安置残疾人基本设施的认定管理办法由民政部商财政部、国家税务总局、中国残疾人联合会制定，盲人按摩机构、工疗机构及其他单位安置残疾人比例和安置残疾人基本设施的认定管理办法由中国残疾人联合会商财政部、民政部、国家税务总局制定。

十一、本通知自 2007 年 7 月 1 日起施行，但外商投资企业适用本通知第二条企业所得税优惠政策的规定自 2008 年 1 月 1 日起施行。财政部、国家税务总局《关于企业所得税若干优惠政策的通知》[(94)财税字第 001]号第一条第(九)项、财政部、国家税务总局《关于对福利企业、学校办企业征税问题的通知》[(94)财税字第 003 号]、《国家税务总局关于民政福利企业征收流转税问题的通知》(国税发[1994]155 号)、财政部、国家税务总局《关于福利企业有关税收政策问题的通知》(财税字[2000]35 号)、《财政部　国家税务总局关于调整完善现行福利企业税收优惠政策试点工作的通知》(财税[2006]111 号)、《国家税务总局 财政部 民政部 中国残疾人联合会关于调整完善现行福利企业税收优惠政策试点实施办法的通知》(国税发[2006]112 号)和《财政部　国家税务总局关于进一步做好调整现行福利企业税收优惠政策试点工作的通知》(财税[2006]135 号)自 2007 年 7 月 1 日起停止执行。

十二、各地各级财政、税务部门要认真贯彻落实本通知的各项规定，加强领导，及时向当地政府汇报，取得政府的理解与支持，并密切与民政、残疾人联合会等部门衔接、沟通。税务部门要牵头建立由上述部门参加的联席会议制度，共同将本通知规定的各项政策贯彻落实好。财政、税务部门之间要相互配合，省级税务部门每半年要将执行本通知规定的各项政策的减免(退)税数据及相关情况及时通报省级财政部门。

十三、各地在执行中有何问题，请及时上报财政部和国家税务总局。

【注释】 对《营业税暂行条例》第 6 条进行了解释。

财政部　国家税务总局关于国家大学科技园有关税收政策问题的通知

财税[2007]120 号

各省、自治区、直辖市、计划单列市财政厅(局)、国家税务局、地方税务局，新疆生产建设兵团财务局：

为贯彻落实《国务院关于印发实施〈国家中长期科学和技术发展规划纲要(2006—2020 年)〉若干配套政策的通知》(国发[2006]6 号)，经研究，现就符合条件的国家大学科技园有关税收政策问题通知如下：

一、国家大学科技园(以下简称科技园)是以具有较强科研实力的大学为依托,将大学的综合智力资源优势与其他社会优势资源相组合,为高等学校科技成果转化、高新技术企业孵化、创新创业人才培养、产学研结合提供支撑的平台和服务的机构。自2008年1月1日至2010年12月31日,对符合条件的科技园自用以及无偿或通过出租等方式提供给孵化企业使用的房产、土地,免征房产税和城镇土地使用税;对其向孵化企业出租场地、房屋以及提供孵化服务的收入,免征营业税。

二、对符合非营利组织条件的科技园的收入,自2008年1月1日起按照税法及其有关规定享受企业所得税优惠政策。

三、享受本通知规定的房产税、城镇土地使用税以及营业税优惠政策的科技园,应同时符合下列条件:

(一)科技园的成立和运行符合国务院科技和教育行政主管部门公布的认定和管理办法,经国务院科技和教育行政管理部门认定,并取得国家大学科技园资格;

(二)科技园应将面向孵化企业出租场地、房屋以及提供孵化服务的业务收入在财务上单独核算;

(三)科技园内提供给孵化企业使用的场地面积应占科技园可自主支配场地面积的60%以上(含60%),孵化企业数量应占科技园内企业总数量的90%以上(含90%)。

四、本通知所称"孵化企业"应当同时符合以下条件:

(一)企业注册地及工作场所必须在科技园的工作场地内;

(二)属新注册企业或申请进入科技园前企业成立时间不超过3年;

(三)企业在科技园内孵化的时间不超过3年;

(四)企业注册资金不超过500万元;

(五)属迁入企业的,上年营业收入不超过200万元;

(六)企业租用科技园内孵化场地面积不高于1000平方米;

(七)企业从事研究、开发、生产的项目或产品应属于科学技术部等部门印发的《中国高新技术产品目录》范围,且《中国高新技术产品目录》范围内项目或产品的研究、开发、生产业务取得的收入应占企业年收入的50%以上。

五、本通知所称"孵化服务"是指为孵化企业提供的属于营业税"服务业"税目中"代理业"、"租赁业"和"其他服务业"中的咨询和技术服务范围内的服务。

六、国务院科技和教育行政主管部门负责对科技园是否符合本通知规定的各项条件进行事前审核确认,并出具相应的证明材料。

七、各主管税务机关要严格执行税收政策,按照税收减免管理办法的有关规定为符合条件的科技园办理税收减免,加强对科技园的日常税收管理和服务。主管税务机关要定期对享受税收优惠政策的科技园进行监督检查,发现问题的,及时向上级机关报告,并按照税收征管法以及税收减免管理办法的有关规定处理。

【注释】 对《营业税暂行条例》第6条进行了解释。

国家税务总局关于新版公路 内河货物运输业统一发票有关使用问题的通知

国税发[2007]101号

各省、自治区、直辖市和计划单列市国家税务局、地方税务局:

为进一步规范新版公路、内河货物运输业统一发票(以下简称货运发票)的开具和使用,加强公路、内河货物运输业营业税征收管理,现将有关问题通知如下:

一、关于公路、内河联合货物运输业务开具货运发票问题

公路、内河联合货物运输业务,是指其一项货物运输业务由两个或两个以上的运输单位(或个人)共同完成的货物运输业务。运输单位(或个人)应以收取的全部价款向付款人开具货运发票,合作运输单位(或个人)以向运输单位(或个人)收取的全部价款向该运输单位(或个人)开具货运发票,运输单位(或个人)应以合作运输单位(或个人)向其开具的货运发票作为差额缴纳营业税的扣除凭证。

二、关于货运发票填开内容有关问题

一项运输业务无法明确单位运价和运费里程时,《国家税务总局关于使用新版公路、内河货物运输业统一发票有关问题的通知》(国税发[2006]67 号)第五条第(五)款规定的"运输项目及金额"栏的填开内容中,"运价"和"里程"两项内容可不填列。

准予计算增值税进项税额扣除的货运发票(仅指本通知规定的),发货人、收货人、起运地、到达地、运输方式、货物名称、货物数量、运费金额等项目填写必须齐全,与货运发票上所列的有关项目必须相符,否则,不予抵扣。

三、关于货运发票作废有关问题

在开具货运发票的当月,发生取消运输合同、退回运费、开票有误等情形,开票方收到退回的发票联、抵扣联符合作废条件的,按作废处理;开具时发现有误的,可即时作废。

作废货运发票必须在公路、内河货物运输业发票税控系统(以下简称货运发票税控系统)开票软件(包括自开票软件和代开票软件)中将相应的数据电文按"作废"处理,在纸质货运发票(含未打印货运发票)各联次上注明"作废"字样,全部联次监制章部位做剪口处理,在领购新票时交主管税务机关查验。

上述作废条件,是指同时具有以下情形的:

(1)收到退回发票联、抵扣联的时间未超过开票方开票的当月;

(2)开票方未进行税控盘(或传输盘)抄税且未记账;

(3)受票方为增值税一般纳税人的,该纳税人未将抵扣联认证或认证结果为"纳税人识别号认证不符"(指发票所列受票方纳税人识别号与申报认证企业的纳税人识别号不符)、"发票代码、号码认证不符"(指机打代码或号码与发票代码或号码不符)。

四、关于开具货运发票红字票有关问题

(一) 受票方取得货运发票后,发生开票有误等情形但不符合作废条件或者因运费部分退回需要开具红字发票的,应按红字发票开具规定进行处理。开具红字发票时应在价税合计的大写金额第一字前加"负数"字,在小写金额前加"-"号。

(二) 在开具红字发票前,如受票方尚未记账、货运发票全部联次可以收回的,应对全部联次监制章部位做剪口处理后,再开具红字发票。开票方为公路、内河货物运输业自开票纳税人(以下简称自开票纳税人)或代开票中介机构的,开票方应在领购新货运发票时将剪口后的货运发票全部联次交税务机关查验并留存。

(三) 在开具红字发票前,如无法收回全部联次,受票方应向主管税务机关填报《开具红字公路、内河货物运输业发票申请单》(以下简称《申请单》,附件 1)。受票方为营业税纳税人的,向主管地方税务局填报《申请单》,受票方为增值税纳税人的,向主管国家税务局填报《申请单》。

《申请单》一式两联:第一联由受票方留存,第二联由受票方主管税务机关留存。《申请单》应加盖受票方财务专用章或发票专用章。

主管税务机关对纳税人填报的《申请单》进行审核后,出具《开具红字公路、内河货物运输业发票通知单》(以下简称《通知单》,附件 2)。《通知单》应与《申请单》一一对应。

《通知单》一式三联:第一联由受票方主管税务机关留存;第二联由受票方送交承运方留存;第三联由受票方留存。《通知单》应加盖主管税务机关印章。

开票方凭承运方提供的《通知单》开具红字货运发票,红字货运发票应与《通知单》一一对应。承运方为自开票纳税人的,开票方即为承运方。

开票方为自开票纳税人或代开票中介机构的,应于报送税控盘(或传输盘)数据时将《通知单》一并交主管税务机关审核。开票方主管税务机关应将纳税人税控盘(或传输盘)中开具红字货运发票情况与《通知单》进行审核、比对;比对不符的,不允许其开具红字货运发票并按有关规定进行处理。

税务机关应将《通知单》按月依次装订成册,并比照发票保管规定管理。

五、关于开具红字货运发票税款退库问题

自开票纳税人、代开票纳税人开具红字发票,涉及多缴税款经税务机关审批应当办理退库的,税务机关应按规定开具《税收收入退还书》送国库办理退税。纳税人从其开户银行账户转账缴税的,将税款退至纳税人缴税的开户银行账户;个人现金退税,按照《国家税务总局中国人民银行 财政部关于现金退税问题的紧急通知》(国税发[2004]47 号)有关规定执行。

六、货运发票开具和保存有关要求问题

为提高货运发票的扫描识别率,自开票纳税人、代开票中介机构和税务机关在开具货运发票时必须严格执行《中华人民共和国发票管理办法》及其实施细则、国税发[2006]67号以及其他相关规定，保证发票字迹清晰、打印完整，不得压线和错位。自开票纳税人开具货运发票时，不再加盖开票人专章。

本规定自2007年9月1日起执行。国税发[2006]67号第五条第(八)款以及《国家税务总局关于加强货物运输业税收征收管理的通知》(国税发[2003]121号)附件1《货物运输业营业税征收管理试行办法》第六条有关规定同时废止。

【注释】 对《营业税暂行条例》第14条进行了解释。

国家税务总局关于林木销售和管护征收流转税问题的通知

国税函[2008]212号

各省、自治区、直辖市和计划单列市国家税务局、地方税务局：

近接部分地区反映销售林木和提供林木管护行为如何征收流转税问题，经研究，现将有关问题明确如下：

纳税人销售林木以及销售林木的同时提供林木管护劳务的行为，属于增值税征收范围，应征收增值税。纳税人单独提供林木管护劳务行为属于营业税征收范围，其取得的收入中，属于提供农业机耕、排灌、病虫害防治、植保劳务取得的收入，免征营业税；属于其他收入的，应照章征收营业税。

财政部　国家税务总局关于廉租住房经济适用住房和住房租赁有关税收政策的通知

财税[2008]24号

各省、自治区、直辖市、计划单列市财政厅(局)、国家税务局、地方税务局，新疆生产建设兵团财务局：

为贯彻落实《国务院关于解决城市低收入家庭住房困难的若干意见》(国发[2007]24号)精神，促进廉租住房、经济适用住房制度建设和住房租赁市场的健康发展，经国务院批准，现将有关税收政策通知如下：

一、支持廉租住房、经济适用住房建设的税收政策

(一)对廉租住房经营管理单位按照政府规定价格、向规定保障对象出租廉租住房的租金收入，免征营业税、房产税。

(二)对廉租住房、经济适用住房建设用地以及廉租住房经营管理单位按照政府规定价格、向规定保障对象出租的廉租住房用地，免征城镇土地使用税。

开发商在经济适用住房、商品住房项目中配套建造廉租住房，在商品住房项目中配套建造经济适用住房，如能提供政府部门出具的相关材料，可按廉租住房、经济适用住房建筑面积占总建筑面积的比例免征开发商应缴纳的城镇土地使用税。

(三)企事业单位、社会团体以及其他组织转让旧房作为廉租住房、经济适用住房房源且增值额未超过扣除项目金额20%的，免征土地增值税。

(四)对廉租住房、经济适用住房经营管理单位与廉租住房、经济适用住房相关的印花税以及廉租住房承租人、经济适用住房购买人涉及的印花税予以免征。

开发商在经济适用住房、商品住房项目中配套建造廉租住房，在商品住房项目中配套建造经济适用住房，如能提供政府部门出具的相关材料，可按廉租住房、经济适用住房建筑面积占总建筑面积的比例免征开发商应缴纳的印花税。

(五)对廉租住房经营管理单位购买住房作为廉租住房、经济适用住房经营管理单位回购经济适用住房继续作为经济适用住房房源的，免征契税。

(六)对个人购买经济适用住房，在法定税率基础上减半征收契税。

(七)对个人按《廉租住房保障办法》(建设部等9部委令第162号)规定取得的廉租住房货币补贴，免征个人所得税；对于所在单位以廉租住房名义发放的不符合规定的补贴，应征收个人所得税。

(八)企事业单位、社会团体以及其他组织于2008年1月1日前捐赠住房作为廉租住房的，按《中华人民共和国企业所得税暂行条例》(国务院令第137号)、《中华人民共和国外商投资企业和外国企业所得税法》有关公益性捐赠政策执行；2008年1月1日后捐赠的，按《中华人民共和国企业所得税法》有关公益性捐赠政策执行。个人捐赠住房作为廉租住房的，捐赠额未超过其申报的应纳税所得额30%的部分，准予从其应纳税所得额中扣除。

廉租住房、经济适用住房、廉租住房承租人、经济适用住房购买人以及廉租住房租金、货币补贴标准等须符合国发[2007]24号文件及《廉租住房保障办法》(建设部等9部委令第162号)、《经济适用住房管理办法》(建住房[2007]258号)的规定；廉租住房、经济适用住房经营管理单位为县级以上人民政府主办或确定的单位。

二、支持住房租赁市场发展的税收政策

(一) 对个人出租住房取得的所得减按10%的税率征收个人所得税。

(二) 对个人出租、承租住房签订的租赁合同，免征印花税。

(三) 对个人出租住房，不区分用途，在3%税率的基础上减半征收营业税，按4%的税率征收房产税，免征城镇土地使用税。

(四) 对企事业单位、社会团体以及其他组织按市场价格向个人出租用于居住的住房，减按4%的税率征收房产税。

上述与廉租住房、经济适用住房相关的新的优惠政策自2007年8月1日起执行，文到之日前已征税款在以后应缴税款中抵减。与住房租赁相关的新的优惠政策自2008年3月1日起执行。其他政策仍按现行规定继续执行。

各地要严格执行税收政策，加强管理，对执行过程中发现的问题，及时上报财政部、国家税务总局。

国家税务总局关于风景名胜区景点经营收入征收营业税问题的批复

国税函[2008]254号

湖南省地方税务局：

你局《关于张家界风景名胜区景点经营收入适用税目的请示》(湘地税发[2007]83号)收悉。经研究，批复如下：

对单位和个人在旅游景区经营旅游游船、观光电梯、观光电车、景区环保客运车所取得的收入应按“服务业一旅游业”征收营业税。

单位和个人在旅游景区兼有不同税目应税行为并采取“一票制”收费方式的，应当分别核算不同税目的营业额；未分别核算或核算不清的，从高适用税率。

国家税务总局关于土地使用者将土地使用权归还给土地所有者行为营业税问题的通知

国税函[2008]277号

各省、自治区、直辖市和计划单列市地方税务局，西藏、宁夏、青海省(自治区)国家税务局：

近接部分地区反映如何界定土地使用者将土地使用权归还给土地所有者行为的问题，经研究，现明确如下：

纳税人将土地使用权归还给土地所有者时，只要出具县级(含)以上地方人民政府收回土地使用权的正式文件，无论支付征地补偿费的资金来源是否为政府财政资金，该行为均属于土地使用者将土地使用权归还给土地所有者的行为，按照《国家税务总局关于印发〈营业税税目注释(试行稿)〉的通知》(国税发[1993]149号)规定，不征收营业税。

财政部　国家税务总局关于个人住房转让营业税政策的通知

财税[2008]174号

各省、自治区、直辖市、计划单列市财政厅(局)、地方税务局，西藏、宁夏、青海省(自治区)国家税务局，新疆生产建设兵团财务局：

为贯彻落实《国务院办公厅关于促进房地产市场健康发展的若干意见》(国办发[2008]131 号)关于进一步鼓励普通商品住房消费的精神，促进房地产市场健康发展，现将个人住房转让的营业税政策通知如下：

一、自 2009 年 1 月 1 日至 12 月 31 日，个人将购买不足 2 年的非普通住房对外销售的，全额征收营业税；个人将购买超过 2 年(含 2 年)的非普通住房或者不足 2 年的普通住房对外销售的，按照其销售收入减去购买房屋的价款后的差额征收营业税；个人将购买超过 2 年(含 2 年)的普通住房对外销售的，免征营业税。

二、上述普通住房和非普通住房的标准、办理免税的具体程序、购买房屋的时间、开具发票、差额征税扣除凭证、非购买形式取得住房行为及其他相关税收管理规定，按照《国务院办公厅转发建设部等部门关于做好稳定住房价格工作意见的通知》(国办发[2005]26 号)、《国家税务总局财政部建设部关于加强房地产税收管理的通知》(国税发[2005]89 号)和《国家税务总局关于房地产税收政策执行中几个具体问题的通知》(国税发[2005]172 号)的有关规定执行。

三、自 2009 年 1 月 1 日起，《财政部国家税务总局关于调整房地产营业税有关政策的通知》(财税[2006]75 号)废止。

财政部　国家税务总局关于航空公司燃油附加费免征营业税的通知

财税[2008]178 号

各省、自治区、直辖市、计划单列市财政厅(局)、地方税务局，西藏、宁夏、青海省(自治区)国家税务局，新疆生产建设兵团财务局：

经国务院批准，现对航空公司收取的燃油附加费免征营业税问题明确如下：

自 2008 年 1 月 1 日起至 2010 年 12 月 31 日，对航空公司经批准收取的燃油附加费免征营业税。对于本通知到达之日前已缴纳的应予免征的营业税，从以后应缴的营业税税款中抵减，一个年度内抵减不完的营业税由税务机关按照现行有关规定退还给航空公司。

第五部分　中华人民共和国消费税法

中华人民共和国消费税暂行条例

国务院令[2008]539号

第一条　在中华人民共和国境内生产、委托加工和进口本条例规定的消费品的单位和个人，以及国务院确定的销售本条例规定的消费品的其他单位和个人，为消费税的纳税人，应当依照本条例缴纳消费税。

第二条　消费税的税目、税率，依照本条例所附的《消费税税目税率表》执行。

消费税税目、税率的调整，由国务院决定。

【注释】　相关规定包括：《国家税务总局关于印发〈消费税征收范围注释〉的通知》(国税发[1993]153号)、《国家税务总局关于印发〈消费税若干具体问题的规定〉的通知》(国税发[1993]156号)、《财政部　国家税务总局关于对福利企业、学校办企业征税问题的通知》(财税[1994]3号)、《国家税务总局关于痱子粉、爽身粉不征消费税问题的通知》(国税发[1994]142号)、《国家税务总局关于CH 1010微型厢式货车等有关征收消费税问题的批复》(国税函发[1994]303号)、《财政部　国家税务总局关于对香皂暂时给予减征消费税照顾的通知》(财税[1994]39号)、《财政部　国家税务总局关于甲类卷烟暂时给予减征消费税照顾的通知》(财税[1994]38号)、《财政部　国家税务总局关于金银首饰消费税减按5%征收的通知》(财税[1994]91号)、《财政部　国家税务总局关于调整金银首饰消费税纳税环节有关问题的通知》(财税[1994]95号)、《国家税务总局关于消费税若干征税问题的通知》(国税发[1997]84号)、《国家税务总局关于印发〈消费税问题解答〉的通知》(国税函发[1997]306号)、《国家税务总局关于贯彻〈国务院关于调整烟叶和卷烟价格及税收政策的紧急通知〉的通知》(国税发[1998]121号)、《财政部　国家税务总局关于调整护肤护发品消费税税率的通知》(财税[1999]23号)、《财政部　国家税务总局关于对低污染排放小汽车减征消费税的通知》(财税[2000]26号)、《财政部　国家税务总局关于香皂和汽车轮胎消费税政策的通知》(财税[2000]145号)、《关于调整酒类产品消费税政策的通知》(财税[2001]84号)、《财政部　国家税务总局关于调整烟类产品消费税政策的通知》(财税[2001]91号)、《国家税务总局关于卷烟生产企业购进卷烟直接销售不再征收消费税的批复》(国税函[2001]955号)、《财政部　国家税务总局关于低污染排放小汽车减征消费税问题的通知》(财税[2003]266号)、《财政部　国家税务总局关于调整进口卷烟消费税税率的通知》(财税[2004]22号)、《国家税务总局关于果啤征收消费税的批复》(国税函[2005]333号)、《财政部　国家税务总局关于调整和完善消费税政策的通知》(财税[2006]33号)、《国家税务总局关于加强委托加工应税消费品征收管理的通知》(国税发[1995]122号)、《国家税务总局关于购进整车改装汽车征收消费税问题的批复》(国税函[2006]772号)、《国家税务总局关于购进乙醇生产销售无水乙醇征收消费税问题的批复》(国税函[2006]768号)、《国家税务总局关于沙滩车等车辆征收消费税问题的批复》(国税函[2007]1071号)。

第三条　纳税人兼营不同税率的应当缴纳消费税的消费品(以下简称应税消费品)，应当分别核算不同税率应税消费品的销售额、销售数量；未分别核算销售额、销售数量，或者将不同税率的应税消费品组成成套消费品销售的，从高适用税率。

第四条　纳税人生产的应税消费品，于纳税人销售时纳税。纳税人自产自用的应税消费品，用于连续生产应税消费品的，不纳税；用于其他方面的，于移送使用时纳税。

委托加工的应税消费品，除受托方为个人外，由受托方在向委托方交货时代收代缴税款。委托加工的应税消费品，委托方用于连续生产应税消费品的，所纳税款准予按规定抵扣。

进口的应税消费品，于报关进口时纳税。

【注释】　相关规定包括：《国家税务总局关于消费税若干征税问题的通知》(国税发[1994]130号)、《财政部　国家税务总局关于调整金银首饰消费税纳税环节有关问题的通知》(财税[1994]95号)、《国家税务总局关于锻压金首饰在零售环节征收消费税问题的批复》(国税函发[1996]727号)、《国家税务总局关于啤酒集团内部企业间销售(调拨)啤酒液征收消费税问题的批复》(国税函[2003]382号)。

第五条 消费税实行从价定率、从量定额，或者从价定率和从量定额复合计税(以下简称复合计税)的办法计算应纳税额。应纳税额计算公式：

实行从价定率办法计算的应纳税额＝销售额×比例税率

实行从量定额办法计算的应纳税额＝销售数量×定额税率

实行复合计税办法计算的应纳税额＝销售额×比例税率＋销售数量×定额税率

纳税人销售的应税消费品，以人民币计算销售额。纳税人以人民币以外的货币结算销售额的，应当折合成人民币计算。

【注释】 相关规定包括:《国家税务总局关于消费税若干征税问题的通知》(国税发[1997]84号)。

第六条 销售额为纳税人销售应税消费品向购买方收取的全部价款和价外费用。

【注释】 相关规定包括:《国家税务总局关于啤酒计征消费税有关问题的批复》(国税函[2002]166号)。

第七条 纳税人自产自用的应税消费品，按照纳税人生产的同类消费品的销售价格计算纳税；没有同类消费品销售价格的，按照组成计税价格计算纳税。

实行从价定率办法计算纳税的组成计税价格计算公式：

组成计税价格＝(成本＋利润)÷(1－比例税率)

实行复合计税办法计算纳税的组成计税价格计算公式：

组成计税价格＝(成本＋利润＋自产自用数量×定额税率)÷(1－比例税率)

第八条 委托加工的应税消费品，按照受托方的同类消费品的销售价格计算纳税；没有同类消费品销售价格的，按照组成计税价格计算纳税。

实行从价定率办法计算纳税的组成计税价格计算公式：

组成计税价格＝(材料成本＋加工费)÷(1－比例税率)

实行复合计税办法计算纳税的组成计税价格计算公式：

组成计税价格＝(材料成本＋加工费＋委托加工数量×定额税率)÷(1－比例税率)

第九条 进口的应税消费品，按照组成计税价格计算纳税。

实行从价定率办法计算纳税的组成计税价格计算公式：

组成计税价格＝(关税完税价格＋关税)÷(1－消费税比例税率)

实行复合计税办法计算纳税的组成计税价格计算公式：

组成计税价格＝(关税完税价格＋关税＋进口数量×消费税定额税率)÷(1－消费税比例税率)

第十条 纳税人应税消费品的计税价格明显偏低并无正当理由的，由主管税务机关核定其计税价格。

【注释】 相关规定包括:《国家税务总局关于啤酒计征消费税有关问题的批复》(国税函[2002]166号)、《国家税务总局关于酒类产品消费税政策问题的通知》(国税发[2002]109号)。

第十一条 对纳税人出口应税消费品，免征消费税；国务院另有规定的除外。出口应税消费品的免税办法，由国务院财政、税务主管部门规定。

第十二条 消费税由税务机关征收，进口的应税消费品的消费税由海关代征。

个人携带或者邮寄进境的应税消费品的消费税，连同关税一并计征。具体办法由国务院关税税则委员会会同有关部门制定。

第十三条 纳税人销售的应税消费品，以及自产自用的应税消费品，除国务院财政、税务主管部门另有规定外，应当向纳税人机构所在地或者居住地的主管税务机关申报纳税。

委托加工的应税消费品，除受托方为个人外，由受托方向机构所在地或者居住地的主管税务机关解缴消费税税款。

进口的应税消费品，应当向报关地海关申报纳税。

【注释】 相关规定包括:《国家税务总局关于明确流转税、资源税法规中"主管税务机关、征收机关"名称问题的通知》(国税发[1994]232号)、《财政部　国家税务总局关于明确啤酒包装物押金消费税政策的通知》(财税[2006]20号)。

第十四条 消费税的纳税期限分别为1日、3日、5日、10日、15日、1个月或者1个季度。纳税人的具体纳税期限，由主管税务机关根据纳税人应纳税额的大小分别核定；不能按照固定期限纳税的，可以按次纳税。

纳税人以1个月或者1个季度为1个纳税期的,自期满之日起15日内申报纳税;以1日、3日、5日、10日或者15日为1个纳税期的,自期满之日起5日内预缴税款,于次月1日起15日内申报纳税并结清上月应纳税款。

【注释】 相关规定包括:《财政部 国家税务总局关于调整金银首饰消费税纳税环节有关问题的通知》(财税[1994]95号)。

第十五条 纳税人进口应税消费品,应当自海关填发海关进口消费税专用缴款书之日起15日内缴纳税款。

第十六条 消费税的征收管理,依照《中华人民共和国税收征收管理法》及本条例有关规定执行。

【注释】 相关规定包括:《国家税务总局关于印发〈金银首饰消费税征收管理办法〉的通知》(国税发[1994]267号)、《财政部关于调整金银首饰消费税纳税环节后有关会计处理规定的通知》(财会[1995]9号)、《财政部 国家税务总局关于铂金及其制品税收政策的通知》(财税[2003]86号)、《财政部 海关总署 国家税务总局关于印发〈关于进口货物进口环节海关代征税税收政策问题的规定〉的通知》(财关税[2004]7号)、《国家税务总局关于取消金银首饰消费税纳税人认定行政审批后有关问题的通知》(国税函[2004]826号)、《国家税务总局关于印发〈汽油、柴油消费税管理办法(试行)〉的通知》(国税发[2005]133号)、《国家税务总局关于印发〈调整和完善消费税政策征收管理规定〉的通知》(国税发[2006]49号)、《国家税务总局关于加强新牌号、新规格卷烟消费税计税价格管理有关事项的通知》(国税函[2006]373号)、《国家税务总局关于印发〈葡萄酒消费税管理办法(试行)〉的通知》(国税发[2006]66号)、《国家税务总局关于进一步加强消费税纳税申报及税款抵扣管理的通知》(国税函[2006]769号)、《国家税务总局关于印发〈增值税小规模纳税人出口货物免税管理办法(暂行)〉的通知》(国税发[2007]123号)。

第十七条 本条例自2009年1月1日起施行。

附录:

消费税税目税率表

税目	税率
一、烟	
1. 卷烟	
(1)甲类卷烟	45%加0.003元/支
(2)乙类卷烟	30%加0.003元/支
2. 雪茄烟	25%
3. 烟丝	30%
二、酒及酒精	
1. 白酒	20%加0.5元/500克(或者
2. 黄酒	500毫升)
3. 啤酒	240元/吨
(1) 甲类啤酒	
(2) 乙类啤酒	250元/吨
4. 其他酒	220元/吨
5. 酒精	10%
	5%
三、化妆品	30%
四、贵重首饰及珠宝玉石	
1. 金银首饰、铂金首饰和钻石及钻石饰品	5%
2. 其他贵重首饰和珠宝玉石	10%
五、鞭炮、焰火	15%

(续表)

税　　目	税　率
六、成品油	
1. 汽油	
(1)含铅汽油	0.28元/升
(2)无铅汽油	0.20元/升
2. 柴油	0.10元/升
3. 航空煤油	0.10元/升
4. 石脑油	0.20元/升
5. 溶剂油	0.20元/升
6. 润滑油	0.20元/升
7. 燃料油	0.10元/升
七、汽车轮胎	3%
八、摩托车	
1. 气缸容量(排气量,下同)在250毫升(含250毫升)以下的	3%
2. 气缸容量在250毫升以上的	10%
九、小汽车	
1. 乘用车	
(1) 气缸容量(排气量,下同)在1.0升(含1.0升)以下的	1%
(2) 气缸容量在1.0升以上至1.5升(含1.5升)的	3%
(3) 气缸容量在1.5升以上至2.0升(含2.0升)的	5%
(4) 气缸容量在2.0升以上至2.5升(含2.5升)的	9%
(5) 气缸容量在2.5升以上至3.0升(含3.0升)的	12%
(6) 气缸容量在3.0升以上至4.0升(含4.0升)的	25%
(7) 气缸容量在4.0升以上的	40%
2. 中轻型商用客车	5%
十、高尔夫球及球具	10%
十一、高档手表	20%
十二、游艇	10%
十三、木制一次性筷子	5%
十四、实木地板	5%

中华人民共和国消费税暂行条例实施细则

财政部　国家税务总局第51号令

第一条　根据《中华人民共和国消费税暂行条例》(以下简称条例),制定本细则。

第二条　条例第一条所称单位,是指企业、行政单位、事业单位、军事单位、社会团体及其他单位。

条例第一条所称个人,是指个体工商户及其他个人。

条例第一条所称在中华人民共和国境内,是指生产、委托加工和进口属于应当缴纳消费税的消费品的起运地或者所在地在境内。

第三条　条例所附《消费税税目税率表》中所列应税消费品的具体征税范围,由财政部、国家税务总局确定。

第四条　条例第三条所称纳税人兼营不同税率的应当缴纳消费税的消费品,是指纳税人生产销售两种税率以上的应税消费品。

第五条　条例第四条第一款所称销售,是指有偿转让应税消费品的所有权。

前款所称有偿，是指从购买方取得货币、货物或者其他经济利益。

第六条　条例第四条第一款所称用于连续生产应税消费品，是指纳税人将自产自用的应税消费品作为直接材料生产最终应税消费品，自产自用应税消费品构成最终应税消费品的实体。

条例第四条第一款所称用于其他方面，是指纳税人将自产自用应税消费品用于生产非应税消费品、在建工程、管理部门、非生产机构、提供劳务、馈赠、赞助、集资、广告、样品、职工福利、奖励等方面。

【注释】　相关规定包括：《国家税务总局关于啤酒集团内部企业间销售（调拨）啤酒液征收消费税问题的批复》（国税函[2003]382号）。

第七条　条例第四条第二款所称委托加工的应税消费品，是指由委托方提供原料和主要材料，受托方只收取加工费和代垫部分辅助材料加工的应税消费品。对于由受托方提供原材料生产的应税消费品，或者受托方先将原材料卖给委托方，然后再接受加工的应税消费品，以及由受托方以委托方名义购进原材料生产的应税消费品，不论在财务上是否作销售处理，都不得作为委托加工应税消费品，而应当按照销售自制应税消费品缴纳消费税。

委托加工的应税消费品直接出售的，不再缴纳消费税。

委托个人加工的应税消费品，由委托方收回后缴纳消费税。

第八条　消费税纳税义务发生时间，根据条例第四条的规定，分列如下：

（一）纳税人销售应税消费品的，按不同的销售结算方式分别为：

1. 采取赊销和分期收款结算方式的，为书面合同约定的收款日期的当天，书面合同没有约定收款日期或者无书面合同的，为发出应税消费品的当天；

2. 采取预收货款结算方式的，为发出应税消费品的当天；

3. 采取托收承付和委托银行收款方式的，为发出应税消费品并办妥托收手续的当天；

4. 采取其他结算方式的，为收讫销售款或者取得索取销售款凭据的当天。

（二）纳税人自产自用应税消费品的，为移送使用的当天。

（三）纳税人委托加工应税消费品的，为纳税人提货的当天。

（四）纳税人进口应税消费品的，为报关进口的当天。

第九条　条例第五条第一款所称销售数量，是指应税消费品的数量。具体为：

（一）销售应税消费品的，为应税消费品的销售数量；

（二）自产自用应税消费品的，为应税消费品的移送使用数量；

（三）委托加工应税消费品的，为纳税人收回的应税消费品数量；

（四）进口应税消费品的，为海关核定的应税消费品进口征税数量。

第十条　实行从量定额办法计算应纳税额的应税消费品，计量单位的换算标准如下：

（一）黄酒1吨＝962升

（二）啤酒1吨＝988升

（三）汽油1吨＝1388升

（四）柴油1吨＝1176升

（五）航空煤油1吨＝1246升

（六）石脑油1吨＝1385升

（七）溶剂油1吨＝1282升

（八）润滑油1吨＝1126升

（九）燃料油1吨＝1015升

第十一条　纳税人销售的应税消费品，以人民币以外的货币结算销售额的，其销售额的人民币折合率可以选择销售额发生的当天或者当月1日的人民币汇率中间价。纳税人应在事先确定采用何种折合率，确定后1年内不得变更。

第十二条　条例第六条所称销售额，不包括应向购货方收取的增值税税款。如果纳税人应税消费品的销售额中未扣除增值税税款或者因不得开具增值税专用发票而发生价款和增值税税款合并收取的，在计算消费税时，应当换算为不含增值税税款的销售额。其换算公式为：

应税消费品的销售额＝含增值税的销售额÷（1＋增值税税率或者征收率）

第十三条 应税消费品连同包装物销售的，无论包装物是否单独计价以及在会计上如何核算，均应并入应税消费品的销售额中缴纳消费税。如果包装物不作价随同产品销售，而是收取押金，此项押金则不应并入应税消费品的销售额中征税。但对因逾期未收回的包装物不再退还的或者已收取的时间超过12个月的押金，应并入应税消费品的销售额，按照应税消费品的适用税率缴纳消费税。

对既作价随同应税消费品销售，又另外收取押金的包装物的押金，凡纳税人在规定的期限内没有退还的，均应并入应税消费品的销售额，按照应税消费品的适用税率缴纳消费税。

【注释】 相关规定包括：《财政部　国家税务总局关于酒类产品包装物押金征税问题的通知》（财税[1995]53号）。

第十四条 条例第六条所称价外费用，是指价外向购买方收取的手续费、补贴、基金、集资费、返还利润、奖励费、违约金、滞纳金、延期付款利息、赔偿金、代收款项、代垫款项、包装费、包装物租金、储备费、优质费、运输装卸费以及其他各种性质的价外收费。但下列项目不包括在内：

（一）同时符合以下条件的代垫运输费用：

1. 承运部门的运输费用发票开具给购买方的；

2. 纳税人将该项发票转交给购买方的。

（二）同时符合以下条件代为收取的政府性基金或者行政事业性收费：

1. 由国务院或者财政部批准设立的政府性基金，由国务院或者省级人民政府及其财政、价格主管部门批准设立的行政事业性收费；

2. 收取时开具省级以上财政部门印制的财政票据；

3. 所收款项全额上缴财政。

第十五条 条例第七条第一款所称纳税人自产自用的应税消费品，是指依照条例第四条第一款规定于移送使用时纳税的应税消费品。

条例第七条第一款、第八条第一款所称同类消费品的销售价格，是指纳税人或者代收代缴义务人当月销售的同类消费品的销售价格，如果当月同类消费品各期销售价格高低不同，应按销售数量加权平均计算。但销售的应税消费品有下列情况之一的，不得列入加权平均计算：

（一）销售价格明显偏低并无正当理由的；

（二）无销售价格的。

如果当月无销售或者当月未完结，应按照同类消费品上月或者最近月份的销售价格计算纳税。

第十六条 条例第七条所称成本，是指应税消费品的产品生产成本。

第十七条 条例第七条所称利润，是指根据应税消费品的全国平均成本利润率计算的利润。应税消费品全国平均成本利润率由国家税务总局确定。

【注释】 相关规定包括：《国家税务总局关于印发〈消费税若干具体问题的规定〉的通知》（国税发[1993]156号）、《财政部　国家税务总局关于调整和完善消费税政策的通知》（财税[2006]33号）。

第十八条 条例第八条所称材料成本，是指委托方所提供加工材料的实际成本。

委托加工应税消费品的纳税人，必须在委托加工合同上如实注明（或者以其他方式提供）材料成本，凡未提供材料成本的，受托方主管税务机关有权核定其材料成本。

【注释】 相关规定包括：《国家税务总局关于明确流转税、资源税法规中"主管税务机关、征收机关"名称问题的通知》（国税发[1994]232号）。

第十九条 条例第八条所称加工费，是指受托方加工应税消费品向委托方所收取的全部费用（包括代垫辅助材料的实际成本）。

第二十条 条例第九条所称关税完税价格，是指海关核定的关税计税价格。

第二十一条 条例第十条所称应税消费品的计税价格的核定权限规定如下：

（一）卷烟、白酒和小汽车的计税价格由国家税务总局核定，送财政部备案；

（二）其他应税消费品的计税价格由省、自治区和直辖市国家税务局核定；

（三）进口的应税消费品的计税价格由海关核定。

【注释】 相关规定包括：《国家税务总局关于明确流转税、资源税法规中"主管税务机关、征收机关"名称问题的通知》（国税发[1994]232号）。

第二十二条　出口的应税消费品办理退税后，发生退关，或者国外退货进口时予以免税的，报关出口者必须及时向其机构所在地或者居住地主管税务机关申报补缴已退的消费税税款。

纳税人直接出口的应税消费品办理免税后，发生退关或者国外退货，进口时已予以免税的，经机构所在地或者居住地主管税务机关批准，可暂不办理补税，待其转为国内销售时，再申报补缴消费税。

【注释】　相关规定包括：《国家税务总局关于明确流转税、资源税法规中"主管税务机关、征收机关"名称问题的通知》(国税发[1994]232号)。

第二十三条　纳税人销售的应税消费品，如因质量等原因由购买者退回时，经机构所在地或者居住地主管税务机关审核批准后，可退还已缴纳的消费税税款。

【注释】　相关规定包括：《国家税务总局关于明确流转税、资源税法规中"主管税务机关、征收机关"名称问题的通知》(国税发[1994]232号)。

第二十四条　纳税人到外县(市)销售或者委托外县(市)代销自产应税消费品的，于应税消费品销售后，向机构所在地或者居住地主管税务机关申报纳税。

纳税人的总机构与分支机构不在同一县(市)的，应当分别向各自机构所在地的主管税务机关申报纳税；经财政部、国家税务总局或者其授权的财政、税务机关批准，可以由总机构汇总向总机构所在地的主管税务机关申报纳税。

委托个人加工的应税消费品，由委托方向其机构所在地或者居住地主管税务机关申报纳税。

进口的应税消费品，由进口人或者其代理人向报关地海关申报纳税。

【注释】　相关规定包括：《国家税务总局关于印发〈消费税若干具体问题的规定〉的通知》(国税发[1993]156号)、《国家税务总局关于明确流转税、资源税法规中"主管税务机关、征收机关"名称问题的通知》(国税发[1994]232号)。

第二十五条　本细则自2009年1月1日起施行。

消费税征收范围注释

国税发[1993]153号

一、烟

凡是以烟叶为原料加工生产的产品，不论使用何种辅料，均属于本税目的征收范围。本税目下设甲类卷烟、乙类卷烟、雪茄烟、烟丝四个子目。

卷烟是指将各种烟叶切成烟丝，按照配方要求均匀混合，加入糖、酒、香料等辅料，用白色盘纸、棕色盘纸、涂布纸或烟草薄片经机器或手工卷制的普通卷烟和雪茄型卷烟。

(一) 甲类卷烟

甲类卷烟是指每大箱(5万支)销售价格在780元(含780元)以上的卷烟。

不同包装规格卷烟的销售价格均按每大箱(5万支)折算。

(二) 乙类卷烟

乙类卷烟是指每大箱(5万支)销售价格在780元以下的卷烟。

不同包装规格卷烟的销售价格均按每大箱(5万支)折算。

(三) 雪茄烟

雪茄烟是指以晾晒烟为原料或者以晾晒烟和烤烟为原料，用烟叶或卷烟纸、烟草薄片作为烟支内包皮，再用烟叶作为烟支外包皮，经机器或手工卷制而成的烟草制品。按内包皮所用材料的不同可分为全叶卷雪茄烟和半叶卷雪茄烟。

雪茄烟的征收范围包括各种规格、型号的雪茄烟。

(四) 烟丝

烟丝是指将烟叶切成丝状、粒状、片状、末状或其他形状，再加入辅料，经过发酵、储存，不经卷制即可供销售吸用的烟草制品。

烟丝的征收范围包括以烟叶为原料加工生产的不经卷制的散装烟，如斗烟、莫合烟、烟末、水烟、黄红烟丝等等。

二、酒及酒精

本税目下设粮食白酒、薯类白酒、黄酒、啤酒、其他酒、酒精六个子目。

(一) 粮食白酒

粮食白酒是指以高粱、玉米、大米、糯米、大麦、小麦、小米、青稞等各种粮食为原料，经过糖化、发酵后，采用蒸馏方法酿制的白酒。

(二) 薯类白酒

薯类白酒是指以白薯(红薯、地瓜)、木薯、马铃薯(土豆)、芋头、山药等各种干鲜薯类为原料，经过糖化、发酵后，采用蒸馏方法酿制的白酒。

用甜菜酿制的白酒，比照薯类白酒征税。

(三) 黄酒

黄酒是指以糯米、粳米、籼米、大米、黄米、玉米、小麦、薯类等为原料，经加温、糖化、发酵、压榨酿制的酒。由于工艺、配料和含糖量的不同，黄酒分为干黄酒、半干黄酒、半甜黄酒、甜黄酒四类。

黄酒的征收范围包括各种原料酿制的黄酒和酒度超过12度(含12度)的土甜酒。

(四) 啤酒

啤酒是指以大麦或其他粮食为原料，加入啤酒花，经糖化、发酵、过滤酿制的含有二氧化碳的酒。啤酒按照杀菌方法的不同，可分为熟啤酒和生啤酒或鲜啤酒。

啤酒的征收范围包括各种包装和散装的啤酒。

无醇啤酒比照啤酒征税。

(五) 其他酒

其他酒是指除粮食白酒、薯类白酒、黄酒、啤酒以外，酒度在1度以上的各种酒。其征收范围包括糠麸白酒、其他原料白酒、土甜酒、复制酒、果木酒、汽酒、药酒等等。

1. 糠麸白酒是指用各种粮食的糠麸酿制的白酒。

用稗子酿制的白酒，比照糠麸酒征税。

2. 其他原料白酒是指用醋糟、糖渣、糖漏水、甜菜渣、粉渣、薯皮等各种下脚料，葡萄、桑葚、橡子仁等各种果实、野生植物等代用品，以及甘蔗、糖等酿制的白酒。

3. 土甜酒是指用糯米、大米、黄米等为原料，经加温、糖化、发酵(通过酒曲发酵)，采用压榨酿制的酒度不超过12度的酒。

酒度超过12度的应按黄酒征税。

4. 复制酒是指以白酒、黄酒、酒精为酒基，加入果汁、香料、色素、药材、补品、糖、调料等配制或泡制的酒，如各种配制酒、泡制酒、滋补酒等等。

5. 果木酒是指以各种果品为主要原料，经发酵过滤酿制的酒。

6. 汽酒是指以果汁、香精、色素、酸料、酒(或酒精)、糖(或糖精)等调配，冲加二氧化碳制成的酒度在1度以上的酒。

7. 药酒是指按照医药卫生部门的标准，以白酒、黄酒为酒基，加入各种药材泡制或配制的酒。

(六) 酒精

酒精又名乙醇，是指以含有淀粉或糖分的原料，经糖化和发酵后，用蒸馏方法生产的酒精度数在95度以上的无色透明液体；也可以石油裂解气中的乙烯为原料，用合成方法制成。

酒精的征收范围包括用蒸馏法和合成方法生产的各种工业酒精、医药酒精、食用酒精。

三、化妆品

化妆品是日常生活中用于修饰美化人体表面的用品。化妆品品种较多，所用原料各异，按其类别划分，可分为美容和芳香两类。美容类有香粉、口红、指甲油、胭脂、眉笔、蓝眼油、眼睫毛及成套化妆品等；芳香类有香水、香水精等。

本税目的征收范围包括：

香水、香水精、香粉、口红、指甲油、胭脂、眉笔、唇笔、蓝眼油、眼睫毛、成套化妆品等等。

(一) 香水、香水精是指以酒精和香精为主要原料混合配制而成的液体芳香类化妆品。

(二) 香粉是指用于粉饰面颊的化妆品。按其形态有粉状、块状和液状。高级香粉盒内附有的彩色丝绒粉扑，花色香粉粉盒内附有的小盒胭脂和胭脂扑，均应按"香粉"征税。

（三）口红又称唇膏，是涂饰于嘴唇的化妆品。口红的颜色一般以红色为主，也有白色的（俗称口白），还有一种变色口红，是用曙红酸等染料调制而成的。

（四）指甲油又名"美指油"，是用于修饰保护指甲的一种有色或无色的油性液态化妆品。

（五）胭脂是擦敷于面颊皮肤上的化妆品。有粉质块状胭脂、透明状胭脂膏及乳化状胭脂膏等。

（六）眉笔是修饰眉毛用的化妆品。有铅笔式和推管式两种。

（七）唇笔是修饰嘴唇用的化妆品。

（八）蓝眼油是涂抹于眼窝周围和眼皮的化妆品。它是以油脂、蜡和颜料为主要原材料制成。色彩有蓝色、绿色、棕色等等，因蓝色使用最为普遍，故俗称"蓝眼油"。眼影膏、眼影霜、眼影粉应按照蓝眼油征税。

（九）眼睫毛商品名称叫"眼毛膏"或"睫毛膏"，是用于修饰眼睫毛的化妆品。其产品形态有固体块状、乳化状。颜色以黑色及棕色为主。

（十）成套化妆品是指由各种用途的化妆品配套盒装而成的系列产品。一般采用精制的金属或塑料盒包装，盒内常备有镜子、梳子等化妆工具，具有多功能性和使用方便的特点。舞台、戏剧、影视演员化妆用的上妆油、卸妆油、油彩、发胶和头发漂白剂等，不属于本税目征收范围。

四、护肤护发品

护肤护发品是用于人体皮肤、毛发，起滋润、防护、整洁作用的产品。

本税目征收范围包括：雪花膏、面油、花露水、头油、发乳、烫发水、染发精、洗面奶、磨砂膏、焗油膏、面膜、按摩膏、洗发水、护发素、香皂、浴液、发胶、摩丝以及其他各种护肤护发品等。

（一）雪花膏是一种"水包油"型的乳化体。雪花膏品种繁多，按其膏体结构、性能和用途不同，大体可分为微碱性、微酸性粉质雪花膏及药物性和营养性雪花膏四类。

（二）面油又称"润面油"或"润肤油"，是一种强油性的"油包水"型乳化体，含有大量油脂成分，能起抗寒、润肤及防裂作用。

（三）花露水是一种芳香护肤用品，有杀菌、除臭、止痒和爽身效用。它是以酒精、水、香精等为主要原料混合配制而成。花露水与香水的主要区别是：花露水香精用量少，在5%（含5%）以下，酒精用量多，但浓度低，且要加入少量桂皮油、藿香油等原料；香水香精用量大，在5%以上，酒精用量少，但浓度高。

（四）头油也称"生发油"或"发油"，是一种护发美发用品。

（五）发乳是一种乳化膏体护发用品，按其乳化体的结构可分为"水包油"型发乳和"油包水"型发乳。

（六）烫发水是使头发卷曲保持发型的日用化学品。用于电烫（或冷烫）的叫烫发剂；用于冷却处理的叫冷卷发剂。定型发水也按烫发水征税。

（七）染发精又称染发剂，是用于染发、使头发保持一定颜色和光泽的产品。根据染料染发后保留时间的长短，染发精分为暂时性染发精、半永久性染发精和永久性染发精三类。

（八）洗发水又称洗发液或洗发精、洗发香波。一般采用硫酸脂肪醇的三乙醇胺与氢氧化胺的混合盐、十二酸异丙醇酰胺、甲醛、聚氧乙烯、羊毛脂、香料、色料和水作为原料。

洗发块、洗发粉应按洗发水征税。

（九）香皂（包括液体香皂），又叫化妆皂，是具芳香气味较浓的中高级洗涤用品。是以动植物油、烧碱、松香和香精等为主要原材料，在一定温度下经化学（皂化）反应而成。其花色品种较多，按其成分组成可分为一般香皂、多脂香皂和药物香皂三种。

征收范围为各种香皂。

（十）其他各种护肤护发品指本类产品中列举品名以外的具有润肤护肤护发功能的各种护肤护发品。

五、贵重首饰及珠宝玉石

本税目征收范围包括：各种金银珠宝首饰和经采掘、打磨、加工的各种珠宝玉石。

（一）金银珠宝首饰包括：

凡以金、银、白金、宝石、珍珠、钻石、翡翠、珊瑚、玛瑙等高贵稀有物质以及其他金属、人造宝石等制作的各种纯金银首饰及镶嵌首饰（含人造金银、合成金银首饰等）。

（二）珠宝玉石的种类包括：

1. 钻石：钻石是完全由单一元素碳元素所结晶而成的晶体矿物，也是宝石中唯一由单元素组成的宝石。钻石为八面体解理，即平面八面体晶面的四个方向，一般呈阶梯状。钻石的化学性质很稳定，不易溶于酸和碱。但在纯氧中，加热到1770度左右时，就会发生分解。在真空中，加热到1700度时，就会把它分解为石墨。钻石有透明的、半透明的，也有不透明的。宝石级的钻石，应该是无色透明的，无瑕疵或极少瑕疵，也可以略有淡黄色或极浅的褐色，最珍贵的颜色是天然粉色，其次是蓝色和绿色。

2. 珍珠：海水或淡水中的贝类软体动物体内进入细小杂质时，外套膜受到刺激便分泌出一种珍珠质（主要是碳酸钙），将细小杂质层层包裹起来，逐渐成为一颗小圆珠，就是珍珠。珍珠颜色主要为白色、粉色及浅黄色，具珍珠光泽，其表面隐约闪烁着虹一样的晕彩珠光。颜色白润、皮光明亮、形状精圆、粒度硬大者价值最高。

3. 松石：松石是一种白色宝石，是一种完全水化的铜铝磷酸盐。分子式为 $CuAl_6(PO_4)_4(OH)_8 \cdot 5H_2O$。松石的透明度为不透明、薄片下部分呈半透明。抛光面为油脂玻璃光泽，断口为油脂暗淡光泽。松石种类包括波斯松石、美国松石和墨西哥松石、埃及松石和带铁线的绿松石。

4. 青金石：青金石是方钠石族的一种矿物；青金石的分子式为 $(Na,Ca)_{7-8}(Al,Si)_{12}(O,S)_{24}(SO_4)$，$Cl_2Cl_2 \cdot (OH)_2(OH)_2$，其中钠经常部分地为钾置换，硫则部分地为硫酸根、氯或硒所置换。青金石的种类包括波斯青金石、苏联青金石或西班牙青金石、智利青金石。

5. 欧泊石：矿物质中属蛋白石类，分子式为 $SiO_2 \cdot NH_2O$。由于蛋白石中 SiO_2 小圆珠整齐排列像光栅一样，当白光射在上面后发生衍射，散成彩色光谱，所以欧泊石具有绚丽夺目的变幻色彩，尤以红色多者最为珍贵。欧泊石的种类包括白欧泊石、黑欧泊石、晶质欧泊石、火欧泊石、胶状欧泊石或玉滴欧泊石、漂砾欧泊石、脉石欧泊石或基质中欧泊石。

6. 橄榄石：橄榄石是白色宝石，一般常见的颜色有纯绿色、黄绿色到棕绿色。橄榄石没有无色的。分子式为：$(Mg,Fe)_2SiO_4$。橄榄石的种类包括贵橄榄石、黄玉、镁橄榄石、铁橄榄石、“黄昏祖母绿”和硼铝镁石。

7. 长石：按矿物学分类长石分为两个主要类型：钾长石和斜长石。分子式分别为：$KAlSi_3O_8$、$NaAlSi_3O_8$。长石的种类包括月光石或冰长石、日光石或砂金石的长石、拉长石、天河石或亚马逊石。

8. 玉：硬玉（也叫翡翠）、软玉。硬玉是一种钠和铝的硅酸盐，分子式为：$NaAl(SiO_3)_2$。软玉是一种含水的钙镁硅酸盐，分子式为：$CaMg_5(OH)_2(Si_4O_{11})_2$。

9. 石英：石英是一种它色的宝石，纯石英为无色透明。分子式为 SiO_2。石英的种类包括水晶、晕彩或彩红石英、金红石斑点或网金红石石英、紫晶、黄晶、烟石英或烟晶、芙蓉石、东陵石、蓝线石石英、乳石英、蓝石英或蓝宝石石英、虎眼石、鹰眼或猎鹰眼、石英猫眼、带星的或星光石英。

10. 玉髓：也叫隐晶质石英。分子式为 SiO_2。玉髓的种类包括月光石、绿玉髓、红玛瑙、肉红玉髓、鸡血石、葱绿玉髓、玛瑙、缟玛瑙、碧玉、深绿玉髓、硅孔雀石玉髓、硅化木。

11. 石榴石：其晶体与石榴籽的形状、颜色十分相似而得名。石榴石的一般分子式为 $R_3M_2(SiO_4)_3$。石榴石的种类包括铁铝榴石、镁铝榴石、镁铁榴石、锰铝榴石、钙铁榴石、钙铬榴石。

12. 锆石：颜色呈红、黄、蓝、紫色等。分子式为 $ZrSiO_4$。

13. 尖晶石：颜色呈黄色、绿色和无色。分子式为 $MgAl_2O_4$。尖晶石的种类包括红色尖晶石、红宝石色的尖晶石或红宝石尖晶石、紫色的或类似贵榴石色泽的尖晶石、粉或玫瑰色尖晶石、橘红色尖晶石、蓝色尖晶石、蓝宝石色尖晶石或蓝宝石尖晶石、象变石的尖晶石、黑色尖晶石、铁镁尖晶石或镁铁尖晶石。

14. 黄玉：黄玉是铝的氟硅酸盐，斜方晶系。分子式为 $Al_2(F,OH)_2SiO_4$。黄玉的种类包括棕黄至黄棕、浅蓝至淡蓝、粉红、无色的、其他品种。

15. 碧玺：极为复杂的硼铝硅酸盐，其中可含一种或数种以下成分：镁、钠、锂、铁、钾或其他金属。这些元素比例不同，颜色也不同。碧玺的种类包括红色的、绿色的、蓝色的、黄和橙色、无色或白色、黑色、杂色宝石、猫眼碧玺、变色石似的碧玺。

16. 金绿玉：属尖晶石族矿物，铝酸盐类。主要成分是氧化铝铍，属斜方晶系。分子式为 $BeAl_2O_4$。金绿玉的种类包括变石、猫眼石、变石猫眼宝石及其他一些变种。

17. 绿柱石：绿柱石在其纯净状态是无色的；不同的变种之所以有不同的颜色是由于微量金属氧化物的存在。在存在氧化铬或氧化钒时通常就成了祖母绿，而海蓝宝石则是由于氧化亚铁着色而成的。成为铯绿柱石是由于镁的存在，而金绿柱石则是因氧化铁着色而成的。分子式为：$Be_3Al_2(SiO_3)_6$。绿柱石的种类包括祖母绿、海蓝宝石、maxixe型绿柱石、金绿柱石、艳绿柱石、其他透明的品种、猫眼绿柱石、星光绿柱石。

18. 刚玉：刚玉是一种很普通的矿物，除了星光宝石外，只有半透明到透明的变种才能叫作宝石。分子式为 Al_2O_3，含氧化铬呈红色，含钛和氧化铁呈蓝色，含氧化铁呈黄色，含铬和氧化铁呈橙色，含铁和氧化钛呈绿色，含铬、钛和氧化铁呈紫色。刚玉的种类包括红宝石、星光红宝石、蓝宝石、艳色蓝宝石、星光蓝宝石。

19. 琥珀：一种有机物质。它是一种含一些有关松脂的古代树木的石化松脂。分子式为 $C_4OH_{64}O_4$。琥珀的种类包括海珀、坑珀、洁珀、块珀、脂珀、浊珀、泡珀、骨珀。

20. 珊瑚：是生物成因的另一种宝石原料。它是珊瑚虫的树枝状钙质骨架随着极细小的海生动物群体增生而形成。

21. 煤玉：煤玉是褐煤的一个变种（成分主要是碳，并含氢和氧）。它是由漂木经压实作用而成，漂木沉降到海底，变成埋藏的细粒淤泥，然后转变为硬质页岩，称为“煤玉岩”，煤玉是生物成因的。煤玉为非晶质，在粗糙表面上呈暗淡光泽，在磨光面上为玻璃光泽。

22. 龟甲：是非晶质的，具有油脂光泽至蜡状光泽，硬度2.5。

23. 合成刚玉：指与有关天然刚玉对比，具有基本相同的物理、光学及化学性能的人造材料。

24. 合成宝石：指与有关天然宝石对比，具有基本相同的物理、光学及化学性能的人造宝石。合成宝石种类包括合成金红石、钛酸锶、钇铝榴石、轧镓榴石、合成立方锆石、合成蓝宝石、合成尖晶石、合成金红石、合成变石、合成钻石、合成祖母绿、合成欧泊、合成石英。

25. 双合石：也称复合石，这是一种由两种不同的材料粘结而成的宝石。双合石的种类是根据粘合时所用的材料性质划分的。双合石的种类有石榴石与玻璃双合石、祖母绿的代用品、欧泊石代用品、星光蓝宝石代用品、钻石代用品、其他各种仿宝石复合石。

26. 玻璃仿制品。

六、鞭炮、焰火

鞭炮，又称爆竹。是用多层纸密裹火药，接以药引线，制成的一种爆炸品。

焰火，指烟火剂，一般系包扎品，内装药剂，点燃后烟火喷射，呈各种颜色，有的还变幻成各种景象，分平地小焰火和空中大焰火两类。

本税目征收范围包括各种鞭炮、焰火。通常分为13类，即喷花类、旋转类、旋转升空类、火箭类、吐珠类、线香类、小礼花类、烟雾类、造型玩具类、爆竹类、摩擦炮类、组合烟花类、礼花弹类。

体育上用的发令纸，鞭炮药引线，不按本税目征收。

七、汽油（此条款已失效或废止）

汽油是轻质石油产品的一大类。由天然或人造石油经脱盐、初馏、催化裂化，调合而得。为无色到淡黄色的液体，易燃易爆，挥发性强。按生产装置可分为直馏汽油、裂化汽油等类。经调合后制成各种用途的汽油。按用途可分为车用汽油、航空汽油、起动汽油和工业汽油（溶剂汽油）。

本税目征收范围包括：车用汽油、航空汽油、起动汽油。

工业汽油（溶剂汽油）主要作溶剂使用，不属本税目征收范围。

八、柴油（此条款已失效或废止）

柴油是轻质石油产品的一大类。由天然或人造石油经脱盐、初馏、催化裂化，调合而得。易燃易爆，挥发性低于汽油。柴油按用途分为轻柴油、重柴油、军用柴油和农用柴油。

本税目征收范围包括：轻柴油、重柴油、农用柴油、军用轻柴油。

九、汽车轮胎

汽车轮胎是指用于各种汽车、挂车、专用车和其他机动车上的内、外胎。

本税目征收范围包括：

（一）轻型乘用汽车轮胎；

（二）载重及公共汽车、无轨电车轮胎；

（三）矿山、建筑等车辆用轮胎；

（四）特种车辆用轮胎（指行驶于无路面或雪地、沙漠等高越野轮胎）；

（五）摩托车轮胎；

（六）各种挂车用轮胎；

（七）工程车轮胎；

（八）其他机动车轮胎；

（九）汽车与农用拖拉机、收割机、手扶拖拉机通用轮胎。

十、摩托车

本税目征收范围包括：

（一）轻便摩托车：最大设计车速不超过50公里/小时、发动机气缸总工作容积不超过50毫升的两轮机动车。

（二）摩托车：最大设计车速超过50公里/小时、发动机气缸总工作容积超过50毫升、空车质量不超过400公斤（带驾驶室的正三轮车及特种车的空车质量不受此限）的两轮和三轮机动车。

1. 两轮车：装有一个驱动轮与一个从动轮的摩托车。

（1）普通车：骑式车架，双人座垫，轮辋基本直径不小于304毫米，适应在公路或城市道路上行驶的摩托车。

（2）微型车：坐式或骑式车架，单人或双人座垫，轮辋基本直径不大于254毫米，适应在公路或城市道路上行驶的摩托车。

（3）越野车：骑式车架，宽型方向把，越野型轮胎，剩余垂直轮隙及离地间隙大，适应在非公路地区行驶的摩托车。

（4）普通赛车：骑式车架，狭型方向把，座垫偏后，装有大功率高转速发动机，在专用跑道上比赛车速的一种摩托车。

（5）微型赛车：坐式或骑式车架，轮辋基本直径不大于254毫米，装有大功率高转速发动机，在专用跑道上比赛车速的一种摩托车。

（6）越野赛车：具有越野性能，装有大功率发动机，用于非公路地区比赛车速的一种摩托车。

（7）特种车：一种经过改装之后用于完成特定任务的两轮摩托车。如开道车。

2. 边三轮车：在两轮车的一侧装有边车的三轮摩托车。

（1）普通边三轮车：具有边三轮车结构，用于载运乘员或货物的摩托车。

（2）特种边三轮车：装有专用设备，用于完成特定任务的边三轮车。如警车、消防车。

3. 正三轮车：装有与前轮对称分布的两个后轮和固定车厢的三轮摩托车。

（1）普通正三轮车：具有正三轮车结构，用于载运乘员或货物的摩托车。如客车、货车。

（2）特种正三轮车：装有专用设备，用于完成特定任务的正三轮车。如容罐车、自卸车、冷藏车。

十一、小汽车

小汽车是指由动力装置驱动，具有四个和四个以上车轮的非轨道无架线的、主要用于载送人员及其随身物品的车辆。

本税目征收范围包括：

（一）小轿车：是指用于载送人员及其随身物品且座位布置在两轴之间的四轮汽车。

小轿车的征收范围包括微型轿车（气缸容量，即排气量，下同＜1000毫升）；普通轿车（1000毫升≤气缸容量＜2200毫升）；高级轿车（气缸容量≥2200毫升）及赛车。

（二）越野车：是指四轮驱动、具有高通过性的车辆。

越野车的征收范围包括轻型越野车（气缸容量＜2400毫升）；高级越野车（气缸容量≥2400毫升）及赛车。

（三）小客车，又称旅行车：是指具有长方箱形车厢、车身长度大于3.5米、小于7米的、乘客座位（不含驾驶员座位）在22座以下的车辆。

小客车的征收范围包括微型客车（气缸容量＜2000毫升）、中型客车（气缸容量≥2000毫升）。

用上述应税车辆的底盘组装、改装、改制的各种货车、特种用车（如急救车、抢修车）等不属于本税目征收范围。

【注释】 对《消费税暂行条例》第2条进行了解释。下列文件进行了补充规定：《国家税务总局关于〈消费税征收范围注释〉的补充通知》（国税发[1994]26号）。

国家税务总局关于印发《消费税若干具体问题的规定》的通知

国税发[1993]156号

各省、自治区、直辖市税务局，各计划单列市税务局，哈尔滨、长春、沈阳、西安、成都、南京、武汉、广州市税务局：

（通知略）

消费税若干具体问题的规定

一、关于卷烟分类计税标准问题

（一）纳税人销售的卷烟因放开销售价格而经常发生价格上下浮动的，应以该牌号规格卷烟销售当月的加权平均销售价格确定征税类别和适用税率。但销售的卷烟有下列情况之一者，不得列入加权平均计算：

1. 销售价格明显偏低而无正当理由的；

2. 无销售价格的。

在实际执行中，月初可先按上月或者离销售当月最近月份的征税类别和适用税率预缴税款，月份终了再按实际销售价格确定征税类别和适用税率，并结算应纳税款。

（二）卷烟由于接装过滤嘴、改变包装或其他原因提高销售价格后，应按照新的销售价格确定征税类别和适用税率。

（三）纳税人自产自用的卷烟应当按照纳税人生产的同牌号规格的卷烟销售价格确定征税类别和适用税率。没有同牌号规格卷烟销售价格的，一律按照甲类卷烟税率征税。

（四）委托加工的卷烟按照受托方同牌号规格卷烟的征税类别和适用税率征税。没有同牌号规格卷烟的，一律按照甲类卷烟的税率征税。

（五）残次品卷烟应当按照同牌号规格正品卷烟的征税类别确定适用税率。

（六）下列卷烟不分征税类别一律按照甲类卷烟税率征税：

1. 进口卷烟；

2. 白包卷烟；

3. 手工卷烟；

4. 未经国务院批准纳入计划的企业和个人生产的卷烟。国家计划内卷烟生产企业名单附后。

（七）卷烟分类计税标准的调整，由国家税务总局确定。

二、关于酒的征收范围问题

（一）外购酒精生产的白酒，应按酒精所用原料确定白酒的适用税率。凡酒精所用原料无法确定的，一律按照粮食白酒的税率征税。

（二）外购两种以上酒精生产的白酒，一律从高确定税率征税。

（三）以外购白酒加浆降度，或外购散酒装瓶出售，以及外购白酒以曲香、香精进行调香、调味生产的白酒，按照外购白酒所用原料确定适用税率。凡白酒所用原料无法确定的，一律按照粮食白酒的税率征税。

（四）以外购的不同品种白酒勾兑的白酒，一律按照粮食白酒的税率征税。

（五）对用粮食和薯类、糠麸等多种原料混合生产的白酒，一律按照粮食白酒的税率征税。

（六）对用薯类和粮食以外的其他原料混合生产的白酒，一律按照薯类白酒的税率征税。

三、关于计税依据问题

（一）纳税人销售的甲类卷烟和粮食白酒，其计税价格显著低于产地市场零售价格的，主管税务机关应逐级上报国家税务总局核定计税价格，并按照国家税务总局核定的计税价格征税。

甲类卷烟和粮食白酒计税价格的核定办法另行规定。

（二）根据《中华人民共和国消费税暂行条例实施细则》第十七条的规定，应税消费品全国平均成本利润率规定如下：

1. 甲类卷烟10％；

2. 乙类卷烟5％；

3. 雪茄烟5％；

4. 烟丝 5%；
5. 粮食白酒 10%；
6. 薯类白酒 5%；
7. 其他酒 5%；
8. 酒精 5%；
9. 化妆品 5%；
10. 护肤护发品 5%；
11. 鞭炮、焰火 5%；
12. 贵重首饰及珠宝玉石 6%；
13. 汽车轮胎 5%；
14. 摩托车 6%；
15. 小轿车 8%；
16. 越野车 6%；
17. 小客车 5%。

（三）下列应税消费品可以销售额扣除外购已税消费品买价后的余额作为计税价格计征消费税：

1. 外购已税烟丝生产的卷烟；
2. 外购已税酒和酒精生产的酒（包括以外购已税白酒加浆降度，用外购已税的不同品种的白酒勾兑的白酒，用曲香、香精对外购已税白酒进行调香、调味以及外购散装白酒装瓶出售等等）；
3. 外购已税化妆品生产的化妆品；
4. 外购已税护肤护发品生产的护肤护发品；
5. 外购已税珠宝玉石生产的贵重首饰及珠宝玉石；
6. 外购已税鞭炮、焰火生产的鞭炮、焰火。

外购已税消费品的买价是指购货发票上注明的销售额（不包括增值税税款）。

（四）下列应税消费品准予从应纳消费税税额中扣除原料已纳消费税税款：

1. 以委托加工收回的已税烟丝为原料生产的卷烟；
2. 以委托加工收回的已税酒和酒精为原料生产的酒；
3. 以委托加工收回的已税化妆品为原料生产的化妆品；
4. 以委托加工收回的已税护肤护发品为原料生产的护肤护发品；
5. 以委托加工收回已税珠宝玉石为原料生产的贵重首饰及珠宝玉石；
6. 以委托加工收回已税鞭炮、焰火为原料生产的鞭炮、焰火。

已纳消费税税款是指委托加工的应税消费品由受托方代收代缴的消费税。

（五）纳税人通过自设非独立核算门市部销售的自产应税消费品，应当按照门市部对外销售额或者销售数量征收消费税。

（六）纳税人用于换取生产资料和消费资料，投资入股和抵偿债务等方面的应税消费品，应当以纳税人同类应税消费品的最高销售价格作为计税依据计算消费税。

四、关于纳税地点问题

根据《中华人民共和国消费税暂行条例实施细则》第二十五条的规定，对纳税人的总机构与分支机构不在同一省（自治区、直辖市）的，如需改由总机构汇总在总机构所在地纳税的，需经国家税务总局批准；对纳税人的总机构与分支机构在同一省（自治区、直辖市）内，而不在同一县（市）的，如需改由总机构汇总在总机构所在地纳税的，需经国家税务总局所属分局批准。

五、关于报缴税款问题

纳税人报缴税款的办法，由所在地主管税务机关视不同情况，于下列办法中核定一种：

（一）纳税人按期向税务机关填报纳税申报表，并填开纳税缴款书，向所在地代理金库的银行缴纳税款。

（二）纳税人按期向税务机关填报纳税申报表，由税务机关审核后填发缴款书，按期缴纳。

（三）对会计核算不健全的小型业户，税务机关可根据其产销情况，按季或按年核定其应纳税额，分月缴纳。

六、本规定自 1994 年 1 月 1 日起执行。

【注释】 对《消费税暂行条例》第 2 条进行了解释。对《消费税暂行条例实施细则》第 17、25 条进行了解释。下列文件对此进行了更正:《国家税务总局关于〈消费税若干具体问题的规定〉的更正通知》(国税发[1994]84 号)。相关规定包括:《国家税务总局关于用外购和委托加工收回的应税消费品连续生产应税消费品征收消费税问题的通知》(国税发[1995]94 号)。

国家税务总局关于《消费税征收范围注释》的补充通知

国税发[1994]26 号

各省、自治区、直辖市税务局,各计划单列市税务局,哈尔滨、沈阳、长春、西安、南京、成都、武汉、广州市税务局:

我局以国税发[1993]153 号印发的《消费税征收范围注释》的通知下发后,一些地区要求明确小客车中"微型客车"部分的征收范围。现将"小客车"的消费税征税范围补充通知如下:

小客车,又称旅行车,是指具有长方箱形车厢、车身长度小于或等于 3.5 米的"微型客车"和大于 3.5 米小于 7 米的乘客座位(不含驾驶员座位)在 22 座以下的"中型客车"。

【注释】 对《消费税征收范围注释》进行了解释。

国家税务总局关于《消费税若干具体问题的规定》的更正通知

国税发[1994]84 号

各省、自治区、直辖市和计划单列市国家税务局:

国税函发[1993]156 号《国家税务总局关于印发〈消费税若干具体问题的规定〉的通知》有如下错误,请予更正:

一、"三、关于计税依据问题"第(二)项中"根据《中华人民共和国消费税条例实施细则》……",应改为"根据《中华人民共和国消费税暂行条例实施细则》……"。

二、"四、关于纳税地点问题"中"根据《中华人民共和国消费税条例实施细则》……,"应改为"根据《中华人民共和国消费税暂行条例实施细则》……"。

三、国家计划内卷烟生产企业名单中应增加下列烟厂:

1. 湖北巴东卷烟厂
2. 四川巫山卷烟厂
3. 广西浦北卷烟厂

另外四川中山雪茄烟厂应改为中江雪茄烟厂。

特此通知。

【注释】 对《国家税务总局关于印发〈消费税若干具体问题的规定〉的通知》进行了更正。

财政部　国家税务总局关于对福利企业、学校办企业征税问题的通知

财税[1994]3 号

根据国务院领导同志 1993 年 12 月 28 日指示精神,1993 年 12 月 29 日,以国税明电[1993]076 号明传电报对民政部门、街道、乡镇举办的社会福利生产企业(以下简称福利企业)和学校办企业征收增值税、消费税、营业税问题进行了明确,发给各地。现印发给你们,请继续遵照执行。

一、福利企业和学校办企业从 1994 年起,均应按规定依法缴纳增值税、消费税、营业税。

二、原福利企业和学校办企业享受的流转税优惠政策仍然保留,由税务机关采取先征税后返还的办法。即:福利企业和学校办企业,在规定的纳税期内如实申报,填开税票解缴入库。同时,由税务机关填开收入退还书,将已征税款返还给纳税企业。税务机关应按月统计上报实际返还退税情况。对福利企业和学校办企业生产销售属征收消费税的产品,不得减免消费税、增值税。

三、税务机关和有关主管部门要对福利企业和学校办企业进行一次全面检查，凡不符合规定标准的福利企业和挂靠学校管理的假学校办企业，一律不得享受税收优惠照顾。

【注释】 对《消费税暂行条例实施细则》第2条进行了解释。

国家税务总局关于消费税若干征税问题的通知

国税发[1994]130号

各省、自治区、直辖市税务局，各计划单列市税务局，哈尔滨、沈阳、西安、武汉、广州、成都、长春、南京市税务局：

《中华人民共和国消费税暂行条例》及其有关规定实施以来，各地在贯彻执行中陆续反映出了一些问题，要求予以明确。现根据消费税问题座谈会讨论的意见，就几个具体征税问题通知如下：

一、关于委托加工征税问题

（一）对纳税人委托个体经营者加工的应税消费品，一律于委托方收回后在委托方所在地缴纳消费税。

（二）对消费者个人委托加工的金银首饰及珠宝玉石，可暂按加工费征收消费税。

二、关于已税消费品的扣除问题

（一）根据消费税法的规定，对于用外购或委托加工的已税消费品连续生产应税消费品，在计征消费税时可以扣除外购已税消费品的买价或委托加工已税消费品代收代缴的消费税。此项按规定可以扣除的买价或消费税，是指当期所实际耗用的外购或委托加工的已税消费品的买价或代收代缴的消费税。（此条款已失效或废止）

（二）对企业用1993年底以前库存的已税消费品连续生产的应税消费品，在计征消费税时，允许按照已税消费品的实际采购成本（不含增值税）予以扣除。

（三）对企业用外购或委托加工的已税汽车轮胎（内胎或外胎）连续生产汽车轮胎；用外购或委托加工的已税摩托车连续生产摩托车（如用外购两轮摩托车改装三轮摩托车），在计征消费税时，允许扣除外购或委托加工的已税汽车轮胎和摩托车的买价或已纳消费税税款计征消费税。（此条款已失效或废止）

本通知从文到之日起执行。

【注释】 对《消费税暂行条例》第4条进行了解释。对《消费税暂行条例实施细则》第7条进行了解释。相关规定包括：《国家税务总局关于用外购和委托加工收回的应税消费品连续生产应税消费品征收消费税问题的通知》（国税发[1995]94号）。

国家税务总局关于痱子粉、爽身粉不征消费税问题的通知

国税发[1994]142号

成文日期：1994-06-09

各省、自治区、直辖市税务局，各计划单列市税务局，哈尔滨、沈阳、西安、武汉、广州、成都、长春、南京市税务局：

最近一些地区和部门提出，在实行新税制之前，痱子粉、爽身粉是单独设置子目征收增值税的，不属于护肤护发品的征收范围。实行新税制后，对痱子粉、爽身粉是否征收消费税，《消费税征收范围注释》中不够明确。经研究，鉴于过去这两种产品不属于护肤护发品的征收范围，因此，实行新税制后对痱子粉、爽身粉不征收消费税。

【注释】 对《消费税暂行条例》第2条进行了解释。

国家税务总局关于CH1010微型厢式货车等有关征收消费税问题的批复

国税函发[1994]303号

江西省税务局：

你局赣税发[1994]210号请示悉。关于CH1010微型厢式货车、农用拖拉机、收割机、手扶拖拉机的专

用农用轮胎征收消费税问题，现答复如下：

一、你省昌河飞机工业公司生产的CH1010微型厢式货车，虽经有关部门鉴定为微型厢式货车，但据调查，该系列货车主要作改装小客车之用，且改装简便易行。另外，它本身也具有一定的"小客车"的特点和功能，是与货车有所区别的。因此，为了平衡税收负担，堵塞税收征管中的漏洞，对企业生产的微型厢式车，无论其名称如何，均应按规定征收消费税。

二、根据《消费税税目注释》的规定，汽车轮胎是指用于各种汽车、挂车、专用车和其他机动车上的内、外胎，不包括农用拖拉机、收割机、手扶拖拉机的专用轮胎。

【注释】 对《消费税暂行条例》第2条进行了解释。

财政部　国家税务总局关于甲类卷烟暂时给予减征消费税照顾的通知

财税[1994]38号

各省、自治区、直辖市、计划单列市财政厅(局)、税务局：

鉴于实行新税制后卷烟税负有所上升，而目前卷烟生产企业仍比较困难的情况，经国务院批准，决定从1994年1月1日起对甲类卷烟暂减按40%的税率征收消费税。

【注释】 对《消费税暂行条例》第2条进行了解释。

财政部　国家税务总局关于金银首饰消费税减按5%征收的通知

财税[1994]91号

各省、自治区、直辖市财政厅局、国家税务局、地方税务局，各计划单列市财政局、国家税务局、地方税务局：

经国务院批准，金银首饰消费税由10%的税率减按5%的税率征收。现将有关规定通知如下：

一、减按5%征收消费税的范围仅限于金、银和金基、银基合金首饰，以及金、银和金基、银基合金的镶嵌首饰。

二、不在上述范围内的应税首饰仍按10%的税率征收消费税。

三、本规定从1994年1月1日起执行，已经多征的税款予以退还。

请各地遵照执行。

【注释】 对《消费税暂行条例》第2条进行了解释。

财政部　国家税务总局关于调整金银首饰消费税纳税环节有关问题的通知

财税[1994]95号

各省、自治区、直辖市财政厅(局)、国家税务局，各计划单列市财政局、国家税务局：

经国务院批准，金银首饰消费税由生产销售环节征收改为零售环节征收。现将有关规定通知如下：

一、改为零售环节征收消费税的金银首饰范围

这次改为零售环节征收消费税的金银首饰范围仅限于：金、银和金基、银基合金首饰，以及金、银和金基、银基合金的镶嵌首饰(以下简称金银首饰)。

不属于上述范围的应征消费税的首饰(以下简称非金银首饰)，仍在生产销售环节征收消费税。

对既销售金银首饰，又销售非金银首饰的生产、经营单位，应将两类商品划分清楚，分别核算销售额。凡划分不清楚或不能分别核算的，在生产环节销售的，一律从高适用税率征收消费税；在零售环节销售的，一律按金银首饰征收消费税。

金银首饰与其他产品组成成套消费品销售的，应按销售额全额征收消费税。

二、税率

金银首饰消费税税率为5%。

三、纳税义务人

在中华人民共和国境内从事金银首饰零售业务的单位和个人，为金银首饰消费税的纳税义务人(以下

简称纳税人),应按本通知的规定缴纳消费税。委托加工(另有规定者除外)、委托代销金银首饰的,受托方也是纳税人。

四、纳税环节

纳税人销售(指零售,下同)的金银首饰(含以旧换新),于销售时纳税;用于馈赠、赞助、集资、广告、样品、职工福利、奖励等方面的金银首饰,于移送时纳税;带料加工、翻新改制的金银首饰,于受托方交货时纳税。

五、纳税义务发生时间

纳税人销售金银首饰,其纳税义务发生时间为收讫销货款或取得索取销货凭据的当天;用于馈赠、赞助、集资、广告、样品、职工福利、奖励等方面的金银首饰,其纳税义务发生时间为移送的当天;带料加工、翻新改制的金银首饰,其纳税义务发生时间为受托方交货的当天。

六、金银首饰消费税改变征税环节后,经营单位进口金银首饰的消费税,由进口环节征收改为在零售环节征收;出口金银首饰由出口退税改为出口不退消费税。

个人携带、邮寄金银首饰进境,仍按海关现行规定征税。

七、计税依据

(一)纳税人销售金银首饰,其计税依据为不含增值税的销售额。如果纳税人销售金银首饰的销售额中未扣除增值税税款,在计算消费税时,应按以下公式换算为不含增值税税款的销售额。

$$金银首饰的销售额=\frac{含增值税的销售额}{1+增值税税率或征收率}$$

(二)金银首饰连同包装物销售的,无论包装是否单独计价,也无论会计上如何核算,均应并入金银首饰的销售额,计征消费税。

(三)带料加工的金银首饰,应按受托方销售同类金银首饰的销售价格确定计税依据征收消费税。没有同类金银首饰销售价格的,按照组成计税价格计算纳税。组成计税价格的计算公式为:

$$组成计税价格=\frac{材料成本+加工费}{1-金银首饰消费税税率}$$

(四)纳税人采用以旧换新(含翻新改制)方式销售的金银首饰,应按实际收取的不含增值税的全部价款确定计税依据征收消费税。

(五)生产、批发、零售单位用于馈赠、赞助、集资、广告、样品、职工福利、奖励等方面的金银首饰,应按纳税人销售同类金银首饰的销售价格确定计税依据征收消费税;没有同类金银首饰销售价格的,按照组成计税价格计算纳税。组成计税价格的计算公式为:

$$组成计税价格=\frac{购进原价\times(1+利润率)}{1-金银首饰消费税税率}$$

纳税人为生产企业时,公式中的“购进原价”为生产成本。公式中的“利润率”一律定为6%。

八、纳税人应向其核算地主管国家税务局申报纳税。

九、金银首饰消费税改变纳税环节以后,用已税珠宝玉石生产的本通知范围内的镶嵌首饰,在计税时一律不得扣除买价或已纳的消费税税款。

十、对改变征税环节后,商业零售企业销售以前年度库存的金银首饰,按调整后的税率照章征收消费税。

十一、金银首饰消费税征收管理办法,由国家税务总局另行制定。

十二、本通知于1995年1月1日起执行。

【注释】 对《消费税暂行条例》第2、4、14条进行了解释。

国家税务总局关于明确流转税、资源税法规中“主管税务机关、征收机关”名称问题的通知

国税发[1994]232号

各省、自治区、直辖市国家税务局、地方税务局,各计划单列市国家税务局、地方税务局:

在增值税、消费税、营业税、资源税暂行条例、实施细则及相关文件中,对“主管税务机关、征收机关”已

作了解释，但是，由于各地国家税务局和地方税务局机构的分设，原名称所指已发生变化，现重新明确如下：

一、《中华人民共和国增值税暂行条例实施细则》第三十六条第二款中所称“主管税务机关、征收机关”，是指国家税务总局所属的县级以上（含县级）国家税务局，第二十八条、第三十二条第四款中所称“国家税务总局直属分局”，是指省、自治区、直辖市国家税务局，也包括享有省级经济管理权限的城市的国家税务局。

二、《中华人民共和国消费税暂行条例》第十三条、《中华人民共和国消费税暂行条例实施细则》第十八、二十三、二十四条、《消费税若干具体问题的规定》第三、五条中的“主管税务机关”，是指国家税务总局所属的县级以上（含县级）国家税务局。

《中华人民共和国消费税暂行条例实施细则》第二十一、二十五条、《消费税若干具体问题的规定》第四条中“国家税务总局所属税务分局”，是指省、自治区、直辖市国家税务局，也包括享有省级经济管理权限的城市的国家税务局。

三、《中华人民共和国营业税暂行条例实施细则》第五条、第六条中所称“国家税务总局所属征收机关”，是指国家税务总局所属的县级以上（含县级）国家税务局。

四、《中华人民共和国资源税暂行条例》第十二条中的“省、自治区、直辖市税务机关，”是指省、自治区、直辖市地方税务局和享有省级经济管理权限的城市的地方税务局。

《中华人民共和国资源税暂行条例》第十二、十三条以及《中华人民共和国资源税暂行条例实施细则》第五、八、九、十条所说的“主管税务机关”或“税务机关”，是指县级以上（含县级）的地方税务局。

【注释】　对《消费税暂行条例》第13条进行了解释。对《消费税暂行条例实施细则》第18、21、23、24、25条进行了解释。

财政部关于调整金银首饰消费税纳税环节后有关会计处理规定的通知

财会[1995]9号

根据财政部和国家税务总局联合发布的《关于调整金银首饰消费税纳税环节有关问题的通知》（财税字[1994]095号），自1995年1月1日起，所有金、银和金基、银基合金首饰，以及金、银和金基、银基合金的镶嵌首饰（以下简称“金银首饰”）的消费税由生产销售环节征收改为零售环节征收。现将调整金银首饰消费税纳税环节后有关会计处理办法规定通知如下：

一、有金银首饰零售业务的企业，应在“应交税金”科目下增设“应交消费税”明细科目，核算金银首饰应交纳的消费税。销售实现时，应当按照应交消费税额，借记“商品销售税金及附加”（外商投资企业为“商品销售税金”）、“营业税金及附加”（外商投资企业为“营业税金”）等科目，贷记“应交税金——应交消费税”科目；实际交纳消费税时，借记“应交税金——应交消费税”科目，贷记“银行存款”科目。

上述企业采用以旧换新方式销售金银首饰的，其应交纳的消费税也按上款规定进行会计处理。

二、有金银首饰零售业务的企业因受托代销金银首饰按规定应交纳的消费税，应分别不同情况处理：

1. 以收取手续费方式代销金银首饰的，于销售实现时，借记“代购代销收入”等科目，贷记“应交税金——应交消费税”科目；

2. 以其他方式代销金银首饰的，其交纳消费税的会计处理按第一条第一款规定办理。

三、有金银首饰批发、零售业务的企业将金银首饰用于馈赠、赞助、广告、职工福利、奖励等方面的，应于货物移送时，按应交消费税额借记“营业外支出”、“经营费用”（外商投资企业为“销货费用”）、“营业费用”、“应付福利费”、“应付工资”等科目，贷记“应交税金——应交消费税”科目。

四、随同金银首饰出售但单独计价的包装物，按规定应交纳的消费税，借记“其他业务支出”科目，贷记“应交税金——应交消费税”科目。

五、各类企业因受托加工或翻新改制金银首饰按规定应交纳的消费税，应于企业向委托方交货时，借记“其他业务支出”、“产品销售税金及附加”（外商投资企业为“产品销售税金”）等科目，贷记“应交税金——应交消费税”科目。

六、金银首饰在进口环节和出口环节，以及经中国人民银行总行批准经营金银首饰批发业务的单位将金银首饰销售给同时持有《经营金银制品业务许可证》影印件及《金银首饰购货(加工)管理证明单》的经营单位,均不计算消费税。

七、金银首饰的消费税改由零售环节征收后,生产企业按规定仍需就金银首饰交纳消费税的,除受托加工业务交纳消费税的会计处理按本规定第五条的规定办理外,其他交纳消费税的会计处理应按我部发布的"关于印发企业执行新税收条例有关会计处理规定的通知"[(93)财会字第 83 号]中所附《关于消费税会计处理的规定》办理。

【注释】 对《消费税暂行条例》第 16 条进行了解释。

国家税务总局关于用外购和委托加工收回的应税消费品连续生产应税消费品征收消费税问题的通知

国税发[1995]94 号

各省、自治区、直辖市、计划单列市财政厅(局)、国家税务局,扬州培训中心,长春税务学院:

根据《国家税务总局关于印发〈消费税若干具体问题的规定〉的通知》(国税发[1993]156 号)和《国家税务总局关于消费税若干征税问题的通知》(国税发[1994]130 号)的规定,纳税人用外购或委托加工收回的已税烟丝、已税酒及酒精等 8 种应税消费品连续生产应税消费品,在计征消费税时可以扣除外购已税应税消费品的买价或委托加工收回应税消费品的已纳消费税税款。各地税务机关反映,这一规定在执行中存在着以下两方面问题:第一,两种扣除方法之间税收负担不平衡,而且用外购应税消费品连续生产应税消费品与用自产应税消费品连续生产应税消费品这两种生产经营方式之间,也存在着税收负担不平衡的矛盾。第二,在确定当期扣除数额方面,没有明确是按当期销售所实际耗用的数量计算,还是按当期投入生产的数量计算,因此而导致各地在政策执行上的不统一。为解决存在的问题,现通知如下:

一、对于用外购的已税烟丝、已税酒及酒精等 8 种应税消费品连续生产的应税消费品,在计税时准予扣除外购的应税消费品已纳的消费税税款,停止实行以销售额扣除外购应税消费品买价后的余额为计税依据计征消费税的办法。

二、当期准予扣除的外购或委托加工收回的应税消费品的已纳消费税税款,应按当期生产领用数量计算。计算公式如下:

(一) $$\text{当期准予扣除的外购应税消费品已纳税款}=\text{当期准予扣除的外购应税消费品买价}\times\text{外购应税消费品适用税率}$$

$$\text{当期准予扣除的外购应税消费品买价}=\text{期初库存的外购应税消费品的买价}+\text{当期购进的应税消费品的买价}-\text{期末库存的外购应税消费品的买价}$$

(二) $$\text{当期准予扣除的委托加工应税消费品已纳税款}=\text{期初库存的委托加工应税消费品已纳税款}+\text{当期收回的委托加工应税消费品已纳税款}-\text{期末库存的委托加工应税消费品已纳税款}$$

三、纳税人用外购或委托加工收回的已税珠宝玉石生产的改在零售环节征收消费税的金银首饰,仍按《财政部、国家税务总局关于调整金银首饰消费税纳税环节有关问题的通知》[(94)财税字第 095 号]的规定执行。

四、本规定自 1995 年 6 月 1 日起执行。以前规定与本规定有抵触的,以本规定为准。

【注释】 对《国家税务总局关于印发〈消费税若干具体问题的规定〉的通知》(国税发[1993]156 号)和《国家税务总局关于消费税若干征税问题的通知》(国税发[1994]130 号)进行了解释。

财政部　国家税务总局关于酒类产品包装物押金征税问题的通知

财税[1995]53 号

各省、自治区、直辖市、计划单列市财政厅(局)、国家税务局,扬州培训中心,长春税务学院:

为了确保国家的财政收入,堵塞税收漏洞,经研究决定:从 1995 年 6 月 1 日起,对酒类产品生产企业销售酒类产品而收取的包装物押金,无论押金是否返还与会计上如何核算,均需并入酒类产品销售额中,依酒类产品的适用税率征收消费税。

【注释】 对《消费税暂行条例实施细则》第 13 条进行了解释。

国家税务总局关于外商投资企业非正常终止经营能否享受增加税负返还照顾的批复

国税函发[1995]612号

上海市国家税务局：

你局《关于外商投资企业非正常终止经营能否享受增加税负返还照顾的请示》(沪税外[1995]94号)收悉。关于上海亿利达印刷机械有限公司非正常终止经营能否享受增加税负返还照顾的问题，经研究现明确如下。

凡享受增加税负返还的外商投资企业，如发生非正常终止经营，清算时所属年度不给予增加税负返还照顾，清算前年度已经给予的增加税负返还税款可不予追回。对于违反有关法律、法规而终止经营的，则应追回已返还的税款。

国家税务总局关于锻压金首饰在零售环节征收消费税问题的批复

国税函发[1996]727号

北京市国家税务局：

你局《关于对锻压金首饰在零售环节征收消费税问题的请示》(京国税一[1996]424号)收悉。经研究，现批复如下：

鉴于你局经过大量调查已经核实，目前市场上销售的一些含金饰品如锻压金、铸金、复合金等，其生产工艺与包金、镀金首饰有明显区别，且这类含金饰品在进口环节均未征收消费税。为严密征税规定，公平税负，避免纳税人以饰品名称的不同钻空子，进行偷税、逃税，现对在零售环节征收消费税的金银首饰的范围重申如下：

在零售环节征收消费税的金银首饰的范围不包括镀金(银)、包金(银)首饰，以及镀金(银)、包金(银)的镶嵌首饰，凡采用包金、镀金工艺以外的其他工艺制成的含金、银首饰及镶嵌首饰，如锻压金、铸金、复合金首饰等，都应在零售环节征收消费税。

【注释】 对《消费税暂行条例》第4条进行了解释。

国家税务总局关于消费税若干征税问题的通知

国税发[1997]84号

各省、自治区、直辖市和计划单列市国家税务局：

最近，各地在执行消费税政策中陆续反映出一些问题，要求国家税务总局给予明确。现根据部分地区消费税问题座谈会讨论的意见，就有关具体征税问题通知如下：

一、关于普通发票不含增值税销售额的换算问题

对纳税人用外购已税烟丝等8种应税消费品连续生产应税消费品扣除已纳税款的计算方法统一后，如果企业购进的已税消费品开具的是普通发票，在换算为不含增值税的销售额时，应一律采取6%的征收率换算。具体计算公式为：

不含增值税的外购已税消费品的销售额＝外购已税消费品的含税销售额÷(1＋6%)

二、关于工业企业从事应税消费品购销的征税问题

(一) 对既有自产应税消费品，同时又购进与自产应税消费品同样的应税消费品进行销售的工业企业，对其销售的外购应税消费品应当征收消费税，同时可以扣除外购应税消费品的已纳税款。

上述允许扣除已纳税款的外购应税消费品仅限于烟丝、酒、酒精、化妆品、护肤护发品、珠宝玉石、鞭炮焰火、汽车轮胎和摩托车。

(二) 对自己不生产应税消费品，而只是购进后再销售应税消费品的工业企业，其销售的粮食白酒、薯类白酒、酒精、化妆品、护肤护发品、鞭炮焰火和珠宝玉石，凡不能构成最终消费品直接进入消费品市场，而需进一步生产加工的(如需进一步加浆降度的白酒及食用酒精,需进行调香、调味和勾兑的白酒,需进行深加工、包装、贴标、组合的珠宝玉石、化妆品、酒、鞭炮焰火等),应当征收消费税,同时允许扣除上述外购应税消费品的已纳税款。

本规定中允许扣除已纳税款的应税消费品只限于从工业企业购进的应税消费品,对从商业企业购进应税消费品的已纳税款一律不得扣除。

三、关于配制酒、泡制酒征税问题

对企业以白酒和酒精为酒基,加入果汁、香料、色素、药材、补品、糖、调料等配制或泡制的酒,不再按"其他酒"子目中的"复制酒"征税,一律按照酒基所用原料确定白酒的适用税率。凡酒基所用原料无法确定的,一律按粮食白酒的税率征收消费税。

对以黄酒为酒基生产的配制或泡制酒,仍按"其他酒"10%的税率征收消费税。

四、关于特种用车的范围问题

《消费税征收范围注释》中规定的特种用车范围只限于急救车和抢修车,对其他车只要属于小汽车的征收范围,均应按规定征收消费税。

五、关于饮食业、商业、娱乐业生产啤酒的征税问题

对饮食业、商业、娱乐业举办的啤酒屋(啤酒坊)利用啤酒生产设备生产的啤酒,应当征收消费税。

本通知自文到之日起执行。

【注释】 对《消费税暂行条例》第2、5条进行了解释。

国家税务总局关于印发《消费税问题解答》的通知

国税函发[1997]306号

各省、自治区、直辖市和计划单列市国家税务局:

现将《消费税问题解答》发给你们,请依照执行。

问:用购进已税烟丝生产的出口卷烟,能否扣除外购已税烟丝的已纳税款?

答:按照现行税收法规规定,国家对卷烟出口一律实行在生产环节免税的办法,即免征卷烟加工环节的增值税和消费税,而对出口卷烟所耗用的原辅材料已缴纳的增值税和消费税则不予退、免税。据此,为生产出口卷烟而购进的已税烟丝的已纳税款不能给予扣除。

问:为了堵塞税收漏洞,财政部、国家税务总局下发了《关于酒类产品包装物押金征税问题的通知》(财税字[1995]053号),规定从1995年6月1日起,对酒类产品生产企业销售酒类产品而收取的包装物押金,无论押金是否返还和在会计上如何核算,均需并入酒类产品销售额中,依据酒类产品的适用税率计征消费税。这一规定是否包括啤酒和黄酒产品?

答:根据《中华人民共和国消费税暂行条例》的规定,对啤酒和黄酒实行从量定额的办法征收消费税,即按照应税数量和单位税额计算应纳税额。按照这一办法征税的消费品的计税依据为应税消费品的数量,而非应税消费品的销售额,征税的多少与应税消费品的数量成正比,而与应税消费品的销售金额无直接关系。因此,对酒类包装物押金征税的规定只适用于实行从价定率办法征收消费税的粮食白酒、薯类白酒和其他酒,而不适用于实行从量定额办法征收消费税的啤酒和黄酒产品。

问:出国人员免税商店销售的金银首饰是否征收消费税?

答:对出国人员免税商店销售的金银首饰应当征收消费税。

问:"啤酒源"是否征收消费税?

答:啤酒源是以大麦或其他粮食为原料,加入啤酒花,经糖化、发酵酿制而成的含二氧化碳的酒。在产品特性、使用原料和生产工艺流程上,啤酒源与啤酒一致,只缺少过滤过程。因此,对啤酒源应按啤酒征收消费税。

问:菠萝啤酒是否征收消费税?

答:经向主管部门了解,菠萝啤酒是以大麦或其他粮食为原料,加入啤酒花,经糖化、发酵,并在过滤时加入菠萝精(汁)、糖酿制的含有二氧化碳的酒。其在产品特性、使用原料和生产工艺流程上与啤酒相同,只是在过滤时加上适量的菠萝精(汁)和糖,因此,对菠萝啤酒应按啤酒征收消费税。

问:"金刚石"是否征收消费税?

答:金刚石又称钻石,属于贵重首饰及珠宝玉石的征收范围,应按规定征收消费税。

问:"宝石坯"是否征收消费税?

答:根据《消费税征收范围注释》规定,珠宝玉石的征税范围为经采掘、打磨、加工的各种珠宝玉石。宝石坯是经采掘、打磨、初级加工的珠宝玉石半成品,因此,对宝石坯应按规定征收消费税。

问:两轮驱动的吉普型车是否属于越野车的征税范围税?

答:根据《消费税征收范围注释》规定,越野车是指四轮驱动,具有高通过性的车辆。两轮驱动的吉普型车不属于越野车范围,应按小轿车的适用税率征收消费税。

问:根据《消费税征收范围注释》规定,轻便摩托车的征税范围为最大设计车速不超过 50km/h,发动机气缸总工作容量不超过 50ml 的两轮摩托车。对最大设计车速不超过 50km/h,发动机汽缸总工作容量不超过 50ml 的三轮摩托车是否征收消费税?

答:对最大设计车速不超过 50km/h,发动机气缸总工作容量不超过 50ml 的三轮摩托车不征收消费税。

【注释】 对《消费税暂行条例》第 2 条以及《关于酒类产品包装物押金征税问题的通知》(财税字[1995]053 号)进行了解释。

国家税务总局关于贯彻《国务院关于调整烟叶和卷烟价格及税收政策的紧急通知》的通知

国税发[1998]121 号

各省、自治区、直辖市和计划单列市国家税务局:

根据《国务院关于调整烟叶和卷烟价格税收政策的紧急通知》(国税明电[1998]7 号,以下简称《通知》)的规定,自 1998 年 7 月 1 日起,将卷烟消费税税率由现在执行的 40%调整为:一类卷烟 50%,二、三类卷烟 40%,四、五类卷烟和雪茄烟 25%,进口卷烟 50%。为便于各级税务部门贯彻执行,现将有关具体问题通知如下:

一、关于卷烟分类计税标准

(一)《通知》规定的一类卷烟,指卷烟生产企业每大箱(五万支)销售价格(不包括应向购货方收取的增值税税款,下同)在 6410 元(含)以上的卷烟;二、三类卷烟,指每大箱销售价格高于 2137 元(含),低于 6410 元的卷烟;四、五类卷烟,指每大箱销售价格在 2137 元以下的卷烟。

纳税人现已生产的各牌号卷烟,按卷烟生产企业 1998 年 6 月 30 日以前同牌号、规格卷烟的销售价格确定征税类别;新牌号卷烟,按实际销售价格确定征税类别。(此条款已失效或废止)

(二)为规范纳税申报,避免卷烟消费税分类计税标准与卷烟生产企业的质量等级标准相混淆,将《通知》规定的一类卷烟消费税征税类别更名为甲类卷烟,二、三类卷烟征税类别更名为乙类卷烟,四、五类卷烟征税类别更名为丙类卷烟。(此条款已失效或废止)

(三)纳税人销售的卷烟因放开销售价格而经常发生价格上下浮动的,应以该牌号卷烟销售当月的加权平均销售价格确定征税类别和适用税率。但销售的卷烟有下列情况之一者,不得列入加权平均计算:

1. 销售价格明显偏低而无正当理由的;

2. 无销售价格的。

在实际执行中,月初可先按上月或者离销售当月最近月份的征税类别和适用税率预缴税款,月份终了再按实际平均销售价格确定征税类别和适用税率,并结算应纳税款。

(四)纳税人自产自用的卷烟应当按照纳税人生产的同牌号规格的卷烟销售价格确定征税类别和适用税率,没有同牌号规格卷烟销售价格的,一律按照甲类卷烟的 50%税率征税。(此条款已失效或废止)

(五)委托加工的卷烟按照受托方同牌号规格卷烟的征税类别和适用税率征税。没有同牌号规格的卷烟,一律按照甲类卷烟 50%税率征税。(此条款已失效或废止)

(六)白包卷烟、手工卷烟、未经国务院批准纳入计划的企业和个人生产的卷烟,一律按照甲类卷烟 50%税率征税。(此条款已失效或废止)

二、关于税目、税率

按照《通知》规定,卷烟消费税税目税率调整为:

税目	税率
卷烟	
1. 甲类卷烟(含进口卷烟)	50%
2. 乙类卷烟	40%
3. 丙类卷烟	25%
4. 雪茄烟	25%

三、关于计税依据

纳税人卷烟消费税计税价格低于产地市场零售价格 35%(即:消费税计税价格<产地市场零售价格÷[1+35%]的),税务机关有权核定计税价格。甲、乙类卷烟计税价格由国家税务总局核定,丙类卷烟计税价格由各省级国家税务局核定。(此条款已失效或废止)

四、本通知自 1998 年 7 月 1 日起执行。原有关规定与国务院《通知》和本通知有抵触的,依国务院《通知》和本通知执行。

【注释】 对《消费税暂行条例》第 2 条进行了解释。

财政部　国家税务总局关于对低污染排放小汽车减征消费税的通知

财税[2000]26 号

各省、自治区、直辖市、计划单列市财政厅(局)、国家税务局:

为保护生态环境,促进代污染排放汽车的生产和消费,推进汽车工业技术进步,经国务院批准,对低污染排放汽车实行减征消费税的政策。现将有关事项通知如下:

一、对生产销售达到低污染排放限值的小轿车、越野车和小客车减征 30%的消费税。

计算公式为:

减征税额=按法定税率计算的消费税额×30%应征税额=按法定税率计算的消费税额-减征税额

低污染排放限值是指相当于欧盟指令 94/12/ec、96/69/ec 排放标准(简称"欧洲Ⅱ号标准")。

二、汽车生产企业直接向财政部和国家税务总局申请减征消费税,同时抄报国家机械工业局和国家环境保护总局。由财政部和国家税务总局会同国家机械工业局和国家环境保护总局进行审核认定;对经审核确实达到低污染排放限值的车型,由财政部、国家税务总局联合下发执行文件,抄送国家机械工业局、国家环境保护总局和相关汽车生产企业。

对《全国汽车、民用改装车和摩托车生产企业及产品目录》未列名汽车生产企业的申请,不予受理。

三、申请减征消费税必须提交的材料:

(一)书面申请报告。

(二)财政部、国家税务总局、国家机械工业局、国家环境保护总局共同认定的汽车质量检验机构出具的汽车样品达到低污染排放检验报告。

(三)国家汽车行业主管部门会同国家环境保护总局认定的汽车企业达到低污染排放限值生产一致性合格报告。

(四)财政部和国家税务总局根据具体情况,要求企业增报的其他材料。

四、达标检验:

(一)样品检验。

财政部、国家税务总局、国家机械工业局、国家环境保护总局认定国家轿车质量监督检验中心、国家汽车质量监督检验中心、国家汽车质量监督检验中心(襄樊)为小汽车低污染排放限值质量检验机构(以下简称"检验机构")。

汽车生产企业可在上述 3 家检验机构中自愿选择一家不存在关联关系的检验机构进行样品检验,否则,检验机构出具的样品检验合格报告无效。

存在关联关系是指,汽车质量检验机构与汽车生产企业在资金、经营、购销等方面存在直接、间接拥有或控制关系,或者存在直接、间接地同为第三者所拥有或控制关系,或存在其他利益上具有相关联关系的。

(二)生产一致性检验。

财政部和国家税务总局委托国家机械工业局会同国家环境保护总局组织生产一致性认证机构和有关专家，对申请减征消费税的汽车生产企业进行生产一致性审查检验。

生产一致性检验申报和审查程序由国家机械工业局会商财政部、国家税务总局和国家环境保护总局另行制定。

（三）国家机械工业局于检验完毕10个工作日内，会同国家环境保护总局将检验合格的企业与车型清单，送交财政部和国家税务总局。

五、税务管理及处罚：

（一）负责实施减征小汽车消费税的国家税务局主管税务机关，要严格把关，认真执行政策，做好监管工作。各省（市）国家税务局应于每年1月30日之前，将上一年度低排放车型的销售额、销售数量和减税金额汇总上报国家税务总局和财政部。

（二）汽车生产企业应当单独核算批准减征消费税车型的销售数量和销售额。否则，税务机关不予减征消费税。

（三）财政部和国家税务总局可以组织或委托有关机构对享受减征消费税政策的低污染排放汽车的污染排放值进行检查，对不符合规定的，取消其减征消费税资格。

对于被取消减征消费税资格的汽车，生产企业需重新申请并按上述检验和批准程序后方可享受减征消费税政策。

（四）检验机构参与作假的，取消其低污染排放汽车的检验资格，并提请国家有关部门依法对其进行处罚。

（五）汽车生产企业采取不当手段骗取国家减征消费税政策的，一经查实，由主管税务机关依照《中华人民共和国税收征收管理法》及相关法规的有关规定追回减征的税款，并予以处罚。

六、本通知自2000年1月1日起执行。

【注释】 对《消费税暂行条例》第2条进行了解释。

关于调整酒类产品消费税政策的通知

财税[2001]84号

各省、自治区、直辖市、计划单列市财政厅（局）、国家税务局，新疆生产建设兵团财务局：

经国务院批准，调整酒类产品消费税政策。现将有关问题通知如下：

一、调整粮食白酒、薯类白酒消费税税率。

粮食白酒、薯类白酒消费税税率由《中华人民共和国消费税暂行条例》规定的比例税率调整为定额税率和比例税率。

（一）定额税率：粮食白酒、薯类白酒每斤（500克）0.5元。

（二）比例税率：

1. 粮食白酒（含果木或谷物为原料的蒸馏酒，下同）25％。

下列酒类产品比照粮食白酒适用25％比例税率：

——粮食和薯类、糠麸等多种原料混合生产的白酒

——以粮食白酒为酒基的配置酒、泡制酒

——以白酒或酒精为酒基，凡酒基所用原料无法确定的配置酒、泡制酒

2. 薯类白酒15％。

二、调整酒类产品消费税计税办法。

粮食白酒、薯类白酒计税办法由《中华人民共和国消费税暂行条例》规定的实行从价定率计算应纳税额的办法调整为实行从量定额和从价定率相结合计算应纳税额的复合计税办法。应纳税额计算公式：

应纳税额＝销售数量×定额税率＋销售额×比例税率

凡在中华人民共和国境内生产、委托加工、进口粮食白酒、薯类白酒的单位和个人，都应依照本通知的规定缴纳从量定额消费税和从价定率消费税。

三、粮食白酒、薯类白酒计税依据。

（一）生产销售粮食白酒、薯类白酒，从量定额计税办法的计税依据为粮食白酒、薯类白酒的实际销售数量。

（二）进口、委托加工、自产自用粮食白酒、薯类白酒，从量定额计税办法的计税依据分别为海关核定的进口征税数量、委托方收回数量、移送使用数量。

（三）生产销售、进口、委托加工、自产自用粮食白酒，薯类白酒从价定率计税办法的计税依据按《中华人民共和国消费税暂行条例》及其有关规定执行。

四、调整啤酒消费税单位税额。

（一）每吨啤酒出厂价格（含包装物及包装物押金）在 3000 元（含 3000 元，不含增值税）以上的，单位税额 250 元/吨；

（二）每吨啤酒出厂价格在 3000 元（不含 3000 元，不含增值税）以下的，单位税额 220 元/吨；

（三）娱乐业、饮食业自制啤酒，单位税额 250 元/吨；

（四）每吨啤酒出厂价格以 2000 年全年销售的每一牌号、规格啤酒产品平均出厂价格为准。2000 年每一牌号、规格啤酒的平均出厂价格确定之后即作为确定各牌号、规格啤酒 2001 年适用单位税额的依据，无论 2001 年啤酒的出厂价格是否变动，当年适用单位税额原则上不再进行调整。

啤酒计税价格管理办法另行制定。

五、停止执行外购或委托加工已税酒和酒精生产的酒（包括以外购已税白酒加浆降度，用外购已税的不同品种的白酒勾兑的白酒，用曲香、香精对外购已税白酒进行调香、调味以及外购散装白酒装瓶出售等）外购酒及酒精已纳税款或受托方代收代缴税款准予抵扣政策。2001 年 5 月 1 日以前购进的已税酒及酒精，已纳消费税税款没有抵扣完的一律停止抵扣。

六、停止执行对小酒厂定额、定率的双定征税办法，一律实行查实征收。小酒厂指会计核算不健全的小型业户。

七、依据《中华人民共和国税收征收管理法》及有关规定，制定酒类关联企业征税办法。具体办法由国家税务总局商财政部另行制定。

八、本《通知》自 2001 年 5 月 1 日起执行。原有规定与本《通知》有抵触的，以本《通知》为准。

【注释】 对《消费税暂行条例》第 2 条进行了解释。

财政部　国家税务总局关于调整烟类产品消费税政策的通知

财税［2001］91 号

各省、自治区、直辖市、计划单列市财政厅（局）、国家税务局，新疆生产建设兵团财务局：

经国务院批准，调整卷烟产品消费税政策。现将有关问题通知如下：

一、调整卷烟消费税税率

卷烟消费税税率由《中华人民共和国消费税暂行条例》规定的比例税率调整为定额税率和比例税率。税率具体调整如下：

（一）定额税率：每标准箱（50000 支，下同）150 元。

（二）比例税率：

1. 每标准条（200 支，下同）调拨价格在 50 元（含 50 元，不含增值税）以上的卷烟税率为 45%。

2. 每标准条调拨价格在 50 元（不含增值税）以下的卷烟税率为 30%。

3. 下列卷烟一律适用 45%的比例税率：

——进口卷烟

——白包卷烟

——手工卷烟

——自产自用没有同牌号、规格调拨价格的卷烟

——委托加工没有同牌号、规格调拨价格的卷烟

——未经国务院批准纳入计划的企业和个人生产的卷烟

二、调整卷烟消费税计税办法

卷烟消费税计税办法由《中华人民共和国消费税暂行条例》规定的实行从价定率计算应纳税额的办法

调整为实行从量定额和从价定率相结合计算应纳税额的复合计税办法。应纳税额计算公式：

$$应纳税额=销售数量\times定额税率+销售额\times比例税率$$

凡在中华人民共和国境内生产、委托加工、进口卷烟的单位和个人，都应当依照本通知的规定缴纳从量定额消费税和从价定率消费税。

三、计税依据

（一）生产销售卷烟。

1. 从量定额计税办法的计税依据为卷烟的实际销售数量。

2. 从价定率计税办法的计税依据为卷烟的调拨价格或者核定价格。

调拨价格是指卷烟生产企业通过卷烟交易市场与购货方签订的卷烟交易价格。调拨价格由国家税务总局按照中国烟草交易中心（以下简称交易中心）和各省烟草交易（定货）会（以下简称交易会）2000年各牌号、规格卷烟的调拨价格确定，并作为卷烟计税价格对外公布（见附件）。

核定价格是指不进入交易中心和交易会交易、没有调拨价格的卷烟，应由税务机关按其零售价倒算一定比例的办法核定计税价格。核定价格的计算公式：

$$某牌号规格=\frac{该牌号规格卷烟}{卷烟核定价格市场零售价格}\div(1+35\%)$$

2000年11月以后生产销售的新牌号规格卷烟，暂按生产企业自定的调拨价格征收消费税。新牌号规格卷烟的概念界定、计税价格管理办法由国家税务总局商财政部另行制定。

3. 计税价格和核定价格确定以后，执行计税价格的卷烟，国家每年根据卷烟实际交易价格的情况，对个别市场交易价格变动较大的卷烟，以交易中心或者交易会的调拨价格为基础对其计税价格进行适当调整。执行核定价格的卷烟，由税务机关按照零售价格变动情况进行调整。

4. 实际销售价格高于计税价格和核定价格的卷烟，按实际销售价格征收消费税；实际销售价格低于计税价格和核定价格的卷烟，按计税价格或核定价格征收消费税。

5. 非标准条包装卷烟应当折算成标准条包装卷烟的数量，依其实际销售收入计算确定其折算成标准条包装后的实际销售价格，并确定适用的比例税率。折算的实际销售价格高于计税价格的，应按照折算的实际销售价格确定适用比例税率；折算的实际销售价格低于计税价格的，应按照同牌号规格标准条包装卷烟的计税价格和适用税率征税。

非标准条包装卷烟是指每条包装多于或者少于200支的条包装卷烟。

（二）进口卷烟、委托加工卷烟、自产自用卷烟从量定额计税的依据分别为海关核定的进口征税数量、委托方收回数量、移送使用数量；从价定率计税的计税依据按《中华人民共和国消费税暂行条例》及其有关的规定执行。

四、本《通知》规定调整的烟类产品仅限于卷烟。雪茄烟、烟丝的消费税税率和计税方法仍按照《中华人民共和国消费税暂行条例》的有关规定执行。

五、本《通知》自2001年6月1日起执行。卷烟生产企业2001年4月1日至5月31日销售的卷烟，凡已经国家税务总局核定计税价格的，按照核定的计税价格征收消费税；未核定计税价格的，按照实际出厂价格征收消费税。

【注释】　对《消费税暂行条例》第2条进行了解释。

国家税务总局关于卷烟生产企业购进卷烟直接销售不再征收消费税的批复

国税函[2001]955号

江西省国家税务局：

你局《关于卷烟生产企业购进卷烟直接销售是否征收消费税问题的请示》（赣国税发[2001]302号）收悉。关于卷烟生产企业购进卷烟直接销售是否征收消费税问题，经研究，现批复如下：

对既有自产卷烟，同时又委托联营企业加工与自产卷烟牌号、规格相同卷烟的工业企业（以下简称卷烟回购企业），从联营企业购进后再直接销售的卷烟，对外销售时不论是否加价，凡是符合下述条件的，不再征收消费税；不符合下述条件的，则征收消费税：

一、回购企业在委托联营企业加工卷烟时，除提供给联营企业所需加工卷烟牌号外，还须同时提供税务机关已公示的消费税计税价格。联营企业必须按照已公示的调拨价格申报缴纳消费税。

二、回购企业将联营企业加工卷烟回购后再销售的卷烟，其销售收入应与自产卷烟的销售收入分开核算，以备税务机关检查；如不分开核算，则一并计入自产卷烟销售收入征收消费税。

本规定自文到之日起执行。

【注释】 对《消费税暂行条例》第2条进行了解释。

国家税务总局关于啤酒计征消费税有关问题的批复

国税函[2002]166号

宁波市国家税务局：

你局《关于啤酒计征消费税有关问题的请示》(甬国税发[2001]61号)收悉。经研究，现批复如下：

按照《中华人民共和国税收征收管理法》中"企业或者外国企业在中国境内设立的从事生产、经营的机构、场所与其关联企业之间的业务往来，应当按照独立企业之间的业务往来收取或者支付价款、费用；不按照独立企业之间的业务往来收取或者支付价款、费用，而减少其应纳税的收入或者所得额的，税务机关有权进行合理调整"和《财政部、国家税务总局关于调整酒类产品消费税政策的通知》(财税[2001]84号)的有关规定，对啤酒生产企业销售的啤酒，不得以向其关联企业的啤酒销售公司销售的价格作为确定消费税税额的标准，而应当以其关联企业的啤酒销售公司对外的销售价格(含包装物及包装物押金)作为确定消费税税额的标准，并依此确定该啤酒消费税单位税额。

【注释】 对《消费税暂行条例》第6、10条进行了解释。

国家税务总局关于酒类产品消费税政策问题的通知

国税发[2002]109号

各省、自治区、直辖市和计划单列市国家税务局：

近接一些地区反映，基层税务机关在白酒专项检查中发现了一些政策界限不够清晰、处理尺度难以掌握的业务问题，要求总局予以明确。经研究，现明确如下：

一、关于酒类生产企业利用关联企业间关联交易规避消费税问题

根据《中华人民共和国税收征收管理法实施细则》第三十八条规定，纳税人与关联企业之间的购销业务，不按照独立企业之间的业务往来作价的，税务机关可以按照下列方法调整其计税收入额或者所得额，核定其应纳税额：

(一) 按照独立企业之间进行相同或者类似业务活动的价格；

(二) 按照再销售给无关联关系的第三者的价格所取得的收入和利润水平；

(三) 按照成本加合理的费用和利润；

(四) 按照其他合理的方法。

对已检查出的酒类生产企业在本次检查年度内发生的利用关联企业关联交易行为规避消费税问题，各省、自治区、直辖市、计划单列市国家税务局可根据本地区被查酒类生产企业与其关联企业间不同的核算方式，选择以上处理方法调整其酒类产品消费税计税收入额，核定应纳税额，补缴消费税。

二、关于粮食白酒的适用税率问题

(一) 对以粮食原酒作为基酒与薯类酒精或薯类酒进行勾兑生产的白酒应按粮食白酒的税率征收消费税。

(二) 对企业生产的白酒应按照其所用原料确定适用税率。凡是既有外购粮食、或者有自产或外购粮食白酒(包括粮食酒精)，又有自产或外购薯类和其他原料酒(包括酒精)的企业其生产的白酒凡所用原料无法分清的，一律按粮食白酒征收消费税。

三、关于"品牌使用费"征税问题

白酒生产企业向商业销售单位收取的"品牌使用费"是随着应税白酒的销售而向购货方收取的，属于应税白酒销售价款的组成部分，因此，不论企业采取何种方式或以何种名义收取价款，均应并入白酒的销售额中缴纳消费税。

四、关于外购应税消费品税款抵扣问题

对企业 2001 年 5 月 1 日以前外购酒精已纳税款无论什么原因造成没有抵扣完毕，2001 年 5 月 1 日以后均一律不得抵扣。

【注释】 对《消费税暂行条例》第 10 条进行了解释。对《消费税暂行条例实施细则》第 21 条进行了解释。

国家税务总局关于啤酒集团内部企业间销售(调拨)啤酒液征收消费税问题的批复

国税函[2003]382 号

青岛市国家税务局：

你局《关于青岛啤酒股份有限公司内部调拨酒液征收消费税问题的请示》(青国税发[2002]57 号)收悉。关于啤酒生产集团为解决下属企业之间糖化能力和包装能力不匹配，优化各企业间资源配置，将有糖化能力而无包装能力的企业生产的啤酒液销售(调拨)给异地企业进行灌装，对此如何征收消费税问题，经研究，现批复如下：

一、啤酒生产集团内部企业间调拨销售的啤酒液，应由啤酒液生产企业按现行规定申报缴纳消费税。

二、购入方企业应依据取得的销售方销售啤酒液所开具的增值税专用发票上记载的销售数量、销售额、销售单价确认销售方啤酒液适用的消费税单位税额，单独建立外购啤酒液购入使用台帐，计算外购啤酒液已纳消费税额。

三、购入方使用啤酒液连续灌装生产并对外销售的啤酒，应依据其销售价格确定适用单位税额计算缴纳消费税，但其外购啤酒液已纳的消费税额，可以从其当期应纳消费税额中抵减。

【注释】 对《消费税暂行条例》第 4 条进行了解释。对《消费税暂行条例实施细则》第 6 条进行了解释。

财政部　国家税务总局关于铂金及其制品税收政策的通知

财税[2003]86 号

各省、自治区、直辖市、计划单列市财政厅(局)、国家税务局、地方税务局，新疆生产建设兵团财务局：

为规范铂金交易，加强铂金交易的税收管理，经国务院批准，现将铂金及铂金制品的税收政策明确如下：

一、对进口铂金免征进口环节增值税。

二、对中博世金科贸有限责任公司通过上海黄金交易所销售的进口铂金，以上海黄金交易所开具的《上海黄金交易所发票》(结算联)为依据，实行增值税即征即退政策。采取按照进口铂金价格计算退税的办法，具体如下：

即征即退的税额计算公式：

$$\begin{matrix}\text{进口铂金}\\\text{平均单价}\end{matrix}=\sigma\left\{\left[\left(\begin{matrix}\text{当月进口铂}\\\text{金报关单价}\end{matrix}\times\begin{matrix}\text{当月进口}\\\text{铂金数量}\end{matrix}\right)+\begin{matrix}\text{上月末库存进}\\\text{口铂金总价值}\end{matrix}\right]\div\left(\begin{matrix}\text{当月进口}\\\text{铂金数量}\end{matrix}+\begin{matrix}\text{上月末库存}\\\text{进口铂金数量}\end{matrix}\right)\right\}$$

金额＝销售数量×进口铂金平均单价÷(1＋17%)

即征即退税额＝金额×17%

中博世金科贸有限责任公司进口的铂金没有通过上海黄金交易所销售的，不得享受增值税即征即退政策。

三、中博世金科贸有限责任公司通过上海黄金交易所销售的进口铂金，由上海黄金交易所主管税务机关按照实际成交价格代开增值税专用发票。增值税专用发票中的单价、金额和税额的计算公式为：

单价＝实际成交单价÷(1＋17%)

金额＝成交数量 × 单价

税额＝金额×17%

实际成交单价是指不含黄金交易所收取的手续费的单位价格。

四、国内铂金生产企业自产自销的铂金也实行增值税即征即退政策。

五、对铂金制品加工企业和流通企业销售的铂金及其制品仍按现行规定征收增值税。

六、铂金出口不退税；出口铂金制品，对铂金原料部分的进项增值税不实行出口退税，只对铂金制品加工环节的加工费按规定退税率退税。

七、铂金首饰消费税的征收环节由现行在生产环节和进口环节征收改为在零售环节征收，消费税税率调整为5%。具体征收管理比照财政部、国家税务总局《关于调整金银首饰消费税纳税环节有关问题的通知》[(94)财税字第095号]和国家税务总局关于印发《金银首饰消费税征收管理办法的通知》规定执行。

八、对黄金交易所收取的手续费等收入照章征收营业税。

九、黄金交易所铂金交易的增值税征收管理及增值税专用发票管理由国家税务总局另行制定。

十、本通知自2003年5月1日起执行。

【注释】 对《消费税暂行条例》第16条进行了解释。

财政部　国家税务总局关于调整进口卷烟消费税税率的通知

财税[2004]22号

海关总署：

为统一进口卷烟与国产卷烟的消费税政策，经国务院批准对进口卷烟消费税税率进行调整。现就有关问题通知如下：

一、自2004年3月1日起，进口卷烟消费税适用比例税率按以下办法确定：

1. 每标准条进口卷烟(200支)确定消费税适用比例税率的价格=(关税完税价格+关税+消费税定额税率)/(1-消费税税率)。其中，关税完税价格和关税为每标准条的关税完税价格及关税税额；消费税定额税率为每标准条(200支)0.6元(依据现行消费税定额税率折算而成)；消费税税率固定为30%。

2. 每标准条进口卷烟(200支)确定消费税适用比例税率的价格≥50元人民币的，适用比例税率为45%；每标准条进口卷烟(200支)确定消费税适用比例税率的价格<50元人民币的，适用比例税率为30%。

二、依据上述确定的消费税适用比例税率，计算进口卷烟消费税组成计税价格和应纳消费税税额。

1. 进口卷烟消费税组成计税价格=(关税完税价格+关税+消费税定额税)/(1-进口卷烟消费税适用比例税率)。

2. 应纳消费税税额=进口卷烟消费税组成计税价格×进口卷烟消费税适用比例税率+消费税定额税。其中，消费税定额税=海关核定的进口卷烟数量×消费税定额税率，消费税定额税率为每标准箱(50000支)150元。

【注释】 对《消费税暂行条例》第2条进行了解释。

财政部　海关总署　国家税务总局关于印发《关于进口货物进口环节海关代征税税收政策问题的规定》的通知

财关税[2004]7号

各省、自治区、直辖市、计划单列市财政厅(局)、国家税务局，海关广东分署，海关总署驻天津、上海特派办，各直属海关：

《关于进口货物进口环节海关代征税税收政策问题的规定》已经国务院批准。现印发给你们，请遵照执行。

附件：

关于进口货物进口环节海关代征税税收政策问题的规定

一、经海关批准暂时进境的下列货物，在进境时纳税义务人向海关缴纳相当于应纳税款的保证金或者提供其他担保的，可以暂不缴纳进口环节增值税和消费税，并应当自进境之日起6个月内复运出境；经纳税义务人申请，海关可以根据海关总署的规定延长复运出境的期限：

（一）在展览会、交易会、会议及类似活动中展示或者使用的货物；

（二）文化、体育交流活动中使用的表演、比赛用品：

（三）进行新闻报道或者摄制电影、电视节目使用的仪器、设备及用品：

（四）开展科研、教学、医疗活动使用的仪器、设备及用品：

（五）在本款第（一）项至第（四）项所列活动中使用的交通工具及特种车辆；

（六）货样；

（七）供安装、调试、检测设备时使用的仪器、工具：

（八）盛装货物的容器；

（九）其他用于非商业目的的货物。

上述所列暂准进境货物在规定的期限内未复运出境的，海关应当依法征收进口环节增值税和消费税。

上述所列可以暂时免征进口环节增值税和消费税范围以外的其他暂准进境货物，应当按照该货物的组成计税价格和其在境内滞留时间与折旧时间的比例分别计算征收进口环节增值税和消费税。

二、因残损、短少、品质不良或者规格不符原因，由进口货物的发货人、承运人或者保险公司免费补偿或者更换的相同货物，进口时不征收进口环节增值税和消费税。被免费更换的原进口货物不退运出境的，海关应当对原进口货物重新按照规定征收进口环节增值税和消费税。

三、进口环节增值税税额在人民币50元以下的一票货物，免征进口环节增值税；消费税税额在人民币50元以下的一票货物，免征进口环节消费税。

四、无商业价值的广告品和货样免征进口环节增值税和消费税。

五、外国政府、国际组织无偿赠送的物资免征进口环节增值税和消费税。

六、在海关放行前损失的进口货物免征进口环节增值税和消费税；在海关放行前遭受损坏的货物，可以按海关认定的进口货物受损后的实际价值确定进口环节增值税和消费税组成计税价格公式中的关税完税价格和关税，并依法计征进口环节增值税和消费税。

七、进境运输工具装载的途中必需的燃料、物料和饮食用品免征进口环节增值税和消费税。

八、有关法律、行政法规规定进口货物减征或者免征进口环节海关代征税的，海关按照规定执行。

九、本规定自2004年1月1日起施行。

【注释】 对《消费税暂行条例》第16条进行了解释。

国家税务总局关于取消金银首饰消费税纳税人认定行政审批后有关问题的通知

国税函[2004]826号

各省、自治区、直辖市和计划单列市国家税务局：

根据《国务院关于第三批取消和调整行政审批项目的决定》（国发[2004]16号），“金银首饰消费税纳税人认定”属于被取消的行政审批项目。按照国务院要求，现将有关问题通知如下：

一、停止执行《国家税务总局关于印发〈金银首饰消费税征收管理办法〉的通知》（国税发[1994]267号）中〈金银首饰消费税征收管理办法〉的第五条“金银首饰消费税纳税人的认定”。

二、“金银首饰消费税纳税人的认定”程序取消后，各级税务机关要加大征管力度，对金银首饰经营单位申报纳税情况进行经常性专项检查。

【注释】 对《消费税暂行条例》第16条进行了解释。相关补充规定包括：《国家税务总局关于停止执行〈金银首饰购货（加工）管理证明单〉使用规定的批复》（国税函[2005]193号）。

国家税务总局关于果啤征收消费税的批复

国税函[2005]333号

陕西省国家税务局：

你局《关于青岛啤酒汉中有限责任公司生产销售“汉斯果啤”有关消费税问题的请示》（陕国税发[2004]

224号)收悉。经研究,批复如下:

经向中国酿酒协会啤酒分会了解,果啤是一种口味介于啤酒和饮料之间的低度酒精饮料,主要成份为啤酒和果汁。尽管果啤在口味和成份上与普通啤酒有所区别,但无论是从产品名称,还是从产品含啤酒的本质上看,果啤均属于啤酒,应按规定征收消费税。

【注释】 对《消费税暂行条例》第2条进行了解释。

财政部 国家税务总局关于增值税营业税消费税实行先征后返等办法有关城建税和教育费附加政策的通知

财税[2005]72号

各省、自治区、直辖市、计划单列市财政厅(局)、地方税务局,财政部驻各省、自治区、直辖市、计划单列市财政监察专员办事处:

经研究,现对增值税、营业税、消费税(以下简称"三税")实行先征后返、先征后退、即征即退办法有关的城市维护建设税和教育费附加政策问题明确如下:

对"三税"实行先征后返、先征后退、即征即退办法的,除另有规定外,对随"三税"附征的城市维护建设税和教育费附加,一律不予退(返)还。

国家税务总局关于印发《汽油、柴油消费税管理办法(试行)》的通知

国税发[2005]133号

各省、自治区、直辖市和计划单列市国家税务局,扬州税务进修学院:

为了加强汽油、柴油消费税管理,提高征管质量和效率,实现消费税重点税源专人现场集中管理的目标,总局制定了《汽油、柴油消费税管理办法(试行)》,现印发给你们,请结合实际情况认真贯彻执行。对在试行过程中遇到的情况和问题,请及时报告总局。

汽油、柴油消费税管理办法(试行)

第一条 根据《中华人民共和国税收征收管理法》、《中华人民共和国税收征收管理法实施细则》(以下简称征管法及其实施细则)、《中华人民共和国消费税暂行条例》、《中华人民共和国消费税暂行条例实施细则》(以下简称条例及其实施细则)制定本办法。

第二条 在中华人民共和国境内生产、委托加工、进口汽油、柴油的单位和个人,均为汽油、柴油消费税纳税人(以下简称纳税人)。无铅汽油适用税率每升0.2元,含铅汽油(铅含量每升超过0.013克)适用税率每升0.28元,柴油适用税率每升0.1元。

第三条 汽油是指由天然或人造原油经蒸馏所得的直馏汽油组分,二次加工汽油组分及其他高辛烷值组分按比例调合而成的或用其他原料、工艺生产的辛烷值不小于66的各种汽油和以汽油组分为主,辛烷值大于50的经调合可用作汽油发动机燃料的非标油。

第四条 柴油是指由天然或人造原油经常减压蒸馏在一定温度下切割的馏分,或用于二次加工柴油组分调合而成的倾点在-50号至30号的各种柴油和以柴油组分为主、经调和精制可用作柴油发动机的非标油。

第五条 纳税人应按照征管法及其实施细则的有关规定办理税务登记,纳税人除依照有关规定提供相关资料外,还必须提供下列资料:

(一)生产企业基本情况表(以下简称基本情况表,见附件一);

(二)生产装置及工艺路线的简要说明;

(三)企业生产的所有油品名称、产品标准及用途;

(四)税务机关要求报送的其他资料。

第六条 已经办理税务登记的纳税人,其原油加工能力、生产装置、储油设施、油品名称、产品标准及用途发生变化的,应自发生变化之日起30日内向主管税务机关报告。

第七条 主管税务机关应在纳税人办理税务登记后或接到本办法第第六条规定的报告后,及时到纳税人所在地实地查验、核实。

第八条　纳税人应按照条例及其实施细则的规定办理消费税纳税申报。纳税人在办理消费税纳税申报时应填写《消费税纳税申报表》及附表并提供下列资料：

（一）生产企业生产经营情况表（油品）（以下简称经营表，见附件二）；

（二）生产企业产品销售明细表（油品）（以下简称销售表，见附件三）；

（三）主管部门下达的月度生产计划；

（四）企业根据生产计划制定的月份排产计划；

（五）税务机关要求报送的其他资料。

第九条　主管税务机关应对纳税人实行专责管理。

第十条　主管税务机关应定期委派管理员到生产企业所在地了解纳税人的生产经营情况及与纳税有关的情况。向纳税人宣传贯彻税收法律、法规和各项税收政策，开展纳税服务，为纳税人提供税法咨询和办税辅导，督促纳税人正确履行纳税义务、建立健全财务会计制度、加强帐簿凭证管理。

第十一条　主管税务机关应当掌握纳税人生产经营、财务核算的基本情况。掌握纳税人原油、原料油品输入、输出管道、炼化装置、燃料油品运输口岸（管道运输、火车运输、船舶运输、罐车运输）等储运部门的具体位置，燃料油品流量计（表、检尺）的安装位置。了解产品重量单位的计算方法（在一定温度下重量＝体积×密度），统计部门燃料油品产量计算方式、商品量的调整依据。

第十二条　主管税务机关应定期将依据纳税人储运部门的油品收发台帐统计的油品发出量与流量表的流量总计或通过检尺检测后计算的流量总计进行核对。

第十三条　主管税务机关应对纳税人油品销售对象进行监控。定期将纳税人统计的油品发出量与销售对象（如石油公司等）的流量计记录情况进行核对。

第十四条　主管税务机关应定期对纳税人开展纳税评估。综合运用纳税人申报资料及第三方信息资料（如原油加工损失等）和本办法附件四评估指标定义及比对方法，对纳税人纳税申报的真实性、准确性做出初步判断，根据评估分析发现的问题，约谈纳税人。

第十五条　汽油、柴油消费税纳税评估指标包括：原油及原料油加工量、原油库存能力、汽油库存能力、柴油库存能力、综合商品率、轻油收率、汽油收率、柴油收率、柴油、汽油产出比、税务机关计算的汽油销售数量、税务机关计算的柴油销售数量。

第十六条　主管税务机关应对纳税人开具的除汽油、柴油以外的所有油品销售发票（增值税专用发票、有效凭证）按照销售对象进行清分，将有疑点的发票信息及时传递给销售对象所在地主管税务机关，由销售对象所在地主管税务机关进行协查。

第十七条　销售对象所在地主管税务机关应对本环节购进货物用途、再销售对象进行核查，于收到核查信息后15日内将核查结论反馈给生产企业所在地主管税务机关。

对于本环节仍有疑点的发票，销售对象所在地主管税务机关应继续向下一环节购货方所在地主管税务机关发出协查信息。

第十八条　主管税务机关应加强对纳税人以化工原料名义销售的可用于调和为汽油、柴油的石脑油、溶剂油计划及调整计划（以下简称计划）的管理。计划每年由中国石油天然气集团（股份）公司、中国石油化工集团（股份）公司提出，经国家税务总局核准后下发给各省、自治区、直辖市、计划单列市国家税务局。

第十九条　以化工原料名义销售的可用于调和为汽油、柴油的石脑油、溶剂油的生产企业（以下简称供应单位）所在地主管税务机关应对计划执行情况进行监督，于次年1月31日前将计划执行情况逐级上报至国家税务总局。

第二十条　使用计划内可用于调和汽油、柴油的石脑油、溶剂油单位（以下简称使用单位）所在地的主管税务机关应对使用单位计划使用情况进行监督。对使用单位销售的汽油、柴油征收消费税。

第二十一条　主管税务机关应根据税收管理的需要，对纳税人销售、自用、受托加工的除汽油、柴油以外的油品进行取样备检，可以要求纳税人于销售货物前提供备检样品。

第二十二条　本办法实施前已经办理税务登记的纳税人，无需重新办理税务登记。但必须在本办法实施后的第一个征期内向主管税务机关提供本办法第五条规定需要提供的证件资料。

第二十三条　本办法自2005年9月1日起实施。

【注释】　对《消费税暂行条例》第16条进行了解释。

财政部　国家税务总局关于明确啤酒包装物押金消费税政策的通知

财税［2006］20号

各省、自治区、直辖市、计划单列市财政厅（局）、国家税务局，新疆生产建设兵团财务局：

近接一些地方来文，要求明确啤酒包装物押金的有关范围问题。经研究，现明确如下：

财政部和国家税务总局《关于调整酒类产品消费税政策的通知》（财税［2001］84号）规定啤酒消费税单位税额按照出厂价格（含包装物及包装物押金）划分档次，上述包装物押金不包括供重复使用的塑料周转箱的押金。

本文自2006年1月1日起执行。

【注释】 对《消费税暂行条例实施细则》第13条进行了解释。

财政部　国家税务总局关于调整和完善消费税政策的通知

财税［2006］33号

各省、自治区、直辖市、计划单列市财政厅（局）、国家税务局，新疆生产建设兵团财务局：

为适应社会经济形势的客观发展需要，进一步完善消费税制，经国务院批准，对消费税税目、税率及相关政策进行调整。现将有关内容通知如下：

一、关于新增税目

（一）新增高尔夫球及球具、高档手表、游艇、木制一次性筷子、实木地板税目。适用税率分别为：

1. 高尔夫球及球具税率为10％；

2. 高档手表税率为20％；

3. 游艇税率为10％；

4. 木制一次性筷子税率为5％；

5. 实木地板税率为5％。

（二）取消汽油、柴油税目，增列成品油税目。汽油、柴油改为成品油税目下的子目（税率不变）。另外新增石脑油、溶剂油、润滑油、燃料油、航空煤油五个子目。

1. 上述新增子目的适用税率（单位税额）分别为：

（1）石脑油，单位税额为0.2元/升；

（2）溶剂油，单位税额为0.2元/升；

（3）润滑油，单位税额为0.2元/升；

（4）燃料油，单位税额为0.1元/升；

（5）航空煤油，单位税额为0.1元/升。

2. 上述新增子目的计量单位换算标准分别为：

（1）石脑油1吨＝1385升；

（2）溶剂油1吨＝1282升；

（3）润滑油1吨＝1126升；

（4）燃料油1吨＝1015升；

（5）航空煤油1吨＝1246升。

计量单位换算标准的调整由财政部、国家税务总局确定。

二、关于纳税人

在中华人民共和国境内生产、委托加工、进口上述新增应税消费品的单位和个人为消费税的纳税义务人，均应按《中华人民共和国消费税暂行条例》（以下简称条例）和本通知的规定申报缴纳消费税。

三、关于取消税目

取消护肤护发品税目，将原属于护肤护发品征税范围的高档护肤类化妆品列入化妆品税目。

四、关于调整税目税率

（一）调整小汽车税目税率。

取消小汽车税目下的小轿车、越野车、小客车子目。在小汽车税目下分设乘用车、中轻型商用客车子目。适用税率分别为：

1. 乘用车。

(1) 气缸容量(排气量,下同)在 1.5 升(含)以下的,税率为 3%；

(2) 气缸容量在 1.5 升以上至 2.0 升(含)的,税率为 5%；

(3) 气缸容量在 2.0 升以上至 2.5 升(含)的,税率为 9%；

(4) 气缸容量在 2.5 升以上至 3.0 升(含)的,税率为 12%；

(5) 气缸容量在 3.0 升以上至 4.0 升(含)的,税率为 15%；

(6) 气缸容量在 4.0 升以上的,税率为 20%。

2. 中轻型商用客车,税率为 5%。

(二) 调整摩托车税率。

将摩托车税率改为按排量分档设置：

1. 气缸容量在 250 毫升(含)以下的,税率为 3%；

2. 气缸容量在 250 毫升以上的,税率为 10%。

(三) 调整汽车轮胎税率。

将汽车轮胎 10%的税率下调到 3%。

(四) 调整白酒税率。

粮食白酒、薯类白酒的比例税率统一为 20%。定额税率为 0.5 元/斤(500 克)或 0.5 元/500 毫升。从量定额税的计量单位按实际销售商品重量确定,如果实际销售商品是按体积标注计量单位的,应按 500 毫升为 1 斤换算,不得按酒度折算。

五、关于组成套装销售的计税依据

纳税人将自产的应税消费品与外购或自产的非应税消费品组成套装销售的,以套装产品的销售额(不含增值税)为计税依据。

六、关于以自产石脑油用于本企业连续生产的纳税问题

生产企业将自产石脑油用于本企业连续生产汽油等应税消费品的,不缴纳消费税;用于连续生产乙烯等非应税消费品或其他方面的,于移送使用时缴纳消费税。

七、关于已纳税款的扣除

下列应税消费品准予从消费税应纳税额中扣除原料已纳的消费税税款：

(一) 以外购或委托加工收回的已税杆头、杆身和握把为原料生产的高尔夫球杆。

(二) 以外购或委托加工收回的已税木制一次性筷子为原料生产的木制一次性筷子。

(三) 以外购或委托加工收回的已税实木地板为原料生产的实木地板。

(四) 以外购或委托加工收回的已税石脑油为原料生产的应税消费品。

(五) 以外购或委托加工收回的已税润滑油为原料生产的润滑油。

已纳消费税税款抵扣的管理办法由国家税务总局另行制定。

八、关于新增和调整税目的全国平均成本利润率

新增和调整税目全国平均成本利润率暂定如下：

(一) 高尔夫球及球具为 10%；

(二) 高档手表为 20%；

(三) 游艇为 10%；

(四) 木制一次性筷子为 5%；

(五) 实木地板为 5%；

(六) 乘用车为 8%；

(七) 中轻型商用客车为 5%。

九、关于出口

出口应税消费品的退(免)税政策,按调整后的税目税率以及条例和有关规定执行。

十、关于减税免税

(一) 石脑油、溶剂油、润滑油、燃料油暂按应纳税额的 30%征收消费税;航空煤油暂缓征收消费税。

（二）子午线轮胎免征消费税。

十一、其他相关问题

（一）本通知实施以后，属于新增税目、取消税目和调整税目税率的应税消费品，因质量原因发生销货退回的，依照条例实施细则的规定执行。具体操作办法由国家税务总局另行制定。

（二）商业企业2006年3月31日前库存的属于本通知规定征税范围的应税消费品，不需申报补缴消费税。

（三）对单位和个人欠缴的消费税，主管税务机关应依据《中华人民共和国税收征收管理法》及其实施细则的规定及时清缴。

（四）出口企业收购出口应税消费品的应退税额的计算，以消费税税收（出口货物专用）缴款书注明的税额为准。

（五）出口企业在2006年3月31日前收购的出口应税消费品，并取得消费税税收（出口货物专用）缴款书的，在2006年4月1日以后出口的，仍可按原税目税率办理退税。具体执行时间以消费税税收（出口货物专用）缴款书开具日期为准。

十二、关于执行时间

本通知自2006年4月1日起执行。以下文件或规定同时废止：

（一）《关于印发〈消费税征收范围注释〉的通知》（国税发[1993]153号）第四条、第十一条。

（二）《关于〈消费税征收范围注释〉的补充通知》（国税发[1994]026号）。

（三）《关于CH1010微型厢式货车等有关征收消费税问题的批复》（国税函发[1994]303号）。

（四）《国家税务总局关于消费税若干征税问题的通知》（国税发[1997]84号）第四条。

（五）《国家税务总局关于对部分油品征收消费税问题的批复》（国税函[2004]1078号）第一条、第二条。

（六）《国家税务总局关于"皮卡"改装的"旅行车"征收消费税问题的批复》（国税函[2005]217号）。

（七）《国家税务总局关于美宝莲全天候粉底液等产品征收消费税问题的批复》（国税函[2005]1231号）。

消费税新增和调整税目征收范围注释

一、高尔夫球及球具

高尔夫球及球具是指从事高尔夫球运动所需的各种专用装备，包括高尔夫球、高尔夫球杆及高尔夫球包（袋）等。

高尔夫球是指重量不超过45.93克、直径不超过42.67毫米的高尔夫球运动比赛、练习用球；高尔夫球杆是指被设计用来打高尔夫球的工具，由杆头、杆身和握把三部分组成；高尔夫球包（袋）是指专用于盛装高尔夫球及球杆的包（袋）。

本税目征收范围包括高尔夫球、高尔夫球杆、高尔夫球包（袋）。高尔夫球杆的杆头、杆身和握把属于本税目的征收范围。

二、高档手表

高档手表是指销售价格（不含增值税）每只在10000元（含）以上的各类手表。

本税目征收范围包括符合以上标准的各类手表。

三、游艇

游艇是指长度大于8米小于90米，船体由玻璃钢、钢、铝合金、塑料等多种材料制作，可以在水上移动的水上浮载体。按照动力划分，游艇分为无动力艇、帆艇和机动艇。

本税目征收范围包括艇身长度大于8米（含）小于90米（含），内置发动机，可以在水上移动，一般为私人或团体购置，主要用于水上运动和休闲娱乐等非牟利活动的各类机动艇。

四、木制一次性筷子

木制一次性筷子，又称卫生筷子，是指以木材为原料经过锯段、浸泡、旋切、刨切、烘干、筛选、打磨、倒角、包装等环节加工而成的各类一次性使用的筷子。

本税目征收范围包括各种规格的木制一次性筷子。未经打磨、倒角的木制一次性筷子属于本税目征税范围。

五、实木地板

实木地板是指以木材为原料，经锯割、干燥、刨光、截断、开榫、涂漆等工序加工而成的块状或条状的地面装饰材料。实木地板按生产工艺不同，可分为独板（块）实木地板、实木指接地板、实木复合地板三类；按表面处理状态不同，可分为未涂饰地板（白坯板、素板）和漆饰地板两类。

本税目征收范围包括各类规格的实木地板、实木指接地板、实木复合地板及用于装饰墙壁、天棚的侧端面为榫、槽的实木装饰板。未经涂饰的素板属于本税目征税范围。

六、成品油

本税目包括汽油、柴油、石脑油、溶剂油、航空煤油、润滑油、燃料油七个子目。

汽油、柴油的征收范围仍按原规定执行。

（一）石脑油。

石脑油又叫轻汽油、化工轻油。是以石油加工生产的或二次加工汽油经加氢精制而得的用于化工原料的轻质油。

石脑油的征收范围包括除汽油、柴油、煤油、溶剂油以外的各种轻质油。

（二）溶剂油。

溶剂油是以石油加工生产的用于涂料和油漆生产、食用油加工、印刷油墨、皮革、农药、橡胶、化妆品生产的轻质油。

溶剂油的征收范围包括各种溶剂油。

（三）航空煤油。

航空煤油也叫喷气燃料，是以石油加工生产的用于喷气发动机和喷气推进系统中作为能源的石油燃料。

航空煤油的征收范围包括各种航空煤油。

（四）润滑油。

润滑油是用于内燃机、机械加工过程的润滑产品。润滑油分为矿物性润滑油、植物性润滑油、动物性润滑油和化工原料合成润滑油。

润滑油的征收范围包括以石油为原料加工的矿物性润滑油，矿物性润滑油基础油。植物性润滑油、动物性润滑油和化工原料合成润滑油不属于润滑油的征收范围。

（五）燃料油。

燃料油也称重油、渣油。

燃料油征收范围包括用于电厂发电、船舶锅炉燃料、加热炉燃料、冶金和其他工业炉燃料的各类燃料油。

七、小汽车

汽车是指由动力驱动，具有四个或四个以上车轮的非轨道承载的车辆。

本税目征收范围包括含驾驶员座位在内最多不超过9个座位（含）的，在设计和技术特性上用于载运乘客和货物的各类乘用车和含驾驶员座位在内的座位数在10—23座（含23座）的在设计和技术特性上用于载运乘客和货物的各类中轻型商用客车。

用排气量小于1.5升（含）的乘用车底盘（车架）改装、改制的车辆属于乘用车征收范围。用排气量大于1.5升的乘用车底盘（车架）或用中轻型商用客车底盘（车架）改装、改制的车辆属于中轻型商用客车征收范围。

含驾驶员人数（额定载客）为区间值的（如8—10人；17—26人）小汽车，按其区间值下限人数确定征收范围。

电动汽车不属于本税目征收范围。

八、化妆品

本税目征收范围包括各类美容、修饰类化妆品、高档护肤类化妆品和成套化妆品。

美容、修饰类化妆品是指香水、香水精、香粉、口红、指甲油、胭脂、眉笔、唇笔、蓝眼油、眼睫毛以及成套化妆品。

舞台、戏剧、影视演员化妆用的上妆油、卸装油、油彩、不属于本税目的征收范围。

高档护肤类化妆品征收范围另行制定。

【注释】 对《消费税暂行条例》第2条进行了补充规定。对《消费税暂行条例实施细则》第17条进行了补充规定。相关规定包括:《财政部　国家税务总局关于消费税若干具体政策的通知》(财税[2006]125号)。

国家税务总局关于印发《调整和完善消费税政策征收管理规定》的通知

国税发[2006]49号

各省、自治区、直辖市和计划单列市国家税务局,扬州税务进修学院,局内各单位:

现将《调整和完善消费税政策征收管理规定》印发给你们,请遵照执行。

附件:1. 应税消费品生产经营情况登记表

2. 生产企业生产经营情况表

3. 生产企业产品销售明细表(油品)

4. 抵扣税款台帐(外购从价定率征收应税消费品)

5. 抵扣税款台帐(委托加工收回、进口从价定率征收的应税消费品)

6. 抵扣税款台帐(从量定额征收应税消费品)

调整和完善消费税政策征收管理规定

为了贯彻落实《财政部　国家税务总局关于调整和完善消费税政策的通知》(财税[2006]33号,以下简称通知),规范征收管理,现将有关调整和完善消费税政策涉及的税收征收管理问题规定如下:

一、关于税种登记

生产销售属于通知第一条、第四条征税范围的应税消费品的单位和个人,均应在2006年4月30日前到所在地主管税务机关办理税种登记,填写"应税消费品生产经营情况登记表"(见附件1)。

"应税消费品生产经营情况登记表"仅限于此次政策调整所涉及的应税消费品生产企业使用。

主管税务机关应根据纳税人上报的资料,及时进行实地查验、核实,了解本地区税源分布情况。

二、关于纳税申报

(一)在中华人民共和国境内生产、委托加工、进口属于通知第一条、第四条征税范围的应税消费品的单位和个人,均应按规定到主管税务机关办理消费税纳税申报。

(二)生产石脑油、溶剂油、航空煤油、润滑油、燃料油的纳税人在办理纳税申报时还应提供《生产企业生产经营情况表》(见附件2)和《生产企业产品销售明细表(油品)》(见附件3)。

(三)纳税人在办理纳税申报时,如需办理消费税税款抵扣手续,除应按有关规定提供纳税申报所需资料外,还应当提供以下资料:

1. 外购应税消费品连续生产应税消费品的,提供外购应税消费品增值税专用发票(抵扣联)原件和复印件。

如果外购应税消费品的增值税专用发票属于汇总填开的,除提供增值税专用发票(抵扣联)原件和复印件外,还应提供随同增值税专用发票取得的由销售方开具并加盖财务专用章或发票专用章的销货清单原件和复印件。

2. 委托加工收回应税消费品连续生产应税消费品的,提供"代扣代收税款凭证"原件和复印件。

3. 进口应税消费品连续生产应税消费品的,提供"海关进口消费税专用缴款书"原件和复印件。

主管税务机关在受理纳税申报后将以上原件退还纳税人,复印件留存。

三、关于自产石脑油连续生产问题

纳税人应对自产的用于连续生产的石脑油建立中间产品移送使用台帐。用于连续生产应税消费品的,记录石脑油的领用数量;用于连续生产非应税消费品或其他方面的,记录石脑油的移送使用数量。

主管税务机关应加强对石脑油中间产品移送使用台帐的管理,并定期对纳税人申报的石脑油销售数量与台帐记录的领用数量、移送使用数量进行对比分析开展纳税评估。

四、关于消费税税款抵扣

(一)抵扣凭证。

通知第七条规定的准予从消费税应纳税额中扣除原料已纳消费税税款的凭证按照不同行为分别规定如下:

1. 外购应税消费品连续生产应税消费品：

(1) 纳税人从增值税一般纳税人(仅限生产企业，下同)购进应税消费品，外购应税消费品的抵扣凭证为本规定第二条第(三)款规定的发票(含销货清单)。纳税人未提供本规定第二条第(三)款规定的发票和销货清单的不予扣除外购应税消费品已纳消费税。

(2) 纳税人从增值税小规模纳税人购进应税消费品，外购应税消费品的抵扣凭证为主管税务机关代开的增值税专用发票。主管税务机关在为纳税人代开增值税专用发票时，应同时征收消费税。

2. 委托加工收回应税消费品连续生产应税消费品。

委托加工收回应税消费品的抵扣凭证为《代扣代收税款凭证》。纳税人未提供《代扣代收税款凭证》的，不予扣除受托方代收代缴的消费税。

3. 进口应税消费品连续生产应税消费品。

进口应税消费品的抵扣凭证为《海关进口消费税专用缴款书》，纳税人不提供《海关进口消费税专用缴款书》的，不予抵扣进口应税消费品已缴纳的消费税。

(二) 抵扣税款的计算方法。

通知第七条规定的准予从消费税应纳税额中扣除原料已纳消费税税款的计算公式按照不同行为分别规定如下：

1. 外购应税消费品连续生产应税消费品。

(1) 实行从价定率办法计算应纳税额的

$$\text{当期准予扣除外购应税消费品已纳税款}=\text{当期准予扣除外购应税消费品买价}\times\text{外购应税消费品适用税率}$$

$$\text{当期准予扣除外购应税消费品买价}=\text{期初库存外购应税消费品买价}+\text{当期购进的外购应税消费品买价}-\text{期末库存的外购应税消费品买价}$$

外购应税消费品买价为纳税人取得的本规定第二条第(三)款规定的发票(含销货清单)注明的应税消费品的销售额(增值税专用发票必须是 2006 年 4 月 1 日以后开具的，下同)。

(2) 实行从量定额办法计算应纳税额的

$$\text{当期准予扣除的外购应税消费品已纳税款}=\text{当期准予扣除外购应税消费品数量}\times\text{外购应税消费品单位税额}\times 30\%$$

$$\text{当期准予扣除外购应税消费品数量}=\text{期初库存外购应税消费品数量}+\text{当期购进外购应税消费品数量}-\text{期末库存外购应税消费品数量}$$

外购应税消费品数量为本规定第二条第(三)款规定的发票(含销货清单)注明的应税消费品的销售数量。

2. 委托加工收回应税消费品连续生产应税消费品。

$$\text{当期准予扣除的委托加工应税消费品已纳税款}=\text{期初库存的委托加工应税消费品已纳税款}+\text{当期收回的委托加工应税消费品已纳税款}-\text{期末库存的委托加工应税消费品已纳税款}$$

委托加工应税消费品已纳税款为代扣代收税款凭证注明的受托方代收代缴的消费税。

3. 进口应税消费品。

$$\text{当期准予扣除的进口应税消费品已纳税款}=\text{期初库存的进口应税消费品已纳税款}+\text{当期进口应税消费品已纳税款}-\text{期末库存的进口应税消费品已纳税款}$$

进口应税消费品已纳税款为《海关进口消费税专用缴款书》注明的进口环节消费税。

(三) 其他规定。

2006 年 3 月 31 日前库存的货物，如果属于通知第一条、第四条征税范围且在 2006 年 4 月 1 日后用于连续生产应税消费品的，凡本规定第二条第(三)款规定的发票(含销货清单)开票日期是 2006 年 3 月 31 日前的，一律不允许抵扣消费税。

(四) 纳税人应建立抵扣税款台帐(台帐参考式样见附件 4、5、6)。纳税人既可以根据本规定附件 4、5、6 的台帐参考式样设置台帐，也可以根据实际需要另行设置台帐。另行设置的台帐只能在本规定附件 4、5、6 内容基础上增加内容，不得删减内容。

主管税务机关应加强对税款抵扣台帐核算的管理。

五、关于减税免税

(一) 通知第十条第(二)款免征消费税的子午线轮胎仅指外胎。子午线轮胎的内胎与外胎成套销售的，依照《中华人民共和国消费税暂行条例》第三条规定执行。

（二）石脑油、溶剂油、润滑油、燃料油应根据实际销售数量按通知规定税率申报纳税。按消费税应纳税额的30％缴税。

六、关于销货退回

通知第十一条第（一）款发生销货退回的处理规定如下：

（一）2006年3月31日前销售的护肤护发品，2006年4月1日后因质量原因发生销货退回的，纳税人可向主管税务机关申请退税。

（二）税率调整的税目，纳税人可按照调整前的税率向主管税务机关申请退税。

（三）属2006年3月31日前发票开具错误重新开具专用发票情形的，不按销货退回处理。纳税人开具红字发票时，按照红字发票注明的销售额冲减当期销售收入，按照该货物原适用税率计提消费税冲减当期"应缴税金—应缴消费税"；纳税人重新开具正确的蓝字发票时，按蓝字发票注明的销售额计算当期销售收入，按照该货物原适用税率计提消费税记入当期"应缴税金—应缴消费税"。

主管税务机关在受理纳税人有关销货退回的退税申请时，应认真审核货物及资金的流向。

本规定由国家税务总局负责解释。

本规定自2006年4月1日起实施。各地在执行中如有问题，应及时向国家税务总局（流转税管理司）汇报。

【注释】 对《消费税暂行条例》第16条进行了解释。

国家税务总局关于加强新牌号、新规格卷烟消费税计税价格管理有关事项的通知

国税函［2006］373号

各省、自治区、直辖市和计划单列市国家税务局：

为了加强新牌号、新规格卷烟消费税计税价格的管理，经研究，决定对新牌号、新规格卷烟增加报送卷烟样品和扫描图像的要求。现就有关事项通知如下：

一、生产企业在新牌号、新规格卷烟投放市场的当月除按照国家税务总局第5号令有关规定向所在地主管税务机关报告外，应同时提供卷烟样品，包括实物样品、外包装（如条、筒及其他形式的外包装）、单包包装。提供样品的具体数量由所在地主管税务机关根据需要自行确定。

二、生产企业所在地主管税务机关应参照《卷烟样品图像扫描操作指南》（附件1）为新牌号、新规格卷烟样品建立扫描图像，并将扫描图像及时传递至卷烟价格信息采集地主管税务机关。卷烟价格信息采集地主管税务机关应严格对照卷烟样品或扫描图像采集卷烟价格信息。

三、新牌号、新规格卷烟价格采集期满后申请核定消费税计税价格的，主管税务机关应将卷烟包装样品（外包装和单包包装各二套）和扫描图像（电子版）随同书面申请逐级上报至国家税务总局。

四、各级国家税务局在办理新牌号、新规格卷烟消费税计税价格申请事宜时，应将书面申请和卷烟包装样品、扫描图像认真进行核对，确保无误。

本文自2006年5月1日起执行。2005年5月1日以后生产并且已上报国家税务总局申请核定卷烟消费税计税价格的，无论国家税务总局是否已经批复，均应参照第三条规定补齐卷烟包装样品和扫描图像，并于2006年5月30日之前填写《____省（区、市）国家税务局补报卷烟包装样品清单》（附件2），加盖公章后随卷烟包装样品和扫描图像（电子文件）以特快专递形式寄至国家税务总局（流转税管理司）。

【注释】 对《消费税暂行条例》第16条进行了解释。

国家税务总局关于加强委托加工应税消费品征收管理的通知

国税发［1995］122号

各省、自治区、直辖市和计划单列市国家税务局、地方税务局：

根据《中华人民共和国消费税暂行条例》的规定，委托加工应税消费品，应由受托方在向委托方交货时

代收代缴税款。但是,据调查,目前有相当一部分受托加工应税消费品的企业未履行代扣代缴义务,造成了税款的严重流失。为加强委托加工应税消费品的征收管理,总局决定:

一、各地要在 1995 年 8 月至 9 月间组织一次对委托加工应税消费品代扣代缴税款情况的专项检查,对于那些不按规定履行代扣代缴税款义务的企业,必须按有关规定予以严肃处理。并要针对检查中发现的问题,制定专项征收管理办法或措施,以期从根本上堵塞委托加工应税消费品代扣代缴税款制度中的漏洞。对于此次专项检查,各地务必要认真组织,并写出总结报告,于今年 10 月底前以正式文件报送总局。(此条款已失效或废止)

二、为了有利于堵塞税收流失漏洞,各地除对受托加工应税消费品的企业加强监督检查外,对于委托方也应加强监督检查(不包括改在零售环节征收消费税的金银首饰)。对于受托方未按规定代扣代缴税款,并经委托方所在地国税机关发现的,则应由委托方所在地国税机关对委托方补征税款,受托方所在地国税机关不得重复征税。

三、对委托方补征税款的计税依据规定如下:

如果在检查时,收回的应税消费品已经直接销售的,按销售额计税;收回的应税消费品尚未销售或不能直接销售的(如收回后用于连续生产等),按组成计税价格计税。组成计税价格的计算公式为:

$$组成计税价格=\frac{材料成本+加工费}{1-消费税税率}$$

四、本通知第二、三两条自 1995 年 1 月 1 日起执行。

【注释】 对《消费税暂行条例》第 2 条进行了解释。

国家税务总局关于印发《葡萄酒消费税管理办法(试行)》的通知

国税发[2006]66 号

各省、自治区、直辖市和计划单列市国家税务局,扬州税务进修学院:

为了加强葡萄酒消费税管理,总局制定了《葡萄酒消费税管理办法(试行)》,现印发给你们,请认真贯彻执行。对在试行过程中遇到的情况和问题,请及时报告总局。

葡萄酒消费税管理办法(试行)

第一条　根据《中华人民共和国税收征收管理法》及其实施细则、《中华人民共和国消费税暂行条例》及其实施细则以及其他相关规定,制定本办法。

第二条　在中华人民共和国境内(以下简称境内)生产、委托加工、进口葡萄酒的单位和个人,为葡萄酒消费税纳税人。

葡萄酒消费税适用《消费税税目税率(税额)表》"酒及酒精"税目下设的"其他酒"子目。

第三条　葡萄酒是指以葡萄为原料,经破碎(压榨)、发酵而成的酒精度在 1 度(含)以上的葡萄原酒和成品酒(不含以葡萄为原料的蒸馏酒)。

第四条　境内从事葡萄酒生产的单位或个人(以下简称生产企业)之间销售葡萄酒,实行《葡萄酒购货证明单》(以下简称证明单,见附件 1)管理。证明单由购货方在购货前向其主管税务机关申请领用,销货方凭证明单的退税联向其主管税务机关申请已纳消费税退税。

生产企业将自产或外购葡萄酒直接销售给生产企业以外的单位和个人的,不实行证明单管理,按消费税暂行条例规定申报缴纳消费税。

第五条　证明单一式四联,仅限于生产企业购货时领用。第一联为回执联,由销货方主管税务机关留存;第二联为退税联,作为销货方申请退税的报送资料;第三联为核销联,用于购货方主管税务机关核销证明单领取记录;第四联为备查联,作为销货方会计核算资料。

第六条　生产企业在购货前应向主管税务机关提出领用证明单的书面申请(见附件 2)。主管税务机关应对书面申请进行审核,建立证明单领存销台帐。

第七条　购货方携证明单购货,证明单由销货方填写。证明单中填写的品种、数量、单价、金额、发票代码、发票号码、开票日期应与销货方开具的销售发票(增值税专用发票或普通发票)的相关内容一致。

销货方在证明单所有联次加盖公章后,留存证明单备查联,将证明单回执联、退税联、核销联退还购货方。

第八条 购货方在30日内将证明单回执联、退税联、核销联及销货方开具的销售发票交主管税务机关核销证明单领用记录。

第九条 购货方主管税务机关应对证明单回执联、退税联、核销联注明的品种、数量、单价、金额、发票代码、发票号码、开票日期与销货方开具的销售发票相关内容进行审核。

证明单与销售发票相关内容一致的，购货方主管税务机关留存核销联，在证明单回执联、退税联加盖公章，并于30日内将回执联、退税联传递给销货方主管税务机关。

销货方主管税务机关收到回执联、退税联后，留存回执联，在30日内将证明单退税联转交给销货方。

第十条 购货方主管税务机关核销证明单领用记录时，应在证明单核销联"主管税务机关审核意见"栏填写核销意见，并在证明单领销存台帐上作核销记录。

第十一条 发生销货退回或销售折让的，购货方也应按本办法规定申请、使用、核销证明单。

第十二条 生产企业销售葡萄酒，无论纳税申报当期是否收到主管税务机关转交的证明单退税联，均应按规定申报缴纳消费税。

第十三条 销货方收到主管税务机关转交的证明单退税联后，应填报《葡萄酒消费税退税申请表》（以下简称退税申请表，见附件3），持证明单退税联及退税申请表向主管税务机关申请退税。

第十四条 主管税务机关应加强对购销双方消费税的管理。定期查验购销双方销售、购进葡萄酒的数量及使用情况。

第十五条 以进口葡萄酒为原料连续生产葡萄酒的纳税人，实行凭《海关进口消费税专用缴款书》抵减进口环节已纳消费税的管理办法。

第十六条 以进口葡萄酒为原料连续生产葡萄酒的纳税人，在办理消费税纳税申报时，需填写消费税纳税申报表，提供《海关进口消费税专用缴款书》复印件。

第十七条 以进口葡萄酒为原料连续生产葡萄酒的纳税人，准予从当期应纳消费税税额中抵减《海关进口消费税专用缴款书》注明的消费税。如当期应纳消费税不足抵减的，余额留待下期抵减。

第十八条 主管税务机关应加强对证明单的领用、核销、核对、传递工作（在电子传递手段未建立之前，暂通过特快专递或邮寄挂号信方式传递）。

在邮递过程发生证明单丢失情况的，由购货方主管税务机关开具证明并复印证明单核销联两份，加盖公章后传递给销货方主管税务机关，一份代替回执联、一份代替退税联使用。

第十九条 纳税人未按照规定取得、保管、使用、报送证明单的，主管税务机关依照税收征管法的有关规定处理。

第二十条 证明单式样由国家税务总局统一制定，各省、自治区、直辖市和计划单列市国家税务局印制。

第二十一条 本办法由国家税务总局负责解释。各省、自治区、直辖市、计划单列市国家税务局可依照本办法制定具体实施办法。

第二十二条 本办法自2006年7月1日起实施。

【注释】 对《消费税暂行条例》第16条进行了解释。

国家税务总局关于进一步加强消费税纳税申报及税款抵扣管理的通知

国税函[2006]769号

各省、自治区、直辖市和计划单列市国家税务局：

为进一步加强消费税纳税申报及消费税税款抵扣的管理，现将消费税纳税申报表的修改事项及消费税税款抵扣政策的有关管理规定通知如下：

一、关于消费税纳税申报表

调整和完善消费税政策后，总局已对综合征管软件消费税申报表的部分栏目填报内容及栏目间逻辑关系进行了调整（申报表见附件），请各省根据调整内容，及时修改印制消费税纳税申报表。消费税纳税申报表调整内容如下：

（一）修改消费税申报表第5、6、7、8、9栏内容

1. 将第5栏"当期准予扣除外购应税消费品买价"修改为"当期准予扣除外购应税消费品买价（数量）"。

2. 将第6栏“期初库存外购应税消费品买价”修改为“期初库存外购应税消费品买价(数量)”。

3. 将第7栏“当期购进外购应税消费品买价”修改为“当期购进外购应税消费品买价(数量)”。

4. 将第8栏“期末库存外购应税消费品买价”修改为“期末库存外购应税消费品买价(数量)”。

5. 将第9栏“外购应税消费品适用税率”修改为“外购应税消费品适用税率(单位税额)”。

(二) 修改消费税纳税申报表第10栏内容

将第10栏“10=5×9”修改为“10=5×9或10=5×9(1-减征幅度)”。

填报第10栏时,准予抵扣项目无减税优惠的按10=5×9的逻辑关系填报;准予抵扣项目有减税优惠的按10=5×9(1-减征幅度)的逻辑关系填报。目前准予抵扣且有减税优惠的项目为石脑油、润滑油,减征幅度为70%。

(三) 修改消费税纳税申报表第19栏内容

将第19栏“19=15-17+20+21+22”修改为“19=15-26-27”。

(四) 关于第26栏填报问题

将第26栏调整为“26=3×4或26=3×4×减征幅度”。

全额免税的应税消费品按“26=3×4”填报,减征税款的应税消费品按“26=3×4×减征幅度”填报,目前有减税优惠的项目为石脑油、润滑油,润滑油、燃料油减征幅度为70%。

二、关于消费税税款抵扣的管理

(一) 从商业企业购进应税消费品连续生产应税消费品,符合抵扣条件的,准予扣除外购应税消费品已纳消费税税款。

(二) 主管税务机关对纳税人提供的消费税申报抵扣凭证上注明的货物,无法辨别销货方是否申报缴纳消费税的,可向销货方主管税务机关发函调查该笔销售业务缴纳消费税情况,销货方主管税务机关应认真核实并回函。经销货方主管税务机关回函确认已缴纳消费税的,可以受理纳税人的消费税抵扣申请,按规定抵扣外购项目的已纳消费税。

【注释】 对《消费税暂行条例》第16条进行了解释。

国家税务总局关于购进整车改装汽车征收消费税问题的批复

国税函[2006]772号

重庆市国家税务局:

你局《关于购进整车改装的专用汽车是否征收消费税的请示》(渝国税发[2006]98号)收悉,批复如下:

《财政部 国家税务总局关于调整和完善消费税政策的通知》(财税[2006]33号)中有关用车辆底盘(车架)改装、改制的车辆征收消费税的规定是为了解决用不同种类车辆的底盘(车架)改装、改制的车辆应按照何种子目(乘用车或中轻型商用客车)征收消费税的问题,并非限定只对这类改装车辆征收消费税。对于购进乘用车和中轻型商用客车整车改装生产的汽车,应按规定征收消费税。

【注释】 对《消费税暂行条例》第2条进行了解释。

财政部 国家税务总局关于消费税若干具体政策的通知

财税[2006]125号

各省、自治区、直辖市、计划单列市财政厅(局)、国家税务局,新疆生产建设兵团财务局:

《财政部 国家税务总局关于调整和完善消费税政策的通知》(财税[2006]33号,以下简称《通知》)下发后,一些地区要求进一步明确部分应税消费品的征税范围、计税依据等问题。经研究,现将有关问题明确如下:

一、关于若干油品的征税范围

(一) 重整生成油、拔头油、戊烷原料油、轻裂解料(减压柴油VG0和常压柴油AG0)、重裂解料、加氢裂化尾油、芳烃抽余油均属轻质油,根据《通知》石脑油征收范围的注释,属于石脑油征收范围。

(二) 蜡油、船用重油、常压重油、减压重油、180CTS燃料油、7号燃料油、糠醛油、工业燃料、4—6号燃料油等油品的主要用途是作为燃料燃烧，根据《通知》关于燃料油征收范围注释，属于燃料油征收范围。

（三）橡胶填充油、溶剂油原料，根据《通知》关于溶剂油征收范围的注释，属于溶剂油征收范围。

（四）以植物性、动物性和矿物性基础油（或矿物性润滑油）混合掺配而成的“混合性”润滑油，不论矿物性基础油（或矿物性润滑油）所占比例高低，均属润滑油的征税范围。

二、关于改装改制车辆的界定

改装改制车辆是指经省级发展改革委审核批准，并报国家发展改革委备案、列入国家发展改革委《车辆生产企业及产品公告》的公告车辆类别代码（产品型号或车辆型号代码数字字段的第一位数）为5的专用汽车（特种汽车）。

三、关于实木复合地板的界定

实木复合地板是以木材为原料，通过一定的工艺将木材刨切加工成单板（刨切薄木）或旋切加工成单板，然后将多层单板经过胶压复合等工艺生产的实木地板。目前，实木复合地板主要为三层实木复合地板和多层实木复合地板。

四、关于对外购润滑油大包装改小包装、帖标等简单加工的征税

单位和个人外购润滑油大包装经简单加工改成小包装或者外购润滑油不经加工只贴商标的行为，视同应税消费税品的生产行为。单位和个人发生的以上行为应当申报缴纳消费税。准予扣除外购润滑油已纳的消费税税款。

……

六、关于当期投入生产的原材料可抵扣的已纳消费税大于当期应纳消费税的不足抵扣部分的处理

对当期投入生产的原材料可抵扣的已纳消费税大于当期应纳消费税情形的，在目前消费税纳税申报表未增加上期留抵消费税填报栏目的情况下，采用按当期应纳消费税的数额申报抵扣，不足抵扣部分结转下一期申报抵扣的方式处理。

七、关于中轻型商用客车和征税范围

车身长度大于7米（含），并且座位在10至23座（含）以下的商用客车，不属于中轻型商用客车征税范围，不征收消费税。

【注释】 对《财政部　国家税务总局关于调整和完善消费税政策的通知》（财税[2006]33号）进行了解释。该通知第五条已经被《财政部　国家税务总局关于提高成品油消费税税率后相关成品油消费税政策的通知》（财税[2008]168号）予以修改。

国家税务总局关于购进乙醇生产销售无水乙醇征收消费税问题的批复

国税函[2006]768号

江苏省国家税务局：

你局《关于生产销售无水乙醇是否征收消费税的请示》（苏国税发[2006]108号）收悉，批复如下：

根据《国家税务总局关于印发〈消费税征收范围注释〉的通知》（国税发[1993]153号）（以下简称注释），酒精的征收范围包括用蒸馏法和合成法生产的各种工业酒精、医药酒精、食用酒精。对于以外购酒精为原料、经蒸馏脱水处理后生产的无水乙醇，属于本税目征收范围，应按规定征收消费税。

【注释】 对《消费税暂行条例》第2条进行了解释。

国家税务总局关于沙滩车等车辆征收消费税问题的批复

国税函[2007]1071号

重庆市国家税务局：

你局《关于“沙滩车”类产品征收消费税问题的请示》（渝国税发[2007]208号）收悉。经研究，批复如下：

沙滩车、雪地车、卡丁车、高尔夫车不属于消费税征收范围，不征收消费税。

【注释】 对《消费税暂行条例》第2条进行了解释。

国家税务总局关于委托加工出口货物消费税退税问题的批复

国税函[2008]5 号

江苏省国家税务局：

你局《关于委托加工出口货物消费税退税问题的请示》(苏国税发[2007]142 号)收悉。经研究，批复如下：

你省苏州尚美化妆品有限公司委托其他企业加工再收回后出口的应税消费品，可比照《财政部、国家税务总局关于列名生产企业外购产品试行免抵退税办法的通知》(财税[2004]125 号)的有关规定，办理消费税退税手续。生产企业在申报消费税退税时，除附送现行规定需要提供的凭证外，还应附送征税部门出具的"出口货物已纳消费税未抵扣证明"。对已在内销应税消费品应纳消费税中抵扣的，不能办理消费税退税。

【注释】 对《财政部　国家税务总局关于列名生产企业外购产品试行免抵退税办法的通知》(财税[2004]125 号)进行了解释。

财政部　国家税务总局关于调整部分成品油消费税政策的通知

财税[2008]19 号

各省、自治区、直辖市、计划单列市财政厅(局)、国家税务局，新疆生产建设兵团财务局：

为促进以石脑油为原料的国产乙烯和芳烃类产品与进口同类产品的公平竞争，经国务院批准，现将石脑油等部分成品油消费税政策调整如下：

一、自 2008 年 1 月 1 日起，对石脑油、溶剂油、润滑油按每升 0.2 元征收消费税，燃料油按每升 0.1 元征收消费税。

……

三、以外购或委托加工收回的已税石脑油、润滑油、燃料油为原料生产的应税消费品，准予从消费税应纳税额中扣除原料已纳的消费税税款。抵扣税款的计算公式为：当期准予扣除的外购应税消费品已纳税款＝当期准予扣除外购应税消费品数量×外购应税消费品单位税额。

四、本通知自 2008 年 1 月 1 日起执行。在 2007 年 12 月 31 日以前石脑油应缴未缴的消费税，各地主管税务机关应抓紧进行清缴。原《财政部国家税务总局关于调整和完善消费税政策的通知》(财税[2006]33 号)、《国家税务总局关于印发〈调整和完善消费税政策征收管理规定〉的通知》(国税发[2006]49 号)规定与本通知有抵触的，以本通知规定为准。

【注释】 本通知第二条已经被《财政部　国家税务总局关于提高成品油消费税税率后相关成品油消费税政策的通知》(财税[2008]168 号)予以修改。

国家税务总局关于厢式货车改装生产的汽车征收消费税问题的批复

国税函[2008]452 号

浙江省国家税务局：

你局《关于对进口厢式货车改装生产汽车征收消费税问题的请示》(浙国税流[2008]21 号)收悉。经研究，批复如下：

根据《财政部　国家税务总局关于调整和完善消费税政策的通知》(财税[2006]33 号)规定，对于企业购进货车或厢式货车改装生产的商务车、卫星通讯车等专用汽车不属于消费税征税范围，不征收消费税。

财政部　国家税务总局关于调整乘用车消费税政策的通知

财税[2008]105 号

各省、自治区、直辖市、计划单列市财政厅(局)、国家税务局，新疆生产建设兵团财务局：

为促进节能减排，进一步完善消费税税制，经国务院批准，现将乘用车消费税政策做如下调整：

一、气缸容量(排气量,下同)在 1.0 升以下(含 1.0 升)的乘用车,税率由 3%下调至 1%;

二、气缸容量在 3.0 升以上至 4.0 升(含 4.0 升)的乘用车,税率由 15%上调至 25%;

三、气缸容量在 4.0 升以上的乘用车,税率由 20%上调至 40%。

本通知自 2008 年 9 月 1 日起执行。生产企业在 2008 年 9 月 1 日前销出的乘用车发生退货的,按政策调整前的原税率退税。出口企业在 2008 年 9 月 1 日前收购的出口应税乘用车,并取得消费税税收缴款书(出口货物专用)的,在 2008 年 9 月 1 日以后出口的,按原税率退税。

财政部　国家税务总局关于调整部分乘用车进口环节消费税的通知

财关税[2008]73 号

海关总署:

经国务院批准,自 2008 年 9 月 1 日起,对部分乘用车进口环节消费税进行调整,现将有关事项通知如下:

一、将气缸容量(排气量,下同)1.0 升以下(含 1.0 升)的乘用车进口环节消费税税率由 3%下调至 1%;

二、将气缸容量 3.0 升以上(不含 3.0 升)至 4.0 升(含 4.0 升)的乘用车进口环节消费税税率由 15%上调至 25%;

三、将气缸容量 4.0 升以上的乘用车进口环节消费税税率由 20%上调至 40%。

国家税务总局关于调味料酒征收消费税问题的通知

国税函[2008]742 号

各省、自治区、直辖市和计划单列市国家税务局:

现将调味料酒征收消费税的有关问题通知如下:

鉴于国家已经出台了调味品分类国家标准,按照国家标准调味料酒属于调味品,不属于配置酒和泡制酒,对调味料酒不再征收消费税。

调味料酒是指以白酒、黄酒或食用酒精为主要原料,添加食盐、植物香辛料等配制加工而成的产品名称标注(在食品标签上标注)为调味料酒的液体调味品。

国务院关于实施成品油价格和税费改革的通知

国发[2008]37 号

各省、自治区、直辖市人民政府,国务院各部委、各直属机构:

为建立完善的成品油价格形成机制和规范的交通税费制度,促进节能减排和结构调整,公平负担,依法筹措交通基础设施维护和建设资金,国务院决定实施成品油价格和税费改革。现通知如下:

一、实施成品油价格和税费改革的必要性

我国现行成品油价格和交通税费政策,对保障国内成品油市场供应,加快交通基础设施建设步伐,促进国民经济平稳较快发展,起到了积极作用。但随着我国石油需求不断增加,经济社会发展与资源环境之间的矛盾日益突出;以费代税、负担不公平等弊端日益显现;二级收费公路规模过大,结构不合理,与地方经济发展和群众出行的矛盾越来越尖锐。迫切需要理顺成品油价格和交通税费机制。

近期国际市场油价持续回落,为实施成品油价格和税费改革提供了十分难得的机遇。及时把握当前有利时机,推进成品油价格和税费改革,对规范政府收费行为,公平社会负担,促进节能减排和结构调整,依法筹措交通基础设施维护和建设资金,促进交通事业稳定健康发展,都具有重大而深远的意义。

二、改革的主要内容

(一)关于成品油税费改革。

提高现行成品油消费税单位税额,不再新设立燃油税,利用现有税制、征收方式和征管手段,实现成品油税费改革相关工作的有效衔接。

1. 取消公路养路费等收费。取消公路养路费、航道养护费、公路运输管理费、公路客货运附加费、水路运输管理费、水运客货运附加费等六项收费。

2. 逐步有序取消政府还贷二级公路收费。抓紧制定实施方案和中央补助支持政策，由省、自治区、直辖市人民政府根据相关方案和政策统筹研究，逐步有序取消政府还贷二级公路收费。各地可以省为单位统一取消，也可在省内区分不同情况，分步取消。实施方案由国家发展改革委会同交通运输部、财政部制订，报国务院批准后实施。

3. 提高成品油消费税单位税额。汽油消费税单位税额每升提高 0.8 元，柴油消费税单位税额每升提高 0.7 元，其他成品油单位税额相应提高。加上现行单位税额，提高后的汽油、石脑油、溶剂油、润滑油消费税单位税额为每升 1 元，柴油、燃料油、航空煤油为每升 0.8 元。

4. 征收机关、征收环节和计征方式。成品油消费税属于中央税，由国家税务局统一征收（进口环节继续委托海关代征）。纳税人为在我国境内生产、委托加工和进口成品油的单位和个人。纳税环节在生产环节（包括委托加工和进口环节）。计征方式实行从量定额计征，价内征收。

今后将结合完善消费税制度，积极创造条件，适时将消费税征收环节后移到批发环节，并改为价外征收。

5. 特殊用途成品油消费税政策。提高成品油消费税单位税额后，对进口石脑油恢复征收消费税。2010 年 12 月 31 日前，对国产的用作乙烯、芳烃类产品原料的石脑油免征消费税；对进口的用作乙烯、芳烃类产品原料的石脑油已纳消费税予以返还。航空煤油暂缓征收消费税。对用外购或委托加工收回的已税汽油生产的乙醇汽油免征消费税；用自产汽油生产的乙醇汽油，按照生产乙醇汽油所耗用的汽油数量申报纳税。对外购或委托加工收回的汽油、柴油用于连续生产甲醇汽油、生物柴油的，准予从消费税应纳税额中扣除原料已纳消费税税款。

6. 新增税收收入的分配。新增成品油消费税连同由此相应增加的增值税、城市维护建设税和教育费附加具有专项用途，不作为经常性财政收入，不计入现有与支出挂钩项目的测算基数，除由中央本级安排的替代航道养护费等支出外，其余全部由中央财政通过规范的财政转移支付方式分配给地方。改革后形成的交通资金属性不变、资金用途不变、地方预算程序不变、地方事权不变。具体转移支付办法由财政部会同交通运输部等有关部门制定并组织落实。新增税收收入按以下顺序分配：

一是替代公路养路费等六项收费的支出。具体额度以 2007 年的养路费等六费收入为基础，考虑地方实际情况按一定的增长率来确定。

二是补助各地取消政府还贷二级公路收费。每年安排一定数量的专项补助资金，用途包括债务偿还、人员安置、养护管理和公路建设等。

三是对种粮农民增加补贴，对部分困难群体和公益性行业，考虑用油量和价格水平变动情况，通过完善成品油价格形成机制中相应的配套补贴办法给予补助支持。

四是增量资金，按照各地燃油消耗量、交通设施当量里程等因素进行分配，适当体现全国交通的均衡发展。

（二）关于完善成品油价格形成机制。

国产陆上原油价格继续实行与国际市场直接接轨。国内成品油价格继续与国际市场有控制地间接接轨。成品油定价既要反映国际市场石油价格变化和企业生产成本，又要考虑国内市场供求关系；既要反映石油资源稀缺程度，促进资源节约和环境保护，又要兼顾社会各方面承受能力。

1. 国内成品油出厂价格以国际市场原油价格为基础，加国内平均加工成本、税金和适当利润确定。当国际市场原油一段时间内平均价格变化超过一定水平时，相应调整国内成品油价格。

2. 汽、柴油价格继续实行政府定价和政府指导价。(1)汽、柴油零售实行最高零售价格。最高零售价格由出厂价格和流通环节差价构成。适当缩小出厂到零售之间流通环节差价。(2)汽、柴油批发实行最高批发价格。(3)对符合资质的民营批发企业汽、柴油供应价格，合理核定其批发价格与零售价格价差。(4)供军队、新疆生产建设兵团和国家储备用汽、柴油供应价格，按国家核定的出厂价格执行。(5)合理核定供铁路、交通等专项部门用汽、柴油供应价格。(6)上述差价由国家发展改革委根据实际情况适时调整。

3. 在国际市场原油价格持续上涨或剧烈波动时，继续对汽、柴油价格进行适当调控，以减轻其对国内市场的影响。

4. 航空煤油等其他成品油价格继续按现行办法管理。液化气改为实行最高出厂价格管理。

5. 国家发展改革委根据上述完善后的成品油价格形成机制，另行制定石油价格管理办法。

（三）关于完善成品油价格配套措施。

1. 继续发挥石油企业内部上下游利益调节机制作用。当国际市场原油价格大幅上涨，国家实施有控制地调整汽、柴油价格措施时，原油加工企业会出现暂时性困难，中石油、中石化两公司要继续按照石油企业内部上下游利益调节机制，平衡好内部利益关系，调动炼油企业生产积极性，保证市场供应。

2. 完善相关行业价格联动机制。(1)铁路货运价格，根据上年国内柴油价格上涨影响铁路运输成本增加的情况，由铁路运输企业消化20%，其余部分通过提高铁路货物运输价格疏导，原则上每年调整一次。具体幅度由国家发展改革委商铁道部确定。(2)民航国内航线旅客运输价格，首先在运价浮动机制内，由航空公司自主调整具体票价，需要调整燃油附加时，根据航空煤油价格影响民航运输成本变化情况，由航空公司消化20%，其余部分通过调整燃油附加标准或基准票价的方式疏导。调整燃油附加标准间隔时间原则上不少于半年。燃油附加具体收取标准由国家发展改革委会同民航局按照上述原则确定。(3)出租车和道路客运价格，由各地进一步完善价格联动机制，根据油价变动情况，通过法定程序，决定调整运价或燃油附加。

3. 完善对种粮农民、部分困难群体和公益性行业补贴的机制。(1)种粮农民。当年成品油价格变动引起的农民种粮增支，继续纳入农资综合直补政策统筹考虑给予补贴。对种粮农民综合直补只增不减。(2)城市公交、农村道路客运（含岛际和农村水路客运）、林业、渔业（含远洋渔业）。成品油价格调整影响上述行业增加的成本，由中央财政通过专项转移支付的方式给予补贴。补贴比例按现行政策执行，补贴标准随成品油价格的升降而增减，具体补贴办法由财政部商有关部门另行制定。新的补贴办法从2009年起执行。(3)出租车。在运价调整前，因油价上涨增加的成本，继续由财政给予临时补贴。(4)低收入困难群体。各地综合考虑成品油、液化气等调价和市场物价变动因素，继续做好城乡低保对象等困难群体基本生活保障工作。

4. 继续实行石油涨价收入财政调节机制。为合理调节石油涨价收入，妥善处理各方面利益关系，继续按相关规定征收石油特别收益金。

（四）妥善解决改革的相关问题。

1. 妥善安置交通收费征稽人员。妥善做好改革涉及人员的安置工作，是成品油税费改革顺利推进的重要保证。要按照转岗不下岗、待安置期间级别不变、合规合理的待遇不变的总体要求，由省、自治区、直辖市人民政府负总责，多渠道安置，有关部门给予指导、协调和支持，确保改革稳妥有序推进。各地要锁定改革涉及的征稽收费人员数量，严格把关，防止突击进人。

对公路养路费征稽人员的安置措施：一是交通运输行业内部转岗；二是税务部门接收；三是地方人民政府统筹协调，多种渠道安置改革涉及人员。

人员安置工作指导意见由交通运输部会同中央编办、财政部、人力资源社会保障部、税务总局制订，报国务院批准后实施。

2. 研究解决普通公路建设发展，特别是二级公路发展问题。地方要以这次改革为契机，利用中央财政给予的支持政策，整合现有资源，更好地用于发展二级公路。同时有关部门要按照六费原有资金功能不变的原则，抓紧研究建立和理顺普通公路投融资体制，促进普通公路健康发展。

3. 加强成品油市场监管。加强油品市场监测和监管，坚决禁止成品油生产企业为规避税收只开具发票而无实际货物交付和突击销售成品油等非正常销售成品油行为，严厉打击油品走私、经营假冒伪劣油品以及合同欺诈等违法行为，确保成品油市场稳定。

（五）实施时间。完善成品油价格形成机制，理顺成品油价格，自发文之日起实施。成品油税费改革自2009年1月1日起实施。

三、切实做好改革的实施工作

成品油价格和税费改革是党中央、国务院做出的重大决策，是贯彻落实科学发展观、促进经济社会平稳较快发展的重要举措。各地区、各有关部门要统一思想，充分认识改革的必要性和紧迫性，切实把思想和行动统一到中央的决策部署上来，精心组织，周密部署，共同做好有关工作，确保改革方案平稳实施。

（一）加强组织领导。国务院有关部门组成的成品油价格和税费改革部际协调小组，要切实做好改革方案的组织实施工作；各省、自治区、直辖市人民政府要成立由主要负责同志牵头的改革领导小组，主要负责同志负总责，发展改革、价格、财政、交通、税务、编制、人事等相关部门密切配合，落实责任，确保改革措施落实到位。

（二）保证队伍稳定和资金有效衔接。地方各级人民政府要切实担负起安置人员和维护稳定的责任，把人员安置的工作摆在推进改革的突出位置，提前筹划，周全安排，妥善安置。各级财政部门要做好改革前后资金安排及预算衔接工作；中央财政要通过向地方预拨资金，确保养护管理及人员经费等需要，保障改革平稳顺利推进。

（三）确保取消收费政策到位，严格禁止乱收费。各地要按照改革方案的统一安排，在2009年1月1日零时全部取消公路养路费等六项收费，已经提前预收的要及时清退，要加强检查，确保取消收费政策落到实处。对确定撤销的政府还贷二级公路收费站点，省级人民政府要及时向社会公布其位置和名称，接受社会监督；同时做好财务清理工作，防止国有资产流失和逃废银行债务。绝不允许任何地方、部门、单位和个人，以任何理由、任何名义继续收取或变相收取明令取消的各项收费。违反规定的，要严肃查处，并追究相关责任人的责任。国家发展改革委、财政部要会同有关部门尽快制定下发配套文件，并加大督查力度。

（四）加强宣传解释工作。要通过广播、电视、报纸、网络等多种媒体，有针对性地开展宣传解释工作，取得群众的理解和支持，为改革的顺利实施创造有利的舆论环境。地方各级人民政府要结合本地实际情况，加强舆论引导。

（五）确保社会大局稳定。成品油价格和税费改革涉及面广，情况复杂。各地要密切关注市场情况和社会动态，针对改革过程中可能出现的新情况、新问题，提前做好应对预案，并妥善处理，切实维护社会稳定的大局。

各地区、各有关部门贯彻落实情况，要及时向国务院报告。

财政部 国家税务总局关于提高成品油消费税税率的通知

财税[2008]167号

各省、自治区、直辖市、计划单列市财政厅（局）、国家税务局，新疆生产建设兵团财务局：

按照《国务院关于实施成品油价格和税费改革的通知》（国发[2008]37号），现将提高成品油消费税税率问题通知如下：

一、将无铅汽油的消费税单位税额由每升0.2元提高到每升1.0元；将含铅汽油的消费税单位税额由每升0.28元提高到每升1.4元。

二、将柴油的消费税单位税额由每升0.1元提高到每升0.8元。

三、将石脑油、溶剂油和润滑油的消费税单位税额由每升0.2元提高到每升1.0元。

四、将航空煤油和燃料油的消费税单位税额由每升0.1元提高到每升0.8元。

五、本通知自2009年1月1日起执行。原消费税的政策规定与本通知有抵触的，依照本通知执行。

附件1：

成品油消费税税目税率表

税目	税率
成品油：	
1. 汽油	
（1）无铅汽油	1.0元/升
（2）含铅汽油	1.4元/升
2. 柴油	0.8元/升
3. 航空煤油	0.8元/升
4. 石脑油	1.0元/升
5. 溶剂油	1.0元/升
6. 润滑油	1.0元/升
7. 燃料油	0.8元/升

附件 2：

成品油消费税征收范围注释

一、汽油

汽油是指用原油或其他原料加工生产的辛烷值不小于 66 的可用作汽油发动机燃料的各种轻质油。含铅汽油是指铅含量每升超过 0.013 克的汽油。汽油分为车用汽油和航空汽油。

以汽油、汽油组分调和生产的甲醇汽油、乙醇汽油也属于本税目征收范围。

二、柴油

柴油是指用原油或其他原料加工生产的倾点或凝点在－50 至 30 的可用作柴油发动机燃料的各种轻质油和以柴油组分为主、经调和精制可用作柴油发动机燃料的非标油。

以柴油、柴油组分调和生产的生物柴油也属于本税目征收范围。

三、石脑油

石脑油又叫化工轻油，是以原油或其他原料加工生产的用于化工原料的轻质油。

石脑油的征收范围包括除汽油、柴油、航空煤油、溶剂油以外的各种轻质油。非标汽油、重整生成油、拔头油、戊烷原料油、轻裂解料（减压柴油 VGO 和常压柴油 AGO）、重裂解料、加氢裂化尾油、芳烃抽余油均属轻质油，属于石脑油征收范围。

四、溶剂油

溶剂油是用原油或其他原料加工生产的用于涂料、油漆、食用油、印刷油墨、皮革、农药、橡胶、化妆品生产和机械清洗、胶粘行业的轻质油。

橡胶填充油、溶剂油原料，属于溶剂油征收范围。

五、航空煤油

航空煤油也叫喷气燃料，是用原油或其他原料加工生产的用作喷气发动机和喷气推进系统燃料的各种轻质油。

六、润滑油

润滑油是用原油或其他原料加工生产的用于内燃机、机械加工过程的润滑产品。润滑油分为矿物性润滑油、植物性润滑油、动物性润滑油和化工原料合成润滑油。

润滑油的征收范围包括矿物性润滑油、矿物性润滑油基础油、植物性润滑油、动物性润滑油和化工原料合成润滑油。以植物性、动物性和矿物性基础油（或矿物性润滑油）混合掺配而成的"混合性"润滑油，不论矿物性基础油（或矿物性润滑油）所占比例高低，均属润滑油的征收范围。

七、燃料油

燃料油也称重油、渣油，是用原油或其他原料加工生产，主要用作电厂发电、锅炉用燃料、加热炉燃料、冶金和其他工业炉燃料。腊油、船用重油、常压重油、减压重油、180CTS 燃料油、7 号燃料油、糠醛油、工业燃料、4—6 号燃料油等油品的主要用途是作为燃料燃烧，属于燃料油征收范围。

财政部　国家税务总局关于提高成品油消费税税率后相关成品油消费税政策的通知

财税［2008］168 号

各省、自治区、直辖市、计划单列市财政厅（局）、国家税务局，新疆生产建设兵团财务局：

根据《国务院关于实施成品油价格和税费改革的通知》（国发［2008］37 号），现将提高成品油消费税税率后相关成品油消费税政策问题通知如下：

一、自 2009 年 1 月 1 日起对进口石脑油恢复征收消费税。

二、2009 年 1 月 1 日至 2010 年 12 月 31 日，对国产的用作乙烯、芳烃类产品原料的石脑油免征消费税，生产企业直接对外销售的不作为乙烯、芳烃类产品原料的石脑油应按规定征收消费税；对进口的用作乙烯、芳烃类产品原料的石脑油已缴纳的消费税予以返还，具体办法由财政部会同海关总署和国家税务总局另行制定。

乙烯类产品具体是指乙烯、丙烯和丁二烯；芳烃类产品具体是指苯、甲苯、二甲苯。

三、航空煤油暂缓征收消费税。

四、对用外购或委托加工收回的已税汽油生产的乙醇汽油免税。用自产汽油生产的乙醇汽油，按照生产乙醇汽油所耗用的汽油数量申报纳税。

五、对外购或委托加工收回的汽油、柴油用于连续生产甲醇汽油、生物柴油，准予从消费税应纳税额中扣除原料已纳的消费税税款。

六、2008 年 12 月 31 日以前生产企业库存的用于生产应税消费品的外购或委托加工收回的石脑油、润滑油、燃料油原料，其已缴纳的消费税，准予在 2008 年 12 月税款所属期按照石脑油、润滑油每升 0.2 元和燃料油每升 0.1 元一次性计算扣除。

七、本通知自 2009 年 1 月 1 日起执行，原消费税政策规定与本通知有抵触的按照本通知的规定执行。下列文件或文件的部分内容自本通知执行之日起同时废止：

（一）财政部　国家税务总局《关于调整含铅汽油消费税税率的通知》（财税字[1998]163 号）

（二）国家税务总局《关于印发修订后的〈汽油、柴油消费税征税范围注释〉的通知》（国税发[1998]192 号）

（三）国家税务总局《关于生物柴油征收消费税问题的批复》（国税函[2005]39 号）

（四）财政部　国家税务总局《关于调整和完善消费税政策的通知》（财税[2006]33 号）第一条第二款的第 1 项成品油新增子目的适用税率（单位税额）和附件的第六条

（五）财政部　国家税务总局《关于消费税若干具体政策的通知》（财税[2006]125 号）第五条

（六）国家税务总局《关于生物柴油征收消费税问题的批复》（国税函[2006]1183 号）

（七）财政部　国家税务总局《关于调整部分成品油消费税政策的通知》（财税[2008]19 号）第二条中关于进口石脑油免征消费税的规定

（八）国家税务总局《关于印发〈石脑油消费税免税管理办法〉的通知》（国税发[2008]45 号）第四条

第六部分　中华人民共和国关税法

中华人民共和国海关法

主席令[2000]第35号

（1987年1月22日第六届全国人民代表大会常务委员会第十九次会议通过，2000年7月8日第九届全国人民代表大会常务委员会第十六次会议修正）

目　录

第一章　总　则

第一条　为了维护国家的主权和利益，加强海关监督管理，促进对外经济贸易和科技文化交往，保障社会主义现代化建设，特制定本法。

第二条　中华人民共和国海关是国家的进出关境（以下简称进出境）监督管理机关。海关依照本法和其他有关法律、行政法规，监管进出境的运输工具、货物、行李物品、邮递物品和其他物品（以下简称进出境运输工具、货物、物品），征收关税和其他税、费，查缉走私，并编制海关统计和办理其他海关业务。

第三条　国务院设立海关总署，统一管理全国海关。

国家在对外开放的口岸和海关监管业务集中的地点设立海关。海关的隶属关系，不受行政区划的限制。

海关依法独立行使职权，向海关总署负责。

第四条　国家在海关总署设立专门侦查走私犯罪的公安机构，配备专职缉私警察，负责对其管辖的走私犯罪案件的侦查、拘留、执行逮捕、预审。

海关侦查走私犯罪公安机构履行侦查、拘留、执行逮捕、预审职责，应当按照《中华人民共和国刑事诉讼法》的规定办理。

海关侦查走私犯罪公安机构根据国家有关规定，可以设立分支机构。各分支机构办理其管辖的走私犯罪案件，应当依法向有管辖权的人民检察院移送起诉。

地方各级公安机关应当配合海关侦查走私犯罪公安机构依法履行职责。

第五条　国家实行联合缉私、统一处理、综合治理的缉私体制。海关负责组织、协调、管理查缉走私工作。有关规定由国务院另行制定。

各有关行政执法部门查获的走私案件，应当给予行政处罚的，移送海关依法处理；涉嫌犯罪的，应当移送海关侦查走私犯罪公安机构、地方公安机关依据案件管辖分工和法定程序办理。

第六条　海关可以行使下列权力：

（一）检查进出境运输工具，查验进出境货物、物品；对违反本法或者其他有关法律、行政法规的，可以扣留。

（二）查阅进出境人员的证件；查问违反本法或者其他有关法律、行政法规的嫌疑人，调查其违法行为。

（三）查阅、复制与进出境运输工具、货物、物品有关的合同、发票、帐册、单据、记录、文件、业务函电、录音录像制品和其他资料；对其中与违反本法或者其他有关法律、行政法规的进出境运输工具、货物、物品有牵连的，可以扣留。

（四）在海关监管区和海关附近沿海沿边规定地区，检查有走私嫌疑的运输工具和有藏匿走私货物、物品嫌疑的场所，检查走私嫌疑人的身体；对有走私嫌疑的运输工具、货物、物品和走私犯罪嫌疑人，经直属海关关长或者其授权的隶属海关关长批准，可以扣留；对走私犯罪嫌疑人，扣留时间不超过二十四小时，在特殊情况下可以延长至四十八小时。

在海关监管区和海关附近沿海沿边规定地区以外，海关在调查走私案件时，对有走私嫌疑的运输工具和除公民住处以外的有藏匿走私货物、物品嫌疑的场所，经直属海关关长或者其授权的隶属海关关长批准，可以进行检查，有关当事人应当到场；当事人未到场的，在有见证人在场的情况下，可以径行检查；对其中有证据证明有走私嫌疑的运输工具、货物、物品，可以扣留。

海关附近沿海沿边规定地区的范围，由海关总署和国务院公安部门会同有关省级人民政府确定。

（五）在调查走私案件时，经直属海关关长或者其授权的隶属海关关长批准，可以查询案件涉嫌单位和涉嫌人员在金融机构、邮政企业的存款、汇款。

（六）进出境运输工具或者个人违抗海关监管逃逸的，海关可以连续追至海关监管区和海关附近沿海沿边规定地区以外，将其带回处理。

（七）海关为履行职责，可以配备武器。海关工作人员佩带和使用武器的规则，由海关总署会同国务院公安部门制定，报国务院批准。

（八）法律、行政法规规定由海关行使的其他权力。

第七条　各地方、各部门应当支持海关依法行使职权，不得非法干预海关的执法活动。

第八条　进出境运输工具、货物、物品，必须通过设立海关的地点进境或者出境。在特殊情况下，需要经过未设立海关的地点临时进境或者出境的，必须经国务院或者国务院授权的机关批准，并依照本法规定办理海关手续。

第九条　进出口货物，除另有规定的外，可以由进出口货物收发货人自行办理报关纳税手续，也可以由进出口货物收发货人委托海关准予注册登记的报关企业办理报关纳税手续。

进出境物品的所有人可以自行办理报关纳税手续，也可以委托他人办理报关纳税手续。

第十条　报关企业接受进出口货物收发货人的委托，以委托人的名义办理报关手续的，应当向海关提交由委托人签署的授权委托书，遵守本法对委托人的各项规定。

报关企业接受进出口货物收发货人的委托，以自己的名义办理报关手续的，应当承担与收发货人相同的法律责任。

委托人委托报关企业办理报关手续的，应当向报关企业提供所委托报关事项的真实情况；报关企业接受委托人的委托办理报关手续的，应当对委托人所提供情况的真实性进行合理审查。

第十一条　进出口货物收发货人、报关企业办理报关手续，必须依法经海关注册登记。报关人员必须依法取得报关从业资格。未依法经海关注册登记的企业和未依法取得报关从业资格的人员，不得从事报关业务。

报关企业和报关人员不得非法代理他人报关，或者超出其业务范围进行报关活动。

第十二条　海关依法执行职务，有关单位和个人应当如实回答询问，并予以配合，任何单位和个人不得阻挠。

海关执行职务受到暴力抗拒时，执行有关任务的公安机关和人民武装警察部队应当予以协助。

第十三条　海关建立对违反本法规定逃避海关监管行为的举报制度。

任何单位和个人均有权对违反本法规定逃避海关监管的行为进行举报。

海关对举报或者协助查获违反本法案件的有功单位和个人，应当给予精神的或者物质的奖励。

海关应当为举报人保密。

第二章　进出境运输工具

第十四条　进出境运输工具到达或者驶离设立海关的地点时，运输工具负责人应当向海关如实申报，交验单证，并接受海关监管和检查。

停留在设立海关的地点的进出境运输工具，未经海关同意，不得擅自驶离。

进出境运输工具从一个设立海关的地点驶往另一个设立海关的地点的，应当符合海关监管要求，办理海关手续，未办结海关手续的，不得改驶境外。

第十五条　进境运输工具在进境以后向海关申报以前，出境运输工具在办结海关手续以后出境以前，应当按照交通主管机关规定的路线行进；交通主管机关没有规定的，由海关指定。

第十六条 进出境船舶、火车、航空器到达和驶离时间、停留地点、停留期间更换地点以及装卸货物、物品时间，运输工具负责人或者有关交通运输部门应当事先通知海关。

第十七条 运输工具装卸进出境货物、物品或者上下进出境旅客，应当接受海关监管。

货物、物品装卸完毕，运输工具负责人应当向海关递交反映实际装卸情况的交接单据和记录。

上下进出境运输工具的人员携带物品的，应当向海关如实申报，并接受海关检查。

第十八条 海关检查进出境运输工具时，运输工具负责人应当到场，并根据海关的要求开启舱室、房间、车门；有走私嫌疑的，并应当开拆可能藏匿走私货物、物品的部位，搬移货物、物料。

海关根据工作需要，可以派员随运输工具执行职务，运输工具负责人应当提供方便。

第十九条 进境的境外运输工具和出境的境内运输工具，未向海关办理手续并缴纳关税，不得转让或者移作他用。

第二十条 进出境船舶和航空器兼营境内客、货运输，需经海关同意，并应当符合海关监管要求。

进出境运输工具改营境内运输，需向海关办理手续。

第二十一条 沿海运输船舶、渔船和从事海上作业的特种船舶，未经海关同意，不得载运或者换取、买卖、转让进出境货物、物品。

第二十二条 进出境船舶和航空器，由于不可抗力的原因，被迫在未设立海关的地点停泊、降落或者抛掷、起卸货物、物品，运输工具负责人应当立即报告附近海关。

第三章 进出境货物

第二十三条 进口货物自进境起到办结海关手续止，出口货物自向海关申报起到出境止，过境、转运和通运货物自进境起到出境止，应当接受海关监管。

第二十四条 进口货物的收货人、出口货物的发货人应当向海关如实申报，交验进出口许可证件和有关单证。国家限制进出口的货物，没有进出口许可证件的，不予放行，具体处理办法由国务院规定。

进口货物的收货人应当自运输工具申报进境之日起十四日内，出口货物的发货人除海关特准的外应当在货物运抵海关监管区后、装货的二十四小时以前，向海关申报。

进口货物的收货人超过前款规定期限向海关申报的，由海关征收滞报金。

第二十五条 办理进出口货物的海关申报手续，应当采用纸质报关单和电子数据报关单的形式。

第二十六条 海关接受申报后，报关单证及其内容不得修改或者撤销；确有正当理由的，经海关同意，方可修改或者撤销。

第二十七条 进口货物的收货人经海关同意，可以在申报前查看货物或者提取货样。需要依法检疫的货物，应当在检疫合格后提取货样。

第二十八条 进出口货物应当接受海关查验。海关查验货物时，进口货物的收货人、出口货物的发货人应当到场，并负责搬移货物，开拆和重封货物的包装。海关认为必要时，可以径行开验、复验或者提取货样。

经收发货人申请，海关总署批准，其进出口货物可以免验。

第二十九条 除海关特准的外，进出口货物在收发货人缴清税款或者提供担保后，由海关签印放行。

第三十条 进口货物的收货人自运输工具申报进境之日起超过三个月未向海关申报的，其进口货物由海关提取依法变卖处理，所得价款在扣除运输、装卸、储存等费用和税款后，尚有余款的，自货物依法变卖之日起一年内，经收货人申请，予以发还；其中属于国家对进口有限制性规定，应当提交许可证件而不能提供的，不予发还。逾期无人申请或者不予发还的，上缴国库。

确属误卸或者溢卸的进境货物，经海关审定，由原运输工具负责人或者货物的收发货人自该运输工具卸货之日起三个月内，办理退运或者进口手续；必要时，经海关批准，可以延期三个月。逾期未办手续的，由海关按前款规定处理。

前两款所列货物不宜长期保存的，海关可以根据实际情况提前处理。

收货人或者货物所有人声明放弃的进口货物，由海关提取依法变卖处理；所得价款在扣除运输、装卸、储存等费用后，上缴国库。

第三十一条 经海关批准暂时进口或者暂时出口的货物，应当在六个月内复运出境或者复运进境；在特殊情况下，经海关同意，可以延期。

第三十二条 经营保税货物的储存、加工、装配、展示、运输、寄售业务和经营免税商店，应当符合海关监管要求，经海关批准，并办理注册手续。

保税货物的转让、转移以及进出保税场所，应当向海关办理有关手续，接受海关监管和查验。

第三十三条 企业从事加工贸易，应当持有关批准文件和加工贸易合同向海关备案，加工贸易制成品单位耗料量由海关按照有关规定核定。

加工贸易制成品应当在规定的期限内复出口。其中使用的进口料件，属于国家规定准予保税的，应当向海关办理核销手续；属于先征收税款的，依法向海关办理退税手续。

加工贸易保税进口料件或者制成品因故转为内销的，海关凭准予内销的批准文件，对保税的进口料件依法征税；属于国家对进口有限制性规定的，还应当向海关提交进口许可证件。

第三十四条 经国务院批准在中华人民共和国境内设立的保税区等海关特殊监管区域，由海关按照国家有关规定实施监管。

第三十五条 进口货物应当由收货人在货物的进境地海关办理海关手续，出口货物应当由发货人在货物的出境地海关办理海关手续。

经收发货人申请，海关同意，进口货物的收货人可以在设有海关的指运地、出口货物的发货人可以在设有海关的启运地办理海关手续。上述货物的转关运输，应当符合海关监管要求；必要时，海关可以派员押运。

经电缆、管道或者其他特殊方式输送进出境的货物，经营单位应当定期向指定的海关申报和办理海关手续。

第三十六条 过境、转运和通运货物，运输工具负责人应当向进境地海关如实申报，并应当在规定期限内运输出境。

海关认为必要时，可以查验过境、转运和通运货物。

第三十七条 海关监管货物，未经海关许可，不得开拆、提取、交付、发运、调换、改装、抵押、质押、留置、转让、更换标记、移作他用或者进行其他处置。

海关加施的封志，任何人不得擅自开启或者损毁。

人民法院判决、裁定或者有关行政执法部门决定处理海关监管货物的，应当责令当事人办结海关手续。

第三十八条 经营海关监管货物仓储业务的企业，应当经海关注册，并按照海关规定，办理收存、交付手续。

在海关监管区外存放海关监管货物，应当经海关同意，并接受海关监管。

违反前两款规定或者在保管海关监管货物期间造成海关监管货物损毁或者灭失的，除不可抗力外，对海关监管货物负有保管义务的人应当承担相应的纳税义务和法律责任。

第三十九条 进出境集装箱的监管办法、打捞进出境货物和沉船的监管办法、边境小额贸易进出口货物的监管办法，以及本法未具体列明的其他进出境货物的监管办法，由海关总署或者由海关总署会同国务院有关部门另行制定。

第四十条 国家对进出境货物、物品有禁止性或者限制性规定的，海关依据法律、行政法规、国务院的规定或者国务院有关部门依据法律、行政法规的授权作出的规定实施监管。具体监管办法由海关总署制定。

第四十一条 进出口货物的原产地按照国家有关原产地规则的规定确定。

第四十二条 进出口货物的商品归类按照国家有关商品归类的规定确定。

海关可以要求进出口货物的收发货人提供确定商品归类所需的有关资料；必要时，海关可以组织化验、检验，并将海关认定的化验、检验结果作为商品归类的依据。

第四十三条 海关可以根据对外贸易经营者提出的书面申请，对拟作进口或者出口的货物预先作出商品归类等行政裁定。

进口或者出口相同货物，应当适用相同的商品归类行政裁定。

海关对所作出的商品归类等行政裁定，应当予以公布。

第四十四条 海关依照法律、行政法规的规定，对与进出境货物有关的知识产权实施保护。

需要向海关申报知识产权状况的，进出口货物收发货人及其代理人应当按照国家规定向海关如实申报有关知识产权状况，并提交合法使用有关知识产权的证明文件。

第四十五条 自进出口货物放行之日起三年内或者在保税货物、减免税进口货物的海关监管期限内及其后的三年内，海关可以对与进出口货物直接有关的企业、单位的会计帐簿、会计凭证、报关单证以及其他有关资料和有关进出口货物实施稽查。具体办法由国务院规定。

第四章 进出境物品

第四十六条 个人携带进出境的行李物品、邮寄进出境的物品，应当以自用、合理数量为限，并接受海关监管。

第四十七条 进出境物品的所有人应当向海关如实申报，并接受海关查验。

海关加施的封志，任何人不得擅自开启或者损毁。

第四十八条 进出境邮袋的装卸、转运和过境，应当接受海关监管。邮政企业应当向海关递交邮件路单。

邮政企业应当将开拆及封发国际邮袋的时间事先通知海关，海关应当按时派员到场监管查验。

第四十九条 邮运进出境的物品，经海关查验放行后，有关经营单位方可投递或者交付。

第五十条 经海关登记准予暂时免税进境或者暂时免税出境的物品，应当由本人复带出境或者复带进境。

过境人员未经海关批准，不得将其所带物品留在境内。

第五十一条 进出境物品所有人声明放弃的物品、在海关规定期限内未办理海关手续或者无人认领的物品，以及无法投递又无法退回的进境邮递物品，由海关依照本法第三十条的规定处理。

第五十二条 享有外交特权和豁免的外国机构或者人员的公务用品或者自用物品进出境，依照有关法律、行政法规的规定办理。

第五章 关 税

第五十三条 准许进出口的货物、进出境物品，由海关依法征收关税。

第五十四条 进口货物的收货人、出口货物的发货人、进出境物品的所有人，是关税的纳税义务人。

第五十五条 进出口货物的完税价格，由海关以该货物的成交价格为基础审查确定。成交价格不能确定时，完税价格由海关依法估定。

进口货物的完税价格包括货物的货价、货物运抵中华人民共和国境内输入地点起卸前的运输及其相关费用、保险费；出口货物的完税价格包括货物的货价、货物运至中华人民共和国境内输出地点装载前的运输及其相关费用、保险费，但是其中包含的出口关税税额，应当予以扣除。

进出境物品的完税价格，由海关依法确定。

第五十六条 下列进出口货物、进出境物品，减征或者免征关税：

(一) 无商业价值的广告品和货样；

(二) 外国政府、国际组织无偿赠送的物资；

(三) 在海关放行前遭受损坏或者损失的货物；

(四) 规定数额以内的物品；

(五) 法律规定减征、免征关税的其他货物、物品；

(六) 中华人民共和国缔结或者参加的国际条约规定减征、免征关税的货物、物品。

第五十七条 特定地区、特定企业或者有特定用途的进出口货物，可以减征或者免征关税。特定减税或者免税的范围和办法由国务院规定。

依照前款规定减征或者免征关税进口的货物，只能用于特定地区、特定企业或者特定用途，未经海关核准并补缴关税，不得移作他用。

第五十八条 本法第五十六条、第五十七条第一款规定范围以外的临时减征或者免征关税，由国务院决定。

第五十九条 经海关批准暂时进口或者暂时出口的货物，以及特准进口的保税货物，在货物收发货人向海关缴纳相当于税款的保证金或者提供担保后，准予暂时免纳关税。

第六十条 进出口货物的纳税义务人，应当自海关填发税款缴款书之日起十五日内缴纳税款；逾期缴纳的，由海关征收滞纳金。纳税义务人、担保人超过三个月仍未缴纳的，经直属海关关长或者其授权的隶属海关关长批准，海关可以采取下列强制措施：

（一）书面通知其开户银行或者其他金融机构从其存款中扣缴税款；

（二）将应税货物依法变卖，以变卖所得抵缴税款；

（三）扣留并依法变卖其价值相当于应纳税款的货物或者其他财产，以变卖所得抵缴税款。

海关采取强制措施时，对前款所列纳税义务人、担保人未缴纳的滞纳金同时强制执行。

进出境物品的纳税义务人，应当在物品放行前缴纳税款。

第六十一条 进出口货物的纳税义务人在规定的纳税期限内有明显的转移、藏匿其应税货物以及其他财产迹象的，海关可以责令纳税义务人提供担保；纳税义务人不能提供纳税担保的，经直属海关关长或者其授权的隶属海关关长批准，海关可以采取下列税收保全措施：

（一）书面通知纳税义务人开户银行或者其他金融机构暂停支付纳税义务人相当于应纳税款的存款；

（二）扣留纳税义务人价值相当于应纳税款的货物或者其他财产。

纳税义务人在规定的纳税期限内缴纳税款的，海关必须立即解除税收保全措施；期限届满仍未缴纳税款的，经直属海关关长或者其授权的隶属海关关长批准，海关可以书面通知纳税义务人开户银行或者其他金融机构从其暂停支付的存款中扣缴税款，或者依法变卖所扣留的货物或者其他财产，以变卖所得抵缴税款。

采取税收保全措施不当，或者纳税义务人在规定期限内已缴纳税款，海关未立即解除税收保全措施，致使纳税义务人的合法权益受到损失的，海关应当依法承担赔偿责任。

第六十二条 进出口货物、进出境物品放行后，海关发现少征或者漏征税款，应当自缴纳税款或者货物、物品放行之日起一年内，向纳税义务人补征。因纳税义务人违反规定而造成的少征或者漏征，海关在三年以内可以追征。

第六十三条 海关多征的税款，海关发现后应当立即退还；纳税义务人自缴纳税款之日起一年内，可以要求海关退还。

第六十四条 纳税义务人同海关发生纳税争议时，应当缴纳税款，并可以依法申请行政复议；对复议决定仍不服的，可以依法向人民法院提起诉讼。

第六十五条 进口环节海关代征税的征收管理，适用关税征收管理的规定。

第六章 海关事务担保

第六十六条 在确定货物的商品归类、估价和提供有效报关单证或者办结其他海关手续前，收发货人要求放行货物的，海关应当在其提供与其依法应当履行的法律义务相适应的担保后放行。法律、行政法规规定可以免除担保的除外。

法律、行政法规对履行海关义务的担保另有规定的，从其规定。

国家对进出境货物、物品有限制性规定，应当提供许可证件而不能提供的，以及法律、行政法规规定不得担保的其他情形，海关不得办理担保放行。

第六十七条 具有履行海关事务担保能力的法人、其他组织或者公民，可以成为担保人。法律规定不得为担保人的除外。

第六十八条 担保人可以以下列财产、权利提供担保：

（一）人民币、可自由兑换货币；

（二）汇票、本票、支票、债券、存单；

（三）银行或者非银行金融机构的保函；

（四）海关依法认可的其他财产、权利。

第六十九条 担保人应当在担保期限内承担担保责任。担保人履行担保责任的，不免除被担保人应当办理有关海关手续的义务。

第七十条 海关事务担保管理办法，由国务院规定。

第七章 执法监督

第七十一条 海关履行职责，必须遵守法律，维护国家利益，依照法定职权和法定程序严格执法，接受监督。

第七十二条 海关工作人员必须秉公执法，廉洁自律，忠于职守，文明服务，不得有下列行为：

（一）包庇、纵容走私或者与他人串通进行走私；

（二）非法限制他人人身自由，非法检查他人身体、住所或者场所，非法检查、扣留进出境运输工具、货物、物品；

（三）利用职权为自己或者他人谋取私利；

（四）索取、收受贿赂；

（五）泄露国家秘密、商业秘密和海关工作秘密；

（六）滥用职权，故意刁难，拖延监管、查验；

（七）购买、私分、占用没收的走私货物、物品；

（八）参与或者变相参与营利性经营活动；

（九）违反法定程序或者超越权限执行职务；

（十）其他违法行为。

第七十三条 海关应当根据依法履行职责的需要，加强队伍建设，使海关工作人员具有良好的政治、业务素质。

海关专业人员应当具有法律和相关专业知识，符合海关规定的专业岗位任职要求。

海关招收工作人员应当按照国家规定，公开考试，严格考核，择优录用。

海关应当有计划地对其工作人员进行政治思想、法制、海关业务培训和考核。海关工作人员必须定期接受培训和考核，经考核不合格的，不得继续上岗执行职务。

第七十四条 海关总署应当实行海关关长定期交流制度。

海关关长定期向上一级海关述职，如实陈述其执行职务情况。海关总署应当定期对直属海关关长进行考核，直属海关应当定期对隶属海关关长进行考核。

第七十五条 海关及其工作人员的行政执法活动，依法接受监察机关的监督；缉私警察进行侦查活动，依法接受人民检察院的监督。

第七十六条 审计机关依法对海关的财政收支进行审计监督，对海关办理的与国家财政收支有关的事项，有权进行专项审计调查。

第七十七条 上级海关应当对下级海关的执法活动依法进行监督。上级海关认为下级海关作出的处理或者决定不适当的，可以依法予以变更或者撤销。

第七十八条 海关应当依照本法和其他有关法律、行政法规的规定，建立健全内部监督制度，对其工作人员执行法律、行政法规和遵守纪律的情况，进行监督检查。

第七十九条 海关内部负责审单、查验、放行、稽查和调查等主要岗位的职责权限应当明确，并相互分离、相互制约。

第八十条 任何单位和个人均有权对海关及其工作人员的违法、违纪行为进行控告、检举。收到控告、检举的机关有权处理的，应当依法按照职责分工及时查处。收到控告、检举的机关和负责查处的机关应当为控告人、检举人保密。

第八十一条 海关工作人员在调查处理违法案件时，遇有下列情形之一的，应当回避：

（一）是本案的当事人或者是当事人的近亲属；

（二）本人或者其近亲属与本案有利害关系；

（三）与本案当事人有其他关系，可能影响案件公正处理的。

第八章 法律责任

第八十二条 违反本法及有关法律、行政法规，逃避海关监管，偷逃应纳税款、逃避国家有关进出境的禁止性或者限制性管理，有下列情形之一的，是走私行为：

（一）运输、携带、邮寄国家禁止或者限制进出境货物、物品或者依法应当缴纳税款的货物、物品进出境的；

（二）未经海关许可并且未缴纳应纳税款、交验有关许可证件，擅自将保税货物、特定减免税货物以及其他海关监管货物、物品、进境的境外运输工具，在境内销售的；

（三）有逃避海关监管，构成走私的其他行为的。

有前款所列行为之一，尚不构成犯罪的，由海关没收走私货物、物品及违法所得，可以并处罚款；专门或者多次用于掩护走私的货物、物品，专门或者多次用于走私的运输工具，予以没收，藏匿走私货物、物品的特制设备，责令拆毁或者没收。

有第一款所列行为之一，构成犯罪的，依法追究刑事责任。

第八十三条　有下列行为之一的，按走私行为论处，依照本法第八十二条的规定处罚：

（一）直接向走私人非法收购走私进口的货物、物品的；

（二）在内海、领海、界河、界湖，船舶及所载人员运输、收购、贩卖国家禁止或者限制进出境的货物、物品，或者运输、收购、贩卖依法应当缴纳税款的货物，没有合法证明的。

第八十四条　伪造、变造、买卖海关单证，与走私人通谋为走私人提供贷款、资金、帐号、发票、证明、海关单证，与走私人通谋为走私人提供运输、保管、邮寄或者其他方便，构成犯罪的，依法追究刑事责任；尚不构成犯罪的，由海关没收违法所得，并处罚款。

第八十五条　个人携带、邮寄超过合理数量的自用物品进出境，未依法向海关申报的，责令补缴关税，可以处以罚款。

第八十六条　违反本法规定有下列行为之一的，可以处以罚款，有违法所得的，没收违法所得：

（一）运输工具不经设立海关的地点进出境的；

（二）不将进出境运输工具到达的时间、停留的地点或者更换的地点通知海关的；

（三）进出口货物、物品或者过境、转运、通运货物向海关申报不实的；

（四）不按照规定接受海关对进出境运输工具、货物、物品进行检查、查验的；

（五）进出境运输工具未经海关同意，擅自装卸进出境货物、物品或者上下进出境旅客的；

（六）在设立海关的地点停留的进出境运输工具未经海关同意，擅自驶离的；

（七）进出境运输工具从一个设立海关的地点驶往另一个设立海关的地点，尚未办结海关手续又未经海关批准，中途擅自改驶境外或者境内未设立海关的地点的；

（八）进出境运输工具，未经海关同意，擅自兼营或者改营境内运输的；

（九）由于不可抗力的原因，进出境船舶和航空器被迫在未设立海关的地点停泊、降落或者在境内抛掷、起卸货物、物品，无正当理由，不向附近海关报告的；

（十）未经海关许可，擅自将海关监管货物开拆、提取、交付、发运、调换、改装、抵押、质押、留置、转让、更换标记、移作他用或者进行其他处置的；

（十一）擅自开启或者损毁海关封志的；

（十二）经营海关监管货物的运输、储存、加工等业务，有关货物灭失或者有关记录不真实，不能提供正当理由的；

（十三）有违反海关监管规定的其他行为的。

第八十七条　海关准予从事有关业务的企业，违反本法有关规定的，由海关责令改正，可以给予警告，暂停其从事有关业务，直至撤销注册。

第八十八条　未经海关注册登记和未取得报关从业资格从事报关业务的，由海关予以取缔，没收违法所得，可以并处罚款。

第八十九条　报关企业、报关人员非法代理他人报关或者超出其业务范围进行报关活动的，由海关责令改正，处以罚款，暂停其执业；情节严重的，撤销其报关注册登记、取消其报关从业资格。

第九十条　进出口货物收发货人、报关企业、报关人员向海关工作人员行贿的，由海关撤销其报关注册登记，取消其报关从业资格，并处以罚款；构成犯罪的，依法追究刑事责任，并不得重新注册登记为报关企业和取得报关从业资格证书。

第九十一条　违反本法规定进出口侵犯中华人民共和国法律、行政法规保护的知识产权的货物的，由海关依法没收侵权货物，并处以罚款；构成犯罪的，依法追究刑事责任。

第九十二条　海关依法扣留的货物、物品、运输工具，在人民法院判决或者海关处罚决定作出之前，不得处理。但是，危险品或者鲜活、易腐、易失效等不宜长期保存的货物、物品以及所有人申请先行变卖的货物、物品、运输工具，经直属海关关长或者其授权的隶属海关关长批准，可以先行依法变卖，变卖所得价款由海关保存，并通知其所有人。

人民法院判决没收或者海关决定没收的走私货物、物品、违法所得、走私运输工具、特制设备，由海关依法统一处理，所得价款和海关决定处以的罚款，全部上缴中央国库。

第九十三条 当事人逾期不履行海关的处罚决定又不申请复议或者向人民法院提起诉讼的，作出处罚决定的海关可以将其保证金抵缴或者将其被扣留的货物、物品、运输工具依法变价抵缴，也可以申请人民法院强制执行。

第九十四条 海关在查验进出境货物、物品时，损坏被查验的货物、物品的，应当赔偿实际损失。

第九十五条 海关违法扣留货物、物品、运输工具，致使当事人的合法权益受到损失的，应当依法承担赔偿责任。

第九十六条 海关工作人员有本法第七十二条所列行为之一的，依法给予行政处分；有违法所得的，依法没收违法所得；构成犯罪的，依法追究刑事责任。

第九十七条 海关的财政收支违反法律、行政法规规定的，由审计机关以及有关部门依照法律、行政法规的规定作出处理；对直接负责的主管人员和其他直接责任人员，依法给予行政处分；构成犯罪的，依法追究刑事责任。

第九十八条 未按照本法规定为控告人、检举人、举报人保密的，对直接负责的主管人员和其他直接责任人员，由所在单位或者有关单位依法给予行政处分。

第九十九条 海关工作人员在调查处理违法案件时，未按照本法规定进行回避的，对直接负责的主管人员和其他直接责任人员，依法给予行政处分。

第九章 附 则

第一百条 本法下列用语的含义：

直属海关，是指直接由海关总署领导，负责管理一定区域范围内的海关业务的海关；隶属海关，是指由直属海关领导，负责办理具体海关业务的海关。

进出境运输工具，是指用以载运人员、货物、物品进出境的各种船舶、车辆、航空器和驮畜。

过境、转运和通运货物，是指由境外启运、通过中国境内继续运往境外的货物。其中，通过境内陆路运输的，称过境货物；在境内设立海关的地点换装运输工具，而不通过境内陆路运输的，称转运货物；由船舶、航空器载运进境并由原装运输工具载运出境的，称通运货物。

海关监管货物，是指本法第二十三条所列的进出口货物，过境、转运、通运货物，特定减免税货物，以及暂时进出口货物、保税货物和其他尚未办结海关手续的进出境货物。

保税货物，是指经海关批准未办理纳税手续进境，在境内储存、加工、装配后复运出境的货物。

海关监管区，是指设立海关的港口、车站、机场、国界孔道、国际邮件互换局（交换站）和其他有海关监管业务的场所，以及虽未设立海关，但是经国务院批准的进出境地点。

第一百零一条 经济特区等特定地区同境内其他地区之间往来的运输工具、货物、物品的监管办法，由国务院另行规定。

第一百零二条 本法自 1987 年 7 月 1 日起施行。1951 年 4 月 18 日中央人民政府公布的《中华人民共和国暂行海关法》同时废止。

中华人民共和国进出口关税条例

国务院令[2003]第 392 号

第一章 总 则

第一条 为了贯彻对外开放政策，促进对外经济贸易和国民经济的发展，根据《中华人民共和国海关法》（以下简称《海关法》）的有关规定，制定本条例。

第二条 中华人民共和国准许进出口的货物、进境物品，除法律、行政法规另有规定外，海关依照本条例规定征收进出口关税。

第三条 国务院制定《中华人民共和国进出口税则》（以下简称《税则》）、《中华人民共和国进境物品进口税税率表》（以下简称《进境物品进口税税率表》），规定关税的税目、税则号列和税率，作为本条例的组成部分。

第四条 国务院设立关税税则委员会,负责《税则》和《进境物品进口税税率表》的税目、税则号列和税率的调整和解释,报国务院批准后执行;决定实行暂定税率的货物、税率和期限;决定关税配额税率;决定征收反倾销税、反补贴税、保障措施关税、报复性关税以及决定实施其他关税措施;决定特殊情况下税率的适用,以及履行国务院规定的其他职责。

第五条 进口货物的收货人、出口货物的发货人、进境物品的所有人,是关税的纳税义务人。

第六条 海关及其工作人员应当依照法定职权和法定程序履行关税征管职责,维护国家利益,保护纳税人合法权益,依法接受监督。

第七条 纳税义务人有权要求海关对其商业秘密予以保密,海关应当依法为纳税义务人保密。

第八条 海关对检举或者协助查获违反本条例行为的单位和个人,应当按照规定给予奖励,并负责保密。

第二章 进出口货物关税税率的设置和适用

第九条 进口关税设置最惠国税率、协定税率、特惠税率、普通税率、关税配额税率等税率。对进口货物在一定期限内可以实行暂定税率。

出口关税设置出口税率。对出口货物在一定期限内可以实行暂定税率。

第十条 原产于共同适用最惠国待遇条款的世界贸易组织成员的进口货物,原产于与中华人民共和国签订含有相互给予最惠国待遇条款的双边贸易协定的国家或者地区的进口货物,以及原产于中华人民共和国境内的进口货物,适用最惠国税率。

原产于与中华人民共和国签订含有关税优惠条款的区域性贸易协定的国家或者地区的进口货物,适用协定税率。

原产于与中华人民共和国签订含有特殊关税优惠条款的贸易协定的国家或者地区的进口货物,适用特惠税率。

原产于本条第一款、第二款和第三款所列以外国家或者地区的进口货物,以及原产地不明的进口货物,适用普通税率。

第十一条 适用最惠国税率的进口货物有暂定税率的,应当适用暂定税率;适用协定税率、特惠税率的进口货物有暂定税率的,应当从低适用税率;适用普通税率的进口货物,不适用暂定税率。

适用出口税率的出口货物有暂定税率的,应当适用暂定税率。

第十二条 按照国家规定实行关税配额管理的进口货物,关税配额内的,适用关税配额税率;关税配额外的,其税率的适用按照本条例第十条、第十一条的规定执行。

第十三条 按照有关法律、行政法规的规定对进口货物采取反倾销、反补贴、保障措施的,其税率的适用按照《中华人民共和国反倾销条例》、《中华人民共和国反补贴条例》和《中华人民共和国保障措施条例》的有关规定执行。

第十四条 任何国家或者地区违反与中华人民共和国签订或者共同参加的贸易协定及相关协定,对中华人民共和国在贸易方面采取禁止、限制、加征关税或者其他影响正常贸易的措施的,对原产于该国家或者地区的进口货物可以征收报复性关税,适用报复性关税税率。

征收报复性关税的货物、适用国别、税率、期限和征收办法,由国务院关税税则委员会决定并公布。

第十五条 进出口货物,应当适用海关接受该货物申报进口或者出口之日实施的税率。

进口货物到达前,经海关核准先行申报的,应当适用装载该货物的运输工具申报进境之日实施的税率。

转关运输货物税率的适用日期,由海关总署另行规定。

第十六条 有下列情形之一,需缴纳税款的,应当适用海关接受申报办理纳税手续之日实施的税率:

(一)保税货物经批准不复运出境的;

(二)减免税货物经批准转让或者移作他用的;

(三)暂准进境货物经批准不复运出境,以及暂准出境货物经批准不复运进境的;

(四)租赁进口货物,分期缴纳税款的。

第十七条 补征和退还进出口货物关税,应当按照本条例第十五条或者第十六条的规定确定适用的税率。

因纳税义务人违反规定需要追征税款的,应当适用该行为发生之日实施的税率;行为发生之日不能确定的,适用海关发现该行为之日实施的税率。

第三章　进出口货物完税价格的确定

第十八条　进口货物的完税价格由海关以符合本条第三款所列条件的成交价格以及该货物运抵中华人民共和国境内输入地点起卸前的运输及其相关费用、保险费为基础审查确定。

进口货物的成交价格，是指卖方向中华人民共和国境内销售该货物时买方为进口该货物向卖方实付、应付的，并按照本条例第十九条、第二十条规定调整后的价款总额，包括直接支付的价款和间接支付的价款。

进口货物的成交价格应当符合下列条件：

（一）对买方处置或者使用该货物不予限制，但法律、行政法规规定实施的限制、对货物转售地域的限制和对货物价格无实质性影响的限制除外；

（二）该货物的成交价格没有因搭售或者其他因素的影响而无法确定；

（三）卖方不得从买方直接或者间接获得因该货物进口后转售、处置或者使用而产生的任何收益，或者虽有收益但能够按照本条例第十九条、第二十条的规定进行调整；

（四）买卖双方没有特殊关系，或者虽有特殊关系但未对成交价格产生影响。

第十九条　进口货物的下列费用应当计入完税价格：

（一）由买方负担的购货佣金以外的佣金和经纪费；

（二）由买方负担的在审查确定完税价格时与该货物视为一体的容器的费用；

（三）由买方负担的包装材料费用和包装劳务费用；

（四）与该货物的生产和向中华人民共和国境内销售有关的，由买方以免费或者以低于成本的方式提供并可以按适当比例分摊的料件、工具、模具、消耗材料及类似货物的价款，以及在境外开发、设计等相关服务的费用；

（五）作为该货物向中华人民共和国境内销售的条件，买方必须支付的、与该货物有关的特许权使用费；

（六）卖方直接或者间接从买方获得的该货物进口后转售、处置或者使用的收益。

第二十条　进口时在货物的价款中列明的下列税收、费用，不计入该货物的完税价格：

（一）厂房、机械、设备等货物进口后进行建设、安装、装配、维修和技术服务的费用；

（二）进口货物运抵境内输入地点起卸后的运输及其相关费用、保险费；

（三）进口关税及国内税收。

第二十一条　进口货物的成交价格不符合本条例第十八条第三款规定条件的，或者成交价格不能确定的，海关经了解有关情况，并与纳税义务人进行价格磋商后，依次以下列价格估定该货物的完税价格：

（一）与该货物同时或者大约同时向中华人民共和国境内销售的相同货物的成交价格；

（二）与该货物同时或者大约同时向中华人民共和国境内销售的类似货物的成交价格；

（三）与该货物进口的同时或者大约同时，将该进口货物、相同或者类似进口货物在第一级销售环节销售给无特殊关系买方最大销售总量的单位价格，但应当扣除本条例第二十二条规定的项目；

（四）按照下列各项总和计算的价格：生产该货物所使用的料件成本和加工费用，向中华人民共和国境内销售同等级或者同种类货物通常的利润和一般费用，该货物运抵境内输入地点起卸前的运输及其相关费用、保险费；

（五）以合理方法估定的价格。

纳税义务人向海关提供有关资料后，可以提出申请，颠倒前款第（三）项和第（四）项的适用次序。

第二十二条　按照本条例第二十一条第一款第（三）项规定估定完税价格，应当扣除的项目是指：

（一）同等级或者同种类货物在中华人民共和国境内第一级销售环节销售时通常的利润和一般费用以及通常支付的佣金；

（二）进口货物运抵境内输入地点起卸后的运输及其相关费用、保险费；

（三）进口关税及国内税收。

第二十三条　以租赁方式进口的货物，以海关审查确定的该货物的租金作为完税价格。

纳税义务人要求一次性缴纳税款的，纳税义务人可以选择按照本条例第二十一条的规定估定完税价格，或者按照海关审查确定的租金总额作为完税价格。

第二十四条　运往境外加工的货物，出境时已向海关报明并在海关规定的期限内复运进境的，应当以境外加工费和料件费以及复运进境的运输及其相关费用和保险费审查确定完税价格。

第二十五条　运往境外修理的机械器具、运输工具或者其他货物，出境时已向海关报明并在海关规定的期限内复运进境的，应当以境外修理费和料件费审查确定完税价格。

第二十六条　出口货物的完税价格由海关以该货物的成交价格以及该货物运至中华人民共和国境内输出地点装载前的运输及其相关费用、保险费为基础审查确定。

出口货物的成交价格，是指该货物出口时卖方为出口该货物应当向买方直接收取和间接收取的价款总额。

出口关税不计入完税价格。

第二十七条　出口货物的成交价格不能确定的，海关经了解有关情况，并与纳税义务人进行价格磋商后，依次以下列价格估定该货物的完税价格：

（一）与该货物同时或者大约同时向同一国家或者地区出口的相同货物的成交价格；

（二）与该货物同时或者大约同时向同一国家或者地区出口的类似货物的成交价格；

（三）按照下列各项总和计算的价格：境内生产相同或者类似货物的料件成本、加工费用，通常的利润和一般费用，境内发生的运输及其相关费用、保险费；

（四）以合理方法估定的价格。

第二十八条　按照本条例规定计入或者不计入完税价格的成本、费用、税收，应当以客观、可量化的数据为依据。

第四章　进出口货物关税的征收

第二十九条　进口货物的纳税义务人应当自运输工具申报进境之日起 14 日内，出口货物的纳税义务人除海关特准的外，应当在货物运抵海关监管区后、装货的 24 小时以前，向货物的进出境地海关申报。进出口货物转关运输的，按照海关总署的规定执行。

进口货物到达前，纳税义务人经海关核准可以先行申报。具体办法由海关总署另行规定。

第三十条　纳税义务人应当依法如实向海关申报，并按照海关的规定提供有关确定完税价格、进行商品归类、确定原产地以及采取反倾销、反补贴或者保障措施等所需的资料；必要时，海关可以要求纳税义务人补充申报。

第三十一条　纳税义务人应当按照《税则》规定的目录条文和归类总规则、类注、章注、子目注释以及其他归类注释，对其申报的进出口货物进行商品归类，并归入相应的税则号列；海关应当依法审核确定该货物的商品归类。

第三十二条　海关可以要求纳税义务人提供确定商品归类所需的有关资料；必要时，海关可以组织化验、检验，并将海关认定的化验、检验结果作为商品归类的依据。

第三十三条　海关为审查申报价格的真实性和准确性，可以查阅、复制与进出口货物有关的合同、发票、账册、结付汇凭证、单据、业务函电、录音录像制品和其他反映买卖双方关系及交易活动的资料。

海关对纳税义务人申报的价格有怀疑并且所涉关税数额较大的，经直属海关关长或者其授权的隶属海关关长批准，凭海关总署统一格式的协助查询账户通知书及有关工作人员的工作证件，可以查询纳税义务人在银行或者其他金融机构开立的单位账户的资金往来情况，并向银行业监督管理机构通报有关情况。

第三十四条　海关对纳税义务人申报的价格有怀疑的，应当将怀疑的理由书面告知纳税义务人，要求其在规定的期限内书面作出说明、提供有关资料。

纳税义务人在规定的期限内未作说明、未提供有关资料的，或者海关仍有理由怀疑申报价格的真实性和准确性的，海关可以不接受纳税义务人申报的价格，并按照本条例第三章的规定估定完税价格。

第三十五条　海关审查确定进出口货物的完税价格后，纳税义务人可以以书面形式要求海关就如何确定其进出口货物的完税价格作出书面说明，海关应当向纳税义务人作出书面说明。

第三十六条　进出口货物关税，以从价计征、从量计征或者国家规定的其他方式征收。

从价计征的计算公式为：应纳税额＝完税价格×关税税率

从量计征的计算公式为：应纳税额＝货物数量×单位税额

第三十七条　纳税义务人应当自海关填发税款缴款书之日起 15 日内向指定银行缴纳税款。纳税义务人未按期缴纳税款的，从滞纳税款之日起，按日加收滞纳税款万分之五的滞纳金。

海关可以对纳税义务人欠缴税款的情况予以公告。

海关征收关税、滞纳金等，应当制发缴款凭证，缴款凭证格式由海关总署规定。

第三十八条 海关征收关税、滞纳金等，应当按人民币计征。

进出口货物的成交价格以及有关费用以外币计价的，以中国人民银行公布的基准汇率折合为人民币计算完税价格；以基准汇率币种以外的外币计价的，按照国家有关规定套算为人民币计算完税价格。适用汇率的日期由海关总署规定。

第三十九条 纳税义务人因不可抗力或者在国家税收政策调整的情形下，不能按期缴纳税款的，经海关总署批准，可以延期缴纳税款，但是最长不得超过6个月。

第四十条 进出口货物的纳税义务人在规定的纳税期限内有明显的转移、藏匿其应税货物以及其他财产迹象的，海关可以责令纳税义务人提供担保；纳税义务人不能提供担保的，海关可以按照《海关法》第六十一条的规定采取税收保全措施。

纳税义务人、担保人自缴纳税款期限届满之日起超过3个月仍未缴纳税款的，海关可以按照《海关法》第六十条的规定采取强制措施。

第四十一条 加工贸易的进口料件按照国家规定保税进口的，其制成品或者进口料件未在规定的期限内出口的，海关按照规定征收进口关税。

加工贸易的进口料件进境时按照国家规定征收进口关税的，其制成品或者进口料件在规定的期限内出口的，海关按照有关规定退还进境时已征收的关税税款。

第四十二条 经海关批准暂时进境或者暂时出境的下列货物，在进境或者出境时纳税义务人向海关缴纳相当于应纳税款的保证金或者提供其他担保的，可以暂不缴纳关税，并应当自进境或者出境之日起6个月内复运出境或者复运进境；经纳税义务人申请，海关可以根据海关总署的规定延长复运出境或者复运进境的期限：

（一）在展览会、交易会、会议及类似活动中展示或者使用的货物；

（二）文化、体育交流活动中使用的表演、比赛用品；

（三）进行新闻报道或者摄制电影、电视节目使用的仪器、设备及用品；

（四）开展科研、教学、医疗活动使用的仪器、设备及用品；

（五）在本款第（一）项至第（四）项所列活动中使用的交通工具及特种车辆；

（六）货样；

（七）供安装、调试、检测设备时使用的仪器、工具；

（八）盛装货物的容器；

（九）其他用于非商业目的的货物。

第一款所列暂准进境货物在规定的期限内未复运出境的，或者暂准出境货物在规定的期限内未复运进境的，海关应当依法征收关税。

第一款所列可以暂时免征关税范围以外的其他暂准进境货物，应当按照该货物的完税价格和其在境内滞留时间与折旧时间的比例计算征收进口关税。具体办法由海关总署规定。

第四十三条 因品质或者规格原因，出口货物自出口之日起1年内原状复运进境的，不征收进口关税。

因品质或者规格原因，进口货物自进口之日起1年内原状复运出境的，不征收出口关税。

第四十四条 因残损、短少、品质不良或者规格不符原因，由进出口货物的发货人、承运人或者保险公司免费补偿或者更换的相同货物，进出口时不征收关税。被免费更换的原进口货物不退运出境或者原出口货物不退运进境的，海关应当对原进出口货物重新按照规定征收关税。

第四十五条 下列进出口货物，免征关税：

（一）关税税额在人民币50元以下的一票货物；

（二）无商业价值的广告品和货样；

（三）外国政府、国际组织无偿赠送的物资；

（四）在海关放行前损失的货物；

（五）进出境运输工具装载的途中必需的燃料、物料和饮食用品。

在海关放行前遭受损坏的货物，可以根据海关认定的受损程度减征关税。

法律规定的其他免征或者减征关税的货物，海关根据规定予以免征或者减征。

第四十六条　特定地区、特定企业或者有特定用途的进出口货物减征或者免征关税，以及临时减征或者免征关税，按照国务院的有关规定执行。

第四十七条　进口货物减征或者免征进口环节海关代征税，按照有关法律、行政法规的规定执行。

第四十八条　纳税义务人进出口减免税货物的，除另有规定外，应当在进出口该货物之前，按照规定持有关文件向海关办理减免税审批手续。经海关审查符合规定的，予以减征或者免征关税。

第四十九条　需由海关监管使用的减免税进口货物，在监管年限内转让或者移作他用需要补税的，海关应当根据该货物进口时间折旧估价，补征进口关税。

特定减免税进口货物的监管年限由海关总署规定。

第五十条　有下列情形之一的，纳税义务人自缴纳税款之日起1年内，可以申请退还关税，并应当以书面形式向海关说明理由，提供原缴款凭证及相关资料：

（一）已征进口关税的货物，因品质或者规格原因，原状退货复运出境的；

（二）已征出口关税的货物，因品质或者规格原因，原状退货复运进境，并已重新缴纳因出口而退还的国内环节有关税收的；

（三）已征出口关税的货物，因故未装运出口，申报退关的。

海关应当自受理退税申请之日起30日内查实并通知纳税义务人办理退还手续。纳税义务人应当自收到通知之日起3个月内办理有关退税手续。

按照其他有关法律、行政法规规定应当退还关税的，海关应当按照有关法律、行政法规的规定退税。

第五十一条　进出口货物放行后，海关发现少征或者漏征税款的，应当自缴纳税款或者货物放行之日起1年内，向纳税义务人补征税款。但因纳税义务人违反规定造成少征或者漏征税款的，海关可以自缴纳税款或者货物放行之日起3年内追征税款，并从缴纳税款或者货物放行之日起按日加收少征或者漏征税款万分之五的滞纳金。

海关发现海关监管货物因纳税义务人违反规定造成少征或者漏征税款的，应当自纳税义务人应缴纳税款之日起3年内追征税款，并从应缴纳税款之日起按日加收少征或者漏征税款万分之五的滞纳金。

第五十二条　海关发现多征税款的，应当立即通知纳税义务人办理退还手续。

纳税义务人发现多缴税款的，自缴纳税款之日起1年内，可以以书面形式要求海关退还多缴的税款并加算银行同期活期存款利息；海关应当自受理退税申请之日起30日内查实并通知纳税义务人办理退还手续。

纳税义务人应当自收到通知之日起3个月内办理有关退税手续。

第五十三条　按照本条例第五十条、第五十二条的规定退还税款、利息涉及从国库中退库的，按照法律、行政法规有关国库管理的规定执行。

第五十四条　报关企业接受纳税义务人的委托，以纳税义务人的名义办理报关纳税手续，因报关企业违反规定而造成海关少征、漏征税款的，报关企业对少征或者漏征的税款、滞纳金与纳税义务人承担纳税的连带责任。

报关企业接受纳税义务人的委托，以报关企业的名义办理报关纳税手续的，报关企业与纳税义务人承担纳税的连带责任。

除不可抗力外，在保管海关监管货物期间，海关监管货物损毁或者灭失的，对海关监管货物负有保管义务的人应当承担相应的纳税责任。

第五十五条　欠税的纳税义务人，有合并、分立情形的，在合并、分立前，应当向海关报告，依法缴清税款。纳税义务人合并时未缴清税款的，由合并后的法人或者其他组织继续履行未履行的纳税义务；纳税义务人分立时未缴清税款的，分立后的法人或者其他组织对未履行的纳税义务承担连带责任。

纳税义务人在减免税货物、保税货物监管期间，有合并、分立或者其他资产重组情形的，应当向海关报告。按照规定需要缴税的，应当依法缴清税款；按照规定可以继续享受减免税、保税待遇的，应当到海关办理变更纳税义务人的手续。

纳税义务人欠税或者在减免税货物、保税货物监管期间，有撤销、解散、破产或者其他依法终止经营情形的，应当在清算前向海关报告。海关应当依法对纳税义务人的应缴税款予以清缴。

第五章 进境物品进口税的征收

第五十六条 进境物品的关税以及进口环节海关代征税合并为进口税，由海关依法征收。

第五十七条 海关总署规定数额以内的个人自用进境物品，免征进口税。

超过海关总署规定数额但仍在合理数量以内的个人自用进境物品，由进境物品的纳税义务人在进境物品放行前按照规定缴纳进口税。

超过合理、自用数量的进境物品应当按照进口货物依法办理相关手续。

国务院关税税则委员会规定按货物征税的进境物品，按照本条例第二章至第四章的规定征收关税。

第五十八条 进境物品的纳税义务人是指，携带物品进境的入境人员、进境邮递物品的收件人以及以其他方式进口物品的收件人。

第五十九条 进境物品的纳税义务人可以自行办理纳税手续，也可以委托他人办理纳税手续。接受委托的人应当遵守本章对纳税义务人的各项规定。

第六十条 进口税从价计征。

进口税的计算公式为：进口税税额＝完税价格×进口税税率

第六十一条 海关应当按照《进境物品进口税税率表》及海关总署制定的《中华人民共和国进境物品归类表》、《中华人民共和国进境物品完税价格表》对进境物品进行归类、确定完税价格和确定适用税率。

第六十二条 进境物品，适用海关填发税款缴款书之日实施的税率和完税价格。

第六十三条 进口税的减征、免征、补征、追征、退还以及对暂准进境物品征收进口税参照本条例对货物征收进口关税的有关规定执行。

第六章 附 则

第六十四条 纳税义务人、担保人对海关确定纳税义务人、确定完税价格、商品归类、确定原产地、适用税率或者汇率、减征或者免征税款、补税、退税、征收滞纳金、确定计征方式以及确定纳税地点有异议的，应当缴纳税款，并可以依法向上一级海关申请复议。对复议决定不服的，可以依法向人民法院提起诉讼。

第六十五条 进口环节海关代征税的征收管理，适用关税征收管理的规定。

第六十六条 有违反本条例规定行为的，按照《海关法》、《中华人民共和国海关法行政处罚实施细则》和其他有关法律、行政法规的规定处罚。

第六十七条 本条例自2004年1月1日起施行。1992年3月18日国务院修订发布的《中华人民共和国进出口关税条例》同时废止。

财政部、国家发展改革委、海关总署、国家税务总局公告

(2008年第39号)

财政部、国家发展改革委、海关总署、国家税务总局在广泛收集、整理各部门、行业协会、企业意见的基础上，针对《国内投资项目不予免税的进口商品目录(2006年修订)》(以下简称《目录》)执行中存在的问题，共同对《目录》中的部分条目进行了调整，现将有关事项公告如下：

一、根据近年来国内装备制造水平的变化，对《目录》中部分条目所列技术规格进行了相关调整。另外，根据《中华人民共和国进出口税则》对《目录》中部分条目所列税则号列进行了相应调整和修正，同时对其中个别商品的名称等内容进行了调整和修正(详见附件)。

二、调整后《目录》自2008年12月15日起执行，即2008年12月15日及以后新批准的国内投资项目(以项目的审批、核准或备案日期为准，下同)，其进口设备一律按照调整后的《目录》执行。

为保证《目录》调整前审批的老项目顺利实施，对2008年12月15日以前批准的国内投资项目，其进口设备在2009年6月30日及以前申报进口的，仍按照调整前《目录》执行。但对于有关进口设备按照调整前《目录》审核不符合免税条件，而按照调整后《目录》审核符合免税条件的，自2008年12月15日起，可以按照调整后《目录》执行。货物已经征税进口的，不再予以调整。

自2009年7月1日起，国内投资项目项下申报进口的设备一律按照调整后《目录》执行。

三、现行政策对国内投资项目项下进口设备的免税条件另有规定的，有关进口设备仍需执行相关规定。

附件：国内投资项目不予免税的进口商品目录(2008年调整)(略)

第七部分　中华人民共和国城市维护建设税法

中华人民共和国城市维护建设税暂行条例

国发[1985]19号

第一条　为了加强城市的维护建设，扩大和稳定城市维护建设资金的来源，特制定本条例。

第二条　凡缴纳产品税、增值税、营业税的单位和个人，都是城市维护建设税的纳税义务人（以下简称纳税人），都应当依照本条例的规定缴纳城市维护建设税。

【注释】　相关规定包括：《国家税务总局关于外商投资企业和外国企业暂不征收城市维护建设税和教育费附加的通知》（国税发[1994]38号）、《国家税务总局关于中央和国务院各部门机关服务中心恢复征税的通知》（国税发[2007]94号）。

第三条　城市维护建设税，以纳税人实际缴纳的产品税、增值税、营业税税额为计税依据，分别与产品税、增值税、营业税同时缴纳。

【注释】　相关规定包括：《国家税务总局海洋石油税务管理局关于中国海洋石油总公司缴纳城市维护建设税和教育费附加的通知》（国税油函[1994]12号）、《国家税务总局关于城市维护建设税征收问题的通知》（国税发[1994]51号）。

第四条　城市维护建设税税率如下：

纳税人所在地在市区的，税率为百分之七；

纳税人所在地在县城、镇的，税率为百分之五；

纳税人所在地不在市区、县城或镇的，税率为百分之一。

【注释】　相关规定包括：《国家税务总局海洋石油税务管理局关于中国海洋石油总公司及其所属公司缴纳城市维护建设税有关问题的通知》（国税油发[1994]7号）。

第五条　城市维护建设税的征收、管理、纳税环节、奖罚等事项，比照产品税、增值税、营业税的有关规定办理。

【注释】　相关规定包括：《国家税务总局关于外商投资企业代扣城市维护建设税问题的批复》（国税函发[1997]477号）、《国家税务总局关于国家开发银行城市维护建设税和教育费附加款项划转办法的补充通知》（国税函[1999]521号）、《财政部　国家税务总局关于黄金税收政策问题的通知》（财税[2002]142号）、《国务院办公厅对〈中华人民共和国城市维护建设税暂行条例〉第五条的解释的复函》（国办函[2004]23号）、《财政部　国家税务总局关于继续免征三峡工程建设基金的城市维护建设税教育费附加的通知》（财税[2004]79号）、《财政部　国家税务总局关于扶持城镇退役士兵自谋职业有关税收优惠政策的通知》（财税[2004]93号）、《财政部　国家税务总局关于生产企业出口货物实行免抵退税办法后有关城市维护建设税教育费附加政策的通知》（财税[2005]25号）、《国家税务总局关于国家税务局为小规模纳税人代开发票及税款征收有关问题的通知》（国税发[2005]18号）、《财政部　国家税务总局关于国家石油储备基地建设有关税收政策的通知》（财税[2005]23号）、《财政部　国家税务总局关于增值税营业税消费税实行先征后返等办法有关城建税和教育费附加政策的通知》（财税[2005]72号）、《国家税务总局关于国家税务局代地方税务局征收城市维护建设税和教育费附加票据使用问题的通知》（国税函[2006]815号）。

第六条　城市维护建设税应当保证用于城市的公用事业和公共设施的维护建设，具体安排由地方人民政府确定。

第七条　按照本条例第四条第三项规定缴纳的税款，应当专用于乡镇的维护和建设。

第八条　开征城市维护建设税后，任何地区和部门，都不得再向纳税人摊派资金或物资。遇到摊派情况，纳税人有权拒绝执行。

第九条　省、自治区、直辖市人民政府可以根据本条例，制定实施细则，并送财政部备案。

第十条　本条例自一九八五年度起施行。

【注释】 相关规定包括:《国家税务总局关于城市维护建设税等地方税有关问题的通知》(国税发[1994]35号)。

国家税务总局关于城市维护建设税等地方税有关问题的通知

国税发[1994]35号

各省、自治区、直辖市税务局,各计划单列市税务局,海洋石油税务管理局各分局:

关于城市维护建设税和其他地方税种的改革问题,财政部、国家税务总局于1994年元月12日向国务院报送了《关于城乡维护建设税改革的请示》(以下简称《请示》)。《请示》的主要内容包括:

一、由于《中华人民共和国城乡维护建设税暂行条例(草案)》(以下简称《条例》)一时尚不能出台,为保证城乡建设资金的需要,财政部于1993年12月29日下发了《关于城建税征收问题的通知》的明传电报。《请示》中建议,在新《条例》出台之前,请国务院准予暂按财政部1993年12月29日下发的明传电报执行。

二、对城镇土地使用税、房产税、车船使用税等地方税种的改革,在集中精力确保已出台税种顺利实施的前提下,本着积极稳妥,充分考虑各方利益的原则,在深入调查研究的基础上,做到成熟一个,出台一个,使税制改革有计划、按步骤地进行。在新的税收法律、法规未出台前,仍按原税法和税收条例执行。

以上意见已经国务院领导同志批示同意,望各地依照执行。

【注释】 对《城市维护建设税》第10条进行了解释。

国家税务总局关于外商投资企业和外国企业暂不征收城市维护建设税和教育费附加的通知

国税发[1994]38号

各省、自治区、直辖市税务局,各计划单列市税务局,海洋石油税务管理局各分局:

近来,不少地区询问税制改革后外商投资企业和外国企业是否征收城市维护建设税和教育费附加的问题。鉴于除增值税、消费税、营业税和有关法律规定对外商投资企业和外国企业征收的税种外,其他税种对外商投资企业和外国企业的适用问题,国务院将根据《全国人民代表大会常务委员会关于外商投资企业和外国企业适用增值税、消费税、营业税等税收暂行条例的决定》的精神,在近期内作出规定,因此,总局意见:对外商投资企业和外国企业是否开征城市维护建设税和教育费附加,应按照国务院将要下发的通知执行,在国务院没有明确规定之前,暂不征收。

【注释】 对《城市维护建设税》第2条进行了解释。

国家税务总局关于城市维护建设税征收问题的通知

国税发[1994]51号

各省、自治区、直辖市税务局,各计划单列市税务局,海洋石油税务管理局各分局:

关于今年工商税制改革后征收城市维护建设税的问题,财政部于去年12月29日以财法字42号发了内部传真电报,为便于执行,现将电报内容正式通知如下:

关于城市维护建设税,鉴于新条例一时尚不能出台,从1994年1月1日起,可暂按原税率和新颁布实施的增值税、消费税、营业税三税为依据,计算征收,待新条例颁布实施后,再予调整。

【注释】 对《城市维护建设税》第3条进行了解释。

国家税务总局　海洋石油税务管理局关于中国海洋石油总公司缴纳城市维护建设税和教育费附加的通知

国税油函[1994]12号

中国海洋石油总公司及其所属地区公司、专业公司(以下简称中油公司)由原缴纳工商统一税改为缴纳增值税、消费税和营业税后，应相应开征城市维护建设税和教育费附加。现将有关问题明确如下：

一、城市维护建设税

中油公司应按照《中华人民共和国城市维护建设税暂行条例》及财政部 1993 年 12 月 29 日《关于城建税征收问题的通知》的规定，以其实际缴纳的增值税、消费税和营业税的税额为计税依据，按条例规定的税率计算缴纳城市维护建设税。

二、教育费附加

中油公司应按照国务院国发明电[1994]2 号《国务院关于教育费附加征收问题的紧急通知》的规定，以其实际缴纳的增值税、消费税和营业税的税额为计税依据，按 3%缴纳教育费附加。

三、本通知自 1994 年 1 月 1 日起施行。

【注释】 对《城市维护建设税》第 3 条进行了解释。

国家税务总局　海洋石油税务管理局关于中国海洋石油总公司及其所属公司缴纳城市维护建设税有关问题的通知

国税油发[1994]7 号

海洋石油税务管理局天津、上海、广州、湛江分局：

根据在湛江召开的海洋石油税收业务工作会议讨论的意见，经进一步研究，现将中国海洋石油总公司及其所属地区公司、专业公司(以下简称中油公司)缴纳城市维护建设税的有关问题明确如下：

一、中油公司应按照国税油函[1994]012 号《海洋石油税务管理局关于中国海洋石油总公司缴纳城市维护建设税和教育费附加的通知》的规定，从 1994 年 1 月 1 日起以实际缴纳的增值税、消费税和营业税的税额为计税依据，缴纳城市维护建设税。具体适用税率由征收上述各税的税务分局依照城市维护建设税暂行条例及其有关规定判定。

二、根据城市维护建设税暂行条例第四条第一项的规定，中油公司自营油田生产的原油、天然气应随增值税按 7%的税率，从 1994 年 1 月 1 日起缴纳城市维护建设税。

【注释】 对《城市维护建设税》第 4 条进行了解释。

国家税务总局关于外商投资企业代扣城市维护建设税问题的批复

国税函发[1997]477 号

大连市地方税务局：

你局《关于"三资"企业代扣营业税是否需要同时代扣附税问题的请示》(大地税函[1997]15 号)收悉。经研究，同意你局意见，对随同营业税附征的城市维护建设税和教育费附加，应按营业税的征收规定办理。即营业税条例规定的代扣代缴义务人，应在代扣营业税的同时，代扣城市维护建设税和教育费附加。

【注释】 对《城市维护建设税》第 5 条进行了解释。

国家税务总局关于国家开发银行城市维护建设税和教育费附加款项划转办法的补充通知

国税函[1999]521 号

各省、自治区、直辖市地方税务局：

根据《国家税务总局关于国家开发银行继续集中缴纳城市维护建设税和教育费附加的通知》(国税函[1999]493 号)和《国家税务总局关于国家开发银行城市维护建设税和教育费附加缴纳办法的通知》(国税函[1996]694 号)的精神，结合机构改革后的职能变化情况，为进一步做好国家开发银行缴纳城市维护建设税和教育费附加款项划转工作，保证税收收入及时入库，并使此项工作逐步规范化，经研究，现对国家开发银行缴纳的城市维护建设税和教育费附加实行"集中征收、返还各地、各地入库"的有关事宜补充通知如下：

一、因机构改革，国家开发银行缴纳的城市维护建设税和教育费附加的款项划转事宜，改由国家税务总局(地方税务司)负责。

二、为了加强划转的管理和监督,及时沟通信息,各省、自治区、直辖市地方税务局应指定专人负责有关事宜,除收款单位须指定专人负责外,主管城市维护建设税业务的处也应指定专人作为款项划转的联系人。

三、各地在收到本通知后10日内,将本地指定的开户银行及账号等事宜以特快专递邮寄方式告总局(地方税务司地方税二处)。填写内容详见《国家开发银行城市维护建设税和教育费附加款项划转事宜登记表》。

四、为缩短款项划转时间,保证款项及时入库,请各地以特快专递方式将税收缴款书回执联邮寄总局(地方税务司地方税二处)。税收缴款书须分别注明城市维护建设税和教育费附加数额。

五、总局将根据各地已经返回的税收缴款书和《国家开发银行城市维护建设税和教育费附加划转事宜登记表》,将1998年未划款项一次性划转各地;待1998年税收缴款书返回后,再办理1999年第一季度及以后的款项划转事宜。

六、各省、自治区、直辖市地方税务局要重视款项划转工作,加强领导,严格执行有关规定,收到款后,必须及时入库,不得挪作他用。总局将对款项入库情况进行检查,如发现违规行为,将停止划转。

本通知自文到之日起执行。

【注释】 对《城市维护建设税》第5条进行了解释。

财政部　国家税务总局关于黄金税收政策问题的通知

财税[2002]142号

各省、自治区、直辖市、计划单列市财政厅(局)、国家税务局、地方税务局,新疆生产建设兵团财务局:

为了贯彻国务院关于黄金体制改革决定的要求,规范黄金交易,加强黄金交易的税收管理,现将黄金交易的有关税收政策明确如下:

一、黄金生产和经营单位销售黄金(不包括以下品种:成色为au9999、au9995、au999、au995;规格为50克、100克、1公斤、3公斤、12.5公斤的黄金,以下简称标准黄金)和黄金矿砂(含伴生金),免征增值税;进口黄金(含标准黄金)和黄金矿砂免征进口环节增值税。

二、黄金交易所会员单位通过黄金交易所销售标准黄金(持有黄金交易所开具的《黄金交易结算凭证》),未发生实物交割的,免征增值税;发生实物交割的,由税务机关按照实际成交价格代开增值税专用发票,并实行增值税即征即退的政策,同时免征城市维护建设税、教育费附加。增值税专用发票中的单价、金额和税额的计算公式分别为:

单价=实际成交单价÷(1+增值税税率)

金额=数量×单价

税额=金额×税率

实际成交单价是指不含黄金交易所收取的手续费的单位价格。

纳税人不通过黄金交易所销售的标准黄金不享受增值税即征即退和免征城市维护建设税、教育费附加政策。

三、黄金出口不退税;出口黄金饰品,对黄金原料部分不予退税,只对加工增值部分退税。

四、对黄金交易所收取的手续费等收入照章征收营业税。

五、黄金交易所黄金交易的增值税征收管理办法及增值税专用发票管理办法由国家税务总局另行制定。

【注释】 对《城市维护建设税》第5条进行了解释。

国务院办公厅对《中华人民共和国城市维护建设税暂行条例》第五条的解释的复函

国办函[2004]23号

国家税务总局:

你局《关于明确增值税、消费税、营业税扣缴义务人为城市维护建设税扣缴义务人的请示》(国税发

[2004]14号)收悉。经国务院批准,现函复如下:

《中华人民共和国城市维护建设税暂行条例》第五条中的"征收、管理",包括城市维护建设税的代扣代缴、代收代缴,一律比照增值税、消费税、营业税的有关规定办理。

【注释】 对《城市维护建设税》第5条进行了解释。

财政部　国家税务总局关于继续免征三峡工程建设基金的城市维护建设税和教育费附加的通知

财税[2004]79号

各省、自治区、直辖市、计划单列市财政厅(局)、地方税务局,新疆生产建设兵团财务局:

根据国务院有关文件精神,为支持三峡工程建设,对三峡工程建设基金,在2004年1月1日到2009年12月31日期间,继续免征城市维护建设税和教育费附加。

【注释】 对《城市维护建设税》第5条进行了解释。

财政部　国家税务总局关于扶持城镇退役士兵自谋职业有关税收优惠政策的通知

财税[2004]93号

各省、自治区、直辖市、计划单列市财政厅(局)、国家税务局、地方税务局,新疆生产建设兵团财务局:

为更好地扶持城镇退役士兵自谋职业,根据《国务院办公厅转发民政部等部门关于扶持城镇退役士兵自谋职业优惠政策意见的通知》(国办发[2004]10号)的精神,现就城镇退役士兵自谋职业有关税收政策通知如下:

一、对为安置自谋职业的城镇退役士兵就业而新办的服务型企业(除广告业、桑拿、按摩、网吧、氧吧外)当年新安置自谋职业的城镇退役士兵达到职工总数30%以上,并与其签订1年以上期限劳动合同的,经县级以上民政部门认定,税务机关审核,3年内免征营业税及其附征的城市维护建设税、教育费附加和企业所得税。

上述企业当年新安置自谋职业的城镇退役士兵人数不足职工总数30%,但与其签订1年以上期限劳动合同的,经县级以上民政部门认定,税务机关审核,3年内可按计算的减征比例减征企业所得税。减征比例=(企业当年新招用自谋职业的城镇退役士兵人数÷企业职工总数×100%)×2。

二、对为安置自谋职业的城镇退役士兵就业而新办的商业零售企业,当年新安置自谋职业的城镇退役士兵达到职工总数30%以上,并与其签订1年以上期限劳动合同的,经县级以上民政部门认定,税务机关审核,3年内免征城市维护建设税、教育费附加和企业所得税。

上述企业当年新安置自谋职业的城镇退役士兵人数不足职工总数30%,但与其签订1年以上期限劳动合同的,经县级以上民政部门认定,税务机关审核,3年内可按计算的减征比例减征企业所得税。减征比例=(企业当年新招用的自谋职业的城镇退役士兵人数÷企业职工总数×100%)×2。

对于新办的从事商品零售兼营批发业务的商业零售企业,凡安置自谋职业的城镇退役士兵并与其签订1年以上期限劳动合同的,经县级以上民政部门认定,税务机关审核,每吸纳1名自谋职业的城镇退役士兵,每年可享受企业所得税2000元定额税收扣减优惠。当年不足扣减的,可结转至下一年继续扣减,但结转期不能超过两年。

三、对自谋职业的城镇退役士兵在《国务院办公厅转发民政部等部门关于扶持城镇退役士兵自谋职业优惠政策意见的通知》(国办发[2004]10号)下发后从事下列行业的,可以享受如下税收优惠政策:

1. 从事个体经营(除建筑业、娱乐业以及广告业、桑拿、按摩、网吧、氧吧外)的,自领取税务登记证之日起,3年内免征营业税、城市维护建设税、教育费附加和个人所得税。

2. 从事开发荒山、荒地、荒滩、荒水的,从有收入年度开始,3年内免征农业税。

3. 从事种植、养殖业的,其应缴纳的个人所得税按照国家有关种植、养殖业个人所得税的规定执行。

4. 从事农业机耕、排灌、病虫害防治、植保、农牧保险以及相关技术培训业务,家禽、牲畜、水生动物的配种和疾病防治业务的，按现行营业税规定免征营业税。

四、本《通知》所称新办企业是指《国务院办公厅转发民政部等部门关于扶持城镇退役士兵自谋职业优惠政策意见的通知》(国办发[2004]10号)下发后新组建的企业。原有的企业合并、分立、改制、改组、扩建、搬迁、转产以及吸收新成员、改变领导或隶属关系、改变企业名称的，不能视为新办企业。

本《通知》所称服务型企业是指从事现行营业税“服务业”税目规定的经营活动的企业。

本《通知》所称商业零售企业是指设有商品营业场所、柜台，不自产商品、直接面向最终消费者的商业零售企业，包括直接从事综合商品销售的百货商场、超级市场、零售商店等。

本《通知》所称自谋职业的城镇退役士兵是指符合城镇安置条件，并与安置地民政部门签订《退役士兵自谋职业协议书》，领取《城镇退役士兵自谋职业证》的士官和义务兵。

五、上述优惠政策自2004年1月1日起执行，此前已征税款予以退还。

六、本《通知》下发之后，现行有关劳动就业服务企业的税收优惠政策以及其他扶持就业的税收优惠政策，仍按原规定执行。如果企业既适用本《通知》规定的优惠政策，又适用原有的优惠政策，企业可选择适用最优惠的政策，但不能累加执行。

七、自谋职业的城镇退役士兵享受有关税收优惠政策的具体办法由国家税务总局、民政部另行制定。

【注释】 对《城市维护建设税》第5条进行了解释。

财政部　国家税务总局关于生产企业出口货物实行免抵退税办法后有关城市维护建设税、教育费附加政策的通知

财税[2005]25号

各省、自治区、直辖市、计划单列市财政厅(局)、地方税务局，新疆生产建设兵团财务局：

经国务院批准，现就生产企业出口货物全面实行免抵退税办法后，城市维护建设税、教育费附加的政策明确如下：

一、经国家税务局正式审核批准的当期免抵的增值税税额应纳入城市维护建设税和教育费附加的计征范围，分别按规定的税(费)率征收城市维护建设税和教育费附加。

二、2005年1月1日前，已按免抵的增值税税额征收的城市维护建设税和教育费附加不再退还，未征的不再补征。

三、本通知自2005年1月1日起执行。

【注释】 对《城市维护建设税》第5条进行了解释。

国家税务总局关于国家税务局为小规模纳税人代开发票及税款征收有关问题的通知

国税发[2005]18号

各省、自治区、直辖市和计划单列市国家税务局、地方税务局：

为加强税收征管，优化纳税服务，针对一些地方反映的问题，现对国家税务局为增值税小规模纳税人(以下简称纳税人)代开发票征收增值税时，如何与地税局协作加强有关地方税费征收问题通知如下：

一、经国、地税局协商，可由国税局为地税局代征有关税费。纳税人销售货物或应税劳务，按现行规定需由主管国税局为其代开普通发票或增值税专用发票(以下简称发票)的，主管国税局应当在代开发票并征收增值税(除销售免税货物外)的同时，代地税局征收城市维护建设税和教育费附加。

二、经协商，不实行代征方式的，则国、地税要加强信息沟通。国税局应定期将小规模纳税人缴纳增值税情况，包括国税为其代开发票情况通报给地税局，地税局用于加强对有关地方税费的征收管理。

三、实行国税代征方式的，为保证此项工作顺利进行，国税系统应在其征管软件上加列征收城市维护建设税和教育费附加的功能，总局综合征管软件总局负责修改，各地开发的征管软件由各地自行修改。在软件修改前，暂用人工方式进行操作。

四、主管国税局为纳税人代开的发票作废或销货退回按现行规定开具红字发票时，由主管国税局退还

或在下期抵缴已征收的增值税，由主管地税局退还已征收的城市维护建设税和教育费附加或者委托主管国税局在下期抵缴已征收的城市维护建设税和教育费附加，具体退税办法按《国家税务总局 中国人民银行财政部关于现金退税问题的紧急通知》(国税发[2004]47号)执行。

五、主管国税局应当将代征的地方预算收入按照国家规定的预算科目和预算级次及时缴入国库。

六、国税局代地税局征收城市维护建设税和教育费附加，使用国税系统征收票据，并由主管国税局负责有关收入对账、核算和汇总上拨工作。

各级国税局应在"应征类"和"入库类"科目下增设"城市维护建设税"和"教育费附加"明细科目。

七、主管国税局应按月将代征地方税款入库信息，及时传送主管地税局。具体信息交换方式由各省级国税局和地税局协商确定。

八、各省级国税局和地税局应按照《中华人民共和国税收征收管理法》的有关规定签定代征协议，并分别通知所属税务机关执行。

【注释】 对《城市维护建设税》第5条进行了解释。

财政部　国家税务总局关于国家石油储备基地建设有关税收政策的通知

财税[2005]23号

大连、青岛、浙江、宁波省(市)财政厅(局)、地方税务局：

经国务院批准，现对国家石油储备基地第一期项目建设过程中的有关税收政策通知如下：

一、对国家石油储备基地第一期项目建设过程中涉及的营业税、城市维护建设税、教育费附加、城镇土地使用税、印花税、耕地占用税和契税予以免征。

二、上述免税范围仅限于应由国家石油储备基地缴纳的税收。

三、国家石油储备基地第一期项目包括大连、黄岛、镇海、舟山4个储备基地。

【注释】 对《城市维护建设税》第5条进行了解释。

财政部　国家税务总局关于增值税营业税消费税实行先征后返等办法有关城建税和教育费附加政策的通知

财税[2005]72号

各省、自治区、直辖市、计划单列市财政厅(局)、地方税务局，财政部驻各省、自治区、直辖市、计划单列市财政监察专员办事处：

经研究，现对增值税、营业税、消费税(以下简称"三税")实行先征后返、先征后退、即征即退办法有关的城市维护建设税和教育费附加政策问题明确如下：

对"三税"实行先征后返、先征后退、即征即退办法的，除另有规定外，对随"三税"附征的城市维护建设税和教育费附加，一律不予退(返)还。

【注释】 对《城市维护建设税》第5条进行了解释。

国家税务总局关于国家税务局代地方税务局征收城市维护建设税和教育费附加票据使用问题的通知

国税函[2006]815号

各省、自治区、直辖市和计划单列市国家税务局、地方税务局：

《国家税务总局关于加强国家税务局 地方税务局协作的意见》(国税发[2004]4号)和《国家税务总局关于国家税务局为小规模纳税人代开发票及税款征收有关问题的通知》(国税发[2005]18号)下发后，一些地方在执行过程中反映，由于城市维护建设税和教育费附加属于地税局的征收管理范围，因此，国税局受地税局委托，为地税局代征城市维护建设税和教育费附加时，应当使用地税局的征收票据。为有利于国地税密切协作，加强税源管理，经研究，现将国税局代地税局征收税款的票据使用有关问题明确如下：

国税局代地税局征收城市维护建设税和教育费附加，应当使用地税局征收票据；如经当地国、地税局协商一致，也可以使用国税局票据。使用地税局征收票据的，由主管地税局负责有关收入对账、会计核算和汇总上报工作，主管国税局应当建立代征税款备查账，逐笔、序时、分项目登记代地税局征收的城市维护建设税和教育费附加；使用国税局征收票据的，由主管国税局负责有关收入对账、会计核算和汇总上报工作。

国税局为小规模纳税人代开发票时代地税局征收城市维护建设税和教育费附加，有利于加强源泉控管，堵塞征管漏洞，提高依法治税水平，是贯彻税收科学化、精细化管理要求的一项重要举措。国税局、地税局双方应当本着“依法协作、优化服务、强化监管、信息共享”的原则，进一步加强沟通与协调，努力减少漏征漏管，提高纳税服务水平。国税局代征税款使用地税局征收票据的，主管地税局应当积极采取措施，为主管国税局票据领用、票款结报缴销等工作提供便利；主管国税局应做好相关基础工作，提高服务水平，方便纳税人办税。国税发[2005]18号文件中的有关规定与本通知不符的，以本通知为准。

【注释】 对《城市维护建设税》第5条进行了解释。

国家税务总局关于中央和国务院各部门机关服务中心恢复征税的通知

国税发[2007]94号

各省、自治区、直辖市和计划单列市国家税务局、地方税务局：

《财政部　国家税务总局关于延长中央和国务院各部门机关服务中心有关税收政策执行期限的通知》(财税[2006]109号)已于2006年12月末执行期满，自2007年1月1日起，对机关服务中心为机关内部提供的后勤保障服务所取得的收入，恢复征收企业所得税、营业税、城市维护建设税和教育费附加。

【注释】 对《城市维护建设税》第2条进行了解释。

第八部分　中华人民共和国烟叶税法

中华人民共和国烟叶税暂行条例

国务院令[2006]464号

第一条　在中华人民共和国境内收购烟叶的单位为烟叶税的纳税人。纳税人应当依照本条例规定缴纳烟叶税。

【注释】　相关规定包括:《关于烟叶税若干具体问题的规定》(财税[2006]64号)。

第二条　本条例所称烟叶,是指晾晒烟叶、烤烟叶。

【注释】　相关规定包括:《关于烟叶税若干具体问题的规定》(财税[2006]64号)。

第三条　烟叶税的应纳税额按照纳税人收购烟叶的收购金额和本条例第四条规定的税率计算。应纳税额的计算公式为:

应纳税额＝烟叶收购金额×税率

应纳税额以人民币计算。

【注释】　相关规定包括:《关于烟叶税若干具体问题的规定》(财税[2006]64号)。

第四条　烟叶税实行比例税率,税率为20%。

烟叶税税率的调整,由国务院决定。

第五条　烟叶税由地方税务机关征收。

第六条　纳税人收购烟叶,应当向烟叶收购地的主管税务机关申报纳税。

【注释】　相关规定包括:《关于烟叶税若干具体问题的规定》(财税[2006]64号)。

第七条　烟叶税的纳税义务发生时间为纳税人收购烟叶的当天。

【注释】　相关规定包括:《关于烟叶税若干具体问题的规定》(财税[2006]64号)。

第八条　纳税人应当自纳税义务发生之日起30日内申报纳税。具体纳税期限由主管税务机关核定。

第九条　烟叶税的征收管理,依照《中华人民共和国税收征收管理法》及本条例的有关规定执行。

第十条　本条例自公布之日起施行。

关于烟叶税若干具体问题规定

财税[2006]64号

根据《中华人民共和国烟叶税暂行条例》(以下简称《条例》),现对有关烟叶税具体问题规定如下:

一、《条例》第一条所称"收购烟叶的单位",是指依照《中华人民共和国烟草专卖法》的规定有权收购烟叶的烟草公司或者受其委托收购烟叶的单位。

二、依照《中华人民共和国烟草专卖法》查处没收的违法收购的烟叶,由收购罚没烟叶的单位按照购买金额计算缴纳烟叶税。

三、《条例》第二条所称"晾晒烟叶",包括列入名晾晒烟名录的晾晒烟叶和未列入名晾晒烟名录的其他晾晒烟叶。

四、《条例》第三条所称"收购金额",包括纳税人支付给烟叶销售者的烟叶收购价款和价外补贴。按照简化手续、方便征收的原则,对价外补贴统一暂按烟叶收购价款的10%计入收购金额征税。收购金额计算公式如下:

收购金额＝收购价款×(1＋10%)

五、《条例》第六条所称"烟叶收购地的主管税务机关",是指烟叶收购地的县级地方税务局或者其所指定的税务分局、所。

六、《条例》第七条所称"收购烟叶的当天",是指纳税人向烟叶销售者付讫收购烟叶款项或者开具收购烟叶凭据的当天。

【注释】 解释《烟叶税暂行条例》第1、2、3、6、7条。相关规定包括:《财政部　国家税务总局关于购进烟叶的增值税抵扣政策的通知》(财税[2006]140号)。

财政部　国家税务总局关于购进烟叶的增值税抵扣政策的通知

财税[2006]140号

各省、自治区、直辖市、计划单列市财政厅(局)、国家税务局、地方税务局,新疆生产建设兵团财务局:

经国务院批准,现对购进烟叶的增值税抵扣政策明确如下:

对烟叶税纳税人按规定缴纳的烟叶税,准予并入烟叶产品的买价计算增值税的进项税额,并在计算缴纳增值税时予以抵扣。即购进烟叶准予抵扣的增值税进项税额,按照《中华人民共和国烟叶税暂行条例》及《财政部　国家税务总局印发〈关于烟叶税若干具体问题的规定〉的通知》(财税[2006]64号)规定的烟叶收购金额和烟叶税及法定扣除率计算。烟叶收购金额包括纳税人支付给烟叶销售者的烟叶收购价款和价外补贴,价外补贴统一暂按烟叶收购价款的10%计算,即烟叶收购金额=烟叶收购价款×(1+10%)。

【注释】 解释《关于烟叶税若干具体问题的规定》(财税[2006]64号)。

第三编

财产税法

第九部分　中华人民共和国资源税法

中华人民共和国资源税暂行条例

国务院令[1993]139号

第一条　在中华人民共和国境内开采本条例规定的矿产品或者生产盐(以下简称开采或者生产应税产品)的单位和个人,为资源税的纳税义务人(以下简称纳税人),应当依照本条例缴纳资源税。

【注释】　相关规定包括:《国家税务总局关于手工回收煤炭征收资源税问题的批复》(国税函发[1996]605号)。

第二条　资源税的税目、税额,依照本条例所附的《资源税税目税额幅度表》及财政部的有关规定执行。

税目、税额幅度的调整,由国务院决定。

【注释】　相关规定包括:《财政部　国家税务总局关于临时调减北方海盐资源税税额的通知》(财税[1995]96号)、《财政部　国家税务总局关于减征冶金独立矿山铁矿石和有色金属矿资源税的通知》(财税[1997]82号)、《国家税务总局关于印发〈资源税几个应税产品范围问题的解答〉的通知》(国税函发[1997]628号)、《财政部　国家税务总局关于调整冶金联合企业矿山铁矿石资源税适用税额的通知》(财税[2002]17号)、《财政部　国家税务总局关于调整石灰石、大理石和花岗石资源税适用税额的通知》(财税[2003]119号)、《财政部　国家税务总局关于调整陕西省部分地区煤炭企业资源税税额的通知》(财税[2004]128号)、《财政部　国家税务总局关于调整山西等省煤炭资源税税额的通知》(财税[2004]187号)、《财政部国家税务总局关于调整山东省煤炭资源税税额标准的通知》(财税[2005]86号)、《财政部　国家税务总局关于调整福建省煤炭资源税税额标准的通知》(财税[2005]85号)、《财政部　国家税务总局关于调整云南省煤炭资源税税额标准的通知》(财税[2005]84号)、《财政部　国家税务总局关于调整安徽省煤炭资源税税额标准的通知》(财税[2005]80号)、《财政部　国家税务总局关于调整宁夏回族自治区煤炭资源税税额标准的通知》(财税[2005]81号)、《财政部　国家税务总局关于调整河南省煤炭资源税税额标准的通知》(财税[2005]79号)、《财政部　国家税务总局关于调整贵州省煤炭资源税税额标准的通知》(财税[2005]83号)、《财政部　国家税务总局关于调整重庆市煤炭资源税税额标准的通知》(财税[2005]82号)、《财政部国家税务总局关于调整钼矿石等品目资源税政策的通知》(财税[2005]168号)、《财政部　国家税务总局关于调整湖北省煤炭资源税税额标准的通知》(财税[2005]169号)、《财政部　国家税务总局关于调整内蒙古自治区煤炭资源税税额标准的通知》(财税[2005]172号)、《财政部　国家税务总局关于调整天津塘沽盐场资源税税额标准的通知》(财税[2005]173号)、《财政部　国家税务总局关于调整湖南省煤炭资源税税额标准的通知》(财税[2005]170号)、《财政部　国家税务总局关于调整江西省煤炭资源税税额标准的通知》(财税[2006]37号)、《财政部　国家税务总局关于调整江苏省煤炭资源税税额标准的通知》(财税[2006]38号)、《财政部　国家税务总局关于胜利石油管理局所属企业油气资源税政策的批复》(财税[2006]54号)、《财政部　国家税务总局关于吉林省油气资源税政策的通知》(财税[2006]55号)、《财政部　国家税务总局关于调整岩金矿资源税有关政策的通知》(财税[2006]69号)、《财政部　国家税务总局关于调整甘肃省煤炭资源税税额标准的通知》(财税[2006]106号)、《财政部　国家税务总局关于钒矿石资源税有关政策的通知》(财税[2006]120号)、《财政部　国家税务总局关于调整辽宁省煤炭资源税适用税额标准的通知》(财税[2006]138号)、《财政部　国家税务总局关于调整河北省煤炭资源税适用税额标准的通知》(财税[2006]137号)、《财政部　国家税务总局关于调整吉林省煤炭资源税适用税额标准的通知》(财税[2006]131号)、《财政部　国家税务总局关于调整四川省煤炭资源税适用税额标准的通知》(财税[2006]136号)、《财政部　国家税务总局关于调整盐资源税适用税额标准的通知》(财税[2007]5号)、《财政部　国家税务总局关于调整焦煤资源税适用税额标准的通知》(财税[2007]15号)、《财政部　国家税务总局关于调整铅锌矿石等税目资源税适用税额标准的通知》(财税[2007]100号)。

第三条　纳税人具体适用的税额,由财政部商国务院有关部门,根据纳税人所开采或者生产应税产品的资源状况，在规定的税额幅度内确定。

第四条 纳税人开采或者生产不同税目应税产品的，应当分别核算不同税目应税产品的课税数量；未分别核算或者不能准确提供不同税目应税产品的课税数量的，从高适用税额。

第五条 资源税的应纳税额，按照应税产品的课税数量和规定的单位税额计算。应纳税额计算公式：

应纳税额＝课税数量×单位税额

第六条 资源税的课税数量：

（一）纳税人开采或者生产应税产品销售的，以销售数量为课税数量。

（二）纳税人开采或者生产应税产品自用的，以自用数量为课税数量。

【注释】 相关规定包括：《国家税务总局关于印发〈资源税若干问题的规定〉的通知》（国税发[1994]15号）。

第七条 有下列情形之一的，减征或者免征资源税：

（一）开采原油过程中用于加热、修井的原油，免税。

（二）纳税人开采或者生产应税产品过程中，因意外事故或者自然灾害等原因遭受重大损失的，由省、自治区、直辖市人民政府酌情决定减税或者免税。

（三）国务院规定的其他减税、免税项目。

【注释】 相关规定包括：《财政部　国家税务总局关于独立矿山铁矿石资源税减按规定税额60%征收的通知》（财税[1994]41号）、《财政部　国家税务总局关于调整东北老工业基地部分矿山油田企业资源税税额的通知》（财税[2004]146号）、《财政部　国家税务总局关于加快煤层气抽采有关税收政策问题的通知》（财税 [2007] 16号）。

第八条 纳税人的减税、免税项目，应当单独核算课税数量；未单独核算或者不能准确提供课税数量的，不予减税或者免税。

第九条 纳税人销售应税产品，纳税义务发生时间为收讫销售款或者取得索取销售款凭据的当天；自产自用应税产品，纳税义务发生时间为移送使用的当天。

第十条 资源税由税务机关征收。

第十一条 收购未税矿产品的单位为资源税的扣缴义务人。

【注释】 相关规定包括：《国家税务总局关于印发〈中华人民共和国资源税代扣代缴管理办法〉的通知》（国税发[1998]49号）、《国家税务总局关于取消资源税扣缴义务人资格审批事项的通知》（国税函[2004]817号）。

第十二条 纳税人应纳的资源税，应当向应税产品的开采或者生产所在地主管税务机关缴纳。纳税人在本省、自治区、直辖市范围内开采或者生产应税产品，其纳税地点需要调整的，由省、自治区、直辖市税务机关决定。

【注释】 相关规定包括：《国家税务总局关于明确流转税、资源税法规中"主管税务机关、征收机关"名称问题的通知》（国税发[1994]232号）。

第十三条 纳税人的纳税期限为一日、三日、五日、十日、十五日或者一个月，由主管税务机关根据实际情况具体核定。不能按固定期限计算纳税的，可以按次计算纳税。

纳税人以一个月为一期纳税的，自期满之日起十日内申报纳税；以一日、三日、五日、十日或者十五日为一期纳税的，自期满之日起五日内预缴税款，于次月一日起十日内申报纳税并结清上月税款。

扣缴义务人的解缴税款期限，比照前两款的规定执行。

【注释】 相关规定包括：《国家税务总局关于明确流转税、资源税法规中"主管税务机关、征收机关"名称问题的通知》（国税发[1994]232号）。

第十四条 资源税的征收管理，依照《中华人民共和国税收征收管理法》及本条例有关规定执行。

【注释】 相关规定包括：《财政部关于资源税会计处理的规定》（财会[1994]8号）。

第十五条 本条例由财政部负责解释，实施细则由财政部制定。

第十六条 本条例自一九九四年一月一日起施行。一九八四年九月十八日国务院发布的《中华人民共和国资源税条例（草案）》、《中华人民共和国盐税条例（草案）》同时废止。

中华人民共和国资源税暂行条例实施细则

财法[1993]43 号

第一条 根据《中华人民共和国资源税暂行条例》(以下简称条例)第十五条的规定,制定本细则。

第二条 条例所附《资源税税目税额幅度表》中所列部分税目的征税范围限定如下:

(一)原油,是指开采的天然原油,不包括人造石油。

(二)天然气,是指专门开采或与原油同时开采的天然气,暂不包括煤矿生产的天然气。

(三)煤炭,是指原煤,不包括洗煤、选煤及其他煤炭制品。

(四)其他非金属矿原矿,是指上列产品和井矿盐以外的非金属矿原矿。

(五)固体盐,是指海盐原盐、湖盐原盐和井矿盐。液体盐,是指卤水。

【注释】 相关规定包括:《国家税务总局关于印发〈资源税若干问题的规定〉的通知》(国税发[1994]15 号)。

第三条 条例第一条所称单位,是指国有企业、集体企业、私有企业、股份制企业、其他企业和行政单位、事业单位、军事单位、社会团体及其他单位。

条例第一条所称个人,是指个体经营者及其他个人。

第四条 资源税应税产品的具体适用税额,按本细则所附的《资源税税目税额明细表》执行。

未列举名称的其他非金属矿原矿和其他有色金属矿原矿,由省、自治区、直辖市人民政府决定征收或暂缓征收资源税,并报财政部和国家税务总局备案。

矿产品等级的划分,按本细则所附《几个主要品种的矿山资源等级表》执行。

对于划分资源等级的应税产品,其《几个主要品种的矿山资源等级表》中未列举名称的纳税人适用的税额,由省、自治区、直辖市人民政府根据纳税人的资源状况,参照《资源税税目税额明细表》和《几个主要品种的矿山资源等级表》中确定的邻近矿山的税额标准,在浮动 30%的幅度内核定,并报财政部和国家税务总局备案。

第五条 纳税人不能准确提供应税产品销售数量或移送使用数量的,以应税产品的产量或主管税务机关确定的折算比换算成的数量为课税数量。

原油中的稠油、高凝油与稀油划分不清或不易划分的,一律按原油的数量课税。

【注释】 相关规定包括:《国家税务总局关于印发〈资源税若干问题的规定〉的通知》(国税发[1994]15 号)、《国家税务总局关于明确流转税、资源税法规中"主管税务机关、征收机关"名称问题的通知》(国税发[1994]232 号)。

第六条 条例第九条所称资源税纳税义务发生时间具体规定如下:

(一)纳税人销售应税产品,其纳税义务发生时间是:

1. 纳税人采取分期收款结算方式的,其纳税义务发生时间,为销售合同规定的收款日期的当天;

2. 纳税人采取预收货款结算方式的,其纳税义务发生时间,为发出应税产品的当天;

3. 纳税人采取其他结算方式的,其纳税义务发生时间,为收讫销售款或者取得索取销售款凭据的当天。

(二)纳税人自产自用应税产品的纳税义务发生时间,为移送使用应税产品的当天。

(三)扣缴义务人代扣代缴税款的纳税义务发生时间,为支付货款的当天。

【注释】 相关规定包括:《国家税务总局关于明确资源税扣缴义务人代扣代缴义务发生时间的批复》(国税函[2002]1037 号)。

第七条 条例第十一条所称的扣缴义务人,是指独立矿山、联合企业及其他收购未税矿产品的单位。

【注释】 相关规定包括:《国家税务总局关于认定收购未税矿产品的个体户为资源税扣缴义务人的批复》(国税函[2000]733 号)。

第八条 条例第十一条把收购未税矿产品的单位规定为资源税的扣缴义务人,是为了加强资源税的征管。主要适应税源小、零散、不定期开采、易漏税等情况,税务机关认为不易控管,由扣缴义务人在收购时代扣代缴未税矿产品为宜的。

【注释】 相关规定包括:《国家税务总局关于明确流转税、资源税法规中"主管税务机关、征收机关"名称问题的通知》(国税发[1994]232号)。

第九条 扣缴义务人代扣代缴的资源税,应当向收购地主管税务机关缴纳。

【注释】 相关规定包括:《国家税务总局关于明确流转税、资源税法规中"主管税务机关、征收机关"名称问题的通知》(国税发[1994]232号)、《国家税务总局关于印发〈中华人民共和国资源税代扣代缴管理办法〉的通知》(国税发[1998]49号)、《国家税务总局关于取消资源税扣缴义务人资格审批事项的通知》(国税函[2004]817号)。

第十条 根据条例第十二条规定,纳税人应纳的资源税应当向应税产品的开采或生产所在地主管税务机关缴纳。具体实施时,跨省开采资源税应税产品的单位,其下属生产单位与核算单位不在同一省、自治区、直辖市的,对其开采的矿产品,一律在开采地纳税,其应纳税款由独立核算、自负盈亏的单位,按照开采地的实际销售量(或者自用量)及适用的单位税额计算划拨。

【注释】 相关规定包括:《国家税务总局关于明确流转税、资源税法规中"主管税务机关、征收机关"名称问题的通知》(国税发[1994]232号)。

第十一条 纳税人具体适用的单位税额,由财政部根据其资源和开采条件等因素的变化情况适当进行定期调整。

第十二条 本细则由财政部解释,或者由国家税务总局解释。

第十三条 本细则自条例公布施行之日起实施。1983年9月28日财政部颁发的《中华人民共和国盐税条例(草案)实施细则》同时废止。

资源税若干问题的规定

国税发[1994]15号

一、自产自用产品的课税数量资源税纳税人自产自用应税产品,因无法准确提供移送使用量而采取折算比换算课税数量办法的,具体规定如下:

(一)煤炭,对于连续加工前无法正确计算原煤移送使用量的,可按加工产品的综合回收率,将加工产品实际销量和自用量折算成原煤数量作为课税数量。

(二)金属和非金属矿产品原矿,因无法准确掌握纳税人移送使用原矿数量的,可将其精矿按选矿比折算成原矿数量作为课税数量。

二、自产自用产品的范围。

资源税暂行条例和实施细则中所说的自产自用产品,包括用于生产和非生产两部分。

三、资源税扣缴义务人适用的税额规定如下:

(一)独立矿山、联合企业收购未税矿产品的单位,按照本单位应税产品税额标准,依据收购的数量代扣代缴资源税。

(二)其他收购单位收购的未税矿产品,按主管税务机关核定的应税产品税额标准,依据收购的数量代扣代缴资源税。

四、新旧税制衔接的具体征税规定:

(一)1994年1月1日以前储备的盐,1994年1月1日以后动用的,在动用时由动用单位按动用量依照新的资源税条例规定及税额缴纳盐资源税。

(二)1994年1月1日以后储备的盐,按新的资源税条例规定在盐的出场(厂)环节纳税。

(三)1994年1月1日以前出场(厂)的未缴纳盐税的盐,到1994年1月1日以后销售的,在运销环节由运销单位按新的资源税条例规定缴纳资源税。

(四)1994年1月1日以前签订的销售合同,1994年1月1日以后供货的,依照新的资源税条例规定及税额缴纳资源税。

五、黑色金属矿原矿、有色金属矿原矿:

(一)黑色金属矿原矿、有色金属矿原矿,是指纳税人开采后自用、销售的,用于直接入炉冶炼或作为主产品先入选精矿、制造人工矿,再最终入炉冶炼的金属矿石原矿。

(二)金属矿产品自用原矿,是指入选精矿、直接入炉冶炼或制造烧结矿、球团矿等所用原矿。

（三）铁矿石直接入炉用的原矿，是指粉矿、高炉原矿、高炉块矿、平炉块矿等。

（四）独立矿山指只有采矿或只有采矿和选矿，独立核算、自负盈亏的单位，其生产的原矿和精矿主要用于对外销售。

（五）联合企业指采矿、选矿、冶炼（或加工）连续生产的企业或采矿、冶炼（或加工）连续生产的企业，其采矿单位，一般是该企业的二级或二级以下核算单位。

六、原油：

（一）稠油，是指在油层温度条件下，原油粘度大于100毫帕/秒或原油重度大于0.92的原油。

高凝油，是指凝固点大于40℃，含蜡量超过30%的用普通开采方式不能正常生产的原油。

（二）凝析油视同原油，征收资源税。

（三）其他陆上石油开采企业，是指《资源税税目税额明细表》中未列举的陆上石油开采单位以及在石油勘探过程中有油量产出并销售或自用的勘探单位。

（四）海上石油开采企业，是指在中华人民共和国内海、领海、大陆架及其他属于中华人民共和国行使管辖权的海域内依法从事开采海洋石油资源的企业。

七、盐：

（一）北方海盐，是指辽宁、河北、天津、山东、江苏五省、市所产的海盐。

南方海盐，是指浙江、福建、广东、海南、广西五省、自治区所产的海盐。

液体盐俗称卤水，是指氯化钠含量达到一定浓度的溶液，是用于生产碱和其他产品的原料。

（二）盐的资源税一律在出场（厂）环节由生产者缴纳。

（三）纳税人以自产的液体盐加工固体盐，按固体盐税额征税，以加工的固体盐数量为课税数量。纳税人以外购的液体盐加工固体盐，其加工固体盐所耗用液体盐的已纳税额准予抵扣。

八、原财政部税务总局、国家税务局和国家税务总局根据原资源税、盐税的条例及细则作出的各项征税规定，自1994年1月1日起一律废止。

【注释】 对《资源税暂行条例》第6条进行了解释。对《资源税暂行条例实施细则》第2、5条进行了解释。

财政部 国家税务总局关于独立矿山铁矿石资源税减按规定税额60%征收的通知

财税[1994]41号

各省、自治区、直辖市财政厅（局）、税务局（不发西藏），各计划单列市财政局、税务局，（含原省会所在地计划单列市）：

鉴于实行新税制后铁矿石的流转税、资源税负担上升较大，即使适当提高铁矿石价格，独立矿山仍难以承受。为支持独立铁矿的发展，经国务院批准，决定自1994年1月1日起，对独立矿山应纳的铁矿石资源税减征40%，按规定税额标准的60%征收。

【注释】 对《资源税暂行条例》第7条进行了解释。

国家税务总局关于明确流转税、资源税法规中“主管税务机关、征收机关”名称问题的通知

国税发[1994]232号

各省、自治区、直辖市国家税务局、地方税务局，各计划单列市国家税务局、地方税务局：

在增值税、消费税、营业税、资源税暂行条例、实施细则及相关文件中，对“主管税务机关、征收机关”已作了解释，但是，由于各地国家税务局和地方税务局机构的分设，原名称所指已发生变化，现重新明确如下：

……

四、《中华人民共和国资源税暂行条例》第十二条中的“省、自治区、直辖市税务机关”，是指省、自治

区、直辖市地方税务局和享有省级经济管理权限的城市的地方税务局。

《中华人民共和国资源税暂行条例》第十二、十三条以及《中华人民共和国资源税暂行条例实施细则》第五、八、九、十条所说的"主管税务机关"或"税务机关",是指县级以上(含县级)的地方税务局。

【注释】 对《资源税暂行条例》第12、13条进行了解释。对《资源税暂行条例实施细则》第5、8、9、10条进行了解释。

财政部　国家税务总局关于临时调减北方海盐资源税税额的通知

财税[1995]96号

各省、自治区、直辖市、计划单列市财政厅(局)、地方税务局:

为支持盐业的发展,经国务院批准,决定自1994年1月1日起,北方海盐资源税暂减按每吨20元计征。

【注释】 对《资源税暂行条例》第2条进行了解释。

国家税务总局关于手工回收煤炭征收资源税问题的批复

国税函发[1996]605号

辽宁省地方税务局:

你局《关于手工回收煤炭是否征收资源税问题的请示》(辽地税函[1996]30号)收悉。对你省一些地区的部分单位和个人,在废弃的煤矸石中利用简易工具手工回收煤炭对外销售或使用,且这些煤炭属于未纳资源税的原煤,经研究决定:为便于加强资源税的征收管理,对这种未税原煤,可按其销售和自用数量依法照章征收资源税。

【注释】 对《资源税暂行条例》第1条进行了解释。

财政部　国家税务总局关于减征冶金独立矿山铁矿石和有色金属矿资源税的通知

财税[1997]82号

各省、自治区、直辖市、计划单列市财政厅(局)、地方税务局、沈阳、长春、哈尔滨、南京、武汉、广州、成都、西安市财政局、地方税务局:

经国务院批准,现对冶金独立矿山铁矿石和有色矿资源税问题规定如下,请依照执行。

1. 自1996年7月1日起,对冶金独立矿山应缴纳的铁矿石资源税在财政部和国家税务总局《关于独立矿山铁矿石资源税减按规定税额60%征收的通知》[(94)财税字041号]规定减征40%的基础上,再减征20%,即按规定税额标准的40%征收。

2. 冶金独立矿山是指1993年12月31日以前存在的冶金独立矿山、财政部和国家税务总局《关于调整六家企业铁矿石资源税适用税额的通知》(财税字[1995]10号)中列举的六家矿铁企业以及1994年1月1日以后建成投产的冶金独立矿山对1993年12月31日以后由联合矿山改组为独立矿山的,不得按(94)财税字041号及本通知规定减征资源税。

3. 从1996年7月1日起,对有色金属矿的资源税减征30%,即按规定税额标准的70%征收。

4. 本通知到达之日前企业多缴纳的资源税,可在文件到达以后应缴纳的资源税中抵扣。

【注释】 对《资源税暂行条例》第2条进行了解释。

资源税几个应税产品范围问题的解答

国税函发[1997]628号

根据部分地区在征收资源税中遇到的问题,现将资源税部分应税产品的征税范围,解答明确如下:

一、铝土矿

铝土矿一般是指包括三水铝石、一水硬铝石、一水软铝石、高岭石、蛋白石等多种矿物的混合体。是用于提炼铝氧的一种矿石，通常呈致密块状、豆状、鲕状等集合体，质地比较坚硬，其铝硅比为3—12，含铝量(指三氧化二铝，下同)一般在40%—75%。铝土矿主要用于冶炼金属铝、制造高铝水泥、耐火材料、磨料等。

本税目的征收范围包括高铝粘土在内的所有铝土矿。

二、耐火粘土

粘土是土状矿物质。耐火粘土是指耐火度大于1580℃的粘土，矿物成分以高岭土或水白云母—高岭土类为主。耐火粘土呈土状，其铝硅比小于2.6，含铝量一般大于30%。依其理化性能、矿石特征和用途，在工业上一般分为软质粘土、半软质粘土、硬质粘土和高铝粘土等四种。耐火粘土主要用于冶金、机械、轻工、建材等部门。

高铝粘土不同于一般的耐火粘土，其有用成份的含量、矿石特征等均与铝土矿相同。高铝粘土既可用于生产耐火材料，又可用于提炼金属铝。

本税目的征收范围是除高铝粘土以外的耐火粘土。

三、石英砂

石英砂主要用于玻璃、耐火材料、陶瓷、铸造、石油、化工、环保、研磨等行业。是一种具有矽氧或二氧化矽的化合物，其主要成份是二氧化硅，呈各种颜色，为透明与半透明的晶体，形态各异。

本税目的征收范围包括石英砂、石英岩、石英砂岩、脉石英或石英石等。

四、矿泉水

矿泉水是含有符合国家标准的矿物质元素的一种水气矿产，可供饮用或医用等。此外，水气矿产还包括地下水、二氧化碳气、硫化氢气、氦气、氡气等。

矿泉水等水气矿产属“其他非金属矿原矿——未列举名称的其他非金属矿原矿”。

【注释】　对《资源税暂行条例》第2条进行了解释。

中华人民共和国资源税代扣代缴管理办法

国税发[1998]49号

第一条　为了进一步加强对资源税的征收管理，根据《中华人民共和国税收征收管理法》(以下简称《税收征管法》)和《中华人民共和国资源税暂行条例》(以下简称《资源税条例》)等有关规定，制定本办法。

第二条　收购资源税未税矿产品的独立矿山、联合企业以及其他单位为资源税代扣代缴义务人(以下简称扣缴义务人)。

扣缴义务人应当主动向主管税务机关申请办理代扣代缴义务人的有关手续。主管税务机关经审核批准后，发给扣缴义务人代扣代缴税款凭证及报告表。

第三条　扣缴义务人必须依照本办法的规定履行代扣代缴资源税义务。扣缴义务人在履行其法定义务时，有关单位和个人应予支持、协助，不得干预、阻挠。

第四条　扣缴义务人履行代扣代缴的适用范围是：收购的除原油、天然气、煤炭以外的资源税未税矿产品。

第五条　本办法第四条所称“未税矿产品”是指资源税纳税人在销售其矿产品时不能向扣缴义务人提供“资源税管理证明”的矿产品。

第六条　“资源税管理证明”是证明销售的矿产品已缴纳资源税或已向当地税务机关办理纳税申报的有效凭证。“资源税管理证明”分为甲、乙两种证明(式样附后)，由当地主管税务机关开具。

资源税管理甲种证明适用生产规模较大、财务制度比较健全、有比较固定的购销关系、能够依法申报缴纳资源税的纳税人，是一次开具在一定期限内多次使用有效的证明。

资源税管理乙种证明适用个体、小型采矿销售企业等零散资源税纳税人，是根据销售数量多次开具一次使用有效的证明。

“资源税管理证明”由国家税务总局统一制定，各省、自治区、直辖市地方税务局印制。

“资源税管理证明”可以跨省、区、市使用。为防止伪造，“资源税管理证明”须与纳税人的税务登记证副本一同使用。

第七条　凡开采销售本办法规定范围内的应税矿产品的单位和个人，在销售其矿产品时，应当向当地主管税务机关申请开具“资源税管理证明”，作为销售矿产品已申报纳税免予扣缴税款的依据。购货方(扣缴义务人)在收购矿产品时,应主动向销售方(纳税人)索要“资源税管理证明”,扣缴义务人据此不代扣资源税。凡销售方不能提供“资源税管理甲种证明”的或超出“资源税管理乙种证明”注明的销售数量部分,一律视同未税矿产品,由扣缴义务人依法代扣代缴资源税,并向纳税人开具代扣代缴税款凭证。

扣缴义务人应按主管税务机关的要求妥善整理和保管收取的“资源税管理证明”,以备税务机关核查。纳税人领取的“资源税管理证明”,不得转借他人使用,遗失不补。

第八条 扣缴义务人代扣代缴资源税适用的单位税额按如下规定执行:

(一) 独立矿山、联合企业收购与本单位矿种相同的未税矿产品,按照本单位相同矿种应税产品的单位税额,依据收购数量代扣代缴资源税。

(二) 独立矿山、联合企业收购与本单位矿种不同的未税矿产品,以及其他收购单位收购的未税矿产品,按照收购地相应矿种规定的单位税额,依据收购数量代扣代缴资源税。

(三) 收购地没有相同品种矿产品的,按收购地主管税务机关核定的单位税额,依据收购数量代扣代缴资源税。

第九条 扣缴义务人代扣代缴资源税的计算公式为:

代扣代缴的资源税额＝收购未税矿产品数量×适用单位税额。

第十条 扣缴义务人代扣代缴资源税义务发生时间为扣缴义务人支付货款的当天。

第十一条 扣缴义务人代扣代缴资源税的地点为应税未税矿产品的收购地。

第十二条 扣缴义务人代扣资源税税款的解缴期限为1日、3日、5日、10日、15日或者1个月。具体解缴期限由主管税务机关根据实际情况核定。

扣缴义务人应在主管税务机关规定的时间内解缴其代扣的资源税款,并报送代扣代缴等有关报表。

第十三条 主管税务机关按照规定提取并向扣缴义务人支付手续费。

第十四条 扣缴义务人代扣代缴资源税时,要建立代扣代缴税款账簿,序时登记资源税代扣、代缴税款报告表。

第十五条 扣缴义务人依法履行代扣税款义务时,纳税人不得拒绝。纳税人拒绝的,扣缴义务人应当及时报告主管税务机关处理。否则,纳税人应缴纳的税款由扣缴义务人负担。

第十六条 扣缴义务人必须依法接受税务机关检查,如实反映情况,提供有关资料,不得拒绝或隐瞒。

第十七条 扣缴义务人发生下列行为之一者,按《税收征管法》及其实施细则处理:

(一) 应代扣而未代扣或少代扣资源税款;

(二) 不缴或少缴已扣税款;

(三) 未按规定期限解缴税款;

(四) 未按规定设置、保管有关资源税代扣代缴账簿、凭证、报表及有关资料;

(五) 转借、涂改、损毁、造假、不按照规定使用“资源税管理证明”的行为;

(六) 其他违反税收规定的行为。

第十八条 本办法未尽事宜,依照有关税收法律、法规执行。

第十九条 各省、自治区、直辖市地方税务局可根据本办法和当地实际情况制定具体实施办法。

第二十条 本办法由国家税务总局负责解释。

第二十一条 本办法自1998年7月1日起执行。

【注释】 对《资源税暂行条例》第11条进行了解释。对《资源税暂行条例实施细则》第9条进行了解释。

国家税务总局关于认定收购未税矿产品的个体户为资源税扣缴义务人的批复

国税函[2000]733号

北京市地方税务局:

你局《关于认定收购未税矿产品的个人为资源税扣缴义务人的请示》(京地税营[2000]293号)收悉。经研究,现批复如下:

《中华人民共和国资源税暂行条例实施细则》第七条规定,资源税的扣缴义务人是指“独立矿山、联合企业及其他收购未税矿产品的单位”。这里所说的“其他收购未税矿产品的单位”,也包括收购未税矿产品的个体户在内。因此，你局可以依照现行规定认定具备一定条件的收购未税矿产品的个体户为资源税的扣缴义务人。

【注释】 对《资源税暂行条例实施细则》第7条进行了解释。

财政部　国家税务总局关于调整冶金联合企业矿山铁矿石资源税适用税额的通知

财税[2002]17号

各省、自治区、直辖市、计划单列市财政厅(局)、地方税务局：

为促进冶金矿山发展，平衡不同类型企业的资源税负担，鼓励公平竞争，经研究决定，自2002年4月1日起，对冶金联合企业矿山(含1993年12月31日后从联合企业矿山中独立出来的铁矿山企业)铁矿石资源税，减按规定税额标准的40%征收。对于由此造成地方财政减少的收入，中央财政将予以适当补助。

【注释】 对《资源税暂行条例》第2条进行了解释。

国家税务总局关于明确资源税扣缴义务人代扣代缴义务发生时间的批复

国税函[2002]1037号

吉林省地方税务局：

你局《关于资源税扣缴义务人代扣代缴义务发生时间问题的请示》(吉地税发[2002]117号)收悉。经研究，批复如下：

鉴于资源税扣缴义务人拖欠货款，造成税款拖欠和流失的情况时有发生，为加强征收管理，严肃税收秩序，根据《中华人民共和国资源税暂行条例实施细则》的第六条"扣缴义务人代扣代缴税款的纳税义务发生时间，为支付货款的当天"的规定，对扣缴义务人代扣代缴税款的纳税义务发生时间，具体明确为支付首笔货款或者首次开具应支付货款凭据的当天。

【注释】 对《资源税暂行条例实施细则》第6条进行了解释。

财政部　国家税务总局关于调整石灰石、大理石和花岗石资源税适用税额的通知

财税[2003]119号

各省、自治区、直辖市、计划单列市财政厅(局)、地方税务局，新疆生产建设兵团财务局：

近年来，一些地区反映，现行石灰石、大理石和花岗石资源税适用税额标准不尽合理，建议作适当调整。经研究，现就有关调整事项通知如下：

一、石灰石资源税适用税额由每吨2元调整为每吨0.5元至3元；大理石和花岗石资源税适用税额由每立方米3元调整为每立方米3元至10元。

二、各省、自治区、直辖市财政厅(局)、地方税务局可在上述幅度内确定适用税额标准。

三、本通知自2003年7月1日起执行。请各地根据本地区的实际情况，制定具体的调整方案，并报财政部、国家税务总局备案。

【注释】 对《资源税暂行条例》第2条进行了解释。

国家税务总局关于取消资源税扣缴义务人资格审批事项的通知

国税函[2004]817号

各省、自治区、直辖市和计划单列市地方税务局：

为简化行政审批事项，规范对资源税扣缴义务人的管理，经研究决定：自2004年7月1日起，将《中华人民共和国资源税代扣代缴管理办法》(国税发[1998]49号)第二条中"扣缴义务人应当主动向主管税务机

关申请办理代扣代缴义务人的有关手续。主管税务机关经审核批准后，发给扣缴义务人代扣代缴税款凭证及报告表”的规定予以废止。资源税的代扣代缴事宜，一律依照《中华人民共和国税收征收管理法》及《中华人民共和国税收征收管理法实施细则》的有关规定办理。

【注释】 对《资源税暂行条例》第 11 条进行了解释。对《资源税暂行条例实施细则》第 9 条进行了解释。

财政部　国家税务总局关于调整陕西省部分地区煤炭企业资源税税额的通知

财税[2004]128 号

陕西省财政厅、地方税务局：

根据《中华人民共和国资源税暂行条例》、《财政部国家税务总局调整长庆油田等企业资源税税额的通知》(财税[2004]19 号)的有关规定和相关企业的实际情况，经研究决定：

自 2004 年 1 月 1 日起，将你省延安、榆林两市境内地方煤炭企业及成阳彬长、旬东矿区煤炭企业资源税单位税额调整为每吨 2.3 元。

【注释】 对《资源税暂行条例》第 2 条进行了解释。

财政部　国家税务总局关于调整东北老工业基地部分矿山油田企业资源税税额的通知

财税[2004]146 号

辽宁、吉林、黑龙江省财政厅、地方税务局：

为支持东北地区老工业基地振兴，经国务院批准，现就东北老工业基地有关资源税政策通知如下：

一、关于调整衰竭期矿山和低丰度油田资源税税额标准问题

请你厅根据有关油田、矿山的实际情况和财政承受能力，提出对低丰度油田和衰竭期矿山在不超过30%的幅度内降低资源税适用税额标准的建议，报省人民政府批准后实施，并报财政部、国家税务总局备案。

二、关于地方减收问题

对因降低资源税税额标准而减少的收入，由地方自行消化解决。

三、关于执行时间

上述政策自 2004 年 7 月 1 日起实施。

【注释】 对《资源税暂行条例》第 7 条进行了解释。

财政部　国家税务总局关于调整山西等省煤炭资源税税额的通知

财税[2004]187 号

山西、内蒙古、青海省(自治区)财政厅、地方税务局：

根据《中华人民共和国资源税暂行条例》的有关规定和相关企业的实际情况，经研究决定：

自 2004 年 7 月 1 日起，将山西省境内煤炭资源税税额调整至 3.2 元/吨，青海省、内蒙古自治区境内煤炭资源税税额调整至 2.3 元/吨。

【注释】 对《资源税暂行条例》第 2 条进行了解释。

财政部　国家税务总局关于调整山东省煤炭资源税税额标准的通知

财税[2005]86 号

山东省财政厅、地方税务局：

经研究决定，自 2005 年 5 月 1 日起，将你省煤炭资源税适用税额统一提高至每吨 3.6 元。

【注释】 对《资源税暂行条例》第 2 条进行了解释。

财政部　国家税务总局关于调整福建省煤炭资源税税额标准的通知

财税[2005]85 号

福建省财政厅、地方税务局：

经研究决定，自 2005 年 5 月 1 日起，将你省煤炭资源税适用税额统一提高至每吨 2.5 元。

【注释】 对《资源税暂行条例》第 2 条进行了解释。

财政部　国家税务总局关于调整云南省煤炭资源税税额标准的通知

财税[2005]84 号

经研究决定，自 2005 年 5 月 1 日起，将你省曲靖市富源县煤炭资源税适用税额提高至每吨 3 元，省内其他地区煤炭资源税适用税额提高至每吨 2.5 元。

【注释】 对《资源税暂行条例》第 2 条进行了解释。

财政部　国家税务总局关于调整安徽省煤炭资源税税额标准的通知

财税[2005]80 号

安徽省财政厅、地方税务局：

经研究决定，自 2005 年 5 月 1 日起，将你省煤炭资源税适用税额统一提高至每吨 2 元。

【注释】 对《资源税暂行条例》第 2 条进行了解释。

财政部　国家税务总局关于调整宁夏回族自治区煤炭资源税税额标准的通知

财税[2005]81 号

宁夏回族自治区财政厅、地方税务局：

经研究决定，自 2005 年 5 月 1 日起，将你区煤炭资源税适用税额统一提高至每吨 2.3 元。

【注释】 对《资源税暂行条例》第 2 条进行了解释。

财政部　国家税务总局关于调整河南省煤炭资源税税额标准的通知

财税[2005]79 号

河南省财政厅、地方税务局：

经研究决定，自 2005 年 5 月 1 日起，将你省焦作矿务局、鹤壁矿务局、义马矿务局煤炭资源税适用税额分别提高至每吨 3 元、3 元、2.5 元，其他煤矿煤炭资源税适用税额统一提高至每吨 4 元。

【注释】 对《资源税暂行条例》第 2 条进行了解释。

财政部　国家税务总局关于调整贵州省煤炭资源税税额标准的通知

财税[2005]83 号

贵州省财政厅、地方税务局：

经研究决定，自 2005 年 5 月 1 日起，将你省煤炭资源税适用税额统一提高至每吨 2.5 元。

【注释】 对《资源税暂行条例》第 2 条进行了解释。

财政部　国家税务总局关于调整重庆市煤炭资源税税额标准的通知

财税[2005]82号

重庆市财政厅、地方税务局：

经研究决定，自2005年5月1日起，将你市煤炭资源税适用税额统一提高至每吨2.5元。

【注释】 对《资源税暂行条例》第2条进行了解释。

财政部　国家税务总局关于调整钼矿石等品目资源税政策的通知

财税[2005]168号

各省、自治区、直辖市、计划单列市财政厅(局)、地方税务局：

根据《中华人民共和国资源税暂行条例》的有关规定和相关企业的实际情况，经研究决定：

一、取消对有色金属矿资源税减征30%的优惠政策，恢复按全额征收。

二、调整对冶金矿山铁矿石资源税减征政策，暂按规定税额标准的60%征收。

三、调整钼矿石资源税适用税额标准：一等税额标准为每吨8元，二等税额标准为每吨7元，三等税额标准为每吨6元，四等税额标准为每吨5元，五等税额标准为每吨4元。

四、将锰矿石资源税适用税额标准由2元/吨调整到6元/吨。

五、本通知自2006年1月1日起实施。

【注释】 对《资源税暂行条例》第2条进行了解释。

财政部　国家税务总局关于调整湖北省煤炭资源税税额标准的通知

财税[2005]169号

湖北省财政厅、地方税务局：

经研究决定，自2006年1月1日起，将你省煤炭资源税适用税额标准统一提高至每吨3元。

【注释】 对《资源税暂行条例》第2条进行了解释。

财政部　国家税务总局关于调整内蒙古自治区煤炭资源税税额标准的通知

财税[2005]172号

内蒙古自治区财政厅、地方税务局：

经研究决定，自2006年1月1日起，将你区煤炭资源税适用税额标准统一提高至每吨3.2元。

【注释】 对《资源税暂行条例》第2条进行了解释。

财政部　国家税务总局关于调整天津塘沽盐场资源税税额标准的通知

财税[2005]173号

天津市财政局、地方税务局：

根据《中华人民共和国资源税条例》的有关规定和企业的实际情况，为了鼓励企业积极开展技术创新、综合利用资源、保护生态环境，经研究决定，自2006年1月1日起对利用废水制盐的塘沽盐场暂减按10元/吨征收应缴纳的资源税。

【注释】 对《资源税暂行条例》第2条进行了解释。

财政部　国家税务总局关于调整湖南省煤炭资源税税额标准的通知

财税[2005]170号

湖南省财政厅、地方税务局：

经研究决定，自2006年1月1日起，将你省煤炭资源税适用税额标准统一提高至每吨2.5元。

【注释】 对《资源税暂行条例》第2条进行了解释。

财政部　国家税务总局关于调整江西省煤炭资源税税额标准的通知

财税[2006]37号

江西省财政厅、地方税务局：

经研究决定，自2006年4月1日起，将你省煤炭资源税适用税额标准统一提高至每吨2.5元。

【注释】 对《资源税暂行条例》第2条进行了解释。

财政部　国家税务总局关于调整陕西省煤炭资源税税额标准的通知

财税[2006]39号

陕西省财政厅、地方税务局：

经研究决定，自2006年4月1日起，将你省煤炭资源税适用税额标准统一提高至每吨3.2元。

财政部　国家税务总局关于调整江苏省煤炭资源税税额标准的通知

财税[2006]38号

江苏省财政厅、地方税务局：

经研究决定，自2006年4月1日起，将你省煤炭资源税适用税额标准统一提高至每吨2.5元。

【注释】 对《资源税暂行条例》第2条进行了解释。

财政部　国家税务总局关于胜利石油管理局所属企业油气资源税政策的批复

财税[2006]54号

山东省财政厅、地方税务局：

你厅、局《关于对胜利石油管理局所属油气开采企业适用资源税税额标准问题的请示》(鲁财税[2005]28号)收悉，现批复如下：

鉴于你省境内的胜利石油管理局所属油气生产企业开采的原油天然气，在《财政部　国家税务总局关于调整原油天然气资源税税额标准的通知》(财税[2005]115号)下发前，执行与中国石化胜利油田有限公司相同的资源税税额，因此，胜利油田石油管理局在山东境内的全资和控股的油气生产企业开采的原油天然气，均应比照中国石化胜利油田有限公司油气现行资源税税额标准执行。

【注释】 对《资源税暂行条例》第2条进行了解释。

财政部　国家税务总局关于吉林省油气资源税政策的通知

财税[2006]55号

吉林省财政厅、地方税务局：

你省境内的其他油气生产企业与中国石油天然气股份有限公司吉林油田分公司开采的原油天然气，在《财政部　国家税务总局关于调整原油天然气资源税税额标准的通知》(财税[2005]115号)下发前，执行的资源税税额是一致的，因此，你省其他油气生产企业的油气资源税税额标准应比照中国石油天然气股份有限公司吉林油田分公司的现行资源税税额标准执行。

【注释】 对《资源税暂行条例》第2条进行了解释。

财政部　国家税务总局关于调整岩金矿资源税有关政策的通知

财税[2006]69号

各省、自治区、直辖市、计划单列市财政厅(局)、地方税务局：

根据《中华人民共和国资源税暂行条例》的有关规定和企业的实际情况，经研究，现将调整岩金矿资源税政策的有关问题通知如下：

一、调整各等级岩金矿资源税税额标准，具体标准见《岩金矿各等级资源税税额明细表》。

二、调整岩金矿各等级的范围。《岩金矿资源等级分类明细表》列明的企业(或金矿)按所属等级和《岩金矿各等级资源税税额明细表》确定适用税额。未列入《岩金矿资源等级分类明细表》的企业(或金矿)适用的税额，由省、自治区、直辖市人民政府根据其资源状况，参照《岩金矿各等级资源税税额明细表》和《岩金矿资源等级分类明细表》中确定的邻近矿山的税额标准，在浮动30%的幅度内核定，并报财政部和国家税务总局备案。

三、原矿已缴纳过资源税，选冶后形成的尾矿进行再利用的，只要纳税人能够在统计、核算上清楚地反映，并在堆放等具体操作上能够同应税原矿明确区隔开，不再计征资源税。尾矿与原矿如不能划分清楚的，应按原矿计征资源税。

四、采用堆浸工艺，矿石与废石(品位低于0.5克/吨)分别堆浸，纳税人能够在统计、核算上清楚地反映，并在堆放等具体操作上能够同应税原矿明确区隔开的，是否对废石征收资源税由省级人民政府确定。

五、本通知自2006年5月1日起执行。《中华人民共和国资源税暂行条例实施细则》[(93)财法字第43号]所附“资源税税目税额明细表”中的岩金矿石各等级税额以及“几个主要品种的矿山资源等级表”中的“岩金矿石资源等级表”同时废止。

【注释】 对《资源税暂行条例》第2条进行了解释。

财政部　国家税务总局关于调整甘肃省煤炭资源税税额标准的通知

财税[2006]106号

甘肃省财政厅、地方税务局：

经研究决定，自2006年7月1日起，将你省煤炭资源税适用税额标准统一提高至每吨3元。

【注释】 对《资源税暂行条例》第2条进行了解释。

财政部　国家税务总局关于钒矿石资源税有关政策的通知

财税[2006]120号

各省、自治区、直辖市、计划单列市财政厅(局)、地方税务局，新疆生产建设兵团财务局：

根据《中华人民共和国资源税暂行条例》的有关规定，为促进钒矿石资源的合理开发利用，经研究，现将钒矿石资源税有关政策通知如下：

一、在我国境内开采钒矿石(含石煤钒)的单位和个人应依照《中华人民共和国资源税暂行条例》及相关规定缴纳资源税。

二、钒矿石(含石煤钒)资源税适用税额标准为每吨12元。

三、本通知自2006年9月1日起执行。

【注释】 对《资源税暂行条例》第2条进行了解释。

财政部　国家税务总局关于调整辽宁省煤炭资源税适用税额标准的通知

财税[2006]138 号

辽宁省财政厅、地方税务局：

经研究决定，自 2006 年 9 月 1 日起，将你省煤炭资源税适用税额标准统一提高至每吨 2.8 元。

【注释】 对《资源税暂行条例》第 2 条进行了解释。

财政部　国家税务总局关于调整河北省煤炭资源税适用税额标准的通知

财税[2006]137 号

河北省财政厅、地方税务局：

经研究决定，自 2006 年 9 月 1 日起，将你省煤炭资源税适用税额标准统一提高至每吨 3 元。

【注释】 对《资源税暂行条例》第 2 条进行了解释。

财政部　国家税务总局关于调整吉林省煤炭资源税适用税额标准的通知

财税[2006]131 号

吉林省财政厅、地方税务局：

经研究决定，自 2006 年 9 月 1 日起，将你省煤炭资源税适用税额标准统一提高至每吨 2.5 元。

【注释】 对《资源税暂行条例》第 2 条进行了解释。

财政部　国家税务总局关于调整四川省煤炭资源税适用税额标准的通知

财税[2006]136 号

四川省财政厅、地方税务局：

经研究决定，自 2006 年 9 月 1 日起，将你省煤炭资源税适用税额标准统一提高至每吨 2.5 元。

【注释】 对《资源税暂行条例》第 2 条进行了解释。

财政部　国家税务总局关于调整盐资源税适用税额标准的通知

财税[2007]5 号

各省、自治区、直辖市、计划单列市财政厅(局)、地方税务局，新疆生产建设兵团财务局：

根据《中华人民共和国资源税暂行条例》的有关规定，为支持盐业的发展，经研究，现将盐资源税有关政策通知如下：

一、北方海盐资源税暂减按每吨 15 元征收。

二、南方海盐、湖盐、井矿盐资源税暂减按每吨 10 元征收。

三、液体盐资源税暂减按每吨 2 元征收。

四、通过提取地下天然卤水晒制的海盐和生产的井矿盐，其资源税适用税额标准暂维持不变，仍分别按每吨 20 元和 12 元征收。

五、本通知自 2007 年 2 月 1 日起实施。

【注释】 对《资源税暂行条例》第 2 条进行了解释。

财政部　国家税务总局关于调整焦煤资源税适用税额标准的通知

财税[2007]15 号

各省、自治区、直辖市、计划单列市财政厅(局)、地方税务局，新疆生产建设兵团财务局：

为促进焦煤的合理开发利用，经国务院批准，自 2007 年 2 月 1 日起，将焦煤的资源税适用税额标准确定为每吨8元。

【注释】 对《资源税暂行条例》第2条进行了解释。

财政部　国家税务总局关于加快煤层气抽采有关税收政策问题的通知

财税［2007］16号

各省、自治区、直辖市、计划单列市财政厅(局)、国家税务局、地方税务局,新疆生产建设兵团财务局,财政部驻各省、自治区、直辖市、计划单列市财政监察专员办事处:

为加快推进煤层气资源的抽采利用,鼓励清洁生产、节约生产和安全生产,经国务院批准,现就鼓励煤层气抽采有关税收政策问题通知如下:

一、对煤层气抽采企业的增值税一般纳税人抽采销售煤层气实行增值税先征后退政策。先征后退税款由企业专项用于煤层气技术的研究和扩大再生产,不征收企业所得税。

煤层气是指赋存于煤层及其围岩中与煤炭资源伴生的非常规天然气,也称煤矿瓦斯。

煤层气抽采企业应将享受增值税先征后退政策的业务和其他业务分别核算,不能分别准确核算的,不得享受增值税先征后退政策。

煤层气抽采企业增值税先征后退政策由财政部驻各地财政监察专员办事处根据财政部、国家税务总局、中国人民银行《关于税制改革后对某些企业实行"先征后退"有关预算管理问题的暂行规定的通知》([94]财预字第55号)的规定办理。

二、对独立核算的煤层气抽采企业购进的煤层气抽采泵、钻机、煤层气监测装置、煤层气发电机组、钻井、录井、测井等专用设备,统一采取双倍余额递减法或年数总和法实行加速折旧,具体加速折旧方法可以由企业自行决定,但一经确定,以后年度不得随意调整。

三、对独立核算的煤层气抽采企业利用银行贷款或自筹资金从事技术改造项目国产设备投资,其项目所需国产设备投资的40%可从企业技术改造项目设备购置当年比前一年新增的企业所得税中抵免。具体管理办法按财政部、国家税务总局《关于印发〈技术改造国产设备投资抵免企业所得税暂行办法〉的通知》(财税字[1999]290号)、国家税务总局《关于印发〈技术改造国产设备投资抵免企业所得税审核管理办法〉的通知》(国税发[2000]13号)、财政部、国家税务总局《关于外商投资企业和外国企业购买国产设备投资抵免企业所得税有关问题的通知》(财税字[2000]49号)和国家税务总局《关于印发〈外商投资企业和外国企业购买国产设备投资抵免企业所得税管理办法〉的通知》(国税发[2000]90号)的规定执行。

四、对财务核算制度健全、实行查账征税的煤层气抽采企业研究开发新技术、新工艺发生的技术开发费,在按规定实行100%扣除基础上,允许再按当年实际发生额的50%在企业所得税税前加计扣除。具体管理办法按财政部、国家税务总局《关于企业技术创新有关企业所得税优惠政策的通知》(财税[2006]88号)第一条的有关规定执行。

五、对地面抽采煤层气暂不征收资源税。

六、本通知自2007年1月1日起执行。现行对中联公司中外合作开采陆上煤层气按实物征收5%的增值税以及中联公司自营开采陆上煤层气增值税超5%税负返还政策同时废止。

【注释】 对《资源税暂行条例》第7条进行了解释。

财政部　国家税务总局关于调整铅锌矿石等税目资源税适用税额标准的通知

财税[2007]100号

各省、自治区、直辖市、计划单列市财政厅(局)、地方税务局,新疆生产建设兵团财务局:

根据铅锌矿石、铜矿石和钨矿石的市场价格以及生产经营情况,为进一步促进其合理开发利用,经研究决定,自2007年8月1日起,对上述三种矿产品资源税适用税额标准作如下调整:

一、铅锌矿石单位税额标准:一等矿山调整为每吨20元;二等矿山调整为每吨18元;三等矿山调整为每吨16元;四等矿山调整为每吨13元;五等矿山调整为每吨10元。

二、铜矿石单位税额标准:一等矿山调整为每吨7元;二等矿山调整为每吨6.5元;三等矿山调整为每吨 6 元；四等矿山调整为每吨 5.5 元；五等矿山调整为每吨 5 元。

三、钨矿石单位税额标准：三等矿山调整为每吨 9 元；四等矿山调整为每吨 8 元；五等矿山调整为每吨 7 元。

【注释】 对《资源税暂行条例》第 2 条进行了解释。

关于调整硅藻土、珍珠岩、磷矿石和玉石等资源税税额标准的通知

财税[2008]91 号

各省、自治区、直辖市、计划单列市财政厅（局）、地方税务局，新疆生产建设兵团财务局：

为发挥资源税的调节作用，促进资源节约开采和利用，自 2008 年 10 月 1 日起，调整硅藻土、玉石等部分矿产品的资源税税额标准，调整后的税额标准分别为：硅藻土、玉石每吨 20 元，磷矿石每吨 15 元，膨润土、沸石、珍珠岩每吨 10 元。

第十部分　中华人民共和国车辆购置税法

中华人民共和国车辆购置税暂行条例

国务院令[2000]294号

第一条　在中华人民共和国境内购置本条例规定的车辆(以下简称应税车辆)的单位和个人,为车辆购置税的纳税人,应当依照本条例缴纳车辆购置税。

第二条　本条例第一条所称购置,包括购买、进口、自产、受赠、获奖或者以其他方式取得并自用应税车辆的行为。

本条例第一条所称单位,包括国有企业、集体企业、私营企业、股份制企业、外商投资企业、外国企业以及其他企业和事业单位、社会团体、国家机关、部队以及其他单位;所称个人,包括个体工商户以及其他个人。

第三条　车辆购置税的征收范围包括汽车、摩托车、电车、挂车、农用运输车。具体征收范围依照本条例所附《车辆购置税征收范围表》执行。

车辆购置税征收范围的调整,由国务院决定并公布。

第四条　车辆购置税实行从价定率的办法计算应纳税额。应纳税额的计算公式为:

应纳税额=计税价格×税率

第五条　车辆购置税的税率为10%。

车辆购置税税率的调整,由国务院决定并公布。

第六条　车辆购置税的计税价格根据不同情况,按照下列规定确定:

(一)纳税人购买自用的应税车辆的计税价格,为纳税人购买应税车辆而支付给销售者的全部价款和价外费用,不包括增值税税款。

(二)纳税人进口自用的应税车辆的计税价格的计算公式为:

计税价格=关税完税价格+关税+消费税

(三)纳税人自产、受赠、获奖或者以其他方式取得并自用的应税车辆的计税价格,由主管税务机关参照本条例第七条规定的最低计税价格核定。

【注释】　相关规定包括:《国家税务总局外交部关于驻外使领馆工作人员离任回国进境自用车辆缴纳车辆购置税有关问题的通知》(国税发[2005]180号)、《国家税务总局关于确定车辆购置税计税依据的通知》(国税函[2006]1139号)。

第七条　国家税务总局参照应税车辆市场平均交易价格,规定不同类型应税车辆的最低计税价格。

纳税人购买自用或者进口自用应税车辆,申报的计税价格低于同类型应税车辆的最低计税价格,又无正当理由的,按照最低计税价格征收车辆购置税。

【注释】　相关规定包括:《国家税务总局交通部关于做好代征车辆购置税工作有关问题的通知》(国税发[2000]211号)、《国家税务总局关于核定部分车辆最低计税价格有关问题的补充通知》(国税发[2004]48号)、《国家税务总局关于印发〈车辆购置税价格信息管理办法(试行)〉的通知》(国税发[2006]93号)。

第八条　车辆购置税实行一次征收制度。购置已征车辆购置税的车辆,不再征收车辆购置税。

【注释】　相关规定包括:《国家税务总局关于车辆购置税有关问题的通知》(国税发[2002]118号)。

第九条　车辆购置税的免税、减税,按照下列规定执行:

(一)外国驻华使馆、领事馆和国际组织驻华机构及其外交人员自用的车辆,免税;

(二)中国人民解放军和中国人民武装警察部队列入军队武器装备订货计划的车辆,免税;

(三)设有固定装置的非运输车辆,免税;

(四)有国务院规定予以免税或者减税的其他情形的,按照规定免税或者减税。

【注释】　相关规定包括:《财政部国家税务总局关于防汛专用等车辆免征车辆购置税的通知》(财税

[2001]39 号)、《国家税务总局关于车辆购置税有关问题的通知》(国税发[2002]118 号)、《国家税务总局国家税务总局关于军队移交的保障性企业免征车辆购置税的通知》(国税函[2002]963 号)、《财政部　国家税务总局关于农用三轮车免征车辆购置税的通知》(财税[2004]66 号)、《国家税务总局外交部关于驻外使领馆工作人员离任回国进境自用车辆缴纳车辆购置税有关问题的通知》(国税发[2005]180 号)。

第十条　纳税人以外汇结算应税车辆价款的，按照申报纳税之日中国人民银行公布的人民币基准汇价，折合成人民币计算应纳税额。

第十一条　车辆购置税由国家税务局征收。

第十二条　纳税人购置应税车辆，应当向车辆登记注册地的主管税务机关申报纳税；购置不需要办理车辆登记注册手续的应税车辆，应当向纳税人所在地的主管税务机关申报纳税。

第十三条　纳税人购买自用应税车辆的，应当自购买之日起 60 日内申报纳税；进口自用应税车辆的，应当自进口之日起 60 日内申报纳税；自产、受赠、获奖或者以其他方式取得并自用应税车辆的，应当自取得之日起 60 日内申报纳税。

车辆购置税税款应当一次缴清。

第十四条　纳税人应当在向公安机关车辆管理机构办理车辆登记注册前，缴纳车辆购置税。

纳税人应当持主管税务机关出具的完税证明或者免税证明，向公安机关车辆管理机构办理车辆登记注册手续；没有完税证明或者免税证明的，公安机关车辆管理机构不得办理车辆登记注册手续。

税务机关应当及时向公安机关车辆管理机构通报纳税人缴纳车辆购置税的情况。公安机关车辆管理机构应当定期向税务机关通报车辆登记注册的情况。

税务机关发现纳税人未按照规定缴纳车辆购置税的，有权责令其补缴；纳税人拒绝缴纳的，税务机关可以通知公安机关车辆管理机构暂扣纳税人的车辆牌照。

第十五条　免税、减税车辆因转让、改变用途等原因不再属于免税、减税范围的，应当在办理车辆过户手续前或者办理变更车辆登记注册手续前缴纳车辆购置税。

第十六条　车辆购置税的征收管理，依照《中华人民共和国税收征收管理法》及本条例的有关规定执行。

【注释】　相关规定包括：《国家税务总局关于发放车辆购置税完税证明的紧急通知》(国税函[2000]757 号)、《财政部　国计委 交通部 国家税务总局关于开征车辆购置税取代车辆购置附加费等有关问题的通知》(财综[2000]10 号)、《国家税务总局交通部关于做好代征车辆购置税工作有关问题的通知》(国税发[2000]211 号)、《国家税务总局关于车辆购置税违法案件的管辖及举报奖金支付问题的批复》(国税函[2003]103 号)、《国家税务总局关于车辆购置税税收政策及征收管理有关问题的通知》(国税发[2004]160 号)、《国家税务总局关于车辆购置税税收政策及征收管理有关问题的补充通知》(国税发[2005]47 号)、《国家税务总局关于完税证明遗失刊登遗失声明有关问题的补充通知》(国税函[2005]429 号)、《国家税务总局关于加强机动车辆税收管理有关问题的补充通知》(国税函[2005]731 号)、《国家税务总局关于车辆购置税〈设有固定装置免税车辆图册〉有关问题的通知》(国税函[2005]1019 号)、《国家税务总局车辆购置税征收管理办法》(国家税务总局令[2005]15 号)。

第十七条　本条例自 2001 年 1 月 1 日起施行。

国家税务总局关于发放车辆购置税完税证明的紧急通知

国税函[2000]757 号

为了确保车辆购置税如期开征，车辆购置税完税证明(以下简称“车购税证明”)由国家税务总局统一制发。现就发放和领用的有关问题通知如下：

一、车购税证明是依法缴纳车辆购置税的车辆，凭完税证或缴款书开具的具有公示力的法定凭证，每车一证，随车携带，以备检查。

二、车购税证明共分汽车、摩托车、挂车、农用车、电车和免税车六种，分别适用于购置不同车种的单位和个人。

三、车购税证明由国家税务总局确定的防伪印制单位通过专车发运或机要运输方式，直接发往各省、自治区、直辖市和计划单列市国家税务局，因时间紧迫又逢国庆假日，各单位务必指定专人值班，负责验收、分类登记数量以及起止号码，并出具收据。发现车购税证明有任何质量问题，均应及时上报。

四、各单位验收合格的车购税证明立即存入票证仓库，专箱存放，标签注明车购税证明种类和存量，并确保安全。

五、车购税证明由各省、自治区、直辖市和计划单列市国家税务局逐级下发至市、县国家税务局，车辆购置税各征收单位所需车购税证明直接向市、县国家税务局领取。

六、车购税证明的具体领用、开具、保管、销毁以及收发交接、账簿设置、报表编制、使用检查等，暂由省、自治区、直辖市和计划单列市国家税务局参照《税收票证管理办法》的有关规定执行。

【注释】 对《车辆购置税暂行条例》第16条进行了解释。

财政部　国计委　交通部　国家税务总局关于开征车辆购置税取代车辆购置附加费等有关问题的通知

财综[2000]10号

各省、自治区、直辖市及计划单列市财政厅(局)、物价局(计委)、交通厅(局)、国家税务局、新疆生产建设兵团，国务院各部委、各直属机构：

根据《国务院批转财政部、国家计委等部门〈交通和车辆税费改革实施方案〉的通知》(国发[2000]34号)和《中华人民共和国车辆购置税暂行条例》(国务院令第294号)的规定，从2001年1月1日起开征车辆购置税取代车辆购置附加费。现就有关事项通知如下：

一、自开征车辆购置税之日起，车辆购置附加费同时停止征收，除国家税务总局、交通部另有规定外，过去有关车辆购置附加费的文件规定同时废止。

二、开征车辆购置税后，有关部门、单位或个人欠缴、漏缴的车辆购置附加费，由车辆购置税征收机构继续做好清缴工作，清缴收入按规定上缴中央国库。

三、为确保交通和车辆税费改革的顺利进行，切实减轻车主负担，促进汽车工业发展，自开征车辆购置税之日起，各地区、各部门不得在购车环节对机动车辆征收任何费用。一些地方或部门目前已在购车环节对机动车辆征收的各种费用，包括车辆增容费、新增车辆附加费等，一律要在2001年1月1日前公布取消或停止执行，并将公布取消或停止执行有关收费的情况于2001年1月31日前报财政部、国家计委、交通部、国家税务总局。

对不按本通知规定执行，继续乱收费的，一经查实，即予公开曝光，并按照《违反行政事业性收费和罚没收入收支两条线管理规定行政处分暂行规定》(国务院令第281号)的规定，追究有关负责人和直接责任人的责任。同时，将其非法所得没收上缴中央国库。公民、法人和其他社会组织有权拒交在购车环节对机动车辆征收的各种费用，有权举报乱收费行为，有权要求对乱收费造成的损失获得赔偿。

【注释】 对《车辆购置税暂行条例》第16条进行了解释。

国家税务总局　交通部关于做好代征车辆购置税工作有关问题的通知

国税发[2000]211号

各省、自治区、直辖市和计划单列市国家税务局，交通厅(局、委)，天津、上海市市政工程局：

根据《国务院批转财政部、国家计委等部门〈交通和车辆税费改革实施方案〉的通知》(国发[2000]34号)和《中华人民共和国车辆购置税暂行条例》(国务院令第294号)的规定，从2001年1月1日起开征车辆购置税(简称车购税)。为有利于车辆购置附加费(以下简称车购费)改车购税工作的平稳过渡，国家税务总局和交通部商定，在车购费稽征机构未移交前，车购税暂由各省、自治区、直辖市、计划单列市交通部门(含天津、上海市市政工程局)所属车购费稽征机构负责代征。为此，各级税务部门和交通部门要密切配合，采取切实有效的措施，保证车购费改税工作的顺利实施。现将有关事项通知如下：

一、征收依据

《中华人民共和国车辆购置税暂行条例》(以下简称《条例》)是代征机构征收车购税的政策依据。鉴于目前机构的移交工作尚未完成，车购税具体征收管理程序和对代征机构的管理暂比照车购费的有关规定执行。

二、征收软件

各级车购税代征机构，必须按国家税务总局、交通部审定下发的《车辆购置税征收管理软件》执行，不得使用其他征收软件。

三、票据使用

代征机构向纳税人开具的票据使用由交通部统一印制的代征车辆购置税缴税收据、代征车辆购置税退税凭据和代征车辆购置税一般收据。

四、完税证明及印章

纳税人申报缴纳车购税或办理免征车购税手续后，由代征机构向纳税人核发国家税务总局统一印制的《车辆购置税完税证明》(见附件1)，并加盖代征机构“代征车辆购置税征税专用章”或“代征车辆购置税免税专用章”。

车购税的减税、免税，由省级车购费稽征机构统一办理并核发减税、免税车辆的完税证明。

代征机构“代征车辆购置税征税专用章”或“代征车辆购置税免税专用章”由省级交通部门负责统一刻制(格式见附件2)。

其他需使用的印章，暂使用代征机构原有印章。

《车辆购置税完税证明》由省级(含哈尔滨、沈阳、南京、武汉、广州、西安市)车购费稽征机构向省级国家税务局领取，逐级发放给所辖车购费稽征机构。省级国家税务局和各级车购费稽征机构均要建立健全《车辆购置税完税证明》的保管、领用、缴销等方面的管理办法，明确责任，严禁《车辆购置税完税证明》的非法使用。

五、最低计税价格

车购税最低计税价格，由国家税务总局核定发布。对于未核定最低计税价格的车辆，代征机构可比照已核定最低计税价格的同类型车辆先行征税，并按规定逐级上报交通部车辆购置附加费征收管理办公室(以下简称交通部车购办)。由交通部车购办提出核价意见，国家税务总局审定发布。

六、收入的入库、核算和对账

代征机构应在开立车购费收入专户的银行开立代征车购税收入专用账户，所征税款暂按车购费上缴渠道解缴，核算和对账暂按车购费的有关规定执行。

七、会计、统计报表的编报

车辆购置税的会计、统计报表，由代征机构按车购费报表编报程序逐级上报交通部车购办，期末由交通部车购办向国家税务总局提供有关报表。

八、档案管理

车辆购置税档案，由代征机构负责建立、单独保管，待机构移交时一并移交。

九、机构管理

代征期间有关机构、人员的管理工作仍由交通部门负责。

车购税实施过程中出现的税收政策业务问题，由国家税务局负责。

十、征管经费

代征期间，代征机构征管经费，由财政部按照核定的预算向交通部拨付，并通过交通部逐级下拨。

各级代征机构应另行开立征管经费专用账户，单独核算。

十一、其他

2001年1月1日以前，各有关部门、单位和个人应缴未缴的车购费，在代征期间，由车购税代征机构负责追缴；代征期满，则由车购税征收机构负责追缴。办理车购费改税以前车辆相关凭证的丢补、过户、变更、转籍等手续，以车购费档案为依据。

交通和车辆税费改革，是国家税费改革的突破口，而车辆购置税的出台，又是交通和车辆税费改革的突破口，国务院要求初战必胜。因此，车购费改税工作开局是否顺利，对国家税费改革有重大影响。各级税务部门、交通部门必须高度重视，密切合作，采取切实有效的措施，将各项工作做实、做细，保证车辆购置税的顺利实施。同时，对于代征期间出现的新情况、新问题，要及时报告。

【注释】 对《车辆购置税暂行条例》第7、16条进行了解释。

财政部　国家税务总局关于防汛专用等车辆免征车辆购置税的通知

财税[2001]39 号

各省、自治区、直辖市、计划单列市财政厅(局),国家税务局,交通厅(局、委),天津、上海市市政管理局:

经国务院批准,对下列车辆免征车辆购置税:

一、防汛部门和森林消防部门用于指挥、检查、调度、报汛(警)、联络的由指定厂家生产的设有固定装置的指定型号的车辆(以下简称防汛专用车和森林消防专用车);

二、回国服务的在外留学人员用现汇购买 1 辆个人自用国产小汽车;

三、长期来华定居专家进口 1 辆自用小汽车。

防汛专用车和森林消防专用车的型号和配置数量、流向,每年由财政部和国家税务总局共同下达。车辆注册登记地车辆购置税征收部门据此办理免征车辆购置税手续。

本通知自发文之日起执行。

【注释】 对《车辆购置税暂行条例》第 9 条进行了解释。

国家税务总局关于车辆购置税有关问题的通知

国税发[2002]118 号

各省、自治区、直辖市和计划单列市国家税务局,交通厅(局、委),天津、上海市市政工程局:

根据《中华人民共和国车辆购置税暂行条例》(以下简称条例)的规定,现将车辆购置税(以下简称车购税)实施中出现的一些问题明确如下:

一、已经缴纳车购税的车辆,因质量问题需将该车辆退回车辆生产厂家的,可凭生产厂家的退车证明办理退税;退税时必须交回该车车购税原始完税凭证;不能交回该车原始完税凭证的,不予退税。

二、已经缴纳车购税的车辆,因质量问题需由车辆生产厂家为车主更换车辆的,可凭生产厂家的换车证明及所更换的新车发票办理车购税变更手续,并交回原车车购税原始完税凭证,不能交回原始完税凭证的,不予办理车购税变更手续。

更换新车后,当新车辆的计税价格等于原车辆的计税价格的,则只需办理车购税变更手续;当新车辆的计税价格高于或者低于原车辆计税价格的,则按差额补税或者退税后办理变更手续。

三、已经缴纳车购税的车辆因被盗抢或者其他原因,车辆的发动机号、底盘号或车辆识别号被涂改、破坏的,凭该车车购税原始完税凭证、公安机关车辆管理机构的相关证明,办理车购税变更手续。

四、非贸易渠道进口的旧车,车购税计税价格按下列公式确定:

计税价格＝关税完税价格＋关税＋消费税

关税完税价格、关税和消费税的相关资料,可以凭海关相关的完税证明取得。

五、对于动力装置和拖斗连接成整体、且以该整体进行车辆登记注册的各种变形拖拉机等农用车辆,按照“农用运输车”征收车购税;动力装置和拖斗不是连接成整体、且动力装置和拖斗是分别进行车辆登记注册的,只对拖斗部分按“挂车”征收车购税,动力部分不征税。

六、回国留学生购买国产小汽车,凭下列证明文件办理免征车购税手续:

(一) 中华人民共和国驻留学生学习所在国的大使馆、领事馆出具的留学证明;

(二) 国内用人单位的聘用证明;

(三) 国内公安部门出具的境内居住证明、有效的入境申报单证;

(四) 主管征收机关需要提供的其他证明。

七、国家税务总局、交通部《关于车辆购置税若干政策及管理问题的通知》(国税发[2001]27 号),第一条第三项因文字校对有误,导致基层理解出现歧义,现更正为:“对已经缴纳车辆购置税并办理了登记注册手续的车辆,其发动机和底盘发生更换的,其最低计税价格按同类型新车最低计税价格的 70% 计算。”

【注释】 对《车辆购置税暂行条例》第 8、9 条进行了解释。

国家税务总局关于车辆购置税违法案件的管辖及举报奖金支付问题的批复

国税函[2003]103号

辽宁省国家税务局：

你局《关于对车辆购置税违法案件的管辖及举报奖金支付问题的请示》(辽国税发[2002]137号)收悉。经研究，现批复如下：

由于车辆购置税的征收及检查均由交通部门负责，车辆购置税的相关经费(如人头经费、征收稽查经费等)也均由交通部门掌握使用，因此，在人员、经费划转到税务部门之前，总局同意你局意见，举报奖金应由负责查处的交通部门支付。

【注释】 对《车辆购置税暂行条例》第16条进行了解释。

财政部　国家税务总局关于农用三轮车免征车辆购置税的通知

财税[2004]66号

各省、自治区、直辖市、计划单列市财政厅(局)、国家税务局、交通厅(局、委)，新疆生产建设兵团财务局，上海、天津市市政管理局：

为促进农业生产发展，切实减轻农民负担，经国务院批准，自2004年10月1日起对农用三轮车免征车辆购置税。农用三轮车是指：柴油发动机，功率不大于7.4kw，载重量不大于500kg，最高车速不大于40km/h的三个车轮的机动车。

【注释】 对《车辆购置税暂行条例》第9条进行了解释。

国家税务总局关于车辆购置税税收政策及征收管理有关问题的通知

国税发[2004]160号

各省、自治区、直辖市、计划单列市国家税务局，扬州税务进修学院，局内各单位：

根据国家税务总局 交通部 人事部 财政部 中编办《关于做好车辆购置税费改革人员财产业务划转移交工作的通知》(国税发[2004]144号)规定，自2005年1月1日起，车辆购置税由国家税务局负责征收。为了保证车辆购置税征收管理工作的平稳过渡，总局决定，将2005年1月1日起至新的征收管理机构设置到位前定为过渡期。现将过渡期车辆购置税税收政策及征收管理的有关问题通知如下：

一、关于办税地点

纳税人应到各省、自治区、直辖市和计划单列市国家税务局对外公告的办税地点(车辆购置税征收管理办公室，以下简称车购办)办理车辆购置税纳税申报。

二、关于纳税申报

车辆购置税实行一车一申报制度。

(一) 征税车辆纳税申报。

纳税人办理纳税申报时应如实填写《车辆购置税纳税申报表》(见附件1，以下简称纳税申报表)，同时提供以下资料的原件和复印件，原件经车购办审核后退还纳税人，复印件和《机动车销售统一发票》的报税联由车购办留存。

1. 车主身份证明。

(1) 内地居民，提供内地《居民身份证》(含居住、暂住证明)或《居民户口簿》或军人(含武警)身份证明。

(2) 香港、澳门特别行政区居民、台湾地区居民及外国人，提供其入境的身份证明和居留证明。

(3) 组织机构，提供《组织机构代码证书》。

2. 车辆价格证明。

(1) 境内购置车辆，提供《机动车销售统一发票》(发票联和报税联)或有效凭证。

(2) 进口自用车辆，提供《海关关税专用缴款书》、《海关代征消费税专用缴款书》或海关《征免税证明》。

3. 车辆合格证明。

(1) 国产车辆,提供整车出厂合格证明。

(2) 进口车辆,提供《中华人民共和国出入境检验检疫进口机动车辆随车检验单》。

4. 税务机关要求提供的其他资料。

(二) 免(减)税车辆纳税申报:

1. 免(减)税政策。

(1) 外国驻华使馆、领事馆和国际组织驻华机构及其外交人员自用的车辆,免税。

(2) 中国人民解放军和中国人民武装警察部队列入军队武器装备订货计划的车辆,免税。

(3) 设有固定装置的非运输车辆,免税。设有固定装置的非运输车辆是指,挖掘机、平地机、叉车、装载车(铲车)、起重机(吊车)、推土机等工程机械。

(4) 防汛部门和森林消防等部门购置的由指定厂家生产的指定型号的用于指挥、检查、调度、防汛(警)、联络的专用车辆(以下简称防汛专用车和森林消防专用车),免税。

(5) 回国服务的在外留学人员(以下简称留学人员)购买的1辆国产小汽车,免税。

(6) 长期来华定居专家(以下简称来华专家)进口1辆自用小汽车,免税。

(7) 有国务院规定予以免税或者减税的其他情形的,按照规定免税、减税。

2. 免(减)税申报。

购置以上免税或减税车辆的纳税人也应办理车辆购置税纳税申报。纳税人在办理纳税申报时应如实填写纳税申报表,同时提供以下资料的原件和复印件,原件经车购办审核后退还纳税人,复印件和《机动车销售统一发票》的报税联由车购办留存。

(1) 车主身份证明和免税证明。

① 外国驻华使馆、领事馆和国际组织驻华机构,提供机构证明。

② 外交人员,提供外交部门出具的身份证明。

③ 设有固定装置的非运输车辆,内地居民,提供内地《居民身份证》(含居住、暂住证明)或《居民户口簿》或军人(含武警)身份证明;香港、澳门特别行政区居民、台湾地区居民及外国人,提供其入境的身份证明和居留证明;组织机构,提供《组织机构代码证书》。

④ 来华专家提供国家外国专家局或其授权单位核发的专家证和公安部门出具的境内居住证明。

⑤ 留学人员提供中华人民共和国驻留学生学习所在国的大使馆或领事馆出具的留学证明和公安部门出具的境内居住证明、个人护照。

⑥ 列入中国人民解放军和中国人民武装警察部队军队武器装备订货计划的,提供订货计划的证明。

⑦ 其他车辆,提供国务院或国家税务总局的批准文件。

(2) 车辆价格证明。

① 境内购置的车辆,提供《机动车销售统一发票》(发票联和报税联)或有效凭证。

② 进口自用的车辆,提供《海关关税专用缴款书》、《海关代征消费税专用缴款书》或海关《征免税证明》。

(3) 车辆合格证明。

① 国产车辆,提供整车出厂合格证明。

② 进口车辆,提供《中华人民共和国出入境检验检疫进口机动车辆随车检验单》。

③ 设有固定装置的非运输车辆提供车辆内、外观彩色5寸照片2套。

(三) 其他。

已经办理纳税申报的车辆发生下列情形之一的,纳税人应重新办理纳税申报。

1. 底盘(车架)发生更换。

2. 免税条件消失。

三、关于计税依据

(一) 按应税车辆全部价款确定的计税依据:

1. 购买自用车辆为纳税人支付给销售者的全部价款和价外费用,不包括增值税税款。价外费用是指,销售方价外向购买方收取的基金、集资费、返还利润、补贴、违约金(延期付款利息)和手续费、包装费、储存费、优质费、运输装卸费、保管费、代收款项、代垫款项以及其他各种性质的价外收费。

2. 进口自用车辆为应税车辆的计税价格。

计税价格＝关税完税价格＋关税＋消费税

(二) 按核定计税价格确定的计税依据：

1. 自产、受赠、获奖或者以其他方式取得并自用车辆，计税依据由车购办参照国家税务总局核定的应税车辆最低计税价格核定。

2. 购买自用或者进口自用车辆，纳税人申报的计税价格低于同类型应税车辆的最低计税价格，又无正当理由的，计税依据为最低计税价格。

最低计税价格是指国家税务总局依据车辆生产企业提供的车辆价格信息并参照市场平均交易价格核定的车辆购置税计税价格。

申报的计税价格低于同类型应税车辆的最低计税价格，又无正当理由的，是指纳税人申报的车辆计税价格低于出厂价格或进口自用车辆的计税价格。

(三) 按特殊规定确定的计税依据：

1. 底盘(车架)发生更换的车辆，计税依据为最新核发的同类型车辆最低计税价格的70%。

2. 免税条件消失的车辆，自初次办理纳税申报之日起，使用年限未满10年的，计税依据为最新核发的同类型车辆最低计税价格按每满1年扣减10%；超过10年的，计税依据为零。

3. 对于国家税务总局未核定最低计税价格的车辆，计税依据为已核定的同类型车辆最低计税价格。同类型车辆是指：同国别、同排量、同车长、同吨位、配置近似等。

4. 进口旧车、因不可抗力因素导致受损的车辆、库存超过三年的车辆、行驶8万公里以上的试验车辆、国家税务总局规定的其他车辆，计税依据为纳税人提供的《机动车销售统一发票》或有效凭证注明的计税价格和有效证明。

四、关于税款征收

车购办应对纳税申报资料进行审核，确定计税依据，征收税款，核发《车辆购置税完税证明》(以下简称完税证明)。

征税车辆在完税证明征税栏加盖车购税征税专用章，免税车辆在完税证明免税栏加盖车购税征税专用章。

五、关于免税车辆补办纳税申报

纳税人2001年1月1日以后购置的符合《中华人民共和国车辆购置税暂行条例》免税条件的车辆，凡2005年1月1日前未办理过纳税申报的，应到车购办补办纳税申报手续，确定初次申报日期。初次申报日期为车辆行驶证或行车执照标注的登记日期。

六、关于退税

(一) 已经办理纳税申报的车辆，发生下列情形之一的，纳税人应到车购办申请退税：

1. 因质量原因，车辆被退回生产企业或者经销商的。

2. 公安机关车辆管理机构不予办理车辆登记注册手续的。

(二) 纳税人在车购办申请办理退税手续时，应如实填写《车辆购置税退税申请表》(见附件4，以下简称退税申请表)，同时提供以下资料：

1. 生产企业或经销商开具的退车证明和退车的发票。

2. 完税证明。

(三) 退税款的计算：

1. 因质量原因，车辆被退回生产企业或者经销商的，自纳税人办理纳税申报之日起，按已缴税款每满1年扣减10%计算退税额。

2. 对公安机关车辆管理机构不予办理车辆登记注册手续的车辆，退还全部已缴税款。

(四) 车购办按照规定的程序办理退税。

七、关于免(减)税申请

(一) 未列入《设有固定装置免税车辆图册》(以下简称免税车辆图册)的设有固定装置的非运输车辆、留学人员购买的国产车辆、来华专家进口的自用车辆，在办理纳税申报前生产企业或纳税人应先到车购办办理免(减)税申请。

1. 国产的设有固定装置的非运输车辆,生产企业或纳税人应直接向车购办提出免税申请,填写《车辆购置税免税申请审批表》(见附件 2,以下简称免税申请审批表),提供车辆内、外观彩色五寸照片 2 套。

2. 进口的设有固定装置的非运输车辆、留学人员购买的国产车辆、来华专家进口的自用车辆,纳税人应直接向车购办提出免税申请,填写免税申请审批表。进口的设有固定装置的非运输车辆提供车辆内、外观彩色五寸照片 2 套。留学人员提供中华人民共和国驻留学生学习所在国的大使馆或领事馆出具的留学证明(原件,审核后退还申请人)和公安部门出具的境内居住证明、个人护照(原件,审核后退还申请人)。来华专家提供国家外国专家局或其授权单位核发的专家证(原件,审核后退还申请人)和公安部门出具的境内居住证明(原件,审核后退还申请人)。

(二) 防汛专用车和森林消防专用车、国务院批准免税的其他车辆,在办理纳税申报前,申请免税部门应向国家税务总局提出免税申请。

八、关于免(减)税依据及免(减)税审核批准程序

车购办应分别不同情况依据国家税务总局的免税批准文件、国家税务总局或省、自治区、直辖市、计划单列市国家税务局审核批准的免税申请审批表、免税车辆图册,办理免税事宜。

(一) 未列入免税车辆图册的设有固定装置的非运输车辆:

1. 车购办应在生产企业或纳税人填写的免税申请审批表签署意见。各级流转税管理部门将免税申请审批表连同所附照片(1 套)逐级上报至国家税务总局。

2. 国家税务总局在免税申请审批表签署意见后,将免税申请审批表逐级下发至车购办。同时国家税务总局将符合免税条件的车辆列入免税车辆图册。

3. 车购办依据免税申请审批表在纳税人办理纳税申报时直接办理免税事宜。

(二) 已列入免税车辆图册的设有固定装置的非运输车辆:

车购办依据免税车辆图册在纳税人办理纳税申报时直接办理免税事宜。设有固定装置的非运输车辆的具体免税范围,按免税车辆图册的范围执行。

(三) 留学人员购买的国产车辆、来华专家进口的自用车辆:

1. 车购办应在生产企业或纳税人填写的免税申请审批表签署意见。各级流转税管理部门将免税申请审批表逐级上报至省、自治区、直辖市、计划单列市国家税务局流转税管理部门。

2. 省、自治区、直辖市、计划单列市国家税务局在免税申请审批表签署意见后,将免税申请审批表逐级下发至车购办。

3. 车购办依据免税申请审批表在纳税人办理纳税申报时直接办理免税事宜。

(四) 防汛专用车和森林消防专用车、国务院批准免税的其他车辆:

1. 申请免税部门应向国家税务总局提出免税申请,同时提供车辆内、外观彩色五寸照片。

2. 国家税务总局将审核后同意免税的批准文件下发至纳税人所在地省、自治区、直辖市、计划单列市国家税务局流转税管理部门。

3. 省、自治区、直辖市、计划单列市国家税务局逐级将免税车辆范围通知车购办。

4. 车购办依据通知为纳税人办理免税手续。

(五) 外国驻华使馆、领事馆和国际组织驻华机构及其外交人员自用的车辆、中国人民解放军和中国人民武装警察部队列入军队武器装备订货计划的车辆,车购办依据纳税人提供的资料直接办理免税手续。

九、关于完税证明

省、自治区、直辖市、计划单列市国家税务局负责完税证明的管理。

完税证明分正本和副本,按车核发、每车一证。正本由纳税人保管以备查验,副本用于办理车辆注册登记。完税证明不得转借、涂改、买卖或者伪造。完税证明发生损毁、丢失的,纳税人须持《机动车行驶证》向原发证税务机关申请换、补,并填写《换(补)车辆购置税完税证明申请表》(见附件 3,以下简称补证申请表)。

十、关于征收管理档案

(一) 车购办应对已办理纳税申报的车辆建立车辆购置税征收管理档案(以下简称档案)。档案内容包括:

1. 纳税申报表及附报资料。

2. 退税申请表及附报资料。

3.《车辆变动情况登记表》(见附件5,以下简称变动登记表)及附报资料。

4. 补证申请表及补发完税证明的有关资料。

5、其他资料。

(二) 车购办要妥善保管、使用从交通部门移交过来的所有档案。

(三) 车购办依据档案办理车辆的过户、转籍、变更手续。

十一、关于车辆的过户、转籍、变更

(一) 车辆发生过户、转籍、变更等情况时,车主应在向公安机关车辆管理机构办理车辆变动手续之日起30日内,到车购办办理档案变动手续。

过户,是指车辆登记注册地未变而车主发生变动的情形。转籍,是指同一车辆的登记注册地发生变动的情形。车辆转籍分转出和转入。变更,是指已经办理纳税申报的车辆,经公安机关车辆管理机构批准,车辆发动机、发动机号码、车架(底盘)、车辆识别号(车架号码)、车辆所有者名称、车型、用途等发生了变更。

(二)车主办理过户手续时,应如实填写变动登记表,并提供完税证明(正本)和《机动车行驶证》原件及复印件。原件经车购办审核后退还车主,复印件由车购办留存。车购办审核后,对过户车辆核发新的完税证明,收回过户前车购办核发的完税证明(正本)。

(三) 车主办理转出手续时,应如实填写变动登记表,提供公安机关车辆管理机构出具的车辆转出证明材料。转出地车购办审核后,据此办理档案转出手续,并向转入地车购办开具《车辆购置税档案转移通知书》(见附件6,以下简称档案转移通知书)。

(四) 车主办理转入手续时,应如实填写变动登记表,提供完税证明(正本)、档案转移通知书和档案。转入地车购办审核后,对转籍车辆核发完税证明,收回转出地车购办核发的完税证明(正本)。

(五) 既过户又转籍的车辆,车购办按转籍办理档案变动手续。

(六) 转籍车辆档案资料交接程序如下:

1. 转出地车购办将档案资料连同档案转移通知书,交由车主自带转籍。转出地车购办复印留存转出的全部档案资料并保存60天。

2. 转入地车购办按本通知第十条第(一)款规定建立档案。

3. 转籍过程中发生档案丢失、损毁的,转出地车购办在档案留存期限内,可向车主提供留存档案,并每页加盖转出地车购办印章。

(七) 办理车辆变更手续时,纳税人应填写变动登记表,提供完税证明(正本)和《机动车行驶证》。车购办对变更车辆核发新的完税证明,收回变更前车购办核发的完税证明(正本)。

十二、关于车辆价格信息采集

(一) 国家税务总局定期下发采集车辆价格信息通知。各省、自治区、直辖市、计划单列市国家税务局流转税管理部门依据国家税务总局通知要求,组织车辆价格信息的采集。

(二) 车辆价格信息采集的范围:

1. 国家税务总局未核定最低计税价格的应税车辆。

2. 已经国家税务总局核定了最低计税价格,但生产企业(含组装企业,下同)名称、商标名称、产品型号、基本配置、市场平均交易价格任何一项发生变更的车辆。

3. 国家税务总局要求采集的其他车辆。

(三) 车辆价格信息采集内容:

1. 国产车辆价格信息采集内容包括:生产企业名称、车辆类别、商标名称、产品型号、基本配置、吨位、座位、排气量、出厂价格、市场平均交易价格等(见附件7,车辆购置税应税车辆(国产)价格信息采集表)。

2. 进口车辆价格信息采集内容包括:国别、生产企业名称、车辆类别、车辆名称、产品型号、基本配置、吨位、座位、排气量、计税价格、市场平均交易价格等(见附件8,车辆购置税应税车辆(进口)价格信息采集表)

(四) 国产车辆价格信息由车购办到车辆生产企业所在地和省、自治区、直辖市、计划单列市国家税务局流转税管理部门指定的车辆交易市场采集。进口车辆价格信息由广东省国家税务局流转税管理部门到国外车辆生产制造企业驻中国代表处、进口汽车品牌中国地区代理商及掌握进口车辆价格信息的有关单位或汽车交易市场采集。

(五) 省、自治区、直辖市、计划单列市国家税务局流转税管理部门将车辆价格信息依据国家税务总局通知要求汇总,在规定的时间内上报至国家税务总局。

(六) 对国家税务总局尚未核定最低计税价格的车辆,车购办应依照已核定的同类型车辆最低计税价格征税。同类型车辆由车购办负责人确定,并报上级税务机关流转税管理部门备案。

十三、关于政策执行及管理职能

(一) 交通部财务会计司、交通部车辆购置附加费征收管理办公室印发的《免征车辆购置附加费车辆图册》(以下简称免征图册)继续执行,作为设有固定装置车辆免征车辆购置税的依据。

(二) 代征期间车购办使用的车辆购置税征收管理软件继续使用。

(三) 国家税务总局《关于车辆购置税若干政策及管理问题的通知》(国税发[2001]27 号)附件"可继续执行的车购费文件"停止执行。

(四) 各级流转税管理部门负责过渡期车辆购置税政策的贯彻执行和征收管理。

(五)车购办不再向纳税人收取《完税证明》工本费。

十四、关于完税证明、表证单书的印制

(一) 完税证明由国家税务总局规定统一样式、规格、统一编号并印制。

(二) 纳税申报表、免税申请审批表、补证申请表、退税申请表、变动登记表、档案转移通知书由国家税务总局规定统一样式、规格,由各省、自治区、直辖市、计划单列市国家税务局自行印制使用。

十五、本通知自 2005 年 1 月 1 日起执行。以前年度征税规定与本通知有抵触的依本通知规定执行。

【注释】 对《车辆购置税暂行条例》第 16 条进行了解释。

国家税务总局关于车辆购置税税收政策及征收管理有关问题的补充通知

国税发[2005]47 号

各省 、自治区、直辖市、计划单列市国家税务局:

据一些地区反映,《国家税务总局关于车辆购置税税收政策及征收管理有关问题的通知》(国税发[2004]160 号,以下简称 160 号通知)中存在一些政策界限不够清晰、管理方式难以确定问题,要求总局及时明确。现补充通知如下:

一、关于纳税申报问题

(一)《车辆购置税纳税申报表》金额单位可暂取整数,保留到元。

(二) 回国服务的在外留学人员(以下简称留学人员)在办理免税申报时,除了按照 160 号通知规定提供相应资料外,还应提供所在地海关核发的《回国人员购买国产汽车准购单》(以下简称准购单)。凡是不能提供准购单的留学人员,车购办不予办理免税手续。

(三) 已使用未完税车辆,如果纳税人主动申请补税,但缺少《机动车销售统一发票》或有效凭证的车购办应受理纳税申报 .

二、关于计税依据问题

(一) 免税条件消失的车辆,自初次办理纳税申报之日起,使用年限未满 10 年的,计税依据为最新核发的同类型车辆最低计税价格按每满 1 年扣减 10%,未满 1 年的计税依据为最新核发的同类型车辆最低计税价格。

(二) 已使用未完税车辆发生转让、补税行为的,计税依据按《中华人民共和国车辆购置税暂行条例》第六条核定。

三、关于税款征收问题

(一) 车购办在为纳税人办理纳税申报手续时,应实地验车。

(二) 车购办对已使用未完税车辆除按照同类型车辆最低计税价格补征税款外,还应按《中华人民共和国税收征收管理法》(以下简称征管法)规定加收滞纳金。

四、关于退税问题

(一) 对公安机关车辆管理机构不予办理车辆登记注册手续的已税车辆,纳税人可以到车购办办理退税手续。纳税人在办理退税手续时，应提供160号通知规定的所有资料，纳税人如果不能提供退车证明和退车的发票，车购办不能为其办理退税手续。

(二) 因质量原因，车辆被退回生产企业或经销商的，自纳税人办理纳税申报之日起，按已缴税款每满1年扣减10%计算退税额，未满1年的按已缴税款全额退税。

五、关于免(减)税申请问题

(一) 160号通知规定的挖掘机、平地机、叉车、装载车(铲车)、起重机(吊车)、推土机，车购办可依据已下发的《设有固定装置免税车辆图册》(以下简称免税图册)直接办理免税手续，不需再报总局审批。其他设有固定装置的非运输车辆，除总局已下发图片且说明图片视同免税图册的车辆不需再报总局审批外，其他车辆一律重新办理免税申请审批手续，并报总局审批。车购办未接到总局批准免税文件(免税审批表)前，为了不耽误纳税人上车牌时间，可以先征税后退税。

(二) 设有固定装置车辆的生产企业在向当地车购办提出免税申请时，需填写《车辆购置税免税申请审批表》(以下简称免税审批表)，但不用填写免税审批表中发动机号码、车架(底盘)号码、机动车销售发票(或有效凭证)号码和购置日期。此外，还需提供国家发展和改革委员会公告产品所在页码与技术参数页码，车辆内观、外观彩色5寸照片2套。

(三) 生产企业所在地的省、自治区、直辖市、计划单列市国家税务局流转税管理部门分别于每年的3月、6月、9月、12月向总局报送免税申请表。总局分别于4月、7月、10月及次年1月将免税车辆图片列入免税图册。

六、关于完税证明问题

车购办在核发完税证明正本前，需将纳税人的车牌号码打印或填写在完税证明正本上。完税证明遗失的，纳税人在申请补办完税证明前需在中国税务报上刊登遗失声明。车购办依据遗失声明为纳税人补办完税证明。

七、关于政策规定

(一) 港、澳留学人员可比照留学人员享受税收优惠。

(二) 对国家税务总局尚未核定最低计税价格的车辆，车购办应依照已核定的同类型车辆最低计税价格征税。同类型车辆由车购办确定，并报上级税务机关流转税管理部门备案。各省、自治区、直辖市、计划单列市国家税务局流转税管理部门应自行制定办法在最短的时间内将备案的同类型车辆最低计税价格在本地区统一。并于每月月末将统一的价格信息上报总局。上报路径为总局FTP服务器"centre\流转税司\消费税处\车购税"。

(三) 按照《征管法》规定，对车辆购置税纳税人逾期申报应交纳的滞纳金从滞纳税款之日起，按日加收滞纳税款万分之五的滞纳金。

八、关于表证单书印制问题

(一) 由于免税审批表是车购办执行免税政策的依据，各地印制的免税审批表需严格按照160号通知规定的格式、尺寸、采用压感技术印制。

(二) 各省、自治区、直辖市、计划单列市国家税务局流转税管理部门应于每月7日前向国家税务总局报送上月车辆购置税收入统计月报表(式样见附表1)。上报路径同上。

九、本通知自2005年4月1日起执行。

【注释】 对《车辆购置税暂行条例》第16条进行了解释。

国家税务总局关于完税证明遗失刊登遗失声明有关问题的补充通知

国税函[2005]429号

各省、自治区、直辖市和计划单列市国家税务局：

关于车辆购置税完税证明(以下简称完税证明)遗失后，如何刊登遗失声明问题，《国家税务总局关于车辆购置税税收政策及征收管理有关问题的补充通知》(国税发[2005]47号)文件已作了规定，现根据各单位所反映的情况和要求，对有关问题补充通知如下：

一、完税证明遗失的，纳税人在申请补办完税证明前，可选择在中国税务报或由省、自治区、直辖市国家税务局指定的公开发行的报刊上刊登遗失声明。车辆购置税征收机关依据遗失声明为纳税人补办完税证明。

二、遗失声明的登报挂失手续由纳税人自行办理,各级税务机关不得代为办理。

【注释】 对《车辆购置税暂行条例》第16条进行了解释。

国家税务总局关于加强机动车辆税收管理有关问题的补充通知

国税函[2005]731号

各省、自治区、直辖市和计划单列市国家税务局:

《国家税务总局关于加强机动车车辆税收管理有关问题的通知》(国税发[2005]79号)下发后,一些地区提出,为便于基层税务机关操作,要求总局对主管税务机关代码戳记的样式、大小、加盖位置、执行时间等具体问题作出规定。现补充通知如下:

一、代码戳记内容及规格

(一)代码戳记内容为:CTAIS版本"金税三期"规定的9位代码;

(二)代码戳记规格为:长45mm,宽10mm条形印章。

二、代码戳记加盖位置

(一)对于使用非机打版统一发票的地区,主管税务机关应在销售《机动车销售统一发票》(以下简称统一发票)时,将代码戳记加盖在统一发票报税联(第五联)的"备注"栏内。

(二)对于使用机打版统一发票的地区,主管税务机关应提供设置打印代码的程序,由车辆经销商或直接销售车辆的机动车生产企业(以下简称开票企业)自行在统一发票"备注"栏打印代码戳记。

三、代码戳记加盖时间

2005年7月1日以后开票企业开具的统一发票,必须有主管税务机关代码戳记。主管税务机关已发售给开票企业的非机打版统一发票,但开票企业没有使用完的,主管税务机关应及时将未使用完的统一发票收回并加盖代码戳记后再交还给开票企业。对主管税务机关已发售给开票企业的机打版统一发票,但开票企业没有使用完的,主管税务机关应及时将代码戳记的打印程序提供给开票企业。

2005年7月1日起至7月31日止,车辆购置税征收单位在为纳税人办理车辆购置税纳税申报时,如发现纳税人持有的统一发票缺少代码戳记的,应在受理纳税申报后主动与销售统一发票的主管税务机关联系,由销售统一发票的主管税务机关补盖代码戳记。2005年8月1日后,车辆购置税征收单位如发现纳税人提供的统一发票仍缺少代码戳记的,可将具体情况直接上报至总局流转税管理司。

【注释】 对《车辆购置税暂行条例》第16条进行了解释。

车辆购置税征收管理办法

国家税务总局令[2005]15号

第一条 根据《中华人民共和国税收征收管理法》(以下简称征管法)、《中华人民共和国税收征收管理法实施细则》(以下简称征管法实施细则)和《中华人民共和国车辆购置税暂行条例》(以下简称车购税条例)制定本办法。

第二条 根据征管法实施细则第三十条、车购税条例第十二条的规定,纳税人应到下列地点办理车购税纳税申报。

(一)需要办理车辆登记注册手续的纳税人,向车辆登记注册地的主管税务机关办理纳税申报。

(二)不需要办理车辆登记注册手续的纳税人,向所在地征收车购税的主管税务机关办理纳税申报。

车购税实行一车一申报制度。

第三条 纳税人办理纳税申报时应如实填写《车辆购置税纳税申报表》(见附件1,以下简称纳税申报表),同时提供以下资料的原件和复印件。复印件和《机动车销售统一发票》(以下简称统一发票)报税联由主管税务机关留存,其他原件经主管税务机关审核后退还纳税人。

(一)车主身份证明:

1. 内地居民,提供内地《居民身份证》(含居住、暂住证明)或《居民户口簿》或军人(含武警)身份证明;

2. 香港、澳门特别行政区、台湾地区居民，提供入境的身份证明和居留证明；

3. 外国人，提供入境的身份证明和居留证明；

4. 组织机构，提供《组织机构代码证书》。

（二）车辆价格证明：

1. 境内购置车辆，提供统一发票（发票联和报税联）或有效凭证；

2. 进口自用车辆，提供《海关关税专用缴款书》、《海关代征消费税专用缴款书》或海关《征免税证明》。

（三）车辆合格证明：

1. 国产车辆，提供整车出厂合格证明（以下简称合格证）；

2. 进口车辆，提供《中华人民共和国海关货物进口证明书》或《中华人民共和国海关监管车辆进（出）境领（销）牌照通知书》或《没收走私汽车、摩托车证明书》。

（四）税务机关要求提供的其他资料。

第四条 符合车购税条例第九条免税、减税规定的车辆，纳税人在办理纳税申报时，除按本办法第三条规定提供资料外，还应根据不同情况，分别提供下列资料的原件、复印件及彩色照片。原件经主管税务机关审核后退还纳税人，复印件及彩色照片由主管税务机关留存。

（一）外国驻华使馆、领事馆和国际组织驻华机构的车辆，提供机构证明；

（二）外交人员自用车辆，提供外交部门出具的身份证明；

（三）中国人民解放军和中国人民武装警察部队列入军队武器装备订货计划的车辆，提供订货计划的证明；

（四）设有固定装置的非运输车辆，提供车辆内、外观彩色5寸照片；

（五）其他车辆，提供国务院或国务院税务主管部门的批准文件。

第五条 已经办理纳税申报的车辆发生下列情形之一的，纳税人应按本办法规定重新办理纳税申报：

（一）底盘发生更换的；

（二）免税条件消失的。

第六条 底盘发生更换的车辆，计税依据为最新核发的同类型车辆最低计税价格的70%。同类型车辆是指同国别、同排量、同车长、同吨位、配置近似等（下同）。

第七条 最低计税价格是指国家税务总局依据车辆生产企业提供的车辆价格信息，参照市场平均交易价格核定的车辆购置税计税价格。

第八条 免税条件消失的车辆，自初次办理纳税申报之日起，使用年限未满10年的，计税依据为最新核发的同类型车辆最低计税价格按每满1年扣减10%，未满1年的计税依据为最新核发的同类型车辆最低计税价格；使用年限10年（含）以上的，计税依据为0。

第九条 对国家税务总局未核定最低计税价格的车辆，纳税人申报的计税价格低于同类型应税车辆最低计税价格，又无正当理由的，主管税务机关可比照已核定的同类型车辆最低计税价格征税。同类型车辆由主管税务机关确定，并报上级税务机关备案。各省、自治区、直辖市和计划单列市国家税务局应制定具体办法及时将备案的价格在本地区统一。

第十条 车购税条例第六条“价外费用”是指销售方价外向购买方收取的基金、集资费、返还利润、补贴、违约金（延期付款利息）和手续费、包装费、储存费、优质费、运输装卸费、保管费、代收款项、代垫款项以及其他各种性质的价外收费。

第十一条 车购税条例第七条规定的“申报的计税价格低于同类型应税车辆的最低计税价格，又无正当理由的”，是指纳税人申报的计税依据低于出厂价格或进口自用车辆的计税价格。

第十二条 进口旧车、因不可抗力因素导致受损的车辆、库存超过3年的车辆、行驶8万公里以上的试验车辆、国家税务总局规定的其他车辆，凡纳税人能出具有效证明的，计税依据为其提供的统一发票或有效凭证注明的价格。

第十三条 主管税务机关在为纳税人办理纳税申报手续时，应实地验车。

第十四条 主管税务机关应对纳税申报资料进行审核，确定计税依据，征收税款，核发《车辆购置税完税证明》（以下简称完税证明）。征税车辆在完税证明征税栏加盖车购税征税专用章，免税车辆在完税证明免税栏加盖车购税征税专用章。

第十五条 主管税务机关对设有固定装置的非运输车辆，在未接到国家税务总局批准的免税文件前，应先征税。

第十六条 主管税务机关开具的车购税缴税凭证上的应纳税额保留到元，元以下金额舍去。

第十七条 主管税务机关发现纳税人申报的计税价格低于最低计税价格，除按照规定征收车购税外，还应采集并传递统一发票价格异常信息。

第十八条 完税证明分正本和副本，按车核发、每车一证。正本由纳税人保管以备查验，副本用于办理车辆登记注册。

完税证明不得转借、涂改、买卖或者伪造。

第十九条 完税证明发生损毁、丢失的，车主在申请补办完税证明前应在《中国税务报》或由省、自治区、直辖市国家税务局指定的公开发行的报刊上刊登遗失声明，填写《换(补)车辆购置税完税证明申请表》(见附件3，以下简称补证申请表)。

第二十条 纳税人在办理车辆登记注册前完税证明发生损毁、丢失的，主管税务机关应依据纳税人提供的车购税缴税凭证或主管税务机关车购税缴税凭证留存联，车辆合格证明，遗失声明予以补办。

第二十一条 车主在办理车辆登记注册后完税证明发生损毁、丢失的，车主向原发证税务机关申请换、补，主管税务机关应依据车主提供的《机动车行驶证》，遗失声明核发完税证明正本(副本留存)。

第二十二条 已缴车购税的车辆，发生下列情形之一的，准予纳税人申请退税：

(一) 因质量原因，车辆被退回生产企业或者经销商的；

(二) 应当办理车辆登记注册的车辆，公安机关车辆管理机构不予办理车辆登记注册的。

第二十三条 纳税人申请退税时，应如实填写《车辆购置税退税申请表》(见附件4，以下简称退税申请表)，分别下列情况提供资料：

(一) 未办理车辆登记注册的，提供生产企业或经销商开具的退车证明和退车发票、完税证明正本和副本；

(二) 已办理车辆登记注册的，提供生产企业或经销商开具的退车证明和退车发票、完税证明正本、公安机关车辆管理机构出具的注销车辆号牌证明。

第二十四条 因质量原因，车辆被退回生产企业或者经销商的，纳税人申请退税时，主管税务机关依据自纳税人办理纳税申报之日起，按已缴税款每满1年扣减10%计算退税额；未满1年的，按已缴税款全额退税。

第二十五条 公安机关车辆管理机构不予办理车辆登记注册的车辆，纳税人申请退税时，主管税务机关应退还全部已缴税款。

第二十六条 符合免税条件但已征税的设有固定装置的非运输车辆，主管税务机关依据国家税务总局批准的《设有固定装置免税车辆图册》(以下简称免税图册)或免税文件，办理退税。

第二十七条 车购税条例第九条“设有固定装置的非运输车辆”是指：

1. 列入国家税务总局印发的免税图册的车辆；

2. 未列入免税图册但经国家税务总局批准免税的车辆。

第二十八条 主管税务机关依据免税图册或国家税务总局批准的免税文件为设有固定装置的非运输车辆办理免税。

第二十九条 需列入免税图册的车辆，由车辆生产企业或纳税人向主管税务机关提出申请，填写《车辆购置税免(减)税申请表》(见附件2，以下简称免税申请表)，提供下列资料：

(一) 本办法第三条第(三)款规定的车辆合格证明原件、复印件；

(二) 车辆内、外观彩色五寸照片1套；

(三) 车辆内、外观彩色照片电子文档(文件大小不超过50KB，像素不低于300万，并标明车辆生产企业名称及车辆型号，仅限车辆生产企业提供)。

第三十条 主管税务机关将审核后的免税申请表及附列的车辆合格证明复印件(原件退回申请人)、照片及电子文档一并逐级上报。其中：

(一) 省、自治区、直辖市和计划单列市国家税务局分别于每年的3、6、9、12月将免税申请表及附列资料报送至国家税务总局。

（二）国家税务总局分别于申请当期的4、7、10月及次年1月将符合免税条件的车辆列入免税图册。

第三十一条　纳税人购置的尚未列入免税图册的设有固定装置的非运输车辆，在规定的申报期限内，应先办理纳税申报，缴纳税款。

第三十二条　在外留学人员（含香港、澳门地区）回国服务的（以下简称留学人员），购买1辆国产小汽车免税。

第三十三条　来华定居专家（以下简称来华专家）进口自用的1辆小汽车免税。

第三十四条　留学人员购置的、来华专家进口自用的符合免税条件的车辆，主管税务机关可直接办理免税事宜。

第三十五条　留学人员、来华专家在办理免税申报时，应分别下列情况提供资料：

（一）留学人员提供中华人民共和国驻留学生学习所在国的大使馆或领事馆（中央人民政府驻香港联络办公室教育科技部、中央人民政府驻澳门联络办公室宣传文化部）出具的留学证明；公安部门出具的境内居住证明、个人护照；海关核发的《回国人员购买国产小汽车准购单》；

（二）来华专家提供国家外国专家局或其授权单位核发的专家证；公安部门出具的境内居住证明。

第三十六条　防汛和森林消防部门购置的由指定厂家生产的指定型号的用于指挥、检查、调度、防汛（警）、联络的专用车辆（以下简称防汛专用车和森林消防专用车）免税。

第三十七条　防汛专用车和森林消防专用车，主管税务机关依据国务院税务主管部门批准文件审核办理免税。具体程序如下：

（一）主管部门每年向国务院税务主管部门提出免税申请；

（二）国务院税务主管部门将审核后的车辆型号、数量、流向、照片及有关证单式样通知纳税人所在地主管税务机关；

（三）主管税务机关依据国务院税务主管部门批准文件审核办理免税。

第三十八条　纳税人购置的农用三轮车免税。主管税务机关可直接办理免税事宜。

第三十九条　主管税务机关应对已经办理纳税申报的车辆建立车辆购置税征收管理档案（以下简称档案）。

第四十条　主管税务机关应依据车购税条例第十四条规定与公安机关车辆管理机构定期交换信息。

第四十一条　车辆发生过户、转籍、变更等情况时，车主应在向公安机关车辆管理机构办理车辆变动手续之日起30日内，到主管税务机关办理档案变动手续。

第四十二条　本办法第四十一条“过户”，是指车辆登记注册地未变而车主发生变动的情形。

车主办理车辆过户手续时，应如实填写《车辆变动情况登记表》（见附件5，以下简称变动表），并提供完税证明正本和《机动车行驶证》原件及复印件。《机动车行驶证》原件经主管税务机关审核后退还车主，复印件及完税证明正本由主管税务机关留存。主管税务机关对过户车辆核发新的完税证明正本（副本留存）。

第四十三条　本办法第四十一条“转籍”，是指同一车辆的登记注册地发生变动的情形。车辆转籍分转出和转入。

（一）车主办理车辆转出手续时，应如实填写变动表，提供公安机关车辆管理机构出具的车辆转出证明材料。转出地主管税务机关审核后，据此办理档案转出手续，向转入地主管税务机关开具《车辆购置税档案转移通知书》（见附件6，以下简称档案转移通知书）。

（二）车主办理车辆转入手续时，应如实填写变动表，提供转出地主管税务机关核发的完税证明正本、档案转移通知书和档案。转入地主管税务机关审核后，将转出地主管税务机关核发的完税证明正本、档案转移通知书和档案留存。对转籍车辆核发新的完税证明正本（副本留存）。

第四十四条　既过户又转籍的车辆，主管税务机关按转籍办理档案变动手续。

第四十五条　转籍车辆档案资料交接程序如下：

（一）转出地主管税务机关将档案资料连同档案转移通知书，交由车主自带转籍。转出地主管税务机关复印留存转出的全部档案资料并保存60天；

（二）转入地主管税务机关按本办法第三十九条规定建立档案；

（三）转籍过程中档案丢失、损毁的，转出地主管税务机关在档案留存期限内，可向车主提供留存档案，每页加盖转出地主管税务机关印章。

第四十六条 本办法第四十一条 “变更”,是指已经办理纳税申报的车辆,经公安机关车辆管理机构批准的车主名称、车辆识别代号(VIN,车架号码)发生变更的。

办理车辆变更手续时,纳税人应填写变动表,提供完税证明正本和《机动车行驶证》原件及复印件。《机动车行驶证》原件经主管税务机关审核后退还车主,复印件及完税证明正本由主管税务机关留存。主管税务机关对变更车辆核发新的完税证明正本(副本留存)。

第四十七条 完税证明的样式、规格、编号由国家税务总局统一规定并印制。

第四十八条 纳税申报表、免税申请表、补证申请表、退税申请表、变动表、档案转移通知书的样式、规格由国家税务总局统一规定,各省、自治区、直辖市和计划单列市国家税务局自行印制使用。

第四十九条 本办法由国家税务总局负责解释。各省、自治区、直辖市和计划单列市国家税务局依照本办法制定具体实施办法。

第五十条 本办法自 2006 年 1 月 1 日起实施。以前规定与本办法有抵触的,依本办法执行。

【注释】 对《车辆购置税暂行条例》第 16 条进行了解释。

国家税务总局关于确定车辆购置税计税依据的通知

国税函[2006]1139 号

各省、自治区、直辖市和计划单列市国家税务局:

《国家税务总局关于使用新版机动车销售统一发票有关问题的通知》(国税函[2006]479 号,以下简称通知)下发后,总局对新版《机动车销售统一发票》票样进行了修改,一些地区要求总局明确不含增值税税款的车辆价格的计算方法。现将有关问题通知如下:

一、根据《中华人民共和国增值税暂行条例》及其实施细则的有关规定,纳税人销售货物不含增值税的销售额的计算公式为:

销售额=含税销售额÷(1+增值税税率或征收率)

主管税务机关在计征车辆购置税确定计税依据时,计算车辆不含增值税价格的计算方法与增值税相同,即:

不含税价=(全部价款+价外费用)÷(1+增值税税率或征收率)

二、《车辆购置税征收管理办法》(国家税务总局令第 15 号)附件 1《车辆购置税纳税申报表》填表说明第 12 条第(1)款修订为“境内购置车辆,按机动车销售统一发票(不含税价栏)填写”;第(3)款修订为“自产、受赠、获奖或者以其他方式取得并自用的车辆,按机动车销售统一发票(不含税价栏)填写”。

本规定自 2006 年 12 月 1 日起执行。

【注释】 对《车辆购置税暂行条例》第 6 条进行了解释。

第十一部分　中华人民共和国车船税法

中华人民共和国车船税暂行条例

国务院令[2006]第482号

第一条　在中华人民共和国境内,车辆、船舶(以下简称车船)的所有人或者管理人为车船税的纳税人,应当依照本条例的规定缴纳车船税。

本条例所称车船,是指依法应当在车船管理部门登记的车船。

【注释】《车船税暂行条例实施细则》第2、3条对本条进行了解释。

第二条　车船的适用税额,依照本条例所附的《车船税税目税额表》执行。

国务院财政部门、税务主管部门可以根据实际情况,在《车船税税目税额表》规定的税目范围和税额幅度内,划分子税目,并明确车辆的子税目税额幅度和船舶的具体适用税额。车辆的具体适用税额由省、自治区、直辖市人民政府在规定的子税目税额幅度内确定。

第三条　下列车船免征车船税:

(一)非机动车船(不包括非机动驳船);

(二)拖拉机;

(三)捕捞、养殖渔船;

(四)军队、武警专用的车船;

(五)警用车船;

(六)按照有关规定已经缴纳船舶吨税的船舶;

(七)依照我国有关法律和我国缔结或者参加的国际条约的规定应当予以免税的外国驻华使馆、领事馆和国际组织驻华机构及其有关人员的车船。

【注释】《车船税暂行条例实施细则》第5—11条对本条进行了解释。

第四条　省、自治区、直辖市人民政府可以根据当地实际情况,对城市、农村公共交通车船给予定期减税、免税。

第五条　车船税由地方税务机关负责征收。

第六条　车船税的纳税地点,由省、自治区、直辖市人民政府根据当地实际情况确定。

跨省、自治区、直辖市使用的车船,纳税地点为车船的登记地。

第七条　车船税的纳税义务发生时间,为车船管理部门核发的车船登记证书或者行驶证书所记载日期的当月。

第八条　车船税按年申报缴纳。具体申报纳税期限由省、自治区、直辖市人民政府确定。

第九条　车船的所有人或者管理人未缴纳车船税的,使用人应当代为缴纳车船税。

第十条　从事机动车交通事故责任强制保险业务的保险机构为机动车车船税的扣缴义务人,应当依法代收代缴车船税。

税务机关付给扣缴义务人代收代缴手续费的标准由国务院财政部门、税务主管部门制定。

第十一条　机动车车船税的扣缴义务人依法代收代缴车船税时,纳税人不得拒绝。

第十二条　各级车船管理部门应当在提供车船管理信息等方面,协助地方税务机关加强对车船税的征收管理。

第十三条　车船税的征收管理,依照《中华人民共和国税收征收管理法》及本条例的规定执行。

第十四条　本条例自2007年1月1日起施行。1951年9月13日原政务院发布的《车船使用牌照税暂行条例》和1986年9月15日国务院发布的《中华人民共和国车船使用税暂行条例》同时废止。

附：

车船税税目税额表

税　目	计税单位	每年税额	备　注
载客汽车	每辆	60 元至 660 元	包括电车
载货汽车	按自重每吨	16 元至 120 元	包括半挂牵引车、挂车
三轮汽车低速货车	按自重每吨	24 元至 120 元	
摩托车	每辆	36 元至 180 元	
船舶	按净吨位每吨	3 元至 6 元	拖船和非机动驳船分别按船舶税额的 50%计算

注：专项作业车、轮式专用机械车的计税单位及每年税额由国务院财政部门、税务主管部门参照本表确定。

中华人民共和国车船税暂行条例实施细则

财政部　国税总局令[2007]第 46 号

第一条　根据《中华人民共和国车船税暂行条例》(以下简称条例)，制定本细则。

第二条　条例第一条第一款所称的管理人，是指对车船具有管理使用权，不具有所有权的单位。

【注释】　对《车船税暂行条例》第 1 条进行了解释。

第三条　条例第一条第二款所称的车船管理部门，是指公安、交通、农业、渔业、军事等依法具有车船管理职能的部门。

【注释】　对《车船税暂行条例》第 1 条进行了解释。

第四条　在机场、港口以及其他企业内部场所行驶或者作业，并在车船管理部门登记的车船，应当缴纳车船税。

第五条　条例第三条第(一)项所称的非机动车，是指以人力或者畜力驱动的车辆，以及符合国家有关标准的残疾人机动轮椅车、电动自行车等车辆；非机动船是指自身没有动力装置，依靠外力驱动的船舶；非机动驳船是指在船舶管理部门登记为驳船的非机动船。

【注释】　对《车船税暂行条例》第 3 条进行了解释。

第六条　条例第三条第(二)项所称的拖拉机，是指在农业(农业机械)部门登记为拖拉机的车辆。

【注释】　对《车船税暂行条例》第 3 条进行了解释。

第七条　条例第三条第(三)项所称的捕捞、养殖渔船，是指在渔业船舶管理部门登记为捕捞船或者养殖船的渔业船舶。不包括在渔业船舶管理部门登记为捕捞船或者养殖船以外类型的渔业船舶。

【注释】　对《车船税暂行条例》第 3 条进行了解释。

第八条　条例第三条第(四)项所称的军队、武警专用的车船，是指按照规定在军队、武警车船管理部门登记，并领取军用牌照、武警牌照的车船。

【注释】　对《车船税暂行条例》第 3 条进行了解释。

第九条　条例第三条第(五)项所称的警用车船，是指公安机关、国家安全机关、监狱、劳动教养管理机关和人民法院、人民检察院领取警用牌照的车辆和执行警务的专用船舶。

【注释】　对《车船税暂行条例》第 3 条进行了解释。

第十条　条例第三条第(七)项所称的我国有关法律，是指《中华人民共和国外交特权与豁免条例》、《中华人民共和国领事特权与豁免条例》。

【注释】　对《车船税暂行条例》第 3 条进行了解释。

第十一条　外国驻华使馆、领事馆和国际组织驻华机构及其有关人员在办理条例第三条第(七)项规定的免税事项时，应当向主管地方税务机关出具本机构或个人身份的证明文件和车船所有权证明文件，并申明免税的依据和理由。

【注释】　对《车船税暂行条例》第 3 条进行了解释。

第十二条　纳税人未按照规定到车船管理部门办理应税车船登记手续的，以车船购置发票所载开具时间的当月作为车船税的纳税义务发生时间。对未办理车船登记手续且无法提供车船购置发票的，由主管地方税务机关核定纳税义务发生时间。

第十三条 购置的新车船，购置当年的应纳税额自纳税义务发生的当月起按月计算。计算公式为：

应纳税额＝(年应纳税额/12)×应纳税月份数

第十四条 在一个纳税年度内，已完税的车船被盗抢、报废、灭失的，纳税人可以凭有关管理机关出具的证明和完税证明，向纳税所在地的主管地方税务机关申请退还自被盗抢、报废、灭失月份起至该纳税年度终了期间的税款。

已办理退税的被盗抢车船，失而复得的，纳税人应当从公安机关出具相关证明的当月起计算缴纳车船税。

第十五条 由扣缴义务人代收代缴机动车车船税的，纳税人应当在购买机动车交通事故责任强制保险的同时缴纳车船税。

第十六条 纳税人应当向主管地方税务机关和扣缴义务人提供车船的相关信息。拒绝提供的，按照《中华人民共和国税收征收管理法》有关规定处理。

第十七条 已完税或者按照条例第三条第(七)项、条例第四条规定减免车船税的车辆，纳税人在购买机动车交通事故责任强制保险时，应当向扣缴义务人提供地方税务机关出具的本年度车船税的完税凭证或者减免税证明。不能提供完税凭证或者减免税证明的，应当在购买保险时按照当地的车船税税额标准计算缴纳车船税。

第十八条 纳税人对扣缴义务人代收代缴税款有异议的，可以向纳税所在地的主管地方税务机关提出。

第十九条 纳税人在购买机动车交通事故责任强制保险时缴纳车船税的，不再向地方税务机关申报纳税。

第二十条 扣缴义务人在代收车船税时，应当在机动车交通事故责任强制保险的保险单上注明已收税款的信息，作为纳税人完税的证明。除另有规定外，扣缴义务人不再给纳税人开具代扣代收税款凭证。纳税人如有需要，可以持注明已收税款信息的保险单，到主管地方税务机关开具完税凭证。

第二十一条 扣缴义务人应当及时解缴代收代缴的税款，并向地方税务机关申报。扣缴义务人解缴税款的具体期限，由各省、自治区、直辖市地方税务机关依照法律、行政法规的规定确定。

第二十二条 地方税务机关应当按照规定支付扣缴义务人代收代缴车船税的手续费。

第二十三条 条例《车船税税目税额表》中的载客汽车，划分为大型客车、中型客车、小型客车和微型客车4个子税目。其中，大型客车是指核定载客人数大于或者等于20人的载客汽车；中型客车是指核定载客人数大于9人且小于20人的载客汽车；小型客车是指核定载客人数小于或者等于9人的载客汽车；微型客车是指发动机气缸总排气量小于或者等于1升的载客汽车。载客汽车各子税目的每年税额幅度为：

(一) 大型客车，480元至660元；

(二) 中型客车，420元至660元；

(三) 小型客车，360元至660元；

(四) 微型客车，60元至480元。

第二十四条 条例《车船税税目税额表》中的三轮汽车，是指在车辆管理部门登记为三轮汽车或者三轮农用运输车的机动车。

条例《车船税税目税额表》中的低速货车，是指在车辆管理部门登记为低速货车或者四轮农用运输车的机动车。

第二十五条 条例《车船税税目税额表》中的专项作业车，是指装置有专用设备或者器具，用于专项作业的机动车；轮式专用机械车是指具有装卸、挖掘、平整等设备的轮式自行机械。

专项作业车和轮式专用机械车的计税单位为自重每吨，每年税额为16元至120元。具体适用税额由省、自治区、直辖市人民政府参照载货汽车的税额标准在规定的幅度内确定。

第二十六条 客货两用汽车按照载货汽车的计税单位和税额标准计征车船税。

第二十七条 条例《车船税税目税额表》中的船舶，具体适用税额为：

(一) 净吨位小于或者等于200吨的，每吨3元；

(二) 净吨位 201 吨至 2000 吨的,每吨 4 元;

(三) 净吨位 2001 吨至 10000 吨的,每吨 5 元;

(四) 净吨位 10001 吨及其以上的,每吨 6 元。

第二十八条 条例《车船税税目税额表》中的拖船,是指专门用于拖(推)动运输船舶的专业作业船舶。拖船按照发动机功率每 2 马力折合净吨位 1 吨计算征收车船税。

第二十九条 条例及本细则所涉及的核定载客人数、自重、净吨位、马力等计税标准,以车船管理部门核发的车船登记证书或者行驶证书相应项目所载数额为准。纳税人未按照规定到车船管理部门办理登记手续的,上述计税标准以车船出厂合格证明或者进口凭证相应项目所载数额为准;不能提供车船出厂合格证明或者进口凭证的,由主管地方税务机关根据车船自身状况并参照同类车船核定。

车辆自重尾数在 0.5 吨以下(含 0.5 吨)的,按照 0.5 吨计算;超过 0.5 吨的,按照 1 吨计算。船舶净吨位尾数在 0.5 吨以下(含 0.5 吨)的不予计算,超过 0.5 吨的按照 1 吨计算。1 吨以下的小型车船,一律按照 1 吨计算。

第三十条 条例和本细则所称的自重,是指机动车的整备质量。

第三十一条 本细则所称纳税年度,自公历 1 月 1 日起,至 12 月 31 日止。

第三十二条 2007 纳税年度起,车船税依照条例和本细则的规定计算缴纳。

第三十三条 各省、自治区、直辖市人民政府根据条例和本细则的有关规定制定具体实施办法,并报财政部和国家税务总局备案。

第三十四条 本细则自公布之日起实施。

国家税务总局关于车船税征管若干问题的通知

国税发[2008]48 号

各省、自治区、直辖市和计划单列市地方税务局,西藏、宁夏、青海省(自治区)国家税务局:

为方便车船税征缴,进一步提高征管质量和效率,切实做好车船税的征收工作,根据《中华人民共和国车船税暂行条例》(以下简称"条例")及其实施细则的有关规定,现就车船税征管有关问题通知如下:

一、关于不在车辆登记地购买保险代收代缴车船税问题

在一个纳税年度内,纳税人在非车辆登记地由保险机构代收代缴机动车车船税,且能够提供合法有效完税证明的,纳税人不再向车辆登记地的地方税务机关缴纳机动车车船税。

二、关于所有权或管理权发生变更的车船征收车船税问题

在一个纳税年度内,已经缴纳车船税的车船变更所有权或管理权的,地方税务机关对原车船所有人或管理人不予办理退税手续,对现车船所有人或管理人也不再征收当年度的税款;未缴纳车船税的车船变更所有权或管理权的,由现车船所有人或管理人缴纳该纳税年度的车船税。

三、关于未在车辆管理部门登记的新购置车辆办理减免税手续问题

为优化办税程序,做好纳税服务,对尚未在车辆管理部门办理登记、属于应减免税的新购置车辆,车辆所有人或管理人可提出减免税申请,并提供机构或个人身份证明文件和车辆权属证明文件以及地方税务机关要求的其他相关资料。经税务机关审验符合车船税减免条件的,税务机关可为纳税人出具该纳税年度的减免税证明,以方便纳税人购买机动车交通事故责任强制保险。

新购置应予减免税的车辆所有人或管理人在购买机动车交通事故责任强制保险时已缴纳车船税的,在办理车辆登记手续后可向税务机关提出减免税申请,经税务机关审验符合车船税减免税条件的,税务机关应退还纳税人多缴的税款。

四、关于微型客车的标准问题

凡发动机排气量小于或者等于 1 升的载客汽车,都应按照微型客车的税额标准征收车船税。发动机排气量以如下凭证相应项目所载数额为准:

(一) 车辆登记证书;

(二) 车辆行驶证书;

(三) 车辆出厂合格证明;

（四）车辆进口凭证。

五、关于部分车辆计税依据的核定问题

对于按照条例实施细则的规定，无法准确获得自重数值或自重数值明显不合理的载货汽车、三轮汽车、低速货车、专项作业车和轮式专用机械车，由主管税务机关根据车辆自身状况并参照同类车辆核定计税依据。对能够获得总质量和核定载质量的，可按照车辆的总质量和核定载质量的差额作为车辆的自重；无法获得核定载质量的专项作业车和轮式专用机械车，可按照车辆的总质量确定自重。

本通知执行过程中，各地地方税务机关应结合实际情况，充实、完善各项具体征管制度和办法。对于征管中遇到的实际困难，要积极研究解决，确保车船税征管工作顺利运行。

第十二部分　中华人民共和国土地增值税法

中华人民共和国土地增值税暂行条例

国务院令[1993]138号

第一条　为了规范土地、房地产市场交易秩序，合理调节土地增值收益，维护国家权益，制定本条例。

第二条　转让国有土地使用权、地上的建筑物及其附着物（以下简称转让房地产）并取得收入的单位和个人，为土地增值税的纳税义务人（以下简称纳税人），应当依照本条例缴纳土地增值税。

【注释】　相关规定包括：《国家税务总局关于未办理土地使用权证转让土地有关税收问题的批复》（国税函[2007]645号）。

第三条　土地增值税按照纳税人转让房地产所取得的增值额和本条例第七条规定的税率计算征收。

第四条　纳税人转让房地产所取得的收入减除本条例第六条规定扣除项目金额后的余额，为增值额。

第五条　纳税人转让房地产所取得的收入，包括货币收入、实物收入和其他收入。

第六条　计算增值额的扣除项目：

（一）取得土地使用权所支付的金额；

（二）开发土地的成本、费用；

（三）新建房及配套设施的成本、费用，或者旧房及建筑物的评估价格；

（四）与转让房地产有关的税金；

（五）财政部规定的其他扣除项目。

第七条　土地增值税实行四级超率累进税率：

增值额未超过扣除项目金额50%的部分，税率为30%。

增值额超过扣除项目金额50%、未超过扣除项目金额100%的部分，税率为40%。

增值额超过扣除项目金额100%、未超过扣除项目金额200%的部分，税率为50%。

增值额超过扣除项目金额200%的部分，税率为60%。

第八条　有下列情形之一的，免征土地增值税：

（一）纳税人建造普通标准住宅出售，增值额未超过扣除项目金额20%的；

（二）因国家建设需要依法征用、收回的房地产。

【注释】　相关规定包括：《财政部　国家税务总局关于土地增值税一些具体问题规定的通知》（财税[1995]48号）、《财政部　国家税务总局关于调整房地产市场若干税收政策的通知》（财税[1999]210号）、《财政部　国家税务总局关于土地增值税普通标准住宅有关政策的通知》（财税[2006]141号）。

第九条　纳税人有下列情形之一的，按照房地产评估价格计算征收：

（一）隐瞒、虚报房地产成交价格的；

（二）提供扣除项目金额不实的；

（三）转让房地产的成交价格低于房地产评估价格，又无正当理由的。

【注释】　相关规定包括：《财政部　国家税务总局关于土地增值税一些具体问题规定的通知》（财税[1995]48号）。

第十条　纳税人应当自转让房地产合同签订之日起七日内向房地产所在地主管税务机关办理纳税申报，并在税务机关核定的期限内缴纳土地增值税。

【注释】　相关规定包括：《财政部　国家税务总局关于土地增值税一些具体问题规定的通知》（财税[1995]48号）。

第十一条　土地增值税由税务机关征收。土地管理部门、房产管理部门应当向税务机关提供有关资料，并协助税务机关依法征收土地增值税。

第十二条　纳税人未按照本条例缴纳土地增值税的，土地管理部门、房产管理部门不得办理有关的权属变更手续。

【注释】 相关规定包括:《财政部 国家税务总局关于土地增值税一些具体问题规定的通知》(财税[1995]48号)。

第十三条 土地增值税的征收管理,依据《中华人民共和国税收征收管理法》及本条例有关规定执行。

【注释】 相关规定包括:《财政部 国家税务总局国家国有资产管理局关于转让国有房地产征收土地增值税中有关房地产价格评估问题的通知》(财税[1995]61号)。

第十四条 本条例由财政部负责解释,实施细则由财政部制定。

第十五条 本条例自一九九四年一月一日起施行。各地区的土地增值费征收办法,与本条例相抵触的,同时停止执行。

中华人民共和国土地增值税暂行条例实施细则

财法[1995]6号

第一条 根据《中华人民共和国土地增值税暂行条例》(以下简称条例)第十四条规定,制定本细则。

第二条 条例第二条所称的转让国有土地使用权、地上的建筑物及其附着物并取得收入,是指以出售或者其他方式有偿转让房地产的行为。不包括以继承、赠与方式无偿转让房地产的行为。

【注释】 相关规定包括:《财政部 国家税务总局关于土地增值税一些具体问题规定的通知》(财税[1995]48号)、《国家税务总局关于未办理土地使用权证转让土地有关税收问题的批复》(国税函[2007]645号)。

第三条 条例第二条所称的国有土地,是指按国家法律规定属于国家所有的土地。

第四条 条例第二条所称的地上的建筑物,是指建于土地上的一切建筑物,包括地上地下的各种附属设施。

条例第二条所称的附着物,是指附着于土地上的不能移动,一经移动即遭损坏的物品。

第五条 条例第二条所称的收入,包括转让房地产的全部价款及有关的经济收益。

第六条 条例第二条所称的单位,是指各类企业单位、事业单位、国家机关和社会团体及其他组织。

条例第二条所称个人,包括个体经营者。

第七条 条例第六条所列的计算增值额的扣除项目,具体为:

(一) 取得土地使用权所支付的金额,是指纳税人为取得土地使用权所支付的地价款和按国家统一规定交纳的有关费用。

(二) 开发土地和新建房及配套设施(以下简称房增开发)的成本,是指纳税人房地产开发项目实际发生的成本(以下简称房增开发成本),包括土地征用及拆迁补偿费、前期工程费、建筑安装工程费、基础设施费、公共配套设施费、开发间接费用。

土地征用及拆迁补偿费,包括土地征用费、耕地占用税、劳动力安置费及有关地上、地下附着物拆迁补偿的净支出、安置动迁用房支出等。

前期工程费,包括规划、设计、项目可行性研究和水文、地质、勘察、测绘、“三通一平”等支出。

建筑安装工程费,是指以出包方式支付给承包单位的建筑安装工程费,以自营方式发生的建筑安装工程费。

基础设施费,包括开发小区内道路、供水、供电、供气、排污、排洪、通讯、照明、环卫、绿化等工程发生的支出。

公共配套设施费,包括不能有偿转让的开发小区内公共配套设施发生的支出。

开发间接费用,是指直接组织、管理开发项目发生的费用,包括工资、职工福利费、折旧费、修理费、办公费、水电费、劳动保护费、周转房摊销等。

(三) 开发土地和新建房及配套设施的费用(以下简称房地产开发费用),是指与房地产开发项目有关的销售费用、管理费用、财务费用。

财务费用中的利息支出,凡能够按转让房地产项目计算分摊并提供金融机构证明的,允许据实扣除,但最高不能超过按商业银行同类同期贷款利率计算的金额。其他房地产开发费用,按本条(一)、(二)项规定计算的金额之和的5%以内计算扣除。

凡不能按转让房地产项目计算分摊利息支出或不能提供金融机构证明的,房地产开发费用按本条(一)、(二)项规定计算的金额之和的10%以内计算扣除。

上述计算扣除的具体比例,由各省、自治区、直辖市人民政府规定。

(四) 旧房及建筑物的评估价格,是指在转让已使用的房屋及建筑物时,由政府批准设立的房地产评估机构评定的重置成本价乘以成新度折扣率后的价格。评估价格须经当地税务机关确认。

(五) 与转让房地产有关的税金,是指在转让房地产时缴纳的营业税、城市维护建设税、印花税。因转让房地产交纳的教育费附加,也可视同税金予以扣除。

(六) 根据条例第六条(五)项规定,对从事房地产开发的纳税人可按本条(一)、(二)项规定计算的金额之和,加计20%的扣除。

【注释】 相关规定包括:《财政部 国家税务总局关于土地增值税一些具体问题规定的通知》(财税[1995]48号)。

第八条 土地增值税以纳税人房地产成本核算的最基本的核算项目或核算对象为单位计算。

第九条 纳税人成片受让土地使用权后,分期分批开发、转让房地产的,其扣除项目金额的确定,可按转让土地使用权的面积占总面积的比例计算分摊,或按建筑面积计算分摊,也可按税务机关确认的其他方式计算分摊。

第十条 条例第七条所列四级超率累进税率,每级"增值额未超过扣除项目金额"的比例,均包括本比例数。

计算土地增值税税额,可按增值额乘以适用的税率减去扣除项目金额乘以速算扣除系数的简便方法计算,具体公式如下:

(一) 增值额未超过扣除项目金额50%

土地增值税税额=增值额×30%

(二) 增值额超过扣除项目金额50%,未超过100%的

土地增值税税额=增值额×40%-扣除项目金额×5%

(三) 增值额超过扣除项目金额100%,未超过200%的

土地增值税税额=增值额×50%-扣除项目金额×15%

(四) 增值额超过扣除项目金额200%

土地增值税税额=增值额×60%-扣除项目金额×35%

公式中的5%,15%,35%为速算扣除系数。

第十一条 条例第八条(一)项所称的普通标准住宅,是指按所在地一般民用住宅标准建造的居住用住宅。高级公寓、别墅、度假村等不属于普通标准住宅。普通标准住宅与其他住宅的具体划分界限由各省、自治区、直辖市人民政府规定。

纳税人建造普通标准住宅出售,增值额未超过本细则第七条(一)、(二)、(三)、(五)、(六)项扣除项目金额之和20%的,免征土地增值税;增值额超过扣除项目金额之和20%的,应就其全部增值额按规定计税。

条例第八条(二)项所称的因国家建设需要依法征用、收回的房地产,是指因城市实施规划、国家建设的需要而被政府批准征用的房产或收回的土地使用权。

因城市实施规划、国家建设的需要而搬迁,由纳税人自行转让原房地产的,比照本规定免征土地增值税。

符合上述免税规定的单位和个人,须向房地产所在地税务机关提出免税申请,经税务机关审核后,免予征收土地增值税。

第十二条 个人因工作调动或改善居住条件而转让原自用住房,经向税务机关申报核准,凡居住满五年或五年以上的,免予征收土地增值税;居住满三年未满五年的,减半征收土地增值税。居住未满三年的,按规定计征土地增值税。

第十三条 条例第九条所称的房地产评估价格,是指由政府批准设立的房地产评估机构根据相同地段、同类房地产进行综合评定的价格。评估价格须经当地税务机关确认。

第十四条 条例第九条(一)项所称的隐瞒、虚报房地产成交价格，是指纳税人不报或有意低报转让土地使用权、地上建筑物及其附着物价款的行为。

条例第九条(二)项所称的提供扣除项目金额不实的，是指纳税人在纳税申报时不据实提供扣除项目金额的行为。

条例第九条(三)项所称的转让房地产的成交价格低于房地产评估价格，又无正当理由，是指纳税人申报的转让房地产的实际成交价低于房地产评估机构评定的交易价，纳税人又不能提供凭据或无正当理由的行为。

隐瞒、虚报房地产成交价格，应由评估机构参照同类房地产的市场交易价格进行评估。税务机关根据评估价格确定转让房地产的收入。

提供扣除项目金额不实的，应由评估机构按照房屋重置成本价乘以成新度折扣率计算的房屋成本价和取得土地使用权时的基准地价进行评估。税务机关根据评估价格确定扣除项目金额。

转让房地产的成交价格低于房地产评估价格，又无正当理由的，由税务机关参照房地产评估价格确定转让房地产的收入。

第十五条 根据条例第十条的规定，纳税人应按照下列程序办理纳税手续：

(一) 纳税人应在转让房地产合同签订后的七日内，到房地产所在地主管税务机关办理纳税申报，并向税务机关提交房屋及建筑物产权、土地使用权证书，土地转让、房产买卖合同，房地产评估报告及其他与转让房地产有关的资料。

纳税人因经常发生房地产转让而难以在每次转让后申报的，经税务机关审核同意后，可以定期进行纳税申报，具体期限由税务机关根据情况确定。

(二) 纳税人按照税务机关核定的税额及规定的期限缴纳土地增值税。

【注释】 相关规定包括:《财政部 国家税务总局关于土地增值税一些具体问题规定的通知》(财税[1995]48 号)。

第十六条 纳税人在项目全部竣工结算前转让房地产取得的收入，由于涉及成本确定或其他原因，而无法据以计算土地增值税的，可以预征土地增值税，待该项目全部竣工、办理结算后再进行清算，多退少补。具体办法由各省、自治区、直辖市地方税务局根据当地情况制定。

【注释】 相关规定包括:《国家税务总局关于房地产开发企业土地增值税清算管理有关问题的通知》(国税发[2006]187 号)、《土地增值税清算鉴证业务准则》(国税发[2007]132 号)。

第十七条 条例第十条所称的房地产所在地，是指房地产的坐落地。纳税人转让房地产坐落在两个或两个以上地区的，应按房地产所在地分别申报纳税。

第十八条 条例第十一条所称的土地管理部门、房产管理部门应当向税务机关提供有关资料，是指向房地产所在地主管税务机关提供有关房屋及建筑物产权、土地使用权、土地出让金数额、土地基准地价、房地产市场交易价格及权属变更等方面的资料。

第十九条 纳税人未按规定提供房屋及建筑物产权、土地使用权证书，土地转让、房产买卖合同，房地产评估报告及其他与转让房地产有关资料的，按照《中华人民共和国税收征收管理法》(以下简称《征管法》)第三十九条的规定进行处理。

纳税人不如实申报房地产交易额及规定扣除项目金额造成少缴或未缴税款的，按照《征管法》第四十条的规定进行处理。

第二十条 土地增值税以人民币为计算单位。转让房地产所取得的收入为外国货币的，以取得收入当天或当月 1 日国家公布的市场汇价折合成人民币，据以计算应纳土地增值税税额。

【注释】 相关规定包括:《财政部 国家税务总局关于土地增值税一些具体问题规定的通知》(财税[1995]48 号)。

第二十一条 条例第十五条所称的各地区的土地增值费征收办法是指与本条例规定的计征对象相同的土地增值费、土地收益金等征收办法。

第二十二条 本细则由财政部解释，或者由国家税务总局解释。

第二十三条 本细则自发布之日起施行。

第二十四条 1994 年 1 月 1 日至本细则发布之日期间的土地增值税参照本细则的规定计算征收。

财政部　国家税务总局关于土地增值税一些具体问题规定的通知

财税[1995]48号

各省、自治区、直辖市、计划单列市财政厅(局)、国家税务局、地方税务局，扬州培训中心、长春税务学院：

按照《中华人民共和国土地增值税暂行条例》(以下简称条例)和《中华人民共和国土地增值税暂行条例实施细则》(以下简称细则)的规定，现对土地增值税一些具体问题规定如下：

一、关于以房地产进行投资、联营的征免税问题

对于以房地产进行投资、联营的，投资、联营的一方以土地(房地产)作价入股进行投资或作为联营条件，将房地产转让到所投资、联营的企业中时，暂免征收土地增值税。对投资、联营企业将上述房地产再转让的，应征收土地增值税。

二、关于合作建房的征免税问题

对于一方出地，一方出资金，双方合作建房，建成后按比例分房自用的，暂免征收土地增值税；建成后转让的，应征收土地增值税。

三、关于企业兼并转让房地产的征免税问题

在企业兼并中，对被兼并企业将房地产转让到兼并企业中的，暂免征收土地增值税。

四、关于细则中"赠与"所包括的范围问题

细则所称的"赠与"是指如下情况：

(一) 房产所有人、土地使用权所有人将房屋产权、土地使用权赠与直系亲属或承担直接赡养义务人的。

(二) 房产所有人、土地使用权所有人通过中国境内非营利的社会团体、国家机关将房屋产权、土地使用权赠与教育、民政和其他社会福利、公益事业的。

上述社会团体是指中国青少年发展基金会、希望工程基金会、宋庆龄基金会、减灾委员会、中国红十字会、中国残疾人联合会、全国老年基金会、老区促进会以及经民政部门批准成立的其他非营利的公益性组织。

五、关于个人互换住房的征免税问题

对个人之间互换自有居住用房地产的，经当地税务机关核实，可以免征土地增值税。

六、关于地方政府要求房地产开发企业代收的费用如何计征土地增值税的问题

对于县级及县级以上人民政府要求房地产开发企业在售房时代收的各项费用，如果代收费用是计入房价中向购买方一并收取的，可作为转让房地产所取得的收入计税；如果代收费用未计入房价中，而是在房价之外单独收取的，可以不作为转让房地产的收入。

对于代收费用作为转让收入计税的，在计算扣除项目金额时，可予以扣除，但不允许作为加计20%扣除的基数；对于代收费用未作为转让房地产的收入计税的，在计算增值额时不允许扣除代收费用。

七、关于新建房与旧房的界定问题

新建房是指建成后未使用的房产。凡是已使用一定时间或达到一定磨损程度的房产均属旧房。使用时间和磨损程度标准可由各省、自治区、直辖市财政厅(局)和地方税务局具体规定。

八、关于扣除项目金额中的利息支出如何计算问题

(一) 利息的上浮幅度按国家的有关规定执行，超过上浮幅度的部分不允许扣除；

(二) 对于超过贷款期限的利息部分和加罚的利息不允许扣除。

九、关于计算增值额时扣除已缴纳印花税的问题

细则中规定允许扣除的印花税，是指在转让房地产时缴纳的印花税。房地产开发企业按照《施工、房地产开发企业财务制度》的有关规定，其缴纳的印花税列入管理费用，已相应予以扣除。其他的土地增值税纳税义务人在计算土地增值税时允许扣除在转让时缴纳的印花税。

十、关于转让旧房如何确定扣除项目金额的问题

转让旧房的，应按房屋及建筑物的评估价格、取得土地使用权所支付的地价款和按国家统一规定交纳的有关费用以及在转让环节缴纳的税金作为扣除项目金额计征土地增值税。对取得土地使用权时未支付地价款或不能提供已支付的地价款凭据的，不允许扣除取得土地使用权所支付的金额。

十一、关于已缴纳的契税可否在计税时扣除的问题

对于个人购入房地产再转让的，其在购入时已缴纳的契税，在旧房及建筑物的评估价中已包括了此项因素，在计征土地增值税时，不另作为“与转让房地产有关的税金”予以扣除。

十二、关于评估费用可否在计算增值额时扣除的问题

纳税人转让旧房及建筑物时因计算纳税的需要而对房地产进行评估，其支付的评估费用允许在计算增值额时予以扣除。对条例第九条规定的纳税人隐瞒、虚报房地产成交价格等情形而按房地产评估价格计算征收土地增值税所发生的评估费用，不允许在计算土地增值税时予以扣除。

十三、关于既建普通标准住宅又搞其他类型房地产开发的如何计税的问题

对纳税人既建普通标准住宅又搞其他房地产开发的，应分别核算增值额。不分别核算增值额或不能准确核算增值额的，其建造的普通标准住宅不能适用条例第八条(一)项的免税规定。

十四、关于预售房地产所取得的收入是否申报纳税的问题

根据细则的规定，对纳税人在项目全部竣工结算前转让房地产取得的收入可以预征土地增值税。具体办法由各省、自治区、直辖市地方税务局根据当地情况制定。因此，对纳税人预售房地产所取得的收入，当地税务机关规定预征土地增值税的，纳税人应当到主管税务机关办理纳税申报，并按规定比例预交，待办理决算后，多退少补；当地税务机关规定不预征土地增值税的，也应在取得收入时先到税务机关登记或备案。

十五、关于分期收款的外币收入如何折合人民币的问题

对于取得的收入为外国货币的，依照细则规定，以取得收入当天或当月 1 日国家公布的市场汇价折合人民币，据以计算土地增值税税额。对于以分期收款形式取得的外币收入，也应按实际收款日或收款当月 1 日国家公布的市场汇价折合人民币。

十六、关于纳税期限的问题

根据条例第十条、第十二条和细则第十五条的规定，税务机关核定的纳税期限，应在纳税人签订房地产转让合同之后、办理房地产权属转让(即过户及登记)手续之前。

十七、关于财政部、国家税务总局《关于对 1994 年 1 月 1 日前签订开发及转让合同的房地产征免土地增值税的通知》(财法字[1995]7 号)适用范围的问题。

该通知规定的适用范围，限于房地产开发企业转让新建房地产的行为，非房地产开发企业或房地产开发企业转让存量房地产的，不适用此规定。

【注释】 对《土地增值税暂行条例》第 8、9、10、12 条进行了解释。对《土地增值税暂行条例实施细则》第 2、7、15、20 条进行了解释。

财政部　国家税务总局　国家国有资产管理局关于转让国有房地产征收土地增值税中有关房地产价格评估问题的通知

财税[1995]61 号

为了加强土地增值税的征收管理，促进对国有房地产转让价格评估的管理，维护国有资产权益，现根据《中华人民共和国土地增值税暂行条例》(以下简称《条例》)及《中华人民共和国土地增值税暂行条例实施细则》(以下简称《细则》)和《国有资产评估管理办法》的有关规定，对国有房地产转让中有关价格评估等问题通知如下：

一、凡转让国有土地使用权、地上建筑物及其附属物(以下简称房地产)的纳税人，按照土地增值税的有关规定，需要根据房地产的评估价格计税的，可委托经政府批准设立，并按照《国有资产评估管理办法》规定的由省以上国有资产管理部门授予评估资格的资产评估事务所、会计师事务所等各类资产评估机构受理有关转让房地产的评估业务。

二、对于涉及土地增值税的国有房地产价格评估，各评估机构必须严格按照《条例》和《细则》中规定的方法进行应纳税房地产的价格评估。其评估结果经同级国有资产管理部门审核验证后作为房地产转让的底价，并按税务部门的要求按期报送房地产所在地主管税务机关，作为确认计税依据的参考。

房地产所在地主管税务机关要求从事房地产评估的资产评估机构提供与房地产评估有关的评估资料

的，资产评估机构应无偿提供，不得以任何借口予以拒绝。

房地产所在地主管税务机关应根据《条例》和《细则》的有关规定，对应纳税房地产的评估结果进行严格审核及确认，对不符合实际情况的评估结果不予采用。

三、房地产评估机构在执业过程中必须遵守职业道德，坚持独立、客观、公正的原则，对评估结果的真实性、合理性负法律责任。任何房地产评估机构在房地产转让的评估过程中有隐瞒事实，提供虚假评估结果，或与有关当事人串通作弊等违法行为，一经发现坚决取消执业资格。

房地产评估机构因不向主管税务机关提供有关的、真实的房地产评估资料，或有意提供虚假评估结果，造成纳税人不缴或少缴土地增值税的，房地产评估机构应承担相应的法律和经济责任；对因上述行为而造成国家税收和国有资产严重流失的，要提请司法机关追究有关当事人的刑事责任。

四、各级财政、税务和国有资产管理部门要密切配合、相互协作，加强土地增值税的各项征收管理工作。为此，各有关部门应对各房地产评估机构进一步加强监督管理，使房地产评估为保证国家税收收入和维护国有资产权益发挥应有的作用。

【注释】 对《土地增值税暂行条例实施细则》第13条进行了解释。

财政部　国家税务总局关于调整房地产市场若干税收政策的通知

财税[1999]210号

各省、自治区、直辖市、计划单列市财政厅(局)、国家税务局、地方税务局、新疆生产建设兵团：

为了配合国家住房制度改革，有效启动房地产市场，积极培育新的经济增长点，经国务院批准，现对房地产市场有关税收政策问题通知如下：

一、关于营业税和契税的政策问题

为了切实减轻个人买卖普通住宅的税收负担，积极启动住房二级市场，对个人购买并居住超过一年的普通住宅，销售时免征营业税；个人购买并居住不足一年的普通住宅，销售时营业税按销售价减去购入原价后的差额计征；个人自建自用住房，销售时免征营业税；个人购买自用普通住宅，暂减半征收契税。

为了支持住房制度的改革，对企业、行政事业单位按房改成本价、标准价出售住房的收入，暂免征收营业税。

二、关于空置商品住房税收政策问题

为了加快住房资金周转，降低金融资产的风险，促进积压空置商品房的销售，对积压空置的商品住房销售时应缴纳的营业税、契税在2000年底前予以免税优惠。

空置商品住房限于1998年6月30日以前建成尚未售出的商品住房。

三、关于土地增值税征免政策问题

对居民个人拥有的普通住宅，在其转让时暂免征收土地增值税。

本通知自1999年8月1日起执行。部分地区在此之前越权自行制定的房地产市场税收政策，凡与本通知规定不符的一律改按本通知的规定执行。

【注释】 对《土地增值税暂行条例》第8条进行了解释。

财政部　国家税务总局关于土地增值税普通标准住宅有关政策的通知

财税[2006]141号

各省、自治区、直辖市、计划单列市财政厅(局)、地方税务局，新疆生产建设兵团财务局：

为贯彻落实《国务院办公厅转发建设部等部门关于调整住房供应结构稳定住房价格意见的通知》(国办发[2006]37号)精神，进一步促进调整住房供应结构，增加中小套型、中低价位普通商品住房供应，现将《中华人民共和国土地增值税暂行条例》第八条中“普通标准住宅”的认定问题通知如下：

“普通标准住宅”的认定，可在各省、自治区、直辖市人民政府根据《国务院办公厅转发建设部等部门关于做好稳定住房价格工作意见的通知》(国办发[2005]26号)制定的“普通住房标准”的范围内从严掌握。

【注释】 对《土地增值税暂行条例》第8条进行了解释。

国家税务总局关于房地产开发企业土地增值税清算管理有关问题的通知

国税发[2006]187号

各省、自治区、直辖市和计划单列市地方税务局，西藏、宁夏回族自治区国家税务局：

为进一步加强房地产开发企业土地增值税清算管理工作，根据《中华人民共和国税收征收管理法》、《中华人民共和国土地增值税暂行条例》及有关规定，现就有关问题通知如下：

一、土地增值税的清算单位

土地增值税以国家有关部门审批的房地产开发项目为单位进行清算，对于分期开发的项目，以分期项目为单位清算。

开发项目中同时包含普通住宅和非普通住宅的，应分别计算增值额。

二、土地增值税的清算条件

（一）符合下列情形之一的，纳税人应进行土地增值税的清算：

1. 房地产开发项目全部竣工、完成销售的；

2. 整体转让未竣工决算房地产开发项目的；

3. 直接转让土地使用权的。

（二）符合下列情形之一的，主管税务机关可要求纳税人进行土地增值税清算：

1. 已竣工验收的房地产开发项目，已转让的房地产建筑面积占整个项目可售建筑面积的比例在85%以上，或该比例虽未超过85%，但剩余的可售建筑面积已经出租或自用的；

2. 取得销售（预售）许可证满三年仍未销售完毕的；

3. 纳税人申请注销税务登记但未办理土地增值税清算手续的；

4. 省税务机关规定的其他情况。

三、非直接销售和自用房地产的收入确定

（一）房地产开发企业将开发产品用于职工福利、奖励、对外投资、分配给股东或投资人、抵偿债务、换取其他单位和个人的非货币性资产等，发生所有权转移时应视同销售房地产，其收入按下列方法和顺序确认：

1. 按本企业在同一地区、同一年度销售的同类房地产的平均价格确定；

2. 由主管税务机关参照当地当年、同类房地产的市场价格或评估价值确定。

（二）房地产开发企业将开发的部分房地产转为企业自用或用于出租等商业用途时，如果产权未发生转移，不征收土地增值税，在税款清算时不列收入，不扣除相应的成本和费用。

四、土地增值税的扣除项目

（一）房地产开发企业办理土地增值税清算时计算与清算项目有关的扣除项目金额，应根据土地增值税暂行条例第六条及其实施细则第七条的规定执行。除另有规定外，扣除取得土地使用权所支付的金额、房地产开发成本、费用及与转让房地产有关税金，须提供合法有效凭证；不能提供合法有效凭证的，不予扣除。

（二）房地产开发企业办理土地增值税清算所附送的前期工程费、建筑安装工程费、基础设施费、开发间接费用的凭证或资料不符合清算要求或不实的，地方税务机关可参照当地建设工程造价管理部门公布的建安造价定额资料，结合房屋结构、用途、区位等因素，核定上述四项开发成本的单位面积金额标准，并据以计算扣除。具体核定方法由省税务机关确定。

（三）房地产开发企业开发建造的与清算项目配套的居委会和派出所用房、会所、停车场（库）、物业管理场所、变电站、热力站、水厂、文体场馆、学校、幼儿园、托儿所、医院、邮电通讯等公共设施，按以下原则处理：

1. 建成后产权属于全体业主所有的，其成本、费用可以扣除；

2. 建成后无偿移交给政府、公用事业单位用于非营利性社会公共事业的，其成本、费用可以扣除；

3. 建成后有偿转让的，应计算收入，并准予扣除成本、费用。

（四）房地产开发企业销售已装修的房屋，其装修费用可以计入房地产开发成本。

房地产开发企业的预提费用，除另有规定外，不得扣除。

（五）属于多个房地产项目共同的成本费用，应按清算项目可售建筑面积占多个项目可售总建筑面积的比例或其他合理的方法，计算确定清算项目的扣除金额。

五、土地增值税清算应报送的资料

符合本通知第二条第（一）项规定的纳税人，须在满足清算条件之日起 90 日内到主管税务机关办理清算手续；符合本通知第二条第（二）项规定的纳税人，须在主管税务机关限定的期限内办理清算手续。

纳税人办理土地增值税清算应报送以下资料：

（一）房地产开发企业清算土地增值税书面申请、土地增值税纳税申报表；

（二）项目竣工决算报表、取得土地使用权所支付的地价款凭证、国有土地使用权出让合同、银行贷款利息结算通知单、项目工程合同结算单、商品房购销合同统计表等与转让房地产的收入、成本和费用有关的证明资料；

（三）主管税务机关要求报送的其他与土地增值税清算有关的证明资料等。

纳税人委托税务中介机构审核鉴证的清算项目，还应报送中介机构出具的《土地增值税清算税款鉴证报告》。

六、土地增值税清算项目的审核鉴证

税务中介机构受托对清算项目审核鉴证时，应按税务机关规定的格式对审核鉴证情况出具鉴证报告。对符合要求的鉴证报告，税务机关可以采信。

税务机关要对从事土地增值税清算鉴证工作的税务中介机构在准入条件、工作程序、鉴证内容、法律责任等方面提出明确要求，并做好必要的指导和管理工作。

七、土地增值税的核定征收

房地产开发企业有下列情形之一的，税务机关可以参照与其开发规模和收入水平相近的当地企业的土地增值税税负情况，按不低于预征率的征收率核定征收土地增值税：

（一）依照法律、行政法规的规定应当设置但未设置账簿的；

（二）擅自销毁账簿或者拒不提供纳税资料的；

（三）虽设置账簿，但账目混乱或者成本资料、收入凭证、费用凭证残缺不全，难以确定转让收入或扣除项目金额的；

（四）符合土地增值税清算条件，未按照规定的期限办理清算手续，经税务机关责令限期清算，逾期仍不清算的；

（五）申报的计税依据明显偏低，又无正当理由的。

八、清算后再转让房地产的处理

在土地增值税清算时未转让的房地产，清算后销售或有偿转让的，纳税人应按规定进行土地增值税的纳税申报，扣除项目金额按清算时的单位建筑面积成本费用乘以销售或转让面积计算。

单位建筑面积成本费用＝清算时的扣除项目总金额÷清算的总建筑面积

本通知自 2007 年 2 月 1 日起执行。各省税务机关可依据本通知的规定并结合当地实际情况制定具体清算管理办法。

【注释】 对《土地增值税暂行条例实施细则》第 16 条进行了解释。

国家税务总局关于未办理土地使用权证转让土地有关税收问题的批复

国税函［2007］645 号

四川省地方税务局：

你局《关于未办理土地使用权证而转让土地有关税收问题的请示》（川地税发［2007］7 号）收悉，批复如下：

土地使用者转让、抵押或置换土地，无论其是否取得了该土地的使用权属证书，无论其在转让、抵押或置换土地过程中是否与对方当事人办理了土地使用权属证书变更登记手续，只要土地使用者享有占有、使用、收益或处分该土地的权利，且有合同等证据表明其实质转让、抵押或置换了土地并取得了相应的经济利益，土地使用者及其对方当事人应当依照税法规定缴纳营业税、土地增值税和契税等相关税收。

【注释】 对《土地增值税暂行条例》第2条进行了解释。对《土地增值税暂行条例实施细则》第2条进行了解释。

土地增值税清算鉴证业务准则

国税发[2007]132号

第一章 总 则

第一条 为了规范土地增值税清算鉴证业务，根据《中华人民共和国土地增值税暂行条例》及其实施细则和《国家税务总局关于房地产开发企业土地增值税清算管理有关问题的通知》(国税发[2006]187号)以及《注册税务师管理暂行办法》及其他有关规定，制定本准则。

第二条 本准则所称土地增值税清算鉴证，是指税务师事务所接受委托对纳税人土地增值税清算税款申报的信息实施必要审核程序，提出鉴证结论或鉴证意见，并出具鉴证报告，增强税务机关对该项信息信任程度的一种鉴证业务。

第三条 纳入税务机关行政监管并通过年检的税务师事务所，均可从事土地增值税清算鉴证工作。

第四条 在接受委托前，税务师事务所应当初步了解业务环境。业务环境包括：业务约定事项、鉴证对象特征、使用的标准、预期使用者的需求、责任方及其环境的相关特征，以及可能对鉴证业务产生重大影响的事项、交易、条件和惯例及其他事项。

第五条 承接土地增值税清算鉴证业务，应当具备下列条件：

(一)接受委托的清算项目符合土地增值税的清算条件。

(二)税务师事务所符合独立性和专业胜任能力等相关专业知识和职业道德规范的要求。

(三)税务师事务所能够获取充分、适当、真实的证据以支持其结论并出具书面鉴证报告。

(四)与委托人协商签订涉税鉴证业务约定书(见附件1)。

第六条 土地增值税清算鉴证的鉴证对象，是指与土地增值税纳税申报相关的会计资料和纳税资料等可以收集、识别和评价的证据及信息。具体包括：企业会计资料及会计处理、财务状况及财务报表、纳税资料及税务处理、有关文件及证明材料等。

第七条 税务师事务所运用职业判断对鉴证对象作出合理一致的评价或计量时，应当符合适当的标准。适当的评价标准应当具备相关性、完整性、可靠性、中立性和可理解性等特征。

第八条 税务师事务所从事土地增值税清算鉴证业务，应当以职业怀疑态度、有计划地实施必要的审核程序，获取与鉴证对象相关的充分、适当、真实的证据；并及时对制定的计划、实施的程序、获取的相关证据以及得出的结论作出记录。

在确定证据收集的性质、时间和范围时，应当体现重要性原则，评估鉴证业务风险以及可获取证据的数量和质量。

第九条 税务师事务所从事土地增值税清算鉴证业务，应当以法律、法规为依据，按照独立、客观、公正原则，在获取充分、适当、真实证据基础上，根据审核鉴证的具体情况，出具真实、合法的鉴证报告并承担相应的法律责任。

第十条 税务师事务所按照本准则的规定出具的鉴证报告，税务机关应当受理。

第十一条 税务师事务所执行土地增值税清算鉴证业务，应当遵守本准则。

第二章 一般规定

第十二条 税务师事务所应当要求委托人如实提供如下资料：

(一)土地增值税纳税(预缴)申报表及完税凭证。

(二)项目竣工决算报表和有关账簿。

(三)取得土地使用权所支付的地价款凭证、国有土地使用权出让或转让合同。

(四)银行贷款合同及贷款利息结算通知单。

(五)项目工程建设合同及其价款结算单。

(六)商品房购销合同统计表等与转让房地产的收入、成本和费用有关的其他证明资料。

（七）无偿移交给政府、公共事业单位用于非营利性社会公共事业的凭证。

（八）转让房地产项目成本费用、分期开发分摊依据。

（九）转让房地产有关税金的合法有效凭证。

（十）与土地增值税清算有关的其他证明资料。

第十三条　税务师事务所开展土地增值税清算鉴证业务时，应当对下列事项充分关注：

（一）明确清算项目及其范围。

（二）正确划分清算项目与非清算项目的收入和支出。

（三）正确划分清算项目中普通住宅与非普通住宅的收入和支出。

（四）正确划分不同时期的开发项目，对于分期开发的项目，以分期项目为单位清算。

（五）正确划分征税项目与免税项目，防止混淆两者的界限。

（六）明确清算项目的起止日期。

第十四条　纳税人能够准确核算清算项目收入总额或收入总额能够查实，但其成本费用支出不能准确核算的，税务师事务所应当按照本准则第三章的规定审核收入总额。

第十五条　纳税人能够准确核算成本费用支出或成本费用支出能够查实，但其收入总额不能准确核算的，税务师事务所应当先按照本准则第四章的规定审核扣除项目的金额。

第十六条　税务师事务所在审核鉴证过程中，有下列情形之一的，除符合本准则第十七条规定外，可以终止鉴证：

（一）依照法律、行政法规的规定应当设置但未设置账簿的。

（二）擅自销毁账簿或者拒不提供纳税资料的。

（三）虽设置账簿，但账目混乱或者成本资料、收入凭证、费用凭证残缺不全，难以确定转让收入或扣除项目金额的。

（四）符合土地增值税清算条件，未按照规定的期限办理清算手续，经税务机关责令限期清算，逾期仍不清算的。

（五）申报的计税依据明显偏低且无正当理由的。

（六）纳税人隐瞒房地产成交价格，其转让房地产成交价格低于房地产评估价格且无正当理由，经税务师事务所与委托人沟通，沟通无效的。

第十七条　纳税人虽有本准则第十六条所列情形，但如有下列委托人委托，税务师事务所仍然可以接受委托执行鉴证业务，但需与委托人签订涉税鉴证业务约定书：

（一）司法机关、税务机关或者其他国家机关。

（二）依法组成的清算组织。

（三）法律、行政法规规定的其他组织和个人。

第三章　清算项目收入的审核

第十八条　土地增值税清算项目收入审核的基本程序和方法包括：

（一）评价收入内部控制是否存在、有效且一贯遵守。

（二）获取或编制土地增值税清算项目收入明细表，复核加计正确，并与报表、总账、明细账及有关申报表等进行核对。

（三）了解纳税人与土地增值税清算项目相关的合同、协议及执行情况。

（四）查明收入的确认原则、方法，注意会计制度与税收规定以及不同税种在收入确认上的差异。

（五）正确划分预售收入与销售收入，防止影响清算数据的准确性。

（六）必要时，利用专家的工作审核清算项目的收入总额。

第十九条　本准则所称清算项目的收入，是指转让国有土地使用权、地上的建筑物及其附着物（以下简称房地产）并取得的全部价款及有关的经济收益，包括货币收入、实物收入和其他收入。

第二十条　税务师事务所应当按照税法及有关规定审核纳税人是否准确划分征税收入与不征税收入，确认土地增值税的应税收入。

第二十一条　土地增值税以人民币为计算单位。转让房地产所取得的收入为外国货币的，以取得收入当天或当月 1 日国家公布的市场汇价折合成人民币，据以计算应纳土地增值税税额。

对于以分期收款形式取得的外币收入，应当按实际收款日或收款当月1日国家公布的市场汇价折合人民币。

第二十二条 有本准则第十六条第(六)款情形，但按本准则第十七条规定接受委托执行鉴证业务的，税务师事务所应当获取具有法定资质的专业评估机构确认的同类房地产评估价格，以确认转让房地产的收入。

第二十三条 纳税人将开发的房地产用于职工福利、奖励、对外投资、分配给股东或投资人、抵偿债务、换取其他单位和个人的非货币性资产等，发生所有权转移时应视同销售房地产，其视同销售收入按下列方法和顺序审核确认：

(一) 按本企业当月销售的同类房地产的平均价格核定。

(二) 按本企业在同一地区、同一年度销售的同类房地产的平均价格确认。

(三) 参照当地当年、同类房地产的市场价格或评估价值确认。

第二十四条 收入实现时间的确定，按国家税务总局有关规定执行。

第二十五条 对纳税人按县级以上人民政府的规定在售房时代收的各项费用，应区分不同情形分别处理：

(一) 代收费用计入房价向购买方一并收取的，应将代收费用作为转让房地产所取得的收入计税。实际支付的代收费用，在计算扣除项目金额时，可予以扣除，但不允许作为加计扣除的基数。

(二) 代收费用在房价之外单独收取且未计入房地产价格的，不作为转让房地产的收入，在计算增值额时不允许扣除代收费用。

第二十六条 必要时，注册税务师应当运用截止性测试确认收入的真实性和准确性。审核的主要内容包括：

(一) 审核企业按照项目设立的"预售收入备查簿"的相关内容，观察项目合同签订日期、交付使用日期、预售款确认收入日期、收入金额和成本费用的处理情况。

(二) 确认销售退回、销售折扣与折让业务是否真实，内容是否完整，相关手续是否符合规定，折扣与折让的计算和会计处理是否正确。重点审查给予关联方的销售折扣与折让是否合理，是否有利用销售折扣和折让转利于关联方等情况。

(三) 审核企业对于以土地使用权投资开发的项目，是否按规定进行税务处理。

(四) 审核按揭款收入有无申报纳税，有无挂在往来账，如"其他应付款"，不作销售收入申报纳税的情形。

(五) 审核纳税人以房换地，在房产移交使用时是否视同销售不动产申报缴纳税款。

(六) 审核纳税人采用"还本"方式销售商品房和以房产补偿给拆迁户时，是否按规定申报纳税。

(七) 审核纳税人在销售不动产过程中收取的价外费用，如天然气初装费、有线电视初装费等收益，是否按规定申报纳税。

(八) 审核将房地产抵债转让给其他单位和个人或被法院拍卖的房产，是否按规定申报纳税。

(九) 审核纳税人转让在建项目是否按规定申报纳税。

(十) 审核以房地产或土地作价入股投资或联营从事房地产开发，或者房地产开发企业以其建造的商品房进行投资或联营，是否按规定申报纳税。

第四章 扣除项目的审核

第二十七条 税务师事务所应当审核纳税人申报的扣除项目是否符合土地增值税暂行条例实施细则第七条规定的范围。审核的内容具体包括：

(一) 取得土地使用权所支付的金额。

(二) 房地产开发成本，包括：土地征用及拆迁补偿费、前期工程费、建筑安装工程费、基础设施费、公共配套设施费、开发间接费用。

(三) 房地产开发费用。

(四) 与转让房地产有关的税金。

(五) 国家规定的其他扣除项目。

第二十八条 扣除项目审核的基本程序和方法包括：

（一）评价与扣除项目核算相关的内部控制是否存在、有效且一贯遵守。

（二）获取或编制扣除项目明细表，并与明细账、总账及有关申报表核对是否一致。

（三）审核相关合同、协议和项目预(概)算资料，并了解其执行情况，审核成本、费用支出项目。

（四）审核扣除项目的记录、归集是否正确，是否取得合法、有效的凭证，会计及税务处理是否正确，确认扣除项目的金额是否准确。

（五）实地查看、询问调查和核实。剔除不属于清算项目所发生的开发成本和费用。

（六）必要时，利用专家审核扣除项目。

第二十九条 审核各项扣除项目分配或分摊的顺序和标准是否符合下列规定，并确认扣除项目的具体金额：

（一）扣除项目能够直接认定的，审核是否取得合法、有效的凭证。

（二）扣除项目不能够直接认定的，审核当期扣除项目分配标准和口径是否一致，是否按照规定合理分摊。

（三）审核并确认房地产开发土地面积、建筑面积和可售面积，是否与权属证、房产证、预售证、房屋测绘所测量数据、销售记录、销售合同、有关主管部门的文件等载明的面积数据相一致，并确定各项扣除项目分摊所使用的分配标准。

如果上述性质相同的三类面积所获取的各项证据发生冲突、不能相互印证时，税务师事务所应当追加审核程序，并按照外部证据比内部证据更可靠的原则，确认适当的面积。

（四）审核并确认扣除项目的具体金额时，应当考虑总成本、单位成本、可售面积、累计已售面积、累计已售分摊成本、未售分摊成本(存货)等因素。

第三十条 取得土地使用权支付金额的审核，应当包括下列内容：

（一）审核取得土地使用权支付的金额是否获取合法有效的凭证，口径是否一致。

（二）如果同一土地有多个开发项目，审核取得土地使用权支付金额的分配比例和具体金额的计算是否正确。

（三）审核取得土地使用权支付金额是否含有关联方的费用。

（四）审核有无将期间费用记入取得土地使用权支付金额的情形。

（五）审核有无预提的取得土地使用权支付金额。

（六）比较、分析相同地段、相同期间、相同档次项目，判断其取得土地使用权支付金额是否存在明显异常。

第三十一条 土地征用及拆迁补偿费的审核，应当包括下列内容：

（一）审核征地费用、拆迁费用等实际支出与概预算是否存在明显异常。

（二）审核支付给个人的拆迁补偿款所需的拆迁(回迁)合同和签收花名册，并与相关账目核对。

（三）审核纳税人在由政府或者他人承担已征用和拆迁好的土地上进行开发的相关扣除项目，是否按税收规定扣除。

第三十二条 前期工程费的审核，应当包括下列内容：

（一）审核前期工程费的各项实际支出与概预算是否存在明显异常。

（二）审核纳税人是否虚列前期工程费，土地开发费用是否按税收规定扣除。

第三十三条 建筑安装工程费的审核，应当包括下列内容：

（一）出包方式。重点审核完工决算成本与工程概预算成本是否存在明显异常。当二者差异较大时，应当追加下列审核程序，以获取充分、适当、真实的证据：

1. 从合同管理部门获取施工单位与开发商签订的施工合同，并与相关账目进行核对；

2. 实地查看项目工程情况，必要时，向建筑监理公司取证；

3. 审核纳税人是否存在利用关联方(尤其是各企业适用不同的征收方式、不同税率，不同时段享受税收优惠时)承包或分包工程，增加或减少建筑安装成本造价的情形。

（二）自营方式。重点审核施工所发生的人工费、材料费、机械使用费、其他直接费和管理费支出是否取得合法有效的凭证，是否按规定进行会计处理和税务处理。

第三十四条 基础设施费和公共配套设施费的审核，应当包括下列内容：

（一）审核各项基础设施费和公共配套设施费用是否取得合法有效的凭证。

（二）如果有多个开发项目，基础设施费和公共配套设施费用是否分项目核算，是否将应记入其他项目的费用记入了清算项目。

（三）审核各项基础设施费和公共配套设施费用是否含有其他企业的费用。

（四）审核各项基础设施费和公共配套设施费用是否含有以明显不合理的金额开具的各类凭证。

（五）审核是否将期间费用记入基础设施费和公共配套设施费用。

（六）审核有无预提的基础设施费和公共配套设施费用。

（七）获取项目概预算资料，比较、分析概预算费用与实际费用是否存在明显异常。

（八）审核基础设施费和公共配套设施应负担各项开发成本是否已经按规定分摊。

（九）各项基础设施费和公共配套设施费的分摊和扣除是否符合有关税收规定。

第三十五条　开发间接费用的审核，应当包括下列内容：

（一）审核各项开发间接费用是否取得合法有效凭证。

（二）如果有多个开发项目，开发间接费用是否分项目核算，是否将应记入其他项目的费用记入了清算项目。

（三）审核各项开发间接费用是否含有其他企业的费用。

（四）审核各项开发间接费用是否含有以明显不合理的金额开具的各类凭证。

（五）审核是否将期间费用记入开发间接费用。

（六）审核有无预提的开发间接费用。

（七）审核纳税人的预提费用及为管理和组织经营活动而发生的管理费用，是否在本项目中予以剔除。

（八）在计算加计扣除项目基数时，审核是否剔除了已计入开发成本的借款费用。

第三十六条　房地产开发费用的审核，应当包括下列内容：

（一）审核应据实列支的财务费用是否取得合法有效的凭证，除据实列支的财务费用外的房地产开发费用是否按规定比例计算扣除。

（二）利息支出的审核。企业开发项目的利息支出不能够提供金融机构证明的，审核其利息支出是否按税收规定的比例计算扣除；开发项目的利息支出能够提供金融机构证明的，应按下列方法进行审核：

1. 审核各项利息费用是否取得合法有效的凭证；

2. 如果有多个开发项目，利息费用是否分项目核算，是否将应记入其他项目的利息费用记入了清算项目；

3. 审核各项借款合同，判断其相应条款是否符合有关规定；

4. 审核利息费用是否超过按商业银行同类同期贷款利率计算的金额。

第三十七条　与转让房地产有关的税金审核，应当确认与转让房地产有关的税金及附加扣除的范围是否符合税收有关规定，计算的扣除金额是否正确。

对于不属于清算范围或者不属于转让房地产时发生的税金及附加，或者按照预售收入（不包括已经结转销售收入部分）计算并缴纳的税金及附加，不应作为清算的扣除项目。

第三十八条　国家规定的加计扣除项目的审核，应当包括下列内容：

（一）对取得土地（不论是生地还是熟地）使用权后，未进行任何形式的开发即转让的，审核是否按税收规定计算扣除项目金额，核实有无违反税收规定加计扣除的情形。

（二）对于取得土地使用权后，仅进行土地开发（如“三通一平”等），不建造房屋即转让土地使用权的，审核是否按税收规定计算扣除项目金额，是否按取得土地使用权时支付的地价款和开发土地的成本之和计算加计扣除。

（三）对于取得了房地产产权后，未进行任何实质性的改良或开发即再行转让的，审核是否按税收规定计算扣除项目金额，核实有无违反税收规定加计扣除的情形。

（四）对于县级以上人民政府要求房地产开发企业在售房时代收的各项费用，审核其代收费用是否计入房价并向购买方一并收取，核实有无将代收费用作为加计扣除的基数的情形。

第三十九条　对于纳税人成片受让土地使用权后，分期分批开发、转让房地产的，审核其扣除项目金额是否按主管税务机关确定的分摊方法计算分摊扣除。

第五章 应纳税额的审核

第四十条 税务师事务所应按照税法规定审核清算项目的收入总额、扣除项目的金额，并确认其增值额及适用税率，正确计算应缴税款。审核程序通常包括：

（一）审核清算项目的收入总额是否符合税收规定，计算是否正确。

（二）审核清算项目的扣除金额及其增值额是否符合税收规定，计算是否正确。

1. 如果企业有多个开发项目，审核收入与扣除项目金额是否属于同一项目；

2. 如果同一个项目既有普通住宅，又有非普通住宅，审核其收入额与扣除项目金额是否分开核算；

3. 对于同一清算项目，一段时间免税、一段时间征税的，应当特别关注收入的实现时间及其扣除项目的配比。

（三）审核增值额与扣除项目之比的计算是否正确，并确认土地增值税的适用税率。

（四）审核并确认清算项目当期土地增值税应纳税额及应补或应退税额。

第六章 鉴证报告的出具

第四十一条 本准则所称的鉴证报告，是指税务师事务所按照相关法律、法规、规章及其他有关规定，在实施必要的审核程序后，出具含有鉴证结论或鉴证意见的书面报告。

第四十二条 鉴证报告的基本内容应当包括：

（一）标题。鉴证报告的标题应当统一规范为“土地增值税清算税款鉴证报告”。

（二）收件人。鉴证报告的收件人是指注册税务师按照业务约定书的要求致送鉴证报告的对象，一般是指鉴证业务的委托人。鉴证报告应当载明收件人的全称。

（三）引言段。鉴证报告的引言段应当表明委托人和受托人的责任，说明对委托事项已进行鉴证审核以及审核的原则和依据等。

（四）审核过程及实施情况。鉴证报告的审核过程及实施情况应当披露以下内容：

1. 简要评述与土地增值税清算有关的内部控制及其有效性；

2. 简要评述与土地增值税清算有关的各项内部证据和外部证据的相关性和可靠性；

3. 简要陈述对委托单位提供的会计资料及纳税资料等进行审核、验证、计算和进行职业推断的情况。

（五）鉴证结论或鉴证意见。注册税务师应当根据鉴证情况，提出鉴证结论或鉴证意见，并确认出具鉴证报告的种类。

（六）鉴证报告的要素还应当包括：

1. 税务师事务所所长和注册税务师签名或盖章；

2. 载明税务师事务所的名称和地址，并加盖税务师事务所公章；

3. 注明报告日期；

4. 注明鉴证报告的使用人；

5. 附送与土地增值税清算税款鉴证相关的审核表及有关资料。

第四十三条 税务师事务所经过审核鉴证，应当根据鉴证情况，出具真实、合法的鉴证报告。鉴证报告分为以下四种：

（一）无保留意见的鉴证报告（见附件2）。

（二）保留意见的鉴证报告（见附件3）。

（三）无法表明意见的鉴证报告（见附件4）。

（四）否定意见的鉴证报告（见附件5）。

上述鉴证报告应当附有《企业基本情况和土地增值税清算税款申报审核事项说明及有关附表》（见附件6）。

第四十四条 税务师事务所经过审核鉴证，确认涉税鉴证事项符合下列所有条件，应当出具无保留意见的鉴证报告：

（一）鉴证事项完全符合法定性标准，涉及的会计资料及纳税资料遵从了国家法律、法规及税收有关规定。

（二）注册税务师已经按本准则的规定实施了必要的审核程序，审核过程未受到限制。

（三）注册税务师获取了鉴证对象信息所需的充分、适当、真实的证据，完全可以确认土地增值税的具体纳税金额。

税务师事务所出具无保留意见的鉴证报告，可以作为办理土地增值税清算申报或审批事宜的依据。

第四十五条　税务师事务所经过审核鉴证，认为涉税鉴证事项总体上符合法定性标准，但还存在下列情形之一的，应当出具保留意见的鉴证报告：

（一）部分涉税事项因税收法律、法规及其具体政策规定或执行时间不够明确。

（二）经过咨询或询证，对鉴证事项所涉及的具体税收政策在理解上与税收执法人员存在分歧，需要提请税务机关裁定。

（三）部分涉税事项因审核范围受到限制，不能获取充分、适当、真实的证据，虽然影响较大，但不至于出具无法表明意见的鉴证报告。

税务师事务所应当对能够获取充分、适当、真实证据的部分涉税事项，确认其土地增值税的具体纳税金额，并对不能确认具体金额的保留事项予以说明，提请税务机关裁定。

税务师事务所出具的保留意见的鉴证报告，可以作为办理土地增值税清算申报或审批事宜的依据。

第四十六条　税务师事务所因审核范围受到限制，认为对企业土地增值税纳税申报可能产生的影响非常重大和广泛，以至于无法对土地增值税纳税申报发表意见，应当出具无法表明意见的鉴证报告。

税务师事务所出具的无法表明意见的鉴证报告，不能作为办理土地增值税清算申报或审批事宜的依据。

第四十七条　税务师事务所经过审核鉴证，发现涉税事项总体上没有遵从法定性标准，存在违反相关法律、法规或税收规定的情形，经与被审核单位的治理层、管理层沟通或磋商，在所有重大方面未能达成一致意见，不能真实、合法的反映鉴证结果的，应当出具否定意见的鉴证报告。

税务师事务所出具否定意见的鉴证报告，不能作为办理土地增值税清算申报或审批事宜的依据。

【注释】　对《土地增值税暂行条例实施细则》第16条进行了解释。

关于调整房地产交易环节税收政策的通知

财税[2008]137号

各省、自治区、直辖市、计划单列市财政厅（局）、地方税务局，新疆生产建设兵团财务局：

为适当减轻个人住房交易的税收负担，支持居民首次购买普通住房，经国务院批准，现就房地产交易环节有关税收政策问题通知如下：

一、对个人首次购买90平方米及以下普通住房的，契税税率暂统一下调到1%。首次购房证明由住房所在地县（区）住房建设主管部门出具。

二、对个人销售或购买住房暂免征收印花税。

三、对个人销售住房暂免征收土地增值税。

本通知自2008年11月1日起实施。

第十三部分　中华人民共和国城镇土地使用税法

中华人民共和国城镇土地使用税暂行条例

（1988年9月27日中华人民共和国国务院令第17号发布 根据2006年12月31日《国务院关于修改〈中华人民共和国城镇土地使用税暂行条例〉的决定》修订）

第一条　为了合理利用城镇土地，调节土地级差收入，提高土地使用效益，加强土地管理，制定本条例。

第二条　在城市、县城、建制镇、工矿区范围内使用土地的单位和个人，为城镇土地使用税（以下简称土地使用税）的纳税人，应当依照本条例的规定缴纳土地使用税。

前款所称单位，包括国有企业、集体企业、私营企业、股份制企业、外商投资企业、外国企业以及其他企业和事业单位、社会团体、国家机关、军队以及其他单位；所称个人，包括个体工商户以及其他个人。

【注释】　相关规定包括：《关于土地使用税若干具体问题的解释和暂行规定》（国税地[1988]15号）、《关于土地使用税若干具体问题的补充规定》（国税地[1989]140号）、《国家税务局关于对邮电部门所属企业恢复征收城镇土地使用税的通知》（国税函发[1991]209号）、《国家税务局关于林业系统征免土地使用税问题的通知》（国税函发[1991]1404号）、《国家税务局关于受让土地使用权者应征收土地使用税问题的批复》（国税函发[1993]501号）、《国家税务总局关于城市维护建设税等地方税有关问题的通知》（国税发[1994]35号）、《国家税务总局关于对已缴纳土地使用金的土地使用者应征收城镇土地使用税的批复》（国税函发[1998]669号）、《财政部　国家税务总局关于非营利性科研机构税收政策的通知》（财税[2001]5号）、《财政部　国家税务总局关于调整铁路系统房产税城镇土地使用税政策的通知》（财税[2003]149号）、《财政部　国家税务总局关于集体土地城镇土地使用税有关政策的通知》（财税[2006]56号）、《国家税务总局关于外商投资企业和外国企业征收城镇土地使用税问题的批复》（国税函[2007]596号）。

第三条　土地使用税以纳税人实际占用的土地面积为计税依据，依照规定税额计算征收。

前款土地占用面积的组织测量工作，由省、自治区、直辖市人民政府根据实际情况确定。

【注释】　相关规定包括：《关于土地使用税若干具体问题的解释和暂行规定》（国税地[1988]15号）。

第四条　土地使用税每平方米年税额如下：

（一）大城市1.5元至30元；

（二）中等城市1.2元至24元；

（三）小城市0.9元至18元；

（四）县城、建制镇、工矿区0.6元至12元。

【注释】　相关规定包括：《关于土地使用税若干具体问题的解释和暂行规定》（国税地[1988]15号）。

第五条　省、自治区、直辖市人民政府，应当在本条例第四条规定的税额幅度内，根据市政建设状况、经济繁荣程度等条件，确定所辖地区的适用税额幅度。

市、县人民政府应当根据实际情况，将本地区土地划分为若干等级，在省、自治区、直辖市人民政府确定的税额幅度内，制定相应的适用税额标准，报省、自治区、直辖市人民政府批准执行。

经省、自治区、直辖市人民政府批准，经济落后地区土地使用税的适用税额标准可以适当降低，但降低额不得超过本条例第四条规定最低税额的30%。经济发达地区土地使用税的适用税额标准可以适当提高，但须报经财政部批准。

【注释】　相关规定包括：《关于土地使用税若干具体问题的解释和暂行规定》（国税地[1988]15号）。

第六条　下列土地免缴土地使用税：

（一）国家机关、人民团体、军队自用的土地；

（二）由国家财政部门拨付事业经费的单位自用的土地；

（三）宗教寺庙、公园、名胜古迹自用的土地；

（四）市政街道、广场、绿化地带等公共用地；

（五）直接用于农、林、牧、渔业的生产用地；

（六）经批准开山填海整治的土地和改造的废弃土地，从使用的月份起免缴土地使用税5年至10年；

（七）由财政部另行规定免税的能源、交通、水利设施用地和其他用地。

【注释】 相关规定包括：《关于土地使用税若干具体问题的解释和暂行规定》（国税地［1988］15号）、《国家税务局对"关于〈中华人民共和国城镇土地使用税暂行条例〉第六条中'宗教寺庙'适用范围的请示"的复函》（国税地［1988］20号）、《国家税务局对〈关于高校征免房产税、土地使用税的请示〉的批复》（国税地便［1989］8号）、《国家税务局关于对煤炭企业用地征免土地使用税问题的规定》（国税地［1989］89号）、《国家税务局关于对司法部所属的劳改劳教单位征免土地使用税问题的规定》（国税地［1989］119号）、《国家税务局关于对矿山企业征免土地使用税问题的通知》（国税地［1989］122号）、《国家税务局关于对交通部门的港口用地征免土地使用税问题的规定》（国税地［1989］123号）、《关于土地使用税若干具体问题的补充规定》（国税地［1989］140号）、《国家税务局关于对盐场、盐矿征免城镇土地使用税问题的通知》（国税地［1989］141号）、《国家税务局关于林业系统征免土地使用税问题的通知》（国税函发［1991］1404号）、《财政部　国家税务总局关于血站有关税收问题的通知》（财税［1999］264号）、《国家税务总局关于中国人民银行总行所属分支机构免征房产税城镇土地使用税的通知》（国税函［2001］770号）、《国家税务总局关于填海整治土地免征城镇土地使用税问题的批复》（国税函［2005］968号）。

第七条 除本条例第六条规定外，纳税人缴纳土地使用税确有困难需要定期减免的，由省、自治区、直辖市税务机关审核后，报国家税务局批准。

【注释】 相关规定包括：《国家税务局关于对经贸仓库免缴土地使用税问题的复函》（国税地［1988］32号）、《国家税务局关于电力行业征免土地使用税问题的规定》（国税地［1989］13号）、《国家税务局关于对民航机场用地征免土地使用税问题的规定》（国税地［1989］32号）、《国家税务局对〈关于中、小学校办企业征免房产税、土地使用税问题的请示〉的批复》（国税地［1989］81号）、《国家税务局关于对中国石油天然气总公司所属单位用地征免土地使用税问题的规定》（国税地［1989］88号）、《国家税务局关于对煤炭企业用地征免土地使用税问题的规定》（国税地［1989］89号）、《国家税务局

关于对中国海洋石油总公司及其所属公司用地征免土地使用税问题的规定》（国税油发［1990］3号）、《国家税务局关于建材企业的采石场、排土场等用地征免土地使用税问题的批复》（国税函发［1990］853号）、《国家税务局关于恢复征收国营华侨农场地方税问题的通知》（国税函发［1990］1117号）、《国家税务局关于工会服务型事业单位免征房产税、车船使用税、土地使用税问题的复函》（国税函发［1992］1440号）、《财政部　国家税务总局关于医疗卫生机构有关税收政策的通知》（财税［2000］42号）、《财政部　国家税务总局关于对老年服务机构有关税收政策问题的通知》（财税［2000］97号）、《国家税务总局关于房产税城镇土地使用税有关政策规定的通知》（国税发［2003］89号）、《财政部　国家税务总局关于教育税收政策的通知》（财税［2004］39号）、《财政部　国家税务总局关于明确免征房产税城镇土地使用税的铁路运输企业范围及有关问题的通知》（财税［2004］36号）、《财政部　国家税务总局关于天然林保护工程实施企业和单位有关税收政策的通知》（财税［2004］37号）、《国家税务总局关于下放城镇土地使用税困难减免审批项目管理层级后有关问题的通知》（国税函［2004］940号）、《国家税务总局关于供热企业缴纳房产税和城镇土地使用税问题的批复》（国税函［2005］60号）、《财政部　国家税务总局关于国家石油储备基地建设有关税收政策的通知》（财税［2005］23号）、《财政部　国家税务总局关于明确免征房产税 城镇土地使用税的铁路运输企业范围的补充通知》（财税［2006］17号）、《财政部　国家税务总局关于煤炭企业未利用塌陷地城镇土地使用税政策的通知》（财税［2006］74号）、《财政部　国家税务总局关于房产税城镇土地使用税有关政策的通知》（财税［2006］186号）、《财政部　国家税务总局关于国家大学科技园有关税收政策问题的通知》（财税［2007］120号）、《财政部　国家税务总局关于科技企业孵化器有关税收政策问题的通知》（财税［2007］121号）、《财政部　国家税务总局关于核电站用地征免城镇土地使用税的通知》（财税［2007］124号）。

第八条 土地使用税按年计算、分期缴纳。缴纳期限由省、自治区、直辖市人民政府确定。

第九条 新征用的土地，依照下列规定缴纳土地使用税：

（一）征用的耕地，自批准征用之日起满1年时开始缴纳土地使用税；

（二）征用的非耕地，自批准征用次月起缴纳土地使用税。

第十条 土地使用税由土地所在地的税务机关征收。土地管理机关应当向土地所在地的税务机关提

供土地使用权属资料。

【注释】 相关规定包括:《关于土地使用税若干具体问题的解释和暂行规定》(国税地[1988]15号)。

第十一条 土地使用税的征收管理,依照《中华人民共和国税收征收管理法》及本条例的规定执行。

第十二条 土地使用税收入纳入财政预算管理。

第十三条 本条例的实施办法由省、自治区、直辖市人民政府制定。

第十四条 本条例自1988年11月1日起施行,各地制定的土地使用费办法同时停止执行。

关于土地使用税若干具体问题的解释和暂行规定

国税地[1988]15号

一、关于城市、县城、建制镇、工矿区范围内土地的解释

城市、县城、建制镇、工矿区范围内土地,是指在这些区域范围内属于国家所有和集体所有的土地。

二、关于城市、县城、建制镇、工矿区的解释

城市是指经国务院批准设立的市。

县城是指县人民政府所在地。

建制镇是指经省、自治区、直辖市人民政府批准设立的建制镇。

工矿区是指工商业比较发达,人口比较集中,符合国务院规定的建制镇标准,但尚未设立镇建制的大中型工矿企业所在地。工矿区须经省、自治区、直辖市人民政府批准。

三、关于征税范围的解释

城市的征税范围为市区和郊区。

县城的征税范围为县人民政府所在的城镇。

建制镇的征税范围为镇人民政府所在地。

城市、县城、建制镇、工矿区的具体征税范围,由各省、自治区、直辖市人民政府划定。

四、关于纳税人的确定

土地使用税由拥有土地使用权的单位或个人缴纳。拥有土地使用权的纳税人不在土地所在地的,由代管人或实际使用人纳税;土地使用权未确定或权属纠纷未解决的,由实际使用人纳税;土地使用权共有的,由共有各方分别纳税。

五、关于土地使用权共有的,如何计算缴纳土地使用税

土地使用权共有的各方,应按其实际使用的土地面积占总面积的比例,分别计算缴纳土地使用税。

六、关于纳税人实际占用的土地面积的确定

纳税人实际占用的土地面积,是指由省、自治区、直辖市人民政府确定的单位组织测定的土地面积。尚未组织测量,但纳税人持有政府部门核发的土地使用证书的,以证书确认的土地面积为准;尚未核发土地使用证书的,应由纳税人据实申报土地面积。

七、关于大中小城市的解释

大、中、小城市以公安部门登记在册的非农业正式户口人数为依据,按照国务院颁布的《城市规划条例》中规定的标准划分。现行的划分标准是:市区及郊区非农业人口总计在50万以上的,为大城市;市区及郊区非农业人口总计在20万至50万的,为中等城市;市区及郊区非农业人口总计在20万以下的,为小城市。

八、关于人民团体的解释

人民团体是指经国务院授权的政府部门批准设立或登记备案并由国家拨付行政事业费的各种社会团体。

九、关于由国家财政部门拨付事业经费的单位的解释

由国家财政部门拨付事业经费的单位,是指由国家财政部门拨付经费、实行全额预算管理或差额预算管理的事业单位。不包括实行自收自支、自负盈亏的事业单位。

十、关于免税单位自用土地的解释

国家机关、人民团体、军队自用的土地,是指这些单位本身的办公用地和公务用地。

事业单位自用的土地,是指这些单位本身的业务用地。

宗教寺庙自用的土地,是指举行宗教仪式等的用地和寺庙内的宗教人员生活用地。

公园、名胜古迹自用的土地，是指供公共参观游览的用地及其管理单位的办公用地。

以上单位的生产、营业用地和其他用地，不属于免税范围，应按规定缴纳土地使用税。

十一、关于直接用于农、林、牧、渔业的生产用地的解释

直接用于农、林、牧、渔业的生产用地，是指直接从事于种植、养殖、饲养的专业用地，不包括农副产品加工场地和生活、办公用地。

十二、关于征用的耕地与非耕地的确定

征用的耕地与非耕地，以土地管理机关批准征地的文件为依据确定。

十三、关于开山填海整治的土地和改造的废弃土地及其免税期限的确定

开山填海整治的土地和改造的废弃土地，以土地管理机关出具的证明文件为依据确定；具体免税期限由各省、自治区、直辖市税务局在土地使用税暂行条例规定的期限内自行确定。

十四、关于纳税人使用的土地不属于同一省(自治区、直辖市)管辖范围的，如何确定纳税地点

纳税人使用的土地不属于同一省(自治区、直辖市)管辖范围的，应由纳税人分别向土地所在地的税务机关缴纳土地使用税。

在同一省(自治区、直辖市)管辖范围内，纳税人跨地区使用的土地，如何确定纳税地点，由各省、自治区、直辖市税务局确定。

十五、关于公园、名胜古迹中附设的营业单位使用的土地，应否征收土地使用税

公园、名胜古迹中附设的营业单位，如影剧院、饮食部、茶社、照相馆等使用的土地，应征收土地使用税。

十六、关于对房管部门经租的公房用地，如何征收土地使用税

房管部门经租的公房用地，凡土地使用权属于房管部门的，由房管部门缴纳土地使用税

十七、关于企业办的学校、医院、托儿所、幼儿园自用的土地，可否免征土地使用税

企业办的学校、医院、托儿所、幼儿园，其用地能与企业其他用地明确区分的，可以比照由国家财政部门拨付事业经费的单位自用的土地，免征土地使用税。

十八、下列土地的征免税，由省、自治区、直辖市税务局确定

1. 个人所有的居住房屋及院落用地；
2. 房产管理部门在房租调整改革前经租的居民住房用地；
3. 免税单位职工家属的宿舍用地；
4. 民政部门举办的安置残疾人占一定比例的福利工厂用地；
5. 集体和个人办的各类学校、医院、托儿所、幼儿园用地。

【注释】 对《城镇土地使用税》第2、3、4、5、6、7、10条进行了解释。

国家税务局对“关于《中华人民共和国城镇土地使用税暂行条例》第六条中‘宗教寺庙’适用范围的请示”的复函

国税地[1988]20号

国务院宗教事务管理局：

你局(88)宗发字386号文收悉。现答复如下：

关于《中华人民共和国城镇土地使用税暂行条例》第六条中的宗教寺庙自用的土地，我局已在(88)国税地字第015号《关于土地使用税若干具体问题的解释和暂行规定》中作了解释，即“宗教寺庙自用的土地，是指举行宗教仪式等的用地和寺庙内的宗教人员生活用地。”这里的“宗教寺庙”包括寺、庙、宫、观、教堂等各种宗教活动场所。

【注释】 对《城镇土地使用税》第6条进行了解释。

国家税务局关于对经贸仓库免缴土地使用税问题的复函

国税地[1988]32号

对外经济贸易部：

你部(88)外经贸输字第1604/0756号《关于经贸仓库免缴土地使用税的函》收悉。关于要求免征经贸

部所属经贸仓库、冷库土地使用税的问题，经研究，函复如下：

国家决定开征土地使用税，目的是为了调节土地的级差收益，促进节约用地，增加财政收入，平衡财政预算。根据《中华人民共和国城镇土地使用税暂行条例》的规定，经贸仓库、冷库均属于征税范围，因此不宜一律免征土地使用税。对纳税确有困难的企业，可根据暂行条例第七条的规定，向企业所在地的税务机关提出减免税申请，由省、自治区、直辖市税务机关审核后，报国家税务局批准，才可享受减免土地使用税的照顾。

【注释】 对《城镇土地使用税》第7条进行了解释。

国家税务局关于电力行业征免土地使用税问题的规定

国税地[1989]13号

为了便于各地贯彻土地使用税暂行条例，现将电力行业征免土地使用税问题，明确如下：

一、对火电厂厂区围墙内的用地，均应照章征收土地使用税。对厂区围墙外的灰场、输灰管、输油（气）管道、铁路专用线用地，免征土地使用税；厂区围墙外的其他用地，应照章征税。

二、对水电站的发电厂房用地（包括坝内、坝外式厂房），生产、办公、生活用地，照章征收土地使用税；对其他用地给予免税照顾。

三、对供电部门的输电线路用地、变电站用地，免征土地使用税。

【注释】 对《城镇土地使用税》第7条进行了解释。相关规定包括：《国家税务局对〈关于请求再次明确电力行业土地使用税征免范围问题的函〉的复函》（国税地[1989]44号）。

国家税务局关于水利设施用地征免土地使用税问题的规定

国税地[1989]14号

为了支持水利事业发展，根据《中华人民共和国城镇土地使用税暂行条例》规定，对水利设施用地征免土地使用税问题，明确如下：

一、对水利设施及其管护用地（如水库库区、大坝、堤防、灌渠、泵站等用地），免征土地使用税；其他用地，如生产、办公、生活用地，应照章征收土地使用税。

二、对兼有发电的水利设施用地征免土地使用税问题，比照电力行业征免土地使用税的有关规定办理。

【注释】 对《城镇土地使用税》第7条进行了解释。

国家税务局关于对民航机场用地征免土地使用税问题的规定

国税地[1989]32号

根据国务院国发[1988]17号《中华人民共和国城镇土地使用税暂行条例》的规定，现对民航机场用地征免土地使用税问题作如下规定：

一、机场飞行区（包括跑道、滑行道、停机坪、安全带、夜航灯光区）用地，场内外通讯导航设施用地和飞行区四周排水防洪设施用地，免征土地使用税。

二、机场道路，区分为场内、场外道路。场外道路用地免征土地使用税；场内道路用地依照规定征收土地使用税。

三、机场工作区（包括办公、生产和维修用地及候机楼、停车场）用地、生活区用地、绿化用地，均须依照规定征收土地使用税。

【注释】 对《城镇土地使用税》第7条进行了解释。

国家税务局对《关于高校征免房产税、土地使用税的请示》的批复

国税地便[1989]8号

武汉市税务局：

你局《关于高校征免房产税、土地使用税的请示》收悉，现批复如下：

国务院国发[1989]10号《国务院批转国家教委等部门关于深化改革鼓励教育科研卫生单位增加社会服务意见的通知》和国家税务局(89)国税所字第067号《关于贯彻国务院国发[1989]10号文件有关税收问题的通知》中所说的"对高等学校校用房产和土地免征房产税、土地使用税",是指对高等学校用于教学及科研等本身业务用房产和土地免征房产税和土地使用税。对高等学校举办的校办工厂、商店、招待所等的房产及土地以及出租的房产及用地,均不属于自用房产和土地的范围,应按规定征收房产税、土地使用税。

【注释】 对《城镇土地使用税》第6条进行了解释。

国家税务局对《关于中、小学校办企业征免房产税、土地使用税问题的请示》的批复

国税地[1989]81号

四川省税务局:

你局川税三(1989)489号《关于中、小学校办企业征免房产税、土地使用税问题的请示》收悉,现批复如下:

关于中、小学校办企业使用的房屋及土地征收房产税和土地使用税问题,我局意见,对中、小学校办企业应比照(89)国税地便字第008号"对《关于高校征免房产税、土地使用税的请示》的批复"中有关规定征收房产税和土地使用税;对非独立核算的校办企业,原则上也应征收房产税和土地使用税,纳税确有困难的,可按税收管理权限给予适当的减税或免税。

【注释】 对《城镇土地使用税》第7条进行了解释。

国家税务局关于对中国石油天然气总公司所属单位用地征免土地使用税问题的规定

国税地[1989]88号

为了贯彻国家的产业政策,支持石油工业的发展,根据《中华人民共和国城镇土地使用税暂行条例》第六条规定,现对中国石油天然气总公司所属企业、单位用地征免土地使用税问题,作如下规定:

一、下列油气生产建设用地暂免征收土地使用税:

1. 石油地质勘探、钻井、井下作业、油田地面工程等施工临时用地;

2. 各种采油(气)井、注水(气)井、水源井用地;

3. 油田内办公、生活区以外的公路、铁路专用线及输油(气、水)管道用地;

4. 石油长输管线用地;

5. 通讯、输变电线路用地。

二、在城市、县城、建制镇以外工矿区内的下列油气生产、生活用地,也暂免征收土地使用税:

1. 与各种采油(气)井相配套的地面设施用地,包括油气采集、计量、接转、储运、装卸、综合处理等各种站的用地;

2. 与注水(气)井相配套的地面设施用地,包括配水、取水、转水以及供气、配气、压气、气举等各种站的用地;

3. 供(配)电、供排水、消防、防洪排涝、防风、防沙等设施用地;

4. 职工和家属居住的简易房屋、活动板房、野营房、帐篷等用地。

三、除一、二两条列举免税的土地外,其他在开征范围内的油气生产及办公、生活区用地,均应依照规定征收土地使用税。

四、为了照顾石油生产单位近年来的实际困难,对于直接用于石油生产建设的占地,在1990年底以前,暂按当地规定的适用税额的低限征收。对其他用地,按当地规定的适用税额征收。对在工矿区范围内的油气生产、办公、生活用地,其土地使用税的税额标准,应与邻近的县城、建制镇基本一致。

【注释】 对《城镇土地使用税》第7条进行了解释。

国家税务局关于对煤炭企业用地征免土地使用税问题的规定

国税地[1989]89号

根据《中华人民共和国城镇土地使用税暂行条例》第六条的有关规定，结合煤炭企业用地的特点，现对中国统配煤矿总公司、东北内蒙古煤炭工业联合公司所属的煤炭企业征免土地使用税问题，规定如下：

一、煤炭企业的矸石山、排土场用地，防排水沟用地，矿区办公、生活区以外的公路、铁路专用线及轻便道和输变电线路用地，火炸药库库房外安全区用地，向社会开放的公园及公共绿化带用地，暂免征收土地使用税。

二、煤炭企业的塌陷地、荒山，在未利用之前，暂缓征收土地使用税。

三、煤炭企业的报废矿井占地，经煤炭企业申请，当地税务机关审核，可以暂免征收土地使用税。但利用报废矿井搞工商业生产经营或用于居住的占地，仍应按规定征收土地使用税。

四、除上述各条列举免税的土地外，其他在开征范围内的煤炭生产及办公、生活区用地，均应依照规定征收土地使用税。

五、对于直接用于煤炭生产的占地，在1990年底前，暂按当地规定的适用税额的低限征收土地使用税。对煤炭企业的其他占地，仍按当地规定的适用税额征收土地使用税。

六、煤炭企业依照上述规定缴纳土地使用税，确实仍有困难的，按照《中华人民共和国城镇土地使用税暂行条例》第七条的规定办理。

地方煤炭企业土地使用税的征免划分问题，由各省、自治区、直辖市税务局参照上述规定具体确定。

【注释】 对《城镇土地使用税》第6、7条进行了解释。

国家税务局关于对矿山企业征免土地使用税问题的通知

国税地[1989]122号

根据《中华人民共和国城镇土地使用税暂行条例》第六条的规定，现对矿山企业(包括黑色冶金矿和有色金属矿及除煤矿外的其他非金属矿)的用地征免土地使用税问题，通知如下：

一、对矿山的采矿场、排土场、尾矿库、炸药库的安全区、采区运矿及运岩公路、尾矿输送管道及回水系统用地，免征土地使用税。

二、对矿山企业采掘地下矿造成的塌陷地以及荒山占地，在未利用之前，暂免征收土地使用税。

三、除上述规定外，对矿山企业的其他生产用地及办公、生活区用地，应照章征收土地使用税。

【注释】 对《城镇土地使用税》第6条进行了解释。

关于土地使用税若干具体问题的补充规定

国税地[1989]140号

根据《中华人民共和国城镇土地使用税暂行条例》的规定，现将若干具体问题明确如下：

一、关于对免税单位与纳税单位之间无偿使用的土地应否征税问题

对免税单位无偿使用纳税单位的土地(如公安、海关等单位使用铁路、民航等单位的土地)，免征土地使用税；对纳税单位无偿使用免税单位的土地，纳税单位应照章缴纳土地使用税。

二、关于对纳税单位与免税单位共同使用多层建筑用地的征税问题

纳税单位与免税单位共同使用共有使用权土地上的多层建筑，对纳税单位可按其占用的建筑面积占建筑总面积的比例计征土地使用税。

三、关于对缴纳农业税的土地应否征税问题

凡在开征范围内的土地，除直接用于农、林、牧、渔业的按规定免予征税以外，不论是否缴纳农业税，均应照章征收土地使用税。

四、关于对基建项目在建期间的用地应否征税问题

对基建项目在建期间使用的土地，原则上应照章征收土地使用税。但对有些基建项目，特别是国家产业政策扶持发展的大型基建项目占地面积大，建设周期长，在建期间又没有经营收入，为照顾其实际情况，对纳税人纳税确有困难的，可由各省、自治区、直辖市税务局根据具体情况予以免征或减征土地使用税；对已经完工或已经使用的建设项目，其用地应照章征收土地使用税。

五、关于对城镇内的集贸市场(农贸市场)用地应否征税问题

城镇内的集贸市场(农贸市场)用地，按规定应征收土地使用税。为了促进集贸市场的发展及照顾各地的不同情况，各省、自治区、直辖市税务局可根据具体情况自行确定对集贸市场用地征收或者免征土地使用税。

六、关于对房地产开发公司建造商品房的用地应否征税问题

房地产开发公司建造商品房的用地，原则上应按规定计征土地使用税。但在商品房出售之前纳税确有困难的，其用地是否给予缓征或减征、免征照顾，可由各省、自治区、直辖市税务局根据从严的原则结合具体情况确定。

七、关于对落实私房政策后已归还产权，但房主尚未能收回的房屋用地，可否给予减免税照顾问题

原房管部门代管的私房，落实政策后，有些私房产权已归还给房主，但由于各种原因，房屋仍由原住户居住，并且住户仍是按照房管部门在房租调整改革之前确定的租金标准向房主交纳租金。对这类房屋用地，房主缴纳土地使用税确有困难的，可由各省、自治区、直辖市税务局根据实际情况，给予定期减征或免征土地使用税的照顾。

八、关于对防火、防爆、防毒等安全防范用地应否征税问题

对于各类危险品仓库、厂房所需的防火、防爆、防毒等安全防范用地，可由各省、自治区、直辖市税务局确定，暂免征收土地使用税；对仓库库区、厂房本身用地，应照章征收土地使用税。

九、关于对关闭、撤销的企业占地应否征税问题

企业关闭、撤销后，其占地未作他用的，经各省、自治区、直辖市税务局批准，可暂免征收土地使用税；如土地转让给其他单位使用或企业重新用于生产经营的，应依照规定征收土地使用税。

十、关于对搬迁企业的用地应如何征税问题

企业搬迁后，其原有场地和新场地都使用的，均应照章征收土地使用税；原有场地不使用的，经各省、自治区、直辖市税务局审批，可暂免征收土地使用税。

十一、关于对企业的铁路专用线、公路等用地应否征税问题

对企业的铁路专用线、公路等用地，除另有规定者外，在企业厂区(包括生产、办公及生活区)以内的，应照章征收土地使用税；在厂区以外、与社会公用地段未加隔离的，暂免征收土地使用税。

十二、关于对企业范围内的荒山、林地、湖泊等占地应否征收土地使用税问题

对企业范围内的荒山、林地、湖泊等占地，尚未利用的，经各省、自治区、直辖市税务局审批，可暂免征收土地使用税。

十三、关于对企业的绿化用地可否免征土地使用税问题

对企业厂区(包括生产、办公及生活区)以内的绿化用地，应照章征收土地使用税，厂区以外的公共绿化用地和向社会开放的公园用地，暂免征收土地使用税。

【注释】 对《城镇土地使用税》第2、6条进行了解释。相关规定包括：《国家税务总局关于城镇土地使用税部分行政审批项目取消后加强后续管理工作的通知》(国税函[2004]939号)、《财政部 国家税务总局关于调整城镇土地使用税有关减免税政策的通知》(财税[2004]180号)。

国家税务局关于对盐场、盐矿征免城镇土地使用税问题的通知

国税地[1989]141号

根据《中华人民共和国城镇土地使用税暂行条例》第六条规定，经研究，现对盐场、盐矿用地征免土地使用税的问题，规定如下：

一、对盐场、盐矿的生产厂房、办公、生活区用地，应照章征收土地使用税。

二、对盐场的盐滩、盐矿的矿井用地，暂免征收土地使用税。

三、对盐场、盐矿的其他用地，由省、自治区、直辖市税务局根据实际情况，确定征收土地使用税或给予

定期减征、免征的照顾。

【注释】 对《城镇土地使用税》第6条进行了解释。

国家税务局关于建材企业的采石场、排土场等用地征免土地使用税问题的批复

国税函发[1990]853号

贵州省税务局：

你局(90)黔税政二字第69号《关于对水泥厂等企业征免土地使用税的请示报告》收悉。经研究，同意你局意见，对石灰厂、水泥厂、大理石厂、沙石厂等企业的采石场、排土场用地，炸药库的安全区用地以及采区运岩公路，可以比照我局(89)国税地字第122号《关于对矿山企业征免土地使用税问题的通知》予以免税；对上述企业的其他用地，应予征税。

【注释】 对《城镇土地使用税》第7条进行了解释。

国家税务局关于对邮电部门所属企业恢复征收城镇土地使用税的通知

国税函发[1991]209号

各省、自治区、直辖市税务局，各计划单列税务局，海洋石油税务管理局各分局：

我局(89)国税地字第129号《关于对邮电部门所属企业征免城镇土地使用税问题的通知》中规定："邮电部门所属的邮政企业和坐落在城市、县城以外的电信企业自用的土地，1990年暂免征收土地使用税一年。"现免税期限已满。经研究决定，从1991年起，对邮电部门所属的邮政、电信企业恢复征收城镇土地使用税。特此通知。

【注释】 对《城镇土地使用税》第2条进行了解释。

国家税务局关于林业系统征免土地使用税问题的通知

国税函发[1991]1404号

根据国务院《关于研究解决森工企业困难问题的会议纪要》精神，结合林业系统的实际情况，经研究，现对林业系统征免土地使用税的问题，通知如下：

一、对林区的有林地、运材道、防火道、防火设施用地，免征土地使用税。林业系统的森林公园、自然保护区，可比照公园免征土地使用税。

二、林业系统的林区贮木场、水运码头用地，原则上应按税法规定缴纳土地使用税，考虑到林业系统目前的困难，为扶持其发展，在1991年12月31日前，暂予免征土地使用税。

三、除上述列举免税的土地外，对林业系统的其他生产用地及办公、生活区用地，应照章征收土地使用税。

【注释】 对《城镇土地使用税》第2、6条进行了解释。

国家税务局关于工会服务型事业单位免征房产税、车船使用税、土地使用税问题的复函

国税函发[1992]1440号

中华全国总工会：

你会工财函[1992]15号文《关于商请对工会服务型的事业单位免征房产税、车船使用税、土地使用税的函》收悉。经研究决定，对由主管工会拨付或差额补贴工会经费的全额预算或差额预算单位，可以比照财政部门拨付事业经费的单位办理，即：对这些单位自用的房产、车船、土地，免征房产税、车船使用税和土地

使用税；从事生产、经营活动等非自用的房产、车船、土地，则应按税法有关规定照章纳税。

【注释】 对《城镇土地使用税》第 7 条进行了解释。

国家税务局关于受让土地使用权者应征收土地使用税问题的批复

国税函发[1993]501 号

成都市税务局：

你局成税函[1992]463 号《关于对国内受让土地者是否征收土地使用税的请示》收悉。对通过有偿出让方式取得国有土地使用权的国内单位和个人是否征收土地使用税的问题，经研究，批复如下：

国家开征土地使用税，是为了合理利用城镇土地，调节土地级差收入，提高土地使用效益，加强土地管理。因而，《中华人民共和国城镇土地使用税暂行条例》第二条规定："在城市、县城、建制镇、工矿区范围内使用土地的单位和个人，为城镇土地使用税纳税义务人，应当依照本条例的规定缴纳土地使用税。"《中华人民共和国城镇国有土地使用权出让和转让暂行条例》第四十九条也明确规定："土地使用者应当依照国家税收法规的规定纳税。"因此，凡在土地使用税开征区范围内使用土地的单位和个人，不论通过出让方式还是转让方式取得的土地使用权，都应依法缴纳土地使用税。

【注释】 对《城镇土地使用税》第 2 条进行了解释。

国家税务总局关于城市维护建设税等地方税有关问题的通知

国税发[1994]35 号

各省、自治区、直辖市税务局，各计划单列市税务局，海洋石油税务管理局各分局：

关于城市维护建设税和其他地方税种的改革问题，财政部、国家税务总局于 1994 年元月 12 日向国务院报送了《关于城乡维护建设税改革的请示》(以下简称《请示》)。《请示》的主要内容包括：

一、由于《中华人民共和国城乡维护建设税暂行条例(草案)》(以下简称《条例》)一时尚不能出台，为保证城乡建设资金的需要，财政部于 1993 年 12 月 29 日下发了《关于城建税征收问题的通知》的明传电报。《请示》中建议，在新《条例》出台之前，请国务院准予暂按财政部 1993 年 12 月 29 日下发的明传电报执行。

二、对城镇土地使用税、房产税、车船使用税等地方税种的改革，在集中精力确保已出台税种顺利实施的前提下，本着积极稳妥，充分考虑各方利益的原则，在深入调查研究的基础上，做到成熟一个，出台一个，使税制改革有计划、按步骤地进行。在新的税收法律、法规未出台前，仍按原税法和税收条例执行。

以上意见已经国务院领导同志批示同意，望各地依照执行。

【注释】 对《城镇土地使用税》第 2 条进行了解释。

国家税务总局关于对已缴纳土地使用金的土地使用者应征收城镇土地使用税的批复

国税函发[1998]669 号

宁波市地方税务局：

你局《关于对已缴纳土地使用金的土地使用权者是否征收土地使用税的请示》(甬地税二[1998]197 号)收悉。经研究，现答复如下：

为了合理利用城镇土地，用经济手段加强对土地的控制和管理，调节不同地区、不同地段之间的级差收入，促使土地使用者节约用地，《中华人民共和国城镇土地使用税暂行条例》(国务院 1988 年第 17 号令)规定：凡在城市、县城、建制镇、工矿区范围内使用土地的单位和个人是城镇土地使用税的纳税义务人，应依照条例的规定缴纳城镇土地使用税。因此，土地使用者不论以何种方式取得土地使用权，是否缴纳土地使用金，只要在城镇土地使用税的开征范围内，都应依照规定缴纳城镇土地使用税。

【注释】 对《城镇土地使用税》第 2 条进行了解释。

财政部 国家税务总局关于医疗卫生机构有关税收政策的通知

财税[2000]42号

各省、自治区、直辖市、计划单列市财政厅(局)、国家税务局、地方税务局:

为了贯彻落实《国务院办公厅转发国务院体改办等部门关于城镇医药卫生体制改革指导意见的通知》(国办发[2000]16号),促进我国医疗卫生事业的发展,经国务院批准,现将医疗卫生机构有关税收政策通知如下:

一、关于非营利性医疗机构的税收政策

(一)对非营利性医疗机构按照国家规定的价格取得的医疗服务收入,免征各项税收。不按照国家规定价格取得的医疗服务收入不得享受这项政策。

医疗服务是指医疗服务机构对患者进行检查、诊断、治疗、康复和提供预防保健、接生、计划生育方面的服务,以及与这些服务有关的提供药品、医用材料器具、救护车、病房住宿和伙食的业务(下同)。

(二)对非营利性医疗机构从事非医疗服务取得的收入,如租赁收入、财产转让收入、培训收入、对外投资收入等应按规定征收各项税收。非营利性医疗机构将取得的非医疗服务收入,直接用于改善医疗卫生服务条件的部分,经税务部门审核批准可抵扣其应纳税所得额,就其余额征收企业所得税。

(三)对非营利性医疗机构自产自用的制剂,免征增值税。

(四)非营利性医疗机构的药房分离为独立的药品零售企业,应按规定征收各项税收。

(五)对非营利性医疗机构自用的房产、土地、车船,免征房产税、城镇土地使用税和车船使用税。

二、关于营利性医疗机构的税收政策

(一)对营利性医疗机构取得的收入,按规定征收各项税收。但为了支持营利性医疗机构的发展,对营利性医疗机构取得的收入,直接用于改善医疗卫生条件的,自其取得执业登记之日起,3年内给予下列优惠:对其取得的医疗服务收入免征营业税;对其自产自用的制剂免征增值税;对营利性医疗机构自用的房产、土地、车船免征房产税、城镇土地使用税和车船使用税。3年免税期满后恢复征税。

(二)对营利性医疗机构的药房分离为独立的药品零售企业,应按规定征收各项税收。

三、关于疾病控制机构和妇幼保健机构等卫生机构的税收政策

(一)对疾病控制机构和妇幼保健机构等卫生机构按照国家规定的价格取得的卫生服务收入(含疫苗接种和调拨、销售收入),免征各项税收。不按照国家规定的价格取得的卫生服务收入不得享受这项政策。对疾病控制机构和妇幼保健等卫生机构取得的其他经营收入如直接用于改善本卫生机构卫生服务条件的,经税务部门审核批准可抵扣其应纳税所得额,就其余额征收企业所得税。

(二)对疾病控制机构和妇幼保健机构等卫生机构自用的房产、土地、车船,免征房产税、城镇土地使用税和车船使用税。

医疗机构需要书面向卫生行政主管部门申明其性质,按《医疗机构管理条例》进行设置审批和登记注册,并由接受其登记注册的卫生行政部门核定,在执业登记中注明"非营利性医疗机构"和"营利性医疗机构"。

上述医疗机构具体包括:各级各类医院、门诊部(所)、社区卫生服务中心(站)、急救中心(站)、城乡卫生院、护理院(所)、疗养院、临床检验中心等。上述疾病控制、妇幼保健等卫生机构具体包括:各级政府及有关部门举办的卫生防疫站(疾病控制中心)、各种专科疾病防治站(所),各级政府举办的妇幼保健所(站)、母婴保健机构、儿童保健机构等,各级政府举办的血站(血液中心)。

本通知自发布之日起执行。

【注释】 对《城镇土地使用税》第7条进行了解释。

财政部 国家税务总局关于对老年服务机构有关税收政策问题的通知

财税[2000]97号

各省、自治区、直辖市、计划单列市财政厅(局)、国家税务局、地方税务局:

为贯彻中共中央、国务院《关于加强老龄工作的决定》(中发[2000]13号)精神,现对政府部门和社会力量兴办的老年服务机构有关税收政策问题通知如下：

一、对政府部门和企事业单位、社会团体以及个人等社会力量投资兴办的福利性、非营利性的老年服务机构，暂免征收企业所得税，以及老年服务机构自用房产、土地、车船的房产税、城镇土地使用税、车船使用税。

二、对企事业单位、社会团体和个人等社会力量，通过非营利性的社会团体和政府部门向福利性、非营利性的老年服务机构的捐赠，在缴纳企业所得税和个人所得税前准予全额扣除。

三、本通知所称老年服务机构，是指专门为老年人提供生活照料、文化、护理、健身等多方面服务的福利性、非营利性的机构，主要包括：老年社会福利院、敬老院（养老院）、老年服务中心、老年公寓（含老年护理院、康复中心、托老所）等。

本通知自2000年10月1日起执行。

【注释】 对《城镇土地使用税》第7条进行了解释。

财政部　国家税务总局关于非营利性科研机构税收政策的通知

财税[2001]5号

各省、自治区、直辖市、计划单列市财政厅（局）、国家税务局、地方税务局：

为了贯彻落实《国务院办公厅转发科技部等部门关于非营利性科研机构管理的若干意见（试行）的通知》（国办发[2000]78号），鼓励社会公益类科研事业的发展，经国务院批准，现对非营利性科研机构有关税收政策明确如下：

一、非营利性科研机构要以推动科技进步为宗旨，不以营利为目的，主要从事应用基础研究或向社会提供公共服务。非营利性科研机构的认定标准，由科技部会同财政部、中编办、国家税务总局另行制定。非营利性科研机构需要书面向科技行政主管部门申明其性质，按规定进行设置审批和登记注册，并由接受其登记注册的科技行政部门核定，在执业登记中注明“非营利性科研机构”。

二、非营利性科研机构享受如下税收优惠政策：

1. 非营利性科研机构从事技术开发、技术转让业务和与之相关的技术咨询、技术服务所得的收入，按有关规定免征营业税和企业所得税。

2. 非营利性科研机构从事与其科研业务无关的其他服务所取得的收入，如租赁收入、财产转让收入、对外投资收入等，应当按规定征收各项税收；非营利性科研机构从事上述非主营业务收入用于改善研究开发条件的投资部分，经税务部门审核批准可抵扣其应纳税所得额，就其余额征收企业所得税。

3. 非营利性科研机构自用的房产、土地，免征房产税、城镇土地使用税。

4. 社会力量对非关联的非营利性科研机构的新产品、新技术、新工艺所发生的研究开发经费资助，经主管税务机关审核确定，其资助支出可以全额在当年度应纳税所得额中扣除。当年度应纳税所得额不足抵扣的，不得结转抵扣。

三、对非营利性科研机构实行年度检查制度，凡不符合条件的，应取消其免税资格，并按规定补缴当年已免税款。

本通知自2001年1月1日起执行。具体执行办法由国家税务总局另行制定。

【注释】 对《城镇土地使用税》第7条进行了解释。

国家税务总局关于邮政企业征免房产税、土地使用税问题的函

国税函[2001]379号

国家邮政局：

你局《关于申请减免邮政企业房产税、土地使用税的函》（国邮[2000]479号）收悉，来函要求我局进一步明确邮政农村支局不需缴纳房产税和土地使用税问题，经研究，现函复如下：

根据房产税和土地使用税的有关规定，对邮政部门坐落在城市、县城、建制镇、工矿区范围内的房产、土地，应当依法征收房产税和土地使用税；对坐落在上述范围以外尚在县邮政局内核算的房产、土地，必须在

单位财务账中划分清楚，从 2001 年 1 月 1 日起不再征收房产税和土地使用税。

【注释】 对《城镇土地使用税》第 2 条进行了解释。

财政部　国家税务总局关于调整铁路系统房产税城镇土地使用税政策的通知

财税[2003]149 号

各省、自治区、直辖市、计划单列市财政厅(局)、地方税务局，新疆生产建设兵团财务局：

根据铁路运输体制改革和铁路系统的实际情况，经国务院批准，现对铁路系统有关房产税、城镇土地使用税税收政策通知如下：

一、铁道部所属铁路运输企业自用的房产、土地继续免征房产税和城镇土地使用税。

二、对铁路运输体制改革后，从铁路系统分离出来并实行独立核算、自负盈亏的企业，包括铁道部所属原执行经济承包方案的工业、供销、建筑施工企业；中国铁路工程总公司、中国铁道建筑工程总公司、中国铁路通信信号总公司、中国土木建筑工程总公司、中国北方机车车辆工业集团公司、中国南方机车车辆工业集团公司；以及铁道部所属自行解决工交事业费的单位，自 2003 年 1 月 1 日起恢复征收房产税、城镇土地使用税。

三、铁道部所属其他企业、单位的房产和土地，继续按税法规定征收房产税和城镇土地使用税。

【注释】 对《城镇土地使用税》第 2 条进行了解释。

国家税务总局关于房产税城镇土地使用税有关政策规定的通知

国税发[2003]89 号

各省、自治区、直辖市和计划单列市地方税务局，局内各单位：

随着我国房地产市场的迅猛发展，涉及房地产税收的政策问题日益增多，经调查研究和广泛听取各方面的意见，现对房产税、城镇土地使用税有关政策问题明确如下：

一、关于房地产开发企业开发的商品房征免房产税问题鉴于房地产开发企业开发的商品房在出售前，对房地产开发企业而言是一种产品，因此，对房地产开发企业建造的商品房，在售出前，不征收房产税；但对售出前房地产开发企业已使用或出租、出借的商品房应按规定征收房产税。

二、关于确定房产税、城镇土地使用税纳税义务发生时间问题：

(一) 购置新建商品房，自房屋交付使用之次月起计征房产税和城镇土地使用税。

(二) 购置存量房，自办理房屋权属转移、变更登记手续，房地产权属登记机关签发房屋权属证书之次月起计征房产税和城镇土地使用税。

(三) 出租、出借房产，自交付出租、出借房产之次月起计征房产税和城镇土地使用税。

(四) 房地产开发企业自用、出租、出借本企业建造的商品房，自房屋使用或交付之次月起计征房产税和城镇土地使用税。

【注释】 对《城镇土地使用税》第 7 条进行了解释。

财政部　国家税务总局关于教育税收政策的通知

财税[2004]39 号

各省、自治区、直辖市、计划单列市财政厅(局)、国家税务局、地方税务局，新疆生产建设兵团财务局：

为了进一步促进教育事业发展，经国务院批准，现将有关教育的税收政策通知如下：

……

二、关于房产税、城镇土地使用税、印花税

对国家拨付事业经费和企业办的各类学校、托儿所、幼儿园自用的房产、土地，免征房产税、城镇土地使用税；对财产所有人将财产赠给学校所立的书据，免征印花税。

……

六、本通知自2004年1月1日起执行，此前规定与本通知不符的，以本通知为准。

【注释】 对《城镇土地使用税》第7条进行了解释。

财政部 国家税务总局关于明确免征房产税城镇土地使用税的铁路运输企业范围及有关问题的通知

财税[2004]36号

各省、自治区、直辖市、计划单列市财政厅(局)、地方税务局，新疆生产建设兵团财务局：

为更好地贯彻执行《财政部国家税务总局关于调整铁路系统房产税城镇土地使用税政策的通知》(财税[2003]1 49号)，经研究，现就有关免征房产税和城镇土地使用税的铁路运输企业范围和有关问题通知如下：

……

二、地方铁路运输企业自用的房产、土地应缴纳的房产税、城镇土地使用税比照铁道部所属铁路运输企业的政策执行。

……

【注释】 对《城镇土地使用税》第7条进行了解释。

财政部 国家税务总局关于天然林保护工程实施企业和单位有关税收政策的通知

财税[2004]37号

各省、自治区、直辖市、计划单列市财政厅(局)、地方税务局，新疆生产建设兵团财务局：

国家实施天然林资源保护工程后，对部分地区的重点国有林区实行了木材禁伐、限伐政策。为支持国家天然林资源保护工程的实施，根据国务院批准实施天然林资源保护工程的有关文件精神，现就国家天然林资源保护工程实施企业和单位有关房产税、城镇土地使用税和车船使用税政策问题通知如下：

一、对长江上游、黄河中上游地区，东北、内蒙古等国有林区天然林资源保护工程实施企业和单位用于天然林保护工程的房产、土地和车船分别免征房产税、城镇土地使用税和车船使用税。对上述企业和单位用于天然林资源保护工程以外其他生产经营活动的房产、土地和车船仍按规定征收房产税、城镇土地使用税和车船使用税。

二、对由于国家实行天然林资源保护工程造成森工企业的房产、土地闲置一年以上不用的，暂免征收房产税和城镇土地使用税；闲置房产和土地用于出租或企业重新用于天然林资源保护工程之外的其他生产经营的，应依照规定征收房产税和城镇土地使用税。

三、用于国家天然林资源保护工程的免税房产、土地和车船应单独划分，与其他应税房产、土地和车船划分不清的，应按规定征税。

四、本通知自2004年1月1日至2010年12月31日期间执行。

【注释】 对《城镇土地使用税》第7条进行了解释。

国家税务总局关于城镇土地使用税部分行政审批项目取消后加强后续管理工作的通知

国税函[2004]939号

各省、自治区、直辖市和计划单列市地方税务局：

为贯彻执行《国务院关于第三批取消和调整行政审批项目的决定》(国发[2004]16号)，做好城镇土地使用税有关行政审批项目取消后的管理工作，现就有关问题通知如下：

一、对国家税务局关于印发《关于土地使用税若干具体问题的补充规定》([89]国税地字第140号)中第十条关于企业搬迁后原场地不使用的、第十二条关于企业范围内的荒山等占地尚未利用的，经各省、自治区、直辖市税务局审批，可暂免征收土地使用税的规定作适当修改，取消经各省、自治区、直辖市税务局审批的内容。

企业搬迁后原场地不使用的、企业范围内荒山等尚未利用的土地，免征城镇土地使用税。免征税额由企业在申报缴纳城镇土地使用税时自行计算扣除，并在申报表附表或备注栏中作相应说明。

二、对搬迁后原场地不使用的和企业范围内荒山等尚未利用的土地，凡企业申报暂免征收城镇土地使用税的，应事先向土地所在地的主管税务机关报送有关部门的批准文件或认定书等相关证明材料，以备税务机关查验。具体报送材料由各省、自治区、直辖市和计划单列市地方税务局确定。

三、企业按上述规定暂免征收城镇土地使用税的土地开始使用时，应从使用的次月起自行计算和申报缴纳城镇土地使用税。

四、税务机关要加强城镇土地使用税的税源管理，摸清纳税人土地的使用状况，并设立城镇土地使用税税源管理台帐。有条件的地方要充分利用信息化手段，建立城镇土地使用税信息管理系统，及时掌握企业有关城镇土地使用税的申报、纳税、免税情况，加强税源管理。

五、税务机关应对上述暂免征收城镇土地使用税的土地进行调查核实，如发现虚假情况，按《中华人民共和国税收征收管理法》的有关规定处理。

六、各省、自治区、直辖市和计划单列市地方税务局应根据本通知的精神制定具体的管理办法，并告知城镇土地使用税的纳税人。

七、本通知自2004年7月1日起执行。

【注释】 对《关于土地使用税若干具体问题的补充规定》([89]国税地字第140号)进行了修正。

国家税务总局关于下放城镇土地使用税困难减免审批项目管理层级后有关问题的通知

国税函[2004]940号

各省、自治区、直辖市和计划单列市地方税务局：

根据方便纳税人和有利于税收管理的原则，现将《国务院关于第三批取消和调整行政审批项目的决定》(国发[2004]16号)中，关于下放“城镇土地使用税困难减免审批”管理层级的行政审批项目实施后有关管理问题通知如下：

一、纳税人因缴纳城镇土地使用税确有困难(含遭受自然灾害)需要减税免税的，不再报国家税务总局审批。

二、纳税人办理城镇土地使用税困难减免税须提出书面申请并提供相关情况材料，报主管地方税务机关审核后，由省、自治区、直辖市和计划单列市地方税务局审批。

三、城镇土地使用税减免税审批权限应集中在省级(含计划单列市)地方税务机关，不得下放。

四、各省、自治区、直辖市和计划单列市地方税务部门在办理减免税审批时，应当按照国家的产业政策、土地管理的有关规定和企业的实际情况严格把关。对国家限制发展的行业、占地不合理的企业，一般不予减税免税；对国家不鼓励发展、以及非客观原因发生纳税困难的，原则上也不给予减税免税；其他情况确实需要减税免税的，应当认真核实情况，从严掌握。

五、各地要结合本地实际情况，按照提高审批效率，强化服务管理的要求，制定和规范城镇土地使用税减免税审批的程序和管理办法，并报国家税务总局备案。

六、本规定自2004年7月1日起执行。《国家税务总局关于适当下放城镇土地使用税减免税审批权限的通知》(国税发[1992]053号)同时废止。

【注释】 对《城镇土地使用税》第7条进行了解释。

财政部　国家税务总局关于调整城镇土地使用税有关减免税政策的通知

财税[2004]180号

各省、自治区、直辖市、计划单列市财政厅(局)、地方税务局，新疆生产建设兵团财务局：

为了规范税收政策，进一步加强城镇土地使用税的征收管理，经研究决定，对《国家税务局关于印发〈关于土地使用税若干具体问题的补充规定〉的通知》([89]国税地字第140号)的部分内容做适当修改。即:取消《关于土地使用税若干具体问题的补充规定》中第九条"企业关闭、撤销后,其占地未作他用的,经各省、自治区、直辖市税务局批准,可暂免征收土地使用税"的规定。

本通知自2004年7月1日起执行。

【注释】 对《关于土地使用税若干具体问题的补充规定》进行了修正。

国家税务总局关于供热企业缴纳房产税和城镇土地使用税问题的批复

国税函[2005]60号

新疆维吾尔自治区地方税务局,山东省地方税务局:

你们《关于供热企业缴纳房产税和城镇土地使用税问题的请示》(新地税发[2004]163号)和《关于供热企业生产用房产、土地征免房产税、土地使用税问题的请示》(鲁地税函[2004]203号)收悉。经研究,批复如下:

《财政部、国家税务总局关于供热企业税收问题的通知》(财税[2004]28号,以下简称《通知》)规定暂免征收房产税和城镇土地使用税的"供热企业",是指向居民供热并向居民收取采暖费的企业,包括专业供热企业、兼营供热企业、单位自供热及为小区居民供热的物业公司等,不包括从事热力生产但不直接向居民供热的企业。

对于免征房产税和城镇土地使用税的"生产用房"和"生产占地",是指上述企业为居民供热所使用的厂房及土地。对既向居民供热、又向非居民供热的企业,可按向居民供热收取的收入占其总供热收入的比例划分征免税界限;对于兼营供热的企业,可按向居民供热收取的收入占其生产经营总收入的比例划分征免税界限。

【注释】 对《城镇土地使用税》第7条进行了解释。

国家税务总局关于填海整治土地免征城镇土地使用税问题的批复

国税函[2005]968号

青岛市地方税务局:

你局《关于填海土地免征城镇土地使用税问题的请示》(青地税发[2005]135号)收悉。经研究,现批复如下:

按照《中华人民共和国城镇土地使用税暂行条例》第六条的规定,享受免缴土地使用税5—10年的填海整治的土地,是指纳税人经有关部门批准后自行填海整治的土地,不包括纳税人通过出让、转让、划拨等方式取得的已填海整治的土地。

【注释】 对《城镇土地使用税》第6条进行了解释。

财政部 国家税务总局关于明确免征房产税城镇土地使用税的铁路运输企业范围的补充通知

财税[2006]17号

各省、自治区、直辖市、计划单列市财政厅(局)、地方税务局,新疆生产建设兵团财务局:

根据铁路运输体制改革情况,现将享受免征房产税、城镇土地使用税政策的铁道部所属铁路运输企业的范围补充通知如下:

一、享受免征房产税、城镇土地使用税优惠政策的铁道部所属铁路运输企业是指铁路局及国有铁路运输控股公司(含广铁〈集团〉公司、青藏铁路公司、大秦铁路股份有限公司、广深铁路股份有限公司等,具体包括客货、编组站,车务、机务、工务、电务、水电、供电、列车、客运、车辆段)、铁路办事处、中铁集装箱运输有限责任公司、中铁特货运输有限责任公司、中铁快运股份有限公司。

二、本通知自发文之日起执行。《财政部 国家税务总局关于明确免征房产税城镇土地使用税的铁路运输企业范围及有关问题的通知》(财税[2004]36 号)第一条停止执行。此前已征税款不予退还,未征税款不再补征。

【注释】 对《城镇土地使用税》第 7 条进行了解释。

财政部　国家税务总局关于集体土地城镇土地使用税有关政策的通知

财税[2006]56 号

各省、自治区、直辖市、计划单列市财政厅(局)、地方税务局,新疆生产建设兵团财务局:

根据当前集体土地使用中出现的新情况、新问题,经研究,现将集体土地城镇土地使用税有关政策通知如下:

在城镇土地使用税征税范围内实际使用应税集体所有建设用地、但未办理土地使用权流转手续的,由实际使用集体土地的单位和个人按规定缴纳城镇土地使用税。

本通知自 2006 年 5 月 1 日起执行,此前凡与本通知不一致的政策规定一律以本通知为准。

【注释】 对《城镇土地使用税》第 2 条进行了解释。

财政部　国家税务总局关于煤炭企业未利用塌陷地城镇土地使用税政策的通知

财税[2006]74 号

各省、自治区、直辖市、计划单列市财政厅(局)、地方税务局,新疆生产建设兵团财务局:

为促进合理利用土地资源,提高土地使用效益,现将煤炭企业未利用塌陷地城镇土地使用税政策通知如下:

一、对位于城镇土地使用税征收范围内的煤炭企业已取得土地使用权、但未利用的塌陷地,自 2006 年 9 月 1 日起恢复征收城镇土地使用税。

二、《国家税务局关于对煤炭企业用地征免土地使用税问题的规定》([89]国税地字第 089 号)第二条中煤炭企业的塌陷地在未利用之前暂缓征收土地使用税的规定同时废止。

【注释】 对《城镇土地使用税》第 7 条进行了解释。

财政部　国家税务总局关于房产税城镇土地使用税有关政策的通知

财税[2006]186 号

各省、自治区、直辖市、计划单列市财政厅(局)、地方税务局,新疆生产建设兵团财务局:

经研究,现对房产税、城镇土地使用税有关政策明确如下:

一、关于居民住宅区内业主共有的经营性房产缴纳房产税问题

对居民住宅区内业主共有的经营性房产,由实际经营(包括自营和出租)的代管人或使用人缴纳房产税。其中自营的,依照房产原值减除 10%至 30%后的余值计征,没有房产原值或不能将业主共有房产与其他房产的原值准确划分开的,由房产所在地地方税务机关参照同类房产核定房产原值;出租的,依照租金收入计征。

二、关于有偿取得土地使用权城镇土地使用税纳税义务发生时间问题

以出让或转让方式有偿取得土地使用权的,应由受让方从合同约定交付土地时间的次月起缴纳城镇土地使用税;合同未约定交付土地时间的,由受让方从合同签订的次月起缴纳城镇土地使用税。

国家税务总局《关于房产税城镇土地使用税有关政策规定的通知》(国税发[2003]89 号)第二条第四款中有关房地产开发企业城镇土地使用税纳税义务发生时间的规定同时废止。

三、关于经营采摘、观光农业的单位和个人征免城镇土地使用税问题

在城镇土地使用税征收范围内经营采摘、观光农业的单位和个人,其直接用于采摘、观光的种植、养殖、饲养的土地,根据《中华人民共和国城镇土地使用税暂行条例》第六条中“直接用于农、林、牧、渔业的生产用地”的规定，免征城镇土地使用税。

四、关于林场中度假村等休闲娱乐场所征免城镇土地使用税问题

在城镇土地使用税征收范围内，利用林场土地兴建度假村等休闲娱乐场所的，其经营、办公和生活用地，应按规定征收城镇土地使用税。

五、本通知自 2007 年 1 月 1 日起执行。

【注释】 对《城镇土地使用税》第 7 条进行了解释。

国家税务总局关于外商投资企业和外国企业征收城镇土地使用税问题的批复

国税函[2007]596 号

厦门市地方税务局：

你局《关于对外资企业开征土地使用税设立过渡期的请示》(厦地税发[2007]50 号)收悉。经研究，批复如下：

《国务院关于修改〈中华人民共和国城镇土地使用税暂行条例〉的决定》，将外商投资企业和外国企业纳入城镇土地使用税的征收范围，是国家加强土地管理的重要举措，有利于发挥税收的经济杠杆作用，引导各类企业合理、节约利用土地，保护土地资源，公平税收负担。各地对各类企业包括外商投资企业和外国企业，都应严格依照国务院决定和修改后的《中华人民共和国城镇土地使用税暂行条例》的有关规定征收城镇土地使用税。

【注释】 对《城镇土地使用税》第 2 条进行了解释。

财政部 国家税务总局关于国家大学科技园有关税收政策问题的通知

财税[2007]120 号

各省、自治区、直辖市、计划单列市财政厅(局)、国家税务局、地方税务局，新疆生产建设兵团财务局：

为贯彻落实《国务院关于印发实施〈国家中长期科学和技术发展规划纲要(2006—2020 年)〉若干配套政策的通知》(国发[2006]6 号)，经研究，现就符合条件的国家大学科技园有关税收政策问题通知如下：

一、国家大学科技园(以下简称科技园)是以具有较强科研实力的大学为依托，将大学的综合智力资源优势与其他社会优势资源相组合，为高等学校科技成果转化、高新技术企业孵化、创新创业人才培养、产学研结合提供支撑的平台和服务的机构。自 2008 年 1 月 1 日至 2010 年 12 月 31 日，对符合条件的科技园自用以及无偿或通过出租等方式提供给孵化企业使用的房产、土地，免征房产税和城镇土地使用税；对其向孵化企业出租场地、房屋以及提供孵化服务的收入，免征营业税。

二、对符合非营利组织条件的科技园的收入，自 2008 年 1 月 1 日起按照税法及其有关规定享受企业所得税优惠政策。

三、享受本通知规定的房产税、城镇土地使用税以及营业税优惠政策的科技园，应同时符合下列条件：

(一) 科技园的成立和运行符合国务院科技和教育行政主管部门公布的认定和管理办法，经国务院科技和教育行政管理部门认定，并取得国家大学科技园资格；

(二) 科技园应将面向孵化企业出租场地、房屋以及提供孵化服务的业务收入在财务上单独核算；

(三) 科技园内提供给孵化企业使用的场地面积应占科技园可自主支配场地面积的 60%以上(含 60%)，孵化企业数量应占科技园内企业总数量的 90%以上(含 90%)。

四、本通知所称“孵化企业”应当同时符合以下条件：

(一) 企业注册地及工作场所必须在科技园的工作场地内；

(二) 属新注册企业或申请进入科技园前企业成立时间不超过 3 年；

(三) 企业在科技园内孵化的时间不超过 3 年；

(四) 企业注册资金不超过 500 万元；

(五) 属迁入企业的，上年营业收入不超过 200 万元；

（六）企业租用科技园内孵化场地面积不高于1000平方米；

（七）企业从事研究、开发、生产的项目或产品应属于科学技术部等部门印发的《中国高新技术产品目录》范围，且《中国高新技术产品目录》范围内项目或产品的研究、开发、生产业务取得的收入应占企业年收入的50%以上。

五、本通知所称“孵化服务”是指为孵化企业提供的属于营业税“服务业”税目中“代理业”、“租赁业”和“其他服务业”中的咨询和技术服务范围内的服务。

六、国务院科技和教育行政主管部门负责对科技园是否符合本通知规定的各项条件进行事前审核确认，并出具相应的证明材料。

七、各主管税务机关要严格执行税收政策，按照税收减免管理办法的有关规定为符合条件的科技园办理税收减免，加强对科技园的日常税收管理和服务。主管税务机关要定期对享受税收优惠政策的科技园进行监督检查，发现问题的，及时向上级机关报告，并按照税收征管法以及税收减免管理办法的有关规定处理。

【注释】 对《城镇土地使用税》第7条进行了解释。

财政部　国家税务总局关于科技企业孵化器有关税收政策问题的通知

财税[2007]121号

各省、自治区、直辖市、计划单列市财政厅(局)、国家税务局、地方税务局，新疆生产建设兵团财务局：

为贯彻落实《国务院关于印发实施〈国家中长期科学和技术发展规划纲要(2006—2020年)〉若干配套政策的通知》(国发[2006]6号)，经研究，现就符合条件的科技企业孵化器(高新技术创业服务中心)有关税收政策问题通知如下：

一、科技企业孵化器(也称高新技术创业服务中心，以下简称孵化器)是以促进科技成果转化、培养高新技术企业和企业家为宗旨的科技创业服务机构。自2008年1月1日至2010年12月31日，对符合条件的孵化器自用以及无偿或通过出租等方式提供给孵化企业使用的房产、土地，免征房产税和城镇土地使用税；对其向孵化企业出租场地、房屋以及提供孵化服务的收入，免征营业税。

二、对符合非营利组织条件的孵化器的收入，自2008年1月1日起按照税法及其有关规定享受企业所得税优惠政策。

三、享受本通知规定的房产税、城镇土地使用税以及营业税优惠政策的孵化器，应同时符合下列条件：

（一）孵化器的成立和运行符合国务院科技行政主管部门发布的认定和管理办法，经国务院科技行政管理部门认定，并取得国家高新技术创业服务中心资格；

（二）孵化器应将面向孵化企业出租场地、房屋以及提供孵化服务的业务收入在财务上单独核算；

（三）孵化器内提供给孵化企业使用的场地面积应占孵化器可自主支配场地面积的75%以上(含75%)，孵化企业数量应占孵化器内企业总数量的90%以上(含90%)。

四、本通知所称“孵化企业”应当同时符合以下条件：

（一）企业注册地及办公场所必须在孵化器的孵化场地内；

（二）属新注册企业或申请进入孵化器前企业成立时间不超过2年；

（三）企业在孵化器内孵化的时间不超过3年；

（四）企业注册资金不超过200万元；

(五)属迁入企业的，上年营业收入不超过200万元；

(六)企业租用孵化器内孵化场地面积低于1000平方米；

(七)企业从事研究、开发、生产的项目或产品应属于科学技术部等部门颁布的《中国高新技术产品目录》范围，且《中国高新技术产品目录》范围内项目或产品的研究、开发、生产业务取得的收入应占企业年收入的50%以上。

五、本通知所称“孵化服务”是指为孵化企业提供的属于营业税“服务业”税目中“代理业”、“租赁业”和“其他服务业”中的咨询和技术服务范围内的服务。

六、国务院科技行政主管部门负责对孵化器是否符合本通知规定的各项条件进行事前审核确认，并出具相应的证明材料。

七、各主管税务机关要严格执行税收政策，按照税收减免管理办法的有关规定为符合条件的孵化器办理税收减免，加强对孵化器的日常税收管理和服务。主管税务机关要定期对享受税收优惠政策的孵化器进行监督检查，发现问题的，及时向上级机关报告，并按照税收征管法以及税收减免管理办法的有关规定处理。

【注释】 对《城镇土地使用税》第7条进行了解释。

财政部 国家税务总局关于核电站用地征免城镇土地使用税的通知

财税[2007]124号

各省、自治区、直辖市、计划单列市财政厅(局)、地方税务局，新疆生产建设兵团财务局：

经研究，现将核电站用地城镇土地使用税政策明确如下：

一、对核电站的核岛、常规岛、辅助厂房和通讯设施用地(不包括地下线路用地)，生活、办公用地按规定征收城镇土地使用税，其他用地免征城镇土地使用税。

二、对核电站应税土地在基建期内减半征收城镇土地使用税。

三、本通知自发文之日起执行。

【注释】 对《城镇土地使用税》第7条进行了解释。

财政部 国家税务总局关于房产税城镇土地使用税有关问题的通知

财税[2008]152号

各省、自治区、直辖市、计划单列市财政厅(局)、地方税务局，新疆生产建设兵团财务局：

为统一政策，规范执行，现将房产税、城镇土地使用税有关问题明确如下：

一、关于房产原值如何确定的问题

对依照房产原值计税的房产，不论是否记载在会计账簿固定资产科目中，均应按照房屋原价计算缴纳房产税。房屋原价应根据国家有关会计制度规定进行核算。对纳税人未按国家会计制度规定核算并记载的，应按规定予以调整或重新评估。

《财政部税务总局关于房产税若干具体问题的解释和暂行规定》(财税地字[1986]第008号)第十五条同时废止。

二、关于索道公司经营用地应否缴纳城镇土地使用税的问题

公园、名胜古迹内的索道公司经营用地，应按规定缴纳城镇土地使用税。

三、关于房产税、城镇土地使用税纳税义务截止时间的问题

纳税人因房产、土地的实物或权利状态发生变化而依法终止房产税、城镇土地使用税纳税义务的，其应纳税款的计算应截止到房产、土地的实物或权利状态发生变化的当月末。

四、本通知自2009年1月1日起执行。

第十四部分 中华人民共和国耕地占用税法

中华人民共和国耕地占用税暂行条例

国务院令[2007]第511号

第一条 为了合理利用土地资源,加强土地管理,保护耕地,制定本条例。

第二条 本条例所称耕地,是指用于种植农作物的土地。

第三条 占用耕地建房或者从事非农业建设的单位或者个人,为耕地占用税的纳税人,应当依照本条例规定缴纳耕地占用税。

前款所称单位,包括国有企业、集体企业、私营企业、股份制企业、外商投资企业、外国企业以及其他企业和事业单位、社会团体、国家机关、部队以及其他单位;所称个人,包括个体工商户以及其他个人。

第四条 耕地占用税以纳税人实际占用的耕地面积为计税依据,按照规定的适用税额一次性征收。

第五条 耕地占用税的税额规定如下:

(一)人均耕地不超过1亩的地区(以县级行政区域为单位,下同),每平方米为10元至50元;

(二)人均耕地超过1亩但不超过2亩的地区,每平方米为8元至40元;

(三)人均耕地超过2亩但不超过3亩的地区,每平方米为6元至30元;

(四)人均耕地超过3亩的地区,每平方米为5元至25元。

国务院财政、税务主管部门根据人均耕地面积和经济发展情况确定各省、自治区、直辖市的平均税额。

各地适用税额,由省、自治区、直辖市人民政府在本条第一款规定的税额幅度内,根据本地区情况核定。各省、自治区、直辖市人民政府核定的适用税额的平均水平,不得低于本条第二款规定的平均税额。

【注释】 相关规定包括:《财政部 国家税务总局关于耕地占用税平均税额和纳税义务发生时间问题的通知》(财税[2007]176号)。

第六条 经济特区、经济技术开发区和经济发达且人均耕地特别少的地区,适用税额可以适当提高,但是提高的部分最高不得超过本条例第五条第三款规定的当地适用税额的50%。

第七条 占用基本农田的,适用税额应当在本条例第五条第三款、第六条规定的当地适用税额的基础上提高50%。

第八条 下列情形免征耕地占用税:

(一)军事设施占用耕地;

(二)学校、幼儿园、养老院、医院占用耕地。

第九条 铁路线路、公路线路、飞机场跑道、停机坪、港口、航道占用耕地,减按每平方米2元的税额征收耕地占用税。

根据实际需要,国务院财政、税务主管部门商国务院有关部门并报国务院批准后,可以对前款规定的情形免征或者减征耕地占用税。

第十条 农村居民占用耕地新建住宅,按照当地适用税额减半征收耕地占用税。

农村烈士家属、残疾军人、鳏寡孤独以及革命老根据地、少数民族聚居区和边远贫困山区生活困难的农村居民,在规定用地标准以内新建住宅缴纳耕地占用税确有困难的,经所在地乡(镇)人民政府审核,报经县级人民政府批准后,可以免征或者减征耕地占用税。

第十一条 依照本条例第八条、第九条规定免征或者减征耕地占用税后,纳税人改变原占地用途,不再属于免征或者减征耕地占用税情形的,应当按照当地适用税额补缴耕地占用税。

第十二条 耕地占用税由地方税务机关负责征收。

土地管理部门在通知单位或者个人办理占用耕地手续时,应当同时通知耕地所在地同级地方税务机关。获准占用耕地的单位或者个人应当在收到土地管理部门的通知之日起30日内缴纳耕地占用税。土地管理部门凭耕地占用税完税凭证或者免税凭证和其他有关文件发放建设用地批准书。

【注释】 相关规定包括:《财政部 国家税务总局关于耕地占用税平均税额和纳税义务发生时间问题的通知》(财税[2007]176号)。

第十三条 纳税人临时占用耕地,应当依照本条例的规定缴纳耕地占用税。纳税人在批准临时占用耕地的期限内恢复所占用耕地原状的,全额退还已经缴纳的耕地占用税。

第十四条 占用林地、牧草地、农田水利用地、养殖水面以及渔业水域滩涂等其他农用地建房或者从事非农业建设的,比照本条例的规定征收耕地占用税。

建设直接为农业生产服务的生产设施占用前款规定的农用地的,不征收耕地占用税。

第十五条 耕地占用税的征收管理,依照《中华人民共和国税收征收管理法》和本条例有关规定执行。

第十六条 本条例自2008年1月1日起施行。1987年4月1日国务院发布的《中华人民共和国耕地占用税暂行条例》同时废止。

中华人民共和国耕地占用税暂行条例实施细则

财政部 国家税务总局令[2008]第49号

第一条 根据《中华人民共和国耕地占用税暂行条例》(以下简称条例),制定本细则。

第二条 条例所称建房,包括建设建筑物和构筑物。

农田水利占用耕地的,不征收耕地占用税。

第三条 占用园地建房或者从事非农业建设的,视同占用耕地征收耕地占用税。

第四条 经申请批准占用耕地的,纳税人为农用地转用审批文件中标明的建设用地人;农用地转用审批文件中未标明建设用地人的,纳税人为用地申请人。

未经批准占用耕地的,纳税人为实际用地人。

第五条 条例第四条所称实际占用的耕地面积,包括经批准占用的耕地面积和未经批准占用的耕地面积。

第六条 各省、自治区、直辖市耕地占用税的平均税额,按照本细则所附的《各省、自治区、直辖市耕地占用税平均税额表》执行。

县级行政区域的适用税额,按照条例、本细则和各省、自治区、直辖市人民政府的规定执行。

第七条 条例第七条所称基本农田,是指依据《基本农田保护条例》划定的基本农田保护区范围内的耕地。

第八条 条例第八条规定免税的军事设施,具体范围包括:

(一) 地上、地下的军事指挥、作战工程;

(二) 军用机场、港口、码头;

(三) 营区、训练场、试验场;

(四) 军用洞库、仓库;

(五) 军用通信、侦察、导航、观测台站和测量、导航、助航标志;

(六) 军用公路、铁路专用线,军用通讯、输电线路,军用输油、输水管道;

(七) 其他直接用于军事用途的设施。

第九条 条例第八条规定免税的学校,具体范围包括县级以上人民政府教育行政部门批准成立的大学、中学、小学、学历性职业教育学校以及特殊教育学校。

学校内经营性场所和教职工住房占用耕地的,按照当地适用税额缴纳耕地占用税。

第十条 条例第八条规定免税的幼儿园,具体范围限于县级人民政府教育行政部门登记注册或者备案的幼儿园内专门用于幼儿保育、教育的场所。

第十一条 条例第八条规定免税的养老院,具体范围限于经批准设立的养老院内专门为老年人提供生活照顾的场所。

第十二条 条例第八条规定免税的医院,具体范围限于县级以上人民政府卫生行政部门批准设立的医院内专门用于提供医护服务的场所及其配套设施。

医院内职工住房占用耕地的,按照当地适用税额缴纳耕地占用税。

第十三条 条例第九条规定减税的铁路线路，具体范围限于铁路路基、桥梁、涵洞、隧道及其按照规定两侧留地。

专用铁路和铁路专用线占用耕地的，按照当地适用税额缴纳耕地占用税。

第十四条 条例第九条规定减税的公路线路，具体范围限于经批准建设的国道、省道、县道、乡道和属于农村公路的村道的主体工程以及两侧边沟或者截水沟。

专用公路和城区内机动车道占用耕地的，按照当地适用税额缴纳耕地占用税。

第十五条 条例第九条规定减税的飞机场跑道、停机坪，具体范围限于经批准建设的民用机场专门用于民用航空器起降、滑行、停放的场所。

第十六条 条例第九条规定减税的港口，具体范围限于经批准建设的港口内供船舶进出、停靠以及旅客上下、货物装卸的场所。

第十七条 条例第九条规定减税的航道，具体范围限于在江、河、湖泊、港湾等水域内供船舶安全航行的通道。

第十八条 条例第十条规定减税的农村居民占用耕地新建住宅，是指农村居民经批准在户口所在地按照规定标准占用耕地建设自用住宅。

农村居民经批准搬迁，原宅基地恢复耕种，凡新建住宅占用耕地不超过原宅基地面积的，不征收耕地占用税；超过原宅基地面积的，对超过部分按照当地适用税额减半征收耕地占用税。

第十九条 条例第十条所称农村烈士家属，包括农村烈士的父母、配偶和子女。

第二十条 条例第十条所称革命老根据地、少数民族聚居地区和边远贫困山区生活困难的农村居民，其标准按照各省、自治区、直辖市人民政府有关规定执行。

第二十一条 根据条例第十一条的规定，纳税人改变占地用途，不再属于免税或减税情形的，应自改变用途之日起 30 日内按改变用途的实际占用耕地面积和当地适用税额补缴税款。

第二十二条 条例第十三条所称临时占用耕地，是指纳税人因建设项目施工、地质勘查等需要，在一般不超过 2 年内临时使用耕地并且没有修建永久性建筑物的行为。

第二十三条 因污染、取土、采矿塌陷等损毁耕地的，比照条例第十三条规定的临时占用耕地的情况，由造成损毁的单位或者个人缴纳耕地占用税。超过 2 年未恢复耕地原状的，已征税款不予退还。

第二十四条 条例第十四条所称林地，包括有林地、灌木林地、疏林地、未成林地、迹地、苗圃等，不包括居民点内部的绿化林木用地，铁路、公路征地范围内的林木用地，以及河流、沟渠的护堤林用地。

第二十五条 条例第十四条所称牧草地，包括天然牧草地、人工牧草地。

第二十六条 条例第十四条所称农田水利用地，包括农田排灌沟渠及相应附属设施用地。

第二十七条 条例第十四条所称养殖水面，包括人工开挖或者天然形成的用于水产养殖的河流水面、湖泊水面、水库水面、坑塘水面及相应附属设施用地。

第二十八条 条例第十四条所称渔业水域滩涂，包括专门用于种植或者养殖水生动植物的海水潮浸地带和滩地。

第二十九条 占用林地、牧草地、农田水利用地、养殖水面以及渔业水域滩涂等其他农用地建房或者从事非农业建设的，适用税额可以适当低于当地占用耕地的适用税额，具体适用税额按照各省、自治区、直辖市人民政府的规定执行。

第三十条 条例第十四条所称直接为农业生产服务的生产设施，是指直接为农业生产服务而建设的建筑物和构筑物。具体包括：储存农用机具和种子、苗木、木材等农业产品的仓储设施；培育、生产种子、种苗的设施；畜禽养殖设施；木材集材道、运材道；农业科研、试验、示范基地；野生动植物保护、护林、森林病虫害防治、森林防火、木材检疫的设施；专为农业生产服务的灌溉排水、供水、供电、供热、供气、通讯基础设施；农业生产者从事农业生产必需的食宿和管理设施；其他直接为农业生产服务的生产设施。

第三十一条 经批准占用耕地的，耕地占用税纳税义务发生时间为纳税人收到土地管理部门办理占用农用地手续通知的当天。

未经批准占用耕地的，耕地占用税纳税义务发生时间为纳税人实际占用耕地的当天。

第三十二条 纳税人占用耕地或其他农用地，应当在耕地或其他农用地所在地申报纳税。

第三十三条 各省、自治区、直辖市人民政府财政、税务主管部门应当将本省、自治区、直辖市人民政府制定的耕地占用税具体实施办法报送财政部和国家税务总局。

第三十四条 本细则自公布之日起实施。

附表：

各省、自治区、直辖市耕地占用税平均税额表

地 区	每平方米平均税额(元)
上海	45
北京	40
天津	35
江苏、浙江、福建、广东	30
辽宁、湖北、湖南	25
河北、安徽、江西、山东、河南、重庆、四川	22.5
广西、海南、贵州、云南、陕西	20
山西、吉林、黑龙江	17.5
内蒙古、西藏、甘肃、青海、宁夏、新疆	12.5

财政部 国家税务总局关于耕地占用税平均税额和纳税义务发生时间问题的通知

财税[2007]176 号

各省、自治区、直辖市财政厅(局)、地方税务局，新疆生产建设兵团财务局：

为做好新修订的《中华人民共和国耕地占用税暂行条例》(国务院令第 511 号)的贯彻落实工作，现就耕地占用税平均税额和纳税义务发生时间问题通知如下：

一、各省、自治区、直辖市每平方米平均税额为：上海市 45 元；北京市 40 元；天津市 35 元；江苏、浙江、福建、广东 4 省各 30 元；辽宁、湖北、湖南 3 省各 25 元；河北、安徽、江西、山东、河南、四川、重庆 7 省市各 22.5 元；广西、海南、贵州、云南、陕西 5 省区各 20 元；山西、吉林、黑龙江 3 省各 17.5 元；内蒙古、西藏、甘肃、青海、宁夏、新疆 6 省区各 12.5 元。

各地依据耕地占用税暂行条例和上款的规定，经省级人民政府批准，确定县级行政区占用耕地的适用税额，占用林地、牧草地、农田水利用地、养殖水面以及渔业水域滩涂等其他农用地的适用税额可适当低于占用耕地的适用税额。

各地确定的县级行政区适用税额须报财政部、国家税务总局备案。

二、经批准占用耕地的，耕地占用税纳税义务发生时间为纳税人收到土地管理部门办理占用农用地手续通知的当天。

未经批准占用耕地的，耕地占用税纳税义务发生时间为实际占用耕地的当天。

【注释】 对《耕地占用税暂行条例》第 5、12 条进行了解释。

第十五部分　中华人民共和国房产税法

中华人民共和国房产税暂行条例

国发[1986]90号

第一条　房产税在城市、县城、建制镇和工矿区征收。

【注释】　相关规定包括:《关于房产税若干具体问题的解释和暂行规定》(财税地[1986]8号)。《财政部税务总局关于对外籍人员、华侨、港、澳、台同胞拥有的房产如何征收房产税问题的批复》(财税外[1987]230号)、《国家税务总局关于邮政企业征免房产税、土地使用税问题的函》(国税函[2001]379号)、《国家税务总局关于调整房产税和土地使用税具体征税范围解释规定的通知》(国税发[1999]44号)、《国家税务总局关于房产税城镇土地使用税有关政策规定的通知》(国税发[2003]89号)。

第二条　房产税由产权所有人缴纳。产权属于全民所有的,由经营管理的单位缴纳。产权出典的,由承典人缴纳。产权所有人、承典人不在房产所在地的,或者产权未确定及租典纠纷未解决的,由房产代管人或者使用人缴纳。

前款列举的产权所有人、经营管理单位、承典人、房产代管人或者使用人,统称为纳税义务人(以下简称纳税人)。

【注释】　相关规定包括:《关于房产税若干具体问题的解释和暂行规定》(财税地[1986]8号)、《财政部关于对银行、保险系统征免房产税的通知》(财税[1987]36号)。

第三条　房产税依照房产原值一次减除10%至30%后的余值计算缴纳。具体减除幅度,由省、自治区、直辖市人民政府规定。

没有房产原值作为依据的,由房产所在地税务机关参考同类房产核定。

房产出租的,以房产租金收入为房产税的计税依据。

【注释】　相关规定包括:《关于房产税若干具体问题的解释和暂行规定》(财税地[1986]8号)、《财政部　国家税务总局关于清产核资企业有关税收问题的通知》(财税[1996]69号)、《财政部　国家税务总局关于调整住房租赁市场税收政策的通知》(财税[2000]125号)、《国家税务总局关于进一步明确房屋附属设备和配套设施计征房产税有关问题的通知》(国税发[2005]173号)、《财政部　国家税务总局关于具备房屋功能的地下建筑征收房产税的通知》(财税[2005]181号)、《财政部　国家税务总局关于房产税城镇土地使用税有关政策的通知》(财税[2006]186号)。

第四条　房产税的税率,依照房产余值计算缴纳的,税率为1.2%;依照房产租金收入计算缴纳的,税率为12%。

【注释】　相关规定包括:《国家税务局关于安徽省若干房产税业务问题的批复》(国税函发[1993]368号)。

第五条　下列房产免纳房产税:

一、国家机关、人民团体、军队自用的房产;

二、由国家财政部门拨付事业经费的单位自用的房产;

三、宗教寺庙、公园、名胜古迹自用的房产;

四、个人所有非营业用的房产;

五、经财政部批准免税的其他房产。

【注释】　相关规定包括:《关于房产税若干具体问题的解释和暂行规定》(财税地[1986]8号)、《财政部关于对银行、保险系统征免房产税的通知》(财税[1987]36号)、《财政部税务总局关于对煤炭工业部所属防排水抢救站征免房产税、车船使用税的通知》(财税地[1987]7号)、《财政部税务总局关于对司法部所属的劳改劳教单位征免房产税问题的通知》(财税地[1987]0号)、《财政部税务总局关于如何确定铁道部所属单位征免房产税和车船使用税问题的批复》(财税地[1987]20号)、《财政部税务总局关于对司法部所属的劳改劳教单位征免房产税问题的补充通知》(财税地[1987]29 号)、《财政部税务总局关于对房管部门经租的居民住房暂缓征收房产税的通知》(财税地[1987]30 号)、《国家税务局对关于中、小学校办企业征免房产税、土地使用税问题的请示的批复》(国税地[1989]81 号)、《国家税务局关于对实行自收自支的事业单位恢复征收房产税和车船使用税的通知》(国税函发[1990]434 号)、《国家税务局关于恢复征收国营华侨农场地方税问题的通知》(国税函发[1990]1117 号)、《国家税务局关于邮电部门所属企业恢复征收房产税问题的通知》(国税发[1991]36 号)、《国家税务局关于工会服务型事业单位免征房产税、车船使用税、土地使用税问题的复函》(国税函发[1992]1440 号)、《国家税务总局关于地质矿产部所属地勘单位征税问题的通知》(国税函发[1995]453 号)、《国家税务总局关于地质矿产部所属地勘单位征税问题的补充通知》(国税函发[1996]656 号)、《财政部 国家税务总局关于铁道部所属单位征免房产税城镇土地使用税问题的通知》(财税[1997]8 号)、《财政部 国家税务总局关于血站有关税收问题的通知》(财税[1999]264 号)、《财政部 国家税务总局关于医疗卫生机构有关税收政策的通知》(财税[2000]42 号)、《财政部 国家税务总局关于对老年服务机构有关税收政策问题的通知》(财税[2000]97 号)、《财政部 国家税务总局关于非营利性科研机构税收政策的通知》(财税[2001]5 号)、《国家税务总局关于中国人民银行总行所属分支机构免征房产税城镇土地使用税的通知》(国税函[2001]770 号)、《财政部 国家税务总局关于调整铁路系统房产税城镇土地使用税政策的通知》(财税[2003]149 号)、《财政部 国家税务总局关于教育税收政策的通知》(财税[2004]39 号)、《财政部 国家税务总局关于明确免征房产税城镇土地使用税的铁路运输企业范围及有关问题的通知》(财税[2004]36 号)、《财政部 国家税务总局关于天然林保护工程实施企业和单位有关税收政策的通知》(财税[2004]37 号)、《国家税务总局关于房产税部分行政审批项目取消后加强后续管理工作的通知》(国税函[2004]839 号)、《财政部 国家税务总局关于暂免征收军队空余房产租赁收入营业税房产税的通知》(财税[2004]123 号)。

第六条 除本条例第五条规定者外,纳税人纳税确有困难的,可由省、自治区、直辖市人民政府确定,定期减征或者免征房产税。

【注释】 相关规定包括:《财政部税务总局关于房产税和车船使用税几个业务问题的解释与规定》(财税地[1987]3 号)、《财政部税务总局关于对房管部门经租的居民住房暂缓征收房产税的通知》(财税地[1987]30 号)、《国家税务局关于恢复征收国营华侨农场地方税问题的通知》(国税函发[1990]1117 号)、《国家税务局关于邮电部门所属企业恢复征收房产税问题的通知》(国税发[1991]36 号)。

第七条 房产税按年征收、分期缴纳。纳税期限由省、自治区、直辖市人民政府规定。

【注释】 相关规定包括:《国家税务总局关于房产税城镇土地使用税有关政策规定的通知》(国税发[2003]89 号)。

第八条 房产税的征收管理,依照《中华人民共和国税收征收管理暂行条例》的规定办理。

第九条 房产税由房产所在地的税务机关征收。

【注释】 相关规定包括:《关于房产税若干具体问题的解释和暂行规定》(财税地[1986]8 号)。

第十条 本条例由财政部负责解释;施行细则由省、自治区、直辖市人民政府制定,抄送财政部备案。

第十一条 本条例自 1986 年 10 月 1 日起施行。

财政部 税务总局关于检发《关于房产税若干具体问题的解释和暂行规定》、《关于车船使用税若干具体问题的解释和暂行规定》的通知

财税地[1986]8 号

各省、自治区、直辖市税务局,重庆、武汉、沈阳、大连、哈尔滨、西安、广州税务局,加发南京市税务局,海洋石油税务局各分局:

《中华人民共和国房产税暂行条例》和《中华人民共和国车船使用税暂行条例》已经发布。为了便于各地贯彻执行,总局在征求各地意见的基础上,对这两个条例作了一些解释和规定,现将《关于房产税若干具体问题的解释和暂行规定》、《关于车船使用税若干具体问题的解释和暂行规定》发给你们,请结合本地的实际情况,一并研究贯彻执行。执行中有什么问题,请及时报告总局。

关于房产税若干具体问题的解释和暂行规定

一、关于城市、县城、建制镇、工矿区的解释

城市是指经国务院批准设立的市。

县城是指未设立建制镇的县人民政府所在地。

建制镇是指经省、自治区、直辖市人民政府批准设立的建制镇。

工矿区是指工商业比较发达，人口比较集中，符合国务院规定的建制镇标准，但尚未设立镇建制的大中型工矿企业所在地。开征房产税的工矿区须经省、自治区、直辖市人民政府批准。

二、关于城市、建制镇征税范围的解释

城市的征税范围为市区、郊区和市辖县县城。不包括农村。

建制镇的征税范围为镇人民政府所在地。不包括所辖的行政村。

三、关于"人民团体"的解释

"人民团体"是指经国务院授权的政府部门批准设立或登记备案并由国家拨付行政事业费的各种社会团体。

四、关于"由国家财政部门拨付事业经费的单位"，是否包括由国家财政部门拨付事业经费，实行差额预算管理的事业单位

实行差额预算管理的事业单位，虽然有一定的收入，但收入不够本身经费开支的部分，还要由国家财政部门拨付经费补助。因此，对实行差额预算管理的事业单位，也属于是由国家财政部门拨付事业经费的单位，对其本身自用的房产免征房产税。

五、关于由国家财政部门拨付事业经费的单位，其经费来源实行自收自支后，有无减免税优待

由国家财政部门拨付事业经费的单位，其经费来源实行自收自支后，应征收房产税。但为了鼓励事业单位经济自立，由国家财政部门拨付事业经费的单位，其经费来源实行自收自支后，从事业单位经费实行自收自支的年度起，免征房产税3年。

六、关于免税单位自用房产的解释

国家机关、人民团体、军队自用的房产，是指这些单位本身的办公用房和公务用房。

事业单位自用的房产，是指这些单位本身的业务用房。

宗教寺庙自用的房产，是指举行宗教仪式等的房屋和宗教人员使用的生活用房屋。

公园、名胜古迹自用的房产，是指供公共参观游览的房屋及其管理单位的办公用房屋。

上述免税单位出租的房产以及非本身业务用的生产、营业用房产不属于免税范围，应征收房产税。

七、关于纳税单位和个人无租使用其他单位的房产，如何征收房产税

纳税单位和个人无租使用房产管理部门、免税单位及纳税单位的房产，应由使用人代缴纳房产税。

八、关于房产不在一地的纳税人，如何确定纳税地点

房产税暂行条例第九条规定，"房产税由房产所在地的税务机关征收。"房产不在一地的纳税人，应按房产的坐落地点，分别向房产所在地的税务机关缴纳房产税。

九、关于在开征地区范围之外的工厂、仓库，可否征收房产税

根据房产税暂行条例的规定，不在开征地区范围之内的工厂、仓库，不应征收房产税。

十、关于企业办的各类学校、医院、托儿所、幼儿园自用的房产，可否免征房产税

企业办的各类学校、医院、托儿所、幼儿园自用的房产，可以比照由国家财政部门拨付事业经费的单位自用的房产，免征房产税。

十一、（本条被财税[2005]181号文件废止）

十二、关于个人所有的房产用于出租的，应否征收房产税

个人出租的房产，不分用途，均应征收房产税。

十三、关于个人所有的居住房屋，可否由当地核定面积标准，就超过面积标准的部分征收房产税

根据房产税暂行条例规定，个人所有的非营业用的房产免征房产税。因此，对个人所有的居住用房，不分面积多少，均免征房产税。

十四、关于个人所有的出租房屋，是按房产余值计算缴纳房产税还是按房产租金收入计算缴纳房产税

根据房产税暂行条例规定，房产出租的，以房产租金收入为房产税的计税依据。因此，个人出租房屋，应按房屋租金收入征税。

十五、（本条被财税[2008]152号文件废止）

十六、关于毁损不堪居住的房屋和危险房屋，可否免征房产税

经有关部门鉴定，对毁损不堪居住的房屋和危险房屋，在停止使用后，可免征房产税。

十七、关于依照房产原值一次减除10%至30%后的余值计算缴纳房产税，其减除幅度，可否按照房屋的新旧程度分别确定？对有些房屋的减除幅度，可否超过这个规定

根据房产税暂行条例规定，具体减除幅度以及是否区别房屋新旧程度分别确定减除幅度，由省、自治区、直辖市人民政府规定，减除幅度只能在10%至30%以内。

十八、关于对微利企业和亏损企业的房产，可否免征房产税

房产税属于财产税性质的税，对微利企业和亏损企业的房产，依照规定应征收房产税，以促进企业改善经营管理，提高经济效益。但为了照顾企业的实际负担能力，可由地方根据实际情况在一定期限内暂免征收房产税。

十九、关于新建的房屋如何征税

纳税人自建的房屋，自建成之次月起征收房产税。

纳税人委托施工企业建设的房屋，从办理验收手续之次月起征收房产税。

纳税人在办理验收手续前已使用或出租、出借的新建房屋，应按规定征收房产税。

二十、关于企业停产、撤销后应否停征房产税

企业停产、撤销后，对他们原有的房产闲置不用的，经省、自治区、直辖市税务局批准可暂不征收房产税；如果这些房产转给其他征税单位使用或者企业恢复生产的时候，应依照规定征收房产税。

二十一、关于基建工地的临时性房屋，应否征收房产税

凡是在基建工地为基建工地服务的各种工棚、材料棚、休息棚和办公室、食堂、茶炉房、汽车房等临时性房屋，不论是施工企业自行建造还是由基建单位出资建造交施工企业使用的，在施工期间，一律免征房产税。但是，如果在基建工程结束以后，施工企业将这种临时性房屋交还或者估价转让给基建单位的，应当从基建单位接收的次月起，依照规定征收房产税。

二十二、关于公园、名胜古迹中附设的营业单位使用或出租的房产，应否征收房产税

公园、名胜古迹中附设的营业单位，如影剧院、饮食部、茶社、照相馆等所使用的房产及出租的房产，应征收房产税。

二十三、关于房产出租，由承租人修理，不支付房租，应否征收房产税

承租人使用房产，以支付修理费抵交房产租金，仍应由房产的产权所有人依照规定缴纳房产税。

二十四、关于房屋大修停用期间，可否免征房产税

房屋大修停用在半年以上的，经纳税人申请，税务机关审核，在大修期间可免征房产税。

二十五、关于纳税单位与免税单位共同使用的房屋，如何征收房产税

纳税单位与免税单位共同使用的房屋，按各自使用的部分划分，分别征收或免征房产税。

【注释】　对《房产税暂行条例》第1、2、3、5、9条进行了解释。《财政部　国家税务总局关于调整房产税有关减免税政策的通知》（财税[2004]140号）对本规定进行了修正。上述规定第11条已经被下列规定废止：《财政部　国家税务总局关于具备房屋功能的地下建筑征收房产税的通知》（财税[2005]181号）。上述规定第15条已经被下列规定废止：《财政部　国家税务总局关于房产税城镇土地使用税有关问题的通知》（财税[2008]152号）。

财政部关于对银行、保险系统征免房产税的通知

财税[1987]36号

根据国务院国发[1986]90号《中华人民共和国房产税暂行条例》规定，现对银行、保险系统征免房产税问题通知如下：

一、中国人民银行总行是国家机关，对其自用的房产免征房产税；中国人民银行总行所属并由国家财政部门拨付事业经费单位的房产，按房产税有关规定办理；中国人民银行各省、自治区、直辖市分行及其所属机构的房产，应征收房产税。

二、根据国务院发布的《中华人民共和国银行管理暂行条例》的规定，各专业银行都是独立核算的经济实体，对其房产应征收房产税。

三、对其他金融机构（包括信托投资公司、城乡信用合作社，以及经中国人民银行批准设立的其他金融组织）和保险公司的房产，均应按规定征收房产税。

【注释】 对《房产税暂行条例》第2、5条进行了解释。

财政部税务总局关于房产税和车船使用税几个业务问题的解释与规定

财税地[1987]3号

总局(86)财税地字第008号《关于检发〈关于房产税若干具体问题的解释和暂行规定〉、〈关于车船使用税若干具体问题的解释和暂行规定〉的通知》下发后，各地在贯彻执行中又陆续提出一些需要明确的问题。经研究，现作如下解释和规定：

一、关于“房产”的解释

“房产”是以房屋形态表现的财产。房屋是指有屋面和围护结构（有墙或两边有柱），能够遮风避雨，可供人们在其中生产、工作、学习、娱乐、居住或储藏物资的场所。

独立于房屋之外的建筑物，如围墙、烟囱、水塔、变电塔、油池油柜、酒窖菜窖、酒精池、糖蜜池、室外游泳池、玻璃暖房、砖瓦石灰窑以及各种油气罐等，不属于房产。

根据总局(86)财税地字第008号文规定，“房产原值是指纳税人按照会计制度规定，在账簿‘固定资产’科目中记载的房屋原价。”因此，凡按会计制度规定在账簿中记载有房屋原价的，即应以房屋原价按规定减除一定比例后作为房产余值计征房产税；没有记载房屋原价的，按照上述原则，并参照同类房屋，确定房产原值，计征房产税。

二、关于房屋附属设备的解释

房产原值应包括与房屋不可分割的各种附属设备或一般不单独计算价值的配套设施。主要有：暖气、卫生、通风、照明、煤气等设备；各种管线，如蒸气、压缩空气、石油、给水排水等管道及电力、电讯、电缆导线；电梯、升降机、过道、晒台等。

属于房屋附属设备的水管、下水道、暖气管、煤气管等从最近的探视井或三通管算起。电灯网、照明线从进线盒联结管算起。

三、关于工商行政管理部门的集贸市场用房征收房产税的规定

工商行政管理部门的集贸市场用房，不属于工商部门自用的房产，按规定应征收房产税。但为了促进集贸市场的发展，省、自治区、直辖市可根据具体情况暂给予减税或免税照顾。

……

【注释】 对《房产税暂行条例》第3、6条进行了解释。

财政部税务总局关于对外籍人员、华侨、港、澳、台同胞拥有的房产如何征收房产税问题的批复

财税外[1987]230号

福建省税务局：

(87)闽税政三字第522号函悉。关于对外籍人员的房屋以及华侨、香港、澳门、台湾同胞的房屋如何征收房产税问题，经研究，批复如下：

一、对外籍人员和华侨、香港、澳门、台湾同胞在内地拥有的房产，应按照前政务院1951年8月8日公布的《城市房地产税暂行条例》的规定征收房产税。

二、在我国境内拥有房产的外籍人员和在内地拥有房产的华侨、香港、澳门、台湾同胞，如果不在我国

境内或内地居住，可由其代管人或使用人代为报缴房产税；如果其房产所有权已转让给国内亲友或有关企、事业单位，则应按《中华人民共和国房产税暂行条例》的规定缴纳房产税。

【注释】 对《房产税暂行条例》第2条进行了解释。

财政部税务总局关于对房管部门经租的居民住房暂缓征收房产税的通知

财税地[1987]30号

为了有利于房租改革和照顾房管部门经租的居民住房目前收取租金偏低的实际情况，经研究确定：从1988年1月1日起，对房管部门经租的居民住房，在房租调整改革之前收取租金偏低的，可暂缓征收房产税；对房管部门经租的其他非营业用房，是否给予照顾，可由各省、自治区、直辖市根据当地具体情况按税收管理体制的规定办理。

【注释】 对《房产税暂行条例》第5、6条进行了解释。

国家税务局对《关于高校征免房产税、土地使用税的请示》的批复

国税地便[1989]8号

武汉市税务局：

你局《关于高校征免房产税、土地使用税的请示》收悉，现批复如下：

国务院国发[1989]10号《国务院批转国家教委等部门关于深化改革鼓励教育科研卫生单位增加社会服务意见的通知》和国家税务局(89)国税所字第067号《关于贯彻国务院国发[1989]10号文件有关税收问题的通知》中所说的"对高等学校校用房产和土地免征房产税、土地使用税"，是指对高等学校用于教学及科研等本身业务用房产和土地免征房产税和土地使用税。对高等学校举办的校办工厂、商店、招待所等的房产及土地以及出租的房产及用地，均不属于自用房产和土地的范围，应按规定征收房产税、土地使用税。

【注释】 对《国务院批转国家教委等部门关于深化改革鼓励教育科研卫生单位增加社会服务意见的通知》(国发[1989]10号)、《关于贯彻国务院国发[1989]10号文件有关税收问题的通知》[(89)国税所字第067号]进行了解释。

国家税务局对《关于中、小学校办企业征免房产税、土地使用税问题的请示》的批复

国税地[1989]81号

四川省税务局：

你局川税三(1989)489号《关于中、小学校办企业征免房产税、土地使用税问题的请示》收悉，现批复如下：

关于中、小学校办企业使用的房屋及土地征收房产税和土地使用税问题，我局意见，对中、小学校办企业应比照(89)国税地便字第008号"对《关于高校征免房产税、土地使用税的请示》的批复"中有关规定征收房产税和土地使用税；对非独立核算的校办企业，原则上也应征收房产税和土地使用税，纳税确有困难的，可按税收管理权限给予适当的减税或免税。

【注释】 对《房产税暂行条例》第5条进行了解释。

国家税务局关于对实行自收自支的事业单位恢复征收房产税和车船使用税的通知

国税函发[1990]434号

各省、自治区、直辖市税务局，各计划单列市税务局，海洋石油税务管理局各分局：

我局(86)财税地字第008号和(87)财税地字第003号文规定，由国家财政部门拨付事业经费的单位，

其经费来源实行自收自支后，从事业单位经费实行自收自支的年度起，免征房产税、车船使用税3年。目前，许多事业单位免税已满3年。经研究决定，从1990年起，对实行自收自支的事业单位恢复征收房产税和车船使用税，现通知如下：

一、对1990年以前实行自收自支的事业单位，凡已经免征房产税、车船使用税3年的，应按规定恢复征税；对已经办理免税手续，但免征房产税、车船使用税还不满3年的，可以继续免税到满3年为止。

二、对1990年1月1日以后，经费来源实行自收自支的事业单位，不再享受3年免税照顾，应照章征收房产税和车船使用税。

【注释】 对《房产税暂行条例》第5条进行了解释。

国家税务局关于邮电部门所属企业恢复征收房产税问题的通知

国税发[1991]36号

各省、自治区、直辖市税务局、计划单列市税务局，海洋石油税务管理局各分局：

财政部(87)财税字第055号《关于对邮电部门所属企业征免房产税和车船使用税问题的通知》中规定“邮电部门所属的邮政企业和坐落在城市、县城以外的电信企业自用的房产，1990年底前，免征房产税。”此规定已经到期。经研究决定，从1991年起，对邮电部门所属企业一律恢复征收房产税。企业纳税确有困难的，可以向所在地税务机关提出减免税申请，由税务机关根据情况进行审批。

【注释】 对《房产税暂行条例》第5、6条进行了解释。

国家税务局关于工会服务型事业单位免征房产税、车船使用税、土地使用税问题的复函

国税函发[1992]1440号

中华全国总工会：

你会工财函[1992]15号文《关于商请对工会服务型的事业单位免征房产税、车船使用税、土地使用税的函》收悉。经研究决定，对由主管工会拨付或差额补贴工会经费的全额预算或差额预算单位，可以比照财政部门拨付事业经费的单位办理，即：对这些单位自用的房产、车船、土地，免征房产税、车船使用税和土地使用税；从事生产、经营活动等非自用的房产、车船、土地，则应按税法有关规定照章纳税。

【注释】 对《房产税暂行条例》第5条进行了解释。

国家税务局关于安徽省若干房产税业务问题的批复

国税函发[1993]368号

安徽省税务局：

你局税地字[1993]第434号《关于对投资联营的房产征收房产税问题的请示》和税地字[1993]第461号《关于对融资租赁房屋征收房产税的请示》收悉。经研究，同意你局意见，即：

一、对于投资联营的房产，应根据投资联营的具体情况，在计征房产税时予以区别对待。对于以房产投资联营，投资者参与投资利润分红，共担风险的情况，按房产原值作为计税依据计征房产税；对于以房产投资，收取固定收入，不承担联营风险的情况，实际上是以联营名义取得房产的租金，应根据《中华人民共和国房产税暂行条例》的有关规定由出租方按租金收入计缴房产税。

二、对于融资租赁房屋的情况，由于租赁费包括购进房屋的价款、手续费、借款利息等，与一般房屋出租的“租金”内涵不同，且租赁期满后，当承担方偿还最后一笔租赁费时，房屋产权要转移到承租方，这实际上是一种变相的分期付款购买固定资产的形式，所以在计征房产税时应以房产余值计算征收。至于租赁期内房产税的纳税人，可由你局根据实际情况确定。

【注释】 对《房产税暂行条例》第4条进行了解释。

国家税务总局关于地质矿产部所属地勘单位征税问题的通知

国税函发[1995]453号

各省、自治区、直辖市和计划单列市地方税务局：

接地矿部《关于申请减免税收的函》(地函[1995]89号)，要求国家对其所属的地勘单位在税收上继续给予减免税照顾。根据国务院严格控制减免税的精神，经研究，现对地矿部所属地勘单位的征税问题通知如下：

……

三、关于房产税、车船使用税等税的问题

对地矿部所属的地勘单位的房产税、车船使用税、城镇土地使用税、印花税和城市维护建设税、教育费附加等，应按规定征收。

【注释】 对《房产税暂行条例》第5条进行了解释。

财政部　国家税务总局关于清产核资企业有关税收问题的通知

财税[1996]69号

各省、自治区、直辖市、计划单列市财政厅(局)、地方税务局：

按照国务院统一部署，全国范围内国有企业在1995年底已基本完成了清产核资工作。最近，接到一些部门、单位的反映，要求进一步明确国有企业清产核资后新增固定资产征税问题。经研究，对国有企业清产核资后有关税收问题通知如下：

一、对国有企业固定资产重估后的新增价值，应按照有关税收法规规定征收房产税和印花税。

二、为照顾部分清产核资企业的实际困难，对固定资产重估后新增价值已增提折旧的国有企业，应按照重估后的价值征收房产税和印花税；对资产重估后未能按新增价值增提折旧的国有企业，可由同级清产核资机构出具证明，经主管税务机关核实，从1996年1月1日起至1997年12月31日止，对其固定资产重估后新增价值部分免征房产税和缓征印花税。

三、对国有企业列入“资本公积”科目的土地资产，暂不征收印花税。

【注释】 对《房产税暂行条例》第3条进行了解释。《中华人民共和国房产税暂行条例》(国发[1986]90号)

国家税务总局关于调整房产税和土地使用税具体征税范围解释规定的通知

国税发[1999]44号

各省、自治区、直辖市和计划单列市地方税务局：

近接一些地区反映，原财政部税务总局印发的《关于房产税若干具体问题的解释和暂行规定》([86]财税地字008号)与原国家税务局印发的《关于土地使用税若干具体问题的解释和暂行规定》([88]国税地字第015号)，有关房产税与土地使用税的具体征税范围的解释不尽一致，并且经济发展及城镇建设已发生很大变化，在实际执行中，不便于操作，经研究，现进一步解释和规定如下：

一、房产税、土地使用税在城市、县城、建制镇和工矿区征收，各地在遵照执行。

二、关于建制镇具体征税范围，由各省、自治区、直辖市地方税务局提出方案，经省、自治区、直辖市人民政府确定批准后执行，并报国家税务总局备案。对农林牧渔业用地和农民居住用房屋及土地，不征收房产税和土地使用税。

【注释】 对《房产税暂行条例》第1条进行了解释。

财政部　国家税务总局关于医疗卫生机构有关税收政策的通知

财税[2000]42号

各省、自治区、直辖市、计划单列市财政厅(局)、国家税务局、地方税务局：

为了贯彻落实《国务院办公厅转发国务院体改办等部门关于城镇医药卫生体制改革指导意见的通知》

(国办发[2000]16号),促进我国医疗卫生事业的发展,经国务院批准,现将医疗卫生机构有关税收政策通知如下:

一、关于非营利性医疗机构的税收政策

(一)对非营利性医疗机构按照国家规定的价格取得的医疗服务收入,免征各项税收。不按照国家规定价格取得的医疗服务收入不得享受这项政策。

医疗服务是指医疗服务机构对患者进行检查、诊断、治疗、康复和提供预防保健、接生、计划生育方面的服务,以及与这些服务有关的提供药品、医用材料器具、救护车、病房住宿和伙食的业务(下同)。

(二)对非营利性医疗机构从事非医疗服务取得的收入,如租赁收入、财产转让收入、培训收入、对外投资收入等应按规定征收各项税收。非营利性医疗机构将取得的非医疗服务收入,直接用于改善医疗卫生服务条件的部分,经税务部门审核批准可抵扣其应纳税所得额,就其余额征收企业所得税。

(三)对非营利性医疗机构自产自用的制剂,免征增值税。

(四)非营利性医疗机构的药房分离为独立的药品零售企业,应按规定征收各项税收。

(五)对非营利性医疗机构自用的房产、土地、车船,免征房产税、城镇土地使用税和车船使用税。

二、关于营利性医疗机构的税收政策

(一)对营利性医疗机构取得的收入,按规定征收各项税收。但为了支持营利性医疗机构的发展,对营利性医疗机构取得的收入,直接用于改善医疗卫生条件的,自其取得执业登记之日起,3年内给予下列优惠:对其取得的医疗服务收入免征营业税;对其自产自用的制剂免征增值税;对营利性医疗机构自用的房产、土地、车船免征房产税、城镇土地使用税和车船使用税。3年免税期满后恢复征税。

(二)对营利性医疗机构的药房分离为独立的药品零售企业,应按规定征收各项税收。

三、关于疾病控制机构和妇幼保健机构等卫生机构的税收政策

(一)对疾病控制机构和妇幼保健机构等卫生机构按照国家规定的价格取得的卫生服务收入(含疫苗接种和调拨、销售收入),免征各项税收。不按照国家规定的价格取得的卫生服务收入不得享受这项政策。对疾病控制机构和妇幼保健等卫生机构取得的其他经营收入如直接用于改善本卫生机构卫生服务条件的,经税务部门审核批准可抵扣其应纳税所得额,就其余额征收企业所得税。

(二)对疾病控制机构和妇幼保健机构等卫生机构自用的房产、土地、车船,免征房产税、城镇土地使用税和车船使用税。

医疗机构需要书面向卫生行政主管部门申明其性质,按《医疗机构管理条例》进行设置审批和登记注册,并由接受其登记注册的卫生行政部门核定,在执业登记中注明"非营利性医疗机构"和"营利性医疗机构"。

上述医疗机构具体包括:各级各类医院、门诊部(所)、社区卫生服务中心(站)、急救中心(站)、城乡卫生院、护理院(所)、疗养院、临床检验中心等。上述疾病控制、妇幼保健等卫生机构具体包括:各级政府及有关部门举办的卫生防疫站(疾病控制中心)、各种专科疾病防治站(所),各级政府举办的妇幼保健所(站)、母婴保健机构、儿童保健机构等,各级政府举办的血站(血液中心)。

本通知自发布之日起执行。

【注释】 对《房产税暂行条例》第5条进行了解释。

财政部　国家税务总局关于对老年服务机构有关税收政策问题的通知

财税[2000]97号

各省、自治区、直辖市、计划单列市财政厅(局)、国家税务局、地方税务局:

为贯彻中共中央、国务院《关于加强老龄工作的决定》(中发[2000]13号)精神,现对政府部门和社会力量兴办的老年服务机构有关税收政策问题通知如下:

一、对政府部门和企事业单位、社会团体以及个人等社会力量投资兴办的福利性、非营利性的老年服务机构,暂免征收企业所得税,以及老年服务机构自用房产、土地、车船的房产税、城镇土地使用税、车船使用税。

二、对企事业单位、社会团体和个人等社会力量,通过非营利性的社会团体和政府部门向福利性、非营利性的老年服务机构的捐赠,在缴纳企业所得税和个人所得税前准予全额扣除。

三、本通知所称老年服务机构，是指专门为老年人提供生活照料、文化、护理、健身等多方面服务的福利性、非营利性的机构，主要包括：老年社会福利院、敬老院（养老院）、老年服务中心、老年公寓（含老年护理院、康复中心、托老所）等。

本通知自2000年10月1日起执行。

【注释】 对《房产税暂行条例》第5条进行了解释。

财政部　国家税务总局关于调整住房租赁市场税收政策的通知

财税[2000]125号

各省、自治区、直辖市、计划单列市财政厅（局），国家税务局，地方税务局，新疆生产建设兵团：

为了配合国家住房制度改革，支持住房租赁市场的健康发展，经国务院批准，现对住房租赁市场有关税收政策问题通知如下：

一、对按政府规定价格出租的公有住房和廉租住房，包括企业和自收自支事业单位向职工出租的单位自有住房；房管部门向居民出租的公有住房；落实私房政策中带户发还产权并以政府规定租金标准向居民出租的私有住房等，暂免征收房产税、营业税。

二、对个人按市场价格出租的居民住房，其应缴纳的营业税暂减按3%的税率征收，房产税暂减按4%的税率征收。

三、对个人出租房屋取得的所得暂减按10%的税率征收个人所得税。

本通知自2001年1月1日起执行。凡与本通知规定不符的税收政策，一律改按本通知的规定执行。

【注释】 对《房产税暂行条例》第3条进行了解释。

财政部　国家税务总局关于非营利性科研机构税收政策的通知

财税[2001]5号

各省、自治区、直辖市、计划单列市财政厅（局）、国家税务局、地方税务局：

为了贯彻落实《国务院办公厅转发科技部等部门关于非营利性科研机构管理的若干意见（试行）的通知》（国办发[2000]78号），鼓励社会公益类科研事业的发展，经国务院批准，现对非营利性科研机构有关税收政策明确如下：

一、非营利性科研机构要以推动科技进步为宗旨，不以营利为目的，主要从事应用基础研究或向社会提供公共服务。非营利性科研机构的认定标准，由科技部会同财政部、中编办、国家税务总局另行制定。非营利性科研机构需要书面向科技行政主管部门申明其性质，按规定进行设置审批和登记注册，并由接受其登记注册的科技行政部门核定，在执业登记中注明“非营利性科研机构”。

二、非营利性科研机构享受如下税收优惠政策：

1. 非营利性科研机构从事技术开发、技术转让业务和与之相关的技术咨询、技术服务所得的收入，按有关规定免征营业税和企业所得税。

2. 非营利性科研机构从事与其科研业务无关的其他服务所取得的收入，如租赁收入、财产转让收入、对外投资收入等，应当按规定征收各项税收；非营利性科研机构从事上述非主营业务收入用于改善研究开发条件的投资部分，经税务部门审核批准可抵扣其应纳税所得额，就其余额征收企业所得税。

3. 非营利性科研机构自用的房产、土地，免征房产税、城镇土地使用税。

4. 社会力量对非关联的非营利性科研机构的新产品、新技术、新工艺所发生的研究开发经费资助，经主管税务机关审核确定，其资助支出可以全额在当年度应纳税所得额中扣除。当年度应纳税所得额不足抵扣的，不得结转抵扣。

三、对非营利性科研机构实行年度检查制度，凡不符合条件的，应取消其免税资格，并按规定补缴当年已免税款。

本通知自2001年1月1日起执行。具体执行办法由国家税务总局另行制定。

【注释】 对《房产税暂行条例》第5条进行了解释。

国家税务总局关于邮政企业征免房产税、土地使用税问题的函

国税函[2001]379号

国家邮政局：

你局《关于申请减免邮政企业房产税、土地使用税的函》(国邮[2000]479号)收悉，来函要求我局进一步明确邮政农村支局不需缴纳房产税和土地使用税问题，经研究，现函复如下：

根据房产税和土地使用税的有关规定，对邮政部门坐落在城市、县城、建制镇、工矿区范围内的房产、土地，应当依法征收房产税和土地使用税；对坐落在上述范围以外尚在县邮政局内核算的房产、土地，必须在单位财务账中划分清楚，从2001年1月1日起不再征收房产税和土地使用税。

【注释】 对《房产税暂行条例》第1条进行了解释。

国家税务总局关于中国人民银行总行所属分支机构免征房产税、城镇土地使用税的通知

国税函[2001]770号

各省、自治区、直辖市和计划单列市地方税务局：

根据中国人民银行系统单位工作职能的转变，按照房产税、城镇土地使用税的有关规定，现明确：对行使国家行政管理职能的中国人民银行总行(含国家外汇管理局)所属分支机构自用的房产、土地，免征房产税、城镇土地使用税。凡与本规定有抵触的，以本规定为准。

【注释】 对《房产税暂行条例》第5条进行了解释。

财政部　国家税务总局关于调整铁路系统房产税、城镇土地使用税政策的通知

财税[2003]149号

各省、自治区、直辖市、计划单列市财政厅(局)、地方税务局，新疆生产建设兵团财务局：

根据铁路运输体制改革和铁路系统的实际情况，经国务院批准，现对铁路系统有关房产税、城镇土地使用税税收政策通知如下：

一、铁道部所属铁路运输企业自用的房产、土地继续免征房产税和城镇土地使用税。

二、对铁路运输体制改革后，从铁路系统分离出来并实行独立核算、自负盈亏的企业，包括铁道部所属原执行经济承包方案的工业、供销、建筑施工企业；中国铁路工程总公司、中国铁道建筑工程总公司、中国铁路通信信号总公司、中国土木建筑工程总公司、中国北方机车车辆工业集团公司、中国南方机车车辆工业集团公司；以及铁道部所属自行解决工交事业费的单位，自2003年1月1日起恢复征收房产税、城镇土地使用税。

三、铁道部所属其他企业、单位的房产和土地，继续按税法规定征收房产税和城镇土地使用税。

【注释】 对《房产税暂行条例》第5条进行了解释。

国家税务总局关于房产税、城镇土地使用税有关政策规定的通知

国税发[2003]89号

各省、自治区、直辖市和计划单列市地方税务局，局内各单位：

随着我国房地产市场的迅猛发展，涉及房地产税收的政策问题日益增多，经调查研究和广泛听取各方面的意见，现对房产税、城镇土地使用税有关政策问题明确如下：

一、关于房地产开发企业开发的商品房征免房产税问题鉴于房地产开发企业开发的商品房在出售前，对房地产开发企业而言是一种产品，因此，对房地产开发企业建造的商品房，在售出前，不征收房产税；但对售出前房地产开发企业已使用或出租、出借的商品房应按规定征收房产税。

二、关于确定房产税、城镇土地使用税纳税义务发生时间问题

(一) 购置新建商品房，自房屋交付使用之次月起计征房产税和城镇土地使用税。

(二) 购置存量房，自办理房屋权属转移、变更登记手续，房地产权属登记机关签发房屋权属证书之次月起计征房产税和城镇土地使用税。

(三) 出租、出借房产，自交付出租、出借房产之次月起计征房产税和城镇土地使用税。

(四) 房地产开发企业自用、出租、出借本企业建造的商品房，自房屋使用或交付之次月起计征房产税和城镇土地使用税。

【注释】 对《房产税暂行条例》第1、7条进行了解释。

财政部　国家税务总局关于教育税收政策的通知

财税[2004]39号

各省、自治区、直辖市、计划单列市财政厅(局)、国家税务局、地方税务局，新疆生产建设兵团财务局：

为了进一步促进教育事业发展，经国务院批准，现将有关教育的税收政策通知如下：

……

二、关于房产税、城镇土地使用税、印花税。

对国家拨付事业经费和企业办的各类学校、托儿所、幼儿园自用的房产、土地，免征房产税、城镇土地使用税；对财产所有人将财产赠给学校所立的书据，免征印花税。

……

六、本通知自2004年1月1日起执行，此前规定与本通知不符的，以本通知为准。

【注释】 对《房产税暂行条例》第5条进行了解释。

财政部　国家税务总局关于明确免征房产税、城镇土地使用税的铁路运输企业范围及有关问题的通知

财税[2004]36号

各省、自治区、直辖市、计划单列市财政厅(局)、地方税务局，新疆生产建设兵团财务局：

为更好地贯彻执行《财政部国家税务总局关于调整铁路系统房产税城镇土地使用税政策的通知》(财税[2003]1 49号)，经研究，现就有关免征房产税和城镇土地使用税的铁路运输企业范围和有关问题通知如下：

……

二、地方铁路运输企业自用的房产、土地应缴纳的房产税、城镇土地使用税比照铁道部所属铁路运输企业的政策执行。

……

【注释】 对《房产税暂行条例》第5条进行了解释。本通知第一条已经被下列规定废止:《财政部　国家税务总局关于明确免征房产税 城镇土地使用税的铁路运输企业范围的补充通知》(财税[2006]17号)。

财政部　国家税务总局关于调整房产税有关减免税政策的通知

财税[2004]140号

各省、自治区、直辖市、计划单列市财政厅(局)、地方税务局，新疆生产建设兵团财务局：

为了规范税收政策，进一步加强房产税的征收管理，经研究决定，对《财政部税务总局关于房产税若干具体问题的解释和暂行规定》([86]财税地字第008号)的部分内容作适当修改，即:废止第丨八条关于对微利企业和亏损企业的房产“可由地方根据实际情况在一定期限内暂免征收房产税”和第二十条“企业停产、撤销后，对他们原有的房产闲置不用的，经省、自治区、直辖市税务局批准可暂不征收房产税”的规定。

【注释】 对《财政部税务总局关于房产税若干具体问题的解释和暂行规定》([86]财税地字第008号)进行了修正。

国家税务总局关于进一步明确房屋附属设备和配套设施计征房产税有关问题的通知

国税发[2005]173号

各省、自治区、直辖市和计划单列市地方税务局，扬州税务进修学院：

关于房屋附属设备和配套设施计征房产税问题，《财政部 税务总局关于房产税和车船使用税几个业务问题的解释与规定》([87]财税地字第003号)第二条已作了明确。随着社会经济的发展和房屋功能的完善，又出现了一些新的设备和设施，亟须明确。经研究，现将有关问题通知如下：

一、为了维持和增加房屋的使用功能或使房屋满足设计要求，凡以房屋为载体，不可随意移动的附属设备和配套设施，如给排水、采暖、消防、中央空调、电气及智能化楼宇设备等，无论在会计核算中是否单独记账与核算，都应计入房产原值，计征房产税。

二、对于更换房屋附属设备和配套设施的，在将其价值计入房产原值时，可扣减原来相应设备和设施的价值；对附属设备和配套设施中易损坏、需要经常更换的零配件，更新后不再计入房产原值。

三、城市房地产税比照上述规定执行。

四、本通知自2006年1月1日起执行。《财政部 税务总局关于对房屋中央空调是否计入房产原值等问题的批复》([87]财税地字第028号)同时废止。

【注释】 对《房产税暂行条例》第3条进行了解释。

财政部　国家税务总局关于具备房屋功能的地下建筑征收房产税的通知

财税[2005]181号

各省、自治区、直辖市、计划单列市财政厅(局)、地方税务局，新疆生产建设兵团财务局：

为了统一税收政策，规范税收管理，现将具备房屋功能的地下建筑的房产税政策明确如下：

一、凡在房产税征收范围内的具备房屋功能的地下建筑，包括与地上房屋相连的地下建筑以及完全建在地面以下的建筑、地下人防设施等，均应当依照有关规定征收房产税。

上述具备房屋功能的地下建筑是指有屋面和维护结构，能够遮风避雨，可供人们在其中生产、经营、工作、学习、娱乐、居住或储藏物资的场所。

二、自用的地下建筑，按以下方式计税：

1. 工业用途房产，以房屋原价的50%—60%作为应税房产原值。

应纳房产税的税额＝应税房产原值×[1－(10%－30%)]×1.2%

2. 商业和其他用途房产，以房屋原价的70%—80%作为应税房产原值。

应纳房产税的税额＝应税房产原值×[1－(10%－30%)]×1.2%

房屋原价折算为应税房产原值的具体比例，由各省、自治区、直辖市和计划单列市财政和地方税务部门在上述幅度内自行确定。

3. 对于与地上房屋相连的地下建筑，如房屋的地下室、地下停车场、商场的地下部分等，应将地下部分与地上房屋视为一个整体按照地上房屋建筑的有关规定计算征收房产税。

三、出租的地下建筑，按照出租地上房屋建筑的有关规定计算征收房产税。

四、本通知自2006年1月1日起执行，《财政部税务总局关于房产税若干具体问题的解释和暂行规定》([86]财税地字第008号)第十一条同时废止。

【注释】 对《房产税暂行条例》第3条进行了解释。

财政部　国家税务总局关于明确免征房产税、城镇土地使用税的铁路运输企业范围的补充通知

财税[2006]17号

各省、自治区、直辖市、计划单列市财政厅(局)、地方税务局，新疆生产建设兵团财务局：

根据铁路运输体制改革情况，现将享受免征房产税、城镇土地使用税政策的铁道部所属铁路运输企业

的范围补充通知如下：

一、享受免征房产税、城镇土地使用税优惠政策的铁道部所属铁路运输企业是指铁路局及国有铁路运输控股公司(含广铁〈集团〉公司、青藏铁路公司、大秦铁路股份有限公司、广深铁路股份有限公司等，具体包括客货、编组站，车务、机务、工务、电务、水电、供电、列车、客运、车辆段)、铁路办事处、中铁集装箱运输有限责任公司、中铁特货运输有限责任公司、中铁快运股份有限公司。

二、本通知自发文之日起执行。《财政部　国家税务总局关于明确免征房产税城镇土地使用税的铁路运输企业范围及有关问题的通知》(财税[2004]36 号)第一条停止执行。此前已征税款不予退还，未征税款不再补征。

【注释】 对《财政部　国家税务总局关于明确免征房产税城镇土地使用税的铁路运输企业范围及有关问题的通知》(财税[2004]36 号)进行了解释。

财政部　国家税务总局关于房产税、城镇土地使用税有关政策的通知

财税[2006]186 号

各省、自治区、直辖市、计划单列市财政厅(局)、地方税务局，新疆生产建设兵团财务局：

经研究，现对房产税、城镇土地使用税有关政策明确如下：

一、关于居民住宅区内业主共有的经营性房产缴纳房产税问题。

对居民住宅区内业主共有的经营性房产，由实际经营(包括自营和出租)的代管人或使用人缴纳房产税。其中自营的，依照房产原值减除 10%至 30%后的余值计征，没有房产原值或不能将业主共有房产与其他房产的原值准确划分开的，由房产所在地地方税务机关参照同类房产核定房产原值；出租的，依照租金收入计征。

……

五、本通知自 2007 年 1 月 1 日起执行。

【注释】 对《房产税暂行条例》第 3 条进行了解释。

关于加油站罩棚房产税问题的通知

财税[2008]123 号

各省、自治区、直辖市、计划单列市财政厅(局)、地方税务局，新疆生产建设兵团财务局：

为明确和规范加油站罩棚房产税政策，现就有关问题通知如下：

加油站罩棚不属于房产，不征收房产税。以前各地已做出税收处理的，不追溯调整。

中华人民共和国国务院令第 546 号

1951 年 8 月 8 日政务院公布的《城市房地产税暂行条例》自 2009 年 1 月 1 日起废止。自 2009 年 1 月 1 日起，外商投资企业、外国企业和组织以及外籍个人，依照《中华人民共和国房产税暂行条例》缴纳房产税。

1987 年 2 月 6 日国务院批准，1987 年 2 月 24 日交通部、财政部发布的《长江干线航道养护费征收办法》自 2009 年 1 月 1 日起废止。

1992 年 5 月 15 日国务院批准，1992 年 8 月 4 日交通部、财政部、国家物价局发布的《内河航道养护费征收和使用办法》自 2009 年 1 月 1 日起废止。

第十六部分　中华人民共和国印花税法

中华人民共和国印花税暂行条例

国务院令[1988]11号

第一条　在中华人民共和国境内书立、领受本条例所列举凭证的单位和个人，都是印花税的纳税义务人(以下简称纳税人)，应当按照本条例规定缴纳印花税。

【注释】　相关规定包括：《国家税务总局关于货运凭证征收印花税几个具体问题的通知》(国税发[1990]173号)、《国家税务总局关于物资订货合同印花税确定纳税人问题的批复》(国税函发[1991]1415号)、《财政部　国家税务总局关于外国石油公司参与煤层气开采所适用税收政策问题的通知》(财税[1996]62号)、《国家税务总局 铁道部关于铁路货运凭证印花税若干问题的通知》(国税发[2006]101号)。

第二条　下列凭证为应纳税凭证：

1. 购销、加工承揽、建设工程承包、财产租赁、货物运输、仓储保管、借款、财产保险、技术合同或者具有合同性质的凭证；

2. 产权转移书据；

3. 营业账簿；

4. 权利、许可证照；

5. 经财政部确定征税的其他凭证。

【注释】　相关规定包括：《国家税务总局关于印花税若干具体问题的规定》(国税地[1988]25号)、《国家税务总局关于外国银行分行营运资金缴纳印花税问题的批复》(国税函[2002]104号)、《国家税务总局关于对借款合同贴花问题的具体规定》(国税地[1988]30号)、《财政部　国家税务总局关于全国社会保障基金有关印花税政策的通知》(财税[2003]134号)、《国家税务总局关于办理上市公司国有股权无偿转让暂不征收证券(股票)交易印花税有关审批事项的通知》(国税函[2004]941号)。

第三条　纳税人根据应纳税凭证的性质，分别按比例税率或者按件定额计算应纳税额。具体税率、税额的确定，依照本条例所附《印花税税目税率表》执行。

应纳税额不足一角的，免纳印花税。

应纳税额在一角以上的，其税额尾数不满五分的不计，满五分的按一角计算缴纳。

【注释】　相关规定包括：《国家税务总局关于对技术合同征收印花税问题的通知》(国税地[1989]34号)、《国家税务总局关于家庭财产两全保险合同征收印花税问题的批复》(国税地[1989]77号)、《国家税务总局关于对"拨改贷"借款合同征收印花税问题的复函》(国税地[1989]110号)、《国家税务总局关于改变保险合同印花税计税办法的通知》(国税函发[1990]428号)、《国家税务总局关于各种要货单据征收印花税问题的批复》(国税函发[1990]994号)、《国家税务总局地方税管理司关于改变保险合同计税依据适用范围的批复》(国税地函发[1990]20号)、《国家税务总局关于印花税若干具体问题的解释和规定的通知》(国税发[1991]155号)、《国家税务总局关于"集体土地建设用地使用权登记证"贴花问题的批复》(国税函发[1991]1268号)、《国家税务总局关于飞机租赁合同征收印花税问题的批复》(国税函发[1992]1145号)、《国家税务总局关于飞机租赁合同征收印花税问题的函》(国税函发[1992]1431号)、《国家税务总局关于船舶保险合同印花税征免问题的批复》(国税函发[1993]674号)、《国家税务总局关于外商投资企业的订单要货单据征收印花税问题的批复》(国税函发[1997]505号)、《财政部　国家税务总局关于证券投资基金税收问题的通知》(财税[1998]55号)、《国家税务总局关于上市公司国有股权无偿转让征收证券(股票)交易印花税问题的通知》(国税发[1999]124号)、《财政部　国家税务总局关于开放式证券投资基金有关税收问题的通知》(财税[2002]128号)。

第四条　下列凭证免纳印花税：

1. 已缴纳印花税的凭证的副本或者抄本；

2. 财产所有人将财产赠给政府、社会福利单位、学校所立的书据；

3. 经财政部批准免税的其他凭证。

【注释】 相关规定包括:《国家税务总局关于由铁道部自行解决工交事业费的单位贴花问题的批复》(国税地[1989]76号)、《国家税务总局关于对水库水工建筑物原值征收印花税问题的批复》(国税地[1989]97号)、《国家税务总局关于对军队企业化管理工厂征免印花税等问题的通知》(国税地[1989]99号)、《国家税务总局关于图书、报刊等征订凭证征免印花税问题的通知》(国税地[1989]142号)、《国家税务总局关于代购、代销"国务院市场调节粮"协议书征免印花税事宜的函》(国税函发[1990]508号)、《国家税务总局关于恢复征收国营华侨农场地方税问题的通知》(国税函发[1990]1117号)、《国家税务总局关于货运凭证征收印花税几个具体问题的通知》(国税发[1990]173号)、《国家税务总局关于军火武器合同免征印花税问题的通知》(国税发[1990]200号)、《财政部　国家税务总局关于企业改制过程中有关印花税政策的通知》(财税[2003]183号)、《财政部　国家税务总局关于教育税收政策的通知》(财税[2004]39号)、《国家税务总局关于办理上市公司国有股权无偿转让暂不征收证券(股票)交易印花税有关审批事项的通知》(国税函[2004]941号)、《财政部　国家税务总局关于对买卖封闭式证券投资基金继续予以免征印花税的通知》(财税[2004]173号)、《财政部　国家税务总局关于国家石油储备基地建设有关税收政策的通知》(财税[2005]23号)、《财政部　国家税务总局关于证券投资者保护基金有关印花税政策的通知》(财税[2006]104号)。

第五条　印花税实行由纳税人根据规定自行计算应纳税额,购买并一次贴足印花税票(以下简称贴花)的缴纳办法。

为简化贴花手续,应纳税额较大或者贴花次数频繁的,纳税人可向税务机关提出申请,采取以缴款书代替贴花或者按期汇总缴纳的办法。

【注释】 相关规定包括:《国家税务总局关于印花税若干具体问题的规定》(国税地[1988]25号)、《国家税务总局关于汇总缴纳印花税税额计算问题的通知》(国税函发[1990]433号)、《国家税务总局关于货运凭证征收印花税几个具体问题的通知》(国税发[1990]173号)。

第六条　印花税票应当粘贴在应纳税凭证上,并由纳税人在每枚税票的骑缝处盖戳注销或者画销。

已贴用的印花税票不得重用。

【注释】 相关规定包括:《国家税务总局 国家工商行政管理局关于营业执照、商标注册证粘贴印花税票问题的通知》(国税地[1989]113号)。

第七条　应纳税凭证应当于书立或者领受时贴花。

【注释】 相关规定包括:《国家税务总局关于印花税若干具体问题的规定》(国税地[1988]25号)、《国家税务总局关于借贷业务应纳印花税凭证问题的批复》(国税函发[1991]1081号)。

第八条　同一凭证,由两方或者两方以上当事人签订并各执一份的,应当由各方就所执的一份各自全额贴花。

【注释】 相关规定包括:《国家税务总局关于印花税若干具体问题的规定》(国税地[1988]25号)。

第九条　已贴花的凭证,修改后所载金额增加的,其增加部分应当补贴印花税票。

第十条　印花税由税务机关负责征收管理。

【注释】 相关规定包括:《国家税务总局关于对金融系统营业账簿贴花问题的具体规定》(国税地[1988]28号)、《国家税务总局关于中国银行营运资金印花税纳税地点问题的批复》(国税函发[1990]1383号)、《国家税务总局关于订货会所签合同印花税缴纳地点问题的通知》(国税函发[1991]1187号)。

第十一条　印花税票由国家税务局监制。票面金额以人民币为单位。

第十二条　发放或者办理应纳税凭证的单位,负有监督纳税人依法纳税的义务。

第十三条　纳税人有下列行为之一的,由税务机关根据情节轻重,予以处罚:

1. 在应纳税凭证上未贴或者少贴印花税票的,税务机关除责令其补贴印花税票外,可处以应补贴印花税票金额20倍以下的罚款;

2. 违反本条例第六条第一款规定的,税务机关可处以未注销或者画销印花税票金额10倍以下的罚款;

3. 违反本条例第六条第二款规定的,税务机关可处以重用印花税票金额30倍以下的罚款。

伪造印花税票的，由税务机关提请司法机关依法追究刑事责任。

【注释】 相关规定包括：《财政部　国家税务总局关于印花税违章处罚问题的通知》（财税[1994]65号）、《国家税务总局关于印花税违章处罚有关问题的通知》（国税发[2004]15号）。

第十四条 印花税的征收管理，除本条例规定者外，依照《中华人民共和国税收征收管理暂行条例》的有关规定执行。

【注释】 相关规定包括：《国家税务总局关于外商投资企业和外国企业征收印花税有关问题的通知》（国税发[1994]95号）、《国家税务总局关于明确国家开发银行分行营业账簿和贷款合同印花税缴纳方式的通知》（国税函[2000]1060号）、《国家税务总局 铁道部关于铁路货运凭证印花税若干问题的通知》（国税发[2006]101号）。

第十五条 本条例由财政部负责解释；施行细则由财政部制定。

第十六条 本条例自1988年10月1日起施行。

【注释】 相关规定包括：《国家税务总局关于对印花税暂行条例施行前书立、领受的凭证贴花问题的规定》（国税地[1988]13号）。

附件：印花税税目税率表

税　目	范　围	税　率	纳税义务人	说　明
1. 购销合同	包括供应、预购、采购、购销结合及协作、调剂、补偿、易货等合同	按购销金额万分之三贴花	立合同人	
2. 加工承揽合同	包括加工、定作、修缮、修理、印刷、广告、测绘、测试等合同	按加工或承揽收入万分之五贴花	立合同人	
3. 建设工程勘察设计合同	包括勘察、设计合同	按收取费用万分之五贴花	立合同人	
4. 建筑安装工程承包合同	包括建筑、安装工程承包合同	按承包金额万分之三贴花	立合同人	
5. 财产租赁合同	包括租赁房屋、船舶、飞机、机动车辆、机械、器具、设备等	按租赁金额千分之一贴花。税额不足一元的按一元贴花	立合同人	
6. 货物运输合同	包括民用航空、铁路运输、海上运输、内河运输、公路运输和联运合同	按运输费用万分之五贴花	立合同人	单据作为合同使用的，按合同贴花
7. 仓储保管合同	包括仓储、保管合同	按仓储保管费用千分之一贴花	立合同人	仓单或栈单作为合同使用的，按合同贴花
8. 借款合同	银行及其他金融组织和借款人（不包括银行同业拆借）所签订的借款合同	按借款金额万分之零点五贴花	立合同人	单据作为合同使用的，按合同贴花
9. 财产保险合同	包括财产、责任、保证、信用等保险合同	按投保金额万分之零点三贴花	立合同人	单据作为合同使用的，按合同贴花
10. 技术合同	包括技术开发、转让、咨询、服务等合同	按所载金额万分之三贴花	立合同人	

（续表）

税目	范围	税率	纳税义务人	说明
11. 产权转移书据	包括财产所有权和版权、商标专用、专利权、专有技术使用权等转移书据	按所载金额万分之五贴花	立据人	
12. 营业账簿	生产经营用账册	记载资金的账簿，按固定资产原值与自有流动资金总额万分之五贴花。其他账簿按件贴花五元	立账簿人	
13. 权利许可证照	包括政府部门发给的房屋产权证、工商营业执照、商标注册证、专利证、土地使用证	按件贴花五元	领受人	

中华人民共和国印花税暂行条例施行细则

财税[1988]255 号

第一条 本施行细则依据《中华人民共和国印花税暂行条例》(以下简称条例)第十五条的规定制定。

第二条 条例第一条所说的在中华人民共和国境内书立、领受本条例所列举凭证，是指在中国境内具有法律效力，受中国法律保护的凭证。

上述凭证无论在中国境内或者境外书立，均应依照条例规定贴花。

条例第一条所说的单位和个人，是指国内各类企业、事业、机关、团体、部队以及中外合资企业、合作企业、外资企业、外国公司企业和其他经济组织及其在华机构等单位和个人。

凡是缴纳工商统一税的中外合资企业、合作企业、外资企业、外国公司企业和其他经济组织，其缴纳的印花税，可以从所缴纳的工商统一税中如数抵扣。

【注释】 相关规定包括：《国家税务总局关于物资订货合同印花税确定纳税人问题的批复》(国税函发[1991]1415 号)。

第三条 条例第二条所说的建设工程承包合同，是指建设工程勘察设计合同和建筑安装工程承包合同。

建设工程承包合同包括总包合同、分包合同和转包合同。

【注释】 相关规定包括：《国家税务总局关于印花税若干具体问题的规定》(国税地[1988]25 号)。

第四条 条例第二条所说的合同，是指根据《中华人民共和国经济合同法》、《中华人民共和国涉外经济合同法》和其他有关合同法规订立的合同。

具有合同性质的凭证，是指具有合同效力的协议、契约、合约、单据、确认书及其他各种名称的凭证。

【注释】 相关规定包括：《国家税务总局关于印花税若干具体问题的规定》(国税地[1988]25 号)。

第五条 条例第二条所说的产权转移书据，是指单位和个人产权的买卖、继承、赠与、交换、分割等所立的书据。

【注释】 相关规定包括：《国家税务总局关于印花税若干具体问题的规定》(国税地[1988]25 号)。

第六条 条例第二条所说的营业账簿，是指单位或者个人记载生产经营活动的财务会计核算账簿。

【注释】 相关规定包括：《国家税务总局关于印花税若干具体问题的规定》(国税地[1988]25 号)、《国家税务总局关于对金融系统营业账簿贴花问题的具体规定》(国税地[1988]28 号)、《国家税务总局关于由铁道部自行解决工交事业费的单位贴花问题的批复》(国税地[1989]76 号)。

第七条 税目税率表中的记载资金的账簿，是指载有固定资产原值和自有流动资金的总分类账簿，或者专门设置的记载固定资产原值和自有流动资金的账簿。

其他账簿,是指除上述账簿以外的账簿,包括日记账簿和各明细分类账簿。

【注释】 相关规定包括:《国家税务总局关于印花税若干具体问题的规定》(国税地[1988]25号)、《国家税务总局关于对保险公司征收印花税有关问题的通知》(国税地[1988]37号)、《国家税务总局关于对特种储备资金不征收印花税问题的通知》(国税地[1989]18号)、《国家税务总局关于对水库水工建筑物原值征收印花税问题的批复》(国税地[1989]97号)、《国家税务总局关于对军队企业化管理工厂征免印花税等问题的通知》(国税地[1989]99号)。

第八条 记载资金的账簿按固定资产原值和自有流动资金总额贴花后,以后年度资金总额比已贴花资金总额增加的,增加部分应按规定贴花。

【注释】 相关规定包括:《国家税务总局关于印花税若干具体问题的规定》(国税地[1988]25号)、《国家税务总局关于对金融系统营业账簿贴花问题的具体规定》(国税地[1988]28号)、《国家税务总局关于对保险公司征收印花税有关问题的通知》(国税地[1988]37号)、《国家税务总局关于对特种储备资金不征收印花税问题的通知》(国税地[1989]18号)、《国家税务总局关于投资银行系统资金账簿缴纳印花税问题的复函》(国税函发[1993]8号)、《财政部 国家税务总局关于铁道部所属单位恢复征收印花税问题的补充通知》(财税[1997]182号)、《国家税务总局关于明确国家开发银行分行营业账簿和贷款合同印花税缴纳方式的通知》(国税函[2000]1060号)、《国家税务总局关于国家邮政及所属各级邮政企业资金账簿征收印花税问题的通知》(国税函[2001]361号)、《财政部 国家税务总局关于企业改制过程中有关印花税政策的通知》(财税[2003]183号)。

第九条 税目税率表中自有流动资金的确定,按有关财务会计制度的规定执行。

【注释】 相关规定包括:《国家税务总局关于资金账簿印花税问题的通知》(国税发[1994]25号)、《国家税务总局关于地质矿产部所属地勘单位征税问题的补充通知》(国税函发[1996]656号)。

第十条 印花税只对税目税率表中列举的凭证和经财政部确定征税的其他凭证征税。

【注释】 相关规定包括:《国家税务总局关于资金账簿印花税问题的通知》(国税发[1994]25号)。

第十一条 条例第四条所说的已缴纳印花税的凭证的副本或者抄本免纳印花税,是指凭证的正式签署本已按规定缴纳了印花税,其副本或者抄本对外不发生权利义务关系,仅备存查的免贴印花。

以副本或者抄本视同正本使用的,应另贴印花。

【注释】 相关规定包括:《国家税务总局关于对借款合同贴花问题的具体规定》(国税地[1988]30号)。

第十二条 条例第四条所说的社会福利单位,是指抚养孤老伤残的社会福利单位。

第十三条 根据条例第四条第(3)款规定,对下列凭证免纳印花税:

1. 国家指定的收购部门与村民委员会、农民个人书立的农副产品收购合同;
2. 无息、贴息贷款合同;
3. 外国政府或者国际金融组织向我国政府及国家金融机构提供优惠贷款所书立的合同。

【注释】 相关规定包括:《国家税务总局关于中国人民银行向专业银行发放贷款所签合同征免印花税问题的批复》(国税函发[1993]705号)、《财政部 国家税务总局关于国家开发银行缴纳印花税问题的复函》(财税[1995]47号)、《财政部 国家税务总局关于农业发展银行缴纳印花税问题的复函》(财税[1996]55号)、《财政部 国家税务总局关于铁道部所属单位恢复征收印花税问题的通知》(财税[1997]56号)、《财政部 国家税务总局关于铁道部所属单位恢复征收印花税问题的补充通知》(财税[1997]182号)、《财政部 国家税务总局关于股权分置试点改革有关税收政策问题的通知》(财税[2005]103号)、《财政部 国家税务总局关于印花税若干政策的通知》(财税[2006]162号)。

第十四条 条例第七条所说的书立或者领受时贴花,是指在合同的签订时、书据的立据时、账簿的启用时和证照的领受时贴花。

如果合同在国外签订的,应在国内使用时贴花。

第十五条 条例第八条所说的当事人,是指对凭证有直接权利义务关系的单位和个人,不包括保人、证人、鉴定人。

税目税率表中的立合同人,是指合同的当事人。

当事人的代理人有代理纳税的义务。

第十六条 产权转移书据由立据人贴花,如未贴或者少贴印花,书据的持有人应负责补贴印花。所立书据以合同方式签订的，应由持有书据的各方分别按全额贴花。

第十七条 同一凭证，因载有两个或者两个以上经济事项而适用不同税目税率，如分别记载金额的，应分别计算应纳税额，相加后按合计税额贴花；如未分别记载金额的，按税率高的计税贴花。

第十八条 按金额比例贴花的应税凭证，未标明金额的，应按照凭证所载数量及国家牌价计算金额；没有国家牌价的，按市场价格计算金额，然后按规定税率计算应纳税额。

第十九条 应纳税凭证所载金额为外国货币的，纳税人应按照凭证书立当日的中华人民共和国国家外汇管理局公布的外汇牌价折合人民币，计算应纳税额。

【注释】 相关规定包括：《国家税务总局关于飞机租赁合同征收印花税问题的批复》(国税函发[1992]1145号)。

第二十条 应纳税凭证粘贴印花税票后应即注销。纳税人有印章的，加盖印章注销；纳税人没有印章的，可用钢笔(圆珠笔)画几条横线注销。注销标记应与骑缝处相交。骑缝处是指粘贴的印花税票与凭证及印花税票之间的交接处。

第二十一条 一份凭证应纳税额超过五百元的，应向当地税务机关申请填写缴款书或者完税证，将其中一联粘贴在凭证上或者由税务机关在凭证上加注完税标记代替贴花。

第二十二条 同一种类应纳税凭证，需频繁贴花的，应向当地税务机关申请按期汇总缴纳印花税。

税务机关对核准汇总缴纳印花税的单位，应发给汇缴许可证。汇总缴纳的限期限额由当地税务机关确定，但最长期限不得超过一个月。

【注释】 相关规定包括：《财政部 国家税务总局关于改变印花税按期汇总缴纳管理办法的通知》(财税[2004]170号)。

第二十三条 凡汇总缴纳印花税的凭证，应加注税务机关指定的汇缴戳记、编号并装订成册后，将已贴印花或者缴款书的一联粘附册后，盖章注销，保存备查。

第二十四条 凡多贴印花税票者，不得申请退税或者抵用。

第二十五条 纳税人对纳税凭证应妥善保存。凭证的保存期限，凡国家已有明确规定的，按规定办；其余凭证均应在履行完毕后保存一年。

第二十六条 纳税人对凭证不能确定是否应当纳税的，应及时携带凭证，到当地税务机关鉴别。

纳税人同税务机关对凭证的性质发生争议的，应检附该凭证报请上一级税务机关核定。

第二十七条 条例第十二条所说的发放或者办理应纳税凭证的单位，是指发放权利、许可证照的单位和办理凭证的鉴证、公证及其他有关事项的单位。

第二十八条 条例第十二条所说的负有监督纳税人依法纳税的义务，是指发放或者办理应纳税凭证的单位应对以下纳税事项监督：

1. 应纳税凭证是否已粘贴印花；
2. 粘贴的印花是否足额；
3. 粘贴的印花是否按规定注销。

对未完成以上纳税手续的，应督促纳税人当场贴花。

第二十九条 印花税票的票面金额以人民币为单位，分为壹角、贰角、伍角、壹元、贰元、伍元、拾元、伍拾元、壹佰元九种。

第三十条 印花税票为有价证券，各地税务机关应按照国家税务局制定的管理办法严格管理，具体管理办法另定。

第三十一条 印花税票可以委托单位或者个人代售，并由税务机关付给代售金额5%的手续费。支付来源从实征印花税款中提取。

第三十二条 凡代售印花税票者，应先向当地税务机关提出代售申请，必要时须提供保证人。税务机关调查核准后，应与代售户签订代售合同，发给代售许可证。

第三十三条 代售户所售印花税票取得的税款，须专户存储，并按照规定的期限，向当地税务机关结报，或者填开专用缴款书直接向银行缴纳。不得逾期不缴或者挪作他用。

第三十四条 代售户领存的印花税票及所售印花税票的税款，如有损失，应负责赔偿。

第三十五条 代售户所领印花税票，除合同另有规定者外，不得转托他人代售或者转至其他地区销售。

第三十六条 对代售户代售印花税票的工作，税务机关应经常进行指导、检查和监督。代售户须详细提供领售印花税票的情况，不得拒绝。

第三十七条 印花税的检查，由税务机关执行。税务人员进行检查时，应当出示税务检查证。纳税人不得以任何借口加以拒绝。

第三十八条 税务人员查获违反条例规定的凭证，应按有关规定处理。如需将凭证带回的，应出具收据，交被检查人收执。

第三十九条 纳税人违反本细则第二十二条规定，超过税务机关核定的纳税期限，未缴或者少缴印花税款的，税务机关除令其限期补缴税款外，并从滞纳之日起，按日加收5‰的滞纳金。

【注释】 相关规定包括：《国家税务总局关于印花税违章处罚有关问题的通知》(国税发[2004]15号)。

第四十条 纳税人违反本细则第二十三条规定的，酌情处以五千元以下罚款；情节严重的，撤销其汇缴许可证。

【注释】 相关规定包括：《国家税务总局关于印花税违章处罚有关问题的通知》(国税发[2004]15号)。

第四十一条 纳税人违反本细则第二十五条规定的，酌情处以五千元以下罚款。

【注释】 相关规定包括：《国家税务总局关于印花税违章处罚有关问题的通知》(国税发[2004]15号)。

第四十二条 代售户违反本细则第三十三条、第三十五条、第三十六条规定的，视其情节轻重，给予警告处分或者取消代售资格。

第四十三条 纳税人不按规定贴花，逃避纳税的，任何单位和个人都有权检举揭发，经税务机关查实处理后，可按规定奖励检举揭发人，并为其保密。

第四十四条 本细则由国家税务局负责解释。

第四十五条 本细则与条例同时施行。

国家税务总局关于对印花税暂行条例施行前书立、领受的凭证贴花问题的规定

国税地[1988]13号

《中华人民共和国印花税暂行条例》(以下简称《条例》)自1988年10月1日起施行。现对《条例》中规定的应税凭证具体征免印花税问题，明确如下：

一、凡从1988年10月1日起书立、领受的条例所列举的凭证，均应按规定贴花；在此以前，书立、领受的条例所列举的凭证，除继续使用的营业账簿和权利、许可证照应按规定贴花外，其余凭证无论是否继续使用，均不贴花。

二、记载资金的账簿，按1988年10月1日的固定资产原值与自有流动资金合计金额计税贴花；以后年度均以年初固定资产与自有流动资金合计金额计算，就增加部分贴花。

【注释】 对《印花税暂行条例》第16条进行了解释。

国家税务总局关于印花税若干具体问题的规定

国税地[1988]25号

根据《中华人民共和国印花税暂行条例》及其施行细则的规定，结合各地反映的实际情况，现对印花税的若干具体问题规定如下：

1. 对由受托方提供原材料的加工、定作合同，如何贴花？

由受托方提供原材料的加工、定作合同，凡在合同中分别记载加工费金额与原材料金额的，应分别按“加工承揽合同”、“购销合同”计税，两项税额相加数，即为合同应贴印花；合同中不划分加工费金额与原材料金额的，应按全部金额，依照“加工承揽合同”计税贴花。

2. 对商店、门市部的零星加工修理业务开具的修理单，是否贴花？

对商店、门市部的零星加工修理业务开具的修理单，不贴印花。

3. 房地产管理部门与个人订立的租房合同，应否贴印花？

对房地产管理部门与个人订立的租房合同，凡用于生活居住的，暂免贴印花；用于生产经营的，应按规定贴花。

4. 有些技术合同、租赁合同等，在签订时不能计算金额的，如何贴花？

有些合同在签订时无法确定计税金额，如技术转让合同中的转让收入，是按销售收入的一定比例收取或是按实现利润分成的；财产租赁合同，只是规定了月(天)租金标准而却无租赁期限的。对这类合同，可在签订时先按定额五元贴花，以后结算时再按实际金额计税，补贴印花。

5. 对货物运输单、仓储保管单、财产保险单、银行借据等单据，是否贴花？

对货物运输、仓储保管、财产保险、银行借款等，办理一项业务既书立合同，又开立单据的，只就合同贴花；凡不书立合同，只开立单据，以单据作为合同使用的，应按照规定贴花。

6. 运输部门承运快件行李、包裹开具的托运单据，是否贴花？

对铁路、公路、航运、水路承运快件行李、包裹开具的托运单据，暂免贴印花。

7. 不兑现或不按期兑现的合同，是否贴花？

依照印花税暂行条例规定，合同签订时即应贴花，履行完税手续。因此，不论合同是否兑现或能否按期兑现，都一律按照规定贴花。

8. 1988 年 10 月 1 日开征印花税，以前签订的合同，10 月 1 日以后修改合同增加金额的，是否补贴印花？

凡修改合同增加金额的，应就增加部分补贴印花。对印花税开征前签订的合同，开征后修改合同增加金额的，亦应按增加金额补贴印花。

9. 某些合同履行后，实际结算金额与合同所载金额不一致的，应否补贴印花？

依照印花税暂行条例规定，纳税人应在合同签订时按合同所载金额计税贴花。因此，对已履行并贴花的合同，发现实际结算金额与合同所载金额不一致的，一般不再补贴印花。

10. 企业租赁承包经营合同，是否贴花？

企业与主管部门等签订的租赁承包经营合同，不属于财产租赁合同，不应贴花。

11. 企业、个人出租门店、柜台等签订的合同，是否贴花？

企业、个人出租门店、柜台等签订的合同，属于财产租赁合同，应按照规定贴花。

12. 什么是副本视同正本使用？

纳税人的已缴纳印花税凭证的正本遗失或毁损，而以副本替代的，即为副本视同正本使用，应另贴印花。

13. 如何确定纳税人的自有流动资金？

对纳税人的自有流动资金，应据其所适用的财务会计制度确定。适用国营企业财务会计制度的纳税人，其自有流动资金包括国家拨入的、企业税后利润补充的、其他单位投入以及集资入账形成的流动资金。

适用其他财务会计制度的纳税人，其自有流动资金由各省、自治区、直辖市税务局按照上述原则具体确定。

14. 设置在其他部门、车间的明细分类账，如何贴花？

对采用一级核算形式的，只就财会部门设置的账簿贴花；采用分级核算形式的，除财会部门的账簿应贴花外，财会部门设置在其他部门和车间的明细分类账，亦应按规定贴花。

车间、门市部、仓库设置的不属于会计核算范围或虽属会计核算范围，但不记载金额的登记簿、统计簿、台账等，不贴印花。

15. 对会计核算采用以表代账的，应如何贴花？

对日常用单页表式记载资金活动情况，以表代账的，在未形成账簿(册)前，暂不贴花，待装订成册时，按册贴花。

16. 对记载资金的账簿，启用新账未增加资金的，是否按定额贴花？

凡是记载资金的账簿，启用新账时，资金未增加的，不再按件定额贴花。

17. 对有经营收入的事业单位使用的账簿，应如何贴花？

对有经营收入的事业单位，凡属由国家财政部门拨付事业经费，实行差额预算管理的单位，其记载经营业务的账簿，按其他账簿定额贴花，不记载经营业务的账簿不贴花；凡属经费来源实行自收自支的单位，其营业账簿，应对记载资金的账簿和其他账簿分别按规定贴花。

18. 跨地区经营的分支机构，其营业账簿应如何贴花？

跨地区经营的分支机构使用的营业账簿，应由各分支机构在其所在地缴纳印花税。对上级单位核拨资金的分支机构，其记载资金的账簿按核拨的账面资金数额计税贴花，其他账簿按定额贴花；对上级单位不核拨资金的分支机构，只就其他账簿按定额贴花。为避免对同一资金重复计税贴花，上级单位记载资金的账簿，应按扣除拨给下属机构资金数额后的其余部分计税贴花。

19. 对企业兼并的并入资金是否补贴印花？

经企业主管部门批准的国营、集体企业兼并，对并入单位的资产，凡已按资金总额贴花的，接收单位对并入的资金不再补贴印花。

20. 对微利、亏损企业，可否减免税？

对微利、亏损企业不能减免印花税。但是，对微利、亏损企业记载资金的账簿，第一次贴花数额较大，难以承担的，经当地税务机关批准，可允许在三年内分次贴足印花。

21. 对营业账簿，应在什么位置上贴花？

在营业账簿上贴印花税票，须在账簿首页右上角粘贴，不准粘贴在账夹上。

【注释】 对《印花税暂行条例》第2、5、7、8条进行了解释。对《印花税暂行条例实施细则》第3—8条进行了解释。

国家税务总局关于对金融系统营业账簿贴花问题的具体规定

国税地[1988]28号

根据《中华人民共和国印花税暂行条例》及其施行细则的规定，结合金融系统财务会计核算的实际情况，现对银行所用营业账簿征收印花税的问题，具体规定如下：

一、关于营业账簿与非营业账簿划分的问题

凡银行用以反映资金存贷经营活动、记载经营资金增减变化、核算经营成果的账簿，如各种日记账、明细账和总账都属于营业账簿，应按照规定征收印花税。银行根据业务管理需要设置的各种登记簿，如空白重要凭证登记簿、有价单证登记簿、现金收付登记簿等，其记载的内容与资金活动无关，仅用于内部备查，属于非营业账簿，均不贴花。

二、关于营业账簿如何贴花的问题

依照印花税暂行条例的规定，银行的营业账簿，应在启用时贴花。对资金总账，按固定资产原值与自有流动资金总额的万分之五计税贴花。以后每年变换新账时，应按账面结转资金总额比已贴花资金总额增加的部分计税贴花。对其他账簿，按件定额贴花五元。

对银行使用的日常单页记载而按月、按季或按年装订成册的活页账簿，如分户账等，可在装订成册时，按册贴花五元。

为了支持城乡储蓄事业的发展，对银行、城乡信用社开展储蓄业务设置的储蓄分户卡账，暂免贴印花，对其他账簿应按照规定贴花。

三、关于使用计算机记账如何贴花的问题

银行使用计算机记账，按照电子计算机会计核算的账务组织和账簿设置要求，输入计算机的核算资料（包括综合、明细核算资料），需要输出打印账页、装订成册，具有账簿的作用。对通过计算机输出打印账页，装订账册的，应按照规定贴花。

四、关于自有流动资金的确定

按照银行现行的资金供应和分配体制规定，下列资金属于银行自有流动资金，应按照规定缴纳印花税：

1. 各级财政拨付的信贷基金和每年按一定比例从利润中提留的信贷基金；
2. 实行股份制的金融组织，集资入股形成的信贷基金；
3. 用于经营外汇资金业务的外汇信贷基金。

五、关于纳税地点

根据银行系统的机构设置，银行所用营业账簿的印花税，由各级独立核算的行、处在其所在地缴纳。对记载固定资产原值与自有流动资金的账簿，由各级行、处按其账面记载的自有资金数额计税贴花；对附属核算的处、所使用的其他账簿，由独立核算的行、处负责贴花。

【注释】 对《印花税暂行条例》第10条进行了解释。对《印花税暂行条例实施细则》第6、8条进行了解释。

国家税务总局关于对借款合同贴花问题的具体规定

国税地[1988]30号

根据《中华人民共和国印花税暂行条例》及其施行细则的规定，现将借款合同贴花的有关问题规定如下：

一、关于以填开借据方式取得银行借款的借据贴花问题。目前，各地银行办理信贷业务的手续不够统一，有的只签订合同，有的只填开借据，也有的既签订合同又填开借据。为此规定：凡一项信贷业务既签订借款合同又一次或分次填开借据的，只就借款合同按所载借款金额计税贴花；凡只填开借据并作为合同使用的，应按照借据所载借款金额计税，在借据上贴花。

二、关于对流动资金周转性借款合同的贴花问题。借贷双方签订的流动资金周转性借款合同，一般按年(期)签订，规定最高限额，借款人在规定的期限和最高限额内随借随还。为此，在签订流动资金周转借款合同时，应按合同规定的最高借款限额计税贴花。以后，只要在限额内随借随还，不再签新合同的，就不另贴印花。

三、关于对抵押贷款合同的贴花问题。借款方以财产作抵押，与贷款方签订的抵押借款合同，属于资金信贷业务，借贷双方应按“借款合同”计税贴花。因借款方无力偿还借款而将抵押财产转移给贷款方，应就双方书立的产权转移书据，按“产权转移书据”计税贴花。

四、关于对融资租赁合同的贴花问题。银行及其金融机构经营的融资租赁业务，是一种以融物方式达到融资目的的业务，实际上是分期偿还的固定资金借款。因此，对融资租赁合同，可据合同所载的租金总额暂按“借款合同”计税贴花。

五、关于借款合同中既有应税金额又有免税金额的计税贴花问题。有些借款合同，借款总额中既有应免税的金额，也有应纳税的金额。对这类“混合”借款合同，凡合同中能划分免税金额与应税金额的，只就应税金额计税贴花；不能划分清楚的，应按借款总金额计税贴花。

六、关于对借款方与银团“多头”签订借款合同的贴花问题。在有的信贷业务中，贷方是由若干银行组成的银团，银团各方均承担一定的贷款数额，借款合同由借款方与银团各方共同书立，各执一份合同正本。对这类借款合同，借款方与贷款银团各方应分别在所执合同正本上按各自的借贷金额计税贴花。

七、关于对基建贷款中，先签订分合同，后签订总合同的贴花问题。有些基本建设贷款，先按年度用款计划分年签订借款分合同，在最后一年按总概算签订借款总合同，总合同的借款金额中包括各分合同的借款金额。对这类基建借款合同，应按分合同分别贴花，最后签订的总合同，只就借款总额扣除分合同借款金额后的余额计税贴花。

【注释】 对《印花税暂行条例》第2条进行了解释。对《印花税暂行条例实施细则》第11条进行了解释。

国家税务总局关于对保险公司征收印花税有关问题的通知

国税地[1988]37号

根据《中华人民共和国印花税暂行条例》及其施行细则的规定，现将对保险公司征收印花税有关问题，具体明确如下：

一、关于自有流动资金贴花问题。按照保险公司会计制度规定，“保险总准备金”科目反映的资金即为保险公司的自有流动资金。财政拨付的部分，在总公司和省分公司核算，利润中提留的部分，分别在各级公司核算。对保险总准备金，应由各级保险公司按其账面数额计税贴花。

二、关于财产保险合同的贴花问题。目前，保险公司的财产保险分为企业财产保险、机动车辆保险、货物运输保险、家庭财产保险和农牧业保险五大类。为了支持农村保险事业的发展，照顾农牧业生产的负担，除对农林作物、牧业畜类保险合同暂不贴花外，对其他几类财产保险合同均应按照规定计税贴花。其中，家庭财产保险由单位集体办理的，可分别按个人投保金额计税。

三、对责任保险、保证保险和信用保险合同，暂按定额五元贴花。

四、保险公司委托其他单位或者个人代办的保险业务，在与投保方签订保险合同时，应由代办单位或者个人，负责代保险公司办理计税贴花手续。

【注释】 对《印花税暂行条例实施细则》第7、8条进行了解释。

国家税务总局关于对技术合同征收印花税问题的通知

国税地[1989]34号

各省、自治区、直辖市税务局、各计划单列省辖市税务局，海洋石油税务管理局各分局：

各地在贯彻印花税暂行条例的过程中，对各类技术合同如何计税贴花，提出了一些问题。经研究，现明确如下：

一、关于技术转让合同的适用税目税率问题

技术转让包括：专利权转让、专利申请权转让、专利实施许可和非专利技术转让。为这些不同类型技术转让所书立的凭证，按照印花税税目税率表的规定，分别适用不同的税目、税率。其中，专利申请权转让，非专利技术转让所书立的合同，适用"技术合同"税目；专利权转让、专利实施许可所书立的合同、书据，适用"产权转移书据"税目。

二、关于技术咨询合同的征税范围问题

技术咨询合同是当事人就有关项目的分析、论证、评价、预测和调查订立的技术合同。有关项目包括：1. 有关科学技术与经济、社会协调发展的软科学研究项目；2. 促进科技进步和管理现代化，提高经济效益和社会效益的技术项目；3. 其他专业项目。对属于这些内容的合同，均应按照"技术合同"税目的规定计税贴花。

至于一般的法律、法规、会计、审计等方面的咨询不属于技术咨询，其所立合同不贴印花。

三、关于技术服务合同的征税范围问题

技术服务合同的征税范围包括：技术服务合同、技术培训合同和技术中介合同。

技术服务合同是当事人一方委托另一方就解决有关特定技术问题，如为改进产品结构、改良工艺流程、提高产品质量、降低产品成本、保护资源环境、实现安全操作、提高经济效益等，提出实施方案，进行实施指导所订立的技术合同。以常规手段或者为生产经营目的进行一般加工、修理、修缮、广告、印刷、测绘、标准化测试以及勘察、设计等所书立的合同，不属于技术服务合同。

技术培训合同是当事人一方委托另一方对指定的专业技术人员进行特定项目的技术指导和专业训练所订立的技术合同。对各种职业培训、文化学习、职工业余教育等订立的合同，不属于技术培训合同，不贴印花。

技术中介合同是当事人一方以知识、信息、技术为另一方与第三方订立技术合同进行联系、介绍、组织工业化开发所订立的技术合同。

四、关于计税依据问题

对各类技术合同，应当按合同所载价款、报酬、使用费的金额依率计税。

为鼓励技术研究开发，对技术开发合同，只就合同所载的报酬金额计税，研究开发经费不作为计税依据。但对合同约定按研究开发经费一定比例作为报酬的，应按一定比例的报酬金额计税贴花。

五、关于加强对技术合同征税的管理问题

为加强对技术合同缴纳印花税的征收管理，保证税款及时足额入库，各级税务部门要积极取得科委和技术合同登记、管理机构的支持配合，共同研究解决印花税源泉控制的管理办法，因地制宜建立监督纳税、代征税款、代售印花等管理制度。

【注释】 对《印花税暂行条例》所附印花税税目税率表进行了解释。

国家税务总局关于家庭财产两全保险合同征收印花税问题的批复

国税地[1989]77号

河南省税务局：

你局豫税地(1989)41号文收悉。经研究认为：家庭财产两全保险属于家庭财产保险性质，其合同应照章贴花。

【注释】 对《印花税暂行条例》所附印花税税目税率表进行了解释。

国家税务总局关于对水库水工建筑物原值征收印花税问题的批复

国税地[1989]97号

辽宁省税务局：

你局(1989)辽税政四字第117号《关于对我省省属水库的水工建筑物原值免征印花税的请示》收悉。从你局反映的情况看，辽宁省水电厅直接管理的六座水库，均属实行"以收抵支、财务包干"财务管理办法的独立核算的事业单位，水库的水工建筑物(包括大坝、溢洪道和输水工程设施)作为固定资产核算、管理。我们意见，对水库的水工建筑物原值，应区分单位不同情况，按照我局(88)国税地字第025号文第17条的规定确定征免，即：以收抵支有盈余，实行"盈余定额上交，超收留用"办法的，应对其水工建筑物连同其他固定资产按账簿所载原值一并计征印花税；支大于收，实行"定额补贴，超亏不补，限期扭亏"办法的，其资金账簿不征印花税。鉴于目前水库经营的实际情况，为照顾其困难，促进水利事业的发展，对纳税数额较大的，可允许在一定的期限内分次缴纳。

【注释】 对《印花税暂行条例》第4条进行了解释。对《印花税暂行条例实施细则》第7条进行了解释。

国家税务总局关于对"拨改贷"借款合同征收印花税问题的复函

国税地[1989]110号

中国人民建设银行：

你行建总发字(89)第117号《关于请求批准"拨改贷"借款合同免缴印花税的报告》收悉。关于你行提出要求对"拨改贷"借贷合同和实行差别利率的基本建设借款合同免征印花税的问题，我们认为：1. 根据印花税的立法精神和印花税暂行条例规定，"拨改贷"借款合同和实行差别利率的基建借款合同，都属应税凭证，均应按规定纳税。2. 借款合同的税率是根据各家银行信贷资金周转情况和综合各类借款的收益状况，本着税负从轻的原则设计的，一般不存在无力负担的问题。因此，除印花税暂行条例及其施行细则已有规定者外，不宜再对某类借款合同另作免税规定。

【注释】 对《印花税暂行条例》所附印花税税目税率表进行了解释。

国家税务总局关于图书、报刊等征订凭证征免印花税问题的通知

国税地[1989]142号

根据《中华人民共和国印花税暂行条例》及有关规定，图书、报纸、期刊以及音像制品的出版发行业务订立的征订发行合同及其订购单据(实际发生数)属于应纳印花税的经济凭证。最近，一些地区询问，因出版发行业务比较特殊，使用的凭证也较复杂，如何征税不够明确，为此特通知如下：

一、各类出版单位与发行单位之间订立的图书、报纸、期刊以及音像制品的征订凭证(包括订购单、订数单等)，应由持证双方按规定纳税。

二、各类发行单位之间，以及发行单位与订阅单位或个人之间书立的征订凭证，暂免征印花税。

三、征订凭证适用印花税"购销合同"税目，计税金额按订购数量及发行单位的进货价格计算。

四、征订凭证发生次数频繁，为简化纳税手续，可由出版发行单位采取按期汇总方式，计算缴纳印花

税。实行汇总缴纳以后，购销双方个别订立的协议均不再重复计税贴花。

【注释】 对《印花税暂行条例》第4条进行了解释。

国家税务总局关于汇总缴纳印花税税额计算问题的通知

国税函发[1990]433号

据反映，印花税按期汇总缴纳的办法执行以来，简化了贴花手续，但一些汇总缴纳单位对征税凭证与应纳税额不足一角的免税凭证划分不清，给税额的计算和征收管理都带来一些困难。为此，经研究决定，实行印花税按期汇总缴纳的单位，对征税凭证和免税凭证汇总时，凡分别汇总的，按本期征税凭证的汇总金额计算缴纳印花税；凡确属不能分别汇总的，应按本期全部凭证的实际汇总金额计算缴纳印花税。

【注释】 对《印花税暂行条例》第5条进行了解释。

国家税务总局关于改变保险合同印花税计税办法的通知

国税函发[1990]428号

各省、自治区、直辖市税务局，各计划单列市税务局，海洋石油税务管理局各分局：

印花税开征以来，各地反映对保险合同以投保金额为计税依据的办法不尽合理，征管检查难度较大。经多方征求意见和反复测算，并报送国务院领导同志批准，决定作如下改进：

一、对印花税暂行条例中列举征税的各类保险合同，其计税依据由投保金额改为保险费收入。

二、计算征收的适用税率，由万分之零点三改为千分之一。

本通知自1990年7月1日起执行。

【注释】 对《印花税暂行条例》所附印花税税目税率表进行了解释。

国家税务总局关于代购、代销“国务院市场调节粮”协议书征免印花税事宜的函

国税函发[1990]508号

商业部：

你部办公厅厅发(90)贸粮财字第70号《关于申请对代购、代销“国务院市场调节粮”免征印花税的函》收悉。现函复如下：鉴于代购国务院市场调节粮是国务院委托商业部中国粮食贸易公司承担的一项特殊任务，粮权统属国务院，各级粮食部门的此项收购业务属于非经营性的代购工作，代销业务目前尚未发生。经研究，同意对“代购国务院市场调节粮协议书”一项免征印花税。此前已纳税的协议书，不再办理退税。与此相关的代购国务院市场调节粮专项贷款合同，因在借(还)本付息等借贷手续上与正常借款合同并无区别，应照章纳税。

【注释】 对《印花税暂行条例》第4条进行了解释。

国家税务总局关于各种要货单据征收印花税问题的批复

国税函发[1990]994号

江苏省税务局：

你局苏税三(90)025号请示收悉。关于外贸企业在国内组织货源开具的各种要货单据和商业企业组织货源开具的要货成交单据是否应贴印花税票的问题，经研究，批复如下：

一、外贸企业开具的各种要货单据，是按照有关部门的供需计划，以对外贸易合同为依据，与供货单位订立的购销合约。有些要货单据，虽然在填制和使用上，形式不够规范，条款不够完备，手续不够健全，但具有合同的性质和作用。因此，外贸企业开具的各种名称、各种形式的要货单据，均应按规定贴花。

二、商业企业开具的要货成交单据，是当事人之间建立供需关系，以明确供需各方责任的常用业务凭

证，属于合同性质的凭证，应按规定贴花。

【注释】 对《印花税暂行条例》所附印花税税目税率表进行了解释。

国家税务总局地方税管理司关于改变保险合同计税依据适用范围的批复

国税地函发[1990]20号

湖北省税务局：

你局鄂税二便字(90)第52号文收悉。关于国税函发[1990]428号文《关于改变保险合同印花税计税办法的通知》中第一条“对印花税暂行条例中列举征税的各类保险合同，其计税依据由投保金额改为保险费收入。”是指保险合同的应税金额由按投保方的“投保金额”计算改为按承保方的“保险费收入”计算，并不改变其纳税人和缴纳方法。因此，签订保险合同的投保方和承保方对各自所持的保险合同，均应按其保险费金额计税贴花。

【注释】 对《印花税暂行条例》所附印花税税目税率表进行了解释。

国家税务总局关于货运凭证征收印花税几个具体问题的通知

国税发[1990]173号

根据各地反映和要求，关于对货运凭证征收印花税的若干政策和征管问题，经研究并征求有关部门的意见，现具体规定如下：

一、关于应税凭证的确定

在货运业务中，凡是明确承、托运双方业务关系的运输单据均属于合同性质的凭证。鉴于目前各类货运业务使用的单据，不够规范统一，不便计税贴花，为了便于征管，现规定以运费结算凭证作为各类货运的应税凭证。

二、关于纳税人的确定

在货运业务中，凡直接办理承、托运运费结算凭证的双方，均为货运凭证印花税的纳税人。

代办承、托运业务的单位负有代理纳税的义务；代办方与委托方之间办理的运费清算单据，不缴纳印花税。

三、关于国内联运凭证的计税和缴纳

对国内各种形式的货物联运，凡在起运地统一结算全程运费的，应以全程运费作为计税依据，由起运地运费结算双方缴纳印花税；凡分程结算运费的，应以分程的运费作为计税依据，分别由办理运费结算的各方缴纳印花税。

四、关于国际货运凭证的征免税划分

1. 由我国运输企业运输的，不论在我国境内、境外起运或中转分程运输，我国运输企业所持的一份运费结算凭证，均按本程运费计算应纳税额；托运方所持的一份运费结算凭证，按全程运费计算应纳税额。

2. 由外国运输企业运输进出口货物的，外国运输企业所持的一份运费结算凭证免纳印花税；托运方所持的一份运费结算凭证应缴纳印花税。

3. 国际货运运费结算凭证在国外办理的，应在凭证转回我国境内时按规定缴纳印花税。

五、关于特殊货运凭证的免税

1. 军事物资运输。凡附有军事运输命令或使用专用的军事物资运费结算凭证，免纳印花税。

2. 抢险救灾物资运输。凡附有县级以上（含县级）人民政府抢险救灾物资运输证明文件的运费结算凭证，免纳印花税。

3. 新建铁路的工程临管线运输。为新建铁路运输施工所需物料，使用工程临管线专用运费结算凭证，免纳印花税。

六、关于代扣汇总缴纳

1. 运费结算付方应缴纳的印花税，应由运费结算收方或其代理方实行代扣汇总缴纳。

2. 运费结算凭证由交通运输管理机关或其指定的单位填开或审核的，当地税务机关应委托凭证填开或审核单位，对运费结算双方应缴纳的印花税，实行代扣汇总缴纳。

3. 在运费结算凭证费别栏目中应增列一项“印花税”，将应缴纳的印花税款填入“印花税”项目中。

为了方便代扣汇总缴纳，每份运费结算凭证应纳税额不足0.10元的免税，超过0.10元的按实计缴，计算到分。

4. 代扣印花税时，当地税务机关或代扣单位应在运费结算凭证上，加盖“印花税代扣专用章”(式样略)。专用章由县级以上(含县级)税务机关统一刻制。

本规定自1990年11月1日起执行。

【注释】 对《印花税暂行条例》第1、4、5条进行了解释。

国家税务总局关于借贷业务应纳印花税凭证问题的批复

国税函发[1991]1081号

武汉市税务局：

你局武税发[1991]164号《关于征收借款合同和借据印花税的请示》收悉。据反映，你市有些专业银行的办事机构办理借贷业务的手续不够规范，有的只填开借据放贷，有的先填开借据事后补办借款合同。这样，既给印花税应税凭证的确定和征收管理带来混乱，也不利于借贷业务手续的规范化。对此，根据印花税税目税率表的说明，我们意见，在借贷业务中凡流动资金借款先签借款合同，并在合同规定借款额度内办理借款借据的只就对借款合同贴花完税；凡先办理借款借据的，应以借据作为印花税的应纳税凭证，在书立时即时贴花完税，以后补办的借款合同不再贴花。你局可以根据本市各银行的实际情况建立和完善借款凭证印花税的管理办法和代征制度。

【注释】 对《印花税暂行条例》第7条进行了解释。

国家税务总局关于订货会所签合同印花税缴纳地点问题的通知

国税函发[1991]1187号

近年来，一些地区陆续反映，由于多方面的原因，对全国性订货会签订的合同，税务部门驻会征收印花税有诸多不便，困难较大。经多方面征求意见和研究，为有利于印花税的征收管理，对国内订货会上所签合同的纳税地点，作如下规定：

一、在全国性商品物资订货会(包括展销会、交易会等)上所签合同应当缴纳的印花税，由纳税人回其所在地后即时办理贴花完税手续。对此类合同的贴花完税情况，各地税务机关要加强监督检查，并相应建立必要的纳税管理办法。

二、对地方主办、不涉及省际关系的订货会、展销会上所签合同的印花税纳税地点，由各省、自治区、直辖市税务局自行确定。

【注释】 对《印花税暂行条例》第10条进行了解释。

国家税务总局关于印花税若干具体问题的解释和规定的通知

国税发[1991]155号

印花税暂行条例实施以来，我局相继作了一些具体规定。近据各地反映，经研究并多方面征求意见，现将有关政策问题解释和规定如下：

一、对工业、商业、物资、外贸等部门使用的调拨单是否贴花？

目前，工业、商业、物资、外贸等部门经销和调拨商品物资使用的调拨单(或其他名称的单、卡、书、表等)，填开使用的情况比较复杂，既有作为部门内执行计划使用的，也有代替合同使用的。对此，应区分性质和用途确定是否贴花。凡属于明确双方供需关系，据以供货和结算，具有合同性质的凭证，应按规定贴花。各省、自治区、直辖市税务局可根据上述原则，结合实际，对各种调拨单作出具体鉴别和认定。

二、对印花税施行细则中所指的“收购部门”和“农副产品”的范围如何划定？

我国农副产品种类繁多，地区间差异较大，随着经济发展，国家指定的收购部门也有所变化。对此，可由省、自治区、直辖市税务局根据当地实际情况具体划定本地区“收购部门”和“农副产品”的范围。

三、对以货换货业务签订的合同应如何计税贴花？

商品购销活动中，采用以货换货方式进行商品交易签订的合同，是反映既购又销双重经济行为的合同。对此，应按合同所载的购、销合计金额计税贴花。合同未列明金额的，应按合同所载购、销数量依照国家牌价或市场价格计算应纳税金额。

四、仓储保管业务的应税凭证如何确定？

仓储保管业务的应税凭证为仓储保管合同或作为合同使用的仓单、栈单（或称入库单等）。对有些凭证使用不规范，不便计税的，可就其结算单据作为计税贴花的凭证。

五、我国的“其他金融组织”是指哪些单位？

我国的其他金融组织，是指除人民银行、各专业银行以外，由中国人民银行批准设立，领取经营金融业务许可证书的单位。

六、对财政部门的拨款改贷款业务中所签订的合同是否贴花？

财政等部门的拨款改贷款签订的借款合同，凡直接与使用单位签订的，暂不贴花；凡委托金融单位贷款，金融单位与使用单位签订的借款合同应按规定贴花。

七、对办理借款展期业务使用的借款展期合同是否贴花？

对办理借款展期业务使用借款展期合同或其他凭证，按信贷制度规定，仅载明延期还款事项的，可暂不贴花。

八、何为“银行同业拆借”？在印花税上怎样确定同业拆借合同与非同业拆借合同的界限？

印花税税目税率表中所说的“银行同业拆借”，是指按国家信贷制度规定，银行、非银行金融机构之间相互融通短期资金的行为。同业拆借合同不属于列举征税的凭证，不贴印花。

确定同业拆借合同的依据，应以中国人民银行银发(1990)62号《关于印发〈同业拆借管理试行办法〉的通知》为准。凡按照规定的同业拆借期限和利率签订的同业拆借合同，不贴印花；凡不符合规定的，应按借款合同贴花。

九、对分立、合并和联营企业的资金账簿如何计税贴花？

企业发生分立、合并和联营等变更后，凡依照有关规定办理法人登记的新企业所设立的资金账簿，应于启用时按规定计税贴花；凡毋需重新进行法人登记的企业原有的资金账簿，已贴印花继续有效。

对企业兼并后并入的资金贴花问题，仍按有关规定执行。

十、“产权转移书据”税目中“财产所有权”的转移书据的征税范围如何划定？

“财产所有权”转移书据的征税范围是：经政府管理机关登记注册的动产、不动产的所有权转移所立的书据，以及企业股权转让所立的书据。

十一、土地使用权出让、转让书据(合同)是否贴花？

土地使用权出让、转让书据(合同)，不属于印花税列举征税的凭证，不贴印花。

十二、出版合同是否贴花？

出版合同不属于印花税列举征税的凭证，不贴印花。

十三、银行经理或代理国库业务设置的账簿是否贴花？

中国人民银行各级机构经理国库业务及委托各专业银行各级机构代理国库业务设置的账簿，不是核算银行本身经营业务的账簿，不贴印花。

十四、代理单位与委托单位签订的代理合同，是否属于应税凭证？

在代理业务中，代理单位与委托单位之间签订的委托代理合同，凡仅明确代理事项、权限和责任的，不属于应税凭证，不贴印花。

十五、怎样理解印花税施行细则中“合同在国外签订的，应在国内使用时贴花”的规定？

“合同在国外签订的，应在国内使用时贴花”，是指印花税暂行条例列举征税的合同在国外签订时，不便按规定贴花，因此，应在带入境内时办理贴花完税手续。

【注释】 对《印花税暂行条例》所附印花税税目税率表进行了解释。

国家税务总局关于“集体土地建设用地使用权登记证”贴花问题的批复

国税函发[1991]1268 号

江苏省税务局：

你局苏税三(91)020 号《关于对“集体土地建设用地使用权登记证”是否征收印花税问题的请示》收悉。关于“集体土地建设用地使用权登记证”的性质问题，经与国家土地管理局联系，该登记证属于地方政府制定并发放的过渡性的土地使用权证，具有地方性和临时性。因此，对其是否贴花，可由你局自行确定。

【注释】 对《印花税暂行条例》所附印花税税目税率表进行了解释。

国家税务总局关于物资订货合同印花税确定纳税人问题的批复

国税函发[1991]1415 号

北京市税务局：

你局京税三字[1991]333 号《关于同一份购销合同涉及几方当事人应如何确定印花税纳税义务人的请示》收悉。来文反映，一些计划物资的分配采取直达供货的方式，订货合同由物资管理部门或需方的主管部门代需方与供方签订。合同签订后移交需方执行，由需方直接收货和向供方支付货款。代签合同的部门或单位将合同移交需方执行后，一般不再留存合同文本，如由代签人代理纳税，不便于税务管理和纳税资料的保管。因此，经研究决定，根据现行有关规定，为有利于此类合同印花税的征收管理，凡由主管单位代签的计划物资订货合同，由办理收货并结算货款的需方在接到合同文本时，缴纳印花税。

【注释】 对《印花税暂行条例》第 1 条进行了解释。对《印花税暂行条例实施细则》第 2 条进行了解释。

国家税务总局关于飞机租赁合同征收印花税问题的批复

国税函发[1992]1145 号

广州市税务局：

你局税三[1991]699 号《关于飞机租赁协定(合同)贴花问题的请示》收悉。据向民航总局了解，自 1980 年以来，各航空公司(旧称民航局)均有租用外国租赁公司飞机的情况。由于飞机租赁业务比较复杂，印花税开征以来，对所签合同如何贴花不够明确，至今尚未缴纳印花税。经研究，现就有关问题批复如下：

一、各航空公司与外国公司在 1988 年 10 月 1 日以后签订的飞机租赁合同，属于印花税暂行条例列举征税的凭证。

二、在飞机租赁业务中，对采取经营租赁方式签订的租赁合同，按“财产租赁合同”税目税率计税贴花；对采取融资租赁方式签订的租赁合同，暂按租金总额的万分之零点五税率计税贴花(租赁方式的划分，参见附表)。

三、以上飞机租赁合同补缴印花税时，一律按补税开出缴款书当日的外汇牌价折合人民币，计算应纳税额。

【注释】 对《印花税暂行条例》所附印花税税目税率表进行了解释。对《印花税暂行条例实施细则》第 19 条进行了解释。

国家税务总局关于飞机租赁合同征收印花税问题的函

国税函发[1992]1431 号

中国民用航空局：

你局民航局函[1992]1056 号《关于补缴印花税执行外汇牌价等意见的函》收悉。经研究，现答复如下：

一、各航空公司与外国公司签定的飞机租赁合同，在补缴印花税时，依照我国有关涉外税收的规定，应按填开补税凭证当日的外汇牌价折合人民币补缴税款。这是国际通行作法，航空公司也应执行。

二、飞机经营租赁属财产租赁范围，其合同应按“财产租赁合同”税目规定税率缴纳印花税。不得按来函中所述理由而改变税目税率。

三、印花税是就凭证征税。凡经济活动和经济交往中书立、领受的应税凭证都应按印花税的有关规定纳税。对于先买后租的飞机，前后签定有两个不同性质的合同，理应分别纳税，不能理解为是重复征税的问题。

对于航空公司从国外购入飞机所签订的合同，可按我局(91)国税发006号《关于部分涉外经济凭证继续免征印花税的通知》在1993年底以前免征印花税。

【注释】 对《印花税暂行条例》所附印花税税目税率表进行了解释。

国家税务总局关于投资银行系统资金账簿缴纳印花税问题的复函

国税函发[1993]8号

中国投资银行：

你行中投资发[1992]94号《关于投资银行资金账簿缴纳印花税问题的函》收悉。经研究，现函复如下：

一、我局(88)国税地字第028号《关于对金融系统营业账簿贴花问题的具体规定》已明确：“根据银行系统的机构设置，银行所用营业账簿的印花税，由各级独立核算的行、处在其所在地缴纳。”因此，投资银行各分行“营运资金”的印花税，均应在分行所在地缴纳。

二、投资银行系统所设的“调拨资金”科目，反映的资金，既有自有资金也有借入资金，在各分行计税时不易划清，可统一在总行所在地就自有资金部分计算缴纳印花税。

三、专门记载外汇资金的账簿，其印花税缴纳办法亦应比照上述原则办理。

【注释】 对《印花税暂行条例实施细则》第8条进行了解释。

国家税务总局关于船舶保险合同印花税征免问题的批复

国税函发[1993]674号

山东省税务局：

你局鲁税三[1993]45号《关于船舶保险合同征收印花税问题的请示》收悉，现答复如下：

船舶保险合同属于印花税暂行条例中列举征税的“财产保险合同”范围。但对于涉外保险业务中的远洋船舶保险合同，我局国税函发[1990]104号和国税发[1991]006号文件规定：对中国人民保险公司涉外保险业务中的远洋船舶保险合同(或保险单据)以及与外国保险公司之间的再保险业务凭证，在1993年底前免征印花税。因此，对船舶保险合同的征免印花税问题应当按上述规定处理。

【注释】 对《印花税暂行条例》所附印花税税目税率表进行了解释。

国家税务总局关于中国人民银行向专业银行发放贷款所签合同征免印花税问题的批复

国税函发[1993]705号

河南省税务局：

你局豫税函发[1993]48号《关于中国人民银行向专业银行季节性贷款及短期贷款的借据应否贴花的请示》收悉。你局反映的人民银行各级机构向专业银行发放季节性贷款和短期临时性贷款所签的借据应否征收印花税问题，现批复如下：

根据印花税暂行条例和我局(88)国税地字第030号、国税发[1991]155号文件的规定，人民银行各级机构向专业银行发放的各种期限的贷款不属于银行同业拆借，所签订的合同或者借据应缴纳印花税。

对上述贷款中的日拆性贷款(在此专指二十天内的贷款)，由于其期限短，利息低，并且贷放和使用均有较强的政策性。因此，我们意见：对此类贷款所签的合同或借据，暂免征收印花税。

【注释】 对《印花税暂行条例实施细则》第13条进行了解释。

国家税务总局关于资金账簿印花税问题的通知

国税发[1994]25 号

财政部发布的《企业财务通则》和《企业会计准则》自 1993 年 7 月 1 日起施行。按照“两则”及有关规定，各类生产经营单位执行新会计制度，统一更换会计科目和账簿后，不再设置“自有流动资金”科目。因此，《中华人民共和国印花税暂行条例》税目税率表中“记载资金的账簿”的计税依据已不适用，需要重新确定。为了便于执行，现就有关问题通知如下：

一、生产经营单位执行“两则”后，其“记载资金的账簿”的印花税计税依据改为“实收资本”与“资本公积”两项的合计金额。

二、企业执行“两则”启用新账簿后，其“实收资本”和“资本公积”两项的合计金额大于原已贴花资金的，就增加的部分补贴印花。

本通知自 1994 年 1 月 1 日起执行。

【注释】 对《印花税暂行条例实施细则》第 9 条进行了解释。

国家税务总局关于外商投资企业和外国企业征收印花税有关问题的通知

国税发[1994]95 号

根据《国务院关于外商投资企业和外国企业适用增值税、消费税、营业税等税收暂行条例有关问题的通知》的规定，外商投资企业、外国企业和其他经济组织及其在华机构(以下简称“企业”)从 1994 年 1 月 1 日起，应按照《中华人民共和国印花税暂行条例》及其施行细则的规定缴纳印花税。现将有关问题明确如下：

一、企业在 1993 年 12 月 31 日以前书立、领受的各种应税凭证，包括合同、产权转移书据、营业账簿、权利许可证照等，不征印花税。

二、企业 1993 年 12 月 31 日以前签订的应税合同，在 1994 年 1 月 1 日以后修改合同增加金额或原合同到期续签合同的，按规定贴花。

三、记载资金的账簿，1994 年 1 月 1 日以后实收资本和资本公积增加的，就其增加部分贴花；对启用的新账，实收资本和资本公积未增加的，免贴印花；对 1994 年 1 月 1 日以后启用的其他账簿按规定贴花。

四、1993 年 12 月 31 日以前企业取得的产权转移书据和权利许可证照在 1994 年 1 月 1 日以后有更改、换证、换照、转让行为的，按规定贴花。

五、企业记载资金的账簿一次贴花数额较大，经主管税务机关批准，可允许三年内分次贴足印花；经营期已不足三年的企业，应在经营期内贴足印花。

六、其他征免事宜，均按照印花税现行规定执行。

【注释】 对《印花税暂行条例》第 14 条进行了解释。

财政部　国家税务总局关于印花税违章处罚问题的通知

财税[1994]65 号

《中华人民共和国税收征收管理法》于 1993 年实施后，《中华人民共和国印花税暂行条例》第十三条的部分内容已不适用。为加强印花税的稽征管理，依法处理违章案件，现根据《中华人民共和国税收征收管理法实施细则》第二条、第八十五条的规定，对有关印花税的处罚办法明确如下：

纳税人有下列行为之一的，由税务机关根据情节轻重予以处罚。

一、在应纳税凭证上未贴或少贴印花税票的，税务机关除责令其补贴印花税票外，可处以应补贴印花税票金额 3 倍至 5 倍的罚款。

二、已粘贴在应纳税凭证上的印花税票未注销或者未画销的，税务机关可处以未注销或者未画销印花税票金额 1 倍至 3 倍的罚款。

三、已贴用的印花税票揭下重用的，税务机关可处以重用印花税票金额 5 倍或者 2000 元以上 1 万元以下的罚款。

伪造印花税票的，由税务机关提请司法机关追究刑事责任。

本通知自文到之日起执行。

【注释】 对《印花税暂行条例》第13条进行了解释。

财政部 国家税务总局关于外国石油公司参与煤层气开采所适用税收政策问题的通知

财税[1996]62号

各省、自治区、直辖市、计划单列市财政厅(局)、国家税务局、地方税务局：

为了鼓励外国企业和外商投资企业(以下简称企业)开采我国陆上煤层气资源，现将有关税收问题明确如下：

一、在我国开采陆上煤层气资源的企业取得的经营所得和其他所得，均应当按照《中华人民共和国外商投资企业和外国企业所得税法》及其施行细则的规定缴纳所得税。

二、《中华人民共和国外商投资企业和外国企业所得税法实施细则》中有关"从事开采石油资源的企业"的规定，适用于从事开采陆上煤层气资源的企业。

三、除另有规定者外，财政部、国家税务总局及海洋石油税务管理局制定的有关对从事合作开采石油资源的企业所得税问题的规定，均适用于从事开采陆上煤层气资源的企业。

四、开采陆上煤层气所取得的收入，应当按照《国家税务总局关于中外合作开采石油资源缴纳增值税有关问题的通知》(国税发[1994]114号)和《中外合作开采陆上石油资源缴纳矿区使用费暂行规定》(财政部[1990]第3号令)的规定，缴纳增值税和矿区使用费。

五、从事开采陆上煤层气资源的企业，应当按照《城市房地产税暂行条例》的规定，缴纳房产税；按照《车船使用牌照税暂行条例》的规定，缴纳车船使用牌照税；按照《中华人民共和国印花税暂行条例》的规定，缴纳印花税。

【注释】 对《印花税暂行条例》第1条进行了解释。

国家税务总局关于外商投资企业的订单要货单据征收印花税问题的批复

国税函发[1997]505号

厦门市地方税务局：

你局《关于三资企业的订单要货单据征收印花税问题的请示》(厦地税政三[1997]13号)收悉。经研究，现批复如下：

一、供需双方当事人(包括外商投资企业)在供需业务活动中由单方签署开具的只标有数量、规格、交货日期、结算方式等内容的订单、要货单，虽然形式不够规范，条款不够完备，手续不够健全，但因双方当事人不再签订购销合同而以订单、要货单等作为当事人之间建立供需关系、明确供需双方责任的业务凭证，所以这类订单、要货单等属于合同性质的凭证，应按规定贴花。

二、外商投资企业与境外的母公司或子公司在经济活动中分属不同的独立法人。因此，外商投资企业与境外的母公司或子公司相互之间开出的订单、要货单、要货生产指令单等，均应按规定贴花。

三、对在供需经济活动中使用电话、计算机联网订货，没有开具书面凭证的，暂不贴花。

【注释】 对《印花税暂行条例》所附印花税税目税率表进行了解释。

财政部 国家税务总局关于证券投资基金税收问题的通知

财税[1998]55号

省、自治区、直辖市、计划单列市财政厅(局)、国家税务局、地方税务局，财政部驻各省、自治区、直辖市、计划单列市财政监察专员办事处，新疆生产建设兵团：

为了有利于证券投资基金制度的建立，促进证券市场的健康发展，经国务院批准，现对中国证监会新批

准设立的封闭式证券投资基金(以下简称基金)的税收问题通知如下:

……

二、关于印花税问题:

1. 基金管理人运用基金买卖股票按照4‰的税率征收印花税。

2. 对投资者(包括个人和企业,下同)买卖基金单位,在1999年底前暂不征收印花税。

……

五、本通知从1998年3月1日起实施。

【注释】 对《印花税暂行条例》所附印花税税目税率表进行了解释。

国家税务总局关于上市公司国有股权无偿转让征收证券(股票)交易印花税问题的通知

国税发[1999]124号

上海市国家税务局,深圳市国家税务局:

为了加强证券(股票)交易印花税的管理,明确税收政策,支持国有企业改革,现就有关国有股权无偿转让征收证券交易印花税的问题,明确如下:

一、对经国务院和省级人民政府决定或批准进行政企脱钩、对企业(集团)进行改组和改变管理体制、变更企业隶属关系,以及国有企业改制、盘活国有企业资产,而发生的国有股权无偿划转行为,暂不征收证券交易印花税。

二、对不属于第一条所述情况的国有股权无偿转让行为,仍应征收证券交易印花税。计税依据为转让股份的面值,税率为4‰。

三、凡不属于第一条范围内的国有股权无偿划转行为,由企业(单位)和主管税务机关按所附《上市公司国有股权无偿转让暂不征收证券(股票)交易印花税审批规程》的要求,报国家税务总局审批。

【注释】 对《印花税暂行条例》所附印花税税目税率表进行了解释。

国家税务总局关于明确国家开发银行分行营业账簿和贷款合同印花税缴纳方式的通知

国税函[2000]1060号

从1999年起,国家开发银行(以下简称开行)陆续成立了包括开行总行营业部在内的28家分行,业务机构建设已基本到位。经研究,鉴于开行各分行的成立时间不同和财政贴息方式的特殊性,现就开行各分行的营业账簿和贷款合同印花税缴纳的问题通知如下:

一、开行各分行启用的营业账簿应缴纳的印花税,在其机构所在地缴纳。其记载资金的账簿,按开行总行核拨的账面资金数额(含资本公积)计税贴花;其他账簿按定额贴花;开行总行的资金账簿按扣除拨给开行各分行资金数额后的其余部分计税贴花。

二、开行各分行签订的贷款合同实行按年汇总缴纳印花税的办法。即年度终了后1个月内,开行各分行向当地地方税务局申报缴纳印花税。同时向税务机关提供财政部《关于核定××××年度基本建设政策性财政贴息预算拨款的通知》和全年贷款合同明细表,经地方税务局对照核实后,对财政贴息的项目贷款合同免征印花税,其余非贴息贷款合同按规定缴纳印花税。

三、实行汇总缴纳的手续,按照《中华人民共和国印花税暂行条例》及其《细则》的有关规定办理。

【注释】 对《印花税暂行条例》第14条进行了解释。对《印花税暂行条例实施细则》第8条进行了解释。

国家税务总局关于国家邮政及所属各级邮政企业资金账簿征收印花税问题的通知

国税函[2001]361号

根据国务院政企分开和邮电分营的要求,邮政业务从原邮电管理局中分立出来,组建国家邮政局及所属各级邮政企业，从 1999 年 1 月 1 日起独立运营。鉴于邮政行业是国家公用事业，邮电分营是国家产业政策调整，引进竞争机制，提高邮政适应市场能力的重大举措，对国家邮政局及所属各级邮政企业的资金账簿涉及的印花税问题，现明确如下：

按照有关规定，纳税人新设立的资金账簿在启用时应计税贴花。为了支持邮政行业的改革和发展，对国家邮政局及所属各级邮政企业新设立的资金账簿，凡属在邮电管理局分营前已贴花的资金免征印花税，1999 年 1 月 1 日以后增加的资金按规定贴花。

【注释】 对《印花税暂行条例实施细则》第 8 条进行了解释。

国家税务总局关于外国银行分行营运资金缴纳印花税问题的批复

国税函[2002]104 号

天津市地方税务局：

你局《关于外资银行分行有关印花税问题的请示》(津地税外[2001]46 号)收悉。根据《中华人民共和国外资金融机构管理条例》的有关规定，外国银行在我国境内设立的分行，其境外总行需拨付规定数额的“营运资金”，分行在账户设置上不设“实收资本”和“资本公积”账户。关于上述外国银行分行由其境外总行拨付的“营运资金”如何缴纳印花税问题，根据《中华人民共和国印花税暂行条例》第二条的规定，外国银行分行记载由其境外总行拨付的“营运资金”账簿，应按核拨的账面资金数额计税贴花。

【注释】 对《印花税暂行条例》第 2 条进行了解释。

财政部　国家税务总局关于开放式证券投资基金有关税收问题的通知

财税[2002]128 号

各省、自治区、直辖市、计划单列市财政厅(局)、国家税务局、地方税务局，新疆生产建设兵团财务局：

为支持和积极培育机构投资者，充分利用开放式基金手段，进一步拓宽社会投资渠道，促进证券市场的健康、稳定发展，经国务院批准，现对中国证监会批准设立的开放式证券投资基金(以下简称基金)的税收问题通知如下：

……

三、关于印花税问题：

1. 基金管理人运用基金买卖股票按照 2‰的税率征收印花税。

2. 对投资者申购和赎回基金单位，暂不征收印花税。

四、对基金管理人、基金托管人、基金代销机构从事基金管理活动取得的收入，依照税法的有关规定征收营业税、企业所得税以及其他相关税收。

【注释】 对《印花税暂行条例》所附印花税税目税率表进行了解释。

财政部　国家税务总局关于全国社会保障基金有关印花税政策的通知

财税[2003]134 号

上海、深圳市财政局、国家税务局、地方税务局：

经国务院批准，现对全国社会保障基金理事会(以下简称“社保理事会”)管理的全国社会保障基金(以下简称“社保基金”)的有关证券(股票)交易印花税(以下简称“印花税”)政策通知如下：

一、对社保理事会委托社保基金投资管理人运用社保基金买卖证券应缴纳的印花税实行先征后返。社保理事会定期向财政部、上海市和深圳市财政局提出返还印花税的申请，即按照中央与地方印花税分享比例，属于中央收入部分，向财政部提出申请；属于地方收入部分，向上海市和深圳市财政局提出申请。具体退税程序比照财政部、国家税务总局、中国人民银行《关于税制改革后对某些企业实行“先征后退”有关预算管理问题的暂行规定的通知》[(94)财预字第 55 号]的有关规定办理。

二、对社保基金持有的证券，在社保基金证券账户之间的划拨过户，不属于印花税的征税范围，不征收印花税。

三、本通知自2003年1月1日起执行。

【注释】 对《印花税暂行条例》第2条进行了解释。

财政部　国家税务总局关于企业改制过程中有关印花税政策的通知

财税[2003]183号

各省、自治区、直辖市、计划单列市财政厅(局)、地方税务局,新疆生产建设兵团财务局:

为贯彻落实国务院关于支持企业改制的指示精神,规范企业改制过程中有关税收政策,现就经县级以上人民政府及企业主管部门批准改制的企业,在改制过程中涉及的印花税政策通知如下:

一、关于资金账簿的印花税

(一) 实行公司制改造的企业在改制过程中成立的新企业(重新办理法人登记的),其新启用的资金账簿记载的资金或因企业建立资本纽带关系而增加的资金,凡原已贴花的部分可不再贴花,未贴花的部分和以后新增加的资金按规定贴花。

公司制改造包括国有企业依《公司法》整体改造成国有独资有限责任公司;企业通过增资扩股或者转让部分产权,实现他人对企业的参股,将企业改造成有限责任公司或股份有限公司;企业以其部分财产和相应债务与他人组建新公司;企业将债务留在原企业,而以其优质财产与他人组建的新公司。

(二) 以合并或分立方式成立的新企业,其新启用的资金账簿记载的资金,凡原已贴花的部分可不再贴花,未贴花的部分和以后新增加的资金按规定贴花。

合并包括吸收合并和新设合并。分立包括存续分立和新设分立。

(三) 企业债权转股权新增加的资金按规定贴花。

(四) 企业改制中经评估增加的资金按规定贴花。

(五) 企业其他会计科目记载的资金转为实收资本或资本公积的资金按规定贴花。

二、关于各类应税合同的印花税

企业改制前签订但尚未履行完的各类应税合同,改制后需要变更执行主体的,对仅改变执行主体、其余条款未作变动且改制前已贴花的,不再贴花。

三、关于产权转移书据的印花税

企业因改制签订的产权转移书据免予贴花。

【注释】 对《印花税暂行条例》第4条进行了解释。对《印花税暂行条例实施细则》第8条进行了解释。

国家税务总局关于印花税违章处罚有关问题的通知

国税发[2004]15号

各省、自治区、直辖市和计划单列市地方税务局:

《中华人民共和国税收征收管理法》(以下简称《税收征管法》)、《中华人民共和国税收征收管理法实施细则》(以下简称《税收征管法实施细则》)重新修订颁布后,《中华人民共和国印花税暂行条例》(以下简称《印花税暂行条例》)第十三条及《中华人民共和国印花税暂行条例施行细则》(以下简称《印花税暂行条例施行细则》)第三十九条、第四十条、第四十一条的部分内容已不适用。为加强印花税的征收管理,依法处理印花税有关违章行为,根据《税收征管法》、《税收征管法实施细则》的有关规定,现对印花税的违章处罚适用条款明确如下:

印花税纳税人有下列行为之一的,由税务机关根据情节轻重予以处罚:

一、在应纳税凭证上未贴或者少贴印花税票的或者已粘贴在应税凭证上的印花税票未注销或者未画销的,适用《税收征管法》第六十四条的处罚规定。

二、已贴用的印花税票揭下重用造成未缴或少缴印花税的,适用《税收征管法》第六十三条的处罚规定。

三、伪造印花税票的,适用《税收征管法实施细则》第九十一条的处罚规定。

四、按期汇总缴纳印花税的纳税人，超过税务机关核定的纳税期限，未缴或少缴印花税款的，视其违章性质，适用《税收征管法》第六十三条或第六十四条的处罚规定，情节严重的，同时撤销其汇缴许可证。

五、纳税人违反以下规定的，适用《税收征管法》第六十条的处罚规定：

（一）违反《印花税条例施行细则》第二十三条的规定："凡汇总缴纳印花税的凭证，应加注税务机关指定的汇缴戳记、编号并装订成册，将已贴印花或者缴款书的一联粘附册后，盖章注销，保存备查"；

（二）违反《印花税条例施行细则》第二十五条的规定："纳税人对纳税凭证应妥善保存。凭证的保存期限，凡国家已有明确规定的，按规定办；没有明确规定的其余凭证均应在履行完毕后保存一年"。

本通知自文到之日起执行。

【注释】　对《印花税暂行条例》第13条进行了修正。对《印花税暂行条例实施细则》第39—41条进行了修正。

财政部　国家税务总局关于教育税收政策的通知

财税[2004]39号

各省、自治区、直辖市、计划单列市财政厅（局）、国家税务局、地方税务局，新疆生产建设兵团财务局：

为了进一步促进教育事业发展，经国务院批准，现将有关教育的税收政策通知如下：

……

二、关于房产税、城镇土地使用税、印花税

对国家拨付事业经费和企业办的各类学校、托儿所、幼儿园自用的房产、土地，免征房产税、城镇土地使用税；对财产所有人将财产赠给学校所立的书据，免征印花税。

……

六、本通知自2004年1月1日起执行，此前规定与本通知不符的，以本通知为准。

【注释】　对《印花税暂行条例》第4条进行了解释。

国家税务总局关于办理上市公司国有股权无偿转让暂不征收证券（股票）交易印花税有关审批事项的通知

国税函[2004]941号

上海市国家税务局，深圳市国家税务局：

根据有利于加强税收管理和方便纳税人的原则，现将《国务院关于第三批取消和调整行政审批项目的决定》（国发[2004]16号）中列入下放管理层级的"上市公司国有股权无偿转让免征证券（股票）交易印花税的审批项目"实施后，有关政策和审批管理问题通知如下：

一、对经国务院和省级人民政府决定或批准进行的国有（含国有控股）企业改组改制而发生的上市公司国有股权无偿转让行为，暂不征收证券（股票）交易印花税。对不属于上述情况的上市公司国有股权无偿转让行为，仍应征收证券（股票）交易印花税。

二、凡符合暂不征收证券（股票）交易印花税条件的上市公司国有股权无偿转让行为，由转让方或受让方按本通知附件《关于上市公司国有股权无偿转让暂不征收证券（股票）交易印花税申报文件的规定》的要求，报上市公司挂牌交易所所在地的国家税务局审批。

三、上市公司挂牌交易所所在地的国家税务局按规定审批后，应按月将审批文件报国家税务总局备案。在办理上述审批过程中，遇有新情况、发现新问题应及时向国家税务总局报告。

四、国家税务总局将不定期对上市公司挂牌交易所所在地的国家税务局的审批工作进行检查、督导。

五、本规定自2004年7月1日起执行。《国家税务总局关于上市公司国有股权无偿转让征收证券（股票）交易印花税问题的通知》（国税发[1999]124号）同时废止。

附件：

关于上市公司国有股权无偿转让暂不征收证券（股票）交易印花税申报文件的规定

对上市公司国有股权无偿转让符合本通知第一条规定范围，需要明确暂不征收证券（股票）交易印花税的，须由转让方或受让方按下列要求向上市公司挂牌交易所所在地的国家税务局提出申请报告，具体内容包括：

一、转让方名称、地址、隶属关系、经济性质。

二、受让方名称、地址、隶属关系、经济性质。

三、转让股权的股数和金额、转让形式、批准部门，以及申请暂不征收证券（股票）交易印花税的理由。

四、申请报告应附下列证明文件和材料：

（一）国务院及其授权部门或者省级人民政府关于上市公司国有股权无偿转让的批准文件。

（二）上市公司国有股权无偿转让的可行性研究报告。

（三）受让方的章程。

（四）受让方《企业法人营业执照》副本复印件。

（五）向社会公布的上市公司国有股权无偿转让事宜的预案公告复印件。

【注释】 对《印花税暂行条例》第2、4条进行了解释。

财政部　国家税务总局关于改变印花税按期汇总缴纳管理办法的通知

财税［2004］170号

各省、自治区、直辖市、计划单列市财政厅（局）、地方税务局，新疆生产建设兵团财务局：

为进一步方便纳税人，简化印花税贴花手续，经研究决定，将《中华人民共和国印花税暂行条例施行细则》第二十二条"同一种类应纳税凭证，需频繁贴花的，应向当地税务机关申请按期汇总缴纳印花税。税务机关对核准汇总缴纳印花税的单位，应发给汇缴许可证。汇总缴纳的期限限额由当地税务机关确定，但最长期限不得超过一个月"的规定，修改为"同一种类应纳税凭证，需频繁贴花的，纳税人可以根据实际情况自行决定是否采用按期汇总缴纳印花税的方式。汇总缴纳的期限为一个月。采用按期汇总缴纳方式的纳税人应事先告知主管税务机关。缴纳方式一经选定，一年内不得改变"。

印花税按期汇总缴纳管理办法调整后，主管税务机关应重点加强以下工作：

一、主管税务机关接到纳税人要求按期汇总缴纳印花税的告知后，应及时登记，制定相应的管理办法，防止出现管理漏洞。

二、对采用按期汇总缴纳方式缴纳印花税的纳税人，应加强日常监督、检查，重点核查纳税人汇总缴纳的应税凭证是否完整，贴花金额是否准确。

【注释】 对《印花税暂行条例实施细则》第22条进行了解释。

财政部　国家税务总局关于对买卖封闭式证券投资基金继续予以免征印花税的通知

财税［2004］173号

上海、深圳市财政局、国家税务局：

为支持我国证券市场的健康发展，经研究决定，从2003年1月1日起，继续对投资者（包括个人和机构）买卖封闭式证券投资基金免征印花税。

【注释】 对《印花税暂行条例》第4条进行了解释。

财政部　国家税务总局关于国家石油储备基地建设有关税收政策的通知

财税［2005］23号

大连、青岛、浙江、宁波省（市）财政厅（局）、地方税务局：

经国务院批准，现对国家石油储备基地第一期项目建设过程中的有关税收政策通知如下：

一、对国家石油储备基地第一期项目建设过程中涉及的营业税、城市维护建设税、教育费附加、城镇土地使用税、印花税、耕地占用税和契税予以免征。

二、上述免税范围仅限于应由国家石油储备基地缴纳的税收。

三、国家石油储备基地第一期项目包括大连、黄岛、镇海、舟山4个储备基地。

【注释】　对《印花税暂行条例》第4条进行了解释。

财政部　国家税务总局关于股权分置试点改革有关税收政策问题的通知

财税[2005]103号

各省、自治区、直辖市、计划单列市财政厅(局)、国家税务局、地方税务局,新疆生产建设兵团财务局,财政部驻各省、自治区、直辖市、计划单列市财政监察专员办事处:

为促进资本市场发展和股市全流通,推动股权分置改革试点的顺利实施,经国务院批准,现就股权分置试点改革中有关税收政策问题通知如下:

一、股权分置改革过程中因非流通股股东向流通股股东支付对价而发生的股权转让,暂免征收印花税。

二、股权分置改革中非流通股股东通过对价方式向流通股股东支付的股份、现金等收入,暂免征收流通股股东应缴纳的企业所得税和个人所得税。

三、上述规定自文发之日起开始执行。

【注释】　对《印花税暂行条例实施细则》第13条进行了解释。

国家税务总局　铁道部关于铁路货运凭证印花税若干问题的通知

国税发[2006]101号

各省、自治区、直辖市和计划单列市地方税务局,各铁路局,集装箱、特货公司:

为适应铁路体制改革和铁路网建设的发展变化,有利于铁路货运凭证印花税的征收和管理,现就铁路货运凭证征收印花税有关问题通知如下:

一、纳税人

铁路货运业务中运费结算凭证载明的承、托运双方,均为货运凭证印花税的纳税人。

代办托运业务的代办方在向铁路运输企业交运货物并取得运费结算凭证时,应当代托运方缴纳印花税。代办方与托运方之间办理的运费结算清单,不缴纳印花税。

二、应纳税凭证和计税依据

铁路货运运费结算凭证为印花税应税凭证,包括:

(一)货票(发站发送货物时使用);

(二)运费杂费收据(到站收取货物运费时使用);

(三)合资、地方铁路货运运费结算凭证(合资铁路公司、地方铁路单独计算核收本单位管内运费时使用)。

上述凭证中所列运费为印花税的计税依据,包括统一运价运费、特价或加价运费、合资和地方铁路运费、新路均摊费、电力附加费。对分段计费一次核收运费的,以结算凭证所记载的全程运费为计税依据;对分段计费分别核收运费的,以分别核收运费的结算凭证所记载的运费为计税依据。

三、应纳税额的计算和税款代征

以运费金额按万分之五的税率分别计算承、托运双方的应纳税额。税额不足一角的免税,超过一角的四舍五入计算到角。

铁路运输企业在收取货物运杂费的同时必须代征托运方应纳的印花税,并记入运费结算凭证的"印花税"项目内,运费结算凭证不再加盖"印花税代扣专用章"。

四、税款缴纳

铁路运输企业代征的托运方应纳的印花税与铁路运输企业应纳的印花税统一由各铁路运输企业汇总后按下列方式缴入国库。

(一)铁路局(含广铁集团、青藏铁路公司)应纳印花税,依照铁路体制改革前所属原汇总缴纳印花税单位2004年印花税款占铁路局印花税的比例计算(见附表),按季向原汇总缴纳单位所在地的地方税务机关缴纳。对采用异地汇款方式缴纳税款的,原汇总缴纳单位所在地的地方税务机关应通知铁路局将税款直接汇入税务机关在国库开设的“待缴库税款”专户。

(二)集装箱和特货公司货运业务应纳的印花税向总机构所在地税务机关缴纳。

(三)合资铁路公司、地方铁路货运业务应纳的印花税向机构所在地税务机关缴纳。

五、地方税务机关根据国家有关规定,按代征印花税税款金额的5%付给铁路部门代征手续费。手续费由税务机关按规定及时给付,铁路部门不得从代征税款中直接扣除。

六、本通知自2006年8月1日起执行。2006年8月1日以前已经缴纳的税款不再进行调整。《国家税务总局 铁道部关于铁路货运凭证汇总缴纳印花税问题的联合通知》([89]国税地字第094号)、《国家税务总局关于改变铁路国际货运凭证印花税缴纳办法的通知》(国税函发[1991]1401号)同时废止。

【注释】 对《印花税暂行条例》第1、14条进行了解释。

财政部 国家税务总局关于证券投资者保护基金有关印花税政策的通知

财税[2006]104号

各省、自治区、直辖市、计划单列市财政厅(局)、地方税务局,新疆生产建设兵团财务局:

经国务院批准,现对证券投资者保护基金有限责任公司(以下简称保护基金公司)及其管理的证券投资者保护基金(以下简称保护基金)的有关印花税政策通知如下:

一、对保护基金公司新设立的资金账簿免征印花税。

二、对保护基金公司与中国人民银行签订的再贷款合同、与证券公司行政清算机构签订的借款合同,免征印花税。

三、对保护基金公司接收被处置证券公司财产签订的产权转移书据,免征印花税。

四、对保护基金公司以保护基金自有财产和接收的受偿资产与保险公司签订的财产保险合同,免征印花税。

五、对与保护基金公司签订上述应税合同或产权转移书据的其他当事人照章征收印花税。

【注释】 对《印花税暂行条例》第4条进行了解释。

财政部 国家税务总局关于印花税若干政策的通知

财税[2006]162号

各省、自治区、直辖市、计划单列市财政厅(局)、地方税务局,新疆生产建设兵团财务局:

为适应经济形势发展变化的需要,完善税制,现将印花税有关政策明确如下:

一、对纳税人以电子形式签订的各类应税凭证按规定征收印花税。

二、对发电厂与电网之间、电网与电网之间(国家电网公司系统、南方电网公司系统内部各级电网互供电量除外)签订的购售电合同按购销合同征收印花税。电网与用户之间签订的供用电合同不属于印花税列举征税的凭证,不征收印花税。

三、对土地使用权出让合同、土地使用权转让合同按产权转移书据征收印花税。

四、对商品房销售合同按照产权转移书据征收印花税。

【注释】 对《印花税暂行条例实施细则》第13条进行了解释。

关于调整房地产交易环节税收政策的通知

财税[2008]137号

各省、自治区、直辖市、计划单列市财政厅(局)、地方税务局,新疆生产建设兵团财务局:

为适当减轻个人住房交易的税收负担,支持居民首次购买普通住房,经国务院批准,现就房地产交易环节有关税收政策问题通知如下:

一、对个人首次购买90平方米及以下普通住房的，契税税率暂统一下调到1%。首次购房证明由住房所在地县(区)住房建设主管部门出具。

二、对个人销售或购买住房暂免征收印花税。

三、对个人销售住房暂免征收土地增值税。

本通知自2008年11月1日起实施。

财政部　国家税务总局关于房产税、城镇土地使用税有关问题的通知

财税[2008]152号

各省、自治区、直辖市、计划单列市财政厅(局)、地方税务局，新疆生产建设兵团财务局：

为统一政策，规范执行，现将房产税、城镇土地使用税有关问题明确如下：

一、关于房产原值如何确定的问题

对依照房产原值计税的房产，不论是否记载在会计账簿固定资产科目中，均应按照房屋原价计算缴纳房产税。房屋原价应根据国家有关会计制度规定进行核算。对纳税人未按国家会计制度规定核算并记载的，应按规定予以调整或重新评估。

《财政部税务总局关于房产税若干具体问题的解释和暂行规定》(财税地字[1986]第008号)第十五条同时废止。

二、关于索道公司经营用地应否缴纳城镇土地使用税的问题

公园、名胜古迹内的索道公司经营用地，应按规定缴纳城镇土地使用税。

三、关于房产税、城镇土地使用税纳税义务截止时间的问题

纳税人因房产、土地的实物或权利状态发生变化而依法终止房产税、城镇土地使用税纳税义务的，其应纳税款的计算应截止到房产、土地的实物或权利状态发生变化的当月末。

四、本通知自2009年1月1日起执行。

第四编

行为税法

第十七部分　中华人民共和国契税法

中华人民共和国契税暂行条例

国务院令[1997]224号

第一条　在中华人民共和国境内转移土地、房屋权属,承受的单位和个人为契税的纳税人,应当依照本条例的规定缴纳契税。

【注释】　相关规定包括:《国家税务总局关于办理期房退房手续后应退还已征契税的批复》(国税函[2002]622号)。

第二条　本条例所称转移土地、房屋权属是指下列行为:

(一)国有土地使用权出让;

(二)土地使用权转让,包括出售、赠与和交换;

(三)房屋买卖;

(四)房屋赠与;

(五)房屋交换。

前款第二项土地使用权转让,不包括农村集体土地承包经营权的转移。

【注释】　相关规定包括:《国家税务总局关于城镇居民委托代建房屋契税征免问题的批复》(国税函[1998]829号)、《国家税务总局关于离婚后房屋权属变化是否征收契税的批复》(国税函[1999]391号)、《国家税务总局关于出售或租赁房屋使用权是否征收契税问题的批复》(国税函[1999]465号)、《国家税务总局关于抵押贷款购买商品房征收契税的批复》(国税函[1999]613号)、《国家税务总局关于以补偿征地款方式取得的房产征收契税的批复》(国税函[1999]737号)、《国家税务总局关于保险公司分业经营改革中不动产转移过户有关税收政策的通知》(国税发[2002]69号)。

第三条　契税税率为3%—5%。

契税的适用税率,由省、自治区、直辖市人民政府在前款规定的幅度内按照本地区的实际情况确定,并报财政部和国家税务总局备案。

第四条　契税的计税依据:

(一)国有土地使用权出让、土地使用权出售、房屋买卖,为成交价格;

(二)土地使用权赠与、房屋赠与,由征收机关参照土地使用权出售、房屋买卖的市场价格核定;

(三)土地使用权交换、房屋交换,为所交换的土地使用权、房屋的价格的差额。

前款成交价格明显低于市场价格并且无正当理由的,或者所交换土地使用权、房屋的价格的差额明显不合理并且无正当理由的,由征收机关参照市场价格核定。

【注释】　相关规定包括:《财政部　国家税务总局关于契税征收中几个问题的批复》(财税[1998]96号)、《财政部　国家税务总局关于房屋附属设施有关契税政策的批复》(财税[2004]126号)、《财政部　国家税务总局关于国有土地使用权出让等有关契税问题的通知》(财税[2004]134号)、《财政部　国家税务总局关于土地使用权转让契税计税依据的批复》(财税[2007]162号)、《国家税务总局关于承受装修房屋契税计税价格问题的批复》(国税函[2007]606号)。

第五条　契税应纳税额,依照本条例第3条规定的税率和第4条规定的计税依据计算征收。应纳税额计算公式:

应纳税额=计税依据×税率

应纳税额以人民币计算。转移土地、房屋权属以外汇结算的,按照纳税义务发生之日中国人民银行公布的人民币市场汇率中间价折合成人民币计算。

第六条　有下列情形之一的,减征或者免征契税:

(一)国家机关、事业单位、社会团体、军事单位承受土地、房屋用于办公、教学、医疗、科研和军事设施的，免征；

（二）城镇职工按规定第一次购买公有住房的，免征；

（三）因不可抗力灭失住房而重新购买住房的，酌情准予减征或者免征；

（四）财政部规定的其他减征、免征契税的项目。

【注释】 相关规定包括：《财政部　国家税务总局关于契税征收中几个问题的批复》（财税[1998]96号）、《财政部　国家税务总局关于调整房地产市场若干税收政策的通知》（财税[1999]210号）、《国家税务总局关于对监狱管理部门承受土地房屋直接用于监狱建设免征契税的批复》（国税函[1999]572号）、《财政部　国家税务总局关于本溪金岛生态农业发展有限公司承受农村集体土地使用权征收契税的批复》（财税[2000]26号）、《财政部　国家税务总局关于公有制单位职工首次购买住房免征契税的通知》（财税[2000]130号）、《国家税务总局关于免征军队武警部队政法机关所办企业脱钩移交过程中所涉契税的批复》（国税函[2000]468号）、《财政部　国家税务总局关于对中国农业发展银行各级机构购买办公房屋恢复征收契税的通知》（财税[2001]63号）、《财政部　国家税务总局关于社会力量办学契税政策问题的通知》（财税[2001]156号）、《财政部　国家税务总局关于企业改革中有关契税政策的通知》（财税[2001]161号）、《国家税务总局关于免征被撤销金融机构在财产清理中取得土地房屋权属所涉契税的批复》（国税函[2002]777）、《国家税务总局关于事业单位合并中有关契税问题批复》（国税函[2003]1272号）、《财政部　国家税务总局关于教育税收政策的通知》（财税[2004]39号）、《财政部　国家税务总局关于房屋附属设施有关契税政策的批复》（财税[2004]126号）、《财政部　国家税务总局关于国有土地使用权出让等有关契税问题的通知》（财税[2004]134号）、《国家税务总局关于中国人寿保险（集团）公司重组改制后有关税务问题的通知》（国税函[2004]852号）、《国家税务总局关于继承土地、房屋权属有关契税问题的批复》（国税函[2004]1036号）、《财政部　国家税务总局关于国家石油储备基地建设有关税收政策的通知》（财税[2005]23号）、《财政部　国家税务总局关于城镇房屋拆迁有关税收政策的通知》（财税[2005]45号）、《国家税务总局 财政部 建设部关于加强房地产税收管理的通知》（国税发[2005]89号）、《国家税务总局关于免征土地出让金出让国有土地使用权征收契税的批复》（国税函[2005]436号）、《财政部　国家税务总局关于延长企业改制重组若干契税政策执行期限的通知》（财税[2006]41号）《财政部　国家税务总局关于国有控股公司投资组建新公司有关契税政策的通知》（财税[2006]142号）。

第七条　经批准减征、免征契税的纳税人改变有关土地、房屋的用途，不再属于本条例第6条规定的减征、免征契税范围的，应当补缴已经减征、免征的税款。

【注释】 相关规定包括：《国家税务总局关于印发〈耕地占用税契税减免管理办法〉的通知》（国税发[2004]99号）、《国家税务总局关于未办理土地使用权证转让土地有关税收问题的批复》（国税函[2007]645号）。

第八条　契税的纳税义务发生时间，为纳税人签订土地、房屋权属转移合同的当天，或者纳税人取得其他具有土地、房屋权属转移合同性质凭证的当天。

第九条　纳税人应当自纳税义务发生之日起10日内，向土地、房屋所在地的契税征收机关办理纳税申报，并在契税征收机关核定的期限内缴纳税款。

【注释】 相关规定包括：《国家税务总局关于进一步明确契税纳税人有关法律责任的通知》（国税发[1998]195号）。

第十条　纳税人办理纳税事宜后，契税征收机关应当向纳税人开具契税完税凭证。

第十一条　纳税人应当持契税完税凭证和其他规定的文件材料，依法向土地管理部门、房产管理部门办理有关土地、房屋的权属变更登记手续。

纳税人未出具契税完税凭证的，土地管理部门、房产管理部门不予办理有关土地、房屋的权属变更登记手续。

【注释】 相关规定包括：《国家税务总局 国家土地管理局关于契税征收管理有关问题的通知》（国税发[1998]31号）。

第十二条　契税征收机关为土地、房屋所在地的财政机关或者地方税务机关。具体征收机关由省、自治区、直辖市人民政府确定。

土地管理部门、房产管理部门应当向契税征收机关提供有关资料，并协助契税征收机关依法征收契税。

第十三条　契税的征收管理，依照本条例和有关法律、行政法规的规定执行。

第十四条　财政部根据本条例制定细则。

第十五条　本条例自1997年10月1日起施行。1950年4月3日中央人民政府政务院发布的《契税暂行条例》同时废止。

中华人民共和国契税暂行条例细则

财法[1997]52号

第一条　根据《中华人民共和国契税暂行条例》(以下简称条例)的规定，制定本细则。

第二条　条例所称土地、房屋权属，是指土地使用权、房屋所有权。

第三条　条例所称承受，是指以受让、购买、受赠、交换等方式取得土地、房屋权属的行为。

第四条　条例所称单位，是指企业单位、事业单位、国家机关、军事单位和社会团体以及其他组织。

条例所称个人，是指个体经营者及其他个人。

第五条　条例所称国有土地使用权出让，是指土地使用者向国家交付土地使用权出让费用，国家将国有土地使用权在一定年限内让予土地使用者的行为。

第六条　条例所称土地使用权转让，是指土地使用者以出售、赠与、交换或者其他方式将土地使用权转移给其他单位和个人的行为。

条例所称土地使用权出售，是指土地使用者以土地使用权作为交易条件，取得货币、实物、无形资产或者其他经济利益的行为。

条例所称土地使用权赠与，是指土地使用者将其土地使用权无偿转让给受赠者的行为。

条例所称土地使用权交换，是指土地使用者之间相互交换土地使用权的行为。

第七条　条例所称房屋买卖，是指房屋所有者将其房屋出售，由承受者交付货币、实物、无形资产或者其他经济利益的行为。

条例所称房屋赠与，是指房屋所有者将其房屋无偿转让给受赠者的行为。

条例所称房屋交换，是指房屋所有者之间相互交换房屋的行为。

第八条　土地、房屋权属以下列方式转移的，视同土地使用权转让、房屋买卖或者房屋赠与征税：

(一) 以土地、房屋权属作价投资、入股；

(二) 以土地、房屋权属抵债；

(三) 以获奖方式承受土地、房屋权属；

(四) 以预购方式或者预付集资建房款方式承受土地、房屋权属。

第九条　条例所称成交价格，是指土地、房屋权属转移合同确定的价格。包括承受者应交付的货币、实物、无形资产或者其他经济利益。

【注释】　相关规定包括：《财政部　国家税务总局关于契税征收中几个问题的批复》(财税[1998]96号)、相关规定包括：《国家税务总局关于进一步明确契税纳税人有关法律责任的通知》(国税发[1998]195号)。

第十条　土地使用权交换、房屋交换，交换价格不相等的，由多交付货币、实物、无形资产或者其他经济利益的一方缴纳税款。交换价格相等的，免征契税。

土地使用权与房屋所有权之间相互交换，按照前款征税。

第十一条　以划拨方式取得土地使用权的，经批准转让房地产时，应由房地产转让者补缴契税。其计税依据为补缴的土地使用权出让费用或者土地收益。

第十二条　条例所称用于办公的，是指办公室(楼)以及其他直接用于办公的土地、房屋。

条例所称用于教学的，是指教室(教学楼)以及其他直接用于教学的土地、房屋。

条例所称用于医疗的，是指门诊部以及其他直接用于医疗的土地、房屋。

条例所称用于科研的，是指科学试验的场所以及其他直接用于科研的土地、房屋。

条例所称用于军事设施的，是指：

(一) 地上和地下的军事指挥作战工程；

（二）军用的机场、港口、码头；

（三）军用的库房、营区、训练场、试验场；

（四）军用的通信、导航、观测台站；

（五）其他直接用于军事设施的土地、房屋。

本条所称其他直接用于办公、教学、医疗、科研的以及其他直接用于军事设施的土地、房屋的具体范围，由省、自治区、直辖市人民政府确定。

【注释】 相关规定包括：《财政部　国家税务总局关于契税征收中几个问题的批复》（财税[1998]96号）、相关规定包括：《国家税务总局关于进一步明确契税纳税人有关法律责任的通知》（国税发[1998]195号）。

第十三条 条例所称城镇职工按规定第一次购买公有住房的，是指经县以上人民政府批准，在国家规定标准面积以内购买的公有住房。城镇职工享受免征契税，仅限于第一次购买的公有住房。超过国家规定标准面积的部分，仍应按照规定缴纳契税。

第十四条 条例所称不可抗力，是指自然灾害、战争等不能预见、不能避免、并不能克服的客观情况。

第十五条 根据条例第六条的规定，下列项目减征、免征契税：

（一）土地、房屋被县级以上人民政府征用、占用后，重新承受土地、房屋权属的，是否减征或者免征契税，由省、自治区、直辖市人民政府确定。

（二）纳税人承受荒山、荒沟、荒丘、荒滩土地使用权，用于农、林、牧、渔业生产的，免征契税。

（三）依照我国有关法律规定以及我国缔结或参加的双边和多边条约或协定的规定应当予以免税的外国驻华使馆、领事馆、联合国驻华机构及其外交代表、领事官员和其他外交人员承受土地、房屋权属的，经外交部确认，可以免征契税。

第十六条 纳税人符合减征或者免征契税规定的，应当在签订土地、房屋权属转移合同后10日内，向土地、房屋所在地的契税征收机关办理减征或者免征契税手续。

【注释】 相关规定包括：《国家税务总局关于印发〈耕地占用税契税减免管理办法〉的通知》（国税发[2004]99号）。

第十七条 纳税人因改变土地、房屋用途应当补缴已经减征、免征契税的，其纳税义务发生时间为改变有关土地、房屋用途的当天。

【注释】 相关规定包括：《国家税务总局关于印发〈耕地占用税契税减免管理办法〉的通知》（国税发[2004]99号）。

第十八条 条例所称其他具有土地、房屋权属转移合同性质凭证，是指具有合同效力的契约、协议、合约、单据、确认书以及由省、自治区、直辖市人民政府确定的其他凭证。

第十九条 条例所称有关资料，是指土地管理部门、房产管理部门办理土地、房屋权属变更登记手续的有关土地、房屋权属、土地出让费用、成交价格以及其他权属变更方面的资料。

第二十条 征收机关可以根据征收管理的需要，委托有关单位代征契税，具体代征单位由省、自治区、直辖市人民政府确定。

代征手续费的支付比例，由财政部另行规定。

【注释】 相关规定包括：《国家税务总局关于征收机关直接征收契税的通知》（国税发[2004]137号）。

第二十一条 省、自治区、直辖市人民政府根据条例和本细则的规定制定实施办法，并报财政部和国家税务总局备案。

第二十二条 本细则自1997年10月1日起施行。此前财政部关于契税的各项规定同时废止。

国家税务总局　国家土地管理局关于契税征收管理有关问题的通知

国税发[1998]31号

各省、自治区、直辖市和计划单列市财政厅（局）、地方税务局、土地（国土）管理局（厅）：

为了加强契税征收机关与土地管理部门的工作配合，做好契税征收管理工作，根据《中华人民共和国契税暂行条例》、《中华人民共和国契税暂行条例细则》和《中华人民共和国土地管理法》、《中华人民共和国城市房地产管理法》等法律、法规规定，现就契税征收管理中的有关问题通知如下：

一、各级契税征收机关应当结合当地实际情况，建立一套完善的契税征收管理制度。各级土地管理部门要予以积极支持和配合，协助当地契税征收机关做好契税的征收管理工作。

二、土地管理部门和契税征收机关要共同做好契税征收管理与土地使用权的权属管理的衔接工作。

土地管理部门在受理土地变更登记申请后，对土地权属及变更事项进行审核，对符合变更登记规定的，要求当事人出示契税完税凭证或免税证明。对未取得契税完税凭证或免税证明的，土地管理部门不予办理土地变更登记手续。

三、契税征收机关可向土地管理部门查询所需土地使用权权属及出让、转让时间、成交价格及已公布的土地基准地价等与征收契税有关的资料。土地管理部门应当向契税征收机关提供所需的资料。契税征收机关应对在土地管理部门查询的资料严格保密，未经允许，不得转让或公开引用。

契税征收机关应向土地管理部门提供所需已办理契税完税或免税手续的房地产交易情况。

四、土地管理部门在土地证书的定期查验时，可联合契税征收机关对契税完税情况进行检查。对检查中发现的逃避纳税和不办理土地变更登记手续的，应责令其完税和办理土地变更登记手续，并依照有关规定进行处理。

对于需要按评估价格计征契税的，应当委托具备土地评估资格的评估机构进行有关的评估，以规范房地产市场交易行为，确保国家税收不受损失。

【注释】　对《契税暂行条例》第11条进行了解释。

财政部　国家税务总局关于契税征收中几个问题的批复

财税[1998]96号

江苏省财政厅：

你厅《关于契税征收中几个问题的请示》(苏财农税[1998]010号)收悉。经研究，现批复如下：

一、关于计税价格问题。根据《中华人民共和国契税暂行条例》(以下简称条例)第四条第(一)款及《中华人民共和国契税暂行条例细则》(以下简称细则)第九条的规定，土地使用权出让、土地使用权出售、房屋买卖的计税依据是成交价格，即土地、房屋权属转移合同确定的价格，包括承受者应交付的货币、实物、无形资产或者其他经济利益。因此，合同确定的成交价格中包含的所有价款都属于计税依据范围。土地使用权出让、土地使用权转让、房屋买卖的成交价格中所包含的行政事业性收费，属于成交价格的组成部分，不应从中剔除，纳税人应按合同确定的成交价格全额计算缴纳契税。

二、关于购买安居房，经济适用住房的减免税问题。条例没有对这种情况给予减征或者免征契税的规定。因此，应对购买安居房、经济适用住房者照章征收契税。

三、关于经营性事业单位的减免税问题。目前我国对事业单位没有按是否经营性这一标准进行分类。根据条例第六条、细则第十二条和财政部1996年发布的《事业单位财务规则》的规定，对事业单位承受土地、房屋免征契税应同时符合两个条件：一是纳税人必须是按《事业单位财务规则》进行财务核算的事业单位；二是所承受的土地、房屋必须用于办公、教学、医疗、科研项目。凡不符合上述两个条件的，一律照章征收契税。对按《事业单位财务规则》第四十五条规定，应执行《企业财务通则》和同行业或相近行业企业财务制度的事业单位或者事业单位的特定项目，其承受的土地、房屋要照章征收契税。

【注释】　对《契税暂行条例》第4、6条进行了解释。对《契税暂行条例实施细则》第9、12条进行了解释。

国家税务总局关于进一步明确契税纳税人有关法律责任的通知

国税发[1998]195号

北京、天津、河北、黑龙江、上海、江苏、浙江、安徽、福建、江西、山东、河南、湖北、湖南、广东、广西、重庆、贵州、陕西、宁夏、新疆、青海省(自治区、直辖市)及宁波、厦门、青岛、深圳市财政厅(局)，山西、内蒙古、辽宁、吉林、海南、四川、云南、甘肃省(自治区)及大连市地方税务局：

为了加强契税征收管理工作，根据《中华人民共和国行政处罚法》规定的原则，依据《中华人民共和国税收征收管理法》(以下简称征管法)及其实施细则和《中华人民共和国契税暂行条例》(以下简称契税条例)的有关规定，现对契税纳税人违法行为给予行政处罚的规定及有关法律责任进一步明确如下：

一、根据征管法第二十条及其实施细则第三十条和契税条例第九条规定，契税纳税人(以下简称纳税人)应在主管契税征收管理工作的财政机关或者地方税务机关(以下简称征收机关)核定的期限内缴纳税款。纳税人因有特殊困难，不能按期缴纳税款的，经县以上征收机关批准，可以延期缴纳税款，但最长不得超过三个月，且同一纳税人在一个纳税年度内只能申请延期缴纳一次。在征收机关批准的期限内，不加收滞纳金。纳税人未按规定期限缴纳税款的，征收机关除责令限期缴纳外，从滞纳税款之日起，按日加收滞纳税款2‰的滞纳金。

二、根据征管法第二十七条、第四十六条规定，从事生产、经营的纳税人未按照规定的期限缴纳税款，由征收机关责令限期缴纳，逾期仍未缴纳的，经县以上征收机关负责人(财政局或者地方税务局局长)批准，征收机关可以采取下列强制执行措施：

(一)书面通知其开户银行或者其他金融机构从其存款中扣缴税款；

(二)扣押、查封、拍卖其价值相当于应纳税款的商品、货物或者其他财产，以拍卖所得抵缴税款。

征收机关采取强制执行措施时，对前款所列纳税人，征收机关除追缴其不缴或者少缴的税款外，可以处以不缴或者少缴的税款5倍以下的罚款。对前款所列纳税人未缴纳的滞纳金同时强制执行。

三、根据征管法第三十一条及其实施细则第五十四条、第五十五条规定，因征收机关的责任，致使纳税人未缴或者少缴税款的，征收机关在3年内可以要求纳税人补缴税款，但不得加收滞纳金。

因纳税人计算错误等失误，未缴或者少缴税款的，征收机关在3年内可以追征；未缴或者少缴数额在10万元以上的，追征期可以延长到10年。纳税人和其他当事人因偷税未缴或者少缴的税款，征收机关可以无限期追征。

四、根据征管法第三十九条规定，纳税人未按照规定的期限办理纳税申报的，由征收机关责令限期改正，可以处以2000元以下的罚款；逾期不改正的，可以处以2000元以上1万元以下的罚款。

五、根据征管法第四十条规定，纳税人采取伪造、变造、隐匿、擅自销毁合同、契约、协议、合约、单据、确认书、评估证明等凭证或者进行虚假的纳税申报的手段，不缴或者少缴应纳税款的，以偷税论处。偷税数额不满1万元或者偷税数额占应纳税数额不足10%的，由征收机关追缴其偷税款，处以偷税额5倍以下的罚款。

六、根据征管法第四十一条规定，纳税人欠缴应纳税款，采取转移或者隐匿财产的手段，致使征收机关无法追缴的税款，数额不满1万元的，由征收机关追缴其欠缴税款，处以欠缴税款5倍以下的罚款。

七、根据征管法第四十五条规定，以暴力、威胁方法拒不缴纳税款的，是抗税。情节轻微，未构成犯罪的，由征收机关追缴其拒缴的税款，处以拒缴税款5倍以下的罚款。

八、根据征管法第五十六条规定，纳税人同征收机关在纳税上发生争议时，必须先依照契税条例及其他有关规定缴纳税款及滞纳金，然后可以在收到征收机关填发的缴款凭证之日起60日内向上一级征收机关申请复议。上一级征收机关应当自收到复议申请之日起60日内作出复议决定。对复议决定不服的，可以在接到复议决定书之日起15日内向人民法院起诉。当事人对征收机关的处罚决定、强制执行措施不服的，可以在接到处罚通知之日起或者征收机关采取强制执行措施之日起15日内向作出处罚决定或者采取强制执行措施的征收机关的上一级机关申请复议；对复议决定不服的，可以在接到复议决定书之日起15日内向人民法院起诉。当事人也可以在接到处罚通知之日起或者征收机关采取强制执行措施之日起15日内直接向人民法院起诉。复议和诉讼期间，强制执行措施不停止执行。

当事人对征收机关的处罚决定逾期不申请复议也不向人民法院起诉、又不履行，作出处罚决定的征收机关可以申请人民法院强制执行。

九、根据《中华人民共和国行政处罚法》第二十条规定，契税违法行为发生地的县级以上(含县级)征收机关具有行政处罚权。

十、纳税人因偷税、抗税或欠缴税款构成犯罪的，交由司法机关依照《中华人民共和国刑法》第二百零一条、第二百零二条、第二百零三条进行处理。

【注释】 对《契税暂行条例》第9条进行了解释。对《契税暂行条例实施细则》第9、12条进行了解释。

国家税务总局关于城镇居民委托代建房屋契税征免问题的批复

国税函[1998]829 号

湖北省财政厅：

你厅《关于城镇居民委托代建房屋如何征收契税的请示》(鄂财农税发[1998]1014 号)收悉。经研究，现批复如下：

根据你厅提供的情况，仙桃市居民赵明超通过与房屋开发商签定“双包代建”合同，由开发商承办规划许可证、准建证、土地使用证等手续，并由委托方按地价与房价之和向开发商付款的方式取得房屋所有权，实质上是一种以预付款方式购买商品房的行为，应照章征收契税。

【注释】 对《契税暂行条例》第 2 条进行了解释。

国家税务总局关于离婚后房屋权属变化是否征收契税的批复

国税函[1999]391 号

广东省财政厅：

你厅《关于对离婚后房屋权属变化是否征收契税的请示》(粤财字[1999]85 号)收悉，经研究，现批复如下：

根据我国婚姻法的规定，夫妻共有房屋属共同共有财产。因夫妻财产分割而将原共有房屋产权归属一方，是房产共有权的变动而不是现行契税政策规定征税的房屋产权转移行为。因此，对离婚后原共有房屋产权的归属人不征收契税。

【注释】 对《契税暂行条例》第 2 条进行了解释。

国家税务总局关于出售或租赁房屋使用权是否征收契税问题的批复

国税函[1999]465 号

河南省财政厅：

你厅《关于出售或租赁房屋使用权征收契税的请示》(豫财农税字[1999]27 号)收悉。经研究，现批复如下：

房屋使用权与房屋所有权是两种不同性质的权属。根据现行契税法规的规定，房屋使用权的转移行为不属于契税征收范围，不应征收契税。

【注释】 对《契税暂行条例》第 2 条进行了解释。

财政部　国家税务总局关于调整房地产市场若干税收政策的通知

财税[1999]210 号

各省、自治区、直辖市、计划单列市财政厅(局)、国家税务局、地方税务局、新疆生产建设兵团：

为了配合国家住房制度改革，有效启动房地产市场，积极培育新的经济增长点，经国务院批准，现对房地产市场有关税收政策问题通知如下：

一、关于营业税和契税的政策问题

为了切实减轻个人买卖普通住宅的税收负担，积极启动住房二级市场，对个人购买并居住超过一年的普通住宅，销售时免征营业税；个人购买并居住不足一年的普通住宅，销售时营业税按销售价减去购入原价后的差额计征；个人自建自用住房，销售时免征营业税；个人购买自用普通住宅，暂减半征收契税。

为了支持住房制度的改革，对企业、行政事业单位按房改成本价、标准价出售住房的收入，暂免征收营业税。

二、关于空置商品住房税收政策问题

为了加快住房资金周转，降低金融资产的风险，促进积压空置商品房的销售，对积压空置的商品住房销售时应缴纳的营业税、契税在 2000 年底前予以免税优惠。

空置商品住房限于 1998 年 6 月 30 日以前建成尚未售出的商品住房。

三、关于土地增值税征免政策问题

对居民个人拥有的普通住宅，在其转让时暂免征收土地增值税。

本通知自 1999 年 8 月 1 日起执行。部分地区在此之前越权自行制定的房地产市场税收政策，凡与本通知规定不符的一律改按本通知的规定执行。

【注释】 对《契税暂行条例》第 6 条进行了解释。

国家税务总局关于抵押贷款购买商品房征收契税的批复

国税函[1999]613 号

青岛市财政局：

你局《关于抵押贷款购买商品房征收契税的请示》（青财农税[1999]12 号）收悉。经研究，批复如下：

购房人以按揭、抵押贷款方式购买房屋，当其从银行取得抵押凭证时，购房人与原产权人之间的房屋产权转移已经完成，契税纳税义务已经发生，必须依法缴纳契税。

【注释】 对《契税暂行条例》第 2 条进行了解释。

国家税务总局关于以补偿征地款方式取得的房产征收契税的批复

国税函[1999]737 号

广东省财政厅：

你厅《关于以补偿征地款方式取得的房产是否征收契税的请示》（粤财农[1999]31 号）收悉。现批复如下：

你省汕头市龙眼街道办事处征用属下南墩管理区土地与华乾工业园有限公司合建商品房，并在商品房建成后，将其中一部分商品房产权以补偿征地款方式转移给南墩管理区的居民。这种房地产转移方式实质上是一种以征地款购买房产的行为，应依法缴纳契税。

【注释】 对《契税暂行条例》第 2 条进行了解释。

财政部　国家税务总局关于公有制单位职工首次购买住房免征契税的通知

财税[2000]130 号

各省、自治区、直辖市和计划单列市财政厅（局）、地方税务局：

为配合国家住房制度改革，减轻城镇职工购房负担，现就契税有关政策明确如下：

对各类公有制单位为解决职工住房而采取集资建房方式建成的普通住房或由单位购买的普通商品住房，经当地县以上人民政府房改部门批准，按照国家房改政策出售给本单位职工的，如属职工首次购买住房，均比照《中华人民共和国契税暂行条例》第六条第二款“城镇职工按规定第一次购买公有住房的，免征”的规定，免征契税。

本规定从发文之日起实施，此前已征税款不予退还。

【注释】 对《契税暂行条例》第 6 条进行了解释。

财政部　国家税务总局关于社会力量办学契税政策问题的通知

财税[2001]156 号

各省、自治区、直辖市、计划单列市财政厅（局）、地方税务局，新疆生产建设兵团财务局：

根据《中华人民共和国教育法》提出的“任何组织和个人不得以营利为目的举办学校及其他教育机构”

的精神，以及国务院发布的《社会力量办学条例》中关于“社会力量举办的教育机构依法享有与国家举办的教育机构平等的法律地位”的规定，对县级以上人民政府教育行政主管部门或劳动行政主管部门批准并核发《社会力量办学许可证》，由企业事业组织、社会团体及其他社会组织和公民个人利用非国家财政性教育经费面向社会举办的教育机构，其承受的土地、房屋权属用于教学的，比照《中华人民共和国契税暂行条例》第六条第(一)款的规定，免征契税。

本通知自2001年10月1日起实施。

【注释】 对《契税暂行条例》第6条进行了解释。

财政部　国家税务总局关于企业改革中有关契税政策的通知

财税[2001]161号

各省、自治区、直辖市、计划单列市财政厅(局)、地方税务局，新疆生产建设兵团财务局：

为了促进国民经济持续健康发展，推动企业改革的逐步深化，现就企业改革中有关转制重组的契税政策通知如下：

一、公司制改造

公司制改造，是指非公司制企业按照《公司法》要求改建为有限责任公司(含国有独资公司)或股份有限公司，或经批准由有限责任公司变更为股份有限公司。

在公司制改造中，对不改变投资主体和出资比例改建成的公司制企业承受原企业土地、房屋权属的，不征契税；对独家发起、募集设立的股份有限公司承受发起人土地、房屋权属的，免征契税；对国有、集体企业经批准改建成全体职工持股的有限责任公司或股份有限公司承受原企业土地、房屋权属的，免征契税；对其余涉及土地，房屋权属转移的，征收契税。

二、企业合并

企业合并是指两个或者两个以上的企业，依照法律规定、合同约定改建为一个企业的行为。合并有吸收合并和新设合并两种形式。一个企业存续，其他企业解散的，为吸收合并；设立一个新企业，原各方企业解散的，为新设合并。

企业合并中，新设方或者存续方承受被解散方土地、房屋权属，如合并前各方为相同投资主体的，则不征契税，其余征收契税。

三、企业分立

企业分立是指企业依照法律规定、合同约定分设为两个或两个以上投资主体相同的企业的行为。分立有存续分立和新设分立两种形式。原企业存续，而其一部分分出、派生设立为一个或数个新企业的，为存续分立；原企业解散，分立出的各方分别设立为新企业的，为新设分立。

企业分立中，对派生方、新设方承受原企业土地、房屋权属的，不征契税。

四、股权重组

股权重组是指企业股东持有的股份或出资发生变更的行为。股权重组主要包括股权转让和增资扩股两种形式。股权转让是指企业的股东将其持有的股份或出资部分或全部转让给他人；增资扩股是指公司向社会公众或特定单位、个人募集出资、发行股票。

在股权转让中，单位、个人承受企业股权，企业的土地、房屋权属不发生转移，不征契税；在增资扩股中，对以土地、房屋权属作价入股或作为出资投入企业的，征收契税。

五、企业破产

企业破产是指企业因经营管理不善造成严重亏损，不能清偿到期债务而依法宣告破产的法律行为。

企业破产清算期间，对债权人(包括破产企业职工)承受破产企业土地、房屋权属以抵偿债务的，免征契税；对非债权人承受破产企业土地、房屋权属的，征收契税。

本通知发布前，属免征事项的应纳税款不再追缴，已征税款不予退还。

【注释】 对《契税暂行条例》第6条进行了解释。

国家税务总局关于保险公司分业经营改革中不动产转移过户有关税收政策的通知

国税发[2002]69号

各省、自治区、直辖市和计划单列市地方税务局、财政厅(局):

为进一步落实《中华人民共和国保险法》有关综合性保险公司必须财、寿险业务分业经营的规定和国务院关于保险公司分业改革的指示精神,综合性保险公司及其子公司需将其所拥有的不动产划转到新设立的财产保险公司和人寿保险公司。由于上述这种不动产所有权转移过户过程中,并未发生有偿销售不动产行为,也不具备其他形式的交易性质,因此,对保险分业经营改革过程中,综合性保险公司及其子公司将其所拥有的不动产所有权划转过户到因分业而新设立的财产保险公司和人寿保险公司的行为,不征收营业税、契税。

【注释】 对《契税暂行条例》第2条进行了解释。

国家税务总局关于办理期房退房手续后应退还已征契税的批复

国税函[2002]622号

新疆维吾尔自治区财政厅:

你厅《关于对办理期房退房手续后是否可以退契税的请示》(新财农税[2002]10号)收悉。现批复如下:

按照现行契税政策规定,购房者应在签订房屋买卖合同后、办理房屋所有权变更登记之前缴纳契税。对交易双方已签订房屋买卖合同,但由于各种原因最终未能完成交易的,如购房者已按规定缴纳契税,在办理期房退房手续后,对其已纳契税款应予以退还。

【注释】 对《契税暂行条例》第1条进行了解释。

国家税务总局关于事业单位合并中有关契税问题批复

国税函[2003]1272号

深圳市财政局:

你局《关于事业单位改制征收契税问题的请示》(深财农[2003]32号)收悉。现批复如下:

经你市机构编制委员会批准,市人事局直属的原深圳市人才服务中心、深圳市人才大市场两个事业单位撤并为深圳市人才交流服务中心,且合并后新设立的深圳市人才交流服务中心仍为市人事局直属事业单位。

在上述事业单位撤并过程中,原深圳市人才服务中心和深圳市人才大市场的房地产权属需分别过户至深圳市人才交流服务中心名下,所发生的房地产权属转移属于政府主管部门对国有资产进行的行政性调整和划转。根据《财政部国家税务总局关于企业改制重组若干契税政策的通知》(财税[2003]184号)中的相关规定,对上述深圳市人才交流服务中心承受原深圳市人才服务中心、深圳市人才大市场的房地产权属,不征收契税。

【注释】 对《契税暂行条例》第6条进行了解释。

财政部　国家税务总局关于教育税收政策的通知

财税[2004]39号

各省、自治区、直辖市、计划单列市财政厅(局)、国家税务局、地方税务局,新疆生产建设兵团财务局:

为了进一步促进教育事业发展,经国务院批准,现将有关教育的税收政策通知如下:

……

三、关于耕地占用税、契税、农业税和农业特产税：

1. 对学校、幼儿园经批准征用的耕地，免征耕地占用税。享受免税的学校用地的具体范围是：全日制大、中、小学校（包括部门、企业办的学校）的教学用房、实验室、操场、图书馆、办公室及师生员工食堂宿舍用地。学校从事非农业生产经营占用的耕地，不予免税。职工夜校、学习班、培训中心、函授学校等不在免税之列。

2. 国家机关、事业单位、社会团体、军事单位承受土地房屋权属用于教学、科研的，免征契税。用于教学的，是指教室（教学楼）以及其他直接用于教学的土地、房屋。用于科研的，是指科学实验的场所以及其他直接用于科研的土地、房屋。对县级以上人民政府教育行政主管部门或劳动行政主管部门审批并颁发办学许可证，由企业事业组织、社会团体及其他社会和公民个人利用非国家财政性教育经费面向社会举办的学校及教育机构，其承受的土地、房屋权属用于教学的，免征契税。

3. 对农业院校进行科学实验的土地免征农业税。对农业院校进行科学实验所取得的农业特产品收入，在实验期间免征农业特产税。

……

六、本通知自 2004 年 1 月 1 日起执行，此前规定与本通知不符的，以本通知为准。

【注释】 对《契税暂行条例》第 6 条进行了解释。

财政部　国家税务总局关于房屋附属设施有关契税政策的批复

财税[2004]126 号

浙江省财政厅：

你厅《关于要求明确与房屋相关的附属设施契税政策的请示》（浙江省财农税字[2003]26 号）收悉。经研究，现批复如下：

一、对于承受与房屋相关的附属设施（包括停车位、汽车库、自行车库、顶层阁楼以及储藏室，下同）所有权或土地使用权的行为，按照契税法律、法规的规定征收契税；对于不涉及土地使用权和房屋所有权转移变动的，不征收契税。

二、采取分期付款方式购买房屋附属设施土地使用权、房屋所有权的，应按合同规定的总价款计征契税。

三、承受的房屋附属设施权属如为单独计价的，按照当地确定的适用税率征收契税；如与房屋统一计价的，适用与房屋相同的契税税率。

【注释】 对《契税暂行条例》第 4、6 条进行了解释。

耕地占用税契税减免管理办法

国税发[2004]99 号

第一条　为了严格执行耕地占用税、契税减免政策，简化减免管理程序，根据《中华人民共和国耕地占用税暂行条例》和《中华人民共和国契税暂行条例》，制定本办法。

第二条　凡依法应予减免的耕地占用税、契税的管理，适用本办法。

第三条　耕地占用税、契税的减免，实行申报管理制度。

申报耕地占用税减免的纳税人应在用地申请获得批准后的 30 日内，向与批准其占用耕地的土地管理机关同级的征收机关提出减免申报。

由国务院或国土资源部批准占用耕地的，由省级征收机关办理减免手续。

契税纳税人应在土地、房屋权属转移合同生效的 10 日内，向征收机关提出减免申报。计税金额在 10000 万元（含 10000 万元）以上的，由省级征收机关办理减免手续。

第四条　征收机关应指定专人受理、审核减免申报事项。

第五条　受理人应要求申报人如实填写减免申报表并提供相关资料，告知申报人若申报不实或虚假申报而应负的法律责任。

受理人一般应在受理当日内将减免申报表和相关资料移交审核人。申报人没有按照规定提供资料或提供的资料不够全面的，受理人应一次性告知申报人应补正的资料。

第六条 审核人应对申报人提供的资料进行审核。

对于符合减免规定的，审核人应于审核的当日办理减免手续。

对于显然不符合减免规定的，审核人应向申报人说明原因，并核定应纳税额，转入税款征收程序。

情况较为复杂需向上级征收机关请示的，审核人应向申报人说明情况，并在规定时限内办理手续。

第七条 耕地占用税、契税的减免管理，实行逐级备案制度。

占用耕地1000亩（含1000亩）以上的减免，征收机关应在办理减免手续完毕之日起30日内报国家税务总局备案。

契税的计税金额在10000万元（含10000万元）以上的减免，征收机关应在办理减免手续完毕之日起30日内报国家税务总局备案。

第八条 耕地占用税减免，应向国家税务总局备案用地批准文件和减免申报表。

契税减免，应向国家税务总局备案减免申报表。

第九条 占用耕地1000亩以下的耕地占用税的减免和计税金额在10000万元以下的契税减免，其备案办法由省级征收机关制定。

第十条 省级征收机关应根据备案情况定期组织检查。

第十一条 办理减免的征收机关应将办理情况，定期逐级通报基层征收机关。

基层征收机关应对减免情况进行核实，并将核实结果逐级上报至办理减免的征收机关。

第十二条 耕地占用税、契税减免申报应由征收机关受理，其他任何机关、单位和个人都无权受理。地方各级人民政府、各级人民政府主管部门、单位和个人违反法律、行政法规规定，擅自作出的减税、免税规定无效，征收机关不得执行，并向上级征收机关报告。

第十三条 征收机关或征管人员，违反规定擅自受理、审核减免申报的，依照有关规定处理。

第十四条 各省、自治区、直辖市和计划单列市征收机关可以根据本规定制定具体的减免申报管理办法，并向社会公示。

第十五条 本规定自2004年10月1日起施行。

【注释】 对《契税暂行条例》第7条进行了解释。对《契税暂行条例细则》第16、17条进行了解释。

财政部 国家税务总局关于国有土地使用权出让等有关契税问题的通知

财税[2004]134号

各省、自治区、直辖市、计划单列市财政厅（局）、地方税务局，新疆生产建设兵团财务局：

为了进一步明确与国有土地使用权出让相关的契税政策，推动公有住房上市的进程，现将有关契税政策通知如下：

一、出让国有土地使用权的，其契税计税价格为承受人为取得该土地使用权而支付的全部经济利益。

（一）以协议方式出让的，其契税计税价格为成交价格。成交价格包括土地出让金、土地补偿费、安置补助费、地上附着物和青苗补偿费、拆迁补偿费、市政建设配套费等承受者应支付的货币、实物、无形资产及其他经济利益。

没有成交价格或者成交价格明显偏低的，征收机关可依次按下列两种方式确定：

1. 评估价格：由政府批准设立的房地产评估机构根据相同地段、同类房地产进行综合评定，并经当地税务机关确认的价格。

2. 土地基准地价：由县以上人民政府公示的土地基准地价。

（二）以竞价方式出让的，其契税计税价格，一般应确定为竞价的成交价格，土地出让金、市政建设配套费以及各种补偿费用应包括在内。

二、先以划拨方式取得土地使用权，后经批准改为出让方式取得该土地使用权的，应依法缴纳契税，其计税依据为应补缴的土地出让金和其他出让费用。

三、已购公有住房经补缴土地出让金和其他出让费用成为完全产权住房的，免征土地权属转移的契税。

【注释】 对《契税暂行条例》第4、6条进行了解释。

国家税务总局关于继承土地、房屋权属有关契税问题的批复

国税函[2004]1036号

河南省财政厅：

你厅《关于继承土地房屋权属是否征收契税的请示》(豫财农税[2004]21号)收悉，现批复如下：

一、对于《中华人民共和国继承法》规定的法定继承人(包括配偶、子女、父母、兄弟姐妹、祖父母、外祖父母)继承土地、房屋权属，不征契税。

二、按照《中华人民共和国继承法》规定，非法定继承人根据遗嘱承受死者生前的土地、房屋权属，属于赠与行为，应征收契税。

【注释】 对《契税暂行条例》第6条进行了解释。

国家税务总局关于征收机关直接征收契税的通知

国税发[2004]137号

各省、自治区、直辖市和计划单列市财政厅(局)、地方税务局：

自1997年《中华人民共和国契税暂行条例》实施以来，各级征收机关在国土部门、房管部门的协作配合下，积极探索契税征收方式，不断加强征收管理，促进了契税收入的持续快速增长。契税已经成为地方税收的重要税种。7年来的征管实践证明，征收机关直接征收契税，是掌握税源情况、制定税收政策的基础，是强化税收管理、严格执行政策的抓手，也是保障契税收入持续快速增长的必要措施。征收机关直接征收契税比委托其他单位代征契税效率高。为此，国家税务总局决定，各级征收机关要在2004年12月31日前停止代征委托，直接征收契税。现将有关要求通知如下：

一、要建立健全直接征收的管理制度。各地征收机关应按照方便纳税人的原则，结合本地实际设置申报窗口，根据国家税务总局有关规定，制定、完善征管工作规程，建立、健全征收岗位责任制度。

二、要及时终止委托代征。现委托其他单位代征契税的征收机关，应根据本地实际确定停止代征的日期并通知代征单位，及时办理票款结报手续，收回委托代征证书。2005年1月1日之后，各级征收机关一律不得委托其他单位代征契税。

三、要规范减免管理程序。征收机关应按照总局制定的关于《耕地占用税契税减免管理办法》(国税发[2004]99号)，统筹考虑征收管理和减免管理问题，规范契税减免申报程序，做好契税减免管理工作。

四、要争取政府和相关部门的理解与支持。各级征收机关应积极向本地人民政府汇报情况，说明直接征收契税的财政意义，争取对直接征收契税的理解与支持。根据契税法规和相关政策协调与国土部门、房管部门的工作关系，确保"先税后证"，有效控制税源。

五、各省级征收机关收到本通知后，应对本地区契税征管情况进行一次全面的检查、摸底。对于委托其他单位代征契税的，要制定委托代征改为直接征收的工作计划，并督促落实。各省级征收契税应在2005年2月28日前，将本地委托代征改为直接征收的布置、实施情况上报国家税务总局。

【注释】 对《契税暂行条细则》第20条进行了解释。

财政部　国家税务总局关于城镇房屋拆迁有关税收政策的通知

财税[2005]45号

各省、自治区、直辖市、计划单列市财政厅(局)、地方税务局，新疆生产建设兵团财务局：

经国务院批准，现将城镇房屋拆迁有关税收政策通知如下：

一、对被拆迁人按照国家有关城镇房屋拆迁管理办法规定的标准取得的拆迁补偿款，免征个人所得税。

二、对拆迁居民因拆迁重新购置住房的，对购房成交价格中相当于拆迁补偿款的部分免征契税，成交价格超过拆迁补偿款的，对超过部分征收契税。

【注释】 对《契税暂行条例》第6条进行了解释。

国家税务总局关于免征土地出让金出让国有土地使用权征收契税的批复

国税函[2005]436 号

北京市地方税务局：

你局《关于对政府以零地价方式出让国有土地使用权征收契税问题的请示》(京地税地[2005]166 号)收悉，批复如下：

根据《中华人民共和国契税暂行条例》及其细则的有关规定，对承受国有土地使用权所应支付的土地出让金，要计征契税。不得因减免土地出让金，而减免契税。

【注释】 对《契税暂行条例》第 6 条进行了解释。

国家税务总局　财政部　建设部关于加强房地产税收管理的通知

国税发[2005]89 号

各省、自治区、直辖市财政厅(局)、地方税务局、建设厅(建委、房地局)，计划单列市财政局、地方税务局、建委(建设局、房地局)，扬州税务进修学院，新疆生产建设兵团建设局：

为贯彻落实《国务院办公厅转发建设部等部门关于做好稳定住房价格工作意见的通知》(国办发[2005]26 号)，进一步加强房地产税收征管，促进房地产市场的健康发展，现将有关事项及要求通知如下：

一、各级地方税务、财政部门和房地产管理部门，要认真贯彻执行房地产税收有关法律、法规和政策规定，建立和完善信息共享、情况通报制度，加强部门间的协作配合。各级地方税务、财政部门要切实加强房地产税收征管，并主动与当地的房地产管理部门取得联系；房地产管理部门要积极配合。

二、2005 年 5 月 31 日以前，各地要根据国办发[2005]26 号文件规定，公布本地区享受优惠政策的普通住房标准(以下简称普通住房)。其中，住房平均交易价格，是指报告期内同级别土地上住房交易的平均价格，经加权平均后形成的住房综合平均价格。由市、县房地产管理部门会同有关部门测算，报当地人民政府确定，每半年公布一次。各级别土地上住房平均交易价格的测算，依据房地产市场信息系统生成数据；没有建立房地产市场信息系统的，依据房地产交易登记管理系统生成数据。

对单位或个人将购买住房对外销售的，市、县房地产管理部门应在办理房屋权属登记的当月，向同级地方税务、财政部门提供权属登记房屋的坐落、产权人、房屋面积、成交价格等信息。

市、县规划管理部门要将已批准的容积率在 1.0 以下的住宅项目清单，一次性提供给同级地方税务、财政部门。新批住宅项目中容积率在 1.0 以下的，按月提供。

地方税务、财政部门要将当月房地产税收征管的有关信息向市、县房地产管理部门提供。

各级地方税务、财政部门从房地产管理部门获得的房地产交易登记资料，只能用于征税之目的，并有责任予以保密。违反规定的，要追究责任。

三、各级地方税务、财政部门要严格执行调整后的个人住房营业税税收政策。

(一) 2005 年 6 月 1 日后，个人将购买不足 2 年的住房对外销售的，应全额征收营业税。

(二) 2005 年 6 月 1 日后，个人将购买超过 2 年(含 2 年)的符合当地公布的普通住房标准的住房对外销售，应持该住房的坐落、容积率、房屋面积、成交价格等证明材料及地方税务部门要求的其他材料，向地方税务部门申请办理免征营业税手续。地方税务部门应根据当地公布的普通住房标准，利用房地产管理部门和规划管理部门提供的相关信息，对纳税人申请免税的有关材料进行审核，凡符合规定条件的，给予免征营业税。

(三) 2005 年 6 月 1 日后，个人将购买超过 2 年(含 2 年)的住房对外销售不能提供属于普通住房的证明材料或经审核不符合规定条件的，一律按非普通住房的有关营业税政策征收营业税。

(四) 个人购买住房以取得的房屋产权证或契税完税证明上注明的时间作为其购买房屋的时间。

(五) 个人对外销售住房，应持依法取得的房屋权属证书，并到地方税务部门申请开具发票。

(六) 对个人购买的非普通住房超过 2 年(含 2 年)对外销售的，在向地方税务部门申请按其售房收入减去购买房屋价款后的差额缴纳营业税时，需提供购买房屋时取得的税务部门监制的发票作为差额征税的扣除凭证。

(七)各级地方税务、财政部门要严格执行税收政策,对不符合规定条件的个人对外销售住房,不得减免营业税,确保调整后的营业税政策落实到位;对个人承受不享受优惠政策的住房,不得减免契税。对擅自变通政策、违反规定对不符合规定条件的个人住房给予税收优惠,影响调整后的税收政策落实的,要追究当事人的责任。对政策执行中出现的问题和有关情况,应及时上报国家税务总局。

四、各级地方税务、财政部门要充分利用房地产交易与权属登记信息,加强房地产税收管理。要建立、健全房地产税收税源登记档案和税源数据库,并根据变化情况及时更新税源登记档案和税源数据库的信息;要定期将从房地产管理部门取得的权属登记资料等信息,与房地产税收征管信息进行比对,查找漏征税款,建立催缴制度,及时查补税款。

各级地方税务、财政部门在房地产税收征管工作中,如发现纳税人未进行权属登记的,应及时将有关信息告知当地房地产管理部门,以便房地产管理部门加强房地产权属管理。

五、各级地方税务、财政部门和房地产管理部门要积极协商,创造条件,在房地产交易和权属登记等场所,设立房地产税收征收窗口,方便纳税人。

六、市、县房地产管理部门在办理房地产权属登记时,应严格按照《中华人民共和国契税暂行条例》、《中华人民共和国土地增值税暂行条例》的规定,要求出具完税(或减免)凭证;对于未出具完税(或减免)凭证的,房地产管理部门不得办理权属登记。

七、各级地方税务、财政部门应努力改进征缴税款的办法,减少现金收取,逐步实现税银联网、划卡缴税。由于种种原因,仍需收取现金税款的,应规范解缴程序,加强安全管理。

八、对于房地产管理部门配合税收管理增加的支出,地方财税部门应给予必要的经费支持。

九、各省级地方税务部门要积极参与本地区房地产市场分析监测工作,密切关注营业税税收政策调整后的政策执行效果,及时做出营业税政策调整对本地区的房地产市场产生影响的评估报告,并将分析评估报告按季上报国家税务总局。

十、各地地方税务、财政部门和房地产管理部门,可结合本地情况,共同协商研究制定贯彻落实本通知的具体办法。

【注释】　对《契税暂行条例》第6条进行了解释。

国家税务总局关于房地产税收政策执行中几个具体问题的通知

国税发[2005]172号

各省、自治区、直辖市和计划单列市财政厅(局)、地方税务局,扬州税务进修学院,局内各单位:

根据《国家税务总局 财政部 建设部关于加强房地产税收管理的通知》(国税发[2005]89号)(以下简称《通知》)的精神,经商财政部、建设部,现就各地在贯彻落实《通知》中的几个具体政策问题明确如下:

一、《通知》第三条第二款中规定的"成交价格"是指住房持有人对外销售房屋的成交价格。

二、《通知》第三条第四款中规定的"契税完税证明上注明的时间"是指契税完税证明上注明的填发日期。

三、纳税人申报时,同时出具房屋产权证和契税完税证明且二者所注明的时间不一致的,按照"孰先"的原则确定购买房屋的时间。即房屋产权证上注明的时间早于契税完税证明上注明的时间的,以房屋产权证注明的时间为购买房屋的时间;契税完税证明上注明的时间早于房屋产权证上注明的时间的,以契税完税证明上注明的时间为购买房屋的时间。

四、个人将通过受赠、继承、离婚财产分割等非购买形式取得的住房对外销售的行为,也适用《通知》的有关规定。其购房时间按发生受赠、继承、离婚财产分割行为前的购房时间确定,其购房价格按发生受赠、继承、离婚财产分割行为前的购房原价确定。个人需持其通过受赠、继承、离婚财产分割等非购买形式取得住房的合法、有效法律证明文书,到地方税务部门办理相关手续。

五、根据国家房改政策购买的公有住房,以购房合同的生效时间、房款收据的开具日期或房屋产权证上注明的时间,按照"孰先"的原则确定购买房屋的时间。

六、享受税收优惠政策普通住房的面积标准是指地方政府按国办发[2005]26号文件规定确定并公布的普通住房建筑面积标准。对于以套内面积进行计量的,应换算成建筑面积,判断该房屋是否符合普通住房标准。

财政部　国家税务总局关于延长企业改制重组若干契税政策执行期限的通知

财税[2006]41号

各省、自治区、直辖市、计划单列市财政厅(局)、地方税务局,新疆生产建设兵团财务局:

《财政部　国家税务总局关于企业改制重组若干契税政策的通知》(财税[2003]184号)执行时间已于2005年底到期。为继续支持企业改革,加快建立现代企业制度,企业改制重组涉及的契税政策,继续按照财税[2003]184号文件的有关规定执行,执行期限为2006年1月1日至2008年12月31日。

【注释】 对《契税暂行条例》第6条进行了解释。

国家税务总局关于企业改制重组契税政策有关问题解释的通知

国税函[2006]844号

各省、自治区、直辖市和计划单列市财政厅(局)、地方税务局:

《财政部、国家税务总局关于延长企业改制重组若干契税政策执行期限的通知》(财税[2006]41号)中规定,将《财政部、国家税务总局关于企业改制重组若干契税政策的通知》(财税[2003]184号,以下称184号文件)执行期限延至2008年12月31日。根据各地执行中反映的情况,现就有关问题明确如下:

一、184号文件第一条第一款中规定的"整体改建",是指改建后的企业承继原企业全部权利和义务的改制行为。

二、184号文件第二、三、四条中所谓"企业",是指法人企业。

三、184号文件第二条第一款中规定的"股权转让",包括单位、个人承受企业股权,同时变更该企业法人代表、投资人、经营范围等法人要素的情况。在执行中,可以根据工商管理部门进行的企业登记认定。即:企业办理变更登记的,适用于该款规定;企业办理新设登记的,不适用于该款规定。对新设企业承受原企业的土地、房屋权属应征收契税。

四、184号文件第四条规定的"企业分立",仅指新设企业、派生企业与被分立企业投资主体完全相同的行为。

五、184号文件第七条中规定的"同一投资主体内部所属企业之间",是指母公司与其全资子公司之间、母公司所属的各个全资子公司之间的关系,以及同一自然人设立的个人独资企业之间、同一自然人设立的个人独资企业与一人有限责任公司之间的关系。

六、以出让方式承受原改制企业划拨用地的,不属于184号文件规定的范围,对承受人应征收契税。

本通知自下发之日起执行。

【注释】 对《财政部、国家税务总局关于延长企业改制重组若干契税政策执行期限的通知》(财税[2006]41号)和《财政部、国家税务总局关于企业改制重组若干契税政策的通知》(财税[2003]184号)进行了解释。

财政部　国家税务总局关于国有控股公司投资组建新公司有关契税政策的通知

财税[2006]142号

各省、自治区、直辖市、计划单列市财政厅(局)、地方税务局,新疆生产建设兵团财务局:

为进一步支持国有企业改制重组,现将国有控股公司投资组建新公司有关契税政策通知如下:

对国有控股公司以部分资产投资组建新公司,且该国有控股公司占新公司股份85%以上的,对新公司承受该国有控股公司土地、房屋权属免征契税。上述所称国有控股公司,是指国家出资额占有限责任公司资本总额50%以上,或国有股份占股份有限公司股本总额50%以上的国有控股公司。

以出让方式承受原国有控股公司土地使用权的,不属于本通知规定的范围。

本通知自下发之日起至2008年12月31日止执行。本通知下发前发生的符合本通知免征契税规定的房地产权属转移行为,尚未征收契税的,不再追溯,已做征税处理的,已征税款不予退还。

【注释】 对《契税暂行条例》第6条进行了解释。

国家税务总局关于承受装修房屋契税计税价格问题的批复

国税函[2007]606 号

江苏省财政厅：

你厅《关于对房屋买卖契税计税价格构成问题的请示》(苏财基层[2007]4 号)收悉，批复如下：

房屋买卖的契税计税价格为房屋买卖合同的总价款，买卖装修的房屋，装修费用应包括在内。

【注释】 对《契税暂行条例》第 4 条进行了解释。

国家税务总局关于未办理土地使用权证转让土地有关税收问题的批复

国税函[2007]645 号

四川省地方税务局：

你局《关于未办理土地使用权证而转让土地有关税收问题的请示》(川地税发[2007]7 号)收悉，批复如下：

土地使用者转让、抵押或置换土地，无论其是否取得了该土地的使用权属证书，无论其在转让、抵押或置换土地过程中是否与对方当事人办理了土地使用权属证书变更登记手续，只要土地使用者享有占有、使用、收益或处分该土地的权利，且有合同等证据表明其实质转让、抵押或置换了土地并取得了相应的经济利益，土地使用者及其对方当事人应当依照税法规定缴纳营业税、土地增值税和契税等相关税收。

【注释】 对《契税暂行条例细则》第 7 条进行了解释。

财政部　国家税务总局关于土地使用权转让契税计税依据的批复

财税[2007]162 号

北京市地方税务局：

你局《关于国有土地使用权转让契税计税依据确定问题的请示》(京地税地[2007]356 号)收悉。现批复如下：

根据国家土地管理相关法律法规和《中华人民共和国契税暂行条例》及其实施细则的规定，土地使用者将土地使用权及所附建筑物、构筑物等(包括在建的房屋、其他建筑物、构筑物和其他附着物)转让给他人的，应按照转让的总价款计征契税。

【注释】 对《契税暂行条例》第 4 条进行了解释。

国家税务总局关于无效产权转移征收契税的批复

国税函[2008]438 号

黑龙江省财政厅：

你厅《关于法院判决撤销房屋所有权证是否应予退还契税问题的请示》(黑财农村[2008]4 号)收悉。批复如下：

按照现行契税政策规定，对经法院判决的无效产权转移行为不征收契税。法院判决撤销房屋所有权证后，已纳契税款应予退还。

财政部　国家税务总局关于企业改制过程中以国家作价出资(入股)方式转移国有土地使用权有关契税问题的通知

财税[2008]129 号

各省、自治区、直辖市、计划单列市财政厅(局)、地方税务局，新疆生产建设兵团财务局：

经研究，现对以国家作价出资(入股)方式转移国有土地使用权的契税政策明确如下：

一、根据《中华人民共和国契税暂行条例》第二条第一款规定，国有土地使用权出让属于契税的征收范围。根据《中华人民共和国契税暂行条例细则》第八条第一款规定，以土地、房屋权属作价投资、入股方式转移土地、房屋权属的，视同土地使用权转让征税。因此，对以国家作价出资（入股）方式转移国有土地使用权的行为，应视同土地使用权转让，由土地使用权的承受方按规定缴纳契税。

二、以国家作价出资（入股）方式转移国有土地使用权的行为不适用《财政部国家税务总局关于企业改制重组若干契税政策的通知》（财税[2003]184号）。

国家税务总局关于全资子公司承受母公司资产有关契税政策的通知

国税函[2008]514号

各省、自治区、直辖市和计划单列市财政厅（局）、地方税务局：

根据《财政部　国家税务总局关于企业改制重组若干契税政策的通知》（财税[2003]184号）和《国家税务总局关于企业改制重组契税政策有关问题解释的通知》（国税函[2006]844号）的有关规定，公司制企业在重组过程中，以名下土地、房屋权属对其全资子公司进行增资，属同一投资主体内部资产划转，对全资子公司承受母公司土地、房屋权属的行为，不征收契税。

国家税务总局关于改变国有土地使用权出让方式征收契税的批复

国税函[2008]662号

四川省地方税务局：

你局《关于国有土地使用权改变用途缴纳的土地收益金征收契税问题的请示》（川地税发[2008]39号）收悉。现批复如下：

根据现行契税政策规定，对纳税人因改变土地用途而签订土地使用权出让合同变更协议或者重新签订土地使用权出让合同的，应征收契税。计税依据为因改变土地用途应补缴的土地收益金及应补缴政府的其他费用。

关于调整房地产交易环节税收政策的通知

财税[2008]137号

各省、自治区、直辖市、计划单列市财政厅（局）、地方税务局，新疆生产建设兵团财务局：

为适当减轻个人住房交易的税收负担，支持居民首次购买普通住房，经国务院批准，现就房地产交易环节有关税收政策问题通知如下：

一、对个人首次购买90平方米及以下普通住房的，契税税率暂统一下调到1%。首次购房证明由住房所在地县（区）住房建设主管部门出具。

二、对个人销售或购买住房暂免征收印花税。

三、对个人销售住房暂免征收土地增值税。

本通知自2008年11月1日起实施。

财政部　国家税务总局关于自然人与其个人独资企业或一人有限责任公司之间土地房屋权属划转有关契税问题的通知

财税[2008]142号

各省、自治区、直辖市、计划单列市财政厅（局）、地方税务局，新疆生产建设兵团财务局：

经研究，现将自然人与其个人独资企业、一人有限责任公司之间土地、房屋权属无偿划转的契税问题明确如下：

根据《财政部国家税务总局关于企业改制重组若干契税政策的通知》（财税[2003]184号）第七条规定，

“企业改制重组过程中，同一投资主体内部所属企业之间土地、房屋权属的无偿划转，不征收契税”。自然人与其个人独资企业、一人有限责任公司之间土地、房屋权属的无偿划转属于同一投资主体内部土地、房屋权属的无偿划转，可比照上述规定不征收契税。

财政部　国家税务总局关于企业改制重组若干契税政策的通知

财税[2008]175号

为了支持企业改革，加快建立现代企业制度，促进国民经济持续、健康发展，现就企业改制重组中涉及的若干契税政策通知如下：

一、企业公司制改造

非公司制企业，按照《中华人民共和国公司法》的规定，整体改建为有限责任公司（含国有独资公司）或股份有限公司，或者有限责任公司整体改建为股份有限公司的，对改建后的公司承受原企业土地、房屋权属，免征契税。上述所称整体改建是指不改变原企业的投资主体，并承继原企业权利、义务的行为。

非公司制国有独资企业或国有独资有限责任公司，以其部分资产与他人组建新公司，且该国有独资企业（公司）在新设公司中所占股份超过50%的，对新设公司承受该国有独资企业（公司）的土地、房屋权属，免征契税。

国有控股公司以部分资产投资组建新公司，且该国有控股公司占新公司股份85%以上的，对新公司承受该国有控股公司土地、房屋权属免征契税。上述所称国有控股公司，是指国家出资额占有限责任公司资本总额50%以上，或国有股份占股份有限公司股本总额50%以上的国有控股公司。

二、企业股权转让

在股权转让中，单位、个人承受企业股权，企业土地、房屋权属不发生转移，不征收契税。

三、企业合并

两个或两个以上的企业，依据法律规定、合同约定，合并改建为一个企业，且原投资主体存续的，对其合并后的企业承受原合并各方的土地、房屋权属，免征契税。

四、企业分立

企业依照法律规定、合同约定分设为两个或两个以上投资主体相同的企业，对派生方、新设方承受原企业土地、房屋权属，不征收契税。

五、企业出售

国有、集体企业出售，被出售企业法人予以注销，并且买受人按照《劳动法》等国家有关法律法规政策妥善安置原企业全部职工，其中与原企业30%以上职工签订服务年限不少于三年的劳动用工合同的，对其承受所购企业的土地、房屋权属，减半征收契税；与原企业全部职工签订服务年限不少于三年的劳动用工合同的，免征契税。

六、企业注销、破产

企业依照有关法律、法规的规定实施注销、破产后，债权人（包括注销、破产企业职工）承受注销、破产企业土地、房屋权属以抵偿债务的，免征契税；对非债权人承受注销、破产企业土地、房屋权属，凡按照《劳动法》等国家有关法律法规政策妥善安置原企业全部职工，其中与原企业30%以上职工签订服务年限不少于三年的劳动用工合同的，对其承受所购企业的土地、房屋权属，减半征收契税；与原企业全部职工签订服务年限不少于三年的劳动用工合同的，免征契税。

七、其他

经国务院批准实施债权转股权的企业，对债权转股权后新设立的公司承受原企业的土地、房屋权属，免征契税。

政府主管部门对国有资产进行行政性调整和划转过程中发生的土地、房屋权属转移，不征收契税。

企业改制重组过程中，同一投资主体内部所属企业之间土地、房屋权属的无偿划转，包括母公司与其全资子公司之间，同一公司所属全资子公司之间，同一自然人与其设立的个人独资企业、一人有限公司之间土地、房屋权属的无偿划转，不征收契税。

本通知执行期限为2009年1月1日至2011年12月31日。

第五编

税收征管法

第十八部分　中华人民共和国税收征管法

中华人民共和国税收征收管理法

主席令[2001]49号

（中华人民共和国第九届全国人民代表大会常务委员会第二十一次会议2001年4月28日修订）

目　录

第一章　总　则

第一条　为了加强税收征收管理，规范税收征收和缴纳行为，保障国家税收收入，保护纳税人的合法权益，促进经济和社会发展，制定本法。

第二条　凡依法由税务机关征收的各种税收的征收管理，均适用本法。

第三条　税收的开征、停征以及减税、免税、退税、补税，依照法律的规定执行；法律授权国务院规定的，依照国务院制定的行政法规的规定执行。

任何机关、单位和个人不得违反法律、行政法规的规定，擅自作出税收开征、停征以及减税、免税、退税、补税和其他同税收法律、行政法规相抵触的决定。

第四条　法律、行政法规规定负有纳税义务的单位和个人为纳税人。

法律、行政法规规定负有代扣代缴、代收代缴税款义务的单位和个人为扣缴义务人。

纳税人、扣缴义务人必须依照法律、行政法规的规定缴纳税款、代扣代缴、代收代缴税款。

第五条　国务院税务主管部门主管全国税收征收管理工作。各地国家税务局和地方税务局应当按照国务院规定的税收征收管理范围分别进行征收管理。

地方各级人民政府应当依法加强对本行政区域内税收征收管理工作的领导或者协调，支持税务机关依法执行职务，依照法定税率计算税额，依法征收税款。

各有关部门和单位应当支持、协助税务机关依法执行职务。

税务机关依法执行职务，任何单位和个人不得阻挠。

【注释】　相关规定包括：《国家税务总局关于印发〈纳税评估管理办法（试行）〉的通知》（国税发[2005]43号）、《国家税务总局关于人民法院强制执行被执行人财产有关税收问题的复函》（国税函[2005]869号）。

第六条　国家有计划地用现代信息技术装备各级税务机关，加强税收征收管理信息系统的现代化建设，建立、健全税务机关与政府其他管理机关的信息共享制度。

纳税人、扣缴义务人和其他有关单位应当按照国家有关规定如实向税务机关提供与纳税和代扣代缴、代收代缴税款有关的信息。

第七条　税务机关应当广泛宣传税收法律、行政法规，普及纳税知识，无偿地为纳税人提供纳税咨询服务。

【注释】　相关规定包括：《国家税务总局关于印发〈纳税服务工作规范（试行）〉的通知》（国税发[2005]165号）。

第八条　纳税人、扣缴义务人有权向税务机关了解国家税收法律、行政法规的规定以及与纳税程序有关的情况。

纳税人、扣缴义务人有权要求税务机关为纳税人、扣缴义务人的情况保密。税务机关应当依法为纳税人、扣缴义务人的情况保密。

纳税人依法享有申请减税、免税、退税的权利。

纳税人、扣缴义务人对税务机关所作出的决定，享有陈述权、申辩权；依法享有申请行政复议、提起行政诉讼、请求国家赔偿等权利。

纳税人、扣缴义务人有权控告和检举税务机关、税务人员的违法违纪行为。

【注释】 相关规定包括：《税务行政复议规则（暂行）》（国家税务总局令[2004]8号）。

第九条 税务机关应当加强队伍建设，提高税务人员的政治业务素质。

税务机关、税务人员必须秉公执法、忠于职守、清正廉洁、礼貌待人、文明服务，尊重和保护纳税人、扣缴义务人的权利，依法接受监督。

税务人员不得索贿受贿、徇私舞弊、玩忽职守、不征或者少征应征税款；不得滥用职权多征税款或者故意刁难纳税人和扣缴义务人。

【注释】 相关规定包括：《国家税务总局关于加强纳税服务工作的通知》（国税发[2003]38）、《国家税务总局关于印发〈税收管理员制度（试行）〉的通知》（国税发[2005]40号）、《国家税务总局关于印发〈纳税服务工作规范（试行）〉的通知》（国税发[2005]165号）。

第十条 各级税务机关应当建立、健全内部制约和监督管理制度。

上级税务机关应当对下级税务机关的执法活动依法进行监督。

各级税务机关应当对其工作人员执行法律、行政法规和廉洁自律准则的情况进行监督检查。

第十一条 税务机关负责征收、管理、稽查、行政复议的人员的职责应当明确，并相互分离、相互制约。

【注释】 相关规定包括：《税务行政复议规则（暂行）》（国家税务总局令[2004]8号）。

第十二条 税务人员征收税款和查处税收违法案件，与纳税人、扣缴义务人或者税收违法案件有利害关系的，应当回避。

第十三条 任何单位和个人都有权检举违反税收法律、行政法规的行为。收到检举的机关和负责查处的机关应当为检举人保密。税务机关应当按照规定给予奖励。

【注释】 相关规定包括：《国家税务总局关于印发〈税务违法案件举报奖励办法〉的通知》（国税发[1998]211号）。

第十四条 本法所称税务机关是指各级税务局、税务分局、税务所和按照国务院规定设立的并向社会公告的税务机构。

【注释】 相关规定包括：《国家税务总局关于稽查局有关执法权限的批复》（国税函[2003]561号）、《国家税务总局关于印发〈国家税务总局关于进一步规范国家税务局系统机构设置的意见〉的通知》（国税发[2003]128号）。

第二章 税务管理

第一节 税务登记

第十五条 企业，企业在外地设立的分支机构和从事生产、经营的场所，个体工商户和从事生产、经营的事业单位（以下统称从事生产、经营的纳税人）自领取营业执照之日起三十日内，持有关证件，向税务机关申报办理税务登记。税务机关应当自收到申报之日起三十日内审核并发给税务登记证件。

工商行政管理机关应当将办理登记注册、核发营业执照的情况，定期向税务机关通报。

本条第一款规定以外的纳税人办理税务登记和扣缴义务人办理扣缴税款登记的范围和办法，由国务院规定。

【注释】 相关规定包括：《税务登记管理办法》（国家税务总局令[2003]7号）、《国家税务总局关于国家税务局与地方税务局联合办理税务登记有关问题的通知》（国税发[2004]57号）、《国家税务总局关于印发〈纳税人财务会计报表报送管理办法〉的通知》（国税发[2005]20号）、《国家税务总局关于明确从事代理海关报关业务的中介机构办理税务登记有关问题的通知》（国税函[2005]353号）。

第十六条 从事生产、经营的纳税人，税务登记内容发生变化的，自工商行政管理机关办理变更登记之日起三十日内或者在向工商行政管理机关申请办理注销登记之前，持有关证件向税务机关申报办理变更或者注销税务登记。

【注释】 相关规定包括:《税务登记管理办法》(国家税务总局令[2003]7号)、《国家税务总局关于完善税务登记管理若干问题的通知》(国税发[2006]37号)。

第十七条 从事生产、经营的纳税人应当按照国家有关规定,持税务登记证件,在银行或者其他金融机构开立基本存款账户和其他存款账户,并将其全部账号向税务机关报告。

银行和其他金融机构应当在从事生产、经营的纳税人的账户中登录税务登记证件号码,并在税务登记证件中登录从事生产、经营的纳税人的账户账号。

税务机关依法查询从事生产、经营的纳税人开立账户的情况时,有关银行和其他金融机构应当予以协助。

【注释】 相关规定包括:《税务登记管理办法》(国家税务总局令[2003]7号)。

第十八条 纳税人按照国务院税务主管部门的规定使用税务登记证件。税务登记证件不得转借、涂改、损毁、买卖或者伪造。

【注释】 相关规定包括:《税务登记管理办法》(国家税务总局令[2003]7号)。

第二节　账簿、凭证管理

第十九条 纳税人、扣缴义务人按照有关法律、行政法规和国务院财政、税务主管部门的规定设置账簿,根据合法、有效凭证记账,进行核算。

第二十条 从事生产、经营的纳税人的财务、会计制度或者财务、会计处理办法和会计核算软件,应当报送税务机关备案。

纳税人、扣缴义务人的财务、会计制度或者财务、会计处理办法与国务院或者国务院财政、税务主管部门有关税收的规定抵触的,依照国务院或者国务院财政、税务主管部门有关税收的规定计算应纳税款、代扣代缴和代收代缴税款。

第二十一条 税务机关是发票的主管机关,负责发票印制、领购、开具、取得、保管、缴销的管理和监督。

单位、个人在购销商品、提供或者接受经营服务以及从事其他经营活动中,应当按照规定开具、使用、取得发票。

发票的管理办法由国务院规定。

【注释】 相关规定包括:《中华人民共和国发票管理办法》(国函[1993]174号)、《国家税务总局 铁道部关于规范铁路客运餐车发票使用管理的通知》(国税发[2005]198号)。

第二十二条 增值税专用发票由国务院税务主管部门指定的企业印制;其他发票,按照国务院税务主管部门的规定,分别由省、自治区、直辖市国家税务局、地方税务局指定企业印制。

未经前款规定的税务机关指定,不得印制发票。

【注释】 相关规定包括:《国家税务总局关于明确普通发票分类代码中年份代码含义的通知》(国税函[2005]218号)。

第二十三条 国家根据税收征收管理的需要,积极推广使用税控装置。纳税人应当按照规定安装、使用税控装置,不得损毁或者擅自改动税控装置。

第二十四条 从事生产、经营的纳税人、扣缴义务人必须按照国务院财政、税务主管部门规定的保管期限保管账簿、记账凭证、完税凭证及其他有关资料。

账簿、记账凭证、完税凭证及其他有关资料不得伪造、变造或者擅自损毁。

第三节　纳 税 申 报

第二十五条 纳税人必须依照法律、行政法规规定或者税务机关依照法律、行政法规的规定确定的申报期限、申报内容如实办理纳税申报,报送纳税申报表、财务会计报表以及税务机关根据实际需要要求纳税人报送的其他纳税资料。

扣缴义务人必须依照法律、行政法规规定或者税务机关依照法律、行政法规的规定确定的申报期限、申报内容如实报送代扣代缴、代收代缴税款报告表以及税务机关根据实际需要要求扣缴义务人报送的其他有关资料。

【注释】 相关规定包括:《国家税务总局关于印发〈纳税人财务会计报表报送管理办法〉的通知》(国税发[2005]20号)。

第二十六条 纳税人、扣缴义务人可以直接到税务机关办理纳税申报或者报送代扣代缴、代收代缴税款报告表,也可以按照规定采取邮寄、数据电文或者其他方式办理上述申报、报送事项。

【注释】 相关规定包括:《国家税务总局 邮电部关于印发〈邮寄纳税申报办法〉的通知》(国税发[1997]147号)。

第二十七条 纳税人、扣缴义务人不能按期办理纳税申报或者报送代扣代缴、代收代缴税款报告表的,经税务机关核准,可以延期申报。

经核准延期办理前款规定的申报、报送事项的,应当在纳税期内按照上期实际缴纳的税额或者税务机关核定的税额预缴税款,并在核准的延期内办理税款结算。

【注释】 相关规定包括:《欠税公告办法(试行)》国家税务总局令[2004]9号)、《国家税务总局关于延期申报预缴税款滞纳金问题的批复》(国税函[2007]753号)。

第三章 税款征收

第二十八条 税务机关依照法律、行政法规的规定征收税款,不得违反法律、行政法规的规定开征、停征、多征、少征、提前征收、延缓征收或者摊派税款。

农业税应纳税额按照法律、行政法规的规定核定。

第二十九条 除税务机关、税务人员以及经税务机关依照法律、行政法规委托的单位和人员外,任何单位和个人不得进行税款征收活动。

第三十条 扣缴义务人依照法律、行政法规的规定履行代扣、代收税款的义务。对法律、行政法规没有规定负有代扣、代收税款义务的单位和个人,税务机关不得要求其履行代扣、代收税款义务。

扣缴义务人依法履行代扣、代收税款义务时,纳税人不得拒绝。纳税人拒绝的,扣缴义务人应当及时报告税务机关处理。

税务机关按照规定付给扣缴义务人代扣、代收手续费。

第三十一条 纳税人、扣缴义务人按照法律、行政法规规定或者税务机关依照法律、行政法规的规定确定的期限,缴纳或者解缴税款。

纳税人因有特殊困难,不能按期缴纳税款的,经省、自治区、直辖市国家税务局、地方税务局批准,可以延期缴纳税款,但是最长不得超过三个月。

第三十二条 纳税人未按照规定期限缴纳税款的,扣缴义务人未按照规定期限解缴税款的,税务机关除责令限期缴纳外,从滞纳税款之日起,按日加收滞纳税款万分之五的滞纳金。

【注释】 相关规定包括:《国家税务总局关于贯彻实施〈中华人民共和国税收征收管理法〉有关问题的通知》(国税发[2001]54号)、《国家税务总局关于延期申报预缴税款滞纳金问题的批复》(国税函[2007]753号)、《国家税务总局关于纳税人善意取得虚开增值税专用发票已抵扣税款加收滞纳金问题的批复》(国税函[2007]1240号)。

第三十三条 纳税人可以依照法律、行政法规的规定书面申请减税、免税。

减税、免税的申请须经法律、行政法规规定的减税、免税审查批准机关审批。地方各级人民政府、各级人民政府主管部门、单位和个人违反法律、行政法规规定,擅自作出的减税、免税决定无效,税务机关不得执行,并向上级税务机关报告。

第三十四条 税务机关征收税款时,必须给纳税人开具完税凭证。扣缴义务人代扣、代收税款时,纳税人要求扣缴义务人开具代扣、代收税款凭证的,扣缴义务人应当开具。

第三十五条 纳税人有下列情形之一的,税务机关有权核定其应纳税额:

(一) 依照法律、行政法规的规定可以不设置账簿的;

(二) 依照法律、行政法规的规定应当设置但未设置账簿的;

(三) 擅自销毁账簿或者拒不提供纳税资料的;

(四) 虽设置账簿,但账目混乱或者成本资料、收入凭证、费用凭证残缺不全,难以查账的;

(五) 发生纳税义务,未按照规定的期限办理纳税申报,经税务机关责令限期申报,逾期仍不申报的;

(六) 纳税人申报的计税依据明显偏低,又无正当理由的。

税务机关核定应纳税额的具体程序和方法由国务院税务主管部门规定。

【注释】 相关规定包括:《国家税务总局关于贯彻〈中华人民共和国税收征收管理法〉及其实施细则若干具体问题的通知》(国税发[2003]47号)、《欠税公告办法(试行)》(国家税务总局令[2004]9号)、《国家税务总局关于印发〈集贸市场税收分类管理办法〉的通知》(国税发[2004]154号)。

第三十六条　企业或者外国企业在中国境内设立的从事生产、经营的机构、场所与其关联企业之间的业务往来，应当按照独立企业之间的业务往来收取或者支付价款、费用；不按照独立企业之间的业务往来收取或者支付价款、费用，而减少其应纳税的收入或者所得额的，税务机关有权进行合理调整。

第三十七条　对未按照规定办理税务登记的从事生产、经营的纳税人以及临时从事经营的纳税人，由税务机关核定其应纳税额，责令缴纳；不缴纳的，税务机关可以扣押其价值相当于应纳税款的商品、货物。扣押后缴纳应纳税款的，税务机关必须立即解除扣押，并归还所扣押的商品、货物；扣押后仍不缴纳应纳税款的，经县以上税务局（分局）局长批准，依法拍卖或者变卖所扣押的商品、货物，以拍卖或者变卖所得抵缴税款。

第三十八条　税务机关有根据认为从事生产、经营的纳税人有逃避纳税义务行为的，可以在规定的纳税期之前，责令限期缴纳应纳税款；在限期内发现纳税人有明显的转移、隐匿其应纳税的商品、货物以及其他财产或者应纳税的收入的迹象的，税务机关可以责成纳税人提供纳税担保。如果纳税人不能提供纳税担保，经县以上税务局（分局）局长批准，税务机关可以采取下列税收保全措施：

（一）书面通知纳税人开户银行或者其他金融机构冻结纳税人的金额相当于应纳税款的存款；

（二）扣押、查封纳税人的价值相当于应纳税款的商品、货物或者其他财产。

纳税人在前款规定的限期内缴纳税款的，税务机关必须立即解除税收保全措施；限期期满仍未缴纳税款的，经县以上税务局（分局）局长批准，税务机关可以书面通知纳税人开户银行或者其他金融机构从其冻结的存款中扣缴税款，或者依法拍卖或者变卖所扣押、查封的商品、货物或者其他财产，以拍卖或者变卖所得抵缴税款。

个人及其所扶养家属维持生活必需的住房和用品，不在税收保全措施的范围之内。

第三十九条　纳税人在限期内已缴纳税款，税务机关未立即解除税收保全措施，使纳税人的合法利益遭受损失的，税务机关应当承担赔偿责任。

第四十条　从事生产、经营的纳税人、扣缴义务人未按照规定的期限缴纳或者解缴税款，纳税担保人未按照规定的期限缴纳所担保的税款，由税务机关责令限期缴纳，逾期仍未缴纳的，经县以上税务局（分局）局长批准，税务机关可以采取下列强制执行措施：

（一）书面通知其开户银行或者其他金融机构从其存款中扣缴税款；

（二）扣押、查封、依法拍卖或者变卖其价值相当于应纳税款的商品、货物或者其他财产，以拍卖或者变卖所得抵缴税款。

税务机关采取强制执行措施时，对前款所列纳税人、扣缴义务人、纳税担保人未缴纳的滞纳金同时强制执行。

个人及其所扶养家属维持生活必需的住房和用品，不在强制执行措施的范围之内。

【注释】　相关规定包括：《国家税务总局关于贯彻〈中华人民共和国税收征收管理法〉及其实施细则若干具体问题的通知》（国税发[2003]47号）。

第四十一条　本法第三十七条、第三十八条、第四十条规定的采取税收保全措施、强制执行措施的权力，不得由法定的税务机关以外的单位和个人行使。

第四十二条　税务机关采取税收保全措施和强制执行措施必须依照法定权限和法定程序，不得查封、扣押纳税人个人及其所扶养家属维持生活必需的住房和用品。

第四十三条　税务机关滥用职权违法采取税收保全措施、强制执行措施，或者采取税收保全措施、强制执行措施不当，使纳税人、扣缴义务人或者纳税担保人的合法权益遭受损失的，应当依法承担赔偿责任。

第四十四条　欠缴税款的纳税人或者他的法定代表人需要出境的，应当在出境前向税务机关结清应纳税款、滞纳金或者提供担保。未结清税款、滞纳金，又不提供担保的，税务机关可以通知出境管理机关阻止其出境。

第四十五条　税务机关征收税款，税收优先于无担保债权，法律另有规定的除外；纳税人欠缴的税款发生在纳税人以其财产设定抵押、质押或者纳税人的财产被留置之前的，税收应当先于抵押权、质权、留置权执行。

纳税人欠缴税款，同时又被行政机关决定处以罚款、没收违法所得的，税收优先于罚款、没收违法所得。

税务机关应当对纳税人欠缴税款的情况定期予以公告。

【注释】 相关规定包括:《国家税务总局关于贯彻〈中华人民共和国税收征收管理法〉及其实施细则若干具体问题的通知》(国税发[2003]47号)、《欠税公告办法(试行)》(国家税务总局令[2004]9号)、《国家税务总局关于人民法院强制执行被执行人财产有关税收问题的复函》(国税函[2005]869号)。

第四十六条 纳税人有欠税情形而以其财产设定抵押、质押的,应当向抵押权人、质权人说明其欠税情况。抵押权人、质权人可以请求税务机关提供有关的欠税情况。

第四十七条 税务机关扣押商品、货物或者其他财产时,必须开付收据;查封商品、货物或者其他财产时,必须开付清单。

第四十八条 纳税人有合并、分立情形的,应当向税务机关报告,并依法缴清税款。纳税人合并时未缴清税款的,应当由合并后的纳税人继续履行未履行的纳税义务;纳税人分立时未缴清税款的,分立后的纳税人对未履行的纳税义务应当承担连带责任。

第四十九条 欠缴税款数额较大的纳税人在处分其不动产或者大额资产之前,应当向税务机关报告。

第五十条 欠缴税款的纳税人因怠于行使到期债权,或者放弃到期债权,或者无偿转让财产,或者以明显不合理的低价转让财产而受让人知道该情形,对国家税收造成损害的,税务机关可以依照合同法第七十三条、第七十四条的规定行使代位权、撤销权。

税务机关依照前款规定行使代位权、撤销权的,不免除欠缴税款的纳税人尚未履行的纳税义务和应承担的法律责任。

第五十一条 纳税人超过应纳税额缴纳的税款,税务机关发现后应当立即退还;纳税人自结算缴纳税款之日起三年内发现的,可以向税务机关要求退还多缴的税款并加算银行同期存款利息,税务机关及时查实后应当立即退还;涉及从国库中退库的,依照法律、行政法规有关国库管理的规定退还。

【注释】 相关规定包括:《国家税务总局关于贯彻实施〈中华人民共和国税收征收管理法〉有关问题的通知》(国税发[2001]54号)、《税收减免管理办法(试行)》(国税发[2005]129号)。

第五十二条 因税务机关的责任,致使纳税人、扣缴义务人未缴或者少缴税款的,税务机关在三年内可以要求纳税人、扣缴义务人补缴税款,但是不得加收滞纳金。

因纳税人、扣缴义务人计算错误等失误,未缴或者少缴税款的,税务机关在三年内可以追征税款、滞纳金;有特殊情况的,追征期可以延长到五年。

对偷税、抗税、骗税的,税务机关追征其未缴或者少缴的税款、滞纳金或者所骗取的税款,不受前款规定期限的限制。

【注释】 相关规定包括:《税收减免管理办法(试行)》(国税发[2005]129号)、《国家税务总局关于欠税追缴期限有关问题的批复》(国税函[2005]813号)。

第五十三条 国家税务局和地方税务局应当按照国家规定的税收征收管理范围和税款入库预算级次,将征收的税款缴入国库。

对审计机关、财政机关依法查出的税收违法行为,税务机关应当根据有关机关的决定、意见书,依法将应收的税款、滞纳金按照税款入库预算级次缴入国库,并将结果及时回复有关机关。

第四章 税务检查

第五十四条 税务机关有权进行下列税务检查:

(一)检查纳税人的账簿、记账凭证、报表和有关资料,检查扣缴义务人代扣代缴、代收代缴税款账簿、记账凭证和有关资料;

(二)到纳税人的生产、经营场所和货物存放地检查纳税人应纳税的商品、货物或者其他财产,检查扣缴义务人与代扣代缴、代收代缴税款有关的经营情况;

(三)责成纳税人、扣缴义务人提供与纳税或者代扣代缴、代收代缴税款有关的文件、证明材料和有关资料;

(四)询问纳税人、扣缴义务人与纳税或者代扣代缴、代收代缴税款有关的问题和情况;

(五)到车站、码头、机场、邮政企业及其分支机构检查纳税人托运、邮寄应纳税商品、货物或者其他财产的有关单据、凭证和有关资料;

(六)经县以上税务局(分局)局长批准,凭全国统一格式的检查存款账户许可证明,查询从事生产、经营的纳税人、扣缴义务人在银行或者其他金融机构的存款账户。税务机关在调查税收违法案件时,经设区的市、自治州以上税务局(分局)局长批准,可以查询案件涉嫌人员的储蓄存款。税务机关查询所获得的资料,不得用于税收以外的用途。

【注释】 相关规定包括:《国家税务总局关于印发〈税务稽查案件复查暂行办法〉的通知》(国税发[2000]54 号)、《国家税务总局关于印发〈税务稽查业务公开制度(试行)〉的通知》(国税发[2000]163 号)、《国家税务总局关于协税员不得核发〈税务检查证〉的批复》(国税函[2001]41 号)、《国家税务总局关于贯彻〈中华人民共和国税收征收管理法〉及其实施细则若干具体问题的通知》(国税发[2003]47 号)、《国家税务总局关于印发〈税务检查证管理暂行办法〉的通知》(国税发[2005]154 号)。

第五十五条 税务机关对从事生产、经营的纳税人以前纳税期的纳税情况依法进行税务检查时,发现纳税人有逃避纳税义务行为,并有明显的转移、隐匿其应纳税的商品、货物以及其他财产或者应纳税的收入的迹象的,可以按照本法规定的批准权限采取税收保全措施或者强制执行措施。

【注释】 相关规定包括:《国家税务总局关于印发〈税务检查证管理暂行办法〉的通知》(国税发[2005]154 号)。

第五十六条 纳税人、扣缴义务人必须接受税务机关依法进行的税务检查,如实反映情况,提供有关资料,不得拒绝、隐瞒。

【注释】 相关规定包括:《国家税务总局关于印发〈涉外企业联合税务审计暂行办法〉的通知》(国税发[2004]38 号)、《国家税务总局关于印发〈税务检查证管理暂行办法〉的通知》(国税发[2005]154 号)。

第五十七条 税务机关依法进行税务检查时,有权向有关单位和个人调查纳税人、扣缴义务人和其他当事人与纳税或者代扣代缴、代收代缴税款有关的情况,有关单位和个人有义务向税务机关如实提供有关资料及证明材料。

【注释】 相关规定包括:《国家税务总局关于印发〈税务检查证管理暂行办法〉的通知》(国税发[2005]154 号)。

第五十八条 税务机关调查税务违法案件时,对与案件有关的情况和资料,可以记录、录音、录像、照相和复制。

【注释】 相关规定包括:《国家税务总局关于印发〈税收执法检查规则〉的通知》(国税发[2004]126 号)、《国家税务总局关于印发〈税务检查证管理暂行办法〉的通知》(国税发[2005]154 号)。

第五十九条 税务机关派出的人员进行税务检查时,应当出示税务检查证和税务检查通知书,并有责任为被检查人保守秘密;未出示税务检查证和税务检查通知书的,被检查人有权拒绝检查。

【注释】 相关规定包括:《国家税务总局关于印发〈税收执法检查规则〉的通知》(国税发[2004]126 号)、《国家税务总局关于印发〈税务检查证管理暂行办法〉的通知》(国税发[2005]154 号)。

第五章 法律责任

第六十条 纳税人有下列行为之一的,由税务机关责令限期改正,可以处二千元以下的罚款;情节严重的,处二千元以上一万元以下的罚款:

(一) 未按照规定的期限申报办理税务登记、变更或者注销登记的;

(二) 未按照规定设置、保管账簿或者保管记账凭证和有关资料的;

(三) 未按照规定将财务、会计制度或者财务、会计处理办法和会计核算软件报送税务机关备查的;

(四) 未按照规定将其全部银行账号向税务机关报告的;

(五) 未按照规定安装、使用税控装置,或者损毁或者擅自改动税控装置的。

纳税人不办理税务登记的,由税务机关责令限期改正;逾期不改正的,经税务机关提请,由工商行政管理机关吊销其营业执照。

纳税人未按照规定使用税务登记证件,或者转借、涂改、损毁、买卖、伪造税务登记证件的,处二千元以上一万元以下的罚款;情节严重的,处一万元以上五万元以下的罚款。

【注释】 相关规定包括:《国家税务总局关于贯彻〈中华人民共和国税收征收管理法〉及其实施细则若干具体问题的通知》(国税发[2003]47 号)。

第六十一条 扣缴义务人未按照规定设置、保管代扣代缴、代收代缴税款账簿或者保管代扣代缴、代收代缴税款记账凭证及有关资料的,由税务机关责令限期改正,可以处二千元以下的罚款;情节严重的,处二千元以上五千元以下的罚款。

第六十二条 纳税人未按照规定的期限办理纳税申报和报送纳税资料的，或者扣缴义务人未按照规定的期限向税务机关报送代扣代缴、代收代缴税款报告表和有关资料的，由税务机关责令限期改正，可以处二千元以下的罚款；情节严重的，可以处二千元以上一万元以下的罚款。

【注释】 相关规定包括：《国家税务总局关于印发〈纳税人财务会计报表报送管理办法〉的通知》（国税发[2005]20号）。

第六十三条 纳税人伪造、变造、隐匿、擅自销毁账簿、记账凭证，或者在账簿上多列支出或者不列、少列收入，或者经税务机关通知申报而拒不申报或者进行虚假的纳税申报，不缴或者少缴应纳税款的，是偷税。对纳税人偷税的，由税务机关追缴其不缴或者少缴的税款、滞纳金，并处不缴或者少缴的税款百分之五十以上五倍以下的罚款；构成犯罪的，依法追究刑事责任。

扣缴义务人采取前款所列手段，不缴或者少缴已扣、已收税款，由税务机关追缴其不缴或者少缴的税款、滞纳金，并处不缴或者少缴的税款百分之五十以上五倍以下的罚款；构成犯罪的，依法追究刑事责任。

第六十四条 纳税人、扣缴义务人编造虚假计税依据的，由税务机关责令限期改正，并处五万元以下的罚款。

纳税人不进行纳税申报，不缴或者少缴应纳税款的，由税务机关追缴其不缴或者少缴的税款、滞纳金，并处不缴或者少缴的税款百分之五十以上五倍以下的罚款。

【注释】 相关规定包括：《国家税务总局关于贯彻实施〈中华人民共和国税收征收管理法〉有关问题的通知》（国税发[2001]54号）。

第六十五条 纳税人欠缴应纳税款，采取转移或者隐匿财产的手段，妨碍税务机关追缴欠缴的税款的，由税务机关追缴欠缴的税款、滞纳金，并处欠缴税款百分之五十以上五倍以下的罚款；构成犯罪的，依法追究刑事责任。

第六十六条 以假报出口或者其他欺骗手段，骗取国家出口退税款，由税务机关追缴其骗取的退税款，并处骗取税款一倍以上五倍以下的罚款；构成犯罪的，依法追究刑事责任。

对骗取国家出口退税款的，税务机关可以在规定期间内停止为其办理出口退税。

第六十七条 以暴力、威胁方法拒不缴纳税款的，是抗税，除由税务机关追缴其拒缴的税款、滞纳金外，依法追究刑事责任。情节轻微，未构成犯罪的，由税务机关追缴其拒缴的税款、滞纳金，并处拒缴税款一倍以上五倍以下的罚款。

第六十八条 纳税人、扣缴义务人在规定期限内不缴或者少缴应纳或者应解缴的税款，经税务机关责令限期缴纳，逾期仍未缴纳的，税务机关除依照本法第四十条的规定采取强制执行措施追缴其不缴或者少缴的税款外，可以处不缴或者少缴的税款百分之五十以上五倍以下的罚款。

第六十九条 扣缴义务人应扣未扣、应收而不收税款的，由税务机关向纳税人追缴税款，对扣缴义务人处应扣未扣、应收未收税款百分之五十以上三倍以下的罚款。

第七十条 纳税人、扣缴义务人逃避、拒绝或者以其他方式阻挠税务机关检查的，由税务机关责令改正，可以处一万元以下的罚款；情节严重的，处一万元以上五万元以下的罚款。

【注释】 相关规定包括：《国家税务总局关于印发〈纳税人财务会计报表报送管理办法〉的通知》（国税发[2005]20号）。

第七十一条 违反本法第二十二条规定，非法印制发票的，由税务机关销毁非法印制的发票，没收违法所得和作案工具，并处一万元以上五万元以下的罚款；构成犯罪的，依法追究刑事责任。

第七十二条 从事生产、经营的纳税人、扣缴义务人有本法规定的税收违法行为，拒不接受税务机关处理的，税务机关可以收缴其发票或者停止向其发售发票。

第七十三条 纳税人、扣缴义务人的开户银行或者其他金融机构拒绝接受税务机关依法检查纳税人、扣缴义务人存款账户，或者拒绝执行税务机关作出的冻结存款或者扣缴税款的决定，或者在接到税务机关的书面通知后帮助纳税人、扣缴义务人转移存款，造成税款流失的，由税务机关处十万元以上五十万元以下的罚款，对直接负责的主管人员和其他直接责任人员处一千元以上一万元以下的罚款。

第七十四条 本法规定的行政处罚，罚款额在二千元以下的，可以由税务所决定。

第七十五条 税务机关和司法机关的涉税罚没收入，应当按照税款入库预算级次上缴国库。

第七十六条 税务机关违反规定擅自改变税收征收管理范围和税款入库预算级次的，责令限期改正，对直接负责的主管人员和其他直接责任人员依法给予降级或者撤职的行政处分。

第七十七条　纳税人、扣缴义务人有本法第六十三条、第六十五条、第六十六条、第六十七条、第七十一条规定的行为涉嫌犯罪的，税务机关应当依法移交司法机关追究刑事责任。

税务人员徇私舞弊，对依法应当移交司法机关追究刑事责任的不移交，情节严重的，依法追究刑事责任。

第七十八条　未经税务机关依法委托征收税款的，责令退还收取的财物，依法给予行政处分或者行政处罚；致使他人合法权益受到损失的，依法承担赔偿责任；构成犯罪的，依法追究刑事责任。

第七十九条　税务机关、税务人员查封、扣押纳税人个人及其所扶养家属维持生活必需的住房和用品的，责令退还，依法给予行政处分；构成犯罪的，依法追究刑事责任。

第八十条　税务人员与纳税人、扣缴义务人勾结，唆使或者协助纳税人、扣缴义务人有本法第六十三条、第六十五条、第六十六条规定的行为，构成犯罪的，依法追究刑事责任；尚不构成犯罪的，依法给予行政处分。

第八十一条　税务人员利用职务上的便利，收受或者索取纳税人、扣缴义务人财物或者谋取其他不正当利益，构成犯罪的，依法追究刑事责任；尚不构成犯罪的，依法给予行政处分。

第八十二条　税务人员徇私舞弊或者玩忽职守，不征或者少征应征税款，致使国家税收遭受重大损失，构成犯罪的，依法追究刑事责任；尚不构成犯罪的，依法给予行政处分。

税务人员滥用职权，故意刁难纳税人、扣缴义务人的，调离税收工作岗位，并依法给予行政处分。

税务人员对控告、检举税收违法违纪行为的纳税人、扣缴义务人以及其他检举人进行打击报复的，依法给予行政处分；构成犯罪的，依法追究刑事责任。

税务人员违反法律、行政法规的规定，故意高估或者低估农业税计税产量，致使多征或者少征税款，侵犯农民合法权益或者损害国家利益，构成犯罪的，依法追究刑事责任；尚不构成犯罪的，依法给予行政处分。

第八十三条　违反法律、行政和法规的规定提前征收、延缓征收或者摊派税款的，由其上级机关或者行政监察机关责令改正，对直接负责的主管人员和其他直接责任人员依法给予行政处分。

第八十四条　违反法律、行政法规的规定，擅自作出税收的开征、停征或者减税、免税、退税、补税以及其他同税收法律、行政法规相抵触的决定的，除依照本法规定撤销其擅自作出的决定外，补征应征未征税款，退还不应征收而征收的税款，并由上级机关追究直接负责的主管人员和其他直接责任人员的行政责任；构成犯罪的，依法追究刑事责任。

【注释】　相关规定包括：《国家税务总局关于印发〈税收减免管理办法（试行）〉的通知》（国税发［2005］129号）。

第八十五条　税务人员在征收税款或者查处税收违法案件时，未按照本法规定进行回避的，对直接负责的主管人员和其他直接责任人员，依法给予行政处分。

第八十六条　违反税收法律、行政法规应当给予行政处罚的行为，在五年内未被发现的，不再给予行政处罚。

第八十七条　未按照本法规定为纳税人、扣缴义务人、检举人保密的，对直接负责的主管人员和其他直接责任人员，由所在单位或者有关单位依法给予行政处分。

第八十八条　纳税人、扣缴义务人、纳税担保人同税务机关在纳税上发生争议时，必须先依照税务机关的纳税决定缴纳或者解缴税款及滞纳金或者提供相应的担保，然后可以依法申请行政复议；对行政复议决定不服的，可以依法向人民法院起诉。

当事人对税务机关的处罚决定、强制执行措施或者税收保全措施不服的，可以依法申请行政复议，也可以依法向人民法院起诉。

当事人对税务机关的处罚决定逾期不申请行政复议也不向人民法院起诉、又不履行的，作出处罚决定的税务机关可以采取本法第四十条规定的强制执行措施，或者申请人民法院强制执行。

【注释】　相关规定包括：《国家税务总局关于纳税人不服交通部门代征车辆购置税行为行政复议管辖问题的通知》（国税函［2001］233号）、《国家税务总局关于涉税案件在刑事审判期间是否应当中止税务行政复议问题的批复》（国税函［2002］130号）、《税务行政复议规则（暂行）》（国家税务总局令［2004］8号）。

第六章　附　　则

第八十九条　纳税人、扣缴义务人可以委托税务代理人代为办理税务事宜。

【注释】 相关规定包括:《人事部 国家税务总局关于印发〈注册税务师资格制度暂行规定〉的通知》(人发[1996]116号)、《国家税务总局关于印发〈注册税务师注册管理暂行办法〉的通知》(国税发[1999]79号)、《国家税务总局关于执业税务师执业注册有关问题的通知》(国税发[1999]182号)。

第九十条 耕地占用税、契税、农业税、牧业税征收管理的具体办法,由国务院另行制定。

关税及海关代征税收的征收管理,依照法律、行政法规的有关规定执行。

【注释】 相关规定包括:《国家税务总局关于农业税、牧业税、耕地占用税、契税征收管理暂参照〈中华人民共和国税收征收管理法〉执行的通知》(国税发[2001]110号)。

第九十一条 中华人民共和国同外国缔结的有关税收的条约、协定同本法有不同规定的,依照条约、协定的规定办理。

第九十二条 本法施行前颁布的税收法律与本法有不同规定的,适用本法规定。

第九十三条 国务院根据本法制定实施细则。

第九十四条 本法自2001年5月1日起施行。

中华人民共和国税收征收管理法实施细则

国务院令[2002]362号

第一章 总 则

第一条 根据《中华人民共和国税收征收管理法》(以下简称税收征管法)的规定,制定本细则。

第二条 凡依法由税务机关征收的各种税收的征收管理,均适用税收征管法及本细则;税收征管法及本细则没有规定的,依照其他有关税收法律、行政法规的规定执行。

第三条 任何部门、单位和个人作出的与税收法律、行政法规相抵触的决定一律无效,税务机关不得执行,并应当向上级税务机关报告。

纳税人应当依照税收法律、行政法规的规定履行纳税义务;其签订的合同、协议等与税收法律、行政法规相抵触的,一律无效。

第四条 国家税务总局负责制定全国税务系统信息化建设的总体规划、技术标准、技术方案与实施办法;各级税务机关应当按照国家税务总局的总体规划、技术标准、技术方案与实施办法,做好本地区税务系统信息化建设的具体工作。

地方各级人民政府应当积极支持税务系统信息化建设,并组织有关部门实现相关信息的共享。

第五条 税收征管法第八条所称为纳税人、扣缴义务人保密的情况,是指纳税人、扣缴义务人的商业秘密及个人隐私。纳税人、扣缴义务人的税收违法行为不属于保密范围。

【注释】 相关规定包括:《国家税务总局关于国家税务局与地方税务局联合办理税务登记有关问题的通知》(国税发[2004]57号)。

第六条 国家税务总局应当制定税务人员行为准则和服务规范。

上级税务机关发现下级税务机关的税收违法行为,应当及时予以纠正;下级税务机关应当按照上级税务机关的决定及时改正。

下级税务机关发现上级税务机关的税收违法行为,应当向上级税务机关或者有关部门报告。

【注释】 相关规定包括:《国家税务总局关于印发〈纳税服务工作规范(试行)〉的通知》(国税发[2005]165号)。

第七条 税务机关根据检举人的贡献大小给予相应的奖励,奖励所需资金列入税务部门年度预算,单项核定。奖励资金具体使用办法以及奖励标准,由国家税务总局会同财政部制定。

【注释】 相关规定包括:《国家税务总局关于印发〈税务违法案件举报奖励办法〉的通知》(国税发[1998]211号)。

第八条 税务人员在核定应纳税额、调整税收定额、进行税务检查、实施税务行政处罚、办理税务行政复议时,与纳税人、扣缴义务人或者其法定代表人、直接责任人有下列关系之一的,应当回避:

(一) 夫妻关系;

(二) 直系血亲关系;

(三) 三代以内旁系血亲关系；

(四) 近姻亲关系；

(五) 可能影响公正执法的其他利害关系。

【注释】 相关规定包括：《国家税务总局税务行政复议规则(暂行)》(国家税务总局令[2004]8号)。

第九条 税收征管法第十四条所称按照国务院规定设立的并向社会公告的税务机构，是指省以下税务局的稽查局。稽查局专司偷税、逃避追缴欠税、骗税、抗税案件的查处。

国家税务总局应当明确划分税务局和稽查局的职责，避免职责交叉。

【注释】 相关规定包括：《国家税务总局关于稽查局有关执法权限的批复》(国税函[2003]561号)、《国家税务总局关于印发〈国家税务总局关于进一步规范国家税务局系统机构设置的意见〉的通知》(国税发[2003]128号)。

第二章 税务登记

第十条 国家税务局、地方税务局对同一纳税人的税务登记应当采用同一代码，信息共享。

税务登记的具体办法由国家税务总局制定。

【注释】 相关规定包括：《国家税务总局关于贯彻〈中华人民共和国税收征收管理法〉及其实施细则若干具体问题的通知》(国税发[2003]47号)、《税务登记管理办法》(国家税务总局令[2003]7号)。

第十一条 各级工商行政管理机关应当向同级国家税务局和地方税务局定期通报办理开业、变更、注销登记以及吊销营业执照的情况。

通报的具体办法由国家税务总局和国家工商行政管理总局联合制定。

【注释】 相关规定包括：《税务登记管理办法》(国家税务总局令[2003]7号)。

第十二条 从事生产、经营的纳税人应当自领取营业执照之日起30日内，向生产、经营地或者纳税义务发生地的主管税务机关申报办理税务登记，如实填写税务登记表，并按照税务机关的要求提供有关证件、资料。

前款规定以外的纳税人，除国家机关和个人外，应当自纳税义务发生之日起30日内，持有关证件向所在地的主管税务机关申报办理税务登记。

个人所得税的纳税人办理税务登记的办法由国务院另行规定。

税务登记证件的式样，由国家税务总局制定。

【注释】 相关规定包括：《税务登记管理办法》(国家税务总局令[2003]7号)。

第十三条 扣缴义务人应当自扣缴义务发生之日起30日内，向所在地的主管税务机关申报办理扣缴税款登记，领取扣缴税款登记证件；税务机关对已办理税务登记的扣缴义务人，可以只在其税务登记证件上登记扣缴税款事项，不再发给扣缴税款登记证件。

【注释】 相关规定包括：《税务登记管理办法》(国家税务总局令[2003]7号)、《国家税务总局关于完善税务登记管理若干问题的通知》(国税发[2006]37号)。

第十四条 纳税人税务登记内容发生变化的，应当自工商行政管理机关或者其他机关办理变更登记之日起30日内，持有关证件向原税务登记机关申报办理变更税务登记。

纳税人税务登记内容发生变化，不需要到工商行政管理机关或者其他机关办理变更登记的，应当自发生变化之日起30日内，持有关证件向原税务登记机关申报办理变更税务登记。

【注释】 相关规定包括：《税务登记管理办法》(国家税务总局令[2003]7号)。

第十五条 纳税人发生解散、破产、撤销以及其他情形，依法终止纳税义务的，应当在向工商行政管理机关或者其他机关办理注销登记前，持有关证件向原税务登记机关申报办理注销税务登记；按照规定不需要在工商行政管理机关或者其他机关办理注册登记的，应当自有关机关批准或者宣告终止之日起15日内，持有关证件向原税务登记机关申报办理注销税务登记。

纳税人因住所、经营地点变动，涉及改变税务登记机关的，应当在向工商行政管理机关或者其他机关申请办理变更或者注销登记前或者住所、经营地点变动前，向原税务登记机关申报办理注销税务登记，并在30日内向迁达地税务机关申报办理税务登记。

纳税人被工商行政管理机关吊销营业执照或者被其他机关予以撤销登记的，应当自营业执照被吊销或者被撤销登记之日起15日内，向原税务登记机关申报办理注销税务登记。

【注释】 相关规定包括:《税务登记管理办法》(国家税务总局令[2003]7号)。

第十六条 纳税人在办理注销税务登记前,应当向税务机关结清应纳税款、滞纳金、罚款,缴销发票、税务登记证件和其他税务证件。

【注释】 相关规定包括:《税务登记管理办法》(国家税务总局令[2003]7号)。

第十七条 从事生产、经营的纳税人应当自开立基本存款账户或者其他存款账户之日起15日内,向主管税务机关书面报告其全部账号;发生变化的,应当自变化之日起15日内,向主管税务机关书面报告。

【注释】 相关规定包括:《税务登记管理办法》(国家税务总局令[2003]7号)。

第十八条 除按照规定不需要发给税务登记证件的外,纳税人办理下列事项时,必须持税务登记证件:

(一) 开立银行账户;

(二) 申请减税、免税、退税;

(三) 申请办理延期申报、延期缴纳税款;

(四) 领购发票;

(五) 申请开具外出经营活动税收管理证明;

(六) 办理停业、歇业;

(七) 其他有关税务事项。

【注释】 相关规定包括:《税务登记管理办法》(国家税务总局令[2003]7号)。

第十九条 税务机关对税务登记证件实行定期验证和换证制度。纳税人应当在规定的期限内持有关证件到主管税务机关办理验证或者换证手续。

【注释】 相关规定包括:《税务登记管理办法》(国家税务总局令[2003]7号)。

第二十条 纳税人应当将税务登记证件正本在其生产、经营场所或者办公场所公开悬挂,接受税务机关检查。

【注释】 相关规定包括:《税务登记管理办法》(国家税务总局令[2003]7号)。

纳税人遗失税务登记证件的,应当在15日内书面报告主管税务机关,并登报声明作废。

第二十一条 从事生产、经营的纳税人到外县(市)临时从事生产、经营活动的,应当持税务登记证副本和所在地税务机关填开的外出经营活动税收管理证明,向营业地税务机关报验登记,接受税务管理。

从事生产、经营的纳税人外出经营,在同一地累计超过180天的,应当在营业地办理税务登记手续。

【注释】 相关规定包括:《国家税务总局关于贯彻〈中华人民共和国税收征收管理法〉及其实施细则若干具体问题的通知》(国税发[2003]47号)、《税务登记管理办法》(国家税务总局令[2003]7号)。

第三章 账簿、凭证管理

第二十二条 从事生产、经营的纳税人应当自领取营业执照或者发生纳税义务之日起15日内,按照国家有关规定设置账簿。

前款所称账簿,是指总账、明细账、日记账以及其他辅助性账簿。总账、日记账应当采用订本式。

第二十三条 生产、经营规模小又确无建账能力的纳税人,可以聘请经批准从事会计代理记账业务的专业机构或者经税务机关认可的财会人员代为建账和办理账务;聘请上述机构或者人员有实际困难的,经县以上税务机关批准,可以按照税务机关的规定,建立收支凭证粘贴簿、进货销货登记簿或者使用税控装置。

第二十四条 从事生产、经营的纳税人应当自领取税务登记证件之日起15日内,将其财务、会计制度或者财务、会计处理办法报送主管税务机关备案。

纳税人使用计算机记账的,应当在使用前将会计电算化系统的会计核算软件、使用说明书及有关资料报送主管税务机关备案。

纳税人建立的会计电算化系统应当符合国家有关规定,并能正确、完整核算其收入或者所得。

第二十五条 扣缴义务人应当自税收法律、行政法规规定的扣缴义务发生之日起10日内,按照所代扣、代收的税种,分别设置代扣代缴、代收代缴税款账簿。

第二十六条 纳税人、扣缴义务人会计制度健全,能够通过计算机正确、完整计算其收入和所得或者代扣代缴、代收代缴税款情况的,其计算机输出的完整的书面会计记录,可视同会计账簿。

纳税人、扣缴义务人会计制度不健全,不能通过计算机正确、完整计算其收入和所得或者代扣代缴、代收代缴税款情况的，应当建立总账及与纳税或者代扣代缴、代收代缴税款有关的其他账簿。

第二十七条 账簿、会计凭证和报表，应当使用中文。民族自治地方可以同时使用当地通用的一种民族文字。外商投资企业和外国企业可以同时使用一种外国文字。

第二十八条 纳税人应当按照税务机关的要求安装、使用税控装置，并按照税务机关的规定报送有关数据和资料。

税控装置推广应用的管理办法由国家税务总局另行制定，报国务院批准后实施。

第二十九条 账簿、记账凭证、报表、完税凭证、发票、出口凭证以及其他有关涉税资料应当合法、真实、完整。

账簿、记账凭证、报表、完税凭证、发票、出口凭证以及其他有关涉税资料应当保存10年；但是，法律、行政法规另有规定的除外。

第四章 纳税申报

第三十条 税务机关应当建立、健全纳税人自行申报纳税制度。经税务机关批准，纳税人、扣缴义务人可以采取邮寄、数据电文方式办理纳税申报或者报送代扣代缴、代收代缴税款报告表。

数据电文方式，是指税务机关确定的电话语音、电子数据交换和网络传输等电子方式。

【注释】 相关规定包括：《国家税务总局邮电部关于印发〈邮寄纳税申报办法〉的通知》（国税发[1997]147号）。

第三十一条 纳税人采取邮寄方式办理纳税申报的，应当使用统一的纳税申报专用信封，并以邮政部门收据作为申报凭据。邮寄申报以寄出的邮戳日期为实际申报日期。

纳税人采取电子方式办理纳税申报的，应当按照税务机关规定的期限和要求保存有关资料，并定期书面报送主管税务机关。

【注释】 相关规定包括：《国家税务总局邮电部关于印发〈邮寄纳税申报办法〉的通知》（国税发[1997]147号）。

第三十二条 纳税人在纳税期内没有应纳税款的，也应当按照规定办理纳税申报。

纳税人享受减税、免税待遇的，在减税、免税期间应当按照规定办理纳税申报。

第三十三条 纳税人、扣缴义务人的纳税申报或者代扣代缴、代收代缴税款报告表的主要内容包括：税种、税目，应纳税项目或者应代扣代缴、代收代缴税款项目，计税依据，扣除项目及标准，适用税率或者单位税额，应退税项目及税额、应减免税项目及税额，应纳税额或者应代扣代缴、代收代缴税额，税款所属期限、延期缴纳税款、欠税、滞纳金等。

第三十四条 纳税人办理纳税申报时，应当如实填写纳税申报表，并根据不同的情况相应报送下列有关证件、资料：

（一）财务会计报表及其说明材料；

（二）与纳税有关的合同、协议书及凭证；

（三）税控装置的电子报税资料；

（四）外出经营活动税收管理证明和异地完税凭证；

（五）境内或者境外公证机构出具的有关证明文件；

（六）税务机关规定应当报送的其他有关证件、资料。

第三十五条 扣缴义务人办理代扣代缴、代收代缴税款报告时，应当如实填写代扣代缴、代收代缴税款报告表，并报送代扣代缴、代收代缴税款的合法凭证以及税务机关规定的其他有关证件、资料。

第三十六条 实行定期定额缴纳税款的纳税人，可以实行简易申报、简并征期等申报纳税方式。

【注释】 相关规定包括：《国家税务总局关于贯彻〈中华人民共和国税收征收管理法〉及其实施细则若干具体问题的通知》（国税发[2003]47号）、《国家税务总局个体工商户税收定期定额征收管理办法》（国家税务总局令[2006]16号）。

第三十七条 纳税人、扣缴义务人按照规定的期限办理纳税申报或者报送代扣代缴、代收代缴税款报告表确有困难，需要延期的，应当在规定的期限内向税务机关提出书面延期申请，经税务机关核准，在核准的期限内办理。

纳税人、扣缴义务人因不可抗力，不能按期办理纳税申报或者报送代扣代缴、代收代缴税款报告表的，可以延期办理；但是，应当在不可抗力情形消除后立即向税务机关报告。税务机关应当查明事实，予以核准。

第五章 税款征收

第三十八条 税务机关应当加强对税款征收的管理，建立、健全责任制度。

税务机关根据保证国家税款及时足额入库、方便纳税人、降低税收成本的原则，确定税款征收的方式。

税务机关应当加强对纳税人出口退税的管理，具体管理办法由国家税务总局会同国务院有关部门制定。

第三十九条 税务机关应当将各种税收的税款、滞纳金、罚款，按照国家规定的预算科目和预算级次及时缴入国库，税务机关不得占压、挪用、截留，不得缴入国库以外或者国家规定的税款账户以外的任何账户。

已缴入国库的税款、滞纳金、罚款，任何单位和个人不得擅自变更预算科目和预算级次。

第四十条 税务机关应当根据方便、快捷、安全的原则，积极推广使用支票、银行卡、电子结算方式缴纳税款。

第四十一条 纳税人有下列情形之一的，属于税收征管法第三十一条所称特殊困难：

(一) 因不可抗力，导致纳税人发生较大损失，正常生产经营活动受到较大影响的；

(二) 当期货币资金在扣除应付职工工资、社会保险费后，不足以缴纳税款的。

计划单列市国家税务局、地方税务局可以参照税收征管法第三十一条第二款的批准权限，审批纳税人延期缴纳税款。

【注释】 相关规定包括：《国家税务总局关于延期缴纳税款有关问题的通知》(国税函[2004]1406号)。

第四十二条 纳税人需要延期缴纳税款的，应当在缴纳税款期限届满前提出申请，并报送下列材料：申请延期缴纳税款报告，当期货币资金余额情况及所有银行存款账户的对账单，资产负债表，应付职工工资和社会保险费等税务机关要求提供的支出预算。

税务机关应当自收到申请延期缴纳税款报告之日起20日内作出批准或者不予批准的决定；不予批准的，从缴纳税款期限届满之日起加收滞纳金。

第四十三条 法律、行政法规规定或者经法定的审批机关批准减税、免税的纳税人，应当持有关文件到主管税务机关办理减税、免税手续。减税、免税期满，应当自期满次日起恢复纳税。

享受减税、免税优惠的纳税人，减税、免税条件发生变化的，应当自发生变化之日起15日内向税务机关报告；不再符合减税、免税条件的，应当依法履行纳税义务；未依法纳税的，税务机关应当予以追缴。

第四十四条 税务机关根据有利于税收控管和方便纳税的原则，可以按照国家有关规定委托有关单位和人员代征零星分散和异地缴纳的税收，并发给委托代征证书。受托单位和人员按照代征证书的要求，以税务机关的名义依法征收税款，纳税人不得拒绝；纳税人拒绝的，受托代征单位和人员应当及时报告税务机关。

第四十五条 税收征管法第三十四条所称完税凭证，是指各种完税证、缴款书、印花税票、扣(收)税凭证以及其他完税证明。

未经税务机关指定，任何单位、个人不得印制完税凭证。完税凭证不得转借、倒卖、变造或者伪造。

完税凭证的式样及管理办法由国家税务总局制定。

第四十六条 税务机关收到税款后，应当向纳税人开具完税凭证。纳税人通过银行缴纳税款的，税务机关可以委托银行开具完税凭证。

第四十七条 纳税人有税收征管法第三十五条或者第三十七条所列情形之一的，税务机关有权采用下列任何一种方法核定其应纳税额：

(一) 参照当地同类行业或者类似行业中经营规模和收入水平相近的纳税人的税负水平核定；

(二) 按照营业收入或者成本加合理的费用和利润的方法核定；

(三) 按照耗用的原材料、燃料、动力等推算或者测算核定；

(四) 按照其他合理方法核定。

采用前款所列一种方法不足以正确核定应纳税额时，可以同时采用两种以上的方法核定。

纳税人对税务机关采取本条规定的方法核定的应纳税额有异议的，应当提供相关证据，经税务机关认定后，调整应纳税额。

【注释】 相关规定包括:《国家税务总局关于贯彻〈中华人民共和国税收征收管理法〉及其实施细则若干具体问题的通知》(国税发[2003]47号)。

第四十八条　税务机关负责纳税人纳税信誉等级评定工作。纳税人纳税信誉等级的评定办法由国家税务总局制定。

第四十九条　承包人或者承租人有独立的生产经营权,在财务上独立核算,并定期向发包人或者出租人上缴承包费或者租金的,承包人或者承租人应当就其生产、经营收入和所得纳税,并接受税务管理;但是,法律、行政法规另有规定的除外。

发包人或者出租人应当自发包或者出租之日起30日内将承包人或者承租人的有关情况向主管税务机关报告。发包人或者出租人不报告的,发包人或者出租人与承包人或者承租人承担纳税连带责任。

【注释】 相关规定包括:《国家税务总局关于印发〈集贸市场税收分类管理办法〉的通知》(国税发[2004]154号)。

第五十条　纳税人有解散、撤销、破产情形的,在清算前应当向其主管税务机关报告;未结清税款的,由其主管税务机关参加清算。

第五十一条　税收征管法第三十六条所称关联企业,是指有下列关系之一的公司、企业和其他经济组织:

(一) 在资金、经营、购销等方面,存在直接或者间接的拥有或者控制关系;

(二) 直接或者间接地同为第三者所拥有或者控制;

(三) 在利益上具有相关联的其他关系。

纳税人有义务就其与关联企业之间的业务往来,向当地税务机关提供有关的价格、费用标准等资料。具体办法由国家税务总局制定。

第五十二条　税收征管法第三十六条所称独立企业之间的业务往来,是指没有关联关系的企业之间按照公平成交价格和营业常规所进行的业务往来。

第五十三条　纳税人可以向主管税务机关提出与其关联企业之间业务往来的定价原则和计算方法,主管税务机关审核、批准后,与纳税人预先约定有关定价事项,监督纳税人执行。

第五十四条　纳税人与其关联企业之间的业务往来有下列情形之一的,税务机关可以调整其应纳税额:

(一) 购销业务未按照独立企业之间的业务往来作价;

(二) 融通资金所支付或者收取的利息超过或者低于没有关联关系的企业之间所能同意的数额,或者利率超过或者低于同类业务的正常利率;

(三) 提供劳务,未按照独立企业之间业务往来收取或者支付劳务费用;

(四) 转让财产、提供财产使用权等业务往来,未按照独立企业之间业务往来作价或者收取、支付费用;

(五) 未按照独立企业之间业务往来作价的其他情形。

第五十五条　纳税人有本细则第五十四条所列情形之一的,税务机关可以按照下列方法调整计税收入额或者所得额:

(一) 按照独立企业之间进行的相同或者类似业务活动的价格;

(二) 按照再销售给无关联关系的第三者的价格所应取得的收入和利润水平;

(三) 按照成本加合理的费用和利润;

(四) 按照其他合理的方法。

第五十六条　纳税人与其关联企业未按照独立企业之间的业务往来支付价款、费用的,税务机关自该业务往来发生的纳税年度起3年内进行调整;有特殊情况的,可以自该业务往来发生的纳税年度起10年内进行调整。

【注释】 相关规定包括:《国家税务总局关于贯彻〈中华人民共和国税收征收管理法〉及其实施细则若干具体问题的通知》(国税发[2003]47号)。

第五十七条　税收征管法第三十七条所称未按照规定办理税务登记从事生产、经营的纳税人,包括到外县(市)从事生产、经营而未向营业地税务机关报验登记的纳税人。

第五十八条　税务机关依照税收征管法第三十七条的规定,扣押纳税人商品、货物的,纳税人应当自扣押之日起15日内缴纳税款。

对扣押的鲜活、易腐烂变质或者易失效的商品、货物，税务机关根据被扣押物品的保质期，可以缩短前款规定的扣押期限。

第五十九条　税收征管法第三十八条、第四十条所称其他财产，包括纳税人的房地产、现金、有价证券等不动产和动产。

机动车辆、金银饰品、古玩字画、豪华住宅或者一处以外的住房不属于税收征管法第三十八条、第四十条、第四十二条所称个人及其所扶养家属维持生活必需的住房和用品。

税务机关对单价5000元以下的其他生活用品，不采取税收保全措施和强制执行措施。

第六十条　税收征管法第三十八条、第四十条、第四十二条所称个人所扶养家属，是指与纳税人共同居住生活的配偶、直系亲属以及无生活来源并由纳税人扶养的其他亲属。

第六十一条　税收征管法第三十八条、第八十八条所称担保，包括经税务机关认可的纳税保证人为纳税人提供的纳税保证，以及纳税人或者第三人以其未设置或者未全部设置担保物权的财产提供的担保。

纳税保证人，是指在中国境内具有纳税担保能力的自然人、法人或者其他经济组织。

法律、行政法规规定的没有担保资格的单位和个人，不得作为纳税担保人。

第六十二条　纳税担保人同意为纳税人提供纳税担保的，应当填写纳税担保书，写明担保对象、担保范围、担保期限和担保责任以及其他有关事项。担保书须经纳税人、纳税担保人签字盖章并经税务机关同意，方为有效。

纳税人或者第三人以其财产提供纳税担保的，应当填写财产清单，并写明财产价值以及其他有关事项。纳税担保财产清单须经纳税人、第三人签字盖章并经税务机关确认，方为有效。

第六十三条　税务机关执行扣押、查封商品、货物或者其他财产时，应当由两名以上税务人员执行，并通知被执行人。被执行人是自然人的，应当通知被执行人本人或者其成年家属到场；被执行人是法人或者其他组织的，应当通知其法定代表人或者主要负责人到场；拒不到场的，不影响执行。

第六十四条　税务机关执行税收征管法第三十七条、第三十八条、第四十条的规定，扣押、查封价值相当于应纳税款的商品、货物或者其他财产时，参照同类商品的市场价、出厂价或者评估价估算。

税务机关按照前款方法确定应扣押、查封的商品、货物或者其他财产的价值时，还应当包括滞纳金和扣押、查封、保管、拍卖、变卖所发生的费用。

第六十五条　对价值超过应纳税额且不可分割的商品、货物或者其他财产，税务机关在纳税人、扣缴义务人或者纳税担保人无其他可供强制执行的财产的情况下，可以整体扣押、查封、拍卖，以拍卖所得抵缴税款、滞纳金、罚款以及扣押、查封、保管、拍卖等费用。

第六十六条　税务机关执行税收征管法第三十七条、第三十八条、第四十条的规定，实施扣押、查封时，对有产权证件的动产或者不动产，税务机关可以责令当事人将产权证件交税务机关保管，同时可以向有关机关发出协助执行通知书，有关机关在扣押、查封期间不再办理该动产或者不动产的过户手续。

第六十七条　对查封的商品、货物或者其他财产，税务机关可以指令被执行人负责保管，保管责任由被执行人承担。

继续使用被查封的财产不会减少其价值的，税务机关可以允许被执行人继续使用；因被执行人保管或者使用的过错造成的损失，由被执行人承担。

第六十八条　纳税人在税务机关采取税收保全措施后，按照税务机关规定的期限缴纳税款的，税务机关应当自收到税款或者银行转回的完税凭证之日起1日内解除税收保全。

第六十九条　税务机关将扣押、查封的商品、货物或者其他财产变价抵缴税款时，应当交由依法成立的拍卖机构拍卖；无法委托拍卖或者不适于拍卖的，可以交由当地商业企业代为销售，也可以责令纳税人限期处理；无法委托商业企业销售，纳税人也无法处理的，可以由税务机关变价处理，具体办法由国家税务总局规定。国家禁止自由买卖的商品，应当交由有关单位按照国家规定的价格收购。

拍卖或者变卖所得抵缴税款、滞纳金、罚款以及扣押、查封、保管、拍卖、变卖等费用后，剩余部分应当在3日内退还被执行人。

第七十条　税收征管法第三十九条、第四十三条所称损失，是指因税务机关的责任，使纳税人、扣缴义务人或者纳税担保人的合法利益遭受的直接损失。

第七十一条 税收征管法所称其他金融机构，是指信托投资公司、信用合作社、邮政储蓄机构以及经中国人民银行、中国证券监督管理委员会等批准设立的其他金融机构。

第七十二条 税收征管法所称存款，包括独资企业投资人、合伙企业合伙人、个体工商户的储蓄存款以及股东资金账户中的资金等。

第七十三条 从事生产、经营的纳税人、扣缴义务人未按照规定的期限缴纳或者解缴税款的，纳税担保人未按照规定的期限缴纳所担保的税款的，由税务机关发出限期缴纳税款通知书，责令缴纳或者解缴税款的最长期限不得超过15日。

第七十四条 欠缴税款的纳税人或者其法定代表人在出境前未按照规定结清应纳税款、滞纳金或者提供纳税担保的，税务机关可以通知出入境管理机关阻止其出境。阻止出境的具体办法，由国家税务总局会同公安部制定。

第七十五条 税收征管法第三十二条规定的加收滞纳金的起止时间，为法律、行政法规规定或者税务机关依照法律、行政法规的规定确定的税款缴纳期限届满次日起至纳税人、扣缴义务人实际缴纳或者解缴税款之日止。

第七十六条 县级以上各级税务机关应当将纳税人的欠税情况，在办税场所或者广播、电视、报纸、期刊、网络等新闻媒体上定期公告。

对纳税人欠缴税款的情况实行定期公告的办法，由国家税务总局制定。

【注释】 相关规定包括：《欠税公告办法(试行)》(国家税务总局令[2004]9号)。

第七十七条 税收征管法第四十九条所称欠缴税款数额较大，是指欠缴税款5万元以上。

第七十八条 税务机关发现纳税人多缴税款的，应当自发现之日起10日内办理退还手续；纳税人发现多缴税款，要求退还的，税务机关应当自接到纳税人退还申请之日起30日内查实并办理退还手续。

税收征管法第五十一条规定的加算银行同期存款利息的多缴税款退税，不包括依法预缴税款形成的结算退税、出口退税和各种减免退税。

退税利息按照税务机关办理退税手续当天中国人民银行规定的活期存款利率计算。

第七十九条 当纳税人既有应退税款又有欠缴税款的，税务机关可以将应退税款和利息先抵扣欠缴税款；抵扣后有余额的，退还纳税人。

第八十条 税收征管法第五十二条所称税务机关的责任，是指税务机关适用税收法律、行政法规不当或者执法行为违法。

第八十一条 税收征管法第五十二条所称纳税人、扣缴义务人计算错误等失误，是指非主观故意的计算公式运用错误以及明显的笔误。

第八十二条 税收征管法第五十二条所称特殊情况，是指纳税人或者扣缴义务人因计算错误等失误，未缴或者少缴、未扣或者少扣、未收或者少收税款，累计数额在10万元以上的。

第八十三条 税收征管法第五十二条规定的补缴和追征税款、滞纳金的期限，自纳税人、扣缴义务人应缴未缴或者少缴税款之日起计算。

第八十四条 审计机关、财政机关依法进行审计、检查时，对税务机关的税收违法行为作出的决定，税务机关应当执行；发现被审计、检查单位有税收违法行为的，向被审计、检查单位下达决定、意见书，责成被审计、检查单位向税务机关缴纳应当缴纳的税款、滞纳金。税务机关应当根据有关机关的决定、意见书，依照税收法律、行政法规的规定，将应收的税款、滞纳金按照国家规定的税收征收管理范围和税款入库预算级次缴入国库。

税务机关应当自收到审计机关、财政机关的决定、意见书之日起30日内将执行情况书面回复审计机关、财政机关。

有关机关不得将其履行职责过程中发现的税款、滞纳金自行征收入库或者以其他款项的名义自行处理、占压。

第六章 税务检查

第八十五条 税务机关应当建立科学的检查制度，统筹安排检查工作，严格控制对纳税人、扣缴义务人的检查次数。

税务机关应当制定合理的税务稽查工作规程，负责选案、检查、审理、执行的人员的职责应当明确，并相互分离、相互制约，规范选案程序和检查行为。

税务检查工作的具体办法，由国家税务总局制定。

【注释】 相关规定包括：《国家税务总局关于印发〈涉外企业联合税务审计暂行办法〉的通知》（国税发[2004]38号）。

第八十六条 税务机关行使税收征管法第五十四条第（一）项职权时，可以在纳税人、扣缴义务人的业务场所进行；必要时，经县以上税务局（分局）局长批准，可以将纳税人、扣缴义务人以前会计年度的账簿、记账凭证、报表和其他有关资料调回税务机关检查，但是税务机关必须向纳税人、扣缴义务人开付清单，并在3个月内完整退还；有特殊情况的，经设区的市、自治州以上税务局局长批准，税务机关可以将纳税人、扣缴义务人当年的账簿、记账凭证、报表和其他有关资料调回检查，但是税务机关必须在30日内退还。

第八十七条 税务机关行使税收征管法第五十四条第（六）项职权时，应当指定专人负责，凭全国统一格式的检查存款账户许可证明进行，并有责任为被检查人保守秘密。

检查存款账户许可证明，由国家税务总局制定。

税务机关查询的内容，包括纳税人存款账户余额和资金往来情况。

第八十八条 依照税收征管法第五十五条规定，税务机关采取税收保全措施的期限一般不得超过6个月；重大案件需要延长的，应当报国家税务总局批准。

第八十九条 税务机关和税务人员应当依照税收征管法及本细则的规定行使税务检查职权。

税务人员进行税务检查时，应当出示税务检查证和税务检查通知书；无税务检查证和税务检查通知书的，纳税人、扣缴义务人及其他当事人有权拒绝检查。税务机关对集贸市场及集中经营业户进行检查时，可以使用统一的税务检查通知书。

税务检查证和税务检查通知书的式样、使用和管理的具体办法，由国家税务总局制定。

第七章 法律责任

第九十条 纳税人未按照规定办理税务登记证件验证或者换证手续的，由税务机关责令限期改正，可以处2000元以下的罚款；情节严重的，处2000元以上1万元以下的罚款。

第九十一条 非法印制、转借、倒卖、变造或者伪造完税凭证的，由税务机关责令改正，处2000元以上1万元以下的罚款；情节严重的，处1万元以上5万元以下的罚款；构成犯罪的，依法追究刑事责任。

第九十二条 银行和其他金融机构未依照税收征管法的规定在从事生产、经营的纳税人的账户中登录税务登记证件号码，或者未按规定在税务登记证件中登录从事生产、经营的纳税人的账户账号的，由税务机关责令其限期改正，处2000元以上2万元以下的罚款；情节严重的，处2万元以上5万元以下的罚款。

第九十三条 为纳税人、扣缴义务人非法提供银行账户、发票、证明或者其他方便，导致未缴、少缴税款或者骗取国家出口退税款的，税务机关除没收其违法所得外，可以处未缴、少缴或者骗取的税款1倍以下的罚款。

【注释】 相关规定包括：《国家税务总局关于印发〈税收减免管理办法（试行）〉的通知》（国税发[2005]129号）。

第九十四条 纳税人拒绝代扣、代收税款的，扣缴义务人应当向税务机关报告，由税务机关直接向纳税人追缴税款、滞纳金；纳税人拒不缴纳的，依照税收征管法第六十八条的规定执行。

第九十五条 税务机关依照税收征管法第五十四条第（五）项的规定，到车站、码头、机场、邮政企业及其分支机构检查纳税人有关情况时，有关单位拒绝的，由税务机关责令改正，可以处1万元以下的罚款；情节严重的，处1万元以上5万元以下的罚款。

第九十六条 纳税人、扣缴义务人有下列情形之一的，依照税收征管法第七十条的规定处罚：

（一）提供虚假资料，不如实反映情况，或者拒绝提供有关资料的；

（二）拒绝或者阻止税务机关记录、录音、录像、照相和复制与案件有关的情况和资料的；

（三）在检查期间，纳税人、扣缴义务人转移、隐匿、销毁有关资料的；

（四）有不依法接受税务检查的其他情形的。

第九十七条 税务人员私分扣押、查封的商品、货物或者其他财产，情节严重，构成犯罪的，依法追究刑事责任；尚不构成犯罪的，依法给予行政处分。

第九十八条 税务代理人违反税收法律、行政法规，造成纳税人未缴或者少缴税款的，除由纳税人缴纳或者补缴应纳税款、滞纳金外，对税务代理人处纳税人未缴或者少缴税款50%以上3倍以下的罚款。

第九十九条 税务机关对纳税人、扣缴义务人及其他当事人处以罚款或者没收违法所得时，应当开付罚没凭证；未开付罚没凭证的，纳税人、扣缴义务人以及其他当事人有权拒绝给付。

第一百条 税收征管法第八十八条规定的纳税争议，是指纳税人、扣缴义务人、纳税担保人对税务机关确定纳税主体、征税对象、征税范围、减税、免税及退税、适用税率、计税依据、纳税环节、纳税期限、纳税地点以及税款征收方式等具体行政行为有异议而发生的争议。

第八章 文书送达

第一百零一条 税务机关送达税务文书，应当直接送交受送达人。

受送达人是公民的，应当由本人直接签收；本人不在的，交其同住成年家属签收。

受送达人是法人或者其他组织的，应当由法人的法定代表人、其他组织的主要负责人或者该法人、组织的财务负责人、负责收件的人签收。受送达人有代理人的，可以送交其代理人签收。

第一百零二条 送达税务文书应当有送达回证，并由受送达人或者本细则规定的其他签收人在送达回证上记明收到日期，签名或者盖章，即为送达。

第一百零三条 受送达人或者本细则规定的其他签收人拒绝签收税务文书的，送达人应当在送达回证上记明拒收理由和日期，并由送达人和见证人签名或者盖章，将税务文书留在受送达人处，即视为送达。

第一百零四条 直接送达税务文书有困难的，可以委托其他有关机关或者其他单位代为送达，或者邮寄送达。

第一百零五条 直接或者委托送达税务文书的，以签收人或者见证人在送达回证上的签收或者注明的收件日期为送达日期；邮寄送达的，以挂号函件回执上注明的收件日期为送达日期，并视为已送达。

第一百零六条 有下列情形之一的，税务机关可以公告送达税务文书，自公告之日起满30日，即视为送达：

（一）同一送达事项的受送达人众多；

（二）采用本章规定的其他送达方式无法送达。

第一百零七条 税务文书的格式由国家税务总局制定。本细则所称税务文书，包括：

（一）税务事项通知书；

（二）责令限期改正通知书；

（三）税收保全措施决定书；

（四）税收强制执行决定书；

（五）税务检查通知书；

（六）税务处理决定书；

（七）税务行政处罚决定书；

（八）行政复议决定书；

（九）其他税务文书。

【注释】 相关规定包括：《税务行政复议规则（暂行）》（国家税务总局令[2004]8号）。

第九章 附 则

第一百零八条 税收征管法及本细则所称“以上”、“以下”、“日内”、“届满”均含本数。

第一百零九条 税收征管法及本细则所规定期限的最后一日是法定休假日的，以休假日期满的次日为期限的最后一日；在期限内有连续3日以上法定休假日的，按休假日天数顺延。

第一百一十条 税收征管法第三十条第三款规定的代扣、代收手续费，纳入预算管理，由税务机关依照法律、行政法规的规定付给扣缴义务人。

第一百一十一条 纳税人、扣缴义务人委托税务代理人代为办理税务事宜的办法，由国家税务总局规定。

第一百一十二条 耕地占用税、契税、农业税、牧业税的征收管理，按照国务院的有关规定执行。

第一百一十三条 本细则自2002年10月15日起施行。1993年8月4日国务院发布的《中华人民共和国税收征收管理法实施细则》同时废止。

中华人民共和国发票管理办法

国函[1993]174号

第一章 总 则

第一条 为了加强发票管理和财务监督,保障国家税收收入,维护经济秩序,根据《中华人民共和国税收征收管理法》,制定本办法。

第二条 在中华人民共和国境内印制、领购、开具、取得和保管发票的单位和个人(以下简称印制、使用发票的单位和个人),必须遵守本办法。

第三条 本办法所称发票,是指在购销商品,提供或者接受服务以及从事其他经营活动中,开具、收取的收付款凭证。

第四条 国家税务总局统一负责全国发票管理工作。国家税务总局省、自治区、直辖市分局和省、自治区、直辖市地方税务局(以下统称省、自治区、直辖市税务机关)依据各自的职责,共同做好本行政区域内的发票管理工作。

财政、审计、工商行政管理、公安等有关部门在各自职责范围内,配合税务机关做好发票管理工作。

第五条 发票的种类、联次、内容及使用范围由国家税务总局规定。

第六条 对违反发票管理法规的行为,任何单位和个人可以举报。税务机关应当为检举人保密,并酌情给予奖励。

第二章 发 票 的 印 制

第七条 发票由省、自治区、直辖市税务机关指定的企业印制;增值税专用发票由国家税务总局统一印制。禁止私印、伪造、变造发票。

第八条 发票防伪专用品由国家税务总局指定的企业生产。禁止非法制造发票防伪专用品。

第九条 省、自治区、直辖市税务机关对发票印制实行统一管理的原则,严格审查印制发票企业的资格,对指定为印制发票的企业发给发票准印证。

第十条 发票应当套印全国统一发票监制章。全国统一发票监制章的式样和发票版面印刷的要求,由国家税务总局规定。发票监制章由省、自治区、直辖市税务机关制作。禁止伪造发票监制章。

发票实行不定期换版制度。

第十一条 印制发票的企业按照税务机关的统一规定,建立发票印制管理制度和保管措施。

发票监制章和发票防伪专用品的使用和管理实行专人负责制度。

第十二条 印制发票的企业应当按照税务机关批准的式样和数量印制发票。

第十三条 发票应当使用中文印制。民族自治地方的发票,可以加印当地一种通用的民族文字。有实际需要的,也可以同时使用中外两种文字印制。

第十四条 各省、自治区、直辖市内的单位和个人使用的发票,除增值税专用发票外,应当在本省、自治区、直辖市范围以内印制;确有必要到外省、自治区、直辖市印制的,应当由省、自治区、直辖市税务机关商印制地省、自治区、直辖市税务机关同意,由印制地省、自治区、直辖市税务机关指定的印制发票的企业印制。

禁止在境外印制发票。

第三章 发 票 的 领 购

第十五条 依法办理税务登记的单位和个人,在领取税务登记证件后,向主管税务机关申请领购发票。

第十六条 申请领购发票的单位和个人应当提出购票申请,提供经办人身份证明、税务登记证件或者其他有关证明,以及财务印章或者发票专用章的印模,经主管税务机关审核后,发给发票领购簿。

领购发票的单位和个人应当凭发票领购簿核准的种类、数量以及购票方式,向主管税务机关领购发票。

第十七条 需要临时使用发票的单位和个人,可以直接向税务机关申请办理。

第十八条 临时到本省、自治区、直辖市行政区域以外从事经营活动的单位或者个人,应当凭所在地税务机关的证明,向经营地税务机关申请领购经营地的发票。

临时在本省、自治区、直辖市以内跨市、县从事经营活动领购发票的办法,由省、自治区、直辖市税务机关规定。

第十九条　税务机关对外省、自治区、直辖市来本辖区从事临时经营活动的单位和个人申请领购发票的，可以要求其提供保证人或者根据所领购发票的票面限额及数量交纳不超过1万元的保证金，并限期缴销发票。

按期缴销发票的，解除保证人的担保义务或者退还保证金；未按期缴销发票的，由保证人或者以保证金承担法律责任。

税务机关收取保证金应当开具收据。

第四章　发票的开具和保管

第二十条　销售商品、提供服务以及从事其他经营活动的单位和个人，对外发生经营业务收取款项，收款方应向付款方开具发票；特殊情况下由付款方向收款方开具发票。

第二十一条　所有单位和从事生产、经营活动的个人在购买商品、接受服务以及从事其他经营活动支付款项时，应当向收款方取得发票。取得发票时，不得要求变更品名和金额。

第二十二条　不符合规定的发票，不得作为财务报销凭证，任何单位和个人有权拒收。

第二十三条　开具发票应当按照规定的时限、顺序，逐栏、全部联次一次性如实开具，并加盖单位财务印章或者发票专用章。

第二十四条　使用电子计算机开具发票，须经主管税务机关批准，并使用税务机关统一监制的机外发票，开具后的存根联应当按照顺序号装订成册。

第二十五条　任何单位和个人不得转借、转让、代开发票；未经税务机关批准，不得拆本使用发票；不得自行扩大专业发票使用范围。

禁止倒买倒卖发票、发票监制章和发票防伪专用品。

第二十六条　发票限于领购单位和个人在本省、自治区、直辖市内开具。

省、自治区、直辖市税务机关可以规定跨市、县开具发票的办法。

第二十七条　任何单位和个人未经批准，不得跨规定的使用区域携带、邮寄、运输空白发票。

禁止携带、邮寄或者运输空白发票出入境。

第二十八条　开具发票的单位和个人应当建立发票使用登记制度，设置发票登记簿，并定期向主管税务机关报告发票使用情况。

第二十九条　开具发票的单位和个人应当在办理变更或者注销税务登记的同时，办理发票和发票领购簿的变更、缴销手续。

第三十条　开具发票的单位和个人应当按照税务机关的规定存放和保管发票，不得擅自损毁。已开具的发票存根联和发票登记簿，应当保存五年。保存期满，报经税务机关查验后销毁。

第五章　发 票 的 检 查

第三十一条　税务机关在发票管理中有权进行下列检查：

（一）检查印制、领购、开具、取得和保管发票的情况；

（二）调出发票查验；

（三）查阅、复制与发票有关的凭证、资料；

（四）向当事各方询问与发票有关的问题和情况；

（五）在查处发票案件时，对与案件有关的情况和资料，可以记录、录音、录像、照相和复制。

第三十二条　印制、使用发票的单位和个人，必须接受税务机关依法检查，如实反映情况，提供有关资料，不得拒绝、隐瞒。

税务人员进行检查时，应当出示税务检查证。

第三十三条　税务机关需要将已开具的发票调出查验时，应当向被查验的单位和个人开具发票换票证。发票换票证与所调出查验的发票有同等的效力。被调出查验发票的单位和个人不得拒绝接受。

税务机关需要将空白发票调出查验时，应当开具收据；经查无问题的，应当及时发还。

第三十四条　单位和个人从中国境外取得的与纳税有关的发票或者凭证，税务机关在纳税审查时有疑义的，可以要求其提供境外公证机构或者注册会计师的确认证明，经税务机关审核认可后，方可作为计账核算的凭证。

第三十五条　税务机关在发票检查中需要核对发票存根联与发票联填写情况时，可以向持有发票或者发票存根联的单位发出发票填写情况核对卡，有关单位应当如实填写，按期报回。

第六章　罚　则

第三十六条　违反发票管理法规的行为包括：

（一）未按照规定印制发票或者生产发票防伪专用品的；

（二）未按照规定领购发票的；

（三）未按照规定开具发票的；

（四）未按照规定取得发票的；

（五）未按照规定保管发票的；

（六）未按照规定接受税务机关检查的。

对有前款所列行为之一的单位和个人，由税务机关责令限期改正，没收非法所得，可以并处1万元以下的罚款。有前款所列两种或者两种以上行为的，可以分别处罚。

第三十七条　对非法携带、邮寄、运输或者存放空白发票的，由税务机关收缴发票，没收非法所得，可以并处1万元以下的罚款。

第三十八条　私自印制、伪造变造、倒买倒卖发票，私自制作发票监制章、发票防伪专用品的，由税务机关依法予以查封、扣押或者销毁，没收非法所得和作案工具，可以并处1万元以上5万元以下的罚款；构成犯罪的，依法追究刑事责任。

第三十九条　违反发票管理法规，导致其他单位或者个人未缴、少缴或者骗取税款的，由税务机关没收非法所得，可以并处未缴、少缴或者骗取的税款一倍以下的罚款。

第四十条　当事人对税务机关的处罚决定不服的，可以依法向上一级税务机关申请复议或者向人民法院起诉；逾期不申请复议，也不向人民法院起诉，又不履行的，作出处罚决定的税务机关可以申请人民法院强制执行。

第四十一条　税务人员利用职权之便，故意刁难印制、使用发票的单位和个人，或者有违反发票管理法规行为的，依照国家有关规定给予行政处分；构成犯罪的，依法追究刑事责任。

第七章　附　则

第四十二条　对国有金融、邮电、铁路、民用航空、公路和水上运输等单位的专业发票，经国家税务总局或者国家税务总局省、自治区、直辖市分局批准，可以由国务院有关主管部门或者省、自治区、直辖市人民政府有关主管部门自行管理。

第四十三条　国家根据经济发展和税收征收管理的需要，提倡使用计税收款机，具体办法另行制定。

第四十四条　本办法由国家税务总局负责解释，实施细则由国家税务总局制定。

第四十五条　本办法自发布之日起施行。财政部1986年发布的《全国发票管理暂行办法》和原国家税务局1991年发布的《关于对外商投资企业和外国企业发票管理的暂行规定》同时废止。

【注释】　对《税收征收管理法》第21条进行了解释。

中华人民共和国发票管理办法实施细则

国税发[1993]157号

第一章　总　则

第一条　根据《中华人民共和国发票管理办法》(以下简称《办法》)第四十四条规定，制定本实施细则。

第二条　全国统一发票监制章是税务机关管理发票的法定标志，其形状、规格、内容、印色由国家税务总局规定。除经国家税务总局或国家税务总局省、自治区、直辖市税务分局和省、自治区、直辖市地方税务局(国家税务总局省、自治区、直辖市税务分局和省、自治区、直辖市地方税务局以下统称省级税务机关)依据各自的职责批准外，发票均应套印全国统一发票监制章。

第三条　发票种类的划分，由省级以上税务机关确定。

第四条　发票的基本联次为三联，第一联为存根联，开票方留存备查；第二联为发票联，收执方作为付款或收款原始凭证；第三联为记账联，开票方作为记账原始凭证。增值税专用发票的基本联次还应包括抵扣联，收执方作为抵扣税款的凭证。

除增值税专用发票外，县（市）以上税务机关根据需要可适当增减联次并确定其用途。

第五条　发票的基本内容包括：发票的名称、字轨号码、联次及用途，客户名称，开户银行及账号，商品名称或经营项目，计量单位、数量、单价、大小写金额，开票人，开票日期，开票单位（个人）名称（章）等。

有代扣、代收、委托代征税款的，其发票内容应当包括代扣、代收、委托代征税种的税率和代扣、代收、委托代征税额。

增值税专用发票还应当包括：购货人地址、购货人税务登记号、增值税税率、税额、供货方名称、地址及其税务登记号。

第六条　在全国范围内统一式样的发票，由国家税务总局确定。

在省、自治区、直辖市范围内统一式样的发票，由省级税务机关确定。

本条所说发票的式样包括发票所属的种类、各联用途、具体内容、版面排列、规格、使用范围等。

第七条　有固定生产经营场所、财务和发票管理制度健全、发票使用量较大的单位，可以申请印制印有本单位名称的发票；如统一发票式样不能满足业务需要，也可以自行设计本单位的发票式样，但均须报经县（市）以上税务机关批准，其中增值税专用发票由国家税务总局另定。

第二章　发票的印制

第八条　《办法》第七条所称"增值税专用发票由国家税务总局统一印制"，是指由国家税务总局指定的企业统一印制。

第九条　印制发票企业和生产发票防伪专用品企业应当具备以下条件：

（一）设备、技术水平能满足印制发票和生产发票防伪专用品的需要；

（二）能够按照税务机关要求，保证供应；

（三）企业管理规范，有严格的质量监督制度；

（四）有专门车间生产，专用仓库保管，专人负责管理；

（五）能严格遵守发票印制和发票防伪专用品生产管理规定。

第十条　发票准印证和发票防伪专用品准产证由国家税务总局统一制发。

税务机关应定期对印制发票企业和生产发票防伪专用品企业进行监督检查，对不符合条件的，应取消其印制发票或生产发票防伪专用品的资格。

第十一条　印制发票企业和生产发票防伪专用品企业应建立以下制度：

（一）生产责任制度；

（二）保密制度；

（三）质量检验制度；

（四）保管制度；

（五）其他有关制度。

第十二条　发票印制或发票防伪专用品生产前，主管税务机关应下达发票印制或发票防伪专用品生产通知书，被指定的印制或生产企业必须按照要求印制或生产。

发票印制通知书应当载明印制发票企业名称，用票单位名称，发票名称、种类、联次、规格、印色、印制数量、起止号码，交货时间、地点等内容。

发票防伪专用品生产通知书应当载明生产发票防伪专用品企业名称，发票防伪专用品名称，主要技术指标和质量要求，年计划产量等内容。

第十三条　印制发票企业和生产发票防伪专用品企业印制、生产完毕的成品，以及印制发票企业购进的发票防伪专用品，应按规定验收后专库妥善保管，不得丢失。次品、废品应报经税务机关批准集中销毁。

第十四条　不定期换版的具体时间、内容和要求由国家税务总局确定。

第三章　发票的领购

第十五条　依法不需办理税务登记的单位需要领购发票的，可以按照《办法》的有关规定，向主管税务机关申请领购发票。

第十六条　申请领购增值税专用发票的单位和个人，提供《办法》第十六条规定的证明时，应当提供加盖有"增值税一般纳税人"确认专章的税务登记证（副本）。非增值税纳税人和根据增值税有关规定确认的增值税小规模纳税人不得领购增值税专用发票。

第十七条 《办法》第十六条所称税务登记证件是指税务登记证(正、副本)、注册税务登记证(正、副本)。

第十八条 《办法》第十六条所称购票申请应载明单位和个人的名称,所属行业,经济类型,需要发票的种类、名称、数量等内容,并加盖单位公章和经办人印章。

第十九条 《办法》第十六条所称经办人身份证明是指经办人的居民身份证、护照、工作证以及其他能证明经办人身份的证件。

第二十条 《办法》第十六条所称财务印章是指单位的财务专用章或其他财务印章。

第二十一条 《办法》第十六条所称发票专用章是指没有(或者不便使用)财务印章的单位和个体工商户按税务机关的统一规定刻制的,在领购或开具发票时加盖有其名称、税务登记号、发票专用章字样的印章。“发票专用章”式样和使用办法由省级税务机关确定。

第二十二条 税务机关对用票单位和个人提供的财务印章和发票专用章的印模应留存备查。

第二十三条 《办法》第十六条所称发票领购簿的内容应包括用票单位和个人的名称、所属行业、经济类型、购票方式、核准购票种类、发票名称、领购日期、准购数量、起止号码、违章记录、领购人签字(盖章)、核发税务机关(章)等内容。

第二十四条 《办法》第十六条所称购票方式是指批量供应、交旧购新或者验旧购新等方式。

第二十五条 税务机关在发售发票时,应按核准的收费标准收取工本管理费,并向购票单位和个人开具收据。工本管理费应专款专用,不得挪作他用,省级税务机关应制定具体管理制度。

第二十六条 凡需向税务机关申请开具发票的单位和个人,均应提供发生购销业务,提供接受服务或者其他经营活动的书面证明。

对税法规定应当缴纳税款的,税务机关应当在开具发票的同时征税。

第二十七条 《办法》第十九条所称保证人,是指在中国境内具有担保能力的公民、法人或者其他经济组织。国家机关不得作保证人。

保证人同意为领购发票的单位和个人提供担保的,应当填写担保书。担保书内容包括:担保对象、范围、期限和责任以及其他有关事项。

担保书须经购票人、保证人和税务机关签字盖章后方为有效。

第二十八条 《办法》第十九条第二款所称“由保证人或者以保证金承担法律责任”,是指责令保证人缴纳罚款或者以保证金缴纳罚款。

第二十九条 提供保证人或者交纳保证金的具体范围,以及在本省、自治区、直辖市内跨市、县从事临时经营活动提供保证人或者交纳保证金的办法,由省级税务机关规定。

第四章 发票的开具和保管

第三十条 《办法》第二十条“特殊情况下由付款方向收款方开具发票”是指收购单位和扣缴义务人支付个人款项时开具的发票。

第三十一条 向消费者个人零售小额商品或者提供零星服务的,是否可免予逐笔开具发票,由省级税务机关确定。

第三十二条 《办法》第二十二条所称不符合规定的发票是指开具或取得的发票是应经而未经税务机关监制,或填写项目不齐全,内容不真实,字迹不清楚,没有加盖财务印章或发票专用章,伪造、作废以及其他不符合税务机关规定的发票。

第三十三条 填开发票的单位和个人必须在发生经营业务确认营业收入时开具发票。未发生经营业务一律不准开具发票。

第三十四条 开具发票后,如发生销货退回需开红字发票的,必须收回原发票并注明“作废”字样或取得对方有效证明;发生销售折让的,在收回原发票并注明“作废”字样后,重新开具销售发票。

第三十五条 单位和个人在开具发票时,必须做到按号码顺序填开,填写项目齐全,内容真实,字迹清楚,全部联次一次复写、打印,内容完全一致,并在发票联和抵扣联加盖单位财务印章或者发票专用章。

第三十六条 开具发票应当使用中文。民族自治地方可以同时使用当地通用的一种民族文字。外商投资企业和外国企业可以同时使用一种外国文字。

第三十七条 《办法》第二十四条“机外发票”是指经税务机关批准,在指定印制发票企业印制的供计算机开具的发票。

第三十八条 对根据税收管理需要，须跨省、自治区、直辖市开具发票的，由国家税务总局确定。

省际毗邻市县之间是否允许跨省、自治区、直辖市开具发票，由有关省级税务机关确定。

第三十九条 《办法》第二十七条所称规定的使用区域，包括《办法》以及国家税务总局和省级税务机关规定的使用区域。

第四十条 《办法》第二十八条所称发票登记簿的式样和使用办法，以及发票使用情况报告的形式和期限，由省级税务机关确定。

第四十一条 使用发票的单位和个人应当妥善保管发票，不得丢失。发票丢失，应于丢失当日书面报告主管税务机关，并在报刊和电视等传播媒介上公告声明作废。

第五章 发票的检查

第四十二条 《办法》第三十三条所称发票换票证仅限于在本县(市)范围内使用。需要调出外县(市)的发票查验时，应与该县(市)税务机关联系，使用当地的发票换票证。

第四十三条 发票的真伪由税务机关鉴定。

第四十四条 收执发票或保管发票存根联的单位，接到税务机关"发票填写情况核对卡"后，应在十五日内填写有关情况报回。"发票填写情况核对卡"的式样由国家税务总局确定。

第六章 罚 则

第四十五条 税务机关对违反发票管理法规的行为进行处罚，应将处理决定书面通知当事人；对违反发票管理法规的案件，应立案查处。

对违反发票管理法规的行政处罚，由县以上税务机关决定；罚款额或没收非法所得款额在1000以下的，可由税务所自行决定。

第四十六条 下列行为属于未按规定印制发票、生产发票防伪专用品的行为：

(一) 未经省级税务机关指定的企业私自印制发票；

(二) 未经国家税务总局指定的企业私自生产发票防伪专用品、私自印制增值税专用发票；

(三) 伪造、私刻发票监制章，伪造、私造发票防伪专用品；

(四) 印制发票的企业未按"发票印制通知书"印制发票，生产发票防伪专用品的企业未按"发票防伪专用品生产通知书"生产防伪专用品；

(五) 转借、转让发票监制章和发票防伪专用品；

(六) 印制发票和生产发票防伪专用品的企业未按规定销毁废(次)品而造成流失；

(七) 用票单位私自印制发票；

(八) 未按税务机关的规定制定印制发票和生产发票防伪专用品管理制度；

(九) 其他未按规定印制发票和生产发票防伪专用品的行为。

第四十七条 下列行为属于未按规定领购发票的行为：

(一) 向税务机关以外的单位和个人领购发票；

(二) 私售、倒买倒卖发票；

(三) 贩运、窝藏假发票；

(四) 向他人提供发票或者借用他人发票；

(五) 盗取(用)发票；

(六) 其他未按规定领购发票的行为。

第四十八条 下列行为属于未按规定开具发票的行为：

(一) 应开具而未开具发票；

(二) 单联填开或上下联金额、增值税销项税额等内容不一致；

(三) 填写项目不齐全；

(四) 涂改发票；

(五) 转借、转让、代开发票；

(六) 未经批准拆本使用发票；

(七) 虚构经营业务活动，虚开发票；

(八) 开具票物不符发票；

（九）开具作废发票；

（十）未经批准，跨规定的使用区域开具发票；

（十一）以其他单据或白条代替发票开具；

（十二）扩大专业发票或增值税专用发票开具范围；

（十三）未按规定报告发票使用情况；

（十四）未按规定设置发票登记簿；

（十五）其他未按规定开具发票的行为。

第四十九条　下列行为属于未按规定取得发票的行为：

（一）应取得而未取得发票；

（二）取得不符合规定的发票；

（三）取得发票时，要求开票方或自行变更品名、金额或增值税税额；

（四）自行填开发票入账；

（五）其他未按规定取得发票的行为。

第五十条　下列行为属于未按规定保管发票的行为：

（一）丢失发票；

（二）损（撕）毁发票；

（三）丢失或擅自销毁发票存根联以及发票登记簿；

（四）未按规定缴销发票；

（五）印制发票的企业和生产发票防伪专用品的企业丢失发票或发票监制章及发票防伪专用品等；

（六）未按规定建立发票保管制度；

（七）其他未按规定保管发票的行为。

第五十一条　下列行为属于未按规定接受税务机关检查的行为：

（一）拒绝检查；

（二）隐瞒真实情况；

（三）刁难、阻挠税务人员进行检查；

（四）拒绝接受《发票换票证》；

（五）拒绝提供有关资料；

（六）拒绝提供境外公证机构或者注册会计师的确认证明；

（七）拒绝接受有关发票问题的询问；

（八）其他未按规定接受税务机关检查的行为。

第五十二条　《办法》第三十七条所称"非法携带、邮寄、运输或者存放空白发票"，包括经税务机关监制的空白发票和伪造的假空白发票。

第五十三条　《办法》第三十八条所称倒买倒卖发票，包括倒买倒卖发票、发票防伪专用品和伪造的假发票。

第五十四条　《办法》第三十六、三十七、三十八、三十九条所称没收非法所得，是指没收因伪造和非法印制、生产、买卖、转让、代开、不如实开具以及非法携带、邮寄、运输或者存放发票、发票监制章或者发票防伪专用品和其他违反本细则规定的行为所取得的收入。

第五十五条　对违反发票管理法规造成偷税的，按照《中华人民共和国税收征收管理法》处理。

对违反发票管理法规情节严重构成犯罪的，税务机关应当书面移送司法机关处理。

第五十六条　《办法》第四十条所称"可以依法向上一级税务机关申请复议或者向人民法院起诉"，是指依照《中华人民共和国税收征收管理法》规定的期限和程序申请复议或者向人民法院起诉。

第七章　附　　则

第五十七条　《办法》第四十二条"专业发票"是指国有金融、保险企业的存贷、汇兑、转账凭证、保险凭证；国有邮政、电信企业的邮票、邮单、话务、电报收据；国有铁路、民用航空企业和交通部门国有公路、水上运输企业的客票、货票等。

上述单位承包、租赁给非国有单位和个人经营或采取国有民营形式所用的专业发票，以及上述单位的其他发票均应套印全国统一发票监制章，由税务机关统一管理。

第五十八条　《办法》和本实施细则所称“以上”、“以下”均含本数。

第五十九条　《办法》实施前发生的发票违法行为，依照当时有效的法律、行政法规、规章的规定处理。

第六十条　本实施细则由国家税务总局负责解释。

第六十一条　本实施细则自《中华人民共和国发票管理办法》施行之日起施行。各部门原有关规定与《办法》和本实施细则相抵触的，按《办法》和本实施细则执行。

国家税务总局关于印发《税务行政处罚听证程序实施办法(试行)》、《税务案件调查取证与处罚决定分开制度实施办法(试行)》的通知

国税发[1996]190号

税务行政处罚听证程序实施办法(试行)

第一条　为了规范税务行政处罚听证程序的实施，保护公民、法人和其他组织的合法权益，根据《中华人民共和国行政处罚法》，制定本实施办法。

第二条　税务行政处罚的听证，遵循合法、公正、公开、及时和便民的原则。

第三条　税务机关对公民作出2000元以上(含本数)罚款或者对法人或者其他组织作出1万元以上(含本数)罚款的行政处罚之前，应当向当事人送达《税务行政处罚事项告知书》，告知当事人已经查明的违法事实、证据、行政处罚的法律依据和拟将给予的行政处罚，并告知有要求举行听证的权利。

第四条　要求听证的当事人，应当在《税务行政处罚事项告知书》送达后3日内向税务机关书面提出听证；逾期不提出的、视为放弃听证权利。

当事人要求听证的，税务机关应当组织听证。

第五条　税务机关应当在收到当事人听证要求后15日内举行听证，并在举行听证的7日前将《税务行政处罚听证通知书》送达当事人，通知当事人举行听证的时间、地点、听证主持人的姓名及有关事项。

当事人由于不可抗力或者其他特殊情况而耽误提出听证期限的，在障碍消除后5日以内，可以申请延长期限。申请是否准许，由组织听证的税务机关决定。

第六条　当事人提出听证后，税务机关发现自己拟作的行政处罚决定对事实认定有错误或者偏差，应当予以改变，并及时向当事人说明。

第七条　税务行政处罚的听证，由税务机关负责人指定的非本案调查机构的人员主持，当事人、本案调查人员及其他有关人员参加。

听证主持人应当依法行使职权，不受任何组织和个人的干涉。

第八条　当事人可以亲自参加听证，也可以委托一至二人代理。当事人委托代理人参加听证的，应当向其代理人出具代理委托书。代理委托书应当注明有关事项，并经税务机关或者听证主持人审核确认。

第九条　当事人认为听证主持人与本案有直接利害关系的，有权申请回避。回避申请，应当在举行听证的3日前向税务机关提出，并说明理由。

听证主持人是本案当事人的近亲属，或者认为自己与本案有直接利害关系或其他关系可能影响公正听证的，应当自行提出回避。

第十条　听证主持人的回避，由组织听证的税务机关负责人决定。

对驳回申请回避的决定，当事人可以申请复核一次。

第十一条　税务行政处罚听证应当公开进行。但是涉及国家秘密、商业秘密或者个人隐私的，听证不公开进行。

对公开听证的案件，应当先期公告当事人和本案调查人员的姓名、案由和听证的时间、地点。

公开进行的听证，应当允许群众旁听。经听证主持人许可，旁听群众可以发表意见。

对不公开听证的案件，应当宣布不公开听证的理由。

第十二条　当事人或者其代理人应当按照税务机关的通知参加听证，无正当理由不参加的，视为放弃听证权利。听证应当予以终止。

本案调查人员有前款规定情形的，不影响听证的进行。

第十三条 听证开始时，听证主持人应当首先声明并出示税务机关负责人授权主持听证的决定，然后查明当事人或者其代理人、本案调查人员、证人及其他有关人员是否到场，宣布案由；宣布听证会的组成人员名单；告知当事人有关的权利义务。记录员宣读听证会场纪律。

第十四条 听证过程中，由本案调查人员就当事人的违法行为予以指控，并出示事实证据材料，提出行政处罚建议。当事人或者其代理人可以就所指控的事实及相关问题进行申辩和质证。

听证主持人可以对本案所及事实进行询问，保障控辩双方充分陈述事实，发表意见，并就各自出示的证据的合法性、真实性进行辩论。辩论先由本案调查人员发言，再由当事人或者其代理人答辩，然后双方相互辩论。

辩论终结，听证主持人可以再就本案的事实、证据及有关问题向当事人或者其代理人、本案调查人员征求意见。当事人或者其代理人有最后陈述的权利。

第十五条 听证主持人认为证据有疑问无法听证辨明，可能影响税务行政处罚的准确公正的，可以宣布中止听证，由本案调查人员对证据进行调查核实后再行听证。

当事人或者其代理人可以申请对有关证据进行重新核实，或者提出延期听证；是否准许，由听证主持人或者税务机关作出决定。

第十六条 听证过程中，当事人或者其代理人放弃申辩和质证权利，声明退出听证会；或者不经听证主持人许可擅自退出听证会的，听证主持人可以宣布听证终止。

第十七条 听证过程中，当事人或者其代理人、本案调查人员、证人及其他人员违反听证秩序，听证主持人应当警告制止；对不听制止的，可以责令其退出听证会场。

当事人或者其代理人有前款规定严重行为致使听证无法进行的，听证主持人或者税务机关可以终止听证。

第十八条 听证的全部活动，应当由记录员写成笔录，经听证主持人审阅并由听证主持人和记录员签名后，封卷上交税务机关负责人审阅。

听证笔录应交当事人或者其代理人、本案调查人员、证人及其他有关人员阅读或者向他们宣读，他们认为有遗漏或者有差错的，可以请求补充或者改正。他们在承认没有错误后，应当签字或者盖章。拒绝签名或者盖章的，记明情况附卷。

第十九条 听证结束后，听证主持人应当将听证情况和处理意见报告税务机关负责人。

第二十条 对应当进行听证的案件，税务机关不组织听证，行政处罚决定不能成立；当事人放弃听证权利或者被正当取消听证权利的除外。

第二十一条 听证费用由组织听证的税务机关支付，不得由要求听证的当事人承担或者变相承担。

第二十二条 本实施办法由国家税务总局负责解释。

第二十三条 本实施办法自1996年10月1日起施行。

附：

《税务行政处罚听证通知书》格式

×××税务局税务行政处罚听证通知书

（ ）税________字第________号

____________（纳税人识别号）：

根据你提出的听证要求，定于________年________月________日在________举行听证，请准时参加。

本次听证拟由________主持。你如认为主持人与本案有直接利害关系需要申请回避的，请于举行听证的三日前提出，并说明理由。

税务机关（章）

年　月　日

税务案件调查取证与处罚决定分开制度实施办法（试行）

第一条 为了促进税务机关正确实施行政处罚行为，保护公民、法人和其他组织的合法权利，根据《中华人民共和国行政处罚法》和《国务院关于贯彻实施〈中华人民共和国行政处罚法〉的通知》，制定本实施办法。

第二条　税务机关实施税务行政处罚，除依法可以当场作出行政处罚决定的外，均适用本实施办法。

第三条　对各类税务案件的调查取证由税务机关的有关调查机构负责；对案件调查结果的审查由税务机关负责人指定的比较超脱的机构（以下简称审查机构）负责。

第四条　税务机关的调查机构对税务案件进行调查取证后，对依法应当给予行政处罚的，应及时提出处罚建议，制作《税务行政处罚事项告知书》并送达当事人，告知当事人作出处罚建议的事实、理由和依据，以及当事人依法享有的陈述、申辩或要求听证权利。

第五条　税务机关的调查机构应当充分听取当事人的陈述、申辩意见，并对陈述、申辩情况进行记录或制作《陈述申辩笔录》。

第六条　调查终结，调查机构应当制作调查报告，并及时将调查报告连同所有案卷材料移交审查机构。

移交的调查报告主要包括下列内容：

（一）当事人的基本情况；

（二）当事人的违法事实及证据；

（三）告知情况；

（四）当事人的陈述申辩情况；

（五）处罚建议；

（六）其他。

第七条　审查机构收到调查机构移交的案卷后，应对案卷材料进行登记，填写《税务案件审查登记簿》。案卷登记应主要包括下列内容：

（一）调查案件来源资料；

（二）事实证据材料；

（三）告知材料；

（四）陈述、申辩意见记录或《陈述申辩笔录》；

（五）调查报告；

（六）其他有关资料。

案卷材料不全的，可以通知调查机构增补。

第八条　审查机构应对案件下列事项进行审查：

（一）调查机构认定的事实、证据和处罚建议适用的处罚种类、依据是否正确；

（二）调查取证是否符合法定程序；

（三）当事人陈述、申辩的事实、证据是否成立；

（四）经听证的，当事人听证申辩的事实、证据是否成立。

第九条　审查机构应在自收到调查机构移交案卷之日起10日内审查终结，制作审查报告，并连同案卷材料报送本级税务机关负责人审批。

审查报告主要包括下列内容：

（一）基本案情；

（二）调查机构调查认定的事实、证据和处理建议；

（三）陈述、申辩情况；

（四）听证情况；

（五）审查机构审查认定的事实、证据，适用法律及处理建议；

（六）其他。

听证期间不计算在审查期限内。

第十条　税务机关负责人认为调查报告或审查报告有重大错误的，可以将案卷材料退回调查机构或审查机构重新处理。

第十一条　审查机构应自收到本级税务机关负责人审批意见之日起3日内，根据不同情况分别制作以下处理决定书报送本级税务机关负责人签发：

（一）有应受行政处罚的违法行为的，根据情节轻重及具体情况予以处罚，制作决定书；

（二）违法行为轻微，依法可以不予行政处罚的，不予行政处罚，制作《不予行政处罚决定书》；

（三）违法事实不能成立的，不得予以行政处罚，制作决定书；

（四）违法行为已构成犯罪的，移送司法机关，制作决定书。

第十二条 调查机构或其他执行机构应在处理决定书送达和执行以后将处理决定书和执行报告抄送审查机构备查。

第十三条 重大复杂的税务行政处罚案件，应自作出处理决定之日起5日内报上一级税务机关备案。

第十四条 本实施办法除适用所附四种税务文书格式外，需要制作的其他税务文书可参照适用国家税务总局《税务稽查工作规程》规定的税务文书格式。

第十五条 本实施办法由国家税务总局负责解释。

第十六条 本实施办法自1996年10月1日起执行。

注册税务师资格制度暂行规定

人发[1996]116号

第一章 总 则

第一条 为了加强对税务代理专业技术人员的执业准入控制，规范税务代理行为，发挥税务代理在税收活动中的作用，保证国家税收法律、行政法规的贯彻执行，维护纳税人、扣缴义务人的合法权益，根据《中华人民共和国税收征收管理法》及其实施细则，以及职业资格证书制度的有关规定，制定本暂行规定。

第二条 国家对从事税务代理活动的专业技术人员实行注册登记制度。按本规定取得中华人民共和国注册税务师执业资格证书并注册的人员，方可从事税务代理活动。

第三条 从事税务代理业务的中介服务机构为税务师事务所，税务师事务所必须配备一定数量的注册税务师。

第四条 注册税务师资格制度属职业资格证书制度范畴，纳入专业技术人员执业资格制度的统一规划，由国家确认批准。

注册税务师英文译称：Registered Tax Agent。

第五条 人事部和国家税务总局共同负责全国注册税务师资格制度的政策制定、组织协调、资格考试、注册登记和监督管理工作。

第二章 考 试

第六条 注册税务师资格考试实行全国统一大纲、统一命题、统一组织的考试制度。原则上每年举行一次。

第七条 凡中华人民共和国公民，遵纪守法并具备下列条件之一者，可申请参加注册税务师资格考试：

（一）经济类、法学类大专毕业后，或非经济类、法学类大学本科毕业后，从事经济、法律工作满六年。

（二）经济类、法学类大学本科毕业后，或非经济、法学类第二学士或研究生班毕业后，从事经济、法律工作满四年。

（三）经济类、法学类第二学位或研究生班毕业后，或获非经济、法学类硕士学位后，从事经济、法律工作满两年。

（四）获得经济类、法学类硕士学位后，从事经济、法律工作满一年。

（五）获得经济类、法学类博士学位。

（六）人事部和国家税务总局规定的其他条件。

第八条 国家税务总局负责组织有关专家拟定考试大纲、编写培训教材和命题工作，统一规划并组织或授权组织考前培训等有关工作。

考前培训工作必须按照与考试分开、自愿参加的原则进行。

第九条 人事部负责组织有关专家审定考试科目、考试大纲和试题，组织或授权组织实施各项考务工作。会同国家税务总局对考试进行检查、监督和指导。

第十条 注册税务师资格考试合格者，由各省、自治区、直辖市人事（职改）部门颁发人事部统一印制、人事部和国家税务总局用印的中华人民共和国注册税务师执业资格证书。

第三章 注 册

第十一条 国家税务总局及其授权的省、自治区、直辖市、计划单列市注册税务师管理机构为注册税务师的注册管理机构。

各级人事(职改)部门对注册税务师的注册情况有检查、监督的责任。

第十二条　取得注册税务师执业资格证书,申请从事税务代理业务的人员,应在取得证书后三个月内到所在省、自治区、直辖市及计划单列市注册税务师管理机构申请办理注册登记手续。

第十三条　申请注册者,必须同时具备下列四项条件:

(一)遵纪守法,恪守职业道德;

(二)取得中华人民共和国注册税务师执业资格证书;

(三)身体健康,能坚持在注册税务师岗位上工作;

(四)经所在单位考核同意。

再次注册者,应经单位考核合格并有参加继续教育、业务培训的证明。

第十四条　有下列情况之一者,不予注册:

(一)不具有完全民事行为能力的;

(二)因受刑事处罚,自处罚执行完毕之日起未满三年者;

(三)被国家机关开除公职,自开除之日起未满三年者;

(四)国家税务总局认为其他不具备税务代理资格的。

第十五条　经批准的注册税务师,由省、自治区、直辖市及计划单列市注册税务师管理机构按国家税务总局的规定进行注册。

第十六条　注册税务师有下列情况之一的,由国家税务总局或省、自治区、直辖市及计划单列市注册税务师管理机构注销其注册税务师资格:

(一)在登记中弄虚作假,骗取中华人民共和国注册税务师执业资格证书的;

(二)同时在两个税务代理机构执业的;

(三)死亡或失踪的;

(四)有本规定第三十条、第三十一条行为之一的;

(五)国家税务总局认为其他不适合从事税务代理业务的。

第十七条　注册税务师每次注册有效期为三年,每年验证一次。有效期满前三个月持证者按规定到注册管理机构重新办理注册登记。

有第十四、十六条行为之一的,不予重新注册登记。

第十八条　各地注册税务师管理机构应对注册税务师注册登记和被注销登记的情况,及时向国家税务总局报告。对注册税务师办理了注册登记或被注销登记的,可通过新闻媒介予以公布。

第四章　权利和义务

第十九条　在税务代理活动中,注册税务师应当以纳税人、扣缴义务人自愿委托和自愿选择为前提,遵守国家税收法律、行政法规和行政规章,独立、公正执行业务,维护国家利益,保护委托人的合法权益。

第二十条　注册税务师可以接受纳税人、扣缴义务人的委托,从事下列范围内的业务代理:

(一)办理税务登记、变更税务登记和注销税务登记;

(二)办理除增值税专用发票外的发票领购手续;

(三)办理纳税申报或扣缴税款报告;

(四)办理缴纳税款和申请退税;

(五)制作涉税文书;

(六)审查纳税情况;

(七)建账建制,办理账务;

(八)税务咨询、受聘税务顾问;

(九)税务行政复议;

(十)国家税务总局规定的其他业务。

第二十一条　注册税务师可以接受纳税人、扣缴义务人的委托进行全面代理、单项代理或常年代理、临时代理。

第二十二条　注册税务师依法从事税务业务,受国家法律保护,任何机关、团体、单位和个人不得非法干预。

第二十三条 注册税务师有权根据代理业务需要，查询被代理人的有关财务会计资料和文件，查看业务现场和设施。被代理人应当向代理人提供真实的经营情况和财务资料。

第二十四条 注册税务师承办业务，由其所在的税务师事务所统一受理并与委托人签订委托代理协议书，按照国家统一规定的标准收取代理费用。

一个注册税务师不能同时在两个或两个以上税务师事务所执业。

税务师事务所必须经国家税务总局确认批准。

第二十五条 注册税务师在办理业务时，应向被代理人或有关税务机关出示由国家税务总局或省、自治区、直辖市及计划单列市注册税务师管理机构核发的注册登记证明。注册税务师对其代理的业务所出具的所有文书有签名盖章权，并承担相应的法律责任。

第二十六条 注册税务师应保守被代理人的商业秘密。对被代理人偷税、骗税的行为予以制止，并及时报告有关税务机关。

第二十七条 注册税务师按规定接受专业技术人员继续教育，不断更新知识，掌握最新的税收政策法规，提高操作技能。接受注册税务师管理机构组织的专业培训和考核，并作为重新注册登记的必备条件之一。

第五章 罚 则

第二十八条 注册税务师未按照委托代理协议书的规定进行代理或违反税收法律、行政法规的规定进行代理活动的，由县及县以上税务行政机关按有关规定处以罚款，并追究相应的责任。

第二十九条 注册税务师在一个会计年度内违反本规定从事代理活动二次以上的，由省、自治区、直辖市及计划单列市注册税务师管理机构停止其从事税务代理业务一年以上。

第三十条 注册税务师知道被委托代理的事项违法仍进行代理活动或知道自身的代理行为违法的，除按第二十八条规定处理外，由省、自治区、直辖市、计划单列市注册税务师管理机构注销其注册税务师注册登记，收回执业资格证书，禁止其从事税务代理业务，并向发证机关备案。

第三十一条 注册税务师从事税务代理活动，触犯刑律、构成犯罪的，由司法机关依法惩处。

第三十二条 各省、自治区、直辖市及计划单列市注册管理机构对注册税务师违反本规定有关条款所作的处理，及时如实记录在证书的惩戒登记栏内。

第三十三条 税务师事务所违反税收法律和有关行政规章的规定进行代理活动的，由县及县以上税务行政机关视情节轻重，给予警告，或根据有关法律、行政法规处以罚款，或提请有关管理部门给予停业整顿、责令解散等处理。

第三十四条 当事人对行政处分决定不服的，可以依法申请复议或向人民法院起诉。

第六章 附 则

第三十五条 注册税务师资格考试实施以前，已取得经济类高级专业技术职务的税务代理人员，可通过考核认定注册税务师资格。

考核认定的具体办法由人事部和国家税务总局另行制定。

第三十六条 按本规定取得注册税务师资格的，单位根据工作需要可聘任经济师职务。

第三十七条 境外人员申请注册税务师资格考试和申请在境内从事税务代理业务的管理办法，经国务院有关部门批准后，另行制定。

第三十八条 本规定有关报考条件、考务工作的解释权属人事部；有关考试大纲、参考教材、考前培训、注册管理工作的解释权属国家税务总局。

第三十九条 本规定自发布之日起执行。

【注释】 对《税收征收管理法》第 89 条进行了解释。

邮寄纳税申报办法

国税发[1997]147 号

为贯彻《国务院办公厅关于转发国家税务总局深化税收征管改革方案的通知》(国办发[1997]1 号)，不断深化税收征管改革，完善纳税申报制度，方便纳税人申报纳税，依据《中华人民共和国税收征收管理法》及其有关规定，以及邮电部颁布的《国内特快专递邮件处理规则》，制定本办法。

一、适用范围

凡实行查账征收方式的纳税人，经主管税务机关批准，均可采用本办法。

二、邮寄内容

邮寄申报的邮件内容包括纳税申报表、财务会计报表以及税务机关要求纳税人报送的其他纳税资料。

三、办理程序

（一）纳税人在法定的纳税申报期内，按税务机关规定的要求填写各类申报表和纳税资料后，使用统一规定的纳税申报特快专递专用信封，可以根据约定时间由邮政人员上门收寄，也可到指定的邮政部门办理交寄手续。

无论是邮政人员上门收寄，还是由纳税人到邮政部门办理交寄，邮政部门均应向纳税人开具收据。该收据作为邮寄申报的凭据，备以查核。

（二）邮政部门办理纳税申报特快专递邮件参照同城特快邮件方式交寄、封发处理，按照与税务机关约定的时限投递，保证传递服务质量。具体投递频次、时限由省、自治区、直辖市邮政、税务部门协商确定。业务量、业务收入统计按照同城特快业务现行规定办理。

（三）各基层税务机关要指定人员统一接收、处理邮政部门送达的纳税申报邮件。

四、邮资

纳税申报特快专递邮件实行按件收费，每件中准价为 8 元，各省、自治区、直辖市邮电管理局可根据各地实际情况，以中准价为基础上下浮动 30%。价格确定后，须报经省物价主管部门备案。

邮件资费的收取方式及相关手续由各省、自治区、直辖市税务和邮政部门协商确定。

五、申报日期确认

邮寄纳税申报的具体日期以邮电部门收寄日戳日期为准。

六、专用信封

邮寄纳税申报专用信封，由各省、自治区、直辖市邮电管理局与同级税务机关共同指定印刷厂承印，并负责监制；由各地（市）、州、盟国家税务局、地方税务局按照邮电部、国家税务总局确定的式样（附后）印制；由纳税人向主管税务机关领购。

七、本办法由国家税务总局、邮电部负责解释；各省、自治区、直辖市国家税务局、地方税务局、邮电管理局可依据本办法制定具体的实施办法。

八、本办法自发布之日起生效。

【注释】　对《税收征收管理法》第 26 条进行了解释。对《税收征收管理法实施细则》第 30、31 条进行了解释。

税务违法案件举报奖励办法

国税发［1998］211 号

第一条　为了鼓励举报税务违法行为，根据《中华人民共和国税收征收管理法》及有关规定，制定本办法。

第二条　税务机关对举报偷税、逃避追缴欠税、骗税和虚开、伪造、非法提供、非法取得发票，以及其他税务违法行为的有功单位和个人（以下简称举报人），给予物质奖励和精神奖励，并严格为其保密。

前款的物质奖励，不适用于税务、财政、审计、海关、工商行政管理、公安、检察等国家机关的工作人员。

第三条　举报奖励对象原则上限于实名举报人；但对匿名举报案件查实后，税务机关认为可以确定举报人真实身份的，酌情给予奖励。

第四条　国家税务总局和各级国家税务局、地方税务局建立税务违法案件举报奖励基金（以下简称举报奖励基金），专款滚动使用。

举报奖励基金从上级税务机关或者同级财政机关拨付的税务稽查办案专项补助经费总额中按照规定的比例计提；不足的部分，依照财政部、国家税务总局有关规定向上级税务机关或者同级财政机关申请专项追加拨付。

举报奖励基金由稽查局管理；稽查局未设财务机构的，委托税务局负责开支的财务机构代管；经费拨付机构、监察机构负责监督。

第五条 税务违法举报案件经查实并依法处理后，根据举报人的贡献大小，按照实际追缴税款数额的百分之五以内掌握计发奖金；没有应纳税款的，按照实际追缴罚款数额的百分之十以内掌握计发奖金，每案奖金最高数额不超过人民币十万元。

对有重大贡献的举报人，经省级税务机关批准，奖金限额可以适当提高。

具体奖金数额标准及审批权限，由各省、自治区、直辖市和计划单列市国家税务局、地方税务局确定。

第六条 同一税务违法行为被多个举报人分别举报的，主要奖励最先举报人。举报顺序以负责查处的税务机关或者其所属的税务违法案件举报中心(以下简称举报中心)受理举报的登记时间为准。但其他举报人提供的情况对查清该案确有直接作用的，可以酌情给予奖励。

第七条 对两个或者两个以上举报人联名举报同一税务违法行为的，按一案进行奖励，奖金由举报第一署名者或者第一署名者委托的其他署名者领取。

第八条 举报奖金由负责查处税务违法举报案件的税务机关支付。举报中心应当在案件查结后一个月内，根据举报人的申请填写《税务违法案件举报奖励审批表》，提出奖励对象和奖励金额，并注明有关事项，按照规定程序审批后，通知举报人领取奖金。

第九条 举报人应当在接到举报中心领奖通知后三个月内，持本人身份证或者其他有效证件，到指定地点领取奖金；逾期不领取的，视为放弃权利。

第十条 举报人领取奖金时，应当在《税务违法案件举报奖励付款专用凭证》上签名，并注明身份证或者其他有效证件的号码及填发单位。

《税务违法案件举报奖励付款专用凭证》由举报中心作为保密件保管。领取奖金款项的财务凭证另行制作，财务凭证只注明举报案件名称、编号和举报奖金数额及审批人、经办人的签名，不填写举报内容和举报人姓名及身份。

《税务违法案件举报奖励付款专用凭证》的式样，由各省、自治区、直辖市和计划单列市国家税务局、地方税务局制订。

第十一条 举报中心颁发举报奖金时，可应举报人的请求，简要告其所举报的税务违法行为的行政处理决定，但不提供税务行政处理决定书及有关案情材料。

第十二条 税务机关工作人员支付举报奖金时，应当严格审核，防止奖金被骗取。对玩忽职守、徇私舞弊致使奖金被骗取的，除追缴奖金外，依法追究有关人员的法律责任。

第十三条 对有突出贡献的举报人，税务机关除给予物质奖励外，还可以给予相应的精神奖励；但公开表彰宣传必须事先征得当事人的同意。

第十四条 举报人取得的奖金收入，依照有关规定暂免征收个人所得税。

第十五条 各省、自治区、直辖市和计划单列市国家税务局、地方税务局根据本办法，制定具体规定，报国家税务总局备案。

第十六条 国家税务总局和各级国家税务局自1999年1月1日起施行本办法。各级地方税务局施行本办法的具体时间，由各省、自治区、直辖市和计划单列市地方税务局会商同级财政机关解决举报奖励基金来源后分别确定。

【注释】 对《税收征收管理法》第13条进行了解释。对《税收征收管理法实施细则》第7条进行了解释。

税务稽查案件复查暂行办法

国税发[2000]54号

第一条 为了及时发现和纠正违法的或者不当的具体税务稽查执法行为，制定本办法。

第二条 上级稽查局依照本办法对下级稽查局调查处理的案件进行复查，具体程序参照《税务稽查工作规程》办理。

第三条 税务稽查案件复查的主要内容：

（一）调查和审理是否符合法定程序；

（二）认定事实是否清楚，证据是否确凿，数据是否准确；

（三）定性处理适用依据是否正确适当；

（四）税务处理决定执行是否及时得当；

（五）税务文书使用是否正确规范。

第四条　稽查局应当提出税务稽查案件复查工作计划，确定工作重点，报请主管税务局领导批准。复查工作计划必须与其他税务检查统筹考虑，力求均衡适度，避免多头重复检查。复查工作计划实施过程中确实需要调整的，必须报请主管税务局领导批准。

复查工作计划应当报送上级稽查局备案。上级稽查局认为下级稽查局复查工作计划不当的，可以通知下级稽查局调整复查工作计划。

下级稽查局复查工作计划与上级稽查局复查工作计划冲突的，必须执行上级稽查局复查工作计划。

第五条　稽查局根据复查工作计划确定需要复查的税务稽查案件，组成复查组，并指定组长。稽查局可以根据工作需要抽调基层税务稽查人员组成复查组，对辖区内税务稽查案件实行交叉复查。

复查组实行组长负责制。复查组根据复查对象和复查目标提出复查工作方案，经稽查局审批后实施。

复查人员与复查案件有利害关系的，应当回避。

第六条　稽查局在实施复查前应当向处理税务稽查案件的稽查局（以下简称案件原处理单位）下达复查通知。案件原处理单位应当配合复查组的工作，向复查组提供案卷及有关资料；应复查组的要求选派人员协助调查，并提供必要的工作条件。

第七条　税务稽查案件的复查必须案卷审查和实地调查相结合，具体复查方法根据复查对象情况确定。

实地调查必须有针对性地进行；案卷审查发现原税务处理决定有重大问题或者明显疑点的，应当通过实地调查严格核证。

第八条　复查组在复查过程中应当注意听取案件有关的纳税人或者其他当事人的陈述和申辩。对当事人提出的重要事实、理由和证据应当进行复核。

复查组在复查过程中遇到重大问题，必须及时向组织复查的稽查局请示报告。

第九条　复查组对税务稽查案件实施复查后，应当向组织复查的稽查局提出复查报告。复查报告报送前，应当征求案件原处理单位意见。案件原处理单位应当自接到复查报告之日起5日内提出书面意见；复查组应当认真审核，根据审核情况对复查报告作必要的修改，然后连同案件原处理单位的书面意见一并报送组织复查的稽查局。案件原处理单位逾期未提出书面意见的，视同无异议。

第十条　组织复查的稽查局对税务稽查案件复查报告的事实内容和处理意见进行审议，根据不同情况分别作出复查结论：

（一）原税务处理决定认定事实清楚，证据确凿，适用依据正确，程序合法，内容适当的，予以维持。

（二）原税务处理决定主要事实不清、证据不足，适用依据错误，违反法定程序，超越权限，滥用职权，处理明显不当的，予以撤销或者部分撤销，并重新作出税务处理决定。

（三）复查发现新的税务违法问题与原税务处理决定相关，属于原税务处理决定错误的，予以纠正；属于同一时限、同一项目的数量增减变化的，应当在重新作出税务处理决定时注明原税务处理决定的相关内容。

（四）复查发现新的税务违法问题与原税务处理决定没有相关的，只对新发现的税务违法问题作出税务处理决定。

（五）原税务处理决定涉及少缴、未缴税款的，应当依法追缴；涉及多收税款的，应当依法退还。

（六）原税务处理决定的处罚原则上不再改变，但处罚明显偏重，或者案件原处理单位人员与被处理对象通谋，故意偏轻处罚的，可以改变。

案情复杂重大的，组织复查的稽查局应当会同主管税务局有关机构进行审议，并根据审议情况作出复查结论。

第十一条　组织复查的稽查局应当将税务稽查案件复查结论书面通知案件原处理单位；复查结论认定原税务处理决定违法或者不当的，应当责令案件原处理单位在指定期限内按照复查结论重新作出税务处理决定。情况特殊的，组织复查的稽查局可以根据复查结论直接作出税务处理决定。

第十二条 案件原处理单位拒不按照税务稽查案件复查结论重新作出税务处理决定的，组织复查的稽查局应当直接作出税务处理决定，并可报请主管税务局领导批准将追缴的税款、滞纳金、罚款收缴本级税务稽查收入专户。

第十三条 税务稽查案件复查终结后，组织复查的稽查局应当对案件原处理单位及其人员的执法质量进行评价，作出书面鉴定，并报告主管税务局。

复查发现的案件原处理单位人员在案件调查处理过程中徇私舞弊、玩忽职守、滥用职权等违法违纪问题，组织复查的稽查局应当及时报请主管税务局查处，主管税务局将查处情况反馈给组织复查的稽查局。

第十四条 复查取得的证据材料由重新作出税务处理决定的稽查局归档保管，原税务处理决定的证据材料仍由案件原处理单位归档保管。

第十五条 税务稽查案件复查情况应当通报，并列入税务稽查工作考核内容。

第十六条 本办法自印发之日起施行。

【注释】 对《税收征收管理法》第 54 条进行了解释。

税务稽查业务公开制度(试行)

国税发[2000]163 号

第一条 为了自觉接受社会监督，保证税务稽查执法严明公正，保障纳税人及其他当事人的合法权利，制定本制度。

第二条 在税务稽查执法办案中，除法律、行政法规、行政规章规定不能公开或者需要保密的事项外，都要予以公开。公开的主要内容：

(一) 税务稽查执法的范围、职权、依据、程序；

(二) 受理举报、控告、申诉和行政复议、国家赔偿等制度规范；

(三) 被查对象的法定权利和义务；

(四) 税务机关及其稽查人员的执法规范和纪律规范，对税务机关及其稽查人员违法违纪行为进行举报、控告的途径和方法；

(五) 其他应予公开的事项。

第三条 税务稽查业务公开应根据实际条件选择以下或者其他适当形式和方法：

(一) 在税务机关对外办公场所设置公示栏或者制作挂图、印发小册子等形式，有条件的可以在对外办公场所设置电脑触摸屏。

(二) 通过报刊、电台、电视等新闻媒体宣传报道。

(三) 利用税法宣传活动宣传。

(四) 借助现代化信息传播手段，如建立电话查询服务、信息台、咨询台和网址，供群众查阅、咨询。

(五) 设置举报电话及自动受理系统并告知有关事项。

(六) 通过接待群众来访，向来访者讲明与来访事项有关的规定；在接受举报者当面举报的时候，工作人员应当将举报须知有关内容告知举报者。

(七) 稽查人员执行公务时告知当事人有关权利和义务。

(八) 税务处理(包括处罚)结果均可公开；案件税务处理结果应当按照规定公告。

(九) 对具有较大社会影响、公众关注的大案要案，在调查终结或者处理完毕后，适时予以报道。

第四条 稽查人员在公务活动中要依照法律、行政法规和本制度履行告知义务。除有规定必须书面告知外，可以口头告知。告知事项主要有：

(一) 实施检查时，除了按照规定向被查对象出示《税务稽查任务通知书》和《税务检查证》外，还要有侧重地向被查对象告知《中华人民共和国税收征收管理法》(以下简称《税收征管法》)第三十二条至第三十六条及《中华人民共和国税收征收管理法实施细则》(以下简称《税收征管法实施细则》)第五十七条至第六十条的相关内容。

(二) 实施税收保全措施时，要有侧重地向当事人告知《税收征管法》第二十五条、第二十六条和《税收征管法实施细则》第四十二条至第四十八条的相关内容。

（三）作出税务行政处罚决定之前，应当依照《中华人民共和国行政处罚法》第三十一条、第三十二条、第四十二条规定告知当事人作出处罚决定的事实、理由及依据，并告知当事人依法享有的陈述、申辩、听证等权利。

（四）作出税务处理决定，必须告知《税收征管法》第五十六条、《中华人民共和国行政复议法》第九条和《中华人民共和国行政诉讼法》第三十七条的相关内容。

第五条　对稽查人员严重违反规定、不履行告知义务而影响当事人行使其法定权利的，当事人可向税务机关纪检、监察机构举报或者控告，纪检、监察机构应当认真查处，依法追究有关人员的违法违纪责任，并尽快回复查处情况，不得置之不理或者敷衍塞责。对举报者和控告者，稽查人员不得刁难、报复。

第六条　各级税务机关要将稽查人员在公务活动中是否正确履行告知义务，纳入对稽查人员政治素质和业务素质的考评、考核内容，定期检查、评比税务稽查业务公开的执行情况，对成绩显著的要予以表彰奖励。

第七条　本制度自2001年1月1日起执行。

【注释】　对《税收征收管理法》第54条进行了解释。

欠缴税金核算管理暂行办法

国税发[2000]193号

第一章　总　　则

第一条　为了如实核算反映欠缴税金情况，严密监控和有效清缴欠缴税金，加强组织收入工作和税收征管工作，特制定本办法。

第二条　本办法所称的欠缴税金是指税务机关负责征收的应缴未缴的各项收入，包括呆账税金、往年陈欠、本年新欠、未到限缴日期的未缴税款、缓征税款和应缴未缴滞纳金。

第三条　各级税务机关必须严格按《税收会计制度》和本办法的规定，对欠缴税金及时、如实地进行分类确认、核算和反映，不得弄虚作假、不得隐瞒。

第四条　对于已发生的呆账税金、往年陈欠和本年新欠，各征收单位必须严格按《税收征管法》的规定计收滞纳金，严密监控管理，并根据纳税人的生产经营变化情况及时进行追缴。

第五条　欠缴税金的分类确认工作由各税务机关的税政主管部门或征管部门负责，监控和追缴工作由征管和稽查部门负责，核算反映工作由会计部门负责。各部门必须密切配合，切实加强欠缴税金的管理。

第二章　欠缴税金的核算

第六条　各会计核算单位都必须在"待清理呆账税金"总账科目下，增设"关停企业呆账税金"、"空壳企业呆账税金"、"政府政策性呆账税金"、"其他呆账税金"四类明细科目，详细核算反映所有的关停企业、空壳企业和政府政策原因造成的欠缴税金及所有三年以上的欠缴税金情况。各类呆账税金的具体核算范围如下：

（一）"关停企业呆账税金"，指因国家产业调整、企业改制等政策要求被依法破产关闭，因违反国家法律、法规规定被依法责令关闭，以及因自行解散而关闭，已正式公告破产、撤销、解散，但尚未依法终止其法人资格的企业（包括企业、事业单位和社会团体，以下同），经追缴仍未清回的欠缴税金；已连续停止生产经营一年（按日历日期计算）以上，但未公告破产、撤销、解散的资不抵债的企业，以及按税收征管制度规定转入"非正常户"管理的失踪纳税人，经追缴仍未清回的欠缴税金。

（二）"空壳企业呆账税金"，指原企业仍然存在，而其主要资产在兼并、重组、出售等改组时已归属新设企业或其他企业，但改组时按企业资产和债务分配情况，依法仍须由原企业承担的欠缴税金。改组时已分配给新设或其他企业的欠缴税金，应转入承担欠缴税金的企业核算，不再列为原企业的欠缴税金。

（三）"政府政策性呆账税金"，指1994年税制改革前后，县以上政府对部分国有企业实行投入产出总承包，承包企业完成政府规定的应缴财政收入后，拖欠未缴的超基数税款，以及在"以税还贷"政策实行期间，经政府有关部门批准可以用税收归还的贷款，因后来停止执行"以税还贷"政策而造成企业还贷困难，从而拖欠原来用以还贷的税款，经追缴仍未清回的欠缴税金。

（四）“其他呆账税金”，指除上述关停、空壳、政府政策性呆账税金外，其他超过三年（按日历日期计算）仍未清回的欠缴税金。

第七条 除入库单位外，其他各会计核算单位都必须在“待征”类总账科目下，增设“未到期应缴税款”、“缓征税款”、“往年陈欠”、“本年新欠”四类明细科目，详细核算反映待征税金构成情况。各类待征税金的具体核算范围如下：

（一）“未到期应缴税款”，指纳税人已申报或税务机关已作出补税处罚决定，但未到税款限缴日期的应缴未缴税款及罚款。

（二）“缓征税款”，指按规定经批准延期缴纳的税款。

（三）“往年陈欠”，指除呆账税金、未到期应缴税款、缓征税款和本年新欠外，不足三年的欠缴税金。

（四）“本年新欠”，指除呆账税金、未到期应缴税款、缓征税款外，本年发生的欠缴税金。

第八条 各会计核算单位都必须在“损失税金核销”总账科目下，增设“核销死欠”明细科目，核算反映纳税人发生破产、撤销情形，经过法定清算，被国家主管机关依法注销或吊销其法人资格，纳税人已消亡，税务机关依照法律法规规定，根据法院判决书或法定清算报告核销的欠缴税金及滞纳金。

第九条 为统一规范应缴未缴滞纳金的核算管理，所有未缴的呆账税金、往年陈欠和本年新欠的应缴未缴滞纳金都必须实行“账外核算”，进行专项反映，不再纳入应征数核算反映（已征收的滞纳金和核销死欠的滞纳金必须列入应征数核算）。具体核算方法如下：

除入库单位外，其他各会计核算单位都必须在会计账目之外，单独设置“应缴未缴滞纳金登记簿”，分户登记每笔未缴呆账税金、往年陈欠和本年新欠的发生、变化情况，并根据每笔滞纳税款的滞纳时间及滞纳金额定期计算反映其应缴未缴的滞纳金。

第三章 呆账税金和核销死欠的确认

第十条 对申请转为呆账税金的欠缴税金，必须按每个纳税人分别报地市级税务机关进行确认；对申请核销的死欠税款，必须按每个纳税人分别报省级税务机关进行确认。

已确认过关停、空壳两类呆账税金的企业，确认以后又发生的符合此两类呆账税金范围的欠缴税金，如果其成因与该企业前次确认的呆账税金成因相同，可直接报县级税务机关确认；如果成因与前次确认的呆账税金成因不同，仍必须报地市级税务机关确认。

第十一条 所有转为呆账税金的欠缴税金和核销的死欠税款，都必须按以下程序办理确认手续。

（一）申请确认呆账税金和核销死欠必须由基层主管税务机关填报“呆账税金确认申请表”（格式见附件一）或“核销死欠确认申请表”（格式见附件二），并按以下要求附报有关申请材料（申请材料必须一式两份：一份逐级报确认机关，并由确认机关负责确认工作的主管部门留存；一份报县级税务机关，待确认机关核准后再退回基层主管税务机关）：

1. 关停企业呆账税金应附报政府有关部门通知或责令企业关闭的文件，企业自行解散的公告文件，企业停业开始月份和满一年时当月的资产负债表及企业填报的停业情况说明，基层主管税务机关对失踪纳税人的核查材料，以及欠缴税金所属期的纳税申报表（或查补税款处理决定书）等材料原件或复印件。

2. 空壳企业呆账税金应附报企业兼并、重组、出售协议、企业改组时编制的资产负债表或资产债务评估报告，以及欠缴税金所属期的纳税申报表（或查补税款处理决定书）等材料原件或复印件。

3. 政府政策性呆账税金应附报政府与企业签订的承包协议，企业贷款合同和以税还贷批准文件及欠缴税金发生当月的资产负债表，以及欠缴税金所属期的纳税申报表等材料原件或复印件。

4. 其他呆账税金应附报欠缴税金发生当月的资产负债表，以及欠缴税金所属期的纳税申报表（或查补税款处理决定书）复印件。

5. 核销死欠应附报法院判决书或法定清算报告复印件。

2001 年 1 月 1 日前发生的呆账税金，确认时要求附报的有关证明文件、企业财务报表和纳税申报表等原始材料确实无法取得的，可由基层主管税务机关填报详细的呆账税金核查材料（详细说明呆账税金的发生事由、时间和金额）代替，但 2001 年 1 月 1 日以后发生的呆账税金，确认时必须严格按上述规定附报原始材料，一律不得再用核查材料代替。

（二）县级税务机关对基层主管税务机关上报的呆账税金和核销死欠确认申请，都必须进行实地调查核实，核实后按规定的权限上报核准。

（三）负责确认的税务机关对核准的呆账税金和核销死欠，要及时向申请的税务机关下达书面的“呆账税金确认通知书”或“核销死欠确认通知书”（格式各地自定，一式四份，确认机关负责确认工作的主管部门、县级税务机关税收会计、基层主管税务机关税收会计和征管部门各留一份）。

第四章　欠缴税金的管理及清缴

第十二条　对于已确认的呆账税金和核销死欠，确认机关负责确认工作的主管部门必须建立备案底册（格式见附件三），并根据确认通知书序时、逐笔登记反映。

第十三条　县及县级以下税务机关对于已确认的呆账税金和核销死欠，必须按以下要求装订和保管有关原始材料：

县级税务机关和基层主管税务机关必须将“呆账税金确认申请表”或“核销死欠确认申请表”与相应的“呆账税金确认通知书”或“核销死欠确认通知书”装订一起，分别作为县级和基层主管税务机关的税收会计核算凭证，并按会计档案要求保存备查。

基层主管税务机关必须将“呆账税金确认通知书”或“核销死欠确认通知书”与相应的“呆账税金确认申请表”或“核销死欠确认申请表”及全部申请确认材料装订一起，作为户籍征管档案资料保存备查。

第十四条　对于已发生关停、空壳呆账税金的企业，各基层主管税务机关应及时清缴其结存的各种发票，并停止供应发票。企业需要填开发票的，应先将开票收入应纳的税款缴纳后再由税务机关代开发票，以防发生新的欠缴税金。

第十五条　对于已发生欠缴税金的企业，各级税务机关要随时监控反映其变化情况，并全力清缴其欠缴税金。

（一）对于已发生呆账税金的关停和空壳企业，后因实行合资、合作、合并、租赁、承包等各种原因又恢复生产经营，原资产和债务未被分割的，如该企业的呆账税金已超过三年，应按“其他呆账税金”重新进行确认；如未超过三年，应及时将其转为“往年陈欠”。并且主管税务机关应根据其税源变化情况，及时制定清缴计划和落实清缴责任。

（二）对于实施兼并、重组、出售等改组的企业，主管税务机关应依法清算并追缴其欠缴的税金及滞纳金。改组时发生债随资走的，应及时根据企业资产和债务分配情况，落实清缴责任，将未清缴的欠缴税金及滞纳金转入应承担清缴义务的企业进行核算和管理。改组后企业承担的欠缴税金符合呆账税金范围的，应按本办法规定的要求报请确认。

（三）对于宣告破产、撤销、解散而准备进行资产、债务清算的企业，主管税务机关应及时向负责清算的机构提出欠缴税金及滞纳金的清偿要求，并按法律法规规定的清偿顺序依法追缴。对于破产、撤销企业经过法定清算后，已被国家主管机关依法注销或吊销其法人资格，纳税人已消亡的，其无法追缴的欠缴税金及滞纳金，应及时依照法律法规规定，根据法院的判决书或法定清算报告报省级税务机关确认核销。

（四）除上述情况外，企业发生其他变化情况而造成已确认的呆账税金成因发生变化的，也必须按规定的呆账税金确认程序重新上报确认机关核准。

第十六条　各基层税务机关清缴呆账税金、往年陈欠和本年新欠时，应同时加收其滞纳金。不能单收欠缴税款，而不收其相应的滞纳金；也不能单收滞纳金，而不收其相应的欠缴税款。

第五章　欠缴税金的考核

第十七条　各级税务机关每年都应根据本地区“往年陈欠”、“本年新欠”和“其他呆账税金”的实际情况，分类制定清欠目标，将其列入组织收入工作和税收征管工作考核的一项主要指标。对于已完成清欠目标，但因税源缺乏没有完成收入任务的，可根据实际情况予以调减收入任务；对于既无不可抗力等特殊因素影响，又没有完成清欠目标的单位，要相应调增其下年收入任务和清欠目标。

第十八条　对于未列入清欠目标的其他各类呆账税金和缓征税款，应列入各有关税务机关的岗位责任制内容进行考核，以加强确认、核算、监控和追缴等各项工作的责任。

第六章　违规处理

第十九条　凡是未如实核算和上报欠缴税金的，不论查出部门、发生原因、所属时期如何，均属于“隐瞒欠缴税金”行为，一律按隐瞒数追加该单位的当年或下年收入任务。

第二十条　凡未按规定的权限和确认程序报经确认而擅自将欠缴税金转入呆账税金和死欠核算的，或将不符合各类呆账税金和核销死欠范围的欠缴税金确认为呆账税金和死欠核销的，填报虚假材料以及确认材料不全、手续不齐和未按规定要求装订保存申请确认材料的,均按第十九条规定视同为"隐瞒欠缴税金"行为,按违规确认的呆账税金和死欠数额追加该单位的收入任务。

第二十一条 凡为了调节收入进度或减少欠缴税金而违规办理退税、减免税和缓征税款的,均按第十九条规定视同为"隐瞒欠缴税金"行为,按违规数额追加该单位的收入任务。

第二十二条 发生第十九条、第二十条和第二十一条违规行为的,除追加该单位的收入任务外,要严格按有关规定追究单位领导和有关责任人的责任。

第七章 附 则

第二十三条 各省、自治区、直辖市和计划单列市国家税务局和地方税务局应根据本办法制定本地区的具体实施办法。

第二十四条 本办法由国家税务总局解释。

第二十五条 本办法从2001年1月1日起施行,此前有关规定与本办法不符的,均按本办法执行。

国家税务总局关于纳税人不服交通部门代征车辆购置税行为行政复议管辖问题的通知

国税函[2001]233号

各省、自治区、直辖市和计划单列市国家税务局:

近接一些地方反映,纳税人对交通部门为税务机关代征车辆购置税行为申请行政复议,对如何确定管辖的问题不够明确。经研究,现明确如下:

根据《税务行政复议规则(试行)》第十二条第一款第2项"对受税务机关委托的单位做出的代征税款行为不服的,向委托税务机关的上一级税务机关申请复议"的规定,以及国家税务总局与交通部联合颁布的《关于做好代征车辆购置税工作有关问题的通知》(国税发[2000]211号)"国家税务总局和交通部商定,在车购费稽征机构未移交前,车购税暂由各省、自治区、直辖市、计划单列市所属车购费稽征机构代征","车购税实施过程中出现的税收政策业务问题由国家税务局负责"的规定,交通部门代征车辆购置税行为引起的行政复议案件,应由与实际征收车辆购置税的交通部门相对应级别的国家税务局的上一级国家税务局管辖。

【注释】 对《税收征收管理法》第88条进行了解释。

国家税务总局关于贯彻实施《中华人民共和国税收征收管理法》有关问题的通知

国税发[2001]54号

各省、自治区、直辖市和计划单列市国家税务局、地方税务局:

九届全国人大常委会第二十一次会议于2001年4月28日通过了《中华人民共和国税收征收管理法(修正案)》(以下简称新《征管法》),并从2001年5月1日起施行。新《征管法》的修订颁布实施,对于加强税收征管,规范税收征收和缴纳行为,保障国家税收收入,保护纳税人的合法权益,促进经济和社会发展,进一步推进依法治税,具有十分重要的意义。各级税务机关要认真学习领会新《征管法》的精神和实质,严格按照新《征管法》的规定贯彻实施,依法行政。

根据新《征管法》的规定,从2001年5月1日起,税收征收管理按照新《征管法》的规定执行,即在2001年5月1日以后发生的税收征纳行为以及相关权利、义务和法律责任统一按照新《征管法》的规定执行。新《征管法》实施前颁布的税收法律与新《征管法》有不同规定的,适用新《征管法》的规定。

现将适用新《征管法》与原《征管法》的一些问题明确如下:

一、税收违法行为应当按倍数进行税收行政处罚的(新《征管法》第六十三条、第六十五条、第六十六条、第六十七条、第六十八条),其违法行为完全发生在2001年4月30日之前的,适用五倍以下罚款的规定;其违法行为既有发生在2001年4月30日之前的,也有发生在2001年5月1日之后的,分别计算其违法税款数额,分别按照五倍以下和百分之五十以上或者一倍以上、五倍以下罚款的规定执行。

税收违法行为按照新《征管法》第六十四条第二款、第六十九条规定应予行政处罚的行为延续到 2001 年 5 月 1 日以后的，只对其发生在 2001 年 5 月 1 日以后的不缴或少缴的税款或者应扣未扣、应收未收税款的行为处以罚款。

二、纳税人、扣缴义务人和其他当事人有违反税收管理等方面的税收违法行为（新《征管法》第六十条、第六十一条、第六十二条、第六十四条第一款、第七十一条、第七十二条）延续到 2001 年 5 月 1 日以后的，按照新《征管法》的规定处理。

三、应当给予行政处罚的税收违法行为发生在 1996 年 9 月 30 日以前的，按原《征管法》的规定执行；发生在 2001 年 4 月 30 日以前的，按《行政处罚法》的规定执行；发生在 2001 年 5 月 1 日以后的，按新《征管法》的规定执行（新《征管法》第八十六条）。

四、滞纳金分两段计征（新《征管法》第三十二条），2001 年 4 月 30 日前按照千分之二计算，从 2001 年 5 月 1 日起按照万分之五计算，累计后征收。

五、关于计退利息（新《征管法》第五十一条），对纳税人多缴的税款退还时，自 2001 年 5 月 1 日起按照人民银行规定的同期活期存款的利率计退利息。新《征管法》第五十一条对纳税人超过应纳税额缴纳税款的退还，不包括预缴税款的退还、出口退税和政策性税收优惠的先征后退等情形。

六、税款、滞纳金、税收罚款的征收入库及其与其他款项的先后顺序（新《征管法》第二十九条、第四十五条、第五十三条），按照新《征管法》的规定执行。

七、新《征管法》第三十八条、第四十条、第五十条、第五十九条等条款所涉及的税务文书，总局将于近日下发统一格式。在国家税务总局未发文重新明确之前，各地可以暂时制订同类税务文书。

新《征管法》中关于税务管理等方面规定的具体操作，可以在《征管法实施细则》和总局具体办法公布后陆续落实。

对贯彻实施新《征管法》的过程中遇到的问题，各地应及时上报总局。

【注释】 对《税收征收管理法》第 32、51、64 条进行了解释。

国家税务总局关于农业税、牧业税、耕地占用税、契税征收管理暂参照《中华人民共和国税收征收管理法》执行的通知

国税发[2001]110 号

从 2001 年 5 月 1 日起，新修订的《中华人民共和国税收征收管理法》（以下简称《税收征管法》）正式施行。《税收征管法》规定："耕地占用税、契税、农业税、牧业税征收管理的具体办法，由国务院另行制定"。由于行政立法程序的原因，制定农业税、牧业税、耕地占用税、契税（以下简称：农业税收）征收管理办法还需一段时间。为切实做好农业税收征管工作，经国务院同意，现将有关问题通知如下：

一、自 2001 年 5 月 1 日（含本日，下同）起到国务院制定的农业税收征收管理办法实施前，农业税收的征收管理，暂参照《税收征管法》的有关规定执行。

二、关于加收农业税收税款滞纳金问题。凡税款滞纳行为发生在 2001 年 4 月 30 日以前的，按照原《税收征管法》规定，按日加收滞纳税款千分之二的滞纳金；2001 年 5 月 1 日以后发生的，统一按照《税收征管法》规定，按日加收滞纳税款万分之五的滞纳金。

三、各级农业税收征收机关要认真学习贯彻《税收征管法》，规范农业税收的征收管理行为，努力推进依法治税和依法行政，保证农业税收收入及时足额入库，保护纳税人的合法权益。

【注释】 对《税收征收管理法》第 90 条进行了解释。

国家税务总局关于所得税收入分享体制改革后税收征管范围的通知

国税发[2002]8 号

各省、自治区、直辖市和计划单列市国家税务局、地方税务局：

根据《国务院关于印发所得税收入分享改革方案的通知》（国发[2001]37 号）精神，现将所得税实行分享体制改革后，国家税务局、地方税务局的征收管理范围问题明确如下：

一、2001年12月31日前国家税务局、地方税务局征收管理的企业所得税、个人所得税(包括储蓄存款利息所得个人所得税),以及按现行规定征收管理的外商投资企业和外国企业所得税,仍由原征管机关征收管理,不作变动。

二、自2002年1月1日起,按国家工商行政管理总局的有关规定,在各级工商行政管理部门办理设立(开业)登记的企业,其企业所得税由国家税务局负责征收管理。但下列办理设立(开业)登记的企业仍由地方税务局负责征收管理:

(一)两个以上企业合并设立一个新的企业,合并各方解散,但合并各方原均为地方税务局征收管理的;

(二)因分立而新设立的企业,但原企业由地方税务局负责征收管理的;

(三)原缴纳企业所得税的事业单位改制为企业办理设立登记,但原事业单位由地方税务局负责征收管理的。

在工商行政管理部门办理变更登记的企业,其企业所得税仍由原征收机关负责征收管理。

三、自2002年1月1日起,在其他行政管理部门新登记注册、领取许可证的事业单位、社会团体、律师事务所、医院、学校等缴纳企业所得税的其他组织,其企业所得税由国家税务局负责征收管理。

四、2001年12月31日前已在工商行政管理部门和其他行政管理部门登记注册,但未进行税务登记的企事业单位及其他组织,在2002年1月1日后进行税务登记的,其企业所得税按原规定的征管范围,由国家税务局、地方税务局分别征收管理。

五、2001年底前的债转股企业、中央企事业单位参股的股份制企业和联营企业,仍由原征管机关征收管理,不再调整。

六、不实行所得税分享的铁路运输(包括广铁集团)、国家邮政、中国工商银行、中国农业银行、中国银行、中国建设银行、国家开发银行、中国农业发展银行、中国进出口银行以及海洋石油天然气企业,由国家税务局负责征收管理。

七、除储蓄存款利息所得以外的个人所得税(包括个人独资、合伙企业的个人所得税),仍由地方税务局负责征收管理。

各级国家税务局、地方税务局应认真贯彻执行所得税分享体制改革的有关规定,加强国税局、地税局之间以及和工商等行政管理部门之间的工作联系,互通信息,密切配合,保证改革的顺利实施。

国家税务总局关于涉税案件在刑事审判期间是否应当中止税务行政复议问题的批复

国税函[2002]130号

福建省地方税务局:

你局《关于在刑事审判期间是否应当中止行政复议问题的请示》(闽地税发[2001]130号)收悉。经研究,现批复如下:

一、关于在刑事审判期间是否应当中止行政复议的问题,法律、法规无明确规定,因此,除依法定条件外,在刑事审判期间,不应中止行政复议。

二、为了处理好此类案件,税务机关应加强与司法机关的工作联系与协调。

【注释】 对《税收征收管理法》第88条进行了解释。

国家税务总局关于贯彻《中华人民共和国税收征收管理法》及其实施细则若干具体问题的通知

国税发[2003]47号

各省、自治区、直辖市和计划单列市国家税务局、地方税务局:

为了保证《中华人民共和国税收征收管理法》(以下简称征管法)及《中华人民共和国税收征收管理法实施细则》(以下简称实施细则)的贯彻实施,进一步增强征管法及其实施细则的可操作性,现将有关问题规定如下:

一、关于税务登记代码问题

实施细则第十条所称"同一代码"是指国家税务局、地方税务局在发放税务登记证件时，对同一个纳税人赋予同一个税务登记代码。为确保税务登记代码的同一性和唯一性，单位纳税人（含个体加油站）的税务登记代码由十五位数组成，其中前六位为区域码，由省、自治区、直辖市国家税务局、地方税务局共同编排联合下发（开发区、新技术园区等未赋予行政区域码的可重新赋码，其他的按行政区域码编排），后九位为国家质量监督检验检疫总局赋予的组织机构统一代码。市（州）以下国家税务局、地方税务局根据省、自治区、直辖市国家税务局、地方税务局制订的编码编制税务登记代码。

二、关于扣缴义务人扣缴税款问题

负有代扣代缴义务的单位和个人，在支付款项时应按照征管法及其实施细则的规定，将取得款项的纳税人应缴纳的税款代为扣缴，对纳税人拒绝扣缴税款的，扣缴义务人应暂停支付相当于纳税人应纳税款的款项，并在一日之内报告主管税务机关。

负有代收代缴义务的单位和个人，在收取款项时应按照征管法及其实施细则的规定，将支付款项的纳税人应缴纳的税款代为收缴，对纳税人拒绝给付的，扣缴义务人应在一日之内报告主管税务机关。

扣缴义务人违反征管法及其实施细则规定应扣未扣、应收未收税款的，税务机关除按征管法及其实施细则的有关规定对其给予处罚外，应当责成扣缴义务人限期将应扣未扣、应收未收的税款补扣或补收。

三、关于纳税人外出经营活动管理问题

纳税人离开其办理税务登记所在地到外县（市）从事经营活动、提供应税劳务的，应该在发生外出经营活动以前向其登记所在地的主管税务机关申请办理《外出经营活动税收管理证明》，并向经营地或提供劳务地税务机关报验登记。

实施细则第二十一条所称"从事生产、经营的纳税人外出经营，在同一地累计超过180天的"，应当是以纳税人在同一县（市）实际经营或提供劳务之日起，在连续的12个月内累计超过180天。

四、关于纳税申报的管理问题

经税务机关批准，纳税人、扣缴义务人采取数据电文方式办理纳税申报的，其申报日期以税务机关计算机网络系统收到该数据电文的时间为准。采取数据电文方式办理纳税申报的纳税人、扣缴义务人，其与数据电文相对应的纸质申报资料的报送期限由主管税务机关确定。

五、关于滞纳金的计算期限问题

对纳税人未按照法律、行政法规规定的期限或者未按照税务机关依照法律、行政法规的规定确定的期限向税务机关缴纳的税款，滞纳金的计算从纳税人应缴纳税款的期限届满之次日起至实际缴纳税款之日止。

六、关于滞纳金的强制执行问题

根据征管法第四十条规定"税务机关在采取强制执行措施时，对纳税人未缴纳的滞纳金同时强制执行"的立法精神，对纳税人已缴纳税款，但拒不缴纳滞纳金的，税务机关可以单独对纳税人应缴未缴的滞纳金采取强制执行措施。

七、关于税款优先的时间确定问题

征管法第四十五条规定"纳税人欠缴的税款发生在纳税人以其财产设定抵押、质押或者纳税人的财产被留置之前的，税收应当先于抵押权、质权、留置权执行"，欠缴的税款是纳税人发生纳税义务，但未按照法律、行政法规规定的期限或者未按照税务机关依照法律、行政法规的规定确定的期限向税务机关申报缴纳的税款或者少缴的税款，纳税人应缴纳税款的期限届满之次日即是纳税人欠缴税款的发生时间。

八、关于减免税管理问题

除法律、行政法规规定不需要经税务机关审批的减免税外，纳税人享受减税、免税的应当向主管税务机关提出书面申请，并按照主管税务机关的要求附送有关资料，经税务机关审核，按照减免税的审批程序经由法律、行政法规授权的机关批准后，方可享受减税、免税。

九、关于税务登记证件遗失问题

遗失税务登记证件的纳税人应当自遗失税务登记证件之日起15日内，将纳税人的名称、遗失税务登记证件名称、税务登记号码、发证机关名称、发证有效期在税务机关认可的报刊上作遗失声明，凭报刊上刊登的遗失声明向主管税务机关申请补办税务登记证件。

十、关于税收违法案件举报奖励问题

在国家税务总局和财政部联合制定的举报奖励办法未出台前，对税收违法案件举报奖励的对象、标准暂按《国家税务总局关于印发〈税务违法案件举报奖励办法〉的通知》(国税发[1998]211号)的有关规定执行。

十一、关于账簿凭证的检查问题

征管法第五十四条第六款规定："税务机关在调查税收违法案件时，经设区的市、自治州以上税务局(分局)局长批准，可以查询案件涉嫌人员的储蓄存款"；实施细则第八十六条规定："有特殊情况的，经设区的市、自治州以上税务局局长批准，税务机关可以将纳税人、扣缴义务人当年的账簿、记账凭证、报表和其他有关资料调回检查"。这里所称的"经设区的市、自治州以上税务局局长"包括地(市)一级(含直辖市下设区)的税务局局长。这里所称的"特殊情况"是指纳税人有下列情形之一：(一)涉及增值税专用发票检查的；(二)纳税人涉嫌税收违法行为情节严重的；(三)纳税人及其他当事人可能毁灭、藏匿、转移账簿等证据资料的；(四)税务机关认为其他需要调回检查的情况。

十二、关于关联企业间业务往来的追溯调整期限问题

实施细则第五十六条规定："有特殊情况的，可以自该业务往来发生的纳税年度起10年内进行调整"。该条所称"特殊情况"是指纳税人有下列情形之一：(一)纳税人在以前年度与其关联企业间的业务往来累计达到或超过10万元人民币的；(二)经税务机关案头审计分析，纳税人在以前年度与其关联企业间的业务往来，预计需调增其应纳税收入或所得额达到或超过50万元人民币的；(三)纳税人在以前年度与设在避税地的关联企业有业务往来的；(四)纳税人在以前年度未按规定进行关联企业间业务往来年度申报，或者经税务机关审查核实，关联企业间业务往来年度申报内容不实，以及不履行提供有关价格、费用标准等资料义务的。

十三、简易申报、简并征期问题

实施细则第三十六条规定："实行定期定额缴纳税款的纳税人，可以实行简易申报、简并征期等申报纳税方式"，这里所称"简易申报"是指实行定期定额缴纳税款的纳税人在法律、行政法规规定的期限或者在税务机关依照法律、行政法规的规定确定的期限内缴纳税款的，税务机关可以视同申报；"简并征期"是指实行定期定额缴纳税款的纳税人，经税务机关批准，可以采取将纳税期限合并为按季、半年、年的方式缴纳税款，具体期限由省级税务机关根据具体情况确定。

十四、关于税款核定征收条款的适用对象问题

征管法第三十五条、实施细则第四十七条关于核定应纳税款的规定，适用于单位纳税人和个人纳税人。对个人纳税人的核定征收办法，国家税务总局将另行制定。

十五、关于外商投资企业、外国企业的会计记录文字问题

会计法第二十二条规定："会计记录的文字应当使用中文。"对于外商投资企业、外国企业的会计记录不使用中文的，按照征管法第六十条第二款"未按照规定设置、保管账簿或者保管记账凭证和有关资料"的规定处理。

十六、关于对采用电算化会计系统的纳税人实施电算化税务检查的问题

对采用电算化会计系统的纳税人，税务机关有权对其会计电算化系统进行查验；对纳税人会计电算化系统处理、储存的会计记录以及其他有关的纳税资料，税务机关有权进入其电算化系统进行检查，并可复制与纳税有关的电子数据作为证据。

税务机关进入纳税人电算化系统进行检查时，有责任保证纳税人会计电算化系统的安全性，并保守纳税人的商业秘密。

【注释】 对《税收征收管理法》第35、40、45、54、60条进行了解释。对《税收征收管理法实施细则》第10、21、36、47、56条进行了解释。

国家税务总局关于稽查局有关执法权限的批复

国税函[2003]561号

青岛市国家税务局：

你局《关于稽查局有关执法权限的请示》(青国税发[2003]101号)收悉。经研究，现批复如下：

《中华人民共和国税收征收管理法》及其实施细则中规定应当经县以上税务局(分局)局长批准后实施

的各项权力，各级税务局所属的稽查局局长无权批准。

【注释】 对《税收征收管理法》第 14 条进行了解释。对《税收征收管理法实施细则》第 9 条进行了解释。

税务登记管理办法

国家税务总局令[2003]7 号

第一章　总　　则

第一条　为了规范税务登记管理，加强税源监控，根据《中华人民共和国税收征收管理法》（以下简称《税收征管法》）以及《中华人民共和国税收征收管理法实施细则》（以下简称《实施细则》）的规定，制定本办法。

第二条　企业，企业在外地设立的分支机构和从事生产、经营的场所，个体工商户和从事生产、经营的事业单位，均应当按照《税收征管法》及《实施细则》和本办法的规定办理税务登记。

前款规定以外的纳税人，除国家机关、个人和无固定生产、经营场所的流动性农村小商贩外，也应当按照《税收征管法》及《实施细则》和本办法的规定办理税务登记。

根据税收法律、行政法规的规定负有扣缴税款义务的扣缴义务人（国家机关除外），应当按照《税收征管法》及《实施细则》和本办法的规定办理扣缴税款登记。

第三条　县以上（含本级，下同）国家税务局（分局）、地方税务局（分局）是税务登记的主管税务机关，负责税务登记的设立登记、变更登记、注销登记和税务登记证验证、换证以及非正常户处理、报验登记等有关事项。

第四条　税务登记证件包括税务登记证及其副本、临时税务登记证及其副本。

扣缴税款登记证件包括扣缴税款登记证及其副本。

第五条　国家税务局（分局）、地方税务局（分局）按照国务院规定的税收征收管理范围，实施属地管理，采取联合登记或分别登记的方式办理税务登记。有条件的城市，国家税务局（分局）、地方税务局（分局）可以按照“各区分散受理、全市集中处理”的原则办理税务登记。

国家税务局（分局）、地方税务局（分局）联合办理税务登记的，应当对同一纳税人核发同一份加盖国家税务局（分局）、地方税务局（分局）印章的税务登记证。

第六条　国家税务局（分局）、地方税务局（分局）之间对纳税人税务登记的主管税务机关发生争议的，由其上一级国家税务局、地方税务局共同协商解决。

第七条　国家税务局（分局）、地方税务局（分局）执行统一税务登记代码。税务登记代码由省级国家税务局、地方税务局联合编制，统一下发各地执行。

已领取组织机构代码的纳税人税务登记代码为：区域码＋国家技术监督部门设定的组织机构代码；个体工商户税务登记代码为其居民身份证号码；从事生产、经营的外籍、港、澳、台人员税务登记代码为：区域码＋相应的有效证件（如护照，香港、澳门、台湾居民往来大陆通行证等）号码。

第八条　国家税务局（分局）、地方税务局（分局）应定期相互通报税务登记情况，相互及时提供纳税人的登记信息，加强税务登记管理。

第九条　纳税人办理下列事项时，必须提供税务登记证件：

（一）开立银行帐户；

（二）领购发票。

纳税人办理其他税务事项时，应当出示税务登记证件，经税务机关核准相关信息后办理手续。

第二章　设立登记

第十条　企业，企业在外地设立的分支机构和从事生产、经营的场所，个体工商户和从事生产、经营的事业单位（以下统称从事生产、经营的纳税人），向生产、经营所在地税务机关申报办理税务登记：

（一）从事生产、经营的纳税人领取工商营业执照（含临时工商营业执照）的，应当自领取工商营业执照之日起 30 日内申报办理税务登记，税务机关核发税务登记证及副本（纳税人领取临时工商营业执照的，税务机关核发临时税务登记证及副本）；

（二）从事生产、经营的纳税人未办理工商营业执照但经有关部门批准设立的，应当自有关部门批准设立之日起30日内申报办理税务登记，税务机关核发税务登记证及副本；

（三）从事生产、经营的纳税人未办理工商营业执照也未经有关部门批准设立的，应当自纳税义务发生之日起30日内申报办理税务登记，税务机关核发临时税务登记证及副本；

（四）有独立的生产经营权、在财务上独立核算并定期向发包人或者出租人上交承包费或租金的承包承租人，应当自承包承租合同签订之日起30日内，向其承包承租业务发生地税务机关申报办理税务登记，税务机关核发临时税务登记证及副本；

（五）从事生产、经营的纳税人外出经营，自其在同一县（市）实际经营或提供劳务之日起，在连续的12个月内累计超过180天的，应当自期满之日起30日内，向生产、经营所在地税务机关申报办理税务登记，税务机关核发临时税务登记证及副本；

（六）境外企业在中国境内承包建筑、安装、装配、勘探工程和提供劳务的，应当自项目合同或协议签订之日起30日内，向项目所在地税务机关申报办理税务登记，税务机关核发临时税务登记证及副本。

第十一条 本办法第十条规定以外的其他纳税人，除国家机关、个人和无固定生产、经营场所的流动性农村小商贩外，均应当自纳税义务发生之日起30日内，向纳税义务发生地税务机关申报办理税务登记，税务机关核发税务登记证及副本。

第十二条 税务机关对纳税人税务登记地点发生争议的，由其共同的上级税务机关指定管辖。国家税务局（分局）、地方税务局（分局）之间对纳税人的税务登记发生争议的，依照本办法第六条的规定处理。

第十三条 纳税人在申报办理税务登记时，应当根据不同情况向税务机关如实提供以下证件和资料：

（一）工商营业执照或其他核准执业证件；

（二）有关合同、章程、协议书；

（三）组织机构统一代码证书；

（四）法定代表人或负责人或业主的居民身份证、护照或者其他合法证件。

其他需要提供的有关证件、资料，由省、自治区、直辖市税务机关确定。

第十四条 纳税人在申报办理税务登记时，应当如实填写税务登记表。

税务登记表的主要内容包括：

（一）单位名称、法定代表人或者业主姓名及其居民身份证、护照或者其他合法证件的号码；

（二）住所、经营地点；

（三）登记类型；

（四）核算方式；

（五）生产经营方式；

（六）生产经营范围；

（七）注册资金（资本）、投资总额；

（八）生产经营期限；

（九）财务负责人、联系电话；

（十）国家税务总局确定的其他有关事项。

第十五条 纳税人提交的证件和资料齐全且税务登记表的填写内容符合规定的，税务机关应及时发放税务登记证件。纳税人提交的证件和资料不齐全或税务登记表的填写内容不符合规定的，税务机关应当场通知其补正或重新填报。纳税人提交的证件和资料明显有疑点的，税务机关应进行实地调查，核实后予以发放税务登记证件。

第十六条 税务登记证件的主要内容包括：纳税人名称、税务登记代码、法定代表人或负责人、生产经营地址、登记类型、核算方式、生产经营范围（主营、兼营）、发证日期、证件有效期等。

第十七条 已办理税务登记的扣缴义务人应当自扣缴义务发生之日起30日内，向税务登记地税务机关申报办理扣缴税款登记。税务机关在其税务登记证件上登记扣缴税款事项，税务机关不再发给扣缴税款登记证件。

根据税收法律、行政法规的规定可不办理税务登记的扣缴义务人，应当自扣缴义务发生之日起30日内，向机构所在地税务机关申报办理扣缴税款登记。税务机关核发扣缴税款登记证件。

第三章　变更登记

第十八条　纳税人税务登记内容发生变化的，应当向原税务登记机关申报办理变更税务登记。

第十九条　纳税人已在工商行政管理机关办理变更登记的，应当自工商行政管理机关变更登记之日起30日内，向原税务登记机关如实提供下列证件、资料，申报办理变更税务登记：

(一) 工商登记变更表及工商营业执照；

(二) 纳税人变更登记内容的有关证明文件；

(三) 税务机关发放的原税务登记证件(登记证正、副本和登记表等)；

(四) 其他有关资料。

第二十条　纳税人按照规定不需要在工商行政管理机关办理变更登记，或者其变更登记的内容与工商登记内容无关的，应当自税务登记内容实际发生变化之日起30日内，或者自有关机关批准或者宣布变更之日起30日内，持下列证件到原税务登记机关申报办理变更税务登记：

(一) 纳税人变更登记内容的有关证明文件；

(二) 税务机关发放的原税务登记证件(登记证正、副本和税务登记表等)；

(三) 其他有关资料。

第二十一条　纳税人提交的有关变更登记的证件、资料齐全的，应如实填写税务登记变更表，经税务机关审核，符合规定的，税务机关应予以受理；不符合规定的，税务机关应通知其补正。

第二十二条　税务机关应当自受理之日起30日内，审核办理变更税务登记。纳税人税务登记表和税务登记证中的内容都发生变更的，税务机关按变更后的内容重新核发税务登记证件；纳税人税务登记表的内容发生变更而税务登记证中的内容未发生变更的，税务机关不重新核发税务登记证件。

第四章　停业、复业登记

第二十三条　实行定期定额征收方式的个体工商户需要停业的，应当在停业前向税务机关申报办理停业登记。纳税人的停业期限不得超过一年。

第二十四条　纳税人在申报办理停业登记时，应如实填写停业申请登记表，说明停业理由、停业期限、停业前的纳税情况和发票的领、用、存情况，并结清应纳税款、滞纳金、罚款。税务机关应收存其税务登记证件及副本、发票领购簿、未使用完的发票和其他税务证件。

第二十五条　纳税人在停业期间发生纳税义务的，应当按照税收法律、行政法规的规定申报缴纳税款。

第二十六条　纳税人应当于恢复生产经营之前，向税务机关申报办理复业登记，如实填写《停、复业报告书》，领回并启用税务登记证件、发票领购簿及其停业前领购的发票。

第二十七条　纳税人停业期满不能及时恢复生产经营的，应当在停业期满前向税务机关提出延长停业登记申请，并如实填写《停、复业报告书》。

第五章　注销登记

第二十八条　纳税人发生解散、破产、撤销以及其他情形，依法终止纳税义务的，应当在向工商行政管理机关或者其他机关办理注销登记前，持有关证件和资料向原税务登记机关申报办理注销税务登记；按规定不需要在工商行政管理机关或者其他机关办理注册登记的，应当自有关机关批准或者宣告终止之日起15日内，持有关证件和资料向原税务登记机关申报办理注销税务登记。

纳税人被工商行政管理机关吊销营业执照或者被其他机关予以撤销登记的，应当自营业执照被吊销或者被撤销登记之日起15日内，向原税务登记机关申报办理注销税务登记。

第二十九条　纳税人因住所、经营地点变动，涉及改变税务登记机关的，应当在向工商行政管理机关或者其他机关申请办理变更、注销登记前，或者住所、经营地点变动前，持有关证件和资料，向原税务登记机关申报办理注销税务登记，并自注销税务登记之日起30日内向迁达地税务机关申报办理税务登记。

第三十条　境外企业在中国境内承包建筑、安装、装配、勘探工程和提供劳务的，应当在项目完工、离开中国前15日内，持有关证件和资料，向原税务登记机关申报办理注销税务登记。

第三十一条　纳税人办理注销税务登记前，应当向税务机关提交相关证明文件和资料，结清应纳税款、多退(免)税款、滞纳金和罚款，缴销发票、税务登记证件和其他税务证件，经税务机关核准后，办理注销税务登记手续。

第六章 外出经营报验登记

第三十二条 纳税人到外县(市)临时从事生产经营活动的,应当在外出生产经营以前,持税务登记证向主管税务机关申请开具《外出经营活动税收管理证明》(以下简称《外管证》)。

第三十三条 税务机关按照一地一证的原则,核发《外管证》,《外管证》的有效期限一般为 30 日,最长不得超过 180 天。

第三十四条 纳税人应当在《外管证》注明地进行生产经营前向当地税务机关报验登记,并提交下列证件、资料:

(一) 税务登记证件副本;

(二)《外管证》。

纳税人在《外管证》注明地销售货物的,除提交以上证件、资料外,应如实填写《外出经营货物报验单》,申报查验货物。

第三十五条 纳税人外出经营活动结束,应当向经营地税务机关填报《外出经营活动情况申报表》,并结清税款、缴销发票。

第三十六条 纳税人应当在《外管证》有效期届满后 10 日内,持《外管证》回原税务登记地税务机关办理《外管证》缴销手续。

第七章 证照管理

第三十七条 税务机关应当加强税务登记证件的管理,采取实地调查、上门验证等方法,或者结合税务部门和工商部门之间,以及国家税务局(分局)、地方税务局(分局)之间的信息交换比对进行税务登记证件的管理。

第三十八条 税务登记证式样改变,需统一换发税务登记证的,由国家税务总局确定。

第三十九条 纳税人、扣缴义务人遗失税务登记证件的,应当自遗失税务登记证件之日起 15 日内,书面报告主管税务机关,如实填写《税务登记证件遗失报告表》,并将纳税人的名称、税务登记证件名称、税务登记证件号码、税务登记证件有效期、发证机关名称在税务机关认可的报刊上作遗失声明,凭报刊上刊登的遗失声明向主管税务机关申请补办税务登记证件。

第八章 非正常户处理

第四十条 已办理税务登记的纳税人未按照规定的期限申报纳税,在税务机关责令其限期改正后,逾期不改正的,税务机关应当派员实地检查,查无下落并且无法强制其履行纳税义务的,由检查人员制作非正常户认定书,存入纳税人档案,税务机关暂停其税务登记证件、发票领购簿和发票的使用。

第四十一条 纳税人被列入非正常户超过三个月的,税务机关可以宣布其税务登记证件失效,其应纳税款的追征仍按《税收征管法》及其《实施细则》的规定执行。

第九章 法律责任

第四十二条 纳税人未按照规定期限申报办理税务登记、变更或者注销登记的,税务机关应当自发现之日起 3 日内责令其限期改正,并依照《税收征管法》第六十条第一款的规定处罚。

纳税人不办理税务登记的,税务机关应当自发现之日起 3 日内责令其限期改正;逾期不改正的,依照《税收征管法》第六十条第一款和第二款的规定处罚。

第四十三条 纳税人未按照规定使用税务登记证件,或者转借、涂改、损毁、买卖、伪造税务登记证件的,依照《税收征管法》第六十条第三款的规定处罚。

第四十四条 纳税人通过提供虚假的证明资料等手段,骗取税务登记证的,处 2000 元以下的罚款;情节严重的,处 2000 元以上 10000 元以下的罚款。纳税人涉嫌其他违法行为的,按有关法律、行政法规的规定处理。

第四十五条 扣缴义务人未按照规定办理扣缴税款登记的,税务机关应当自发现之日起 3 日内责令其限期改正,并可处以 2000 元以下的罚款。

第四十六条 纳税人、扣缴义务人违反本办法规定,拒不接受税务机关处理的,税务机关可以收缴其发票或者停止向其发售发票。

第四十七条 税务人员徇私舞弊或者玩忽职守,违反本办法规定为纳税人办理税务登记相关手续,或者滥用职权,故意刁难纳税人、扣缴义务人的,调离工作岗位,并依法给予行政处分。

第十章　附　　则

第四十八条　本办法涉及的标识、戳记和文书式样，由国家税务总局确定。

第四十九条　本办法由国家税务总局负责解释。各省、自治区、直辖市和计划单列市国家税务局、地方税务局可根据本办法制定具体的实施办法。

第五十条　本办法自2004年2月1日起施行。

【注释】　对《税收征收管理法》第15—18条进行了解释。对《税收征收管理法实施细则》第10—21条进行了解释。

税务行政复议规则(暂行)

国家税务总局令[2004]8号

第一章　总　　则

第一条　为了防止和纠正税务机关违法或者不当的具体行政行为，保护纳税人及其他当事人的合法权益，保障和监督税务机关依法行使职权，根据《中华人民共和国行政复议法》、《中华人民共和国税收征收管理法》和其他有关规定，制定本规则。

第二条　纳税人及其他当事人认为税务机关的具体行政行为侵犯其合法权益，可依法向税务行政复议机关申请行政复议；税务行政复议机关受理行政复议申请，作出行政复议决定，适用本规则。

第三条　本规则所称税务行政复议机关(以下简称复议机关)，是指依法受理行政复议申请，对具体行政行为进行审查并作出行政复议决定的税务机关。

第四条　复议机关负责税收法制工作的机构(以下简称法制工作机构)具体办理行政复议事项，履行下列职责：

(一)受理行政复议申请；

(二)向有关组织和人员调查取证，查阅文件和资料；

(三)审查申请行政复议的具体行政行为是否合法与适当，拟定行政复议决定；

(四)处理或者转送对本规则第九条所列有关规定的审查申请；

(五)对被申请人违反行政复议法及本规则规定的行为，依照规定的权限和程序提出处理建议；

(六)办理因不服行政复议决定提起行政诉讼的应诉事项；

(七)对下级税务机关的行政复议工作进行检查和监督；

(八)办理行政复议案件的赔偿事项；

(九)办理行政复议、诉讼、赔偿等案件的统计、报告和归档工作。

各级税务机关应建立健全法制工作机构，配备专职行政复议、应诉工作人员，保证行政复议、应诉工作的顺利开展。

第五条　复议机关必须强化责任意识和服务意识，树立依法行政观念，认真履行行政复议职责，忠于法律，确保法律正确实施，坚持有错必纠；行政复议活动应当遵循合法、公正、公开、及时、便民的原则。

第六条　纳税人及其他当事人对行政复议决定不服的，可以依照行政诉讼法的规定向人民法院提起行政诉讼。

第七条　各级税务机关发生的行政复议、诉讼费用在行政经费中开支。

第二章　税务行政复议范围

第八条　复议机关受理申请人对下列具体行政行为不服提出的行政复议申请：

(一)税务机关作出的征税行为，包括确认纳税主体、征税对象、征税范围、减税、免税及退税、适用税率、计税依据、纳税环节、纳税期限、纳税地点以及税款征收方式等具体行政行为和征收税款、加收滞纳金及扣缴义务人、受税务机关委托征收的单位作出的代扣代缴、代收代缴行为。

(二)税务机关作出的税收保全措施：

1. 书面通知银行或者其他金融机构冻结存款；

2. 扣押、查封商品、货物或者其他财产。

(三)税务机关未及时解除保全措施，使纳税人及其他当事人合法权益遭受损失的行为。

（四）税务机关作出的强制执行措施：

1. 书面通知银行或者其他金融机构从其存款中扣缴税款；

2. 变卖、拍卖扣押、查封的商品、货物或者其他财产。

（五）税务机关作出的行政处罚行为：

1. 罚款；

2. 没收财物和违法所得；

3. 停止出口退税权。

（六）税务机关不予依法办理或者答复的行为：

1. 不予审批减免税或者出口退税；

2. 不予抵扣税款；

3. 不予退还税款；

4. 不予颁发税务登记证、发售发票；

5. 不予开具完税凭证和出具票据；

6. 不予认定为增值税一般纳税人；

7. 不予核准延期申报、批准延期缴纳税款。

（七）税务机关作出的取消增值税一般纳税人资格的行为。

（八）收缴发票、停止发售发票。

（九）税务机关责令纳税人提供纳税担保或者不依法确认纳税担保有效的行为。

（十）税务机关不依法给予举报奖励的行为。

（十一）税务机关作出的通知出境管理机关阻止出境行为。

（十二）税务机关作出的其他具体行政行为。

第九条　纳税人及其他当事人认为税务机关的具体行政行为所依据的下列规定不合法，在对具体行政行为申请行政复议时，可一并向复议机关提出对该规定的审查申请：

（一）国家税务总局和国务院其他部门的规定；

（二）其他各级税务机关的规定；

（三）地方各级人民政府的规定；

（四）地方人民政府工作部门的规定。

前款中的规定不含规章。

第三章　税务行政复议管辖

第十条　对各级税务机关作出的具体行政行为不服的，向其上一级税务机关申请行政复议。

对省、自治区、直辖市地方税务局作出的具体行政行为不服的，可以向国家税务总局或者省、自治区、直辖市人民政府申请行政复议。

第十一条　对国家税务总局作出的具体行政行为不服的，向国家税务总局申请行政复议。对行政复议决定不服，申请人可以向人民法院提起行政诉讼，也可以向国务院申请裁决，国务院的裁决为终局裁决。

第十二条　对本规则第十条、第十一条规定以外的其他税务机关、组织等作出的具体行政行为不服的，按照下列规定申请行政复议：

（一）对计划单列市税务局作出的具体行政行为不服的，向省税务局申请行政复议。

（二）对税务所、各级税务局的稽查局作出的具体行政行为不服的，向其主管税务局申请行政复议。

（三）对扣缴义务人作出的扣缴税款行为不服的，向主管该扣缴义务人的税务机关的上一级税务机关申请行政复议；对受税务机关委托的单位作出的代征税款行为不服的，向委托税务机关的上一级税务机关申请行政复议。

（四）国税局（稽查局、税务所）与地税局（稽查局、税务所）、税务机关与其他行政机关联合调查的涉税案件，应当根据各自的法定职权，经协商分别作出具体行政行为，不得共同作出具体行政行为。

对国税局（稽查局、税务所）与地税局（稽查局、税务所）共同作出的具体行政行为不服的，向国家税务总局申请行政复议；对税务机关与其他行政机关共同作出的具体行政行为不服的，向其共同上一级行政机关申请行政复议。

（五）对被撤销的税务机关在撤销前所作出的具体行政行为不服的，向继续行使其职权的税务机关的上一级税务机关申请行政复议。

有前款(二)、(三)、(四)、(五)项所列情形之一的，申请人也可以向具体行政行为发生地的县级地方人民政府提出行政复议申请，由接受申请的县级地方人民政府依法进行转送。

第四章 税务行政复议申请

第十三条 申请人可以在知道税务机关作出具体行政行为之日起60日内提出行政复议申请。

因不可抗力或者被申请人设置障碍等其他正当理由耽误法定申请期限的，申请期限自障碍消除之日起继续计算。

第十四条 纳税人、扣缴义务人及纳税担保人对本规则第八条第(一)项和第(六)项第1、2、3目行为不服的，应当先向复议机关申请行政复议，对行政复议决定不服，可以再向人民法院提起行政诉讼。

申请人按前款规定申请行政复议的，必须先依照税务机关根据法律、行政法规确定的税额、期限，缴纳或者解缴税款及滞纳金或者提供相应的担保，方可在实际缴清税款和滞纳金后或者所提供的担保得到作出具体行政行为的税务机关确认之日起60日内提出行政复议申请。

申请人提供担保的方式包括保证、抵押及质押。作出具体行政行为的税务机关应当对保证人的资格、资信进行审查，对不具备法律规定资格，或者没有能力保证的，有权拒绝。作出具体行政行为的税务机关应当对抵押人、出质人提供的抵押担保、质押担保进行审查，对不符合法律规定的抵押担保、质押担保，不予确认。

第十五条 申请人对本规则第八条第(一)项和第(六)项第1、2、3目以外的其他具体行政行为不服，可以申请行政复议，也可以直接向人民法院提起行政诉讼。

第十六条 申请人申请行政复议，可以书面申请，也可以口头申请；口头申请的，复议机关应当当场记录申请人的基本情况、行政复议请求、申请行政复议的主要事实、理由和时间。

第十七条 依法提起行政复议的纳税人及其他当事人为税务行政复议申请人，具体是指纳税义务人、扣缴义务人、纳税担保人和其他当事人。

有权申请行政复议的公民死亡的，其近亲属可以申请行政复议；有权申请行政复议的公民为无行为能力人或者限制行为能力人，其法定代理人可以代理申请行政复议。

有权申请行政复议的法人或者其他组织发生合并、分立或终止的，承受其权利义务的法人或者其他组织可以申请行政复议。

与申请行政复议的具体行政行为有利害关系的其他公民、法人或者其他组织，可以作为第三人参加行政复议。

虽非具体行政行为的相对人，但其权利直接被该具体行政行为所剥夺、限制或者被赋予义务的第三人，在行政管理相对人没有申请行政复议时，可以单独申请行政复议。

申请人、第三人可以委托代理人代为参加行政复议；被申请人不得委托代理人代为参加行政复议。

第十八条 纳税人及其他当事人对税务机关的具体行政行为不服申请行政复议的，作出具体行政行为的税务机关是被申请人。

第十九条 申请人向复议机关申请行政复议，复议机关已经受理的，在法定行政复议期限内申请人不得再向人民法院提起行政诉讼；申请人向人民法院提起行政诉讼，人民法院已经依法受理的，不得申请行政复议。

第五章 税务行政复议受理

第二十条 复议机关收到行政复议申请后，应当在5日内进行审查，决定是否受理。对不符合本规则规定的行政复议申请，决定不予受理，并书面告知申请人。

对有下列情形之一的行政复议申请，决定不予受理：

（一）不属于行政复议的受案范围；

（二）超过法定的申请期限；

（三）没有明确的被申请人和行政复议对象；

（四）已向其他法定复议机关申请行政复议，且被受理；

（五）已向人民法院提起行政诉讼，人民法院已经受理；

（六）申请人就纳税发生争议，没有按规定缴清税款、滞纳金，并且没有提供担保或者担保无效；

（七）申请人不具备申请资格。

对不属于本机关受理的行政复议申请，应当告知申请人向有关复议机关提出。

复议机关收到行政复议申请后未按前款规定期限审查并作出不予受理决定的，视为受理。

第二十一条 对符合规定的行政复议申请，自复议机关法制工作机构收到之日起即为受理；受理行政复议申请，应当书面告知申请人。

第二十二条 对应当先向复议机关申请行政复议，对行政复议决定不服再向人民法院提起行政诉讼的具体行政行为，复议机关决定不予受理或者受理后超过复议期限不作答复的，纳税人及其他当事人可以自收到不予受理决定书之日起或者行政复议期满之日起15日内，依法向人民法院提起行政诉讼。

依照本规则第四十三条规定延长行政复议期限的，以延长后的时间为行政复议期满时间。

第二十三条 纳税人及其他当事人依法提出行政复议申请，复议机关无正当理由而不予受理且申请人没有向人民法院提起行政诉讼的，上级税务机关应当责令其受理；必要时，上级税务机关也可以直接受理。

第二十四条 行政复议期间具体行政行为不停止执行；但有下列情形之一的，可以停止执行：

（一）被申请人认为需要停止执行的；

（二）复议机关认为需要停止执行的；

（三）申请人申请停止执行，复议机关认为其要求合理，决定停止执行的；

（四）法律规定停止执行的。

第二十五条 行政复议期间，有下列情形之一的，行政复议中止：

（一）申请人死亡，须等待其继承人表明是否参加行政复议的；

（二）申请人丧失行为能力，尚未确定法定代理人的；

（三）作为一方当事人的行政机关、法人或者其他组织终止，尚未确定其权利义务承受人的；

（四）因不可抗力原因，致使复议机关暂时无法调查了解情况的；

（五）依照本规则第三十九条和第四十条，依法对具体行政行为的依据进行处理的；

（六）案件的结果须以另一案件的审查结果为依据，而另一案件尚未审结的；

（七）申请人请求被申请人履行法定职责，被申请人正在履行的；

（八）其他应当中止行政复议的情形。

行政复议中止应当书面告知当事人。中止行政复议的情形消除后，应当立即恢复行政复议。

第二十六条 行政复议期间，有下列情形之一的，行政复议终止：

（一）依照本规则第三十八条规定撤回行政复议申请的；

（二）行政复议申请受理后，发现其他复议机关或者人民法院已经先于本机关受理的；

（三）申请人死亡，没有继承人或者继承人放弃行政复议权利的；

（四）作为申请人的法人或者其他组织终止后，其权利义务的承受人放弃行政复议权利的；因前条第（一）、（二）项原因中止行政复议满60日仍无人继续复议的，行政复议终止，但有正当理由的除外；

（五）行政复议申请受理后，发现不符合受理条件的。

行政复议终止应当书面告知当事人。

第六章 证 据

第二十七条 行政复议证据包括以下几类：

（一）书证；

（二）物证；

（三）视听资料；

（四）证人证言；

（五）当事人的陈述；

（六）鉴定结论；

（七）勘验笔录、现场笔录。

第二十八条 在行政复议中，被申请人对其作出的具体行政行为负有举证责任。

第二十九条 复议机关审查复议案件，应当以证据证明的案件事实为根据。

第三十条　复议机关应当根据案件的具体情况，从以下方面审查证据的合法性：

(一) 证据是否符合法定形式；

(二) 证据的取得是否符合法律、法规、规章、司法解释和其他规定的要求；

(三) 是否有影响证据效力的其他违法情形。

第三十一条　复议机关应当根据案件的具体情况，从以下方面审查证据的真实性：

(一) 证据形成的原因；

(二) 发现证据时的客观环境；

(三) 证据是否为原件、原物，复制件、复制品与原件、原物是否相符；

(四) 提供证据的人或者证人与当事人是否具有利害关系；

(五) 影响证据真实性的其他因素。

第三十二条　下列证据材料不得作为定案依据：

(一) 违反法定程序收集的证据材料；

(二) 以偷拍、偷录、窃听等手段获取侵害他人合法权益的证据材料；

(三) 以利诱、欺诈、胁迫、暴力等不正当手段获取的证据材料；

(四) 当事人无正当事由超出举证期限提供的证据材料；

(五) 当事人无正当理由拒不提供原件、原物，又无其他证据印证，且对方当事人不予认可的证据的复制件或者复制品；

(六) 无法辨明真伪的证据材料；

(七) 不能正确表达意志的证人提供的证言；

(八) 不具备合法性和真实性的其他证据材料。

法制工作机构依据本规则第四条第(二)项规定的职责所取得的有关材料，不得作为支持被申请人具体行政行为的证据。

第三十三条　在行政复议过程中，被申请人不得自行向申请人和其他有关组织或者个人收集证据。

第三十四条　申请人和第三人可以查阅被申请人提出的书面答复、作出具体行政行为的证据、依据和其他有关材料，除涉及国家秘密、商业秘密或者个人隐私外，复议机关不得拒绝。

第七章　税务行政复议决定

第三十五条　行政复议原则上采用书面审查的办法，但是申请人提出要求或者法制工作机构认为有必要时，应当听取申请人、被申请人和第三人的意见，并可以向有关组织和人员调查了解情况。

第三十六条　复议机关对被申请人作出的具体行政行为所依据的事实证据、法律程序、法律依据及设定的权利义务内容之合法性、适当性进行全面审查。

第三十七条　复议机关法制工作机构应当自受理行政复议申请之日起 7 日内，将行政复议申请书副本或者行政复议申请笔录复印件发送被申请人。

被申请人应当自收到申请书副本或者申请笔录复印件之日起 10 日内，提出书面答复，并提交当初作出具体行政行为的证据、依据和其他有关材料。

第三十八条　行政复议决定作出前，申请人要求撤回行政复议申请的，可以撤回，但不得以同一基本事实或理由重新申请复议。

第三十九条　申请人在申请行政复议时，依据本规则第九条规定一并提出对有关规定的审查申请的，复议机关对该规定有权处理的，应当在 30 日内依法处理；无权处理的，应当在 7 日内按照法定程序转送有权处理的行政机关依法处理，有权处理的行政机关应当在 60 日内依法处理。处理期间，中止对具体行政行为的审查。

第四十条　复议机关在对被申请人作出的具体行政行为进行审查时，认为其依据不合法，本机关有权处理的，应当在 30 日内依法处理；无权处理的，应当在 7 日内按照法定程序转送有权处理的国家机关依法处理。处理期间，中止对具体行政行为的审查。

第四十一条　法制工作机构应当对被申请人作出的具体行政行为进行合法性与适当性审查，提出意见，经复议机关负责人同意，按照下列规定作出行政复议决定：

(一) 具体行政行为认定事实清楚，证据确凿，适用依据正确，程序合法，内容适当的，决定维持；

（二）被申请人不履行法定职责的，决定其在一定期限内履行；

（三）具体行政行为有下列情形之一的，决定撤销、变更或者确认该具体行政行为违法；决定撤销或者确认该具体行政行为违法的，可以责令被申请人在一定期限内重新作出具体行政行为：

1. 主要事实不清、证据不足的；

2. 适用依据错误的；

3. 违反法定程序的；

4. 超越或者滥用职权的；

5. 具体行政行为明显不当的。

复议机关责令被申请人重新作出具体行政行为的，被申请人不得以同一事实和理由作出与原具体行政行为相同或者基本相同的具体行政行为；但复议机关以原具体行政行为违反法定程序而决定撤销的，被申请人重新作出具体行政行为的，不受前述限制。

（四）被申请人不按照本规则第三十七条的规定提出书面答复，提交当初作出具体行政行为的证据、依据和其他有关材料的，视为该具体行政行为没有证据、依据，决定撤销该具体行政行为。

重大、疑难的行政复议申请，复议机关应当集体讨论决定。重大、疑难行政复议申请的标准，由复议机关自行确定。

第四十二条 申请人在申请行政复议时可以一并提出行政赔偿请求，复议机关对符合国家赔偿法的有关规定应当给予赔偿的，在决定撤销、变更具体行政行为或者确认具体行政行为违法时，应当同时决定被申请人依法给予赔偿。

申请人在申请行政复议时没有提出行政赔偿请求的，复议机关在依法决定撤销或者变更原具体行政行为确定的税款、滞纳金、罚款以及对财产的扣押、查封等强制措施时，应当同时责令被申请人退还税款、滞纳金和罚款，解除对财产的扣押、查封等强制措施，或者赔偿相应的价款。

第四十三条 复议机关应当自受理申请之日起60日内作出行政复议决定。情况复杂，不能在规定期限内作出行政复议决定的，经复议机关负责人批准，可以适当延长，并告知申请人和被申请人；但延长期限最多不超过30日。

复议机关作出行政复议决定，应当制作行政复议决定书，并加盖印章。

行政复议决定书一经送达，即发生法律效力。

第四十四条 被申请人应当履行行政复议决定。

被申请人不履行或者无正当理由拖延履行行政复议决定的，复议机关或者有关上级行政机关应当责令其限期履行。

第四十五条 申请人逾期不起诉又不履行行政复议决定的，或者不履行最终裁决的行政复议决定的，按照下列规定分别处理：

（一）维持具体行政行为的行政复议决定，由作出具体行政行为的行政机关依法强制执行，或者申请人民法院强制执行。

（二）变更具体行政行为的行政复议决定，由复议机关依法强制执行，或者申请人民法院强制执行。

第八章 附 则

第四十六条 复议机关、复议机关工作人员及被申请人在税务行政复议活动中，有违反行政复议法及本规则规定的行为，按《中华人民共和国行政复议法》第六章的规定，追究法律责任。

第四十七条 复议机关受理税务行政复议申请，不得向申请人收取任何费用。

第四十八条 复议机关在受理、审查、决定税务行政复议案件过程中，可使用行政复议专用章。行政复议专用章与行政机关印章在行政复议中具有同等效力。

第四十九条 行政复议期间的计算和行政复议文书的送达，依照民事诉讼法关于期间、送达的规定执行。

本规则关于行政复议期间有关“5日”、“7日”的规定是指工作日，不含节假日。

第五十条 税务机关办理行政复议案件应当适用规定的文书格式。文书格式包括：

（一）口头申请行政复议登记表；

（二）不予受理决定书；

（三）受理复议通知书；

（四）行政复议告知书；

（五）责令受理通知书；

（六）责令履行通知书；

（七）提出答复通知书；

（八）停止执行通知书；

（九）行政复议中止通知书；

（十）行政复议终止通知书；

（十一）决定延期通知书；

（十二）税务行政复议决定书；

（十三）规范性文件转送函（一）；

（十四）规范性文件转送函（二）。

第五十一条　本规则由国家税务总局负责解释。

第五十二条　本规则自2004年5月1日起施行。1999年9月23日国家税务总局以国税发[1999]177号文件发布的《税务行政复议规则（试行）》同时废止。

【注释】　对《税收征收管理法》第8、11、88条进行了解释。对《税收征收管理法实施细则》第8、107条进行了解释。

涉外企业联合税务审计暂行办法

国税发[2004]38号

一、为进一步规范对外商投资企业和外国企业（以下简称涉外企业）税务审计，提高税收征管效率，减轻纳税人负担，优化涉外企业税收管理环境，根据《中华人民共和国税收征收管理法》及其实施细则，特制定本办法。

二、联合税务审计的类型，分为以下两种情况：

（一）对跨区域经营并实行汇总（合并）缴纳企业所得税的涉外企业，各主管税务机关同期开展的税务审计（以下称为跨区域联合税务审计）；

（二）对在同一地区经营的涉外企业，负责税收征管的国税局和地税局联合开展的税务审计（以下称为国地税联合税务审计）。

三、跨区域联合税务审计的组织形式。

跨区域联合税务审计由主管企业所得税的税务机关组织实施，主要适用于企业所得税的审计，但在实施审计时也应对本税务机关其他主管税种一并进行审计。

组织实施跨区域联合税务审计的税务机关没有下达跨区域联合税务审计任务通知书的，各地下级主管税务机关不得自行安排税务审计。组织实施跨区域联合税务审计的税务机关为：

（一）对跨省（含自治区、直辖市和计划单列市）经营的涉外企业的税务审计，由国家税务总局组织实施。

（二）对跨地（市）经营的涉外企业的税务审计，由省级（含计划单列市）税务局组织实施。

（三）对跨县（市）经营的涉外企业的税务审计，由地（市）级税务局组织实施。

跨区域联合税务审计时，凡遇有涉及非本税务机关主管税种问题的，应告知其主管税务机关，并在必要时联合进行相关税务审计。

四、国地税联合税务审计的组织形式：

（一）对企业所得税和其主体业务适用的流转税均由同一税务局主管的涉外企业，由该主管税务局提出税务审计计划并告知企业其他适用税种的主管税务局后，组织相关主管税务局联合开展税务审计。

（二）对企业所得税和其主体业务适用的流转税由国税局、地税局分别主管的涉外企业，由主管国税局和地税局共同提出税务审计计划，联合组织实施税务审计。

五、实施跨区域联合税务审计的，负责组织实施的税务机关可以采取以下两种方式：一是抽调各有关主管税务机关人力，统筹安排税务审计；二是规定联合税务审计时限，由各主管税务机关在规定的时限内开展税务审计。

审计结束后，由涉外企业汇总缴纳税款所在地主管税务机关负责汇总编制税务审计有关文书，送达该涉外企业，办理税款退补、滞纳金和罚款入库事宜。

六、国地税实施联合税务审计的，国税局、地税局主管税务机关分别抽调人力，同时进入审计现场，分别负责相关事项的税务审计。

审计过程中，涉外企业的主管国税局和地税局，应加强沟通，共同研究审计结论和审计报告，凡涉及相同的涉税指标，口径和数据应该保持一致。

审计结束后，涉外企业主管国税局和地税局分别编制税务审计有关文书，送达企业，办理税款退补、滞纳金和罚款入库事宜。

七、开展联合税务审计时，均应按照《涉外税务审计规程》的要求编制税务文书，并选用适当的审计方法和技术；凡涉及相同的税务审计文书，应该一式多份，确保成果共享。

八、对同一涉外企业的联合税务审计，一个纳税年度内不得超过一次。

九、本办法不适用税务机关对涉税案件的稽查。

十、本办法由国家税务总局负责解释。

十一、本办法自颁布之日起施行。

【注释】 对《税收征收管理法》第 56 条进行了解释。对《税收征收管理法实施细则》第 85 条进行了解释。

国家税务总局关于国家税务局与地方税务局联合办理税务登记有关问题的通知

国税发[2004]57 号

各省、自治区、直辖市和计划单列市国家税务局、地方税务局：

为了进一步加强税收征管，提高工作效率，优化纳税服务，降低办税成本，促进信息共享，贯彻实施税收征管法律、法规和《税务登记管理办法》，现将国税局、地税局联合办理税务登记的有关问题通知如下：

一、各级税务机关要充分认识联合办理税务登记的意义，统一思想认识，积极创造条件；两家税务局之间应密切配合，协商研究，实现税务登记的联合办证，稳步推进这项工作。

二、联合办理税务登记的内容。

联合办理税务登记是指纳税人只向一家税务机关申报办理税务登记，由受理税务机关核发一份代表国税局和地税局共同进行税务登记管理的税务登记证件。

联合办理税务登记的工作范围包括两家税务机关共同管辖的纳税人新办税务登记、变更税务登记、注销税务登记、税务登记违章处理以及其他税务登记管理工作。

三、工作规程：

（一）设立登记：纳税人填报税务登记表并提交附报资料齐全的，受理税务机关审核后，对符合规定的，赋予纳税人识别号、打印、发放加盖双方税务机关印章的税务登记证件。受理发证税务机关于当天或不迟于第二天将纳税人税务登记表及附报资料一份传递到另一家税务机关，及时将这户纳税人纳入管理。

（二）变更登记：纳税人税务登记内容发生变更的，应当向发证税务机关申报办理变更登记，经审核后由发证税务机关办理变更登记手续，并将信息传递到另一家税务机关。

（三）注销登记：办理注销税务登记时，纳税人向发证税务机关申报办理，由发证税务机关将信息传递到另一家税务机关，两家共同办理。

（四）违章处理：纳税人有违反税务登记管理行为的，由发现的税务机关进行处理，并通知另一家税务机关，另一家税务机关不再进行处罚。

四、制度建设。

国税局、地税局应加强联合办理税务登记制度建设，按照税收征管法律、法规和《税务登记管理办法》的规定和要求，共同执行统一的纳税人适用的税务登记种类、税务登记类型、税务登记表、附报资料、纳税人识别号赋码原则以及违反税务登记管理行为的处理办法等，共同执行经核准的统一的税务登记证工本费收费标准。

国税局、地税局应加强信息化建设，不断改进信息传递方式；联合办证及变更和注销登记时，受理税务机关要加强内部管理，严格岗位责任制的落实，税务人员要加强责任心，及时、完整传递资料信息，以进一步提高工作效率，更好地为纳税人服务。

各省、自治区、直辖市和计划单列市国家税务局、地方税务局可以根据本通知的规定共同制定具体的实施办法。

【注释】 对《税收征收管理法》第15条进行了解释。对《税收征收管理法实施细则》第5条进行了解释。

国家税务总局关于纳税人遗失完税凭证后处理办法的批复

国税函[2004]761号

上海市国家税务局：

你局《关于纳税人遗失完税凭证后处理办法的请示》(沪国税计[2004]20号)收悉，现批复如下：

纳税人遗失完税凭证后，经纳税人申请，主管税务机关核实税款确已缴纳的，可以向其提供原完税凭证的复印件，也可以为其补开相关完税凭证，并在补开的完税凭证的备注栏注明：原××号完税凭证遗失作废。

税收执法检查规则

国税发[2004]126号

第一章 总　　则

第一条 为规范税收执法行为，促进税务机关依法行政，保证国家税收法律法规的贯彻实施，保护纳税人的合法权益，根据《中华人民共和国税收征收管理法》及《中华人民共和国税收征收管理法实施细则》的有关规定，制定本规则。

第二条 各级税务机关开展税收执法检查工作，适用本规则。

第三条 本规则所称税收执法检查(以下简称执法检查)，是指各级税务机关对本级税务机关及其直属机构、派出机构或者下级税务机关的税收执法行为实施监督检查和处理工作的总称。

第四条 执法检查工作实行行政首长负责制。各级税务机关负责税收法制工作的机构(以下简称法制工作机构)是执法检查的工作机构，负责执法检查工作的具体组织、协调和落实。

第五条 组织实施检查机关应统一安排执法检查工作所需经费。各级税务机关应根据年度执法检查工作计划和具体执法检查工作的开展情况，做好经费预算，保证专款专用。

第六条 执法检查应当遵循监督执法与促进执法相结合、纠正错误与改进工作相结合的原则，做到公正、公开、公平。

第二章 执法检查的组织

第七条 执法检查实行统筹规划，归口管理。各级税务机关根据工作需要，可以将执法监察、税务稽查案件复查等工作与执法检查工作协同开展。

需要国税局、地税局联合开展的执法检查工作，双方应做好协调和配合。

第八条 各级税务机关的法制工作机构，代表本级税务机关组织实施执法检查。机关内部相关部门应树立全局观念，积极参与和配合执法检查工作。

第九条 执法检查根据工作需要，抽调税收执法检查人才库人员实施，也可由法制工作机构人员独立完成。

各级税务机关应建立税收执法检查人才库，为执法检查储备人才。人才库的成员参加执法检查工作时，由执法检查工作机构统一调配。

执法检查人才库的储备人才，应具备较高的政治素质和业务素质，分别从税政、征管、稽查、计会、法律、计算机等方面有不同专长的人员中择优选取。

第十条 各级税务机关应定期对人才库的人员组织专门的法律、税收、计会、纳税检查和计算机等有关知识的培训。根据执法检查工作量的需要，确定执法检查人才库人员基数，实行动态管理。下级税务机关按照要求向上级税务机关执法检查人才库输送储备人才。

第十一条 各级税务机关执法检查工作机构的工作职责主要有：

（一）组织制定和修订本级税务机关的执法检查工作制度或办法；

（二）组织制定执法检查工作计划和实施方案；

（三）组织开展执法检查工作；

（四）指导、监督和考核下级税务机关执法检查工作；

（五）对查出的问题提出拟处理意见；

（六）制发《税收执法检查处理决定书》并监督执行；

（七）向本级和上级税务机关报告执法检查工作情况；

（八）对执法检查工作进行通报、总结和归档；

（九）其他工作。

第三章 执法检查的内容和形式

第十二条 执法检查的内容包括：

（一）抽象行政行为是否符合国家税收法律法规的规定：

1. 检查各级税务机关制定或者与其他部门联合制定的涉税文件；

2. 了解税务机关以外的单位制定的涉税文件。

（二）具体行政行为是否符合国家税收法律法规的规定：

1. 执法主体是否符合法律规定；

2. 是否正确履行法定职责；

3. 是否正确适用国家税收法律法规；

4. 是否符合法定程序；

5. 是否公正、适当；

6. 事实是否清楚、证据是否确凿；

7. 执法文书是否规范。

（三）以前查处问题的纠正情况：

1. 上级税务机关查处的有关问题；

2. 审计机关、财政机关依法查处的有关涉税问题；

3. 其他部门依法督查、督办及查处的有关涉税问题。

（四）检查执法行为所依据的各种涉税会议纪要、办公纪要和其他相关资料。

（五）其他需要实施检查的税收执法问题。

第十三条 执法检查分为全面执法检查、日常执法检查、专项执法检查和专案执法检查四种形式。

第十四条 全面执法检查是指各级税务机关在本辖区内按照统一的执法检查方案，对涉及到的所有单位和部门的税收执法行为所进行的广泛、深入的检查。

各级税务机关可以根据实际情况，定期组织开展全面执法检查。

第十五条 日常执法检查是指各级税务机关在本辖区内对本级及其所属直属机构、派出机构和下级税务机关的执法行为所进行的日常性的检查。日常执法检查是执法检查的主要形式。

第十六条 专项执法检查是指各级税务机关在本辖区内对某一特定内容涉及到的执法行为所进行的检查。

专项执法检查既可由法制工作机构提出，也可由有关业务部门提出；有关业务部门在提出专项执法检查意向的同时，应送交较为详细的执法检查方案，由法制工作机构统一组织实施。

第十七条 专案执法检查是指各级税务机关在本辖区内对公民举报、有关部门转办、上级税务机关交办等案件涉及到的执法行为所进行的检查。

第十八条 各级税务机关对上述形式的执法检查可以灵活运用，既可以单一形式开展，也可以合并形式开展，还可以结合实际工作以其它形式开展。

第十九条 各级税务机关应按照有重点、有顺序、点面结合的原则，统筹安排执法检查工作。

各级税务机关应每3至5年，通过各种检查形式对本辖区内的所有执法单位或部门进行执法检查。

第二十条 各级税务机关应定期开展自上而下的执法检查，充分发挥层级检查所具有的深度强、力度大的作用。

第四章 执法检查的程序

第二十一条 执法检查工作要有计划、有组织、有步骤地实施，具体分为准备、实施、处理三个阶段。

第二十二条 实施执法检查前，执法检查工作机构应根据执法检查的内容，确定包括组织领导、工作要求和检查的时限、重点、方法、步骤等内容的执法检查方案，由所在税务机关负责人批准后统一部署实施。

第二十三条 实施执法检查前应成立执法检查组，人员不得少于2人。执法检查组负责具体实施执法检查工作。

被检查单位的工作人员或与被检查单位有利害关系的人员不得参加对该单位的检查。

第二十四条 各级税务机关应针对检查对象和内容的不同进行查前培训，保证检查工作的效率和质量。

第二十五条 实施执法检查前，应提前3日向被检查单位下发税收执法检查通知，告知检查的时间、内容、方式及检查时需要准备的资料等。特殊情况除外。

第二十六条 各级税务机关进行执法检查，可采取下列检查方式：

（一）听取被检查单位执法情况汇报；

（二）调阅被检查单位收发文簿、会议纪要和办公纪要，检查有关涉税文件；

（三）查阅被检查单位税收执法卷宗、文书；

（四）调阅有关电子文档；

（五）询问被检查单位执法人员有关情况；

（六）必要时可延伸到相关纳税人和有关部门依法进行调查取证；

（七）其他方式。

第二十七条 被检查单位、部门及其工作人员应当据实提供情况，不得以任何理由进行拖延、阻挠、拒绝检查。

第二十八条 执法检查组检查过程中应制作《税收执法检查工作底稿》。发现违规、违法问题的，应写明行为的内容、时间、情节、证据的名称和出处等，并与被检查单位或有关人员核对事实，由被检查单位负责人及有关人员签字认可；被检查单位负责人或有关人员拒不签字的，应记录在案。

检查税务抽象行政行为时，发现违法、违规问题要收集文件原件；对不能取得原件的，可以摘抄、复制、影印，但必须由被检查单位注明原件的保管单位（或个人），并由被检查单位有关负责人签名盖章。

第二十九条 执法检查组实施检查后，应及时将检查中发现的问题汇总，向被检查单位通报情况。

被检查单位或个人对通报可以进行陈述和申辩，并应提供陈述申辩的书面材料。

第三十条 执法检查组完成检查后，应制作税收执法检查报告，内容包括：

（一）检查的内容；

（二）检查的时间、方法、步骤；

（三）检查发现的问题；

（四）检查人员的拟处理意见；

（五）其他需要说明的问题。

第三十一条 执法检查组应将税收执法检查报告、证据材料及与执法检查情况有关的其他资料，按要求进行整理，于完成检查后15日内提交执法检查工作机构。

第三十二条 各级税务机关可以采取复查、抽查、巡视等手段，对检查人员在检查工作中徇私舞弊等情况进行监督检查，保证执法检查质量。

第三十三条 执法检查工作机构收到税收执法检查报告及其他证据材料后，应在10日内审理完毕。审理的主要内容包括：

（一）事实是否清楚，证据是否充分，资料是否齐全；

（二）适用的法律、法规、规章等是否正确；

（三）拟定的处理建议是否适当。

第三十四条 执法检查工作机构在审理中发现事实不清、证据不足的，应当通知检查人员对证据予以增补，也可以重新组织人员进行核实、检查。

第三十五条 执法检查工作机构对检查发现的重大税收执法问题，提交本级税务机关进行集体研究。集体研究时，应做好会议记录。

第三十六条 执法检查中发现税收政策和税收征管制度存在问题的，执法检查机关应及时将有关情况向上级税务机关反映。

第三十七条 执法检查工作机构审理完毕后或本级税务机关集体研究后，执法检查工作机构应制作《税收执法检查处理决定书》，报本级税务机关审批。

第三十八条 对与国家税法相抵触的涉税文件，按下列原则制发《税收执法检查处理决定书》。

（一）对下级税务机关制定的，责令停止执行，并纠正已经执行的行为；

（二）对地方政府及其他部门制定的，同级税务机关在停止执行的同时，向发文单位提出修改建议，并报告上级税务机关。

第三十九条 对不符合税法规定的具体行政行为，按下列原则制发《税收执法检查处理决定书》。

（一）执法主体资格不合法的，对其执法行为依法予以撤销；

（二）未履行法定职责的，依法责令限期做出行政行为；

（三）超越职权、滥用职权的，依法予以撤销；

（四）未正确适用国家税法的，依法予以纠正或撤销，或责令重新做出执法行为；

（五）事实不清、证据不足的，依法予以纠正、撤销或重新做出执法行为；

（六）违反法定程序的，依法予以纠正或撤销，或责令重新做出执法行为；

（七）显失公平的，依法予以纠正或撤销，或责令重新做出执法行为。

第四十条 《税收执法检查处理决定书》采取机关内部公文传递规则送达给被检查单位。

第四十一条 被检查单位收到《税收执法检查处理决定书》后，应当在规定的期限内执行，并在执行完毕后10日内以书面形式向执法检查工作机构报告执行结果，同时附送相关资料。

（一）属于抽象行政行为违法的，应将清理情况和清理结果专题上报执法检查工作机构；

（二）属于具体行政行为违法的，应将纠正、撤销和重新做出执法行为的情况上报执法检查工作机构；

（三）执法检查工作机构要求报送的其他文件和资料。

第四十二条 被检查单位对执法检查处理有陈述权、申辩权；检查机关应就被检查单位陈述、申辩的问题进行认真核查、处理。

第四十三条 执法检查工作结束后，执法检查机关应在本辖区内，对执法检查工作情况予以通报。

第四十四条 执法检查工作结束后，执法检查工作机构应做好执法检查卷宗的立卷和归档工作。

执法检查档案应做到资料齐全、分类清楚，便于质证和查阅。

第四十五条 各省、自治区、直辖市和计划单列市国家税务局、地方税务局应于每年二月底前将上年度的执法检查情况报国家税务总局。

第五章 执法检查的责任追究及奖惩

第四十六条 对执法检查中发现的税收执法过错行为，按照《税收执法过错责任追究办法》的规定追究有关负责人和具体经办人员的责任。

第四十七条 对被检查机关或部门及其工作人员不据实提供情况，或以任何理由进行拖延、阻挠、拒绝检查的，对有关负责人和具体经办人员予以责任追究。

第四十八条 对未按《税收执法检查处理决定书》的要求进行纠正的，或对以前检查问题未予落实的，检查机关在作出责令限期改正的同时，对主要负责人和具体经办人员予以责任追究；情节严重的，移交监察部门处理。

第四十九条 执法检查中发现纳税人的税收违法行为和税务干部违纪、违法行为的，应分别由稽查部门和监察部门予以调查处理。

第五十条 执法检查结果应纳入各级税务机关的目标管理考核，各考核部门要结合执法检查通报对被考核对象予以综合测评。对存在重大执法问题的单位和部门，一律取消评选先进资格。

第五十一条 各级税务机关应对执法规范、成绩突出的单位和个人给予表彰和奖励，并在本辖区内予以通报，同时将其先进经验进行推广。

第五十二条 对执法检查中发现检查人员违反执法检查有关规定的，比照《税收执法过错责任追究办法》的规定，对责任人员予以责任追究；对检查工作过程中发现检查人员违反党风廉政建设有关规定的，按照总局有关廉洁自律的规定处理，并取消执法检查人才资格。

第五十三条 对在执法检查工作中表现突出的人员，各级税务机关应给予奖励，并将其作为在优秀公务员等先进评选活动中的重要依据。

第六章 附 则

第五十四条 本规则所称的各级税务机关是指县以上（含县）各级税务局、税务分局、税务所和按照国务院规定设立的并向社会公告的税务机构。

第五十五条 各省、自治区、直辖市和计划单列市国家税务局、地方税务局可依据本规则，结合本地区的具体情况制定具体实施办法。

第五十六条 本规则有关期限的规定，均为工作日，不含节假日。

第五十七条 本规则自发布之日起实施，《国家税务总局关于印发〈税收执法检查规则〉的通知》（国税发[2001]131号）同时废止。

【注释】 对《税收征收管理法》第58、59条进行了解释。

欠税公告办法(试行)

国家税务总局令[2004]9号

第一条 为了规范税务机关的欠税公告行为，督促纳税人自觉缴纳欠税，防止新的欠税的发生，保证国家税款的及时足额入库，根据《中华人民共和国税收征收管理法》（以下简称《税收征管法》）及其实施细则的规定，制定本办法。

第二条 本办法所称公告机关为县以上（含县）税务局。

第三条 本办法所称欠税是指纳税人超过税收法律、行政法规规定的期限或者纳税人超过税务机关依照税收法律、行政法规规定确定的纳税期限（以下简称税款缴纳期限）未缴纳的税款，包括：

（一）办理纳税申报后，纳税人未在税款缴纳期限内缴纳的税款；

（二）经批准延期缴纳的税款期限已满，纳税人未在税款缴纳期限内缴纳的税款；

（三）税务检查已查定纳税人的应补税额，纳税人未在税款缴纳期限内缴纳的税款；

（四）税务机关根据《税收征管法》第二十七条、第三十五条核定纳税人的应纳税额，纳税人未在税款缴纳期限内缴纳的税款；

（五）纳税人的其他未在税款缴纳期限内缴纳的税款。

税务机关对前款规定的欠税数额应当及时核实。

本办法公告的欠税不包括滞纳金和罚款。

第四条 公告机关应当按期在办税场所或者广播、电视、报纸、期刊、网络等新闻媒体上公告纳税人的欠缴税款情况。

（一）企业或单位欠税的，每季公告一次；

（二）个体工商户和其他个人欠税的，每半年公告一次；

（三）走逃、失踪的纳税户以及其他经税务机关查无下落的非正常户欠税的，随时公告。

第五条 欠税公告内容如下：

（一）企业或单位欠税的，公告企业或单位的名称、纳税人识别号、法定代表人或负责人姓名、居民身份证或其他有效身份证件号码、经营地点、欠税税种、欠税余额和当期新发生的欠税金额；

（二）个体工商户欠税的，公告业户名称、业主姓名、纳税人识别号、居民身份证或其他有效身份证件号码、经营地点、欠税税种、欠税余额和当期新发生的欠税金额；

（三）个人（不含个体工商户）欠税的，公告其姓名、居民身份证或其他有效身份证件号码、欠税税种、欠税余额和当期新发生的欠税金额。

第六条 企业、单位纳税人欠缴税款200万元以下(不含200万元),个体工商户和其他个人欠缴税款10万元以下(不含10万元)的由县级税务局(分局)在办税服务厅公告。

企业、单位纳税人欠缴税款200万元以上(含200万元),个体工商户和其他个人欠缴税款10万元以上(含10万元)的,由地(市)级税务局(分局)公告。

对走逃、失踪的纳税户以及其他经税务机关查无下落的纳税人欠税的,由各省、自治区、直辖市和计划单列市国家税务局、地方税务局公告。

第七条 对按本办法规定需要由上级公告机关公告的纳税人欠税信息,下级公告机关应及时上报。具体的时间和要求由各省、自治区、直辖市和计划单列市税务局确定。

第八条 公告机关在欠税公告前,应当深入细致地对纳税人欠税情况进行确认,重点要就欠税统计清单数据与纳税人分户台帐记载数据、帐簿记载书面数据与信息系统记录电子数据逐一进行核对,确保公告数据的真实、准确。

第九条 欠税一经确定,公告机关应当以正式文书的形式签发公告决定,向社会公告。

欠税公告的数额实行欠税余额和新增欠税相结合的办法,对纳税人的以下欠税,税务机关可不公告:

一、已宣告破产,经法定清算后,依法注销其法人资格的企业欠税;

二、被责令撤销、关闭,经法定清算后,被依法注销或吊销其法人资格的企业欠税;

三、已经连续停止生产经营一年(按日历日期计算)以上的企业欠税;

四、失踪两年以上的纳税人的欠税。

公告决定应当列为税收征管资料档案,妥善保存。

第十条 公告机关公告纳税人欠税情况不得超出本办法规定的范围,并应依照《税收征管法》及其实施细则的规定对纳税人的有关情况进行保密。

第十一条 欠税发生后,除依照本办法公告外,税务机关应当依法催缴并严格按日计算加收滞纳金,直至采取税收保全、税收强制执行措施清缴欠税。任何单位和个人不得以欠税公告代替税收保全、税收强制执行等法定措施的实施,干扰清缴欠税。各级公告机关应指定部门负责欠税公告工作,并明确其他有关职能部门的相关责任,加强欠税管理。

第十二条 公告机关应公告不公告或者应上报不上报,给国家税款造成损失的,上级税务机关除责令其改正外,应按《国家公务员暂行条例》和《人事部关于国家公务员纪律惩戒有关问题的通知》规定,对直接责任人员予以处理。

第十三条 扣缴义务人、纳税担保人的欠税公告参照本办法的规定执行。

第十四条 各省、自治区、直辖市和计划单列市税务局可以根据本办法制定具体实施细则。

第十五条 本办法由国家税务总局负责解释。

第十六条 本办法自二〇〇五年元月一日起施行。

【注释】 对《税收征收管理法》第27、35、45条进行了解释。对《税收征收管理法实施细则》第76条进行了解释。

国家税务总局关于延期缴纳税款有关问题的通知

国税函[2004]1406号

各省、自治区、直辖市和计划单列市国家税务局、地方税务局,扬州税务进修学院,局内各单位:

为进一步加强延期缴纳税款的审批管理,维护国家的税收权益,现对有关问题明确如下:

《中华人民共和国税收征收管理法实施细则》第四十一条规定纳税人"当期货币资金在扣除应付职工工资、社会保险费后,不足以缴纳税款的",经批准可延期缴纳税款。此条规定中的"当期货币资金"是指纳税人申请延期缴纳税款之日的资金余额,其中不含国家法律和行政法规明确规定企业不可动用的资金;"应付职工工资"是指当期计提数。

【注释】 对《税收征收管理法实施细则》第41条进行了解释。

纳税人财务会计报表报送管理办法

国税发[2005]20号

第一章 总 则

第一条 为了统一纳税人财务会计报表报送，规范税务机关对财务会计报表数据的接收、处理及应用维护，减轻纳税人负担，夯实征管基础，根据《中华人民共和国税收征收管理法》（以下简称《征管法》）及其实施细则以及其他相关法律、法规的规定，制定本办法。

第二条 本办法所称纳税人是指《征管法》第十五条所规定的从事生产、经营的纳税人。实行定期定额征收方式管理的纳税人除外。

第三条 本办法所称财务会计报表是指会计制度规定编制的资产负债表、利润表、现金流量表和相关附表。

前款所称会计制度是指国务院颁布的《中华人民共和国企业财务会计报告条例》以及财政部制定颁发的各项会计制度。

第四条 纳税人应当按照国家相关法律、法规的规定编制和报送财务会计报表，不得编制提供虚假的财务会计报表。纳税人的法定代表人或负责人对报送的财务会计报表的真实性和完整性负责。

第五条 纳税人应当在规定期间，按照现行税收征管范围的划分，分别向主管国家税务局、地方税务局报送财务会计报表。除有特殊要求外，同样的报表只报送一次。

主管税务机关应指定部门采集录入，实行“一户式”存储，实现信息共享，不得要求纳税人按税种或者在办理其它涉税事项时重复报送财务会计报表。

第六条 税务机关应当依法对取得的纳税人财务会计报表数据保密，不得随意公开或用于税收以外的用途。

第二章 报表报送

第七条 纳税人无论有无应税收入、所得和其他应税项目，或者在减免税期间，均必须依照《征管法》第二十五条的规定，按其所适用的会计制度编制财务报表，并按本办法第八条规定的时限向主管税务机关报送；其所适用的会计制度规定需要编报相关附表以及会计报表附注、财务情况说明书、审计报告的，应当随同财务会计报表一并报送。

适用不同的会计制度报送财务会计报表的具体种类，由省、自治区、直辖市和计划单列市国家税务局和地方税务局联合确定。

第八条 纳税人财务会计报表报送期间原则上按季度和年度报送。确需按月报送的，由省、自治区、直辖市和计划单列市国家税务局和地方税务局联合确定。

第九条 纳税人财务会计报表的报送期限为：按季度报送的在季度终了后15日内报送；按年度报送的内资企业在年度终了后45天，外商投资企业和外国企业在年度终了后4个月内报送。

第十条 纳税人经批准延期办理纳税申报的，其财务会计报表报送期限可以顺延。

第十一条 纳税人可以直接到税务机关办理财务会计报表的报送，也可以按规定采取邮寄、数据电文或者其他方式办理上述报送事项。

第十二条 纳税人采取邮寄方式办理财务会计报表报送的，以邮政部门收据作为报送凭据。邮寄报送的，以寄出日的邮戳日期为实际报送日期。

第十三条 纳税人以磁盘、IC卡、U盘等电子介质（以下简称电子介质）或网络方式报送财务会计报表的，税务机关应当提供数据接口。凡使用总局软件的，数据接口格式标准由总局公布；未使用总局软件的，也必须按总局标准对自行开发软件作相应调整。

第十四条 《中华人民共和国电子签名法》正式施行后，纳税人可按照税务机关的规定只报送财务会计报表电子数据。在此之前，纳税人以电子介质或网络方式报送财务会计报表的，仍按照税务机关规定，相应报送纸质报表。

第三章 接收处理

第十五条 纳税人报送的纸质财务会计报表，由税务机关的办税服务厅或办税服务室（以下简称办税厅)负责受理、审核、录入和归档;以电子介质报送的电子财务会计报表由办税厅负责接收、读入、审核和存储;以网络方式报送的财务会计报表电子数据由税务机关指定的部门通过系统接收、读入、校验。

第十六条 主管税务机关应当对不同形式报送的财务会计报表分别审核校验:

(一) 办税厅对于纸质财务会计报表,实行完整性和时效性审核通过后在综合征管软件系统中作报送记录。凡符合规定的,当场打印回执凭证交纳税人留存;凡不符合规定的,要求纳税人在限期内补正,限期内补正的,视同按规定期限报送财务会计报表。

(二) 办税厅对于电子介质财务会计报表,实行安全过滤并进行系统校验性审核。凡符合规定的,当场打印回执凭证交纳税人留存;凡不符合规定的,要求纳税人在限期内补正,限期内补正的,视同按规定期限报送财务会计报表。

(三) 主管税务机关对于通过网络报送的财务会计报表电子数据,必须实施安全过滤后实时进行系统性校验。凡符合规定的,系统提示纳税人报送成功,并提供电子回执凭证;凡不符合要求的,系统提示报送不成功,纳税人应当及时检查纠正,重新报送。

第十七条 办税厅应当及时将纳税人当期报送的纸质财务会计报表的各项数据,准确、完整地采集和录入。

税务机关指定的部门对于纳税人当期报送的财务会计报表电子数据,应当按照"一户式"存储的管理要求,统一存储,数据共享,并负责数据安全和数据备份。

第十八条 有条件的地区,国家税务局和地方税务局可将各自采集的纳税人财务会计报表数据进行交换和比对,以提高财务会计报表数据的真实性和完整性。

第十九条 财务会计报表报送期届满,主管税务机关应当将综合征管信息系统生成的未报送财务会计报表的纳税人清单分送纳税人所辖税务机关,由所辖税务机关负责督促税收管理员逐户催报。

第二十条 纳税人报送的财务会计报表由主管税务机关根据税收征管法及其实施细则和相关法律、法规规定的保存期限归档和销毁。

第四章 数据维护

第二十一条 总局对各地反馈上报要求在财务会计报表之外增加的数据需求,应当按照《国家税务总局工作规则》的规定,由总局征收管理司(以下简称征管司)组织相关司局进行分析、确认,并提出具体的解决建议,报经局长办公会或局务会批准后,方可增加。涉及软件修改的,由征管司组织相关司局编制业务需求。

第二十二条 总局信息中心根据征管司组织相关司局编制的业务需求,负责进行需求分析,提出技术要求并分别作出处理:

(一) 涉及税务机关的业务内容变化,直接安排修改总局综合征管软件;同时将需要修改的内容标准化,下发未使用总局综合征管软件的税务机关自行修改软件。

(二) 涉及纳税人的业务变化,将需要修改的内容标准化并向社会公布,同时公布软件接口标准,以便商用软件开发商修改软件,及时为纳税人更新申报软件版本。

第二十三条 使用自行开发软件地区需要进行数据维护的,可参照本办法第二十一、二十二条的规则办理。

第二十四条 总局临时性需下级税务机关报送的各类调查表、统计表,涉及纳税人财务会计报表指标的,由征管司确认,凡可从已有的财务会计报表公共信息中提取,主管税务机关不再采集。

第五章 法律责任

第二十五条 纳税人有违反本办法规定行为的,主管税务机关应当责令限期改正。责令限期改正的期限最长不超过 15 天。

第二十六条 纳税人未按照规定期限报送财务会计报表,或者报送的财务会计报表不符合规定且未在规定的期限内补正的,由主管税务机关依照《征管法》第六十二条的规定处罚。

第二十七条 纳税人提供虚假的财务会计报表,或者拒绝提供财务会计报表的,由主管税务机关依照《征管法》第七十条的规定处罚。

第二十八条 由于税务机关原因致使纳税人已报送的纸质或电子财务会计报表遗失或残缺,税务机关应当向纳税人道歉,并由纳税人重新报送。

第六章 附 则

第二十九条 纳税人按规定需要报送的财务会计报表，可以委托具有合法资质的中介机构报送。

第三十条 本办法所称日内均含本日，遇有法定公休日、节假日，按照税收征管法及其实施细则的规定顺延。

第三十一条 各省、自治区、直辖市和计划单列市国家税务局、地方税务局可根据本办法制定具体实施细则，并报国家税务总局备案。

第三十二条 本办法由国家税务总局负责解释。

第三十三条 本办法自2005年5月1日起执行。

【注释】 对《税收征收管理法》第15、25、62、70条进行了解释。

纳税评估管理办法(试行)

国税发[2005]43号

第一章 总 则

第一条 为进一步强化税源管理，降低税收风险，减少税款流失，不断提高税收征管的质量和效率，根据国家有关税收法律、法规，结合税收征管工作实际，制定本办法。

第二条 纳税评估是指税务机关运用数据信息对比分析的方法，对纳税人和扣缴义务人(以下简称纳税人)纳税申报(包括减免缓抵退税申请，下同)情况的真实性和准确性作出定性和定量的判断，并采取进一步征管措施的管理行为。纳税评估工作遵循强化管理、优化服务；分类实施、因地制宜；人机结合、简便易行的原则。

第三条 纳税评估工作主要由基层税务机关的税源管理部门及其税收管理员负责，重点税源和重大事项的纳税评估也可由上级税务机关负责。

前款所称基层税务机关是指直接面向纳税人负责税收征收管理的税务机关；税源管理部门是指基层税务机关所属的税务分局、税务所或内设的税源管理科(股)。

对汇总合并缴纳企业所得税企业的纳税评估，由其汇总合并纳税企业申报所在地税务机关实施，对汇总合并纳税成员企业的纳税评估，由其监管的当地税务机关实施；对合并申报缴纳外商投资和外国企业所得税企业分支机构的纳税评估，由总机构所在地的主管税务机关实施。

第四条 开展纳税评估工作原则上在纳税申报到期之后进行，评估的期限以纳税申报的税款所属当期为主，特殊情况可以延伸到往期或以往年度。

第五条 纳税评估主要工作内容包括：根据宏观税收分析和行业税负监控结果以及相关数据设立评估指标及其预警值；综合运用各类对比分析方法筛选评估对象；对所筛选出的异常情况进行深入分析并作出定性和定量的判断；对评估分析中发现的问题分别采取税务约谈、调查核实、处理处罚、提出管理建议、移交稽查部门查处等方法进行处理；维护更新税源管理数据，为税收宏观分析和行业税负监控提供基础信息等。

第二章 纳税评估指标

第六条 纳税评估指标是税务机关筛选评估对象、进行重点分析时所选用的主要指标，分为通用分析指标和特定分析指标两大类，使用时可结合评估工作实际不断细化和完善。

第七条 纳税评估指标的功能、计算公式及其分析使用方法参照《纳税评估通用分析指标及其使用方法》(附件1)、《纳税评估分税种特定分析指标及其使用方法》(附件2)。

第八条 纳税评估分析时，要综合运用各类指标，并参照评估指标预警值进行配比分析。评估指标预警值是税务机关根据宏观税收分析、行业税负监控、纳税人生产经营和财务会计核算情况以及内外部相关信息，运用数学方法测算出的算术、加权平均值及其合理变动范围。测算预警值，应综合考虑地区、规模、类型、生产经营季节、税种等因素，考虑同行业、同规模、同类型纳税人各类相关指标的若干年度的平均水平，以使预警值更加真实、准确和具有可比性。纳税评估指标预警值由各地税务机关根据实际情况自行确定。

第三章 纳税评估对象

第九条 纳税评估的对象为主管税务机关负责管理的所有纳税人及其应纳所有税种。

第十条 纳税评估对象可采用计算机自动筛选、人工分析筛选和重点抽样筛选等方法。

第十一条 筛选纳税评估对象,要依据税收宏观分析、行业税负监控结果等数据,结合各项评估指标及其预警值和税收管理员掌握的纳税人实际情况,参照纳税人所属行业、经济类型、经营规模、信用等级等因素进行全面、综合的审核对比分析。

第十二条 综合审核对比分析中发现有问题或疑点的纳税人要作为重点评估分析对象;重点税源户、特殊行业的重点企业、税负异常变化、长时间零税负和负税负申报、纳税信用等级低下、日常管理和税务检查中发现较多问题的纳税人要列为纳税评估的重点分析对象。

第四章 纳税评估方法

第十三条 纳税评估工作根据国家税收法律、行政法规、部门规章和其他相关经济法规的规定,按照属地管理原则和管户责任开展;对同一纳税人申报缴纳的各个税种的纳税评估要相互结合、统一进行,避免多头重复评估。

第十四条 纳税评估的主要依据及数据来源包括:

"一户式"存储的纳税人各类纳税信息资料,主要包括:纳税人税务登记的基本情况,各项核定、认定、减免缓抵退税审批事项的结果,纳税人申报纳税资料,财务会计报表以及税务机关要求纳税人提供的其他相关资料,增值税交叉稽核系统各类票证比对结果等;

税收管理员通过日常管理所掌握的纳税人生产经营实际情况,主要包括:生产经营规模、产销量、工艺流程、成本、费用、能耗、物耗情况等各类与税收相关的数据信息;

上级税务机关发布的宏观税收分析数据,行业税负的监控数据,各类评估指标的预警值;

本地区的主要经济指标、产业和行业的相关指标数据,外部交换信息,以及与纳税人申报纳税相关的其他信息。

第十五条 纳税评估可根据所辖税源和纳税人的不同情况采取灵活多样的评估分析方法,主要有:

对纳税人申报纳税资料进行案头的初步审核比对,以确定进一步评估分析的方向和重点;

通过各项指标与相关数据的测算,设置相应的预警值,将纳税人的申报数据与预警值相比较;

将纳税人申报数据与财务会计报表数据进行比较、与同行业相关数据或类似行业同期相关数据进行横向比较;

将纳税人申报数据与历史同期相关数据进行纵向比较;

根据不同税种之间的关联性和钩稽关系,参照相关预警值进行税种之间的关联性分析,分析纳税人应纳相关税种的异常变化;

应用税收管理员日常管理中所掌握的情况和积累的经验,将纳税人申报情况与其生产经营实际情况相对照,分析其合理性,以确定纳税人申报纳税中存在的问题及其原因;

通过对纳税人生产经营结构,主要产品能耗、物耗等生产经营要素的当期数据、历史平均数据、同行业平均数据以及其他相关经济指标进行比较,推测纳税人实际纳税能力。

第十六条 对纳税人申报纳税资料进行审核分析时,要包括以下重点内容:

纳税人是否按照税法规定的程序、手续和时限履行申报纳税义务,各项纳税申报附送的各类抵扣、列支凭证是否合法、真实、完整;

纳税申报主表、附表及项目、数字之间的逻辑关系是否正确,适用的税目、税率及各项数字计算是否准确,申报数据与税务机关所掌握的相关数据是否相符;

收入、费用、利润及其他有关项目的调整是否符合税法规定,申请减免缓抵退税,亏损结转、获利年度的确定是否符合税法规定并正确履行相关手续;

与上期和同期申报纳税情况有无较大差异;

税务机关和税收管理员认为应进行审核分析的其他内容。

第十七条 对实行定期定额(定率)征收税款的纳税人以及未达起征点的个体工商户,可参照其生产经营情况,利用相关评估指标定期进行分析,以判断定额(定率)的合理性和是否已经达到起征点并恢复征税。

第五章 评估结果处理

第十八条 对纳税评估中发现的计算和填写错误、政策和程序理解偏差等一般性问题,或存在的疑点问题经约谈、举证、调查核实等程序认定事实清楚,不具有偷税等违法嫌疑,无需立案查处的,可提请纳税人自行改正。需要纳税人自行补充的纳税资料，以及需要纳税人自行补正申报、补缴税款、调整账目的，税务机关应督促纳税人按照税法规定逐项落实。

第十九条 对纳税评估中发现的需要提请纳税人进行陈述说明、补充提供举证资料等问题，应由主管税务机关约谈纳税人。

税务约谈要经所在税源管理部门批准并事先发出《税务约谈通知书》，提前通知纳税人。

税务约谈的对象主要是企业财务会计人员。因评估工作需要，必须约谈企业其他相关人员的，应经税源管理部门批准并通过企业财务部门进行安排。

纳税人因特殊困难不能按时接受税务约谈的，可向税务机关说明情况，经批准后延期进行。

纳税人可以委托具有执业资格的税务代理人进行税务约谈。税务代理人代表纳税人进行税务约谈时，应向税务机关提交纳税人委托代理合法证明。

第二十条 对评估分析和税务约谈中发现的必须到生产经营现场了解情况、审核账目凭证的，应经所在税源管理部门批准，由税收管理员进行实地调查核实。对调查核实的情况，要作认真记录。需要处理处罚的，要严格按照规定的权限和程序执行。

第二十一条 发现纳税人有偷税、逃避追缴欠税、骗取出口退税、抗税或其他需要立案查处的税收违法行为嫌疑的，要移交税务稽查部门处理。

对税源管理部门移交稽查部门处理的案件，税务稽查部门要将处理结果定期向税源管理部门反馈。

发现外商投资和外国企业与其关联企业之间的业务往来不按照独立企业业务往来收取或支付价款、费用，需要调查、核实的，应移交上级税务机关国际税收管理部门（或有关部门）处理。

第二十二条 对纳税评估工作中发现的问题要作出评估分析报告，提出进一步加强征管工作的建议，并将评估工作内容、过程、证据、依据和结论等记入纳税评估工作底稿。纳税评估分析报告和纳税评估工作底稿是税务机关内部资料，不发纳税人，不作为行政复议和诉讼依据。

第六章 评估工作管理

第二十三条 基层税务机关及其税源管理部门要根据所辖税源的规模、管户的数量等工作实际情况，结合自身纳税评估的工作能力，制定评估工作计划，合理确定纳税评估工作量，对重点税源户，要保证每年至少重点评估分析一次。

第二十四条 基层税务机关及其税源管理部门要充分利用现代化信息手段，广泛收集和积累纳税人各类涉税信息，不断提高评估工作水平；要经常对评估结果进行分析研究，提出加强征管工作的建议；要作好评估资料整理工作，本着“简便、实用”的原则，建立纳税评估档案，妥善保管纳税人报送的各类资料，并注重保护纳税人的商业秘密和个人隐私；要建立健全纳税评估工作岗位责任制、岗位轮换制、评估复查制和责任追究制等各项制度，加强对纳税评估工作的日常检查与考核；要加强对从事纳税评估工作人员的培训，不断提高纳税评估工作人员的综合素质和评估能力。

第二十五条 各级税务机关的征管部门负责纳税评估工作的组织协调工作，制定纳税评估工作业务规程，建立健全纳税评估规章制度和反馈机制，指导基层税务机关开展纳税评估工作，明确纳税评估工作职责分工并定期对评估工作开展情况进行总结和交流；

各级税务机关的计划统计部门负责对税收完成情况、税收与经济的对应规律、总体税源和税负的增减变化等情况进行定期的宏观分析，为基层税务机关开展纳税评估提供依据和指导；

各级税务机关的专业管理部门（包括各税种、国际税收、出口退税管理部门以及县级税务机关的综合业务部门）负责进行行业税负监控、建立各税种的纳税评估指标体系、测算指标预警值、制定分税种的具体评估方法，为基层税务机关开展纳税评估工作提供依据和指导。

第二十六条 从事纳税评估的工作人员，在纳税评估工作中徇私舞弊或者滥用职权，或为有涉嫌税收违法行为的纳税人通风报信致使其逃避查处的，或瞒报评估真实结果、应移交案件不移交的，或致使纳税评估结果失真、给纳税人造成损失的，不构成犯罪的，由税务机关按照有关规定给予行政处分；构成犯罪的，要依法追究刑事责任。

第二十七条 各级国家税务局、地方税务局要加强纳税评估工作的协作，提高相关数据信息的共享程度，简化评估工作程序，提高评估工作实效，最大限度地方便纳税人。

【注释】 对《税收征收管理法》第5条进行了解释。

税收管理员制度(试行)

国税发[2005]40 号

第一章 总 则

第一条 为加强税源管理,优化纳税服务,切实解决“淡化责任,疏于管理”问题,推进依法治税,进一步提高税收征管的质量和效率,根据《中华人民共和国税收征收管理法》及其实施细则和《国家税务总局关于进一步加强税收征管工作的若干意见》(国税发[2004]108 号)的有关规定,制定本制度。

第二条 税收管理员是基层税务机关及其税源管理部门中负责分片、分类管理税源,负有管户责任的工作人员。

前款所称基层税务机关是指直接面向纳税人、负责税收征收管理的税务机关;税源管理部门是指基层税务机关所属的税务分局和税务所或内设的税源管理科(股)。

第三条 税收管理员在基层税务机关及其税源管理部门的管理下,贯彻落实税收法律、法规和各项税收政策,按照管户责任,依法对分管的纳税人、扣缴义务人(以下简称纳税人)申报缴纳税款的行为及其相关事项实施直接监管和服务。

第四条 税收管理员制度是税务机关根据税收征管工作的需要,明确岗位职责,落实管理责任,规范税务人员行为,促进税源管理,优化纳税服务的基础工作制度。

实行税收管理员制度,应遵循管户与管事相结合、管理与服务相结合、属地管理与分类管理相结合的原则。

第二章 工 作 职 责

第五条 宣传贯彻税收法律、法规和各项税收政策,开展纳税服务,为纳税人提供税法咨询和办税辅导;督促纳税人按照国家有关规定及时足额申报纳税、建立健全财务会计制度、加强账簿凭证管理。

第六条 调查核实分管纳税人税务登记事项的真实性;掌握纳税人合并、分立、破产等信息;了解纳税人外出经营、注销、停业等情况;掌握纳税人户籍变化的其他情况;调查核实纳税人纳税申报(包括减免缓抵退税申请,下同)事项和其他核定、认定事项的真实性;了解掌握纳税人生产经营、财务核算的基本情况。

第七条 对分管纳税人进行税款催报催缴;掌握纳税人的欠税情况和欠税纳税人的资产处理等情况;对纳税人使用发票的情况进行日常管理和检查,对各类异常发票进行实地核查;督促纳税人按照税务机关的要求安装、使用税控装置。

第八条 对分管纳税人开展纳税评估,综合运用各类信息资料和评估指标及其预警值查找异常,筛选重点评估分析对象;对纳税人纳税申报的真实性、准确性做出初步判断;根据评估分析发现的问题,约谈纳税人,进行实地调查;对纳税人违反税收管理规定行为提出处理建议。

第九条 按照纳税资料“一户式”存储的管理要求,及时采集纳税人生产经营、财务核算等相关信息,建立所管纳税人档案,对纳税人信息资料及时进行整理、更新和存储,实行信息共享。

第十条 完成上级交办的其他工作任务。

第三章 工 作 要 求

第十一条 税收管理员要严格按照所在税务机关规定的管户责任和工作要求开展工作;严格执行各项税收法律法规和政策,履行岗位职责,自觉接受监督。

第十二条 税收管理员要增强为纳税人服务的意识,认真落实各项纳税服务措施,提高服务水平;依法保护纳税人的商业秘密和个人隐私,尊重和保护纳税人的合法权益。

第十三条 税收管理员不直接从事税款征收、税务稽查、审批减免缓抵退税和违章处罚等工作;按照有关规定,在交通不便地区和集贸市场可以由税收管理员直接征收零散税收的,要实行双人上岗制度,并严格执行票款分离制度。

第十四条 税收管理员实行轮换制度,具体轮换的时限由主管税务机关根据实际情况确定。税收管理员开展下户调查、宣传送达等各类管理服务工作时,应按所在税源管理部门的工作计划进行,避免重复下户,注重减轻纳税人负担;对纳税人进行日常检查和税务约谈时,一般不少于两人;送达税务文书时,要填制《税务文书送达回证》。

第十五条　税收管理员在加强税源管理、实施纳税评估时，要将案头分析与下户实地调查工作相结合，案头分析与实地调查结果要提交工作报告并作为工作底稿归档。

第十六条　税收管理员发现所管纳税人有下列行为，应向所在税源管理部门提出管理建议：

增值税一般纳税人情况发生变化，已不具备一般纳税人资格的；

未按规定开具、取得、使用、保管发票等违章行为的；

未按期申报纳税、申请延期申报和延期缴纳税款或催缴期满仍不缴纳税款的；

欠税纳税人处理资产或其法定代表人需要出境的；

未按规定凭税务登记证件开立银行账户并向税务机关报告账户资料的；

未按规定报送《财务会计制度备案表》和会计核算软件说明书的；

未按规定设置账簿、记账凭证及有关资料的；

未按规定安装使用税控器具及申报纳税的；

经纳税评估发现申报不实或税收定额不合理的；

发现企业改组、改制、破产及跨区经营的；

经调查不符合享受税收优惠政策条件的；

纳税人有违章行为拒不接受税务机关处理的；

发现纳税人与关联企业有不按照独立企业之间业务往来结算价款、费用等行为的；

其他税收违章行为。

第十七条　税收管理员发现所管纳税人有下列行为，应提出工作建议并由所在税源管理部门移交税务稽查部门处理：

涉嫌偷税、逃避追缴欠税、骗取出口退税、抗税以及其他需要立案查处的税收违法行为的；

涉嫌增值税专用发票和其他发票违法犯罪行为的；

需要进行全面系统的税务检查的。

第四章　管理监督

第十八条　基层税务机关及其税源管理部门要加强对税收管理员的管理与监督，定期听取税收管理员的工作汇报，研究分析税源管理工作中存在的问题，总结“管户”工作经验，组织信息交流，加强对税收管理员日常工作的指导与检查。

第十九条　基层税务机关要充实税收管理员力量，选拔熟悉税收业务、具备一定的企业生产经营和财务管理知识、责任心强、素质较高的税务人员担任税收管理员。

第二十条　基层税务机关及其税源管理部门要加强对税收管理员的思想政治教育和岗位技能培训，注重提高其税收政策、财务会计知识水平和评估分析能力，不断提高税收管理员的素质。

第二十一条　基层税务机关要加强对税收管理员工作业绩的考核，通过能级管理等激励机制，鼓励其增长才干，积累经验，成为税源管理方面的专门人才。

第二十二条　税收管理员玩忽职守或徇私舞弊，构成违纪行为的，由税务机关依法给予行政处分；构成犯罪的，要依法追究其刑事责任。

【注释】　对《税收征收管理法》第9条进行了解释。

国家税务总局关于明确普通发票分类代码中年份代码含义的通知

国税函[2005]218号

各省、自治区、直辖市和计划单列市国家税务局、地方税务局：

为了加强和规范普通发票的统一管理，便于全国普通发票的统一识别和查询，全国税务机关从2005年1月1日起推行了统一的全国普通发票分类代码和发票号码。此后，部分纳税人和相关单位对分类代码中第6、7位年份代码的指代意义提出疑问，为避免使用中出现解释歧义，特明确如下：

一、普通发票分类代码中的第6、7位年份代码，是指发票的印刷年份，并非发票的使用年份，可以跨年度使用。但各地普通发票的印制数量也应严格控制在一年以内，防止过多冗余，避免造成损失。

二、发票代码和发票号码的印制颜色可根据印刷设备的情况，由各省、自治区、直辖市和计划单列市国家税务局、地方税务局确定。

三、各省、自治区、直辖市和计划单列市国家税务局应将年份代码和机动车销售统一发票的有关规定和含义通告当地公安交管部门。如有问题应及时做好协调和解释工作。

【注释】 对《税收征收管理法》第22条进行了解释。

国家税务总局关于IC卡门票管理问题的批复

国税函[2005]232号

湖南省地方税务局：

你局《关于明确IC卡门票管理问题的请示》(湘地税发[2005]18号)收悉。经研究，现批复如下：

随着市场经济和科学技术的发展，发票的形式和载体也发生了变化，除纸质凭证外，还出现了电子的和IC卡等非纸质性形式的凭证；但无论收付款凭证的载体发生什么变化，根据《中华人民共和国发票管理办法》第三条的规定，并没有改变发票的性质和职能，都属于发票管理的范畴。

各地税务机关应加强非纸质性收付款凭证的研究和管理，制定出相应的管理措施和办法。在执行中出现的问题，望及时上报总局。

【注释】 对《发票管理办法》第3条进行了解释。

国家税务总局关于明确从事代理海关报关业务的中介机构办理税务登记有关问题的通知

国税函[2005]353号

各省、自治区、直辖市和计划单列市国家税务局、地方税务局：

为规范对从事海关报关业务的中介机构的税务登记管理，现将有关问题通知如下：

一、2005年5月1日前已经在地方税务局办理税务登记的从事海关报关业务的中介机构，应当在2005年5月30日前，持工商营业执照和地方税务登记证及组织机构代码证书，到当地国家税务局补办税务登记。

二、2005年5月1日以后新办的从事海关报关业务的中介机构，应当按照《中华人民共和国税收征收管理法》及其实施细则的规定，分别到国家税务局、地方税务局办理税务登记。

三、上述中介机构的税务登记代码编制，按照《税务登记管理办法》(国家税务总局令第7号)的规定执行。

各级国家税务局、地方税务局在对从事海关报关业务的中介机构办理税务登记过程中，要加强沟通、密切协作、互相支持，保证这项工作的顺利进行。

【注释】 对《税收征收管理法》第15条进行了解释。

税收减免管理办法(试行)

国税发[2005]129号

第一章　总　　则

第一条　为规范和加强减免税管理工作，根据《中华人民共和国税收征收管理法》(以下简称税收征管法)及其实施细则和有关税收法律、法规、规章对减免税的规定，制定本办法。

第二条　本办法所称的减免税是指依据税收法律、法规以及国家有关税收规定(以下简称税法规定)给予纳税人减税、免税。减税是指从应纳税款中减征部分税款；免税是指免征某一税种、某一项目的税款。

第三条　各级税务机关应遵循依法、公开、公正、高效、便利的原则，规范减免税管理。

第四条　减免税分为报批类减免税和备案类减免税。报批类减免税是指应由税务机关审批的减免税项目；备案类减免税是指取消审批手续的减免税项目和不需税务机关审批的减免税项目。

第五条　纳税人享受报批类减免税，应提交相应资料，提出申请，经按本办法规定具有审批权限的税务机关(以下简称有权税务机关)审批确认后执行。未按规定申请或虽申请但未经有权税务机关审批确认的,纳税人不得享受减免税。

纳税人享受备案类减免税,应提请备案,经税务机关登记备案后,自登记备案之日起执行。纳税人未按规定备案的,一律不得减免税。

第六条　纳税人同时从事减免项目与非减免项目的,应分别核算,独立计算减免项目的计税依据以及减免税额度。不能分别核算的,不能享受减免税;核算不清的,由税务机关按合理方法核定。

第七条　纳税人依法可以享受减免税待遇,但未享受而多缴税款的,凡属于无明确规定需经税务机关审批或没有规定申请期限的,纳税人可以在税收征管法第五十一条规定的期限内申请减免税,要求退还多缴的税款,但不加算银行同期存款利息。

第八条　减免税审批机关由税收法律、法规、规章设定。凡规定应由国家税务总局审批的,经由各省、自治区、直辖市和计划单列市税务机关上报国家税务总局;凡规定应由省级税务机关及省级以下税务机关审批的,由各省级税务机关审批或确定审批权限,原则上由纳税人所在地的县(区)税务机关审批;对减免税金额较大或减免税条件复杂的项目,各省、自治区、直辖市和计划单列市税务机关可根据效能与便民、监督与责任的原则适当划分审批权限。

各级税务机关应按照规定的权限和程序进行减免税审批,禁止越权和违规审批减免税。

第二章　减免税的申请、申报和审批实施

第九条　纳税人申请报批类减免税的,应当在政策规定的减免税期限内,向主管税务机关提出书面申请,并报送以下资料:

(一) 减免税申请报告,列明减免税理由、依据、范围、期限、数量、金额等。

(二) 财务会计报表、纳税申报表。

(三) 有关部门出具的证明材料。

(四) 税务机关要求提供的其他资料。

纳税人报送的材料应真实、准确、齐全。税务机关不得要求纳税人提交与其申请的减免税项目无关的技术资料和其他材料。

第十条　纳税人可以向主管税务机关申请减免税,也可以直接向有权审批的税务机关申请。

由纳税人所在地主管税务机关受理、应当由上级税务机关审批的减免税申请,主管税务机关应当自受理申请之日起 10 个工作日内直接上报有权审批的上级税务机关。

第十一条　税务机关对纳税人提出的减免税申请,应当根据以下情况分别作出处理:

(一) 申请的减免税项目,依法不需要由税务机关审查后执行的,应当即时告知纳税人不受理。

(二) 申请的减免税材料不详或存在错误的,应当告知并允许纳税人更正。

(三) 申请的减免税材料不齐全或者不符合法定形式的,应在 5 个工作日内一次告知纳税人需要补正的全部内容。

(四) 申请的减免税材料齐全、符合法定形式的,或者纳税人按照税务机关的要求提交全部补正减免税材料的,应当受理纳税人的申请。

第十二条　税务机关受理或者不予受理减免税申请,应当出具加盖本机关专用印章和注明日期的书面凭证。

第十三条　减免税审批是对纳税人提供的资料与减免税法定条件的相关性进行的审核,不改变纳税人真实申报责任。

税务机关需要对申请材料的内容进行实地核实的,应当指派 2 名以上工作人员按规定程序进行实地核查,并将核查情况记录在案。上级税务机关对减免税实地核查工作量大、耗时长的,可委托企业所在地区县级税务机关具体组织实施。

第十四条　减免税期限超过 1 个纳税年度的,进行一次性审批。

纳税人享受减免税的条件发生变化的,应自发生变化之日起 15 个工作日内向税务机关报告,经税务机关审核后,停止其减免税。

第十五条　有审批权的税务机关对纳税人的减免税申请,应按以下规定时限及时完成审批工作,作出审批决定:

县、区级税务机关负责审批的减免税，必须在20个工作日作出审批决定；地市级税务机关负责审批的，必须在30个工作日内作出审批决定；省级税务机关负责审批的，必须在60个工作日内作出审批决定。在规定期限内不能作出决定的，经本级税务机关负责人批准，可以延长10个工作日，并将延长期限的理由告知纳税人。

第十六条 减免税申请符合法定条件、标准的，有权税务机关应当在规定的期限内作出准予减免税的书面决定。依法不予减免税的，应当说明理由，并告知纳税人享有依法申请行政复议或者提起行政诉讼的权利。

第十七条 税务机关作出的减免税审批决定，应当自作出决定之日起10个工作日内向纳税人送达减免税审批书面决定。

第十八条 减免税批复未下达前，纳税人应按规定办理申报缴纳税款。

第十九条 纳税人在执行备案类减免税之前，必须向主管税务机关申报以下资料备案：

（一）减免税政策的执行情况。

（二）主管税务机关要求提供的有关资料。

主管税务机关应在受理纳税人减免税备案后7个工作日内完成登记备案工作，并告知纳税人执行。

第三章　减免税的监督管理

第二十条 纳税人已享受减免税的，应当纳入正常申报，进行减免税申报。

纳税人享受减免税到期的，应当申报缴纳税款。

税务机关和税收管理员应当对纳税人已享受减免税情况加强管理监督。

第二十一条 税务机关应结合纳税检查、执法检查或其他专项检查，每年定期对纳税人减免税事项进行清查、清理，加强监督检查，主要内容包括：

（一）纳税人是否符合减免税的资格条件，是否以隐瞒有关情况或者提供虚假材料等手段骗取减免税。

（二）纳税人享受减免税的条件发生变化时，是否根据变化情况经税务机关重新审查后办理减免税。

（三）减免税税款有规定用途的，纳税人是否按规定用途使用减免税款；有规定减免税期限的，是否到期恢复纳税。

（四）是否存在纳税人未经税务机关批准自行享受减免税的情况。

（五）已享受减免税是否未申报。

第二十二条 减免税的审批采取谁审批谁负责制度，各级税务机关应将减免税审批纳入岗位责任制考核体系中，建立税收行政执法责任追究制度。

（一）建立健全审批跟踪反馈制度。各级税务机关应当定期对审批工作情况进行跟踪与反馈，适时完善审批工作机制。

（二）建立审批案卷评查制度。各级审批机关应当建立各类审批资料案卷，妥善保管各类案卷资料，上级税务机关应定期对案卷资料进行评查。

（三）建立层级监督制度。上级税务机关应建立经常性的监督的制度，加强对下级税务机关减免税审批工作的监督，包括是否按本办法规定的权限、条件、时限等实施减免税审批工作。

第二十三条 税务机关应按本办法规定的时间和程序，按照公正透明、廉洁高效和方便纳税人的原则，及时受理和审批纳税人申请的减免税事项。非因客观原因未能及时受理或审批的，或者未按规定程序审批和核实造成审批错误的，应按税收征管法和税收执法责任制的有关规定追究责任。

第二十四条 纳税人实际经营情况不符合减免税规定条件的或采用欺骗手段获取减免税的、享受减免税条件发生变化未及时向税务机关报告的，以及未按本办法规定程序报批而自行减免税的，税务机关按照税收征管法有关规定予以处理。

因税务机关责任审批或核实错误，造成企业未缴或少缴税款，应按税收征管法第五十二条规定执行。

税务机关越权减免税的，按照税收征管法第八十四条的规定处理。

第二十五条 税务机关应按照实质重于形式原则对企业的实际经营情况进行事后监督检查。检查中，发现有关专业技术或经济鉴证部门认定失误的，应及时与有关认定部门协调沟通，提请纠正，及时取消有关纳税人的优惠资格，督促追究有关责任人的法律责任。有关部门非法提供证明的，导致未缴、少缴税款的，按《中华人民共和国税收征收管理法实施细则》第九十三条规定予以处理。

第四章　减免税的备案

第二十六条　主管税务机关应设立纳税人减免税管理台账，详细登记减免税的批准时间、项目、年限、金额，建立减免税动态管理监控机制。

第二十七条　属于"风、火、水、震"等严重自然灾害及国家确定的"老、少、边、穷"地区以及西部地区新办企业年度减免属于中央收入的税收达到或超过100万元的，国家税务总局不再审批，审批权限由各省级税务机关具体确定。审批税务机关应分户将减免税情况（包括减免税项目、减免依据、减免金额等）报省级税务机关备案。

第二十八条　各省、自治区、直辖市和计划单列市税务机关应在每年6月底前书面向国家税务总局报送上年度减免税情况和总结报告。由国家税务总局审批的减免税事项的落实情况应由省级税务机关书面报告。

减免税总结报告内容包括：减免税基本情况和分析；减免税政策落实情况及存在问题；减免税管理经验以及建议。

第二十九条　减免税的核算统计办法另行规定下发。

第五章　附　　则

第三十条　本办法自2005年10月1日起执行。以前规定与本办法相抵触的，按本办法执行。

第三十一条　各省、自治区、直辖市和计划单列市国家税务局、地方税务局可根据本办法制定具体实施方案。

【注释】　对《税收征收管理法》第51、52、84条进行了解释。对《税收征收管理法实施细则》第93条进行了解释。

国家税务总局关于欠税追缴期限有关问题的批复

国税函[2005]813号

湖北省国家税务局：

你局《关于明确欠税追缴期限的请示》（鄂国税发[2005]82号）收悉。经研究，批复如下：

按照《中华人民共和国税收征收管理法》（以下简称税收征管法）和其他税收法律、法规的规定，纳税人有依法缴纳税款的义务。纳税人欠缴税款的，税务机关应当依法追征，直至收缴入库，任何单位和个人不得豁免。税务机关追缴税款没有追征期的限制。

税收征管法第52条有关追征期限的规定，是指因税务机关或纳税人的责任造成未缴或少缴税款在一定期限内未发现的，超过此期限不再追征。纳税人已申报或税务机关已查处的欠缴税款，税务机关不受该条追征期规定的限制，应当依法无限期追缴税款。

【注释】　对《税收征收管理法》第52条进行了解释。

国家税务总局关于人民法院强制执行被执行人财产有关税收问题的复函

国税函[2005]869号

最高人民法院：

你院《关于人民法院依法强制执行拍卖、变卖被执行人财产后，税务部门能否直接向人民法院征收营业税的征求意见稿》（[2005]执他字第12号）收悉。经研究，函复如下：

一、人民法院的强制执行活动属司法活动，不具有经营性质，不属于应税行为，税务部门不能向人民法院的强制执行活动征税。

二、无论拍卖、变卖财产的行为是纳税人的自主行为，还是人民法院实施的强制执行活动，对拍卖、变卖财产的全部收入，纳税人均应依法申报缴纳税款。

三、税收具有优先权。《中华人民共和国税收征收管理法》第四十五条规定，税务机关征收税款，税收优先于无担保债权，法律另有规定的除外；纳税人欠缴的税款发生在纳税人以其财产设定抵押、质押或者纳税人的财产被留置之前的，税收应当先于抵押权、质权、留置权执行。

四、鉴于人民法院实际控制纳税人因强制执行活动而被拍卖、变卖财产的收入，根据《中华人民共和国税收征收管理法》第五条的规定，人民法院应当协助税务机关依法优先从该收入中征收税款。

【注释】 对《税收征收管理法》第5、45条进行了解释。

纳税服务工作规范(试行)

国税发[2005]165号

第一章 总 则

第一条 为规范和优化纳税服务，健全纳税服务体系，加强税收征管，保护纳税人合法权益，根据《中华人民共和国税收征收管理法》及《中华人民共和国税收征收管理法实施细则》的有关规定，制定本规范。

第二条 本规范所称纳税服务，是指税务机关依据税收法律、行政法规的规定，在税收征收、管理、检查和实施税收法律救济过程中，向纳税人提供的服务事项和措施。

纳税服务是税务机关行政行为的组成部分，是促进纳税人依法诚信纳税和税务机关依法诚信征税的基础性工作。

第三条 纳税服务以聚财为国、执法为民为宗旨，坚持依法、无偿、公平、公正的原则，促进纳税遵从，提高税收征管质量和效率，保护纳税人合法权益。

第四条 税务机关要坚持公开办税制度。公开内容主要有：纳税人的权利和义务；税收法律、法规和政策；管理服务规范；税务检查程序；税务违法处罚标准；税务干部廉洁自律有关规定；受理纳税人投诉部门和监督举报电话；税务人员违反规定的责任追究；税务行政许可项目和非许可行政审批项目；税务行政收费标准；纳税信用等级评定的程序、标准；实行定期定额征收的纳税人税额核定情况等。

第五条 国家税务局与地方税务局应当加强协作配合，互通信息，积极开展联合检查，共同办理税务登记和评定纳税信用等级。

税务机关应当加强与工商、银行及其他部门协调配合，共享信息资源。

第六条 税务机关应当依法行使税收执法权，不得指定税务代理，不得刁难纳税人，不得滥用职权。

第七条 税务机关的征收管理部门或纳税服务专门工作机构负责纳税服务的组织、协调和管理，税务机关直接面向纳税人的部门或机构具体办理纳税服务的有关事宜。

纳税服务专门工作机构，是指地方税务局系统成立的专门为纳税人服务的工作机构。

税务机关直接面向纳税人的部门或机构，是指办税服务厅，纳税服务专门工作机构，负责税源管理、税务检查、税收法律救济等事项的部门和机构。

第二章 纳税服务内容

第八条 税务机关应当广泛、及时、准确地向纳税人宣传税收法律、法规和政策，普及纳税知识。根据纳税人的需求，运用税收信息化手段，提供咨询服务、提醒服务、上门服务等多种服务。

第九条 税务机关应当按照规定及时对设立登记、纳税申报、涉税审批等事项进行提示，对逾期税务登记责令限期改正、申报纳税催报催缴等事项进行通知，对欠税公告、个体工商户核定税额等事项进行发布。

第十条 税务机关应当建立健全办税辅导制度。

税收管理员对于设立税务登记、取得涉税认定资格的纳税人，应当及时进行办税辅导。对于纳税信用等级较低的纳税人，给予重点办税辅导。

第十一条 税务机关应当根据纳税人的纳税信用等级，在税务登记、发票管理、纳税申报、税款征收、税务检查、涉税审批等方面，有针对性地提供服务，促进税收信用体系建设。

税收管理员应当通过开展纳税信用等级评定管理工作，结合纳税评估，帮助纳税人加强财务核算，促进依法诚信纳税。

第十二条 税务机关应当在明确征纳双方法律责任和义务的前提下，对需要纳税服务援助的老年人员，残疾人员，下岗人员，遭受重大自然灾害的纳税人等社会弱势群体提供税收援助，到纳税人生产、经营场所进行办税辅导或为其办理有关涉税事项。

有条件的税务机关，应当组织开展纳税服务志愿者活动，帮助社会弱势群体纳税人解决办税困难。

第十三条 税务机关、税务人员在接受纳税咨询时，应当准确、及时答复。对于能够即时准确解答的问题，给予当场答复；对于不能即时准确解答的问题，限时答复，并告知纳税人答复时限。

具体各类答复时限，由省级税务机关规定。

第十四条　税务机关要依法设置和规范涉税审批制度，合理精简审批程序和手续，简化纳税人报送的涉税资料，加强涉税审批的事后检查和监督。

第十五条　省级以下（含省级）税务机关应当加强对纳税人咨询的税收热点、重点和难点问题的收集、研究，及时将重大问题报告上级税务机关。

第十六条　税收管理员应当根据管户责任和管事要求，加强与所负责纳税人的联系与沟通。告知纳税人联系方式、岗位职责、服务事项和监督方法；向纳税人提供提醒告知、宣传咨询、援助服务、预约服务等服务方式；了解纳税人财务管理、会计核算和生产经营情况；征询和反映纳税人的意见、建议；帮助纳税人解决纳税困难。

第十七条　税务机关应当按照法律、法规规定的税务稽查执法的范围、职权、依据和程序行使税收执法权，严格依法执行稽查公开、告知制度。

第十八条　税务机关应当根据实际情况，依法确定稽查时限。

第十九条　税务机关在实施税务稽查过程中，对当事人提出的问题，应当进行耐心的解释和说明。

第二十条　税务机关在行使税收执法权时，应当依法告知纳税人具有申请税务行政复议、提起税务行政诉讼、请求税务行政赔偿和要求举行听证的权利，以及负责税务行政复议、赔偿和组织听证的税务机关。

第二十一条　负责税务行政复议、赔偿和组织听证的税务机关，应当自纳税人提出申请或要求后，依法告知纳税人申请税务行政复议、赔偿以及举行听证的程序、时限和相关资料等事项。

第二十二条　税务机关在税务行政复议、诉讼过程中，发现具体行政行为有明显错误的，应当及时变更或撤销。

税务机关对于依法应当给予税务行政赔偿的纳税人，要按照法律、法规的规定，及时、足额地给予赔偿。

第三章　办 税 服 务 厅

第二十三条　办税服务厅是税务机关为纳税人办理涉税事项，提供纳税服务的机构或场所。

税务机关应当根据税收征管工作需要和便利纳税人的原则，合理设置办税服务厅，并加强办税服务厅与其他部门和单位的业务衔接。

第二十四条　办税服务厅受理或办理的主要工作事项：税务登记，纳税申报，税款征收，发票发售、缴销、代开，涉税审核（批）文书，税收咨询，办税辅导，税收资料发放。

第二十五条　办税服务厅设置申报纳税、发票管理、综合服务三类窗口。税源和纳税人较少的办税服务厅，可以结合实际设置申报纳税、综合服务两类窗口或一类综合窗口。

申报纳税窗口受理或办理的主要工作事项：各税种的申报和审核事项；征收税款、滞纳金和罚款；减、免、退税申请；延期申报、延期缴纳税款申请；采集、审核和处理有关涉税数据。

发票管理窗口受理或办理的主要工作事项：企业发票领购资格和企业衔头发票印制申请，发票发售和代开，发票缴销、验旧、挂失等。

综合服务窗口受理或办理的主要工作事项：税务登记事项，开立或变更基本存款账户或者其他存款账户账号报告；有关税收证明等事项；涉税事项申请；纳税咨询与办税辅导。

第二十六条　办税服务厅应当合理确定申报纳税、发票管理、综合服务窗口的数量，明确岗位职责和工作流程。

办税服务厅在纳税申报期内，应当采取有效措施，引导纳税人分时段申报纳税。并根据办税业务量，合理调整申报纳税窗口及岗位，节省纳税人办税时间。

第二十七条　办税服务厅实行“一站式”服务，全程服务，预约服务，提醒服务和首问责任等制度。

“一站式”服务是指集中受理或办理纳税人需要到税务机关办理的各种涉税事项。

全程服务是指受理纳税人办税事宜后，通过内部运行机制，为纳税人提供包括受理、承办、回复等环节的服务。

预约服务是指根据纳税人需求，在征纳双方约定时间内，为纳税人办理涉税事项的服务。

提醒服务是指在纳税人发生纳税义务或履行税收法律责任之前，提醒纳税人及时办理涉税事项的服务。

首问责任是指第一个受理纳税人办税事宜的税务人员负责为纳税人答疑或指引，不得以任何借口推诿。

第二十八条 税务机关应当从实际出发，提供上门申报、邮寄申报、电话申报、网上申报、银行网点申报等多元化申报纳税方式，由纳税人自愿选择。有条件的地方，应当积极推行纳税人自行选择办税服务厅的方式，办理涉税事项。

第二十九条 办税服务厅税务人员应当着装上岗，挂牌服务，语言文明，举止庄重，提倡讲普通话；准确掌握税收业务和计算机操作技能；出具税务文书要程序合法、数据准确、内容完整、格式规范、字迹清晰。

第三十条 办税服务厅应当设置办税指南、公告栏、表证单书填写样本、举报箱等，提供纸张、笔墨及其他办公用品。有条件的办税服务厅，可以设置电子触摸屏、显示屏、纳税人自助服务区域、排队叫号系统、复印机、IC卡电话、饮水机等。

第三十一条 对于依法可以在办税服务厅内即时办结的涉税事项，税务人员经审核，在符合规定的情况下即时办理。对于不能在办税服务厅内即时办结的涉税事项，限时办结，并告知纳税人办理时限。

即办事项、限办事项及办理时限，由省级税务机关确定，并报国家税务总局备案。

第四章 12366纳税服务热线和税务网站

第三十二条 国家税务局和地方税务局应当统一设置12366纳税服务热线，共享号码资源，不得变相更改。

12366纳税服务热线以自动语音和人工坐席为主要方式，涵盖纳税咨询、办税指南、涉税举报、投诉监督等服务功能。

第三十三条 12366纳税服务热线应当以市内通话费为通信资费标准。税务机关不得向拨打12366纳税服务热线的纳税人直接或变相收取任何费用。

第三十四条 省级税务机关应当规范和完善税务网站的纳税咨询、办税指南、网上办税、涉税公告和公示、投诉举报等服务功能，加强与纳税人互动，及时更新服务内容，准确发布涉税信息。

上级税务机关与下级税务机关的网站应当相互链接。

第三十五条 税务机关应当设置专门税务人员负责12366纳税服务热线和税务网站的纳税服务工作，明确职责，规范流程。

第三十六条 税务机关应当共享12366纳税服务系统、税务网站、税收管理信息系统的数据资源，建立和完善12366纳税服务热线与税务网站共同应用的税收法规库和纳税咨询问题库。

第三十七条 税务机关应当加强对12366纳税服务热线和税务网站纳税服务数据的统计、分析、维护和管理，提高涉税事项答复准确率。

第五章 考核与监督

第三十八条 税务机关应当建立健全纳税服务质量考核机制，坚持定量考核和定性考核、定期考核与日常考核相结合。

第三十九条 税务机关应当根据本规范，明确纳税服务岗位职责和考核评价标准，建立和完善纳税服务考核指标体系。

第四十条 税务机关应当加强纳税服务培训，提高纳税服务人员的政治和业务素质。

第四十一条 税务机关要将纳税服务作为税收工作年度考核的重要内容，分级负责。

上级税务机关应当对下级税务机关纳税服务工作进行考核和监督。

对于纳税服务工作成绩显著的单位和个人，予以表彰。对于纳税服务工作较差的单位和个人，予以批评。对于未依法为纳税人提供纳税服务行为的，责令限期改正，并追究相关责任。

第四十二条 税务机关应当建立健全纳税人及社会各界对纳税服务工作的评议评价制度，完善监督机制。有条件的地方，可以采取第三方评价或监督的方式。

第三方，是指独立于征纳双方之外的机构或有关专家、社会人士。

税务机关直接面向纳税人的部门或机构应当协作配合，建立对纳税人的定期回访制度。

第六章 附 则

第四十三条 各省、自治区、直辖市和计划单列市国家税务局、地方税务局可根据本规范制定具体实施办法，并报国家税务总局备案。

第四十四条 本规范由国家税务总局负责解释。

第四十五条 本规范自 2005 年 11 月 1 日起试行。

【注释】 对《税收征收管理法》第 7、9 条进行了解释。对《税收征收管理法实施细则》第 6 条进行了解释。

国家税务总局 铁道部关于规范铁路客运餐车发票使用管理的通知

国税发[2005]198 号

各省、自治区、直辖市和计划单列市国家税务局、地方税务局，铁道部各铁路局、青藏铁路公司，集装箱、特货、行包公司：

为规范铁路运输发票的使用和管理，强化税源监控，根据《中华人民共和国发票管理办法》及其实施细则和其他有关税收法律、法规的规定，国家税务总局、铁道部决定，在铁道部所属铁路客运餐车上统一使用由税务机关监制的铁路客运餐车定额发票(以下简称铁路餐车发票)，现就有关问题明确如下：

一、铁路餐车发票是指铁道部所属铁路运输企业在客运列车上提供餐饮服务收取款项时开具的收付款凭证。

二、铁路餐车发票为单张两联式，即存根联和发票联平行设置，左侧为存根联，右侧为发票联。定额发票的面额为壹元、贰元、伍元、拾元、伍拾元和壹佰元(发票式样附后)。

三、为了保证铁路餐车发票在全国范围内的使用和识别，铁路餐车发票采用 65 克干式复写纸印制，票面背涂为浅绿色，并印有"铁路专用"字样，规格为 150×70mm。铁路餐车发票由各省、自治区、直辖市地方税务局负责统一印制。由各铁路局(含青藏铁路公司，下同)向其纳税所在地的省、自治区、直辖市地方税务局领购，可在其铁路局客运列车上跨省使用。

四、铁路餐车发票从 2006 年 3 月 1 日启用，各铁路运输企业及其所属单位原领取的税务发票，可延期使用到 2006 年 6 月 30 日。未使用完的旧发票应进行清理，登记造册，并于 2006 年 7 月 31 日前向当地税务部门办理缴销手续。

五、铁路部门各用票单位要按规定配备专职人员负责发票的领购、开具、保管、缴销工作，季度和年度终了 15 日之内必须向当地省级税务机关报送发票领、用、存报表。

六、铁路餐车发票不得超范围使用，倒买倒卖，对违反发票管理法规的行为，各级税务机关应严格依照《中华人民共和国税收征收管理法》和《中华人民共和国发票管理办法》及其实施细则进行处理。

七、各省、自治区、直辖市地方税务局、铁路局、集装箱、特货、行包公司可根据本通知的规定，加强协作，密切配合，并结合当地实际情况制定具体的铁路餐车发票和铁路运输主营业务以外的其他业务发票的使用管理办法，并利用各种媒体广泛宣传，告知社会，接受消费者的监督。

当铁路部门的发票使用涉及到两个以上省市管辖业务交叉时，铁路部门应与相关的省级税务机关协商解决。

【注释】 对《税收征收管理法》第 21 条进行了解释。

国家税务总局关于消费者丢失机动车销售发票处理问题的批复

国税函[2006]227 号

江西省国家税务局：

你局《关于消费者丢失、被盗机动车销售发票有关问题的请示》(赣国税发[2005]269 号)收悉。经研究，批复如下：

鉴于车主申报缴纳车辆购置税时需要报送《机动车销售统一发票》(报税联)，办理机动车登记时需要报送《机动车销售统一发票》(注册登记联)，因此，当消费者丢失机动车销售发票后，可采取重新补开机动车销售发票的方法解决。具体程序为：(1)丢失机动车销售发票的消费者到机动车销售单位取得销售统一发票存根联复印件(加盖销售单位发票专用章或财务专用章)；(2)到机动车销售方所在地主管税务机关盖章确认并登记备案；(3)由机动车销售单位重新开具与原销售发票存根联内容一致的机动车销售发票。消费者凭重新开具的机动车销售发票办理相关手续。

国家税务总局关于完善税务登记管理若干问题的通知

国税发[2006]37号

各省、自治区、直辖市和计划单列市国家税务局、地方税务局：

为了规范税务登记，加强户籍管理，严格税源监控，结合2006年全面换发税务登记证工作，现将税务登记管理中有关问题进一步明确如下：

一、税务登记的范围及管理

按照税收征管法及其实施细则和税务登记管理办法的有关规定，除国家机关、个人（自然人）和无固定生产、经营场所的流动性农村小商贩外，纳税人都应当申报办理税务登记。国家机关所属事业单位有经营行为、取得应税收入、财产、所得的，也应当办理税务登记。税务登记实行属地管理，纳税人应当到生产、经营所在地或者纳税义务发生地的主管税务机关申报办理税务登记。非独立核算的分支机构也应当按照规定分别向生产经营所在地税务机关办理税务登记。

二、纳税人识别号

单位纳税人识别号为15位码：行政区域码＋组织机构代码。其中的行政区域码为纳税人生产、经营地的行政区域码。对国家没有赋予行政区域码的各开发区，其行政区域码由省级国家税务局、地方税务局共同赋予第5、6位两位识别码。因税务机关调整管辖范围而使纳税人改变主管税务机关的，纳税人的纳税人识别号不变。企业分支机构也应当领取组织机构代码证书，按照规定编制纳税人识别号，办理税务登记。

个体工商户以及持回乡证、通行证、护照办理税务登记的纳税人，其纳税人识别号为身份证件号码加2位顺序码。已经取得组织机构代码的个体工商户的纳税人识别号为行政区域码加组织机构代码。

承包租赁经营的纳税人，应当以承包承租人的名义办理临时税务登记。个人承包租赁经营的，以承包承租人的身份证号码为基础加2位顺序码编制纳税人识别号；企业承包租赁经营的，以行政区域码加组织机构代码为纳税人识别号。

三、开户银行登录账号

按照税收征管法第十七条规定，从事生产、经营的纳税人应当持税务登记证副本开立账户，银行和其他金融机构应当在其税务登记证件副本中登录纳税人的账户、账号，纳税人再将其账户、账号书面报告税务机关。为了依法加强税收征管，落实税收征管法的规定，税务登记证换发后，纳税人及其开户银行应当按照规定履行义务，银行和其他金融机构在纳税人开户时在新的税务登记证副本中登录账号，手工填登的，应当盖章；纳税人应当自开立账户15日内将账号报告税务机关。未依法履行义务的，对纳税人按照税收征管法第六十条的规定处理；对纳税人的开户银行或其他金融机构按照税收征管法实施细则第九十二条的规定处理。

四、扣缴税款登记

按照税收征管法实施细则第十三条的规定，个人所得税扣缴义务人应当到所在地主管税务机关申报办理扣缴税款登记，领取扣缴税款登记证。对临时发生扣缴义务的扣缴义务人，不发扣缴税款登记证；对已办理税务登记的扣缴义务人，不发扣缴税款登记证，由税务机关在其税务登记证副本上登记扣缴税款事项。

扣缴义务人识别号按照扣缴义务人所在地行政区域码加组织机构代码编制。

五、临时税务登记证件的有效期限

承包租赁经营的，办理临时税务登记的期限为承包租赁期；

境外企业在中国境内承包建筑、安装、装配、勘探工程和提供劳务的，临时税务登记的期限为合同规定的承包期。

六、临时税务登记的管理

取得临时税务登记证的纳税人，可以凭临时税务登记证及副本按有关规定办理相关涉税事项。

税务机关应当加强对临时税务登记纳税人的管理。临时登记户领取营业执照的，应当自领取营业执照之日起30日内向税务机关申报转办为正式税务登记。对临时税务登记证件到期的纳税户，税务机关经审核后，应当继续办理临时税务登记。

对应领取而未领取工商营业执照临时经营的，不得办理临时税务登记，但必须照章征税，也不得向其出售发票；确需开具发票的，可以向税务机关申请，先缴税再由税务机关为其代开发票。

七、停复业登记管理

实行定期定额征收方式的个体工商户需要停业的，应当在停业前申报办理停业登记。

纳税人停业未按规定向主管税务机关申请停业登记的，应视为未停止生产经营；纳税人在批准的停业期间进行正常经营的，应按规定向主管税务机关办理纳税申报并缴纳税款。未按规定办理的，按照税收征管法的有关规定处理。

纳税人停业期满未按期复业又不申请延长停业的，税务机关应当视为已恢复生产经营，实施正常的税收管理。纳税人停业期满不向税务机关申报办理复业登记而复业的，主管税务机关经查实，责令限期改正，并按照税收征管法第六十条第一款的规定处理。

八、纳税人经营范围

纳税人应当在税务登记表中如实填写其经营范围；经有关部门批准的证件中没有具体列明经营范围的，纳税人应当按照实际经营情况填写。设立登记后，税务机关应当及时核实登记内容。纳税人经营范围变化后应当自发生变化之日起30日内向主管税务机关申报办理变更税务登记。

九、税务登记证件的管理

（一）临时税务登记转为税务登记的，税务机关收回临时税务登记证件，发放税务登记证件，纳税人补填税务登记表。

（二）税务登记证件丢失的，纳税人应登报声明作废；在丢失声明中应声明证件的发放日期。税务登记证件被税务机关宣布失效的，在失效公告中应公告证件的发证日期。

（三）补发税务登记证件的，应在税务登记证件中加盖“补发”戳记。

（四）纳税人在统一换发税务登记证件期限后仍未按照规定期限办理换证手续的，税务机关应当统一宣布其税务登记证件失效。

（五）税务机关应当根据纳税人条件要求纳税人亮证经营。

十、各省级国家税务局、地方税务局可以按照《税务登记管理办法》和本通知的规定制定具体的实施办法。

【注释】 对《税收征收管理法》第17条进行了解释。对《税收征收管理法实施细则》第13条进行了解释。

个体工商户税收定期定额征收管理办法

国家税务总局令[2006]16号

第一条　为规范和加强个体工商户税收定期定额征收（以下简称定期定额征收）管理，公平税负，保护个体工商户合法权益，促进个体经济的健康发展，根据《中华人民共和国税收征收管理法》及其实施细则，制定本办法。

第二条　本办法所称个体工商户税收定期定额征收，是指税务机关依照法律、行政法规及本办法的规定，对个体工商户在一定经营地点、一定经营时期、一定经营范围内的应纳税经营额（包括经营数量）或所得额（以下简称定额）进行核定，并以此为计税依据，确定其应纳税额的一种征收方式。

第三条　本办法适用于经主管税务机关认定和县以上税务机关（含县级，下同）批准的生产、经营规模小，达不到《个体工商户建账管理暂行办法》规定设置账簿标准的个体工商户（以下简称定期定额户）的税收征收管理。

第四条　税务机关负责组织定额的核定工作。

国家税务局、地方税务局按照国务院规定的征管范围，分别核定其所管辖税种的定额。国家税务局和地方税务局应当加强协调、配合，共同制定联系制度，保证信息渠道畅通。

第五条　主管税务机关应当将定期定额户进行分类，在年度内按行业、区域选择一定数量并具有代表性的定期定额户，对其经营、所得情况进行典型调查，做出调查分析，填制有关表格。

典型调查户数应当占该行业、区域总户数的5%以上。具体比例由省级税务机关确定。

第六条　定额执行期的具体期限由省级税务机关确定，但最长不得超过一年。

定额执行期是指税务机关核定后执行的第一个纳税期至最后一个纳税期。

第七条 税务机关应当根据定期定额户的经营规模、经营区域、经营内容、行业特点、管理水平等因素核定定额，可以采用下列一种或两种以上的方法核定：

（一）按照耗用的原材料、燃料、动力等推算或者测算核定；

（二）按照成本加合理的费用和利润的方法核定；

（三）按照盘点库存情况推算或者测算核定；

（四）按照发票和相关凭据核定；

（五）按照银行经营账户资金往来情况测算核定；

（六）参照同类行业或类似行业中同规模、同区域纳税人的生产、经营情况核定；

（七）按照其他合理方法核定。

税务机关应当运用现代信息技术手段核定定额，增强核定工作的规范性和合理性。

第八条 税务机关核定定额程序：

（一）自行申报。定期定额户要按照税务机关规定的申报期限、申报内容向主管税务机关申报，填写有关申报文书。申报内容应包括经营行业、营业面积、雇佣人数和每月经营额、所得额以及税务机关需要的其他申报项目。

本项所称经营额、所得额为预估数。

（二）核定定额。主管税务机关根据定期定额户自行申报情况，参考典型调查结果，采取本办法第七条规定的核定方法核定定额，并计算应纳税额。

（三）定额公示。主管税务机关应当将核定定额的初步结果进行公示，公示期限为五个工作日。

公示地点、范围、形式应当按照便于定期定额户及社会各界了解、监督的原则，由主管税务机关确定。

（四）上级核准。主管税务机关根据公示意见结果修改定额，并将核定情况报经县以上税务机关审核批准后，填制《核定定额通知书》。

（五）下达定额。将《核定定额通知书》送达定期定额户执行。

（六）公布定额。主管税务机关将最终确定的定额和应纳税额情况在原公示范围内进行公布。

第九条 定期定额户应当建立收支凭证粘贴簿、进销货登记簿，完整保存有关纳税资料，并接受税务机关的检查。

第十条 依照法律、行政法规的规定，定期定额户负有纳税申报义务。

实行简易申报的定期定额户，应当在税务机关规定的期限内按照法律、行政法规规定缴清应纳税款，当期（指纳税期，下同）可以不办理申报手续。

第十一条 采用数据电文申报、邮寄申报、简易申报等方式的，经税务机关认可后方可执行。经确定的纳税申报方式在定额执行期内不予更改。

第十二条 定期定额户可以委托经税务机关认定的银行或其他金融机构办理税款划缴。凡委托银行或其他金融机构办理税款划缴的定期定额户，应当向税务机关书面报告开户银行及账号。其账户内存款应当足以按期缴纳当期税款。其存款余额低于当期应纳税款，致使当期税款不能按期入库的，税务机关按逾期缴纳税款处理；对实行简易申报的，按逾期办理纳税申报和逾期缴纳税款处理。

第十三条 定期定额户发生下列情形，应当向税务机关办理相关纳税事宜：

（一）定额与发票开具金额或税控收款机记录数据比对后，超过定额的经营额、所得额所应缴纳的税款；

（二）在税务机关核定定额的经营地点以外从事经营活动所应缴纳的税款。

第十四条 税务机关可以根据保证国家税款及时足额入库、方便纳税人、降低税收成本的原则，采用简化的税款征收方式，具体方式由省级税务机关确定。

第十五条 县以上税务机关可以根据当地实际情况，依法委托有关单位代征税款。税务机关与代征单位必须签订委托代征协议，明确双方的权利、义务和应当承担的责任，并向代征单位颁发委托代征证书。

第十六条 定期定额户经营地点偏远、缴纳税款数额较小，或者税务机关征收税款有困难的，税务机关可以按照法律、行政法规的规定简并征期。但简并征期最长不得超过一个定额执行期。

简并征期的税款征收时间为最后一个纳税期。

第十七条 通过银行或其他金融机构划缴税款的，其完税凭证可以到税务机关领取，或到税务机关委托的银行或其他金融机构领取；税务机关也可以根据当地实际情况采取邮寄送达，或委托有关单位送达。

第十八条 定期定额户在定额执行期结束后，应当以该期每月实际发生的经营额、所得额向税务机关申报，申报额超过定额的，按申报额缴纳税款；申报额低于定额的，按定额缴纳税款。具体申报期限由省级税务机关确定。

定期定额户当期发生的经营额、所得额超过定额一定幅度的，应当在法律、行政法规规定的申报期限内向税务机关进行申报并缴清税款。具体幅度由省级税务机关确定。

第十九条 定期定额户的经营额、所得额连续纳税期超过或低于税务机关核定的定额，应当提请税务机关重新核定定额，税务机关应当根据本办法规定的核定方法和程序重新核定定额。具体期限由省级税务机关确定。

第二十条 经税务机关检查发现定期定额户在以前定额执行期发生的经营额、所得额超过定额，或者当期发生的经营额、所得额超过定额一定幅度而未向税务机关进行纳税申报及结清应纳税款的，税务机关应当追缴税款、加收滞纳金，并按照法律、行政法规规定予以处理。其经营额、所得额连续纳税期超过定额，税务机关应当按照本办法第十九条的规定重新核定其定额。

第二十一条 定期定额户发生停业的，应当在停业前向税务机关书面提出停业报告；提前恢复经营的，应当在恢复经营前向税务机关书面提出复业报告；需延长停业时间的，应当在停业期满前向税务机关提出书面的延长停业报告。

第二十二条 税务机关停止定期定额户实行定期定额征收方式，应当书面通知定期定额户。

第二十三条 定期定额户对税务机关核定的定额有争议的，可以在接到《核定定额通知书》之日起 30 日内向主管税务机关提出重新核定定额申请，并提供足以说明其生产、经营真实情况的证据，主管税务机关应当自接到申请之日起 30 日内书面答复。

定期定额户也可以按照法律、行政法规的规定直接向上一级税务机关申请行政复议；对行政复议决定不服的，可以依法向人民法院提起行政诉讼。

定期定额户在未接到重新核定定额通知、行政复议决定书或人民法院判决书前，仍按原定额缴纳税款。

第二十四条 税务机关应当严格执行核定定额程序，遵守回避制度。税务人员个人不得擅自确定或更改定额。

税务人员徇私舞弊或者玩忽职守，致使国家税收遭受重大损失，构成犯罪的，依法追究刑事责任；尚不构成犯罪的，依法给予行政处分。

第二十五条 对违反本办法规定的行为，按照《中华人民共和国税收征收管理法》及其实施细则有关规定处理。

第二十六条 个人独资企业的税款征收管理比照本办法执行。

第二十七条 各省、自治区、直辖市国家税务局、地方税务局根据本办法制定具体实施办法，并报国家税务总局备案。

第二十八条 本办法自 2007 年 1 月 1 日起施行。1997 年 6 月 19 日国家税务总局发布的《个体工商户定期定额管理暂行办法》同时废止。

【注释】 对《税收征收管理法实施细则》第 36 条进行了解释。

国家税务总局关于个体工商户定期定额征收管理有关问题的通知

国税发[2006]183 号

各省、自治区、直辖市和计划单列市国家税务局、地方税务局：

国家税务总局令(第 16 号)发布的《个体工商户税收定期定额征收管理办法》(以下简称《办法》)将于 2007 年 1 月 1 日开始施行。为了有利于征纳双方准确理解和全面贯彻落实《办法》，现将有关问题明确如下：

一、《办法》第二条所称的“经营数量”，是指从量计征的货物数量。

二、对虽设置账簿,但账目混乱或成本资料、收入凭证、费用凭证残缺不全,难以查账的个体工商户,税务机关可以实行定期定额征收。

三、个人所得税附征率应当按照法律、行政法规的规定和当地实际情况,分地域、行业进行换算。

个人所得税可以按照换算后的附征率,依据增值税、消费税、营业税的计税依据实行附征。

四、核定定额的有关问题:

(一)定期定额户应当自行申报经营情况,对未按照规定期限自行申报的,税务机关可以不经过自行申报程序,按照《办法》第七条规定的方法核定其定额。

(二)税务机关核定定额可以到定期定额户生产、经营场所,对其自行申报的内容进行核实。

(三)运用个体工商户定额核定管理系统的,在采集有关数据时,应当由两名以上税务人员参加。

(四)税务机关不得委托其他单位核定定额。

五、新开业的个体工商户,在未接到税务机关送达的《核定定额通知书》前,应当按月向税务机关办理纳税申报,并缴纳税款。

六、对未达到起征点定期定额户的管理:

(一)税务机关应当按照核定程序核定其定额。对未达起征点的定期定额户,税务机关应当送达《未达起征点通知书》。

(二)未达到起征点的定期定额户月实际经营额达到起征点,应当在纳税期限内办理纳税申报手续,并缴纳税款。

(三)未达到起征点的定期定额户连续三个月达到起征点,应当向税务机关申报,提请重新核定定额。税务机关应当按照《办法》有关规定重新核定定额,并下达《核定定额通知书》。

七、定期定额户委托银行或其他金融机构划缴税款的,其账户内存款数额,应当足以缴纳当期税款。为保证税款及时入库,其存款入账的时间不得影响银行或其他金融机构在纳税期限内将其税款划缴入库。

八、定期定额户在定额执行期结束后,应当将该期每月实际发生经营额、所得额向税务机关申报(以下简称分月汇总申报),申报额超过定额的,税务机关按照申报额所应缴纳的税款减去已缴纳税款的差额补缴税款。

九、《办法》第二十条"……或者当期发生的经营额、所得额超过定额一定幅度……"中的"当期",是指定额执行期内所有纳税期。

十、滞纳金的有关问题:

(一)定期定额户在定额执行期届满分月汇总申报时,月申报额高于定额又低于省税务机关规定申报幅度的应纳税款,在规定的期限内申报纳税不加收滞纳金。

(二)对实行简并征期的定期定额户,其按照定额所应缴纳的税款在规定的期限内申报纳税不加收滞纳金。

十一、实行简并征期的定期定额户,在简并征期结束后应当办理分月汇总申报。

十二、定期定额户的经营额、所得额连续纳税期超过或低于定额一定幅度的,应当提请税务机关重新核定定额。具体幅度由省税务机关确定。

十三、定期定额户注销税务登记,应当向税务机关进行分月汇总申报并缴清税款。其停业是否分月汇总申报由主管税务机关确定。

【注释】 对《个体工商户税收定期定额征收管理办法》进行了补充规定。

国家税务总局关于延期申报预缴税款滞纳金问题的批复

国税函[2007]753 号

深圳市国家税务局:

你局《关于延期申报是否加收滞纳金问题的请示》(深国税发[2007]92 号)收悉。对于纳税人经税务机关批准延期申报,并在核准的延期内办理税款结算,因预缴税款小于实际应纳税额所产生的补税是否应当加收滞纳金的问题,经研究,批复如下:

一、《中华人民共和国税收征收管理法》(以下简称税收征管法)第二十七条规定,纳税人不能按期办理纳税申报的,经税务机关核准,可以延期申报,但要在纳税期内按照上期实际缴纳的税额或者税务机关核定的税额预缴税款,并在核准的延期内办理税款结算。预缴税款之后,按照规定期限办理税款结算的,不适用税收征管法第三十二条关于纳税人未按期缴纳税款而被加收滞纳金的规定。

二、经核准预缴税款之后按照规定办理税款结算而补缴税款的各种情形,均不适用加收滞纳金的规定。在办理税款结算之前,预缴的税额可能大于或小于应纳税额。当预缴税额大于应纳税额时,税务机关结算退税但不向纳税人计退利息;当预缴税额小于应纳税额时,税务机关在纳税人结算补税时不加收滞纳金。

三、当纳税人本期应纳税额远远大于比照上期税额的预缴税款时,延期申报则可能成为纳税人拖延缴纳税款的手段,造成国家税款被占用。为防止此类问题发生,税务机关在审核延期申报时,要结合纳税人本期经营情况来确定预缴税额,对于经营情况变动大的,应合理核定预缴税额,以维护国家税收权益,并保护真正需要延期申报的纳税人的权利。

【注释】 对《税收征收管理法》第27、32条进行了解释。

国家税务总局关于纳税人善意取得虚开增值税专用发票已抵扣税款加收滞纳金问题的批复

国税函[2007]1240号

广东省国家税务局:

你局《关于纳税人善意取得增值税专用发票和其他抵扣凭证追缴税款是否加收滞纳金的请示》(粤国税发[2007]188号)收悉。经研究,批复如下:

根据《国家税务总局关于纳税人善意取得虚开的增值税专用发票处理问题的通知》(国税发[2000]187号)规定,纳税人善意取得虚开的增值税专用发票指购货方与销售方存在真实交易,且购货方不知取得的增值税专用发票是以非法手段获得的。纳税人善意取得虚开的增值税专用发票,如能重新取得合法、有效的专用发票,准许其抵扣进项税款;如不能重新取得合法、有效的专用发票,不准其抵扣进项税款或追缴其已抵扣的进项税款。

纳税人善意取得虚开的增值税专用发票被依法追缴已抵扣税款的,不属于税收征收管理法第三十二条“纳税人未按照规定期限缴纳税款”的情形,不适用该条“税务机关除责令限期缴纳外,从滞纳税款之日起,按日加收滞纳税款万分之五的滞纳金”的规定。

【注释】 对《税收征收管理法》第32条进行了解释。

国家税务总局关于办理印有企业名称发票变更缴销手续问题的批复

国税函[2008]929号

广东省地方税务局:

你局《关于办理发票变更有关问题的请示》(粤地税发[2008]197号)收悉。《中华人民共和国发票管理办法》第29条规定,“开具发票的单位和个人应当在办理变更或者注销税务登记的同时,办理发票和发票领购簿的变更、缴销手续”,但印有企业名称发票与其他发票在办理行政审批、发票样式、领购方式、领购数量等方面均有区别,且现行法规和规范性文件尚无具体规定,为了统一有关操作流程,现就办理印有企业名称发票变更、缴销手续问题批复如下:

一、企业在办理变更税务登记的同时,办理发票变更手续,并重新办理印有企业名称发票的行政审批手续。

二、主管税务机关向企业下达限期缴销旧版发票的通知,在缴销限期未满之前旧版发票可继续使用。具体缴销限期,由主管税务机关根据企业用票情况确定。

三、完成印有企业名称发票的行政审批手续后,办理企业印制新版发票和变更发票领购簿手续。

四、办理企业领购新版发票事宜,并按期缴销旧版发票。

第十三条 稽查部门、监察部门违反本办法，或者有下列行为情节严重的，应当追究有关人员的责任：

(一) 稽查部门发现税务机关或者税务人员涉嫌违法违纪或失职渎职行为的事实或证据，隐瞒不报，或者隐匿、销毁有关线索、证据的；

(二) 监察部门接到稽查部门转交的证据、线索，无正当理由不受理的。

第十四条 税务机关其他部门在履行职责过程中，发现税务机关或税务人员有涉嫌违法违纪行为的事实或线索的，比照本办法执行。

第十五条 本办法由监察部驻国家税务总局监察局、国家税务总局稽查局负责解释。

第十六条 各省、自治区、直辖市国家税务局、地方税务局根据本办法制定具体实施办法。

第十七条 本办法自印发之日起施行。